헌법연구

정연주 저

법영사

서 문

이 책은 헌법판례를 중심으로 헌법이론을 전개하는 헌법논설집이다. 즉 중요한 헌법적 쟁점을 지닌 헌법재판소의 판례들을 소개하고 이에 대한 헌법적 의의를 설명하며, 동시에 그에 대한 학문적 비판과 대안 제시를 통해 평석함으로써 헌법이론을 체계적으로 정리한 일종의 헌법연구집이다. 주지하는 바와 같이 헌법분야에 있어서 추상적인 헌법규정과 이론을 체계화시키고, 실제로 현실문제에 적용시키며, 살아있는 헌법으로서의 규범력을 확인하는 실습장이 바로 헌법판례라고 할 수 있다. 따라서 헌법강의와 연구 및 실무에 있어서 헌법판례에 대한 이해는 필수적이며, 각종 국가시험에서 헌법판례에 관련된 문제가 상당수 제출되는 것도 그 때문이다. 이에 따라 오늘날 헌법판례에 대한 이해와 지식 없이 법을 공부하고 각종 국가시험에 응시한다거나 법조실무에 종사하는 것은 불가능하게 되었다.

그동안 우리 헌법재판소는 수많은 판례를 남겨 헌법이론의 발전과 헌법의 규범력 강화 및 기본권보장에 많은 기여를 해왔고, 아울러 대법원 등 일반법원의 판례에도 심대한 영향을 미쳐, 명실상부 헌법의 수호자로서의 역할을 충실히 이행해 왔다고 평가할 수 있다. 이는 실로 과거에는 상상하기 어려웠던 커다란 업적이라고 할 수 있다. 다시 말해 법학과 법조실무에서 그동안 별 기능을 못했던, 심하게 말하면 장식적 기능만을 행사했다고도 볼 수 있는 헌법을 명실상부 최상위의, 그리고 가장 핵심적이고 근본적인 규범으로 자리매김 시켰다고 평가할 수 있을 것이다. 따라서 이러한 역할을 하는 가장 핵심적이고 직접적인 도구인 헌법판례를 살펴보는 것이야말로 헌법을 이해하고, 법전빈의 체계화를 구축하며, 법치주의를 구현하기 위한 가장 기본적인 출발점이라고 할 수 있다.

그러나 다른 한편 헌법재판소의 판례들 중에는 상당한 문제점을 지니고 있는 경우가 적지 않다. 따라서 이렇게 중요한, 그러나 문제점도 함께 내포하고 있는 헌법판례를 분석하고, 비판하며, 대안을 제시하는 과정을 통해 헌법의 쟁점과 이론을 체계적으로 정리하는 것은 헌법과 헌법판례의 발전, 헌법재판소의 권위와 위상제고, 기본권보장과 권력통제 및 헌법수호라고 하는 헌법재판제도의 기능 확립을 위해 매우 긴절히 요구된다고 하겠다. 그리고 이는 학자나 법조인 등의 법률전문가뿐 아니라, 전문가나 학자의 길을 걷고자 계획하는 법학전문대학원생과 일반대학원생 및 각종 국가고시를 준비하는 일반학생들에게도 상당한 도움을 줄 수 있는 나름대로 필요한 작업이라고 생각한다.

이러한 목적하에 집필한 것이 바로 이 책이다. 이 책에 실린 글은 대부분 우리 헌법재판소의 결정을 대상으로 한 것이지만, 예외적으로 우리 대법원과 독일 연방헌법재판소 및 미국 대법원의 판례도 사안의 중요성과 우리 제도에의 적용가능성 및 헌법적 의의를 고려하여 대상으로 삼았다. 그리고 상당부분 이미 발표한 글을 실었지만, 아직 발표되지 않은 글도 실었으며, 제목을 바꾸거나 과거의 글을 현재의 시점에 맞게 고치고, 새로운 판례와 개정된 법령을 보완·수정한 부분도 적지 않다. 글의 순서는 관련 판례의 선고일자를 기준으로 하되, 최근에 선고된 판례부터 시작했다. 독일 연방헌법재판소와 미국 대법원의 판례에 대한 평석은 뒷부분으로 배열했다. 아무쪼록 이 책이 전문가 및 학생들의 효율적이고 체계적인 헌법연구와 수험준비 등에 도움이 되길 바란다.

끝으로 이 자리를 빌어 수익성이 없을 이 책의 출판을 기꺼이 맡아준 법영사 고준영 대표님과 관계자들께 감사의 말씀을 드린다.

2014년 2월
정 연 주

차 례

1. 정당등록취소와 정당설립의 자유

– 헌재 2006. 4. 27. 2004헌마562 정당법 제38조 제1항 제3호 등 위헌확인[1] 및 헌재 2014. 1. 28. 2012헌가19 정당법 제44조 제1항 제3호 위헌제청 –

[目 次]

Ⅰ. 머리말

이 글은 국회의원선거 결과 일정 기준 이상의 득표를 하지 못한 정당의 등록을 취소하는 규정이 위헌인지의 여부를 다룬 것이다. 현행 정당법 제44조 제1항 제3호에 따르면 정당이 임기만료에 의한 국회의원선거에 참여하여 의석을 얻지 못하고 유효투표총수의 100분의 2 이상을 득표하지 못한 때에는 당해 선거관리위원회가 그 등록을 취소하도록 규정하고 있다.[2] 여기서 정당이 단지 2%의 득표율을 올리지 못했다는 이유

1) 헌재 2006. 4. 27. 2004헌마562, 판례집 18-1상, 574.

2) 정당법 제44조(등록의 취소) ① 정당이 다음 각 호의 어느 하나에 해당하는 때에는 당해 선거관리위원회는 그 등록을 취소한다.

1. 제17조(법정시·도당수) 및 제18조(시·도당의 법정당원수)의 요건을 구비하지 못하게 된 때. 다만, 요건의 흠결이 공직선거의 선거일 전 3월 이내에 생긴 때에는 선거일 후 3월까지, 그 외의 경우에는 요건흠결시부터 3월까지 그 취소를 유예한다.
2. 최근 4년간 임기만료에 의한 국회의원선거 또는 임기만료에 의한 지방자치단체의 장선거나 시·도의회의원선거에 참여하지 아니한 때
3. 임기만료에 의한 국회의원선거에 참여하여 의석을 얻지 못하고 유효투표총수의 100분의 2 이상을 득표하지 못한 때

정당법 제41조(유사명칭 등의 사용금지) 제44조 제1항의 규정에 의하여 등록취소된 정당의 명칭과 같은 명칭은 등록취소된 날부터 최초로 실시하는 임기만료에 의한 국회의원선거의 선거일까지 정당의 명칭으로 사용할 수 없다.

로 정당의 해산을 의미하는 정당의 등록을 취소하는 것이 과연 헌법상의 정당설립의 자유와 복수정당제도 및 다원적 민주주의의 원리에 위반되는 것이 아닌지의 의문이 제기되어 왔다.

이에 대하여 과거 헌법재판소는 2004헌마562 사건에서 현행 정당법 제44조 제1항 제3호에 해당하는 구 정당법 제38조 제1항 제3호가 기본권 침해의 직접성이 없다는 이유로 사건을 각하함으로써 이 규정의 위헌 여부를 판단하지 않았다. 그러나 이 사건의 반대의견은 이 규정이 기본권 침해의 직접성 요건을 충족하고 있다는 전제하에서 정당설립의 자유를 침해하고 있다고 주장한바 있다. 그러던 중 서울행정법원이 현행 정당법 제44조 제1항 제3호가 정당활동의 자유를 침해한다는 이유로 위헌법률심판을 제청했고,[3] 헌재는 2014. 1. 28. 이 규정(2012헌가19)과 유사명칭 등의 사용금지를 규정한 동법 제41조 제4항 중 제44조 제1항 제3호에 관한 부분에 대하여(2012헌마431) 위헌결정을 내렸다. 이처럼 2004헌마562 사건에서는 헌재의 법정의견이 헌법소원제기의 적법성 요건의 흠결을 이유로 이 정당등록취소규정의 위헌 여부에 대한 판단을 하지 않았지만 서울행정법원의 위헌제청으로 헌재가 이 규정의 위헌 여부를 판단하지 않을 수 없게 되어 결국 2012헌가19 사건에서 위헌결정을 내린 것이다.

결과적으로 등록취소규정을 위헌이라고 한 헌재의 결정은 타당하다고 하겠다. 그러나 헌재의 결정은 그 논증에 있어서 근본적인 문제점을 노정하고 있다. 즉 정당의 기능과 정당민주주의 및 정당설립의 자유에 대한 기본 이해에 있어서 동의하기 어려운 문제를 지니고 있는 것이다.

따라서 여기서 헌재의 결정내용들을 살펴보고, 정당등록취소제도의 위헌성을 정당의 기능과 정당설립의 자유 및 복수정당제도 그리고 다원적 민주주의의 원리 등 다양한 헌법적 쟁점들과 관련하여 고찰한 후 헌재결정의 문제점을 지적하는 것은 대단히 중요한 의미를 지닌다고 하겠다.

Ⅱ. 헌재결정의 내용

1. 2006. 4. 27. 2004헌마562

(1) 사건의 개요

청구외 사회당은 정당법에 의하여 등록된 정당으로 활동하다 2004. 4. 15. 제17대 국회의원선거에 참여하여 30,180표(유효투표총수의 0.3%)를 득표하였고, 이에 따라 중앙선거관리위원회는 같은 달 20. 위 사회당에 대하여 구 정당법 제38조 제1항 제3호에 의하여 정당등록취소처분을 하였다. 이에 위 사회당의 등록 취소 전 그 정당의 대표였던

3) 서울행정법원 2012. 10. 26. 2012아1493 위헌법률심판제청.

청구인은 2004. 7. 14. 구 정당법 제38조 제1항 제3호, 제43조 제4항에 의하여 청구인의 정당설립의 자유, 평등권, 결사의 자유 등을 침해받았다고 하여 그 위헌확인을 구하는 이 사건 헌법소원심판을 청구하였다.

(2) 결정의 요지

1) 다수의견

가. 일반적으로 법률에서 예정한 구체적인 집행행위를 매개로 하여 그 법률이 비로소 국민 개개인의 기본권에 영향을 미칠 수 있게 되므로 개개의 국민은 먼저 일반쟁송의 방법으로 구체적인 집행행위를 대상으로 하여 그로 인한 기본권침해에 대한 구제절차를 밟는 것이 순서이고 이는 최후·보충적인 기본권 구제수단이라는 헌법소원심판의 본질로부터 당연히 요청되는 것이다.

나. 이 사건 등록취소규정에 의하여 청구외 사회당이 소멸하여 그 결과 청구인 주장의 기본권이 침해되는 것이 아니라 위 규정 소정의 등록취소사유에 해당되는지 여부에 대한 중앙선거관리위원회의 심사 및 그에 이은 등록취소라는 집행행위에 의하여 비로소 정당이 소멸하게 된다. 그리고 중앙선거관리위원회의 이 사건 사회당에 대한 등록취소처분이 행정소송의 대상이 됨은 명백하다고 할 것이고 그 정당 등록취소처분의 취소소송절차에서의 위 규정에 의한 등록취소사유(예컨대 소정의 득표율에 미달되었는지 여부)에 대한 사실관계 확정과 더불어 얼마든지 위 규정에 대한 위헌 여부의 제청을 구할 수 있는 것이며 그 외 달리 그러한 절차경유가 곤란하거나 부당하다고 볼 사정 또는 그러한 절차의 경유가 실효성이 없다고 볼 사정은 찾아보기 어렵다. 따라서 이 사건 등록취소규정은 기본권 침해의 직접성이 없다.

다. 이 사건 명칭사용금지규정 자체에 의하여 바로 청구외 사회당이 그 정당명칭을 사용하지 못하게 되는 것이 아니라 중앙선거관리위원회의 등록취소규정에 의한 정당등록취소라는 집행행위가 있을 때 비로소 그 금지효과가 발생하므로 이 사건 명칭사용금지규정은 기본권 침해의 직접성이 없다.

2) 반대의견

가. 법률에 대한 헌법소원심판에서 직접성의 예외를 인정하는 이유는 무엇보다 국민의 기본권 보호에 있어서 공백을 방지하고 우회적인 경로를 통하지 않고 보다 근원적이고 직접적으로 기본권 보장 수단을 제공하려는 데 있다.

나. 이 사건 등록취소규정에의 해당 여부는 국회의원총선거의 개표결과 및 그 투표수와 득표수의 단순한 산술적인 계산 결과에 대한 기계적인 검토에 불과하여 중앙선거관리위원회의 어떠한 실질적인 심사도 개입될 여지가 없으므로 이 사건 등록취소규정이 국민의 권리관계를 집행행위의 유무나 내용에 의해 좌우될 수 없을 정도로 확정

하고 있다고 할 것이어서 권리침해의 직접성이 인정되고, 행정소송이 가능하다고 보아 그 절차의 경유를 요구하는 것은 우회적인 경로를 강요하는 것 밖에 되지 않으며, 이 사건 등록취소규정에 대하여 이와 같은 이유에서 직접성을 인정하는 이상 정당등록취소를 요건으로 하고 있는 이 사건 명칭사용금지규정의 경우에도 같은 이유로 직접성을 인정할 수 있다.

다. 이 사건 등록취소규정 및 이 사건 명칭사용금지규정의 경우에는 그 직접적인 수규자인 정당에 의한 헌법소원 가능성이 없고 그 내포하는 불이익이 정당 뿐만 아니라 정당의 구성원에게도 유사한 정도로 불이익을 가져온다는 점에서 거의 동일한 효과를 가지고 있으므로 법의 목적 및 실질적인 규율대상, 법규정에서의 제한이나 금지가 제3자에게 미치는 효과나 진지성의 정도, 규범의 수규자에 의한 헌법소원의 제기가능성 등을 종합적으로 고려하여 판단할 때 등록취소된 정당의 구성원인 청구인의 자기관련성을 인정할 수 있다.

라. 이 사건 등록취소규정은 아직 원내에 진출하지 못하고 득표율이 저조하다는 이유로 헌법상 정당의 개념 표지[4]를 갖추고 적법하게 요건을 충족하여 등록된 정당을 사후적인 등록취소를 통해 존립을 불가능하게 하는 것으로 정당의 개념표지와는 무관한 국회의원총선거에서의 성공 여부라는 우연한 사정에 기초하여 정당을 소멸시킴으로써 정당의 존속을 불가능하게 하고, 계속적으로 진지하게 정당활동을 수행하는 과정에서 국민대중의 지지를 획득하여 보다 굳건한 정당으로 성장할 수 있는 신생정당들을 정치생활의 영역으로부터 축출하여 신생정당의 진입을 가로막으며 소수의견의 정치적 결집을 봉쇄하고 기성의 정당체제를 고착화시키는 데 기여하는바 정당설립의 자유제한에 있어 비례성원칙을 지키기 못하여 정당설립의 자유를 침해하고 헌법에 위반된다 할 것이고, 이 사건 명칭사용금지규정 중 이 사건 등록취소규정의 해당 부분은 위에서 본 바와 같이 정당설립의 자유를 침해하는 규정을 전제로 하고 있으므로 같은 이유에서 헌법에 위반된다 할 것이다.

2. 2014. 1. 28. 2012헌가19, 2012헌마431

(1) 사건의 개요

청구인 겸 제청신청인들은 등록취소된 정당 및 그 대표자들이다. 청구인 진보신당·

4) 정당의 개념표지와 관련하여 헌재는 “우리 헌법 및 정당법상 정당의 개념적 징표로서는 ① 국가와 자유민주주의 또는 헌법질서를 긍정할 것, ② 공익의 실현에 노력할 것, ③ 선거에 참여할 것, ④ 정강이나 정책을 가질 것, ⑤ 국민의 정치적 의사형성에 참여할 것, ⑥ 계속적이고 공고한 조직을 구비할 것, ⑦ 구성원들이 당원이 될 수 있는 자격을 구비할 것 등을 들 수 있다. 즉, 정당은 정당법 제2조에 의한 정당의 개념표지 외에 예컨대 독일의 정당법(제2조)이 규정하고 있는 바와 같이 ‘상당한 기간 또는 계속해서’ ‘상당한 지역에서’ 국민의 정치적 의사형성에 참여해야 한다는 개념표지가 요청된다고 할 것이다.”라고 판시하여 정당의 개념표지를 열거하고 있다(2006. 3. 30. 2004헌마246, 판례집 18-1상, 402, 412-413). 같은 맥락에서 권영성, 한법학원론, 2000, 190쪽 이하; 김철수, 헌법학개론, 2000, 150쪽 이하 참조.

녹색당 및 청년당은 제19대 국회의원선거에 참여하였으나, 의석을 얻지 못하고 유효투표총수의 100분의 2 이상을 득표하지 못하여 정당법 제44조 제1항 제3호에 따라 정당등록이 취소되었다. 한편 청구인들은 등록취소된 정당의 명칭과 동일한 명칭을 일정기간 정당의 명칭으로 사용할 수 없도록 한 정당법 제41조 제4항에 의하여, '진보신당'·'녹색당' 및 '청년당'을 정당의 명칭으로 사용할 수 없게 되었다. 이에 청구인들은 정당법 제41조 제4항의 위헌확인을 구하는 헌법소원심판을 청구하고(2012헌마431), 각 중앙당등록취소처분의 취소를 구하는 소를 제기한 후 그 소송 계속 중 정당법 제44조 제1항 제3호에 대한 위헌법률심판제청신청을 하였는바, 법원은 위 신청을 받아들여 위헌법률심판을 제청하였다(2012헌가19).

(2) 결정의 요지

1) 정당등록취소조항이 1980년 국가보위입법회의에 의하여 처음 도입될 당시는 물론 이후 국회에서 이루어진 정당법 개정과정에서의 회의록을 살펴보아도, 위 조항의 입법취지를 찾을 수 없다. 헌법 제8조 제1항의 정당설립의 자유와 헌법 제8조 제4항의 입법취지를 고려하여 볼 때, 단지 일정 수준의 정치적 지지를 얻지 못한 군소정당이라는 이유만으로 정당을 국민의 정치적 의사형성과정에서 배제하기 위한 입법은 헌법상 허용될 수 없다.

2) 다만 실질적으로 국민의 정치적 의사형성에 참여할 의사나 능력이 없는 정당을 정치적 의사형성과정에서 배제함으로써 정당제 민주주의를 발전시키고자 하는 한도에서 정당등록취소조항의 입법목적의 정당성을 인정할 수 있고, 국회의원선거에서 원내진출 및 일정 수준의 득표에 실패한 정당의 등록을 취소하는 것은 이러한 입법목적 달성에 유효한 수단이 될 수 있다.

3) 헌법재판소의 결정으로 정당이 해산된 경우와는 달리, 정당등록취소조항에 의해 정당등록이 취소된 경우에는 대체정당의 설립이 가능하고 일정기간이 경과하면 등록취소된 정당의 명칭을 사용할 수 있다고 하더라도, 정당등록의 취소는 정당의 존속 자체를 박탈하여 모든 형태의 정당활동을 불가능하게 하므로, 그에 대한 입법은 필요최소한의 범위에서 엄격한 기준에 따라 이루어져야 한다. 그런데 일정기간 동안 공직선거에 참여할 기회를 수회 부여하고 그 결과에 따라 등록취소 여부를 결정하는 등 덜 기본권 제한적인 방법을 상정할 수 있고, 정당법에서 법정의 등록요건을 갖추지 못하게 된 정당이나 일정 기간 국회의원선거 등에 참여하지 아니한 정당의 등록을 취소하도록 하는 등 입법목적을 실현할 수 있는 다른 법적 장치도 마련되어 있으므로, 정당등록취소조항은 침해의 최소성 요건을 갖추지 못하였다.

4) 나아가 위 조항은 어느 정당이 대통령선거나 지방자치선거에서 아무리 좋은 성과를 올리더라도 국회의원선거에서 일정 수준의 지지를 얻는 데 실패하면 등록이 취소

될 수밖에 없어 불합리하고, 신생·군소정당으로 하여금 국회의원선거에의 참여 자체를 포기하게 할 우려도 있어 법익의 균형성 요건도 갖추지 못하였다.

5) 따라서 정당등록취소조항은 과잉금지원칙에 위반되어 청구인들의 정당설립의 자유를 침해한다.

6) 정당명칭사용금지조항은 정당등록취소조항을 전제로 하고 있으므로, 같은 이유에서 정당설립의 자유를 침해한다고 할 것이다.

Ⅲ. 등록취소규정의 기본권 침해의 직접성 여부

이번 2012헌가19 사건의 경우 헌법소원사건이 아닌 위헌제청된 사건으로 등록취소규정의 기본권 침해의 직접성 여부가 문제되지는 않지만, 이론적으로 헌법소원으로 제기된 경우 직접성이 문제가 되고, 이는 중요한 헌법적 해명이 필요하고 또한 장래 유사한 사건이 발생될 경우 이에 대한 기준을 제시할 필요가 있다는 점에서 이에 대한 규명은 나름대로 의미가 있다고 하겠다.

1. 2004헌마562 사건의 법정의견

다수의견은 등록취소규정에 의하여 정당의 등록이 직접 취소되는 것이 아니라 중앙선거관리위원회의 심사 및 그에 이은 등록취소라는 집행행위에 의하여 비로소 정당이 소멸하게 되고, 그 등록취소처분은 행정소송의 대상이 되기 때문에 등록취소규정은 기본권 침해의 직접성이 없다고 판시하고 있다.

이에 대하여 반대의견은 등록취소규정에의 해당 여부는 국회의원총선거의 개표결과 및 그 투표수와 득표수의 단순한 산술적인 계산 결과에 대한 기계적인 검토에 불과하여 중앙선거관리위원회의 어떠한 실질적인 심사도 개입될 여지가 없으므로 등록취소규정이 국민의 권리관계를 집행행위의 유무나 내용에 의해 좌우될 수 없을 정도로 확정하고 있어 권리침해의 직접성이 인정되고, 행정소송이 가능하다고 보아 그 절차의 경유를 요구하는 것은 우회적인 경로를 강요하는 것 밖에 되지 않는다고 주장한다.

2. 결 어

기본권 침해의 직접성은 침해의 원인이 되는 공권력작용과 기본권 침해 사이에 별도의 중간 매개물로서의 또 다른 공권력작용이 존재하지 않는 경우에 인정된다. 직접성의 요건은 법령에 대한 헌법소원에서 특히 중요한 의미를 가진다. 즉 법령 자체가 헌법소원의 대상이 될 수 있으려면 그 법령에 의하여 구체적인 집행행위를 기다리지 아니하고 직접·현재·자기의 기본권을 침해받아야 하는 것을 요건으로 하고, 여기서 말하는 기본권침해의 직접성이란 집행행위에 의하지 아니하고 법령 그 자체에 의하여 자유의 제한, 의무의 부과, 권리 또는 법적 지위의 박탈이 생긴 경우를 뜻한다.[5] 그리고 법규범이 집행행위를 예정하고 있더라고 법규범의 내용이 집행행위 이전에 이미 국민의 권리관계를 직접 변동시키거나 국민의 법적 지위를 결정적으로 정하는 것이어서 국민의 권리관계가 집행행위의 유무나 내용에 의하여 좌우될 수 없을 정도로 확정된 상태라면 그 법규범의 권리침해의 직접성이 인정된다.[6] 이 사안의 경우 반대의견도 적절히 주장하고 있듯이 등록취소규정이 일의적으로 규정되어 있어 이미 법률 자체로 기본권 침해가 확정되고 행정청에게는 재량의 여지가 없이 이를 기계적으로 확인하는 것에 불과하기 때문에 침해의 직접성을 인정할 수 있다.[7]

또한 구체적 집행행위가 존재한 경우라고 하여 언제나 반드시 법률 자체에 대한 헌법소원심판청구의 적법성이 부정되는 것은 아니다. 즉 집행행위가 존재하는 경우라도 그 집행행위를 대상으로 하는 구제절차가 없거나 구제절차가 있다고 하더라도 권리구제의 기대가능성이 없고 다만 기본권침해를 당한 청구인에게 불필요한 우회절차를 강요하는 것밖에 되지 않는 경우에는 당해 법률을 직접 헌법소원의 대상으로 삼을 수 있다.[8] 따라서 행정청의 형식적이고 기계석인 집행행위를 대상으로 행정쟁송을 제기하면서 등록취소규정을 대상으로 위헌제청신청을 하도록 하는 것은 우회적인 절차를 강요하는 것이고, 또한 위헌제청신청이 기각될 경우 이에 대해 헌법소원을 제기할 수는 있으나 해당 재판절차는 계속 진행되어 효과적인 권리구제에 어려움이 따를 수 있다는 점을 고려하면 더욱 그렇다.

한편 보충성의 원칙의 측면에서 볼 때 형식적으로 집행행위가 존재하고 이에 대한 사법적 권리구제절차가 있다고 하더라고 이른바 보충성의 원칙의 예외가 인정될 수 있다고 할 것이다. 왜냐하면 이 사안에서는 행정청은 단지 법률에 해당하는 요건을 확

5) 헌재 1992. 11. 12. 91헌마192, 판례집 4, 813, 823.

6) 헌재 1997. 7. 16. 97헌마38, 판례집 9-2, 94, 104.

7) 같은 견해 이종수, 최근 판례들에 나타난 헌법재판소의 정당관, 헌법판례연구[8], 2006. 12, 한국헌법판례연구회편, 172쪽.

8) 이는 그동안의 일관된 헌재의 입장이다. 예컨대 헌재는 법무사법시행규칙에 대한 헌법소원사건에서 "… 헌법재판소법 제68조 제1항 후단 소정의 다른 법률에 의한 구제절차란, 소원의 목적물인 공권력의 행사 또는 불행사를 직접 대상으로 하여 그 효력을 다툴 수 있는 절차를 의미하는 것이지 최종 목적을 달성키 위하여 취할 수 있는 모든 우회적인 구제절차를 의미하는 것이 아니며, 이 사건에서 청구인으로서는 법원행정처장에게 법무사시험 실시를 요구하고 그 결과(거부처분이나 부작위)에 대하여 불복청구하는 행정심판이나 행정소송을 제기할 수 있을는지도 모르나 가사 그러한 구제절차가 인정된다고 하더라도 그러한 것은 우회적인 절차여서 신속한 권리구제를 받기란 기대하기 어려운 것이므로 이는 헌법재판소법 제68조 제1항 후단 소정의 구제절차에 해당되지 아니하고, 법령자체에 의한 직접적인 기본권침해여부가 문제되었을 경우 그 법령의 효력을 직접 다투는 것을 소송물로 하여 일반 법원에 구제를 구할 수 있는 절차는 존재하지 아니하므로 이 경우에는 다른 구제설차를 서칠 것 없이 바로 헌법소원심판을 청구할 수 있는 것이다."라고 판시함으로써 이러한 입장을 분명히 하고 있고(1990. 10. 15. 89헌마178, 판례집 2, 365, 371), 이 후의 판례도 같은 입장을 취하고 있다(1992. 4. 14. 90헌마82, 판례집 4, 194, 203; 1997. 8. 21. 96헌마48, 판례집 9-2, 295, 303). 기본권 침해의 직접성과 관련하여 정연주, 법규명령에 대한 헌법소원, 헌법판례연구[I], 헌법판례연구회편, 1999. 7. 359쪽 이하 참조.

인하는데 불과하고 행정법원도 이러한 행정청의 집행행위의 법률위반여부를 확인하는데 불과하여 법원의 판단을 구할 실익이 없고 청구인이 원하는 권리구제의 기대가능성이 없거나 우회적인 권리구제절차를 강요하는 것이기 때문이다.

결국 등록취소규정의 기본권 침해의 직접성은 인정되고 따라서 직접 이 규정을 대상으로 제기한 헌법소원은 적법하며, 이를 부적법 각하시킨 다수의견은 타당하지 못하고 그동안의 헌재의 입장과도 배치된다.

Ⅳ. 정당등록취소규정의 위헌성

1. 정당민주주의와 관련하여

정당이라 함은 국민의 이익을 위하여 책임 있는 정치적 주장이나 정책을 추진하고 공직선거의 후보자를 추천 또는 지지함으로써 국민의 정치적 의사형성에 참여함을 목적으로 하는 국민의 자발적 조직을 말한다(정당법 제2조). 정당은 정책을 개발하고, 국민의 다양한 정치적 의사를 국정에 반영하는 교량적 역할을 하는 정치적 결사로서 정책결정과 집행 및 국정운영의, 그리고 다원적 민주주의 실현의 필수불가결한 수단이다.[9] 이처럼 정당은 무정형적이고 무질서한 개개인의 다양한 정치적 의사를 집약·정리하고 구체적인 진로와 방향을 제시하며 국정에 반영 또는 매개하는 중요한 공적 기능을 수행하기 때문에 헌법도 정당의 기능에 상응하는 지위와 권한을 보장함과 동시에 그 헌법 질서를 존중해 줄 것을 요구하고 있다. 즉 헌법 제8조는 정당설립의 자유와 복수정당제를 보장하고, 국가에 의한 정당의 보호를 규정하면서, 정당해산과 관련해서도 정당의 목적이나 활동이 민주적 기본질서에 위배될 때에만 그리고 헌법재판소에 의해서만 해산될 수 있도록 규정하고 있는 것이다.

이처럼 정책의 개발, 국민의사의 국정에의 반영, 민의의 형성과 결집, 인재의 발굴, 중앙과 지방의 매개, 국정통제, 책임정치의 실현 등은 주로 정당을 통해 이루어진다. 특히 정치·사회적으로 취약한 신진·소수세력의 정치 및 선거에의 참여는 주로 정당을 통해 실현 가능하다는 점에서 정당민주주의는 소수보호를 핵심적 가치의 하나로 하고 있다. 다수의 의사만이 존중받아야 할 정당한 의사는 결코 아니다. 즉 존중받아야 할 의사와 가치 및 민주주의의 본질은 다수냐 소수냐의 문제와는 원칙적으로 무관한 것이다. 따라서 선거 결과 일정 득표율에 미달하였다고 하여 그 정당의 등록을 취소하여 축출하는 것은 정당민주주의를 부정하는 것이다.

한편 이 정당등록취소규정과 관련하여 과거 중앙선관위 관계자는 이 규정의 취지를 "국민의 지지도가 극히 낮은 정당의 난립을 막아 정당민주주의 질서를 잡겠다는 취지에 따른 것"이라고 설명한 바 있다.[10] 그러나 국민의 지지도가 낮은 군소정당이 난립

---

9) 헌재 2004. 3. 25. 2001헌마710, 판례집 16-1, 422, 434; 2006. 3. 30. 2004헌마246, 판례집 18-1상, 402, 411.

한다고 해서 그것이 정당민주주의의 질서를 파괴하는 것도 아니고, 그 밖의 공익이나 국민에게 그 어떤 손해를 끼치는 것도 아니다. 결국 국민의 지지도에 따른 정당의 존속 여부는 법으로 정할 것이 아니고 정당 스스로가 결정할 문제이다.

2. 정당설립의 자유와 관련하여

앞서 언급한 바와 같이 정당이 현대국가에서 가지는 필수불가결의 기능 때문에 헌법은 정당의 설립과 활동의 자유라고 하는 정당의 자유를 법률유보조항 없이 보호하고 있다. 정당설립 및 활동의 자유라고 함은 정권획득 내지 정치적 영향력 행사를 목적으로 국민의 정치적 의사형성에 참여하는 계속적인 정치적 결사를 자발적으로 조직하고 활동할 수 있는 자유를 말한다. 여기서 정당설립 및 활동의 자유의 핵심적 내용은 정당을 설립하고 활동하고 유지하는데 있어서 국가의 간섭으로부터 자유로울 수 있는 권리를 말한다.

오늘날 의회민주주의에서 정당이 가지는 중요한 의미와 정당의 특별한 지위를 강조하는 우리 헌법의 취지에 비추어 볼 때 신생정당의 설립뿐만 아니라 기존 정당의 정책과 활동 및 존속에 대한 보호도 필요하다. 그런데 등록취소규정은 공직선거에서 진지하게 당선의 노력을 다한 정당의 후보자와 그 정당에게 선거의 결과에 따라 부당한 제재를 가하는 것이고, 정당 및 그 후보자를 지지한 유권자에게도 자신의 지지와 선택이 아무 가치 없는 행위로 폄하되어 다음 선거에서 다시 같은 정당과 그 후보자를 지지할 수 없게 함으로써 정당의 자유의 본질을 훼손하고 소수자 보호라는 헌법적 요청에 반하므로 후술하는 바와 같이 군소정당의 난립방지라는 입법목적을 아무리 강조하여도 이를 정당화할 수 없어 정당설립의 자유를 침해하고 있다. 2004헌마562 사건의 반대의견도 적시하고 있듯이 등록취소규정은 아직 원내에 진출하지 못하고 득표율이 저조하다는 이유로 헌법상 정당의 개념 표지를 갖추고 적법하게 그 요건을 충족하여 등록된 정당을 사후적인 등록취소를 통해 그 존립을 불가능하게 하는 것으로 정당의 개념표지와는 무관한 국회의원총선거에서의 결과적 성공이라는 우연한 사정에 기초하여 정당을 소멸시킴으로써 정당의 존속을 불가능하게 하고, 계속적으로 진지하게 정당활동을 수행하는 과정에서 국민대중의 지지를 획득하여 보다 굳건한 정당으로 성장할 수 있는 신생정당들을 정치생활의 영역으로부터 축출하여 신생정당의 진입을 가로막으며 소수의견의 정치적 결집을 봉쇄하고 기성의 정당체제를 고착화시키는 데 기여하므로 정당설립의 자유를 제한함에 있어 헌법상 준수하여야 할 비례성을 지키지 못하고 있다. 즉 현역 국회의원을 최소한 1명이라도 확보하고 새로 창당되는 정당에게는 이 사건 법률조항이 적용되지 않는 반면 그렇지 못한 채로 출범하는 신생정당에게는 단 한 번의 선거에서 의석을 확보하지 못하였다고 하여 정당을 소멸시키고 다음 선거에서

---

10) 동아일보 2008. 4. 14, A8.

그 명칭조차 사용할 수 없게 하는 것은 해당 정당에게 재기의 기회마저 부여하지 않는 것으로 정당설립의 자유를 지나치게 제한하는 것으로 비례의 원칙 위반이고 본질적 내용침해금지의 원칙의 위반의 소지마저 있는 것이다.[11)]

한편 정당법 제44조 제1항은 등록취소요건으로, 제2호에서는 '최근 4년간 임기만료에 의한 국회의원선거 또는 임기만료에 의한 지방자치단체의 장선거나 시·도의회의원선거에 참여하지 아니한 때'를 두고 있는 반면, 제3호에서는 '임기만료에 의한 국회의원선거에 참여하여 의석을 얻지 못하고 유효투표총수의 100분의 2 이상을 득표하지 못한 때'를 두고 있는바, 이는 임기만료에 의한 국회의원선거에 참여하여 의석을 얻지 못하고 유효투표총수의 2% 이상을 득표하지 못할 가능성이 큰 군소정당으로 하여금 등록취소를 면하기 위해 임기만료에 의한 지방자치단체의 장선거나 시·도의회의원선거에만 참여하고, 임기만료에 의한 국회의원선거에는 불참하도록 유도할 가능성이 크고, 결국 정당법 제44조 제1항 제3호는 군소정당의 국회의원선거에의 참여를 사실상 제한함으로써 정당활동의 자유를 침해하는 결과를 초래할 수 있다.

한편 정당법 제41조의 명칭사용금지규정은 정당법상의 등록취소규정에 의하여 등록이 취소된 정당의 명칭을 차기 국회의원총선거까지 사용할 수 없도록 하고 있는바, 이 명칭사용금지규정 중 등록취소규정의 해당 부분은 위에서 본 바와 같이 정당설립의 자유를 침해하는 규정을 전제로 하고 있으므로 같은 이유에서 헌법에 위반된다 할 것이다. 즉 정당의 명칭은 그 정당의 정책과 정치적 신념을 표현하는 최고의 표지라고 할 것이고 따라서 그 명칭은 그 정당의 정체성과 추구하는 이념을 명확히 나타내고 있는 것인데, 명칭사용금지규정으로 말미암아 정당의 정체성을 유권자들에게 더 이상 명확히 알릴 수 없게 됨으로써 이 규정은 정당의 존폐에 영향을 주어 정당의 설립의 자유를 침해하고 있다.

3. 군소정당난립방지와 관련하여

정당법 제44조 제1항 제3호의 입법목적은 이 사건을 각하시킨 2004헌마562 사건의 다수의견은 물론, 반대의견도 밝히고 있지 않아 분명하지 않지만 군소정당난립방지라고 볼 수 있고, 그 외의 다른 공익적 이유를 발견하기 어렵다. 헌재는 2006. 3. 30. 2004헌마246 정당법 제25조 등 위헌확인 사건에서 "시·도당은 1천인 이상의 당원을 가져야 한다."라고 규정한 구 정당법 제27조(현행 정당법 제18조 제1항)의 입법목적과 관련하여 "이 사건 법률조항의 입법목적은 이른바 … 군소정당을 배제하려는 것으로 판단된다. 즉, 각 시·도당에게 1천인 이상의 당원을 요구한 제27조의 규정은 아직 당원

11) 2004헌마562 사건의 반대의견이 예를 들고 있듯이 등록취소 규정에 의하여 제16대 총선거 직후 등록이 취소되었던 민주노동당은 재등록 후 바로 다음 17대 총선거에 참여하여 원내 제3당의 지위를 차지하였는바 이는 등록취소규정이 정당설립의 자유 제한에 있어서 적정한 비례성을 지키고 있지 못하다는 점을 현실적으로 입증하는 분명한 사례라 할 것이다.

을 충분히 확보하지 못하여 일정규모 이상 국민의 지지를 받지 못하거나 이익을 대변하지 못한다고 판단되는 이른바 '군소정당'을 배제하려는 취지로 볼 수 있다. 우선 우리 헌법의 대의민주적 기본질서가 제기능을 수행하기 위해서는 의회 내의 안정된 다수세력의 확보를 필요로 한다는 점에서, 군소정당의 배제는 그 목적의 정당성이 인정될 수 있다. … 이는 앞에서 본 바와 같이 … '군소정당'을 배제하려는 취지이며, 이와 같은 규정내용은 … 선거단체 및 소규모 지역정치단체들이 무분별하게 정당에 편입되는 것을 억제하기에 적합한 수단이라고 할 것이다. … 따라서 이 사건 법률조항이 비록 정당으로 등록되기에 필요한 요건으로서 … 각 시·도당마다 1,000명 이상의 당원을 갖출 것을 요구하고 있기 때문에 국민의 정당설립의 자유에 어느 정도 제한을 가하는 점이 있는 것은 사실이나, 이러한 제한은 '상당한 기간 또는 계속해서', '상당한 지역에서' 국민의 정치적 의사형성 과정에 참여해야 한다는 정당의 개념표지를 구현하기 위한 합리적인 제한이라고 할 것이므로, 그러한 제한은 헌법적으로 정당화된다고 할 것이다."[12]라고 판시함으로써 일정규모 이상 국민의 지지를 받지 못하거나 이익을 대변하지 못한다고 판단되는 '군소정당'을 배제시키는 것이 선거단체 및 소규모 지역정치단체들이 무분별하게 정당에 편입되는 것을 억제하고 이를 통해 결국 의회 내의 안정된 다수세력의 확보를 목적으로 한다는 점을 분명히 하고 있다. 따라서 일정한 득표율에 미달한 정당의 등록을 취소시키는 정당법 제44조 제1항 제3호의 입법목적도 군소정당의 난립을 방지하고 이를 통한 의회 내의 안정된 다수세력의 확보라고 할 수 있다.

그러나 군소정당의 난립방지 내지 군소정당의 정치영역에서의 배제라는 것이 정당설립의 자유와 복수정당제를 처음부터 부정하는 것이기 때문에 이미 그 자체 헌법상 정당화될 수 없는 입법목적이라는 점은 별론으로 하더라도,[13] 이러한 군소정당난립방지나 선거후보자의 난립방지를 통한 유권자에 의한 선택의 용이 등의 입법목적은 득표율을 기준으로 한 등록취소제도를 정당화시키지 못한다. 의회 내에서의 군소정당의 난립방지는 이른바 봉쇄조항, 즉 현재 시행되고 있는 군소정당의 의회진출을 저지하는 제도를 통해 얼마든지 가능하다. 공직선거법 제189조 제1항은 "중앙선거관리위원회는 비례대표국회의원선거에서 유효투표총수의 100분의 3 이상을 득표하였거나 지역구국회의원총선거에서 5석 이상의 의석을 차지한 각 정당에 대하여 당해 비례대표국회의원선거에서 얻은 득표비율에 따라 비례대표국회의원의석을 배분한다."라고 규정하고 있는데 이러한 봉쇄조항제도를 통해, 즉 오로지 '비례대표국회의원선거에서 유효투표총수의 100분의 3 이상을 득표하였거나 지역구국회의원총선거에서 5석 이상의 의석을 차지한 각 정당'이라는, 즉 정당법 제44조 제1항 제3호의 기준인 '국회의원총선거에 참여하여 의석을 얻지 못하고 유효투표총수의 100분의 2 이상을 득표하지 못한 때'보다 훨씬 엄격하고 높은 기준에 도달한 정당만이 의회에 진출할 수 있도록 함으로써 의

12) 헌재 2006. 3. 30. 2004헌마246, 판례집 18-1상, 402, 414-415.

13) 같은 견해 이종수, 전게논문, 165쪽.

회 내의 군소정당의 난립을 원천 봉쇄하고 있다. 따라서 정당법 제44조 제1항 제3호의 기준인 '국회의원총선거에 참여하여 의석을 얻지 못하고 유효투표총수의 100분의 2 이상을 득표하지 못한' 정당은 그 등록이 취소되지 않고 존속하더라도 아예 의회에 진출할 수가 없다. 결국 정당법 제44조 제1항 제3호의 등록취소제도는 군소정당의 난립방지를 통한 의회 내의 안정된 다수세력의 확보라는 입법목적에 전혀 기여하지 못하면서 정당설립의 자유 등 관련 기본권을 지나치게 침해하는 수단이며, 이 점에서 입법목적 달성을 위한 수단의 적합성의 원칙과 최소침해의 원칙 및 법익균형의 원칙을 내용으로 하는 비례의 원칙에 위반된다.[14] 아울러 군소정당난립방지라는 입법목적 자체가 헌법상 정당화될 수 없고, 따라서 목적의 정당성도 부정된다면 비례의 원칙 위반의 정도 내지 위헌의 정도는 더욱 커진다고 하겠다.

한편 등록취소제도의 입법목적으로 의회 내의 군소정당난립방지가 아니라 의회 외에서의 군소정당난립방지를 상정할 수 있으나, 의회 외에서 군소정당난립방지는 의회 내의 군소정당난립방지와 다수세력의 형성과는 무관함은 물론, 의회 외에서 소수정당의 난립을 방지할 아무런 공익적 사유를 발견할 수 없다. 따라서 이 경우 입법목적의 정당성이나 적합성의 원칙 등 비례의 원칙의 어떠한 내용도 충족시키지 못하여 결국 등록취소규정은 정당설립과 활동 및 존속의 자유를 본질적으로 침해하는 것이다.

한편 군소정당난립방지라는 이유는 등록취소규정인 "국회의원총선거에 참여하여 의석을 얻지 못하고 유효투표총수의 100분의 2 이상을 득표하지 못한 때"라는 규정과 상호 모순된다. 왜냐하면 이 규정에 따르면 정당이 단 하나의 의석이라도 확보한 경우에는 2% 미만의 득표율에도 불구하고 정당등록이 취소되지 않는데, 만일 이 규정의 목적이 군소정당의 난립을 방지하는 것이라면 비록 하나의 의석을 차지했더라고 득표율이 2% 미만이라면 군소정당에 해당되고 따라서 그 정당의 등록을 취소시켜야 한다. 특히 군소정당의 난립이 문제되는 것은 의회 내의 기능 가능한 안정된 다수세력의 확보라는 측면에서 의회 외에서 보다는 의회 내에서 주로 문제가 되는 것이고, 따라서 2% 미만의 득표율을 기록한 군소정당이 하나의 의석을 차지했다고 하여 정당등록을 취소시키지 않고 의회 내의 진출을 허용하는 것이 오히려 하나의 의석도 차지하지 못하고 동시에 득표율이 2% 미만에 불과한 군소정당이 의회에 진출하지 못하였지만 그러나 등록이 취소되지 않은 채 원외에서 존속하는 것보다 군소정당난립방지와 의회 내의 기능 가능한 안정된 다수세력의 확보라는 공익의 측면에서 더 큰 문제를 야기할 수 있다. 그러므로 만일 의회 내의 기능 가능한 안정된 다수세력의 확보와 이를 위한 의회 내의 군소정당의 난립방지가 등록취소규정의 목적이라면 하나의 의석을 확보한 경우라도 2% 미만의 득표율을 기록한 정당의 등록도 취소시켜야 논리적으로 맞다. 아

14) 군소정당난립방지나 입후보자의 난립방지는 굳이 등록취소제도가 아니더라도 위에서 언급한 봉쇄조항제도를 비롯하여 정당등록요건을 통한 제한, 기탁금제도를 통한 제한, 국고보조금제도를 통한 제한 등 다른 수단들을 통하여 어느 정도 실현가능하다고 볼 수 있다.

울러 만일－필자는 동의하지 않지만－원외에서의 군소정당의 난립방지가 이 규정의 목적이라고 하더라도 의석을 차지한지의 여부와 관계없이 2% 미만의 득표율을 기록한 정당은 군소정당이므로 역시 등록을 취소시켜야 논리적으로 타당하다. 또한 군소정당의 난립방지라는 공익 내지 입법목적에 비추어 볼 때 하나의 의석을 차지했지만 2% 미만의 득표율을 기록한 정당은 하나의 의석도 차지하지 못하고 2% 미만의 득표율을 기록한 정당과 군소정당이라는 측면에서는 차이가 없는데 양자를 등록취소와 관련하여 차별하고 있으므로 평등원칙의 측면에서도 정당화되기 어렵다. 이러한 점에서 이 등록취소규정은 헌법상 정당화되기 어렵다.

4. 위헌정당해산제도와 관련하여

주지하는 바와 같이 오늘날의 민주주의는 다원적 민주주의이다. 현대의 다원적 민주국가에서 복수정당제는 다양한 정치세력과 국민의 의사를 수렴하여 사회의 통합을 촉진시키기 위한 불가피한 요소이므로 대의민주주의의 기본바탕이라고 할 수 있다. 이에 따라 헌법 제8조가 정당에 대한 특별한 국가의 보호, 정당설립과 활동의 자유, 복수정당제를 보장하고 있다.

그러나 다른 한편 헌법 제8조 제4항이 위헌정당해산제도를 마련함으로써 민주주의 원리 자체를 위협하는 정당에 대하여는 헌법재판소가 위헌·해산결정을 내림으로써 민주주의실현을 위한 정당제도가 민주주의를 파괴하는 역할을 하지 않도록 제도적 장치를 마련하고 있다. 이는 투쟁적·방어적 민주주의의 관점에서 당연히 인정될 수 있는 제도라고 할 수 있다. 헌법 제8조 제2항이 “정당은 그 목적·조직과 활동이 민주적이어야 하며, 국민의 정치적 의사형성에 참여하는데 필요한 조직을 가져야 한다.”라고 규정한 것도 바로 그 때문이다. 헌법이 정당설립과 활동의 자유 및 복수정당제를 보장하는 이유도 바로 자유민주주의의 실현을 위한 것이기 때문에 정당의 존재목적도 자유민주적 기본질서의 실현이며, 따라서 이러한 헌법의 핵심적 가치라고 할 수 있는 자유민주적 기본질서를 파괴하는 정당은 헌법상 정당화될 수 없으며, 자유민주적 기본질서를 핵심으로 하는 헌법질서를 보호하기 위하여 그러한 위헌정당은 제거되어야 하는 것이다.

그러나 다른 한편 위헌정당해산제도는 정당보호의 기능도 가진다. 왜냐하면 일반 결사와는 달리 정당의 경우에는 엄격한 요건과 절차에 따라서 헌법재판소에 의해서만 해산되고 정부 내지 행정기관에 의해서는 절대로 해산될 수 없도록 함으로써 정부 내지 여당에 의한 야당 내지 소수정당에 대한 탄압을 막고 이로써 헌법이 지향하는 정당설립과 활동 및 유지의 자유 그리고 복수정당제를 실효성 있게 보장하는 정당보호의 기능을 가지는 것이다.[15)]

15) 위헌정당해산제도의 기능이 입법권과 행정권에 의한 방어적 민주주의의 남용을 차단하고 이로써 위로

따라서 오로지 헌법 제8조 제4항이 정하는 엄격한 요건 하에서만 정당의 자유에 대한 예외를 허용하여 민주적 정치과정의 개방성을 최대한 보장하려는 것으로 정당의 정치적 내용 및 활동에 관하여 헌법재판소가 위헌성을 확인한 경우에만 그 정당이 정치생활의 영역에서 축출될 수 있게 하고 있는 것이다. 헌재도 "오늘날의 의회민주주의가 정당의 존재 없이는 기능할 수 없다는 점에서 심지어 '위헌적인 정당을 금지해야 할 공익'도 정당설립의 자유에 대한 입법적 제한을 정당화하지 못하도록 규정한 것이 헌법의 객관적인 의사라면, 입법자가 그 외의 공익적 고려에 의하여 정당설립금지조항을 도입하는 것은 원칙적으로 헌법에 위반된다."라고 판시함으로써 이점을 분명히 하고 있다.[16)]

이처럼 정당을 특별히 보호하고자 하는 위헌정당해산제도의 취지에 비추어 정당은 민주적 기본질서에 반하지 않는 한 원칙적으로 해산되어서는 안된다. 그런데 등록취소제도는 사실상 헌법이 예견하지 않은 일종의 기형적인 정당해산제도로 기능하게 된다. 심지어 헌법적대적인 정당에 대하여도 위헌정당해산제도를 통하여 강력한 존속보장을 적용하고 있는 반면, 합헌적인 정당이 선거에서 일정한 득표율에 미달했다는 이유로 그 존속이 부인되는 등록취소제도는 앞서 언급한 바와 같이 정당설립의 자유, 정당간의 기회균등의 원칙과 더불어 위헌정당해산제도와 관련하여 헌법상의 체계정당성의 원리와도 합치되기 어렵다.[17)] 따라서 효과면에서 정당해산에 해당하는 정당등록취소는 민주적 기본질서의 위반을 이유로 하는 것이 아니라 단순히 일정 득표율 미만을 이유로 자동적으로 이루어지는 것으로 이러한 위헌정당해산제도의 취지에 반하는 것이다.

부터의 민주주의 침해를 방지하는 것이라는 견해로서 최희수, 위헌정당해산제도에 관한 연구, 정당과 헌법질서, 심천 계희열박사 화갑기념논문집, 1995, 454쪽.

16) 헌재는 "정당의 해산에 관한 위 헌법규정은 민주주의를 파괴하려는 세력으로부터 민주주의를 보호하려는 소위 '방어적 민주주의'의 한 요소이고, 다른 한편으로는 헌법 스스로가 정당의 정치적 성격을 이유로 하는 정당금지의 요건을 엄격하게 정함으로써 되도록 민주적 정치과정의 개방성을 최대한으로 보장하려는 것이다. 즉, 헌법은 정당의 금지를 민주적 정치과정의 개방성에 대한 중대한 침해로서 이해하여 오로지 제8조 제4항의 엄격한 요건하에서만 정당설립의 자유에 대한 예외를 허용하고 있다. 이에 따라 자유민주적 기본질서를 부정하고 이를 적극적으로 제거하려는 조직도, 국민의 정치적 의사형성에 참여하는 한, '정당의 자유'의 보호를 받는 정당에 해당하며, 오로지 헌법재판소가 그의 위헌성을 확인한 경우에만 정당은 정치생활의 영역으로부터 축출될 수 있다. 그렇다면 민주적 의사형성과정의 개방성을 보장하기 위하여 정당설립의 자유를 최대한으로 보호하려는 헌법의 정신에 비추어, 정당의 설립 및 가입을 금지하는 법률조항은 이를 정당화하는 사유의 중대성에 있어서 적어도 '민주적 기본질서에 대한 위반'에 버금가는 것이어야 한다고 판단된다. 다시 말하면, 오늘날의 의회민주주의가 정당의 존재 없이는 기능할 수 없다는 점에서 심지어 '위헌적인 정당을 금지해야 할 공익'도 정당설립의 자유에 대한 입법적 제한을 정당화하지 못하도록 규정한 것이 헌법의 객관적인 의사라면, 입법자가 그 외의 공익적 고려에 의하여 정당설립금지조항을 도입하는 것은 원칙적으로 헌법에 위반된다. 따라서 정당설립금지의 규정이 정당의 위헌성이나 정치적 성격 때문이 아니라 비록 다른 공익을 실현하기 위하여 도입된다 하더라도, 금지규정이 달성하려는 공익은 매우 중대한 것이어야 한다는 것을 뜻한다."라고 판시하고 있다(1999. 12. 23. 99헌마135, 판례집 11-2, 800, 814-815).

17) 이종수, 전게논문, 174쪽.

5. 다원적 민주주의와 관련하여

앞서 언급한 바와 같이 현대사회가 요구하는 민주주의는 정치적 다원성을 바탕으로 하는 다원적 민주주의라고 할 수 있다. 그리고 이 다원적 민주주의는 소수보호를 그 전제로 하고 있다. 그런데 이러한 다원적 민주주의는 정당정치와 정당본위의 선거 및 복수정당제를 바탕으로 하는 정당민주주의를 그 근간으로 하고 있다. 이를 위해 헌법 제8조 제1항도 복수정당제를 보장하고 있다.[18] 따라서 다원적 민주주의는 주로 정당을 통해 이루어 질 수밖에 없다.[19] 이처럼 다원적 민주주의가 정당을 매개해서 실현되고 있다는 현실을 감안할 때, 그리고 정당의 가장 중요한 기능과 존재목적의 하나가 바로 다양한 국민 의사의 개발과 결집 및 정책 결정과 집행 과정에의 반영이라는 점을 상기할 때 일정한 득표율에 미달한다는 이유만으로 정당의 등록을 취소하는 것은 이러한 다원적 민주주의를 부정하고, 복수정당제를 보장하고 있는 헌법 제8조 제1항에 반하는 것이다.

따라서 정당은 득표율에 관계없이 그 설립과 활동 및 존속의 자유를 보장 받아야 한다. 다양한 정책과 강령을 가진 다양한 정당이 상호 경쟁을 통해 선거에 참여하고 국민의 다양한 의사를 수렴하며, 그러한 의사를 정책의 결정과 집행에 반영될 수 있도록 노력하게 할 때 유권자의 선택폭이 넓어지고, 결국 다원적 민주주의와 소수보호의 헌법정신이 실현될 수 있는 것이다.

결국 정당은 다원적 민주주의 실현과 다양한 정책의 개발과 결정 및 집행을 위한 필수적 도구이고, 특히 정치·사회적으로 취약한 신진·소수세력의 정치적 견해를 결집하고 대변하는 역할은 주로 정당을 통해서 효과적으로 이루어지기 때문에 선거 결과 일정 득표율에 미달하였다고 하여 그 정당의 등록을 취소하여 축출하는 것은 다원적 민주주의를 부정하는 것이고, 결과적으로 정당의 자유와 기능 및 참정권을 침해하고 소수세력을 무시하는 것이다.[20]

6. 등록취소규정의 불명확성과 관련하여

정당법 제44조 제1항 제3호의 규정은 그 적용기준이 불명확하다. 즉 이 규정에서 득표율 2%의 기준이 비례대표 후보자에 대한 정당투표의 결과 획득한 득표율을 의미하는 것인지 지역구 후보자에 대한 투표의 결과 획득한 득표율을 의미하는 것인지가 불

18) 이러한 복수정당제를 통한 정당민주주의와 다원적 민주주의의 실현에 대하여는 정연주, 1인 1표 국회의원선거제도의 위헌성, 헌법논총, 헌법논총 제13집, 헌법재판소, 2002. 12, 529쪽 이하 참조.

19) 다원적 정치의사형성과정에서의 정당의 기능에 대하여 장영수, 지방자치와 정당, 정당과 헌법질서, 심천 계희열박사 화갑기념논문집, 1995, 342쪽 이하.

20) 소수세력과 군소정당에게 대단히 불리한 한국의 정치풍토에 대하여 김수갑, 정당의 역사적 발달, 정당과 헌법질서, 심천 계희열박사 화갑기념논문집, 1995, 111쪽 이하.

명확하고, 만일 전자를 의미한다고 할 때 지역구에만 후보를 내고 비례대표 후보를 내지 않은 정당의 경우에는 무엇을 기준으로 득표율을 정할지가 불분명하다. 그리고 정당법 등 관련 법률에 이에 대한 규정이 없다. 이는 정당설립의 자유나 참정권 등의 기본권과 관련된 중요한 사항이고 대의제도와 선거제도 및 정당제도 등 통치기구의 조직과 작용에 관한 중요한 사항이므로 반드시 법률에 규정되어 있어야 하는데 그렇지 못하므로 법률유보의 원칙에 위반될 소지가 크다.

그리고 지역구에만 후보를 내고 비례대표 후보를 내지 않은 정당의 경우 어쩔 수 없이 지역구 후보자에 대한 각각의 득표수의 합계를 득표율로 간주한다고 하더라도 문제는 남는다. 즉 다른 정당의 경우 정당투표의 결과 획득한 득표율을 기준으로 하는데 비해 지역구에만 후보를 내고 비례대표 후보를 내지 않은 정당의 경우에는 지역구 후보자에 대한 투표의 결과 획득한 득표율을 기준으로 한다면 이는 본질적으로 상이한 사항을 상호 비교대상으로 하는 것이고 일관성을 상실한 것으로 평등원칙에 위반될 소지가 있다. 그리고 무엇보다도 군소정당의 난립을 방지한다는 공익적 측면에서의 군소정당의 등록취소는 그 정당에 대한 직접적인 지지도를 기준으로 하여야 한다는 점에서 정당에 대한 직접적인 지지도라고 보기 어려운 지역구 후보자에 대한 득표수를 합계한 비율을 기준으로 하는 것은 정당하지 않다는 점에서 이러한 해석은 문제가 있다.[21]

이는 불합리하고 위헌적인 정당등록취소제도를 유지함으로써 불가피하게 발생되는 문제로서 이 제도를 폐지해야만 해결되는 것이다. 즉 이러한 불합리하고 위헌적 등록취소제도를 유지하는 한 역시 불합리하고 위헌적인 부수적 문제가 필연적으로 발생할 수밖에 없는 것이다.

7. 평등의 원칙과 관련하여

일반적인 사회단체 조직의 경우 그 목적 달성을 이루지 못한다고 하여 이를 규제하거나 조직자체를 변경·해체시키는 법률이 존재하지 않는 데 반하여 헌법에 의하여 특

21) 헌재도 과거 구 공직선거법상의 1인 1표 국회의원선거제도에 대한 한정위헌결정에서 "… 정당명부식 비례대표제를 병행하는 한 정당에 대한 국민의 지지의사를 충실히 반영할 것까지 요구되며, 그 결과 정당에 대한 의석배분도 국민의 지지 및 선호와 일치되어야 한다. 그런데 현행의 1인 1표제를 전제로 한 공선법 제189조 제1항에 의한 비례대표의석배분방식은 오히려 정당에 대한 국민의 지지의사를 적극적으로 왜곡한다. 유권자가 지역구후보자나 그가 속한 정당 중 어느 일방만을 지지할 경우 지역구후보자 개인을 기준으로 투표하든, 정당을 기준으로 투표하든 어느 경우에나 자신의 진정한 의사는 반영시킬 수 없을 뿐만 아니라 도리어 적극적으로 왜곡되어 표출될 수밖에 없다. 먼저, 지역구후보자를 기준으로 투표하였을 경우 지지하지도 않는 정당을 지지한 것으로 되어 자신의 표가 그 정당의 의석배분에 활용된다. 이는 국민의 지지의사와 정반대되는 방향으로 비례대표의석을 배분하는 것이다. 정당명부식 비례대표제를 병행하는 한 정당에 대한 국민의 지지의사를 충실히 반영할 것까지 요구되며, 그 결과 정당에 대한 의석배분도 국민의 지지 및 선호와 일치되어야 한다. 그런데 현행의 1인 1표제를 전제로 한 공선법 제189조 제1항에 의한 비례대표의석배분방식은 오히려 정당에 대한 국민의 지지의사를 적극적으로 왜곡한다. …"라고 판시함으로써 지역구 선거의 결과 획득한 득표율은 정당에 대한 지지도로 볼 수 없음을 명백히 하고 있다(2001. 7. 19. 2000헌마91 등, 판례집 13-2, 77, 94). 이에 대하여는 정연주, 1인 1표 국회의원선거제도의 위헌성, 513쪽 이하 참조.

별히 보호받고 있는 특별결사체인 정당의 경우 공직선거에서 일정 수준의 득표를 얻지 못했다는 이유만으로 오히려 그 등록을 취소하도록 한 것은 평등의 원칙 위반이다.

앞서 언급한 바와 같이 등록취소제도가 의회 내의 안정된 다수세력의 형성을 위한 군소정당난립방지라는 목적과는 관계가 없고, 의회 외에서의 군소정당난립방지는 그 자체 정당화되기 어려운 목적이므로, 결국 군소정당난립방지는 등록취소제도의 목적이 될 수 없으며, 등록취소제도를 통해 달성코자하는 그 이외의 별다른 공익적 이유를 발견하기 어렵다는 점에서 득표율의 차이가 등록취소를 정당화시키는 사유가 될 수 없다. 따라서 득표율의 차이는 정당등록취소를 정당화시키는 합리적 차별사유가 아니라는 점에서 이 규정은 평등원칙에 위반된다. 결국 헌법상 정당화되기 어려운 군소정당난립방지라는 입법목적을 위해 합리적 차별사유로 볼 수 없는 득표율을 기준으로 정당의 등록을 취소하는 것은 취소되는 군소정당을 기존의 다른 정당과 부당하게 차별하는 것으로 정당간의 기회균등의 원칙에 위반된다.

한편 등록취소는 국회의원선거에서의 득표율을 기준으로 하면서, 대통령선거나 지방선거에서의 득표율은 등록취소요건으로 하고 있지 않다. 이는 정당설립과 활동 및 존속의 자유를 차별적으로 침해하는 것이다. 왜냐하면 정당의 설립목적이나 활동과 관련하여 정당의 기능은 대통령선거나 지방선거에서도 중요한데 오로지 국회의원선거의 결과만을 가지고 차별취급을 하기 때문에 정당화되기 어렵다.

8. 권력분립의 원칙과 관련하여

고전적 3권분립이론은 사회구조와 사회기능의 변화, 다양한 정치·사회세력의 출현, 다양한 국가기관의 등장, 헌법관의 변화, 정당국가적 경향 등 때문에 본래의 권력통제 기능을 효율적으로 발휘하기 어렵게 되었다. 따라서 오늘날 이러한 고전적 3권분립이론은 그 골격은 유지하되 다양한 수정과 보완을 겪게 되었다. 그 중 하나가 바로 정당을 통한 기능적 권력통제라고 할 수 있다.[22)]

현대의 정당국가적 경향에서 오는 정당을 통한 권력통합현상, 즉 정부와 여당의 통합현상을 수정·보완하는 수단이 바로 복수정당제를 전제로 하는 정당간의 권력분립이다. 특히 국가작용의 모든 분야를 지배하게 되는 여당의 힘에 대항해서 그를 견제하고 여당 수뇌부에 의해서 행사되는 통치권을 효과적으로 통제하기 위해서는 잠재적인 여당을 의미하는 야당의 헌법상의 지위와 권한을 강화하는 것이다.[23)]

따라서 오늘날 여당과 야당의 대립적 관계는 정권적 차원의 경쟁자로서 뿐 아니라, 통치권 행사의 절차적 정당성을 확보해주기 위한 권력통제장치로서의 기능을 가지며,

---

22) 장영수, 전게논문, 344쪽.

23) 정당을 통한 새로운 형식의 권력분립과 관련하여 김승환, 민주주의와 정당의 기능, 정당과 헌법질서, 심천 계희열박사 화갑기념논문집, 1995, 132쪽.

따라서 소수의 보호가 통치질서상의 중요한 의미를 가지게 된다. 이 점에서 일정한 득표율에 미달한 군소정당이라고 하여 등록을 취소하여 그 정당을 소멸케 하는 것은 소수의사의 대변과 보호를 통해 국정을 통제하려는 군소정당의 존속을 부정하는 것이고, 결과적으로 권력분립의 원칙을 훼손하는 것으로 볼 수 있다.

V. 맺는 말

결국 군소정당에 대한 등록취소규정은 위에서 언급한 다양한 이유로 헌법에 위반된다. 그런 점에서 등록취소규정을 위헌이라고 한 헌재의 2012헌가19 결정은 결과적으로 타당하다고 하겠다. 헌재는 해당 조항이 위헌으로 결정됨에 따라 진보신당, 녹색당 및 청년당에 대한 각 중앙당등록취소처분이 취소될 것이며, 이 정당들이 정당법상의 등록요건을 갖추고 있는 한 기존 정당 명칭을 사용, 오는 2014년 6월로 예정된 전국동시지방선거에 참여할 수 있게 됐다고 밝혔다.

그러나 헌재의 결정은 그 논증에 있어서 문제점도 아울러 노정하고 있다. 즉 헌재는 "실질적으로 국민의 정치적 의사형성에 참여할 의사나 능력이 없는 정당을 정치적 의사형성과정에서 배제함으로써 정당제 민주주의를 발전시키고자 하는 한도에서 정당등록취소조항의 입법목적의 정당성을 인정할 수 있고, 국회의원선거에서 원내 진출 및 일정 수준의 득표에 실패한 정당의 등록을 취소하는 것은 이러한 입법목적 달성에 유효한 수단이 될 수 있다."라고 판시하고 있는데, 앞서 언급한 바와 같이 설사 국민의 지지도가 낮아 실질적으로 국민의 정치적 의사형성에 참여할 능력이 없는 정당이라 할지라도 그 지지도가 일정 수준에 미달한다는 이유만으로 정치적 의사형성과정에서 배제하는 것은 그 자체가 위헌으로 정당화될 수 없고, 이는 오히려 정당민주주의의 발전에 역행하는 것이다. 따라서 앞서 군소정당난립방지와 관련하여 언급한 바와 같이 헌재의 견해와는 달리 정당등록취소조항의 입법목적의 정당성을 인정할 수 없고, 설사 그러한 입법목적의 정당성을 인정한다고 하더라도 국회의원선거에서 원내 진출 및 일정 수준의 득표에 실패한 정당의 등록을 취소하는 것은 이러한 입법목적 달성에 유효한 수단이 될 수 없다.

또한 헌재는 "일정기간 동안 공직선거에 참여할 기회를 수회 부여하고 그 결과에 따라 등록취소 여부를 결정하는 등 덜 기본권 제한적인 방법을 상정할 수 있고, 정당법에서 법정의 등록요건을 갖추지 못하게 된 정당이나 일정 기간 국회의원선거 등에 참여하지 아니한 정당의 등록을 취소하도록 하는 등 입법목적을 실현할 수 있는 다른 법적 장치도 마련되어 있으므로, 정당등록취소조항은 침해의 최소성 요건을 갖추지 못하였다."라고 판시하고 있는데, 정당이 일정기간 동안 공직선거에 참여할 기회를 수회 부여받았지만 그 결과 일정 수준 이상의 국민의 지지를 받지 못했다 하더라도 그 정당의 등록을 취소하는 것 역시 같은 이유에서 정당화될 수 없고, 일정 기간 국회의원선거 등에 참여하지 아니한 정당의 등록을 취소하도록 하는 것 역시 같은 이유에서 정당화될 수 없다는 점에서 헌재의 결정은 그 이유와 전제에 있어서 대단히 잘못된 것이다. 앞서 언급한 바와 같이 정당이 일정기간 동안 공직선거에 참여할 기회를 수회 부여받았지만 그 결과 일정 수준 이상의 국민의 지지를 받지 못했다는 사실, 또는 정당이 일정 기간 국회의원선거 등에 참여하지 아니했다는 사실 등은 정당등록취소의 사유가 될 수 없고, 그러한 사실들이 공익에 어떠한 위해를 가하는 것도 아니며, 정당민주주의의 발전을 저해하는 것도 아니다. 그러한 정당의 존속 여부는 정당 스스로가 결정할 문제이며, 이는 헌법상 정당설립과 활동의 자유에 속하는 것이다.

결국 헌재의 위헌결정의 결과에 대하여는 동의하지만 그 논거와 정당의 기능 및 정당민주주의, 그리고 정당설립의 자유에 대한 이해에 대하여는 동의할 수 없다.

기존의 대정당을 통해 대변되는 다수의 의사만이 존중받아야 할 정당한 의사는 아니다. 즉 존중받아야 할 의사와 가치 및 민주주의의 본질은 다수냐 소수냐의 문제와는 원칙적으로 무관한 것이다. 따라서 선거 결과 일정 득표율에 미달하였다고 하여 그 정당의 등록을 취소하여 축출하는 것은 정당민주주의를 부정하는 것이다. 국민의 지지도가 낮은 군소정당이 존재한다고 해서 그것이 정당민주주의의 질서를 파괴하는 것도 아니고, 그 밖의 공익이나 국민에게 그 어떤 손해를 끼치는 것도 아니다. 국민의 지지도에 따른 군소정당의 존속 여부는 법으로 정할 것이 아니고 정당 스스로가 결정할 문제이다.

민주주의는 소수보호를 전제로 한다. 소수의 의사가 존중될 때 다수의 의사도 존중받고 사회의 통합이 가능한 것이다.

2. 신상공개제도에 대한 헌법적 검토

– 헌재 2003. 6. 26. 2002헌가14 「청소년의 성보호에 관한 법률」 제20조 제2항 제1호 등 위헌제청[1] 및 헌재 2013. 10. 24. 2011헌바106 등 「아동 · 청소년의 성보호에 관한 법률」 제38조 제1항 제1호 위헌소원[2] –

[目 次]

Ⅰ. 머리말

이 글은 아동·청소년대상 성범죄자 등의 신상정보 공개제도의 위헌 여부를 헌재의 관련판례를 중심으로 다룬 것이다. 잘 알려진 바와 같이 아동·청소년을 성범죄로부터 보호하기 위한 적극적 조치로서 아동·청소년대상 성범죄자 등에 대한 신상공개제도가 2001년부터 시행되었는데, 시행 전부터 신상공개제도의 효과와 그의 위헌 여부에 대하여 많은 논란이 있었다. 그러다가 헌재가 2003. 6. 26. 당시 「청소년의 성보호에 관한 법률」(2000. 2. 3. 법률 제6261호로 제정된 것) 제20조 제2항[3]에 따른 신상공개제도에

1) 헌재 2003. 6. 26. 2002헌가14, 판례집 15-1, 624.

2) 헌재 2013. 10. 24. 2011헌바106 등, 공보 제205호, 1486.

3) 신상공개에 관한 「청소년의 성보호에 관한 법률」 제20조(범죄방지 계도) ① 청소년보호위원회는 청소년의 성을 사는 행위 등의 범죄방지를 위한 계도문을 년 2회 이상 작성하여 관보게재를 포함한 대통령령이 정하는 방법으로 전국에 걸쳐 게시 또는 배포하여야 한다.
② 제1항의 규정에 의한 계도문에는 다음 각 호의 1에 해당하는 죄를 범한 자의 성명, 연령, 직업 등의 신상과 범죄사실의 요지를 그 형이 확정된 후 이를 게재하여 공개할 수 있다. 다만 죄를 범한 자가 청소년인 경우에는 그러하지 아니하다.
1. 제5조의 규정을 위반한 자
2.~7. (생략)
③ 청소년보호위원회는 제2항의 규정에 의한 신상 등의 공개를 결정함에 있어서 공개대상자 및 대상 청소년의 연령, 범행동기, 범행수단과 결과, 범행전력, 죄질, 공개대상자의 가족관계 및 대상 청소년에 대한 관계, 범행후의 정황 등을 고려하여 공개대상자 및 그 가족 등에 대한 부당한 인권침해가 없도록 하여야 한다.
④ 제2항의 규정에 의한 신상공개의 경우 제5조 내지 제10조의 규정에 의한 죄의 대상청소년과 피해 청

대한 합헌결정을 내렸는데, 그 결정이 4 : 5로 이루어져 과반수의 재판관이 과잉금지원칙에 반하여 청구인들의 인격권을 침해한다는 등의 이유로 위헌의견을 냈으며, 헌재결정 이후에도 위헌시비가 계속되어 왔다. 그러던 중 헌재는 2013. 10. 24.「청소년의 성보호에 관한 법률」에서 개정된「아동·청소년의 성보호에 관한 법률」(2010. 4. 15. 법률 제10260호로 개정되고, 2012. 12. 18. 법률 제11572호로 개정되기 전의 것) 제38조 제1항 제1호[4]에 따른 신상정보 공개제도를 합헌으로 결정했다. 그런데 이 결정에도 신상정보 공개제도가 과잉금지원칙에 반하여 청구인들의 인격권 및 개인정보 자기결정권을 침해

소년의 신상은 공개할 수 없다.
⑤ 제1항 및 제2항의 규정에 의한 계도문 게재 등과 관련한 구체적인 시기·기간·절차 등에 관하여 필요한 사항은 대통령령으로 정한다.

4) 제38조(등록정보의 공개) ① 법원은 다음 각 호의 어느 하나에 해당하는 자(이하 '공개대상자'라 한다)에 대하여 판결로 제3항의 공개정보를 등록기간 동안 정보통신망을 이용하여 공개하도록 하는 명령(이하 '공개명령'이라 한다)을 아동·청소년 대상 성범죄 사건의 판결과 동시에 선고하여야 한다. 다만, 아동·청소년 대상 성범죄 사건에 대하여 벌금형을 선고하거나 피고인이 아동·청소년인 경우, 그 밖에 신상정보를 공개하여서는 아니 될 특별한 사정이 있다고 판단되는 경우에는 그러하지 아니하다.
1. 아동·청소년 대상 성폭력범죄를 저지른 자
이하 생략
신상정보공개에 대한 위 제38조의 규정은 현행「아동·청소년의 성보호에 관한 법률」제49조(등록정보의 공개)로 다음과 같이 개정되었다.
① 법원은 다음 각 호의 어느 하나에 해당하는 자에 대하여 판결로 제3항의 공개정보를「성폭력범죄의 처벌 등에 관한 특례법」제45조 제1항의 등록기간 동안 정보통신망을 이용하여 공개하도록 하는 명령(이하 '공개명령'이라 한다)을 등록대상 사건의 판결과 동시에 선고하여야 한다. 다만, 피고인이 아동·청소년인 경우, 그 밖에 신상정보를 공개하여서는 아니 될 특별한 사정이 있다고 판단하는 경우에는 그러하지 아니하다.
1. 아동·청소년대상 성폭력범죄를 저지른 자
2.「성폭력범죄의 처벌 등에 관한 특례법」제2조 제1항 제3호·제4호, 같은 조 제2항(제1항 제3호·제4호에 한정하다), 제3조부터 제15조까지의 범죄를 저지른 자
3. 13세 미만의 아동·청소년을 대상으로 아동·청소년대상 성범죄를 저지른 자로서 13세 미만의 아동·청소년을 대상으로 아동·청소년대상 성범죄를 다시 범할 위험성이 있다고 인정되는 자
4. 제1호 또는 제2호의 죄를 범하였으나「형법」제10조 제1항에 따라 처벌할 수 없는 자로서 제1호 또는 제2호의 죄를 다시 범할 위험성이 있다고 인정되는 자
② 제1항에 따른 등록정보의 공개기간(「형의 실효 등에 관한 법률」제7조에 따른 기간을 초과하지 못한다)은 판결이 확정된 때부터 기산한다. 다만, 공개명령을 받은 자(이하 '공개대상자'라 한다)가 실형 또는 치료감호를 선고받은 경우에는 그 형 또는 치료감호의 전부 또는 일부의 집행을 종료하거나 집행이 면제된 때부터 기산한다.
③ 제1항에 따라 공개하도록 제공되는 등록정보(이하 '공개정보'라 한다)는 다음 각 호와 같다.
1. 성명
2. 나이
3. 주소 및 실제거주지(「도로명주소법」제2조 제5호의 도로명 및 같은 조 제7호의 건물번호까지로 한다)
4. 신체정보(키와 몸무게)
5. 사진
6. 등록대상 성범죄 요지(판결일자, 죄명, 선고형량을 포함한다)
7. 성폭력범죄 전과사실(죄명 및 횟수)
8.「특정 범죄자에 대한 보호관찰 및 전자장치 부착 등에 관한 법률」에 따른 전자장치 부착 여부
④ 공개정보의 구체적인 형태와 내용에 관하여는 대통령령으로 정한다.
⑤ 공개정보를 정보통신망을 이용하여 열람하고자 하는 자는 실명인증 절차를 거쳐야 한다.
⑥ 실명인증, 공개정보 유출 방지를 위한 기술 및 관리에 관한 구체적인 방법과 절차는 대통령령으로 정한다.

한다는 이유로 위헌이라는 2명의 반대의견이 있었다.

따라서 이처럼 헌법적으로 계속해서 논란이 되는 신상공개제도의 위헌 여부를 검토하는 것은 한편에서는 신상공개제도를 합헌적이고 효율적으로 운용하기 위해서, 다른 한편에서는 관련 당사자들의 기본권 보장을 위해서 매우 의미 있는 작업이라고 여겨진다.

Ⅱ. 헌재결정의 요지

1. 2003. 6. 26. 2002헌가14

(1) 합헌의견

위 결정에서 4인의 재판관이 기존의 신상공개제도에 대한 합헌의견을 냈으며, 그 요지는 다음과 같다.

1) 이중처벌금지의 원칙 위배 여부

헌법 제13조 제1항에서 말하는 '처벌'은 원칙적으로 범죄에 대한 국가의 형벌권 실행으로서의 과벌을 의미하는 것이고, 국가가 행하는 일체의 제재나 불이익처분을 모두 그 '처벌'에 포함시킬 수는 없다. 신상공개제도가 당사자에게 일종의 수치심과 불명예를 줄 수 있다고 하여도, 이는 어디까지나 신상공개제도가 추구하는 입법목적에 부수적인 것으로 이는 기존의 형벌 외에 또 다른 형벌로서 수치형이나 명예형에 해당한다고 볼 수는 없다. 따라서 신상공개제도는 헌법 제13조의 이중처벌금지 원칙에 위배되지 않는다.

2) 과잉금지의 원칙 위배 여부

신상공개제도를 통하여 청소년 성매수자의 일반적 인격권과 사생활의 비밀의 자유가 제한되는 정도가 청소년 성보호라는 공익적 요청에 비해 크다고 할 수 없으므로 신상공개는 해당 범죄인들의 일반적 인격권, 사생활의 비밀의 자유를 과잉금지의 원칙에 위배하여 침해한 것이라 할 수 없다.

3) 평등원칙의 위배 여부

신상공개제도의 의미와 목적은 성인이 대가관계를 이용하여 청소년의 성을 매수하는 등의 행위로 인하여 야기되는 피해로부터 청소년을 보호하려는데 있는 것이므로, 청소년 대상 성범죄와 그 밖의 일반 범죄는 서로 비교집단을 이루는 '본질적으로 동일한 것'이라고 볼 수 없고, 또한 청소년 대상 성범죄자 가운데 공개대상에서 제외되는 경우는 그 행위의 대상이나 형태에 있어서 청소년 성매수 행위의 공범적 성격의 것들로서 행위불법성의 차이 등을 고려한 것으로, 그러한 구분기준이 특별히 자의적이라고 볼 만한 사정이 없다.

4) 법관에 의한 재판을 받을 권리의 침해 여부

신상공개제도는 '처벌'에 해당한다고 할 수 없으므로 이 제도가 법관에 의한 재판을 받을 권리를 침해한 것이라 할 수 없다.

5) 적법절차 위배 여부

신상공개제도는 법률이 정한 형식적 절차에 따라 이루어지며 그 절차의 내용도 합리성과 정당성을 갖춘 것으로 절차적 적법절차원칙에 위반되지 않는다.

6) 포괄위임입법금지 원칙의 위배 여부

계도문 게재 등과 관련한 구체적인 시기·기간·절차 등에 관하여 필요한 사항을 대통령령에 위임한 것이 포괄위임입법금지의 원칙에 위배되지 않는다. 왜냐하면 시기, 기간, 절차 등과 관련한 대통령에 규정될 내용의 대상이 이미 법조항을 통해 예측가능하기 때문이다.

(2) 위헌의견

위 결정에서 5인의 재판관이 기존의 신상공개제도에 대한 위헌의견을 냈으며, 그 요지는 대략 다음과 같이 요약될 수 있다.

1) 과잉금지의 원칙 위반

가. 입법목적의 불명확성

청소년 성매수자의 신상공개제도의 구체적 취지와 관련해서, 성매매의 심각성에 대한 일반인의 경각심을 불러일으키기 위한 것이라든가, 청소년 성매수자에 대한 공개를 통해 징벌 및 위하의 효과를 거두기 위한 것이라든가, 또는 성범죄의 방지를 위해 그 잠재적 피해자로 하여금 사전에 정보를 얻도록 하자는 데 입법취지가 있다고 하는 등 그 견해가 분분하다. 이처럼 불분명한 입법의도로 말미암아 통상적으로 이 제도에는 위와 같은 입법목적들이 모두 혼재하는 것으로 인식되고 있으나, 바로 이 때문에 신상공개는 그 어떤 목적에도 적합하지 않은 제도로 운용되는 근본적인 문제를 안고 있다.

나. 수단의 부적합성

신상공개제도가 정보제공으로 잠재적 피해자의 보호에 그 목적이 있다고 하면, 현행 신상공개제도는 오히려 불충분한 정보제공과 부적절한 공개기간 등으로 실효성이 거의 없어 수단의 적합성을 인정하기 어렵다.

다. 피해의 최소성 위반

신상공개제도가 일반인의 경각심을 불러일으키고자 하는 계도의 목적이라고 하면, 굳이 성매수자의 신상을 공개할 필요는 없다. 청소년 성매매의 폐습을 치유함에 있어서는, 형벌이나 신상공개와 같은 처벌 일변도가 아니라, 근본적인 예방책에 치중하는 것이 더 바람직한 것으로 보인다. 그러함에도 국가가 이러한 노력을 다하기도 전에 개인의 인격권에 중대한 침해를 가져올 수 있는 신상공개라는 비정상적인 방법을 동원하는 것은 최소침해성의 관점에서 문제가 있다.

라. 법익의 균형성 위반

신상공개로 인해 공개대상자의 인격권이 심대하게 훼손되는 데에 비해 그 범죄억지의 효과가 너무도 미미하거나 불확실한바, 이러한 점에서도 법익의 균형성을 현저히 잃었다.

2) 평등원칙 위반

일반 범죄자 및 일부 청소년 대상 성범죄자와는 달리 청소년 성매수자만 차별하여 신상공개를 하는 것은 그 차별의 이유와 차별의 내용 사이의 적절한 균형관계를 인정할 수 없으므로 평등원칙에 위배된다.

3) 포괄적 위임입법금지의 원칙 위반

신상공개제도에 있어서 그 시기·기간·절차 등은 단순한 부수적 사항이 아니라 신상공개제도의 전반적 성격 및 운용방향을 결정짓는 본질적 내용에 해당할 뿐만 아니라, 대상자의 기본권에 직접적인 영향을 주는 중요한 사항이다. 그럼에도 이러한 시기·기간·절차 등에 관하여 그 기본내용이나 범위를 구체적으로 정함이 없이 일체를 대통령령에서 정하도록 위임하고 있고, 따라서 하위법령을 보지 않고 법만 가지고서 신상공개의 구체적 시기·기간·절차 등에 관한 내용의 대강을 파악한다는 것은 불가능하다. 결국 신상공개제도는 포괄적 위임입법금지의 원칙에 위반된다.

2. 2013. 10. 24. 2011헌바106등

(1) 합헌의견

1) 심판대상조항은 아동·청소년의 성을 보호하고 사회방위를 도모하기 위한 것으로서 목적의 정당성 및 수단의 적합성이 인정된다. 한편, 심판대상조항에 따른 신상정보

공개제도는, 그 공개대상이나 공개기간이 제한적이고, 법관이 '특별한 사정' 등을 고려하여 공개 여부를 판단하도록 되어 있으며, 공개로 인한 피해를 최소화하는 장치도 마련되어 있으므로 침해의 최소성이 인정되고, 이를 통하여 달성하고자 하는 '아동·청소년의 성보호'라는 목적이 침해되는 사익에 비하여 매우 중요한 공익에 해당하므로 법익의 균형성도 인정된다. 따라서 심판대상조항은 과잉금지원칙을 위반하여 청구인들의 인격권, 개인정보 자기결정권을 침해한다고 볼 수 없다.

2) 아동·청소년 대상 성폭력범죄를 저지른 사람과 달리 아동·청소년 대상 일반범죄를 저지른 사람은 신상정보 공개대상자가 아니지만, 아동·청소년 대상 일반범죄는 성폭력범죄와 달리 청소년의 생명이나 신체의 완전성, 재산권을 보호하는 데 목적이 있으므로, 양자를 본질적으로 동일한 비교집단으로 보기 어렵다. 또한, 아동·청소년을 대상으로 성폭력범죄가 아닌 성범죄를 저지른 사람도 신상정보 공개대상자가 아니지만, 이는 행위불법성의 차이와 입법 당시의 사회적 상황, 일반 국민의 법감정 등을 종합적으로 고려한 결과이므로 이를 자의적이고 비합리적인 차별이라고도 보기 어렵다. 따라서 심판대상조항은 평등원칙을 위반한 것이라고 볼 수 없다.

3) 법관이 유죄판결을 선고하는 경우에만 여러 사정을 종합적으로 고려하여 신상정보 공개명령을 할 수 있으므로, 심판대상조항이 적법절차원칙에 반하거나 청구인들의 재판받을 권리를 침해한다고 볼 수 없다.

4) 이중처벌은 동일한 행위를 대상으로 처벌이 거듭 행해질 때 발생하는 문제이고, 이 사건과 같이 특정한 범죄행위에 대하여 동일한 재판절차를 거쳐 형벌과 신상정보 공개명령을 함께 선고하는 것은 이중처벌금지원칙과 관련이 없다.

(2) 재판관 김이수, 재판관 이진성의 반대의견

심판대상조항의 입법목적은 정당하나, 아동·청소년 대상 성폭력범죄에 대한 연구결과에 따르면 신상정보 공개제도가 범죄 억지 효과가 있다고 단정하기 어려우므로, 심판대상조항은 수단의 적합성을 갖추지 못하였다. 심판대상조항에 따른 신상정보 공개제도는, 정보통신망을 통한 공개라는 측면에서 볼 때, '현대판 주홍글씨'에 비견될 정도로 수치형과 흡사한 것으로서, 단순히 성폭력범죄 전과자에 대한 낙인이나 배타의식을 넘어 공개대상자의 정상적인 사회복귀 자체를 원천봉쇄할 위험이 크고, 죄 없는 가족들까지 함께 정신적 고통을 겪게 하거나 그 생활기반을 상실시키는 결과가 초래될 수도 있으며, '재범의 위험성' 등 공개 여부의 심사기준을 세분하지 않고 법관으로 하여금 원칙적으로 신상정보를 공개하도록 하고 있어 공개대상자의 범위 또한 지나치게 넓으므로, 심판대상조항은 침해의 최소성을 갖추었다고 보기 어렵다. 그리고 공개대상자의 기본권이 심각하게 훼손되는 데 비해 그 범죄억지의 효과는 너무나 불확실하다는 점에서 법익의 균형성도 갖추지 못하였다. 따라서 심판대상조항은 과잉금지원칙에 반하여 청구인들의 인격권 및 개인정보 자기결정권을 침해하므로 헌법에 위반된다.

Ⅲ. 헌법적 검토

위 두 판례의 각각의 합헌의견과 위헌의견은 상당한 시간의 경과와 심판대상조항의 개정에도 불구하고 기본적인 공통점을 지니고 있으므로 두 판례의 합헌의견과 위헌의견을 각각 묶어서 쟁점별로 검토하고자 한다.

1. 이중처벌금지의 원칙 위배 여부

합헌의견이 지적하고 있듯이 헌법 제13조 제1항에서 말하는 '처벌'은 원칙적으로 범죄에 대한 국가의 형벌권 실행으로서의 과벌을 의미하는 것이고, 국가가 행하는 일체의 제재나 불이익처분을 모두 그 '처벌'에 포함시킬 수는 없다.[5)]

「청소년의 성보호에 관한 법률」 제20조 제1항은 '청소년의 성을 사는 행위 등의 범죄방지를 위한 계도'가 신상공개제도의 주된 목적임을 명시하고 있고, 「아동·청소년의 성보호에 관한 법률」 제1조도 아동·청소년을 성범죄로부터 보호하는 것을 입법목적으로 명시하고 있는 것에 비추어, 이 제도가 당사자에게 일종의 수치심과 불명예를 줄 수 있다고 하여도, 이는 어디까지나 신상공개제도가 추구하는 입법목적에 부수적인 것이지 주된 것은 아니다. 또한 공개되는 신상과 범죄사실은 이미 공개재판에서 확정된 유죄판결의 일부로서, 개인의 신상 내지 사생활에 관한 새로운 내용이 아니고, 공익목적을 위하여 이를 공개하는 과정에서 부수적으로 수치심 등이 발생된다고 하여 이것을 기존의 형벌 외에 또 다른 형벌로서 수치형이나 명예형에 해당한다고 볼 수는 없다. 그렇다면 신상공개제도는 헌법 제13조의 이중처벌금지 원칙에 위배되지 않는다.[6)]

결국 신상공개는 과거의 비행 내지 법률상의 의무위반에 대한 추가적인 처벌이라기보다는 미래지향적인 범죄 예방적 조치라고 할 것이며,[7)] 당사자에게 주어지는 수치심

---

5) 역시 헌재 1994. 6. 30. 92헌바38.

6) 신상공개가 이중처벌에 해당하지 않는다는 견해로서 심희기, 신상공개의 정당화근거와 적절한 공개대상과 공개기준의 탐색, 저스티스 65호, 2002. 2, 31쪽 이하; 권형준, 청소년성매수자 신상공개제도의 위헌여부, 고시연구, 2005. 7, 25쪽; 강지원, 신상공개 쟁점이 잘못되었다, 시민과 변호사 94호, 2001. 11, 서울지방변호사회, 16쪽; 양해경, 청소년 대상 성범죄자 신상공개, 국회보, 2001. 10, 56쪽; 황성기, 청소년대상 성범죄와 신상공개제도, JURIST, 2002. 5, 15쪽; 이병희, 성범죄자 신상공개에 대한 형사법적 고찰, 형사법연구 17호, 2002. 6, 275쪽; 김종구, 성범죄자 신상공개제도의 법적 성격과 위헌성 여부, 법학연구 13권 2호, 2003. 6, 연세대학교, 109쪽 이하.
이에 반하여 신상공개가 이중처벌에 해당한다는 견해로서 권창국, 청소년대상 성범죄의 통제수단으로서 성범죄자 신상공개제도에 관한 재고찰, 인권과 정의, 2004. 3, 152쪽; 강태수, 청소년대상 성범죄자의 신상공개에 대한 헌법적 고찰, 헌법판례연구[4], 2002, 11, 81쪽 이하; 최상욱, 청소년 성범죄자 신상공개에 관한 소고, 법학연구 12권 4호, 2002. 12, 210쪽; 이경재, 성범죄자 신상공개의 법적 문제점 고찰, 저스티스 65호, 2002. 2, 16쪽 이하;

7) 이병희, 전게논문, 276쪽; 김종구, 전게논문, 100쪽.

과 불명예 등은 단지 과거의 처벌사실에 대한 공개를 통해 불가피하게 발생되는 사실상의 반사적 · 부수적 불이익이라고 하겠다.[8)]

2. 과잉금지의 원칙 위배 여부

먼저 신상공개제도의 목적은 아동 · 청소년의 성보호라는 국가와 사회가 추구해야 할 매우 중요한 공익을 실현코자 하는 것이므로 그 목적의 정당성을 인정할 수 있다. 또한 신상공개제도가 이러한 목적달성을 위한 유일하고 확실한 방법이라고 단정할 수는 없으나 적어도 그 개연성이 인정될 수 있고, 명백히 부적절한 것이라고 단정할 수도 없으므로 그 수단의 적합성도 인정할 수 있을 것이다. 아울러 신상공개의 내용이 사실상 이미 공개된 확정판결의 내용을 공개하는 것에 불과하고 목적달성을 위하여 다른 적게 침해하는 대안을 쉽게 발견하기 어려우며, 이러한 입법자의 판단이 명백히 자의적이지 않다는 점에서 최소침해의 원칙도 충족되었다고 볼 것이다. 끝으로 설사 성범죄자의 침해되는 불이익이 상당하다고 하더라도 성범죄 피해자의 권리 및 신상공개제도가 추구하는 긴절한 공익을 생각할 때, 더욱이 범죄인들은 이미 국가의 형벌권 행사로 인하여 해당 기본권의 제한 여지를 일반인보다는 더 넓게 받고 있다는 점을 감안할 때 법익형량의 원칙 내지 법익의 균형성도 정당화될 수 있을 것이다.[9)]

3. 평등원칙의 위배 여부

위헌의견은 신상공개는 아동 · 청소년 대상 성범죄의 경우에만 적용되기 때문에 이는 결국 아동 · 청소년 대상 성범죄와 그 밖의 일반 범죄 사이에 차별사유가 없음에도 양자를 차별하기 때문에 평등의 원칙에 위배된다고 주장하나 같은 청소년을 대상으로 하는 범죄라 하더라고 성범죄는 다른 일반 범죄와는 달리 성이라는 특수한 보호법익을 대상으로 한다는 점에서 일단 구별된다고 하겠다.[10)] 즉 보호법익상의 차별성이 인정된다는 것이다. 성인도 그렇겠지만 특히 아동 · 청소년의 경우 다른 보호법익이 침해될 때와는 달리 성범죄의 피해자가 되었을 때 초래되는 감내하기 어려운 엄청난 정신적 · 육체적 고통과 절망 및 수치감 그리고 평생 계속될 수도 있는 후유증,[11)] 그의 가

---

8) 한편 위헌의견은 이러한 이중처벌금지원칙의 위반 여부를 판단하지 않았다. 그 대신 형사처벌 후에 부과되는 신상공개를 과잉금지원칙 위반 여부를 판단하는 하나의 자료로서 고려하고 있다.

9) 권형준, 전게논문, 28쪽; 김종구, 전게논문, 114쪽; 황성기, 전게논문, 15쪽.
이에 반하여 신상공개제도 목적의 정당성은 인정하나, 최소침해의 원칙과 법익의 균형성의 측면에서 문제를 제기하는 견해로는 강태수, 전게논문, 84쪽 이하; 수단의 부적절성의 문제를 제기하는 견해로는 임상규, 성범죄자 신상공개의 필요성과 허구성, 형사법연구 19호, 2003. 6, 379쪽 이하.

10) 권형준, 전게논문, 29쪽 이하; 김종구, 전게논문, 111쪽 이하; 황성기, 전게논문, 15쪽.

11) 성폭력 피해 청소년들이 겪는 다양한 후유증에 대하여는 이미경, 성폭력 피해 생존자를 지원하는 입장에서 본 청소년 대상 성범죄자의 신상공개제도, 신상공개제도 및 세부정보공개제도(안)에 대한 공청회 발표문, 2004. 12. 29, 국가인권위원회, 63쪽 이하; 이명숙, 성범죄자 신상공개와 인권, 심포지엄 지정토론

정과 사회에 대한 부작용과 파급효과 등을 감안한다면 청소년 성범죄와 다른 일반 범죄와의 차별성을 일응 인정할 수 있다고 하겠다. 한편 성문제에 대한 우리 사회의 관용적 인식 내지 정서와 그동안의 법관의 성범죄에 대한 관대한 처벌 내지 선고,[12] 그리고 성범죄의 은밀성과 높은 재범률을 감안한다면[13] 청소년 대상 성범죄에 대한 특별한 조치와 접근이 필요한 것이며, 이는 적어도 이러한 사회 전반의 인식이 현저히 바뀌게 될 때까지는 지속될 필요가 있는 것이다.

따라서 합헌의견이 주장하고 있듯이 신상공개가 되는 청소년 대상 성범죄를 규정한 법률조항의 의미와 목적은 성인이 대가관계를 이용하여 청소년의 성을 매수하는 등의 행위로 인하여 야기되는 피해로부터 청소년을 보호하려는데 있는 것이고, 이에 비추어 볼 때 청소년 대상 성범죄와 그 밖의 일반 범죄는 서로 비교집단을 이루는 '본질적으로 동일한 것'이라고 단언하기는 어려우며, 나아가 그러한 구분기준이 특별히 자의적이라고 볼 만한 사정이 없다.[14]

한편 위헌의견은 일부 청소년 대상 성범죄자에 대해서는 신상공개를 허용하고 있지 않고 있어 이 역시 평등의 원칙에 위배된다고 주장하나, 합헌의견이 지적하고 있듯이 청소년 대상 성범죄자 가운데 공개대상에서 제외되는 경우는 그 행위의 대상이나 형태에 있어서 청소년 성매수 행위의 공범적 성격의 것들로서 행위불법성의 차이 등을 고려한 것으로 보이므로, 청소년 대상 성범죄자 중 일부 범죄자의 신상이 공개되지 않는다 하더라도 그러한 차별입법이 자의적인 것이라거나 합리성이 없는 것이라고 단정하기 어렵다. 또한 아동·청소년을 대상으로 성폭력범죄가 아닌 성범죄를 저지른 사람도 신상정보 공개대상자가 아니지만, 이는 행위불법성의 차이와 입법 당시의 사회적 상황, 일반 국민의 법감정 등을 종합적으로 고려한 결과이므로 이를 자의적이고 비합리적인 차별이라고도 보기 어렵다. 따라서 심판대상조항은 평등원칙을 위반한 것이라고 볼 수 없다고 하겠다.

설사 신상공개제도의 대상이 되는 성범죄가 일반 범죄나 아동·청소년 대상 성범죄자 중 신상공개의 대상이 되지 않는 일부 성범죄와 합리적 차별사유가 없음에도 불구하고 그와 차별하여 신상공개제도의 대상으로 한 점이 인정된다 하더라도 상황에 따라서는 정당화될 수 있다고 본다. 왜냐하면 그럴 경우 원칙적으로는 다른 사안에 대하여도 신상공개를 해야 할 것이나 행정적인 문제나 재정적인 문제 또는 기술적인 문제 등으로 현재로는 유사한 모든 사안을 대상으로 삼기가 어려워 일단 현재의 대상만을 신상공개의 대상으로 삼은 것이고 그러한 문제가 해결될 경우 순차적으로 신상공개의

요지, 저스티스, 2002. 2, 48쪽.

12) 법관들의 성범죄에 대한 관대한 처벌현상에 대하여 이명숙, 전게 토론요지, 46쪽; 전경숙, 성범죄자 신상공개와 인권, 심포지엄 지정토론요지, 저스티스, 2002. 2, 51쪽.

13) 성범죄의 높은 재범률에 대하여는 이명숙, 전게 토론요지, 48쪽.

14) 같은 견해로서 강지원, 전게논문, 17쪽.

대상을 넓혀가는 것으로 이해한다면 현재의 차별은 그러한 차별을 정당화시키는 합리적인 사유가 있는 것으로 볼 여지가 있고, 따라서 평등원칙의 위반으로 볼 수 없는 것이기 때문이다. 그러므로 이 경우 그러한 차별이 정당화될 수 있는지의 여부는 현재 일거에 모든 유사한 사안을 신상공개의 대상으로 삼기 어려운 사유의 존재라고 하겠다. 따라서 입법의 내용으로부터 명백히 또는 간접적으로 그러한 정당화사유가 추론된다면 그런 경우까지 평등의 원칙 위반이라고 보기는 어렵다고 할 것이다. 사실 입법자가 어떠한 사안에 대한 규제를 할 경우 그러한 사안과 비교하여 상상할 수 있는 모든 유사한 사안을 빠짐없이 대상으로 삼기에는 어려운 점이 있을 수 있고, 따라서 그러한 경우에 예외 없이 평등원칙의 위반으로 위헌시 한다면 입법자는 긴절한 공익적인 이유로 일정한 사안을 제한 내지 규율하고자 하더라도 할 수 없고, 따라서 어떠한 규제도 하지 않는 상태보다 공익에 대한 더 큰 위험 상태 내지 법적 공백이 발생될 수 있으며, 이는 일종의 입법자의 직무유기로서 그것이야 말로 헌법정신을 훼손하는 것이라고 보지 않을 수 없다. 따라서 입법자는 일정한 사안을 규율하고자 할 때 그러한 제한의 대상을 선택하는데 있어서 나름대로의 일정한 재량의 여지를 가지고 있다고 보아야 할 것이며, 그러한 선택에 합리적인 정당화사유-즉 유사한 모든 사안을 대상으로 삼지 아니한 것에 대한 정당화사유-가 존재하고 그러한 사유가 명백히 불합리하거나 자의적이지 않는 한 입법자의 입법형성권을 일탈한 것으로 보기 어렵고, 따라서 평등원칙의 위반이라고 보기 어렵다고 할 것이다. 만일 그렇지 않다면 모든 사안과 계층을 대상으로 하여 동시에 제도의 개선을 추진하는 예외적인 경우를 제외하고는 어떠한 공익의 실현이나 질서유지 또는 어떠한 제도의 개선도 평등의 원칙 때문에 그 시행이 불가능하다는 결과에 이르게 되어 불합리할 뿐 아니라 평등의 원칙이 실현하고자 하는 가치 및 헌법의 정신과도 어긋나기 때문이다.

이러한 평등원칙과 관련하여 헌법재판소도 교육법 제8조의2에 관한 위헌심판 사건에서 "헌법상 평등의 원칙은 국가가 언제 어디에서 어떤 계층을 대상으로 하여 기본권에 관한 사항이나 제도의 개선을 시작할 것인지를 선택하는 것을 방해하지는 않는다. 말하자면 국가는 합리적인 기준에 따라 능력이 허용하는 범위 내에서 법적 가치의 상향적 구현을 위한 제도의 단계적 개선을 추진할 수 있는 길을 선택할 수 있어야 한다. 그것이 허용되지 않는다면 모든 사항과 계층을 대상으로 하여 동시에 제도의 개선을 추지하는 예외적인 경우를 제외하고는 어떠한 제도의 개선도 평등의 원칙 때문에 그 시행이 불가능하다는 결과에 이르게 되어 불합리할 뿐 아니라 평등의 원칙이 실현하고자 하는 가치와도 어긋나기 때문이다. 따라서 국가가 종전의 상황을 개선함에 있어서 그 개선의 효과가 일부의 사람에게만 미치고 동일한 상황하에 있는 다른 사람에게는 미치지 않아 그들 사이에 일견 차별이 생기게 된다고 하더라도 그것만으로는 평등의 원칙을 위반한 것이라고는 할 수 없다. 이러한 사정은 특히 이 사건과 같이 제도의 개선에 과다한 재원이 소요되는 경우에 분명하다. 이러한 측면에서 교육법 제8조의 2를 본다면 입법자는 장차 중학교 3년의 중등교육에 있어서도 전면적으로 의무교육을 실시할 것을 명백히 규정하고, 다만 현재로서는 국가의 재정형편상 위와 같은 전면실시가 사실상 불가능하다고 판단하여 잠정적인 조치로서 중학교 교육에 대한 의무교육을 단계적으로 순차 확대실시하도록 한 것뿐이다. 헌법이 초등교육 이외의 의무교육의 범위를 법률로 정하도록 한 것은 이를 법률에 의하여 단계적으로 확대하여 나가려는 데 그 기본 취지가 있는 것이며, 그러한 단계적 확대실시의 과정에서 지역적인 차별이나 피교육자에 따른 차별이 비록 생겨난다고 하더라도 이는 전면적인 실시에 따르는 막대한 재정적인 부담을 감안할 때에 불가피한 조치로서 헌법상 용인될 수 있는 것이라 할 것이다. 나아가 현재 도서·벽지·접적지역과 특수학교에 한하여 의무교육을 실시하고 있는 것은 그러한 경우에는 지리적 여건이나 피교육자의 특성상 교육을 받을 기회가 상대적으로 불리하다는 점을 고려한 것으로 이는 오히려 실질적 평등의 원칙에 부합된다고 할 수 있다. 따라서 교육법 제8조의 2는 헌법 제11조 제1항에 정한 평등의 원칙에 위반되지 아니한다."라고 판시함으로써[15] 이러한 견해를 뒷받침하고 있다. 물론 이 사건에서는 국민의 기본권을 형성 내지 향상시키는, 즉 국가가 국민에게 혜택을 부여하는 일종의 수익적 작용을 대상으로 한 경우이고 신상공개제도는 그에 반해 기본권을 제한하는 일종의 부담적 작용을 내용으로 하는 경우이고, 또한 일반적으로 국가가 국민에게 혜택을 부여할 때에는 국민의 권리를 제한할 때보다 더 넓은 형성의 자유를 가지는 것으로 인정되고 있어 양자의 사안은 다소 다르다고 할 수는 있지만, 근본적으로는 어떤 경우든 입법자는 차별을 정당화시키는 정당화사유가 존재한다면-순차적으로 그러한 차별을 해소해 나간다는 전제하에서-차별할 수 있고, 그러한 차별사유에 대한 판단에 입법자에게는 일정한 재량 내지 형성의 여지가 있다는 점에서는 동일한 것이라고 하겠다. 왜냐하면 국가가 국민에게 혜택을 부여할 때 모든 유사한 사안을 빠짐없이 대상으로 삼지 못하는 사유로서 교육법 제8조의2에 관한 위헌심판 사건에서처럼, 예컨대 재정적 부담이 거론되듯이 국가가 국민의 기본권을 제한하는 등의 규제적 사안에서도 재정적 부담이나 기술적 또는 행정적 어려움 등 다양한 어려움이 존재할 수 있고 그러한 사유의 존재에 대하여는 원칙적·일차적으로 입법자에게 입법형성의 자유가 인정되어야 하기 때문이다.

4. 법관에 의한 재판을 받을 권리의 침해 여부

2002헌가14 사건의 제청법원은 신상공개제도가 과거 청소년의 성보호에 관한 법률에 따라 청소년보호위원회에 의하여 이루어진다는 점에서 법관에 의한 재판을 받을 권리를 침해한 것이라고 하나, 앞서 보았듯이 신상공개제도는 '처벌'에 해당한다고 할

15) 헌재 1991. 2. 11. 90헌가27, 판례집 3, 11, 25-26.

수 없으므로 이 제도가 법관에 의한 재판을 받을 권리를 침해한 것이라 할 수 없다.[16)]헌법 제27조 제1항에서 말하는 재판을 받을 권리란 법관에 의하여 사실적 측면과 법률적 측면에 관하여 적어도 한 차례의 심리검토의 기회가 보장되어야 한다는 것을 의미한다.[17)] 그런데 신상공개 결정에 대하여는 별도로 행정소송을 통해 그 적법 여부를 다툴 기회가 보장되어 있다. 따라서 청소년보호위원회가 신상공개 여부를 결정한다는 이유만으로 법관의 재판을 받을 권리가 침해되었다고 단정하기는 어렵다.[18)]

이처럼 신상공개는 일종의 행정적 제재로서 형법상의 처벌에 해당하지 않고 따라서 행정청이 아닌 법관이 이를 행할 필요는 없고, 그에 대한 이의제기를 행정소송 등 사법적 절차를 통해 함으로써 구제받을 수 있으므로 법관의 재판을 받을 권리를 침해한 것도 아니고 삼권분립 등 권력분립의 원칙을 위반한 것도 아니다. 만일 그렇지 않다면 행정청에 의해서 이루어지는 공표 내지 공개행위 등 모든 행정적 제재는 위헌이라는 모순에 빠지게 된다.[19)]

한편 현행 「아동·청소년의 성보호에 관한 법률」 제49조는 법원이 판결로 등록정보를 공개하도록 하는 명령을 등록대상 사건의 판결과 동시에 선고하도록 하고 있기 때

---

16) 같은 견해로서 권형준, 전게논문, 31쪽.

17) 헌재 1992. 6. 26. 90헌바25, 판례집 4, 343, 350.

18) 정광현, 청소년의성보호에관한법률 제20조 제2항 제1호 등 위헌제청, 헌법재판소결정해설집(2003), 헌법재판소, 2004. 11, 338쪽.

19) 예컨대 국세기본법 제85조의5는 국세의 고액·상습체납자의 명단을 공개하는 제도를 규정하고 있는데, 즉 "① 국세청장은 제81조의13과 「국제조세조정에 관한 법률」 제36조에도 불구하고 다음 각 호의 어느 하나에 해당하는 자의 인적사항 등을 공개할 수 있나. 나만, 체납된 국세가 이의신청·심사청구 등 불복청구 중에 있거나 그 밖에 대통령령으로 정하는 사유가 있는 경우에는 그러하지 아니하다. … ② 제1항에 따른 체납자, 불성실기부금수령단체, 조세포탈범 또는 해외금융계좌 신고의무 위반자의 인적사항, 체납액, 국세추징명세, 포탈세액, 신고의무 위반금액 등에 대한 공개 여부를 심의하기 위하여 국세청에 국세정보공개심의위원회(이하 이 조에서 '위원회'라 한다)를 둔다. ③ 국세청장은 위원회의 심의를 거친 공개 대상자에게 체납자, 불성실기부금수령단체 또는 해외금융계좌 신고의무 위반자 명단공개 대상자임을 통지하여 소명 기회를 주어야 하며, 통지일부터 6개월이 지난 후 위원회로 하여금 체납액의 납부 이행, 기부금영수증 발급명세의 작성·보관 의무 이행 또는 해외금융계좌의 신고의무 이행 등을 고려하여 체납자, 불성실기부금수령단체 또는 해외금융계좌 신고의무 위반자 명단 공개 여부를 재심의하게 한 후 공개대상자를 선정한다. ④ 제1항에 따른 공개는 관보에 게재하거나 국세정보통신망 또는 관할세무서 게시판에 게시하는 방법으로 한다. ⑤ 제1항부터 제4항까지의 규정에 따른 체납자, 불성실기부금수령단체, 조세포탈범 또는 해외금융계좌 신고의무 위반자 명단 공개와 관련하여 필요한 사항 및 위원회의 구성·운영 등에 필요한 사항은 대통령령으로 정한다."라고 규정하고 있다. 따라서 이러한 명단공개는 체납자의 과거 의무위반에 대한 제재라는 성격보다는 체납자의 납세를 촉구하고 재발방지를 추구하는 한편, 일반인의 국세체납을 억제하는 제도와 국세체납의 예방이라는 미래지향적 기능을 가지는 일종의 행정적 제재로서, 체납자의 인적사항이 공개되어 사실상 결과적으로 대상자에게 수치심을 야기한다고 하더라도 이는 앞서 말한 소기의 공익목적을 달성하기 위하여 공개하는 과정에서 발생하는 반사적·부수적 불이익에 불과함으로 이를 별도의 형법상의 처벌에 해당한다고 볼 수 없고 따라서 법관이 아닌 행정청에 의하여 명단공개가 이루어진다고 하여 법관에 의한 재판을 받을 권리를 침해하는 것이 아니다. 여기서도 평등의 원칙 위배 여부가 문제될 수 있겠는데, 즉 다른 경우에는 공개가 이루어지지 않은데 유독 국세체납의 경우에만 공개가 이루어져 형평성에 반한다는 의문인데, 국세체납자의 위법행위에 대한 인식결여와 국민일반의 국세체납에 대한 불감증 내지 관용 등이 차별사유라고 하겠다. 또한 공개과정에서 당사자의 소명기회를 부여하는 등 적법절차원리를 구현하고 있다. 한편 여기서도 명단공개와 관련한 사항 등을 대통령으로 위임하고 있는데, 후술하는 바와 같이 이를 두고 포괄적 위임입법금지의 원칙에 위반되었다고 주장할 수는 없는 것이다.

문에 이 문제를 원천적으로 해결했다고 볼 수 있다.

그럼에도 불구하고 「아동·청소년의 성보호에 관한 법률」 제49조가 재범의 위험성이 있는지 여부를 묻지 않고 반드시 공개명령을 하도록 규정하여, 법관의 재량을 과도하게 제한하여 헌법 제27조 제1항에 따른 재판청구권을 침해한다는 주장이 있을 수 있다. 그러나 2011헌바106등 사건의 다수의견이 적절히 판시하고 있듯이[20] 공개명령은 공판절차를 거쳐 아동·청소년 대상 성폭력범죄를 저지른 것으로 인정되어 유죄판결을 선고하는 경우에만 할 수 있고, 이 경우 법관이 재범의 위험성뿐만 아니라 그 외에 여러 가지 사정들을 종합적으로 고려하여 신상정보를 공개하여서는 아니 될 특별한 사정이 있다고 판단하는 경우에는 공개명령을 하지 않을 수 있기 때문에 아동·청소년의 성보호에 관한 법률 제49조에 따른 신상공개제도가 헌법 제27조 제1항에 위반된다고 볼 수는 없을 것이다.

5. 적법절차 위배 여부

과거 「청소년의 성보호에 관한 법률」에 따른 신상공개대상자에게 소명의 기회를 부여하는 절차나 이의제기절차 등이 법률에 명백히 규정되어 있지 않아 신상공개제도는 적법절차위반이라는 주장이 있었는데, 2002헌가14 사건의 합헌의견이 적절히 지적하고 있듯이 법 제20조 제3항은 청소년보호위원회가 신상 등의 공개를 결정함에는 범행동기, 범행 후의 정황 등을 고려하도록 하고 있고, 제5항은 구체적인 절차 등에 관하여 필요한 사항을 대통령령으로 정하도록 하고 있으며, 하위 법규인 청소년보호위원회 예규 '신상공개사전심의위원회운영규정' 제9조에서는 이러한 법의 취지에 따라 신상공개대상자로 선정된 자에 대하여 10일 이상의 기간을 정하여 서면에 의한 의견진술기회를 주도록 하고, 지정된 기일까지 의견진술을 하지 않은 자에 대하여는 의견이 없는 것으로 간주하며, 의견진술을 한 자에 대하여는 재심의를 하여 신상공개 여부를 결정한다고 규정하고 있다. 또한 이러한 예규의 규정과는 별도로 행정절차법 제22조 제3항은 "행정청이 당사자에게 의무를 과하거나 권익을 제한하는 처분을 할 때 … 당사자등에게 의견제출의 기회를 주어야 한다."라고 규정하고 있어 신상공개 대상자에게 의견진술의 기회가 보장되어 있다.[21]

또한 청소년보호위원회는 최소한의 독립성과 중립성을 갖춘 기관이고(청소년보호법 제40조 등 참조), 신상공개결정에 대해서는 행정소송을 통해 그 적법 여부를 다툴 기회가 보장되고 있으며, 이미 법관에 의한 재판을 거쳐 형이 확정된 이후에 신상공개가 결정된다. 그렇다면 법 제20조 제2항 제1호의 신상공개제도는 법률이 정한 형식적 절차에 따라 이루어지며 그 절차의 내용도 합리성과 정당성을 갖춘 것이라고 볼 것이므

20) 헌재 2013. 10. 24. 2011헌바106 등, 공보 제205호, 1486, 1488.

21) 신상공개절차에 대하여 자세한 것은 정광현, 전게논문, 340쪽 이하 참조.

로 적법절차원칙에 위반되는 것이라 할 수 없다.[22)]

한편 2002헌가14 사건의 위헌의견은 이러한 적법절차원칙 위반 여부에 대하여 판단하고 있지 않다. 이는 합헌의견에 묵시적으로 동의하는 것을 시사하는 것으로 볼 수 있다.

또 다른 한편 현행 「아동·청소년의 성보호에 관한 법률」 제49조가 재범의 위험성이 있는지 여부를 묻지 않고 반드시 공개명령을 하도록 규정하여, 적법한 절차에 의하지 아니하고는 보안처분을 받지 않도록 한 헌법 제12조 제1항 후문에 위반된다는 주장이 있을 수 있다. 그러나 2011헌바106등 사건의 다수의견이 적절히 판시하고 있듯이[23)] 등록정보 공개명령은 공판절차를 거쳐 아동·청소년 대상 성폭력범죄를 저지른 것으로 인정되어 유죄판결을 선고하는 경우에만 할 수 있고, 또한 법관이 재범의 위험성뿐만 아니라 그 외에 여러 가지 사정들을 종합적으로 고려하여 신상정보를 공개하여서는 아니 될 특별한 사정이 있다고 판단하는 경우에는 공개명령을 하지 않을 수 있으며, 여기에 더하여 「아동·청소년의 성보호에 관한 법률」이 신상정보 공개대상자의 인격권 등을 보호하기 위한 여러 가지 제도적 장치를 두고 있는 점 등을 종합하여 보면, 「아동·청소년의 성보호에 관한 법률」 제49조가 헌법 제12조 제1항 후문에 위반된다고 볼 수는 없다.

6. 포괄위임입법금지의 원칙 위배 여부

2002헌가14 사건의 위헌의견은 「청소년의 성보호에 관한 법률」 제20조 제5항이 신상공개의 시기·기간·절차 등에 관하여 그 기본내용이나 범위를 구체적으로 정함이 없이 일체를 대통령령에서 정하도록 위임하고 있는 포괄위임입법규정으로서, 헌법상 위임입법의 정당한 한계를 벗어났다고 주장한다. 그러나 합헌의견이 판시하고 있듯이 법 제20조 제5항에서 위임되는 '구체적인 시기·기간·절차 등'과 관련하여 이미 대통령령으로 규정될 내용의 대강이 법 제20조 제5항에서 어느 정도 예측될 수 있으므로 이를 두고 포괄위임입법금지의 원칙에 대한 위반으로 볼 수는 없을 것이다.[24)]

Ⅳ. 맺는 말

지금까지 신상공개제도의 내용과 헌재의 결정요지를 살펴보고, 신상공개제도에 대한 헌법적 검토를 해 보았다. 위에서 언급한 바와 같이 신상공개제도가 위헌이라고 보기는 어렵다. 물론 정책적인 면에서 문제가 있을 수 있고, 법제도적으로 보완의 필요

---

22) 권형준, 전게논문, 32쪽; 김종구, 전게논문, 115쪽.

23) 헌재 2013. 10. 24. 2011헌바106 등, 공보 제205호, 1486, 1488.

24) 김종구, 전게논문, 116쪽; 황성기, 전게논문, 16쪽.

성이 있으나 그렇다고 위헌으로까지 볼 수는 없다는 것이다. 가장 중요한 것은 신상정보공개가 아동·청소년의 성보호를 위하여 불가피한 제도라는 것이다.

다만 이미 지적한 바와 같이 신상공개와 관련하여 입법론적으로 공개대상의 범위 등과 관련한–평등성 제고를 위한 방안을 포함한–보다 선별적이고 세부적이고 합리적인 기준, 법목적을 보다 효율적으로 달성하기 위한 실효성 제고 방안 등에 대하여 보다 명확히 규정될 것이 요구된다고 하겠다. 이는 법치주의원리가 당연히 요구하는 바로서 공권력의 자의와 남용을 억제하고 억울한 피해자가 나오지 않도록 하기 위한 필수적인 조치라고 하겠다.

3. 양심적 병역거부

– 헌재 2004. 8. 26. 2002헌가1 병역법 제88조 제1항 제1호 위헌제청[1] 및 헌재 2011. 8. 30. 2008헌가22 등 병역법 제88조 제1항 제1호 위헌제청 등[2] –

[目 次]

Ⅰ. 머리말

양심적 병역거부의 허용 여부는 오래전부터 우리사회에서 꾸준히 제기되어 온 문제이다. 지난 반세기 이상 오랜 세월동안 여호와의 증인신도들을 중심으로 종교적 양심에 따라 병역을 거부하는 현상이 존재하였고, 최근에는 기타의 종교적 이유나 평화주의를 이유로 병역을 거부하는 사람들이 나타나고 있다. 그런데 병역법 제88조 제1항은 정당한 사유 없이 입영을 기피할 경우 예외없이 형사처벌을 하도록 규정하고 있고,[3] 양심적 병역거부는 정당한 사유에 해당하지 아니하여 결국 이 조항에 의해 병역법상 양심적 병역거부는 인정되지 않아 지금까지 양심적 병역거부자들은 형사처벌을 받아

---

1) 헌재 2004. 8. 26. 2002헌가1, 판례집 16-2상, 141.

2) 헌재 2011. 8. 30. 2008헌가22 등, 공보 제179호, 1205.

3) 제88조(입영의 기피 등) ① 현역입영 또는 소집 통지서(모집에 의한 입영 통지서를 포함한다)를 받은 사람이 정당한 사유 없이 입영일이나 소집기일부터 다음 각 호의 기간이 지나도 입영하지 아니하거나 소집에 응하지 아니한 경우에는 3년 이하의 징역에 처한다. 이하 생략
 1. 현역입영은 3일
 이하 생략

온 것이다. 이들은 자신의 종교적 신념 내지 양심에 비추어 집총병역의무는 결코 이행할 수 없으니 대신 다른 대체복무를 허용해달라고 간청하면서, 양심적 병역거부를 인정하고 있지 않고 많은 다른 국가들처럼 대체복무를 인정하고 있지 아니한 병역법은 자신들의 양심의 자유를 침해하는 위헌이라고 주장하고 있다. 이와 관련하여 헌법재판소는 2002헌가1 사건과 2008헌가22 사건에서 병역법 제88조 제1항이 헌법에 위반되지 않는다고 판시한 바 있다. 특히 2008헌가22 사건에서 헌재는 병역법 제88조 제1항으로 인하여 양심적 병역거부자의 양심의 자유가 제한되나, 이 사건 법률조항은 국가안보 및 병역의무의 형평성이라는 중대한 공익을 실현하고자 하는 것으로 입법목적의 정당성과 수단의 적합성이 인정되고, 대체복무제를 허용하더라도 이러한 공익의 달성에 아무런 지장이 없다는 판단을 쉽사리 내릴 수 없는 이상 대체복무제를 도입하지 않은 채 형사처벌 규정만을 두고 있다고 하더라도 최소 침해의 원칙에 위반되지 아니하며, 법익균형성도 갖추고 있으므로 양심의 자유를 침해하지 아니한다고 판단했다. 또한 병역법 제88조 제1항은 병역거부가 양심에 근거한 것이든 아니든, 그 양심이 종교적 양심이든 비종교적 양심이든 가리지 않고 일률적으로 규제하는 것일 뿐 종교를 사유로 차별을 가하는 것이 아니므로 평등원칙에 위반되지 아니하고, 우리나라가 가입한 시민적·정치적 권리에 관한 국제규약에 따라 바로 양심적 병역거부권이 인정되거나, 양심적 병역거부에 관한 법적인 구속력이 발생한다고 보기 어려울 뿐 아니라 양심적 병역거부권을 명문으로 인정한 국제인권조약은 아직까지 존재하지 않으므로 병역법 제88조 제1항에 따라 양심적 병역거부자를 형사처벌한다고 하더라도 국제법 존중의 원칙을 선언하고 있는 헌법 제6조 제1항에도 위반되지 않는다는 점을 합헌의 근거로 하였다.

그런데 헌재의 반대의견도 언급하고 있듯이 헌재의 판시내용에는 동의하기 어려운 문제점이 도사리고 있다. 지금도 법원과 헌재에는 수많은 양심적 병역거부사건이 계류중에 있다. 따라서 여기서 이러한 헌재판례의 내용과 관련하여 양심적 병역거부에 대한 헌법적 고찰을 해보는 것은 여전히 시의성 있는 의미 있는 작업이라고 하겠다.

Ⅱ. 헌재결정의 요지

1. 2004. 8. 26. 2002헌가1

(1) 다수의견

1) 양심의 자유는 단지 국가에 대하여 가능하면 개인의 양심을 고려하고 보호할 것을 요구하는 권리일 뿐, 양심상의 이유로 법적 의무의 이행을 거부하거나 법적 의무를 대신하는 대체의무의 제공을 요구할 수 있는 권리가 아니다. 따라서 양심의 자유로부터 대체복무를 요구할 권리도 도출되지 않는다. 우리 헌법은 병역의무와 관련하여 양

심의 자유의 일방적인 우위를 인정하는 어떠한 규범적 표현도 하고 있지 않다. 양심상의 이유로 병역의무의 이행을 거부할 권리는 단지 헌법 스스로 이에 관하여 명문으로 규정하는 경우에 한하여 인정될 수 있다.

2) 양심의 자유의 경우 비례의 원칙을 통하여 양심의 자유를 공익과 교량하고 공익을 실현하기 위하여 양심을 상대화하는 것은 양심의 자유의 본질과 부합될 수 없다. 양심상의 결정이 법익교량과정에서 공익에 부합하는 상태로 축소되거나 그 내용에 있어서 왜곡·굴절된다면, 이는 이미 '양심'이 아니다. 따라서 양심의 자유의 경우에는 법익교량을 통하여 양심의 자유와 공익을 조화와 균형의 상태로 이루어 양 법익을 함께 실현하는 것이 아니라, 단지 '양심의 자유'와 '공익' 중 양자택일 즉, 양심에 반하는 작위나 부작위를 법질서에 의하여 '강요받는가 아니면 강요받지 않는가'의 문제가 있을 뿐이다.

3) 한국의 안보상황, 징병의 형평성에 대한 사회적 요구, 대체복무제를 채택하는 데 수반될 수 있는 여러 가지 제약적 요소 등을 감안할 때, 대체복무제를 도입하더라도 국가안보라는 중대한 헌법적 법익에 손상이 없으리라고 단정할 수 없는 것이 현재의 상황이라 할 것인바, 대체복무제를 도입하기 위해서는 남북한 사이에 평화공존관계가 정착되어야 하고, 군복무여건의 개선 등을 통하여 병역기피의 요인이 제거되어야 하며, 나아가 우리 사회에 양심적 병역거부자에 대한 이해와 관용이 자리잡음으로써 그들에게 대체복무를 허용하더라도 병역의무의 이행에 있어서 부담의 평등이 실현되며 사회통합이 저해되지 않는다는 사회공동체 구성원의 공감대가 형성되어야 하는데, 이러한 선행조건들이 충족되지 않은 현 단계에서 대체복무제를 도입하기는 어렵다고 본 입법자의 판단이 현저히 불합리하다거나 명백히 잘못되었다고 볼 수 없다.

4) 입법자는 헌법 제19조의 양심의 자유에 의하여 공익이나 법질서를 저해하지 않는 범위 내에서 법적 의무를 대체하는 다른 가능성이나 법적 의무의 개별적인 면제와 같은 대안을 제시함으로써 양심상의 갈등을 완화해야 할 의무가 있으며, 이러한 가능성을 제공할 수 없다면, 적어도 의무위반시 가해지는 처벌이나 징계에 있어서 그의 경감이나 면제를 허용함으로써 양심의 자유를 보호할 수 있는 여지가 있는가를 살펴보아야 한다. 그러므로 입법자는 양심의 자유와 국가안보라는 법익의 갈등관계를 해소하고 양 법익을 공존시킬 수 있는 방안이 있는지, 국가안보란 공익의 실현을 확보하면서도 병역거부자의 양심을 보호할 수 있는 대안이 있는지, 우리 사회가 이제는 양심적 병역거부자에 대하여 이해와 관용을 보일 정도로 성숙한 사회가 되었는지에 관하여 진지하게 검토하여야 할 것이며, 설사 대체복무제를 도입하지 않기로 하더라도, 법적용기관이 양심우호적 법적용을 통하여 양심을 보호하는 조치를 취할 수 있도록 하는 방향으로 입법을 보완할 것인지에 관하여 숙고하여야 한다.

(2) 재판관 김경일, 재판관 전효숙의 반대의견

1) 일반적으로 적용되는 법률에 있어 그 법률이 명령하는 것과 일치될 수 없는 양심의 문제는 법질서에 대해 예외를 인정할지 여부의 형태로 나타난다. 그러나 다수가 공유하는 생각과 다르다는 이유만으로 소수가 선택한 가치가 이상하거나 열등한 것이라고 전제할 수는 없으므로 이 경우 '혜택부여'의 관점에서 심사기준을 완화할 것이 아니며, 그 합헌성 여부 심사는 일반적인 기본권제한 원리에 따라 이루어져야 한다.

2) 양심적 병역거부가 인류의 평화적 공존에 대한 간절한 희망과 결단을 기반으로 하고 있음을 부인할 수는 없으며, 평화에 대한 이상은 인류가 오랫동안 추구하고 존중해온 것이다. 그런 의미에서 양심적 병역거부자들의 병역거부를 군복무의 고역을 피하기 위한 것이거나 국가공동체에 대한 기본의무는 이행하지 않으면서 무임승차 식으로 보호만 바라는 것으로 볼 수는 없다. 그들은 공동체의 일원으로서 납세 등 각종의무를 성실히 수행해야함을 부정하지 않고, 집총병역의무는 도저히 이행할 수 없으나 그 대신 다른 봉사방법을 마련해달라고 간청하고 있다. 그럼에도 불구하고 병역기피의 형사처벌로 인하여 이들이 감수하여야 하는 불이익은 심대하다.

3) 우리 군의 전체 병력수에 비추어 양심적 병역거부자들이 현역집총병역에 종사하는지 여부가 국방력에 미치는 영향은 전투력의 감소를 논할 정도라고 볼 수 없고, 이들이 반세기 동안 형사처벌 및 유·무형의 막대한 불이익을 겪으면서도 꾸준히 입영이나 집총을 거부하여 온 점에 의하면 형사처벌이 이들 또는 잠재적인 양심적 병역거부자들의 의무이행을 확보하기 위해 필요한 수단이라고 보기는 어렵다.

4) 국방의 의무는 단지 병역법에 의하여 군복무에 임하는 등의 직접적인 집총병력형성의무에 한정되는 것이 아니므로 양심적 병역거부자들에게 현역복무의 기간과 부담 등을 고려하여 이와 유사하거나 보다 높은 정도의 의무를 부과한다면 국방의무이행의 형평성회복이 가능하다. 또한 많은 다른 나라들의 경험에서 보듯이 엄격한 사전심사절차와 사후관리를 통하여 진정한 양심적 병역거부자와 그렇지 않은 자를 가려내는 것이 가능하며, 현역복무와 이를 대체하는 복무의 등가성을 확보하여 현역복무를 회피할 요인을 제거한다면 병역기피 문제도 효과적으로 해결할 수 있다.

2. 2011. 8. 30. 2008헌가22등

(1) 다수의견

1) 이 사건 법률조항은, '국민의 의무인 국방의 의무의 이행을 관철하고 강제함으로써 징병제를 근간으로 하는 병역제도 하에서 병역자원의 확보와 병역부담의 형평을 기하고 궁극적으로 국가의 안전보장이라는 헌법적 법익을 실현하고자 하는 것'으로 그

입법목적이 정당하고, 입영을 기피하는 현역 입영대상자에 대하여 형벌을 부과함으로써 현역복무의무의 이행을 강제하고 있으므로, 이 같은 입법목적을 달성하기 위한 적절한 수단이다.

또한 병역의무와 관련하여 대체복무제를 도입할 것인지의 문제는 결국 '대체복무제를 허용하더라도 국가안보라는 중대한 공익의 달성에 아무런 지장이 없는지 여부'에 대한 판단의 문제로 귀결되는바, 남북이 대치하고 있는 우리나라의 특유한 안보상황, 대체복무제 도입 시 발생할 병력자원의 손실 문제, 병역거부가 진정한 양심에 의한 것인지 여부에 대한 심사의 곤란성, 사회적 여론이 비판적인 상태에서 대체복무제를 도입하는 경우 사회 통합을 저해하여 국가 전체의 역량에 심각한 손상을 가할 우려가 있는 점 및 종전 헌법재판소의 결정에서 제시한 선행조건들이 아직도 충족되지 않고 있는 점 등을 고려할 때 대체복무제를 허용하더라도 국가안보와 병역의무의 형평성이라는 중대한 공익의 달성에 아무런 지장이 없다는 판단을 쉽사리 내릴 수 없으므로, 양심적 병역거부자에 대하여 대체복무제를 도입하지 않은 채 형사처벌 규정만을 두고 있다고 하더라도 이 사건 법률조항이 최소침해의 원칙에 반한다고 할 수 없다.

양심적 병역거부자는 이 사건 법률조항에 따라 3년 이하의 징역이라는 형사처벌을 받는 불이익을 입게 되나 이 사건 법률조항이 추구하는 공익은 국가의 존립과 모든 자유의 전제조건인 '국가안보' 및 '병역의무의 공평한 부담'이라는 대단히 중요한 공익이고, 병역의무의 이행을 거부함으로써 양심을 실현하고자 하는 경우는 누구에게나 부과되는 병역의무에 대한 예외를 요구하는 것이므로 병역의무의 공평한 부담의 관점에서 볼 때 타인과 사회공동체 전반에 미치는 파급효과가 대단히 큰 점 등을 고려해 볼 때 이 사건 법률조항이 법익균형성을 상실하였다고 볼 수는 없다. 따라서 이 사건 법률조항은 양심의 자유를 침해하지 아니한다.

2) 이 사건 법률 조항은 병역거부가 양심에 근거한 것이든 아니든, 그 양심이 종교적 양심이든, 비종교적 양심이든 가리지 않고 일률적으로 규제하는 것일 뿐, 양심이나 종교를 사유로 차별을 가하는 것도 아니므로 평등원칙에 위반되지 아니한다.

3) 우리나라가 1990. 4. 10. 가입한 시민적·정치적권리에관한국제규약(International Covenant on Civil and Political Rights)에 따라 바로 양심적 병역거부권이 인정되거나 양심적 병역거부에 관한 법적인 구속력이 발생한다고 보기 곤란하고, 양심적 병역거부권을 명문으로 인정한 국제인권조약은 아직까지 존재하지 않으며, 유럽 등의 일부국가에서 양심적 병역거부권이 보장된다고 하더라도 전 세계적으로 양심적 병역거부권의 보장에 관한 국제관습법이 형성되었다고 할 수 없어 양심적 병역거부가 일반적으로 승인된 국제법규로서 우리나라에 수용될 수는 없으므로, 이 사건 법률조항에 의하여 양심적 병역거부자를 형사처벌한다고 하더라도 국제법 존중의 원칙을 선언하고 있는 헌법 제6조 제1항에 위반된다고 할 수 없다.

(2) 재판관 이강국, 재판관 송두환의 한정위헌의견

헌법상의 기본권과 헌법상의 국민의 의무 등 헌법적 가치가 상호 충돌하고 대립하는 경우에는 어느 하나의 가치만을 선택하여 나머지 가치를 희생시켜서는 안 되고, 충돌하는 가치를 모두 최대한 실현시킬 수 있는 규범조화적 해석원칙을 사용해야 한다. 양심의 자유와 국방의 의무라는 헌법적 가치가 상호 충돌하고 있는 이 사건 법률조항의 문제도 이와 같은 규범조화적 해석의 원칙에 의하여 해결해야 한다. 따라서 이 사건 법률조항의 '정당한 사유'는 진지하고 절박한 양심을 결정한 사람들의 양심의 자유와 국방의 의무라는 헌법적 가치가 비례적으로 가장 잘 조화되고 실현될 수 있는 조화점을 찾도록 해석하여야 한다. 하지만 헌법재판소와 대법원 판례는 이 사건 법률조항의 '정당한 사유'에는 종교적 양심상의 결정에 의하여 병역을 거부한 행위는 포함되지 아니한다고 해석하고 있는데, 그 결과 절대적이고 진지한 양심의 결정에 따라 병역의무를 거부한 청구인들에게 국가의 가장 강력한 제재수단인 형벌이, 그것도 최소한 1년 6개월 이상의 징역형이라고 하는 무거운 형벌이 부과되고 있다. 이는 인간으로서의 존엄과 가치를 심각하게 침해하는 것이고, 나아가 형벌부과의 주요근거인 행위와 책임과의 균형적인 비례관계를 과도하게 일탈한 과잉조치이다.

양심적 병역거부자들에 대한 대체복무제를 운영하고 있는 많은 나라들의 경험을 살펴보면, 대체복무제가 도입될 경우 사이비 양심적 병역거부자가 급증할 것이라고 하는 우려가 정확한 것이 아니라는 점을 알 수 있다. 엄격한 사전심사와 사후관리를 통하여 진정한 양심적 병역거부자와 그렇지 못한 자를 가려낼 수 있도록 대체복무제도를 설계하고 운영한다면 이들의 양심의 자유 뿐 아니라 국가안보, 자유민주주의의 확립과 발전에도 도움이 될 것이다.

결국 이 사건 법률조항 본문 중 '정당한 사유'에, 양심에 따른 병역거부를 포함하지 않는 것으로 해석하는 한 헌법에 위반된다.

Ⅲ. 양심적 병역거부에 대한 헌법적 고찰

1. 양심의 자유와 국방의 의무

헌법 제19조는 양심의 자유를 보장하고 있다. 인간의 존엄성 유지와 개인의 자유로운 인격발현을 최고의 가치로 삼는 우리 헌법상의 기본권체계 내에서 양심의 자유의 기능은 개인적 인격의 정체성과 동질성을 유지하는 데 있다.[4)]

헌법상 보호되는 양심은 어떤 일의 옳고 그름을 판단함에 있어서 그렇게 행동하지

4) 헌재 2004. 8. 26. 2002헌가1, 판례집 제16권 2집 상, 141, 151.

아니하고는 자신의 인격적인 존재가치가 허물어지고 말 것이라는 강력하고 진지한 마음의 소리로서 절박하고 구체적인 양심을 말한다.[5] 즉 '양심상의 결정'이란 선과 악의 기준에 따른 모든 진지한 윤리적 결정으로서 구체적인 상황에서 개인이 이러한 결정을 자신을 구속하고 무조건적으로 따라야 하는 것으로 받아들이기 때문에 양심상의 심각한 갈등이 없이는 그에 반하여 행동할 수 없는 것을 말한다. 헌법 제19조가 보호하고 있는 양심의 자유는 양심형성의 자유와 양심적 결정의 자유를 포함하는 내심적 자유뿐만 아니라, 양심적 결정을 외부로 표현하고 실현할 수 있는 양심실현의 자유를 포함한다고 할 수 있다.[6] 또한 양심실현의 자유에는 양심을 표명하거나 또는 양심을 표명하도록 강요받지 아니할 자유(양심표명의 자유), 양심에 반하는 행동을 강요받지 아니할 자유(부작위에 의한 양심실현의 자유), 양심에 따른 행동을 할 자유(작위에 의한 양심실현의 자유) 등이 있다고 하겠다.[7] 양심의 자유 중 양심형성의 자유는 내심에 머무르는 한 절대적으로 보호되는 기본권이라 할 수 있는 반면, 양심실현의 자유는 법질서에 위배되거나 타인의 권리를 침해할 수 있기 때문에 법률에 의하여 제한될 수 있는 상대적 자유라고 하겠다.[8]

여기서 문제되는 양심적 병역거부는 양심의 자유 중 '양심에 반하는 행동을 강요당하지 아니할 자유', 즉 '부작위에 의한 양심실현의 자유'에 속한다고 볼 수 있다.[9] 즉 병역법 제88조 제1항은 형사처벌이라는 제재를 통해서 양심적 병역거부자에게 양심에 반하는 행동을 강요하고 있으므로, '국가에 의하여 양심에 반하는 행동을 강요당하지 아니할 자유' 내지 '양심에 반하는 법적 의무를 이행하지 아니할 자유'라는 부작위에 의한 양심실현의 자유가 제한되는 것이다.

일반적으로 민주적 다수는 법질서와 사회질서를 그의 정치적 의사와 도덕적 기준에 따라 형성하기 때문에, 그들이 국가의 법질서나 사회의 도덕률과 양심상의 갈등을 일

5) 헌재 1997. 3. 27. 96헌가11, 판례집 9-1, 245, 263; 2001. 8. 30. 99헌바92등, 판례집 13-2, 174, 203; 2002. 4. 25. 98헌마425등, 판례집 14-1, 351, 363; 2011. 8. 30. 2008헌가22, 공보 제179호, 1205, 1210.

6) 헌재 1998. 7. 16. 96헌바35, 판례집 제10권 2집, 159, 166.

7) 헌재 2011. 8. 30. 2008헌가22, 공보 제179호, 1205, 1210.

8) 헌재 2011. 8. 30. 2008헌가22, 공보 제179호, 1205, 1210. 권영성, 헌법학원론, 2010, 488쪽 이하.

9) 헌재 2011. 8. 30. 2008헌가22, 공보 제179호, 1205, 1210.
헌법 제20조 제1항은 종교의 자유를 따로 보장하고 있으므로 양심적 병역거부가 대부분의 경우가 그러한 것처럼 종교의 교리나 종교적 신념에 따라 이루어진 것이라면 양심적 병역거부의 경우에는 양심의 자유 뿐 아니라 종교의 자유의 제한도 문제가 되지만, 양심의 자유는 종교적 신념에 기초한 양심뿐만 아니라 비종교적인 양심도 포함하는 포괄적인 기본권이고, 다른 한편 병역거부가 종교적인 이유에서 뿐 아니라 단순히 평화주의 등 자신의 주의, 철학, 세계관 등 종교 이외의 이유에 기인하는 경우도 있으므로 여기서는 양심의 자유를 주 대상으로 논의를 전개하기로 한다.
이와 관련하여 헌재는 "헌법 제20조 제1항은 양심의 자유와 별개로 종교의 자유를 따로 보장하고 있고, 당해 사건 피고인들은 모두 '여호와의 증인' 신도들로서 자신들의 종교적 신앙에 따라 현역복무라는 병역의무를 거부하고 있으므로, 이 사건 법률조항에 의하여 이들의 종교의 자유도 함께 제한된다. 그러나 종교적 신앙에 의한 행위라도 개인의 주관적·윤리적 판단을 동반하는 것인 한 양심의 자유에 포함시켜 고찰할 수 있으므로, 양심의 자유를 중심으로 기본권 침해 여부를 판단하면 족하다고 할 것이다."라고 판시하고 있다. 헌재 2011. 8. 30, 2008헌가22, 공보 제179호, 1205, 1211.

으키는 것은 예외에 속한다. 양심의 자유에서 현실적으로 문제가 되는 것은 국가의 법질서나 사회의 도덕률에서 벗어나려는 소수의 양심이다. 따라서 양심상의 결정이 어떠한 종교관·세계관 또는 그 외의 가치체계에 기초하고 있는가와 관계없이, 모든 내용의 양심상의 결정이 양심의 자유에 의하여 보장된다. 따라서 병역이행이나 집총훈련 등이 자신의 양심에 반한다면 이를 거부함으로써 양심을 실현시킬 자유가 있는 것이다.10)

특히 2002헌가1 사건의 반대의견도 강조하는 바와 같이 양심적 병역거부가 인류의 평화적 공존에 대한 간절한 희망과 결단을 기반으로 하고 있음을 부인할 수 없다. 평화에 대한 이상은 인류가 오랫동안 추구하고 존중해온 것이고, 우리 헌법 전문도 '항구적인 세계평화와 인류공영에 이바지함'을 선언하여 이를 헌법의 근본이념으로 확인하고 있다. 그런 의미에서 양심적 병역거부자들의 병역거부를 군복무의 고역을 피하기 위한 것이거나 국가공동체에 대한 기본의무는 이행하지 않으면서 무임승차 식으로 보호만 바라는 것으로 볼 수는 없다. 그들은 공동체의 일원으로서 납세 등 각종의무를 성실히 수행해야함을 부정하지 않고, 집총병역의무는 도저히 이행할 수 없으나 그 대신 다른 봉사방법을 마련해달라고 간청하고 있다. 또한 양심적 병역거부자들이 계속되는 처벌 및 불이익을 감수하면서도 오랜 기간 병역을 거부하여온 점에 비추어 보면 이들의 양심은 강력하고 진지한 마음의 소리로서 절박하고 구체적인 헌법상 보호되는 양심의 영역에 속한다고 보지 않을 수 없는 것이다.

그러나 다른 한편 헌법 제39조 제1항에 따라 모든 국민은 국방의 의무를 진다. 따라서 양심적 병역거부는 원칙적으로 국방의 의무와 충돌하게 된다. 즉 양심의 자유라는 기본권과 국방의 의무라는 공익적 의무와의 헌법상의 충돌이라고 할 수 있다. 그런데 우리 헌법에는 이러한 양가치의 충돌시 해결방안을 마련해 놓고 있지 않다. 즉 각각의 가치를 규정해 놓고 있을 뿐 충돌 시 어떠한 가치가 우선한다고 규정하고 있지는 않다. 결국 헌법해석을 통해 양가치의 조화 또는 어떠한 가치의 다른 가치에의 우선 여부를 모색할 수밖에 없을 것이다.11)

이러한 논의의 출발점은 헌법 제39조 제1항에서 찾아야 할 것이다. 본 조항은 모든 국민에게 국방의 의무를 부과하되, '법률이 정하는' 국방의 의무를 부과하고 있다. 따

10) 이 점에서 양심의 자유로부터 병역거부나 대체복무를 요구할 권리가 도출되지 않는다고 판시한 2002헌가1 사건에서의 헌재의 다수의견은 타당하다고 보기 어렵다. 왜냐하면 양심의 자유로부터 그러한 권리는 도출되지만 공익적 이유에서 법률로 그러한 자유를 제한할 수 있을 뿐이기 때문이다. 만일 그렇지 않다면 헌법상 보호되는 양심의 자유는 사실상 오로지 내심의 자유에만 인정되는 것이 되는데, 실제로 내심의 자유가 법적으로 문제되는 경우는 거의 없기 때문에 양심의 자유를 굳이 헌법상 보장하는 의의를 상실하게 되기 때문이다. 따라서 헌재의 견해는 양심실현의 자유의 보호의 문제와 양심의 자유에 대한 제한의 문제를 혼동한 것으로 보인다. 양심적 병역거부가 양심의 자유의 보호대상이 된다는 견해로서 박진완, 양심적 병역거부권에 대한 헌법재판소결정에 대한 검토, 헌법실무연구 6권, 2005, 418쪽; 박종보, 양심의 자유와 병역거부, 헌법실무연구회 제55호 발표회 지정토론문, 헌법실무연구 6권, 2005, 458쪽 이하.

11) 이와 관련하여 서로 대립되는 헌법적 가치의 충돌의 문제가 최종적으로 원리의 충돌의 문제로 해석되는 한에 있어서는 최적화명령의 적용을 통한 해석적 조정이 시도될 수밖에 없다고는 견해도 있다. 박진완, 전게논문, 414쪽.

라서 양심적 병역거부와 국방의 의무의 충돌문제는 바로 이 국방의 의무를 구체화시키는 법률을 통해 해결해야 할 것이다. 만일 헌법해석상 양심적 병역거부가 인정될 수 없다면 양심의 자유보다는 국방의 의무를 우선시키는 입법을 할 수밖에 없을 것이고, 그렇지 않고 양심적 병역거부를 인정할 수 있다면 양심의 자유와 국방의 의무를 조화시키는 입법을 할 수 있을 것이다. 따라서 여기서는 결국 국방의 의무를 구체화시키는 입법인 병역법 관련조항, 즉 병역법 제88조 제1항이 정당한 헌법해석의 결과인지, 아니면 헌법상의 규정과 가치 및 원칙을 위반하였는지의 여부에 귀결된다고 하겠다.

2. 병역법 제88조 제1항의 위헌성

현행 병역법 제88조 제1항은 '정당한 사유 없이' 입영을 기피하는 경우만을 처벌하도록 하고 있는데, 대법원 판례가 양심상의 이유를 내세워 병역의무를 거부하는 것은 위 조항의 '정당한 사유'에 해당하지 않는다고 보고 있으므로,[12] 양심적 병역거부자들도 일반 병역기피자들과 마찬가지로 병역법 제88조 제1항에 의한 형사처벌을 받게 된다. 따라서 결국 이 조항에 의해 현행 병역법상 양심적 병역거부는 인정되지 않는 것이다. 그렇다면 과연 이 조항은 헌법상의 다양한 원칙을 준수했는지의 여부가 쟁점이라고 하겠다.

(1) 규범조화적 헌법해석의 원리와 관련하여

앞서 언급한 바와 같이 헌법은 양심의 자유에 근거한 양심적 병역거부와 국방의 의무의 충돌시 이를 해결하기 위한 어떠한 구체적인 규정이나 지침을 마련하고 있지 아니함으로 결국 헌법해석을 통해 양자의 문제를 해결할 수밖에 없을 것이다. 그런데 주지하는 바와 같이 헌법해석에는 다양한 지침과 원리가 적용되는데, 특히 법익형량의 원칙과 조화의 원칙이 중요한 원리로서 기능하고 있고, 그 중에서도 가능한 한 규범조화적 해석을 통한 해결이 헌법해석의 기본원리라고 하겠다. 그리고 이는 헌법재판소의 일관된 입장이기도 하다.[13] 특히 2008헌가22 사건에서의 재판관 이강국, 재판관 송두환의 한정위헌의견은 "양심적 병역거부는 양심의 자유와 병역의 의무라고 하는 헌법적 가치와 법익이 상호 충돌하게 되는 경우인바, 이러한 때에는 소위 규범조화적 해석의 방법에 의하여 해결하는 것이 상당하다. 규범조화적 해석의 원칙은 헌법상의 기본권 상호간 또는 기본권과 헌법상의 국민의 의무 등 헌법적 가치나 법익이 상호 충돌하

12) 그동안 헌법재판소나 대법원의 판례는, '정당한 사유'의 의미를 병역법에서 규정한 내용의 추상적 병역의무 자체는 이행할 의사를 가지고 있었으나 귀책사유 없이 불이행할 수밖에 없었던 경우, 예컨대 갑작스러운 질병 발생 등으로 예정된 기일에 입영할 수 없었던 사유 등으로 한정해석하여 왔고, 이에 따라 종교적 양심상의 결정에 의하여 현역입영을 거부한 행위는 '정당한 사유'에 해당되지 아니한다는 이유로 형사처벌을 하여 왔다. 대판 2004. 7. 15. 2004도2965 참조.

13) 예컨대 헌재 1991. 9. 16. 89헌마165, 판례집 제3권, 518, 524, 529.

고 대립하는 경우에는 성급한 법익교량이나 추상적인 가치형량에 의하여 양자택일식으로 어느 하나의 가치만을 선택하고 나머지 가치를 버리거나 희생시켜서는 안 되고, 이러한 충돌하는 가치나 법익 등이 모두 최대한 실현될 수 있는 조화점이나 경계선을 찾아야 할 것이며, 이러한 조화점이나 경계선은 구체적 사건에서 개별적·비례적으로 모색되어야 한다는 원칙이다."[14]라고 이 점을 다시 한번 강조하고 있다.

이처럼 양심적 병역거부야 말로 규범조화적 해석이 가능하고 또 가능해야 하는 대표적인 경우라고 하겠다. 왜냐하면 국방의 의무를 폭넓게 이해함으로써 후술하는 바와 같이 국방에 기여할 수 있는 다양한 대체복무를 마련하여 양심적 병역거부자들에게 그러한 선택의 기회를 부여한다면 이것이야말로 국방의 의무이행이라는 공익과 양심의 자유라는 기본권 양자를 조화롭게 실현시키는 방법이 될 것이기 때문이다. 이는 국방의 의무를 광의로 이해함으로써 집총을 수반하는 병역의 의무와 동일시하지 않는다는 것을 전제로 한다. 즉 병역의 의무가 국방의 의무의 중요한 부분을 이루기는 하지만 양자가 반드시 일치하는 것은 아니라는 것이다. 국방의 의무에 대한 헌재의 견해도 이러한 입장과 같다고 볼 수 있다. 헌재는 전투경찰대설치법 등에 대한 헌법소원 사건에서 "… 국방의 의무라 함은 북한을 포함한 외부의 적대세력의 직접적 간접적인 침략행위로부터 국가의 독립을 유지하고 영토를 보전하기 위한 의무로서 현대전이 고도의 과학기술과 정보를 요구하고 국민전체의 협력을 필요로 하는 이른바 총력전인 점에 비추어 단지 병역법 등에 의하여 군복무에 임하는 등의 직접적인 병력형성의무만을 가리키는 것으로 좁게 볼 것이 아니라, 향토예비군설치법, 민방위기본법, 비상대비자원관리법, 병역법 등에 의한 간접적인 병력형성의무 및 병력형성이후 군작전명령에 복종하고 협력하여야 할 의무도 포함하는 넓은 의미의 것으로 보아야 할 것이므로, …"라고 판시함으로써 국방의 의무를 병역의 의무에 한정하지 않고 폭넓게 이해하고 있다.[15]

한편 양심적 병역거부자에 대한 대체복무 허용은 많은 나라들이 채택하고 있는 해결방법이기도 하다. 그리고 양심적 병역거부로 인한 대체복무비율이 경미하기 때문에 대체복무로 인한 병역의무이행이나 국방실현에 저해가 야기되지는 않을 것이다. 아울러 만일 외국의 경우처럼 대체복무의 내용과 기간 등을 병역의무이행과 동등 또는 그 이상으로 하고, 그 절차와 방법 등을 엄격히 관리한다면 병역의무와의 등가성과 더불어 양심적 병역거부를 빙자한 병역기피를 막을 수 있을 것이다. 그리고 현재 신체나 자격, 학력, 전문성 등을 이유로 공익근무 등 사실상의 대체복무가 광범위하게 실시되고 있다. 그런데 유독 극소수의 양심적 병역거부자들에 대해서만 대체복무를 봉쇄하고 현역입영만을 강요하는 것은 헌법상의 충돌하는 양 가치의 규범조화적 해석의 결과로서의 입법이라고 보기 어렵다.[16]

---

14) 헌재 2011. 8. 30. 2008헌가22, 공보 제179호, 1205, 1218-1219.

15) 1995. 12. 28. 91헌마80, 판례집 제7권 2집, 851, 868.

16) 헌재 2008헌가22 사건의 반대의견; 대판 2004. 7. 15, 2004도2965 사건의 반대의견.

(2) 비례의 원칙과 관련하여

이 사안에서는 병역법 집행을 통한 국방실현을 위해 당사자의 양심의 자유나 신체의 자유 등 다양한 기본권이 침해·제한됨으로 이 경우 병역법 집행이라는 공권력행사가 과연 비례의 원칙을 준수했는지의 여부가 먼저 검토되어야 할 것이다. 그러나 헌재는 2002헌가1 사건에서 "수단의 적합성, 최소침해성의 여부 등의 심사를 통하여 어느 정도까지 기본권이 공익상의 이유로 양보해야 하는가를 밝히는 비례원칙의 일반적 심사과정은 양심의 자유에 있어서는 그대로 적용되지 않는다. 양심의 자유의 경우 비례의 원칙을 통하여 양심의 자유를 공익과 교량하고 공익을 실현하기 위하여 양심을 상대화하는 것은 양심의 자유의 본질과 부합될 수 없다. 양심상의 결정이 법익교량과정에서 공익에 부합하는 상태로 축소되거나 그 내용에 있어서 왜곡·굴절된다면, 이는 이미 '양심'이 아니다. … 따라서 양심의 자유의 경우에는 법익교량을 통하여 양심의 자유와 공익을 조화와 균형의 상태로 이루어 양 법익을 함께 실현하는 것이 아니라, 단지 '양심의 자유'와 '공익' 중 양자택일 즉, 양심에 반하는 작위나 부작위를 법질서에 의하여 '강요받는가 아니면 강요받지 않는가'의 문제가 있을 뿐이다."라고 판시하여 양심의 자유에 대한 제한이 문제되는 사안에서 비례의 원칙의 적용을 거부하고 있다.[17)]

그러나 헌재의 견해대로 어떤 특정한 양심의 자유가 축소된 형태로 존재할 수 없다고 하더라도 헌법 제37조 제2항의 비례의 원칙이 국가가 개인의 기본권을 필요한 경우에 한해서만 제한할 수 있다는 것을 의미하므로 이러한 내용의 비례의 원칙이 양심적 병역거부의 사안에서도 적용되지 못할 이유가 없다.[18)] 즉 양심적 병역거부의 경우 국방의 의무이행을 위해 형사처벌이 반드시 필요한 수단인지 아니면 형사처벌 대신 대체복무를 통한 국방의 의무이행은 가능한지, 형사처벌이 국방의 의무이행을 위해 최소한도로 당사자의 기본권을 침해하는 수단인지, 당사자의 침해되는 기본권 보다 국방의 의무이행이라는 공익이 우월한지 등 다양한 심사가 필요하다는 것이다.

예컨대 집총병역의무를 대체할 합리적인 대체복무제도를 마련하여 광의의 국방에 이바지하게 한다면 양심적 병역거부자들의 양심의 자유와 국방의 의무 사이의 오랜 갈등관계가 원만하게 해결될 수 있을 것으로 예상되는데, 병역법 제88조 제1항이 양심적 병역거부자의 양심실현의 자유를 침해하는지 여부를 심사함에 있어 비례의 원칙을 적용하여 양심적 병역거부자를 위한 대체복무제도를 마련하지 않는 한 병역법 제88조 제1항이 위헌이라고 판단한다고 하여 양심적 병역거부자들의 양심이 공익이 부합하는 상태로 축소되거나 그 내용에 있어서 왜곡·굴절되는 것이 아니다.

특히 양심의 자유는 종교의 자유 등과 더불어 대표적인 정신적 자유권으로서 인간

---

17) 헌재 2004. 8. 26. 2002헌가1, 판례집 제16권 2집 상, 141, 155.

18) 윤영미, 양심의 자유의 내용과 제한, 인권과 정의 345권, 2005. 7, 64쪽.

의 존엄과 가치의 핵심에 속하는 사항이고, 따라서 이를 제한할 경우 오히려 목적과 수단 사이의 비례성이 보다 엄격히 요구되어야 하는 것이지, 헌재의 견해대로 비례의 원칙의 적용이 배제되거나 그 제한에 있어서 입법자의 광범위한 형성권이 인정되는 사안이 결코 아닌 것이다.[19)]

그런데 헌재는 과거의 2002헌가1 사건에서와는 달리 2008헌가22 사건에서는 "헌법상 보장되는 양심의 자유는 우리 헌법이 실현하고자 하는 가치의 핵이라고 할 '인간의 존엄과 가치'와 직결되는 기본권인 반면, 이 사건 법률조항은 헌법상 기본의무인 국방의 의무를 형성하기 위한 법률인데, 국방의 의무는 국가의 존립과 안전을 위한 불가결한 헌법적 가치를 담고 있으므로 헌법적으로 양심의 자유와 국방의 의무 중 어느 것이 더 가치 있는 것이라 말하기는 곤란하다. 이처럼 헌법적 가치가 서로 충돌하는 경우, 국가권력은 양 가치를 양립시킬 수 있는 조화점을 최대한 모색해야 하고, 그것이 불가능해 부득이 어느 하나의 헌법적 가치를 후퇴시킬 수밖에 없는 경우에도 그 목적에 비례하는 범위 내에 그쳐야 한다. 그런데 헌법 제37조 제2항의 비례원칙은, 단순히 기본권제한의 일반원칙에 그치지 않고, 모든 국가작용은 정당한 목적을 달성하기 위하여 필요한 범위 내에서만 행사되어야 한다는 국가작용의 한계를 선언한 것이므로, 비록 이 사건 법률조항이 헌법 제39조에 규정된 국방의 의무를 형성하는 입법이라 할지라도 그에 대한 심사는 헌법상 비례원칙에 의하여야 한다."라고 판시함으로써 비례원칙에 따른 위헌심사를 하고 있으며, 결과적으로 비례원칙에 위반되지 아니하는 것으로 판단하고 있다.[20)]

1) 수단의 적절성

국방의 의무를 이행시키기 위하여 양심적 병역거부자들을 예외없이 형사처벌하는 것은 그 수단의 적절성을 인정받기 어렵다. 앞서 언급한 바와 같이 양심적 병역거부는 진지한 양심에 기초한 것으로 이들에게 형사처벌을 가한다고 해서 이들이 군사훈련 등 병역의 의무를 이행하는 것은 결코 아니다. 양심적 병역거부자들의 대부분은 여호와의 증인 신도들인데 주지하는 바와 같이 이들은 그 어떠한 상황에서도 결코 집총 등 병역의 의무를 이행하고 있지 않다. 그들은 20세기에 벌어진 어떠한 전쟁에도 참여하지 않았다. 2차 세계대전 중 나치와 소련 치하에서 극심한 박해를 받은 것을 비롯하여 심지어 호주, 영국, 캐나다, 미국 등에서도 형사처벌을 받았다.[21)] 그러나 그들의 병역거부태도는 흔들리지 않았는바, 이는 그들의 신념이 흔들리지 않는 진지한 양심이나

---

19) 비례의 원칙이나 그 심사기준에 대해서는 양삼승, 과잉금지의 원칙, 헌법논총 제1집, 1990, 111쪽 이하; 이명웅, 비례의 원칙과 판례의 논증방법, 헌법논총 제9집, 1998, 671쪽 이하; 한수웅, 헌법재판소의 한계 및 심사기준, 헌법논총 제8집, 1997, 228쪽 이하 참조.

20) 헌재 2011. 8. 30. 2008헌가22, 공보 제179호, 1205, 1211-1214.

21) 이들 국가들은 더 이상 양심적 병역거부자들을 처벌하지 않고 있는 바, 현대의 많은 민주국가들은 민간대체복무제를 도입하거나 징집제를 폐지함으로써 이 문제를 해결해 왔다. 예컨대 러시아와 독일은 민간대체복무에 관한 법률을 채택하였다.

종교에 초하기 때문이라고 볼 수밖에 없다. 우리의 경우에도 지난 50여년 동안 14,000명 이상의 양심적 병역거부자들에게 형사처벌이라는 제재를 가해 왔지만 일관되게 병역을 거부해 오고 있다.[22] 2002헌가1 사건의 반대의견도 적절히 지적하고 있듯이 이처럼 양심적 병역거부자들이 병역법이나 군형법 제정 이래 그토록 오랜 기간 동안 형사처벌 및 이에 뒤따르는 유·무형의 막대한 불이익을 겪으면서도 초지일관 입영이나 집총을 거부하여왔다는 사실은 형사처벌이 양심적 병역거부에 관한 한, 특별예방효과나 일반예방효과를 기대할 수 없음을 실증적으로 뒷받침해준다. 그렇다면 양심적 병역거부자들에 대한 형사처벌이 이들 또는 장래의 잠재적인 양심적 병역거부자들의 의무이행을 확보하기 위해 필요하고 적절한 수단이라고 보기도 어렵다. 이들에 대한 형벌은 그 정도에 관계없이 범죄에 대한 응징과 예방, 형벌대상자의 교육 등 어떠한 관점에서도 형벌의 본래적 목적을 충족할 수 없음이 명백해 보이고, 특히 보편적이고 일반적인 가치관을 반영한 집총병역의무와 종교적 양심의 명령 사이의 갈등으로 인한 심각한 정신적 압박상황에서 절박하고도 무조건적인 종교적 양심의 명령에 따른 양심적 병역거부자에게는 실정법에 합치하는 적법한 행위를 할 가능성을 기대하기가 매우 어렵다고 보인다. 결국 이들이 어떠한 강제적인 방법에 의해서도 결코 병역의 의무를 이행하고 있지 않다는 점을 감안할 때 형사제재라는 방법이 국방의무 이행이라는 목적달성을 위한 적절한 방법이라고 볼 수 없는 것이다.

따라서 형사처벌 대신 그들을 다양한 대체복무를 시킴으로써 국방에 실질적으로 기여하게 하고 양심의 자유도 실현시키는 것이 보다 합리적이고 현명한 방법이지 현행처럼 형사처벌이라는 극한 수단을 사용하는 것은 국방이라고 하는 목적실현을 위해 적합하지 않은 것이다. 즉 극소수의 양심적 병역거부자가 병역의무를 이행하지 아니한다고 해서 국방에 큰 저해가 된다고 보기 어렵고, 그들을 예외 없이 형사처벌함으로써 인력과 기회비용과 시간을 낭비하는 것이 오히려 국방력의 손실이며, 가사 그들이 병역거부자들이 받게 되는 여러 가지 심대한 불이익 때문에 어쩔 수 없이 현역으로 입영한다고 하더라도 대부분 군대생활에 적응하지 못하는 부적응자가 되기 쉬워 오히려 병력이나 전투력에 부정적인 영향을 미칠 가능성이 높아 과연 그러한 병역의무이행이 국방에 도움이 될 것 같지는 않기 때문에 차라리 대체복무를 인정하는 것이 적절한 수단이라고 보는 것이다. 그리고 양심적 병역거부자들을 꼭 병역의무이행에 강요함으로써 국방이 실현되는 것이 아니고, 앞서 언급한 바와 같이 다양한 다른 복무를 통해 국방에 기여할 수 있기 때문이기도 하다.

2) 피해의 최소성

먼저 국방의 의무이행이나 국가안보라는 헌법적 이익과 양심의 자유라는 개인의 기

22) 국방부 자료, 입영 및 집총거부자 현황, 2010. 9. 29.

본권이 충돌하는 경우 앞서 언급한 바와 같이 기본권보장의무를 지는 국가로서는 국가안보나 국방이라는 공익을 실현하거나 그에 대한 위해를 최소화하면서도 양심의 자유를 실현시키거나 그 피해를 최소화하는 방법이 존재함에도 불구하고 그를 거부하고 양심적 병역거부자들을 예외없이 형사처벌하는 것은 피해의 최소성의 시각에서 정당화되기 어렵다.

아울러 병역거부에 따른 형사처벌로 인해 그들이 입는 피해는 실로 막대하다. 즉 병역법에 의해 이들에게 가장 강력한 제재수단인 형벌을 가함으로써 대부분 1년 6월 이상의 징역형에 처하게 하고, 형집행이 종료되기 전에는 공직선거권이 없으며(공직선거법 제18조), 형집행이 종료된 이후에도 일정기간 공직선거의 피선거권이 없고(공직선거법 제19조, 형의 실효 등에 관한 법률 제7조), 한편 형 집행을 종료한 후에도 일정기간 공무원에 임용될 수 없으며(국가공무원법 제33조 제1항 제3호, 지방공무원법 제33조 제3호), 병역기피자로 간주되어 공무원 또는 일반 기업의 임직원으로 근무하고 있었던 경우에는 해직되고(병역법 제76조 제1항, 제93조 제1항), 각종 관허업의 특허 · 허가 · 인가 · 면허 · 등록 등의 취득이 불가능하거나 상실되는(병역법 제76조 제2항) 법적 제한을 받을 뿐만 아니라, 전과자라는 낙인으로 인하여 사회로부터 받게 되는 유무형의 냉대와 취업의 어려움 등 엄청난 불이익을 감수해야 하는 등 형사처벌 외에도 직 · 간접적인 무수한 피해가 그들을 기다리고 있다.[23] 따라서 이는 피해의 최소성의 원칙을 일탈한 과잉조치라고 하지 않을 수 없다. 이 경우 대체복무를 인정한다면 그 피해는 없거나 최소화시킬 수 있는 것이다.

3) 법익의 균형성

위에서 언급한 바와 같이 병역거부로 인행 당사자들이 입는 피해는 막대하지만 그들을 처벌함으로써 달성되는 국방이라는 공익은 실로 미비하다. 즉 양심적 병역거부자들에 대한 형사처벌의 위하효과가 거의 없는 상태에서 극소수의 양심적 병역거부자들을 형사처벌한다고 해서 그들이 또는 다른 양심적 병역거부 예상자들이 병역의 의무를 이행할 것을 기대할 수 없으며,[24] 설사 극소수의 양심적 병역거부자들이 병역의무를 이행한다고 하더라도 앞서 언급한 바와 같이 그것이 국가안보나 국방이라는 공익에 기여하는 점은 미비하거나 오히려 역효과가 발생할 가능성이 큰 반면, 그들을 형사처벌하는 것이 국가적인 자원낭비이고 오히려 대체복무에 종사케 하는 것이 공익에 부합된다는 점을 상기할 때 양심적 병역거부자들을 형사처벌하는 것은 법익의 균형성을 갖추었다고 볼 수 없다.

---

23) 2002헌가1 사건의 반대의견 참조.

24) 국방부, 입영 및 집총거부자 현황, 2010. 9. 29.의 자료를 보더라도 양심적 병역거부자들은 예외 없이 처벌을 감수하고 있다.

(3) 헌법 제10조의 국가의 기본권보장의무와 관련하여

헌법 제10조는 국가가 개인이 가지는 불가침의 기본적 인권을 확인하고 이를 보장할 의무를 진다고 규정하고 있다. 따라서 입법자 등 국가 공권력은 헌법이 허용하는 범위내에서 최대한 기본권을 보장할 의무가 있는 것이고, 공익상 불가피하게 기본권을 제한할 경우에도 필요한 최소한에 그쳐야 하며 어떠한 경우에도 기본권의 본질적 내용을 침해해서는 안되는 것이다.

이에 따라 입법자는 헌법상의 양심의 자유와 국방의 의무가 충돌하는 이 사안에서는 국방의 의무가 실현되면서도 병역거부자의 양심의 자유라는 기본권을 최대한 실현시키는 방법을 헌법이 허용하는 범위내에서 찾아야 할 의무가 있는 것이다. 그런데 국방의 의무가 단지 병역법에 의하여 군복무에 임하는 등의 직접적인 집총병력형성의무에 한정되는 것이 아닌 이상, 집총병력으로서가 아닌 비전투요원으로서 군에 복무하거나 민간에서의 대체복무에 종사하게 함으로써 병역의무에 갈음하는 것이 가능하고 국방의무이행의 형평성과 등가성도 확보할 수 있으며, 이는 징병제를 실시하고 있는 다른 국가들에서도 시행되고 있다는 점을 감안할 때, 병역법은 대체복무라는 가능한 방법을 통한 국방의 의무 이행확보와 양심의 자유 실현이라는 조화로운 헌법상 허용된 해결책을 거부하고 양심적 병역거부자들을 예외 없이 형사처벌함으로써 결과적으로 헌법 제10조의 국가의 기본권보장의무를 저버린 것이라고 볼 수 있다.

이와 관련하여 헌재는 2002헌가1 결정에서 "입법자는 헌법 제19조의 양심의 자유에 의하여 공익이나 법질서를 저해하지 않는 범위 내에서 법적 의무를 대체하는 다른 가능성이나 법적 의무의 개별적인 면제와 같은 대안을 제시함으로써 양심상의 갈등을 완화해야 할 '의무'가 있으며, 이러한 가능성을 제공할 수 없다면, 적어도 의무위반 시 가해지는 처벌이나 징계에 있어서 그의 경감이나 면제를 허용함으로써 양심의 자유를 보호할 수 있는 여지가 있는가를 살펴보아야 한다. 그러므로 입법자는 양심의 자유와 국가안보라는 법익의 갈등관계를 해소하고 양 법익을 공존시킬 수 있는 방안이 있는지, 국가안보란 공익의 실현을 확보하면서도 병역거부자의 양심을 보호할 수 있는 대안이 있는지, 우리 사회가 이제는 양심적 병역거부자에 대하여 이해와 관용을 보일 정도로 성숙한 사회가 되었는지에 관하여 진지하게 검토하여야 할 것이며, 설사 대체복무제를 도입하지 않기로 하더라도, 법적용기관이 양심우호적 법적용을 통하여 양심을 보호하는 조치를 취할 수 있도록 하는 방향으로 입법을 보완할 것인지에 관하여 숙고하여야 한다."[25]라고 입법자에 대한 권고를 하고 있다. 기속력이 있는 헌재의 결정내용에 기속력이 없는 이러한 권고형식의 판시를 하는 것이 과연 정당하고 바람직한지는 별론으로 하고, 이 판시내용은 헌재도 병역법의 내용이 이러한 헌법 제10조의 국가

25) 헌재 2004. 8. 26. 2002헌가1, 판례집 제16권 2집 상, 141, 161.

의 기본권보장의무를 위반하고 있으며, 따라서 양심적 병역거부자들의 양심의 자유를 보장하면서도 국방의 의무를 이행할 수 있는－대체복무 등을 통한－방법을 마련해야 할 입법자의 헌법적 의무를 사실상 인정한 것으로 보아야 할 것이다.

이처럼 2004년 헌재가 입법자에 대한 권고를 했음에도 불구하고 오늘날까지도 대체복무의 도입 등 국방의 의무이행과 양심의 자유의 조화를 이룰 수 있도록 하는 그 어떠한 양심우호적인 조치를 취하고 있지 아니하고, 결과적으로 초지일관 매년 약 500여 명의 양심적 병역거부자들이 여전히 평균 1년 6월의 징역형을 선고받고 교도소로 보내지고 있고, 이들은 모두 평생 전과자라는 낙인 아래 취업을 비롯한 거의 모든 생활 영역에서 말할 수 없는 불이익을 당하고 있다. 이는 입법자를 비롯한 국가가 헌재의 견해를 완전히 무시하는 것으로 헌법 제10조가 부여하고 있는 기본권보장의무를 정면으로 위반하는 것이라고 보지 않을 수 없다.

(4) 평등의 원칙과 관련하여

헌법재판소는 평등권 내지 평등의 원칙의 침해 여부를 심사하는데 있어 두 가지의 심사척도를 확립하고 있는 바, 첫째는 헌법에서 특별히 평등을 요구하고 있는 경우와 차별적 취급으로 인하여 관련 기본권에 대한 중대한 제한을 초래하게 되는 경우에 적용되는 엄격한 심사척도이고,[26] 둘째는 헌법상 입법자에게 광범위한 입법형성권이 부여된 영역에서 그 차별에 관하여 현저한 불합리성이 존재하는지 여부, 즉 입법자의 자의성이 있는지의 여부만을 심사하는 완화된 심사척도이다. 후자의 경우에는 문자 그대로 차별취급에 있어서 합리적 차별사유의 존재여부만을 심사하면 되지만, 전자의 경우에는 자의금지의 원칙에 따른 합리성심사에 그치는 것이 아니라 비례성원칙에 따른 심사, 즉 차별취급의 목적과 수단 간의 엄격한 비례관계가 성립하는지를 기준으로 한 심사가 이루어지는 것이다.

양심적 병역거부의 경우에는 비록 헌법에서 특별히 평등을 요구하는 경우는 아니지만, 차별적 취급의 결과 양심의 자유라는 기본권에 중대한 제한을 초래하는 경우에 해당된다고 볼 수 있다. 왜냐하면 병역법 제88조 제1항에 의해 양심적 병역거부자는 자신의 양심의 자유의 본질적 내용이 침해된 채 병역의 의무를 이행하든가 아니면 가혹한 예외 없는 가혹한 형사처벌을 받든가의 양자택일에 내몰리게 되고, 이는 결국 양심의 자유의 중대한 제한에 해당될 수 있기 때문이다. 즉 한편에서는 아래에서 언급하는 바와 같이 양심적 병역거부자가 현역입영 내지 현역병역의무를 이행하는 것이 어렵거나 적절치 않은 것은 사실상의 대체복무가 인정되는 공익근무요원 등의 경우와 크게 다르지 않은데 공익근무요원 등의 경우에는 대체복무를 인정하면서 양심적 병역거부자에게는 가혹한 형사처벌만을 가함으로써 양자를 차별하고 있고, 다른 한편에서는 양

26) 헌재 1999. 12. 23. 98헌마363, 판례집 제11권 2집, 770, 787.

심적 병역거부자들은 일반 병역기피자들과 본질적으로 다른 경우에 속하는 것인데도 일반 병역기피자들과 똑같이 취급함으로써 본질적으로 다른 것을 동일하게 취급하는 –일종의 평등원칙의 위반에 속하는–부당함을 초래함으로써 결과적으로 양심적 병역거부자들의 양심의 자유의 중대한 제한을 초래하고 있다.

따라서 이 경우에는 차별취급의 목적과 수단 간의 엄격한 비례관계가 성립하는지를 기준으로 한 평등심사가 이루어져야 할 것이다.[27] 그런데 이러한 비례성심사는 이미 위에서 비례의 원칙과 관련한 고찰을 통해 이루어졌고, 그 결과 비례의 원칙 위반이라는 점은 위에서 언급한 바와 같다. 즉 양심적 병역거부와 관련하여 병역법 제88조 제1항은 비례의 원칙을 위반하고 있다. 따라서 결국 병역법 제88조 제1항은 양심적 병역거부자들의 평등권을 침해하고 있다고 보지 않을 수 없다.

다른 한편 만일 양심적 병역거부의 경우가 엄격한 심사척도가 적용되는 경우가 아닌 단순한 완화된 심사척도가 적용되는 경우라고 하더라고 병역법 제88조 제1항은 평등원칙에 위배된다고 하겠다. 왜냐하면 위에서 언급한 바와 같이 양심적 병역거부자들은 공익근무요원들과 비교하여 상당한 유사성이 존재한다고 볼 수 있음에도 불구하고 차별하고 있고, 또한 양신적 병역거부자들은 일반 병역기피자들과는 본질적으로 달리 취급되어야 함에도 불구하고 동일하게 취급하고 있으므로 결국 평등원칙에 위배된다고 보지 않을 수 없는 것이다.

주지하는 바와 같이 현재 이미 신체등위나 자격, 학력, 경력, 전문성 등을 이유로 공익근무 등 사실상의 대체복무[28]가 광범위하게 실시되고 있다.[29] 그런데 유독 극소수의 양심적 병역거부자들에 대해서만 대체복무를 봉쇄하고 현역입영만을 강요하는 것은 결과적으로 불합리한 차별이라고 보지 않을 수 없다. 현재 실시되고 있는 공익근무 등 사실상의 대체복무의 경우 신체등위나 경력 등 일반 현역입영과는 다른 합리적 차별사유에 근거해서 실시되고 있듯이 양심적 병역거부의 경우에도 일반 현역입영과는 구별되는 나름대로의 합리적 차별사유가 존재한다고 볼 수 있다. 즉 공익근무 등의 현재의 대체복무가 일반 현역입영과 육체적인 이유 등의 유형적 이유에서 차별성이 인정된다면, 양심적 병역거부의 경우에는 일반 현역입영과 정신적·무형적 이유 등에서 차별성이 인정될 수 있는 것이다.

또한 다른 대체복무의 경우에는 양심적 병역거부자의 경우에 비해 현저하게 그 수가 많음에도 불구하고 그로 인해 국방에 저해가 되는 것이 아닌 것처럼 극소수의 양심적 병역거부자의 대체복무로 인해 국방에 저해가 될 가능성은 더더구나 없는 것이다.

---

27) 양심의 자유 및 평등권 침해에 관련하여 양자 모두 엄격한 비례성 심사를 해야 한다는 견해로서 박진완, 전게논문, 449쪽.

28) 예컨대 병역법 제26조 내지 제33조에 따른 공익근무요원, 병역법 제36조 내지 제43조에 따른 전문연구요원 및 산업기술요권 등.

29) 헌재 2011. 8. 30. 2008헌가22, 공보 제179호, 1205, 1220-1221 참조.

오히려 공익근무 등의 경우 각자의 전문성이나 경력 등으로 인해 각자의 복무내용에 따라 보다 효과적으로 국방에 기여할 수 있듯이 종교적 신념 등에 기한 양심적 병역거부자의 경우 합리적이고 적절한 대체복무의 기회를 제공한다면 현역입영의 경우보다 보다 효과적으로 국방에 기여할 수 있으리라 본다.

결국 사실상 광범위한 대체복무를 인정하고 있으면서도 양심적 병역거부자에 대하여는 이를 거부한 채 예외없이 형사처벌을 하는 것은 논리적 모순이자 평등의 원칙에도 위반된다고 하겠다.

(5) 국제법 존중주의와 관련하여

헌법 제6조 제1항은 헌법에 의해 체결·공포된 조약과 일반적 승인된 국제법규는 국내법과 같은 효력을 가진다고 규점함으로써 국제법 존중주의를 헌법상의 기본원칙으로 천명하고 있다. 이에 따라 조약과 일반적으로 승인된 국제법규는 원칙적으로 국내법률과 동일한 효력을 가진다.[30)]

양심적 병역거부와 관련되어있는 국제법규로는 1966년 국제연합(UN)에서 채택한 '시민적·정치적 권리에 관한 국제규약(International Covenant on Civil and Political Rights)' 제18조를 들 수 있는데, 이 시민적·정치적 권리에 관한 국제규약(이하 '국제규약'이라 함) 제18조는 사상, 양심 그리고 종교의 자유를 보장하고 있다. 이처럼 국제규약에는 양심의 자유 등만을 보장하고 있을 뿐, 구체적으로 양심적 병역거부에 대하여 규정하고 있는 것은 아니다. 따라서 형식적으로 자치규약만을 놓고 보면 이 규약에 의해 양심적 병역거부가 인정되고 대체복무가 허용될 수 있는지 아니면 병역의 의무가 우선해야 하는지를 판단할 수 없고, 결국 자치규약과 현행 병역법과의 충돌문제가 발생되지 않는다.

그러나 이와 관련하여 2002헌가1 사건의 반대의견[31)]도 언급하고 있듯이 1993년 국제연합인권이사회(Human Rights Committee)는 사상, 양심 그리고 종교의 자유에 관한 일반의견 제22호(General Comment No. 22)에서 "치명적인 무력을 사용할 의무는 양심의 자유와 자신의 종교 혹은 믿음을 표현하는 권리와 심각하게 충돌할 수 있으므로 양심적 병역거부권이 위 제18조 규정에서 도출될 수 있는 것으로 본다."고 하였다. 아울러 국제연합인권위원회(Commission of Human Rights)도 반복된 결의를 통하여 같은 입장을 밝혔다. 예를 들면 위 위원회는 1987년 결의 제46호에서 "일반적인 양심적 병역거부권을 인정한다."고 명시하였고, 1993년 결의 제84호에서 양심적 병역거부자들에 대한 처벌 금지와 함께 "대체복무는 비전투 또는 민간복무의 형태로서 공공의 이익을 위한 것이어야 하고 형벌적인 성격을 가져서는 안된다."고 하였다. 또한 1998년 결의 제77호에

30) 성낙인, 헌법학, 2012, 305쪽 이하.

31) 헌재 2004. 8. 26. 2002헌가1, 판례집 제16권 2집 상, 141, 170-171.

서 양심적 병역거부권을 재차 확인하면서 군복무 중인 자에게도 인정됨을 선언하고, 대체복무제도의 도입과 함께 양심적 병역거부자의 주장에 대하여 판단할 독립적이고 공정한 결정기관의 설립, 이들에 대한 구금 및 반복적 형벌부과 금지, 경제·사회·문화·시민 또는 정치적 권리 등에서의 차별금지, 양심적 병역거부로 인하여 박해를 피해 자국을 떠난 사람들을 난민으로서 보호할 것 등을 각 국에 요청하였다.[32)]

한편 우리나라는 1990년에 위 자치규약에 제18조에 대한 아무런 유보 없이 가입하였고, 1991년에 국제연합회원국이 되었으며, 2004년의 35호 결의를 포함하여 양심적 병역거부권을 인정하여야 한다는 인권위원회의 결의들에 직접 동참하기도 하였다.

지금까지 언급한 바와 같이 자치규약 자체는 형식적으로만 보면 양심의 자유 등만을 추상적으로 규정하고 있고 양심적 병역거부에 대하여 구체적으로 규정하고 있는 것은 아니지만, 국제연합인권이사회와 국제연합인권위원회가 일관되게 양심적 병역거부권이 자치규약 제18조에서 도출될 수 있다는 유권해석을 내리고 있다. 그렇다면 그러한 일관된 유권해석은 이미 자치규약의 한 내용을 이룬다고 할 수 있고, 따라서 양심적 병역거부권 역시 자치규약의 일부를 구성한다고 보아야 할 것이다. 그리고 위에서 언급한 바와 같이 우리나라는 1990년에 위 자치규약에 제18조에 대한 아무런 유보 없이 가입하였고, 1991년에 국제연합회원국이 되었으며, 2004년의 35호 결의를 포함하여 양심적 병역거부권을 인정하여야 한다는 인권위원회의 결의들에 직접 동참하기도 하였다. 따라서 양심적 병역거부권은 이미 자치규약 제18조의 내용을 이루고 있으며, 따라서 대체복무의 도입을 전제로 한 양심적 병역거부권의 내용을 포함하는 자치규약은 국내법적 효력을 가진다고 보지 않을 수 없는 것이다.

그렇다면 대체복무의 도입을 전제로 한 양심적 병역거부권을 내용으로 하는 국내법률의 효력을 가지는 자치규약 제18조와 이를 부인하는 병역법 제88조 제1항은 상호충돌한다고 볼 수 있다. 이처럼 상호 대등한 법률 간에 충돌하는 경우에는 결국 신법우선의 원칙과 특별법우선의 원칙을 적용하여 해결할 수밖에 없을 것이고, 이 경우 신법이자 특별법의 지위에 있다고 할 수 있는 자치규약 제18조가 우선 적용되어야 할 것이고, 따라서 양심적 병역거부를 부인하는 병역법은 자치규약의 내용과 정신에 부합되게 개정되어야 하는 것이다.

그렇다면 자치규약과 충돌하는 현행 병역법조항은 규범 상호간의 조화를 요구하는 헌법상의 체계정당성에 반하고,[33)] 결과적으로 헌법 제6조 제1항에 근거한 헌법상의 기본원칙인 국제법 존중주의를 위반하는 것이다.

---

32) 위에서 언급한 결의 이외에도 국제연합인권위원회의 1987년 46호 결의, 1995년 83호 결의, 2000년 34호 결의, 대한민국의 정부보고서를 검코한 후 2006. 11. 2. 국제연합인권이사회가 채택한 최종견해 등이 있다. 양심적 병역거부 및 대체복무와 관련한 유엔 인권이사회의 결정과 유럽인권재판소의 판결에 대하여 장복희, 양심적 병역거부에 관한 국제사례와 양심의 자유, 헌법학연구 12권 5호, 2006, 336쪽 이하 참조.

33) 체계정당성에 대하여는 정연주, 분리된 선거구와 체계정당성, 공법연구 제30집 제4호, 2002. 6, 79쪽 이하 참조.

결국 헌재 2002헌가1 사건의 반대의견도 강조하는 바와 같이[34] 양심적 병역거부권을 이미 많은 나라에서 인정하고 있고 우리나라와 같이 양심적 병역거부로 많은 사람이 형사처벌된 국가는 드물다는 사실 뿐 아니라, 우리의 법률과 관행이 위와 같은 국제법규와도 도저히 조화될 수 없음에 비추어 조속히 병역법을 양심적 병역거부가 인정될 수 있는 방향으로 개정되어야 할 필요성이 절실한 것이다.

(6) 대체복무와 관련하여

위에서도 언급한 바와 같이 양심의 자유가 정신적 자유권 중에서도 기본적인 중요한 권리이며 양심실현의 자유도 경시되어서는 안된다는 점, 양심적 병역거부를 둘러싼 현행법과 양심과의 갈등의 심각성, 수의 면에서 양심적 병역거부자가 차지하는 비율은 병력이나 전투력의 감소를 논할 정도라고 볼 수 없다는 점,[35] 설사 양심적 병역거부자가 어쩔 수 없이 입영한다고 하더라도 오히려 병력이나 전투력에 부정적인 영향을 미칠 가능성이 높다는 점, 이들이 병역법이나 군형법 제정 이래 반세기 이상 동안 형상처벌 및 이에 뒤따르는 유·무형의 막대한 불이익을 받으면서도 일관되게 입영이나 집총을 거부해왔다는 사실에 비추어 양심적 병역거부자에 대한 형사처벌이 특별예방효과나 일반예방효과가 거의 없고 따라서 형사처벌이 필요하고 적절한 수단이라고 볼 수 없다는 점, 그리고 헌법상의 국방의 의무는 단지 병역법에 의하여 군복무에 임하는 등의 직접적인 집총병력형성의무에 한정되는 것은 아니라는 점 등을 감안할 때 앞서 누차 언급한 바와 같이 양심이 자유와 국방의 의무이행의 조화를 위한 대체복무제의 도입이 유일한 해결책으로 등장하는 것이다. 그리고 중요한 것은 이러한 대체복무제의 도입은 입법형성권에 속하는 재량사항이나 권고사항이 아닌 입법자의 헌법상의 의무이고 이를 위반 내지 해태하는 것은 바로 헌법위반이 되는 것이다.

물론 주지하는 바와 같이 양심적 병역거부자에 대한 예외를 인정하면 국방의무의 평등한 이행확보가 어려울 수 있고, 그 파급효과로 전체적인 병역제도가 신뢰를 잃고 양심적 병역거부를 빙자한 병역기피자들이 증가하여 국민개병제를 바탕으로 한 전체 병역제도의 실효성이 훼손될 수 있다는 우려가 있는 것도 사실이다.[36] 그러나 양심보호와 형평성문제를 동시에 해결할 수 있는 대체복무의 도입은 이론적·법리적으로 가

---

34) 2004. 8. 26. 2002헌가1, 판례집 제16권 2집 상, 141, 170-171.

35) 입영거부자 발생 현황에 관한 국방부 자료(2010. 7. 30. 현재) 등에 의하면 형사처벌을 감수한 양심적 병역거부자는 1992년부터 2000년까지는 매년 약 400명, 2001년부터 매년 약 600명으로 나타난다. 한편 현역병으로 병역처분이 되는 인원은 매년 약 30만 내지 35만명이고, 신체검사결과 단기적으로 부족한 병력을 충당할 대상인 보충역으로 병역처분이 되는 인원은 매년 약 4만명, 공익근무요원으로 입영하는 인원은 매년 약 3만명으로 나타난다.

36) 대체복무도입에 대한 찬반여론조사에 대하여는 병무청, 종교적 사유 등에 의한 입영거부자 사회복무체계 편입 방안 연구, 대국민 여론조사 결과보고서(연구기관 진석용정책연구소/리서치앤리서치), 2010. 9. 27; 서울대학교 사회과학연구원, 대체복무제도에 대한 전문가 의식조사 결과보고서, 2008. 11. 24 참조.

능할 뿐 아니라, 이미 상당한 기간 동안 많은 국가들이 양심적 병역거부를 인정하면서도 대체복무에 부수된 이러한 문제들을 효과적으로 해결하면서 징병제를 유지해오고 있다는 사실은 그것이 실제로도 가능하다는 사실을 강력히 시사한다.[37] 앞서 강조한 바와 같이 국방의 의무는 병역의 의무이행에 국한되는 것은 아니므로 국방의무의 이행의 형평성은 반드시 병역의무이행의 강제와 형사처벌에 의해서만 달성될 수 있는 것은 아니다. 그러므로 양심적 병역거부자들에게 현역복무이행의 기간과 부담 등을 총체적으로 고려하여 이와 유사하거나 그보다 높은 정도의 의무를 부과한다면, 국방의무이행의 형평성유지가 가능하고, 양심적 병역거부자들에게 부당한 특혜를 준다는 논란도 불식할 수 있으며, 양심적 병역거부를 빙자하여 현역집총복무를 기피하는 문제도 해결할 수 있을 것이다.[38]

특히 양심적 병역거부자들로 하여금 국가, 공공단체 또는 사회복지시설 등의 공익목적에 필요한 지원업무를 수행하도록 하거나 전문적인 지식과 능력을 가진 자들의 경우 이를 활용하여 공익을 위해 복무하도록 한다면 현역집총복무를 강요하여 형사처벌을 받게 하는 것보다 국방 내지 안보에 실질적으로 더 유익한 효과를 거둘 수 있을 것이다.

Ⅳ. 맺는 말

양심의 자유가 보호되지 않는 곳에서는 종교의 자유, 학문과 예술의 자유, 정치활동의 자유, 사법권의 독립 등이 실질적으로 보장될 수 없다는 점에서 양심의 자유를 보장하는 것은 아주 중요하고, 이러한 이유로 양심의 자유는 '최상의 기본권' 내지 '모든 기본권의 초석'이라고 불리는 매우 중요한 기본권이다. 그런데 이러한 양심의 자유의 보장은 도외시한 채 일방적으로 양심적 병역거부자들을 형사처벌하는 것은 헌법상 도저히 정당화될 수 없다. 따라서 진정한 양심적 병역거부자와 그렇지 아니한 자를 가려낼 수 있는 사전심사 및 사후관리제도를 마련하고, 양심적 병역거부자들에게 병역면제의 혜택을 준다는 인식을 불식시킬 수 있을 수준의 대체복무의 내용과 종류를 마련하며, 현역복무와 대체복무 사이의 형평성과 등가성을 확보하는 등의 다양한 문제점과 부작용 및 부정적 파급효과를 해결하는 제도이어야 한다는 전제하에서 대체복무의 도

---

37) 대체복무에 관한 외국의 입법례에 대하여는 2009헌바 향토예비군설치법 제15조 제8항 헌법소원 사건에 대한 국방부장관의 의견서 16쪽 이하; 나달숙, 양심적 병역거부의 국제적 논의와 현황, 토지공법연구 41집, 2008, 472쪽 이하 참조. 독일에서의 양심적 병역거부 및 대체복무와 관련된 입법과 판례에 대하여는 박진완, 전게논문, 445쪽 이하 참조.

38) 대체복무와 관련하여 진정한 양심적 병역거부자와 그렇지 아니한 자를 가려낼 수 있는 사전심사 및 사후관리제도를 마련하는 문제, 양심적 병역거부자들에게 병역면제의 혜택을 준다는 인식을 불식시킬 수 있을 수준의 대체복무의 내용과 종류, 현역복무와 대체복무 사이의 형평성과 등가성의 확보 등에 대하여는 2002헌가1 사건의 반대의견(헌재 2004. 8. 26. 2002헌가1, 판례집 제16권 2집 상, 141, 166-172) 및 2008헌가22 사건의 반대의견 참조(헌재 2011. 8. 30. 2008헌가22, 공보 제179호, 1205, 1220-1221).

입은 더 이상 미룰 수 없고, 이는 입법자의 헌법상 의무이다.[39] 따라서 그러한 대체복무를 통한 양심의 자유와 국방의 의무와의 조화를 도모하는 해결책을 마련하지 아니한 채, 병역법 제88조 제1항 본문 중 '정당한 사유'에 '양심에 따른 병역거부'를 포함하지 않는 것으로 해석하여 결과적으로 양심적 병역거부자들에게 징역형의 형사처벌만을 하도록 하는 것은 위에서 언급한 다양한 이유로 헌법에 위반되는 것이라고 하지 않을 수 없다.

39) 한때 국방부에서 추진되었던 대체복무도입에 관한 구체적 방안에 대하여는 국방부, 병역이행 관련 소수자의 사회복무제 편입 추진 방안, 참고자료 2007. 9. 18. 참조.

4. 군형법상 추행죄의 헌법적 문제

– 헌재 2002. 6. 27. 2001헌바70 군형법 제92조 위헌소원[1] 및 헌재 2011. 3. 31. 2008헌가21 군형법 제92조 위헌제청[2] –

[目 次]

Ⅰ. 머리말

헌법재판소는 2011. 3. 31. 계간 기타 추행한 자를 1년 이하의 징역에 처하도록 규정한 구 군형법 제92조[3] 중 '기타 추행'에 관한 부분이 헌법에 위반되지 아니한다고 결정하였다(2001헌바70). '기타 추행'이란, 계간에 이르지 아니한 동성애 성행위 등 객관적으로 일반인에게 혐오감을 일으키게 하고 선량한 성적 도덕관념에 반하는 성적만족 행위로서 군이라는 공동사회의 건전한 생활과 군기를 침해하는 것을 의미한다고 할 것이고, 이에 해당하는지 여부는 법원이 제반 사정을 종합적으로 고려하여 신중히 결정되어야 할 것이므로, 건전한 상식과 통상적인 법 감정을 가진 군형법 피적용자로서는 어떠한 행위가 구성요건에 해당되는지를 충분히 파악할 수 있고, '계간'은 '추행'이 무엇인지를 해석할 수 있는 판단지침이 되며, 대법원판결 등에 의하여 구체적이고 종

1) 헌재 2002. 6. 27. 2001헌바70, 판례집 14-1, 601.

2) 헌재 2011. 3. 31. 2008헌가21, 판례집 23-1상, 178.

3) 구 군형법(1962. 1. 20. 법률 제1003호로 제정되고, 2009. 11. 2. 법률 제9820호로 개정되기 전의 것) 제92조(추행): "계간 기타 추행한 자는 1년 이하의 징역에 처한다." 이 조항은 2013. 4. 5. 제92조의6(추행): "제1조 제1항부터 제3항까지에 규정된 사람에 대하여 항문성교나 그 밖의 추행을 한 사람은 2년 이하의 징역에 처한다"로 개정되었다.

합적인 해석기준이 제시되고 있는 이상, 위 조항은 죄형법정주의의 명확성원칙에 위배되지 아니하며, 나아가 위 조항은 입법목적의 정당성, 수단의 적정성, 피해최소성 및 법익균형성을 충족하므로 과잉금지원칙에 위반되지 아니하고, 군대의 특수성에 비추어 볼 때 동성 간의 성적 행위만을 금지하고 이를 위반한 경우 형사처벌한다고 볼 경우에도 그러한 차별에 합리적인 이유가 있으므로 동성애자의 평등권을 침해한다고 볼 수 없다는 점을 합헌의 근거로 하였다.

헌재는 과거 2002. 6. 27.에도 위 조항에 대하여 합헌결정을 내린바 있다(2001헌바70). 헌재결정에서도 볼 수 있듯이 이 사건은 추행과 관련하여 죄형법정주의, 과잉금지의 원칙, 평등권, 성적 자기결정권, 사생활의 비밀과 자유 등 중요한 헌법적 쟁점을 다루고 있다. 그런데 이러한 쟁점과 관련하여 헌재의 과거 합헌결정 때부터 계속하여 이의제기가 있어 왔고, 이번 합헌결정에 대하여도 상당한 반대의견이 표출되었다. 그리고 이러한 논란은 동성애 등에 대한 우리사회의 인식변화에 힘입어 앞으로도 계속될 전망이다. 따라서 이번 결정을 계기로 앞서 언급한 추행죄와 관련된 쟁점을 헌법적으로 검토해보는 것은 나름대로의 의미가 있다고 하겠다. 이에 따라 이 글에서는 먼저 과거와 최근의 헌재결정의 요지를 살펴본 후 구 군형법 제92조와 관련된 쟁점에 관한 헌법적 고찰과 헌재결정에 대한 평가를 하고자 한다.

Ⅱ. 헌재결정의 요지

1. 2002. 6. 27. 2001헌바70

(1) 다수의견

1) 군형법 제92조는 군 내부의 건전한 공적생활을 영위하고, 이른바 군대가정의 성적 건강을 유지하기 위하여 제정된 것으로서, 주된 보호법익은 '개인의 성적 자유'가 아니라 '군이라는 공동사회의 건전한 생활과 군기'라는 사회적 법익이다. 군형법 제92조의 범죄구성요건사실인 '추행'은 '군이라는 공동사회의 건전한 생활과 군기'라는 보호법익을 침해하는 동시에 일반인의 입장에서 추행행위로 평가될 수 있는 행위이고, 건전한 상식과 통상적인 법감정을 가진 군형법 피적용자는 어떠한 행위가 이 사건 법률조항의 구성요건에 해당되는지 여부를 어느 정도 쉽게 파악할 수 있으며, 법률적용자가 '기타 추행' 부분을 자의적으로 확대하여 해석할 염려가 없기 때문에, 형벌법규의 명확성의 원칙에 위배되지 아니한다.

2) 입법자가 사회적 법익을 주된 보호법익으로 하는 군형법 제92조를 제정하면서, 군형법 피적용자가 행한 추행의 유형이나 그 상대방의 피해상황 등을 구체적으로 구분하지 아니하고 위와 같은 사회적 법익을 침해한 모든 추행행위에 대하여 일괄적으

로 1년 이하의 징역형으로 처벌하도록 규정하였다는 사유만으로 입법재량권을 자의적으로 행사하였다고 볼 수는 없으므로, '기타 추행' 부분이 헌법상 과잉금지의 원칙 등에 위배된다고 보기 어렵다.

(2) 재판관 송인준, 재판관 주선회의 반대의견

1) 다수의견과 같이 '추행'의 의미에 대해서는 통상의 판단능력을 가진 군형법 피적용자가 이를 이해할 수 있어 명확성 여부는 문제되지 않는다. 다만 군형법 제92조의 경우, 추행의 강제성을 요구하는지에 대해 그 구성요건이 불명확할 뿐만 아니라, 행위의 주체나 그 상대방 등에 대하여 명백하게 규정하지 않고 있기 때문에, 본죄에 해당하는 행위의 범위를 확정하기가 어려워 죄형법정주의의 내용인 형벌법규의 명확성원칙에 위배된다.

2) 만일 군형법 제92조의 '추행'에 강제에 의하지 아니하고 군형법 피적용자 상호간에 은밀하게 행해짐으로써 타인의 혐오감을 직접 야기하지 않는 행위가 포함된다면, 이러한 행위에 대해서까지 1년 이하의 징역형에 처하는 것은 과잉금지원칙에 위반된다.

2. 2011. 3. 31. 2008헌가21

(1) 다수의견

1) 군형법 제92조가 추행에 관하여 별도의 처벌규정을 둔 이유는 상명하복의 엄격한 규율과 집단적 공동생활을 본질로 하는 군대의 특수한 사정을 고려한 것으로서, 주된 보호법익은 '개인의 성적 자유'가 아니라 '군 조직 전체의 건전한 생활과 군기'라는 사회적 보호법익이다.

2) 건전한 상식과 통상적인 법 감정을 가진 군형법 피적용자인 군인들로서는 어떠한 행위가 군형법 제92조의 구성요건에 해당되는지 여부를 충분히 파악할 수 있고, 그 전형적인 사례인 '계간'은 '추행'이 무엇인지를 해석할 수 있는 판단지침이 되며, 대법원 판결 등에 의하여 구체적이고 종합적인 해석기준이 제시되고 있는 이상, 군형법 제92조는 죄형법정주의의 명확성원칙에 위배되지 아니한다.

3) 군형법 제92조는 군이라는 공동사회의 건전한 생활과 군기 확립을 목적으로 동성군인 간의 성적만족 행위를 금지하고 이를 형사처벌하므로 입법목적의 정당성 및 수단의 적절성이 인정되며, 추행의 유형이나 그 상대방의 피해상황 등을 구체적으로 구분하지 아니하고 보호법익을 침해한 모든 추행행위에 대하여 일괄적으로 1년 이하의 징역형으로 처벌하도록 규정하였다는 사유만으로는 입법재량권이 자의적으로 행사되었다고 보기 어려울 뿐만 아니라, 단순한 행정상의 제재만으로는 효과적으로 추행 행위를 규제하기 어려운 점, 다른 법률에 규정된 추행 관련 범죄와 비교하여 그 법정형이 지나치게

무겁다고 볼 수 없는 점 및 선고유예도 가능하다는 점에 비추어 볼 때, 피해 최소성 원칙에 반한다고 볼 수 없다. 나아가 기본권 제한 정도가, '군이라는 공동사회의 건전한 생활 및 군기의 보호', 나아가 '국가안보'라는 공익보다 크다고 할 수 없어 법익 균형성을 일탈하였다고 보기도 어려우므로, 군형법 제92조는 과잉금지원칙에 위반하여 군인들의 성적자기결정권이나 사생활의 비밀과 자유를 침해한 것으로 볼 수 없다.

4) 군대는 엄격한 상명하복의 수직적인 인간관계로 이루어져 있고, 젊은 남성 의무복무자들이 장기간의 폐쇄적인 단체생활을 해야 하므로, 동성 간의 비정상적인 성적 교섭행위가 발생할 가능성 및 상급자가 하급자를 상대로 동성애 성행위를 감행할 가능성이 높으며, 이를 방치할 경우 군의 전투력 보존에 직접적인 위해가 발생할 우려가 크므로, 군형법 제92조가 동성 간의 성적 행위만을 금지하고 이를 위반한 경우 형사처벌한다고 볼 경우에도, 그러한 차별에는 합리적인 이유가 인정되므로 동성애자의 평등권을 침해한다고 볼 수 없다.

(2) 재판관 김종대, 재판관 목영준, 재판관 송두환의 반대의견

군형법 제92조는 단지 '계간 기타 추행'이라는 추상적이고 모호하며 포괄적인 용어만을 사용함으로써 강제성 여부, 행위의 정도, 행위의 주체와 객체 및 행위 장소 등에 있어서 범죄구성요건에 해당하는지 여부가 불명확하게 되었다. 그 결과, 가벌성이 현저히 다른 행위를 대등하게 처벌하게 되고, 형법상 친고죄의 입법취지를 유명무실하게 하며, 행위자의 예견가능성을 저해하여 자기책임주의 원칙에 반하고, 수사기관, 공소제기기관 및 재판기관의 자의적 해석을 초래하고 있다. 따라서 죄형법정주의의 내용인 형벌법규의 명확성 원칙에 위배되어 헌법에 위반된다고 할 것이다.

(3) 재판관 조대현의 한정위헌의견

군형법 제92조를 '군인이 군영 외에서 민간인을 상대로 추행행위를 하는 경우'에도 적용된다고 해석하는 것은 군인의 성적 자기결정권이나 사생활의 자유를 침해하는 것으로서 헌법에 위반된다고 보아야 한다.

Ⅲ. 헌법적 검토

1. 죄형법정주의 위반 여부

2008헌가21 사건의 제청법원과 반대의견은 심판대상 법률조항인 구 군형법 제92조가 죄형법정주의에서 요구하는 명확성의 원칙에 위반된다고 하면서, 첫째, 비강제에 의한 추행만을 처벌하고자 하는 것인지, 강제에 의한 추행도 처벌되는지 여부가 불분명하고, 둘째, 행위의 주체 및 상대방이 불명확하여 남성간의 추행만을 대상으로 하는지, 이성간의 추행도 대상으로 하는지 불분명하며, 셋째, 행위자들 사이의 관계 및 행위장소의 고려여부와 관련하여 대법원이 제시한 '공동생활이나 군기에 미치는 영향'은 매우 추상적인 개념이어서 합리적인 적용대상을 확정하기 어렵다고 주장한다.

(1) 강제에 의한 추행이 처벌되는지 여부

대법원은 구 군형법 제92조의 추행죄의 보호법익과 관련하여 "군형법 제92조의 추행죄는 군 내부의 건전한 공적생활을 영위하고, 이른바 군대가정의 성적 건강을 유지하기 위하여 제정된 것으로서, 주된 보호법익은 '개인의 성적 자유'가 아니라 '군이라는 공동사회의 건전한 생활과 군기'라는 사회적 법익이다. 그리고 형법이나 성폭력범죄의 처벌 및 피해자보호 등에 관한 법률에서 규정하고 있는 추행 관련 범죄는 범행수단(폭행·협박·위계·위력 등), 범행대상(미성년자·심신미약자·13세 미만 등), 범행장소(공중밀집장소 등), 피해자와의 관계(업무·고용 관계, 구금자와 감호자 관계, 장애인과 감독자 관계 등) 등 구성요건을 일정한 범위로 제한하고 있고, 행위의 유형에 따라 징역형부터 벌금형에 이르기까지 다양한 법정형을 규정하고 있지만, 군형법 제92조의 추행죄는 위와 같은 구성요건적 수단이나 정황 등에 대한 제한이 없고 대표적 구성요건인 '계간'을 판단지침으로 예시하고 있을 뿐이며, 법정형도 일괄적으로 1년 이하의 징역형으로 처벌하도록 규정하고 있다. 따라서 개인적 성적 자유를 주된 보호법익으로 하는 형법 등에서 말하는 '추행'이라 함은 객관적으로 일반인에게 성적 수치심이나 혐오감을 일으키게 하고 선량한 성적 도덕관념에 반하는 행위로서 피해자의 성적 자유를 침해하는 것이라고 할 것이지만, 군형법 제92조에서 말하는 '추행'이라 함은 계간(항문 성교)에 이르지 아니한 동성애 성행위 등 객관적으로 일반인에게 혐오감을 일으키게 하고 선량한 성적 도덕관념에 반하는 성적 만족 행위로서 군이라는 공동사회의 건전한 생활과 군기를 침해하는 것이라고 할 것이고, 이에 해당하는지 여부는 행위자의 의사, 구체적 행위태양, 행위자들 사이의 관계, 그 행위가 공동생활이나 군기에 미치는 영향과 그 시대의 성적 도덕관념 등을 종합적으로 고려하여 신중히 결정되어야 할 것이다."라고 판시하여[4] 구 군형법 제92조의 보호법익이 '개인의 성적 자유'라고 하는 개인적 법익이 아니라, '군이라는 공동사회의 건전한 생활과 군기'라고 하는 사회적 법익이라는 점을 명백히 하고 있다.

헌재도 "우리 형법과 성폭력범죄의처벌및피해자보호등에관한법률 등에 '추행'에 관련된 일반적인 형벌규정이 존재함에도 불구하고(형법 제298조, 제302조, 성폭력범죄의처벌및피해자보호등에관한법률 제11조, 제13조 등), 이 사건 법률조항에서 '계간 기타 추행을 하는 자'에 대하여 별도의 처벌규정을 둔 것은, 상명하복의 엄격한 규율과 집단적 공

4) 대판 2008. 5. 29. 2008도2222.

동생활을 본질로 하는 군대의 특수한 사정을 고려한 것으로 보인다. 사회구성원들이 개별적이고 독립적인 생활을 영위하는 것을 원칙으로 하는 일반 사회생활과 비교해 볼 때, 내무실 등에서 집단적으로 숙식을 하는 등 필수적으로 공동생활을 해야 하는 군대에서는 본질적으로 구성원들이 독립적인 사생활을 유지하기 어렵기 때문에 구성원들 사이에서 비정상적인 성적 교섭행위가 발생할 가능성이 현저하게 높고, 또한 엄격한 계급구조로 인하여 상급자가 직접적인 폭행이나 위력을 행사하지 않는 경우에도 하급자가 스스로 원하지 아니하는 성적 교섭행위에 연관될 개연성 역시 상대적으로 높다. 그런데 이러한 특수한 사정으로 인하여 군 내부에 성적으로 문란한 행위가 만연하게 된다면, 궁극적으로 군의 전투력보존에 직접적인 위해가 발생할 위험성이 있기 때문에, 이러한 문제발생을 예방하기 위하여 이 사건 법률조항을 제정한 것으로 봄이 상당하다. 따라서 이 사건 법률조항은 군 내부의 건전한 공적생활을 영위하고, 이른바 군대가정의 성적건강을 유지하기 위하여 제정된 것으로서, 주된 보호법익은 '개인의 성적 자유'가 아니라 '군이라는 공동사회의 건전한 생활과 군기'라는 사회적 법익이다. 우리 대법원도 위와 같은 입법목적 등을 고려하여, 군형법상 피적용자와 민간인 사이에서 이루어진 추행행위에 대하여는 이 사건 법률조항을 적용할 수 없고, 개인적 성적 자유를 주된 보호법익으로 하는 '추행'에 관련된 일반형사범죄와 달리, 이 사건 법률조항에 해당하는 범죄는 친고죄가 아니라고 판시하고 있다."라고 판시하여[5] 대법원과 같은 견해를 취하고 있다.

위의 대법원과 헌재판례에서 언급하는 바와 같이 형법에는 공연히 음란한 행위를 하는 공연음란죄(제245조), 폭행 또는 협박으로서 사람에 대하여 추행을 하는 강제추행죄(제298조)가 규정되어 있으나, 구 군형법 제92조의 추행죄는 공연성이라든지 폭행 또는 협박을 요건으로 하고 있지 않다는 점에서 특별죄의 성격을 띠고 있는데, 군형법에서 이처럼 형법과는 별도의 추행죄를 규정하여 처벌하고 있는 입법목적은 바로 형법에서 보호되지 않는 객관적 법익인 '군이라는 공동사회의 건전한 생활과 군기'의 유지라고 하겠다.

이러한 구 군형법 제92조의 추행죄의 보호법익과 관련한 대법원과 헌재의 판시내용은 상명하복의 엄격한 규율과 집단적 공동생활을 본질로 하는 군대의 특수한 사정, 그리고 우리나라의 독특한 안보현실, 계간 등 추행에 대한 우리사회의 일반적 정서, 징병제에 바탕을 둔 열악한 군생활환경, 군복무에 대한 만연한 기피풍조 등 우리의 군의 특성과 현실 및 문제점 등을 감안할 때 타당하다고 할 것이고, 이를 정당화하기 위한 별도의 내용이나 이론을 추가할 필요성을 느끼지 않는다.

이처럼 대법원과 헌재가 판시하고 있듯이 구 군형법 제92의 추행죄는 '군이라는 공동사회의 건전한 생활과 군기를 침해하는 비정상적인 성적 행위'를 처벌하기 위한 것

5) 헌재 2002. 6. 27. 2001헌바70; 같은 의견 헌재 2011. 3. 31. 2008헌가21.

이고, 개인의 성적 자유를 1차적인 보호법익으로 하지 않기 때문에 이러한 사회적 법익이 침해될 위험성이 있는 한 강제에 의한 추행이건 비강제에 의한 추행이건 구별할 필요가 없다. 따라서 비강제에 의한 추행뿐 아니라 강제에 의한 추행의 경우에도 그것이 '군이라는 공동사회의 건전한 생활과 군기를 침해하는 비정상적인 성적 행위'에 해당된다면 위 조항에 의한 처벌이 가능하다고 할 것이다.

또한 폭행 또는 협박을 수단으로 한 추행행위를 처벌하는 형법 제298조 등은 범죄구성요건상 그 수단이나 정황 등을 당해 조문의 문언에 의하여 일정한 범위로 제한하고 있는 반면, 군형법 제92조는 범죄구성요건상 수단 등에 대하여는 아무런 문구상의 제한이 없이 단지 '계간 기타 추행을 한 자'라고만 규정되어 있는바, 형법상 강제추행죄와는 달리 범죄의 성립에 강제성을 요구하지 않고 있다. 따라서 강제에 의한 추행뿐 아니라 강제에 의하지 아니한 추행 내지 상호 합의에 따른 추행 모두가 구 군형법 제92조의 구성요건에 해당된다고 하겠다. 다만 강제에 의한 추행의 경우에는 형법상 강제추행죄와 상상적 경합범의 관계에 있게 된다고 하겠다.[6)]

한편 실제에 있어서 강제나 준강제에 의한 추행과 자발적인 추행과의 구별이 상명하복을 생명으로 하고 매우 폐쇄적인 군의 특성을 고려할 때 사실상 어려운 경우도 있을 것이다.[7)] "엄격한 계급구조로 인하여 상급자가 직접적인 폭행이나 위력을 행사하지 않는 경우에도 하급자가 스스로 원하지 아니하는 성적 교섭행위에 연관될 개연성 역시 상대적으로 높다."고 한 헌재의 판시[8)]도 바로 이러한 위계질서에 바탕을 둔 폐쇄적인 군의 특수성을 감안하여 강제에 의한 추행과 비강제에 의한 추행의 구별의 어려움을 지적한 것으로 보여진다.

결국 구 군형법 제92조의 구성요건에의 해당 여부와 관련해서는 그 입법목적 및 보호법익의 관점에 비추어 볼 때, 법조항의 문언을 살펴 볼 때, 형법의 다른 관련규정과 비교·검토해 볼 때, 그리고 군의 특수성을 감안할 때 강제에 의한 추행과 비강제에 의한 추행을 구별할 필요도 없고 실제에 있어서 구별하기도 어렵다고 하겠다.

한편 현재는 군형법이 개정되어 구 군형법 제92조의 추행죄는 제92조의6으로 바뀌고 내용은 1년 이하의 징역이 2년 이하의 징역으로 개정되었다. 그리고 형법에만 있고 군형법에는 없었던 강제추행죄가 군형법 제92조의3에 신설되었고 이는 친고죄로 규정

6) 국방부 고등군사법원 2007. 7. 10. 20076: "강제추행죄는 개인의 성적 자기결정권을 보호법익으로 하는 죄인 반면에 추행죄는 군대가정의 성적 자기결정권 외에 추상적인 보호법익인 군의 성적 기강유지를 보호법익으로 하고 있다. 이러한 보호법익의 차이로 인해 군형법상 추행죄는 폭행, 협박 등 강제력을 구성요건으로 하지 않으며, 피해자의 고소가 필요 없는 비친고죄로 규정되어 있다. 따라서 군인이 군인에게 폭행, 협박을 가하여 추행하는 경우에는 강제추행죄와 군형법상의 추행죄가 모두 성립하고 양죄의 관계는 상상적 경합이 된다 할 것이므로 강제추행죄의 고소부분이 취하된다 할지라도 추행죄는 여전히 범죄사실로서 존재한다고 할 것이어서 …"

7) 같은 견해 박영주, 동성애에 대한 법적 태도, 부산법조, 2004, 138쪽 이하. 군대 내 추행 사건의 가해자는 피해자보다 선임이거나 계급이 높은 경우가 압도적으로 많다. 국가인권위원회, 군대 내 성폭력 실태조사, 2004. 3, 72쪽 이하.

8) 헌재 2002. 6. 27. 2001헌바70, 판례집 14-1, 601, 606.

되어 있다. 따라서 현재는 군형법상 강제추행의 경우에는 제92조의3에 의해 규율되고, 비강제에 의한 추행의 경우에는 제92조의6에 의해 규율되어 현행 군형법상의 추행에는 오로지 비강제추행만 해당되는 것이 아닌지 하는 의문이 제기될 수 있다. 그러나 앞서 언급한 바와 같이 군형법상 추행죄의 보호법익은 강제추행의 경우와는 달리 개인적 법익이 아닌 사회적 법익이므로 강제추행의 경우에도 그것이 사회적 법익을 침해할 위험이 있는 경우에는 설사 고소가 취하되는 등의 이유로 처벌할 수 없는 경우라 하더라도 제92조의6의 추행죄로 처벌할 수 있다고 할 것이다. 따라서 현행 군형법 제92조의6의 추행죄의 구성요건에는 여전히 비강제추행뿐 아니라 강제추행도－사회적 법익의 침해위험이 존재하는 한－해당된다고 할 것이다. 이는 현행 군형법상 강제추행죄는 개인의 성적 자기결정권이라고 하는 개인적 법익을 제1차적 보호법익으로 하고 있고, 추행죄는 군대의 군기 유지 등 사회적 법익을 제1차적 보호법익으로 하고 있기 때문이며, 또한 이는 군형법상 강제추행죄는 친고죄로 규정하고 있고, 추행죄는 비친고죄로 규정하고 있는 것에서도 알 수 있다.

(2) 주체 및 상대방의 불명확성

2008헌가21 사건의 제청법원과 반대의견은 구 군형법 제92조가 행위의 주체 및 그 상대방에 대해 아무런 규정을 하지 않아 남성간의 추행만을 대상으로 하는지, 아니면 여성간 또는 이성간의 추행도 대상으로 하는지 불분명하다고 주장하고 있다.

먼저 군형법 제1조도 밝히고 있듯이 군형법의 적용대상자가 군인 및 군무원이기 때문에 구 군형법 제92조의 피적용자, 즉 추행죄의 주체 및 상대방은 군인 및 군무원이라는 제한을 받을 뿐 남성이나 여성이냐의 성별상의 제한이나 차별이 존재하는 것은 아니라고 하겠다(예컨대 군형법상 피적용자와 민간인 사이에서 이루어진 추행행위에 대하여는 군형법 제92조가 적용되지 않는다고 하겠다[대판 1973. 9. 25. 73도1915]).[9] 다시 말해 구 군형법 제92조의 추행죄의 주체 및 상대방은 군형법의 피적용자이고, 특별히 남녀를 구별하여 제한하고 있지 않은 이상, 군형법의 피적용자 사이의 추행에 대해서는 남녀를 불문하고 제92조의 추행죄가 적용된다고 하겠다.

실제로 구 군형법 제92조의 적용상 중요한 것은 발생한 계간이나 이에 준하는 추행이 군이라는 공동사회의 건전한 생활과 군기를 침해하는 비정상적인 성적 행위에 해당하는지의 여부이고, 따라서 이러한 행위가 결국 군이라는 공동사회의 건전한 생활과 군

---

9) 대법원은 "군법 피적용자와 민간인과 간에 이루워진 추행행위에도 군법 피적용자에게 본조를 적용할 수 있다며는 그 상대방인 민간인의 추행사실이 공개되므로서 그 명예를 오손하는 부당한 결과를 초래하게 되며, 또 본죄는 친고죄가 아니므로 고소없이 처벌할 수 있으나 본죄보다 중한 강제추행죄는 친고죄임으로 고소가 있어야 비로소 처벌할 수 있으므로 소송조건에도 균형을 잃은 결과가 되는 점등을 종합 비교하면 본죄의 입법취지는 원심판결이 판시한 것과 같이 군내부의 건전한 공적생활을 영위하기 위한 이른바 군대가정의 성적건강을 유지하기 위한 것이므로 민간인과의 사적생활관계에서의 변태성성적만족행위에는 적용되지 않는 것으로 해석함이 타당할 것이다"라고 판시함으로써 그 이유를 제시하고 있다.

기를 침해할 위험성이 있는지의 여부이다. 그러므로 그 추행의 주체와 상대방이 누구인가, 즉 남성간인가, 여성간인가, 이성간인가는 본질적인 문제는 아니라고 하겠다.[10)]

따라서 이와는 달리 "이 사건 법률조항은 군이라는 공동사회의 건전한 생활과 군기확립을 목적으로 동성 군인 간의 성적만족 행위를 금지하고 이를 형사처벌하므로 입법목적의 정당성 및 수단의 적절성이 인정되며 …"라고 주장하는 2008헌가21 사건의 다수의견,[11)] "'기타 추행'이 동성 간의 성적 교섭행위를 뜻하는 계간과 동일한 항에 병렬적으로 규정되어 있고, 군대 내에서는 동성 간의 성적 교섭행위가 발생할 가능성이 매우 높아지는 점 등에 비추어 보면, 이 사건 법률조항은 계간과 마찬가지로 동성 간의 성적 행위에만 적용되는 것으로 해석된다."는 이동흡 재판관의 보충의견[12)] 및 "이 사건 법률조항의 입법목적과 보호법익에 비추어 보면, 이 사건 법률조항에 해당하는 '추행'은 '동성 간에 군영 내에서 하는 음란한 행위'로 한정되어야 한다."라는 김종대, 목영준, 송두환 재판관의 반대의견[13)]은 모두 구 군형법 제92조가 오로지 남성간의 행위에만 적용된다는 견해로서 받아들이기 어렵다고 하겠다. 이 점에서 "이 사건 법률조항은 군대라는 특수한 공동사회의 기강을 보호하기 위한 것이고, 구 군형법 제92조는 '계간 기타 추행한 자'라고만 규정할 뿐 '기타 추행'의 행위 대상과 장소를 제한하지 않았다. 따라서 위 법률조항의 문언상, 군인의 추행행위는 군영 내외를 불문하고, 그 상대방이 군인이든 민간인이든 동성이든 이성이든 불문하고, 상대방의 의사에 반하는지 여부를 불문하고, 모두 적용된다고 보지 않을 수 없다."라는 조대현 재판관의 한정위헌의견[14)]이 타당하다고 하겠다.

다만 첫째, 군의 구성원의 대다수가 남성이고 따라서 실제로 발생되는 추행사건이 주로 남성간에 이루어지고 있다는 점에서, 둘째, 아직은 사회의 일반정서상 이성간의 성적 행위보다는 남성간의 성적 행위가 부정적으로 평가되거나 주변에 악영향을 끼칠 가능성이 높다는 점에서, 이러한 남성간의 동성애가 구 군형법 제92조가 보호하고자 하는 사회적 법익에 대한 침해가능성이 크다고 할 것이고, 따라서 구 군형법 제92조가 남성간의 동성애를 의미하는 계간을 대표적이고 전형적인 예시로 하여 추행을 처벌하고 있다고 하겠다.

이와 관련하여 2008헌가21 사건의 제청법원은 군대에서의 실무상 이성간의 추행, 특히 이성간의 비강제적 추행은 입건대상으로 전혀 고려되지 않는 것이 현실이고, 이성간의 추행이 제외된다고 해석하면 동성애에 대한 차별이 문제되며, 동성애의 경우에도 모든 동성간 성적 행위가 추행에 해당하는지, 계간에 준하는 행위만 대상이 되는지 불

10) 참고로 1950년 제정된 미국 통일군사재판법(the Uniform Code of Military Justice) 제125조는 모든 형태의 동성간, 이성간 또는 동물과의 비정상적인 성교행위를 금지하고 있다.

11) 헌재 2011. 3. 31. 2008헌가21, 판례집 23-1상, 178, 189.

12) 헌재 2011. 3. 31. 2008헌가21, 판례집 23-1상, 178, 192.

13) 헌재 2011. 3. 31. 2008헌가21, 판례집 23-1상, 178, 197.

14) 헌재 2011. 3. 31. 2008헌가21, 판례집 23-1상, 178, 198.

분명하다고 주장하고 있다. 이러한 주장은 첫째, 구 군형법 제92조가 '계간 기타 추행한 자'라고 규정하고 있는데, '계간'이란 남성간의 성행위를 의미하기 때문에 구 군형법 제92조가 남성간의 추행에만 적용되는 것은 아닌지 하는 해석상의 문제에서, 둘째, 구 군형법 제92조가 적용된 그동안의 사례 중 여성간의 추행 또는 이성간의 추행 건수가 극히 적다는 사실에서 비롯된다고 볼 수 있다.

그런데 첫째의 해석상의 문제와 관련해서는, 구 군형법 제92조의 범죄구성요건사실인 '추행'은 '군이라는 공동사회의 건전한 생활과 군기'라는 보호법익을 침해하는 동시에 일반인의 입장에서 추행행위로 평가될 수 있는 행위로서 범죄의 성립과 관련하여 그 행위의 주체나 상대방의 성별은 문제가 되지 않고 문언상으로도 성별에 대한 아무런 제한이 없으며, 다만 그 대표적이고 전형적인 사례로서 '계간'이 예시된 것인데, 이는 앞서도 언급한 바와 같이 군의 구성원의 대다수가 남성이고 따라서 실제로 발생되는 추행사건이 주로 남성간에 이루어지고 있으며, 아울러 사회의 일반정서상 계간 등 남성간의 추행 행위가 주위에 부정적인 영향을 끼칠 가능성이 매우 높고 따라서 구 군형법 제92조가 보호하고자 하는 사회적 법익에 대한 침해가능성이 크기 때문에 '계간'이 군형법 제92조의 입법 당시부터 대표적이고 전형적인 사례로서 예시된 것이며, 이러한 현상과 인식은 오늘날도 크게 변했다고 보기 어렵기 때문에 여전히 '계간'이 군형법 제92조에 대표적이고 전형적인 사례로서 예시되어 있는 것에 불과하다고 하겠다.[15] 그리고 둘째의 사례와 관련한 문제의 경우도 마찬가지라고 하겠다. 즉 군 구성원의 성별구조상 남성이 압도적으로 많기 때문에 구 군형법 제92조가 적용된 그동안의 사례 중 여성간의 추행 또는 이성간의 추행 건수가 적을 수밖에 없는 것이고, 다른 한편 내용적으로도 일반정서상 이성간의 성적 행위가 주위에 부정적인 영향을 끼쳐 '군이라는 공동사회의 건전한 생활과 군기'라는 보호법익을 침해할 가능성이 계간에 비하여 현저히 낮기 때문에 실제로 추행으로 처벌된 사례가 당연히 적은 것에 불과하다.

따라서 헌재의 다수의견에서도 언급되고 있듯이 건전한 상식과 통상적인 법감정을 가진 군형법 피적용자는 어떠한 행위가 구 군형법 제92조의 구성요건에 해당되는지 여부를 어느 정도 쉽게 파악할 수 있고, 그 전형적인 사례인 '계간'은 구 군형법 제92조에서 '추행'이 무엇인지를 해석할 수 있는 판단지침으로 활용될 수 있으며, 위에서 소개한 대법원 판결 등에 의하여 이미 이에 관한 구체적이고 종합적인 해석기준이 제시되고 있는 이상, 법률적용자가 구 군형법 제92조를 자의적으로 확대하여 해석할 염려가 없고, 행위의 주체나 상대방의 성별과 관련한 해석상의 불명확성도 없는 것이다.

결국 위에서도 언급한 바와 같이 구 군형법 제92조의 적용상 중요한 것은 발생한 계간이나 이에 준하는 추행이 군이라는 공동사회의 건전한 생활과 군기를 침해하는 비정상적인 성적 행위에 해당하는지의 여부이기 때문에 해당 추행행위가 군이라는 공

---

15) 군형법상 추행죄의 연혁 및 개정논의 등에 대하여 이경환, 군대 내 동성애 행위 처벌에 대하여, 70쪽 이하; 조윤, 군형법 개정론, 사법논집 제2집, 1972, 435쪽 이하.

동사회의 건전한 생활과 군기를 침해하는 비정상적인 성적 행위에 해당한다면 이를 처벌하는 것이고, 따라서 남성간의 동성애 내지 계간뿐 아니라 여성간의 성적 행위도 이러한 추행에 해당한다면 원칙적으로 처벌할 수 있는 것이고, 극단적으로는 이성간의 성적 행위도 만일 구 군형법 제92조의 추행에 해당한다면 처벌할 수 있는 것이므로 이성간의 추행이 처음부터 배제되는 것은 아니라고 할 것이다. 다만 위에서 언급한 이유 때문에 실제로 남성간의 계간 등이 주로 문제될 뿐이다. 따라서 구 군형법 제92조가 동성애를 차별한다거나 남성을 차별한다는 등의 주장 및 명확성의 원칙에 반한다는 주장은 받아들이기 어렵다.

참고로 형법 제305조(미성년자에 대한 간음, 추행)도 "13세 미만의 부녀를 간음하거나 13세 미만의 사람에게 추행을 한 자는 제297조, 제298조, 제301조 또는 제301조의2의 예에 의한다."라고 규정함으로써 추행의 주체와 상대방이 남성간인지 여성간인지 이성간인지의 여부에 제한을 두지 않아, 당연히 이성간의 합의된 성적 행동도 구성요건에 해당되면 추행으로서 처벌될 수 있음을 명백히 하고 있다. 또한 실제로 강제력이 개입된 이성 군인간의 강제추행이 구 군형법 제92조로 처벌된 사례가 있다.[16]

(3) 행위자들 사이의 관계 및 행위 장소의 고려 여부

2008헌가21 사건의 제청법원과 반대의견은 행위자들 사이의 관계 및 행위 장소의 고려 여부와 관련하여 대법원의 "행위자들 사이의 관계, 그 행위가 공동생활이나 군기에 미치는 영향을 고려하여 추행에 해당하는지를 결정해야 한다."는 대법원의 판시(2008. 5. 29. 2008도2222)에 대하여 행위자들이 상호 지휘복종 관계에 있어야 하는지, 같은 부대에 소속되어 있어야 하는지, 부대 밖에서 행위를 한 경우도 포함되는지, 부대 안에서 행위를 하였더라도 다른 사람의 눈에 띄지 않는 은밀한 장소에서 한 경우에는 처벌이 되는지 등 대법원이 설시한 판단기준에 의하더라고 불명확한 점은 여전히 존재한다고 주장하고 있다.

그런데 처벌법규의 구성요건이 명확하여야 한다고 하더라도 입법자가 모든 구성요건을 단순한 의미의 서술적인 개념에 의하여 규정하여야 한다는 것은 아니며, 처벌법규의 구성요건이 다소 광범위하여 어떤 범위에서는 법관의 보충적인 해석을 필요로 하는 개념을 사용하였다고 하더라도 그 점만으로 헌법이 요구하는 처벌법규의 명확성의 원칙에 반드시 배치되는 것이라고 볼 수는 없다. 즉 건전한 상식과 통상적인 법감정을 가진 사람으로 하여금 그 적용대상자가 누구이며 구체적으로 어떠한 행위가 금지되고 있는지 여부를 충분히 알 수 있도록 규정되어 있다면 죄형법정주의의 명확성의 원칙에 위배되지 않는다고 보아야 한다. 그렇게 보지 않으면 처벌법규의 구성요건이 지나치게 구체적이고 정형적이 되어 부단히 변화하는 다양한 생활관계를 제대로

16) 예컨대 육군교육사령부 보통군사법원 2005. 7. 22. 2005고1 판결.

규율할 수 없게 될 것이기 때문이라는 것이 우리 헌법재판소의 확립된 판례이다(1998. 7. 16. 96헌바35; 2001. 6. 28. 99헌바31 등).

제청법원도 적시하는 바와 같이 '공동생활이나 군기에 미치는 영향'은 그 자체 추상적인 개념이어서 그 대상을 획일적으로 확정하는 것은 어렵다. 제청법원이 예를 들은 비강제에 의한 남성간 추행으로 처벌된 사례에도 나타나듯이 추행으로 처벌된 행위유형이나 장소, 행위자들의 관계 등이 매우 다양하다. 이는 구 군형법 제92조에서 처벌하고자 하는 구성요건인 계간이나 추행의 특성상 너무나 당연한 것이고, 따라서 이러한 다양한 유형의 대상을 포괄하여 처벌할 수밖에 없는 법조항은 불가피하게 어느 정도의 추상성을 띨 수밖에 없는 것이다. 결국 그러한 어느 정도의 불가피한 추상성은 사안의 특성상 더 이상의 구체화가 어렵다는 점에서, 그리고 건전한 상식과 통상적인 법감정을 가진 군형법상 피적용자가 어떠한 행위가 구성요건에 해당하는지를 판단하기 어렵지 않고 예측가능하다는 점에서, 아울러 군의 특수성을 고려해야 한다는 점에서 정당화될 수 있는 것이다.

위에서도 소개했듯이 대법원이(2008. 5. 29. 2008도2222) 구 군형법 제92조의 추행에 대하여 "개인적 성적 자유를 주된 보호법익으로 하는 형법 등에서 말하는 '추행'의 개념과 달리 군형법 제92조에서 말하는 '추행'이라 함은 계간(항문 성교)에 이르지 아니한 동성애 성행위 등 객관적으로 일반인에게 혐오감을 일으키게 하고 선량한 성적 도덕관념에 반하는 성적 만족 행위로서 군이라는 공동사회의 건전한 생활과 군기를 침해하는 것이라고 할 것이고, 이에 해당하는지 여부는 행위자의 의사, 구체적 행위태양, 행위자들 사이의 관계, 그 행위가 공동생활이나 군기에 미치는 영향과 그 시대의 성적 도덕관념 등을 종합적으로 고려하여 신중히 결정되어야 할 것이다"고 판시한 것도 그런 점에서 불가피한 것이었다고 보여 진다.

아울러 헌재도 "'추행'이란 일반적으로 정상적인 성적 만족 행위에 대비되는 다양한 행위태양을 총칭하는 것이고, 그 구체적인 적용범위도 사회적 변화에 따라 변동되는 동태적 성격을 가지고 있기 때문에, 입법자가 이러한 변태성 성적 만족 행위의 모든 형태를 미리 예상한 다음, '추행'에 해당하는 행위를 일일이 구체적, 서술적으로 열거하는 방식으로 명확성의 원칙을 관철하는 것은 입법기술상 불가능하거나 현저히 곤란하다. … 그렇다면, 이 사건 법률조항이 명확성의 원칙에 위배되는지 여부를 판단하기 위해서는 그 입법목적과 다른 법률조항과의 연관성 등을 고려하여 '추행'이라는 일반조항에 대한 합리적인 해석이 가능한지 여부를 우선적으로 검토해야 할 것이다. … 이 사건 법률조항의 범죄구성요건사실인 '추행'은 '군이라는 공동사회의 건전한 생활과 군기'라는 보호법익을 침해하는 동시에 일반인의 입장에서 추행행위로 평가될 수 있는 행위이고, 그 대표적이고 전형적인 사례가 이 사건 법률조항에 직접적으로 예시된 '계간'이라고 봄이 상당하다. 그렇다면, 건전한 상식과 통상적인 법감정을 가진 군형법상 피적용자는 어떠한 행위가 이 사건 법률조항의 구성요건에 해당되는지 여부를 어느 정도 쉽게 파악할 수 있다고 판단되고, 그 전형적인 사례인 '계간'은 이 사건 법률조항에서 '추행'이 무엇인지를 해석할 수 있는 판단지침으로 활용될 수 있으며, 대법원 판결 등에 의하여 이미 이에 관한 구체적이고 종합적인 해석기준이 제시되고 있는 이상, 법률적용자가 이 사건 법률조항을 자의적으로 확대하여 해석할 염려는 없다고 하겠다."고 판시하여[17] 구 군형법 제92조가 죄형법정주의에서 요구하는 형벌법규의 명확성의 원칙에 위배되지 않음을 명백히 하고 있고, 심지어 이 결정의 반대의견도 "'추행'의 의미에 대해서는 통상의 판단능력을 가진 군형법 피적용자가 이를 이해할 수 있어 명확성 여부는 문제되지 않는다."고 하여 다수의견에 동의하고 있다.[18]

만일 그렇지 않고 그 모든 행위 유형과 사안 등을 획일적이고 더 이상의 구체화가 필요 없을 정도로 명확하고 기계적으로 규정해야만 명확성의 원칙과 결국 죄형법정주의가 충족되는 것이라고 한다면 이 사안에서 군의 공동생활이나 군기에 미치는 성적 행위에 대한 처벌은 불가능하여 공익상 심각한 문제를 야기할 수 있으며, 아울러 우리 형사법 체계의 유사한 상당수의 법조항이 위헌결정을 받게 될 것이다.

결국 구 군형법 제92조에서 말하는 추행이란 계간 및 이에 준하는 변태적·비정상적인 성적 행위로서 행위자의 의사, 구체적 행위태양, 행위자들 사이의 관계, 그 시대의 성적 도덕관념 등을 종합적으로 고려해 볼 때 '군이라는 공동사회의 건전한 생활과 군기'라는 사회적 법익을 침해하거나 침해할 위험성이 있는 행위라고 하겠다.

2. 과잉금지의 원칙 위반 여부

2008헌가21 사건의 제청법원은 상당수의 외국 군대에서 동성애 행위를 처벌하지 않고 있으며, 공연성이 없고 강제에 의하지도 않은 동성간 추행을 징역형만으로 처벌하는 것은 군이라는 공동사회의 건전한 생활과 군기를 보호하는 효율적인 수단이라고 할 수 없고, 입법목적을 달성하는데 필요한 정도를 일탈한 과도한 규제에 해당 되 과잉금지의 원칙에 위반된다고 주장한다.

그러나 첫째, 군에서 동성애를 금지하고 이를 처벌하고 있는 외국의 사례도 많이 있다.[19] 또한 군에서 동성애를 허용하고 있는 외국의 경우에는 징병제국가인 우리와는

17) 헌재 2002. 6. 27. 2001헌바70, 판례집 14-1, 601, 608-610.

18) 헌재 2002. 6. 27. 2001헌바70, 판례집 14-1, 601, 612.

19) 현재 군내 동성애자의 복무를 허용하는 국가 중 징병제 국가로는 오스트리아, 덴마크, 독일, 이스라엘, 스위스, 대만, 태국 등이 있고, 모병제 국가로는 호주, 캐나다, 프랑스, 네덜란드, 남아공, 영국 등이 있다. 군내 동성애자 복무를 금지하는 국가 중 징병제 국가로는 브라질, 이집트, 헝가리, 이란, 이탈리아, 북한, 포르투갈, 사우디, 베네수엘라 등이 있다. 병영내 동성애자 관리정책에 대한 연구, 57쪽 이하 참조.
미국은 얼마전까지 중간적 입장을 취하고 있었다. 즉 미국에서는 이른바 '묻지도 말하지도 말라(Don't ask, don't tell)' 정책으로 불리는, 동성애자의 군복무 금지규정이 얼마전까지 적용되고 있었다. 이 '묻지도 말하지도 말라' 규정은 동성애자의 군 복무를 묵인하는 대신, 성적 취향에 관해 침묵을 지켜야 하고 상관도 질문해서는 안 된다는 의미에서 붙여진 이름이다. 만일 이 규정을 위반하면 강제전역을 시킬 수

달리 모병제국가인 경우가 많다. 주지하는 바와 같이 모병제의 경우는 군제도와 환경 등에 있어서 징병제의 경우와 현저한 차이가 있다. 특히 모병제국가의 경우에는 설사 군에서 동성애를 허용한다고 하더라도 입대를 원하는 자가 동성애를 용인하거나 감수할 경우에는 자발적으로 군인이라는 직업을 선택하고 그렇지 않을 경우에는 군을 택하지 않으면 되는 선택의 여지가 있으나, 우리와 같은 징병제국가의 경우에는 이러한 선택의 여지가 없기 때문에 만일 징집되는 군인이 동성애를 용인하거나 감수할 의사가 없거나 더 나아가 동성애에 대한 부정적 정서를 가지고 있는 경우에는 그럼에도 불구하고 어쩔 수 없이 군복무를 해야 하기 때문에 많은 문제를 야기할 수가 있다.[20] 한편 동성애를 금지하지 않고 있는 징병제국가의 경우에도 군복무여건이나 환경 및 군생활양태, 군생활의 폐쇄성 및 위계질서의 정도 등이 우리와 많은 차이가 있거나, 역사·문화·국민정서 등이 우리와 현저한 차이가 있고, 더 나아가 동성애자의 숫자나 동

있었다. 이에 대하여 자세한 것은 최재석, 군내 동성애자 문제에 대한 법률적 고찰－미군의 "Don't Ask, Don't Tell" 정책을 중심으로, 군사법논집 제4집, 1999. 12; Kenneth Williams, Gays in the military: the Legal Issues, University of San Francisco Law Review, Summer, 1994(28 U.S.F. L. Rev. 919), 945.
미국의 경우 그 이전에는 기본적으로 동성애는 군복무와 공존할 수 없다는 입장으로 동성애가 금지되었었다(Janet E. Halley, Don't: A Reader's Guide to the Military Anit-Gay Policy 19, pp. 27, 1999). 그 후 이 'Don't ask, don't tell' 정책은 1993년 빌 클린턴 행정부 시절 동성애자들의 군 복무를 차별 철폐라는 차원에서 지지하는 측과 군의 단결력 저하를 이유로 반대하는 측이 타협한 결과로 도입되었다. 이 정책이 시행된 후 약 1만1000여명의 군인이 이 규정을 어기고 동성애자임을 밝힌 탓에 군복을 벗어야 했다. 현재도 142만여명의 군인 가운데 약 7만여명이 동성애자인 것으로 추측되고 있다.
그런데 얼마전 이 정책의 폐지안이 미국 상원 군사위원회와 하원 및 상원을 통과한 후 버락 오바마 대통령의 승인 절차를 거쳐 이 규정은 공식 폐지되었다. 따라서 현재는 동성애자라는 사실을 공개한 미국민들도 군 복무를 할 수 있는 길이 열리게 되었다(http://news.chosun.com/site/data/html_dir/2010/05/29/2010052900067.html). 이러한 변화의 바탕에는 오바마 대통령과 민주당의 동성애에 대한 이념적 개방성 외에도 'Don't ask, don't tell' 정책실시에 따른 부작용과 그 정책의 실효성에 대한 의문이 깔려있다고 볼 수 있다. 예컨대 미국 회계감사원(General Accounting Office)은 1992년에 발표한 자료에서 군내 동성애 금지정책이 재정적인 손실을 초래한다고 하면서 1980년도 기간중의 금지정책에 근거한 병사대체 관련 비용은 약 28,000달러였고, 장교대체 관련 비용은 약 120,700달러라고 추정하였다(Timothy Haggerty, History Repeating Itself: A Historical Overview of Gay Men and Lesbians in the Military Before "Don't Ask, Don't Tell", in Don't Ask, Don't Tell: Debating the Gay Ban in the Military, 2003). 그리고 'Don't ask, don't tell' 정책이 시행중인 기간을 대상으로 한 미국 캘리포니아 주립대학을 중심으로 구성된 조사위원회(Blue Ribbon Commission)가 2006년 2월에 발표한 자료에 따르면 이와 같은 관련 비용이 적어도 전체적으로는 3.6억 달러 이상이라고 추정하였다(Blue Ribbon Commission Report, Financial Analysis of "Don't Ask, Don't Tell": How much does the gay ban cost?, 2006. 2). 한편 동성애 금지정책의 실효성과 관련하여 1992년에 동성애자에 대한 군복부 차별을 금지한 캐나다 군에 대한 사례분석 결과는 차별금지 조치가 군전력, 군 대비태세, 단결력, 군기강 등에 영향을 주지 않았다는 평가도 있고(Aaron Belkin and Jason Mcnichol, Homosexual Personnel Policy in the Canadian Forces: Did Lifting the Gay Ban Undermine Military Performance?, International Journal, Vol. 56, No. 1(Winter, 2000/2001), pp. 73-88), 1993년 군복무에 있어 동성애자의 차별을 금지한 이스라엘 군대의 상황에 대한 연구결과도 1993년 이전과 이후의 군전투력에 차이가 없었음을 분석한 자료도 있다(Aaron Belkin and Melissa Levitt, Homosexuality and the Israel Defense forces; Did Lifting the Gay Ban Undermine Military Performance?, Armed Forces and Society, Vol. 27, No. 4, 2001).

20) 최근 군부대에서 복무중인 젊은 사병들을 대상으로 한 설문조사에 따르면 설문대상 300명 중 군형법상 추행죄에 대하여 처벌이 필요하다는 입장은 293명으로 압도적인 반면, 처벌이 불필요하다는 입장은 6명에 불과하고, 합의에 의한 계간행위에 대한 설문에서도 처벌해야 한다는 입장은 281명인 반면, 국가가 관여할 사항이 아니라고 한 입장은 14명에 불과하다(추행죄에 관한 6. 10. 공개변론 참고자료, 국방부 법무관리관실, 48쪽 이하 참조). 이러한 설문조사에서도 알 수 있듯이 비교적 동성애에 대해 관대할 것으로 예상되는 젊은 층에서도 동성애를 바라보는 정서가 매우 부정적임을 알 수 있다.

성애에 대한 사회일반의 인식 등에 있어서도 우리와 많은 차이가 있다.

둘째, 군에서 동성애를 허용하고 있는 외국의 경우에는 동성간의 법률혼이 헌법상 금지되지 않는 등 헌법적 전제나 법률문화가 우리와 다르다는 점도 감안해야 할 것이다. 예컨대 얼마전까지 우리처럼 징병제 국가이면서 군에서 동성애를 허용하고 있었던 독일의 경우 혼인에 관한 헌법규정인 기본법 제6조는 단순히 혼인과 가족이 국가의 특별한 보호를 받는다고 규정하고 있을 뿐 혼인이 이성간의, 즉 남녀 간의 결합을 전제로 하고 있지 아니하다. 따라서 적어도 헌법의 명문규정으로는 동성결혼이 부정되지 아니한다고 볼 수 있다. 그러나 우리나라의 경우에는 헌법 제36조 제1항이 "혼인과 가족생활은 개인의 존엄과 '양성'의 평등을 기초로 성립되고 유지되어야 하며, 국가는 이를 보장한다."라고 규정하여 혼인이 '양성', 즉 이성 간 내지 남녀 간에 이루어진다는 것을 명백히 하고 있고, 동조 제2항에서도 "국가는 '모성'의 보호를 위하여 노력하여야 한다."라고 규정하여 혼인관계에 있어서 양성의 한쪽 당사자인 모, 즉 어머니의 역할의 중요성과 그에 대한 국가의 특별한 보호를 강조함으로써 역시 혼인관계가 이성 간에만 이루어질 수 있음을 전제하고 있다. 따라서 우리나라의 경우에는 동성혼이 적어도 헌법상 명문으로 부정되지는 않는 다른 나라의 경우와는 달리 헌법상 허용될 수 없음이 명백하고, 결국 이러한 헌법 내지 법률적 문화의 바탕이 우리와 다른 국가의 상황을 우리의 경우에 적용시킬 수는 없다고 하겠다. 그러므로 외국의 경우 동성애가 동성혼으로 발전하거나 동성애자가 동성혼의 허용을 주장하는 경우가 많고, 동성애와 이성애와의 동질성을 이유로 동성애에 대한 차별을 위헌적 차별로서 평등권침해라고 주장하는 경우 대체로 같은 논리로 동성혼의 합법성을 주장하게 되는데, 그러한 외국의 경우 적어도 헌법의 명문규정으로는 그러한 주장이 가능할 수도 있겠으나, 우리의 경우에는 현행 헌법하에서 그러한 주장이 허용될 수 없다고 하겠다.

셋째, 우리나라의 경우 징병제이며 사병들의 급여와 근무여건이 열악하고 남북이 대처하고 있는 우리의 안보현실 등 우리의 군특성상 징계나 전역 등은 기대가능하고 효율적인 제재라고 볼 수 없어 부득이 형사처벌할 수밖에 없는 상황을 감안해야 하는 것이고, 아울러 만일 동성애 등을 이유로 전역조치를 허용한다거나 동성애를 병역면제사유로 분류한다면 그렇지 않아도 군에 대한 인식이 매우 부정적이고 군기피풍조가 만연한 우리의 현실을 감안할 때 전역을 노리거나 처음부터 군면제를 받고자 동성애를 가장하는 등 이를 악용할 위험성도 크다고 하겠다.[21] 또한 징역형 이외에 벌금형의 도입도 고려할 수는 있겠으나, 일반사병들의 열악한 급여수준을 감안할 때, 그리고 상황에 따라서는 벌금납부책임이 결국 부모들에게 전가될 수 있다는 점을 감안할 때 효과적인 수단이라고 보기 어렵다.

---

21) 이와 달리 동성애자의 인권을 보호해야 한다는 입장에서는 군대에서의 동성애를 범죄화하고 있는 규정을 없애거나, 군 기강을 위하여 동성애 행위를 금지할 필요성이 있다면 동성애자의 군복무를 면제할 것이 필요하다는 주장을 한다. 예컨대 전현희, 동성애의 법적 고찰, 시민과 변호사, 2000. 12, 77쪽.

넷째, 사안에 따라 실형 이외에도 기소유예, 선고유예, 집행유예 등 다양한 처분이 가능하다는 점을 감안한다면 동성애 행위 등 추행을 처벌하는 구 군형법 제92조가 반드시 과잉금지의 원칙에 위반한다고 볼 수 없고, 입법자의 입법형성권을 일탈했다고 보기도 어렵다.

사실 군에서의 계간 등 추행을 인정할 것인지 처벌할 것인지의 여부는 결국 해당 국가의 역사, 문화, 일반적 정서, 징병제냐 모병제냐의 여부, 군의 환경과 분위기, 동성애자 인권 감수성 정도, 종교, 전통관습 등 다양한 요소에 따라 다를 수밖에 없는 것으로 군에서 동성애를 허용하는 몇몇 외국의 경우를 기준으로 판단할 것은 아니라고 하겠다.[22)]

주지하는 바와 같이 어떤 행위를 범죄로 규정하고 이를 어떻게 처벌할 것인가 하는 문제는 원칙적으로 입법자가 우리의 역사와 문화, 입법 당시의 시대적 상황과 국민일반의 가치관 내지 법감정, 범죄의 실태와 죄질 및 보호법익 그리고 범죄예방효과 등을 종합적으로 고려하여 결정하여야 할 국가의 입법정책에 관한 사항으로서 광범위한 입법재량 내지 형성의 자유가 인정되어야 할 분야이고, 따라서 위와 같은 입법재량권이 헌법 제37조 제2항으로부터 파생되는 비례의 원칙 혹은 과잉금지의 원칙에 반하는 것으로 평가되는 등 헌법규정이나 헌법상 일반원리에 반하여 자의적으로 행사된 경우가 아닌 한, 이는 단순한 입법정책 당부의 문제에 불과하고 헌법위반의 문제는 아니라는 것이 헌법재판소의 확립된 판례(1995. 4. 20. 91헌바11; 2001. 11. 29. 2001헌가16 등)인데, 이러한 판례의 입장에 비추어 보더라도 구 군형법 제92조는 정당화될 수 있다고 하겠다.

결국 앞서 언급한 바와 같이 위 법조항의 입법목적은 개인적 법익을 보호하는 것이 아니라 사회적 법익을 보호하는 것인데, 선량하고 도덕적 성적 관념을 가진 일반인의 입장에서 볼 때 우리의 고유하고 전통적인 가족생활, 혼인제도하에서 동성애를 전면적으로 허용하여야 한다는 사회적 공감대 및 국민적 합의가 확립되었다고 볼 수 없다는 점, 동성애에 대한 우리의 국민정서, 우리군의 특성과 여건, 특히 우리 젊은이들의 만연한 군기피풍조 등을 감안한다면 계간 등의 추행이 군기 등을 해칠 위험성은 여전히 존재한다고 할 것이고, 아울러 우리의 여건상 이를 원칙적으로 형사처벌하는 방법 이외의 다른 대안을 쉽게 찾아보기 어렵다는 점을 감안할 때 계간 등의 추행을 금지하고 처벌하는 것은 정당화될 수 있으며, 결국 과잉금지의 원칙을 위반했다고 볼 수 없다.

헌재가 "이 사건 법률조항의 입법목적은 군 내부의 건전한 공적생활을 영위하는 것

---

22) 앞서 각주 19)에서 살펴본 바와 같이 군내 동성애자에 대한 허용 여부는 국가마다 다르다. 어떤 국가의 군내 동성애자의 허용 여부는 그 국가의 동성애자 인권 감수성 정도와 밀접한 관련이 있는 것으로 보인다. 동성애자 인권 감수성이라 함은 유동적인 의미로 시대와 문화의 변화에 따라 같이 변해 가는 것이라고 볼 수 있다. 즉 기본적으로는 사회의 문화가 더욱 개인주의를 존중하고 다양성을 인정하는 방향으로 갈 때 동성애에 대한 정책은 완화되는 경향으로 가며, 기존의 전통과 종교, 관습을 엄격히 유지하며 사회의 변화를 쉽게 수용하지 않는 문화에서는 동성애를 인정하지 않으려는 경향을 보인다. 각국의 동성애에 대한 처벌 상황에 대하여 자세한 것은 Daniel Ottosson, State-sponsored Homophobia, A world survey of laws prohibiting same sex activity between consenting adults, an ILGA report, 2007.

이고, 그 주된 보호법익은 '군이라는 공동사회의 건전한 생활과 군기'라는 사회적 법익이며, '개인의 성적 자유' 등 개인적 법익은 주된 보호법익이 아니므로, 군형법상 피적용자가 행한 추행의 유형이나 그 상대방의 피해상황 등을 구체적으로 구분하지 아니하고 위와 같은 사회적 법익을 침해한 모든 추행행위에 대하여 일괄적으로 1년 이하의 징역형으로 처벌하도록 규정하였다는 사유만으로 입법재량권이 자의적으로 행사되었다고 보기는 어렵다. 더욱이, '개인의 성적 자유'와 같은 개인적 법익을 주된 보호법익으로 하는 형법 제302조의 경우에도, 미성년자 등을 위계 등의 방법으로 '간음'한 경우와 같은 방법으로 '추행'한 경우를 구분하지 아니하고 일괄적으로 5년 이하의 징역형으로 처벌하도록 규정되어 있다는 점 등을 함께 고려한다면, 사회적 법익을 주된 보호법익으로 하는 이 사건 법률조항에서 '계간'과 그 추행의 정도가 상대적으로 미약한 '단순추행행위'에 대한 처벌내용을 구분하지 아니하였다고 하여, 이를 입법형성권의 범위에서 벗어나는 입법이라고 볼 수는 없는 것이다."라고 하면서 구 군형법 제92조가 과잉금지의 원칙 등에 위배된다고 보기 어렵다고 판시한 것도[23] 이러한 점에서 타당한 견해라고 하겠다.

3. 평등권 및 성적자기결정권 침해 여부

2008헌가21 사건의 제청법원은 구 군형법 제92조가 동성 간의 행위에만 적용되고 이성 간에는 징계의 제재만 가해지므로 동성애자 군인의 평등권과 성적 자기결정권을 침해한다고 주장한다.

그러나 위에서도 언급한 바와 같이 구 군형법 제92조의 적용상 중요한 것은 발생한 계간이나 추행이 군이라는 공동사회의 건전한 생활과 군기를 침해하는 비정상적인 성적 행위에 해당하는지의 여부이기 때문에 해당 추행행위가 군이라는 공동사회의 건전한 생활과 군기를 침해하는 비정상적인 성적 행위에 해당한다면 이를 처벌하는 것이고, 따라서 동성간의 행위뿐 아니라 상황에 따라서는 예외적으로 이성간의 성적 행위도 만일 군형법 제92조의 추행에 해당한다면 처벌할 수 있는 것이므로 이성간의 추행이 처음부터 배제되는 것은 아니라고 할 것이다. 다만 위에서 언급한 이유 때문에 실제로는 남성간의 계간 등이 주로 문제될 뿐이다.

아울러 설사 실제에 있어 동성애자가 주로 법조항의 적용대상이 되고, 이성군인간의 행위의 경우에는 징계의 대상이 된다고 하더라도 이는 법조항의 적용대상이 되는 처벌해야 할 추행에 해당되지 않기 때문이지, 처음부터 법리상 이성간의 행위가 배제되어서 그런 것은 아니라 할 것이다. 또한 일정한 법조항의 위헌여부는 그 법조문 자체에서 찾아야지, 그 해당 법조항의 적용실태에서 찾을 일은 아니라고 하겠다.

따라서 구 군형법 제92조가 동성애자를 차별한다거나 성적자기결정권을 침해한다는

---

23) 헌재 2002. 6. 27. 2001헌바70, 판례집 14-1, 601, 611; 2011. 3. 31. 2008헌가21, 판례집 23-1상, 178, 189.

주장은 받아들이기 어렵다.[24)]

한편 백번 양보하여 구 군형법 제92조가 동성애자를 차별하는 등 평등권을 침해한다고 하더라고 그러한 침해 여부를 심사함에 있어 이른바 엄격한 심사척도를 적용할 사항은 아니라고 하겠다. 이와 관련하여 헌재는 「제대군인지원에 관한 법률」 제8조 제1항 등 위헌확인 사건에서 "평등위반 여부를 심사함에 있어 엄격한 심사척도에 의할 것인지, 완화된 심사척도에 의할 것인지는 입법자에게 인정되는 입법형성권의 정도에 따라 달라지게 될 것이다. 먼저 헌법에서 특별히 평등을 요구하고 있는 경우 엄격한 심사척도가 적용될 수 있다. 헌법이 스스로 차별의 근거로 삼아서는 아니되는 기준을 제시하거나 차별을 특히 금지하고 있는 영역을 제시하고 있다면 그러한 기준을 근거로 한 차별이나 그러한 영역에서의 차별에 대하여 엄격하게 심사하는 것이 정당화된다. 다음으로 차별적 취급으로 인하여 관련 기본권에 대한 중대한 제한을 초래하게 된다면 입법형성권은 축소되어 보다 엄격한 심사척도가 적용되어야 할 것이다."라고 판시한 바 있다.[25)] 이 기준을 이 사건에 적용시킨다면 첫째, 이 사건에서 말하는 동성애자, 특히 계간 등 남성간의 동성애에 대한－여성간의 또는 이성간의 성적 행동과 비교하여 볼 때－차별은 헌법 제32조 제4항이 특별히 남녀평등을 요구하고 있는 '근로' 내지 '고용'의 영역에서와 달리 헌법에서 특별히 평등을 요구하고 있는 경우에 해당되지 않고, 둘째, 그러한 차별적 취급으로 인하여 관련 기본권, 즉 성적 자기결정권이나 사생활의 자유 등에 대한 중대한 제한을 초래하게 된다고 볼 수도 없다. 왜냐하면 우리 헌법 어디에도 계간 등 추행과 관련한 성적 자기결정권이나 사생활의 자유 등의 영역에서 남녀차별을 특별히 금지시키는 규정을 발견할 수 없기 때문이다. 굳이 찾는다면 헌법 제11조 제1항에서 "모든 국민은 법 앞에 평등하다. 누구든지 '성별'·종교 또는 사회적 신분에 의하여 정치적·경제적·사회적·문화적 생활의 모든 영역에 있어서 차별을 받지 아니한다."규정을 상정할 수 있겠으나, 이는 평등권 내지 평등원칙에 관한 일반적 규정이지, 헌법에서 성생활 등과 관련하여 특별히 평등을 요구하고 있는 경우에 해당된다고 볼 수 없다. 또한 이 사건에서 구 군형법 제92조에 따라 설사 차별적 취급이 존재한다고 하더라도 그러한 차별로 인하여 관련 기본권, 즉 성적 자기결정권이나 사생활의 자유 등에 대한 공익상의 불가피한 최소한도의 제한이 있을 뿐 중대한 제한을 초래하게 된다고 볼 수 없기 때문이다.

다른 한편 2008헌가21 사건의 제청법원은 위 조항이 입법목적을 달성하기에 필요한 정도를 넘는 과도한 규제여서 동성애자 군인의 성적 자기결정권을 침해한다고 주장하고 있다. 그러나 그러한 제한은 첫째, 동성애자 군인만을 처벌하는 것이 아니라 주로 동성애자 군인, 특히 군이 주로 남성들로 구성되어 있어 결과적으로 남성간의 동성애가 주로 처벌되는 것이지 처음부터 의도적으로 남성군인간의 동성애 등 동성애자만을

24) 같은 견해 박영주, 전게논문, 139쪽.

25) 헌재 1999. 12. 23. 98헌마363, 판례집 11-2, 770, 787.

처벌하는 것은 아니며, 둘째, 이러한 처벌 결과 해당자의 성적 자기결정권이 제한을 받는다 하더라도 이는 앞서 언급한 바와 같이 위 법조항의 입법목적을 달성하기 위하여 이루어지는 불가피한 제한이므로 헌법 제37조 제2항의 비례의 원칙을 위반하지 않았으며 정당화되어지는 것이다.

4. 사생활의 자유 침해 여부

2008헌가21 사건의 제청법원은 군인도 헌법 제17조에 의한 사생활의 비밀과 자유를 향유하는데 위 법조항은 이를 침해하고 있으며, 위 조항이 이성간의 행위도 처벌한다고 해석한다면 군인 부부나 연인 사이인 군인들의 성관계도 처벌될 가능성이 있고, 결국 부부나 연인 사이의 성적인 관계에 대해서 국가가 개입하여 정상과 비정상을 구분하고, 국가의 판단에 따라 처벌까지 가능하게 하는 것이므로 기본권 침해의 정도가 더욱 크다고 주장한다.

물론 군인도 사생활의 자유를 향유한다. 그러나 군인이 향유하는 자유의 범위는 군의 특성상 일반 사회인의 그것보다는 제한의 폭이 크다고 볼 수밖에 없고, 이는 비단 사생활의 자유뿐 아니라 거주이전의 자유 등 여타의 기본권의 경우에도 마찬가지라고 하겠다.

따라서 설사 강제에 의하지 않고 상호 합의하에, 그것도 휴가기간 등 부대 밖에서 추행이 일어난 경우라도 일반 사회와는 달리 군의 특성상 이것이 주변에 미칠 수 있는 악영향을 예상할 수 있거나 그러한 가능성을 전혀 배제할 수 없기 때문에 군이라는 공동사회의 건전한 생활과 군기를 침해할 위험성이 있다고 보고 이를 처벌하는 것은 나름대로 합리적인 이유가 있고, 따라서 개인의 성적 자기결정권이나 사생활의 자유가 다소 제한되더라도 정당화될 수 있는 것이다.

부부나 연인 사이의 성적인 관계의 경우에는 그들 사이의 성적 행위가 위에서도 언급한 구 군형법 제92조의 추행에 해당되는 경우, 즉 '군이라는 공동사회의 건전한 생활과 군기를 침해하는 비정상적인 성적 행위'로서 처벌의 대상이 되기는 현실적으로 드물 것이다. 다만 이들의 행위가 예외적으로 이러한 구성요건에 해당한다면 법리적으로 처벌이 불가능한 것도 아니며, 이는 공익목적의 실현과 군의 특성상 불가피한 것이고, 특히 일반사회의 경우에도, 그것도 내밀한 사적 영역인 간통의 경우에도 국가의 형벌권이 미친다는 점을 생각한다면 특수사회인 군에서는 불가피할 경우 정당화될 수 있다고 하겠다.

Ⅳ. 맺는 말

구 군형법 제92조(현행 군형법 제92조의6)가 처벌의 측면에서 법정형의 상한은 너무

낮고, 하한은 벌금형을 규정하고 있지 않아 법률적용자의 선택범위를 지나치게 제한하여 형법 등의 다른 규정에 비해 실효성이 낮다는 주장이 가능하다. 그러나 구 군형법 제92조의 경우에는 일반 형사법이 적용되는 일반 사회와는 다른 군의 특성을 감안한 것으로 보이며, 특별히 입법자의 입법형성권을 일탈했다고 보이지 않고, 이미 위에서 형법 제302조와 관련하여 언급했듯이 하한은 벌금형을 규정하고 있지 않아 법률적용자의 선택범위를 지나치게 제한했다고 주장될 수도 있는 형법의 다른 유사 관련 규정과 비교하여 형벌 상호간의 체계정당성을 일탈했다고도 보이지도 않는다. 아울러 법률의 실효성의 문제는 원칙적으로 입법정책의 문제이지 위헌을 야기하는 문제는 아니라고 할 것이다. 실제로 법정형의 상한이 낮고 하한에 벌금형을 규정하지 않아 법률적용자의 선택범위를 제한하고 있는 법조항은 비단 위 법조항 이외에도 상당히 많고, 이들 모두를 위헌이라고 주장할 수는 없는 것이다.

한편 구 군형법 제92조가 규율하는 대상은 대부분 다른 법률에 의해서도 충분히, 실효성 있게 처벌할 수 있고, 징계처벌을 통해 더 나은 위하효과를 기대할 수도 있다는 주장도 가능하다. 물론 일정한 법조항의 실효성의 문제가 제기될 수는 있다. 그러나 위에서도 지적했듯이 그러한 문제제기는 원칙적으로 입법정책의 문제로서 그 해결은 입법자의 몫이지 위헌여부의 문제는 아니라고 할 것이다. 또한 다른 법률에 의해서 처벌이 가능하다고 하다라도 그것이 곧 위 법조항의 실효성과 존재의의를 상실시키는 것은 아니고, 징계처벌의 경우는 위에서도 이미 언급했듯이 급여의 현실화가 이루어졌고 근무여건과 환경이 우리와 많은 차이가 있는 모병제국가에서는 몰라도 우리의 경우에는 그것을 기대하기 어려운 측면이 있으며, 결국 어떠한 제재를 채택하느냐의 문제는 원칙적으로 그리고 1차적으로 입법정책의 문제이지 위헌의 문제는 아니라고 본다.

결국 심판대상조항인 구 군형법 제92조는 죄형법정주의, 과잉금지의 원칙에 위배되지 않고, 동성애자 군인의 성적 자기결정권, 평등권, 사생활의 비밀과 자유를 침해한다고 볼 수 없다. 물론 앞서도 언급한 바와 같이 법조항에 내재해 있는 어느 정도의 불명확성이 있을 수 있다. 그러나 이는 법적용 과정에서 얼마든지 구체화될 수 있으며, 이는 추행이라는 해당사안의 특수성에 비추어 어느 정도는 필연적인 현상이며, 또한 이러한 다소의 불명확한 개념이 포함되어 있는 형사법 관련 조항은 상당수 존재하고 있다.

군형법상의 추행죄는 개인적 법익이 아닌 사회적 법익을 보호함을 목적으로 하는 것이며, 이 점에서 당사자의 기본권이 어느 정도 제한되는 것은 사실이나 이는 군기확립 등 공익을 실현하기 위하여는 감수해야 하는 것으로 우리나라의 상황과 군의 특성을 감안할 때 불가피하게 받아들여져야 할 것이다.

5. 민간기업에 의한 수용

- 헌재 2009. 9. 24. 2007헌바114 산업입지 및 개발에 관한 법률 제11조 제1항 등 위헌소원[1] -

[目 次]

Ⅰ. 머리말

이 글은 국가 등 공적 기관이 아닌 민간기업에 의한 토지수용도 허용될 수 있는지, 허용된다면 어떤 조건하에서 허용되는지의 문제를 헌법상 재산권보장이론의 시각에서 다룬 것이다. 헌재는 2009. 9. 24. 2007헌바114 결정에서 민간기업에게 산업단지개발사업에 필요한 토지 등을 수용할 수 있도록 규정한 「산업입지 및 개발에 관한 법률」(이하 '산업입지법'이라 한다) 제22조 제1항의 '사업시행자' 부분 중 '제16조 제1항 제3호'에 관한 부분 등이 헌법에 위반되지 아니한다는 결정을 내렸다. 우리 헌법상 수용의 주체를 국가로 한정한바 없으므로 민간기업도 수용의 주체가 될 수 있고, 산업입지의 공급을 통해 산업발전을 촉진하며 국민경제의 발전에 이바지하고자 함에는 공공의 필요성이 있으며, 피수용자에게 환매권이 보장되고 정당한 보상이 지급되며, 나아가 수용과정이 적법절차에 의해 규율되는 점에 비추어 볼 때 위 조항들을 위헌이라 할 수 없다는 것이다. 이에 대하여 민간기업이 수용을 할 경우에는, 그 수익을 공적으로 귀속시키는 조치와 같이 국가가 수용을 하는 경우보다 더 엄격한 요건이 수반되어야 하는바, 이 사건 조항들은 그러한 요건을 갖추지 못하므로 헌법상 재산권을 침해하여 위헌이

1) 헌재 2009. 9. 24. 2007헌바114, 판례집 21-2상, 562.

라는 반대의견이 있다.

이 결정은 민간기업이 헌법 제23조 제3항에 규정된 공용수용의 주체가 될 수 있는지 여부를 판시한 최초의 결정이다. 여기서 과연 헌재의 의견대로 민간기업 등 사인에 의한 수용이 허용되는지, 허용된다면 어떠한 조건하에서 허용되는지가 헌법상의 재산권보장문제와 관련하여 중요한 문제로 대두된다. 특히 오늘날 많은 공익사업이 민간기업 등 사인을 통해 시행되고, 이러한 추세는 더욱 확대되고 있다는 점에서 이에 대한 체계적인 이론정립이 공익사업의 효율적인 시행과 개인의 재산권의 두터운 보장이라는 상호 모순될 수 있는 이익의 실현, 즉 공익과 사익의 조화로운 실현을 위하여 매우 절실하고 중요하다. 따라서 이 글에서는 헌재결정의 내용과 문제점을 살펴보고, 민간기업에 의한 수용의 헌법상 허용조건을 제시하고자 한다.

Ⅱ. 헌재결정의 내용

1. 사건의 개요 및 심판의 대상

(1) 사건의 개요

1) 청구 외 삼성전자 주식회사는 2004. 2. 23. 아산시장에게 산업입지법 제11조 및 같은 법 시행령 제13조에 의하여 충청남도 아산시 탕정면 일원 토지에 대하여 '산업단지 지정승인 요청서'를 제출하였고, 아산시장은 2004. 4. 19. 요청서에 대한 의견서 등을 첨부하여 위 요청서를 충청남도지사에게 전달하였다. 이에 충청남도지사는 2004. 7. 31. 삼성전자를 사업시행자로 하여 아산시 탕정면 일원 토지를 '탕정 제2일반지방산업단지'로 지정 승인한 후, 2004. 8. 5. 산업입지법 제7조의3의 규정에 따라 이를 고시하였다.

2) 청구인들은 위 산업단지 내에 토지를 소유하고 있는 토지소유자들인바, 위 산업단지 내에 위치한 청구인들 소유의 토지가 위 고시에 따라 수용대상토지로 지정되었다. 삼성전자는 청구인들과 위 토지의 취득 등에 대하여 협의를 하였으나 협의가 성립되지 아니하여 충청남도지방토지수용위원회에게 재결을 신청하였고, 충청남도지방토지수용위원회는 2006. 5. 22. 위 토지 및 그 지상물에 대하여 수용재결하였다.

3) 이에 청구인들은 2006. 7. 24. 대전지방법원에 충청남도지방토지수용위원회를 상대로 이 사건 수용처분의 취소를 구하는 소를 제기하였으며(대전지방법원 2006구합2239), 위 소송계속 중 산업입지법 제11조 제1항 등이 헌법 제23조 제3항, 제37조 제2항 등에 위반되고, 산업입지법 제2조 제6호 자목이 명확성의 원칙에 반한다는 이유로 위헌법률심판제청신청(대전지방법원 2005아163)을 하였으나, 2007. 9. 19. 기각되자, 같은 해 10. 29. 이 사건 헌법소원심판을 청구하였다.

(2) 심판의 대상

이 사건 심판대상은 산업입지법 제2조 제6호 자목(이하 '이 사건 정의조항'이라 한다) 및 제22조 제1항의 '사업시행자' 부분 중 '제16조 제1항 제3호'에 관한 부분(이하 '이 사건 수용조항'이라 한다)의 위헌여부이며, 그 심판대상조항의 내용은 다음과 같다.

산업입지법(1995. 12. 29. 법률 제5111호로 개정된 것) 제2조 (정의) 이 법에서 사용하는 용어의 정의는 다음과 같다.

6. '산업단지개발사업'이라 함은 산업단지를 조성하기 위하여 시행하는 다음 각 목의 사업을 말한다.

자. 기타 가목 내지 아목의 사업에 부대되는 사업

산업입지법(2001. 1. 29. 법률 제6406호로 개정된 것) 제22조 (토지수용) ① 사업시행자(제16조 제1항 제6호의 규정에 의한 사업시행자를 제외한다. 이하 이 조에서 같다)는 산업단지개발사업에 필요한 토지·건물 또는 토지에 정착한 물건과 이에 관한 소유권외의 권리, 광업권·어업권·물의 사용에 관한 권리를 수용 또는 사용할 수 있다.

제16조 (산업단지개발사업의 시행자) ① 산업단지개발사업은 다음 각 호의 자중에서 산업단지지정권자의 지정에 의하여 산업단지개발계획에서 정하는 자가 이를 시행한다.

3. 당해 산업단지개발계획에 적합한 시설을 설치하여 입주하고자 하는 자 또는 당해 산업단지개발계획에서 적합하게 산업단지를 개발할 능력이 있다고 인정되는 자로서 대통령령이 정하는 요건에 해당하는 자

2. 결정의 요지

(1) 다수의견

1) 헌법 제23조 제3항은 정당한 보상을 전제로 하여 재산권의 수용 등에 관하여 규정하고 있지만, 재산권 수용의 주체를 한정하지 않고 있다. 위 헌법조항의 핵심은 당해 수용이 공공필요에 부합하는가, 정당한 보상이 지급되고 있는가 여부 등에 있는 것이지, 그 수용의 주체가 국가인지 민간기업인지 여부에 달려 있다고 볼 수 없다. 또한 국가 등의 공적 기관이 직접 수용의 주체가 되는 것이든 그러한 공적 기관의 최종적인 허부판단과 승인결정 하에 민간기업이 수용의 주체가 되는 것이든, 양자 사이에 공공필요에 대한 판단과 수용의 범위에 있어서 본질적인 차이를 가져올 것으로 보이지 않는다. 따라서 위 수용 등의 주체를 국가 등의 공적 기관에 한정하여 해석할 이유가 없다.

2) 이 사건 수용조항은 산업입지의 원활한 공급과 산업의 합리적 배치를 통하여 균형있는 국토개발과 지속적인 산업발전을 촉진함으로써 국민경제의 건전한 발전에 이

바지하고자 하고, 나아가 산업의 적정한 지방 분산을 촉진하고 지역경제의 활성화를 목적으로 하는 것이다. 산업입지법상 규정들은 산업단지개발사업의 시행자인 민간기업이 자신의 이윤추구에 치우친 나머지 애초 산업단지를 조성함으로써 달성하고자 한 공익목적을 해태하지 않도록 규율하고 있다는 점을 고려한다면, 이 사건 수용조항은 헌법 제23조 제3항의 '공공필요성'을 갖추고 있다.

3) 이 사건 수용조항을 통하여 사업시행자는 협의에 응하지 않는 사람들의 토지를 시가에 따라 적절히 매수할 수 있으며, 이에 따라 사업을 원활하게 진행할 수 있을 것이므로 위 수용조항은 위와 같은 입법목적의 달성에 매우 효과적인 수단임이 인정된다. 산업입지법상 사업시행자에게도 여전히 토지 등에 대한 보상에 관하여 토지소유자 및 관계인과 성실하게 협의하여야 하는 의무가 주어지고, 산업단지로 지정된 토지가 사후에 산업단지에서 제외되거나 아니면 산업단지로서의 효용을 상실하게 되면 환매권이 발생하는 점, 사업시행자는 피수용권자에게 정당한 보상을 지급해야 하는 점, 산업입지법상 수용에 이르기까지의 과정이 적법절차원칙에 따라 진행되도록 보장되는 점, 우리 법제는 구체적인 수용처분에 하자가 있을 경우 행정소송 등을 통한 실효적인 권리구제의 방안들을 마련하고 있는 점, 수용대상의 범위도 필요한 범위를 넘는다고 보이지 아니하는 점 등에 비추어 이 사건 수용조항이 피수용자의 재산권을 필요이상으로 과도하게 제한한다고 할 수 없고, 국민 경제의 건전한 발전 및 산업의 지방분산 촉진, 지역경제의 활성화 등의 공익적 중대성을 감안한다면 이 사건 수용조항이 공익과 사익간의 균형성을 도외시한 것이라고 보기도 어렵다.

4) 이 사건 수용조항은 수용에 앞서 일정한 토지취득 요건 등을 부과하는 여타의 법률들과 달리, 그러한 요건을 두지 아니한 채 전면적인 토지수용권을 인정하고 있으나, 이 사건 수용조항이 추구하고 있는 산업단지의 개발, 국가 및 지역 산업의 발전, 고용창출, 산업의 전국적 분산 및 국토의 균형발전 등의 내용에 비추어 산업입지법은 여타의 법률들과 상이한 공익적 목적과 내용을 가진다고 할 수 있고, 아울러 산업입지법에서도 사업시행자에게는 토지소유자 및 관계인과 성실하게 협의하여야 하는 의무가 주어진다는 점 등을 함께 고려한다면, 이 사건 수용조항을 두고 자의적인 차별로서 평등권을 침해하였다고 하기는 어렵다.

(2) 반대의견

민간기업이 수용의 주체가 되는 경우는 국가가 수용의 주체가 되어 그 수용의 이익을 공동체 전체의 것으로 확산시키는 역할을 자임하는 경우와 비교하여 수용의 이익이 공적으로 귀속될 것이라는 보장이 힘들다는 점에서, 그와 같은 수용이 정당화되기 위해서는 당해 수용의 공공필요성을 보장하고 수용을 통한 이익을 공공적으로 귀속시킬 수 있는 더욱 심화된 입법적 조치가 수반되어야만 한다. 이를테면, 해당 사업의 수용으로 인한 개발이익에 대하여 지속적인 환수조치를 보장한다거나 그 기업의 수용으로 인한 영업상 수익에 대한 공적 사용의 방도를 마련하고 해당 지역민들에 대한 의무적인 고용할당제를 실시한다거나 하는 조치 등을 부가함으로써 수용을 통해 맺게 된 풍성한 과실을 수용자와 피수용자를 포함한 공동체가 함께 향유하도록 제도적으로 규율하여야 하는 것이다. 이러한 법적」제도적 보완이 행하여 지지 않는 한, 이 사건 조항들에 따른 민간기업에 의한 수용은 우리 헌법상 재산권 보장의 가치와 부합되기 어렵다. 또한 부득이 이 사건 조항들에 따라 민간기업에게 수용권한을 부여할 경우라도, 수용재결에 이르기 전까지 사업시행자에게 미리 일정한 비율의 토지를 매수할 것을 법적 요건으로 규정하는 등과 같이, 사업시행자의 일방적인 의사에 의해 토지소유자의 재산권이 상실되는 것을 완화할 수 있는 여러 방도를 모색하는 일도 충분히 가능하다 할 것이나 이러한 입법적 고려가 부재한 점은 헌법상 과잉금지원칙의 정신에 부합하지 않는다.

Ⅲ. 공용침해의 전제조건

민간기업에 의한 수용의 문제와 산업입지법의 위헌 여부를 다루기 위해서 먼저 재산권의 수용·사용·제한이라고 하는 공용침해가 헌법상 어떠한 조건하에서 허용될 수 있는지를 살펴보기로 한다.

공용침해에 관한 헌법상의 근거규정인 제23조 제3항은 “공공필요에 의한 재산권의 수용·사용 또는 제한 및 그에 대한 보상은 법률로써 하되, 정당한 보상을 지급하여야 한다.”라고 규정하고 있다. 이에 따르면 공용침해는 반드시 공공필요에 의해서만(공공필요의 원칙), 보상규정이 마련된 법률(불가분조항의 원칙)에 따라(법정주의), 정당한 보상의 조건하에서만(정당보상의 원칙) 이루어질 수 있다. 따라서 공용침해는 먼저 이러한 헌법상의 기본적 전제조건을 충족시켜야 하며, 나아가 모든 공권력작용에 요구되는 법치국가적 계율인 비례의 원칙, 그리고 공공필요의 원칙으로부터 도출되는 계속적 공익실현을 위한 보장책의 부과라고 하는 추가적 전제조건을 아울러 충족시켜야 한다.[2] 여기서는 이 사건과 관련이 되는 ‘공공필요의 원칙’, ‘비례의 원칙’, ‘계속적 공익실현을 위한 보장책의 부과’라는 세 가지 전제조건에 대해서만 언급하기로 한다.

1. 공공필요의 원칙

(1) 헌법 제23조 제3항에 따라 공용침해는 오로지 공공필요에 의해서만 이루어진다. 따라서 모든 공용침해는 공공필요에 의한 일정한 공익사업의 실현을 위하여 불가피할 경우에만 허용되는 것이다. 그런데 이 공공필요의 개념은 매우 추상적이고 다의적이

2) 공용침해의 전제조건에 대하여 자세한 것은 정연주, 공용침해의 헌법상 허용조건, 연세법학연구 제3집, 1995, 455쪽 이하 참조.

며, 또한 정치·경제·사회·문화적인 제반상황 및 그 시대의 지배적인 국가정책적 목표와 밀접한 관련을 맺고 있기 때문에 이에 대한 획일적 개념정립은 거의 불가능하고, 따라서 공공필요는 그때그때의 사안에 따라 입법자에 의해 구체화되어져야 하는, 그리고 사법적 통제의 대상이 되는 법적 개념이라고 할 수 있다. 따라서 입법자는 해당 법률에서 공공필요에 의한 사업의 종류를 헌법정신에 따라 구체적으로 규정하게 된다.

결국 공공필요 개념의 구체화라고 하는 것은 어떤 경우에 사익이 양보해야 하는－재산권침해를 정당화시키는－절대적으로 우월한 공익이 존재하는가를 파악하는 작업이라고 할 수 있으며,[3] 이에 대한 헌법정신에 따른 엄격한 제한적 해석은 부당하고 자의적인 공용침해로부터 국민의 재산권을 보호하는데 기여할 수 있다고 하겠다. 왜냐하면 헌법상 재산권보장의 역할은 재산권에 징표된 금전적 가치의 보장(Wertgarantie)에서 끝나는 것이 아니고, 우선적으로 해당 재산권의 실체적 대상 그 자체의 보장(Bestandsgarantie)에 그 목적이 있는 것이기 때문에[4] 공용침해의 목적개념으로서의 공공필요라고 하는 허용조건은 보상의 확보라고 하는 소극적 의미에서보다는 위헌·부당한 재산권침해 그 자체를 미연에 방지한다는 적극적 의미에서 파악되어야 하기 때문이다.

(2) 한편 여기서 공공필요가 정치·경제·사회·문화 등 모든 영역에서 일반적으로 통용되는 넓은 의미의 공익과 일치되는 개념이냐 하는 문제가 제기될 수 있는데, 국가적으로 또는 경제·사회적으로 중요하다고 간주되는 모든 공익사업이 공용침해의 전제조건으로서의 공공필요에 해당된다고는 볼 수 없다.[5] 왜냐하면 공공필요의 개념을 이처럼 광범위하고 추상적으로 이해할 경우 국가 등에 의하여 수행되는 모든 사업의 실시를 위하여 공용침해가 무제한적으로 허용될 것이며, 결국 공용침해제도는 국가 등에 의한 국민의 재산권획득을 용이하게 해주는 부당한 도구로 전락되고 국민의 재산권보장은 형해화되어 질 것이기 때문이다. 따라서 공공필요의 개념은 단순한 넓은 의미의 추상적인 공익의 개념과는 달리 국민의 생존배려 등에서와 같은 매우 우월하고 긴절한 그리고 구체적인 제한된 의미로 이해되어야 할 것이다.[6] 그러므로 단순하고 추상적인 국가의 재정적 확충과 국고의 증진, 또는 경제의 성장이나 지역발전 등은 비록 이러한 재정적 강화나 경제성장 등을 통해 결과적으로 국가의 공적 과제의 수행이 용이해지고 국민의 납세부담이 줄어든다 하더라도 이러한 제한된 의미의 공공필요에 해당된다고 볼 수 없으며, 이를 위한 공공침해는 허용될 수 없다고 하겠다.[7] 또한 단순한

3) Vgl. Schwerdtfeger, Die dogmatische Struktur der Eigentumsgarantie, S. 33; Schnur, Gemeinwohl und öffentliche Interessen in den Verfassungen und den Gesetzen des sozialen Rechtsstaates, in: Wohl der Allgemeinheit und öffentliche Interessen, Schriftreihe der Hochschule Speyer, Bd. 39, 1968, S. 69.

4) BVerfGE 58, 300(323).

5) Vgl. BVerfGE 56, 249(274).

6) Vgl. Schulte, Eigentum und öffentliches Interesse, S. 87ff.; Kimminich, Eigentum-Enteignung-Entschädigung, Rdnr. 273; Papier, in: Maunz/Dürig, Grundgesetz Kommentar, Art. 14, Rdnr. 505.

7) BVerfGE 56, 249(279); 66, 248(257).

국유 또는 공유재산의 확충을 위한 공공침해도 같은 이유에서 허용될 수 없는 것이다. 공용침해는 국가의 재정증진이나 세제보완, 또는 경제성장 등을 위한 수단은 결코 아니며, 이는 조세증액 등 다른 방법으로 해결되어야 할 것이다.[8)]

결국 국가 등에 의하여 경제·사회적으로 중요하고 유익한 것으로 간주되는 모든 사업이나 계획이 공공필요에 해당되는 것은 아니고, 따라서 그를 위한 공용침해가 모두 정당화되는 것은 아니다. 만일 그렇지 않다면 앞서도 언급한 바와 같이 국가 등 공권력주체에 의한 모든 사업과 과제 수행을 위하여 공용침해가 허용될 것이며, 이는 결과적으로 공용침해의 헌법상 허용조건으로서의 공공필요의 원칙과 공용침해제도의 재산권보장기능을 형해화시킬 것이다. 따라서 공용침해를 허용하는 공익개념은 매우 구체적이고 긴절한 의미로 이해되어야 한다.

2. 비례의 원칙

공용침해 역시 공권력작용의 일종으로서 비례의 원칙을 준수하여야 함은 물론이다. 따라서 공용침해는 공공필요에 의한 일정한 사업, 즉 공익사업의 실현을 위해 적합한 수단이어야 할 뿐만 아니라, 그를 위해 불가피하게 요구되어야 한다. 다시 말해 공용침해는 공익사업의 실현을 위한 최후의 수단으로서만 고려되어야 한다. 따라서 만일 해당 공익사업이 다른 방법을 통해서도 실현될 수 있다면 이를 위한 공용침해는 허용될 수 없는 것이다.[9)] 예컨대 당해 재산권이 사법상의 매매행위나 협의 등을 통해 획득될 수 있거나, 또는 그 해당 사업이 국가나 공공단체에게 속해 있는 다른 재산권을 통해서도 실현될 수 있는 경우가 이에 해당된다.

또한 이러한 비례의 원칙은 공용침해의 방법과 정도에 있어서도 적용된다. 따라서 소기의 목적달성을 위해 가능한 여러 수단 중에서 재산권자를 최소한도로 침해하는 수단만이 선택되어야 한다.[10)] 이에 따라 완전한 재산권의 박탈을 의미하는 공용수용은 장기간 계속되는 공익사업을 위해서만 허용될 수 있으며, 일정한 공익사업이 재산권의 단순한 사용 또는 제한을 통해서도 실현될 수 있다면 재산권자에게 보다 큰 침해를 의미하는 협의의 공용수용은 허용될 수 없다고 하겠다.[11)] 아울러 재산권에 대한 침해의 정도는 사업시행을 위해 필요한 최소한도를 넘어서는 안된다. 따라서 사업수행을 위해 재산권의 일부분만이 필요한 경우 그 해당 부분에 대해서만 공용침해가 이루어져야 한다.

끝으로 비례의 원칙은 공용침해에 있어서 목적과 수단이 비례적일 것을 요구한다. 즉 공용침해를 통해 실현되는 공익이 침해된 재산적 손실보다 우월해야만 그 공용침

8) Vgl. Weber, Eigentum und Enteignung, Die Grundrechte, Bd. 2, S. 392.

9) BVerfGE 45, 297(322).

10) Vgl. Lerche, Übermaß und Verfassungsrecht, 1961, S. 19.

11) BVerfGE 24, 367(407); 38, 175(180).

해가 허용될 수 있는 것이다.[12] 이를 위해 공용침해 허용여부의 결정과정에 있어서 그 공용침해와 관련된 모든 사익과 공익의 총체적 비교형량이 이루어져야 한다.[13] 이 과정에서는 공용침해의 목적으로서의 공익뿐만 아니라, 이를 통해 상실되는 공익－예컨대 공익사업의 실현을 통해 필연적으로 야기되는 환경오염－또한 고려되어야 한다. 따라서 공용침해를 통해 실현되는 공익은 그를 통해 상실되는 모든 사익과 공익의 총체보다 우월해야만 비로소 이를 위한 공용침해가 정당화될 수 있는 것이다.[14]

3. 계속적 공익실현을 위한 보장책

(1) 공익사업시행자에 대한 공법적 기속과 통제

1) 계속적 공익실현을 위한 보장책의 필요성

위에서 언급했듯이 공용침해는 공공필요에 의해서만 허용된다. 그런데 이러한 공공필요의 원칙은 논리필연적으로 공용침해를 통해서 실현되는 공익사업이 공용침해 이후에도 항구적으로 또는 적어도 사안에 부합하는 일정 기간 동안 계속해서 원활히 수행되어질 것을 당연히 요구한다. 왜냐하면 공용침해는 공익사업의 주체가 공적과제를 수임하고 수행할 것을 의도했다는 이유만으로 허용되는 것은 아니고, 실제로 공익사업의 주체가 그 해당 공적과제를 계속해서 수행할 것을 전제로 해서 허용되어지는 것이기 때문이다. 그런데 공익사업의 주체가 공익사업의 실현을 해태하거나 포기하고, 이에 따라 공용침해의 궁극적 목적이자 정당화사유인 공익의 계속적 실현이 이루어질 수 없는 가능성은 항상 존재하고 있다. 따라서 공공필요의 원칙은 공익사업의 계속적 수행을 위한 보장책, 즉 공용침해된 재산권을 통한 계속적인 공익추구를 보장하는 특별한 법적·제도적 장치도 아울러 요구하고 있는 것이다.

2) 보장책에 대한 헌법적 요청

이러한 계속적 공익실현을 위한 보장책에 대한 요청은 헌법 제23조 제3항으로부터 직접 도출된다. 왜냐하면 앞서 언급한 바와 같이 이 헌법규정은 공용침해에 있어서 그 침해된 재산권이 항구적으로 또는 적어도 사안에 부합하는 일정 기간 동안 공익사업에 공여될 것을 논리필연적으로 요구하고 있으며, 따라서 침해된 재산권을 통한 공적과제 내지 공익사업의 계속적 수행을 위하여 공익사업의 주체를 기속시킬 법적 보장책이 마련되어 있을 것을 당연히 요구하고 있기 때문이다. 즉 이러한 법적 안전장치를 통해 해당 공익사업을 통한 계속적 공익실현이 보장되어 있을 때에 비로소 그 공용침

12) Vgl. Weber, aaO, S. 383.
13) Breuer, DVBl 1981, S. 974.
14) Vgl. v. Brünnek, Das Wohl der Allgemeinheit als Voraussetzung der Enteignung, NVwZ 1986, S. 429.

해는 '공공필요에 의한' 공용침해로서 헌법상 정당화되어질 수 있는 것이며, 재산권자에게 해당 공용침해에 대한 수인의무가 발생하는 것이다.[15)]

그러므로 공용침해의 경우 당해 행정청은 공용침해의 결정시 반드시 이러한 계속적 공익실현을 담보하는 보장책을 마련해야 하고, 이러한 보장책이 강구된 연후에야 비로소 그 공용침해는 헌법상 정당화되어질 수 있는 것이다.[16)] 반면에 이러한 보장책이 마련되어 있지 않고, 따라서 공용침해의 주체가 공익사업의 계속적 수행을 위한 어떠한 공적 기속도 받지 않는다면 계속적 공익실현은 보장되지 않은 것이며, 이는 헌법 제23조 제3항의 공공필요의 원칙에 정면으로 위배되는 것이다.

따라서 공용침해의 경우 계속적 공익실현을 위한 법적·제도적 보장책이 마련되지 않는다면 헌법 제23조 제3항은 그 존재의의를 상실할 것이고, 헌법상의 재산권보장제도 내지 사유재산제도는 형해화되어 질 것이며, 결국 공용침해제도는 자의적인 재산권 이전을 용이하게 하기 위한 부당한 헌법제도로 전락하게 될 것이다.[17)]

3) 보장책에 대한 법률에의 유보

입법자는 해당 공용침해 근거법률에서 이러한 보장책에 관한 규정, 즉 사안에 적합한 구체적인 보장책 그 자체 또는 이를 위한 일반적 개괄조항의 형식을 띤 법적 근거를 마련해야 한다. 이러한 보장책에 대한 법률유보의 원칙은 헌법 제23조 제3항에서 직접 도출된다고 할 수 있다. 즉 이 헌법규정은 앞서 언급한 바와 같이 공용침해된 재산권을 통한 해당 공익사업의 계속적인 수행을 요구할 뿐만 아니라, 특히 헌법 제23조 제3항이 "공공필요에 의한 재산권의 수용·사용 또는 제한 및 그에 대한 보상은 '법률로써' 하되 …"라고 규정함으로써 계속적 공익실현을 위한 구체적인 보장책 그 자체 또는 이에 대한 근거가 공용침해법률에 함께 규정되어 있을 것을 해석상 당연히 요구하고 있는 것이다.[18)]

한편 이러한 보장책이 근거 법률에 마련되어 있어야 한다는 논리는 법률유보의 원칙, 특히 이른바 본질성이론의 측면에서도 정당화된다고 하겠다. 이에 따르면 입법자는 근본적인 규범사항에 있어서, 특히 기본권의 행사와 제한의 영역에 있어서는 모든 본질적인 사항을 스스로 결정해야 한다는 것인데, 두말할 것도 없이 공용침해는 국민의 재산권에 대한 근본적이고 본질적인 침해를 의미한다. 따라서 이러한 본질성이론은 공용침해의 경우에도 그대로 적용되어야 하고,[19)] 따라서 이 원칙은 일반적으로 언급되

15) Vgl. Schmidbauer, Enteignung zugunsten Privater, S. 196.

16) Vgl. Papier, Anmerkung zum Urteil v. 24.3.1987 des BVerfGE, JZ 1987, S. 620; Zimmer, Flurbereinigung aus städtebaulichen Gründen und privatnützige Enteignung, DÖV 1986, S. 1009.

17) Vgl. Stummer, Die öffentliche Zweckbindung der enteignten Sache, S. 19.

18) Vgl. BVerfGE 74, 264(296).

19) Vgl. Bryde, Grundgesetz Kommentar, Art. 14, Rdnr. 74; Korbmacher, Eigentums- und entschädigungsrechtlich bedeutsame Enteignung in der fachplanerischen Abwägung, DÖV 1982, S. 524f.

는 공용침해의 허용을 위한 전제조건, 예컨대 공용침해의 목적으로서의 공익사업의 종류나 보상 문제 뿐 아니라 계속적 공익실현을 확보하기 위한 보장책에 대한 문제에도 적용되어야 할 것이다. 왜냐하면 이러한 보장책의 존재여부 역시 공용침해에 있어서 본질적 사항의 영역에 속한다고 할 수 있기 때문이다.

물론 이러한 보장책의 부과는 한편에서는 공용침해의 주체나 객체의 기본권에 대한 어떠한 새로운 침해를 의미하는 것은 아니며, 이는 단순히 침해된 재산권을 통한 공용침해의 목적의 계속적 실현을 보장하는 기능만을 가진다고 할 수 있다. 그러나 다른 한편에서는 이러한 보장책이 부과되어 있지 아니한 공용침해는 해당 재산권자의 기본권에 대한 위헌적 침해를 의미한다고 할 수 있다. 왜냐하면 앞서 언급한 바와 같이 계속적 공익실현을 보장하는 법적·제도적 안전장치가 부과되지 아니한 경우에는 공용침해의 목적인 계속적인 공익의 실현은 보장될 수 없고, 이는 오로지 계속적 공익실현의 전제조건하에서만 재산권에 대한 침해를 수인하도록 요구받는 재산권자에 대한 위헌적 침해를 의미하기 때문이다. 그러므로 이러한 보장책의 부과문제는 국민의 기본권의 제한 및 행사의 본질적 영역에 속하는 사항이며, 따라서 입법자는 이 문제를 당해 행정청에게 일임할 수는 없고 반드시 스스로 결정해야 할 것이다.[20]

물론 이것이 고려될 수 있는 모든 보장수단이 해당 공용침해법률에 구체적이고 최종적으로 규정되어 있어야 한다는 것을 의미하는 것은 아니고, 오히려 그때그때의 구체적 사안에 적합한 보장책에 대한 선택권은 해당 행정청에게 유보되어 있는 것이 바람직하다고 하겠다. 그러나 이처럼 구체적인 보장책을 선택하는 것은 당해 행정청에게 유보될 수 있지만 보장책을 부과하느냐 않느냐의 근본문제는 행정청의 재량에 속하는 것은 아니고, 어떤 경우라도 당해 행정청은 구체적 사안에 적합한 보장책을 마련해야 하는 것이다.

결국 우리 헌법 제23조 제3항의 규정으로부터 계속적 공익실현을 위한 보장책의 필요성과 이러한 보장책을 부과해야 할 해당 행정청의 의무뿐만 아니라 이러한 보장책에 대한 법적 근거를 마련해야 할 입법자의 의무도 아울러 도출된다고 할 수 있고, 따라서 이러한 보장책에 대한 규정이 마련되어 있지 아니한 공용침해법률은 위헌이라고 아니할 수 없다.

4) 보장책의 효율성과 유연성

한편 이러한 보장책이 해당 법률에 규정되어 있어야 한다고 하는 헌법적 요청은 사안에 따른 적합한 보장책이 해당 법률에 더 이상의 구체화가 필요 없이 상세히 그리고 최종적으로 규정되어야 할 것을 요구하는 것은 아니다. 이러한 극히 제한적인 견해는 공익사업의 원활한 실현을 확보하기 위한 효율성의 측면에서나 입법기술상의 측면에

20) Vgl. Gramlich, Privatbegünstigende Enteignung als Verfassungsprobleme, JZ 1986, S. 276.

서 받아들이기 어렵다고 하겠다.21) 따라서 이러한 보장책은 직접 법률규정 그 자체에 의하여 부과될 수도 있고, 법률의 일반적 개괄조항에 근거한 법규명령이나 자치법규, 행정행위, 행정행위의 부관 또는 공법상 계약 등을 통해서 부과될 수도 있을 것이다.22) 그때그때의 구체적인 정치·경제·사회·문화적 상황과 밀접한 관련을 맺고 있는 공공필요 개념의 다양성과 가변성 및 포괄성에 비추어 볼 때 동적인 행정행위나 행정행위의 부관 또는 공법상 계약이 오히려 정적인 법률 내지 법규범을 통한 직접적인 보장책에 비하여 구체적인 사안에 보다 적합하고 효율적인 수단이 될 수 있다고 하겠다.23)

아울러 공익사업의 주체에게 공익사업과 관련된 여러 가지 여건과 상황의 변화에 적합하게 적응할 수 있는 내용과 수단의 보장책이 부과되어야 할 것이다. 예컨대 부과된 보장책이 공익사업과 관련된 경제적 상황의 변화나 기술적 발전추세에 오히려 장애가 되거나 역행되는 일은 없어야 할 것이다. 따라서 당해 행정청은 공용침해처분의 결정시 계속적 공익실현을 담보하는 보장책을 부과하는데 있어서 공익사업과 관련된 제반상황의 변화에 맞추어 보장책의 구체적 내용과 수단도 완화, 강화 또는 변경될 수 있는 가능성을 지닌 유연한 보장책을 부과해야 할 것이고, 입법자도 당해 행정청에 의한 가변적이고 유연한 보장책의 부과를 가능하게 해주는 적절한 법적인 테두리를 마련해야 할 것이다.24)

한편 이러한 보장책의 수단과 내용의 강도와 엄격성은 공용침해의 주체가 해당 공익사업의 수행을 해태하거나 포기할 위험성 내지 가능성의 정도와 비례해야 할 것이며,25) 이는 비례의 원칙에도 부합하는 견해라 할 것이다. 왜냐하면 공용침해의 주체에 대한 보장책의 부과는 계속적 공익실현을 확보하기 위하여 그 공익사업의 주체에게 일정한 작위·부작위·급부·수인 등의 의무를 부과하는 일종의 행정수단이라고 할 수 있고, 따라서 이러한 행정수단은 원활하고 계속적인 공익실현이라고 하는 소기의 행정목적의 달성에 적합하고 필요한 최소한의 것이어야 하며, 따라서 목적과 수단 사이에 비례성이 유지되어야 하기 때문이다. 결국 공용침해의 주체에 의한 해당 공익의 계속적인 원활한 실현의 가능성이 적으면 적을수록 부과되는 보장책의 구체적 내용과 수단의 강도와 엄격성은 이에 비례하여 더욱 강화되어야 할 것이다.

5) 보장책에 대한 사법적 통제

누차 강조한 바와 같이 공용침해의 경우 공용침해의 목적인 해당 공익사업을 통한 공익의 원활한 계속적 실현을 담보하는 적절한 보장책이 존재해야 하며, 이때에 비로

---

21) Vgl. Papier, JZ 1987, S. 620.

22) Vgl. Sellmann, Die gemeinnützige Planfeststellung zugunsten Privater, DVBl 1987, S. 226.

23) Vgl. Papier, JZ 1987, S. 620.

24) Vgl. Schmidbauer, aaO, S, 207.

25) Vgl. Schmidbauer, aaO, S. 207ff.

소 공용침해는 허용될 수 있는 것이다. 그러므로 보장책의 존재여부는 공용침해의 전제조건의 하나인 공공필요의 원칙의 충족여부를 판단하는 기준의 일부를 구성한다고 할 것이다. 따라서 보장책의 문제는 사법적 통제와 심사의 대상이 되어야 하는 것이다.[26] 사법적 통제와 심사는 보장책의 구체적 수단·내용·기간·유연성·효율성 등 보장책에 대한 제반사항에 미친다고 할 것이다.

한편 이러한 법적·제도적 보장책은 당해 행정청이 공용침해 처분을 결정할 당시 이미 존재하고 있어야 하며, 따라서 이러한 보장책의 존재여부는 공용침해의 또 다른 허용조건이라고 할 수 있다.[27] 그리고 보장책의 존재여부나 그 구체적 내용 등 보장책에 관한 사항은 피침해자인 재산권자에게 고지 내지 공개되어야 할 것이다. 왜냐하면 그래야만이 공용침해의 상대방인 재산권자가 당해 공용침해의 전제조건의 충족여부, 즉 공용침해의 정당성 여부를 판단할 수 있기 때문이다.[28]

만일 공용침해의 경우 이러한 보장책이 전혀 존재하지 아니하거나 부과된 보장책의 종류와 내용 등이 해당 공익사업의 계속적 수행을 확보하는데 현저히 부적합하다고 할 경우에는 공용침해 자체가 헌법 제23조 제3항에서 규정하고 있는 공공필요의 원칙을 충족시켰다고 볼 수 없고, 따라서 이러한 공용침해는 헌법 제23조 제1항 제1문에 따른 피침해자의－존속보장을 핵심으로 하는－재산권을 위헌적으로 침해한 것이라고 할 수 있다.

(2) 환매권

1) 환매권의 의의

이러한 공익사업의 계속적 수행을 확보하기 위한 보장수단의 일종으로 환매권을 들 수 있다.[29] 「공익사업을 위한 토지 등의 취득 및 보상에 관한 법률」(이하 '공토법'이라 함) 제91조 제1항은 "토지의 협의취득일 또는 수용의 개시일부터 10년 이내에 당해 사업의 폐지·변경 그 밖의 사유로 인하여 취득한 토지의 전부 또는 일부가 필요 없게 된 경우 취득일 당시의 토지소유자 또는 그 포괄승계인은 당해 토지의 전부 또는 일부가 필요 없게 된 때부터 1년 또는 그 취득일부터 10년 이내에 당해 토지에 대하여 지급받은 보상금에 상당한 금액을 사업시행자에게 지급하고 그 토지를 환매할 수 있다." 라고 규정하고 있고, 제2항은 "제1항의 규정은 취득일부터 5년 이내에 취득한 토지의 전부를 당해 사업에 이용하지 아니한 때에 이를 준용하되, 이 경우 환매권은 취득일부

---

26) Vgl. Schmidbauer, aaO, S. 281.

27) Vgl. BVerfGE 74, 264(296); Zimmer, DÖV 1986, S. 1009; Papier, JZ 1987, S. 620.

28) Vgl. Bullinger, Der Staat 1, S. 477.

29) 환매권제도의 의의와 내용 및 문제점에 대하여 자세한 것은 정연주, 환매권, 헌법판례연구(4), 2002. 11, 박영사, 163쪽 이하 참조.

터 6년 이내에 이를 행사하여야 한다."라고 규정함으로써 수용된 토지가 공익사업에 본래의 목적대로 기여되지 아니할 때 환매권자는 그 토지를 환매할 수 있도록 하고 있다. 앞서 언급한 바와 같이 헌법 제23조 제3항에 따른 공공필요의 원칙은 침해된 재산권을 통해 공용침해의 목적인 공익사업의 실현이 공용침해의 시점 이후에도 항구적으로 또는 적어도 사안에 부합하는 일정기간동안 계속해서 이루어질 것을 요구하기 때문에 만일 공용침해 이후 공익사업의 폐지 등으로 이러한 전제조건이 충족될 수 없다면 침해된 해당 재산권은 당연히 원소유자 등에게 반환되어져야 할 것이다. 따라서 환매권제도는 토지소유자 등의 재산권 보장적 기능과 공익사업의 계속적 수행을 담보하는 보장책으로서의 기능을 가진다고 할 수 있다.

2) 환매권의 특성과 문제점

가. 환매권자의 자격과 관련하여

이러한 환매권제도는 독일의 연방건설법(Baugesetzbuch) 제102조에서 규정하고 있는 재수용제도(Rückenteignung)[30]와 비교해 볼 때 그 행사절차에 있어서는 차이가 있지만 그 기능과 목적에 있어서는 유사하다고 볼 수 있다. 왜냐하면 재수용제도에 따르면 원재산권자는 공용침해된 토지가 본래의 정해진 기간내에 공용침해의 목적인 공익사업에 공여되지 아니하거나 그 기간의 경과전에 공익사업이 폐지된 경우에 그 해당 토지를 자신을 위해 재수용할 것을 요구할 수 있기 때문이다.[31]

그런데 독일 연방건설법상의 재수용제도에 있어서는 침해된 토지의 원소유자나 그의 포괄승계인 뿐 아니라[32], 공용침해를 통해 상실된 토지상의 소유권 이외의 권리[33] -예컨대 지상권이나 지역권 등의 물권-에 대한 재산권자도-원소유자가 연방건설법 제102조 제1항에 따른 재수용신청권을 행사하느냐의 여부에 관계없이[34]-재수용신청권을 행사할 수 있는데 반하여, 환매권은 오직 토지의 소유권만을 대상으로 원소유자나 그의 포괄승계인만이 행사할 수 있으며 해당 토지상의 소유권 이외의 권리에 대한 재산권자는 행사할 수 없도록 되어 있다. 이와 관련하여 일부 국내문헌[35]에는 이러한

---

30) 독일 연방건설법상의 재수용제도에 관하여는 Jung, Das deutsche und das koreanische Enteignungsinstitut, S. 116ff.

31) 환매권제도는 독일 연방건설법상의 재수용제도와 후술하는 바와 같이 여러 가지 면에서 차이가 있지만 그 기능면에서는 유사하다고 할 수 있다. 왜냐하면 양제도가 공통적으로 제재적 기능과 예방적 기능을 가지고 있기 때문이다. 즉 양제도는 일정한 기간의 경과 이후-당해 재산권을 통한 공익실현이라는-소기의 목적이 달성되지 아니한 공용침해를 청산하고 침해된 재산권을 원상회복시킨다는 점에서 제재적(repressiv)으로 기능한다. 아울러 양제도는 일반적으로 지리한 공용침해절차를 거쳐서 어렵게 획득한 재산권을 다시 상실하지 않도록 하기 위하여 기업자로 하여금 공용침해의 본래의 목적인-해당 재산권을 통한-공익사업을 성실히 수행하도록 심리적 압박을 가한다는 점에서 예방적으로(präventiv) 기능한다고 할 수 있다.

32) Vgl. §102 Abs. 1 BauGB.

33) Vgl. §102 Abs. 5 BauGB.

34) Vgl. Battis, in: Battis/Krautzberger/Löhr, Baugesetzbuch, §102 Rdnr. 3.

제한이 환매권제도가 본래 토지수용을 통해 침해된 원소유자의 감정을 치유할 목적으로 인정된다는 사실에 기인한다고 하는 견해가 있다. 이에 따르면 침해된 감정의 정도 면에서 원소유자와 비교될 수 없는 기타의 권리자에게는 이러한 환매권을 인정할 필요가 없다는 것이다.

이러한 견해가 환매권에 대한 헌법적 근거를 간과한 그릇된 견해라고 하는 것은 다언을 요하지 아니할 것이다. 앞서 언급한 바와 같이 공용침해의 목적인 공익사업 자체가 실현되지 않거나 이러한 공익사업에 침해된 재산권이 전혀 공여되지 않는다면 헌법 제23조 제3항으로부터 도출되는 공용침해의 전제조건인 공공필요의 원칙은 충족되어진 것이 아니며, 따라서 침해된 재산권자는 직접 헌법 제23조 제1항 제1문에서 규정하고 있는 재산권의 존속보장에 근거하여 그리고 이에 대한 관련 법률의 규정 유무에 관계없이 해당 재산권에 대한 원상회복을 요구할 수 있는 것이다. 이러한 재산권에 대한 존속보장은 침해된 토지의 원소유자나 그의 포괄승계인 뿐 아니라 그 토지상의 소유권 이외의 권리에 대한 재산권자에게도 동일하게 인정되어야 하는 것은 당연하다 할 것이다.[36] 그러므로 해당 토지에 대한 소유권 이외의 권리에 대한 재산권자나 그의 승계인도 해당 토지의 원소유자나 그의 포괄승계인이 환매권을 행사하느냐의 여부에 관계없이 환매권(실제적 내용은 소유권 이외의 권리의 재설정권이 될 것이다)을 행사할 수 있도록 개정되어야 할 것이다. 그렇게 되면 그 재산권자는 공익사업에 공여되지 아니한 토지－그 현재의 소유자가 누구냐에 관계없이－위에 소유권 이외의 본래의 재산권을 설정시킬 수 있을 것이다.

나. 환매권의 행사 및 분쟁해결방법과 관련하여

한편 독일 연방건설법에 따른 재수용제도는 그 신청서가 당해 행정청에게 제출되어야 하는 등[37] 제반 행사절차가 관할 행정청에서 진행되고 이루어지는 반면, 환매권은 관할 행정청의 개입이나 협조 없이 오로지 환매권자 자신에 의해서만 행사되어진다. 따라서 환매권행사의 상대방인 기업자가 환매권행사의 요건이 충족되어 있지 아니하다는 등의 이유로 해당 토지의 반환을 거부할 경우에는 환매권자와 기업자간의 당사자소송으로서 해결할 수밖에 없을 것이다. 그러나 이러한 방법은 효과적이고 구속력 있는 환매권의 행사와 실현을 담보하기 어렵다고 할 것이다. 따라서 토지수용위원회 등 행정청에서(또는 행정청의 주관하에) 환매절차가 이루어지도록 개정되어야 할 것이다.

물론 재수용제도의 경우에는 토지 등의 원상회복이 문자 그대로 수용의 형식으로 진행되기 때문에 그 신청 등 제반절차가 행정청에서 이루어지고, 환매권의 경우에는

35) 예컨대 김원주, 고시계 1987. 9, 52쪽 이하; 이상규, 신행정법론(하) 1990, 616쪽 이하; 박윤흔, 최신행정법강의(하), 2001, 630쪽.

36) Vgl. Battis, aaO, §102 Rdnr. 3.

37) Vgl. §102 Abs. 3 S. 1 BauGB.

매매의 형식으로 진행되기 때문에 행정청이 아닌 환매권자와 사업시행자라고 하는 당사자간에 이루어지기 때문에 행정청이 개입하지 않는 것은 당연하다고 볼 수도 있다. 그러나 양 제도 공히 마찬가지로 원래 공익사업이라는 공적 목적을 위해 토지가 수용되었고, 그 후 본래의 목적이 달성될 수 없거나 그러한 목적에 당해 토지가 공여되지 않기 때문에 헌법상 당연히 원소유자 등에게 본래의 재산권이 회복되어야 하는 것이며, 또한 이러한 모든 법적 관계가 공법상의 법률관계라는 점에서 양 제도는 본질에 있어서 같다고 볼 수 있으며, 본래의 원인행위인 토지의 수용 등이 재결청 등의 행정청에 의하여 이루어지는 행정행위라는 점에서 이를 원상회복시키는 행위도 행정청에서 행정행위로 이루어지는 것이 논리적이고 보다 효과적－특히 재산권자의 입장에서－이라고 볼 수 있을 것이다.

한편 환매권의 법적 성격 및 환매권에 관한 분쟁해결방법과 관련하여 헌법재판소는 1994. 2. 24. 92헌마283 환매거부 위헌확인 사건에서 “청구인들이 주장하는 환매권의 행사는 그것이 특례법 제9조에 의한 것이든, 수용법 제71조에 의한 것이든, 환매권자의 일방적 의사표시만으로 성립하는 것이지, 상대방인 사업시행자 또는 기업자의 동의를 얻어야 하거나 그 의사 여하에 따라 그 효과가 좌우되는 것은 아니다. 따라서 이 사건의 경우 피청구인이 설사 청구인들의 환매권행사를 부인하는 어떤 의사표시를 하였더라도, 이는 환매권의 발생 여부 또는 그 행사의 가부에 관한 사법관계의 다툼을 둘러싸고 사전에 피청구인의 의견을 밝히고, 그 다툼의 연장인 민사소송절차에서 상대방의 주장을 부인한 것에 불과하므로, 그것을 가리켜 헌법소원심판의 대상이 되는 공권력의 행사라고 볼 수는 없다.”라고 함으로써 환매권을 사권의 일종으로 보고 이에 대한 다툼은 민사소송에 의하는 것으로 판시하고 있으며,[38] 대법원도 1992. 4. 24. 92다4673판결에서 “징발재산정리에관한특별조치법 제20조 소정의 환매권은 일종의 형성권으로서 그 존속기간은 제척기간으로 보아야 할 것이며, 위 환매권은 재판상이든 재판외이든 그 기간 내에 행사하면 이로써 매매의 효력이 생기고, 위 매매는 같은 조 제1항에 적힌 환매권자와 국가간의 사법상의 매매라 할 것이다.”라고 함으로써 역시 환매권이 사권이라는 전제하에 이에 관한 분쟁은 민사소송에 의하는 것으로 보고 있다.

그러나 첫째, 환매권은 근원적으로는 공공필요에 의한 토지수용이라는 공법상의 원인에 의하여 야기된 것이고, 둘째, 환매권에 관한 법률관계의 한쪽 당사자는 필연적으로 기업자인 국가·지방자치단체·공무수탁사인 등의 실질적·기능적 의미의 행정주체 내지 공권력주체일 수밖에 없고, 셋째, 환매에 응할 의무 역시 반드시 실질적·기능적 의미의 행정주체 내지 공권력주체로서의 기업자에게 귀속되며, 넷째, 환매권의 근거는 헌법 제23조 제1항과 공법인 토지수용법 내지 공토법이라는 측면에 비추어 볼 때 환매권은 당연히 공권이고, 이에 대한 법적 분쟁은 행정소송의 일종인 당사자소송으로

38) 헌재 1994. 2. 24. 92헌마283, 판례집 6-1, 107, 114.

해결해야 할 것이다. 따라서 이러한 점을 간과한 헌법재판소와 대법원의 견해는 그릇된 것이며, 만일 그렇지 않다면 환매권의 근거인 공토법은 공법이 아닌 사법의 일종이라는 모순에 빠지게 될 것이다.

다. 공익사업변경에 따른 환매권행사의 제한과 관련하여

한편 공토법 제91조 제6항 제91조 제6항은 "국가, 지방자치단체 또는 「공공기관의 운영에 관한 법률」 제4조에 따른 공공기관 중 대통령령으로 정하는 공공기관이 사업인정을 받아 공익사업에 필요한 토지를 협의취득하거나 수용한 후 해당 공익사업이 제4조 제1호부터 제5호까지에 규정된 다른 공익사업으로 변경된 경우 제1항 및 제2항에 따른 환매권 행사기간은 관보에 해당 공익사업의 변경을 고시한 날부터 기산한다." 라고 규정함으로써 이 경우 원래의 공익사업의 폐지·변경 등을 이유로 원소유자가 환매권을 행사할 수 없도록 제한하고 있다.[39]

이와 관련하여 헌재는 1997. 6. 26. 96헌바94, 토지수용법 제71조 제7항 위헌소원 사건에서[40] "공공복리를 위한 공익사업의 시행과정에서 이미 수용되어 있는 토지에 대하여 당초의 사업이 폐지·변경되었다는 사유만으로 다른 공익사업을 위한 필요에도 불구하고 예외 없이 일률적으로 원소유자 등에게 당해 토지를 반환하게 한 후 다시 재수용절차를 밟도록 한다는 것은 공익의 관점에서 볼 때 과도한 시간과 노력 및 비용의 낭비이며 원활한 사업시행에 장애가 되는 것이다. 따라서 공공복리를 위하여 필요한 경우 예외적으로 공익사업의 변경을 인정하고 환매권행사를 제한함으로써 공익사업의 원활한 시행을 확보하여 줄 필요가 있는 것이며, 그러한 점에서 이 사건 심판대상조항의 입법목적은 정당하다 할 것이다."[41]라고 판시했다.

그러나 이러한 주장은 공익사업의 원활한 시행의 확보라는 행정편의만을 중시한 일방적인 견해로서 받아들이기 어렵다. 왜냐하면 국가공권력에 대한 통제와 국민의 재산권보장을 위해서는 반대의견도 지적하고 있듯이 새로운 공익사업 및 그의 실현을 위한 토지의 긴절한 필요성 등에 대한 심사절차와 해당 토지의 전용결정에 대한 불복절차 등의 적법절차가 마련되어야 하기 때문이다. 만일 그렇지 않다면 국가·지방자치단체 등의 공익사업의 주체는 본래의 공익사업을 언제든지 다른 공익사업으로 변경시킴으로써 당해 토지를 계속해서 보유하고자 할 것이며, 결국 환매권제도는 형해화될 것이다. 이는 더 나아가서 공익실현을 위한 최소한의 침해와 공용침해와 관련된 공익과 사익의 총체적인 정당한 비교형량을 요구하는 비례의 원칙에도 위배된다고 하겠다. 왜냐하면 공토법 제91조 제6항에 따르면 국가·지방자치단체 등의 기업자가 본래의 공익

---

39) 참고로 독일연방건설법 제102조에 따른 재수용제도에는 사업주체의 변경에 따른 재수용신청에 대한 제한은 있으나, 우리의 환매권제도에 있어서와 같은 사업내용의 변경에 따른 제한은 없다.

40) 헌재 1997. 6. 26. 96헌바94, 판례집 9-1, 631.

41) 헌재 1997. 6. 26. 96헌바94, 판례집 9-1, 631, 641-642.

사업을 다른 공익사업으로 변경할 때 절차상 공익사업을 위해 필요한 토지의 범위, 위치, 적합성, 필요성, 달성되는 공익과 상실되는 사익과의 형량 등과 관련하여 비례의 원칙의 준수여부가 전혀 심사되어지지 아니하기 때문이다.

더욱이 이 조항을 종전의 수용토지에 대하여 여러 차례 계속해서 적용한다면 위에서 언급한 바와 같이 재수용의 적법절차가 없으므로, 수용토지의 원소유자들은 환매권을 취득할 기회를 영원히 상실하게 되는 결과가 초래될 것이며, 이 또한 환매권제도를 무력화시킬 것이다. 따라서 공토법 제91조 제6항은 환매권의 단순한 제한이 아니라, 수용된 토지를 공익사업에 사용하지 아니하거나 그 기간이 10년 또는 5년의 기간이 경과됨으로 인하여 취득되는 것을 그 내용으로 하고 있는 환매권의 본질적인 내용을 침해하는 제한일 수밖에 없다고 할 것이다.

이러한 이유들 때문에 공토법 제91조 제6항을 폐지하든가, 아니면 비례의 원칙 등 제반 전제조건의 충족여부가 공익사업의 변경시 절차상 다시 심사되어질 수 있도록 동 규정을 보완·개정할 것이 요구된다. 공익사업의 변경이 헌법상 처음부터 금지되는 것은 아니라고 할지라도 어떤 경우든 법치국가원리상 요구되는 일련의 행정절차와 비례의 원칙 등의 헌법상의 원칙이 반드시 준수되어져야 할 것이다. 따라서 공용침해의 목적 내지 공익사업의 변경은 본래의 공용침해와 동일한 절차와 형식에 따라 이루어져야 하는 것이다. 왜냐하면 원래 공용침해를 정당화시켰던 공익사업의 변경은 실질적으로 또 하나의 새로운 공용침해를 의미하기 때문이다.

3) 소 결

앞서 살펴본 바와 같이 현행 환매권제도는 상당한 문제점을 지니고 있고, 따라서 법개정 및 보완 등을 통해 조속히 시정되어야 할 것이다. 그러나 환매권제도는 위에서 언급한 문제점 이외에 근본적으로 그 요건과 시간적·내용적·대상적 제한 등에서 오는 특성 및 한계 때문에 공익사업의 계속적 수행을 담보하기 위한 보장책으로서는 불완전한 제도라고 하지 않을 수 없다. 따라서 관련법에 각각의 공익사업의 수행 및 그를 통한 계속적 공익실현을 담보하기 위한 적합하고 다양한 내용의 보장책이 마련될 것이 아울러 요구된다고 하겠다. 이것이 공익사업의 계속적이고 효과적인 수행과 국민의 재산권보장을 담보하기 위한 필수적인 요건이라는 점은 아무리 강조해도 지나치지 않을 것이다.

Ⅳ. 산업입지법의 위헌 여부

여기서는 위에서 적시한 공용침해의 헌법상 전제조건의 기준에서 민간기업에 의한 공용침해가 허용될 수 있는지, 그리고 이 사건 산업입지법은 그러한 조건을 충족시켰는지의 여부를 고찰하고자 한다.

1. 공공필요의 원칙과 관련하여

(1) 민간기업을 위한 공용침해의 허용 여부

헌법 제23조 제3항은 공용침해는 공공필요에 의해서만 허용될 수 있음을 명백히 하고 있다. 그러나 이러한 공공필요의 원칙은 오로지 국가 등의 공적 기관만이 공용침해의 주체 내지 공익사업의 주체가 될 수 있다는 것을 의미하는 것은 아니다. 다시 말해 이 공공필요의 원칙은 공익사업의 수행자를 통해 일정한 공적 과제가 실현될 것만을 요구하는 것이다.[42] 이에 따라 공공침해의 허용여부는 누가 공용침해의 주체이냐가 아니라 바로 공용침해의 목적, 즉 일정한 공공필요의 존재 및 그 실현여부에 달려 있는 것이다.[43] 따라서 일정한 사인이 본래 국가나 공공단체 등의 공행정주체에게 의무지워져 있는 공적과제를 수임하여 이를 수행하고, 사인에 의한 공적 과제의 실현을 위하여 국민의 일정한 재산권에 대한 침해가 불가피하다면 이러한 공익사업의 수행자로서의 사인에 의한 공용침해는 헌법상 허용될 수 있는 것이다.[44]

이러한 사인에 의한 공용침해는 사기업이 국민주택의 건설이나 전기·수도공급사업을 수행하는 경우 그 해당 공익사업의 실현을 위하여 이루어지는 사기업에 의한 공용침해 등에서 그 예를 볼 수 있다. 이러한 경우 해당 사기업에 의하여 수행되는 공익사업의 구체성과 긴절성은 명백하고 헌법 제23조 제3항의 공공필요에 의한 공익사업에 해당될 수 있는 것으로서 이들 사기업에 의한 공익사업의 수행을 위하여 불가피하다면 이러한 사기업에 의한 공용침해는 헌법상 허용되는 것이다. 이 점에서 민간기업에 의한 토지수용이 허용된다는 헌재의 다수의견은 기본적으로 타당하다고 하겠다.

(2) 산업입지법의 공공필요의 원칙 충족 여부

이처럼 민간기업도 원칙적으로 공용침해의 주체가 될 수 있다. 그러나 위에서 언급한 바와 같이 공공필요의 원칙상 실현되는 공익의 구체성과 긴절성이 전제되어야 하며, 특히 국가 등 공적기관이 아닌 영리추구를 목적으로 하는 민간기업의 경우에는 그러한 구체성과 긴절성 등이 더욱 세밀하고 엄격하게 요구되어져야 할 것이다.

이 사건 수용조항은 산업입지의 원활한 공급과 산업의 합리적 배치를 통하여 균형있는 국토개발과 지속적인 산업발전을 촉진함으로써 국민경제의 건전한 발전에 이바

42) Weber, Eigentum und Enteignung, in: Die Grundrechte, Bd. 2, S. 381.

43) BVerfGE 74, 264(285).

44) Bullinger, aaO, S. 451ff.; Frenzel, Das öffentliche Interesse als Voraussetzung der Enteignung, S. 72ff.; Papier, Maunz/Dürig Grundgesetz Kommentar, Art. 14, Rdnr. 499ff.; Bryde, Grundgesetz Kommentar, Art. 14, Rdnr. 82; Breuer, Anmerkung zum Urteil des BVerfGE vom 10.3.1981, DVBl 1981, S. 974; BVerfGE 56, 249(287); 66, 248(257); 74, 264(284ff.).

지하고자 하고(산업입지법 제1조), 나아가 산업의 적정한 지방 분산을 촉진하고 지역경제의 활성화를 목적으로 하는 것이다(산업입지법 제2조 제5호 나목 [1]). 이와 관련하여 헌재는 "산업입지의 원활한 공급과 산업의 합리적 배치를 통하여 균형있는 국토개발과 지속적인 산업발전을 촉진함으로써 국민경제의 건전한 발전에 이바지하고자 하고, 나아가 산업의 적정한 지방 분산을 촉진하고 지역경제의 활성화를 목적으로 하는 것이다. 산업입지가 원활히 공급된다면 산업단지의 건설이 용이해 질 수 있고, 따라서 산업단지의 건설을 통하여 효과적인 경제적 발전 내지 성장을 기대할 수 있다."라고 판시하여[45] 이 사건 산업입지를 위한 토지수용의 공익성을 인정하고 있다.

그런데 이러한 국토의 균형발전이나 경제발전 등은 매우 막연한 개념으로서 그 구체성이 결여되어 있다. 즉 구체적으로 어떠한 공익이 어떻게 어떠한 정도로 어떠한 범위에서 실현될 수 있는지 알 수가 없다. 예컨대 해당 지역민의 구체적 수준과 내용의 고용할당제, 해당 지역의 구체적인 사회간접시설의 설치의무, 해당 지역의 구체적인 경제성장률의 부과, 해당 지역경제의 전국 평균지수와 비교된 구체적인 경제적 낙후정도와 산업단지 조성을 통해 달성되는 구체적 균형발전지수, 그리고 이러한 구체적인 공익실현이 왜 시급하고 절실한지 등 해당 공익사업의 구체성과 긴절성이 드러나야 할 것이다. 만일 이러한 막연한 경우까지도 공익성을 인정하여 토지수용 등을 허용한다면 국가 등 공적기관은 물론 민간기업이 행하는 모든 사업도 토지수용을 허용할 수 있는 공익사업에 해당한다고 볼 수밖에 없을 것이고, 결국 공용침해제도는 헌재의 반대의견도 지적하는 바와 같이 어느 개인이 가진 토지를 다른 사람이 좀 더 효율적이고 유용하게 사용함으로써 공익에 보다 크게 기여할 가능성이 있다는 이유만으로 애초의 토지소유권자로부터 그 소유권을 박탈하여 언제든지 타인에게 이전할 수 있는, 즉 민간기업이 수용대상 토지를 사용하는 것이 피수용자들이 그 토지를 사용하는 것보다 경제적으로 국가 및 사회에 더 큰 이득이 있을 것이라는 점에서 그 수용을 정당화시키는 도구로, 다시 말해 하나의 사인으로부터 또 다른 사인에게로의 재산권이전을 용이하게 해주는 도구로 전락될 것이고, 헌법상의 재산권보장제도는 형해화될 수밖에 없을 것이다. 왜냐하면 공적기관은 물론 모든 민간기업도 결과적·간접적으로는 크건 작건 국가의 경제성장에 이바지한다고 할 수 있기 때문이다. 따라서 이 사건 산업입지법상 토지수용의 목적과 관련하여 그 수용을 정당화시키는 구체적이고 긴절한 공익성을 찾기 어려워 공용침해의 허용조건인 공공필요의 원칙을 충족시켰다고 보기 어렵다.

2. 비례의 원칙과 관련하여

위에서 지적한 바와 같이 산업입지법상 토지수용의 목적과 관련하여 그 수용을 정당화시키는 구체적이고 긴절한 공익성을 찾기 어려워 공용침해의 허용조건인 공공필

45) 헌재 2009. 9. 24. 2007헌바114, 판례집 21-2상, 562, 573.

요의 원칙을 충족시켰다고 보기 어렵다. 그런 점에서 비례의 원칙도 충족시켰다고 보기 어렵다고 할 것이다. 왜냐하면 비례의 원칙의 한 내용으로 목적의 정당성을 들 수 있는데, 공용침해의 목적인 공공필요와 관련하여 그 공익의 구체성과 긴절성을 인정할 수 없다는 점에서 토지수용의 목적의 정당성을 인정하기 어렵기 때문이다. 즉 토지수용의 목적인 공익성을 구체적으로 적시하기 어렵다는 것이다. 아울러 그런 점에서 결과적으로 법익의 균형성도 인정하기 어렵다고 하겠다. 왜냐하면 토지수용을 통해서 상실되는 재산권 등의 사익은 심대하고 구체적인 반면, 달성되는 공익의 구체성과 긴절성이 결여되어 있어 양자의 균형을 인정하기 어렵기 때문이다.

3. 계속적 공익실현을 위한 보장책과 관련하여

앞서 언급한 바와 같이 공용침해의 경우 해당 공익사업의 계속적 수행을 위한 보장책이 존재해야 하며, 이는 또 하나의 공용침해의 허용조건이다. 그리고 이러한 보장책의 필요성은 국가 등 공적기관에 의한 공용침해의 경우보다 민간기업에 의한 공용침해의 경우에 더욱 크다고 하겠다. 왜냐하면 이 경우 국가 등의 공적 기관은 공적 과제의 실현을 그 본래의 사명으로 하고 있고, 그의 활동내용과 목적은 항상 공익실현을 지향하고 있으며, 따라서 공용침해된 재산권을 통한 공익사업의 계속적 실현가능성이 크다고 볼 수 있기 때문이다.[46] 그러나 민간기업에 의한 공용침해의 경우에는 사정이 다르다. 국가 등의 공적 기관의 경우와는 달리 민간기업의 경우에는 공용침해에 의하여 획득한 재산권을 통한 계속적인 공익사업의 실현이 처음부터 보장되어 있지 아니하다.

왜냐하면, 첫째, 해당 민간기업이 순조롭게 본래의 기업활동을 계속하고 있다고 하는 사실은 이와 병행하여 또는 기업활동의 결과 간접적으로 실현되는 공익사업의 계속적 수행을 위한 징표가 될 수 없다.[47] 둘째, 이들 민간기업은 일반적으로 국가의 통제나 기타의 공적 기속하에 놓여 있지 아니하다. 셋째, 이들 민간기업의 경우 본래의 기업목적인 사적 이윤추구가 그 해당 공적 과제 내지 공익사업의 수행과 조화될 수 없을 때 그 공익사업의 실현이 소홀히 되거나 포기될 위험이 항상 도사리고 있다.[48]

따라서 민간기업에 의한 공용침해의 경우에는 공용침해의 목적인 일정한 공적 과제 내지 공익의 계속적 수행을 확보하기 위해서 그 해당 민간기업을 특별하고 세밀한 법적·제도적 보장책을 통해 기속할 필요성이 더욱 절실히 요구되는 것이다.

그런데 이 사건 산업입지법의 관련 조항에는 그러한 근거를 찾아보기 어렵고, 이에 따라 실제로도 적절하고 구체적인 보장책이 거의 부과되지 않았다. 예컨대 위에서도

46) Vgl. Hillermeier, Stärkere Sozialbindung des Eigentums?, BayVBl 1985, S. 450.

47) Vgl. OLG Stuttgart, Urt. v. 26.5.1987=NVwZ 1987, S. 1117.

48) Vgl. Stengel, Die Grundstücksenteignung zugunsten privater Wirtschftsunternehmen, 1967, S. 48.

소개한 바와 같이 해당 지역민의－구체적 수준과 내용 및 기간의－고용할당제, 해당 지역에서의 구체적인 사회간접시설의 설치의무, 해당 지역의 구체적이고 지속적인 내지는 일정기간의 경제성장률의 부과, 해당 지역경제의 전국 평균지수와 비교된 구체적인 경제적 낙후정도와 산업단지 조성을 통해 달성되는 구체적 균형발전지수 등 구체적인 공익실현과 관련되는 엄격하고 적절한 보장책의 근거가 산업입지법의 관련 법규에 마련되어 있어야 하고, 그에 근거하여 구체적이고 세밀한 보장책이 실제로 부과되어야 한다.

그런데 이와 관련하여 헌재는 "산업입지법상 다음 규정들의 내용에 비추어, 산업단지개발사업의 시행자인 민간기업이 자신의 이윤추구에 치우친 나머지 애초 산업단지를 조성함으로써 달성, 견지하고자 한 공익목적이 해태되지 않도록 하는 제도적 규율이 결여되어 있다고 보기 어렵다. 산업입지법에 따르면, 사업시행자가 산업단지개발사업을 완료한 때에는 지체없이 대통령령이 정하는 바에 의하여 실시계획승인권자의 준공인가를 받아야 하고(동법 제37조 제1항), 실시계획 승인권자는 준공검사 결과 실시계획대로 완료되지 아니한 때에는 지체없이 보완시공 등 필요한 조치를 명하여야 하며(동조 제4항), 산업단지에 입주하는 기업은 특별한 사유가 없는 한 이주자 또는 인근지역의 주민을 우선적으로 고용하여야 한다(동법 제36조 제2항). 한편 만일 사업시행자가 사업지역 내의 토지·시설 등을 분양·임대·양도하려는 때에는 처분계획을 작성하여 '산업집적활성화 및 공장설립에 관한 법률' 제30조에 따른 관리기관과 협의하여야 하며(동법 제38조 제1항), 산업단지관리기본계획을 준수하여야 한다(동법 제38조의2). 이 과정에서 분양가격은 사업시행자가 임의대로 정할 수 없는바, 산업시설용지로 분양할 경우 조성원가 내지 조성원가에 적정이윤을 합한 금액으로 결정되는데, 이 때 적정이윤은 일정한 범위를 벗어날 수 없도록 규범화되어 있고(동법 시행령 제40조 제1항, 제2항), 산업시설용지 외의 용도로 공급하는 용지의 분양가격은 '부동산가격공시 및 감정평가에 관한 법률' 제2조 제9호의 규정에 의한 감정평가업자가 행한 감정평가액으로 규정되어 있다(동조 제6항). 다른 한편 산업단지가 개발된 후 산업구조의 변화, 도시지역의 확산 및 산업시설의 노후화 등으로 산업단지의 재정비가 필요한 경우, 산업단지지정권자는 직접 또는 지식경제부장관 및 관계 중앙행정기관의 장이나 시장·군수·구청장의 요청에 의하여 산업단지재정비사업을 실시할 수 있고(동법 제38조의3), 산업입지법은 '공익사업을 위한 토지 등의 취득 및 보상에 관한 법률'을 준용함으로써, 산업단지로 지정된 토지가 사후에 산업단지에서 제외되거나 아니면 산업단지로서의 효용을 상실하게 되면 환매권이 발생하도록 예정하고 있다(동법 제22조 제4항)."고 하여 계속적이고 효율적인 공익실현을 위한 충분하고 엄격한 보장책의 근거가 산업입지법의 관련 규정에 마련되어 있다고 판시하고 있다.[49]

49) 헌재 2009. 9. 24. 2007헌바114, 판례집 21-2상, 562, 574-575.

그러나 헌재가 적시한 이러한 내용들은 대부분 산업단지조성을 위한 것들로서 단지 조성시에만 적용될 수 있는 한시적인 것이고, 또한 경제성장이나 지역발전과 관련된 구체적인 공익의 계속적 실현을 위한 보장책은 더욱 아니다. 따라서 이들은 위에서 언급한 민간기업에 의한 공용침해의 경우에 부과될 수 있는 적절하고 효율적인 그리고 계속적인 공익실현을 위한 보장책에 대한 근거라고 보기 어렵다. 비교적 이러한 보장책에 근접하는 것으로 거론될 수 있는 규정을 든다면 산업단지에 입주하는 기업은 특별한 사유가 없는 한 이주자 또는 인근지역의 주민을 우선적으로 고용하여야 한다고 규정한 동법 제36조 제2항과 환매권인데, 우선적 고용규정 자체가 기준과 내용 및 범위 등에 있어서 매우 추상적이라 그 실효성이 없고, 특별한 사유의 존재를 이유로 언제든지 이의 적용을 배제할 수 있으므로 그 강제성도 담보할 수 없다. 한편 환매권에 대하여는 이미 앞서 지적한 바와 같이 환매권 자체가 실효성있는 보장책으로 보기 어렵고, 특히 민간기업에 의한 토지수용의 경우에는 거의 제 기능을 한다고 볼 수 없다는 점에서 이 역시 적절한 보장책으로 볼 수 없을 것이다.

결국 이 산업입지법 관련 조항과 수용재결처분은 헌법상 요구되는 계속적 공익실현을 위한 보장책이라는 전제조건을 충족시켰다고 볼 수 없다. 그 점에서 "… 수용이 정당화되기 위해서는 당해 수용의 공공필요성을 보장하고 수용을 통한 이익을 공공적으로 귀속시킬 수 있는 더욱 심화된 입법적 조치가 수반되어야만 한다. 이를테면 해당 사업의 수용으로 인한 개발이익에 대하여 지속적인 환수조치를 보장한다거나 그 기업의 수용으로 인한 영업상 수익에 대한 공적 사용의 방도를 마련하고 해당 지역민들에 대한 의무적인 고용할당제를 실시한다거나 하는 조치 등을 부가함으로써 수용을 통해 맺게 된 풍성한 과실을 수용자와 피수용자를 포함한 공동체가 함께 향유하도록 제도적으로 규율하여야 하는 것이다. … 또한 비록 산업입지법 및 관련 법률들이 공익사업법상 환매권을 이 사건 수용조항에 의한 수용절차에서도 보장하고 있기는 하나, 민간기업에 의한 수용시 환매권이 인정되는 범위는 국가 등에 의한 수용과 비교하여 보다 넓게 인정되어야 하고, 마찬가지 이유로 민간기업에 의한 수용에 있어서는 그 수용의 공공필요성 역시 더욱 엄격히 제한되어야 함이 상당하다."라고 다수의견의 문제점을 지적한 반대의견[50)]은 설득력이 있다고 하겠다.

Ⅴ. 맺는 말

앞서 언급한 바와 같이 이 헌재결정은 민간기업이 헌법 제23조 제3항에 규정된 공용수용의 주체가 될 수 있는지 여부를 판시한 최초의 결정이라는 점에서 의미가 크다고 하겠다. 헌재의 견해대로 민간기업의 경우에도 공익사업을 시행할 경우 그 사업시

50) 헌재 2009. 9. 24. 2007헌바114, 판례집 21-2상, 562, 582-583.

행을 위해 토지 등의 재산권수용이 원칙적으로 허용될 수 있다고 하겠다. 그러나 그 경우 민간기업에 의한 공용침해를 통해 실현되는 공익의 구체성과 긴절성이 엄격히 요구된다. 그런데 이 사건 산업입지법의 경우 민간기업에 의한 토지수용을 통해 실현되는 공익의 구체성과 긴절성이 결여되어 있다는 점에서 공용침해의 허용조건 중 가장 기본적인 공공필요의 원칙을 충족하기 어렵고, 그렇기 때문에 또 다른 허용조건인 비례의 원칙상 목적의 정당성과 법익의 균형성도 충족시키기 어렵다고 하겠다.

한편 공용침해의 또 하나의 중요한 전제조건은 계속적 공익실현을 위한 보장책이다. 이는 위에서도 언급했듯이 공공필요의 원칙으로부터 도출되는 헌법상의 조건으로서 특히 영리추구를 목적으로 하는 민간기업의 경우에는 그 요건이 더욱 엄격히 요구되는 것이다. 그러한 점에서 이러한 요구를 공용침해의 조건으로 전제하고 이 사건에서 산업입지법의 위헌여부를 판단하는 과정에서 그의 존재 여부를 심사한 헌재의 결정은 나름대로 적지 않은 의의를 가진다고 하겠다. 그러나 헌재의 견해와는 달리 산업입지법의 경우 이러한 제도적 장치의 근거가 매우 미흡하고, 따라서 실제에 있어서 결과적으로 그러한 세밀하고 적절한 보장책이 이 사건 산업단지 지정승인과 수용재결과정에 부과되지 못했다. 따라서 산업입지법의 관련조항과 해당 행정작용은 위헌의 소지가 매우 크고, 그러한 문제점을 간과한 헌재결정은 정당화될 수 없다고 하겠다.

결국 이번 사건의 산업입지법 수용관련조항은 공용침해의 헌법상 허용조건을 충족시키기에는 매우 미흡하기 때문에 위헌이라고 보지 않을 수 없고, 아울러 이러한 문제를 간과한 채 공용침해의 헌법상 허용조건을 소홀히 다룬 헌재의 결정도 정당화되기 어렵다고 본다.

무릇 공용침해의 경우, 특히 민간기업에 의한 토지수용의 경우 위에서 적시한 전제조건을 엄격히 준수할 때에 비로소 본래의 목적인 공익사업의 원활한 수행과 국민의 재산권의 보장이 조화롭게 실현될 수 있음을 명심해야 한다. 따라서 입법자는 관련법규의 제정시 이점을 유념하여 해당 법규에 엄격하고 세밀한 공용침해의 허용조건을 적시해야 하고, 관할 행정청은 사업인정과 수용재결시 이러한 법규에 따른 허용조건의 충족 여부 확인과 계속적 공익실현을 담보하는 보장책의 부과를 해태해서는 안되며, 헌재도 이 후 유사한 사례에서 이 점을 유념하여 보다 엄격한 헌법적 잣대로써 관련법규와 행정작용의 위헌 여부를 심사해야 할 것이다.

6. 위헌결정 기속력의 주관적 · 객관적 범위

- 헌재 2006. 5. 25. 2003헌마715 등 안마사에관한규칙 제3조 제1항 제1호 등 위헌확인[1] 및 헌재 2008. 10. 30. 2006헌마1098 등 의료법 제61조 제1항 중 장애인복지법에 따른 시각장애인 중 부분 위헌확인[2] -

[目 次]

Ⅰ. 머리말

헌재는 2008. 10. 30. 시각장애인에 대하여만 안마사 자격인정을 받을 수 있도록 이른바 비맹제외기준을 설정하고 있는 구 의료법(2006. 9. 27. 법률 제8007호로 개정되고 2007. 4. 11. 법률 제8366호로 전부 개정되기 전의 것) 제61조 제1항 중 '「장애인복지법」에 따른 시각장애인 중' 부분 및 의료법(2007. 4. 11. 법률 제8366호로 전부 개정된 것) 제82조 제1항 중 '「장애인복지법」에 따른 시각장애인 중' 부분이 헌법에 위반되지 않는다는 결정을 선고하였다(2006헌마1098). 헌재는 위 조항들로 인하여 비시각장애인들의 직업선택의 자유가 제한되기는 하지만, 시각장애인에 대한 국가의 보호의무를 규정한 헌법 제34조 제5항의 요청 이외에, 시각장애인을 둘러싼 기본권의 특성과 복지정책의 현황, 안마사 직역 외에 생계보장을 위한 대안이 거의 없다는 점, 이러한 우리의 사회현실 등에 비추어 시각장애인 안마사제도가 사회적 약자인 시각장애인을 우대하기 위한 조치로서 불가피한 점, 이에 기초한 국회의 입법조치를 존중할 필요가 있는 점 등 제반 사정들

1) 헌재 2006. 5. 25. 2003헌마715 등, 판례집 18-1하, 112.
2) 헌재 2008. 10. 30. 2006헌마1098 등, 판례집 20-2상, 1089.

을 종합하여 비맹제외기준을 설정한 위 조항들이 비시각장애인인 청구인들의 직업선택의 자유와 평등권을 침해하는 것으로 볼 수 없다고 판단한 것이다.

그런데 헌재는 이 2006헌마1098 결정에서와는 달리 앞선 2006. 5. 25. 2003헌마715 결정에서는 시각장애인만 안마사자격을 취득할 수 있도록 한 「안마사에 관한 규칙」(2000. 6. 16. 보건복지부령 제153호로 개정된 것) 제3조 제1항 제1호와 제2호 중 각 '앞을 보지 못하는' 부분이 법률유보원칙 또는 과잉금지원칙에 위배되고 직업의 자유를 침해한다는 이유로 위헌선언을 하였고, 그 후 국회는 이 2003헌마715 결정 취지와는 달리 2006. 9. 27. 시각장애인만 안마사 자격을 취득할 수 있도록 의료법 제61조 제1항을 새로 개정함으로써 비시각장애인의 안마사 자격취득제한을 그대로 유지하였다. 그 후 이번 2006헌마1098 결정에서 헌재는 과거 2003헌마715 결정에서와는 달리 비맹제외기준을 설정한 위 개정 의료법 조항들에 대하여 합헌결정을 내린 것이다.[3)]

문제는 2006헌마1098 결정이 과거 2003헌마715 결정 내용을 변경한 것인지, 또 변경했다면 왜 변경했지에 대한 사유나 그 배경에 대한 명시적 언급이 없고, 2003헌마715 결정에서 비맹제외기준을 설정한 안마사제도에 대하여 위헌결정이 난 이후 곧바로 국회가 비맹제외기준을 설정한 사실상 동일한 내용의 입법을 했음에도 불구하고 2006헌마1098 결정에서 헌재는 이에 대하여 비맹제외기준이 과잉금지원칙에 위반한다는 점과 관련하여서는 2003헌마715 결정에서 재판관 5인만이 찬성하였을 뿐이므로 위 과잉금지원칙 위반의 점에 대하여 기속력이 인정될 여지가 없다고 판시하면서 2003헌마715 결정 이후의 국회의 법률개정이 이른바 반복입법인지의 여부, 위헌결정의 국회에 대한 기속력의 문제, 즉 기속력의 주관적 범위 및 기속력의 객관적 범위와 조건 등에 대하여 침묵을 하거나 왜곡된 견해를 피력하고 있다는 점이다.

그런데 이러한 헌재의 소극적 태도는 중요한 헌법적 해명, 유사한 사건 반복방지, 강한 직권심리주의, 위헌결정의 대세효 등 헌법재판의 기능과 특성[4)]에 비추어 볼 때 매우 부적절한 것이다. 따라서 이 글에서는 이러한 문제점을 지적하고 그 해결책을 모색하고자 한다. 이는 단순히 이 사건에 대한 평가뿐 아니라 동일한 헌법적 쟁점을 가지고 있는 추후 발생할 수 있는 유사한 사건들에 대한 합리적 해결책을 제시한다는 면에서 의미 있는 작업이라고 하겠다. 여기서는 먼저 2003헌마715 결정과 2006헌마1098

3) 안마사제도에 관하여는 2003헌마715 결정 이전에 2003. 6. 26. 2002헌가16 결정이 있었는데, 이 결정에서는 의료법 제61조 제1항의 규정에 의한 안마사의 자격인정을 받지 아니하고 영리를 목적으로 안마행위를 한 자를 형사처벌하는 의료법 제67조가 처벌법규위임의 한계를 일탈하고, 죄형법정주의의 명확성 원칙에 위반되는지 여부와 시각장애인에 한해 안마사의 자격을 인정하는 근거를 직접 법률에 규정하지 않은 의료법 제61조 제1항 및 제4항이 의회유보원칙 및 포괄위임입법금지원칙을 위반한 것인지 여부에 대해서만 판단했다. 전자에 대하여는 재판관 전원 일치의 의견으로 헌법상의 죄형법정주의가 요구하는 법률의 명확성원칙에 어긋나지 않는다고 판시했고, 후자에 대하여는 재판관 4(합헌) : 5(위헌)의 의견으로 의회유보원칙과 포괄위임을 금지한 헌법 제75조에 위반되지 않는다고 판시했다(헌재 2003. 6. 26. 2002헌가16, 판례집 15-1, 663, 구 의료법 제67조 등 위헌제청).

4) 이러한 헌법재판의 특성에 관하여는 정연주, 헌법소원심판청구취하의 효과, 공법연구 제28집 제4호 제2집, 2000. 6, 201쪽 이하 참조.

결정의 요지를 소개한 후 각 결정의 문제점에 대하여 언급하고자 한다.

Ⅱ. 2003헌마715 결정의 요지와 문제점

1. 2003헌마715 결정의 요지

(1) 다수의견

1) 이 사건 규칙조항은 안마사의 자격인정을 받을 수 있는 자를 일정한 범위의 '앞을 보지 못하는' 사람으로 한정하는, 이른바 비맹제외기준을 설정함으로써 시각장애인이 아닌 일반인으로 하여금 안마사 자격을 받을 수 없도록 규정하고 있다. 이는 시각장애인이 아닌 일반인이 안마사 직업을 선택할 수 있는 자유를 원천적으로 제한하는 것으로서, 아래에서 보는 바와 같이 기본권 제한에 관한 법률유보원칙이나 과잉금지원칙에 위배하여 일반인의 직업선택의 자유를 침해하고 있으므로 헌법에 위반된다.

2) 가. 재판관 윤영철, 재판관 권 성의 의견

이 사건 규칙조항은 보건복지부장관이 규칙제정권을 행사함에 있어서 위임의 기준과 범위가 불분명하거나 지나치게 포괄적인 의료법 제61조 제4항을 빌미로 시각장애인이 아닌 자들이 안마사업에 종사하지 못하게 규정을 둠으로써 일반인의 직업선택의 자유를 제한하고 있다. 즉 국민의 기본권 제한에 관한 법령의 체계위반, 즉 위임입법의 한계일탈 상황은 위임조항인 모법에서 뿐만 아니라 이 사건 규칙조항에서도 마찬가지로 발생하고 있다.

나. 재판관 전효숙, 재판관 이공현, 재판관 조대현의 의견

안마사 자격인정에 있어서 비맹제외기준은 기본권의 제한과 관련된 중요하고도 본질적인 사항임에도 불구하고, 이 사건 규칙조항은 모법으로부터 구체적으로 범위를 정하여 위임받지 아니한 사항을 기본권 제한사유로 설정하고 있으므로, 위임입법의 한계를 명백히 일탈한 것으로서 법률유보원칙에 위배된다. 또한 비맹제외기준은 시각장애인을 보호하고 이들의 생계를 보장하기 위한 것으로서 입법목적이 정당하다고 하더라도, 특정 직역에 대한 일반인의 진입 자체를 원천적으로 봉쇄하고 있어 합리적이고 적절한 수단이라 할 수 없고, 시각장애인 중에서도 일부에 불과한 등록안마사를 위하여 나머지 신체장애인 나아가 일반 국민의 직업선택의 자유를 지나치게 침해함으로써 기본권침해의 최소성원칙에도 어긋나며, 이를 통해 달성하려는 시각장애인의 생계보장 등 공익에 비하여 비시각장애인들이 받게 되는 기본권침해의 강도가 지나치게 커서 법익의 균형성을 상실하고 있다.

다. 재판관 주선회의 의견

이 사건 규칙조항은 모법으로부터 구체적으로 기준과 범위를 정하여 위임받은 사항을 규율하고 있는지 여부를 살필 것 없이, 그 규정 자체만을 살펴보더라도 시각장애인에 대한 생계보장이라는 입법목적을 달성하기 위해 안마사라는 특정한 직역에 종사하려는 일반인의 진입자체를 봉쇄하는 것으로서 과잉금지원칙에 위배하여 직업선택의 자유를 본질적인 내용까지 침해하고 있다.

라. 재판관 송인준의 의견

이 사건 규칙조항은 모법에서 정하고 있는 위임의 기준과 범위 내에서 기본권 제한사유를 정한 것이니 만큼 법률유보원칙에 위배되지 않는다. 그러나 이 사건 규칙조항은 기본권 제한의 정도면에서 과잉규제에 해당되어 헌법에 위반된다. 즉 시각장애인에 대한 생계보장 등의 입법목적을 감안하더라도 과잉금지원칙에 위배하여 일반인의 직업선택의 자유를 본질적인 내용까지 침해한다. 다만 신체장애자 보호에 대한 헌법적 요청 등에 기하여 일반인에 비하여 열악한 처지에 있는 시각장애인의 생계를 보호하기 위한, 이 사건 규칙조항과 같은 수준의 우선적 처우는 헌법상 평등원칙에 위배되지 않는다.

(2) 재판관 김효종의 반대의견

의료법 제61조 제4항이 법률유보원칙이나 포괄위임입법금지원칙에 위배되지 않음은 물론, 이 사건 규칙조항도 위 법률조항이 구체적으로 범위를 정하여 위임한 사항을 규율하고 있으므로 법률유보원칙에 위배되지 않는다. 비맹제외기준은 헌법 제34조 제5항의 신체장애자에 대한 국가의 보호, 장애인복지시책 등에 바탕을 두고서 일반인에 비해 취업상 극히 불리한 처지에 놓이게 되는 시각장애인을 보호하고 그들의 생계를 보장하기 위한 것으로서 입법목적의 정당성이 인정되고, 시각장애인의 신체적 조건 및 전문적 기술 등을 고려하여 이들에게만 안마사 자격을 허용하는 것은 필요하고도 적합한 수단에 해당한다. 일반인은 안마사 자격인정 대상에서 배제되더라도 다른 직업을 선택하여 생계를 유지할 수 있을 뿐만 아니라 만약 안마 등의 직종에서 일하기를 원할 경우 일련의 수련과정과 시험을 거쳐 물리치료사 자격을 취득하고 그 분야에서 종사할 수 있어 피해의 최소성에 반하지 않으며, 무엇보다도 일반인의 직업선택의 자유를 보호하는 것과는 비교할 수 없을 만큼 시각장애인의 인간다운 생활을 보장해 주어야 하는 공익이 월등히 우선한다고 할 것이므로 시각장애인의 생계보장 등 공익을 위하여 비시각장애인의 직업선택의 자유를 어느 정도 제한하는 것은 법익의 균형성에 반하지 않는다. 또한 위와 같은 여러 사정을 고려할 때, 시각장애인에 대한 우선적 처우로 말미암아 일반인에게 가해지는 역차별적 취급에는 합리적인 이유가 있으므로, 이 사건 규칙조항은 시각장애인이 아닌 일반인의 평등권을 침해한다고 볼 수 없다.

2. 2003헌마715 결정의 문제점

(1) 법률유보의 원칙 위배 여부

1) 문제의 제기

먼저 이 사건 규칙조항의 법률유보의 원칙 위배 여부가 문제된다. 왜냐하면 청구인의 직업의 자유라는 기본권의 제한에 대한 법률적 근거의 존재 여부가 문제되기 때문이다.

법률유보의 원칙은 기본권 제한의 기본적인 사항은 반드시 국회가 제정한 형식적 의미의 법률로 정할 것을 요구하고 이를 헌법 제37조 2항이 확인하고 있다. 따라서 법률에서 기본권 제한의 본질적인 사항에 대한 구체적인 범위를 정한 다음에 비로소 하위규범에 상세한 내용의 위임이 가능하며, 이러한 포괄적 위임입법의 금지를 헌법 제75조가 확인하고 있다. 그리고 일반국민이 법률조항으로부터 하위규범으로 정해질 내용의 대강을 예측할 수 있어야 한다. 즉 법률에 이미 하위규범으로 규정될 내용 및 범위의 기본사항이 구체적으로 규정되어 있어서 누구라도 당해 법률로부터 하위규범에 규정될 내용의 대강을 예측할 수 있어야 함을 의미한다.[5]

그런데 이 사건 규칙조항의 법률적 근거인 의료법 제61조 제4항은 단지 "안마사의 자격인정, 그 업무한계 및 안마시술소 또는 안마원의 시설기준 등에 관하여 필요한 사항은 보건복지부령으로 정한다."라고만 규정하고 있어 문제가 된다. 여기서 다음과 같은 3가지 견해가 가능하다고 하겠다. 첫째, 모법인 의료법 제61조 제4항과 이 사건 규칙조항이 포괄적 위임입법금지의 원칙과 법률유보의 원칙에 위배된다고 보는 입장, 둘째, 이 사건 규칙조항만 법률유보의 원칙에 위배된다는 입장, 셋째, 양자가 모두 포괄적 위임입법금지의 원칙과 법률유보의 원칙에 부합된다는 입장이 그것이다.

2) 3가지 견해

첫째의 입장에 따르면 의료법 제61조 제4항은 안마사의 자격인정에 필요한 사항은 보건복지부령으로 정한다고 위임을 하면서도 위임사항에 관하여 구체적인 범위를 전혀 정한 바가 없다. 그러므로 국민들로서는 하위법규에서 구체적으로 정하여질 안마사의 자격인정요건이 어떤 것이 될 것인지를 위 법률조항만으로는 도저히 예측할 수 없다. 뿐만 아니라 의료법의 다른 규정 전체를 유기적·체계적으로 살펴보아도 안마사의 자격인정요건의 기본적 윤곽을 짐작케 하는 아무런 단서를 발견할 수 없고, 위와 같은 비맹제외기준 같은 것을 시사하는 규정도 발견하기 어렵다. 따라서 의료법 제61조 제4

5) 헌재 1991. 7. 8. 91헌가4, 판례집 3, 336, 341.

항은 하위법규에 입법을 위임하면서 아무런 기준과 범위를 설정하지 아니한 것이어서 포괄위임을 금지한 헌법 제75조에 위반된다. 아울러 이 사건 규칙조항도 보건복지부장관이 규칙제정권을 행사함에 있어서 위와 같이 위임의 기준과 범위가 불분명하거나 지나치게 포괄적인 법률조항을 빌미로 청구인들을 비롯한 시각장애인이 아닌 자들이 안마사업에 종사하지 못하게 규정을 둠으로써 그들 일반인의 직업선택의 자유를 제한하고 있고, 따라서 이 사건 규칙조항의 법률적 근거가 없거나 모호하므로 역시 법률유보의 원칙에 위배된다고 보는 것이다. 이는 이 사건 헌재결정의 윤영철 재판관과 권성 재판관의 입장이다.

둘째의 입장에 따르면 모법에는 문제가 없고 오로지 하위규범에만 문제가 있다. 즉 의료법은 안마사의 자격인정에 필요한 사항을 위임하였는데 이 사건 규칙조항은 안마사의 자격인정과 무관한 시각장애를 안마사 자격을 인정하기 위한 요건으로 규정하여 기본권을 침해하는 입법을 하였고, 이는 모법으로부터 구체적으로 범위를 정하여 위임받지 아니한 사항을 하위법규에서 기본권 제한 사유로 설정하고 있는 것이므로 이는 위임입법의 한계를 명백히 일탈하고 있는 것이다. 따라서 이 사건 규칙조항은 법률상 근거 없이 기본권을 제한하고 있으므로 법률유보원칙에 위배된다는 것이다. 이 사건 헌재결정의 전효숙 재판관, 이공현 재판관, 조대현 재판관의 입장이다.

셋째의 입장에 따르면 비맹제외기준이 비록 의료법 제61조 제4항의 문언에 표시되어 있지 않았다고 하더라도 의료법상 안마사 자격인정제를 두는 취지, 행정부의 장애인 복지시책의 일환으로 시각장애인에 한해 안마사 자격을 부여한 점, 그 밖에 안마사 제도의 시행역사에 비추어 안마사는 원칙적으로 시각장애인에게 허용되는 업종이라는 일반인의 법의식이 형성되어 왔고, 이러한 정부정책에 대한 시각장애인들의 신뢰를 보호할 필요가 있다는 점 등을 고려할 때, 이 사건 규칙조항이 비맹제외기준을 설정한 것은 의료법 제61조 제4항에 내포된 의미를 확인하는 것으로 볼 수 있다. 그렇다면 이 사건 규칙조항 또한 명백히 모법에서 정하고 있는 위임의 기준과 범위 내에서 기본권 제한사유를 정한 것이니 만큼 법률유보원칙에 위배되지 않는다고 보는 입장이다. 이 사건 다수의견 중 송인준 재판관과 김효종 재판관의 반대의견이 그것이다.

3) 소 결

세가지의 견해가 모두 나름대로 일리가 있다. 그러나 법치주의원리의 엄격한 적용과 기본권의 충분한 보장 및 공권력의 효율적 통제 내지 남용방지의 측면에서 볼 때 첫째의 입장이 가장 타당하다고 하겠다. 왜냐하면 모법인 의료법의 규정으로부터 하위규범으로 정할 내용의 대강, 즉 비맹제외기준이라는 내용이 통상인의 입장에서 예측가능하지 않고, 하위규범에서 정한 내용의 기본적인 사항이 모법에 규성되어 있나고 볼 수 없기 때문이다. 따라서 이런 경우 하위규범의 내용에 따라 얼마든지 기본권의 제한이 가능하고 이는 행정권 등 공권력의 남용가능성을 막을 수 없어 결국 법치주의원리에 위배된다. 따라서 세 번째 견해에 동의하기 어렵고, 아울러 두 번째의 견해에 대하여도 동의하기 어렵다. 왜냐하면 두 번째 견해에 따르면 의료법은 안마사의 자격인정에 필요한 사항을 합헌적으로 위임하였는데 이 사건 규칙조항이 안마사의 자격인정과 무관한 시각장애를 안마사 자격을 인정하기 위한 요건으로 규정하여 기본권을 침해하는 입법을 하였고, 이는 모법으로부터 구체적으로 범위를 정하여 위임받지 아니한 사항을 하위법규에서 기본권 제한 사유로 설정하고 있는 것이므로 이는 위임입법의 한계를 명백히 일탈하고 있는 것이다. 그러나 이 사건 규칙조항이 시각장애를 안마사 자격을 인정하기 위한 요건으로 규정한 것은 모법이 규정한 안마사의 자격인정과 무관한 것이 아니라 바로 모법이 말하는 자격인정의 요건을 정한 것이고, 따라서 모법이 이러한 자격인정에 대한 내용을 구체적으로 정하고 위임했어야 함에도 불구하고 앞서도 언급했듯이 의료법의 규정으로부터 하위규범으로 정할 내용의 대강, 즉 비맹제외기준이라는 내용이 통상인의 입장에서 예측가능하지 않고, 하위규범에서 정한 내용의 기본적인 사항이 모법에 규정되어 있다고 볼 수 없기 때문에 모법인 의료법 규정도 포괄적 위임입법금지의 원칙과 법치주의원리에 위반되는 것이다. 따라서 모법인 의료법 제61조 제4항과 하위규범인 이 사건 규칙조항 모두가 포괄적 위임입법금지의 원칙과 법률유보의 원칙에 위배된다고 보아야 할 것이다.

(2) 직업의 자유 침해 여부

1) 문제의 제기

주지하는 바와 같이 직업의 자유를 제한할 경우 이른바 단계설에 따라 이루어진다. 이 사건의 경우에는 마지막 3단계에 해당한다고 볼 수 있다. 즉 객관적 사유에 따른 직업선택의 자유를 제한하는 것이다. 왜냐하면 청구인의 개인적인 능력이나 전문성 등 주관적 사유가 아닌 단순히 시각장애가 아니라는 개인의 노력이나 능력으로 극복할 수 없는 객관적 사유로 인해 안마사라는 직업을 선택할 자유가 제한되기 때문이다. 따라서 이러한 심각한 기본권 제한을 정당화시키는 월등하게 중요한 공익을 위하여 명백하고 확실한 위험을 방지하기 위한 경우에만 정당화될 수 있고, 따라서 이 경우 헌법 제37조 제2항이 요구하는 엄격한 비례의 원칙을 충족시켜야 할 것이다.[6)]

2) 비례의 원칙 충족 여부

가. 위헌입장

(가) 목적의 정당성

시각장애인에 대한 생계보장이 공익임에는 틀림없지만 다른 공익들과 비교할 때

6) 헌재 2002. 4. 25. 2001헌마614, 판례집 14-1, 410, 427.

'월등하게' 중요한 것으로 평가되기 어렵고, 비맹제외기준이 유지되지 않으면 이에 대한 명백하고 확실한 위험이 발생한다고 보기도 어렵다. 비맹제외기준이 제거되더라도 맹인안마사의 영업활동이 전혀 불가능하게 되는 것이 아니고 단지 시각장애인이 아닌 일반 안마사들과 경쟁하는 입장에 처하게 될 뿐이다.

(나) 방법의 적절성

비맹제외기준은 안마사업에 종사하려는 일반인 또는 시각장애인이 아닌 다른 신체장애자들의 안마사 자격취득 기회 자체를 원천적으로 박탈하고 있어 적절한 수단이라고 할 수 없다. 또한 시각장애인의 생계를 보장하기 위한 다양한 다른 방법이 고려될 수 있다.

(다) 피해의 최소성

비맹제외기준은 오로지 시각장애인의 생계를 보장하기 위한 것이지만 사회공동체의 다른 구성원들에게도 동등하게 보장되어야 할 직업선택의 기회 자체를 원천적으로 배제시킬 뿐만 아니라, 국민이 안마를 통해 건강을 증진시키고 또 안마사 간의 경쟁을 통해 질적으로 향상된 서비스를 공급받을 기회마저도 상실시키고 있다.

(라) 법익의 균형성

비맹제외기준으로 달성하고자 하는 시각장애인의 생계보장 등 공익에 비하여 이로 말미암아 비시각장애인들이 받게 되는 직업선택의 자유에 대한 기본권침해의 강도는 지나치게 크다 할 것이므로, 이 사건 규칙조항은 보호하려는 공익과 기본권침해 간의 현저한 불균형으로 법익의 균형성을 상실하고 있다.

나. 합헌입장

(가) 목적의 정당성

비맹제외기준은 신체장애자 보호에 대한 헌법 제34조 제5항의 요청, 장애인복지시책의 원치 등에 바탕을 두고서, 일반인에 비하여 취업상 극히 불리한 처지에 놓이게 되는 시각장애인을 보호하고 그들의 생계를 보장하기 위한 것으로서 입법목적의 정당성이 인정된다.

(나) 방법의 적절성

시각장애인은 상실된 시각 대신에 촉각이 발달하여 안마행위를 하기에 적합한 신체적 조건을 갖추었다고 할 수 있다. 특히 중증장애인의 경우 안마사 외에 다른 직업을 선택할 가능성이 거의 없고, 또 현실적으로 시각장애인에게 다른 신체장애인과 마찬가지로 일반적인 고용대책을 마련해주더라도 이들의 취업현황은 매우 부진한 실정이다.

(다) 피해의 최소성

시각장애인이 아닌 일반인은 안마사 자격대상에서 배제되더라도 다른 직업을 선택하여 생계를 유지할 수 있을 뿐만 아니라, 만약 안마, 지압, 마사지 등의 직역에서 종사하기를 원할 경우 일련의 수련과정과 시험을 거쳐 물리치료사 자격을 취득하고 그 분야에서 직업에 종사할 수 있으므로, 안마 등을 직업으로 선택할 다른 방법이 완전히 봉쇄되었다고 할 수 없다.

(라) 법익의 균형성

시각장애인은 안마사 이외에 다른 직업을 갖기 어려운 반면 시각장애인 아닌 일반인은 안마사 자격대상에서 배제되더라도 얼마든지 다른 직업을 가질 수 있으므로, 일반인의 안마사업에 대한 직업선택의 자유를 보호하는 것과는 비교할 수 없을 만큼 시각장애인들의 인간다운 생활을 보장해 주어야 하는 공익이 월등히 우선한다고 할 수 있다.

3) 소 결

이 사건 헌재결정의 경우 다수의견은 위헌의견이고, 김효종 재판관의 반대의견은 합헌의견이다.

요약컨대 헌재는 일반인을 제외하는 기준은 특정 직역에 대한 일반인의 진입 자체를 원천적으로 봉쇄하고 있어 합리적이고 적절한 수단이라 할 수 없고, 시각장애인 중에서도 일부에 불과한 등록안마사를 위하여 나머지 신체장애인 나아가 일반 국민의 직업선택의 자유를 지나치게 침해함으로써 기본권침해의 최소성 원칙에도 어긋나며, 이를 통해 달성하려는 시각장애인의 생계보장 등 공익에 비하여 비시각장애인들이 받게 되는 기본권침해의 강도가 지나치게 커서 법익의 균형성을 상실하고 있다고 판시했다.

그러나 반대의견도 지적하고 있듯이 우리 헌법 제34조 제2항은 사회적 약자를 위하여 국가가 적극적으로 사회보장·사회복지 정책을 펴 나가야 할 의무가 있음을 천명하고 있고, 특히 제5항에서 "신체장애자 및 질병·노령 기타의 사유로 생활능력이 없는 국민은 법률이 정하는 바에 의하여 국가의 보호를 받는다."라고 규정하여 신체장애자 등에 대한 국가의 우선적 처우보장의 길을 열어 놓고 있다. 뿐만 아니라 각종 법률에서 국가나 지방자치단체가 신체장애자를 위한 보호시책을 적극적으로 강구해 나가야 한다는 점을 분명히 밝히고 있다(장애인복지법 제6조, 제9조, 장애인고용촉진 및 직업재활법 제3조, 제13조 등). 안마사 자격인정에 있어서 일반인을 제외시키는 기준은 이러한 헌법 제34조 제5항의 신체장애자에 대한 국가의 보호, 장애인복지시책 등에 바탕을 두고서 일반인에 비해 취업상 극히 불리한 처지에 놓이게 되는 시각장애인을 보호하고 그들의 생계를 보장하기 위한 것으로서 입법목적의 정당성이 인정된다.

한편 안마업은 다른 직종에 비해 공간이동이나 기동성이 별로 요구되지 않고 또 업무 성격상 시각을 통하여 외부 자료를 분석하는 과정을 크게 필요로 하지 않는다. 반면 시각장애인은 상실된 시각 대신에 촉각이 발달하여 안마행위를 하기에 적합한 신체적 조건을 갖추었다고 할 수 있다. 게다가 1급 및 2급 시각장애인과 같은 중증장애인의 경우 안마사 외에 다른 직업을 선택할 가능성이 거의 없고, 또 현실적으로 시각장애인에게 다른 신체장애인과 마찬가지로 일반적인 고용대책을 마련해주더라도 이들의 취임현황은 매우 부진한 실정이다. 따라서 시각장애인의 신체적 조건 및 전문적 기술 등을 고려하여 이들에게만 안마사 자격을 허용하는 것은 필요하고도 적합한 수단에 해당한다.

또한 일반인은 안마사 자격인정 대상에서 배제되더라도 다른 직업을 선택하여 생계를 유지할 수 있을 뿐만 아니라 만약 안마 등의 직종에서 일하기를 원할 경우 일련의 수련과정과 시험을 거쳐 물리치료사 자격을 취득하고 그 분야에서 종사할 수 있어 피해의 최소성에 반하지 않는다.

이처럼 시각장애인은 안마사 이외에 다른 직업을 갖기 어려운 반면 시각장애인이 아닌 일반인은 안마사 자격대상에서 배제되더라도 얼마든지 다른 직업을 가질 수 있으므로, 일반인의 안마업에 대한 직업선택의 자유를 보호하는 것과는 비교할 수 없을 만큼 시각장애인들의 인간다운 생활을 보장해 주어야 하는 공익이 월등히 우선한다고 할 수 있다. 따라서 시각장애인의 생계보장 등 공익을 위하여 비시각장애인의 직업선택의 자유를 제한하는 것은 법익의 균형성에 반하지 않는다. 특히 시각장애인을 비롯한 장애인에 대한 국가의 각종 배려와 지원 및 혜택, 그리고 장애자를 배려하고 보호하는 사회적 분위기를 가지고 있는 선진 복지국가와는 달리 우리의 경우 안마사업이 현재로서 시각장애인에게 거의 유일한 생계수단이라고 할 수 있는 등 시각장애자의 지위와 직업활동 및 시각장애자에 대한 국가와 사회의 배려가 매우 열악한 우리의 현실을 감안한다면 더욱 그렇다.

결국 양자의 견해가 나름대로의 일리가 있으나 후자의 견해가 더 타당하다고 여겨진다.

(3) 평등의 원칙 위배 여부

청구인은 비맹제외기준으로 인해 안마사 자격을 원천적으로 받을 수 없게 되어 안마사 직업을 선택할 수 있는 자유를 제한받고 있으며, 시각장애인과 비교할 때 안마사 자격취득에 있어서 차별적 취급을 받고 있다. 따라서 이 사건 규칙조항의 평등원칙의 위배 여부가 문제된다.

헌법 제11조 제1항의 평등의 원칙은 일체의 차별적 대우를 부정하는 절대적 평등을 의미하는 것이 아니라 입법과 법의 적용에 있어서 합리적 근거 없는 차별을 하여서는 아니된다는 상대적 평등을 뜻하고 따라서 합리적 근거 있는 차별 내지 불평등은 평등의 원칙에 반하는 것이 아니다.[7]

---

7) 헌재 1994. 2. 24. 92헌바43, 판례집 6-1, 72, 75.

위에서 언급한 바와 같이 비맹제외기준에 따른 시각장애인에 대한 우선적 처우의 결과 발생되는 일반 국민에 대한 역차별은 신체장애자 보호에 대한 헌법적 요청, 장애인복지시책의 원칙 등에 바탕을 두고서 일반인에 비하여 취업상 극히 불리한 처지에 놓이게 되는 시각장애인을 보호하고 그들의 생계를 보장하기 위한 것으로서 그 정당성이 인정된다. 나아가 시각장애인은 다른 장애인들과는 달리 안마사업 외에 다른 직업을 선택할 가능성이 거의 없고, 만약 일반인에게도 안마사업을 허용할 경우 시각장애인에 대한 보호는 사실상 형해화된다는 점, 특히 시각장애인은 상실된 시각 대신에 촉각이 발달하여 안마행위를 하기에 적합한 전문적 기술이나 신체적 조건을 갖추고 있다는 점, 시각장애인이 아닌 일반인은 안마사업 외에도 다른 직업을 선택하여 종사할 기회와 능력이 충분히 있고 또 굳이 안마, 지압, 마사지 등과 관련된 분야에서 종사하고 싶다면 일련의 수련과정과 시험을 거쳐 물리치료사 등의 직종에서 직업을 수행할 수도 있다는 점 등을 종합적으로 고려하면, 시각장애인에 대한 우선적 처우로 말미암아 일반인에게 가해지는 역차별적 취급에는 합리적인 이유가 있다 할 것이므로, 이 사건 규칙조항이 평등의 원칙을 침해한다고 볼 수 없다.

이 사건 헌재결정에서 다수의견은 대부분 평등원칙 위배여부에 대하여 판단하지 않고 있고, 다만 다수의견 중 송인준 재판관과 김효종 재판관의 반대의견만이 이에 대해 언급하고 있는데, 위에서 적시한 이유로 평등의 원칙 위배가 아니라는 입장이다.

(4) 결정유형과 관련하여

위에서 언급한 바와 같이 이 사건 규칙조항은 법률유보의 원칙 위반만이 문제되고 본질적인 내용면에서는 그 정당성이 인정되므로 이에 대하여는 단순위헌이 아닌 헌법불합치 결정이 타당했다고 생각된다. 왜냐하면 이 사건 규칙조항은 그 기본권 제한의 방식 내지 규범형식에서만 문제가 될 뿐 시각장애인에게만 안마사 자격을 부여하는 제도 자체의 정당성과 필요성은 인정되므로 이 사건 규칙조항의 구체적인 근거를 모법에 마련하면 위헌요소가 해소되므로 구태의 심판대상에 대한 위헌결정을 내릴 필요 없이 헌법불합치 및 입법촉구결정을 내리면 되기 때문이다.

그런데 이 사건 헌재결정에서는 위에서 언급한 바와 같이 이 사건 규칙조항이 직업의 자유도 침해한 본질적·내용적 위헌이라 하여 안마사규칙에 대하여 단순위헌결정을 내렸다. 그러나 설사 헌재의 의견대로 안마사규칙이 내용면에서도 위헌이라고 하더라고 그동안 안마업을 시각장애인에게만 배타적으로 허용해 온 정부시책에 대한 시각장애인들의 신뢰 등에 비추어 시각장애인들이 안마사규칙이 위헌이 됨에 따라 발생되는 문제점을 극복하고, 국가도 헌재의 위헌취지를 살리면서 시각장애인의 생존권을 보장하고 근본적으로는 시각장애인의 취업과 복지를 강구할 수 있는 대체입법 등 대안을 마련할 수 있도록 하는 준비기간을 부여했어야 했다. 그런 점에서 이번 헌재결정유형은 대단히 유감스럽다고 하지 않을 수 없다. 또한 단순위헌결정을 내려 즉시 안마사 규칙 관련조항을 무효화시켜야 할 만큼 사안이 시급하지도 않고 일반인의 기본권제한에 대한 수인의 기대가능성이 없어 보이는 것도 아니라는 점에서 더욱 안타깝다. 사실 앞에서도 소개했듯이 헌재의 위헌결정 이후의 사회적 파장과 국회의 사실상 같은 내용의 법개정을 감안하면 더욱 그렇다.

3. 결 어

2003헌마715 결정이 법이론상 상궤를 벗어났다고는 할 수는 없으나 현실은 법의 원칙만을 내세워 외면하기에는 너무 안타까운 면이 있다. 전체 시각장애인 20여만명 중 6000명 안팎이 종사하는 안마업은 이들이 스스로의 힘으로 해나갈 수 있는 거의 유일한 생업이다. 이를 위해 2년 넘게 해부생리, 침, 뜸, 전기치료, 지압, 병리학 등 전문과정을 공부해 자격증을 딴다. 어렵게 자격증을 따고도 스포츠·경락마사지 업소와 갖가지 무자격 퇴폐 안마업소들이 10만 곳 넘게 생겨나는 바람에 힘겨운 경쟁을 해야 한다. 헌재의 결정 이런 처지를 더욱 어렵게 만든 셈이다. 그 점에서 사회적 약자에 대한 배려를 소홀히 하고, 지나치게 기계적인 헌법이론을 전개한 헌재의 결정내용은 문제가 있다.

설사 위헌이라고 하더라도 일정한 유예기간을 두어 국회로 하여금 시각장애인을 배려하면서도 일반인의 직업의 자유도 보호될 수 있는 조화적인 대체입법을 촉구하는 헌법불합치결정을 내리지 않고 바로 단순위헌결정을 내린 것도 유감이라고 하겠다.

Ⅲ. 2006헌마1098 결정의 요지와 문제점

1. 2006헌마1098 결정의 요지

(1) 다수의견

1) 이 사건 법률조항은 시각장애인에게 삶의 보람을 얻게 하고 인간다운 생활을 할 권리를 실현시키려는 데에 그 목적이 있으므로 입법목적이 정당하고, 다른 직종에 비해 공간이동과 기동성을 거의 요구하지 않을 뿐더러 촉각이 발달한 시각장애인이 영위하기에 용이한 안마업의 특성 등에 비추어 시각장애인에게 안마업을 독점시킴으로써 그들의 생계를 지원하고 직업활동에 참여할 수 있는 기회를 제공하는 이 사건 법률조항의 경우 이러한 입법목적을 달성하는 데 적절한 수단임을 인정할 수 있다. 나아가 시각장애인에 대한 복지정책이 미흡한 현실에서 안마사가 시각장애인이 선택할 수 있는 거의 유일한 직업이라는 점, 안마사 직역을 비시각장애인에게 허용할 경우 시각장

애인의 생계를 보장하기 위한 다른 대안이 충분하지 않다는 점, 시각장애인은 역사적으로 교육, 고용 등 일상생활에서 차별을 받아온 소수자로서 실질적인 평등을 구현하기 위해서 이들을 우대하는 조치를 취할 필요가 있는 점 등에 비추어 최소침해성원칙에 반하지 아니하고, 이 사건 법률조항으로 인해 얻게 되는 시각장애인의 생존권 등 공익과 그로 인해 잃게 되는 일반국민의 직업선택의 자유 등 사익을 비교해 보더라도, 공익과 사익 사이에 법익 불균형이 발생한다고 단정할 수도 없다. 따라서 이 사건 법률조항이 헌법 제37조 제2항에서 정한 기본권제한입법의 한계를 벗어나서 비시각장애인의 직업선택의 자유를 침해하거나 평등권을 침해한다고 볼 수는 없다.

2) 헌법재판소법 제47조 제1항 및 제75조 제1항에 규정된 법률의 위헌결정 및 헌법소원 인용결정의 기속력과 관련하여, 입법자인 국회에게 기속력이 미치는지 여부, 나아가 결정주문뿐 아니라 결정이유에까지 기속력을 인정할지 여부는 헌법재판소의 헌법재판권 내지 사법권의 범위와 한계, 국회의 입법권의 범위와 한계 등을 고려하여 신중하게 접근할 필요가 있다. 설령 결정이유에까지 기속력을 인정한다고 하더라도, 결정주문을 뒷받침하는 결정이유에 대하여 적어도 위헌결정의 정족수인 재판관 6인 이상의 찬성이 있어야 할 것이고(헌법 제113조 제1항 및 헌법재판소법 제23조 제2항 참조), 이에 미달할 경우에는 결정이유에 대하여 기속력을 인정할 여지가 없는데, 헌법재판소가 2006. 5. 25. 「안마사에 관한 규칙」 제3조 제1항 제1호와 제2호 중 각 '앞을 보지 못하는' 부분에 대하여 위헌으로 결정한 2003헌마715등 사건의 경우 그 결정이유에서 비맹제외기준이 과잉금지원칙에 위반한다는 점과 관련하여서는 재판관 5인만이 찬성하였을 뿐이므로 위 과잉금지원칙 위반의 점에 대하여 기속력이 인정될 여지가 없다.

(2) 재판관 이강국, 재판관 이공현, 재판관 조대현의 반대의견

시각장애인의 생계를 보장하고 직업활동 참여의 기회를 제공하는 것은 중요한 공익적 목적임을 충분히 인정할 수 있으나, 이 사건 법률조항에 의한 시각장애인에 대한 안마사자격의 독점적 유보가 제거된다 하더라도 안마사 자격자들의 영업활동이 불가능해지는 것이 아니며, 단지 비시각장애인 안마사들과 경쟁하는 입장에 처하게 되는 것이라는 점 등에 비추어 직업선택의 자유의 제한을 정당화할 명백하고 확실한 위험이 있다고 보기 어렵고, 그리고 중증 시각장애인의 약 17%인 6~7,000명만이 안마사로 등록하여 활동하는 점 등에 비추어 이 사건 법률조항의 생계보장효과가 의심스러울 뿐 아니라 단지 안마업의 독점기회를 제공하는 것이 자아실현과 개성신장의 도구로서의 직업을 선택할 기회를 제공한다고 볼 수도 없으므로 이 사건 법률조항이 실질적으로 입법목적 달성에 충분히 기여하고 있음을 인정하기도 어렵다. 또한 이 사건 법률조항에 의한 시각장애인의 안마사 직역 독점 외에 시각장애인의 생계보장 및 직업활동 참여기회 제공을 달성할 다른 수단이 없는 것도 아니라는 점 등에 비추어 위 법률조항에 의한 시각장애인의 안마사 직역 독점은 입법목적 달성을 위한 불가피한 수단이라고 보기 어려우며 기본권의 최소침해성원칙에 위반되고, 나아가 위 법률조항으로 달성하려는 시각장애인의 생계보장 등 공익이 비시각장애인들이 받게 되는 직업선택의 자유의 박탈보다 우월하다고 보기도 어렵다. 따라서 이 사건 법률조항은 과잉금지원칙에 위배하여 직업의 자유의 본질적 내용을 침해하는 것으로 헌법에 위반된다.

2. 2006헌마1098 결정의 문제점(위헌결정 기속력의 주관적 · 객관적 범위)

앞서 언급한 바와 같이 과거 시각장애인만 안마사자격을 취득할 수 있도록 했던 「안마사에 관한 규칙」 제3조 제1항 제1호와 제2호 중 각 '앞을 보지 못하는' 부분이 법률유보의 원칙과 포괄적 위임입법금지의 원칙상 위헌이지만, 직업의 자유와 관련해서는 문제가 없다는 것이 필자의 견해이다. 따라서 안마사자격과 관련하여 비맹제외기준을 그대로 유지하면서 그 내용을 규칙이 아닌 법률에 정하고 있는 개정 의료법 조항을 합헌이라고 판단한 2006헌마1098 결정은 대체로 타당하다고 하겠다. 그러므로 여기서는 2006헌마1098 결정 중 위헌결정 기속력의 주관적·객관적 범위에 관한 문제점에 대해서만 고찰하고자 한다.

(1) 판례변경에 대하여

2006헌마1098 결정에서는 비맹제외기준을 설정한 안마사제도를 위헌이라고 판시한 2003헌마715 결정에서와는 달리 합헌이라고 판시했다. 물론 2003헌마715 결정에서는 비맹제외기준을 설정해서 직업의 자유를 과잉금지의 원칙에 위반하여 침해했으므로 위헌이라는 판시 이외에 그러한 비맹제외기준에 관한 사항이 법률유보의 원칙에 따라 법률에 규정되어 있어야 하는데 규칙에 규정되어 있어 위헌이라는 판시도 있으나 이는 형식적인 사항에 불과한 것이고, 안마사제도가 위헌일 수밖에 없는 본질적인 이유는 비맹제외기주의 설정이 직업의 자유의 침해가 된다는 것이었다. 따라서 시각장애인에게만 안마사의 자격을 부여하는 구 의료법이 직업의 자유를 침해한 것이 아니므로 합헌이라는 2006헌마1098 결정은 사실상 2003헌마715 결정의 판시를 변경한 것에 해당한다. 그러므로 2006헌마1098 결정 내용에 2003헌마715 결정에서의 비맹제외기준에 관한 판시를 변경했다는 언급을 하지 않은 것은 잘못이라고 하겠다.

이와 관련하여 헌재는 2003헌마715 결정에서의 중요 논거인 직업의 자유 침해에 대하여는 재판관 5인만이 찬성을 했기 때문에 이 논거에 대하여 기속력을 인정할 수 없다고 2006헌마1098 결정에서 밝히고 있고, 아마도 이러한 이유 때문에 비맹제외기준이 직업의 자유 침해가 아니라는 2006헌마1098 결정은 2003헌마715 결정을 변경한 것은 아니라고 판단한 것으로 보인다. 그러나 이는 후술하는 바와 같이 재판관 6인 이상이 찬성한 결정 이유만이 기속력을 가진다는 헌재의 견해가 잘못되었다는 점에서 정당화될 수 없다고 하겠다.

(2) 기속력 문제와 관련하여

앞서 언급한 바와 같이 시각장애인에게만 안마사의 자격을 부여하고 있는 「안마사에 관한 규칙」에 대하여 헌재가 위헌결정을 내린 후 국회는 또 다시 시각장애인에게만 안마사의 자격을 부여하는 내용의 입법을 하였다. 물론 이는 부령의 형식으로 규정되어 있던 내용을 법률의 형식으로 규정한 것으로 입법 형식적으로는 달라진 것이지만 시각장애인에게만 안마사의 자격을 부여하는 내용 자체가 비시각장애인의 직업선택의 자유를 침해한다는 것이 헌재 위헌결정의 핵심적 이유라는 점에서 본질적으로는 헌법재판소의 결정에 반하는 내용의 입법을 국회가 한 것으로 볼 수 있다. 여기서 과연 국회는 헌재의 결정 취지에 반하는 입법 또는 반복입법을 할 수 있는지의 여부, 즉 위헌결정 기속력의 주관적 범위와 위헌결정의 기속력이 결정 주문에만 인정되는지 아니면 결정의 주된 이유에도 인정되는지, 즉 기속력의 객관적 범위가 문제된다.

1) 기속력의 주관적 범위와 관련하여

헌법재판소법 제47조 제1항은 "법률의 위헌결정은 법원 기타 국가기관 및 지방자치단체를 기속한다."라고 규정함으로써 위헌결정의 효력이 법원 기타 국가기관 및 지방자치단체 모두에게 미친다는 점을 분명히 했다. 이는 헌재의 위헌결정의 효력을 담보하기 위하여 당연한 것이라고 하겠다. 그런데 위헌결정의 기속력이 미치는 범위와 관련하여 이 효력이 입법자에게도 미치는지가 문제되는 것이다. 이는 구체적으로 입법자가 위헌결정된 법률이나 법률조항과 동일하거나 본질적으로 유사한 내용의 입법을 할 경우, 즉 이른바 반복입법을 할 경우에 문제된다. 위헌결정의 기속력을 입법자에게도 미친다고 본다면 그러한 반복입법은 위헌결정의 기속력을 위반하는 것으로서 금지되고, 만일 그렇지 않다고 본다면 그러한 반복입법은 허용될 수 있고 이 경우 만일 반복입법에 대하여 헌법소송이 제기되면 헌법재판소는 새롭게 본안판단을 해야 한다는 것이다.

이러한 위헌결정의 기속력의 범위 및 반복입법의 허용문제를 본격적으로 다룬 것은 독일 연방헌법재판소의 판례이다. 따라서 여기서는 이러한 위헌결정 기속력의 주관적 범위 및 반복입법의 허용문제와 관련하여 독일의 판례와 학설을 소개·평가를 한 후 이를 토대로 2003헌마715 결정 이후 개정된 의료법 관련규정과 이에 대한 2006헌바1098 결정을 검토하고자 한다.

가. 기속력의 주관적 범위 및 반복입법의 허용여부에 관한 학설과 판례의 입장

(가) 기속설

헌법재판소 위헌결정의 기속력이 의회에도 미친다는 입장이다. 이에 따라 의회에 미치는 위헌결정의 기속력의 내용은 위헌결정된 법률조항의 반복입법금지를 의미한다.[8] 즉 입법자가 위헌결정된 법률이나 법률조항과 동일하거나 본질적으로 유사한 내용의 입법을 할 경우 이는 위헌결정의 기속력을 위반하는 것으로서 금지되고, 결과적으로 중대하고 명백한 하자를 가지는 것으로서 무효가 된다고 보는 입장이다.

초기 독일 연방헌법재판소 제2원(Das Zweite Senat)의 입장이 그 예이다. 연방헌법재판소 제2원은 1951. 10. 23. 독일 남서부지방 일부 주들의 영역조정에 관한 법률과 관련한 기관쟁의소송에서 문제된 법률을 위헌이라고 선언하면서, "… 이러한 위헌결정은 연방헌법재판소법 제31조 제2항에 따라 법률적 효력(Gesetzeskraft)을 가질 뿐만 아니라, 이는 주요한 결정이유(tragende Entscheidungsgründe)와 함께 동법 동조 제1항에 따라 모든 헌법기관을 기속하기 때문에 위헌결정된 법률과 동일한 내용의 법률이 의회에서 제정될 수 없다. …"고 판시했다.[9]

이러한 연방헌법재판소 제2원의 결정에 따르면 위헌결정은 입법자를 기속하며, 따라서 향후 위헌결정된 법률 내지 법률조항과 동일한 또는 유사한 법률 내지 법률조항의 제정, 즉 반복법률의 제정은 금지된다는 것이고, 결국 위헌결정의 기속력은 입법자에게도 미치며, 그 미치는 효력의 내용에는 결정주문뿐 아니라 그 주요한 결정이유도 해당된다는 것이다.

한편 이러한 반복입법금지의 원칙은 연방헌법재판소 제2원의 1985. 1. 15. 지방자치단체인 Straßkirchen이 제기한 헌법소원사건 결정에서도 확인되고 있다.[10]

(나) 비기속설

헌법재판소 위헌결정의 기속력이 의회의 입법부를 기속하지 못한다는 입장이다. 따라서 입법자가 위헌결정된 법률이나 법률조항과 동일하거나 본질적으로 유사한 내용의 입법을 할 수 있고, 이 경우 만일 이러한 반복입법에 대하여 헌법소송이 제기되면 헌법재판소는 새롭게 본안판단을 해야 한다는 것이다.[11]

이에 따르면 입법권은 행정권이나 사법권과는 달리 헌법질서에만 기속되며 헌법보다 하위에 있는 법률에는 기속되지 않기 때문에 새로운 법률의 제정에 동위의 법률인-위

---

8) Vgl. Detterbeck, Normwiederholungsverbote aufgrund normverwerfender Entscheidungen des Bundesverfassungsgerichts?, AöR 116(1991), 391ff.; Kube, Die Bindungswirkung der Normverwerfung, DÖV 2002, 737ff.; Pestalozza, Verfassungsprozeßrecht, 3. Aufl., 1991, § 20, Rdnr, 85; Maunz, in: Maunz/u.a., BVerfGG, §31, Rdnr. 24.

9) BVerfGE 1, 14(37).

10) BVerfGE 69, 112(115).

11) Vgl. Rennert, in: Umbach/Clemens, BVerfGG, 1992, §31 Rdnr. 67; Gerber, Die Rechtssetzungsdirektiven des Bundesverfassungsgerichts, DÖV 1989, S. 704ff.; Stricker, Subjektive und objektive Grenzen der Bindungswirkung verfassungsgerichtlicher Entscheidungen gemäß §31 Abs. 1 BVerfGG, DÖV 1995, 978ff.; Battis, in: Isensee/Kirchhof, Handbuch des Staatsrechts, VII, 1992, §165 Rdnr. 60; H. H. Klein, Verfassungsgerichtsbarkeit und Verfassungsstruktur, in: Festschrift für F. Klein, 1994, S. 518; Ziekow, Abweichung von bindenden Verfassungsgerichtsentscheidungen?, NVwZ 1995, S. 248; Schlaich/Korioth, Das Bundesverfassungsgericht, 6. Aufl., 2004, Rdnr. 484.

헌결정의 기속력에 관한－연방헌법재판소법 제31조 제1항의 적용은 배제된다. 변동하는 사회적 요청과 변화하는 질서에 법질서를 적절하게 적용시켜야 하는 것은 민주적 정당성을 지니고 있는 입법자에게 부여된 특별한 책임이며, 이를 수행하는 것이 입법자에게 주어진 입법형성의 책임을 다하는 것이다. 그런데 입법자가 위헌결정에 기속당하면 이러한 책임을 수행할 수 없다. 헌법재판소가 당해 결정을 스스로 취소·변경할 수 없는 점을 고려하면 입법자에 의하여 헌법재판소의 오류를 바로 잡거나 판례를 수정할 기회가 만들어져야 하고, 입법자의 이러한 행위는 법발전의 고착화를 방지한다.

독일 연방헌법재판소 제1원(Das Erste Senat)의 입장[12)]이 그것이다. 연방헌법재판소 제1원은 1987. 10. 6. 노동촉진법 제12a조에 대한 헌법소원심판사건에서 위헌결정의 기속력은 입법자에게 미치지 아니하고, 따라서 입법자는 이미 위헌결정된 법률과 동일하거나 유사한 내용의 법률을 제정할 수 있다고 판시했다. 즉 "… 연방헌법재판소법 제31조와 헌법재판소의 위헌결정의 법률적 효력은 입법자가 위헌결정된 법률 내지 법률조항과 내용이 동일하거나 유사한 새로운 법률 내지 법률조항을 제정하는 것을 금지하지 않는다. 그리고 이는 입법권이 집행권이나 사법권과는 달리 오직 헌법적 규범질서에만 기속되며 법률적 규범질서에는 기속되지 않는다는 사실로부터 도출된다. 이러한 연방헌법재판소법 제31조에 따른 위헌결정의 기속력이 연방헌법재판소 자체에 대하여는 미치지 못하듯이(vgl. BVerfGE 4, 31[38]; 20, 56[86f.]; st. Rspr.), 그러한 연방헌법재판소법 제31조라는 법률을 통해 비로소 인정되는 기속력은, 만일 입법자가 일정한 위헌결정된 법률 내지 법률조항과 내용이 동일하거나 유사한 새로운 법률 내지 법률조항의 제정이 불가피하다고 판단한다면, 입법자가 그러한 반복법률을 제정함으로써 입법자의 입법형성의 자유와 책임을 다하는 것을 방해하지 못한다(vgl. auch aus der Entstehungsgeschichte des Grundgesetzes JöR N.F. Bd. 1[1951], S. 686). 이러한 판단은 법질서를 변화하는 사회적 요구와 변화된 질서에 적합시켜야 하는 민주적 정당성을 가진 입법자의 특별한 책임에 부합된다. 동시에 이는 헌법재판소에 의한 권리보호의 기능적·제도적 한계, 즉 헌법재판소가 입법행위를 헌법 자체를 기준으로 재단하는 것이지 헌법재판소의 선판례(Präjudizieren)에 따라 재단하는 것은 아니며, 또한 헌법재판소는 자신의 판례를 스스로 능동적으로 수정·변경할 수 없다는 사정을 고려한 것이다; 이는 헌법에 대한 법적 기속력있는 해석과 효과적인 권리보호를 위한 연방헌법재판소의 과제와 권한을 침해하지 아니하면서 법치국가적·사회국가적 민주주의와 부합될 수 없는 법발전의 고착화를 방지한다. …"라고 판시함으로써 위헌결정의 기속력이 미치는 범위의 한계와 반복입법의 허용을 분명히 하고 있다.

(다) 제한적 기속설

이는 입법자에게도 원칙적으로 위헌결정의 기속력이 미치나, 정당한 특별한 사유가

12) BVerfGE 77, 84(103ff.).

있는 경우에는 기속력이 미치지 않는다는 입장이다. 즉 의회도 원칙적으로 위헌결정의 기속력을 존중하여야 하고, 따라서 위헌결정된 법률조항의 반복입법은 금지되나, 의회는 다른 국가기관과는 달리 넓은 입법형성권을 가지지 때문에 정당한 특별한 사유가 있는 경우 위헌결정된 법률조항과 동일하거나 본질적으로 유사한 내용의 입법을 다시 할 수 있다고 보는 견해이다.[13)]

이는 독일 연방헌법재판소의 최근 판례의 입장이다. 즉 1997년 제1원은 연방헌법재판소의 위헌결정의 의회에 대한 기속력을 제한적으로 인정해서 의회는 특별한 정당한 사유가 있는 경우에만 위헌결정된 법률조항과 동일한 내용의 입법을 반복하는 것이 허용된다고 판시했다. 즉 "… 비록 입법자는 위헌결정된 법률조항과 내용상 동일한 규정을 제정할 수 있지만, 연방헌법재판소의 위헌결정취지를 무시해서는 안된다. 반복입법은 연방헌법재판소의 헌법적 판단의 토대를 이루는 사실적 또는 법적인 관계나 위헌판단의 기초가 되는 견해의 근본적 변화에 기인하는 특별한 정당화 사유를 요구한다. 만일 그러한 사유가 존재하지 않는다면 연방헌법재판소는 이미 판단한 헌법적 문제를 다시 새롭게 규명할 필요가 없다."라고 판시하면서 연방헌법재판소 제1원이 1992년에 헌법불합치결정[14)]한 법률조항을 다시 입법한 것은 특별한 정당한 사유를 인정할 수 없기 때문에 이에 대해 다시 헌법불합치결정한다고 판시했다.[15)] 아울러 1년 후에도 제1원은 "… 연방헌법재판소 결정의 기속력이 반복입법을 절대적으로 금지하는 것은 아니다. … "라고 판시[16)]함으로써 기속력이 원칙적으로 입법자에게 미치나 특별한 사유가 있을 경우에는 반복입법이 허용될 수 있다는 같은 입장을 취했다.[17)]

(라) 소결(기관상호존중설)

먼저 기속설에는 동의할 수 없다. 왜냐하면 기속설이 논거로 들고 있는 연방헌법재판소법 제31조 제2항에서 말하는 법률적 효력은 위헌결정의 일반적 효력, 즉 대세효를 의미하는 것으로 이로써 법률의 효력이 상실된다는 것을 의미하는 것이지[18)] 상실된 법률과 동일한 또는 유사한 법률의 제정을 금지하는 것과는 전혀 별개의 것이고, 주요한 결정이유와 함께 연방헌법재판소법 제31조 제1항에 따라 모든 헌법기관을 기속한다는 것도 입법자를 기속한다는 의미라고 볼 수 없으며, 또한 입법자는 헌재의 결정과 입법자 자신이 제정한 연방헌법재판소법 제31조에 기속되는 것이 아니라 헌법에만 기속되기 때문이다.[19)] 헌법재판소의 결정에 입법자를 기속하는 이러한 헌법적 차원의 효

---

13) Benda/Klein, Verfassungsprozeßrecht, 2. Aufl., 2001, Rdnr. 1345.

14) BVerfGE 85, 226(234ff.). 이 사건에서 연방헌법재판소는 헤센주의 특별휴가법(Sonderurlaubsgesetz)이 기본법 제12조에 합치되지 않는다고 판시했다.

15) BVerfGE 96, 260(263).

16) BVerfGE 98, 265(320f.).

17) Vgl. auch BVerfGE 102, 127(141f.).

18) Vgl. Schlaich/Korioth, aaO, Rdnr. 495ff.

19) Schlaich/Korioth, aaO, Rdnr. 484.

력이 주어지는 것은 아니며, 헌법에 대한 독점적 해석권이 헌법재판소에게 부여되어 있는 것도 아니다. 입법자는 법률을 통해 헌법을 구체화시키는 헌법의 일차적 해석자[20]로서 원칙적으로 반복입법의 자유를 가지는 것이다.

결국 위헌결정의 기속력이 입법자에게 미친다고 볼 수 없다. 헌법재판소의 모든 결정의 기속력은 그 구체적인 해당 소송대상, 즉 위헌·무효로 선언된 바로 그 법률에 대해서만 미치며, 그 사안에서만 헌재 자신과 입법자를 기속한다. 그러나 만일 하나의 또 다른 새로운 법률이 제정된다면 이는 비록 그 내용이 전체적으로 또는 부분적으로 이전의 원래의 법률과 동일하다 하더라도 더 이상 그 이전의 소송대상이었던 법률과 동일시되어질 수는 없다. 따라서 이전의 헌재결정은 더 이상 이에 대하여 기속력을 미칠 수 없다. 그 결정내용의 주된 논거 역시 더 이상 기속력을 가지지 못한다. 만일 그렇지 않다면 재판소는 도대체 자신의 판례를 재검토하고 보다 나은 법적 이해와 통찰력을 가지고 이를 수정할 수 있는 기회를 가질 수 없을 것이다. 이러한 입장을 취할 때에만 법발전의 고착화 내지 퇴행을 방지할 수 있을 것이다. 헌재의 한번의 판단이 더 이상의 발전과 변화가 있을 수 없는 최후의 판단일 수는 없다는 것이다. 이처럼 위헌결정의 기속력이 입법자에게 미치지 않는다는 점에서 위헌결정의 기속력이 제한적이지만 원칙적으로 입법자에게 미친다고 보는 제한적 기속설도 타당하다고 보기 어렵다.

그러나 다른 한편 위헌결정의 기속력이 입법자에게 미치지 않는다고 보는 견해는 이른바 '기관상호간 존중(Organtreue)의 원칙'에 의하여 보완되어야 할 것이다.[21] 이 원칙은 모든 국가기관 내지 헌법기관은 그 기능과 활동에 있어서 상호 협력해야 하며, 어떠한 국가기관도 다른 국가기관을 경시해서는 안되고 상호 존중할 것을 요구한다.[22] 이 원칙을 이 사안에 적용하면 입법자는 원칙적으로 반복입법을 할 수는 있으나, 이는 어디까지나 또 다른 국가기관이자 최후의 헌법해석기관인 헌재의 결정취지와 권위를 존중하는 한도에서만 허용될 수 있다고 하겠다.[23] 위헌결정의 기속력이 입법자에게 미치지 않고 반복입법이 허용된다는 것이 입법자의 자의를 허용한다는 것을 의미하는 것은 아니기 때문이다.[24] 다시 말해 헌재의 위헌결정의 기속력이 입법자에게 미치지

---

20) Vgl. Kirchhof, Verfassungsverständnis, Rechtsprechungsaufgabe und Entlastung des Bundesverfassungsgerichts, in: Bogs(Hrsg.), Urteilsverfassungsbeschwerde zum Bundesverfassungsgericht, 1999, S. 74.

21) Lerche, Bundesverfassungsgericht und Gesetzgeber, in: Vortrag vom Koreanisch-deutschen Symposium über Verfassungsgerichtsbarkeit und Gesetzgebung, 1996. 11. 16, 공법연구 제25집 제1호, 1997, 185쪽; Schlaich/Korioth, aaO, Rdnr. 484.

22) 이러한 독일에서 '기관상호간 존중(Organtreue)의 원칙'이라고 명명될 수 있는 일반화된 헌법개념이 헌법재판권과 입법권과의 관계를 조화롭게 정립하는 유용한 도구로 기능할 수 있다고 본다. 물론 이는 다소 막연한 개념으로서 그 적용한계가 불명확하다. 그럼에도 불구하고 이는－'남용(Mißbrauch)'이라는 일반화된, 그러나 역시 다소 애매한 법적 개념의 경우처럼－유용한 개념으로서, 그렇지 않을 경우 나타날 수 있는 입법자의 지나치게 과도한 권력을 통제하는데 기여할 수 있을 것이다. Vgl. Lerche, aaO, S. 185; Voßkuhle, Der Grundsatz der Verfassungsorgantreue und die Kritik am BVerfG, NJW 1997, S. 2216ff.

23) Vgl. Voßkuhle, aaO, S. 2216; Simon, in: Benda/Maihofer/Vogel, Handbuch des Verfassungsrechts, 2 Aufl., 1994, §34, Rdnr. 30.

않기 때문에 원칙적으로 입법자는 헌재의 위헌결정을 받은 법률조항과 동일하거나 유사한 내용의 법률조항을 또 다시 제정할 수는 있으나 이 경우 입법자는 무제한으로 반복입법을 할 수는 없고, 그러한 반복입법을 정당화시키는 특별한 사유가 존재할 때에만 행할 수 있다는 것이며, 그럴 경우에만 헌재의 결정취지와 최후의 헌법수호기관으로서의 헌재의 권위가 존중되고, 입법권의 자의와 남용이 억제되며, 결국 권력분립의 정신과 법적 안정성 및 법적·정치적 평화가 유지되고 사회적 통합이 실현될 수 있기 때문이다. 이 글에서 이러한 입장을 '기관상호존중설'이라고 명명하기로 한다.

이러한 기관상호간 존중의 원칙은 헌법상의 권력분립의 원칙에서 도출될 수 있다고 본다. 왜냐하면 만일 이러한 원칙이 요구되지 않는다면 국가기관은 다른 국가기관의 합헌적인 행위에 대하여 배치되는 행위를 할 수 있고, 그럴 경우 헌법질서와 법적 안정성 및 법적·정치적 평화가 파괴되며, 결국 이는 권력분립의 원칙의 파괴와 이러한 헌법적 원칙과 가치의 최후수호기능을 가지는 헌재의 기능과 권위를 무력화시키는 것이 되기 때문이다.

한편 위헌결정의 기속력이 입법자에게 미치지 않는다는 점에서는 기관상호존중설이 비기속설과 차이가 없지만, 전자의 경우 반복입법에 있어서 기관상호존중의 원칙에서 오는 일정한 제한을 받는다는 점에서 구별된다고 하겠다. 바로 이러한 점에서 비기속설에도 동의하기 어렵다고 하겠다.

끝으로 기관상호존중설은 입법자에게 기속력이 미치는지의 여부와 관련해서는 제한적 기속설과 구별이 되지만, 특별한 사유가 존재할 경우에만 반복입법이 정당화되어지고 그렇지 않을 경우에는 반복입법이 정당화될 수 없다는 점에서는 결과적으로 제한적 기속설과 동일하다고 하겠다.

결론적으로 입법자는 형식적으로는 헌법재판소의 선행결정에 기속되지는 않는다. 그러나 특별한 정당화 사유가 존재할 때에만 반복입법을 할 수 있으며, 이 경우 이러한 입법자의 태도는 기관상호간 존중의 원칙을 준수한 것으로 보아야 할 것이다.[25)]

나. 개정 의료법은 반복입법인가?

본래 과거 2003헌마715 결정에서 문제가 되었던 당시 의료법 제61조 제4항은 "안마사의 자격인정, 그 업무한계 및 안마시술소 또는 안마원의 시설기준 등에 관하여 필요한 사항은 보건복지부령으로 정한다."라고 규정하고 있었고, 2003헌마715 결정의 심판대상인「안마사에 관한 규칙」(2000. 6. 16. 보건복지부령 제153호로 개정된 것) 제3조 제1항

24) Vgl. Korioth, Die Bindungswirkung normverwerfender Entscheidungen des Bundesverfassungsgerichts für den Gesetzgeber, Der Staat 30(1991), S. 549ff.; Schulze-Fielitz, Wirkung und Befolgung verfassungsgerichtlicher Entscheidungen, in: Badura/Dreier(Hrsg.), Festschrift 50 Jahre Bundesverfassungsgericht, Bd., I, 2001,, S. 392f.; Voßkuhle, aaO, S. 2218; Bauer, Die produktübergreifende Bindung des Bundesgesetzgebers an Entscheidungen des Bundesverfassungsgerichts, 2003, S. 113ff., 291ff.

25) Lerche, aaO, S. 185.

은 "안마사의 자격인정을 받을 수 있는 자는 다음 각호의 1에 해당하는 자로 한다. 1. 초·중등교육법 제2조 제5호의 규정에 의한 특수학교 중 고등학교에 준한 교육을 하는 학교에서 제2조의 규정에 의한 물리적 시술에 관한 교육과정을 마친 앞을 보지 못하는 사람 2. 중학교 과정 이상의 교육을 받고 보건복지부장관이 지정하는 안마수련기관에서 2년 이상의 안마수련과정을 마친 앞을 보지 못하는 사람"이라고 규정하여 오로지 시각장애인에게만 안마사의 자격을 부여할 수 있도록 했었다. 그런데 앞서도 언급했듯이 이러한 비맹제외기준이 시각장애인이 아닌 청구인의 직업선택의 자유를 침해하여 위헌이라고 하는 것이 2003헌마715 결정의 핵심내용이다.

그런데 앞서 언급한 바와 같이 2003헌마715 결정 이후 국회는 시각장애인만 안마사가 될 수 있는 비맹제외기준을 유지시켰다. 즉 개정 의료법(2006. 9. 27. 법률 제8007호로 개정되고 2007. 4. 11. 법률 제8366호로 전부 개정되기 전의 것) 제61조 제1항은 안마사의 자격을 시각장애인 중 고등학교에 준하는 특수학교에서 안마 시술 관련 교육과정을 거쳤거나, 중졸 이상으로 보건복지부 지정 안마 수련기관에서 2년 이상 과정을 마친 사람으로 한정했다.[26] 이 개정안을 제출한 의원들은 "헌재는 현행 의료법이 규정하는 안마사에 관한 규칙에서 '앞을 보지 못하는'이라는 부분이 위헌이라고 결정했으나, 비시각 장애인의 직업선택권보다 장애인에 대한 국가의 보호의무를 중시하는 헌법정신을 더 고려해 헌재의 위헌결정 취지를 존중하는 범위에서 개정안을 만들었다"고 설명했다.[27] 따라서 앞서 언급한 바와 같이 보건복지부령인 「안마사에 관한 규칙」 제3조 제1항에 규정되었던 내용을 개정 의료법 제61조 제1항에 규정했다는 점에서 입법형식의 차이는 있으나, 비맹제외기준이 청구인의 직업선택의 자유를 침해하여 위헌이라는 것이 위헌결정의 핵심이유라는 점에서 여전히 비맹제외기준을 고수한 의료법 개정내용은 결국 위헌결정된 조항과 본질적으로 동일한 내용을 반복입법한 것으로 위헌결정의 기속력과 관련하여 문제가 제기될 수 있는 것이다.

이 점에서 헌재가 개정 의료법의 위헌여부를 다룬 2006헌마1098 결정에서 심판대상인 개정 의료법 조항이 이전 2003헌마715 결정에서 위헌결정된 구법 조항과 본질적으로 동일하거나 유사한 반복입법인지의 여부와 헌재의 위헌결정 취지에 반하는지의 여부 및 그에 대한 정당화사유의 존재 여부에 대하여 언급이나 판단을 하지 않은 것은 앞서 언급한 헌법재판의 기능과 특성에 비추어 볼 때 유감이라고 하겠다.

이와 관련하여 헌재는 앞서 언급한 바와 같이 2003헌마715 결정에서의 중요 논거인

---

26) 개정 의료법 제61조 제1항: "안마사는 「장애인복지법」에 따른 시각장애인 중 다음 각 호의 어느 하나에 해당하는 자로서 시·도지사의 자격인정을 받아야 한다.

1. 「초·중등교육법」 제2조 제5호의 규정에 따른 특수학교 중 고등학교에 준한 교육을 하는 학교에서 제4항의 규정에 의한 안마사의 업무한계에 따라 물리적 시술에 관한 교육과정을 마친 자
2. 중학교 과정 이상의 교육을 받고 보건복지부장관이 지정하는 안마수련기관에서 2년 이상의 안마수련과정을 마친 자"

27) 중앙일보, 2006. 8. 25, 12쪽.

직업의 자유 침해에 대하여는 재판관 5인만이 찬성을 했기 때문에 이 논거에 대하여 기속력을 인정할 수 없다고 2006헌마1098 결정에서 밝히고 있고, 따라서 비맹제외기준을 그대로 유지하고 있는 개정 의료법 조항은 2003헌마715 결정 취지에 정면으로 반하는 반복입법은 아니라고 판단하고 이점에 대하여 별도로 언급할 필요를 느끼지 못한 것으로 볼 수도 있다. 그러나 이는 후술하는 바와 같이 위헌결정의 기속력의 객관적 범위에 대한 헌재의 잘못된 견해에 기인한 것이다.

다. 개정 의료법은 정당화될 수 있나?

위에서 언급한 바와 같이 개정 의료법 조항은 일종의 반복입법이다. 따라서 이러한 반복입법이 정당화되기 위하여 제한적 기속설이나 기관상호존중설에 따라 특별한 사유가 존재해야 한다.

결론적으로 안마사에 관한 의료법 개정행위는 정당화되기 어렵다고 본다. 물론 필자는 앞서 언급한 바와 같이 「안마사에 관한 규칙」이 청구인의 직업선택의 자유를 침해했다는 2003헌마715 결정에 동의하지 않는다. 그러나 헌재의 결정은 존중되어야 한다. 즉 입법자는 헌재의 위헌결정에 대하여 동의하지 않는다 하더라도 원칙적으로 이를 존중하고 따라야 한다. 그래야 헌재의 위상과 권위가 확립될 수 있으며, 법치주의와 권력분립의 원칙이 실현될 수 있는 것이다. 다만 앞서도 언급했듯이 헌재가 이미 위헌결정을 내린 「안마사에 관한 규칙」 조항과 본질적으로 동일한 내용으로 국회가 의료법개정행위를 할 수밖에 없었던 특별한 사유가 존재할 경우에는 그러한 일종의 반복입법으로서의 의료법개정행위가 정당화될 수 있을 것이다. 그러나 이 사안의 경우 헌재의 위헌결정 이후 어떠한 새로운 정당화 사유가 발생했다고 볼 수 없다. 헌재의 위헌결정의 취지가 설득력이 없다든가, 잘못된 헌법이해 내지 헌법해석에 근거한 것이라든가, 현실에 대한 고려가 미흡했다든가, 국민 내지 위헌결정으로 타격을 받을 시각장애인들의 저항이 크다든가 하는 것들은 헌재결정내용에 대한 비판의 논거일 수는 있지만 반복입법을 정당화시키는 특별한 사유로 보기는 어렵다.

한편 이와 관련하여 국회는 의료법을 개정하면서 "2006. 5. 25. 헌법재판소는 「의료법」 제61조 제4항의 규정에 따라 안마사의 자격에 대하여 규정하고 있던 「안마사에 관한 규칙」제3조 제1항 제1호와 제2호 중 각각 '앞을 보지 못하는' 부분이 헌법에 위반된다고 결정하였으나 비시각장애인의 직업선택권 보다는 신체장애자 등에 대한 국가의 보호의무를 규정하고 있는 헌법 제34조 제5항의 정신을 좀 더 고려하여 헌법재판소의 위헌결정취지를 존중하는 범위에서 안마사의 자격을 「장애인복지법」에 따른 시각장애인 중 안마관련 교육과정을 마친 자 등으로 제한하여 법률에 직접규율하려는 것임."이라고 개정이유를 내세우고 있는데,[28] 이는 국회가 헌재의 견해와는 다른 헌법적 견해를 갖는다는 것을 나타내는 것일 뿐 반복입법을 정당화시키는 특별한 사유라

28) http://search.assembly.go.kr/bill/doc_10/17/hwp/174796_100.HWP.

고 볼 수는 없는 것이다. 왜냐하면 국회가 제정한 법률을 헌재가 위헌결정을 내렸다는 사실 자체가 이미 국회의 헌법적 견해와 헌재의 헌법적 견해가 다르다는 것을 전제하는 것이고, 따라서 이러한 경우도 반복입법을 정당화시키는 특별한 사유라고 인정한다면 국회는 헌재의 모든 위헌결정에 대하여 아무런 제한 없이 또 다시 반복입법을 할 수 있다는 결론에 도달하기 때문이다. 이는 위에서 언급한 기관상호존중의 원칙에 정면으로 반하는 것으로 국회는 헌재의 결정에 동의하지 않거나 헌재와 다른 헌법적 견해를 가질 경우 또는 기타 어떤 정치적 이유가 존재할 경우 언제든지 반복입법을 할 수 있을 것이고, 그 경우 끝없이 소송제기가 반복될 위험이 있으며, 결국 법치주의와 법적 안정성 및 권력분립의 원칙은 파괴될 것이다.

한편 실제로 입법자가 위헌결정된 법률조항과 동일한 내용의 입법을 할 경우에는 내용이야 어찌됐든 일단 그 입법행위 자체는 유효하다고 보지 않을 수 없고,[29] 다만 그 입법행위의 정당성과 위헌성이 논란이 될 수 있을 뿐이다. 따라서 그 경우에는 이번 2006헌마1098 사건에서처럼 그 반복입법에 대하여 다시 헌재에 위헌성을 다투는 소송을 제기할 수밖에 없을 것이다. 이 경우 기속설에 따르면 헌법재판소는 그 사안에 대하여 본안판단에 들어갈 필요 없이 바로 위헌결정을 내리는 것이 논리적일 것이다. 그러나 다른 견해에 따르면 일단 본안판단에 들어가 다시 위헌여부를 심판해야 할 것이다. 특히 제한적 기속설이나 기관상호존중설에 따르면 그 새로운 입법의 위헌여부 심사와 관련하여 그러한 반복입법을 할 수밖에 없었던 새로운 정당화 사유가 존재하는지를 판단해야 할 것이다. 따라서 이 경우에는 헌재가 반복입법의 위헌여부를 심사하는 본안판단에 있어서 위헌결정을 내렸던 그 이전의 결정에서처럼 처음부터 모든 내용을 다시 반복해서 심사할 필요는 없고 새로운 특별한 정당화 사유의 존재여부를 중심으로 심사하는 것이 논리적일 것이다.[30]

결국 국회는 이 사건에서 정당한 사유 없이 2003헌마715 결정에서 위헌으로 결정된 구법조항과 본질적으로 동일한 내용의 반복입법을 행함으로써 기관상호존중설을 위반하여 헌재를 무시하는 결과를 초래했고, 이에 따라 헌재는 원칙적으로 반복입법의 정당화 사유가 없음을 확인한 후 심판대상인 개정 의료법 조항에 대하여도 위헌결정을 내렸어야 했을 것이다.

그러나 다른 한편 이러한 논리가 헌재 스스로 장래의 관련소송에서 자신의 과거의 헌법해석 및 판단에 대하여 재검토하는 것을 방해하는 것은 아니다. 위헌결정의 기속력이 헌재 자체에게는 미치지 않는 것도 그 때문이다.[31] 헌재는 언제든지 자신의 헌법해석과 판단이 잘못되었다고 판단될 경우 이를 변경할 수 있고 그럴 때 헌법판례와 헌법이론의 발전이 이루어 질 수 있기 때문이며, 이는 헌재의 권한이자 의무이기도 하다.

29) Schlaich/Korioth, aaO, Rdnr. 484.

30) Vgl. BVerfGE 96, 260(263).

31) Vgl. BVerfGE 4, 31[38]; 20, 56(86f.); st. Rspr.

한번의 헌법판단이 영구불변의 절대적인 것은 아니다. 만일 그렇지 않다면 헌법판례와 헌법이론의 발전은 불가능하고 판례변경도 불가능해서 잘못된 기본권침해나 공익의 침해 및 잘못된 헌법해석과 적용이 시정될 기회는 다시는 오지 않는다는 모순에 빠질 것이다. 따라서 헌재가 2006헌마1098 결정에서 개정 의료법 조항에 대하여 반복입법인지의 여부와 헌재의 위헌결정 취지에 반하는지의 여부 및 그에 대한 정당화사유의 존재 여부에 대하여 판단을 하지 않은 것은 잘못이지만, 결과적으로 과거 결정에서의 자신의 잘못된 헌법적 해석과 판단을 시정하고 본안판단을 하여 합헌결정을 내린 것은 다행이라고 하겠다.

2) 기속력의 객관적 범위와 관련하여

가. 기속력은 결정의 주된 이유에도 인정되는가?

위헌결정의 기속력이 주문에만 인정되는지 아니면 결정주문을 직접적으로 뒷받침하는 핵심적인 주된 이유(tragende Gründe)에도 인정되는지의 문제가 바로 위헌결정 기속력의 객관적 범위의 문제이다.[32] 이 문제는 비맹제외기준을 정하고 있는 개정 의료법 조항이 반복입법으로서 헌재의 위헌결정의 기속력에 반하는지의 여부와 관련하여 문제가 된다. 헌재는 2006헌마1098 결정에서 이 문제를 판단하지 않았다. 즉 헌재는 "헌법재판소법 제47조 제1항 및 제75조 제1항에 규정된 법률의 위헌결정 및 헌법소원 인용결정의 기속력과 관련하여, 입법자인 국회에게 기속력이 미치는지 여부, 나아가 결정주문뿐 아니라 결정이유에까지 기속력을 인정할지 여부는 헌법재판소의 헌법재판권 내지 사법권의 범위와 한계, 국회의 입법권의 범위와 한계 등을 고려하여 신중하게 접근할 필요가 있다. 설령 결정이유에까지 기속력을 인정한다고 하더라도, 결정주문을 뒷받침하는 결정이유에 대하여 적어도 위헌결정의 정족수인 재판관 6인 이상의 찬성이 있어야 할 것이고(헌법 제113조 제1항 및 헌법재판소법 제23조 제2항 참조), 이에 미달할 경우에는 결정이유에 대하여 기속력을 인정할 여지가 없는데, 헌법재판소가 2006. 5. 25. '안마사에 관한 규칙' 제3조 제1항 제1호와 제2호 중 각 '앞을 보지 못하는' 부분에 대하여 위헌으로 결정한 2003헌마715등 사건의 경우 그 결정이유에서 비맹제외기준이 과잉금지원칙에 위반한다는 점과 관련하여서는 재판관 5인만이 찬성하였을 뿐이므로 위 과잉금지원칙 위반의 점에 대하여 기속력이 인정될 여지가 없다."라고 판시함으로써[33] 이 문제에 대한 판단을 회피하고 있다.

기속력의 객관적 범위에는 주된 이유까지도 포함된다고 보아야 할 것이다.[34] 왜냐하

---

32) 결정이유에도 기속력이 인정된다고 해서 결정이유 중 결정주문을 직접적으로 뒷받침하는 핵심적인 주된 이유가 아닌 단순한 부수적 이유 내지 방론(obiter dicter)에 까지 기속력이 인정된다는 것은 아니다. Vgl. Pestalozza, Verfassungsprozeßrecht, 3. Aufl.,,1991, §20 II Rdnr. 31; Bethge, in: Maunz/Schmidt-Bleibtreu/Klein/Bethge, Bundesverfassungsgerichtsgesetz Kommentar, 2006, §31, Rdnr. 94.

33) 헌재 2008. 10. 30. 2006헌마1098 등, 판례집 20-2상, 1089, 1103-1104.

면 위에서 언급한 바와 같이 헌법재판의 기능은 단순히 하나의 사건을 해결하는데 그치는 것이 아니라 헌법수호, 중요한 헌법적 해명, 유사한 사건 반복방지 등 거시적이고 일반적인 기능을 가져서 거의 객관적 소송화되고 있다는 점과 위헌결정의 대세효, 직권심리주의 등 헌법재판의 특성[35]을 감안할 때 기속력이 인정되는 범위에 단지 주문만이 포함되는 것이 아니라 그 위헌의 중요한 논거 내지 이유까지도 포함된다고 보아할 것이며, 따라서 그러한 논거가 다음의 유사한 다른 사건에도 효력을 미칠 때 헌법재판의 위에 언급한 기능이 제대로 효과를 발휘할 수 있을 것이기 때문이다. 또한 그럴 때 비로소 관련 판례의 축적이 의미 있는 기능을 하게 될 것이다. 왜냐하면 헌법을 구체화하고 헌법을 해석하는 것이 헌재의 기본적 기능인데 이는 일반적으로 결정의 주문이 아닌 그 결정이유에서 이루어지며, 그러한 결정이유의 축적이 바로 헌법판례의 축적이라고 할 수 있기 때문이다. 그렇지 않다면 헌재 판례의 의미와 기속력이 퇴색될 것이다.

아울러 위헌결정의 주문만으로 구체적인 내용을 알 수 없을 경우 이를 뒷받침하는 결정의 주된 이유에 대하여도 기속력을 인정해야 비로소 그 주문의 기속력이 구체적으로 실효성을 가질 것이고, 만일 그렇지 않다면 입법부 등 국가기관의 결정준수의무를 기대할 수 없어 결과적으로 주문 자체의 기속력과 헌재의 위헌결정의 의미를 반감시킬 것이다. 예컨대 위헌결정 기속력의 주관적 범위와 관련하여 위헌결정의 기속력이 입법부에도 미친다고 볼 경우 향후 입법부의 반복입법금지가 제대로 관철되기 위해서는 위헌결정의 이유에도 기속력이 인정되어야 할 것이며, 헌재가 입법촉구를 내용으로 하는 헌법불합치결정을 내릴 경우 입법부가 해당 법률이 위헌이라는 사실뿐 아니라 그 위헌의 주된 이유에 기속될 때 향후 헌재의 결정취지에 따른 합헌적인 입법을 행할 수 있을 것이다.

나. 기속력인정의 정족수

한편 결정주문 이외에 위헌결정의 중요한 이유에도 기속력이 인정된다고 할 때 그 주된 이유에 찬성한 재판관의 정족수가 문제될 수 있다. 즉 위헌결정을 위해 재판관 6인 이상의 찬성이라는 정족수가 요구되듯이 결정주문을 뒷받침하는 주된 이유에 대하여 기속력이 인정되기 위해서도 그 각각의 이유에 재판관 6인 이상의 찬성이 있어야 할 것인지가 문제된다. 왜냐하면 헌재의 2003헌마715 결정에서 위헌결과에 대하여는 재판관 6인 이상의 찬성이 있었으나, 그 결정주문의 주된 이유인 과잉금지원칙 위반으로 인한 직업의 자유 침해에 대하여는 재판관 6인의 정족수를 채우지 못했기 때문에

34) BVerfGE 1, 14(37); 19, 377(392); 20, 56(87); 40, 88(93f.); 96, 375(404); Benda/Klein, Verfassungsprozeßrecht, 2. Aufl., 2001, Rdnr. 1323ff.,; Bethge, aaO, Rdnr. 96ff. 반대의견: Vgl. Schlaich/Korioth, aaO, Rdnr. 487ff.; Hoffmann-Riem, Beharrung oder Innovation, Der Staat 13(1974), S. 335ff.; Eckertz, Die Kompetenz des BVerfG und die Eigenheit des Politischen, Der Staat 17(1978), S. 184ff.

35) 헌법재판의 특성에 대하여 정연주, 헌법소원심판청구취하의 효과, 201쪽 이하 참조.

과연 과잉금지원칙 위반이라는 이유에 기속력을 인정할 수 있는지의 여부, 따라서 과잉금지의 원칙을 도외시한 이후의 국회의 입법이 위헌결정의 기속력에 반하는지의 여부가 문제될 수 있기 때문이다.

헌재는 이와 관련하여 위에서 언급했듯이 2006헌마1098 결정에서 "설령 결정이유에까지 기속력을 인정한다고 하더라도, 결정주문을 뒷받침하는 결정이유에 대하여 적어도 위헌결정의 정족수인 재판관 6인 이상의 찬성이 있어야 할 것이고(헌법 제113조 제1항 및 헌법재판소법 제23조 제2항 참조), 이에 미달할 경우에는 결정이유에 대하여 기속력을 인정할 여지가 없는데, 헌법재판소가 2006. 5. 25. '안마사에 관한 규칙' 제3조 제1항 제1호와 제2호 중 각 '앞을 보지 못하는' 부분에 대하여 위헌으로 결정한 2003헌마715등 사건의 경우 그 결정이유에서 비맹제외기준이 과잉금지원칙에 위반한다는 점과 관련하여서는 재판관 5인만이 찬성하였을 뿐이므로 위 과잉금지원칙 위반의 점에 대하여 기속력이 인정될 여지가 없다."라고 판시함으로써 결정의 주된 이유에까지 기속력을 인정하더라도 반드시 각각의 이유에 재판관 6인 이상의 찬성이 있을 때에만 그 이유가 기속력을 가진다고 주장하고 있다.

한편 이와 관련하여 2003헌마715 결정 이후 국회 법제사법위원회의 의료법 일부개정 법률안의 체계자구검토보고서에 따르면 "… 이로써 헌법재판소의 결정에 따른 위헌이유 중 '법률유보의 위반'은 해소된 것으로 보이나, 여전히 비시각장애인은 안마사자격을 취득할 수 없도록 함으로써 직업선택의 자유 제한과 관련하여 '과잉금지의 원칙'위반의 문제가 제기될 수 있음. 한편, 헌재재판관 7인중 5인만이 과잉금지원칙 위반을 판단하여[36] 위헌결정정족수(6인)에 미달하므로 형식논리적으로 위헌결정의 기속력이 미치지 않고, 개정안이 헌법 제15조(직업선택의 자유)뿐만 아니라 제34조 제5항의 정신을 적절히 구현하고 있다는 견해가 있음. 소관위원회인 보건복지위원회는 이러한 견해에서 동 개정안(대안)을 마련한 것으로 보임."[37]이라고 하여 헌재의 2003헌마715 결정이 직업선택의 자유 침해 문제와 관련하여서는 기속력이 미치지 않는다는 것을 전제로 하여 국회가 비맹제외기준을 그대로 유지하는 내용으로 의료법을 개정한 것으로 보인다.

그러나 이러한 견해에는 동의할 수 없다. 결론적으로 각각의 주된 이유가 재판관 6인 이상의 찬성을 얻지 못한 경우라고 할지라도 기속력을 가진다고 보아야 할 것이다. 만일 그렇지 않다면 상황에 따라서는 어떠한 주된 논거나 이유도 기속력을 가지지 못한다는 모순에 빠질 수 있고, 결국 무한대로 반복입법이 허용되어 위헌결정의 기속력의 의미와 실효성이 퇴색될 수 있기 때문이다.

왜냐하면 위헌결정의 정족수는 문자 그대로 위헌결정을 내릴 수 있는지의 여부를 결정하는 기준으로서 이는 구체적인 위헌논거에 따른 각각의 재판관의 수가 아니라

36) 위헌결정 헌법재판관 7인 중 5인만이 직업선택의 자유를 제한함에 있어서 과잉금지원칙에 위배되었음을 명시하고 2인은 포괄위임금지원칙에의 위배여부만 판단하였음.

37) http://search.assembly.go.kr/bill/doc_C0/17/hwp/174796_C00.HWP.

결과적으로 위헌결정에 가담하는 전체 재판관의 수에 관한 것이고, 따라서 어떠한 논거에 의하건 심판의 대상이 된 법조항에 대하여 위헌이라고 판단하는 재판관의 수가 6인 이상이면 위헌결정을 내리게 되며, 그 위헌결정은 – 위헌결정의 기속력이 입법자에게도 미친다고 하는 기속설 또는 제한적 기속설의 입장을 취한다면 – 입법자에 대하여 기속력을 가지게 되기 때문이다. 따라서 위헌결정의 기속력은 일단 해당 법조항이 위헌결정을 받으면 그 위헌논거에 관계없이 그 효력을 미치는 것이지 위헌에 가담한 재판관 각각의 상호 다른 위헌논거에 따라 달라지는 것은 결코 아니다. 즉 위헌결정의 정족수가 재판관 6인 이상이라는 규정은 위헌에 참여한 재판관들 사이에서 설사 위헌의 논거가 서로 상이하다고 하더라도 일단 결과적으로 위헌이라고 판단하는 재판관의 수가 6인 이상이면 위헌결정을 내릴 수 있다는 것을 의미할 뿐이지 그 위헌결정의 각각의 논거에 가담한 재판관의 수가 6인 이상일 경우에만 그 각각의 논거에 기속력이 인정되는 것을 의미하는 것은 아니라는 것이다. 다시 말해 일단 위헌결정이 이루어지면 그 위헌 논거가 재판관들 사이에서 갈린다 하더라도 그 위헌결정의 기속력은 합일적으로 미치는 것이다. 따라서 이 2003헌마715 결정의 경우 설사 직업의 자유 침해를 이유로 위헌결정에 가담한 재판관의 수가 5인이라고 할지라도 그 직업의 자유 침해를 이유로 하는 위헌결정은 당연히 기속력을 가지는 것이다. 만일 그렇지 않다면 비록 결과적으로 위헌에 가담한 재판관의 수가 6인 이상이라고 할지라도 그 6인 이상의 재판관들 사이에서 위헌논거가 갈려 각각의 위헌논거 중 어느 위헌논거에도 6인 이상의 재판관이 찬성하지 않았을 경우에는 그 위헌결정은 위헌이면서도 전혀 위헌결정의 기속력을 가지지 못한다는 모순에 빠지게 되고, 따라서 어느 국가기관도 헌재의 위헌결정에 기속되지 않고, 아울러 국회도 당연히 아무 제한 없이 반복입법을 할 수 있다는 잘못된 결론에 도달하게 될 것이다.

또한 위에서 언급한 법제사법위원회의 의료법 일부개정법률안의 체계자구검토보고서에 따르면 헌재의 위헌결정 취지를 존중하기 위하여 안마사자격에 대한 입법형식을 부령의 형식에서 법률의 형식으로 고양시켜 헌재 결정에 따른 위헌이유 중 법률유보의 원칙 위반 문제를 해소했다고 주장하는데, 만일 위에서 위헌결정정족수(6인) 및 그에 따른 기속력 문제와 관련하여 언급한 헌재나 국회 법제사법위원회의 주장이 타당하다면 이러한 법률유보의 원칙과 관련한 주장도 잘못된 것이다. 왜냐하면 2003헌마715 결정의 경우 명백히 법률유보의 원칙 위반을 이유로 위헌을 주장한 재판관은 위헌에 가담한 7인의 재판관 중 5인에 불과하기 때문에 이 경우에도 6인 이상이라는 정족수에 미달해 법률유보의 원칙 위반이라는 위헌논거는 기속력을 갖지 못하고, 따라서 국회가 이 논거를 존중해 입법형식을 법률로 할 필요가 없었기 때문이다. 따라서 주된 결정이유가 기속력을 갖기 위하여 각각의 이유에 재판관 6인 이상의 찬성이 요구된다는 국회 법제사법위원회나 헌재의 견해는 모순되는 것이다. 아울러 위헌에 가담한 7인의 재판관 중 직업선택의 자유 침해를 이유로 한 위헌주장을 명백히 한 재판관은 5인이지만 나머지 2인의 재판관도 이를 부정했다고 단정할 수는 없다. 왜냐하면 이들은 직업선택의 자유 침해를 위헌논거로 명시하지 않았을 뿐이지 이를 부정한 것은 아니기 때문이다.

결국 국회의 개정 의료법은 위헌결정으로 타격을 받게 될 시각장애인들의 거센 저항과 이들에 동정적인 여론의 압력을 받아 어쩔 수 없이 반복입법을 하면서도, 다른 한편 헌재의 위헌결정의 기속력을 무력화하고 헌재를 무시한다는 비판을 피하기 위하여 입법형식을 법률로 고양시킴으로써 헌재의 위헌결정의 기속력을 존중한다는 외관을 갖춘 고육지책으로 보인다.

한편 헌재는 2003헌마715 결정에서 위헌의 형식적 논거인 법률유보의 원칙 위반 여부와 관련하여서도 6인이 아닌 5인의 재판관만 명시적으로 위헌이라고 판시했는데, 만일 결정의 주된 이유에도 재판관 6인 이상의 찬성이 있을 때에만 기속력이 인정된다는 견해에 따른다면 국회는 이러한 법률유보의 원칙 위반이라는 이유에 기속되지 않게 되고, 따라서 헌재의 위헌결정에 관계없이 계속해서 법률이 아닌 규칙에 비맹제외기준을 정할 수 있었다. 그런데 국회는 헌재의 결정내용을 선별적으로 존중해서 법률유보의 원칙에 따라 비맹제외기준을 규칙이 아닌 법률에 정했고, 똑같이 5인의 재판관만 찬성을 한 직업의 자유침해에 관하여는 국회가 헌재의 견해를 무시하고 있는데, 이는 국회가 헌법적 이유에서 보다는 위에서 지적한 바와 같이 2003헌마715 결정으로 타격을 받게 될 시각장애인들의 거센 저항과 이들에 동정적인 여론의 압력을 받아 어쩔 수 없이 반복입법을 하면서도, 다른 한편 헌재의 위헌결정의 기속력을 무력화하고 헌재를 무시한다는 비판을 피하기 위하여 입법형식을 법률로 고양시킴으로써 헌재의 위헌결정의 기속력을 존중한다는 외관을 갖추고자 하는 자신의 정치적 견해나 이해에 따라 자의적으로 2003헌마715 결정의 이유를 취사선택한 것으로 보인다. 또한 헌재도 2006헌마1098 결정에서 이러한 국회의 이중적이고 자의적인 태도에 대하여, 그리고 이와 관련한 기속력의 객관적 범위나 정족수 등에 대하여 헌법적 평가를 회피하거나 왜곡된 판단을 내린 것이다.

Ⅳ. 맺는 말

무릇 헌재의 결정은 다양한 이해관계와 현실을 고려한 규범조화적 해석의 결과이어야 하고, 따라서 가능한 한 이해당사자 모두의 이익과 권리가 존중되고 모두가 승복할 수 있는 결정을 내려야 한다. 왜냐하면 헌법은 사회통합과 정의실현의 기능을 가지며 이를 구체적인 사례에서 실천하는 최후의 유권해석기관이 바로 헌재이기 때문이다. 그 점에서 사회적 약자에 대한 배려를 소홀히 하고, 지나치게 기계적인 헌법이론을 전개한 헌재의 과거 2003헌마715 결정 내용은 문제가 있었고, 따라서 이를 시정하여 2006헌마1098 결정에서 올바른 판단을 내린 것은 다행이라고 하겠다.

그러나 위에서 언급한 바와 같이 헌재가 2006헌마1098 결정에서 한편에서는 과거 판례에 대한 변경에 대하여, 그리고 다른 한편에서는 국회가 헌재가 위헌결정을 내린 규정과 본질적으로 동일한 반복입법을 했을 경우 이에 대한 헌법적 평가와 헌재의 위헌결정의 기속력 유무, 기속력의 인정범위 및 정족수 등에 대하여 판단을 회피하거나 잘못된 판단을 한 것은 대단히 유감이라고 하겠다. 헌법수호, 권력통제, 중요한 헌법적 해명, 유사한 사건반복방지, 직권심리주의, 헌법재판의 대세효 내지 일반효 등 헌법재판의 기능과 특성 및 막강한 영향력을 감안할 때 이러한 헌재의 소극적이고 왜곡된 태도는 시정되어야 할 것이고, 위에서 제시된 내용들이 하나의 참고가 될 것이다.

7. 과실책임주의와 재산권보장

– 헌재 1995. 3. 23. 92헌가4 등 「실화책임에 관한 법률」에 대한 위헌심판 등[1] 및 헌재 2007. 8. 30. 2004헌가25 「실화책임에 관한 법률」 위헌제청[2] –

[目 次]

Ⅰ. 머리말

헌법재판소는 2007. 8. 30. 일반 불법행위와는 달리 경과실에 의한 실화의 경우에는 과실책임주의에 관한 민법 제750조의 적용을 배제하고 있는 「실화책임에 관한 법률」(이하 '실화책임법'이라 한다)[3]이 헌법에 합치되지 않는다고 선고하면서, 위 법률의 적용중지를 명하였다. 이는 실화책임법이 헌법에 위반되지 아니한다고 결정한 과거 헌재의 1995. 3. 23. 92헌가4등 결정을 변경한 것이다. 여기서 실화책임법의 내용과 문제점은 무엇인지, 과거 92헌가4등 결정은 왜 실화책임법을 합헌이라고 보았는지, 그리고 그 결정의 문제점을 무엇이었는지, 이번 결정은 왜 과거의 결정을 변경하면서 실화책임법이 헌법에 위반된다고 판시했는지, 그리고 이번 결정의 문제점은 무엇인지를 고찰해보는 것은 실화책임법과 관련한 헌법적 쟁점, 예컨대 과실책임주의의 헌법적 의의와 그 예외의 인정가능성, 재산권과의 관계, 비례의 원칙과 평등의 원칙 위반 여부 등 중요한 헌법적 쟁점들을 규명한다는 점에서, 그리고 이러한 논의들이 앞으로의 유사한 다른 사안에 적용될 수 있다는 점에서 나름대로 의미있는 작업이라고 생각된다.

---

1) 헌재 1995. 3. 23. 92헌가4 등, 판례집 7-1, 289.

2) 헌재 2007. 8. 30. 2004헌가25, 판례집 19-2, 203.

3) 「실화책임에 관한 법률」(1961. 4. 28, 법률 제607호): "민법 제750조의 규정은 실화의 경우에는 중대한 과실이 있을 때에 한하여 이를 적용한다."

따라서 이 글에서는 먼저 이들 헌재결정의 요지를 살펴본 후 실화책임법의 문제점을 관련 헌법적 쟁점을 중심으로 고찰하면서 이들 결정의 문제점을 지적하고자 한다.

Ⅱ. 헌재결정의 요지

1. 1995. 3. 23. 92헌가4등

실화로 인하여 일단 화재가 발생한 경우에는 실화자 자신도 피해를 입을 뿐 아니라 부근 가옥 기타 물건에 연소함으로써 그 피해가 예상외로 확대되어 실화자의 책임이 과다하게 되는 점을 고려하여 그 책임을 중대한 과실로 인한 실화의 경우에 한정함으로써 경과실로 인한 실화자를 지나치게 가혹한 부담으로부터 구제하려는 것이 실화책임법의 입법목적이고, 현대에 있어서도 경과실로 인한 실화자를 지나치게 가혹한 부담으로부터 구제하여야 할 필요는 여전히 존재하므로 위 입법목적은 정당한 것이다.

실화책임법이 위와 같은 입법목적을 달성하기 위하여 경과실로 인한 실화자에 한하여 피해자의 손해배상청구권을 배제하는 방법을 택하고 있는바, 이는 위와 같은 입법목적을 달성하기 위한 유효적절한 방법 중의 하나라고 평가되며, 이 법에 의하여 달성되는 위와 같은 이익이 이 법에 의하여 제한되는 재산권인 실화 피해자 개인의 손해배상청구권보다 더 작다고 할 수 없고(법익의 균형성), 위와 같은 방법이 명백히 비합리적인 방법이라고 보여지지 아니할 뿐 아니라, 필요한 정도를 넘어 과도하게 실화 피해자의 재산권을 제한하거나 경과실로 인한 실화자와 그 피해자의 이익을 비교형량함에 있어서 지나치게 균형을 잃은 것이라고도 할 수 없으므로(방법의 적정성과 피해의 최소성) 이 법이 실화 피해자의 재산권을 과도하게 제한하는 것이라고 볼 수 없으며, 이 법에 의한 위와 같은 제한으로 인하여 사유재산권이 유명무실해지거나 형해화되어 헌법이 재산권을 보장하는 궁극적인 목적을 달성할 수 없게 되는 지경에 이르게 되었다거나 행복추구권, 인간다운 생활을 할 권리, 쾌적한 환경에서 생활할 권리를 정면에서 부인하는 것이라고도 할 수 없다.

그리고 교통사고, 폭발, 각종 사태, 고층건물이나 축대의 붕괴, 가스의 유출 등은 고도의 위험성이나 피해의 광범위성이 애초부터 예상되거나 불법행위를 유발하는 각종 활동에 영리성이 수반되는 경우가 대부분이어서 법률에 의하여 보험이 강제되거나 임의로 보험에 가입하는 경우가 많아 이 법이 적용되는 통상의 실화와는 그 성격을 달리하고, 실화라고 하는 우연적인 사정에 의하여 국민 누구나 빈부의 구별 없이 피해자 또는 가해자가 될 수 있는 것이어서 이 법은 결국 국민 모두를 차별하지 아니하고 실화로 인한 가혹한 부담으로부터 보호하고자 하는 것일 뿐, 이 법에 의한 재산권 제한이 재력이 없는 소위 서민계층 등 특정 계층의 국민들만을 성별, 종교 기타 사회적 신분에 따라 선정하여 이들을 다른 계층의 국민들에 비하여 합리적인 이유 없이 차별하는 것이 아니므로 헌법상 평등의 원칙에 위배되는 것이라고 할 수 없다.

2. 2007. 8. 30. 2004헌가25

(1) 불의 특성으로 인하여 화재가 발생한 경우에는 불이 생긴 곳의 물건을 태울 뿐만 아니라 부근의 건물 기타 물건도 연소함으로써 그 피해가 예상 외로 확대되는 경우가 많고, 화재피해의 확대 여부와 규모는 실화자가 통제하기 어려운 대기의 습도와 바람의 세기 등의 여건에 따라 달라질 수 있으므로, 입법자는 경과실로 인한 실화자를 지나치게 가혹한 손해배상책임으로부터 구제하기 위하여 실화책임법을 제정한 것이고, 오늘날에 있어서도 이러한 실화책임법의 필요성은 여전히 존속하고 있다고 할 수 있다. 그런데 실화책임법은 위와 같은 입법목적을 달성하는 수단으로서, 경과실로 인한 화재의 경우에 실화자의 손해배상책임을 감면하여 조절하는 방법을 택하지 아니하고, 실화자의 배상책임을 전부 부정하고 실화피해자의 손해배상청구권도 부정하는 방법을 채택하였다. 그러나 화재피해의 특수성을 고려하여 과실 정도가 가벼운 실화자를 가혹한 배상책임으로부터 구제할 필요가 있다고 하더라도, 그러한 입법목적을 달성하기 위하여 실화책임법이 채택한 방법은 입법목적의 달성에 필요한 정도를 벗어나 지나치게 실화자의 보호에만 치중하고 실화피해자의 보호를 외면한 것이어서 합리적이라고 보기 어렵고, 실화피해자의 손해배상청구권을 입법목적상 필요한 최소한도를 벗어나 과도하게 많이 제한하는 것이다. 또한 화재피해자에 대한 보호수단이 전혀 마련되어 있지 아니한 상태에서, 화재가 경과실로 발생한 경우에 화재와 연소의 규모와 원인 등 손해의 공평한 분담에 관한 여러 가지 사항을 전혀 고려하지 아니한 채, 일률적으로 실화자의 손해배상책임과 피해자의 손해배상청구권을 부정하는 것은, 일방적으로 실화자만 보호하고 실화피해자의 보호를 외면한 것으로서 실화자 보호의 필요성과 실화피해자 보호의 필요성을 균형있게 조화시킨 것이라고 보기 어렵다.

(2) 실화책임법이 위헌이라고 하더라도, 화재와 연소의 특성상 실화자의 책임을 제한할 필요성이 있고, 그러한 입법목적을 달성하기 위한 수단으로는 구체적인 사정을 고려하여 실화자의 책임한도를 경감하거나 면제할 수 있도록 하는 방안, 경과실 실화자의 책임을 감면하는 한편 그 피해자를 공적인 보험제도에 의하여 구제하는 방안 등을 생각할 수 있을 것이고, 그 방안의 선택은 입법기관의 임무에 속하는 것이다. 따라서 실화책임법에 대하여 단순위헌을 선언하기보다는 헌법불합치를 선고하여 개선입법을 촉구하되, 실화책임법을 계속 적용할 경우에는 경과실로 인한 실화피해자로서는 아무런 보상을 받지 못하게 되는 위헌적인 상태가 계속되므로, 입법자가 실화책임법의 위헌성을 제거하는 개선 입법을 하기 전에도 실화책임법의 적용을 중지시킴이 상당하다.

이 결정과 달리 실화책임법이 헌법에 위반되지 아니한다고 결정한 헌법재판소 1995. 3. 23. 선고 92헌가4등 결정은 이 결정의 견해와 저촉되는 한도에서 변경한다.

Ⅲ. 실화책임법의 위헌 여부와 관련된 헌법적 쟁점

실화책임법의 위헌 여부 판단의 기준이 되는 헌법적 쟁점을 열거하면 대체로 다음과 같다.

1. 과실책임주의가 헌법상의 원칙인지 여부

먼저 실화책임법은 과실책임주의의 예외에 해당되는데, 만일 과실책임주의가 헌법상의 원칙이라고 한다면 실화책임법은 이러한 헌법상의 원칙을 벗어나는 것으로 그에 대한 정당화사유가 없는 한 위헌이 될 것이다.

2. 비례의 원칙과 기본권의 본질적 내용침해금지의 원칙 위반 여부

과실책임주의가 헌법상의 원칙이라면 실화책임법이 헌법상의 원칙을 벗어나는 정당화 사유가 존재하는지의 여부 및 실화책임법으로 인한 실화피해자의 기본권에 대한 과도한 침해 여부, 즉 비례의 원칙 위반 여부가 문제될 수 있다. 아울러 실화책임법으로 인해 실화피해자의 기본권이 본질적으로 침해된다고 한다면 본질적 내용침해금지의 원칙 위반도 문제될 수 있을 것이다.

3. 평등의 원칙 위반 여부

실화책임법으로 인한 평등원칙 위반의 문제가 제기될 수 있다. 가해자인 실화자는 화재보험제도나 파산제도 등을 통하여 나름대로 보호를 받을 수 있는 반면, 오히려 피해자는 피해배상을 전혀 받지 못하는 모순된 현상이 발생할 수 있는데, 이는 주객이 전도된 것으로 가해자와 피해자를 부당하게 차별한 것으로 평등원칙 위반이 문제될 수 있다. 아울러 실화가 아닌 다른 원인으로 발생된 피해의 경우에는 이러한 실화책임법의 경우와 같은 제한이 없다는 점을 감안할 때 이 역시 실화피해자와 실화가 아닌 다른 원인에 의하여 발생된 피해 사건에 있어서의 피해자를 부당하게 차별하는 것으로서 평등원칙 위반이 문제될 수 있다.

4. 침해된 기본권

(1) 재산권 침해 여부

실화책임법으로 인해 침해되는 실화피해자의 기본권으로는 먼저 재산권을 들 수 있다. 이 사건에서 실화로 인해 피해가 발생된 곳은 피해자들의 소유 내지 점유 건물 등이므로 당연히 이들의 재산권 침해가 문제된다. 즉 실화로 인해 피해가 발생된 건물 등에 대한 소유권 내지 점유권은 전형적인 민법상의 물권이고, 이를 통해 발생될 수 있는 가해자에 대한 손해배상청구권은 민법상의 채권이기 때문에 당연히 헌법 제23조에 의해 보장되는 재산권에 해당된다.

결국 실화책임법에 따라 경과실로 인한 실화의 경우에는 원칙적으로 피해자의 침해된 재산권을 보전하기 위한 손해배상청구권이 배제되기 때문에 실화피해자의 재산권에 대한 침해가 문제된다고 하겠다.

(2) 인간의 존엄과 가치 및 행복추구권의 침해 여부

다음으로 이 사건 제청신청인과 제청법원은 인간의 존엄과 가치 및 행복추구권의 침해를 주장한다. 그러나 인간의 존엄과 가치 및 행복추구권을 이 사건에서 침해된 기본권으로 거론하는 것은 적절치 못하다. 왜냐하면 인간의 존엄과 가치는 그 자체가 원용 가능한 구체적·개별적 기본권이라기보다는 매우 추상적인 개념으로서의 일종의 기본권의 이념적 기초, 즉 다른 일반적·구체적·개별적 기본권의 이념적 뿌리이자 공감대적 가치의 핵심이기 때문이고, 다른 한편 인간의 존엄과 가치를 다른 일반 기본권의 경우와 마찬가지로 아무 제한 없이 침해된 기본권으로서 원용될 수 있다고 한다면 사실상 민중소송과 남소를 방지할 수 없기 때문이다. 다시 말해 어떠한 공권력작용에 의하여 국민의 기본권 침해가 문제될 경우에는 동시에 예외 없이 그 기본권 수체의 추상적인 인간의 존엄과 가치가 침해되었다고 주장될 수 있을 것이기 때문에 이는 결국 민중소송과 남소를 가져올 위험이 있으며, 또한 효과적인 기본권 구제를 위하여 굳이 인간의 존엄과 가치가 침해되었다고 주장할 필요가 없기 때문이다.

이러한 논리는 행복추구권의 경우에도 적용될 수 있을 것이다. 왜냐하면 행복추구권은 그 자체 구체적·개별적 기본권이 아니라 일종의 보충적·포괄적·추상적 기본권이기 때문이다. 즉 행복추구권은 다른 일반적 기본권과는 달리 그 자체 처음부터 아무 제한 없이 원용될 수 있는 기본권이 아니라, 일정한 공권력작용에 의하여 인간의 존엄과 가치의 내용을 이루는 그 어떤 기본권이 침해되었으나 그를 구체적으로 특정하거나 도출할 수 있는 헌법상의 기본권 조항이나 근거를 발견할 수 없을 경우, "국민의 자유와 권리는 헌법에 열거되지 아니한 이유로 경시되지 아니한다."라고 규정한 헌법 제37조 제1항과의 연계하에서 최후에 원용할 수 있는 보충적·포괄적·추상적 기본권이라고 보아야 할 것이기 때문이다. 왜냐하면 행복추구권은 위에서 언급한 바와 같이 포괄적·추상적 기본권이기 때문에 만일 행복추구권을 다른 여타의 개별적·구체적 기본권의 경우처럼 아무 제한없이 1차적으로 원용될 수 있는 기본권이라고 한다면 어떠한 공권력작용에 의하여 국민의 기본권 침해가 문제될 경우에는 동시에 예외없이 그 기본권 주체의 포괄적·추상적 기본권인 행복추구권이 침해되었다고 주장할 수 있기 때문에, 이는 결국 민중소송과 남소를 가져올 위험이 있고, 결과적으로 일반적인 개별적·구체적 기본권을 형해화시킬 위험이 있으며, 효과적인 기본권 구제를 위해서도 이미 다른 구체적·개별적 기본권의 침해가 주장될 수 있는데 구태여 행복추구권이 침해되었다고 주장할 필요가 없기 때문이다.

Ⅳ. 실화책임법의 위헌성

위에서 적시한 위헌 여부 판단의 기준이 되는 헌법적 쟁점들을 중심으로 실화책임법의 위헌성을 고찰하면 다음과 같다.

1. 과실책임주의와 관련하여

(1) 헌재결정의 문제점

민법 제750조는 "고의 또는 과실로 인한 위법행위로 타인에게 손해를 가한 자는 그 손해를 배상할 책임이 있다"고 규정하여, 과실책임주의를 불법행위와 손해배상책임에 관한 기본원칙으로 삼고 있다. 그런데 실화책임법은 경과실로 인한 실화의 경우에는 민법 제750조의 적용을 배제하여 과실책임주의를 수정함으로써 실화피해자의 손해배상청구권을 특별히 제한한다는 특징을 갖는다. 이에 헌재는 2004헌가25 결정에서 "실화책임법이 헌법 제23조 제1항에 따라 재산권의 내용을 형성하는 법률에 해당된다고 하더라도, 불법행위 책임의 일반원칙에 대한 예외로서 실화피해자의 손해배상청구권을 특별히 제한하는 것이고, 민법 제750조의 과실책임주의에 따라 발생하는 실화피해자의 손해배상청구권을 경과실 실화자의 보호를 위하여 특별히 제한하는 경우와 다를 바 없으므로, 헌법 제37조 제2항이 규정한 비례의 원칙에 합치되어야 한다"라고 판시함으로써[4] 심판대상인 실화책임법이 민법 제750조의 불법행위책임의 일반원칙의 예외에 해당하기 때문에 이러한 예외를 정당화시키는 사유가 있어야만 헌법 제37조 제2항의 비례의 원칙을 충족하여 합헌이 될 수 있고 그렇지 않을 경우에는 위헌이 된다는 논리를 전개하고 있다. 그런데 실화책임법이 비례의 원칙을 충족시키고 있는지의 여부를 살피기에 앞서 과연 불법행위책임의 일반원칙에 해당하는 과실책임주의가 민법상의 원칙에 해당할 뿐 아니라 더 나아가 헌법상의 원칙인지의 여부에 대한 규명이 전제되어야 할 것이다. 왜냐하면 실화책임법의 위헌 여부를 가리기 위해서는 실화책임법이 동급의 법률규정 또는 법원칙에 위반되는지의 여부가 아니라 상위의 헌법규정 또는 헌법원칙에 위반되는지의 여부를 판단해야 할 것이고, 그를 위해서는 실화책임법이 벗

4) 헌재 2007. 8. 30. 2004헌가25, 판례집 19-2, 203, 209.

어나고 있는 법원칙인 과실책임주의가 동급의 민법상의 원칙일 뿐 아니라 과연 상위의 헌법상의 원칙에도 해당하는지의 여부가 규명되어야 하기 때문이다. 즉 실화책임법은 일반법에 해당하는 민법 제750조의 예외에 해당하는 일종의 특별법으로서 양자는 동급의 법률에 해당하는 것이고 상호간에는 특별법우선의 원칙에 따라 실화책임법이 우선 적용되는 관계가 성립됨으로 단순히 실화책임법이 민법상의 과실책임주의의 예외에 해당된다는 이유만으로는 원칙적으로 위헌문제가 제기될 수 없는 것이다.

물론 다른 한편 동급의 법규범 또는 법원칙 상호간의 불일치가 위헌문제를 야기할 수도 있다. 하나의 법규정과 또 다른 동급의 법규정 또는 원칙과의 충돌이 이른바 체계정당성에 위반될 때가 이에 해당한다. 주지하는 바와 같이 체계정당성의 원리란 동일 규범 내에서 또는 상이한 규범간에 그 규범의 구조나 내용 또는 규범의 근거가 되는 원칙면에서 상호 배치되거나 모순되어서는 안된다는 하나의 헌법적 요청(Verfassungspostulat)이다.[5] 즉 이는 규범 상호간의 구조와 내용 등이 모순됨이 없이 체계와 균형을 유지하도록 입법자를 기속하는 헌법적 원리라고 볼 수 있다. 이처럼 규범 상호간의 체계정당성을 요구하는 이유는 입법자의 자의금지와 규범의 명확성, 예측가능성, 투명성 및 신뢰보호와 법적 안정성을 확립하기 위한 것이고, 이는 국가공권력에 대한 통제와 이를 통한 국민의 자유와 권리의 보장을 이념으로 하는 법치주의원리로부터 도출되는 것이라고 할 수 있다.[6]

이러한 체계정당성의 위반 여부가 문제되는 예로서는 법원의 재판을 헌법소원의 대상에서 제외하고 있는 헌법재판소법 제68조 제1항 본문규정과 보충성의 원칙을 규정하고 있는 동법 동조 단서규정을 들 수 있을 것이다. 헌법재판소법 제68조 제1항 단서규정은 헌법소원제기를 위하여 다른 법률의 구제절차를 거칠 것을 요구하면서 본문규정에서는 법원의 재판을 헌법소원의 대상에서 제외시키고 있는데, 이는 상호 모순된 내용의 규정을 하나의 법조문에서 결합시킨 것으로서 동조항은 규범조화적 해석의 한계를 넘어선 규범상의 체계정당성에 반하는 규정이라고 볼 수 있다. 왜냐하면 동조항의 단서규정에서의 '다른 법률의 구제절차'라고 하는 것은 일반적으로 법원의 재판절차를 의미하는데, 동조항의 본문규정에 따라 법원의 재판에 대하여는 헌법소원을 제기할 수 없게 되고, 이는 결국 다른 법률의 구제절차를 거친 후에 헌법소원을 제기할 수 있도록 하는 동조항 단서규정의 보충성원칙의 이념에 정면으로 반하는 것이기 때문이

---

5) 체계정당성의 원리에 대하여 자세한 것은 Degenhart, Systemgerechtigkeit und Selbstbindung des Gesetzgebers als Verfassungspostulat, 1976; Kischel, Systembindung des Gesetzgebers und Gleichheitssatz, AöR 124(1999), S. 174ff.; Zippelius, Der Gleichheitssatz, VVDStRL 47(1989), S. 29ff.; Rupp, Art. 3 GG als Maßstab verfassungsgerichtlicher Gesetzeskontrolle, in: Starck(hrsg.), Bundesverfassungsgericht und Grundgesetz, Festgabe aus Anlaß des 25järigen Bestehens des Bundesverfassungsgerichts, Bd. 2, 1976, S. 380ff.; Kirchhof, in: Isensee/Kirchhof(hrsg.), Handbuch des Staatsrechts, Bd. V, 1992, S. 941ff.; 정연주, 분리된 선거구와 체계정당성, 공법연구 30집 4호, 2002. 6, 79쪽 이하 참조.

6) Vgl. Degenhart, aaO, S. 68ff.; Kischel, aaO, S. 210; Stern, Das Staatsrecht der Bundesrepublik Deutschland, Bd. I, 2 Aufl., 1984, S. 837f.

다. 따라서 헌법재판소법 제68조 제1항의 본문규정과 단서규정은 상호 모순·충돌하는 것으로서 규범조화적 해석의 한계를 일탈했기 때문에 규범상의 체계정당성에 반한다고 할 수 있다.[7][8]

그런데 이 사건에서 문제되는 실화책임법과 민법상의 과실책임주의와의 관계는 이러한 체계정당성의 위반에 해당되는 것은 아니다. 왜냐하면 민법상의 과실책임주의와 실화책임법은 상호 충돌·모순되는 것이 아니고, 단순히 일반원칙에 대한 특례를 인정하는 것으로서 상호 일반법과 특별법의 관계에 있는 것에 불과하기 때문이다. 따라서 앞서도 언급한 바와 같이 실화책임법의 위헌 여부와 관련하여 실화책임법이 과실책임주의에 대한 예외이므로 헌법 제37조 제2항의 비례의 원칙을 충족했는지를 판단해야 한다는 것은 과실책임주의가 단순히 민법상의 원칙에 그치는 것이 아니라 헌법상의 원칙이라는 것이 전제가 되어야 한다. 따라서 실화책임법이 비례의 원칙을 충족했는지의 여부를 판단하기에 앞서 과실책임주의가 헌법상의 원칙인지가 먼저 규명되어야 하고, 그러한 규명이 전혀 없이 처음부터 비례의 원칙 위반 여부만을 판단한 헌재의 결정은 논리 전개과정과 중요한 헌법적 해명을 소홀히 했다는 비판을 면할 수 없다고 하겠다.

(2) 과실책임주의는 헌법상의 원칙인가?

헌법에 명문의 근거는 없지만 과실책임주의는 일종의 헌법상의 원칙으로 볼 수 있을 것이다.

1) 헌법 제29조는 "공무원의 직무상 불법행위로 손해를 받은 국민은 법률이 정하는 바에 의하여 국가 또는 공공단체에 정당한 배상을 청구할 수 있다. 이 경우 공무원 자신의 책임은 면제되지 아니한다."라고 규정하여 공무원의 직무상 '불법행위'에 대하여 피해자의 국가배상청구권을 인정하고 있다. 여기서 '불법행위'라 함은 '고의 또는 과실'에 의한 행위이고 또한 '과실'의 범위에 '중과실' 뿐 아니라 '경과실'이 포함된다는 데에는 의문의 여지가 없고, 국가배상법 제2조(배상책임) 제1항도 "국가 또는 지방자치단체는 공무원이 그 직무를 집행함에 당하여 '고의 또는 과실'로 법령에 위반하여 타인에게 손해를 가하거나, 자동차손해배상보장법의 규정에 의하여 손해배상의 책임이 있는 때에는 이 법에 의하여 그 손해를 배상하여야 한다. …"라고 규정함으로써 이를

---

7) 재판에 대한 헌법소원에 대하여 자세한 것은 정연주, 헌법재판소 직무상의 문제, 헌법학연구 11권 2호, 2005. 6, 49쪽 이하 참조.

8) 일반적으로 일정한 공권력작용이 이러한 체계정당성에 반한다고 해서 곧 위헌이 되는 것은 아니다. 즉 체계정당성위반(Systemwidrigkeit) 자체가 바로 위헌은 아니고, 이는 평등원칙위반 내지 자의적인 입법행위 등의 위헌성을 시사하는 하나의 간접증거나 징후 내지 징빙(Indiz)일 뿐이다(Vgl. BVerfGE 34, 103[115]; 59, 36[49]; 66, 214[224]; 67, 70[84f.]; Jarass, in: Jarass/Pieroth, Grundgesetz Kommentar, 4. Aufl., 1997, Art. 3, Rdnr. 20a; Kirchhof, aaO, S. 942). 이것이 최종적으로 위헌이 되기 위해서는 평등원칙 위반 등 별도의 헌법위반을 야기시켜야 한다(Vgl. BVerfGE 9, 20[28]; 18, 366[372f.]; 34, 103[115]; 61, 138[148]; 67, 70[84f.]; 68, 237[253]; 78, 104[122f.]; 85, 238[247]; BGHZ 81, 152[157f.]; Degenhart, aaO, S. 90ff.; Kischel, aaO, 180ff.; Kirchhof, aaO, S. 942).

확인하고 있다.[9] 또한 민법 제750조(불법행위의 내용)도 “고의 또는 과실로 인한 위법행위로 타인에게 손해를 가한 자는 그 손해를 배상할 책임이 있다.”라고 규정함으로써 불법행위의 내용에는 ‘고의’와 ‘과실’이 포함되고, ‘과실’의 범위에서 ‘경과실’과 ‘중과실’을 구별하지 않음으로써 이를 확인하고 있다. 물론 국가배상청구권은 공법상의 법률관계를 전제로 한 공법상의 청구권이므로 이 사건에서처럼 사법상의 손해배상책임과는 구별되지만, 결국 불법행위책임을 전제로 한 타인에 대한 손해 및 그에 대한 금전적 전보제도라는 점에서는 본질적으로 동일하다고 하겠다.

한편 헌법 제29조 제1항 제2문의 경우 “이 경우 공무원 자신의 책임은 면제되지 아니한다.”라고 규정하고 있고, 헌법 제13조 제3항은 “모든 국민은 자기의 행위가 아닌 친족의 행위로 인하여 불이익한 처우를 받지 아니한다.”라고 규정함으로써 근대법의 이념인 이른바 ‘자기책임의 원칙’을 명문화하고 있다. 이처럼 헌법 제29조의 국가배상청구권과 헌법 제13조 제3항의 연좌제금지 및 불법행위의 내용을 규정한 민법 제750조를 놓고 볼 때 우리 헌법은 근대법의 이념이자 기본원칙인 자기책임의 원리[10]와 그 책임의 내용으로서의 과실책임의 원칙을 일종의 헌법적 원칙 내지 헌법적 전제로 하고 있음을 알 수 있다.

2) 주지하는 바와 같이 우리 법체계는 공법과 사법의 구별을－비록 양자가 상호 접근하고 상대화되어 지고 있기는 하지만－대전제로 하고 있다. 이에 따라 사인간의 법률관계는 원칙적으로 사법원리와 사법규정의 적용을 받는다. 이 사건에서 문제되는 것은 바로 사인간의 법률관계로서 원칙적으로 사법규정과 원리가 적용되어야 할 것이다. 왜냐하면 실화자와 실화피해자의 법률관계는 원칙적으로 사인간의 법률관계이고, 특히 여기서 문제되는 손해배상책임관계는 전형적인 사법상의 법률관계로서 당연히 사법의 규정과 원리가 적용되어야 한다. 그러므로 여기서는 민법 제750조를 비롯한 민법의 규정과 원리가 적용되어야 하고, 따라서 사법의 대원칙인 과실책임의 원칙이 적용되어야 한다. 결국 사인간의 그리고 사법상의 법률관계를 기본권 침해와 관련하여 헌법적으로 규율하고 판단할 때 그 기준으로서 과실책임의 원칙이 적용되어야 하고, 그렇다면 이러한 사법상의 원칙인 과실책임의 원칙은 동시에 헌법상의 원칙이자 기준이 되어야 할 것이다. 즉 헌법을 매개하여 헌법적 원칙이 될 수 있는 것이다.

---

9) 국가배상청구권에 있어서 과실책임주의에 대하여는 정연주, 주요법령에 대한 주석서 발간 Ⅱ (헌법-총강 및 기본권 부분), 헌법 제29조, 한국헌법학회, 2007. 12, 1023쪽 참조; 박윤흔, 최신 행정법강의(상), 2004, 706쪽 이하; 김동희, 행정법 I, 2004, 494쪽 이하.

10) 한편 헌재는 2009. 7. 30. 2008헌가10 청소년보호법 제54조 위헌제청 사건에서 “… ‘책임없는 자에게 형벌을 부과할 수 없다’는 형벌에 관한 책임주의는 형사법의 기본원리로서, 헌법상 법치국가의 원리에 내재하는 원리인 동시에, 헌법 제10조의 취지로부터 도출되는 원리이다.”라고 판시하고 있고, 2009. 7. 30. 2008헌가14 사행행위 등 규제 및 처벌특례법 제31조 위헌제청 사건에서도 “… 형벌에 관한 헌법상 원칙, 즉 법치주의와 죄형법정주의로부터 도출되는 책임주의 원칙이 준수되어야 한다.”라고 판시함으로써 자기책임주의가 헌법상 법치국가의 원리에 내재하는 원리인 동시에, 헌법 제10조의 취지 및 죄형법정주의로부터 도출되는 헌법상의 원리라는 점을 분명히 하고 있다.

이러한 논리는 기본권의 사인간 효력의 경우에서도 엿볼 수 있다. 기본권의 양면성, 특히 기본권의 객관적 가치질서로서의 성격으로부터 기본권의 사인간 효력이 도출될 수 있음은 주지의 사실이다. 그런데 이 경우 예외적인 경우를 제외하고는 기본권은 사인간에 간접적으로 효력을 미친다.[11)] 즉 간접효력설이 통설적 견해를 차지하고 있다. 이 간접효력설에 따르면 기본권은 사법상의 원칙이나 규정을 매개하여 간접적으로 사인간에 효력을 미치게 된다. 왜냐하면 사인간의 법률관계는 사적 자치가 지배하는 사법상의 법률관계이고, 따라서 원칙적으로 사법원리나 규정이 그 사인간의 법률관계를 규율하기 때문에 이러한 사법원리나 규정을 통해 그 해당 기본권이 사인간에 효력을 미치게 되는 것이다. 기본권의 사인간 효력을 매개하는 대표적인 사법상의 원리로서 권리남용금지의 원칙이나 신의측의 원칙 등을 들 수 있는데, 이 한도내에서는 이러한 사법원리들이 헌법을 매개하여 기본권의 사인간 효력과 관련한 헌법상의 원리로 고양될 수 있는 것이다.

결국 일반적으로는 헌법의 원리가 하위 법규범체계를 지배하게 되지만, 반대로 예외적인 경우에는 거꾸로 민법 등 하위 법규범의 원리가 헌법상의 원리로 고양되고 때로는 명문의 헌법규정으로 확립되는 것이다.[12)]

3) 오늘날의 민주주의는 다원적 민주주의를 근간으로 하고,[13)] 이는 당연히 개인간의 상호존중을 기본전제로 하고 있으며, 이러한 상호존중의 원리는 개인이 서로 존중하고 각자의 권리를 침해하지 말아야 한다는 것을 의미하므로 각 개인에게 주의의무를 부과하는 과실책임주의도 상호존중의 원리의 한 내용으로서 헌법상의 원칙이 될 수 있다. 즉 헌법상의 민주주의원리로부터 과실책임주의가 도출될 수 있는 것이다.

4) 헌법 제10조는 인간의 존엄과 가치 및 행복추구권을 보장하고 있는데, 이러한 인간의 존엄과 가치 및 행복추구는 자기결정권을 지닌 창의적이고 성숙한 개체로서의 자주적인 인간상을 바탕으로 하는 것이고,[14)] 이러한 성숙한 자주적인 인간은 개인간의 상호존중을 기본전제로 하고 있으며, 위에서 언급했듯이 상호존중의 원리는 개인이 서로 존중하고 상대방의 권리를 침해하지 말아야 한다는 것을 의미하므로 각 개인에게 주의의무를 부과하는 과실책임주의도 상호존중의 원리의 한 내용이기 때문에 이러한 과실책임주의는 헌법 제10조로부터도 도출될 수 있는 것이다.

5) 헌법의 중요한 기능 중의 하나가 바로 사회통합기능이다. 그런데 이러한 사회통합

---

11) 기본권의 사인간 효력에 대하여 자세한 것은 정연주, 기본권의 대사인적 효력, 고시계, 1991. 7, 73쪽 이하 참조.

12) 사실 죄형법정주의라는 헌법원리도 원래 형법의 기본원칙이었으나 오늘날 헌법상 법치국가원리의 한 내용으로 고양되었으며, 명문의 규정으로 정착된 것이다. 따라서 근대법의 기본원칙이라고 할 수 있는 사유재산제도나 자기책임의 원칙이 오늘날 헌법상의 원칙으로 확립된 것처럼 역시 근대법의 기본원칙이라고 할 수 있는 과실책임주의도 헌법상의 원칙이라고 볼 수 있는 것이다.

13) 다원적 민주주의에 대하여는 정연주, 정당민주주의와 지방자치제도, 공법연구 제33집 제1호, 2004. 11. 20, 493쪽 이하 참조.

14) 헌재 1998. 5. 28. 96헌가5.

기능은 개인간의 상호존중 없이는 불가능할 것이다. 따라서 이러한 헌법의 기능으로부터 개인의 상호존중을 실현시키기 위한 수단인 과실책임주의가 도출될 수 있을 것이다.

그런데 이러한 헌법적 원칙으로서의 과실책임의 원칙도 다른 여타의 헌법상의 원칙처럼 공익적 견지에서 그에 대한 제한이나 수정이 가능한 것이며, 절대불가침의 것이 아님은 물론이다. 따라서 과실책임주의에 대한 제한 내지 수정인 '중과실책임주의'를 정한 실화책임법이 입법권의 한계를 일탈한 것으로 바로 위헌이 되는 것은 아니라 할 것이다. 따라서 이 법의 위헌 여부는 과연 과실책임주의의 예외로서 '중과실책임주의'를 인정한 필연적인 공익적 정당화 사유가 존재하는지의 여부에 달려있다고 하겠다.[15] 이에 대하여는 아래의 비례의 원칙 위반 여부 등과 관련하여 살펴보겠다.

2. 재산권 침해 여부와 관련하여

위에서 언급한 바와 같이 실화책임법으로 인해 침해되는 피해자의 기본권으로는 재산권을 들 수 있다. 결국 경과실로 인한 실화의 경우에는 실화피해자들의 재산적 피해를 배상받을 수 없는데, 이러한 재산권에 대한 규제 내지 제한은 다음 중 하나에 해당된다고 볼 수 있을 것이다. 첫째, 공공필요에 의하여 재산권에 대한 특별희생을 야기하는 공용침해의 일종으로서 헌법 제23조 제3항의 규율대상에 해당된다고 보는 입장,[16] 둘째, 재산권에 대한 사회적 제약 내지 기속의 일종으로서 헌법 제23조 제1항 및 제2항의 규율대상에 해당된다고 보는 입장,[17] 셋째, 이 사건 심판대상인 실화책임법을 일종의 재산권형성입법으로서 헌법 제23조 제1항의 규율대상에 해당한다고 보는 입장이 그것이다.[18]

여기서 둘째의 입장과 셋째의 입장의 차이점은 재산권형성입법과 재산권제한입법(재

---

15) 따라서 공익상의 정당화 사유가 존재한다면 과실책임주의의 예외로서 피해자에게 불리하고 가해자에게 유리한 '중과실책임주의'(예컨대 이 사건의 경우처럼 사회국가원리실현과 공익추구를 위한 경우)도 가능하고, 피해자에게 유리하고 가해자에게 불리한 '무과실 내지 위험책임주의'(예컨대 소비자소송이나 제조물책임소송 또는 환경소송 등의 경우)도 가능할 수 있을 것이다. 이는 결국 해당 사안을 중심으로 과실책임주의를 제한하거나 수정할 수밖에 없는 공익적 정당화 사유와 침해되는 사익 내지 기본권, 시대적 상황 등 총체적인 이익형량을 통해 그 위헌 여부를 판단할 수밖에 없을 것이다.

16) 재산권의 특별희생과 공용침해에 대하여는 Kimminich, Eigentums-Enteignung-Entschädigung, Eine Kommentierung des Art. 14 GG, 1976, Rdnr. 128ff; Ossenbühl, Staatshaftungsrecht, 1983, S. 117ff.; Papier, Maunz/Dürig, Grundgesetz Kommentar, Art. 14, Rdnr. 523ff.; 정연주, 공용침해의 헌법상 허용조건, 연세법학연구 제3집, 1995, 455쪽 이하.

17) 재산권의 일반희생과 단순한 사회적 기속에 대하여는 Leisner, Sozialbindung des Eigentums, 1972, S. 30ff.; Papier, Maunz/Dürig, Grundgesetz Kommentar, Art. 14, Rdnr. 305ff.; Böhmer, Die Rechtsgeschichtlichen Grundlagen der Abrenzungsproblematik von Sonzialbindung und Enteignung, Der Staat 24(1985), S. 194f.; 정연주, 재산권의 사회적 기속과 공용침해, 연세법학연구 제2집, 1992, 95쪽 이하.

18) 헌법 제23조의 이중적 구조에 관하여는 Ossenbühl, Abschied vom enteignungsgleichen Eingriff?, NJW 1983, S. 2f.; Schwerdtfeger, Die dogmatische Struktur der Eigentumsgarantie, 1983, S. 20ff.; Papier, in: Maunz/Dürig, Grundgesetz Kommentar, Art. 14, Rdnr. 339ff.; 정연주, 그린벨트와 재산권보장, 고시계 1999. 2. 140쪽 이하.

산권에 대한 사회적 기속)을 재산권에 관한 사항의 입법과 집행에 있어서 실제로 구별하느냐 구별하지 않느냐, 따라서 헌법 제23조 제1항과 제2항을 엄격히 구별하느냐의 여부이다. 물론 개념상 재산권형성입법과 재산권제한입법 또는 재산권형성적 법률유보와 재산권제한적 법률유보는 재산권의 '실현'형식에 주안점을 두느냐 아니면 재산권의 '제한'형식에 주안점을 두느냐의 문제로 당연히 구별되기는 하지만, 둘째의 입장에 따르면 실제에 있어서 양자는 구별되지 않고 결합되며, 따라서 헌법 제23조 제1항과 제2항은 상호 결합된 것으로 동전의 양면에 해당한다고 보는 것이다. 그러므로 이 견해에 따르면 재산권의 내용을 형성하는 법률은 동시에 재산권을 사회적으로 기속하고 제약하는 한계내에서만 구체화되고 실현되는 것이며, 결국 재산권은 사회적 기속과 제약의 범위와 한계내에서 법률로 형성된다고 보는 것이다. 이에 따라 헌법 제23조도 한편에서는 제1항 및 제2항의 결합과 다른 한편에서는 이러한 사회적 기속의 범위와 한계내에서 형성된 재산권에 대한 공용침해를 규율하는 제3항과의 2원적 구조로 이루어졌다고 보는 것이다. 이에 반하여 셋째의 입장은 앞서 언급한 바와 같이 재산권형성입법과 재산권제한입법을 개념적으로 뿐만 아니라 재산권에 관한 사항의 입법과 집행에 있어서도 실제로 구별되고, 따라서 헌법 제23조의 제1항과 제2항을 엄격히 구별하여 결국 제1항은 단순한 재산권형성입법의 근거이고, 제2항은 제1항에 따라 법률에 의해 구체적으로 형성된 재산권에 대한 별도의 추가적인 공익적 제한 내지 기속의 근거규정에 해당된다고 보는 것이다. 이에 따라 셋째의 입장에서는 헌법 제23조는 재산권형성입법에 관한 제1항과 재산권제한입법 내지 사회적 기속입법에 관한 제2항 및 공용침해에 관한 제3항의 3원적 구조로 이루어졌다고 보는 것이다.

둘째의 입장이 타당하다고 하겠다. 왜냐하면 앞서도 언급했듯이 재산권형성입법과 재산권제한입법이 비록 개념상 구별되기는 하지만 입법의 실제와 집행에서는 구별될 수 없고 또 구별할 실익이 없을 뿐 아니라, 헌법 제23조 제1항 제2문에서도 규정하고 있듯이 재산권의 내용을 정하는 입법은 동시에 재산권의 한계를 정하는 입법이고, 재산권의 구체적 내용과 범위가 일단 형성되면 그 형성된 내용과 범위가 결국 그 당해 재산권의 한계에 해당되는 것이며, 이러한 한계는 결국 헌법 제23조 제2항에 따라 공공복리에 적합하도록 사회적 기속과 제약내에서 정해지는 것이기 때문이다. 따라서 헌법 제23조는 2원적 구조로 이루어졌다고 보아야 할 것이고, 전자의 경우, 즉 헌법 제23조 제1항 및 제2항에 따라 재산권의 내용과 한계를 재산권의 사회적 기속과 제약하에서 정하는 경우 당연히 헌법 제37조 제2항에 따라 기본권제한입법의 한계를 정하는 비례의 원칙과 기본권의 본질적 내용침해금지의 원칙이 적용되어야 할 것이다. 헌법재판소도 도시계획법 제21조에 대한 위헌소원 사건[19]에서 "개발제한구역을 지정하여 그 안에서는 건축물의 건축 등을 할 수 없도록 하고 있는 도시계획법 제21조는 헌법 제23

19) 헌재 1998. 12. 24. 89헌마214 등.

조 제1항, 제2항에 따라 토지재산권에 관한 권리와 의무를 일반·추상적으로 확정하는 규정으로서 재산권을 형성하는 규정인 동시에 공익적 요청에 따른 재산권의 사회적 제약을 구체화하는 규정인 바, 토지재산권은 강한 사회성, 공공성을 지니고 있어 이에 대하여는 다른 재산권에 비하여 보다 강한 제한과 의무를 부과할 수 있으나, 그렇다고 하더라도 다른 기본권을 제한하는 입법과 마찬가지로 비례성원칙을 준수하여야 하고, 재산권의 본질적 내용인 사용·수익권과 처분권을 부인하여서는 아니된다."고 하여 개발제한구역지정에 관한 구도시계획법 제21조를 헌법 제23조 제1항과 제2항에 따라 재산권의 내용과 한계를 정하는 재산권형성적 법률이자 동시에 재산권을 제한하는 법률로 보면서 당연히 비례의 원칙 등을 준수해야 한다고 판시함으로써 이러한 논리를 뒷받침하고 있다.[20]

따라서 여기서는 첫째의 입장과 둘째의 입장만을 살펴보겠다.

(1) 재산권에 대한 공용침해로 볼 경우

이 사건의 경우 실화책임법으로 인해 실화피해자들의 연소된 건물 등에 대한 소유권 내지 점유권을 보전하기 위한 손해배상청구권이 배제되기 때문에 이는 공익적 견지에서 피해자들의 재산권을 박탈하는 일종의 수용적 효과를 야기하는 것으로 볼 수 있다. 즉 이는 헌법 제23조 제3항의 공용침해에 해당하는 것으로서 피해자에게 특별희생을 야기하는 것이고, 동시에 재산권에 대한 본질적 내용, 즉 사용·수익·처분권의 본질적 내용을 침해하는 것으로서 이에 대하여는 당연히 국가가 정당한 보상을 해야 할 것이다.[21] 왜냐하면 실화책임법으로 인해 경과실로 인한 실화의 경우에는 실화자의 보호라는 공익의 실현을 위하여 실화피해자의 소멸된 재산에 대한 보전행위로서의 손해배상청구권이 원칙적으로 완전히 박탈되고 결과적으로 침해된 재산권에 대한 회복 내지 보전이 불가능하게 되는데, 이는 결국 재산권에 대한 공공필요에 의한 수용 내지 몰수에 해당된다고 보지 않을 수 없기 때문이다. 그렇다면 실화책임법은 헌법 제23조 제3항에 따른 공용침해법률의 일종으로서 불가분조항의 원칙[22]에 따라 당연히 정당보상에 관한 근거조항을 동시에 규정하고 있어야 하고 또한 이에 따라 정당한 보상을 지급해야 하는데, 실제로 실화책임법에는 보상에 관한 아무런 규정이 없고 따라서 전혀

---

20) 이 판례의 내용 및 문제점에 대하여는 정연주, 그린벨트와 재산권보장, 130쪽 이하 참조.

21) 특별희생에 대한 정당보상에 관하여는 Opfermann, Die Enteignungsentschädigung nach dem Grundgesetz, 1974, S. 99ff.; Nüßgens /Boujong, Eigentum-Sozialbindung-Enteignung, 1987, Rdnr. 370ff.; Krohn/Löwisch, Eigentumsgarantie-Enteignung-Entschädigung, 1984, Rdnr. 55ff.; Papier, Maunz/Dürig, Grundgesetz Kommentar, Art. 14, Rdnr. 592ff; 정연주, 토지수용법과 정당보상의 원칙, 헌법판례연구[3], 헌법판례연구회편, 2001. 11. 317쪽 이하.

22) 불가분조항의 원칙에 대하여 자세한 것은 Weyreuther, Über die Verfassungswidrigkeit salvatorischer Entschädigungsregelungen, 1980, S. 12f., 23f.; Leisner, Entschädigung falls Enteignung, DVBl 1981, S. 79f.; Breuer, Die Bodennutzung im Konflikt zwischen Städtebau und Eigentumsgarantie, 1976, S. 66f.; 정연주, 공용침해와 불가분조항, 고시연구, 1992. 4, 117쪽 이하.

아무런 보상을 해주지 않으면서 결과적으로 실화자를 보호한다는 공익적 견지에서 보상 없는 희생을 피해자에게 강요하는 것이 되어 이는 결국 헌법 제23조 제3항을 위반한 위헌법률이라고 하겠다.

(2) 재산권제한입법으로 볼 경우

위에서도 언급한 바와 같이 이 사건의 경우 실화책임법으로 인해 실화피해자들의 손해배상청구권이 제한 또는 배제되기 때문에 이는 헌법 제23조 제1항이 보장하고 있는 재산권에 대한 공익적 제한이라고 볼 수도 있다. 이는 헌법 제23조 제2항에 따른 이른바 재산권에 대한 사회적 기속에 해당되는 경우로서, 실화자를 보호한다는 공익의 실현을 위하여 보상 없이 재산권자인 피해자의 재산권을 제한하여 일반희생을 야기하는 경우라고 하겠다. 따라서 이 경우에는 당연히 일반적인 기본권제한입법이 준수해야 하는 헌법 제37조 제2항에 따른 원칙인 비례의 원칙과 기본권의 본질적 내용침해금지의 원칙을 준수해야 할 것이다.

1) 비례의 원칙

가. 목적의 정당성

헌재의 과거 합헌결정과 이 사건 헌법불합치결정에서도 밝히고 있듯이 실화책임법의 입법목적은 실화로 인하여 일단 화재가 발생한 경우에는 실화자 자신도 피해를 입을 뿐만 아니라 부근 가옥 기타 물건에 연소함으로써 그 피해가 예상외로 확대되어 실화자의 책임이 과다하게 되는 점을 고려하여 그 책임을 중과실로 인한 실화의 경우에 한정함으로써 경과실로 인한 실화자를 지나치게 가혹한 부담으로부터 구제하려는 것이다. 따라서 이처럼 실화자 개인의 사적 이익의 보호에 그치지 아니하고 전체 국민 공동의 이익까지 증진시킨다는 이 법의 목적은 정당하고, 이는 헌법상의 기본원리인 사회국가원리에 의해서도 정당화될 수 있을 것이다.

나. 방법의 적정성

헌재의 과거 합헌결정은 실화책임법이 경과실로 인한 실화자에 한하여 피해자의 손해배상청구권을 인정하지 아니하는 방법을 택하고 있는 것은 입법목적을 달성하기 위하여 유효적절한 방법 중의 하나라고 평가된다고 하면서 "설사 방법의 선택에 있어서 위와 같은 입법목적을 효과적으로 달성하면서도 재산권에 대한 제한을 최소화하는 또 다른 방법이 있다 하더라도 그러한 사실만으로 바로 이 법을 헌법에 위반되는 법률이라고 단정할 수는 없다. … 입법자가 재산권을 제한함에 있어서 명백히 비합리적이라고 보여지는 방법을 채택한 경우가 아닌 한, 재산권을 제한하는 구체적인 방법이나 기준을 입법자가 법원에 맡기느냐, 아니면 스스로 법률에 정하느냐 하는 점 등 가능한 여러가지 방안 가운데 하나를 선택하는 것과 같은 것은 원칙적으로 입법부가 변화하는 현실의 여러 사정들을 감안하면서 실제의 상황변화에 즉응하여 합목적적으로 결정하여야 하는 것이어서 입법부의 재량에 맡겨야 하는 것이라 할 것이고, 헌법재판소는 입법권과 재판권의 본질상 차이 및 권력분립의 정신에 비추어 이와 같이 다양한 방법 중 하나의 방법을 선택하는 문제에 대하여는 헌법상 그 개입이 명백히 요구되는 경우가 아닌 한 자제함이 타당하다."라고 판시함으로써[23] 실화책임법에 따른 재산권 제한 방법의 적정성을 인정하고 있다.

이러한 입장은 아무리 입법자의 입법형성권과 재량의 여지 및 권력분립의 원칙을 감안한다고 하더라도 헌재의 기능을 지나치게 소극적으로 평가한 것으로 실화책임법의 합헌성을 강변하기 위한 억지주장으로 비쳐질 수도 있다. 이 사건 제청법원도 주장하고 있듯이 실화자라 하더라도 경제적 능력에 따라 피해배상을 할 수 있는 경우도 있고, 일부를 배상할 수 있는 경우도 있을 수 있으며(이 경우 민법 제765조[24]의 배상액의 감경청구규정이 참고가 될 수 있을 것이다), 실화자가 화재보험에 가입했을 경우 그 보험금을 피해배상에 충당할 수도 있고, 보험가입을 의무화하는 등 보험제도를 활성화하는 방안도 고려할 수 있을 것이다. 또한 피해자의 손해의 일정부분을 사회국가원리의 견지에서 국가가 보전하는 방법도 생각해 볼 수 있을 것이다. 이처럼 효과적으로 목적을 달성하면서도 피해자의 기본권의 제한을 최소화할 수 있는 방법을 강구할 권한과 의무를 지고 있는 것은 다름 아닌 입법자인데, 실화책임법은 입법자가 이러한 권한과 의무를 해태한 경우에 해당된다고 하겠다. 즉 입법자는 이 사건의 경우 최대한의 기본권 보호의무를 소홀히 했다고 볼 수 있고, 이러한 입법자에 대한 엄격한 통제와 기본권의 최대한의 보장을 사명으로 하는 헌재는 과거의 합헌결정에서 이러한 사명을 소홀히 한 것이다.

한편 실화책임법이 제정될 당시인 1961년에는 1인당 국민소득이 100달러 정도이었고, 가옥구조가 대부분 초가집과 목조가옥의 형태였으며, 화재보험제도가 없거나 일반화되어 있지 아니하였기 때문에 실화책임법의 적정성이 나름대로 인정될 수 있었을지는 모르나, 오늘날 1인당 국민소득이 그 당시와는 비교할 수 없을 정도로 증대되었고, 대리석 등 불연재로 지어진 집이 일반화되었으며, 화재보험제도도 발달되었기 때문에 현재의 시점에서는 실화책임법의 적정성에 의문을 제기하지 않을 수 없을 것이다.[25]

---

23) 헌재 1995. 3. 23. 92헌가4 등, 판례집 7-1, 289, 302-303.

24) 제765조 (배상액의 경감청구) ① 본장의 규정에 의한 배상의무자는 그 손해가 고의 또는 중대한 과실에 의한 것이 아니고 그 배상으로 인하여 배상자의 생계에 중대한 영향을 미치게 될 경우에는 법원에 그 배상액의 경감을 청구할 수 있다.
② 법원은 전항의 청구가 있는 때에는 채권자 및 채무자의 경제상태와 손해의 원인등을 참작하여 배상액을 경감할 수 있다.

25) 이 법은 80여년전에 제정된 일본의 실화의책임에관한법률을 그대로 받아들인 것으로서 위 일본 법률은 당시 목조건물이 대부분이고, 화재가 빈번한 사회경제적 상황하에서 경미한 과실로 화재를 일으킨 것만으로 손해를 배상케 하는 것은 적절치 못하다는 사회적 분위기 속에서 제정된 것이다. 그러나 오늘날의

다른 한편 실화책임법은 다양한 부작용을 야기할 수 있다. 예컨대 고의나 중과실의 입증이 어려운 것을 이용하여 거액의 보험금을 노리고 고의로 불을 내는 사례가 증가할 수 있어 결과적으로 사회·경제적 자원의 낭비를 초래한다든가, 경과실책임을 인정하지 않음으로써 국민들로 하여금 책임의식을 저하시키거나 무책임을 조장할 수 있다는 우려 등이 그것이다.

결국 실화책임법에 따른 재산권 제한 방법의 적정성은 인정될 수 없다고 하겠다.

다. 피해의 최소성

한편 피해의 최소성과 관련하여 헌재의 과거 합헌결정은 "화재로인한재해보상과보험가입에관한법률에 의하여 특수건물의 소유자는 그 건물의 화재로 인하여 타인이 사망하거나 부상한 때에는 과실이 없는 경우에도 그 손해를 배상하도록 하고 이 법의 적용을 명문으로 배제하고 있다(제2조 제3호, 제4조 제1항). 그리고 대법원판례에 의하면 ① 가스의 폭발사고에 의하여 직접 피해자가 입은 상해(대법원 1994.6.10. 선고, 93다58813 판결), ② 공작물 자체의 설치보존상의 하자에 의하여 직접 발생한 화재로 인한 손해(대법원 1994.3.22. 선고, 93다56404 판결), ③ 채무불이행상의 손해배상청구(대법원 1987.12.8. 선고, 87다카898 판결)에 관하여는 이 법의 적용이 배제된다고 해석되고 있다. 위와 같이 이 법의 적용범위가 다른 법률에 의하여 또는 이 법에 대한 유권적 해석에 의하여 상당히 제한되어 있는 점과 이 법 자체가 중과실에 의한 실화자에 대하여는 손해배상책임을 지도록 한 점 등을 종합하면, 이 법이 필요한 정도를 넘어서 실화 피해자의 재산권을 과도하게 제한한 것이라고 보기는 어렵다. 또한 위 법률은 특수건물소유자에 대하여 보험가입의무를 부과하고 있으며(제5조), 다른 한편으로는 재해구호법 등을 통하여 화재 피해자 등에 대한 재해구호대책위원회를 설립하고 구호기금을 마련하여 구호활동을 하도록 하는 등 손해배상능력이 전무하여지기 쉬운 경과실 실화자의 책임을 덜어주는 대신 이를 보완하는 의미로 화재로 인한 손해의 부담을 사회 전체의 공동 부담으로 분산시킴과 동시에 화재 등 피해자의 구호에도 노력하고 있고, 실화로 인한 피해의 예방을 위하여 형법 제170조가 경과실로 인한 실화도 실화죄로 처벌하고 있는 점…"이라고 언급함으로써 실화책임법이 피해의 최소성을 충족시키고 있다고 판시하고 있다.[26]

그러나 첫째, 화재로인한재해보상과보험가입에관한법률은 대인적 손해배상에 대해서만 적용되는 것으로 이 사건에서 문제된 것처럼 일반적인 대물적 손해배상에 대해서는 아무런 보장이 없다. 둘째, 위에서 헌재가 언급한 대법원판례 중 '①, ②'의 각 판

우리나라 상황은 가옥의 구조나 화재의 빈도, 실화에 대한 사회적 인식에 있어서 위 일본 법률의 제정 당시와 같지 아니할 뿐 아니라, 오늘날 화재보다도 더 빈번히 일어나는 교통사고에 대하여 중과실을 요구하지 아니하는 것에 비추어 보더라도 이 법을 존속시킬 이유가 없다. 따라서 백번 양보하여 이 법 제정 당시에는 나름대로의 정당성이 있었다고 하더라고 오늘날에는 위헌임을 면치 못할 것이다.

26) 헌재 1995. 3. 23. 92헌가4 등, 판례집 7-1, 289, 301-302.

례는 가스폭발사고 또는 공작물 자체의 설치보존상의 하자에 의하여 직접 발생한 화재로 인한 손해배상책임에 대해서만 실화책임법의 적용이 배제되고, 그 화재로부터 연소한 부분에 대한 손해배상책임에 대해서는 여전히 실화책임법이 적용되며, '③' 판례에서처럼 실화자와 연소에 의한 피해자 사이에 채권채무관계가 성립되어 채무불이행에 기한 손해배상을 청구할 수 있는 경우는 극히 제한적이어서 결국 위 대법원판례들 역시 연소로 인한 피해자에 대한 보호에는 미치지 못하고 있다. 셋째, 현재의 재해구호법상 재해는 태풍 등 자연현상으로 인하여 발생한 피해를 의미하는 것이어서 자연현상이 아닌 실화로 인한 손해에 대하여는 적용되지 않는다. 넷째, 실화로 인한 피해의 예방을 위하여 형법 제170조가 경과실로 인한 실화도 실화죄로 처벌하고 있으나, 이는 실화자의 형사처벌을 목적으로 하는 것이지 손해배상책임과는 관련이 없고, 아울러 경과실의 경우 대개 벌금형에 처해질 것이므로 실화에 대한 일반예방의 효과도 기대하기 어렵다고 할 것이다.

결국 피해의 최소성도 인정될 수 없다고 할 것이다.

라. 법익의 균형성

법익의 균형성과 관련하여 헌재의 과거 합헌결정은 실화책임법에 의하여 달성되는 이익이 실화책임법에 의하여 제한되는 재산권인 실화피해자 개인의 손해배상청구권보다 더 작다고 할 수 없다고 주장하면서 법익의 균형성을 인정하고 있다. 그러나 비록 실화책임법에 따른 제한을 통해 달성되는 공익의 정당성이 인정된다 하더라도 그를 통해 야기되는 실화피해자의 재산권에 대한 침해가 더 크다고 보지 않을 수 없다. 왜냐하면 실화책임법에 의해 경과실로 인한 실화의 경우에는 손해배상청구권이 원칙적으로 배제되는 것으로 이는 사실상 피해자의 재산권의 본질적 내용의 침해를 의미하는 것이며, 아울러 이에 대한 수인의 기대가능성도 인정되기 어렵기 때문이다. 또한 위의 '나. 방법의 적정성' 항에서도 언급한 바와 같이 이 제도를 통해 야기될 수 있는 다양한 부작용의 위험을 생각한다면 법익의 균형성은 더욱 인정되기 어렵다고 할 것이다.

마. 소 결

결국 상기 언급한 이유로 실화책임법은 비례의 원칙을 위반했다고 할 수 있고, 과거 합헌결정과는 달리 비례의 원칙 위반을 인정한 이 사건 헌법불합치결정은 이 점에서 타당하다고 하겠다.

2) 기본권의 본질적 내용침해금지의 원칙

실화책임법에 따라 경과실로 인한 실화의 경우에는 피해자의 손해배상청구권이 원칙적으로 배제된다. 이는 결국 사실상 재산권의 본질적 내용에 대한 침해, 즉 재산권의 사용·수익·처분권에 대한 본질적 침해에 해당한다고 볼 수 있다. 따라서 실화책임법에 따른 제한으로 인해 사유재산권이 유명무실해지거나 형해화되어 헌법이 재산권을 보장하는 궁극적인 목적을 달성할 수 없게 되는 지경에 이르게 되었다고 할 수 없다는 헌재의 과거 합헌결정은 타당하다고 보기 어렵다.

결국 실화책임법은 헌법 제37조 제2항의 기본권의 본질적 내용침해금지의 원칙을 위반했다고 볼 수 있다.

(3) 소 결

위에서 살펴본 바와 같이 실화책임법에 따른 재산권에 대한 규제 내지 제한을 헌법 제23조 제3항에 따른 공용침해의 일종으로 보든 아니면 헌법 제23조 제1항 및 제2항에 따른 재산권의 사회적 기속 내지 제약으로 보든 결국 실화책임법은 불가분조항의 원칙과 정당보상의 원칙, 또는 비례의 원칙이나 본질적 내용침해의 원칙 등을 위반하여 재산권을 침해한 법률로서 위헌이다.

3. 평등의 원칙 위반 여부와 관련하여

위에서도 언급한 바와 같이 실화책임법으로 인한 평등원칙 위반의 문제가 제기될 수 있다. 가해자인 실화자는 화재보험제도나 파산제도 등을 통하여 나름대로 보호를 받을 수 있는 반면, 오히려 피해자는 피해배상을 전혀 받지 못하는 모순된 현상이 발생할 수 있는데, 이는 주객이 전도된 것으로 가해자와 피해자를 부당하게 차별한 것으로 평등원칙 위반이 문제될 수 있다. 아울러 실화가 아닌 다른 원인으로 발생된 피해의 경우에는 이러한 실화책임법의 경우와 같은 제한이 없다는 점을 감안할 때 이 역시 이 사건에 있어서의 피해자인 제청신청인들과 실화가 아닌 다른 원인에 의하여 발생된 피해 사건에 있어서의 피해자를 부당하게 차별하는 것으로서 평등원칙 위반이 문제될 수 있다.

(1) 엄격심사척도가 적용될 경우

평등위반 여부를 심사함에 있어 심사척도와 관련하여 헌재는 제대군인지원에관한법률 제8조 제1항 등 위헌확인 사건에서 “평등위반 여부를 심사함에 있어 엄격한 심사척도에 의할 것인지, 완화된 심사척도에 의할 것인지는 입법자에게 인정되는 입법형성권의 정도에 따라 달라지게 될 것이나, 헌법에서 특별히 평등을 요구하고 있는 경우와 차별적 취급으로 인하여 관련 기본권에 대한 중대한 제한을 초래하게 된다면 입법형성권은 축소되어 보다 엄격한 심사척도가 적용되어야 할 것인바, …”라고 판시함으로써[27] 차별적 취급으로 인하여 관련 기본권에 대한 중대한 제한을 초래하게 되는 경우

27) 헌재 1999. 12. 23. 98헌마363, 판례집 11-2, 770, 787.

엄격심사를 한다고 하였다.[28)] 이 판례에 따를 때 실화책임법은 위에서 언급한 바와 같이 피해자들을 가해자나 실화가 아닌 다른 원인에 의한 피해자와 차별취급을 하고, 중과실의 경우와 경과실의 경우를 차별취급하여 피해자들의 손해배상청구권을 배제하여 결국 피해자의 재산권의 본질적 내용을 침해하는 수인의 기대가능성이 없는 중대한 제한을 초래한 경우라고 할 수 있어 엄격한 심사를 해야 할 것으로 생각된다.

여기서 엄격한 심사를 한다는 것은 자의금지원칙에 따른 심사, 즉 합리적 사유의 유무를 심사하는 것에 그치지 아니하고 비례성원칙에 따른 심사, 즉 차별취급의 목적과 수단간에 엄격한 비례관계가 성립하는지를 기준으로 한 심사를 행함을 의미한다. 그런데 이러한 차별취급의 비례성심사는 이미 위에서 재산권 침해와 관련하여 살펴보았다. 결국 실화책임법에 따른 차별취급은 위에서 언급한 바와 같이 비례성원칙에 반하다고 보지 않을 수 없고, 따라서 평등원칙을 위반한 위헌적 법률이라고 할 수 있다.

(2) 완화된 심사척도가 적용될 경우

설사 일반적인 완화된 심사척도가 적용되어 자의금지원칙에 따른 심사, 즉 합리적 사유의 유무를 심사한다고 하더라도 실화책임법에 따른 차별취급에 합리적인 성당화 사유가 없어 위헌이라고 하겠다.

1) 제청신청인들도 주장하고 있듯이 가해자인 실화자는 화재보험제도나 파산제도 등을 통하여 나름대로 보호를 받을 수 있는 반면, 오히려 피해자는 배상을 전혀 받지 못하는 모순된 현상이 발생될 수 있는데, 이는 주객이 전도된 것으로 가해자와 피해자를 부당하게 차별한 것으로 볼 수 있기 때문에 평등원칙이 침해된 것으로 볼 수 있다.

2) 이울러 실화가 아닌 다른 원인으로 발생된 피해의 경우에는 이러한 실화책인법의 경우와 같은 제한이 없다는 점을 감안할 때 이 역시 이 사건에 있어서의 피해자와 실화가 아닌 다른 원인에 의하여 발생된 피해 사건에 있어서의 피해자를 부당하게 차별하는 것으로서 평등원칙이 침해된 것으로 볼 수 있다. 즉 실화도 불법행위의 한 유형인네, 이 법은 그 중에서 유독 실화의 경우에만 중과실을 요구하고 경과실이 있는 불법행위자를 면책시킴으로써 불법행위자들을 차별하여 취급할 뿐 아니라, 똑같은 내용의 피해(자동차의 손괴 등)를 입었음에도 교통사고로 인한 피해자는 배상을 받고, 실화로 인한 피해자는 배상을 받지 못하는 등 불법행위 피해자들을 차별하여 취급하는 것이어서 평등의 원칙에 위배된다.

3) 실화자의 재력이나 기타 여건을 고려하지 아니하고 경과실의 경우에는 무차별적으로 실화자를 면책시키는 것은 합리적 차별사유가 존재함에도 불구하고 차별하지 않는 것이 되어 오히려 평등원칙을 침해하는 것이다.

---

28) 이 판례의 내용과 문제점에 대하여는 정연주, 가산점제도의 헌법적 문제점, 헌법판례연구 [II], 헌법판례연구회편, 2000. 8, 171쪽 이하 참조.

4) 실화가 발생한 건물의 임대인이 소방시설 등의 설치·관리에 잘못이 있을 경우라도 실화자인 임차인은 임대인에 대하여 채무불이행 책임을 지므로 임대인은 손해를 전보받을 수 있는 반면, 임대인 이외의 실화피해자는 손해를 전보받을 수 없는 것도 합리적인 사유가 없는 차별취급으로 볼 수 있어 평등원칙을 침해한 것이며, 그 자체 입법취지에 반하는 모순이라고 보지 않을 수 없다. 왜냐하면 실화자를 보호한다는 입법취지대로라면 실화자인 임차인을 임대인으로부터도 보호해야 하고 따라서 임대인과의 관계에 있어서도 면책되어야 하기 때문이다.

5) 잠재적으로 누구나 실화자가 될 수 있다는 이유로 실화자의 면책을 정당화시키는 헌재의 과거 합헌결정이 주장하는 논리대로라면 형사관계에 있어서 가벌성의 기초가 무너질 수 있다. 왜냐하면 그 논리대로라면 국민 모두가 형사사건의 가해자가 될 수 있으므로 범죄피해가 발생된 경우 가해자를 면책시켜야 한다는 논리가 성립될 수 있기 때문이다.

(3) 소 결

상기 언급한 바와 같이 실화책임법은 엄격한 심사척도에 의하건 완화된 심사척도에 의하건 평등의 원칙을 침해한 것으로 위헌이라고 할 수 있다. 이 점에서 이러한 평등원칙 위반 여부에 대하여 판단하지 아니한 이 사건 헌재결정은 문제가 있다고 하겠다.

4. 헌재결정의 유형과 관련하여

헌법불합치 및 입법촉구결정이 타당하다고 여겨진다. 왜냐하면 단순위헌을 내릴 경우 당장 이러한 사안을 규율할 법률이 없어짐에 따라 법적 공백과 혼란이 야기될 수 있기 때문이다. 즉 실화자에게 너무 가혹한 무차별적 부담을 야기하거나 실현의 기대가능성이 없는 책임이 부과될 수 있어 더 큰 헌법적 가치의 침해가 우려될 수 있기 때문이다. 따라서 위헌의 소지를 제거한 합헌적 법률로 조속히 개정하도록－예컨대 경과실의 경우에도 실화자에게 손해배상책임을 지우되 그 책임의 범위를 한정하는 방법, 실화자의 경제적 여건을 고려하는 방법(예컨대 민법 제765조의 배상액의 감경청구규정을 적용하는 방법), 화재보험을 강제하는 방법, 보험회사의 부담, 국가에 의한 보전 등을 총체적으로 고려하고 외국의 입법례도 참고해서－입법을 촉구하는 헌법불합치결정을 내리는 것이 타당하다고 하겠다. 따라서 이러한 헌법불합치를 선고하여 개선입법을 촉구하되, 실화책임법을 계속 적용할 경우에는 경과실로 인한 실화피해자로서는 아무런 보상을 받지 못하게 되는 위헌적인 상태가 계속되므로, 입법자가 실화책임법의 위헌성을 제거하는 개선 입법을 하기 전에도 실화책임법의 적용을 중지시키는 결정을 내린 이 사건 헌재의 결정유형은 타당하다고 하겠고, 이와는 달리 단순위헌의견을 개진한 2명의 재판관의 견해에는 동의할 수 없다.

V. 맺는 말

이상 살펴본 바와 같이 실화책임법은 위헌이라고 할 것이고, 이 점에서 헌재의 과거 합헌결정은 대단히 잘못되었고, 이번 헌법불합치결정은 결과적으로 타당하다고 하겠다. 이에 따라 실화책임법은 헌재의 헌법불합치결정 이후 결정취지에 따라 전면개정되었다.[29] 즉 경과실을 포함한 민법 제750조의 일반적인 불법행위책임 내지 과실책임주의를 원칙적으로 적용하되, 헌재가 제시한 바와 같이 민법 제765조의 배상액의 경감청구규정의 특례를 정함으로써 경과실에 의한 실화의 경우에도 실화자의 책임을 인정하여 실화피해자의 구제를 도모함과 동시에 경과실로 인한 실화자의 보호도 아울러 도모하는 규정을 마련한 것이다.

그런데 위에서 지적한 바와 같이 헌재의 결정에는 미흡한 점이 대단히 많다. 논리전개과정의 문제점, 중요한 헌법적 쟁점에 대한 규명이 없거나 소홀하다는 점 등이 그것이다. 예컨대 과실책임주의가 헌법상의 원칙인지의 여부, 기본권의 본질적 내용침해금지의 원칙의 위반 여부, 평등의 원칙 위반 여부 등에 대하여는 전혀 언급이 없고, 재산권 침해의 구체적 유형과 내용에 대하여 그리고 재산권 침해의 정당화 여부의 기준인 비례의 원칙에 대한 언급도 지나치게 간단하다. 물론 당해 사건을 해결하기만 하는 것이 헌법재판의 목적이라고 한다면 다양한 헌법적 쟁점에 대한 언급이 없더라도 가능하다. 그러나 중요한 헌법적 해명, 유사한 사건 반복방지, 강한 직권심리주의, 위헌결정의 대세효 등 헌법재판의 기능과 특성[30]에 비추어 볼 때 이러한 헌재의 소극적 태도는 매우 부적절한 것이다. 그런 점에서 이번 헌재의 결정에는 많은 아쉬움이 남는다. 이를 위한 해결책으로서는 위에서 논의된 내용들이 하나의 참고가 될 것이다.

---

29) 실화책임에 관한 법률(법률 제9648호, 2009. 5. 8. 전부개정)

제1조(목적) 이 법은 실화의 특수성을 고려하여 실화자에게 중대한 과실이 없는 경우 그 손해배상액의 경감에 관한 「민법」 765조의 특례를 정함을 목적으로 한다.

제2조(적용범위) 이 법은 실화로 인하여 화재가 발생한 경우 연소로 인한 부분에 대한 손해배상청구에 한하여 적용한다.

제3조(손해배상액의 경감) ① 실화가 중대한 과실로 인한 것이 아닌 경우 그로 인한 손해의 배상의무자(이하 '배상의무자'라 한다)는 법원에 손해배상액의 경감을 청구할 수 있다.

② 법원은 제1항의 청구가 있을 경우에는 다음 각 호의 사정을 고려하여 그 손해배상액을 경감할 수 있다.

1. 화재의 원인과 규모
2. 피해의 대상과 정도
3. 연소 및 피해 확대의 원인
4. 피해 확대를 방지하기 위한 실화자의 노력
5. 배상의무자 및 피해자의 경제상태
6. 그 밖에 손해배상액을 결정할 때 고려할 사정

30) 이러한 헌법재판의 특성에 관하여는 정연주, 헌법소원심판청구취하의 효과, 공법연구 제28집 제4호 제2집, 2000. 6, 201쪽 이하 참조.

8. 행정계층구조와 지방자치제도

- 헌재 2006. 4. 27. 2005헌마1190, 제주특별자치도의 설치 및 국제자유도시조성을 위한 특별법안 제15조 제1항 등 위헌확인[1] -

[目 次]

Ⅰ. 머리말

이 글은 제주도 행정계층구조 개편을 헌법적 시각에서 검토한 것이다. 제주도는 「제주도 행정체제 등에 관한 특별법」과 「제주특별자치도 설치 및 국제자유도시 조성을 위한 특별법」에 따라 시·군이 폐지되어, 제주특별자치도라는 광역단체로 행정계층구조가 단층화되었다.

제주도는 21C 비전으로 2001. 12. 제정된 제주국제자유도시특별법에 의거 국제자유도시[2]와 평화의 섬을 추진했다.[3] 제주국제자유도시 추진은 지방화시대에 세계와 경쟁할 수 있는 교류 중심의 제주를 건설하고, 동시에 국가발전을 견인하는 것을 그 목표로 하고 있다. 그런데 국제자유도시가 성공적으로 추진되기 위해서는 이를 적극적으로 뒷받침할 수 있는 혁신적인 지방자치 및 행정체제의 구축이 절실히 요구되고, 또한 1

1) 헌재 2006. 4. 27. 2005헌마1190, 판례집 18-1상, 652.

2) 동법 제2조 제1호에 따르면 '국제자유도시'라 함은 사람·상품·자본의 국제적 이동과 기업활동의 편의가 최대한 보장되도록 규제완화 및 국가적 지원의 특례가 실시되는 지역적 단위를 말한다.

3) 제주도 행정구조의 개편이 이루어진 배경과 과정에 대하여는 제주특별자치도 기본방향 및 실천전략, 제주발전연구원, 2004. 11, 3쪽 이하; 제주형 지방자치모형 개발 등 행정개혁에 관한 연구, 제주도, 2003. 9, 1쪽 이하 참조.

시간 생활권, 섬이라는 지리적 특성, 독특한 전통문화 등으로 인해 제주지역에의 지방자치법의 획일적 적용은 지역발전의 걸림돌로 작용한다는 지적이 대두됨에 따라 제주도는 제주의 여건과 특성을 반영하고 지역의 잠재력을 극대화할 수 있는 '제주형 자치모형'을 개발하기 위한 필요한 계획과 시책을 수립하게 되었고, 이에 국제자유도시의 성공적 추진과 정부의 지방분권과제를 선도적·모범적으로 실천할 수 있는 '제주특별자치도'의 실천 전력의 일환으로 제주도 행정계층구조의 개편을 추진하게 되었다.

행정계층구조의 개편을 추진하기 위하여 제주도지사는 제주도행정개혁추진위원회를 설치하였고, 위원회는 지방행정제도계획의 방안으로 점진안과 혁신안을 채택한 다음 주민투표를 통해 2개의 대안 중 최종안을 선정하기로 2005. 3. 3. 결정하였다. 이후 제주도의회에 주민주표실시계획이 보고되고(2005. 6. 7.), 제주도가 행정자치부에 주민투표실시를 건의함에 따라(2005. 6. 8.), 행정자치부가 제주도에 주민투표실시를 요구했고(2005. 6. 21.), 이에 제주도지사가 주민주표발의를 공고 했고(2005. 7. 5.), 2005. 7. 27. 주민투표가 실시되었다.

제주도행정개혁추진위원회가 채택한 점진안의 내용은 위에서 현행 도와 시·군의 자치계층을 그대로 유지하여 자치단체장과 지방의원을 주민들이 직접 선출하되, 다만 도와 시군의 기능과 역할을 조정하는 것을 그 내용으로 하고 있고, 혁신안은 도를 하나의 광역자치단체로 개편하고 기존의 기초자치단체인 시·군과 시·군 의회는 완전히 폐지하며 그 대신 도내 행정조직을 2개의 시로 통합하여 임명직 시장을 두는 것을 그 내용으로 하고 있다.[4] 주민투표 결과 혁신안이 채택되었다.

이러한 주민투표의 결과에 따라 정부는 혁신안을 내용으로 하는 「제주도 행정체제 등에 관한 특별법안」과 「제주특별자치도 설치 및 국제자유도시 조성을 위한 특별법안」을 국회에 제출하였고 모두 국회에서 가결되었다. 이에 제주도민 및 기초자치단체 소속 공무원들은 제주시, 서귀포시, 북제주군, 남제주군을 폐지하는 내용의 「제주도 행정체제 등에 관한 특별법」 제3조 및 「제주특별자치도 설치 및 국제자유도시 조성을 위한 특별법」 제15조 제1항·제2항에 의하여 선거권 등을 침해받는다고 주장하며 헌법소원심판을 청구하였고,[5] 헌재는 지방행정계층구조를 단층화하는 것은 입법재량에 속하

4) 점진안과 혁신안의 내용에 대하여 자세한 것은 제주형 지방자치모형 개발 등 행정개혁에 관한 연구, 154쪽 이하; 혁신적 계층구조 개편안 장·단점 분석, 제주발전연구원, 2004. 12, 5쪽 이하 참조.

5) 「제주도 행정체제 등에 관한 특별법」 제3조(제주시 등의 폐지) ① 제주도의 제주시·서귀포시·북제주군 및 남제주군을 각각 폐지한다.
② 제주도에는 지방자치법 제2조 제1항 및 제3조 제2항의 규정에 불구하고 관할구역 안에 지방자치단체인 시와 군을 두지 아니한다.
「제주특별자치도 설치 및 국제자유도시 조성을 위한 특별법」 제15조(지방자치단체가 아닌 시 및 읍·면·동의 설치) ① 제주자치도는 지방자치법 제2조 제1항 및 제3조 제2항의 규정에 불구하고 그 관할구역 안에 지방자치단체인 시와 군을 두지 아니한다.
② 제주자치도의 관할구역 안에 지방자치단체가 아닌 시(이하 '행정시'라 한다)를 두고, 행정시에는 도시의 형태를 갖춘 지역에는 동을, 그 밖의 지역에는 읍·면을 둔다.
③ 지방자치법의 규정 중 읍·면·동에 관한 사항은 행정시에 두는 읍·면·동에 대하여 적용한다. 다만, 행정시에 두는 읍·면·동의 폐치·분합은 지방자치법 제4조 제3항의 규정에 불구하고 행정자치부장

고, 청구인들의 기본권을 위헌적으로 침해하는 것은 아니라는 등의 이유로 심판청구를 기각했다.

그러나 이러한 헌재의 견해는 지방자치제도의 본질과 기능 등 다양한 헌법적 시각에서 문제가 있다. 따라서 이 글에서는 행정계층구조의 단층화에 대한 헌법적 검토를 하고자 한다. 이는 그동안 계속 제기되어 왔던 다른 지역에서의 행정계층구조의 개편과 관련해서도 의미 있는 작업이라고 하겠다.

Ⅱ. 헌재결정의 요지

1. 헌법 제117조 제2항은 지방자치단체의 종류를 법률로 정하도록 규정하고 있을 뿐 지방자치단체의 종류 및 구조를 명시하고 있지 않으므로 이에 관한 사항은 기본적으로 입법자에게 위임된 것으로 볼 수 있다. 헌법상 지방자치제도보장의 핵심영역 내지 본질적 부분이 특정 지방자치단체의 존속을 보장하는 것이 아니며 지방자치단체에 의한 자치행정을 일반적으로 보장하는 것이므로, 현행법에 따른 지방자치단체의 중층구조 또는 지방자치단체로서 특별시·광역시 및 도와 함께 시·군 및 구를 계속하여 존속하도록 할지 여부는 결국 입법자의 입법형성권의 범위에 들어가는 것으로 보아야 한다. 같은 이유로 일정구역에 한하여 당해 지역 내의 지방자치단체인 시·군을 모두 폐지하여 중층구조를 단층화하는 것 역시 입법자의 선택범위에 들어가는 것이다.

2. 제주국제자유도시 조성은 단순한 산업발전을 위한 정책을 넘어 사람·상품·자본의 국제적 이동과 기업활동의 편의가 최대한 보장되도록 규제를 완화하고 국제적 기준이 적용되는 지역적 단위를 설정하는 것이다(국제자유도시조성특별법 제2조). 이를 위해서는 기존의 법령을 개정하여 새로운 기준을 설정하는 것뿐 아니라 도시계획·교통·상하수도·주택 등 기반기설의 확충과 광범위한 개발계획의 시행이 이루어져야 한다. 1도·2시·2군의 기존 제주도 행정체계로는 이와 같은 새로운 행정수요를 충족시키기 어렵다. 지방자치단체 간 재정력 격차로 인한 지역 간 불균형이 발생하기 쉽고, 기초자치단체와 광역자치단체의 중층행정계층에 따른 결재단계 등으로 의사결정비용이 크며, 업무상 갈등으로 말미암아 일관된 행정이 이루어지지 않을 가능성이 상존하기 때문이다. 따라서 새로운 행정수요에 따른 지방행정구조개편이 필요하며 이 사건 법률조항으로 자치단체인 시·군을 폐지하여 행정의 효율화를 달성하고 국제자유도시의 조성을 도모하려는 입법자의 판단이 부정확한 사실인식과 불합리한 예측을 근거로 한 것이라 할 수는 없다. 게다가 비록 기초자치단체의 폐지로 말미암아 주민들의 자치단체구성에 대한 참여기회가 일부 상실되었다 하더라도 그에 대한 보완책으로 광역자치단체 수준의 참여권이 확대되었고, 제주도가 중앙정부의 규율로부터 벗어나 폭넓은

관의 승인을 요하지 아니하되, 도지사는 그 결과를 행정자치부장관에게 보고하여야 한다.

자치권을 가지게 됨에 따라 실질적으로 주민들이 지역행정에 참여하여 영향을 미칠 수 있는 범위가 확대되었으므로, 주민들의 민주적 요구를 수용하는 지방자치제의 기능이 예전에 비하여 축소되었다고 볼 수도 없다. 따라서 이 사건 법률조항에 의하여 청구인들의 참정권인 선거권과 공무담임권이 제한된다 하더라도 그것이 현저히 자의적이고 불합리하여 기본권 제한의 입법적 한계를 벗어난 것이라고 할 수 없다.

3. 주민투표의 투표대상인 혁신적 대안은 단순히 4개 시·군을 폐지하는 것뿐 아니라 기존의 자치단체인 제주도를 폐지하고 새로운 제주특별자치도를 설치하며 그 권한과 사무의 확대, 의회규모 확대 등 완전히 새로운 행정체계를 구축하는 것을 포함하고 있다. 나아가 폐지될 시·군 주민 전체가 제주도민 전체이기도 한 점에서 제주도에 의하여 투표가 실시된다 하여도 투표의 실질에 있어 차이가 없고, 제주도 전역에서 투표가 행해진다 하더라도 투표결과 집계를 통해 전체 주민의 찬반비율 뿐 아니라 개별 지역별 찬반비율 역시 확인할 수 있으므로 폐지되는 자치단체 주민들의 의사를 확인한다는 기능적인 면에서도 차이가 없다. 또한 자치단체의 폐지에 대한 이해관계자들의 참여, 즉 의견개진의 기회부여는 문제가 된 사항의 본질적 내용과 그 근거에 관하여 이해관계인에게 고지하고 그에 관한 의견의 진술기회를 부여함으로써 그 진술된 의견이 국회에 입법자료를 제공하는 기능을 하도록 하면 족하며, 입법자가 그 의견에 반드시 구속되는 것으로 볼 수는 없다. 따라서 제주도 전역에서 행해진 주민투표절차에 의하여 폐지되는 지방자치단체의 주민들의 청문권이 침해되었다고 볼 수 없다.

Ⅲ. 제주도 행정계층구조 개편에 대한 헌법적 검토

결국 특별법에 따른 제주도 행정계층구조 개편은 기초단체의 전면적 폐지를 주 내용으로 하는 행정계층구조의 단층화인데, 이는 지방자치제도의 이념과 취지 등 각종 헌법원리와 기본권의 측면에서 다음과 같은 위헌의 소지가 있다고 여겨진다.

1. 지방자치의 제도적 보장과 관련하여

헌법 제117조는 지방자치를 제도적으로 보장하고 있다. 이러한 지방자치의 제도적 보장은 전통적으로 자치기능보장, 자치단체보장, 자치사무보장의 세 가지를 본질적 내용으로 하고 있다. 따라서 지방자치기능을 구체화하고, 지방자치단체의 종류와 크기를 정하고, 지방자치사무의 범위를 정하는 등 지방자치의 실현을 위한 입법형성권의 행사는 이러한 지방자치제도의 본질적인 내용을 침해할 수 없다. 이러한 관점에서 볼 때 지방자치단체의 수를 조정하기 위한 자치단체의 부분적 통·폐합은 가능하지만, 모든 지방자치단체를 폐지하는 것은 금지된다.

이러한 지방자치의 제도적 보장의 핵심적 내용 중 하나인 자치단체의 보장은 지방자치제의 본질과 기능의 측면에서 파악되어야 한다. 즉 후술하는 바와 같이 지방자치제도는 행정의 극대화기능 및 지역발전촉진기능과 더불어 다원적 민주주의의 실현과 기능적 권력통제를 중요한 기능으로 하고 있음은 주지의 사실이다. 이러한 지방자치제도의 취지와 기능이 제대로 구현되고 발휘되기 위해서는 필연적으로 지방자치단체의 종류가 다양한 구조로 되어 있을 것은 전제로 하고 있고, 이는 지방자치단체가 수평적으로 다양한 종류로 구성될 것과 더불어 수직적으로도 다양한 계층구조로 구성될 것을 요구한다. 그럴 경우에 비로소 전통적인 지방자치제도의 기능인 행정의 극대화기능 및 지역발전촉진기능이 발휘될 수 있고, 아울러 다원적 민주주의와 지방자치단체간의 수평적·수직적 권력통제가 가능해진다. 따라서 지방자치단체의 종류는 수직적으로 적어도 둘 이상의 계층구조로 구성될 것을 요구하는 것이다. 만일 그렇지 않고 지방자치단체의 구조가 수직적으로 단일한 계층구조, 즉 일원적인 단층구조로 이루어져 있으면 지방자치단체간의 수직적 권력통제가 불가능해질 뿐 아니라, 위에서 언급한 지방자체제도의 다양한 기능이 형해화되고, 후술하는 자치사무의 수직적 분배도 불가능해진다.

지방자치단체의 종류를 구체화하고 있는 지방자치법 제2조 제1항도 이러한 취지를 반영하여 지방자치단체의 종류를 광역단체와 기초단체의 두 가지 계층으로 이원화하고 있는데, 이러한 지방자치단체의 이원적 계층구조는 바로 헌법 제117조에 따른 지방자치의 제도적 보장내용으로서 자치단체보장의 본질적 내용을 이루고 있는 것이다. 따라서 지방자치단체의 폐치 등 지방자치단체의 종류에 관한 입법형성권은 이러한 본질적 내용인 지방자치단체의 이원적 계층구조내에서 이루어져야 함은 당연하다.

이 사건의 경우 문제되는 지방자치단체의 폐치는 이러한 이원적 계층구조내에서 일부 기초단체를 통·폐합하는 정도에 그치는 것이 아니라 근본적으로 제주도라는 광역단체내의 모든 기초단체를 폐지함으로써 지방자치단체의 종류를 단층적 구조로 일원화시키는 것으로 허용되기 어렵다. 즉 이는 자치단체보장이라는 지방자치의 본질적 내용 중 하나를 침해하는 것이고, 결과적으로 제주도내 기초단체의 자치기능과 자치사무의 보장도 침해된다고 볼 수 있다.

2. 지방자치제도의 기능과 관련하여

주지하는 바와 같이 지방자치제도는 전통적인 기능으로서의 행정의 극대화기능 및 지역발전촉진기능과 더불어 오늘날 다원적 민주주의의 실현과 기능적 권력통제를 중요한 기능으로 하고 있다.

(1) 주민근거리행정의 실현

행정작용의 침투력을 높여서 행정성과의 극대화를 꾀하고, 풀뿌리민주주의를 실현하기 위한 제도가 바로 지방자치제도이다. 이러한 목적을 위하여는 가능한 한 주민접촉행정 내지 주민근거리행정이 필수적이고 이의 실현은 주로 지방자치법상의 기초지방자치단체가 담당하도록 하고 있다. 특히 특별시나 광역시 등 지역은 협소한 대신 인구밀도가 높은 대도시의 경우와는 달리 지역이 광활하고 인구밀도가 낮은 제주도의 경우에는 광활한 지역을 분할하는 기초단체의 필요성과 기능은 이러한 주민근거리행정을 위하여 필수적이다. 따라서 이 사건의 경우에서처럼 제주도라는 광역단체내의 모든 기초단체를 폐지하는 것은 이러한 주민근거리행정이라는 지방자치제도의 기능을 형해화시키는 것이다.

물론 특별법에 따르면 기초단체인 시·군이 폐지되는 대신 이를 대체하는 2개의 행정시가 해당 행정업무를 이행하도록 되어 있으나, 이 행정시는 독자적인 법인격을 가진 자치단체가 아닌 하나의 하부행정조직에 불과한 것으로 그 시장은 도지사가 임명하는 임명직이고 지방의회도 설치되지 아니한다. 즉 자치조직권, 자치입법권, 자치행정권, 자치재정권 등의 자치고권이 없는 단순한 행정기구에 불과하기 때문에 지역주민에 대한 행정서비스나 지역주민의 욕구를 충족시켜주는 결정권을 갖지 못한다. 따라서 주민들은 결정권이 없는 시장을 만나 의견을 개진하지 않고 결정권이 있는 도지사를 접촉하려 할 것이다. 그런데 도지사가 이러한 의견을 제대로 듣고 행정에 반영하는 것은 현실적으로 어렵고, 바람직하지도 않으며, 기초단체의 행정과 광역단체의 행정 상호간의 차이점에 비추어도 적절치 않다. 따라서 주민의사가 제대로 반영되는 책임행정의 구현이 어렵고, 결국 주민접촉행정이라는 지방자치제도의 기능구현에 역행하게 되는 것이다.

주민접촉행정이 실현되기 위해서는 그 주민행정을 담당하는 행정기관이 독자적인 자치권을 가지고 정책결정과 입안 및 집행과정에 적극 참여할 때 가능하다는 점을 상기할 때 주민근거리행정을 담당해야 할 기초단체를 폐지하고 아무런 자치권이 없는 도의 하부조직에 불과한 행정시로 하여금 담당하게 하는 것, 또는 광역단체에서 담당하는 것 어느 것도 타당하지 않다고 하겠다.

(2) 다원적 민주주의의 실현

지방자치는 지역주민의 지역문제에 대한 자치능력을 길러줌으로써 민주정치에 필요한 민주시민을 양성하는데 기여하고, 이로써 민주정치의 실현기능을 가지게 된다. 더욱이 지방자치단체에서는 국가차원에서와는 다른 정치세력과 정치견해가 형성될 수 있고, 국가차원에서와는 다른 정치집단이 정치적인 영향력을 행사할 수 있기 때문에 서로 상이한 다양한 정치적 견해를 지방자치제도를 통해 반영할 수 있다는 점에서 현대사회가 요구하는 정치적 다원주의 내지 다원적 민주주의를 실현시키는 기능을 가진다.

이처럼 지방자치제도의 중요한 기능이 다원적 민주주의의 실현이라면 이러한 다원적 민주주의가 실현될 수 있는 지방자치제도가 마련되어야 한다. 그러기 위해서는 지방자치단체도 그 지역과 주민의 크기가 클 경우에는 분할되어야 하고, 따라서 하나의 커다란 자치단체 내에서도 다양한 정치세력과 견해가 형성·공존할 수 있도록 다양한 소규모단위의 자치단체가 존재해야 한다. 이러한 필요성을 충족시키기 위하여 지방자치법은 지방자치단체의 계층을 이원화해서 광역단체와 기초단체로 나누고 있는 것이다. 광역단체와 기초단체, 그리고 기초단체 상호간이 다양한 정치적 견해와 정책으로 경쟁할 때 보다 효율적으로 주민의 다양한 의사가 형성되고, 그러한 의사가 정책의 결정과 집행에 반영될 수 있으며, 주민의 선택폭이 넓어질 수 있어 결국 지방자치제도의 본질과 기능의 하나인 다원적 민주주의가 실현될 수 있는 것이다. 따라서 제주도라는 광역단체내의 모든 기초단체를 폐지하는 것은 이러한 다원적 민주주의의 실현기능이라는 지방자치제도의 중요한 기능을 형해화시키는 것으로 허용될 수 없다고 하겠다.

(3) 기능적 권력통제의 실현

지방자치는 오늘날 기능적 권력통제를 위한 제도적 장치로 기능한다. 고전적 3권분립이론은 사회구조와 사회기능의 변화, 다양한 정치·사회세력의 출현, 다양한 국가기관의 등장, 헌법관의 변화, 정당국가적 경향 등 때문에 본래의 권력통제기능을 효율적으로 발휘하기 어렵게 되었다. 따라서 오늘날 이러한 고전적 3권분립이론은 그 골격은 유지하되 다양한 수정과 보완을 겪게 되었다. 그 중 하나가 바로 지방자치제도를 통한 기능적 권력통제라고 할 수 있다. 이는 정책개발과 정책결정 및 정책집행권을 중앙정부와 지방자치단체 및 지방자치단체 상호간에 기능적으로 분산시킴으로써 중앙정부와 지방자치단체 및 지방자치단체 상호간의 수직적·수평적인 기능적 권력통제를 실현하는 것이다. 따라서 오늘날 지방자치제도의 중요한 기능 중 하나는 바로 이러한 기능적 권력통제의 실현인 것이다.

이에 따라 지방자치제도는 이러한 권력통제기능을 효율적으로 실현할 수 있도록 제도화되고 운용되어야 한다. 그를 위해, 즉 중앙정부와 지방자치단체 및 지방자치단체 상호간의 수직적·수평적인 기능적 권력통제가 제기능을 효율적으로 발휘하기 위해서는 지방자치단체의 경우에도 이처럼 수평적·수직적 권력분립이 이루어질 수 있도록 다양한 규모와 종류의 지방자치단체로 세분화되어야 하고 이를 위해 지방자치법은 앞서 언급한 바와 같이 자치단체를 광역과 기초로 이원화시키고 있는 것이다. 이에 따라 지방자치 차원에서도 광역과 기초, 기초단체 상호간의 수평적·수직적 권력통제가 이루어지고 있는 것이다. 따라서 제주도라는 광역단체내의 모든 기초단체를 폐지하는 것은 이러한 지방자치제도가 가지는 권력통제의 기능을 형해화시키는 것이라고 할 수 있다.

3. 지방자치단체간의 사무분배와 관련하여

지방자치의 특성 중 하나는 국가와 지방자치단체간 그리고 지방자치단체 상호간의 사무분배라고 할 수 있다. 특히 각 주체간의 고유사무의 분배는 앞서도 언급한 지방자치의 제도적 보장내용의 하나인 자치사무의 보장의 측면에서 매우 중요하다. 지방자치가 지방자치단체로 하여금 지역의 특성에 알맞는 독창적인 정책을 개발해서 독자적인 의사결정을 하고, 자치기구를 통해 자기책임하에 집행함으로써 지역주민의 복리증진을 꾀하고 국가발전에 기여한다는 데 그 제도의 존재의의가 있기 때문에 지방자치단체의 이와 같은 자치기능을 무시하고 해당 자치단체의 위상과 지위에 부합되지 않는 사무가 분장된다면 이는 지방자치제도의 본질적 요소와 조화될 될 수 없다.

이에 따라 「지방분권 및 지방행정체제개편에 관한 특별법」 제9조도 사무배분의 원칙에 대하여 "① 국가는 지방자치단체가 행정을 종합적·자율적으로 수행할 수 있도록 국가와 지방자치단체 간 또는 지방자치단체 상호간의 사무를 주민의 편익증진, 집행의 효과 등을 고려하여 서로 중복되지 아니하도록 배분하여야 한다. ② 국가는 제1항에 따라 사무를 배분하는 경우 지역주민생활과 밀접한 관련이 있는 사무는 원칙적으로 시·군 및 자치구의 사무로, 시·군·구가 처리하기 어려운 사무는 특별시·광역시·특별자치시·도 및 특별자치도의 사무로, 시·도가 처리하기 어려운 사무는 국가의 사무로 각각 배분하여야 한다."라고 규정함으로써 이러한 국가와 지방자치단체간 그리고 지방자치단체 상호간의 사무분배에 대하여 각각의 지방자치단체의 지위와 크기에 적합한 사무의 분배를 명시하고 있다.

그런데 이 사안의 경우 제주도라는 광역단체내의 모든 기초단체를 폐지함으로써 결국 기초단체의 고유사무가 광역단체인 제주도에 분배되게 되는데, 이는 이러한 지방자치단체간의 사무분배의 기본원칙에 반할 뿐 아니라, 이러한 원칙을 규정한 「지방분권 및 지방행정체제개편에 관한 특별법」 제9조와도 조화될 수 없는 것이다. 물론 이 경우 이러한 기초단체에 분배되어야 할 고유사무가 기초단체의 폐지 후 새로 구성될 제주도의 하부행정조직인 자치구가 아닌 시 등에 분배되는 것을 상정할 수 있겠으나 이는 어디까지나 도의 단순 하부행정조직으로서 행정업무를 수행하는 것이지 독립한 지방자치단체로서 자기 책임하에 고유사무를 관장하는 것은 아니며, 결국 법리상 광역단체인 제주도가 매우 이질적인 기초단체 차원의 고유사무를 담당하는 것이 되어 규범과 원칙 및 제도 상호간의 조화를 요구하는 헌법상의 체계정당성의 요청에 위반되는 것이다.

이와 관련하여 제주도는 행정구조 개편 추진 당시의 참여정부의 노선에 따라 제주도 지방자치의 실질적 분권을 실현하기 위하여 혁신안을 추진했다고 주장하는데, 오히려 이러한 실질적 분권은 각각의 계층에 따른 자치단체가 구축되어 각각에 맞는 사무가 분장될 때 가능하다는 점을 상기할 때 이러한 주장은 타당하지 아니하고, 실질적 분권을 위하서라도 지방자치단체의 계층화가 이루어져야 하는 것이다.

4. 체계정당성과 관련하여

제주도내의 모든 기초단체를 폐지하는 특별법의 제정과 이를 위한 지방자치법의 개정은 위에서 언급한 규범과 원칙 및 제도 상호간의 조화를 요구하는 헌법상의 체계정당성의 요청에도 위반된다. 체계정당성의 원리란 동일 규범내에서 또는 상이한-수평적 관계이건 수직적 관계이건-규범간에 그 규범의 구조나 내용 또는 규범의 근거가 되는 원칙면에서 상호 배치되거나 모순되어서는 안된다는 하나의 헌법적 요청이다. 즉 이는 규범 상호간의 구조와 내용 등이 모순됨이 없이 체계와 균형을 유지하도록 입법자를 기속하는 헌법적 원리라고 볼 수 있다. 이처럼 규범 상호간의 체계정당성을 요구하는 이유는 입법자의 자의금지와 규범의 명확성, 예측가능성, 투명성 및 신뢰보호와 법적 안정성을 확립하기 위한 것이고, 이는 국가공권력에 대한 통제와 이를 통한 국민의 자유와 권리의 보장을 이념으로 하는 법치주의원리로부터 도출되는 것이라고 할 수 있다.

그런데 이 사건의 경우 제주도내의 모든 기초단체를 폐지하여 자치단체의 종류를 단층화하는 내용의 특별법의 제정과 지방자치법의 개정은 자치단체의 종류를 중층구조로 이원화한 지방자치법의 기본골격에 저촉되는 것이다. 왜냐하면 지방자치법은 위에서도 언급한 바와 같이 여러 헌법적 규범과 원칙 때문에 지방자치단체를 광역과 기초로 이원화시키고 있는데, 유독 제주도에서만 기초단체를 폐지하여 지방자치단체를 일원화시키기 때문이다. 결국 제주도내의 모든 기초단체를 폐지하여 행정계층구조를 단층화하는 내용의 특별법은 지방자치법의 중층구조를 원칙으로 하는 지방자치법의 기본골격과 비교할 때 체계정당성에 반하는 것이다.

5. 보충성의 원칙과 관련하여

한 나라의 행정업무는 먼저 지방자치단체가 담당하고, 그 업무를 지방자치단체가 처리하기 어려울 경우에만 국가가 담당하고, 지방자치단체의 경우에도 1차적으로는 작은 단위의 자치단체가 먼저 사무를 처리하고, 이것이 어려운 경우에만 2차적으로 큰 단위의 자치단체가 그 사무를 처리하는 것이 원칙이다. 이를 '보충성의 원칙'이라고 하며, 위에서 언급한 「지방분권 및 지방행정체제개편에 관한 특별법」 제9조 제2항이 "국가는 제1항에 따라 사무를 배분하는 경우 지역주민생활과 밀접한 관련이 있는 사무는 원칙적으로 시·군 및 자치구의 사무로, 시·군·구가 처리하기 어려운 사무는 특별시·광역시·특별자치시·도 및 특별자치도의 사무로, 시·도가 처리하기 어려운 사무는 국가의 사무로 각각 배분하여야 한다."라고 규정하고 있는 것도 이러한 보충성의 원칙을 확인하고 있는 것이다.

따라서 지역주민생활과 밀접한 관련이 있는 사무 등 기초단체의 사무는 당연히 기초단체인 시·군이 담당하여야 하는 데, 이 사건의 경우 제주도내의 모든 기초단체를 폐지하는 내용의 특별법은 이러한 보충성의 원칙에 반하는 것이다.

6. 생활권을 무시한 자치단체

지방자치제도의 문제점 중 하나로 거론되는 것이 특별시 등 대도시에는 지역적 협소함과 통합생활권적 생리에도 불구하고 자치구라는 기초단체를 두고 있음에도 불구하고, 지역이 광활한 농촌지역 등의 도의 경우에는 기초단체를 읍·면이 아닌 시·군으로 하고 있어 농촌지역의 광활함과 실제적인 생활권을 무시하고 있다는 비판이다. 따라서 도의 경우에는 기초단체를 시·군이 아닌 읍·면으로 하거나, 시·군 아래에 또 하나의 기초단체인 읍·면을 둠으로써 도의 경우에는 3단계 내지 3계층의 자치단체를 두자는 주장이 설득력 있게 제기되고 있다. 그런데 이 사안의 경우에는 오히려 기초단체인 시·군을 폐지하고 도로 일원화하자는 것이므로 이는 이러한 시대적 추세에 반할뿐 아니라, 농촌지역의 광활함과 실제적인 생활권을 무시하는 것으로 받아들이기 어렵다.

7. 지방자치법 제4조와 관련하여

지방자치법 제4조는 "① 지방자치단체의 명칭과 구역은 종전과 같이 하고, 명칭과 구역을 바꾸거나 지방자치단체를 폐지하거나 설치하거나 나누거나 합칠 때에는 법률로 정한다. 다만, 지방자치단체의 관할 구역 경계변경과 한자 명칭의 변경은 대통령령으로 정한다. ② 제1항에 따라 지방자치단체를 폐지하거나 설치하거나 나누거나 합칠 때 또는 그 명칭이나 구역을 변경할 때에는 관계 지방자치단체의 의회의 의견을 들어야 한다. 다만, 「주민투표법」 제8조에 따라 주민투표를 한 경우에는 그러하지 아니하다. …"라고 규정함으로써, 지방자치단체의 폐치·분합은 법률로써 하고, 이 경우 관계 지방자치단체의 의회의 의견을 듣도록 했다.

지방자치단체의 폐치·분합이란 첫째, 분할(하나의 지방자치단체를 둘 이상의 지방자치단체로 나누는 경우), 둘째, 분립(어느 지방자치단체의 일부구역을 새로운 지방자치단체로 만드는 경우), 셋째, 합체(둘 이상의 지방자치단체를 합하여 하나의 새로운 지방자치단체로 만드는 경우), 넷째, 편입(어느 지방자치단체를 다른 지방자치단체에 흡수시키는 경우)으로 나눌 수 있다. 따라서 여기서 말하는 '지방자치단체의 폐치·분합'이라 함은 특정 자치단체의 통·폐합 등 부분적 폐치·분합을 의미하는 것이지 이 사안에서처럼 일정한 광역단체내의 모든 기초단체를 폐지하여 지방행정계층을 일원화하는 것을 의미하는 것은 아니다.[6] 더욱이 이러한 지방행정계층의 일원화는 위헌이라는 점은 앞서 언급한 바와 같

6) 예컨대 헌법재판소의 경기도남양주시등33개도농복합형태의시설치등에관한법률 제4조 위헌확인사건(1994.

다. 따라서 이 지방자치법 제4조 제1항을 근거로 모든 기초단체의 폐지를 정당화하는 것은 타당하지 않다.

또한 이러한 논리는 체계정당성의 측면에서도 정당화되어진다. 즉 앞서 언급한 바와 같이 지방자치단체의 종류를 구체화하고 있는 지방자치법 제2조 제1항이 지방자치단체의 종류를 광역단체와 기초단체의 두 가지 계층으로 이원화하고 있는데, 지방자치법 제4조 제1항을 근거로 제주도라는 광역단체내의 모든 기초단체를 폐지함으로써 지방자치단체의 종류를 단층적 구조로 일원화시키는 것이 가능하다고 한다면, 결과적으로 지방자치법 제4조 제1항이 지방자치법의 근간을 이루는 기본 규정인 동법 제2조 제1항에 위배되는 모순된 규정이라고 보지 않을 수 없게 되고, 따라서 이 규정은 체계정당성에 위반된다는 결론에 도달하는 것이다.

한편 이는 주민투표의 절차를 밟는 경우에도 마찬가지이다. 즉 관계지방자치단체의 의회의 의견을 듣는 대신 지방자치법 제4조 제2항 단서조항에 따라 주민투표법 제8조의 규정에 의한 주민투표의 절차에 따라 이루어지는 경우에도 해당 광역지방자치단체내의 모든 기초단체의 전면적 폐지는 대상이 될 수 없다. 왜냐하면 후술하는 바와 같이 주민투표법 제8조에서 말하는 '지방자치단체의 폐치·분합'의 의미도 특정 자치단체의 통·폐합 등 부분적 폐치·분합을 의미하는 것이지 이 사안에서처럼 일정한 광역단체내의 모든 기초단체를 폐지하여 지방행정계층을 일원화하는 것을 의미하는 것은 아니기 때문이다.

8. 주민투표법 제8조와 관련하여

이 사안에서 제주도는 도내의 모든 기초단체의 폐지를 주민투표법 제8조에 따른 주민투표의 절차를 통해 해결하려고 하고 있다. 주민투표법 제8조는 "① 중앙행정기관의 장은 지방자치단체의 폐치·분합 또는 구역변경, 주요시설의 설치 등 국가정책의 수립에 관하여 주민의 의견을 듣기 위하여 필요하다고 인정하는 때에는 주민투표의 실시구역을 정하여 관계 지방자치단체의 장에게 주민투표의 실시를 요구할 수 있다. 이 경우 중앙행정기관의 장은 미리 안전행정부장관과 협의하여야 한다. ② 지방자치단체의 장은 제1항의 규정에 의하여 주민투표의 실시를 요구받은 때에는 지체 없이 이를 공표하여야 하며, 공표일부터 30일 이내에 그 지방의회의 의견을 들어야 한다. ③ 제2항의 규정에 의하여 지방의회의 의견을 들은 지방자치단체의 장은 그 결과를 관계 중앙행정기관의 장에게 통지하여야 한다. …"라고 규정하고 있다. 그러나 위에서 언급한 바와 같이 주민투표법 제8조에서 말하는 '지방자치단체의 폐치·분합'의 의미도 특정

12. 29. 94헌마201)에서 충주시와 중원군의 통합이 문제된 것에서도 알 수 있듯이 그동안 지방자치법 제4조에 따른 자치단체의 폐치·분합은 모두가 기초단체의 통·폐합이 문제되었고, 지방자치법 제7조 제2항에 따른 도농복합형태의 시도 시·군통합이었지, 이 사안에서 문제되는 한 광역단체내의 모든 기초단체의 완전한 폐지가 결코 아니었다.

자치단체의 통·폐합 등 부분적 폐치·분합을 의미하는 것이지 이 사안에서처럼 일정한 광역단체내의 모든 기초단체를 폐지하여 지방행정계층을 일원화하는 것을 의미하는 것은 아니라고 할 것이며, 따라서 제주도가 이 사안에서 도내의 모든 기초단체의 폐지를 주민투표법 제8조에 따른 주민투표의 절차를 통해 해결하려는 것도 잘못된 것이라 하겠다.

한편 이번 제주도 행정계층구조 개편에 대한 주민투표의 결과 제주도 유권자 전체를 기준으로 할 경우 혁신안이 유효투표수의 57.03%를 얻어 42.97%를 얻은 점진안보다 우세하게 나타났으나, 투표율이 36.73%에 불과한 점을 감안할 때 혁신안에 찬성한 의견은 유권자 총수 402,003명 중 82,919명에 불과하므로 제주도의 약 20%에 불과한 주민만 혁신안에 찬성한 것이고, 나머지 약 80%의 주민은 주민투표 자체를 반대하거나, 제도의 변경에 관심이 없거나, 또는 현행제도를 유지하는 점진안에 찬성한 것으로 볼 수 있다. 이는 주민의 대다수가 혁신안에 반대하고 점진안을 지지한 것으로 볼 수도 있는 것이다. 결국 이렇게 저조한 찬성율은 그의 대표성과 정당성에 심각한 문제가 제기될 수밖에 없다. 심지어 당선자를 낼 수밖에 없는 선거에서도 저조한 투표율과 득표율이 민주적 정당성과 대표성에 대한 심각한 문제를 제기되고 있는 마당에, 선거가 아닌, 또한 지방자치단체의 폐지 여부를 가리는 중차대한 사안에서 이렇게 저조한 투표율과 찬성율로 폐지결정을 내린다고 하는 것은 헌법상 정당화될 수 없고, 이를 결코 주민의 의사로 볼 수 없는 것이다. 이러한 측면에서 볼 때도 주민투표법 제8조가 지방자치단체를 폐지하는 것까지도 주민투표의 대상으로 삼는 것은 아니라고 해석하여야 할 것이다.

다른 한편 가사 백번 양보하여 이러한 제주도내의 모든 기초단체의 폐지 여부가 주민투표법 제8조에 따른 주민투표의 절차를 통해 해결될 수 있다 하더라도 그 주민투표실시의 주체가 되는 관계 지방자치단체의 장은 당연히 해당 기초단체의 장이 되어야 한다. 즉 주민투표법 제8조 제1항은 "중앙행정기관의 장은 지방자치단체의 폐치·분합 또는 구역변경, 주요시설의 설치 등 국가정책의 수립에 관하여 주민의 의견을 듣기 위하여 필요하다고 인정하는 때에는 주민투표의 실시구역을 정하여 '관계 지방자치단체의 장'에게 주민투표의 실시를 요구할 수 있다. …"라고 규정하고 있는데, 이 사안에서의 '관계 지방자치단체의 장'은 기초단체인 시·군이라고 하겠다. 왜냐하면 행정계층구조의 개편을 통해 폐지되는 단체는 기초단체이고, 따라서 기초단체가 이러한 개편으로 인해 자신의 자치권이 침해되는 가장 직접적이고 1차적인 이해관계자이기 때문이다.[7] 광역단체나 기초단체 모두 상호 독립적인 공법인이고, 자신의 자치사무를 법령

7) 헌법재판소도 경기도남양주시등33개도농복합형태의시설치등에관한법률 제4조 위헌확인사건(1994. 12. 29. 94헌마201)에서 충주시와 중원군의 통합과 관련하여 "이 사건 법률제정절차와 관련한 적법절차는 이른바 청문절차로서 국민은 자신의 이해관계와 관련하여 그 법적 지위를 확보하기 위하여 국가적인 재편계획에 대하여 입장을 표명할 기회를 주어야 한다는 것이다. 즉 국민이 국가적 활동의 단순한 객체로 전락하여서는 안된다는 것이다. 또한 입법자가 공공복리를 이유로 지방자치와 관련하여 특정지역을 변경하

의 범위안에서 자율적으로 처리할 수 있는 독자적인 행정주체이며, 법령에 의거하여 자치사무를 처리하는 범위내에서는 광역단체와 기초단체가 상하관계에 있는 것이 결코 아니다. 이러한 맥락에서 주민투표법 제7조 제2항 제2호도 '다른 지방자치단체의 권한 또는 사무에 속하는 사항'은 주민투표에 부칠 수 없다고 규정하고 있고, 따라서 -이 경우 이 규정에 따라 지방자치단체의 폐지 여부를 묻는 주민투표가 폐지되는 해당 단체가 실시할 경우에는 법적으로 허용될 수 있느냐의 문제는 별론으로 한다면-행정계층구조개편으로 인해 자신의 자치권이 침해되는 가장 직접적이고 1차적인 이해관계자인 해당 시·군의 권한에 속하는 사항을 다른 자치단체인 제주도가 주체가 되어 주민투표를 실시할 수 없는 것은 당연하다고 하겠다.

아울러 기초단체간에도 폐치에 대한 찬반의견이 다를 수 있고, 그럴 경우 폐치 여부도 달라져야 하므로 기초단체별로 실시해야 하고 따라서 그 실시주체는 기초단체장이어야 한다. 만일 광역단체인 제주도가 주민투표실시 주체가 되어 제주도에서 전체적·통합적으로 주민투표가 실시된다면 제주도 전체단위에서의 다수의사와 다른 기초단체 단위별 주민들의 의사가 왜곡·무시되고, 이는 결국 해당 기초단체들의 자치권한을 침해하고 지방자치제도의 이념에 반하는 것이 된다. 실제로 이번 주민투표의 결과 4개 시·군 중 서귀포시와 남제주군은 각각 56.37% 대 43.63%, 54.86% 대 45.14%로 점진안에 대한 찬성이 혁신안보다 높게 나왔다. 시·군의 전면적 폐지는-그것이 현행법상 허용되는지의 여부는 별론으로 한다면-독립된 법인격을 가진 그 해당 시·군과 소속 주민에게 달려있다고 보아야 하고, 그런 점에서 서귀포시와 남제주군 주민들의 의견이 결코 다수결 논리로 무시되어서는 안된다. 이는 자치단체의 일반적 통합의 경우에도 마찬가지이다. 즉 두개의 자치단체의 통합을 주민투표에 부칠 경우, 어느 한 자치단체에 반대표가 많다면 비록 두 단체의 모든 주민을 기준으로 한 합산 찬성표가 합산 반대표보다 많이 나왔다 하더라도 그 통합이 부결되는 것과 같은 이치이다.

따라서 이 사안에서 행정자치부장관이 2005. 6. 21. 주민투표실시를 제주도지사에게 요구하고, 제주도지사가 2005. 7. 5.주민투표를 발의공고하고 2005. 7. 27. 실시한 행위는 주민투표법 제8조에 위반되는 것이고, 결국 주민투표법 제8조에 의하여 부여된 해당 기초단체장들의 주민투표실시에 관한 권한을 침해하는 것이다.

는 결정을 내리기 전에 일반적으로 상반되는 이익들간의 형량이 선행되어야 하는데, 이러한 이익형량은 이해관계자들의 참여 없이는 적절하게 이루어질 수 없다. 국회는 이러한 절차를 통하여 비로소 자신의 결정에 앞서 중요한 사항들에 관한 포괄적이고 신빙성 있는 지식을 얻게 된다. 따라서 이 사건과 관련하여 헌법상 보장하고 있는 청문절차는 중원군과 충주시 통합의 본질적 내용에 관한 사항과 그 근거에 관하여 이해관계인에게 고지하고 그에 관한 의견의 진술기회를 부여하는 것으로 … 지방자치단체를 폐치·분합할 때 '관계 지방자치단체의회의 의견을 들어야 한다.'는 지방자치법 제4조 제2항은 헌법상 어떤 효력을 가지는가. 위에서 살펴본 바와 같이 지방자치단체의회의 의견청취절차를 밟은 것 자체로서 적법절차는 준수되었다고 보아야 하고, …"라고 판시함으로써 통합여부는 바로 통합되는 해당 자치단체의 의회와 주민의 의견에 달려있음을 강조하면서, '관계 지방자치단체의회'가 바로 통합되는 단체인 중원군의회임을 분명히 했다.

9. 비례의 원칙과 관련하여

비례의 원칙은 공권력작용에 있어서 목적과 수단사이의 비례성을 요구하고 있다. 그런데 이 사안에서 이러한 비례의 원칙이 준수되었다고 보기 어렵다.

제주도의 모든 기초단체를 폐지함으로써 지방자치단체의 종류를 단층화시키는 혁신안의 목적은 단층화에 따른 행정의 효율성을 증대시키고, 광역수요에 대한 효과적 대응을 가능케 한다는 것이다. 즉 첫째, 제주도의 지리적·사회적·경제적 여건과 특성에 기반하되, 제주도국제자유도시라는 21C 제주비전과 참여정부의 국정과제인 '국가균형발전과 지방분권'에 적합한 제주형 자치체제를 구축하고, 둘째, 이를 통해 국가의 지방자치제도의 발전을 선도하고 제주차원에서는 여타 지역의 국제자유도시와 경쟁할 수 있는 특화된 효율적인 자치 및 행정체제를 조성하여 제주의 경쟁력과 제주도민의 풍요로운 삶의 질을 증진시켜나가는 것이라고 할 수 있다.[8)]

그런데 이러한 목적과 장점은 그 자체 매우 막연하고 불명확한 것이며, 또한 그러한 목적 달성을 위해서 굳이 기초단체를 모두 폐지하는 방안이 적절한지도 의문이다. 왜냐하면 현재의 이원적 계층구조하에서도 이러한 목적은 충분히 달성될 수 있고, 따라서 현재의 이원적 행정구조가 이러한 혁신안의 도입목적의 달성에 전혀 장애가 되지 않기 때문이다. 혁신안의 내용 어디에서도 현재의 이원적 행정구조가 상기 언급한 목적의 달성에 장애가 되고, 따라서 제주도의 행정구조를 단층화해야 한다는 필연적인 논거와 사유를 발견할 수가 없다.[9)] 사실 혁신안이 추구하는 행정의 효율성과 신속성 증대 등의 목적은 행정구조의 단층화가 아닌 다른 방안을 통해 추진해야하고 또 추진될 수 있는 사안이라고 하겠다. 예컨대 제주도와 시·군으로 이원화된 승인기관을 일원화하거나, 제주도 사무위임조례에 명시된 시·군 위임사항을 축소하여 법적 이행절차를 간소화하거나, 제주국제자유도시특별법 제60조의 의제처리사항을 34개 조항으로 확대하여 개별 인·허가에 따른 소요시간을 단축시키는 등[10)] 법률개정과 제도개선을 통하여 현행 제도하에서도 얼마든지 행정의 효율성과 신속성을 도모할 수 있다고 보인다.

앞서 언급한 바와 같이 기존의 기초단체가 폐지되더라도 결국 기존의 시·군 및 읍·면·동의 업무는 시·군을 대체할 행정시와 읍·면·동에서 그대로 처리하게 되는 불합리한 현상이 발생할 가능성이 높고, 또한 자치권이 없는 행정시 시장은 중요한 결정을 도에 떠넘기게 되고, 결국 결정은 도에서 내린다는 측면에서 실질적으로 행정계층이 오히려 늘어난다고 볼 수도 있다. 따라서 도에서는 자치권에서 파생되는 예산, 인사, 업무명령 등 모든 권한을 가지고 가고, 기존 시·군하의 업무내용은 그대로 존치시

8) 제주특별자치도 기본방향 및 실천전략, 73쪽 이하 참조.

9) 제주형 지방자치모형 개발 등 행정개혁에 관한 연구, 152면 이하 참조.

10) 현광수, 혁신안(단일계층)에 대한 문제점 제기, 도민토론회 발표문, 제주도 행정계층구조개편 무엇이 문제인가, 2005. 6. 21, 22, 17면 이하.

키게 되는 경우 오히려 행정의 비효율성을 가중시킬 위험마저 있다고 하겠다.[11] 또한 시·군의 폐지로 인해 제주도는 현재의 도의 사무뿐만 아니라 제주특별자치도가 됨으로써 중앙정부로부터 이전되는 많은 사무와 기존의 시·군의 사무들이 모두 제주도의 사무로 된다는 점을 생각하면 행정의 효율성과 신속성이라는 소기의 목적을 달성하기는 더욱 어려울 것이다.

한편 설사 그러한 목적의 실현을 위해서 행정구조를 단층화하는 것이 필요하다고 하더라도 실현되는 공익에 비하여 위에서 언급한 바와 같이 기초지방자치단체의 제도적 보장과 기초단체의 본질적인 자치권한이 침해되고 후술하는 바와 같이 주민들의 기본권이 과도하게 침해되는 등 상실되는 공익과 사익이 더욱 크다고 보지 않을 수 없다.

결국 행정계층구조의 단층화는 소기의 목적을 달성하기 위한 적합하지도 않고, 반드시 필요한 것도 아니며, 이익형량상 정당화된다고 보기도 어려워 비례의 원칙에 위배된다고 보지 않을 수 없다.

10. 평등의 원칙과 관련하여

무릇 모든 공권력작용은 평등의 원칙을 준수하여야 한다. 따라서 합리적이고 긴절한 정당화사유 없이 일정한 사안을 차별하는 행위는 평등의 원칙에 위반되어 위헌이라고 하겠다.

이 사안의 경우 제주도의 모든 기초단체의 폐지로 인한 지방자치단체 종류의 단층화는 명백하고 정당한 차별사유 없이 해당 기초단체들의 존립과 자치권한을 제주도 이외의 광역단체지역의 기초단체와는 달리 침해하고 이들을 차별취급하는 것으로 평등의 원칙에 위배되는 것이다.

한편 행정구조 단층화의 목적으로 거론되는 행정의 효율성 증대 등의 장점과 목적이 제주도가 다른 광역단체나 지역과 구별되는 합리적 차별사유라고 주장될 수 있을지 모르나, 위에서 언급한 바와 같이 이러한 단층화를 내용으로 하는 혁신안의 목적 자체가 불분명하고 정당화사유가 되기 어려울 뿐만 아니라, 사실 이러한 목적은 모든 광역 및 기초자치단체에 적용되어야 하고 추진되어야 하는 것으로 제주도에만 적용되는 합리적 차별사유라고 할 수 없다.

11. 해당 지역 주민 등의 기본권 침해와 관련하여

먼저 이 사안의 경우 제주도내의 모든 기초단체의 전면적 폐지는 이 지역 주민들을 합리적 차별사유 없이 제주도 이외의 다른 지역의 주민과 차별하는 것으로 주민들의 평등권을 침해하는 것이다. 즉 이 지역 주민들이 기초단체의 고유사무의 처리에 참여

11) 문현식, 행정계층구조 개편 혁신안의 문제점분석 및 대안제시, 상기 발표문, 10면.

할 수 있는 주민자치의 권리와 지위가 위헌적으로 상실됨으로써 정당한 사유 없이 차별적 대우를 받지 아니할 평등권이 침해되는 것이다. 또한 다른 한편 위에서 언급한 바와 같이 이번 주민투표의 결과 해당 기초단체별로 주민들의 의사가 다르게 표출되었음에도 불구하고 잘못된 다수결 논리로 혁신안이 채택되었는데, 이는 점진안을 지지한 해당 기초단체 주민들의 의사를 무시되고 왜곡한 것으로 결과적으로 이들의 의견이 혁신안을 지지한 주민들의 의사와 동일한 것으로 취급되게 되고, 결국 합리적 차별사유가 있음에도 불구하고 차별하지 않고 획일적으로 취급되어 이들의 평등권이 침해되는 것이다. 아울러 제주도내의 모든 기초단체의 전면적 폐지로 인해 이 지역 주민들의 참정권, 즉 기초단체의 구성을 위한 선거권과 피선거권 행사의 기회가 봉쇄되어 이들의 헌법과 법률에서 보장된 참정권을 침해받는 것이다.

또한 해당 지방의회는 이러한 혁신안이 실현될 경우 모두 폐지됨으로 인하여 자신의 의원으로서의 지위가 상실되어 공무담임권과 직업선택의 자유가 침해당하게 되고, 해당 지방자치단체의 공무원 역시 소속 지방자치단체의 폐지로 인하여 해고되거나 다른 지역으로 전출되는 등 자신의 공무담임권과 직업선택의 자유 및 거주이전의 자유가 침해당하는 것이 된다.[12)]

Ⅳ. 맺는 말

지금까지 과거 주민투표를 통해 추진되었던 제주도 행정계층구조 개편의 내용과 헌법적 문제점을 살펴보았다. 제주도에서 추진된 행정계층구조 개편은－구체적인 내용에 있어서는 다소 차이가 있지만－제주도 이외의 다른 지역, 더 나아가 전국적으로 진행될 가능성도 있는 문제이다. 그런 점에서 제주도 행정계층구조 개편과정과 결과는 추후 유사한 사안이 추진될 경우 매우 심각한 영향을 미칠 수 있다. 따라서 행정계층구조 개편은 그 절차와 내용이 헌법에 부합되게 신중하게 이루어져야함은 물론이다.

그런데 제주도 행정계층구조의 단층화는 위에서 언급한 다양한 이유로 헌법상 정당화되기 어렵다. 즉 한편에서는 주민투표실시 등 그 추진과정에 있어서 절차상의 위헌·위법성을 부인하기 어렵고, 다른 한편 그 내용에 있어서 제주도에서의 모든 기초단체를 폐지하는 것 자체가 위헌이라고 하겠다. 행정계층구조 개편이라는 미명하에 천신만고 끝에 쟁취해서 어렵게 자리를 잡아가고 있는 지방자치제도의 근본 틀을 훼손해서는 안될 것이다.

---

12) 위에서 소개한 경기도남양주시등33개도농복합형태의시설치등에관한법률 제4조 위헌확인사건(1994. 12. 29. 94헌마201)에서도 헌법재판소는 "지방자치단체의 폐치·분합에 관한 것은 지방자치단체의 자치행정권 중 지역고권의 보장문제이나, 대상지역 주민들은 그로 인하여 인간다운 생활공간에서 살 권리, 평등권, 정당한 청문권, 거주이전의 자유, 선거권, 공무담임권, 인간다운 생활을 할 권리, 사회보장·사회복지수급권 및 환경권 등을 침해받게 될 수도 있다는 점에서 기본권과도 관련이 있어 헌법소원의 대상이 될 수 있다."라고 판시함으로써 지방자치단체의 폐치 등이 주민 등의 평등권, 선거권, 공무담임권, 거주이전의 자유 등을 침해할 수 있다는 점을 분명히 했다.

9. 관습헌법과 국민투표

- 헌재 2004. 10. 21. 2004헌마554 등 신행정수도의건설을 위한특별조치법 위헌확인[1] -

[目 次]

Ⅰ. 머리말

이 글은 엄청난 정치·사회적 파급효를 불러 일으켰던 헌법재판소의 「신행정수도의 건설을 위한 특별조치법」(이하 '이 사건 법률'이라 함)에 대한 위헌결정을 비판적으로 검토한 것이다. 이 사건에서는 문제된 이른바 관습헌법의 인정 여부, 과연 수도가 서울이라는 사실이 관습헌법에 해당하는지의 여부, 이를 변경하기 위해서는 반드시 성문헌법 개정절차를 밟아야 하는지의 여부, 헌법 제72조에 따른 국민투표실시가 상황에 따라서는 대통령의 의무사항인지, 따라서 이로부터 국민의 국민투표권이라는 기본권이 도출되는지의 여부 등 매우 중요한, 그런데 그동안 별로 주목 받지 못했던 다양한 쟁점이 대두되었다. 아울러 간접민주주의를 근간으로 하는 대의제도와 직접민주주의적 요소인 국민투표제와의 조화와 갈등의 문제도 제기된다. 아무튼 이 결정의 결과 및 그에 대한 정치적 평가와는 별도로 그 논거가 헌법적으로 타당한지에 대하여 많은 의문과 논란이 제기되었는데, 이러한 의문과 논란들은 매우 중요하고 근본적인 헌법적 문제를 담고 있고, 이후 유사한 사안에서 계속적으로 대두될 수 있는 사안들이기 때문에 이러한 쟁점들에 대하여 검토를 해보는 것은 매우 커다란 의미를 가진다고 하겠다.

1) 헌재 2004. 10. 21. 2004헌마554 등, 판례집 16-2하, 1.

여기서는 먼저 이 결정의 요지를 다수의견과 별개의견 및 반대의견 순으로 살펴보고, 각각의 의견에 대하여 헌법적 검토를 하고자 한다.

Ⅱ. 헌재결정의 요지

1. 다수의견

(1) 성문헌법이라고 하여도 그 속에 모든 헌법사항을 빠짐없이 완전히 규율하는 것은 불가능하고 또한 헌법은 국가의 기본법으로서 간결성과 함축성을 추구하기 때문에 형식적 헌법전에는 기재되지 아니한 사항이라도 이를 불문헌법 내지 관습헌법으로 인정할 소지가 있다. 특히 헌법제정 당시 자명하거나 전제된 사항 및 보편적 헌법원리와 같은 것은 반드시 명문의 규정을 두지 아니하는 경우도 있다.

(2) 관습헌법도 성문헌법과 마찬가지로 주권자인 국민의 헌법적 결단의 의사의 표현이며 성문헌법과 동등한 효력을 가진다고 보아야 한다. 국민주권주의는 성문이든 관습이든 실정법 전체의 정립에의 국민의 참여를 요구한다고 할 것이며, 국민에 의하여 정립된 관습헌법은 입법권자를 구속하며 헌법으로서의 효력을 가진다.

(3) 관습헌법이 성립하기 위하여서는 관습법의 성립에서 요구되는 일반적 성립요건이 충족되어야 한다. 첫째, 기본적 헌법사항에 관하여 어떠한 관행 내지 관례가 존재하고, 둘째, 그 관행은 국민이 그 존재를 인식하고 사라지지 않을 관행이라고 인정할 만큼 충분한 기간 동안 반복 내지 계속되어야 하며(반복·계속성), 셋째, 관행은 지속성을 가져야 하는 것으로서 그 중간에 반대되는 관행이 이루어져서는 아니 되고(항상성), 넷째, 관행은 여러 가지 해석이 가능할 정도로 모호한 것이 아닌 명확한 내용을 가진 것이어야 하고(명료성), 다섯째, 이러한 관행이 헌법관습으로서 국민들의 승인 내지 확신 또는 폭넓은 컨센서스를 얻어 국민이 강제력을 가진다고 믿고 있어야 한다(국민적 합의).

(4) 수도를 설정하거나 이전하는 것은 국회와 대통령 등 최고 헌법기관들의 위치를 설정하여 국가조직의 근간을 장소적으로 배치하는 것으로서, 국가생활에 관한 국민의 근본적 결단임과 동시에 국가를 구성하는 기반이 되는 핵심적 헌법사항에 속한다.

(5) 서울이 수도라는 점은 우리의 제정헌법이 있기 전부터 전통적으로 존재하여온 헌법적 관습이며 우리 헌법조항에서 명문으로 밝힌 것은 아니지만 자명하고 헌법에 전제된 규범으로서, 관습헌법으로 성립된 불문헌법에 해당한다.

(6) 관습헌법도 헌법의 일부로서 성문헌법의 경우와 동일한 효력을 가지기 때문에 그 법규범은 최소한 헌법 제130조에 의거한 헌법개정의 방법에 의하여만 개정될 수 있다. 우리나라와 같은 성문의 경성헌법 체제에서 인정되는 관습헌법사항은 하위규범 형식인 법률에 의하여 개정될 수 없다.

(7) 헌법규범으로 정립된 관습이라고 하더라도 세월의 흐름과 헌법적 상황의 변화에

따라 이에 대한 침범이 발생하고 나아가 그 위반이 일반화되어 그 법적 효력에 대한 국민적 합의가 상실되기에 이른 경우에는 관습헌법은 자연히 사멸하게 된다. 이와 같은 사멸을 인정하기 위하여서는 국민에 대한 종합적 의사의 확인으로서 국민투표 등 모두가 신뢰할 수 있는 방법이 고려될 여지도 있을 것이다. 그러나 이 사건의 경우에 이러한 사멸의 사정은 확인되지 않는다. 따라서 우리나라의 수도가 서울인 것은 우리 헌법상 관습헌법으로 정립된 사항이며 여기에는 아무런 사정의 변화도 없다고 할 것이므로 이를 폐지하기 위해서는 반드시 헌법개정의 절차에 의하여야 한다.

(8) 따라서 헌법개정의 절차를 거치지 아니한 채 수도를 충청권의 일부지역으로 이전하는 것을 내용으로 한 이 사건 법률을 제정하는 것은 헌법개정사항을 헌법보다 하위의 일반 법률에 의하여 개정하는 것이 된다. 한편 헌법 제130조에 의하면 헌법의 개정은 반드시 국민투표를 거쳐야만 하므로 국민은 헌법개정에 관하여 찬반투표를 통하여 그 의견을 표명할 권리를 가진다. 그런데 이 사건 법률은 헌법개정사항인 수도의 이전을 헌법개정의 절차를 밟지 아니하고 단지 단순법률의 형태로 실현시킨 것으로서 결국 헌법 제130조에 따라 헌법개정에 있어서 국민이 가지는 참정권적 기본권인 국민투표권의 행사를 배제한 것이므로 동 권리를 침해하여 헌법에 위반된다.

2. 재판관 김영일의 별개의견

(1) 수도이전에 관한 의사결정은 헌법 제72조가 정한 '외교·국방·통일 기타 국가안위에 관한 중요정책'에 해당하여 국민투표의 대상이 된다.

(2) 헌법 제72조는 단순히 국민투표부의에 관한 대통령의 권한만을 규정한 조문이 아니라 국민의 국민투표권을 아울러 규정하여 우리 헌법상 통치구조의 제도적 근간을 규정한 조문이고, 우리 헌법은 대의제를 원칙으로 하면서도 국민투표의 대상이 되는 정책에 관하여는 직접민주제의 요소를 채택하였다고 할 것이므로, 이러한 정책에 관하여 대의기관은 국민들의 현실의사에 기속된다. 따라서 국민이 대의기관에 의한 정책결정을 하지 아니하고 직접 국민투표로 결정하려는 의사를 가지고 있다고 볼 상당한 이유가 있는 경우 대의기관이 이러한 의사를 무시하고 스스로 결정을 하거나, 대의기관의 의사가 국민의 현실의사와 다르다고 볼 상당한 이유가 있는 경우 대의기관이 국민의 현실의사로 추정되는 것을 무시하고 반대되는 결정을 한다면, 헌법 제72조의 입법정신과 입법목적에 반하여 재량권을 일탈·남용한 것이 된다. 그런데 우리 국민은 수도이전에 관한 의사결정을 대통령이나 국회와 같은 대의기관에 위임하지 아니하고 직접 결정하겠다는 의사를 가지고 있다고 볼 상당한 이유가 있고 신행정수도로 이전하는 것에 반대하는 의사를 가지고 있다고 볼 상당한 이유가 있다. 그러므로 이를 국민투표에 붙이지 아니하는 것은 재량권을 일탈·남용하는 것이다.

(3) 이 사건 법률은 수도이전에 관한 국가의사를 결정함에 있어 국민투표를 확정적

으로 배제하는 내용이고, 또한 대통령의 법률안제출행위에 있는 헌법 제72조를 위반한 흠이 그 자체로 법률제정의 흠이라고 평가되거나 적어도 국회의 법률안의결행위에 승계되어 법률제정에 흠이 있게 되어, 국민의 한사람들인 청구인들은 이 사건 법률의 제정·시행으로 헌법 제72조의 국민투표권을 침해당하였다.

3. 재판관 전효숙의 반대의견

(1) 1) 헌법은 국가권력의 통제와 합리화를 통하여 국민의 자유와 권리를 최대한 실현하려는 것이 그 목적이며, 수도의 소재지가 어디냐는 그 목적을 위한 도구에 불과하다. 그러므로 헌법상 수도의 위치가 반드시 헌법제정권자나 헌법개정권자가 직접 결정해야 할 사항이라 할 수 없다.

2) 서울이 수도라는 사실이 오랫동안 우리 민족에게 자명하게 인식되어 온 관행에 속한다 하더라도, 우리 국민이 그것을 강제력 있는 법규범으로 확신하고 있었다고 인정하기 어렵다. 서울이 수도라는 관행적 사실에서 관습헌법이라는 당위규범이 인정될 수 없다.

3) 관습헌법은 성문헌법으로부터 동떨어져 성립하거나 존속할 수 없고 항상 성문헌법의 여러 원리와 조화를 이룸으로써만 성립하고 존속하는 보완적 효력만을 지닌다. 이러한 법리는 관습헌법의 내용이 중요한 헌법사항이라 하더라도 동일하다.

4) 헌법의 개정은 형식적 의미의 헌법, 즉 성문헌법과 관련된 개념이므로, 관습헌법의 변경은 헌법의 개정에 속하지 않으며 헌법이 마련한 대의민주주의 절차인 법률의 제정, 개정을 통하여 다루어질 수 있다.

(2) 청구인들의 국민투표권 침해 주장은 권리의 침해가능성 자체가 인정되지 않으므로 부적법하다. 청구인들의 다른 기본권 침해 주장 역시 기본권 침해의 자기관련성, 직접성 혹은 현재성 요건을 갖추지 못하였다.

Ⅲ. 헌재결정의 문제점

1. 다수의견의 문제점

(1) 수도가 서울이라는 사실이 관습법인가?

다수의견은 수도가 서울이라는 사실이 관습법에 해당된다고 하면서 관습법의 성립을 위해 요구되는 일반적 성립 요건을 충족하고 있다고 판시했다. 특히 다섯째 요건으로서 수도가 서울이라는 관행이 "국민들의 승인 내지 확신 또는 폭넓은 컨센서스를 얻어 국민이 강제력을 가진다고 믿고 있어야 한다."는 국민적 합의 내지 법적 확신을 가지고 있다고 한다.[2] 그러나 수도가 서울이라는 사실이 국민의 법적 확신을 지지고 있는지가 의문이다. 즉 국민 모두가 이것이 법적 강제력을 가지는 사안이고 장래 이러한 상황이 변하지 않는다고 확신을 하고 있다고 보기 어렵다는 것이다. 설사 그러한 법적 확신이 과거에 있었다고 하더라도 이는 수도이전을 공약으로 제시한 대통령후보가 국민 다수의 지지를 받아 당선되었다는 사실, 그리고 국민을 대표하는 대의기관인 국회가 여야 합의의 압도적인 다수의 지지로 수도이전을 위한 이 사건 법률을 통과시켰다는 사실에서 이미 그러한 법적 확신은 깨진 것으로 볼 수 있고, 국민투표에 회부하자고 하는 정치권과 국민 일부의 주장도 결국 이러한 확신에 의문이 있으니 이를 확인하자는 것에 다름 아니라고 볼 것이며, 따라서 그러한 법적 확신이 현재 존재하는 지의 여부가 불분명하다.[3)]

헌재가 제시한 주장은 일종의 국민의 사실적 인식을 뒷받침 할 수는 있으나, 계속해서 수도는 서울이어야만 한다는 국민의 법적 확신 내지 규범적 인식을 입증하는 것은 아니다. 또한 헌재가 "이러한 형식적인 헌법개정 외에도, 관습헌법은 그것을 지탱하고 있는 국민적 합의성을 상실함에 의하여 법적 효력을 상실할 수 있다. 관습헌법은 주권자인 국민에 의하여 유효한 헌법규범으로 인정되는 동안에만 존속하는 것이며, 관습법의 존속요건의 하나인 국민적 합의성이 소멸되면 관습헌법으로서의 법적 효력도 상실하게 된다. 관습헌법의 요건들은 그 성립의 요건일 뿐만 아니라 효력 유지의 요건이다."라고 판시하고 있는데, 앞서도 언급한 바와 같이 수도가 서울이라는 사실에 대한 국민의 법적 확신이 있었다고 보기 어렵고, 백번 양보하여 과거에 수도가 서울이라는 사실에 대한 국민의 법적 확신이 존재했다고 하더라도, 현재로서는 이미 그에 대한 국민의 합의와 확신이 존재하는지에 대하여 다양한 의문이 제기되고 있으므로 헌재가 제시한 관습법의 효력 유지요건을 결여했다고 볼 수 있는 것이다.

결국 수도가 서울이라는 사실을 관습법이라고 볼 수 없다.

(2) 수도가 서울이라는 사실이 관습헌법인가?

설사 수도가 서울이라는 사실이 관습법에 해당한다고 하더라도 그것이 헌법차원의 관습법, 즉 관습헌법 내지 헌법관습법[4)]이라는 것도 의문이다.[5)] 왜냐하면 수도가 서울

2) 대법원도 일반적으로 관습법의 성립요건으로서 법적 확신을 들고 있다(예컨대 1983. 6. 14. 80다3231).

3) 수도가 서울이라는 법적 확신에 대한 다수의견의 입장이 주관적 의제에 가깝다고 보는 견해로서 김배원, 국가정책, 관습헌법과 입법권에 대한 헌법적 고찰, 공법학연구 제5권 제3호, 2004. 12, 179쪽.

4) 사실 관습헌법이라는 용어보다는 헌법관습법이라는 용어가 적절하다고 하겠다. 일부에서는 헌법적 관습법이라는 용어를 사용하기도 한다(김철수, 헌법학개론, 2005, 17쪽). 일반 행정법의 경우 관습행정법이라는 용어 대신에 행정선례법(예컨대 김동희, 행정법I, 2004, 48쪽)이나 행정관습법(예컨대 김남진, 행정법I, 2004, 60쪽; 박윤흔, 행정법강의[상], 2004, 67쪽)이라는 용어를 사용하는 것처럼 이미 성문헌법전이 존재하는 경우에는 불문헌법국가에서 적용될 수 있는 용어인 관습헌법은 적절치 않고, 헌법관습법이라는 용어가 타당하다고 하겠다. 아울러 불문헌법과 관습헌법은 동의어라고 볼 수 없다. 왜냐하면 관습헌법이란 판례헌법과 더불어 불문헌법국가의 경우에 예시되는 법원의 한 종류에 해당되는 용어이기 때문이다. 그러나 여기서는 용어의 혼란을 피하기 위해 헌재결정의 표현대로 관습헌법이라는 용어를 사용하기로 한다.

5) 수도가 서울이라는 사실이 헌법상 자명하고 헌법에 전제된 사항으로서 관습헌법으로 확고히 정립된 헌

이라는 사실 내지 어느 도시가 수도이어야 한다는 사실이 통치구조와 기본권에 관한 본질적이고 기본적인 사항이어서 반드시 헌법에 규정되어야 하는 또는 헌법적 차원의 사항으로 보기는 어렵기 때문이다.[6] 그리고 이는 해방후 서울이 수도라고 하는 사실을 지방자치법이나 「서울특별시 행정특례에 관한 법률」(동법 제2조 참조) 등 법률로 정한 것만으로도 알 수 있다. 어쨌든 수도가 어디냐 하는 사안은 통치구조와 기본권에 관한 본질적이고 기본적인 사항도 아니고 영속적이어야 하는 사항도 아니다. 이는 어디까지나 헌법의 핵심적 사안을 실현시키기 위한 도구일 뿐이다.[7] 외국의 예에서도 보듯이 많은 나라가－비록 상당수의 국가가 헌법에 수도에 관한 사항을 규정하고 있지만 이는 대체로 그럴만한 역사적 이유가 있기 때문이며 그런 경우에도 수도에 관한 헌법규정이 실질적 의미의 헌법사항을 정한 것이라고 보기는 어렵다－헌법에 수도의 위치를 정하고 있지 않고,[8] 수도 이전 시 헌법개정을 필수요건으로 하고 있지 않은 예에서도 이를 알 수 있다.[9]

(3) 관습헌법의 개정은 성문헌법개정절차를 따라야 하는가?

성문헌법제계하에서도 관습헌법이 존재할 여지를 굳이 부인할 필요는 없다고 본다.[10] 성문헌법의 불완전성, 개방성, 개정이 어려운 경성헌법의 특성, 미래지향성 등 성문헌법의 특성상 헌법의 흠결을 보완하기 위하여 관습헌법의 존재를 부정할 필요는 없을 것이다.[11] 이처럼 관습헌법이 성문헌법하에서도 인정될 수는 있지만 이는 성문헌법의 흠결을 보완하기 위한 것이므로 당연히 성문헌법에 대하여 보충적일 수밖에 없다.[12] 그리고 이러한 관습헌법의 개정 내지 소멸은 그러한 관행의 자연적인 소멸, 다

법사항이라는 다수의견과 유사한 견해로는 김승대, 헌법관습의 법규범성에 대한 고찰, 헌법논총 15집, 2004. 12, 162쪽. 한편 수도가 서울이라는 사실이 국가나 국민에 관한 핵심적 상징에 관한 사항이기 때문에 헌법의 핵심사항이라는 견해로는 최대권, 신행정수도 이전 특별조치법은 위헌이다, 시민과 변호사 127호, 2004. 8, 16쪽 이하.

6) 이러한 헌법적 사항의 특성과 내용은 국가의 통치조직과 기본권에 대한 근본규범이라는 헌법의 의의와 본질로부터 도출된다고 하겠다. 김철수, 전게서, 12쪽; 권영성, 헌법학원론, 2004, 3쪽.

7) 전효숙 재판관도 반대의견에서 "… 헌법은 국가권력의 통제와 합리화를 통하여 국민의 자유와 권리를 실현하려는 것이 근본 목적이다. 즉 우리 헌법은 국가권력의 남용으로부터 국민의 기본권을 보호하려는 법치국가의 실현을 기본이념으로 하고 있다. 수도의 소재지는 그러한 헌법의 목적 실현을 위한 도구에 불과하며 그러한 목적 실현에 직접 영향을 주는 사항이라 보기 어렵다."라고 주장함으로써 이점을 분명히 하고 있다.

8) 김종철, 신행정수도 이전 반대 헌법소원청구의 문제점, 시민과 변호사, 2004. 8, 서울지방변호사회, 25쪽.

9) 수도가 서울이라는 사실이 헌법사항이라고 볼 수 없다는 견해에 대한 논증으로서는 전광석, 수도이전특별법 위헌결정에 대한 헌법이론적 검토, 제53회 헌법실무연구회(2005. 3. 4.), 발표문, 6쪽 이하 참조.

10) 이에 반하여 성문헌법국가에서 관습헌법을 인정할 여지가 없다고 보는 입장으로는 전광석, 전게논문, 12쪽; 이종수, 관습헌법이 제기하는 헌법이론적 문제점, 헌법판례연구[6], 2004, 65쪽.

11) 성문헌법국가에서의 관습헌법의 존재가능성을 인정하는 입장으로서는 김철수, 전게서, 17쪽; 권영성, 전게서, 22쪽.

12) 일반적으로 관습법이 성문법에 대하여 보충적 효력만을 가진다는 입장으로서는 박윤흔, 전게서, 68쪽; 김남진, 전게서, 61쪽; 김성수, 일반행정법, 2004, 85쪽; 대판 1983. 6. 14. 80다3231. 이에 반하여 예외적인

른 관행의 시행, 입법자의 행위-입법 내지 법률개정-를 통한 개정, 그리고 우리의 경우 국민투표를 통한 확인 등을 통해 이루어질 수 있을 것이고, 이 중 꼭 어느 하나가 필수적이라고 말 할 수는 없다. 이는 관습법의 특성상 당연한 것이라고 하겠다. 이는 예컨대 행정선례법이나 민중관습법 등 행정관습법의 내용 변경을 위하여 관련 성문행정법의 개정절차가 필요하지 않고, 민법에서 분묘기지권이 관습법상의 권리로 인정되어 있는데 이를 더 이상 인정하지 않기 위해서 이에 관한 성문민법의 개정이 필요하지 않은 것과 논리적으로 같다.[13] 따라서 관습헌법의 개정이나 소멸에 성문헌법의 개정을 전제로 하는 헌법개정절차가 반드시 요구되는 것은 아니다.[14] 즉 헌법개정은 일반 법률보다 개정절차가 까다로운 것으로 경성의 성문헌법의 개정을 전제로 하는 것이고, 이는 제정이나 개정이 까다로운 경성의 성문헌법의 개정의 경우에는 역시 같은 까다로운 헌법개정의 절차에 의하여 이루어지도록 요구하는 것이며, 관습법의 경우에는 성문법과는 달리 관습법의 속성에 따른 개정절차가 요구되는 것으로 이는 관습의 소멸이나 개정을 확인할 수 있는 절차이면 족한 것이다.[15] 따라서 이 경우 그 중요성에 따라 법률제정 또는 개정절차, 자연스러운 관습의 소멸 또는 관행, 관습과 저촉되는 새로운 관습의 시행, 법원의 판례 등 어느 방법을 통해서도 가능한 것이다.[16]

따라서 수도가 서울이라는 사실이 설사 헌법적 차원의 관습헌법이라고 할지라도 이

경우에는 관습헌법이 성문헌법에 대한 사실상 변경적 효력도 가진다고 보는 견해도 있다(김배원, 전게논문, 181쪽).

13) 전광석, 전게논문, 14쪽.

14) 유사한 견해로서 전광석, 전게논문, 13쪽; 이종수, 전게논문, 71쪽.

15) 허영교수는 성문헌법과 불문헌법의 개정상의 차이와 관련하여 "헌법의 개정은 형식적 의미의 헌법·성문헌법과 관련된 개념이다. 헌법전에 들어 있지 않은 실질적 의미의 헌법과 불문헌법의 개정은 헌법의 개정에 속하지 않고 법률개정의 문제로 다루어진다. 특히 불문헌법의 개정은 헌법관행의 변화에 따라 이루어지기 때문에 헌법개정의 개념에 포함시키지 않는 것이 통례이다."라고 언급하고 있다(허영, 한국헌법론, 2005, 48쪽).

16) 예컨대 미국의 경우 초대 워싱턴 대통령부터 F. Roosevelt 대통령 이전까지 모든 대통령의 연임은 단 1회에 한했고 3선을 한 대통령은 한명도 없었는데, 이러한 제도는 성문헌법 명문상의 규정에서 비롯된 것이 아니고 초대 대통령 이래 계속되어온 일종의 오랜 관행에 의한 것이었다. 그리고 이러한 관행은 국민들 사이에서의 일종의 법적 확신에 바탕을 두고 있었다고 볼 수도 있고, 그런 점에서 이를 일종의 관습법이라고 분류할 수도 있을 것이다. 더욱이 대통령의 임기나 연임제한문제는 통치구조의 본질적이고 기본적인 사항에 해당된다는 점에서 이를 헌법사항 내지 헌법적 차원의 관습법으로서 일응 관습헌법으로 명명할 수도 있을 것이다. 그런데 이러한 관습은 헌법개정이 아닌 일종의 관행의 중단으로 소멸되었다. 즉 F. Roosevelt 대통령이 4선을 함으로써 자연스럽게 그러한 관행 내지 관습헌법의 개정 내지 소멸이 초래된 것이다. 여기서 Roosevelt 대통령의 4선재임이 위헌이 아님은 물론이다. 즉 관습헌법의 개정 내지 소멸이 성문헌법의 개정을 요하는 것이 아니라는 의미이다. 만일 다수의견의 주장대로 관습헌법의 개정 내지 소멸이 성문헌법의 개정을 요하는 것이라면 Roosevelt 대통령의 4선재임이 위헌이어야 했을 것이다. 물론 그후 1951년의 헌법개정(수정헌법 제22조)을 통해 대통령의 연임은 1회에 한한다는 규정을 성문헌법에 마련했으나 이는 논란이 될 수 있는 핵심적인 헌법사항을 성문헌법에 분명하게 규정한다는 의미이지 관습헌법의 개정이 성문헌법의 개정을 필요로 한다는 의미는 아니라고 할 것이다. 그런데 이와 관련하여 이러한 과거의 3선금지 관행을 아직 법규범으로서 인정받지 못한 헌법관습에 해당한다고 보면서, Roosevelt 대통령의 출마를 전후한 시기가 경제위기와 전쟁이라는 위기상황이었으므로 일반원칙에 예외에 해당한다고 하여 헌법관습은 깨어지지 아니한 것으로 보면서도 그러한 헌법관습의 규범력을 명백하게 하기 위하여 헌법을 개정하였다고 볼 수 있을 것이라는 견해도 있다(김배원, 전게논문, 161쪽).

를 개정하기 위하여 헌법개정절차를 밟아야 한다는 다수의견은 잘못이다.[17] 왜냐하면 헌법개정절차는 성문헌법전의 조항에 대한 개정을 전제로 하고 있는 것이지 불문의 관습헌법의 개정을 위한 것이 아니기 때문이다. 불문헌법의 개정은 성문헌법의 개정절차와는 무관하다. 즉 관습법은 관습의 변화로서, 다시 말해 장기간의 관행과 법적 확신의 변화를 통해 자연스럽게 개정되거나 사멸된다.[18] 또는 일반 성문법을 제정하는 방법이 있을 수 있다. 이는 국민의 대표기관인 국회가 행하는 것으로 국민의 법적 확신의 변화를 대변한다고 볼 수 있다. 또 어느 시점에 법원이 이전에 확인한 관습법에 대한 태도를 바꿀 수도 있다. 이러한 계기는 보통은 지속적인 사실관계의 변화를 관찰하면서 이루어진다. 한편 관습법의 구성요소인 사실관계의 존재와 이에 대한 규범적 확신을 국민에게 직접 국민투표를 통하여 확인할 수도 있다고 보인다. 아울러 이는 관습헌법이 성문헌법조항의 보충적 효력을 가진다는 점에서 보더라도 당연하다고 하겠다. 만일 그렇지 않다면 성문헌법의 보충적인 효력만을 가지는 관습헌법의 경우에도 일일이 성문헌법의 개정절차인 매우 어렵고 까다로운 절차를 거쳐야 한다는 것인데, 이는 관습에 의하여 형성되는 관습헌법의 본질 및 특성과 부합되기 어렵고, 아울러 성문헌법에 보충적인 효력만을 가지고 성문헌법보다 우월하거나 대등한 효력을 가지지 아니하는 관습헌법의 보충성에도 반한다.

따라서 헌법제정이나 헌법개정의 결과 명시적으로 성문헌법전에 규정된 조항을 개정할 때에만 헌법 제130조에서 정한 엄격한 헌법개정절차가 적용되는 것이고, 이는 헌법제정권력이나 헌법개정권력이라는 강력한 민주적 정당성의 바탕위에서 명시적으로 성립된 규범은 역시 강력한 민주적 정당성에 바탕을 둔 명시적 헌법개정절차를 통해서만 개정할 수 있도록 한 헌법제정권력의 의도에서 비롯된 것이다. 왜냐하면 이러한 국회의원 절대다수의 찬성과 국민투표를 통해서만 헌법제정권력이나 이전의 헌법개정권력에 상응하는 민주적 정당성이 도출될 수 있기 때문이다. 그러므로 이러한 헌법제

17) 같은 견해로서 홍성방, 헌법학, 2005, 37쪽; 김배원, 전게논문, 171쪽. 이에 반하여 헌법개정절차가 필요하다는 견해로는 김승대, 전게논문, 169쪽 이하; 최대권, 전게논문, 22쪽.

18) 이와 관련하여 헌법재판소는 "다만 헌법규범으로 정립된 관습이라고 하더라도 세월의 흐름과 헌법적 상황의 변화에 따라 이에 대한 침범이 발생하고 나아가 그 위반이 일반화되어 그 법적 효력에 대한 국민적 합의가 상실되기에 이른 경우에는 관습헌법은 자연히 사멸하게 된다. … 그러나 이 사건의 경우에 이러한 사멸의 사정은 확인되지 않는다. 따라서 우리나라의 수도가 서울인 것은 우리 헌법상 관습헌법으로 정립된 사항이며 여기에는 아무런 사정의 변화도 없다고 할 것이므로 이를 폐지하기 위해서는 반드시 헌법개정의 절차에 의하여야 한다."라고 판시하고 있는데(헌재 2004. 10. 21. 2004헌마554 등, 판례집 16-2하, 1, 49), 설사 다수의견의 주장대로 수도가 서울이라는 사실이 관습헌법이라고 하더라도 앞서 언급한 바와 같이 그에 대한 의문이 여러 가지 경로로 제기된 마당에 이에 대한 아무런 사정의 변화도 없다고 강변하면서 그렇기 때문에 반드시 헌법개정절차에 의해서만 폐지된다고 하는 논리는 설득력이 없다. 또한 법적 효력에 대한 국민적 합의의 상실 여부에 대한 판단이 지극히 주관적이고 불명확하다고 할 수밖에 없어 이 사건에서처럼 국민들 사이에서 이미 그에 대한 의문이 제기되었고, 국민의 대표기관인 국회의 절대다수로 수도이전을 결정했음에도 불구하고 다수의견이 국민들의 법적 확신에 아무런 변화가 없다고 하는 것은 헌재 스스로가 헌법적 판단이 아닌 정치적·사회적·문화적·역사적 판단을 국회와 국민을 대신해서 내린 것으로 지극히 자의적인 결정이라고 아니할 수 없다. 결국 국민의 법적 확신이 변화·소멸되었음은 반드시 헌법개정절차에 의해서만 확인되는 것은 아니다.

정권력이나 헌법개정권력에 의하여 성립된 명시적인 성문의 헌법규범이 아닌, 헌법제정권력이나 헌법개정권력의 명시적 의사나 특정한 절차에 의하지 않고 성립된 불명확하고 보충적인 관습헌법의 개정에 대하여 헌법 제130조의 헌법개정절차조항을 적용시키는 것은 대단히 잘못된 것이다.

(4) 소 결

결국 이 사건에서 수도가 서울이라는 사실이 관습법에 해당한다고 볼 수 없고, 설사 관습법이라고 하더라도 수도에 관한 사항이 헌법적 규율사항에 해당하는 관습헌법이라고 할 수 없으며, 또한 관습헌법에 해당한다고 하더라도 이에 대한 개정을 위하여 반드시 성문헌법의 개정절차를 밟아야 하는 것은 아니다.

사실 수도가 서울이라는 사실에 대하여 국민의 합의와 법적 확신의 존재여부 등에 대하여 많은 의문이 제기되는 동시에 이러한 국민의 합의와 법적 확신의 존재를 의심케 하는 여러 사건이 발생되었음에도 불구하고 수도가 서울이라는 사실이 관습법에 해당하고 그것도 헌법차원의 관습헌법이라고 매우 주관적인 판시를 함으로 해서 앞으로 이와 유사한 주장이 정치권이나 사회 내지 국민들 사이에서 얼마든지 제기될 수 있는 길을 열어놓았으며, 이 경우 일정한 주장사항이 일단 관습헌법에 해당된다고 판단되면 헌법개정절차가 아니고는 변경할 수 없다는, 따라서 그 변경이 지극히 어려울 수밖에 없다는 결과를 남겼다. 이 사건의 경우처럼 일정한 정치적 분쟁사건이 헌법재판소에 갔다는 사실 자체가 그 헌재의 소송물이 여야 정쟁의 대상이 되거나 이른바 국론분열의 원인이 되는 매우 논란이 되는 사항이라는 것을 말해주므로 그러한 사안의 개정 내지 변경은 여야합의에 의해 국회 재적의원 2/3 이상을 획득하기가 사실상 불가능하므로 결과적으로 관습헌법의 개정은 불가능하다는 결론에 도달할 수밖에 없는 것이다. 이는 사실상 헌재가 헌법제정권자 내지 헌법개정권자의 역할을 한 것으로 밖에 볼 수 없다.

2. 별개의견의 문제점

(1) 이 사건의 경우 대통령에게 국민투표부의 의무가 있는가?

1) 헌법 제72조에 따른 국민투표에의 부의 여부는 어디까지나 대통령의 재량행위에 속하는 것이다.[19] 따라서 별개의견이 “헌법 제72조는 단순히 국민투표부의에 관한 대통령의 권한만을 규정한 조문이 아니라 국민의 국민투표권을 아울러 규정하여 우리 헌법상 통치구조의 제도적 근간을 규정한 조문이고, 우리 헌법은 대의제를 원칙으로

19) 김철수, 전게서, 1053쪽; 허영, 전게서, 533쪽; 홍성방, 전게서, 618쪽; 김종철, 전게논문, 25면 이하.

하면서도 국민투표의 대상이 되는 정책에 관하여는 직접민주제의 요소를 채택하였다고 할 것이므로, 이러한 정책에 관하여 대의기관은 국민들의 현실의사에 기속된다. 따라서 국민이 대의기관에 의한 정책결정을 하지 아니하고 직접 국민투표로 결정하려는 의사를 가지고 있다고 볼 상당한 이유가 있는 경우 대의기관이 이러한 의사를 무시하고 스스로 결정을 하거나, 대의기관의 의사가 국민의 현실의사와 다르다고 볼 상당한 이유가 있는 경우 대의기관이 국민의 현실의사로 추정되는 것을 무시하고 반대되는 결정을 한다면, 헌법 제72조의 입법정신과 입법목적에 반하여 재량권을 일탈·남용한 것이 된다."라고 주장하면서 이 사건의 경우 우리 국민은 수도이전에 관한 의사결정을 대통령이나 국회와 같은 대의기관에 위임하지 아니하고 직접 결정하겠다는 의사를 가지고 있다고 볼 상당한 이유가 있고 신행정수도로 이전하는 것에 반대하는 의사를 가지고 있다고 볼 상당한 이유가 있으므로 이를 국민투표에 붙이지 아니하는 것은 재량권을 일탈·남용하는 것으로 결과적으로 헌법 제72조의 국민투표권을 침해한 것이라고 주장하는 것은 잘못이다.

2) 재량의 남용이란 재량행위가 있을 경우 그 행위가 비례의 원칙이나 평등의 원칙 등 헌법상의 기본원리 등을 위반했을 때, 즉 일정한 재량에 바탕을 둔 작위행위가 이미 존재할 경우 그 행위를 결정한 자체(결정재량)가 또는 선택된 행위의 종류와 구체적 내용(선택재량)이 결과적으로 일정한 법규나 법원칙을 위반했을 때 위법성을 초래하고, 이 경우 재량을 일탈한 것으로 재량의 남용에 해당된다고 한다.[20] 그런데 이 사건의 경우에는 재량행위에 해당하는 대통령의 국민투표부의행위 자체가 존재하지 않으므로 처음부터 재량의 남용이 문제될 여지가 없다. 따라서 별개의견의 재량행위와 재량의 일탈·남용이론에 대한 이해가 처음부터 잘못되었다고 보지 않을 수 없다.

3) 한편 재량행위에 속하더라도 법이 정한 일정한 기준에 도달하거나 일정한 조건하에서는 반드시 일정한 행위를 하여야할 의무가 있는 경우, 즉 선택재량의 여지는 있으나 결정재량의 여지가 없는 경우, 그럼에도 불구하고 공권력주체가 그 어떤 행위도 하지 않을 경우가 있을 수 있다. 이 경우 공권력주체가 일정한 조건이나 기준이 충족되었음에도 불구하고 그러한 행위를 하지 아니할 경우에는 물론 위법성을 초래하나, 이 경우에는 재량의 남용에 해당하는 것이 아니라 공권력주체의 일정한 작위를 요구하는 법규정에 위반되는 것으로 일종의 기속행위의 위반이며, 따라서 바로 위법이 되는 것이다.[21]

그런데 이 사건은 별개의견에 따라 굳이 유추하자면 후자에 해당될 수 있는 경우인데, 여기서 헌법 제72조에 따른 재량행위로서의 대통령의 국민투표부의행위가 일정한 조건하에서는 또는 상황에 따라서는 의무에 속하는 것으로 볼 여지는 헌법 제72조의 명문규정이나 해석상 또는 헌법제정자의 취지 또는 국민투표제도의 기능 등 그 어떤 측면에서도 도출될 수 없으므로 이를 두고 대통령이 국민투표를 실시하지 않았다고

20) 김동희, 전게서, 260쪽 이하; 박윤흔, 전게서, 343쪽 이하.

21) 위법성과 관련한 재량행위와 기속행위의 차이점에 대하여 박윤흔, 전게서, 336쪽 참조.

해서－그것이 재량의 남용으로 볼 수 없음은 위에서 이미 언급한 바와 같고－헌법 제72조에서의 기속 내지 대통령의 의무를 그르친 것으로, 따라서 그로부터 도출되는 청구인의 국민투표권을 침해한 것으로 위헌이라고 볼 수는 결코 없는 것이다. 위에서 소개한 김영일 재판관의 별개의견은 대통령신임투표를 국민투표에 붙이는 행위에 대한 위헌확인 등 사건의 반대의견에서 "… 국민투표의 실시를 결정하는 것은 피청구인(대통령)의 '독자적' 권한이다. 피청구인은 국회 등 다른 '국가기관과의 협의 없이 독자적으로' 국민투표안을 공고함으로써 국민투표절차를 개시할 수 있다. 이와 같이 스스로의 독자적 결단에 의하여 얼마든지 실시할 수 있는 국민투표 …"라고 함으로써[22] 헌법 제72조에 따른 대통령의 국민투표부의행위는 대통령의 배타적인 재량에 속하는 것이라는 김영일 재판관 자신의 과거의 주장과도 모순된다.

한편 이러한 논리는 이미 긴급재정명령 등 위헌확인 사건에서도 유사하게 전개되고 있다. 즉 헌재는 헌법 제65조 제1항에 따른 국회의 재량에 속하는 탄핵소추의결의 경우 사안에 따라서는 국회가 탄핵소추의결의 의무를 지고, 청구인에게 탄핵소추의결을 청구할 헌법상 기본권이 있는지의 여부에 대하여 "… 부작위위헌확인소원은 기본권보장을 위하여 헌법상 명문으로 또는 헌법의 해석상 특별히 공권력주체에게 작위의무가 규정되어 있어 청구인에게 그와 같은 작위를 청구할 헌법상 기본권이 인정되는 경우에 한하여 인정되는 것인바, 국회에게 대통령의 헌법 등 위배행위가 있을 경우에 탄핵소추의결을 하여야 할 헌법상의 작위의무가 있다거나 청구인에게 탄핵소추의결을 청구할 헌법상 기본권이 있다고 할 수 없다. 왜냐하면 헌법은 … 명문규정상 국회의 탄핵소추의결이 국회의 재량행위임을 밝히고 있고 헌법해석상으로도 국정통제를 위하여 헌법상 국회에게 인정된 다양한 권한 중 어떠한 것을 행사하는 것이 적절한 것인가에 대한 판단권은 오로지 국회에 있다고 보아야 할 것이며, 나아가 청구인에게 국회의 탄핵소추의결을 청구할 권리에 관하여도 아무런 명문규정이 없고, 헌법해석상으로도 그와 같은 권리를 인정할 수 없기 때문이다(다만 청원법에 의하여 청구인은 국회에 탄핵소추의결을 청원할 수는 있으나 이에 대하여 국회는 성실히 심사처리할 의무만 있을 뿐 반드시 탄핵소추의결을 하여야 할 의무는 없다)."라고 판시함으로써[23] 헌법 제65조 제1항의 탄핵소추의결은 명문규정과 헌법해석상 당연히 국회의 배타적 재량사항으로 상황에 따라서 국회에게 탄핵소추의결의 의무가 발생될 여지는 없고, 따라서 청구인에게 그 의결실시에 대한 청구권이 없으므로 국회가 탄핵소추의결을 하지 않았다고 해서 그것이 재량의 남용에 해당되고 청구인의 기본권을 침해한 것으로 볼 수 없다는 것을 분명히 했다.

이 사건의 경우에도 명문규정 및 해석상 헌법 제72조에 따른 국민투표부의 여부는 대통령의 배타적인 독자적 권한에 속하는 것이며, 따라서 상황에 따라서 대통령에게 국민투표부의의무가 발생될 여지는 전혀 없고, 청구인에게도 그를 청구할 권리가 없으

22) 헌재 2003. 11. 27. 2003헌마694 등, 판례집 15-2하, 350, 357.

23) 헌재 1996. 2. 29. 93헌마186, 판례집 8-1, 111, 118-119.

며, 따라서 국민투표권이 침해되었다는 주장은 잘못이다.

결국 별개의견의 주장과는 달리 설사 특정한 정책에 관하여 국민이 대의기관에 의한 정책결정을 하지 아니하고 직접 국민투표로 결정하려는 의사를 가지고 있다고 볼 상당한 이유가 있는 경우라고 대통령은 이에 기속되지 아니하고 독자적인 판단에 따라 국민투표부의 여부를 결정할 수 있는 것이다. 또한 이러한 국민의 의사에 대한 판단 역시 대통령의 독자적 권한에 속하는 것이다. 한편 별개의견은 이와 관련하여 "우리 국민은 주요국가기관을 신행정수도로 이전하는 것을 포함한 수도이전문제에 관한 의사결정을 대통령이나 국회와 같은 대의기관에 위임하지 아니하고 직접 결정하겠다는 위임철회의 의사를 가지고 있다고 볼 상당한 이유가 있고, 실체사안에 대하여도 신행정수도로 이전하는 것에 반대하는 의사를 가지고 있다고 볼 상당한 이유가 있다고 판단된다."라고 주장함으로써[24] 실제로 국민 대다수가 수도이전문제를 직접 결정하겠다는 의사를 가지고 있고, 더 나아가 수도이전에 반대하고 있다는 것이 사실인 것으로 전제하고 있는데, 무엇을 근거로 이처럼 단정적인 결론을 내렸는지가 의문이다. 이는 김영일 재판관 자신의 주관적인 판단에 불과하다고 보지 않을 수 없고, 만일 이것이 여론조사의 결과라고 하더라고 마찬가지라고 하겠다. 만일 그렇지 않다면 앞으로 대의기관은 여론조사 결과 다수가 일정한 문제를 스스로 결정하겠다는 의견이라면 항상 국민투표에 회부하여야 할 것이고, 더 나아가 대의기관은 모든 문제를 여론조사 결과에 따라 결정을 내리면 될 것이며, 결국 대의기관은 필요 없고 여론조사기관만 존재하면 될 것이다. 이러한 논리가 국민투표제도의 취지와 자유위임에 바탕을 둔 대의제도의 본질에 정면으로 반함은 두말할 필요가 없을 것이다.

4) 또한 재량행위라 할지라도, 특히 결정재량에 있어서 일정한 경우에는 재량이 0으로 수축하여 기속화되고, 따라서 그 경우에는 결정재량의 여지가 없고 마땅히 일정한 행위를 발해야 한다는 이론이 있다. 이 경우 일정한 작위는 사실상 기속행위로서 의무에 해당하고, 그러한 의무에도 불구하고 일정한 작위행위가 없을 경우 이는 위법이 된다는 이론이다. 이와 관련하여 이러한 재량권의 0으로의 수축이론을 이 사건의 국민투표 부의문제의 경우에도 적용할 수 있는지가 문제될 수도 있다.[25]

그런데 이 경우 이러한 위반행위는 더 이상 재량의 남용이 아니라 이미 기속을 그르친 것으로 위법이 되는 것이다. 예컨대 일정한 경찰행정이 원칙적으로 재량행위에 속하지만 예외적인 상황에서, 예컨대 국민의 생명을 구하기 위하여 일정한 경찰행위가 반드시 있어야 하고 따라서 사실상 이 경우에는 경찰에게 결정재량의 여지가 없어 재량이 0으로 수축되어 이미 그러한 행위가 나오는 것이 경찰의 의무에 해당된다고 볼 수 있는 경우가 그것이다.

그런데 이 사건에서 헌법 제72조에 따른 국민투표의 경우에 이러한 이론이 적용될

24) 헌재 2004. 10. 21. 2004헌마554 등, 판례집 16-2하, 1, 57.

25) 재량권의 0으로의 수축이론에 대하여는 김동희, 전게서, 264쪽 이하; 김성수, 전게서, 199쪽.

수는 없을 것이다. 왜냐하면 그 국민투표의 대상이 되는 사안에 따라 국민투표부의가 의무화 또는 기속화된다고 볼 수는 없기 때문이다. 즉 특히 중요한 사안의 경우에는 국민투표부의의무가 대통령에게 발생한다는 논리가 성립될 수 없다는 것이다. 왜냐하면 헌법 제72조에 따라 대통령이 국민투표에 회부할 수 있는 명문규정으로 예시된 사안이 이미 모두 특히 중요한 사안이고, 따라서 수도이전문제도 이미 이러한 중요한 사안에 포함되어 있다고 볼 수 있고, 그 중에서 대통령의 판단에 따라 필요하다면－예컨대 여야합의가 어려워 국회의 의결이 어렵다거나 국회의 의결사항에 해당되지 않거나 성질상 적절치 않은 경우 또는 국회의 기능장애의 경우 등－국민투표를 거치라는 취지이므로, 헌법 제72조에 속하는 중요한 사안 중 특히 더 중요한 사안을 구별하는 것도 불가능하고 가능하더라도 그 판단 자체가 이미 대통령의 재량에 속하는 것이므로 그를 구별하여 대통령의 의무사항이라고 보는 것은 헌법 제72조의 해석과 취지에 반한다고 볼 수 있다. 그리고 별개의견처럼 이를, 즉 일반적으로는 부의 자체가 대통령의 재량이나 예외적으로 대통령이 반드시 부의해야 하는 의무에 속하는 사안의 존재 여부를 헌재가 판단한다면 이는 대통령의 권한과 판단을 헌재가 대신하는 것으로서 일종의 월권으로밖에 볼 수 없는 것으로 권력분립의 원칙에 반하는 것이라고 보지 않을 수 없다.

(2) 국민투표제와 대의제와의 갈등문제

이미 여야합의에 의해 국회의원재적 2/3 이상이라는 절대다수의 정족수로 국회에서 입법으로 해결된 사항을 다시 국민투표에 회부해야한다는 것은 헌법 제72조의 국민투표제도의 취지로 보나, 국회의 입법권에 대한 존중으로 보나, 또한 대의제도의 본질에 비추어보나 잘못이다. 이미 입법된 사항이 국민투표에 회부되어 부결된다면 이는 입법권을 무력화시키는 것으로 대의제도의 본질에 반하는 것이고, 이는 사실상－정족수에는 차이가 있지만－헌법개정절차와 차이가 없는 것이다. 즉 헌법개정에 속하지 않는 사항을 단지 중요한 사항이라는 이유로 국회의 의결과 국민투표를 거치도록 한다면 이는 사실상 헌법개정절차에 준하는 것으로 이 경우 헌법 제72조는 헌법개정절차조항인 헌법 제130조 제2항과 조화되기 어렵다.

사실 국민투표제도는 대통령이 주체가 되는 것으로 2004. 5. 14. 2004헌나1 대통령탄핵 사건에서 대통령의 국민투표부의권과 관련하여 헌재가 강조한 바와 같이 대통령이 정략적 견지에서 남용할 가능성이 매우 높은 위험한 제도이다. 즉 대통령이 국회다수의 지지를 받지 못할 경우 국회를 무력화시키고 자신의 정치적 의도를 관철시키기 위한 수단으로 남용될 가능성이 큰 것이다. 따라서 직접민주주의요소인 국민투표제도는 간접민주주의제도를 바탕으로 하는 대의제도와 본질적으로 조화되기 어려운 측면이 있다. 아울러 대의제도는 자유위임을 본질로 하는데 이는 구체적인 유권자 내지 국민의 의사에 구속됨이 없이 진정한 국익과 국민 전체를 위하여 양심에 따라 입법 등 정책결정을 하도록 하는 것인 반면,[26] 사실 국민투표는 국민의 현실적이고 구체적인 타산적 의사에 의해 좌우되거나 대통령의 정략적 의도에 좌우될 가능성이 있다.[27] 따라서 국민투표를 대의제도와 조화되기 어렵다거나 국민투표제도 자체에 회의적인 견해가 국민주권주의 내지 민주주의원리와 반드시 배치되는 것도 아니다. 왜냐하면 민주주의원리가 국가권력의 창설과 행사의 최후의 정당성을 국민의 의사에 귀속시키는 원리이긴 하지만 여기서의 국민의 의사는 구체적이고 일회적이며 경험적인 의사가 아니라 -이러한 의사는 사실상 이기적이고 정서적일 가능성이 있다-, 미래지향적이고 추정적이며 당위적인 의사를 말하기 때문이다. 또한 국회가 국민의 위임을 받은 대표이고, 그 위임은 국민의 경험적·구체적 의사에 기속되지 않는 자유위임이라는 대의제도의 본질상 국회의 의사는 그 자체 이미 국민의 의사, 특히 추정적·당위적 의사로 의제되므로 국회의 의결은 이미 국민의 이러한 의사를 반영한 것이다. 따라서 사실상 이기적이고 정서적일 수 있으며 현실적으로 구체적이고 일회적이며 경험적인 의사를 반영할 가능성이 높은 국민투표제도가 반드시 국민주권주의와 민주주의에 부합된다고 보기도 어렵고, 그러므로 그러한 국민투표를 실시하지 않는다고 해서 국민주권주의 내지 민주주의원리를 위반하는 것도 아니다.[28]

결국 대의제도와 국민투표제도는 상호 조화되기 어려운 것이다. 그럼에도 불구하고 대의제도의 보완제도로서의 국민투표제도의 의미를 살리는 규범조화적 해석을 굳이 한다면 일정한 사안이 여야의 첨예한 견해대립 등으로 인해 국회에서의 의결이나 합의가 어렵고, 그 의결을 다수결원리를 통해서 물리적으로 관철시키는 것이 가능하다고 하더라고 그것이 국론분열 등 국익에 커다란 문제를 야기 시키게 될 경우, 국회의 기능장애의 경우, 또는 성질상 국회에서의 논의대상으로 적절하지 않거나 국회의 의결사항이 아닐 경우 등에는 국민투표제도가 대의제도와 조화를 이루면서 이를 보완하는 기능을 수행할 수 있다고 볼 수 있을 것이다.[29]

3. 반대의견에 대하여 - 이른바 통치행위이론과 관련하여

반대의견에서 전효숙 재판관은 청구인들의 기본권침해의 자기관련성, 현재성, 직접

26) 자유위임을 바탕으로 하는 대의제도의 본질에 대하여는 정연주, 대의제도와 정당기속, 인권과 정의, 1999. 8, 82쪽 이하 참조.

27) 유사한 견해로서 전광석, 전게논문, 17쪽.

28) 이러한 국민투표제도의 문제와 한계 및 그 남용가능성에 대하여는 정연주, 헌법 제29조 제2항에 대한 헌법소원, 헌법학연구, 제5권 2호, 1999. 10, 472쪽 이하 참조.

29) 이와 관련하여 김종철 교수(전게논문, 26쪽)는 "정책국민투표는 국민대표기관으로 국정의 파트너인 국회와 대통령이 중요국정에 대하여 합의할 수 없는 예외적인 경우, 특히 대통령이 원하는 국가정책이 국회의 반대에 부딪쳐 유산될 위협에 처한 경우에 주권자인 국민의 직접적인 개입에 의하여 결정하도록 마련된 예외적인 국회우회절차이다."라고 한다. 그러나 이러한 견해는 대통령이 국회를 무시하고 대의제도를 무력화시킬 위험성을 내포하고 있다.

성의 결여를 이유로 각하의견을 냈는데, 이는 지금까지 언급한 바와 같이 이 사건 법률이 국민투표권과 그 밖의 기본권을 침해하지 않았다는 필자의 견해와 대체로 결론을 같이 한다.

한편 구체적 사안은 다르지만 이 사건과 마찬가지로 고도의 정치성을 띠고 정치적으로 논란이 됐던 사건인 2004. 4. 29. 2003헌마814 일반사병 이라크파병 위헌확인 사건에서는 법리상 청구인들의 기본권침해의 자기관련성, 현재성, 직접성의 결여를 이유로 각하의견을 낼 수 있었음에도 불구하고 대신 다수의견을 통해 대통령과 국회의 판단이 고도의 정치성을 띤 행위로서 이에 대한 사법적 심사가 자제되어야 한다는 이유로 심판청구를 각하해야 한다는 의견을 냈다.[30]

그런데 이는 논리적 일관성을 결여했다고 볼 수 있다. 같은 각하결정이라고 하더라도 논거를 달리할 경우 이는 본질적으로 다른 결정이고, 논거의 차이는 장래의 유사한 다른 사건에서는 매우 다른 결과를 초래할 수 있으므로 논거와 논리의 일관성이 요구되는 것은 당연하다고 하겠다. 다시 말해 고도의 정치성을 띤 행위에 대하여 이른바 통치행위이론[31]을 적용하여 사법부가 사법적 판단을 자제해야 한다는 논거를 내세울

---

30) 결정요지는 다음과 같다(헌재 2004. 4. 29. 2003헌마814, 판례집 16-1, 601-603).

1. 다수의견

(1) 외국에의 국군의 파견결정은 파견군인의 생명과 신체의 안전뿐만 아니라 국제사회에서의 우리나라의 지위와 역할, 동맹국과의 관계, 국가안보문제 등 궁극적으로 국민 내지 국익에 영향을 미치는 복잡하고도 중요한 문제로서 국내 및 국제정치관계 등 제반상황을 고려하여 미래를 예측하고 목표를 설정하는 등 고도의 정치적 결단이 요구되는 사안이다. 따라서 그와 같은 결정은 그 문제에 대해 정치적 책임을 질 수 있는 국민의 대의기관이 관계분야의 전문가들과 광범위하고 심도 있는 논의를 거쳐 신중히 결정하는 것이 바람직하며 우리 헌법도 그 권한을 국민으로부터 직접 선출되고 국민에게 직접 책임을 지는 대통령에게 부여하고 그 권한행사에 신중을 기하도록 하기 위해 국회로 하여금 파병에 대한 동의여부를 결정할 수 있도록 하고 있는바, 현행 헌법이 채택하고 있는 대의민주제 통치구조 하에서 대의기관인 대통령과 국회의 그와 같은 고도의 정치적 결단은 가급적 존중되어야 한다.

(2) 이 사건 파병결정은 대통령이 파병의 정당성뿐만 아니라 북한 핵 사태의 원만한 해결을 위한 동맹국과의 관계, 우리나라의 안보문제, 국·내외 정치관계 등 국익과 관련한 여러 가지 사정을 고려하여 파병부대의 성격과 규모, 파병기간을 국가안전보장회의의 자문을 거쳐 결정한 것으로, 그 후 국무회의 심의·의결을 거쳐 국회의 동의를 얻음으로써 헌법과 법률에 따른 절차적 정당성을 확보했음을 알 수 있다. 그렇다면 이 사건 파견결정은 그 성격상 국방 및 외교에 관련된 고도의 정치적 결단을 요하는 문제로서, 헌법과 법률이 정한 절차를 지켜 이루어진 것임이 명백하므로, 대통령과 국회의 판단은 존중되어야 하고 헌법재판소가 사법적 기준만으로 이를 심판하는 것은 자제되어야 한다. 이에 대하여는 설혹 사법적 심사의 회피로 자의적 결정이 방치될 수도 있다는 우려가 있을 수 있으나 그러한 대통령과 국회의 판단은 궁극적으로는 선거를 통해 국민에 의한 평가와 심판을 받게 될 것이다.

2. 재판관 윤영철, 재판관 김효종, 재판관 김경일, 재판관 송인준의 별개의견

헌법재판소법 제68조 제1항은 공권력의 행사 또는 불행사로 인하여 헌법상 보장된 기본권을 침해받은 자는 헌법재판소에 헌법소원심판을 청구할 수 있다고 규정하고 있고 여기서 기본권을 침해받은 자라 함은 공권력의 행사 또는 불행사로 인하여 자기의 기본권이 현재 그리고 직접적으로 침해받은 자를 의미하며 단순히 간접적이거나 사실적인 이해관계가 있을 뿐인 제3자는 이에 해당하지 않는다. 청구인은 이 사건 파견결정으로 인해 파견될 당사자가 아님은 청구인 스스로 인정하는 바와 같고 현재 군복무중이거나 군입대 예정자도 아니다. 그렇다면 청구인은 이 사건 파견결정에 관하여 일반 국민의 지위에서 사실상 또는 간접적인 이해관계를 가진다고 할 수는 있으나, 이 사건 파견결정으로 인하여 청구인이 주장하는 바와 같은 행복추구권 등 헌법상 보장된 청구인 자신의 기본권을 현재 그리고 직접적으로 침해받는다고는 할 수 없다.

경우에는 그 행위의 위헌여부나 기본권침해 여부에 관계없이 사법적 판단에 들어가지 않고 각하시키게 되나, 기본권침해의 자기관련성, 현재성, 직접성의 결여를 이유로 각하의견을 낼 경우에는 기본권침해가 부정되는 등 헌법소원제기의 적법요건을 결해서 본안판단에 들어가지 않고 각하시키는 것이라 양자는 근본적으로 다른 것이다. 그런데 전효숙 재판관은 앞서 언급한 바와 같이 이전 2003헌마814 사건에서는 청구인의 기본권침해의 자기관련성, 현재성, 직접성의 결여가 문제됨에도 불구하고 이를 도외시하고 문제된 사안이 고도의 정치성을 띠고 일정한 헌법과 법률이 정한 국회의 절차를 거쳤다는 이유로 위헌 여부나 기본권침해 여부 등에 대하여 사법심사를 하는 것은 적절치 않다는 의견을 낸 반면, 같은 고도의 정치성을 띠고 정치적으로 논란이 되고 있으며 헌법과 법률이 정한 국회의 의결절차를 거친 이 사건의 경우에는 이러한 접근을 하지 않고 청구인의 기본권침해의 자기관련성, 현재성, 직접성의 결여를 이유로 각하의견을 냈는데, 이는 논거와 논리적 일관성의 결여로 일정한 정치적 고려에 따라 자의적으로 논거를 선택한 것으로 밖에 볼 수 없다는 것이다. 그리고 이 2004헌마554등 사건에서 다수 및 별개의견을 낸 재판관들 중에서 2003헌마814 사건에서 통치행위이론에 근거한 각하의견을 냈던 상당수도[32] 이러한 모순을 범하고 있다고 하겠다. 즉 그들은 고도의 정치적 결단을 요하는 이라크파병사안에서 대통령과 국회의 판단은 존중되어야 하고 헌재의 사법적 심판은 자제되어야 한다고 하면서 그러한 정치적 판단은 궁극적으로 선거를 통해 국민에 의한 평가와 심판을 받게 될 것이라는 판시를 했는데, 왜 더욱 고도의 정치성을 띠고 헌법과 법률이 정한 절차에 따라 국회에서 의결된 사항이 문제된 이 사건에서는 유독 그러한 사법적 자제를 거부하고 논란이 되는 사안에 대하여 적극 개입하여 일종의 정치적 중재자로서 굳이 사법판단을 내렸는지가 의문으로, 헌법규정과 원리 및 이론에 입각한 법리적 판단이 아니라 어떠한 정치적 의도에서 비롯된 결정이 아닌가 하는 의문마저 든다. 이는 통치행위가 사법심사의 대상이 되어서는 안 되고 따라서 이 사건도 사법심사의 대상에서 제외되어야 한다는 것은 결코 아니다. 오히려 그 반대이다. 다만 논거와 논리적 일관성의 결여를 지적하는 것이다.

사실 통치행위라도 그것의 헌법과 법률에의 위반 여부가 문제되고, 그에 대한 사법심사의 헌법과 법률적 잣대와 사법절차가 마련되어 있다면 당연히 사법심사의 대상이 되어야 한다. 왜냐하면 통치행위를 포함한 모든 국가작용은 헌법과 법률의 테두리내에서 이루어져야 하고, 그것이 바로 헌법과 법률의 존재이유이며 법치주의의 본질이기

31) 물론 이 사건의 경우에는 그러한 고도의 정치성을 띤 행위가 국회의 입법행위에 의하여 이루어진 반면, 2003헌마814 사건의 경우에는 문제된 파병행위가 국회의 동의를 거친 후 최종적으로는 대통령의 행위로 이루어졌다는 절차적 차이점은 있으나 대통령만이 통치행위의 주체가 될 수 있는 것은 아니고 국회도 통치행위의 주체가 될 수 있다는 점에서 결국 고도의 정치성을 띤 공권력 행사로서 통치행위에 속한다는 점에서는 양자는 본질적으로 동일하다고 볼 수 있을 것이다. 헌재의 다수의견도 이 사건 법률이 고도의 정치적인 문제에 속하는 사항이지만 사법심사의 대상이 된다고 판시했다. 역시 이 사건 법률제정행위를 통치행위로 보는 입장으로서는 김철수, 전게서, 1391쪽.

32) 예컨대 권성, 주선회, 이상경, 김영일 재판관.

때문에 통치행위라도 그것이 헌법과 법률에 위반된다면 결코 정당화될 수 없고 통제되어야 하며 그를 통해 침해된 기본권은 반드시 구제되어야 하는데, 이러한 국가권력의 통제와 헌법과 법률수호 및 기본권구제는 바로 사법부 본연의 임무이기 때문이다. 만일 그렇지 않다면 이는 법치주의의 포기로서 결과적으로 헌법과 법률을 파괴하고 기본권을 유린하는 것이 되며, 결국 사법부의 직무유기에 해당하는 것이다. 만일 고도의 정치성을 지녔다는 이유로 사안에 따라 사법심사를 회피하거나 자제한다면 사법부 내지 헌재의 주관적 자의에 따라 정치적으로 예민한 통치행위에 대하여 사법심사의 여부가 좌우될 것이고, 이는 법적 안정성과 예측가능성 및 법치주의를 위태롭게 하면서 결국 헌재의 위상과 헌재에 대한 신뢰를 파괴할 것이다.

Ⅳ. 맺는 말

지금까지 헌재결정의 내용과 쟁점 및 그 문제점을 살펴보았다. 전체적으로 볼 때 위 헌재결정은 재판관들의 정치적 선입견을 헌법이론으로 포장한 논리의 비약과 억지주장이라는 느낌을 지울 수 없다. 즉 재판관들의 정치적 입장과 취향 내지 노선에 따라 결론을 미리 내린 다음, 헌법이론을 아전인수식으로 해석하고 정립한 감이 든다는 것이다. 또한 이전의 다른 판례에 나타난 주장과 상호 모순되는 논리적 일관성의 결여가 두드러진다. 어쨌든 이번 결정은 판례의 논리구성과 전개 및 그 파급효과의 측면에서 뿐아니라 헌재의 위상과 신뢰의 확립이라는 측면에서도 대단히 나쁜 선례가 될 수 있다.

물론 행정수도를 이전하는 것이 정치·경제·사회적으로 타당한지는 전혀 별개의 문제이다. 즉 이 판례가 잘못됐다고 해서 행정수도이전이 바람직하다는 것도 아니고, 잘됐다고 해서 행정수도이전이 잘못됐다는 것도 아니다. 다만 헌법판례는 현실의 정치적인 입장이나 정책적인 타당성과는 별개로, 그리고 국민들의 정서를 의식하지 않은 채 헌법규정과 이론에 따라 객관적이고 치밀하고 냉정하게 그리고 논리적으로 이루어져야 한다는 것이다. 그럴 때 비로소 헌법판례가 정당성과 설득력을 가질 수 있고, 미래의 유사한 사건들에 대하여도 계속적인 적용력을 가질 수 있으며, 결국 헌재의 위상확립에도 기여할 수 있기 때문이다.

10. 통치행위에 대한 사법심사

– 헌재 1996. 2. 29. 93헌마186 긴급재정명령 등 위헌확인,[1] 2004. 4. 29. 2003헌마814 일반사병 이라크파병 위헌확인,[2] 2004. 10. 21. 2004헌마554 등 신행정수도의건설을위한특별조치법 위헌확인[3] –

[目 次]

Ⅰ. 머리말

이 글은 이른바 통치행위에 대한 사법심사[4]의 문제를 관련 헌법재판소 판례를 중심

---

1) 헌재 1996. 2. 29. 93헌마186, 판례집 8-1, 111.

2) 헌재 2004. 4. 29. 2003헌마814, 판례집 16-1, 601.

3) 헌재 2004. 10. 21. 2004헌마554 등, 판례집 16-2하, 1.

4) 여기서의 사법심사는 대법원을 정점으로 하는 일반법원에 의한 심사뿐 아니라 헌법재판소에 의한 심사를 포함하는 개념이다. 이는 헌법재판의 법적 성격을 사법작용으로 보는 것을 전제로 한다. 물론 헌법재판이 정치적 평화보장기능과 특히 입법·행정·사법권을 통제하는 기능을 갖기 때문에 헌법재판의 본질을 한편에서는 정치작용이나 입법작용의 일종으로 보거나 또는 그 어느 하나에도 속하지 않는 제4의 국가작용으로 보는 견해도 있을 수 있다(허영, 한국헌법론, 2004, 788쪽 이하 참조). 그러나 역시 헌법재판도 그 본질과 기능 및 형식과 절차면에서 사법작용에 속하는 것으로 보아야 할 것이다. 즉 첫째, 헌법재판과 일반 사법작용은 공히 마찬가지로 법규범의 해석과 선언이라는 법인식작용을 본질로 하고 있다. 둘째, 양자가 모두 기본권 내지 권리 보호와 구제적 분쟁해결 및 권력통제를 중요한 기능의 하나로 하고 있다. 셋째, 법률은 헌법의 구체화이기 때문에 일반법원의 법률해석 내지 법률심은 헌법재판소의 헌법해석 내지 헌법심의 구체화로서 양자 밀접한 연관성을 가지고 있다. 넷째, 양 기관 모두 대의기관에 비하여 민주적 정당성이 취약하다. 다섯째, 우리 헌법상 일반법원이 가지는 명령·규칙 등에 대한 위헌심사권(규범통제), 기관소송관할권(권한쟁의의 일종), 선거소송관할권(특별한 헌법재판의 일종)은 성격상 헌법재판에 속하는 것으로서 이는 일반법원의 사법작용과 헌법재판작용의 공통점을 전제로 한다고 볼 수 있다. 여섯째, 헌법재판을 특별한 독립한 기관에게 맡기는 경우도 있지만 일반법원에 맡기는 경우도 있는데, 이는 양자의 본질적 공통성을 전제로 한다고 볼 수 있다. 따라서 헌법재판의 본질도 사법작용에 속

으로 다룬 것이다. 일반적으로 통치행위는 고도의 정치성을 띤 국가작용으로서 사법심사의 대상에서 제외되는 것으로 이해되어 왔고, 따라서 통치행위는 주로 사법심사의 대상에서 제외되는지의 여부와 관련하여서 의미가 있는 개념으로 볼 수 있다. 과거에는 사법부가 통치행위에 대한 심사를 자제했었는데, 점차로 이러한 추세는 바뀌고 있다. 즉 최근의 학설은 통치행위를 가급적 사법심사의 대상으로 삼아야 한다는 입장을 취하고 있는데, 예컨대 통치행위의 개념을 처음부터 부정하는 입장에서부터 통치행위의 개념은 인정하되 원칙적으로 사법심사의 대상이 된다는 입장, 통치행위를 부정하는 입장이 이론적으로 명료하고 타당하나 현실적 이유로 불가피하게 사법심사의 대상에서 제외시킬 수밖에 없는 행위를 예외적으로 인정한다는 입장, 그리고 통치행위는 사법심사의 대상에서 제외되나 그 범위를 축소해야 한다는 입장 등이 그것이다. 판례도 대체로 이러한 경향을 반영하고 있는 것으로 볼 수 있는데, 과거 대법원은 대체로 통치행위를 사법심사의 대상에서 제외시킨 반면,[5] 최근에 와서는 일정한 조건과 제약하에서는 사법심사의 대상이 될 수 있다는 다소 전향적인 태도를 보이고 있고,[6] 헌법재판소는 통치행위에 대하여 대체로 적극적인 심사의지를 보이고 있다.[7]

그런데 문제는 사법심사의 대상이 되는 통치행위와 그렇지 않은 통치행위와의 구별, 통치행위가 사법심사의 대상이 되는 기준과 조건, 사법심사의 범위 등이 불명확하다는 것이다. 즉 학설이 이들에 대한 일관된 기준을 제시하지 못하고 있으며, 판례의 입장도 마찬가지이다. 또한 그렇기 때문에 통치행위에 대한 사법심사의 가능성 여부 자체에 대하여도 일관된 태도를 보이고 있지 못하다. 대법원의 경우도 그렇지만, 헌법재판소의 경우에도 마찬가지이다. 특히 일종의 정치적 사법기관으로서 당연히 고도의 정치성을 띤 통치행위에 대한 심사를 담당해야 할 헌법재판소가 최근에 와서는 다시 통치행위를 사법심사의 대상에서 제외시키는 듯한 판례를 내는 등 통치행위에 대한 사법심사의 가능성 여부, 또는 그에 대한 기준이나 입장이 모호하고 일관성이 없다. 이는 사안에 따라 판례가 자의적이 되고, 필연적으로 법적 안정성과 법치주의를 해치는 결과를 초래하게 되며, 결국 이는 헌법판례의 설득력과 신뢰를 해치고 헌재의 권위도 실추시키는 결과를 초래할 수 있는 것이다. 따라서 과연 통치행위가 사법심사의 대상이

하는 것으로 볼 수 있다. 다만 위에서 언급한 바와 같이 헌법재판의 정치적 평화보장기능과 권력통제기능 및 헌법의 정치규범성 등 헌법재판의 특성에 비추어 정치적 성격이 강한 일종의 정치적 사법작용이라고 할 수 있을 것이다. 이는 정치적 투쟁과 타협의 산물이라고 할 수 있는 헌법을 기준으로 헌법적 문제를 판단하는 사법작용이기 때문에 어쩌면 당연한 것이라고 하겠다. 따라서 이 글에서 말하는 사법심사는 일반법원 뿐 아니라 헌재도 포함하는 광의의 사법작용을 바탕으로 하는 것이다.

5) 예컨대 1964. 7. 21. 64초6; 1979. 12. 7. 79초70; 1981. 1. 23. 80도2756; 1981. 2. 10. 80도3147; 1981. 4. 28. 81도874 등.

6) 예컨대 1997. 4. 17. 96도3376; 2004. 3. 26. 2003도7878. 이러한 대법원의 입장선회는 통치행위에 대한 사법심사의 가능성을 원칙적으로 긍정한 그 이전의 헌법재판소 결정 들(예컨대 1993. 7. 29. 89헌마31; 1996. 2. 29. 93헌마186)에 영향을 받은 것으로 보인다.

7) 예컨대 1993. 7. 29. 89헌마31; 1996. 2. 29. 93헌마186; 1997. 7. 16. 96헌라2; 1998. 7. 14. 98헌라1; 2004. 10. 21. 2004헌마554 등.

되는지의 여부, 그리고 그에 대한 정확한 기준을 제시하는 문제가 예나 지금이나 여전히 중요한 문제로 등장하게 된다.

앞서도 언급했듯이 이 글은 통치행위에 관한 헌법재판소 결정의 내용과 문제점을 지적하고 그 대안을 제시함으로써 통치행위를 재조명하고자 함에 그 목적이 있다. 따라서 여기서는 그동안 많이 소개된 통치행위와 관련된 국내외의 학설과 외국 및 대법원 판례에 대한 자세한 언급은 생략한 채, 먼저 통치행위에 대한 사법심사의 가능성 여부에 대한 필자의 견해를 밝힌 후, 통치행위에 관한 우리 헌법재판소의 대표적 판례의 내용과 문제점을 살펴보고 그 해결방안을 모색해보고자 한다.[8]

Ⅱ. 통치행위에 대한 사법심사의 가능성

1. 학설의 입장

(1) 부정설

통치행위에 대한 사법심사의 가능성을 부정하는 대표적인 학설을 간단히 소개하면 다음과 같다.

1) 내재적 한계설

통치행위는 독립적이고 정치적으로 책임을 지지 아니하는 사법부가 심사하기에는 부적합한 것이고, 그에 대한 최종적 판단은 행정부나 국회 등 정치적 기관 또는 선거 등을 통해 국민에게 일임하는 것이 적당하다고 하면서, 통치행위는 성질상 사법권의 내재적 한계에 속한다고 한다.

2) 권력분립설

헌법상 입법·행정·사법권이 분리되어 있고, 통치행위는 행정부나 입법부의 전속적 권한에 속하는 사항이므로 사법심사의 대상에서 제외되어야 한다고 한다.

---

8) 물론 앞서도 언급했듯이 사법심사는 대법원을 비롯한 일반법원과 헌법재판소 모두에서 이루어지고 있어 대법원의 관련판례를 살펴보는 것도 의미가 있겠지만, 과거와는 달리 헌법재판소가 설치된 오늘날 고도의 정치성을 띤 국가작용에 대한 심사가 대법원 보다는 주로 헌법재판소에서 이루어진다는 점에서, 그리고 통치행위를 비롯한 국가 공권력작용에 대하여 대법원보다는 헌재가 보다 적극적인 심사를 해왔다는 점에서 통치행위에 대한 사법심사의 문제를 헌법재판소 결정을 중심으로 다루고자 한다. 아울러 일반재판과는 달리 헌법재판은 중요한 헌법적 해명의 기능도 담당하고 있는데, 특히 통치행위에 관해서는 주로 통치행위개념의 인정여부, 그에 대한 사법심사의 가부, 그 기준 등이 그동안 학설과 판례에서 논란이 되어 왔음을 상기할 때 이러한 중요한 헌법적 해명을 하나의 사명으로 하고 있는 헌법재판소의 판례를 살펴보는 것은 매우 커다란 의미가 있다고 하겠다. 또한 통치행위문제는 결국 헌법수호, 공권력통제, 기본권보장, 공익추구 등의 헌법문제로 귀결될 수밖에 없다는 점에서 이러한 공권력통제와 헌법수호, 법치주의확립의 기능을 가지고 공익추구의 개관적 소송의 성격도 아울러 가지는 헌법재판소가 통치행위에 대한 심사를 담당하고 그 판례가 중요하게 간주되는 것은 당연하다고 하겠다.

3) 재량행위설

통치행위는 민주적 정당성에 바탕을 둔 대통령이나 국회의 고도의 정치적 결단에 따른 재량행위[9]이므로 사법심사의 대상에서 제외되어야 한다고 한다.

4) 사법부자제설

통치행위도 원칙적으로 사법심사의 대상이 되어야 하지만 사법심사가 오히려 사법부의 정치화를 초래해 사법권의 독립을 약화시키는 부정적 결과를 가져오거나, 또는 사법심사로 말미암아 커다란 국가적 손해가 발생될 수 있기 때문에 사법부 스스로가 정책적으로 통치행위에 대한 심사를 자제해야 한다는 입장이다.

(2) 긍정설

통치행위도 당연히 사법심사의 대상이 되어야 한다는 입장이다. 여기에는 통치행위라는 개념 자체를 부정하는 입장과 통치행위라는 개념은 인정하되 사법심사의 대상이 되지 않는 국가작용은 존재하지 않는다는 입장으로 나뉠 수 있다. 그 논거는 헌법상 법치주의와 권력분립의 원칙이 확립되어 있고, 개괄주의에 바탕을 둔 행정소송제도와 헌법재판제도가 보장되어 있는 헌법국가에서 어떠한 국가작용도 사법심사의 대상에서 제외될 수 없다고 한다.

2. 소 결

(1) 학설에 대한 검토

1) 내재적 한계설

위헌·위법한 행위를 통제하고 침해된 기본권을 구제해주는 것이 바로 사법부의 권한이자 의무이기 때문에 통치행위라도 그것의 위헌·위법성과 국민의 기본권침해 여부가 문제된다면 당연히 사법심사의 대상이 되어야 하고, 그것이 바로 사법부의 본질적 직무에 속하는 것이다. 따라서 만일 그렇지 않다면 그것은 바로 사법부의 직무유기에 해당한다.

---

9) 일반적으로 문헌과 판례에서는 '재량행위'라는 용어보다는 '자유재량행위'라는 용어를 사용하고 있는데(예컨대 김철수, 헌법학연구, 2005, 1387쪽; 허영, 전개서, 963쪽; 권영성, 한국헌법론, 2004, 832쪽; 대판 1998. 10. 13. 98두12253; 2002. 10. 11. 2001두151; 2003. 3. 28. 2002두11905; 헌재 1993. 5. 13. 91헌마190; 1998. 7. 16. 96헌바33; 2004. 10. 21. 2004헌마554 등), 이는 재량행위를 다시 '자유재량행위'와 '기속재량행위'로 구별하는 것에서 기인하는 것으로 볼 수 있다. 그러나 오늘날 이처럼 두 가지로 구별하는 것이 어렵고, 구별의 실익도 없으므로(김동희, 행정법I, 2004, 247쪽 이하; 김남진, 행정법I, 2004, 195쪽) 여기서는 간단히 재량행위로 표현하기로 한다.

2) 권력분립설

국가권력 상호간의 견제와 균형을 통해 국가권력을 통제·순화시키고 기본권을 보장하는 것이 궁극적인 국가와 헌법의 목적이고, 권력분립원칙의 본질이다. 따라서 아무리 통치행위라고 할지라도 그것의 위헌·위법성과 국민의 기본권침해 여부가 문제된다면 당연히 사법심사의 대상이 되어야 하고, 그를 통해 위헌·위법한 통치행위를 통제하고 기본권을 구제해주는 것이야 말로 권력분립의 원칙을 구현하는 것이며, 그렇지 않는 것이 오히려 권력분립의 원칙에 위반되는 것이다.

3) 재량행위설

아무리 재량행위라고 하더라도 그것이 재량을 일탈할 경우 위헌·위법성을 초래하고, 따라서 사법심사의 대상이 되는 것은 당연하다. 그렇지 않을 경우 이는 국가권력의 자의와 남용 및 기본권과 법치주의의 침해를 초래할 것이다. 다만 재량을 일탈하지 아니하는 범위내의 정치적 또는 합목적적 판단은 사법적 통제의 범위에 속하지 않는 것이다. 왜냐하면 이는 단순한 부당이니 정치적 무능 내지 비효율성의 문제에 그치는 것으로 법적인 문제가 아니기 때문이다. 이러한 논리가 행정소송의 경우에 그대로 적용되어지는 것은 주지하는 바와 같다. 따라서 아무리 고도의 정치성과 재량성을 띤 통치행위라도 일단 사법심사의 대상은 되고, 다만 재량과 관련하여 사법심사의 구체적 범위와 밀도의 차이가 있을 수 있을 뿐이지, 정치적 재량행위라는 이유로 처음부터 사법심사의 대상에서 제외되어 각하될 수는 없는 것이다.

4) 사법부자제설

통치행위의 경우 헌법과 법률에의 위반이 문제되고, 그에 대한 사법심사의 잣대와 사법절차가 마련되어 있어 사법심사가 가능함에도 불구하고 정책적으로 사법심사를 자제한다는 것은 정치적 문제에 사법부가 관여하면 사법부가 정치투쟁의 장으로 변질되어 사법부의 독립성과 권위를 상실하게 되고, 또한 다양한 부작용, 예컨대 법적 공백이나 혼란의 발생, 또는 법적 안정성이나 긴절한 공익상의 문제 등이 발생될 수 있다는 것인데, 위헌·위법한 상태가 발생되었고 이에 대한 사법심사가 가능함에도 불구하고 정치적인 이유로 이를 회피하는 것이야 말로 사법부가 정치기관으로 변질되는 것이고, 사법부의 독립성과 권위를 무너뜨리는 직무유기이며, 사법자제로 추구 내지 보존할 수 있는 이익도 그를 통해 상실되는 기본권과 법치주의 등의 핵심적인 헌법적 가치보다 우선할 수 없다. 아울러 통치행위에 대한 사법심사를 할 경우 발생할 수 있는 부작용도 후술하는 바와 같이 사법심사를 하면서 그 인용 시 다양한 변형결정 등을 통해 어느 정도 해소할 수 있을 것이다.

(2) 결 론

1) 통치행위에 대한 사법심사를 해야

위에서 살펴본 바와 같이 부정설은 어느 것도 설득력이 없음을 알 수 있다. 결론적으로 긍정설이 타당하다고 본다. 따라서 통치행위라도 그것의 헌법과 법률에의 위반이 문제되고, 그에 대한 사법심사의 헌법과 법률적 잣대와 사법절차가 마련되어 있다면 당연히 사법심사의 대상이 되어야 한다. 왜냐하면 통치행위를 포함한 모든 국가작용은 헌법과 법률의 테두리내에서 이루어져야 하고, 그것이 바로 헌법과 법률의 존재이유이며 법치주의의 본질이기 때문에 통치행위라도 그것이 헌법과 법률에 위반된다면 결코 정당화될 수 없고 통제되어야 하며 그를 통해 침해된 기본권은 반드시 구제되어야 하는데, 이러한 국가권력의 통제와 헌법과 법률수호 및 기본권구제는 바로 사법부 본연의 임무이기 때문이다. 만일 그렇지 않다면 이는 법치주의의 포기로서 헌법과 법률을 파괴하고 기본권을 유린하며 결국 사법부의 직무유기에 해당하는 것이다. 도대체 법치주의와 기본권을 능가하는 가치가 헌법국가에서 존재할 수 있을까? 헌법의 테두리내에서 기능하는 국가작용이 그 헌법을 위반했을 때 과연 이를 어떻게 정당화시킬 수 있을까?

그동안의 통치행위에 대한 사법심사에 소극적인 국내외의 학설과 판례를 살펴보면 다양한 문제점을 발견할 수 있다. 즉 통치행위 중 사법심사의 대상이 되는 것과 그렇지 않은 것과의 구별이 모호하다는 점, 사법심사의 대상에서 제외시키는 논거가 불분명하고 설득력이 없다는 점, 판례의 일관성이 없다는 점, 재판관의 입장이나 정치적 성향에 따라서 결과가 달라진다는 점, 그리고 도대체 고도의 정치성과 관련하여 어떤 행위가 고도의 정치성을 띠었고 어떤 행위가 고도의 정도에 이르지 아니하는 정치적인 행위인지의 구별이 사실상 불가능 하나는 점[10] 등이 바로 그것이다. 그중에서도 가장 큰 문제는 법치주의나 기본권 등의 가장 지고한 헌법적 가치를 포기하면서도 굳이 통치행위를 사법심사의 대상에서 제외시키는 그 정당화 사유 내지 이익을 발견할 수 없다는 것이다. 사실 이를 발견하기란 불가능한 일이다. 왜냐하면 헌법국가에서 이보다 더 중요한 가치와 이익은 있을 수 없기 때문이다. 만일 일률적으로 통치행위를 사법심사의 대상으로 함으로 해서 발생하는 다양한 문제－예컨대 법적 안정성의 파괴, 법적 공백이나 혼란의 발생, 제3자의 신뢰나 국가간의 신뢰파괴, 기타의 공익침해 등－가 있다면, 이는 위에서도 언급했듯이 일종의 변형결정[11] 등을 통해 어느 정도 해소

---

10) 정치적 행위와 비정치적 행위의 구별, 그리고 더욱이 정치적 행위 중 고도의 정치적 행위와 그렇지 아니한 정치적 행위의 구별이 모호하고 자의적이며, 따라서 사법심사의 대상이 되는 경우와 그렇지 않은 경우의 구별이 모호하고 자의적이며, 결국 여기에 사법권의 자의성이 개입될 소지가 필연적으로 존재할 수밖에 없다.

11) 우리 헌법재판소는 그동안 다양한 변형결정유형을 개발해 왔는데, 이러한 변형결정에는 행정소송의 경우에 공익적 견지에서 예외적으로 인정될 수 있는 사정판결도 포함될 수 있을 것이다. 즉 사정판결이란

할 수 있는 것이지 그를 이유로 처음부터 사법심사를 배제하는 것은 잘못이다. 예컨대 국가간의 조약이 문제가 될 경우 그에 대하여 위헌을 주장하면서 위헌법률심판이나 헌법소원심판 등을 제기할 수 있는데, 그 경우 고도의 정치성을 띤 외교에 관한 행위라고 사법심사의 대상에서 제외시켜 사건을 각하할 것이 아니라 일단 심사하고[12] 그 결과 위헌이라면 헌재는 위헌을 확인하고 무효화시킬 수 있다. 다만 그로 인해 국가간의 신뢰 등이 문제될 수가 있는데, 그럴 경우에는 조약의 위헌을 확인하되, 그에 대한 단순위헌보다는 헌법불합치나 입법촉구 등의 변형결정을 내리는 것이 고려될 수 있을 것이다.[13] 따라서 이제 통치행위라는 미명하에 사법심사를 배제하는 반법치적·반헌법적 태도를 버리고 전향적인 태도를 취할 시점이 되었다. 왜 헌법에 위반되는 행위를 통치행위라는 이름으로 정당화시키고 사법심사가 가능함에도 불구하고－그리고 그로 인해 파생되는 문제를 다양한 변형결정 등을 통해 해소할 수 있음에도 불구하고－사법심사의 대상에서 제외시키는 어색하고 우스꽝스러운 작태를 법치주의와 기본권보장과 포괄적인 재판청구권과 헌법재판제도[14]가 확립된 오늘날까지도 연출하는 것인가?

물론 고도의 정치성을 띤 행위에 대한 사법심사의 경우 그 심사의 범위가 제한되거나 심사의 밀도가 완화될 수 있고, 그 과정에서 그 정치적 결단에 대한 고려가 있을 수는 있다. 그러나 이는 사법심사 자체가 처음부터 배제되는 것과는 전혀 다른 것이다.[15] 즉 고도의 정치성을 띤 통치행위의 경우 사안에 따라 그 사법심사의 범위와 밀도에 있어서 그리고 심사결과에 있어서 다양한 정치적·공익적 고려가 있을 수는 있으나, 그를 이유로 처음부터 행위 자체를 사법심사의 대상에서 제외해서는 안된다는 것이다. 따라서 통치행위를 비롯한 모든 국가작용은 헌법과 법률에의 위반 여부가 문제되고 그에 대한 사법심사의 잣대와 사법절차가 마련되어 있다면 통치행위를 이유로 각하시킬 것이 아니라 일단 사법심사의 대상으로 삼고, 심사결과 위헌·위법이 확인되

행정소송의 경우 사법심사의 결과 위헌·위법이라고 판단되는 행정행위라도 취소 대신 기각하는 것인데, 이는 단순한 취소를 통해 야기될 수 있는 공익적 위해가 문제되어 그러한 공익도 아울러 보호하면서 위헌·위법을 확인하고 대신 원고에게 다른 방법으로 피해를 구제해주는 일종의 변형결정유형이라고 할 수 있다. 사정판결에 대하여 자세한 것은 박윤흔, 행정법강의(상), 2004, 1001쪽 이하; 김동희, 전개서, 705쪽 이하 참조.

12) 우리 헌재도 이러한 조약에 대하여 심사하고 있다. 예컨대 1999. 4. 29. 97헌가14; 2001. 9. 27. 2000헌바20; 2001. 3. 21. 99헌마139 등.

13) 참고로 독일의 경우 고도의 정치성을 띤 외교에 관한 행위가 문제가 된 이른바 동·서독 기본조약에 대한 동의법에 대하여 바이에른 주정부가 제기한 추상적 규범통제사건에서 연방헌법재판소는 문제된 조약에 대한－변형결정의 일종인－합헌적 해석을 바탕으로 논리를 전개한 바 있다(BVerfGE 36, 1[36f.]).

14) 동·서독 기본조약에 관한 판례에서도 연방헌법재판소는 정치적 문제에 대한 사법적 자제의 원칙이 헌법재판소의 사법심사권의 축소나 약화를 의미하는 것은 결코 아니고, 국가작용이 헌법재판소의 심사절차를 벗어난다는 것은 포괄적인 헌법재판제도를 보장한 헌법의 결단에 위배된다는 점을 강조하고 있다(BVerfGE 36, 1[14f.]).

15) 이러한 논리는 통치행위가 아닌 일반 국가작용에 대한 사법심사의 경우에도 유사하게 적용될 수 있다. 예컨대 이른바 특별권력관계의 경우라도 그 특별권력 주체의 행위는 당연히 사법심사의 대상이 되고, 다만 그 심사과정에 있어서 그 심사의 범위나 밀도가 특별권력관계의 특성상 다소 완화될 수 있다고 보는 것이 그것이다(김남진, 전개서, 116쪽 이하; 김동희, 112쪽).

면 그를 확인해야 하며, 다만 그 다음 단계에서 정치적 이유에서 또는 행위 자체의 무효나 취소를 통해 야기될 수 있는 매우 중대한 공익상의 위해나 법적 공백 등을 이유로 정치적 고려 등 관련되는 총체적인 이익형량의 결과 무효나 취소 대신 변형결정이 긴절히 요구된다면 이를 고려할 수 있고, 침해된 기본권이 있다면 이를 구제하되 그 구제가 오로지 행위 자체의 무효나 취소를 통해서만 가능하다면 예외적으로 손해배상 등 대체적 방법을 통한 구제가 고려될 수도 있을 것이다. 따라서 일단은 사법심사의 대상으로 삼고 문제된 통치행위의 위헌·위법을 확인하며, 이로써 공권력을 통제하고 추후 유사한 행위의 반복을 방지하며, 피해자의 명예회복과 침해된 기본권을—사안에 따라서는 예외적인 대체방법을 통해—구제하고, 사법심사를 통해 파생되는 다양한 부작용은 변형결정 등을 통해 해소하면서, 결국 이를 통해 법치주의와 기본권 보장을 실현시키는 것이 헌법의 정신과 헌법재판제도 내지 사법제도의 본질에 부합하는 것이다.

사법부에 의한 정치적 고려 내지 사법부에 의한 이익형량의 범위는 바로 이러한 구체적인 사법심사의 범위 등에 한정되는 것이지, 사법심사 자체를 배제하는 것에까지 미치는 것은 결코 아니다. 사법기관은 합법적 절차에 따라 제기된 사건에 대하여는 그 소송제기의 적법성요건을 충족시키는 한 예외 없이 사법심사를 하여 기각이나 인용의 판단을 해야지, 정치적 고려를 이유로 사법심사를 자제하는 등 사법심사의 대상에서 제외시켜 사건을 각하시켜서는 안되고 그러할 재량과 권한이 사법부에게는 없다. 만일 그렇지 않다면 위에서 지적했듯이 그리고 후술하는 헌법재판소 판례에서도 볼 수 있듯이 이는 필연적으로 통치행위에 대한 사법심사 여부에 관한 사법기관 내지 재판관의—각각의 사안에 대한 자신의 정치적 입장이나 성향 등에서 초래되는—자의를 야기하게 되고, 이는 판례의 일관성 상실로 이어지며, 결과적으로 법적 안정성과 예측가능성의 파괴로 이어진다. 또한 이는 사법기관과 판례의 설득력과 권위의 실추로 이어진다.[16] 사실 앞서도 이야기 했듯이 고도의 정치적 결단이라고 했을 때 어떤 행위가 고도의 정치적인 것이고 어떤 행위가 그에 이르지 아니하는 정치적인 것인지의 구별이 사실상 어렵다. 그리고 정치적 사법기관인 헌법재판소에 제기되는 사건은 정도의 차이는 있으나 대체로 정치적이라는 점에서 더욱 그러하다. 이는 결국 필연적으로 재판관의 자의가 개입될 여지를 열어 놓는 것이다. 결국 정치적 행위라는 이유로 처음부터 사법심사를 배제하는 것은 어떠한 이유로도 정당화될 수 없고, 어디에서도 그 정당화 사유를 발견할 수 없다.

한편 통치행위에 대한 사법심사를 긍정하는 학설 중 통치행위의 개념 자체를 부정하는 입장과 통치행위의 개념은 인정하되 사법심사의 대상이 되지 않는 국가작용은 존재하지 않는다고 보는 입장 사이에는 실질적인 차이가 없다고 하겠다. 왜냐하면 통

---

16) 사법부자제설이 주장하는 논거 중 하나가 정치적인 문제에 대하여 사법부가 관여를 하면 결국 사법부가 정치의 시녀로 전락하여 권위를 상실하게 된다는 것인데, 그러한 우려는 오히려 사법부가 자제할 경우에 현실화되는 것이다.

치행위라는 개념을 사법심사의 대상가능성 여부와 관련하여 의미가 있는 것으로 전제할 때 통치행위 개념 자체를 부정하는 입장과 개념은 인정하되 사법심사의 대상이 된다고 보는 입장은 결국 양자 모두 사법심사의 대상이 된다는 점에서 아무런 차이가 없기 때문이다.

한편 일정한 통치행위가 헌법과 법률에의 위반 여부가 문제되지 않거나, 그에 대한 사법심사의 잣대가 없는 경우, 또는 그에 대한 적절한 사법절차가 마련되어 있지 않은 경우에는 사법심사의 대상이 될 수 없거나 각하될 수밖에 없을 것인데, 이 때 사법심사의 대상이 될 수 없는 이유는 그것이 통치행위이기 때문이 아니라 사법심사의 요건을 결했기 때문이라고 보아야 할 것이다.

결국 아무리 고도의 정치성을 띤 통치행위라 할지라도 헌법과 법률에의 위반이 문제되고 사법심사를 가능케 하는 헌법과 법률의 잣대와 사법절차가 마련되어 있다면 반드시 사법심사의 대상으로 삼아야 하고, 다만 인용결정을 통해 파생될 수 있는 극복하기 어려운 법적 혼란이나 공백, 법적 안정성 파괴 등을 예방하기 위하여, 또는 긴절한 공익이나 국가간의 신뢰를 보호하기 위하여 불가피 할 경우 일종의 변형결정 등이 고려될 수는 있을 것이고, 당사자의 기본권 구제도 예외적으로 다른 대체수단을 통해 이루어질 수 있을 것이다. 이러한 논리가 한편에서는 기본권보장과 법치주의 및 헌법재판제도를 비롯한 사법제도의 이념과 정신을 구현하고, 아울러 다른 한편에서는 사법심사를 통해 파생될 수도 있는 다양한 부작용도 예방할 수 있는 일종의 규범조화적 해석의 결과라고 할 수 있겠다.[17)]

2) 사법심사의 규범적 한계와 관련하여

한편 이러한 맥락에 비추어 볼 때 헌법과 법률에서 명문으로 일정한 통치행위를 사법심사의 대상에서 배제한 것은 상황에 따라서는 재판청구권의 본질적 내용을 침해한 것으로 문제가 될 수 있다. 예컨대 헌법 제64조 제4항은 동조 제2항과 제3항에 따른 징계나 제명처분 등에 대하여 법원에의 제소를 금지하고 있다. 이 규정은 국회의 자율권과 독자성을 존중한다는 권력분립의 원칙의 정신에 바탕을 두고 있다고 볼 수 있는데,[18)] 물론 국회는 국민을 대표하는 대의기관이므로 당연히 그 결정에 대한 자율성은 존중되어야 하나 헌법과 법률을 위반해서는 안된다는 한계를 벗어날 수는 없다. 따라서 헌법과 법률을 위반하는 국회의 행위는 정당화될 수 없는 것이다.[19)] 그런 점에 비추어 볼 때 이 규정은 위헌의 소지가 크다고 본다. 왜냐하면 국회의원은 입법권 등의 국가권력의 주체이자 공무담임권 등의 기본권의 주체인데, 만일 예컨대 특정 정당 또

17) 헌재도 이러한 규범조화적 해석을 강조한다. 예컨대 1991. 9. 16. 89헌마165.

18) 김철수, 전개서, 1383쪽; 허영, 전개서, 965쪽: 권영성, 전개서, 837쪽.

19) 참고로 독일 연방헌법재판소도 의회의 자율권에 기한 의사결정이 절차상의 하자를 지닐 경우에는 헌법재판과정에서 그에 대한 심사가 가능하다고 한다. Vgl. BVerfGE 80, 188(217ff.).

는 특정 의원을 탄압할 목적으로 위헌적 절차에 따라 의원이 제명되었다면 그 의원은 위헌적으로 자신의 입법권 등의 권한과 공무담임권 등의 기본권이 박탈당한 것으로 권한쟁의심판이나 헌법소원심판 또는 상황에 따라서는 행정소송을 제기할 수 있어야 하는데, 이를 원천적으로 봉쇄한 것은 해당 의원의 입법권 등의 권한이나 공무담임권 등의 기본권을 침해한 것임과 동시에 재판청구권 등의 본질적 내용을 침해한 것이기 때문이다. 물론 이 경우에는 헌법 자체에 규정되어 있기 때문에 그에 대한 위헌시비를 제기하기에 이론과 실무상 어려움이 따르고, 실제로도 그동안 헌법재판소가 헌법규정은 위헌심사의 대상이 될 수 없다는 일관된 입장을 견지하고 있다.[20] 그러나 이러한 헌재의 태도는 마땅히 재고되어야 하고, 헌법규정이라고 하더라도 그것이 헌법의 핵심적 규정이나 원칙 내지 가치를 침해한 것이라면 위헌심사의 대상이 되어야 한다고 본다.[21] 차제에 헌법개정을 통해 이 규정이 삭제되어야 할 것이고, 헌재도 헌법규정에 대한 위헌심사에 대한 전향적 태도를 보여야 할 것이다.

한편 이와 관련하여 이 조항은 '법원'에 제소할 수 없다고 규정하고 있으므로, 헌법재판소에는 제소할 수 있다는 입장이 있는데,[22] 이는 잘못된 견해이다. 여기서 말하는 '법원'은 좁은 의미의 법원, 즉 대법원을 정점으로 하는 각급법원만을 의미하는 것이 아니라, 헌법재판소를 포함하는 광의의 사법부를 의미한다고 보아야 한다. 왜냐하면 만일 그렇지 않다면 굳이 이 규정을 마련한 의미가 상실되기 때문이다. 이 규정의 취지는 앞서도 언급했듯이 국회의 자율권과 독자성을 존중한다는 것이고, 따라서 국회의 자율적 결정에 대한 그 어떠한 외부의 간섭도 배제하겠다는 것이다. 따라서 국회의 처분에 대하여는 헌법재판을 비롯한 모든 사법심사의 대상에서 제외시킨다는 것이지 유독 일반법원의 심사만을 배제한다는 것이 아니다. 만일 그렇지 않다면 실제로 국회의원의 제명처분 등에 대하여는 주로 헌법재판소의 권한쟁의나 헌법소원으로 제기될 공산이 크고, 특히 국회의 처분에 대한 행정소송의 가능성을 부정한다면 유일한 사법심사의 가능성은 헌법재판소만이 가지게 된다는 점을 감안할 때 사실상 재판관할권이 없거나 거의 없는 일반법원의 재판만을 배제한다는 것이 되어 이 규정의 의미가 상실될 수밖에 없고(사실상 사문화되는 것으로 보아야 할 것이다), 동시에 헌법재판소에의 제소를 허용한다는 것은 국회의 제명처분 등에 대한 일체의 사법심사를 배제하겠다는 이 규정의 취지에 정면으로 반하는 것이 되기 때문이다. 따라서 여기서의 법원의 의미는 헌법재판소를 비롯한 광의의 사법기관을 총괄하는 개념으로 이해해야 할 것이다. 이 조항이 제정될 당시에는 헌법재판소가 존재하지 않았기 때문에 당연히 법원만으로 규정되어 있다가 헌법재판소가 창설된 이후에도 별다른 개정 없이 그대로 이어져 온 것

20) 1995. 12. 28. 95헌바3; 2001. 2. 22. 2000헌바38; 2005. 5. 26. 2005헌바28.

21) 헌법규정에 대한 위헌심사의 문제는 정연주, 헌법 제29조 제2항에 대한 헌법소원, 헌법학연구 제5권 2호, 1999. 10, 472쪽 이하 참조.

22) 권영성, 전개서, 837쪽.

으로, 아마 이는 이 규정이 정치적으로 별다른 주목을 받지 못하고, 동시에 학자들도 그동안 이 규정에 대하여 국회의 자율권이라는 미명하에 정당성을 부여해온 것에 기인한 것으로 보인다.

한편 백번 양보하여 이 규정에서의 법원이 일반법원만을 의미하고 따라서 헌법재판소에의 제소는 인정된다고 하더라도 이 규정의 위헌성이 해소되는 것은 아니다. 왜냐하면 위에서도 지적했듯이 명백히 위헌·위법한 절차 등에 따라 이루어진 제명처분 등에 대하여 그의 행정처분성을 인정하여 일반법원에 행정소송의 제기가 가능하다면 마땅히 이를 인정하여 위헌·위법한 공권력을 통제하고 침해된 기본권을 구제해 주어야 할 것인데, 이를 원천적으로 봉쇄하는 것은 재판청구권의 본질적 내용을 침해하면서 기본권 유린과 법치주의 파괴를 용인하겠다는 것이기 때문이다. 이러한 가치는 헌법의 핵심적 가치이자 모든 통치권력의 존재목적이기 때문에 국회의 자율권에 우선한다고 할 것이고, 위헌·위법한 행위를 할 국회의 자율권은 헌법상 결코 인정될 수 없다고 보아야 할 것이다.[23]

Ⅲ. 통치행위에 관한 헌재결정의 내용과 문제점

지금까지 살펴본 바와 같이 아무리 고도의 정치성을 띤 통치행위라 할지라도 헌법과 법률에의 위반이 문제되고 사법심사를 가능케 하는 헌법과 법률의 잣대와 사법절차가 마련되어 있다면 반드시 사법심사의 대상으로 삼아야 하고, 다만 인용결정을 통해 파생될 수 있는 극복하기 어려운 법적 혼란이나 공백, 법적 안정성 파괴 등을 예방하기 위하여, 또는 긴절한 공익이나 국가간의 신뢰를 보호하기 위하여 불가피 할 경우 일종의 변형결정 등이 고려될 수는 있을 것이고, 당사자의 기본권 구제도 예외적으로 다른 대체수단을 통해 이루어질 수는 있을 것이다. 이것이 한편에서는 기본권보장과 법치주의 및 헌법재판제도를 비롯한 사법제도의 이념과 정신을 실현하고, 아울러 다른 한편에서는 사법심사를 통해 파생될 수도 있는 다양한 공익과 관련된 부작용도 예방할 수 있는 일종의 규범조화적 해석의 결과라고 할 수 있다는 점은 위에서 언급한 바와 같다. 그리고 사법심사의 내용은 이러한 원칙과 정신의 바탕위에서 논리적 일관성을 지켜야 한다.

여기서는 이러한 시각에서 통치행위와 관련된 헌법재판소의 판례 중 대표적인 몇 가지를 예시로 그 내용과 문제점을 다루고자 한다.

---

23) 이러한 맥락에서 볼 때 현행헌법 제64조 제4항에 대하여 그 위헌성의 문제점을 지적하지 아니하고, 천편일률적으로 국회의 자율권에 의하여 정당화되는 것으로 보는 국내학자들의 입장은 잘못이라고 하지 않을 수 없다.

1. 헌재 1996. 2. 29. 93헌마186 긴급재정명령 등 위헌확인

헌법재판소가 통치행위에 대한 사법심사의 문제를 본격적으로 다룬 가장 직접적인 판례는 긴급재정명령 등 위헌확인사건이라고 할 수 있다. 그 결정요지를 살펴보면 다음과 같다.

(1) 결정의 요지

대통령의 긴급재정경제명령은 국가긴급권의 일종으로서 고도의 정치적 결단에 의하여 발동되는 행위이고 그 결단을 존중하여야 할 필요성이 있는 행위라는 의미에서 이른바 통치행위에 속한다고 할 수 있으나, 통치행위를 포함하여 모든 국가작용은 국민의 기본권적 가치를 실현하기 위한 수단이라는 한계를 반드시 지켜야 하는 것이고, 헌법재판소는 헌법의 수호와 국민의 기본권 보장을 사명으로 하는 국가기관이므로 비록 고도의 정치적 결단에 의하여 행해지는 국가작용이라고 할지라도 그것이 국민의 기본권 침해와 직접 관련되는 경우에는 당연히 헌법재판소의 심판대상이 된다.

(2) 평 가

1) 통치행위에 대한 사법심사의 긍정

헌재는 이 사건에서 통치행위의 개념은 인정하되 그것이 국민의 기본권 침해와 직접 관련되는 경우에는 당연히 헌법재판소의 심판대상이 된다고 판시함으로써 통치행위에 대한 사법심사에 대하여 소극적인 입장을 취했던 그때까지의 학설과 대법원 판례와는 매우 다른 적극적이고 바람직한 태도를 보였다고 평가된다. 헌재도 지적하고 있듯이 통치행위를 포함하여 모든 국가작용은 국민의 기본권적 가치를 실현하기 위한 수단에 불과한 것이고, 따라서 헌법의 수호와 국민의 기본권 보장을 사명으로 하는 헌법재판소는 당연히 통치행위라 할지라도 그것의 기본권 침해여부를 심사해서 침해된 기본권을 구제해주고 공권력의 통제와 헌법수호라는 본연이 임무를 완수해야 할 것이다.[24] 다시 말해 국가와 모든 국가기관 그리고 모든 국가권력이 자기목적적인 것이 결코 아니고 국민의 기본권 보장을 위한 수단이며, 따라서 헌법을 비롯한 모든 법제도가 결국 기본권 보장을 위한 것이라면 아무리 고도의 정치성을 띤 통치행위라도 그것이 헌법에 부합되고 기본권을 실현할 때 비로소 정당화되는 것임은 당연하고, 따라서 그것이 헌법에 위반되어 기본권을 침해했을 때 마땅히 사법심사의 대상이 되어 통제되고 침해된 기본권을 구제해야 하는 것 역시 당연하다고 하겠다. 또한 이러한 공권력

24) 김철수, 헌법학개론, 2005, 1392쪽: 허영, 한국헌법론, 2004, 964쪽.

통제와 헌법수호 및 기본권 구제가 사법제도의 본질적 임무라는 점을 상기할 때 만일 통치행위라는 미명하에 이를 사법심사의 대상에서 제외한다면 이는 바로 사법부의 직무유기라고 하지 않을 수 없다.

2) 헌재결정의 문제점

앞서도 언급했듯이 이 사건 헌재판례는 통치행위에 대한 매우 타당한, 따라서 여타의 유사사건의 귀감이 될 수 있는 판례라고 하겠다. 다만 헌법재판소는 "헌법재판소는 헌법의 수호와 국민의 기본권 보장을 사명으로 하는 국가기관이므로 비록 고도의 정치적 결단에 의하여 행해지는 국가작용이라고 할지라도 그것이 국민의 기본권 침해와 직접 관련되는 경우에는 당연히 헌법재판소의 심판대상이 될 수 있는 것일 뿐만 아니라, 긴급재정경제명령은 법률의 효력을 갖는 것이므로 마땅히 헌법에 기속되어야 할 것이다. 따라서 이 사건 긴급명령이 통치행위이므로 헌법재판의 대상이 될 수 없다는 법무부장관의 주장은 받아들일 수 없다."라고 판시함으로써[25] 통치행위에 대한 사법심사의 조건으로서 통치행위가 '국민의 기본권 침해와 직접 관련되는 경우'로 한정하는 듯한 언급을 하고 있다. 물론 헌법소원 등 기본권 침해를 전제로 하는 소송절차의 경우에는 당연히 기본권 침해와 직접 관련되어야 할 것이지만, 반드시 이러한 요건으로 제한할 필요는 없다고 하겠다. 왜냐하면 문제되는 통치행위가 비록 기본권 침해와 직접 관련되지 않는 경우라고 하더라도 그것이 헌법위반의 소지가 있고 사법심사의 잣대가 마련되어 있어 사법심사의 요건을 갖추고 있다면 당연히 사법심사의 대상이 되고 통제되어야 하기 때문이다. 그리고 그럴 경우에만 공권력 통제와 헌법수호를 사명으로 하는 헌법재판의 임무가 완수되고 법치주의가 실현될 수 있을 것이다.

예컨대 만일 대통령이 일부 정치권에서 주장되었던 바와 같이 지역구도극복이라는 명분하에 선거법개혁을 국회의 입법이 아닌 헌법 제72조에 따른 국민투표를 통해 실현하고자 할 때 국회는 이러한 시도가 헌법 제72조의 국민투표실시대상에 속하지 않는 위헌적인 조치로서 자신의 입법권을 침해하는 행위라고 주장하면서 권한쟁의심판을 제기할 수 있을 것이다. 여기서 대통령의 조치가 위헌인지 그리고 국회의 주장이 타당한지를 별론으로 한다면 대통령의 조치가 비록 고도의 정치성을 띤 결단으로 통치행위에 속한다 하더라도 헌법위반이 문제되는 행위로서 마땅히 권한쟁의심판의 대상이 되어야 할 것이다. 여기서 이러한 대통령의 행위가 결국 또는 간접적으로 국민의 기본권과 관련될 수는 있겠으나 직접적으로는 국회의 입법권이라고 하는 국가권력이 문제되는 것이지 국민의 기본권 침해와 직접 관련되는 경우라고 할 수는 없을 것이다.

이와 유사한 사례가 헌재의 관련 판례에서도 확인된다. 예컨대 국회에서의 의안처리과정을 문제삼아 국회의장을 상대로 야당국회의원들이 제기한 입법권침해 등에 대한

---

25) 헌재 1996. 2. 29. 93헌마186, 판례집 8-1, 111, 116.

헌법소원 사건[26]에서 헌재는 입법권은 기본권이 아니므로 기본권주체가 아닌 국가기관의 구성원인 청구인들이 제기한 헌법소원심판청구는 부적법하다고 각하시켰다. 이 사건은 고도의 정치성을 띤 국회내의 의안처리행위가 문제된 것으로 이는 국회의 자율권에 속하는 전통적인 통치행위에 속하는 국가작용이다. 여기서 심판청구가 각하된 이유는 사안이 통치행위에 해당되기 때문이 아니라 기본권의 침해에 해당되지 않기 때문에, 즉 기본권 관련성이 없어 헌법소원심판청구의 요건을 충족하지 못하여 각하된 것이다. 이처럼 통치행위 중에는 그것이 비록 헌법과 법률에의 위반여부 문제되지만 기본권과의 직접적인 관련성이 없는 경우도 얼마든지 있을 수 있다. 따라서 이 경우에는 기본권침해를 요건으로 하고 기본권구제를 목적으로 하는 헌법소원심판이라는 사법심사가 아니라 그에 대한 적절한 다른 사법심사, 예컨대 권한쟁의심판이 고려될 수 있는 것이다. 실제로 헌재는 야당의원들에게 개의일시를 통지하지 않음으로써 출석의 기회를 박탈한 채 본회의를 개의, 법률안을 가결처리해서 자신들의 법률안 심의·표결권이 침해했다고 야당 국회의원들이 국회의장을 상대로 제기한 국회의원과 국회의장간의 권한쟁의사건[27]에서 심판청구를 인용했다. 이 사건 역시 위의 입법권침해 등에 대한 헌법소원사건의 경우처럼 고도의 정치성을 띤 국회내의 의안처리행위가 문제된 것으로 국회의 자율권에 속하는 전통적인 통치행위에 속하는 국가작용이다. 그리고 이 역시 기본권관련성이 없는 사안으로서 국가기관간의 권한에 대한 다툼이 문제되어 권한쟁의심판이 적절한 심판절차라고 할 수 있는 사안이었다. 결국 통치행위 중에도 기본권과의 직접적인 관련성이 없는 국가작용이 있을 수 있고, 그 경우에는 기본권구제를 목적으로 하지 아니하는 사법절차에 의한 사법심사가 가능하고 또한 가능해야 한다는 것을 알 수 있다.[28]

물론 일반적인 사법심사는 국민의 기본권 구제를 직접적인 목적으로 하기 때문에 통치행위에 대한 사법심사는 대체로 국민의 기본권 침해와 직접 관련되는 경우에 문제가 되겠지만, 위에서 예를 들은 바와 같이 국민의 기본권 침해와 직접 관련이 없는 경우에도 그에 대한 사법심사를 배제할 필요는 없는 것이다. 문제는 일정한 통치행위가 헌법 등을 위반하고 따라서 그에 대한 사법심사의 법적 잣대가 존재하며, 그에 대한 사법심사절차가 마련되어 있는지의 여부라 하겠다. 이러한 점에 비추어 볼 때 이 사건 통치행위에 대한 사법심사의 조건에 관한 판시는 아쉬움을 남긴다고 하겠다.[29]

---

26) 1995. 2. 23. 90헌마12. 유사한 판례로서는 1995. 2. 23. 91헌마231.

27) 1997. 7. 16. 96헌라2.

28) 독일의 경우에도 추상적 규범통제절차로 제기된－기본권 침해와 아무런 직접적인 관련성이 없는－동·서독 기본조약에 관한 사건을 연방헌법재판소가 본안심사까지 한 것을 그 예로 들 수 있다(BVerfGE 36, 1).

29) 이러한 점에서 "통치행위 중에서 대통령이 국가의 원수 또는 국정이 최고책임자로서의 지위에서 행하는 고도의 정치적 결단에 속한다고 볼 수 있는 국정행위(예컨대 외교행위, 중요정책의 국민투표부의행위, 헌법개정발의행위,…)로서 국민의 기본권침해와 직접적인 관련이 없고 그 행위에 대한 정치적 통제수단이 따로 마련되어 있는 경우에는 법원은 그러한 행위에 대한 사법적 심사를 스스로 자제하는 것도 헌법의 규범조화적 실현을 위해서 허용된다고 할 것이다. 이렇게 볼 때 원칙적으로 통치행위라는 개념을

2. 헌재 2004. 4. 29. 2003헌마814 일반사병 이라크파병 위헌확인

대통령이 2003. 10. 18. 국군(일반사병)을 이라크에 파견하기로 한 결정에 대하여 이는 침략적 전쟁을 부인한다고 규정하고 있는 헌법 제5조에 위반될 뿐만 아니라 특히 의무복무를 하는 일반 사병은 급여를 받는 직업군인인 장교 및 부사관과 달리 실질적으로 급여를 받지 못하는 일반 사병을 이라크에 파견하는 것은 국가안전보장 및 국방의 의무에 관한 헌법규정에 위반되고 행복추구권을 침해한다고 주장하면서 일반국민의 한사람인 청구인이 제기한 일반사병 이라크파병 위헌확인사건에서 헌법재판소 다수의견은 이 사건 대통령의 파견결정이 고도의 정치성을 띤 행위로서 이에 대한 사법적 심사가 자제되어야 한다는 이유로 심판청구를 각하했다. 이에 반해 별개의견은 이 사건에서 청구인이 파견결정에 대해 적법하게 헌법소원을 제기할 수 있는 자기관련성이 없다는 것을 이유로 심판청구를 각하해야 한다는 주장을 하고 있다.[30] 그 결정요지를 살펴보면 다음과 같다.

(1) 결정의 요지

1) 다수의견

가. 외국에의 국군의 파견결정은 파견군인의 생명과 신체의 안전뿐만 아니라 국제사

인정하는 바탕 위에서 통치행위에 대한 사법적 심사를 긍정하는 긍정설이 옳지만, 기본권침해와는 무관한 통치행위의 영역에서는 사법적 자제설도 충분한 설득력을 갖는다고 생각한다."고 하는 주장(허영, 전게서, 964쪽)은 설득력이 없다. 왜냐하면 위에서 언급했듯이 통치행위 중 기본권침해와 직접 관련이 없는 행위라도 그것이 헌법을 위반하고 그에 대한 사법심사의 잣대와 절차가 마련되어 있다면 당연히 사법심사의 대상이 되어야 하고 사법부는 사법심사를 해야 할 의무가 있기 때문이며, 만일 그렇지 않다면 그것이야 말로 헌법과 법치주의 위반이요, 사법부의 직무유기이기 때문이다. 한편 이러한 "기본권침해와는 무관한 통치행위의 영역에서는 사법적 자제설도 충분한 설득력을 갖는다고 생각한다."는 입장에 대한 "국민의 기본권침해와 관련이 없는 국가행위를 가정하는 것은 논리적으로 모순이 있다고 생각한다. 왜냐하면 … 모든 국가작용이 기본권적 가치를 실현하기 위한 수단이라면 당연히 모든 국가작용은 기본권과 관련이 있고 또한 있어야 하기 때문이다."라고 하는 비판(홍성방, 헌법학, 2002, 888쪽)도 문제가 있다. 물론 위에서도 지적했듯이 모든 국가작용은 자기목적적인 것이 아니고 기본권적 가치를 실현하기 위한 수단임에는 틀림없고 따라서 결국은 직접·간접적으로 기본권과 관련이 있기는 하지만 위에서 예를 들은 권한쟁의심판사안에서도 보는 바와 같이 국가작용 중 직접적으로는 기본권과 관련이 없고 타 국가기관의 권한침해와 관련이 있는 행위가 있으며, 이 경우에는 기본권 침해를 전제로 하는 헌법소원이 아니라 권한쟁의심판만이 사건해결의 절차로서 고려될 수 있기 때문이다.

30) 이 사건은 이라크전쟁 파견결정 등 위헌확인, 이라크전쟁 파견동의안 동의 위헌확인 사건(2003. 12. 18. 2003헌마255 등)과 유사하다. 즉 양자 마찬가지로 대통령의 국군이라크파견결정 등에 대하여 기본권 침해를 이유로 헌법소원심판을 청구한 사건이다. 다만 2003헌마255등 사건의 경우에는 5인의 다수의견이 청구인의 자기관련성이 없음을 이유로 심판청구를 각하했고, 4인의 별개의견은 문제된 사안이 고도의 정치적 행위이므로 사법적 심사가 자제되어야 한다는 이유로 심판청구를 각하해야 한다는 주장을 한 반면, 이 사건에서는 다수의견과 별개의견이 바뀌어서 5인의 다수의견이 문제된 사안이 고도의 정치성의 띤 행위이므로 사법적 심사가 자제되어야 한다는 이유로 심판청구를 각하했고, 4인의 별개의견은 청구인의 기본권과의 자기관련성이 없음을 이유로 심판청구를 각하시켜야 한다는 주장을 했다. 따라서 이 사건에서의 논의와 평가는 바로 2003헌마255등 사건의 경우에 그대로 적용될 수 있기 때문에 2003헌마255등 사건에 대한 소개와 평가는 생략한다.

회에서의 우리나라의 지위와 역할, 동맹국과의 관계, 국가안보문제 등 궁극적으로 국민 내지 국익에 영향을 미치는 복잡하고도 중요한 문제로서 국내 및 국제정치관계 등 제반상황을 고려하여 미래를 예측하고 목표를 설정하는 등 고도의 정치적 결단이 요구되는 사안이다. 따라서 그와 같은 결정은 그 문제에 대해 정치적 책임을 질 수 있는 국민의 대의기관이 관계분야의 전문가들과 광범위하고 심도 있는 논의를 거쳐 신중히 결정하는 것이 바람직하며 우리 헌법도 그 권한을 국민으로부터 직접 선출되고 국민에게 직접 책임을 지는 대통령에게 부여하고 그 권한행사에 신중을 기하도록 하기 위해 국회로 하여금 파병에 대한 동의여부를 결정할 수 있도록 하고 있는바, 현행 헌법이 채택하고 있는 대의민주제 통치구조 하에서 대의기관인 대통령과 국회의 그와 같은 고도의 정치적 결단은 가급적 존중되어야 한다.

나. 이 사건 파견결정이 헌법에 위반되는지의 여부 즉 국가안보에 보탬이 됨으로써 궁극적으로는 국민과 국익에 이로운 것이 될 것인지 여부 및 이른바 이라크전쟁이 국제규범에 어긋나는 침략전쟁인지 여부 등에 대한 판단은 대의기관인 대통령과 국회의 몫이고, 성질상 한정된 자료만을 가지고 있는 우리 재판소가 판단하는 것은 바람직하지 않다고 할 것이며, 우리 재판소의 판단이 대통령과 국회의 그것보다 더 옳다거나 정확하다고 단정짓기 어려움은 물론 재판결과에 대하여 국민들의 신뢰를 확보하기도 어렵다고 하지 않을 수 없다.

다. 이 사건 파병결정은 대통령이 파병의 정당성뿐만 아니라 북한 핵 사태의 원만한 해결을 위한 동맹국과의 관계, 우리나라의 안보문제, 국·내외 정치관계 등 국익과 관련한 여러 가지 사정을 고려하여 파병부대의 성격과 규모, 파병기간을 국가안전보장회의의 자문을 거쳐 결정한 것으로, 그 후 국무회의 심의·의결을 거쳐 국회의 동의를 얻음으로써 헌법과 법률에 따른 절차적 정당성을 확보했음을 알 수 있다. 그렇다면 이 사건 파견결정은 그 성격상 국방 및 외교에 관련된 고도의 정치적 결단을 요하는 문제로서, 헌법과 법률이 정한 절차를 지켜 이루어진 것임이 명백하므로, 대통령과 국회의 판단은 존중되어야 하고 헌법재판소가 사법적 기준만으로 이를 심판하는 것은 자제되어야 한다. 이에 대하여는 설혹 사법적 심사의 회피로 자의적 결정이 방치될 수도 있다는 우려가 있을 수 있으나 그러한 대통령과 국회의 판단은 궁극적으로는 선거를 통해 국민에 의한 평가와 심판을 받게 될 것이다.

2) 재판관 윤영철, 재판관 김효종, 재판관 김경일, 재판관 송인준의 별개의견

헌법재판소법 제68조 제1항은 공권력의 행사 또는 불행사로 인하여 헌법상 보장된 기본권을 침해받은 자는 헌법재판소에 헌법소원심판을 청구할 수 있다고 규정하고 있고 여기서 기본권을 침해받은 자라 함은 공권력의 행사 또는 불행사로 인하여 자기의 기본권이 현재 그리고 직접적으로 침해받은 자를 의미하며 단순히 간접적이거나 사실적인 이해관계가 있을 뿐인 제3자는 이에 해당하지 않는다. 청구인은 이 사건 파견결정으로 인해 파견될 당사자가 아님은 청구인 스스로 인정하는 바와 같고 현재 군복무 중이거나 군입대 예정자도 아니다. 그렇다면 청구인은 이 사건 파견결정에 관하여 일반 국민의 지위에서 사실상 또는 간접적인 이해관계를 가진다고 할 수는 있으나, 이 사건 파견결정으로 인하여 청구인이 주장하는 바와 같은 행복추구권 등 헌법상 보장된 청구인 자신의 기본권을 현재 그리고 직접적으로 침해받는다고는 할 수 없다.

(2) 평 가

1) 다수의견의 문제점

헌재의 별개의견이 타당하다고 본다. 왜냐하면 이 사건 파병으로 인하여 청구인들의 기본권이 현재, 직접 침해되었다고 볼 수 없고, 따라서 청구인들은 이 사건 파견결정에 대해 적법하게 헌법소원을 제기할 수 있는 자기관련성이 있다고 할 수 없어 마땅히 이 사건 헌법소원 심판청구는 각하되어야 하기 때문이다. 따라서 이 사건은 심판대상인 대통령의 파견결정이 고도의 정치성을 띤 통치행위이기 때문이 아니라 심판청구의 적법성요건을 결했기 때문에 각하되어야 하는 것이다.

그러한 맥락에 비추어 볼 때 이와는 달리 사법부자제를 이유로 이 사건 심판청구를 각하시킨 다수의견은 대단히 잘못됐다고 하겠다. 즉 "이 사건 파견결정은 그 성격상 국방 및 외교에 관련된 고도의 정치적 결단을 요하는 문제로서, … 대통령과 국회의 판단은 존중되어야 하고 헌법재판소가 사법적 기준만으로 이를 심판하는 것은 자제되어야 한다. … 설혹 사법적 심사의 회피로 자의적 결정이 방치될 수도 있다는 우려가 있을 수 있으나 그러한 대통령과 국회의 판단은 궁극적으로는 선거를 통해 국민에 의한 평가와 심판을 받게 될 것이다."라고 판시함으로써[31] 고도의 정치적 결단에 대하여는 사법심사가 자제되어야 하고 이는 결국 국민에 의한 정치적 판단에 맡겨야 한다는 것인데, 다수의견도 이 사건에서 대통령의 파견결정이 헌법과 법률이 정한 절차를 지켜 이루어진 것임을 전제하고 있듯이 아무리 정치성을 띤 통치행위라도 그것의 헌법과 법률위반이 문제되고 그에 대한 사법심사의 잣대와 사법심사절차가 마련되어 있다면 당연히 사법심사의 대상이 되어야 한다는 점에서 다수의견은 대단히 잘못된 것이고, 고도의 정치적 결단에 의하여 발동되는 행위이고 그 결단을 존중하여야 할 필요성이 있는 대통령의 행위라도 그것이 국민의 기본권 침해와 직접 관련되는 경우에는 당연히 헌법재판소의 심판대상이 된다고 판시한 앞서 소개한 긴급재정명령 등 위헌확인사건의 판시와도 모순된다. 왜냐하면 긴급재정명령 등 위헌확인사건의 판시대로라면 이 사건의 경우에도 비록 고도의 정치성을 띤 통치행위라도 그것이 국민의 기본권 침

---

31) 헌재 2004. 4. 29. 2003헌마814, 판례집 16-1, 601, 607.

해와 직접 관련되는 경우에는 심판대상이 되기 때문에 먼저 문제된 대통령의 행위가 국민의 기본권 침해와 직접 관련되는지의 여부를 판단한 후 그것이 인정된다면 마땅히 사법심사를 해야 했을 것이고, 이 사건의 경우처럼 청구인들의 기본권 관련성이 부정되는 경우라면 고도의 정치성을 띤 대통령의 행위 내지 통치행위라는 이유 때문이 아니라 바로 기본권과의 자기관련성이 없어 부적법한 헌법소원심판제기라는 이유로 심판청구를 각하해야 한다는 논리를 전개했어야 했기 때문이다.

그리고 다수의견의 "… 설혹 사법적 심사의 회피로 자의적 결정이 방치될 수도 있다는 우려가 있을 수 있으나 그러한 대통령과 국회의 판단은 궁극적으로는 선거를 통해 국민에 의한 평가와 심판을 받게 될 것이다."라는 판시는 헌재가 헌법적 문제를 방치하고 스스로 정치기관이 되고자 한다는 우려를 낳을 수 있다. 왜냐하면 통치행위라도 그것에 헌법적 문제가 있다면 이는 헌재가 판단을 해야지 이를 자제하고 국민의 심판에 넘긴다는 것은 사법자제라는 미명하의 직무유기이고, 그러한 판단 자체가 일종의 정치적 판단으로서 이미 헌재의 권한에 속한다고 볼 수 없기 때문이다. 헌재는 정치적 사법기관으로서, 즉 정치적 투쟁과 타협의 산물로서의 헌법을 기준으로 판단하는 기관으로서 그 결정과정에서 불가피하게 정치적 문제를 고려할 수는 있겠으나 이러한 정치적 고려가 - 그러한 고려의 결과 사법심사를 할 수도 있음에도 불구하고 - 사법심사 자체를 자제할 수 있는 재량을 부여하는 것은 아니다. 즉 헌법과 법률에 따라 사법심사의 대상이 되고 심사할 수 있다면 법치주의 실현과 권력통제, 기본권보장, 헌법수호 및 중요한 헌법적 해명을 위하여 반드시 판단해야 할 의무가 헌재에게 있는 것이다. 그리고 그러한 심사가 절차상 가능하다면 어디까지나 헌법규정과 원리에 따라 판단해야지 거기에 정치적 판단이 개재될 수는 없다. 바로 그러한 고도의 정치성을 띤, 따라서 정치적으로 민감하고 논란이 되는 행위에 대하여 사법적 통제를 하라고 헌재를 창설한 것이며, 그렇지 않다면 대법원과 별도로 헌재를 구성한 의의가 희석될 것이다. 또한 그렇지 않다면 헌재는 또 하나의 정치기관 내지 정치적 중재자라고 할 수밖에 없을 것이다. 다만 그러한 판단의 결과 파생되는 정치적 문제는 변형결정을 통해서 상당부분 해결될 수 있음은 앞서 언급한 바와 같다. 만일 헌재의 견해대로 궁극적인 판단과 통제는 국민이 선거를 통해 심판할 수밖에 없다면 정치성을 띤 모든 민감한 문제는 결국 국민의 몫이 될 것이고, 헌재에 의한 국가권력의 통제는 요원한 것이며, 유사한 위헌적 관행은 계속될 것이고, 도대체 헌재의 존재의의를 찾을 수 없을 것이다.

한편 다수의견은 위에서 이미 소개한 바와 같이 "이 사건 파병은 대통령이 파병의 정당성뿐만 아니라 북한 핵 사태의 원만한 해결을 위한 동맹국과의 관계, 우리나라의 안보문제, 국·내외 정치관계 등 국익과 관련한 여러 가지 사정을 고려하여 파병부대의 성격과 규모, 그리고 파병기간을 국가안전보장회의의 자문을 거쳐 결정한 것으로, 그 후 국무회의의 심의·의결을 거쳐 국회의 동의를 얻음으로써 헌법과 법률에 따른 절차적 정당성을 확보했음을 알 수 있다."라고 판시함으로써[32] 대통령의 파병결정이 헌법과 법률에 합치되어 정당성을 확보했음을 강조하고 있다. 이러한 논리는 다음과 같은 문제점을 지니고 있다.

헌법재판소는 대통령의 파병결정에 대한 사법심사를 이미 했다는 점이다. 즉 다수의견은 대통령의 파병결정이 고도의 정치적 결단으로 이에 대한 사법심사는 자제되어야 한다고 주장하고 있지만, 위에서 언급한 바와 같이 대통령의 파병결정이 헌법과 법률이 정한 절차를 지켜 이루어진 것임을 인정했다는 점에서 사법적 자제에 기해서 사법심사를 회피한 것이 아니라 헌법과 법률에의 위반여부를 심사한 것이다. 따라서 대통령의 파병결정에 대한 사법적 심사를 이미 행했음에도 불구하고 그에 대한 사법적 자제를 언급하는 것은 그 자체 논리적 모순이라고 하지 않을 수 없다. 이와 관련하여 다수의견이 "외국에의 국군의 파견결정은 파견군인의 생명과 신체의 안전뿐만 아니라 국제사회에서의 우리나라의 지위와 역할, 동맹국과의 관계, 국가안보문제 등 궁극적으로 국민 내지 국익에 영향을 미치는 복잡하고도 중요한 문제로서 국내 및 국제정치관계 등 제반상황을 고려하여 미래를 예측하고 목표를 설정하는 등 고도의 정치적 결단이 요구되는 사안이다. … 이 사건 파견결정이 … 국가안보에 보탬이 됨으로써 궁극적으로는 국민과 국익에 이로운 것이 될 것인지 여부 및 이른바 이라크전쟁이 국제규범에 어긋나는 침략전쟁인지 여부 등에 대한 판단은 대의기관인 대통령과 국회의 몫이고, 성질상 한정된 자료만을 가지고 있는 우리 재판소가 판단하는 것은 바람직하지 않다고 할 것이며, 우리 재판소의 판단이 대통령과 국회의 그것보다 더 옳다거나 정확하다고 단정짓기 어려움은 물론 재판결과에 대하여 국민들의 신뢰를 확보하기도 어렵다고 하지 않을 수 없다."라고 판시하고 있는데,[33] 파병결정에 이르기까지의 이러한 대통령의 고려사항들은 순수한 정치적인 문제들로서 그 자체 사법심사의 대상이 될 수 없는 사안들이고 따라서 통치행위에 대한 사법적 자제와는 별개의 문제라고 할 수 있다. 왜냐하면 통치행위에 대하여 사법적 심사를 자제한다는 것은 통치행위의 헌법과 법률에의 위반여부가 문제되고 그에 대한 사법심사의 잣대와 사법심사절차가 마련되어 있으며 더욱이 기본권 침해가 직접 문제될 경우에 그에 대한 사법심사를 할 수 있음에도 불구하고 사법심사를 회피하는 것을 의미하는데, 다수의견이 언급하는 대통령이 고려하고 판단하는 다양한 문제들은 순수한 정치적인 사안들로서 처음부터 그의 헌법과 법률에의 위반 여부가 문제될 수 없고, 따라서 그에 대한 사법적 심사의 법적 잣대가 없으며, 따라서 본질적으로 사법심사의 대상이 될 수 없는 사안들이기 때문이다. 즉 통치행위가 사법심사의 대상이 된다는 것은 아무리 고도의 정치성을 띤 국가작용이라도 그것의 헌법과 법률에의 위반여부가 문제되고 그에 대한 사법심사의 잣대와 사법심사절차가 마련되어 있다면 그의 헌법과 법률의 위반여부를 판단하는 사법심사

32) 헌재 2004. 4. 29. 2003헌마814, 판례집 16-1, 601, 607.

33) 헌재 2004. 4. 29. 2003헌마814, 판례집 16-1, 601, 606-607.

의 대상이 된다는 것이고, 그에 대한 사법심사를 자제한다는 것은 이러한 사법심사의 요건이 충족되어 통치행위에 대한 사법심사를 할 수 있음에도 불구하고 이를 회피한다는 것인데, 이 사건에서 다수의견은 이미 대통령의 파병결정이 헌법과 법률에 위반되는지의 여부를 심사했으므로 이에 대한 사법심사를 이미 한 것이고 따라서 사법적 자제를 하지 아니한 것이며, 다수의견이 사법적 자제의 대상으로 언급한 사안들은 순수한 정치적 문제들로서 그 자체 처음부터 헌법과 법률에의 위반여부가 문제될 수 없고 따라서 그에 대한 사법심사가 성립될 여지가 없는 것이며, 이는 다수의견도 말미에서 "… 그러한 대통령과 국회의 판단은 궁극적으로는 선거를 통해 국민에 의한 평가와 심판을 받게 될 것이다."라고 언급하고 있듯이 정치적으로 심판될 수밖에 없는 사안들이다.[34] 그러므로 다수의견이 대통령의 파병결정에 대한 헌법과 법률에의 위반여부를 이미 판단했으면서도 그것이 고도의 정치적 결단이라는 이유로 그에 대한 사법적 자제를 이유로 사건을 각하한 것은 논리적 모순이고 동시에 통치행위에 대한 사법심사의 문제에 대한 이해가 부족한 것이라고 아니할 수 없다.

결국 다수의견이 대통령의 파병결정에 대한 사법적 자제를 주장하기 위하여 파병결정의 헌법과 법률에 따른 합헌·합법적인 결단이었음을 판단할 필요가 없었다. 왜냐하면 앞서도 언급했듯이 통치행위에 대한 사법적 자제 등의 사법심사의 배제는 그 통치행위의 헌법과 법률에의 위반 여부가 문제됨에도 불구하고 처음부터 그러한 사법적 심사를 배제한다는 것이기 때문에 다수의견이 사법적 자제를 주장하면서 헌법과 법률에의 위반여부를 판단하는 것은 모순이기 때문이다. 따라서 다수의견이 사법적 자제를 주장하고자 했다면 대통령의 파병결정의 헌법과 법률에의 절차적 합치여부를 판단할 필요 없이 처음부터 고도의 정치성을 띤 통치행위라는 이유만으로 사법심사가 자제되어야 한다는 논리를 전개했어야 했다.

2) 별개의견의 문제점

한편 이 사건 별개의견이 대통령의 파병결정이 통치행위에 해당되는지, 그리고 그럴 경우 사법심사의 대상이 되는지의 여부에 대하여 아무런 언급을 하지 않은 것은 아쉬움을 남긴다고 하겠다. 물론 위에서도 언급했듯이 청구인의 기본권 관련성이 없다는 이유로 이 사건의 각하를 주장한 것은 결론적으로는 타당하다. 그러나 앞서 소개한 긴급재정명령 등 위헌확인 사건에서 헌재가 대통령의 고도의 정치적 결단 등의 통치행위라도 원칙적으로 사법심사의 대상이 된다고 판시한 바 있듯이 이 사건에서도 대통령의 파병결정이 통치행위에 속하는지, 그리고 그러한 행위가 사법심사의 대상이 되는지에 대하여 먼저 언급하고, 그다음 사법심사의 대상이 되지만 다만 청구인의 기본권

34) 동·서독 기본조약에 관한 판례에서도 연방헌법재판소는 사법적 자제라는 것이 사안에 대한 법적 판단을 자제한다는 것이 아니라 다른 헌법기관의 자유로운 정치적 형성 영역에 개입하여 스스로 정치적 행위를 하는 것의 포기를 의미한다는 점을 분명히 하고 있다. BVerfGE 36, 1(14f.).

관련성의 결여로 각하시킬 수밖에 없다는 논리를 전개했어야 했다. 또한 이는 헌법소원 내지 헌법재판제도가 가지는 기능 중 하나인 중요한 헌법적 해명의 견지에서도 요구된다고 하겠다.[35] 왜냐하면 파병결정 등의 대통령의 고도의 정치적 결단이 통치행위에 속하는지, 통치행위에 대한 사법심사는 가능한지, 그리고 가능하다면 그 기준은 무엇이지의 여부는-그동안 학설과 판례에서 논란이 되어 왔고, 아울러 판례의 태도가 일관성을 결여하고 있다는 사실에서도 알 수 있듯이-헌법재판소가 다루어야 할 중요한 헌법적 해명에 속하는 사안이라고 할 수 있기 때문이다. 헌법재판은 일반재판과는 달리 단순히 일정한 사건의 해결에만 그 목적과 기능이 있는 것이 아님은 주지의 사실이다.[36]

3. 헌재 2004. 10. 21. 2004헌마554 등 신행정수도의건설을위한 특별조치법 위헌확인

헌법재판소는 이 사건에서 신행정수도의 건설문제가 고도의 정치적인 문제이지만 사법심사의 대상이 된다는 입장을 취했다. 즉 다수의견은 이전의 긴급재정명령 등 위헌확인사건의 판시와 같은 논거에 입각해 정치적인 문제도 국민의 기본권 침해와 직접 관련되는 경우에는 사법심사의 대상이 된다고 하면서 이 사건 특별조치법에 대하여 위헌결정을 내린 반면, 반대의견은 특별조치법으로 인한 기본권침해의 가능성이 없으므로 각하시켜야 한다고 주장하고 있다. 이 판례의 통치행위와 관련한 부분의 요지를 살펴보면 다음과 같다.

(1) 결정의 요지

1) 다수의견

가. 우리 헌법의 기본원리인 법치주의의 원리상 대통령, 국회 기타 어떠한 공권력도 법의 지배를 받아야 하고, 모든 국가작용은 국민의 기본권적 가치를 실현하기 위한 수단이라는 데에서 나오는 한계를 반드시 지켜야 하는 것이며, 헌법재판소는 헌법의 수호와 국민의 기본권보장을 사명으로 하는 국가기관이므로, 비록 고도의 정치적 결단에 의하여 행해지는 국가작용이라고 할지라도 그것이 국민의 기본권침해와 직접 관련되는 경우에는 당연히 헌법재판소의 심판대상이 될 수 있다.

나. 신행정수도건설이나 수도이전의 문제가 정치적 성격을 가지고 있는 것은 인정할

---

35) 헌법재판소는 주관적 권리구제와는 별도로 중요한 헌법적 해명이라는 객관적 이익실현을 헌법재판의 기능 중 하나로 일관되게 강조하고 있다. 예컨대 1992. 1. 28. 91헌마111; 1993. 12. 23. 93헌가2; 1997. 11. 27. 94헌마60 등.

36) 헌법재판의 일반재판과 구별되는 특성에 대하여는 정연주, 헌법소원심판청구취하의 효과, 공법연구 제28집 제4호, 2000. 6, 191쪽 이하 참조.

수 있지만, 그 자체로 고도의 정치적 결단을 요하여 사법심사의 대상으로 하기에는 부적절한 문제라고까지는 할 수 없다. 더구나 이 사건 심판의 대상은 이 사건 법률의 위헌여부이고 대통령의 행위의 위헌여부가 아닌바, 법률의 위헌여부가 헌법재판의 대상으로 된 경우 당해법률이 정치적인 문제를 포함한다는 이유만으로 사법심사의 대상에서 제외된다고 할 수는 없다.

다. 대통령의 의사결정이 국민의 기본권침해와 직접 관련되는 경우에는 헌법재판소의 심판대상이 될 수 있고, 이에 따라 위 의사결정과 관련된 법률도 헌법재판소의 심판대상이 될 수 있다. 우리 헌법은 선거권과 같은 간접적인 참정권과 함께 직접적인 참정권으로서 국민투표권을 규정하고 있으므로 국민투표권은 헌법상 보장되는 기본권의 하나이다. 그러므로 대통령의 의사결정이 국민의 국민투표권을 침해한다면, 가사 위 의사결정이 고도의 정치적 결단을 요하는 행위라고 하더라도 이는 국민의 기본권 침해와 직접 관련되는 것으로서 헌법재판소의 심판대상이 될 수 있고, 따라서 이 사건 법률의 위헌성이 대통령의 의사결정과 관련하여 문제되는 경우라도 헌법소원의 대상이 될 수 있다.

2) 재판관 전효숙의 반대의견

청구인들의 국민투표권 침해 주장은 그러한 권리의 침해가능성 자체가 인정되지 않으므로 부적법하다. 청구인들이 이 사건에서 주장한 다른 기본권의 침해 주장 역시 기본권 침해의 자기관련성, 직접성 혹은 현재성 요건을 갖추지 못하였다. 결국 이 사건은 기본권 침해를 구제하는 최후적·보충적 수단인 헌법소원에서 헌법재판소가 본안판단을 하기에 부적법한 것이다.

(2) 평 가

1) 다수의견의 문제점

다수의견이 이 사건에서 고도의 정치적 결단에 의하여 행하여지는 국가작용에 대하여 이전 일반사병 이라크파병 위헌확인사건의 경우와는 달리 사법적 자제를 주장하지 않고 과거 긴급재정명령 등 위헌확인사건의 판시와 같이 그것이 국민의 기본권 침해와 직접 관련이 있다는 이유로 사법심사의 대상이 된다고 판시한 것은 판례의 일관성 측면에서 문제가 있다. 여기서 다수의견이 고도의 정치적 결단에 따른 국가작용을 사법심사의 대상으로 삼은 것이 결과적으로 타당한지의 여부를 문제삼는 것이 아니라, 바로 이전의 일반사병 이라크파병 위헌확인사건과의 논리적 모순을 지적하는 것이다. 즉 일반사병 이라크파병 위헌확인사건에서 고도의 정치적 결단을 요하는 대통령과 국회의 판단은 존중되어야 하고 헌재의 사법적 심판은 자제되어야 한다고 하면서 그러한 정치적 판단은 궁극적으로 선거를 통해 국민에 의한 평가와 심판을 받게 될 것이라는 판시를 했는데, 왜 마찬가지로 고도의 정치성을 띠고 헌법과 법률이 정한 절차에 따라 국회에서 의결된 사항이 문제된 이 사건에서는 유독 그러한 자제를 거부하고 논란이 되는 사안에 대하여 개입하여 일종의 정치적 중재자로서 굳이 사법적 판단을 내렸는지가 의문으로 논리의 일관성이 없다는 것이다. 다시 말해 일반사병 이라크파병 위헌확인사건에서 통치행위에 대한 사법적 자제를 주장했던 다수의견에 가담한 재판관들은 이 사건에서도 역시 사법적 자제를 주장하고 각하결정을 내렸어야 했다는 것이다. 따라서 일반사병 이라크파병 위헌확인사건에서 뿐 아니라 이 사건에서도 재판관의 헌법과 법률에 대한 이해와 소신에서라기보다는 당해 사건에 대한 재판관의 개인적 성향이나 정치적 견해에 따라 입장이 달라진다는 의구심이 야기될 수 있고, 이는 결국 통치행위의 개념과 그에 대한 사법심사의 가능성 여부에 대한 판단과 관련한 재판관의 입장이 사안에 따라 일관성을 상실한다는 의구심을 낳게 하는 것이다. 다시 말해 사안이 정치적으로 예민하거나 사법심사의 대상으로 삼기에 어려운 점이 있거나 또는 본인 스스로 회피하고 싶은 경우 사법적 자제의 미명하에 사건의 각하를 주장하고, 그렇지 않을 경우에는 적극적으로 사법심사의 대상으로 삼는다는 것이다. 이는 법적 안정성과 예측가능성의 파괴를 가져올 수 있다. 아울러 이는 헌법판례의 설득력 약화와 헌재의 권위 실추를 가져올 수 있다. 이는 또한 대통령을 비롯한 헌법재판관의 임명에 관여하는 주체로 하여금 이른바 코드인사를 통해 자신과 가깝거나 정치적 성향이 유사한 또는 자신에게 유리한 결정을 내릴 것으로 예상되는 재판관을 임명하도록 하는 강한 유혹을 증폭시킬 가능성이 있다.

무릇 헌법재판은 한 사건의 해결에 그 기능을 다하는 것이 아니라 이후 유사한 사건에 대하여 하나의 모델로서 지속적으로 그 기준과 판단근거를 제공한다는 점에서 그리고 중요한 헌법적 해명과 헌법의 통일성확립의 기능을 가진다는 점에서 헌법판례의 일관성, 특히 정치적으로 민감한 통치행위와 관련한 판례의 일관성과 객관성은 아무리 강조해도 지나치지 않을 것이다.

2) 반대의견의 문제점

한편 반대의견을 낸 전효숙 재판관은 이 사건에서 자기관련성, 현재성, 직접성의 결여를 이유로 각하의견을 주장했는데, 같은 정치적인 사건인 일반사병 이라크파병 위헌확인사건에서는 이와는 달리 사법적 자제를 주장했었다. 즉 구제적 사안은 다르지만 매우 고도의 정치성을 띤 이 사건에서는 그러한 의견을 내질 않고 자기관련성, 현재성, 직접성의 결여를 이유로 각하를 주장했는데, 이는 논리적 일관성을 결여했다고 볼 수 있다. 같은 각하결정이라고 하더라도 논거를 달리할 경우 이는 본질적으로 다른 결정이고 아울러 장래의 유사한 다른 사건에서는 매우 다른 결과를 초래할 수 있으므로 논리적 일관성이 요구되는 것은 당연하다고 하겠다. 다시 말해 고도의 정치성을 띤 입법행위나 외교·군사에 관한 행위 등에 대하여 통치행위이론을 적용하여 사법부가 사법적 판단을 자제해야 한다는 논거를 내세울 경우에는 그 행위의 위헌 여부나 기본권침해 여부에 관계없이 본안판단에 들어가지 않고 각하시키게 되나, 자기관련성, 현재성, 직접성의 결여를 이유로 각하의견을 낼 경우에는 기본권 관련성이 부정되는 등 헌법소원제기의 적법요건을 결해서 본안판단에 들어가지 않고 각하시키는 것이라 양자는 근본적으로 다른 것이다. 그런데 전효숙 재판관은 앞서 언급한 바와 같이 이전 일반사병 이라크파병 위헌확인사건에서 자기관련성, 현재성, 직접성의 결여가 문제됨에도 불구하고 이를 도외시하고 문제된 공권력작용이 고도의 정치성을 띠고 일정한 헌법과 법률이 정한 국회의 절차를 거쳤다는 이유로 사법심사를 하는 것은 적절치 않다는 의견을 낸 반면, 유사하게 정치성을 띠고 정치적으로 논란이 되고 있으며 헌법과 법률이 정한 국회의 의결절차를 거친 이 사건 입법행위에 대하여는 이러한 접근을 하지 않고 구체적인 자기관련성, 현재성, 직접성의 결여 및 기본권침해 여부 등에 대한 사법심사를 했는데, 이는 논리적 일관성의 결여한 것으로 자신의 정치적 입지나 성향에 따라 자의적인 선택을 한 것이라는 의구심을 낳을 수 있다. 여기서 통치행위가 사법심사의 대상이 되어서는 안된다거나, 또는 이 사건이 사법심사의 대상에서 제외되어야 한다고 주장하는 것이 결코 아니다. 오히려 그 반대이다. 다만 논리적 일관성의 결여를 지적하는 것이다. 이러한 맥락에 비추어보더라도 통치행위라도 그것의 헌법과 법률에의 위반이 문제되고, 헌법과 법률의 잣대로 평가가 가능하고 사법절차가 마련되어 있다면 반드시 사법심사의 대상이 되어야 함을 알 수 있다. 왜냐하면 만일 그렇지 않다면 누차 강조했듯이 정치적으로 예민한 통치행위에 대하여 재판관 내지 헌재의 주관적 자의에 따라 사법심사의 여부가 좌우될 것이고, 이것은 법적 안정성과 예측가능성 및 법치주의를 위태롭게 하면서 결국 헌재의 독립성과 위상 및 헌재에 대한 신뢰를 파괴할 것이기 때문이다.

Ⅳ. 맺는 말

지금까지 통치행위에 대한 사법심사를 배제해야 한다는 학설이 어느 것도 설득력이 없고 헌법상 정당화될 수 없다는 것을 보았다. 사실 전통적으로 통치행위에 대한 사법심사를 부정하는 궁극적인 목적은 통치행위에 대한 사법적 간섭을 배제함으로 해서 대통령 등 국가최고기관의 권한과 권위를 존중하고 이를 통해 권력분립의 정신을 구현하고, 사법부의 정치화를 막아 사법부의 권위를 지킴과 동시에 사법심사를 통해서 야기될 될 수도 있는 다양한 공익적 부작용을 막겠다는 것으로 볼 수 있다. 그러나 누차 강조했듯이 어떠한 국가작용도 헌법의 테두리를 벗어날 수 없고, 헌법과 국가권력의 궁극적 목적은 국민의 기본권 등 헌법의 핵심적 가치를 보호하고 실현시킨다는 점, 그리고 헌법재판제도를 비롯한 사법제도의 임무가 이러한 가치의 실현을 감시하고 보장하는 하는 것이라는 점을 상기할 때 통치행위에 대한 사법심사를 인정해서 국가권력에 대한 통제가 이루어 질 때에 오히려 그 국가권력의 권위와 신뢰가 구축되고 그 국가작용이 정당화될 수 있으며, 이를 통해 진정한 권력분립의 정신이 구현되고, 사법기관의 탈정치화가 이루어져 다른 국가기관과 국민으로부터의 사법권에 대한 신뢰와 권위 및 독립성을 획득할 수 있는 것이다. 사실 사법부가 통치행위에 대하여 고도의 정치성을 가진다는 이유로 사법적 심사를 자제하거나 배제시키는 것이야 말로 전형적은 정치적 판단이고, 그것이야 말로 사법부가 정치기관으로 정치적 판단을 하면서 정치적 대변인 내지 정치적 중재자를 자임하는 것이며, 특히 일관되게 정치적 행위를 사법심사의 대상에서 배제시키지 않고 사안에 따라 또는 정치적 성격에 따라 사법심사를 선별적으로 한다면 더더욱 사법부가 자의적인 정치기관으로 전락되는 것이다. 통치행위에 대한 사법심사를 하자는 것은 통치행위의 헌법과 법률위반 여부라는 법적인 심사를 하자는 것이지 정치적 심사를 하자는 것이 결코 아니며, 이러한 정치적 판단부분은 사법기관의 권한밖의 사안임은 두말할 필요가 없다. 따라서 정치성을 띠었다고 통치행위 자체에 대한 사법심사를 배제함으로써 그 행위의 법적인 부분에 대한 심사를 배제하고 기본권침해를 묵인하는 것이야 말로 법치주의와 헌법을 유린하고 사법제도, 특히 헌법재판제도의 근간을 파괴하는 것이다. 왜냐하면 일반법원과는 달리 정치적 사법기관인 헌법재판소의 심사는 그 대상이 필연적으로 정치적이거나 정치성과 연루될 수밖에 없는데, 사안이 정치적이라는 이유로 사법심사를 배제시키는 것은 헌법재판을 없애자는 것에 다름 아니기 때문이다. 물론 사안이 정치적이라고 무조건 사법심사에서 배제되는 것이 아니라 '고도의' 정치성을 띨 때에만 그렇다고 강변할 수 있겠으나, 도대체 그 '고도의' 정치성과 일반적인 정치성을 어떻게 구별할 수 있겠으며, 필연적으로 그 구별과정에 자의가 개재되지 않을 수 없다는 점을 부인할 수 없을 것이다. 실제로도 그렇기 때문에 통치행위의 사법심사의 대상가능성 여부에 관한 국내외의 판례가 일관성을 상실하고 있는 것이다. 이렇게 볼 때 통치행위에 대한 사법심사를 배제하는 어느 입장도 법치주의와 사법제도 및 기본권적 가치가 확립된 오늘날의 헌법국가에서 정당화될 수 없는 것이다. 마치 특별권력관계에 대한 사안이 사법심사의 대상에서 배제된다는 이론이 오늘날 더 이상 발을 붙일 수 없는 것과 마찬가지로 이러한 통치행위 이론 역시 구시대적 유물이라고 아니할 수 없다.

그런 맥락에서 볼 때 통치행위에 대한 사법심사의 배제논거 중 유일하게 설득력이 있는 논거는 사법심사를 통해 파생될 수도 있는 공익적 부작용의 예방 이익으로 보인다. 그러나 앞서 이야기 했듯이 이 경우에도 이러한 이익이 법치주의와 사법제도의 실현 및 기본권보장 이익보다 우선한다고 볼 수는 없어 사법심사를 처음부터 배제하는 것을 정당화시킬 수 없다. 그 어떠한 정치적 이해도 법치주의와 기본권보장 이익보다 우선할 수는 없기 때문이다. 또한 인용을 할 경우 발생될 수도 있는 다양한 문제점은 앞서도 언급했듯이 다양한 변형결정 등을 통해 상당부분 해소될 수 있으리라 여겨진다. 그렇게 할 경우 통치행위의 위헌·위법도 확인되고 그를 통해 공권력의 통제와 법치주의도 확립되면서, 침해된 기본권의 구제와 피해자의 명예회복이 가능해지고, 동시에 인용결정을 통해 발생할 수 있는 법적 공백이나 혼란, 법적 안정성이나 국가간의 신뢰의 손상 등 다양한 공익적 문제점도 상당부분 해결될 수 있을 것이다. 그리고 사법심사의 과정에서 심사의 구제적 범위와 밀도 및 그 결정유형 등과 관련하여 이러한 정치적 고려 등 관련되는 모든 이익의 총체적 형량이 이루어 질 수 있는 것이다.

11. 처분적 법률의 헌법적 문제

- 헌재 1989. 12. 18. 89헌마32 등 국가보위입법회의법 등의 위헌여부에 관한 헌법소원,[1] 헌재 1994. 4. 28. 92헌가3 보훈기금법 부칙 제5조 및 한국보훈복지공단법 부칙 제4조 제2항 후단에 관한 위헌심판,[2] 헌재 1996. 2. 16. 96헌가2 등 5·18민주화운동 등에 관한 특별법 제2조 위헌제청 등,[3] 헌재 2003. 6. 26. 2001헌가17 등 보안관찰법 제27조 제2항 위헌제청 등,[4] 대판 1954. 8. 19. 4286행상37 및 대판 1996. 9. 20. 95누8003 -

[目 次]

Ⅰ. 머리말

이 글은 이른바 처분적 법률이 야기하는 헌법적 문제를 고찰한 것이다. 주지하는 바와 같이 법률은 규범의 일종으로 일반성과 추상성을 가지는 것이 원칙이다.[5] 즉 법률은 다른 규범과 마찬가지로 어느 특징 사안만을 규율대상으로 하는 것이 아니라 그 법률의 구성요건에 해당되는 유사한 수많은 사안을 지속적으로 규율한다.[6] 따라서 어느 개별적인 구체적 사안만을 일회적·최종적으로 규율하는 것이 아니다.[7] 이러한 법률의 일반성과 추상성의 요구는 법규범 내지 입법작용이 가지는 본질적·기능적 특성, 즉

1) 헌재 1989. 12. 18. 89헌마32 등, 판례집 1, 343.

2) 헌재 1994. 4. 28. 92헌가3, 판례집 6-1, 203.

3) 헌재 1996. 2. 16. 96헌가2 등, 판례집 8-1, 51.

4) 헌재 2003. 6. 26. 2001헌가17 등, 판례집 15-1, 602.

5) 법률의 일반성에 대하여는 Starck, Der Gesetzesbegriff des Grundgesetzes, 1970, S. 109ff.; K. Huber, Maßnahmegesetz und Rechtsgesetz, 1963, S. 133ff.

6) So auch Maunz/Zippelius, Deutsches Staatsrecht, 1988, S. 308.

7) Vgl. BVerfGE 25, 371(398).

법정립작용으로서의 입법작용의 특성상 당연히 도출되는 원칙이며, 이 점에서 법선언작용인 사법작용이나 법집행작용인 행정작용과 구별되는 것이다.

그러나 때로는 이러한 규범의 일반적 특성을 벗어나는 법률이 존재하게 된다. 예컨대 개별사건만을 규율하거나, 특정 개인만을 규율하거나, 한시적으로만 규율하거나, 집행적으로 규율하는 법률 등이 그것이다. 그런데 이러한 예외적인 법률들의 경우 특히 헌법적으로 문제가 되는 것은 그 법률이 처분성을 띨 경우이다. 즉 일정한 법률의 내용과 효력이 마치 행정처분[8]인 것처럼 기능하기 때문에 그 법률을 구체화시키는 별도의 행정처분이 존재하지 않는 경우이다. 이 경우에는 법률이 가지는 특성인 일반성과 추상성을 상실하고 개별성과 구체성을 가지게 되며 따라서 그 법률이 어떠한 행정처분이 매개됨이 없이 국민의 기본권을 최종적으로 그리고 일회적으로 규율하게 된다. 이 경우에는 법률의 효력이 계속성을 가지지 아니한다. 즉 단 일회의 적용으로 법률의 효력은 상실한다. 결국 이 경우에는 법률은 행정작용의 근거가 되는 입법작용의 특성을 상실하고 대신 본질과 효과 및 기능상 행정작용 그 자체가 되는 것이다. 이러한 법률을 처분적 법률이라고 할 수 있는데, 이러한 처분적 법률은 입법의 형식으로 제정되면서 행정처분적 성격을 가지는 매우 모순된 존재이기 때문에 다양한 헌법적 문제를 야기하게 되는 것이다.

여기서는 먼저 국내문헌에 언급된 처분적 법률에 대한 개념과 관련 판례를 소개한 후 그 헌법적 문제점을 고찰하기로 한다.

Ⅱ. 처분적 법률의 개념

1. 문헌상의 개념

처분적 법률의 개념에 대하여 권영성 교수는 "행정적 집행을 매개로 하지 아니하고 직접 국민에게 권리나 의무를 발생하게 하는 법률, 즉 자동집행력을 갖는 법률"이라고 정의하면서, "일정 범위의 국민을 대상으로 하는 어떠한 처분이나 조치 등 구체적이고 개별적인 사항을 그 내용으로 하는 것"으로서 "일정 범위의 국민만을 대상으로 하는 개별인적 법률, 개별적·구체적 상황과 사건을 대상으로 하는 개별사건법률, 그리고 시행기간이 한정된 한시적 법률 등의 세 가지 유형이 있다."고 한다.[9] 김철수 교수는 처분적 법률이 "사법 또는 행정을 매개하지 않고 직접 구체적인 사건을 규율하여 이로써 직접 특정한 국민에게 권리·의무를 발생시킬 수 있는 규정"이라고 하고,[10] 허영 교수

8) 행정처분의 개념에 대하여는 김동희, 행정법I, 2004, 661쪽 이하, 140면; 박윤흔, 행정법강의(上), 2004, 939쪽 이하 참조.

9) 권영성, 헌법학원론, 2007, 786쪽 이하.

10) 김철수, 헌법학개론, 2007, 1316쪽.

는 "일반적·추상적 사항을 규율하는 일반적 법률과는 달리 개별적·구체적 사항을 규율하는 법률을 말하는 것으로서 그 규율대상이나 규범수신인이 특정되어 있거나 그 효력이 한시적인 것이 특징이다. '개별사건법률', '개인대상법률', '한시적 법률' 등이 바로 그것이다."라고 정의하고 있다.[11] 성낙인 교수도 "일반적·추상적 사항을 규율하는 일반적 법률과는 달리, 사법·행정을 매개로 하지 않고 직접 구체적인 사건을 규율하거나 특정인에게만 적용되어 직접 국민에게 권리나 의무를 발생하게 하는 법률"이라고 처분적 법률을 정의한다.[12] 홍성방 교수는 "처분적 법률이란 일반적·추상적 법률과는 달리 개별적·구체적 사항을 규율하는 법률을 말하며, 입법자가 아주 구체적인 사안과 관련하여 특정의 구체적 목적을 실현시키기 위해 제정한 법률"이라고 정의하고 있다.[13]

독일의 경우 Forsthoff는 처분적 법률(Maßnahmegesetze)을 "목적과 수단과의 일정한 관계로 특징지어지고 정의의 이념을 실현하는 고전적 법률과는 달리 일정한 목적을 추구하고 이에 예속되어 있는 행위"라고 정의하고, "특정한 상황에서 제정되며 그와 논리적으로 필연적인 관계에 있다"고 한다.[14] Menger는 "처분적 법률은 시간적으로나 숫자적으로 제한된 범주의 생활관계를 순수한 합목적적인 효과에 예속시키려는 의도하에서 하나의 법률요건에 함축시킨 법규"라고 정의하면서, "이는 처분적 법률이 구체적인 상황에 지배된다는 본질로부터 나온다"고 하였다.[15][16]

이러한 문헌상에 나타난 처분적 법률의 개념을 보면 그 표현에 있어서 다소의 차이는 있으나, 대체로 법률이 통상 가지는 일반성과 추상성 및 계속성이 상실되어 개별적·구체적으로 사법이나 행정작용이 매개됨이 없이 특정 사안을 규율하는 법률을 의미한다고 볼 수 있다.

2. 판례상의 개념

(1) 헌재 1989. 12. 18. 89헌마32 등 국가보위입법회의법 등의 위헌여부에 관한 헌법소원

헌재는 "국가보위입법회의법 부칙 제4항 후단이 규정하고 있는 '… 그 소속 공무원은 이 법에 의한 후임자가 임명될 때까지 그 직을 가진다.'라는 내용은 행정집행이나

11) 허영, 한국헌법론, 2004, 857쪽.

12) 성낙인, 헌법학, 2007, 835쪽.

13) 홍성방, 헌법학, 2002, 754쪽.

14) Forsthoff, Über Maßnahme-Gesetze, in: Gedächtnisschrift für W. Jellinek, 1955, S. 225.

15) Menger, Das Gesetz als Norm und Maßnahme, VVDStRL 15, 1957, S. 5.

16) 독일에서의 처분적 법률의 개념에 대하여는 정하중, 법률의 개념, 공법연구 제24집 제2호, 1996. 6, 179쪽 이하.

사법재판을 매개로 하지 아니하고 직접 국민에게 권리나 의무를 발생하게 하는 법률, 즉 법률이 직접 자동집행력을 갖는 처분적 법률의 예에 해당하는 것이며 따라서 국가보위입법회의 의장 등의 면직발령은 위 법률의 후속조치로서 당연히 행하여져야 할 사무적 행위에 불과하다고 할 것이다."라고 판시함으로써 자동집행력을 가지는 법률, 즉 행정적 집행이나 사법적 재판을 매개하지 않고 직접 국민에게 권리나 의무를 발생하게 하는 법률을 처분적 법률이라고 정의하고 있다.

(2) 헌재 1994. 4. 28. 92헌가3 보훈기금법 부칙 제5조 및 한국보훈복지공단법 부칙 제4조 제2항 후단에 관한 위헌심판

헌재는 "보훈기금법 부칙 제5조[17]는 이 사건 분조합 또는 분조합원의 사유재산을 박탈하여 보훈기금에 귀속시키기 위한 개별적 처분법률이고, 사유재산권의 공용징수는 헌법 제23조 제3항의 제한 범위 내에서만 가능한 것인데 보훈기금법의 어디에도 이 사건 분조합의 자산을 수용하기 위하여 헌법이 정한 요건과 절차를 규정하고 있지 아니하다. 따라서 후자의 취지로 해석하는 한 보훈기금법 부칙 제5조는 국민의 재산권을 보장하는 헌법 제23조 제1항, 제3항에 위반된다고 아니할 수 없다."라고 판시함으로써 역시 행정적 집행이나 사법적 재판을 매개하지 않고 직접 국민에게 권리나 의무를 발생하게 하는 법률을 처분적 법률 또는 개별적 처분법률이라고 하고 있다.

(3) 헌재 1996. 2. 16. 96헌가2 등 「5 · 18민주화운동 등에 관한 특별법」 제2조 위헌제청 등

헌법재판소는 위 특별법 제2조가 개별사건법률이기 때문에 위헌인지의 여부를 판단하면서"청구인들은 이 법률조항이 '1979. 12. 12.과 1980. 5. 18.을 전후하여 발생한 헌정질서파괴범죄행위'라고 특정함으로써 청구인 등이 범하였다는 이른바 12·12 군사반란행위와 5·18 내란행위를 지칭하는 것이 명백하여 특별법은 결국 청구인 등 특정인의 특정사건에 대하여 국가형벌권이 특정기간동안 언제하는 것을 규정하고 있이 '개인대상법률'이며 '개별사건법률'이므로 헌법상 평등의 원칙에 반할 뿐만 아니라 나아가 권력분립의 원칙과 무죄추정의 원칙에 반하여 헌법에 위반된다고 주장한다. 그러므로 먼저 이 법률조항이 개별사건법률이기 때문에 헌법에 위반되는 것인지의 여부에 관하여 판단한다. 특별법 제2조는 제1항에서 '1979년 12월 12일과 1980년 5월 18일을 전후하여 발생한 … 헌정질서파괴행위에 대하여 … 공소시효의 진행이 정지된 것으로 본

---

17) 보훈기금법(1981. 3. 27. 법률 제3400호. 법률 제정 당시의 제명은 원호기금법이었으나, 1984. 8. 2. 법률 제3742호 국가유공자예우등에관한법률 부칙 제14조 제6항에 의하여 제명이 보훈기금법으로 개정되었다) 부칙 제5조(해산된 조합재산의 귀속): "이 법 시행 전에 해산된 원호대상자직업재활법에 의한 원호대상자정착직업재활조합 서울목공분조합의 자산 및 부채는 기금에 귀속한다."

다.'라고 규정함으로써, 특별법이 이른바 12·12 사건과 5·18 사건에만 적용됨을 명백히 밝히고 있으므로 다른 유사한 상황의 불특정다수의 사건에 적용될 가능성을 배제하고 오로지 위 두 사건에 관련된 헌정질서파괴범만을 그 대상으로 하고 있어 특별법 제정당시 이미 적용의 인적범위가 확정되거나 확정될 수 있는 내용의 것이므로 개별사건법률임을 부인할 수는 없다."라고 판시하여 위 특별법은 특정인의 특정사건에 대하여만 규율하는 개별사건법률에 해당됨을 인정하면서 개별사건법률의 경우 평등원칙 위반 등의 헌법적 문제를 야기할 수 있다고 판단했다. 헌법재판소는 이 결정에서 처분적 법률이라는 용어 대신 이른바 개별사건법률이라는 용어를 사용했는데, 헌법재판소가 사용한 개별사건법률은 특정인의 특정사건에 대해서만 개별적·구체적으로 그리고 행정작용 등을 매개함이 없이 직접적·최종적·일회적으로 규율한다는 점에서 그 본질과 기능면에서 처분적 법률에 해당된다고 볼 수 있다.

(4) 헌재 2003. 6. 26. 2001헌가17 등 보안관찰법 제27조 제2항 위헌제청, 보안관찰법 제27조 제2항 등 위헌소원

이 사건에서 헌법재판소는 보안관찰법 제6조 제1항 전문 후단이 처분적 법률에 해당하여 위헌인지의 여부를 판단하면서 "청구인은 특정인에게 특정한 의무를 발생시키고 그의 자유를 제한하기 위해서는 사법적 행위 내지 행정적 행위 등 구체적 처분행위가 존재하여야 하는데, 이 사건 조항은 개별·구체적인 사법·행정적 집행행위 없이 보안관찰처분대상자에게 신고의무를 발생시키는 형식을 취하고 있어서 처분적 법률 내지는 개인적 법률에 해당하므로 권력분립의 원칙에 위배된다고 주장한다. 그러므로 살피건대, 청구인의 주장대로 보안관찰법 제6조 제1항 전문 후단이 보안관찰처분대상자에게 출소 후 신고의무를 법 집행기관의 구체적 처분(예컨대 신고의무부과처분)이 아닌 법률로 직접 부과하고 있기는 하나 위 조항은 보안관찰처분대상자 중에서 일부 특정 대상자에게만 적용되는 것이 아니라 위 대상자 모두에게 적용되는 일반적이고 추상적인 법률규정이다. 일반적으로 특정법률이 일반 국민에게 특정한 행위를 하지 못하도록 금지하거나 특정한 의무를 부과할 필요가 있는 경우에는 법률 자체에서 직접 규율하고 있는데 이러한 입법형식은 여러 법 영역에서 광범위하게 찾아볼 수 있고, 또한 널리 인정되고 있다. 따라서 이 사건 조항은 보안관찰처분대상자 모두에게 적용되는 일반적·추상적인 법률규정으로서 법률이 직접 출소 후 신고의무를 부과하고 있다고 하더라도 처분적 법률 내지 개인적 법률에 해당된다고 볼 수 없으므로 권력분립원칙에 위반되지 아니한다고 할 것이다."라고 판시함으로써 일정한 법률이 특정인의 특정사항만을 대상으로 개별·구체적인 사법·행정적 집행행위 없이 직접 특정한 의무를 발생시키는 경우에는 처분적 법률 내지 개인적 법률에 해당되어 권력분립원칙 위반 등의 헌법적 문제를 야기하는데, 여기서 문제된 보안관찰법 제6조 제1항 전문 후단은 일부 특정 대상자에게만 적용되는 것이 아니라 위 대상자 모두에게 적용되는 일반적이고 추상적인 법률규정이므로 처분적 법률이나 개인적 법률에 해당되지 아니하고 따라서 권력분립원칙 위반 등의 헌법적 문제를 야기하지 않는다고 판단했다. 이 사건에서 헌법재판소는 처분적 법률 또는 개인적 법률 등의 용어를 사용하면서 이 경우에는 원칙적으로 권력분립원칙 위반의 문제를 야기할 수 있음을 시사하고 있다. 이로써 헌법재판소는 개인적 법률을 처분적 법률과 동일시하는 것으로 보인다.

(5) 대판 1954. 8. 19, 4286행상37; 1996. 9. 20. 95누8003

대법원은 위 4286행상37 판결에서 "법령의 효력을 가지는 명령이라도 그 효력이 다른 행정행위를 기다릴 것 없이 직접적으로 … 그 자체로서 국민의 권리훼손 기타 권리침해의 효과를 발생케 되는 성질의 것이라면 행정소송법상 처분이라고 보아야 할 것이고, 따라서 그에 관한 이해관계자는 그 구체적 관계사항과 이유를 주장하여 그 명령의 취소를 법원에 구할 수 있는 것"이라고 판시함으로써 법규명령이 처분성을 가질 때 행정소송의 대상이 될 수 있음을 명백히 했고, 아울러 95누8003 판결에서도 "조례가 집행행위의 개입 없이도 그 자체로서 직접 국민의 구체적인 권리의무나 법적 이익에 영향을 미치는 등의 법률상 효과를 발생하는 경우 그 조례는 항고소송의 대상이 되는 행정처분에 해당하고, … "라고 판시함으로써 또 다른 행정입법인 조례 역시 처분성을 가질 때에는 항고소송의 대상이 됨을 선언하고 있다. 그리고 이러한 법규명령 등의 처분성과 행정소송의 대상성을 대체적인 학설[18]이 뒷받침하고 있다.

물론 여기서 문제된 것은 법률이 아니라 하위규범인 법규명령이나 조례이지만 이러한 행정입법도 법률과 마찬가지로 법정립작용 내지 규범작용의 일종으로서 원칙적으로 일반성과 추상성 및 계속성을 띠지만, 예외적으로 구체적·개별적으로 특정 사안만을 직접적·최종적·일회적으로 규율할 경우에는 행정처분에 해당하고 결국 행정소송의 대상이 된다는 점을 명백히 한 것이다. 이러한 경우의 행정입법을 처분적 법률의 개념을 유추하여 처분적 명령 또는 처분적 조례라고 명명할 수 있을 것이다. 이러한 처분적 명령 등의 경우에도 처분적 법률의 경우에서처럼 평등원칙 위반 등의 헌법적 문제를 야기할 수 있다.[19]

3. 소 결

지금까지 살펴본 바와 같이 문헌과 판례에서는 처분적 법률의 개념을 개별사건법률, 개별인적 법률, 한시법, 집행적 법률 등을 포함하는 광의의 개념으로 사용하거나, 이들

---

18) 예컨대 김동희, 전게서, 143쪽; 박균성, 행정입법에 대한 사법적 통제, 고시계 1996. 12, 82쪽 이하.

19) 이러한 처분적 명령 등에 대한 사법심사의 문제는 정연주, 법규명령에 대한 헌법소원, 헌법판례연구[I], 박영사, 2002, 73쪽 이하 참조.

용어들과 병렬적으로 일반적 법률과 구별되는 비전형적 법률로서 개별적·구체적 사항을 규율하는 법률의 일종으로 보는 것 같다. 따라서 처분적 법률에 대한 확정적이고 일관된 개념이 성립된 것은 아니라고 하겠다. 그러므로 처분적 법률은 이러한 다양한 용어들과 동일한 개념일 수도 있고, 그렇지 않을 수도 있다.[20] 이러한 유사용어들이 앞서도 언급했듯이 법률이 가지는 특성인 일반성과 추상성 및 계속성을 상실하고 개별성과 구체성을 가지게 되어 결과적으로 어떠한 행정작용이 매개됨이 없이 국민의 기본권을 직접·최종적·일회적으로 규율하게 된다면 그것은 결국 처분적 법률에 해당되어 다양한 헌법적 문제를 야기하게 되지만 그렇지 않을 경우, 예컨대 개별적 법률의 경우에도 어떠한 행정작용이 매개됨이 없이 국민의 기본권을 직접적·최종적·개별적으로 규율한다 하더라도 유사한 다른 사안에서도 계속 적용될 경우 등에는 일반성과 추상성 및 계속성을 가지므로 처분적 법률에 해당한다고 볼 수 없고, 한시법의 경우에도 그 해당 효력기간 동안에 발생하는 모든 사안에 대하여 적용되는 한 일반법의 성격을 가지게 된다. 그러한 경우에는 아래에서 언급할 다양한 헌법적 문제가 야기되지 않으며, 따라서 그에 대한 헌법적 검토가 특별히 필요한 것은 아니다. 그러므로 용어가 중요한 것이 아니라 그 법률이 가지는 성격과 기능 및 대외적 효과를 기준으로 판단하여야 할 것이다.

결국 처분적 법률이란 법률이 가지는 특성인 일반성과 추상성 및 계속성을 상실하고 개별성과 구체성을 가지게 되어 어떤 별도의 행정작용이 매개됨이 없이 국민의 기본권 등 특정 사안을 직접·최종적·일회적으로 규율함으로써 마치 그 본질과 기능 및 효과 면에서 행정처분과 유사한 협의의 법률을 의미한다고 하겠으며, 이처럼 좁은 의미의 처분적 법률만이 헌법적 의미를 갖는다고 하겠다. 왜냐하면 이러한 협의의 처분적 법률만이 그것이 야기하는 다양한 헌법적 문제로 인하여 헌법적 검토의 대상이 되는 것이며, 이러한 범주를 벗어나는 광의의 처분적 법률의 경우－이에 해당하는 용어가 개별사건법률, 개별인적 법률, 한시법, 집행적 법률 등 어떤 것이건 간에－일반적 법률에서와는 다른 특별한 헌법적 문제를 야기하는 것은 아니고 따라서 그 자체 별도의 헌법적 검토의 대상이 되는 것은 아니기 때문이다. 그러므로 여기서는 협의의 처분적 법률 개념을 전제로 논의를 전개하기로 한다.

Ⅲ. 처분적 법률에 대한 헌법적 검토

이상에서 살펴본 바와 같이 처분적 법률은 법규범이 갖추어야 할 기본적 특성인 일반성과 추상성 및 계속성을 상실한 결과 개인의 기본권을 침해하거나 평등원칙 등 헌법상의 원칙이나 가치를 침해할 우려가 있다는 점에서 과거 부정적인 평가를 받아 왔

20) Vgl. auch, Menger, aaO, S. 5ff.

다. 그러나 사회가 복잡해지고 입법수요가 증가하면서, 특히 2차 세계대전 이후 사회국가원리의 요청에 따라 급변하는 생활관계에 효과적으로 대처해야 할 정책추구의 필요성이 증대함에 따라 이에 상응하여 처분적 법률의 필요성도 증가하게 되었고, 이에 대한 시각도 상당히 호의적이 된 것도 사실이다.[21]

그러나 위에서 지적한 바와 같이 처분적 법률은 그 특성상 필연적으로 다음과 같은 헌법적 문제를 야기한다는 것을 간과해서는 안될 것이다. 학설과 판례상 제기된 문제로는 평등의 원칙과 권력분립의 원칙의 위반 문제 및 재판청구권의 침해 문제를 들 수 있다.

1. 평등의 원칙 위반

위에서 언급한 바와 같이 처분적 법률은 법규범이 가지는 원칙적 특성인 일반성과 추상성 및 계속성을 상실하기 때문에 평등원칙 위반의 문제를 야기할 수 있다. 왜냐하면 처분적 법률이 유사한 다른 사람 또는 집단 내지 대상과 비교하여 차별적으로 특정인 또는 특정대상만을 규율함으로써 일차적으로 입법권의 자의와 남용이 개입될 수 있는 가능성을 가지기 때문이다.[22] 헌법재판소도 위 96헌가2등 사건에서 "개별사건법률금지의 원칙은 '법률은 일반적으로 적용되어야지 어떤 개별사건에만 적용되어서는 아니된다'는 법원칙으로서 헌법상의 평등원칙에 근거하고 있는 것으로 풀이되고, 그 기본정신은 입법자에 대하여 기본권을 침해하는 법률은 일반적 성격을 가져야 한다는 형식을 요구함으로써 평등원칙위반의 위험성을 입법과정에서 미리 제거하려는데 있다 할 것이다. 개별사건법률은 개별사건에만 적용되는 것이므로 원칙적으로 평등원칙에 위배되는 자의적인 규정이라는 강한 의심을 불러일으킨다."라고 판시함으로써[23] 처분적 법률은 먼저 헌법상 평등원칙의 위반이라는 문제점을 야기할 수 있음을 분명히 했다.

그러나 다른 한편 입법권 등의 공권력 작용이 평등의 원칙을 위반했다고 하여 곧바로 위헌이 되는 것이 아님은 주지의 사실이다. 그러한 평등원칙 위반을 정당화시키는 합리적 사유가 존재한다면 그러한 공권력 작용은 합헌으로 정당화될 수 있는 것이다. 따라서 처분적 법률의 경우에도 그 자체 평등원칙 위반 내지 자의금지원칙 위반의 문제를 야기하기는 하지만 그러한 차별적 규율 내지 취급, 즉 법률의 일반적 규율을 포기하고 특정인 내지 특정대상만을 규율함으로써 차별을 야기할 수밖에 없는 불가피한 사유가 존재한다면 헌법상 정당화될 수 있는 것이다. 헌법재판소도 위 96헌가2등 사건

---

21) 정하중, 전게논문, 204쪽.

22) Herzog, Maunz/Dürig, Grundgesetz Kommentar, Art. 19 Abs. 1, Rdnr. 9. 독일 기본법 제19조 제1항은 "이 기본법에 따라 기본권이 법률로써 또는 법률에 근거하여 제한될 수 있는 경우 그 법률은 일반적으로 적용되어야 하고, 개별사건을 위해서만 적용되어서는 안된다."라고 규정함으로써 처분적 법률에 의한 기본권 침해를 금지하고 있다. Vgl. auch BVerfGE 25, 371(398).

23) 헌재 1996. 2. 16. 96헌가2 등, 판례집 8-1, 51, 69.

에서 "그러나 개별사건법률금지의 원칙이 법률제정에 있어서 입법자가 평등원칙을 준수할 것을 요구하는 것이기 때문에, 특정규범이 개별사건법률에 해당한다 하여 곧바로 위헌을 뜻하는 것은 아니다. 비록 특정법률 또는 법률조항이 단지 하나의 사건만을 규율하려고 한다 하더라도 이러한 차별적 규율이 합리적인 이유로 정당화될 수 있는 경우에는 합헌적일 수 있다. 따라서 개별사건법률의 위헌 여부는, 그 형식만으로 가려지는 것이 아니라, 나아가 평등의 원칙이 추구하는 실질적 내용이 정당한지 아닌지를 따져야 비로소 가려진다. 이른바 12·12 및 5·18 사건의 경우 그 이전에 있었던 다른 헌정질서파괴범과 비교해보면, 공소시효의 완성 여부에 관한 논의가 아직 진행중이고, 집권과정에서의 불법적 요소나 올바른 헌정사의 정립을 위한 과거청산의 요청에 미루어볼 때 비록 특별법이 개별적사건법률이라고 하더라도 입법을 정당화할 수 있는 공익이 인정될 수 있다고 판단된다. 따라서 이 법률조항은 개별사건법률에 내재된 불평등요소를 정당화할 수 있는 합리적인 이유가 있으므로 헌법에 위반되지 아니한다."라고 판시함으로써[24] 이러한 점을 분명히 하고 있다.

결국 처분적 법률이 그 자체만을 놓고 볼 때는 평등원칙 위반의 문제를 야기하나 그러한 위반을 불가피하게 하는 공익적 이유가 존재할 때에는 헌법상 정당화될 수 있다. 따라서 입법자는 처분적 법률의 제정시 평등원칙과 공익적 이유 상호간의 이익형량을 통해 이러한 정당화 사유의 존재를 입증해야 할 것이고, 이 점에서 입법자의 법률제정권 내지 입법형성권은 제한을 받게 되는 것이다.

2. 권력분립의 원칙 위반

(1) 문제의 제기

권력분립의 원칙은 법치주의원리로부터 도출되는 헌법상의 기본원칙이다. 이러한 권력분립의 원칙의 핵심은 오늘날도 여전히 고전적 3권분립임은 주지의 사실이다. 따라서 입법권과 행정권 및 사법권은 상호 분리 및 견제와 규형을 이루어야 한다. 그런데 처분적 법률의 경우에는 바로 이러한 3권분립을 바탕으로 하는 권력분립의 원칙을 위반하게 된다.[25] 왜냐하면 처분적 법률의 경우에는 위에서 언급한 바와 같이 행정부의 고유권한인 행정처분을 입법부가 행사하기 때문이다. 즉 일반성과 추상성 및 계속성을 가져야 할 입법이 개별적·구체적·일회적·최종적으로 직접 국민 개인의 기본권을 규율하는데 이는 바로 행정부의 고유권한에 속하는 행정처분의 본질과 기능이기 때문이다.

헌법재판소도 위 2001헌가17등 사건에서 "청구인은 특정인에게 특정한 의무를 발생

24) 헌재 1996. 2. 16. 96헌가2 등, 판례집 8-1, 51, 69-70.

25) Vgl. Forsthoff, Über Maßnahme-Gesetze, S. 236.

시키고 그의 자유를 제한하기 위해서는 사법적 행위 내지 행정적 행위 등 구체적 처분행위가 존재하여야 하는데, 이 사건 조항은 개별·구체적인 사법·행정적 집행행위 없이 보안관찰처분대상자에게 신고의무를 발생시키는 형식을 취하고 있어서 처분적 법률 내지는 개인적 법률에 해당하므로 권력분립의 원칙에 위배된다고 주장한다. … 이 사건 조항은 보안관찰처분대상자 모두에게 적용되는 일반적·추상적인 법률규정으로서 법률이 직접 출소 후 신고의무를 부과하고 있다고 하더라도 처분적 법률 내지 개인적 법률에 해당된다고 볼 수 없으므로 권력분립원칙에 위반되지 아니한다고 할 것이다."라고 판시함으로써[26] 일정한 법률이 특정인의 특정사항만을 대상으로 개별·구체적인 사법·행정적 집행행위 없이 직접 특정한 의무를 발생시키는 경우에는 처분적 법률 내지 개인적 법률에 해당되어 권력분립원칙 위반의 헌법적 문제를 야기할 수 있음을 시사하고 있다.

(2) 헌법적 정당화

그러나 다른 한편 권력분립원칙 위반이 곧바로 위헌을 초래하는 것은 아니다. 그러한 위반을 정당화시키는 불가피한 사유가 존재한다면 예외적으로 허용될 수 있을 것이다. 아래에서는 이처럼 형식적으로는 권력분립원칙의 위반에 해당하지만 이를 정당화시키는 공익적 사유로 인해 결과적으로 위헌이라고 볼 수 없는 사례를 통해 이 문제를 살펴보기로 한다.

1) 독일 연방헌법재판소의 함부르크 제방판결의 경우

행정권을 입법부가 침해한 예를 독일 연방헌법재판소의 판례[27]를 통해서 볼 수 있다. 이 사건에서 Hamburg 주의회[28]는 제방건설에 관한 법률을 제정했다.[29] 그 내용은 제방건축에 필요한 토지의 수용에 관한 것이었다. 그런데 특징적인 것은 이 법률이 일종의 처분적 법률에 해당한다는 것이다. 왜냐하면 특정지역의 토지수용에 관한 제반사항을 법률에서 모두 구체적으로 규정하고 있어 그 법률을 구체화시키는 별도의 행정작용이 필요 없었기 때문이다.[30] 따라서 이 법률의 제정 및 시행과 동시에 특정지역 특정인들의 토지가 일거에 수용되는 결과를 초래했다. 다시 말해 이 법은 구체적·개별적·최종적·일회적으로 직접 특정인들의 재산권을 침해한 것이다. 여기서 제기된

---

26) 헌재 2003. 6. 26. 2001헌가17 등, 판례집 15-1, 602, 623.

27) Hamburger Deichurteil des BVerfG vom 18. 12. 1968(BVerfGE 24, 367).

28) Hamburg는 도시이지만 Berlin처럼 그 자체 주의 지위를 가지고, 따라서 Hamburg 시의회는 지방의회가 아닌 일종의 주의회로서 그가 제정하는 규범은 조례가 아니라 법률에 해당한다.

29) Das Gesetz zur Ordnung deichrechtlicher Verhältnisse der Freien und Hansestadt Hamburg vom 29. 4. 1964(GVBl I, S. 79).

30) 동법 제2조 이하 참조. Vgl. auch BVerfGE 24, 367(368ff.).

헌법적 문제들 중의 하나는 바로 이러한 처분적 법률에 의한 토지수용 등의 공용침해의 경우, 즉 법정공용침해(Legalenteignung)[31]의 경우 입법자가 행정권을 행사한 결과 형식적으로는 권력분립의 원칙을 위반했다고 볼 수 있는 것이다. 왜냐하면 토지수용 등의 공용침해는 원칙적으로는 일반법[32]에 근거한 행정청의 행정처분(수용재결처분), 즉 법집행작용을 통해 개별적·구체적으로 이루어져야 하는데, 이 경우에는 그러한 행정청의 법집행작용에 해당하는 것을 직접 입법자가 입법을 통해 행사한 것이기 때문이다.[33]

그러나 처분적 법률이 비록 형식적으로는 이처럼 권력분립의 원칙을 위반했다고 하더라도 그 자체로서 곧 바로 위헌이 된다고 할 수는 없고, 예외적으로 불가피한 우월한 공익적 사유가 존재한다면 정당화될 수 있는 것이다. 이 사건의 경우 천재지변 등 자연재해로 인하여 야기된 절박한 위험을 일거에 제거하는 등 급시를 요하는 긴절한 공익사업의 실현을 위하여서는 많은 시간과 절차를 요하는 일반적인 행정공용침해의 형식, 즉 일반성과 추상성 및 계속성을 가진 토지수용에 관한 일반법과 그에 근거한 구체적·개별적·최종적인 수많은 행정작용들의 형식을 통해서는 도저히 그 목적을 달성할 수 없었고,[34] 따라서 처분적 법률의 제정만이 이러한 위기를 타파하고 긴절한 공익을 실현시킬 수 있다고 볼 수 있기 때문에 예외적으로 권력분립의 원칙 위반이 정당화될 수 있다고 볼 수 있는 것이다.

2) 독일 연방헌법재판소의 낙태판결의 경우

다른 한편 이처럼 권력분립원칙 위반이 정당화될 수 있는 예외적 상황을 독일 연방헌법재판소의 또 다른 판례에서도 엿볼 수 있다. 이 사안에서는 행정권을 입법부가 침해한 것이 아니라 입법권을 사법부가 침해한 경우이다.

이러한 논의의 단초를 제공한 것은 독일의 연방헌법재판소의 1993. 5. 28.의 이른바 제2차 낙태판결[35]이다. 연방헌법재판소는 이 판결주문에서 문제가 된 낙태문제를 규율하는 개정형법조항에 대하여 위헌·무효결정을 내리면서 동시에 입법자에 의한 새로

31) 법정공용침해를 비롯한 공용침해의 개념과 형식 등에 대하여는 후술함.

32) 예컨대 독일의 경우 연방건설법(Bundesbaugesetz)이나 우리의 경우 공익사업을위한토지등의취득및보상에관한법률이 이에 해당한다.

33) 이 판례의 내용과 이러한 법정공용침해의 문제에 대하여는 Papier, Maunz/Dürig, Grundgesetz Kommentar, Art. 14, Rdnr. 555.

34) BVerfGE 24, 367(403); Vgl. auch Badura, Eigentum, in: Handbuch des Verfassungsrechts der Bundesrepublik Deutschland, 2. Aufl., 1994, Rdnr. 60.
이처럼 일반적인 형식에 의한 토지수용과 공익사업 실시의 경우 수많은 행정작용과 그에 대한 행정쟁송의 제기로 인해 급시를 요하는 긴급사업의 달성이 매우 어렵거나 불가능해 질 수 있을 것이다. 특히 독일의 경우 우리의 경우와는 달리 행정쟁송절차상 이의제기나 소송제기가 있을 경우 집행정지의 원칙에 따라 토지수용이나 공익사업실시 등의 집행이 정지됨을 상기할 필요가 있다(독일 행정법원법 제80조 제1항). 이러한 독일의 집행정지원칙에 대하여 자세한 것은 Tschira/Schmitt Glaeser, Verwaltungsprozeßrecht, 1988, Rdnr. 333ff.

35) BVerfGE 88, 203.

운 입법이 있을 때까지 잠정적으로 적용될 규정을 마련했다. 따라서 이 사건에서 연방헌법재판소는 앞서 언급한 바와 같이 입법자를 대신하여 잠정적인 규정을 마련함으로써 일종의 입법자의 역할을 대신 수행한 결과를 낳은 것이다. 이와 유사한 경우가 이미 1975. 2. 25.의 연방헌법재판소의 제1차 낙태판결[36]에서 발생했다. 연방헌법재판소는 이 판결주문에서도 당시 문제가 된 제5차 개정형법 제218a조에 대하여 위헌·무효결정을 내리면서 동시에 의회에 의한 새로운 입법조치가 있을 때까지 잠정적으로 적용될 몇 가지 규율을 마련한 바 있다.

이 사건에서 연방헌법재판소는 일정한 법률조항에 대하여 위헌결정을 내리고 무효화시킬 수밖에 없는데, 이에 대한 후속조치로서 입법자가 대체입법을 상당한 기간동안 할 수 없어 심각한 법적 공백상태의 지속이 우려되는 예외적인 상황에서 연방헌법재판소가 입법자를 대신해 잠정적인 입법적 조치를 결정주문을 통해 취함으로써 입법자가 새로운 입법을 할 때까지의 법적 공백을 메우는 일종의 비상입법자(Notgesetzgeber)의 역할을 수행한 것이다.[37]

이러한 헌법재판소에 의한 입법적 행위는 원칙적으로 입법자 내지 의회의 권한을 침해하는 것으로서 권력분립의 원칙에 위배된다고 볼 수 있다. 왜냐하면 입법권은 배타적인 의회의 권한이기 때문이다. 헌법재판소는 입법자가 제정한 법률에 대하여 위헌결정 등을 통해 사후적인 심사와 통제만을 할 수 있을 뿐이지 입법자를 대신해서 일정한 법률을 제정할 수는 없는 것임은 물론이다.[38] 그러나 이는 통상의 경우에 그렇다는 것이고 헌법이 예정하지 못한 극히 예외적인 경우에 불가피하게 헌법재판소가 입법자의 역할을 대신 수행할 수밖에 없는 경우를 권력분립의 원칙이 배제하는 것은 아니라고 하겠다. 주지하는 바와 같이 권력분립의 원칙은 국가기관과 권력의 분리를 통해 권력 상호간의 견제와 균형을 도모하고 이로써 국민의 자유와 권리를 보호하려는 헌법원리이다. 여기서 국가권력의 상호 분리와 견제 및 균형은 그 자체 수단이고 최후의 궁극적인 목적은 국민의 자유와 권리의 보호에 있음은 물론이다. 따라서 헌법재판소가 입법자를 대신해서 입법적 조치를 마련하는 것은 형식적으로는 권력분립의 원칙에 위반된다고 볼 수 있지만, 그것이 국민의 긴절한 기본권을 보호하기 위하여 그리고 헌법정신과 이념으로부터 더욱 이탈하는 결과를 막기 위해 불가피하다면 실질적으로는 권력분립의 원칙에 위반된다고 볼 수 없고 오히려 권력분립의 원칙상 요구된다고도 볼 수 있는 것이다.

이 사건의 경우 위에서 언급한 경과조치 없이 낙태규정에 대하여 단순위헌·무효결

36) BVerfGE 39, 1.

37) 이 판례에 대한 평가 및 연방헌법재판소의 역할에 대하여는 Lerche, Das Bundesverfassungsgericht als Notgesetzgeber, insbesondere im Blick auf das Recht des Schwangerschaftsabbruchs, in: Heinze/Schmitt(Hrsg.), Festschrift für Gitter, 1995, S. 512f.; Schneider, Die Vollstreckungskompetenz nach §35 BVerfGG-ein Notverordnungsrecht des Bundesverfassungsgerichts?, NJW 1994, S. 2591.

38) Schneider, aaO, S. 2593.

정을 내린다면 낙태문제를 규율할 근거규정이 없어져 법적 혼란과 공백이 발생되어 결과적으로 기존의 위헌법률조항이 적용되는 경우보다-한시도 방치할 수 없고 급시를 요하는 태아의 생명권 등의 보호차원에서 헌법상 도저히 용인될 수 없는-더 큰 위헌상태를 야기할 것이다.[39][40] 또한 만일 헌법불합치결정이나 입법촉구결정 등의 변형결정이 이루어진다면 당분간 기존의 위헌법률조항이 계속 적용되어 현재의 위헌적 상황이 계속될 수밖에 없어 별다른 제한 없이-특히 그동안의 낙태와 관련한 동독지역의 법질서와 실제를 고려한다면-쉽게 낙태가 이루어져 태아의 생명권 등에 대한 심각한 기본권침해가 발생할 수 있어 이 경우 역시 헌법상 용인될 수 없는 매우 심각한 위헌상태를 야기하게 될 것이다. 더욱이 헌법불합치결정 등의 변형결정을 통해 위헌법률의 효력을 지속시킬 경우 이러한 경과조치가 내려질 수밖에 없었던 사유 중의 하나가 통일로 인하여 불가피하게 발생하는 과도기 내지 격동기라는 당시의 역사적·정치적 배경하에서 입법기관이 신속히 낙태문제에 대한 합헌적인 입법을 할 가능성이 적었다는 점을 고려한다면[41] 위헌법률의 효력이 장기간 지속될 가능성이 있어 이러한 변형결정은 합리적이고 합헌적인 해결책이 될 수 없는 것이다.

결국 위에서 들은 이러한 긴박한 예외적인 상황들이 헌법재판소가 불가피하게 입법자를 대신해서 입법자가 새로운 입법을 할 때까지 잠정적으로 적용될 입법적 조치를 발할 수밖에 없는 현상을 정당화시킬 수 있다고 하겠다.

(3) 소 결

권력분립의 원칙은 법치국가원리의 파생원리로서 결국 국민의 자유와 권리의 최대한의 보장이라고 하는 궁극적 목표를 실현하기 위한 수단이기 때문에 그 자체 어떠한 경우에도 절대로 그 예외를 인정할 수 없는 지고지선의 불가침의 가치는 아니며, 따라서 보다 우월한 국민의 기본권 보장과 긴절한 국가안정보장·질서유지·공공복리라고 하는 헌법적 가치를 실현하기 위하여는 이 원칙은 양보되어야 할 것이고,[42] 따라서 예외적으로 권력분립의 원치 위반이 정당화될 수 있는 것이다. 결국 치분적 법률의 경우 그것이 비록 형식적으로는 행정권을 침해할 수 있어 권력분립의 원칙 위반의 문제를 야기하지만 그러한 형식의 법률제정을 불가피하게 하는 긴절한 공익적 이유가 존재한

---

39) So auch Lerche, aaO, S. 512; Schneider, aaO, S. 2593.

40) 제1차 낙태판결에서도 연방헌법재판소는 당시 문제된 개정형법조항인 제218a조에 대한 위헌·무효결정과 함께 몇가지 경과조치를 마련했는데, 이 경우에도 연방헌법재판소가 경과조치를 취할 수밖에 없었던 이유는 단순위헌·무효결정이 야기할 법적 공백과 혼란을-태아의 생명권보호차원에서-피하기 위한 것이라고 하겠다. Vgl. Schlaich, Das Bundesverfassungsgericht, 4. Aufl., 1997, S. 317.

41) 실사 어느 정도의 조속한 입법의 가능성이 존재한다 하더라도 그때까지의 기간을 사각지대없이 합헌적으로 규율할, 즉 태아의 생명권이 무분별하게 침해되는 위헌적인 법적 공백과 혼란을 제거할 잠정적인 입법적 조치가 간절히 요구되는 것이다.

42) Vgl. Forsthoff, Aussprache über: Das Gesetz als Norm und Maßnahme, VVDStRL 15, 1957, S. 83ff.

다면 헌법상 정당화될 수 있다고 하겠다. 따라서 중요한 것은 그러한 권력분립의 원칙 위반의 문제를 극복할 수 있는 우월한 공익적 이유의 존재와 양자간의 정당한 이익형량 및 이에 대한 헌법재판소의 효율적 통제라고 하겠다.

3. 재판청구권 침해

(1) 문제의 제기

처분적 법률은 재판청구권의 침해를 야기할 수 있다. 즉 처분적 법률에 의하여 기본권이 침해된 자가 그 기본권의 구제를 위하여 재판청구권을 행사할 경우 그 청구권이 현저히 제한받게 된다.[43] 왜냐하면 일반법에 의한 권리침해를 구제받고자 할 경우에는 통상 그를 구체화시킨 행정처분을 대상으로 소송을 제기하게 되어 행정심판과 행정소송 등의 일반소송과 상황에 따라서는 헌법소원의 재판절차를 밟게 되므로[44] 다양한 심급의 다양한 판단을 받을 기회를 가지지만, 처분적 법률에 의하여 직접 권리침해를 받을 경우에는 오로지 헌법소원만이 유일한 권리구제 수단이므로 재판청구권이 심급과 판단의 종류면에서 현저히 제한을 받게 되기 때문이다. 즉 일반성과 추상성 및 계속성을 가진 일반법이 사안을 규율할 경우에는 그 법률의 구성요건에 해당하는 사안이 발생할 경우에 그 법률에 근거한 구체적·개별적 행정처분을 통해 최종적으로 개인의 기본권을 규율하게 되며, 이 경우에는 기본권을 침해받았다고 주장하는 개인은 자신의 기본권을 직접적·최종적으로 침해한 그 행정처분을 대상으로 재판을 청구하여 권리구제절차를 밟게 된다. 따라서 이 경우에는 통상 행정심판과 3심의 행정소송 및 예외적으로 헌법소원심판청구 등 다양한 복수의 권리구제절차가 마련되어 있고, 그 심사의 성격도 사실심과 법률심 그리고 헌법심의 다양한 판단을 받게 된다. 따라서 통상의 경우에는 이러한 다양한 재판청구권을 통해 충분한 권리구제의 기회를 부여받게 되는 것이다.

그러나 처분적 법률의 경우에는 위에서도 언급했듯이 일반 법률의 경우와는 달리 그 법률이 개인의 기본권을 그 어떤 행정작용이 매개됨이 없이 직접·최종적으로 침해하게 됨으로 기본권의 침해를 주장하는 개인은 자신을 최종적으로 침해한 공권력 작용인 처분적 법률을 대상으로 소송을 제기할 수밖에 없고, 이 경우에는 법률을 대상으로 한 일반적 소송절차는 존재하지 않기 때문에 헌법소원심판청구만이 유일한 구제수단이 된다. 그런데 헌법소원의 경우에는 단 1회의 심급으로서 원칙적으로 헌법심만을

---

43) Vgl. BVerfGE 24, 367(401); Kimminich, Eigentum-Enteignung-Entschädigung, 1976, Art. 14, Rdnr. 403.

44) 우리의 경우 헌법재판소법 제68조 제1항에 따라 재판에 대한 헌법소원은 원칙적으로 허용되지 않고, 다만 예외적으로만 인정되고 있지만(헌재결 1997. 12. 24, 96헌마172 등), 독일의 경우에는 바로 재판에 대한 헌법소원이 주종을 이루고 있다. 이에 대하여는 정연주, 헌법재판소 직무상의 문제, 헌법학연구 11권 2호, 2005. 6, 49쪽 이하.

판단하기 때문에 일반법에 근거한 통상의 권리침해의 경우와는 달리 재판청구권이 현저히 축소되어 충분한 권리구제의 기회를 부여받지 못하게 된다.[45)]

(2) 공용침해제도와 관련하여

이러한 예는 법률 그 자체에 의하여 직접 이루어지는 공용침해의 경우에서 볼 수 있다. 헌법 제23조 제3항은 "공공필요에 의한 재산권의 수용·사용 또는 제한 및 그에 대한 보상은 법률로써 하되, 정당한 보상을 지급하여야 한다."라고 규정하고 있다. 이 헌법규정에 의해 공공필요에 의한 재산권에 대한 수용·사용·제한을 의미하는 이른바 공용침해는 '법률로써'이루어진다. 이에 따라 공용침해의 행위형식은 크게 두 가지로 나누어질 수 있다. 법률에 근거한 행정작용의 형식으로 이루어지는 경우와 법률 그 자체에 의하여 직접 이루어지는 형식이 그것이다. 전자를 행정공용침해(Administrativenteignung), 후자를 법정공용침해(Legalenteignung)라고 명명하기로 한다.[46)]

여기서 처분적 법률과 관련하여 문제되는 것은 바로 법정공용침해이다. 이는 법률에 근거한 어떠한 행정작용이 매개됨이 없이 해당 법률이 직접 특정 재산권자의 특정 재산권을 침해하는 형식이나. 예컨대 입법자가 해당 법률에 침해되는 재산권자와 침해되는 재산권, 손실보상, 절차 등 공용침해에 관련된 제반사항을 직접 구체적으로 정함으로써 법률이 공포·시행됨과 동시에 공용침해가 이루어지는 일종의 처분적 법률의 형식이 그것이다. 위에서 언급한 바와 같이 이러한 법정공용침해의 경우 재산권자의 재산권을 직접 그리고 최종적으로 침해하는 것은 그 해당 법률이며, 이에 대한 사법적 구제방법으로는 오로지 그 침해하는 공권력작용으로서의 법률을 대상으로 하는 헌법소원심판청구만이 고려될 수 있고[47)], 따라서 이것이 재산권자의 재판청구권을 현지히 제한하게 된다.[48)]

여기서 입법자가 일정한 공익사업의 실현을 위하여 일반적인 행정공용침해의 형식 대신에 법정공용침해의 형식을 아무런 제한 없이 자유로이 선택할 수 있는가 하는 의문이 제기될 수 있는데, 결론적으로 법정공용침해의 형식이 헌법상 허용되기는 하지만 극히 제한적으로만, 즉 공용침해의 목적인 일정한 공익사업이 법정공용침해의 형식에 의해서만 제대로 달성될 수 있는 극히 예외적인 경우에만 허용될 수 있다고 하겠다.[49)]

---

45) BVerfGE 24, 367(402).

46) 이에 대하여는 정연주, 공용침해의 헌법상 허용조건, 연세법학연구 제3집, 1995, 455쪽 이하; Jung, Das deutsche und das koreanische Enteignungsinstitut, 1991, S. 28ff.

47) 주지하는 바와 같이 법률이 직접 기본권을 침해하는 경우 법률은 행정쟁송 등 일반 사법심사의 대상이 되지 아니하기 때문에, 이 경우는 입법작용에 의한 기본권침해에 해당되는 것이므로 이에 대한 구제방법으로는 헌법소원제도만이 고려될 수 있다.

48) Vgl. BVerfGE 24, 367(402f.); 45, 297(324ff.).

49) BVerfGE 24, 367(402f.); 95, 1(22); Schmidt-Aßmann, Formen der Enteignung, JuS 1986, S. 835; Kimminich, aaO, Rdnr. 250.

즉 법정공용침해의 형식은 이 형식에 의하지 아니하고는 해당공익사업의 실현이 불가능하거나 매우 어려운 예외적인 경우에만 허용될 수 있다고 할 것이다. 예컨대 전시나 천재지변 등으로 인하여 야기된 절박한 위험을 제거하는 등 급시를 요하는 긴절한 공익사업의 실현을 위하여 많은 시간과 절차를 요하는 일반적인 행정공용침해의 형식으로서는 도저히 그 목적을 달성할 수 없기 때문에, 이러한 예외적인 상황에서는 일거에 신속한 재산권에 대한 침해를 가능케 하는 법정공용침해의 형식만이 소기의 목적을 달성할 수 있고, 따라서 이러한 경우에만 입법자는 행정공용침해의 형식 대신에 재산권자의 재판청구권에 대한 현저한 제한을 초래하는 법정공용침해의 형식을 선택할 수 있는 것이다. 이는 공권력행사와 관련하여 재판청구권이라고 하는 기본권에 대한 최소한의 불가피한 침해만을 요구하는 비례의 원칙에도 부합되는 것이다.[50)]

이러한 예를 위에서 소개한 독일 연방헌법재판소의 함부르크 제방판결의 경우에서 들 수 있다. 이미 언급한 바와 같이 이 사건에서 Hamburg 주의회는 해안가 제방건설에 관한 법률을 제정했고, 그 내용은 제방건축에 필요한 토지의 수용에 관한 것이었으며, 이는 일종의 처분적 법률에 해당하는 것이었다. 따라서 이 법률의 제정 및 시행과 동시에 특정지역 특정인들의 토지가 일거에 수용되는 결과를 초래함으로써 이 법은 구체적·개별적·최종적·일회적으로 직접 특정인들의 재산권을 침해한 것이 되었다. 여기서 제기된 헌법적 문제들 중의 하나가 바로 이러한 처분적 법률에 의한 토지수용 등의 공용침해의 경우 기본권을 구제받고자 하는 개인은 그 구제절차로서 오직 하나의 가능성, 즉 헌법소원을 제기할 수밖에 없어 국민의 재판청구권이 현저히 축소된다는 것이었다. 결국 연방헌법재판소는 이 처분적 법률을 헌법상 정당화되는 합헌법률로 보았다. 왜냐하면 위에서 언급한 바와 같이 이 사건의 경우 천재지변이나 홍수 또는 해일참사 등 자연재해로 인하여 야기된 절박한 위험을 일거에 제거하기 위한 조속한 제방건설이라는 급시를 요하는 긴절한 공익사업의 실현을 위하여서는 많은 시간과 절차를 요하는 일반적인 행정공용침해의 형식, 즉 일반성과 추상성 및 계속성을 가진 토지수용에 관한 일반법과 그에 근거한 구체적·개별적·최종적인 수많은 행정작용들의 형식을 통해서는 도저히 그 목적을 달성할 수 없었고, 따라서 처분적 법률의 제정만이 이러한 위기를 타파하고 긴절한 공익을 실현시킬 수 있다고 보았기 때문이다.[51)] 즉 처분적 법률의 형식을 정당화시키는 불가피한 우월적인 공익적 사유가 존재한다고 인정했기 때문이다.

(3) 소 결

결국 처분적 법률의 경우에는 위에서 언급한 바와 같이 그 법률을 통해 기본권 침

---

50) Vg. Lerche, Übermaß und Verfassungsrecht, 1961, S. 19.

51) BVerfGE 24, 367(403).

해를 받았다고 주장하는 개인의 기본권구제절차와 관련하여 재판청구권에 대한 현저한 제한을 초래하게 되기 때문에 원칙적으로 처분적 법률의 입법형식은 허용될 수 없고, 입법자에게도 이에 대한 재량과 선택권이 없다고 하겠다. 다만 이러한 형식을 정당화시키는 불가피하고 우월한 공익적 이유가 존재할 경우에는 예외적으로 허용될 수 있다고 하겠다.[52] 따라서 이 경우에도 입법자에 의해 침해되는 재판청구권과 달성코자 하는 공익 상호간의 이익형량이 요구되고, 이러한 우월한 공익의 존재를 입법자는 입증해야 할 것이다.

Ⅳ. 맺는 말

지금까지 처분적 법률의 개념과 특성, 처분적 법률이 야기하는 헌법적 문제 및 관련 판례와 학설을 살펴보았다. 처분적 법률은－좁은 의미로 이해할 때－법률이 통상 가지는 일반성과 추상성 및 계속성이 상실되어 개별적·구체적으로 특정 사안을 대상으로 사법이나 행정작용이 매개됨이 없이 직접적·최종적·일회적으로 국민의 기본권을 규율하는 법률, 즉 마치 본질과 기능 및 효과 면에서 행정처분과 같은 법률을 의미한다고 볼 수 있다. 이러한 처분적 법률의 본질과 기능상 평등원칙과 권력분립의 원칙 위반 및 재판청구권 침해를 야기할 수 있다. 따라서 처분적 법률을 아무 제한 없이 허용해서는 안될 것이다.[53]

그러나 이처럼 헌법상의 원칙과 기본권이 침해되었다고 하여 곧 바로 위헌이 되는 것은 아니다. 그러한 침해를 정당화시키는 불가피한 사유가 존재한다면 헌법상 허용될 수 있기 때문이다.[54] 예컨대 신뢰보호의 원칙이 침해된 경우라 하더라도 그러한 신뢰침해를 정당화시키는 우월한 공익적 이유가 존재한다면 신뢰보호의 원칙 위반이 정당화될 수 있고, 법률불소급의 원칙을 위반하여 일정한 법률이 소급효를 가진다 하더라도 역시 그러한 소급적용을 불가피하게 하는 우월한 공익이 존재한다면 그러한 소급적용이 헌법상 정당화될 수 있는 것과 마찬가지라고 하겠다. 따라서 중요한 것은 헌법상의 원칙이나 기본권 침해의 정도와 그러한 침해를 불가피하게 하는 공익 상호간의 이익형량이라고 할 수 있다.

결국 처분적 법률의 경우에도 비록 평등원칙과 권력분립의 원칙 위반 및 재판청구권 침해가 초래되었다 하더라도 그러한 위반이나 침해를 정당화시키는 긴절한 공익의 존재하고 이러한 공익적 사유가 이익형량상 우월한 것으로 인정된다면 그러한 경우의 처분적 법률은 헌법상 정당화될 수 있다고 하겠다.[55] 따라서 이러한 우월적이고 긴절

52) Vgl. Meessen, Maßnahmegesetze, Individualgesetze und Vollziehungsgesetze, DÖV 70, S. 321; Forsthoff, VVDStRL 15, 84.

53) Vgl. H. Schneider, Gesetzgebung, 1982, S. 28.

54) So auch Maunz/Zippelius, aaO, S. 309.

한 불가피한 사유가 존재하지 않음에도 불구하고 입법자가 처분적 법률을 제정한다면 이는 부당하게 헌법적 원칙과 기본권을 침해한 것으로 위헌이라고 하겠다. 즉 이는 입법권의 자의와 남용을 의미하는 것으로서 입법형성권의 한계를 일탈한 것이라고 할 수 있다.

따라서 입법자에게는 처분적 법률의 제정에 대한 자유로운, 즉 한계 없는 재량과 선택권이 없고, 단지 이익형량상 처분적 법률의 제정을 정당화시키는 불가피한 사유의 입증하에서만 처분적 법률을 제정할 수 있을 뿐이다.[56] 이러한 이익형량의 정당성 여부는 최종적으로 헌법재판소에 의하여 심판되어야 할 것이다.[57] 따라서 처분적 법률에 대한 입법자의 입법형성권은 제한될 수밖에 없는 것이고, 이러한 점에서 처분적 법률은 입법자의 입법형성권 내지 법률제정권의 한계를 의미한다고 볼 수 있다. 결국 처분적 법률의 경우 다른 일반 법률과는 달리 내용적 위헌성 여부 뿐 아니라 형식적 합헌성, 즉 처분성 있는 법률을 제정할 수밖에 없는 이유가 추가로 존재해야 한다. 그것이 처분적 법률을 헌법적으로 검토하고, 일반법률과 차별하는 실익이자 차이점이라고 할 수 있다.

---

55) 홍성방 교수는 "처분적 법률은 예외적인 것이기 때문에 합리적 이유가 있는 범위내에서 극히 예외적인 경우에만 제정할 수 있는 것으로 이해되어야 한다."고 함으로써 결과적으로 같은 견해를 취하고 있는 듯하다. 전게서, 756쪽.

56) Vgl. auch Forsthoff, Über Maßnahme-Gesetze, S. 236; Menger, aaO, S. 28ff.

57) 이러한 처분적 법률에 대한 헌법재판소의 통제의 중요성에 대하여는 Forsthoff, Über Maßnahme-Gesetze, S. 236.

12. 사립학교법상 기간임용제의 헌법적 문제

- 헌재 2003. 2. 27. 2000헌바26 구 사립학교법 제53조의2 제3항 위헌소원[1] -

[目 次]

Ⅰ. 머리말

이 글은 사립대학교수의 기간제임용의 문제를 헌법적으로 고찰한 것이다. 이와 관련하여 헌법재판소는 2000헌바26 결정에서 사립대학교수의 재임용문제와 관련하여 재판관 7:2의 의견으로, "대학교육기관의 교원은 당해 학교법인의 정관이 정하는 바에 따라 기간을 정하여 임면할 수 있다"고 한 구 사립학교법 제53조의2 제3항 소정의 '기간임용제' 규정이 헌법 제31조 제6항에서 정하고 있는 교원지위법정주의에 위반된다고 선고하였다. 이는 헌재가 1998. 7. 16. 선고한 96헌바33등 결정에서 동규정을 합헌이라고 판시한 의견을 변경한 것으로,[2] 대학교원의 신분보장에 관한 매우 중요하고 의미

---

1) 헌재 2003. 2. 27. 2000헌바26, 판례집 15-1, 176.

2) 헌재는 이 사건에서 5:4의 의견으로 동규정이 헌법 제31조 제6항의 교원지위법정주의에 위반되지 않는다고 판시했다. 그 결정요지를 살펴보면 다음과 같다.
 1. 다수의견
  (1) 헌법 제31조 제6항이 규정한 교원지위 법정주의는 단순히 교원의 권익을 보장하기 위한 규정이라거나 교원의 지위를 행정권력에 의한 부당한 침해로부터 보호하는 것만을 목적으로 한 규정이 아니고, 국민의 교육을 받을 기본권을 실효성 있게 보장하기 위한 것까지 포함하여 교원의 지위를 법률로 정하도록 한 것이다.
  (2) 대학교원의 기간임용제를 규정한 구 사립학교법 제53조의2 제3항은 전문성·연구실적 등에 문제가 있는 교수의 연임을 배제하여 합리적인 교수인사를 할 수 있도록 하기 위한 것으로 그 입법목적이 정당하고, 대학교육기관의 교원에 대한 기간임용제와 정년보장제는 국가가 문화국가의 실현을 위한 학문진흥의 의무를 이행함에 있어서나 국민의 교육권의 실현·방법 면에서 각각 장단점이 있어

있는 결정이며, 아울러 그동안의 대법원의 판례와도 구별되는 대단히 진일보한 결정이다.[3] 특히 교육 및 대학의 특성과 헌법적 의미, 대학교원의 기능과 지위의 특성 등 다

서, 그 판단·선택은 헌법재판소에서 이를 가늠하기보다는 입법자의 입법정책에 맡겨 두는 것이 옳으므로, 위 조항은 헌법 제31조 제6항이 규정한 교원지위 법정주의에 위반되지 아니한다.

(3) 기간임용제는 대학교육기관의 교원을 기간을 정하여 임면할 수 있도록 한 것일 뿐 교원의 학문에 대한 연구·활동 내용이나 방식을 규율한 것은 아니며, 재임용될 교원을 결정함에 있어서도 임면권자인 학교법인의 교원인사에 관한 자율성을 제한하는 것도 아니므로, 구 사립학교법 제53조의2 제3항은 헌법 제31조 제4항이 보장한 교육의 자주성·전문성·정치적 중립성 및 대학의 자율성과 헌법 제22조 제1항이 보장한 학문의 자유를 침해하지 아니한다.

(4) 1) 초·중·고등학교 교육은 일반적으로 승인된 기초적인 지식의 전달에 중점이 있는 데 반하여, 대학의 교육은 학문의 연구·활동과 교수기능을 유기적으로 결합하여 학문의 발전과 피교육자인 대학생들에 대한 교육의 질을 높일 필요성이 있기 때문에 교원의 자격기준도 이와 같은 기능을 수행할 수 있는 능력을 갖출 것이 요구되고, 이와 같은 대학교육기관의 교원의 특수성은 임용기간 만료시에 교원의 자질을 심사하는 재임용제도를 두어야 할 정당한 사유가 된다.

2) 사립대학 교육기관의 교원과 국·공립대학교의 교원의 차별취급은 사법적 관계와 공법상 권력관계의 차이에서 비롯된 것이고, 학교법인의 자율권 보장을 위한 불가피한 수단이다.

3) 따라서 사립대학 교육기관의 교원이 구 사립학교법 제53조의2 제3항의 위임에 의하여 만들어진 학교법인의 정관에 따른 기간임용제의 적용을 받음으로써 다른 사립교육기관의 교원 및 국·공립대학교 교원과 비교하여 차별을 받는 것은 모두 합리적이고 정당한 사유가 있으므로 평등권 위반의 문제는 생기지 않는다.

2. 재판관 이재화, 재판관 조승형, 재판관 정경식, 재판관 고중석의 반대의견

(1) 입법자가 헌법 제31조 제6항이 규정한 교원지위 법정주의에 근거하여 교원의 지위를 정하는 법률을 제정함에 있어서는 국민의 교육을 받을 권리를 효율적으로 보장하기 위한 규정과 함께 교원의 신분보장 등 교원의 권리에 관한 사항이 반드시 규정되어야 한다.

(2) 1) 구 사립학교법 제53조의2 제3항이 기간임용제를 채택한 근본목적은 대학교육기관의 교원을 일정한 기간을 정하여 임용함으로써 학문적 능력과 자질이 없는 대학교원을 배제하기 위한 것인데, 기간임용제는 학교법인의 주관적인 편견이 개입될 소지가 있어 객관성과 공정성이 결여된 결과가 나타날 가능성이 있고, 이와 같은 결과는 교원의 신분을 불안하게 하여 학문의 연구·활동의 독립성과 연속성을 해칠 우려가 있으므로, 기간임용제를 채택함에 있어서는 교원의 신분보장을 위하여 적어도 재임용의 거부사유와 재임용의 거부에 대한 구제절차를 반드시 함께 규정하여야만 교원지위 법정주의를 규정한 헌법 제31조 제6항의 헌법정신에 합치된다.

2) 따라서 재임용 거부사유와 재임용을 거부당한 교원의 구제절차를 규정하지 아니한 채 구 사립학교법 제53조의2 제3항이 교원의 기간임용제를 규정한 것은 헌법 제31조 제6항에 위반된다.

한편 이 결정에 대한 평석으로는 김종철, 사립대학교수 재임용제의 헌법적 근거와 한계, 헌법실무연구, 제2권, 2001, 547쪽 이하 참조.

3) 예컨대 대법원은 1987. 6. 9. 86다카2622 판결에서 “사립학교법 제53조의 2 제2항에 의하여 계약기간을 정하여 임용된 교원은 그 기간이 만료된 때에는 재임용계약을 체결해야 하고 만약 재임용계약을 체결하지 못하면 재임용거부결정 등 특별한 절차를 거치지 않아도 당연퇴직되는 것이므로, 학교법인이 교원인사위원회의 심의결정에 따라 교원을 재임용하지 아니하기로 한 결정 및 통지는 교원에 대하여 임기만료로 당연퇴직됨을 알려주는데 지나지 아니하고, 이로 인하여 교원과 학교법인 사이에 어떠한 법률효과가 발생하는 것은 아니어서 교원은 이에 대한 무효확인을 구할 소의 이익이 없다”고 판시하고 있고, 이러한 대법원의 입장은 그 이후의 대법원 판례에 일관되게 유지되어 왔다. 이러한 재임용거부와 관련한 대법원 판례들에 대하여는 김선수, 교수재임용에 관한 판례의 문제점, 법과 사회, 제20호, 2001, 313쪽 이하 참조.

그런데 대법원은 그후 국립대학교수의 재임용탈락 사건에 있어서 그동안의 입장을 변경하여 매우 획기적인 판결(대판 2004. 4. 22. 2000두7735 교수재임용거부처분취소)을 만장일치로 내렸다. 즉 기간제로 임용되어 임용기간이 만료된 국·공립대학의 조교수에 대하여 임용권자가 재임용을 거부하는 취지로 한 임용기간만료통지가 행정소송의 대상이 되는 처분에 해당하는지 여부와 관련하여 “기간제로 임용되어 임용기간이 만료된 국·공립대학의 조교수는 교원으로서의 능력과 자질에 관하여 합리적인 기준에 의한 공정한 심사를 받아 재임용 되리라는 기대를 가지고 재임용 여부에 관하여 공정한 심사를 요구할 법규상 또는 조리상 신청권을 가진다고 할 것이니, 임용권자가 임용기간이 만료된 교수에 대하여 재임용을 거부하는 취지로 한 임용기간만료의 통지는 위와 같은 대학교원의 법률관계에 영향을 주는 것으로서 행정소송의 대상이 되는 처분에 해당한다. 이와 달리, 국·공립대학의 교수에 대하여 재임용하지 않기로

양하고 중요한, 그리고 과거 헌법재판소와 대법원의 판례에서 소홀히 다루어졌거나 부정되었던 사안들을 매우 적극적으로 다루었고 판단했다는 점에서 높이 평가할 수 있을 것이다. 그리고 이러한 입장은 그 이후의 결정에서도 그대로 유지되고 있다.[4)]

그러나 다른 한편 언급되지 않았거나 판단을 회피한 점, 또는 다소 잘못된 전제에서 논의를 전개한 부분도 있어 보인다. 따라서 이 글에서 이번 헌재의 결정내용과 의미 그리고 그 문제점을 살펴보는 것은 그동안 수없이 많은 문제를 야기시켰던 교수기간임용제 등 교수재임용제도에 대하여 전면검토하고 조속히 획기적인 보완입법을 해야 한다는 점을 상기할 때 자못 그 의의가 크다고 할 것이다.

이 글에서는 먼저 이번 결정의 내용과 의의 및 문제점을 살펴본 후, 사립학교법상의 교수 기간임용제의 헌법적 문제점을 고찰해 보기로 한다.

Ⅱ. 헌재결정의 내용

1. 사건의 개요

청구인은 1983. 3. 1.부터 1993. 2. 28.까지 10년간 학교법인 대우학원이 경영하는 아주대학교 경영학과 교수로 임용되었다가 1984. 10. 31. 직권면직되자, 위 학교법인을 상대로 소송을 제기하여 '학교법인 대우학원은 청구인에게 1984. 3. 1.부터 1993. 2. 28.까지의 기간 중 청구인을 복직시킬 때까지의 임금을 지급하라'는 내용의 일부승소판결을 받았으나, 위 학교법인이 청구인을 복직시키시 않았기 때문에 위 임용기간의 만료로 교수로서의 신분회복이 불가능하게 되었다. 이에 청구인은 위 학교법인의 자신에 대한 무효의 면직처분 및 복직불소치의 위법을 이유로 수원지방법원에 97가합2514호로 임금 등을 청구하는 소송을 제기하였고, 상고심(대법원 99다41398호) 계속중에 구 사립학교법 제53조의2 제3항(1990. 4. 7. 법률 제4226호로 개정되고, 1997. 1. 13. 법률 제5274호로 개정되기 전의 것, 이하 '이 사건 법률조항'이라 한다)에 대하여 위헌제청신청을 하였으나 대법원이 상고를 기각하면서 위헌제청신청에 대하여도 기각결정을 하자, 2000. 3. 14. 헌법재판소법 제68조 제2항에 따라 이 사건 헌법소원심판을 청구하였다.

하는 결정을 하고 이를 통지하였다고 하더라도 이를 행정소송의 대상이 되는 행정처분이라고 할 수 없다고 판시한 대법원 1997. 6. 27. 선고 96누4305 판결은 이와 저촉되는 범위내에서 변경하기로 한다."고 판시했다.

이 글에서 다루는 사립대학교수의 재임용 문제에 관한 헌법재판소의 결정과 더불어 국·공립대학교수의 재임용 문제에 관한 금번 대법원의 판결은 대학교수의 지위와 학문의 자유의 보장 및 대학과 대학교수의 자주성과 자율성 등을 보장하는데 있어서 초석이 되는 판례라 하겠다.

이번 대법원 판결에서처럼 적극적인 판결을 이미 내렸던 이 사건의 원심판결인 서울행정법원2000. 1. 18. 99구683 판결의 내용과 그에 대한 평석에 관하여는 정연주, 교수재임용거부처분에 대한 공법적 구제, 인권과 정의, 제285호, 2000. 5, 172쪽 이하 참조.

4) 헌재 2003. 12. 18. 2002헌바14 등, 판례집 15-2하, 466, 교원지위향상을위한특별법 제9조 제1항 등 위헌소원.

2. 심판의 대상과 관련규정

(1) 심판의 대상

구 사립학교법(1990. 4. 7. 법률 제4226호로 개정되고, 1997. 1. 13. 법률 제5274호로 개정되기 전의 것)

제53조의2(학교의 장이 아닌 교원의 임면) ①~② 생략

③ 대학교육기관의 교원은 당해 학교법인의 정관이 정하는 바에 따라 기간을 정하여 임면할 수 있다.

(2) 관련규정

구 사립학교법(1997. 1. 13. 법률 제5274호로 개정된 것)

제53조의2(학교의 장이 아닌 교원의 임면) ③ 대학교육기관의 교원은 당해 학교법인의 정관이 정하는 바에 따라 기간을 정하여 임면할 수 있다. 이 경우 국·공립대학의 교원에게 적용되는 임용기간에 관한 규정을 준용한다.

사립학교법(1999. 8. 31. 법률 제6004호로 개정된 것)

제53조의2(학교의 장이 아닌 교원의 임면) ③ 대학교육기관의 교원은 정관이 정하는 바에 따라 근무기간·급여·근무조건, 업적 및 성과약정 등 계약 조건을 정하여 임용할 수 있다. 이 경우 근무기간에 관하여는 국·공립대학의 교원에게 적용되는 관련규정을 준용한다.

④ 제3항의 규정에 의하여 임용된 교원의 임용기간이 종료되는 경우에 임면권자는 교원인사위원회의 심의를 거쳐 당해 교원에 대한 재임용 여부를 결정하여야 한다.

3. 결정이유의 요지

(1) 다수의견

1) 교육은 개인의 잠재적인 능력을 계발하여 줌으로써 개인이 각 생활영역에서 개성을 신장할 수 있도록 해주며, 국민으로 하여금 민주시민의 자질을 길러줌으로써 민주주의가 원활히 기능하기 위한 정치문화의 기반을 조성할 뿐만 아니라, 학문연구결과 등의 전수의 장이 됨으로써 우리 헌법이 지향하고 있는 문화국가의 실현을 위한 기본적 수단이 되고 있다. 교육이 수행하는 이와 같은 중요한 기능에 비추어 우리 헌법은 제31조에서 국민에게 능력에 따라 균등하게 교육을 받을 권리를 보장하는 한편(제1항), 그 보호하는 자녀에게 적어도 초등교육과 법률이 정하는 교육을 받게 할 의무를 부과

하고(제2항), 의무교육의 무상제공과 평생교육진흥을 국가의 의무로 부과하며(제3항, 제5항), 교육의 자주성·전문성·정치적 중립성 및 대학의 자율성을 보장하고(제4항), 나아가 학교교육 및 평생교육을 포함한 교육제도와 그 운영, 교육재정 및 교원의 지위에 관한 기본적 사항을 법률로 정하도록(제6항) 하였다.

2) 이 사건 법률조항은 사립대학의 학교법인이 정관이 정하는 바에 의하여 그 교원을 '기간을 정하여' 임면할 수 있도록, 따라서 임용기간의 만료시에 그 교원의 적격성 여부를 심사하여 다시 임용할 것인지의 여부를 결정할 수 있는 제도를 채택할 수 있도록 허용하고 있고, 임용기간이 만료되는 교원을 별다른 하자가 없는 한 다시 임용하여야 하는지의 여부 및 재임용대상으로부터 배제하는 기준이나 요건 및 그 사유의 사전통지 절차에 관하여 아무런 지침을 포함하고 있지 않을 뿐만 아니라, 부당한 재임용거부의 구제에 관한 절차에 대해서도 아무런 규정을 두고 있지 않다. 그렇기 때문에 이 사건 법률조항은, 정년보장으로 인한 대학교원의 무사안일을 타파하고 연구분위기를 제고하는 동시에 대학교육의 질도 향상시킨다는 기간임용제 본연의 입법목적에서 벗어나, 사학재단에 비판적인 교원을 배제하거나 기타 임면권자 개인의 주관적 목적을 위하여 악용될 위험성이 다분히 존재한다.

3) 따라서 객관적인 기준의 재임용 거부사유와 재임용에서 탈락하게 되는 교원이 자신의 입장을 진술할 수 있는 기회 그리고 재임용거부를 사전에 통지하는 규정 등이 없으며, 나아가 재임용이 거부되었을 경우 사후에 그에 대해 다툴 수 있는 제도적 장치를 전혀 마련하지 않고 있는 이 사건 법률조항은, 현대사회에서 대학교육이 갖는 중요한 기능과 그 교육을 담당하고 있는 대학교원의 신분의 부당한 박탈에 대한 최소한의 보호요청에 비추어 볼 때 헌법 제31조 제6항에서 정하고 있는 교원지위법정주의에 위반된다고 볼 수밖에 없다.

4) 이 사건 법률조항의 위헌성은 위에서 본 바와 같이 기간임용제 그 자체에 있는 것이 아니라 재임용 거부사유 및 그 사전구제절차, 그리고 부당한 재임용거부에 대하여 다툴 수 있는 사후의 구제절차에 관하여 아무런 규정을 하지 아니함으로써 재임용을 거부당한 교원이 구제를 받을 수 있는 길을 완전히 차단한 데 있다. 그런데 이 사건 법률조항에 대하여 단순위헌을 선언하는 경우에는 기간임용제 자체까지도 위헌으로 선언하는 결과를 초래하게 되므로, 단순위헌결정 대신 헌법불합치결정을 하는 것이다. 헌법불합치결정의 경우 입법자에게는 법률의 위헌적 상태를 조속한 시일내에 제거해야 할 입법개선의무가 발생하게 되므로, 입법자는 되도록 빠른 시일내에 이 사건 법률조항 소정의 기간임용제에 의하여 임용되었다가 그 임용기간이 만료되는 대학교원이 재임용거부되는 경우에 그 사전절차 및 그에 대해 다툴 수 있는 구제절차규정을 마련하여 이 사건 법률조항의 위헌적 상태를 제거하여야 할 것이다.

(2) 재판관 한대현, 재판관 하경철의 반대의견

헌법 제31조 제6항은 단순히 교원의 권익을 보장하기 위한 규정이라거나 교원의 지위를 공권력 등에 의한 부당한 침해로부터 보호하는 것만을 목적으로 한 규정이라고 볼 것은 아니고, 국민의 교육을 받을 기본권을 실효성 있게 보장하기 위한 것까지도 포함하여 교원의 지위를 법률로 정하도록 한 것이라고 보아야 할 것이므로, 이 헌법조항을 근거로 하여 제정되는 법률에는 교원의 신분보장, 경제적·사회적 지위보장 등 교원의 권리에 해당하는 사항뿐만 아니라 국민의 교육을 받을 권리를 저해할 우려있는 행위의 금지 등 교원의 의무에 관한 사항도 규정할 수 있는 것이고, 나아가 교원의 기본권을 제한하는 사항까지도 규정할 수 있다. 이 사건 법률조항에 따라 사립대학의 학교법인은 교원을 임용함에 있어 정년보장제를 채택할 수도 있고 기간임용제를 채택할 수도 있으며, 기간임용제를 채택하는 경우에도 ① 임용기간이 만료되면 원칙적으로 교원을 재임용하여야 하는 방식을 채택할 수도 있고 ② 임용기간이 만료되면 교원으로서의 신분관계가 당연히 종료되고 교원을 재임용할 것인지 여부가 오로지 임용권자의 판단에 따르는 방식을 채택할 수도 있는 등, 다양한 임용방식 중 당해 대학에 가장 적합하다고 판단되는 방식을 자유로이 선택할 수 있는데, 이는 입법자가 국·공립대학과는 다른 사립대학의 특수성을 배려하고 개개의 사립대학교육의 자주성과 사립대학의 자율성을 최대한 보장하기 위하여 마련한 제도로서, 그 입법취지를 충분히 수긍할 수 있다. 그렇다면, 다수의견이 내세우는 사전적·사후적 장치가 사립대학교원의 지위를 더욱 두텁게 보호하기 위한 것임을 이해한다고 하더라도, 그러한 장치를 두지 아니하였다 하여 이 사건 법률조항이 교원지위법정주의의 본질을 훼손하여 헌법에 합치되지 아니한다고는 볼 수 없다.

Ⅲ. 기간임용제의 헌법적 문제

1. 교원지위법정주의와 관련하여

먼저 다수의견도 지적하고 있는 바와 같이 이 사건 법률조항의 위헌 여부는 교원지위법정주의와 가장 밀접한 관계에 있다고 할 것인데, 결론적으로 이 사건 법률조항은 다수의견이 판시하는 바와 같이 대학교원의 지위와 신분에 관한 기본적이고 본질적인 사항을 정하고 있지 아니하므로 교원지위법정주의를 규정하고 있는 헌법 제31조 제6항에 위반된다고 할 것이다. 동조항은 "학교교육 및 평생교육을 포함한 교육제도와 그 운영, 교육재정 및 교원의 지위에 관한 기본적인 사항은 법률로 정한다."라고 규정함으로써 대학교수를 비롯한 교원의 지위와 신분에 관한 기본적인 사항을 법률로 정하도록 하고 있는데, 이는 교육이 현대사회에서 가지는 중요한 기능을 실현하기 위하여 헌법이 마련한 다양한 제도적 장치들 중 하나이다. 두말할 것도 없이 교원지위법정주의를 통한 교원의 지위와 신분의 보장이 없이는 교육이 제 기능을 할 수 없고, 교육의 자주성·전문성·정치적 중립성 및 대학의 자율성이 보장될 수 없으며, 나아가 학문의 자유가 보장될 수 없기 때문이다. 따라서 입법자는 법률로 정하여야 할 교원지위의 기본적 사항에 교원의 신분이 부당하게 박탈되지 않도록 하는 최소한의 보호의무에 관한 사항을 규정해야 하는 것이다.

그런데 이 사건 법률조항은 사립대학의 학교법인이 정관이 정하는 바에 의하여 그 교원을 '기간을 정하여' 임면할 수 있도록, 따라서 임용기간의 만료시에 그 교원의 적격성 여부를 심사하여 다시 임용할 것인지의 여부를 결정할 수 있는 제도를 채택할 수 있도록 허용하고 있으면서도 다른 한편 임용기간이 만료되는 교원을 별다른 하자가 없는 한 다시 임용하여야 하는지의 여부 및 재임용대상으로부터 배제하는 기준이나 요건 및 그 사유의 사전통지 절차에 관하여 아무런 지침을 포함하고 있지 않을 뿐만 아니라, 부당한 재임용거부의 구제에 관한 절차에 대해서도 아무런 규정을 두고 있지 않다. 그렇기 때문에 이 사건 법률조항은, 정년보장으로 인한 대학교원의 무사안일을 타파하고 연구분위기를 제고하는 동시에 대학교육의 질도 향상시킨다는 기간임용제 본연의 입법목적에서 벗어나, 사학재단에 비판적인 교원을 배제하거나 기타 임면권자 개인의 주관적 목적을 위하여 악용될 위험성이 다분히 존재한다.

결국 다수의견이 지적하고 있듯이 객관적인 기준의 재임용 거부사유와 재임용에서 탈락하게 되는 교원이 자신의 입장을 진술할 수 있는 기회 그리고 재임용거부를 사전에 통지하는 규정 등이 없으며, 나아가 재임용이 거부되었을 경우 사후에 그에 대해 다툴 수 있는 제도적 장치를 전혀 마련하지 않고 있는 이 사건 법률조항은, 현대사회에서 대학교육이 갖는 중요한 기능과 그 교육을 담당하고 있는 대학교원의 신분의 부당한 박탈에 대한 최소한의 보호요청에 비추어 볼 때 헌법 제31조 제6항에서 정하고 있는 교원지위법정주의에 위반된다고 볼 수밖에 없다.

이상 살펴본 바와 같이 이 사건 법률조항은 헌법 제31조 제6항의 교원지위법정주의를 위반한 것이고, 따라서 이점을 매우 적절하게 판시한 다수의견의 의미는 아무리 강조해도 지나치지 않을 것이다.

2. 사립대학 교원의 신분관계에 대한 공법적 원리의 준용

(1) 국·공립대학과 사립대학의 이원화의 문제

현대사회에서는 교육이 가지는 중요성과 특성에 비추어 교육제도 전반에 대한 국가의 통제와 지원이 이루어지며 이를 사적 자치에 방임하고 있지 않다. 이를 위한 제도의 하나가 바로 교원, 특히 대학교원에 대한 신분과 지위의 보장이며 이는 교육의 자주성·전문성·정치적 중립성 및 대학의 자율성을 위해 필수불가결한 전제조건이고, 학문의 자유의 신장을 위한 기본요소이다. 이러한 신분보장의 필요성과 그 제도적 장치에는 국·공립대학 교원과 사립대학 교원 사이에 차이가 있을 수 없으며, 이를 위해 헌법도 제31조 제6항에서 교원의 지위에 관한 기본적 사항을 법률로 정하도록 하여 신분보장을 제고하면서, 국·공립학교 교원과 사립학교 교원 사이에 어떠한 구별도 하고 있지 않다.

이러한 국·공립대학 교원과 사립대학 교원 사이의 신분상의 차이 내지 국·공립대학과 사립대학의 이원화의 문제와 관련하여 다수의견은 명백한 견해를 피력하지 않거나 양자의 이원화를 묵시적 전제로 논의를 전개하고 있으며, 반대의견은 "이 사건 법률조항에 따라 사립대학의 학교법인은 교원을 임용함에 있어, 정년보장제를 채택할 수도 있고 기간임용제를 채택할 수도 있으며, 기간임용제를 채택하는 경우에도 ① 임용기간이 만료되면 원칙적으로 교원을 재임용하여야 하는 방식을 채택할 수도 있고 ② 임용기간이 만료되면 교원으로서의 신분관계가 당연히 종료되고 교원을 재임용할 것인지 여부가 오로지 임용권자의 판단에 따르는 방식을 채택할 수도 있는 등, 다양한 임용방식 중 당해 대학에 가장 적합하다고 판단되는 방식을 자유로이 선택할 수 있는데, 이는 입법자가 국·공립대학과는 다른 사립대학의 특수성을 배려하고 개개의 사립대학교육의 자주성과 사립대학의 자율성을 최대한 보장하기 위하여 마련한 제도로서, 그 입법취지를 충분히 수긍할 수가 있다. 그렇다면, 다수의견이 내세우는 사전적·사후적 장치가 사립대학 교원의 지위를 더욱 두텁게 보호하기 위한 것임을 이해한다고 하더라도, 그러한 장치를 두지 아니하였다 하여 이 사건 법률조항이 교원지위법정주의의 본질을 훼손하여 헌법에 합치되지 아니한다고는 볼 수 없으며, 그러한 장치를 반드시 두게 하는 것이 오히려 긁어 부스럼이 되어 사립대학교육의 자주성이나 사립대학의 자율성을 해치는 결과가 되지 아니할까 걱정스럽다."라고 주장함으로써 양자의 구별을 명시적 대전제로 하여 사립대학 교원의 신분보장의 차별성을 인정하면서 이를 대학당국의 자유재량에 일임하고 있다.

(2) 국·공립대학과 사립대학 교원의 신분관계에 대한 공통적인 공법원리 준용의 필요성 및 논거

그런데 이러한 반대의견은 그 결과 뿐 아니라 그 전제에 있어서도 부당하다. 왜냐하면 양자는 설립근거 등 형식적인 면에서 차이가 있긴 하지만 실질적인 기능면에서 그리고 신분보장의 필요성면에서 하등의 차이가 없기 때문이다.

첫째, 양자는 공교육과 학문을 실천한다는 면에서 전혀 동일하다.

둘째, 양자는 중요한 국가의 공적 임무를 수행한다는 면에서 전혀 동일하다.

셋째, 그래서 국·공립 뿐 아니라 사립대학에도 국가의 각종 통제와 지원이 이루어지고, 국가의 다양한 간섭과 규제가 따른다는 면에서 전혀 동일하다.

넷째, 교원의 신분보장이 필요하다는 면에서 전혀 동일하고, 오히려 우리의 현실에 비추어 볼 때 사립대학의 경우 더욱 절실하다.

다섯째, 이에 따라 사립학교의 경우 그 제도운영과 교원의 신분 및 지위 등 전반에 걸쳐 국·공립대학에 관한 규정이 준용되는 등 광범위하게 공법규정이 준용되고 있으며,[5] 사립대학교원에 대한 불이익한 처분에 대한 구제절차도 교육부에서 이루어지는 등 행정심판의 절차를 거치고 이에 불복할 경우 행정소송을 제기하는 등 실질적으로 공법적 절차를 밟게 하고 있다.[6]

이 모든 것이 양자의 공통성과 동일한 국가적 규율의 필요성을 반증하는 것이다. 위에서 언급한 다섯가지 사항을 포함하여 학문과 교육기관으로서의 사립대학의 공적 기능과 특성, 헌법 제31조 제4항에 따른 교육의 자주성·전문성·정치적 중립성 및 대학의 자율성보장, 헌법 제31조 제6항의 교원지위법정주의의 취지와 정신,[7] 아울러 앞서 언급한 바와 같이 헌법 제31조 제6항이 교원의 지위를 법정하도록 하면서 국·공립과 사립 양자의 구별을 하지 아니한 것, 사립대학의 경우에도 원칙적으로 공법규정이 준용되도록 한 다양한 법제도, 그리고 사립대학 교원의 신분보장의 필요성에 있어서의 양자의 동일성 등이 교원의 신분보장문제와 관련하여 국·공립대학과 사립대학의 이원화를 지양하고 사립대학 교원의 신분관계에도 국·공립대학 교원의 경우와 마찬가지로 원칙적으로 공법적 원리가 준용되어야 한다는 주장의 논거라고 할 것이다.

물론 양자 사이에는 형식적인 면을 비롯하여 적지 않은 차이도 존재하고 사립대학의 다양성과 특성이 인정되어야 하는 등 차별성이 인정되어야 하겠지만 이는 세부적인 것이고 앞서 언급한 기본적인 기능과 신분보장의 필요성에 대하여는 차별되어서는

---

5) 현행 사립학교법 제53조의 2 제3항도 "대학교육기관의 교원은 정관이 정하는 바에 따라 근무기간·급여·근무조건, 업적 및 성과약정 등 계약조건을 정하여 임용할 수 있다. 이 경우 근무기간에 관하여는 국·공립대학의 교원에게 적용되는 관련규정을 준용한다"라고 규정함으로써 이를 분명히 하고 있다.

6) 교원지위향상을위한특별법 제9조 제1항, 제10조 제3항은 "교원이 징계처분과 그 밖에 그 의사에 반하는 불리한 처분에 대하여 불복할 때에는 그 처분이 있었던 것을 안 날부터 30일 이내에 심사위원회에 소청심사를 청구할 수 있고, 심사위원회의 결정에 대하여 교원, 「사립학교법」 제2조에 따른 학교법인 또는 사립학교 경영자 등 당사자는 그 결정서를 송달받은 날부터 90일 이내에 「행정소송법」으로 정하는 바에 따라 소송을 제기할 수 있다."고 규정하고 있다. 이에 따라 사립대학의 경우도 대학당국의 재임용거부에 대하여 해당 교수가 교육부의 교원소청심사위원회에 심사청구를 할 수 있고, 여기서 구제받지 못할 경우 심사위원회의 결정에 대하여 행정소송을 제기하는 등 공법적 구제를 받을 수 있다. 얼마 전 재임용을 거부당한 사립대학교수가 교육부의 교원징계재심위원회에 재심을 요청하였지만, 당해 위원회가 이를 각하하자, 동위원회를 상대로(해당 대학은 피고측에 보조참가하였다) 교원징계재심각하처분취소를 구하는 행정소송을 제기했고, 이에 대해 법원은 원고(교수)승소의 판결을 내린 바 있다(서울행정법원 2000. 1. 18, 99구26807).

7) 헌법 제31조 제6항이 교육의 물적 기반인 교육제도 이외에도 인적 기반인 교원의 지위를 특별히 국회가 제정하는 법률로 정하도록 한 취지는 그에 관한 사항을 전적으로 사법적 원리의 적용을 받는 사적자치의 영역에만 귀속시킬 수 없을 만큼, 교육을 담당하는 교원들의 지위에 관한 문제가 교육본연의 사명을 완수함에 있어서 중대한 의미를 갖는다고 보았기 때문이라고 하겠다.

안되는 것이다.[8)]

결국 신분보장에 관한 사안에서도 기본적으로는 사립학교법이 교육공무원법과 국가공무원법이 준용하고 있듯이 공법의 규정과 원리가 준용되어야 하는 것이다. 따라서 반대의견이 양자의 차이를 대전제로 신분보장문제를 사립대학에 일임하는 등 사적 자치와 사법상의 법률관계의 문제로만 파악하는 것은 교육의 특성과 기능 및 이의 실천을 위한 전제로서의 대학교원의 신분보장문제를 제대로 이해하지 못한 대단히 잘못된 견해이다. 아울러 이러한 반대의견의 주장처럼 교원의 신분보장을 위한 제도적 장치를 마련한다고 해서 사립학교의 자율성과 특성 및 건학이념 등이 손상받는 것은 결코 아니고 오히려 더욱 강화되고 정당화되는 것이며, 정년보장으로 인한 대학교원의 무사안일을 타파하고 연구분위기를 제고하는 동시에 대학교육의 질도 향상시킨다는 기간임용제 본연의 입법목적이 보다 잘 실현될 수 있을 것이다.

국·공립대학과 구별되는 사립대학의 특성과 자율성은 어디까지나 헌법과 법률이 정한 바에 따라 교원의 신분보장과 학문의 자유 및 교육의 자주성·전문성·정치적 중립성이 보장되는 범위내에서 그리고 앞서 언급한 재임용제도의 두 가지 이념을 실현하는 전제와 바탕위에서 인정되는 것이지 사립학교 당국이 마음대로 모든 것을 정할 수 있다는 것을 의미하는 것은 아니며, 그렇지 않을 경우 이는 오히려 사립대학의 자율성을 해치는 결과를 초래하게 될 것이다. 결국 반대의견은 전혀 설득력이 없는 것으로 이는 오로지 사립학교 당국의 자의와 전횡을 보장하면서 교원의 신분보장과 학문의 자유 및 교육의 자주성·전문성·정치적 중립성의 보장을 포기하겠다는 것과 다름없는 것이다.

한편 반대의견은 사립대학의 자율성과 관련하여 사립학교는 사법인으로서 국가에 대한 관계에서 기본권을 주장할 수 있다는 논거를 들고 있는데, 이 역시 설득력이 없는 논거이다. 왜냐하면 교원의 신분보장이나 재임용문제는 그 대학의 법적 형식이나 국가에 대한 관계에서 기본권을 주장할 수 있는지의 여부와는 전혀 관계가 없는 것이기 때문이다. 누차 언급한 바와 같이 대학교원의 재임용문제는 한편에서는 대학교원의 신분보장과 학문의 자유보장, 그리고 다른 한편에서는 무능한 교원을 퇴출시키고 학문연구와 교육을 촉진시킴으로써 학문과 교육을 발전시키고자하는 상호 밀접한 관련성이 있으면서 상호 모순될 수 있는 이익을 조화롭게 실현시키고자하는 문제이기 때문에 그 대학의 법적 형식이나 교원의 고용관계 또는 기본권효력문제와는 관련이 없는 것이다. 아울러 사립대학은 국가에 대하여 기본권을 주장할 수 있다고 하나 이것이 사립대학 교원이 대학당국에 대하여 기본권을 주장할 수 있다는 것을 부정하는 것은 아니므로 이를 논거로 국·공립대학과 사립대학을 구별하는 것은 전혀 설득력이 없는 것이다.

---

8) 유사견해 김종철, 전게논문, 562쪽.

또한 국·공립대학과 사립대학의 구별을 정당화시키는 논거로 제시되는 사립대학의 자율성에 관한 반대의견의 주장은 마치 헌법 제31조 제4항의 대학의 자율권조항과 헌법 제31조 제6항의 교원의 신분보장조항이 상호 모순·배척되는 것처럼 보이게 한다. 앞서 언급한 바와 같이 대학의 자율성은 교육의 자주성·전문성·정치적 중립성이 전제될 때 가능한 것이고 이러한 교육의 자주성·전문성·정치적 중립성은 대학교원을 비롯한 교육종사자의 독립성과 신분보장이 전제될 때에 비로소 가능한 것임을 상기할 때 대학의 자율성과 교원의 두터운 신분보장은 상호 보완적 관계에 있는 것임을 알 수 있다.

결국 교원지위법정주의는 대학의 자율성을 제한하는 것이 아니라 대학의 자율성과 교육의 자주성·전문성·정치적 중립성의 확립, 그리고 학문의 자유의 실현을 위하여 최소한의 교원의 신분보장을 법률로 정하도록 하는 것에 불과하다. 그리고 여기서 법정화될 사항은 교원의 신분보장, 특히 이 사건에서처럼 대학교원의 재임용에 대한 기준과 절차 및 구제사항 등에 대하여 규정할 것을 요구하며 그러한 기준 등이 예측가능하고 명확하며 객관적이고 재임용제도의 취지에 부합되는 내용이어야 함은 물론이다. 따라서 그 내용이 지극히 추상적이고 불명확하거나 재임용제도의 취지와 관계없는, 예컨대 교육과 학문적 업적과는 관계없는 그리고 주관적인 자의가 개입될 소지가 있는 기준이 법률이나 사립학교의 정관 등에 정해진다면 이는 바로 위헌인 것이다. 만일 그렇지 않고 반대의견대로 교원의 임면에 관한 사항이 오로지 대학의 자율이나 임면권자의 재량에 맡겨져 있다면 대학교원의 신분보장은 요원한 것이고 다수의견이 적절히 지적하고 있듯이 대학교원은 재임용을 위해－특히 대학교원의 일자리가 한정되어 있고 이동이 사실상 어려운 우리의 현실을 감안할 때－임면권자의 눈치를 볼 수밖에 없게 되며, 이는 결국 교육의 중립성과 자주성 및 정치적 중립성을 해치는 일이며 대학교원의 학문의 자유와 직업의 자유를 침해하는 것이다. 아울러 다수의견이 소개하고 있는 선진외국의 경우와도 매우 상치되는 것이다.

한편 이처럼 국·공립대학과 사립대학의 본질적 구별을 대전제로 하고 있는 반대의견 뿐 아니라 "… 현대사회에서 필수불가결한 공교육이 가지는 중요성과 특성을 인정하는 것으로 이의 실천을 위해 교육제도 전반에 대한 국가의 통제와 지원이 이루어지며 이를 사적 자치에 방임하고 있지 않다."라고 하면서도 이 양자의 구별문제에 대한 명확한 입장을 밝히지 않음으로써 이와 유사한 사안에도 적용될 수 있는 중요한 헌법적 해명을 회피한 다수의견에도 문제가 있다고 할 것이다.

따라서 사립대학의 교원도 국·공립대학의 교원이 대학당국이나 국가 등에 대하여 가지는 지위 및 기본권과 본질적으로 동일한 지위와 기본권－예컨대 학문의 자유, 직업의 자유, 재임용에 대한 신뢰 내지 기대권, 절차적 기본권 등－을 대학당국 등에 대하여 가진다고 하겠다.

결국－물론 다른 점에서 양자의 차이가 인정되는 경우도 많이 있지만－적어도 사립학교의 신분보장의 문제는 기본적으로는 양자의 차이를 부정하고 공법규정과 원리가 사립학교교원의 신분보장관계에 적용된다는 데서 논의가 시작되어야 하고,[9] 그때에 비로소 헌재의 위헌논거인 헌법상 교원지위법정지위에 대한 이해가 가능해진다.

(3) 사립대학 교원의 신분관계에 대한 공법적 원리의 준용

위에서 언급한 바와 같이 사립대학 교원의 신분관계에 대하여는 원칙적으로 국·공립대학의 경우처럼 공법의 규정과 원리가 준용되어야 한다. 따라서 재임용문제와 관련하여서는 다음과 같은 점이 준용되어야 할 것이다.

1) 법률유보의 원칙(포괄적 위임입법금지의 원칙)과 관련하여

주지하는 바와 같이 기본권의 행사와 제한 등에 관련된 기본적인 사항은 반드시 법률에 유보되어 있어야 하고, 그를 하위규범에 위임해서는 안된다고 하는 것이 법률유보의 원칙이다. 따라서 기본권에 관한 대강만을 법률에 정하고 본질적이고 기본적인 사항을 하위규범이나 행정청에 위임한다면 이는 포괄적 위임입법으로서 법률유보의 원칙에 위배되는 것이다. 결국 법치주의원리의 주요내용인 법률유보의 원칙은 포괄적 위임입법금지의 원칙을 한 내용으로 하고 있다. 헌법 제75조도 “대통령은 법률에서 구체적으로 범위를 정하여 위임받은 사항 … 에 관하여 대통령령을 발할 수 있다.”라고 규정하여 위임입법의 근거와 아울러 그 범위와 한계를 제시함으로써 이러한 포괄적 위임입법금지의 원칙을 천명하고 있다. 이는 만일 그렇지 아니하고 일반적이고 포괄적인 위임을 한다면 이는 사실상 입법권을 백지위임하는 것으로 법치주의를 부인하는 것이 되고 행정권의 자의와 남용 및 기본권에 대한 무제한 적인 침해를 초래할 수 있기 때문이다.

그리고 이러한 경우 기본권에 관한 사항을 법률에 어느 정도까지 구체적으로 정해야 기본권의 본질적인 사항을 정한 것으로 법률유보의 원칙을 지킨 것인가 하는 기준은 일률적으로 판단할 수 없고, 관련되는 다양한 사안을 총체적으로 고려해야 하겠으나 적어도 법률에 이미 하위규범으로 규정될 내용 및 범위의 기본사항이 구체적으로 규정되어 있어서 누구라도 당해 법률로부터 하위규범에 규정될 내용의 대강을 예측할 수 있어야 할 것이다.[10]

한편 일반적으로 이러한 법률유보의 원칙은 국가의 공권력행사에 의한 기본권의 행사나 제한의 경우에 적용되는 것이지만 앞서도 언급한 바와 같이 사립대학 교원의 신분관계의 경우 교원의 재임용에 대한 학교당국의 결정은 국·공립대학의 교원에 대한

9) 결국 같은 맥락에서 김종철, 전게논문, 573쪽.

10) 헌재 1991. 7. 8. 91헌가4.

국가나 공공단체에 의한 공권력행사의 경우처럼 실질적으로 이러한 국가의 공권력행사에 준한다고 보아야 할 것이므로 결국 사립학교 교원의 신분관계 등 기본권행사와 관련되는 법률관계에는 법률유보의 원칙이 적용되어야 할 것이고,[11] 따라서 적어도 이러한 신분관계에 관련되는 기본적이고 본질적인 사항의 대강이 해당 법률에 규정되어 있어야 한다.[12]

그런데 이 사건 법률조항은 사립대학교 교원의 재임용과 관련한 신분관계에 대하여 단지 "대학교육기관의 교원은 당해 학교법인의 정관이 정하는 바에 따라 기간을 정하여 임면할 수 있다"라고만 규정되어 있어 다수의견도 지적하는 바와 같이 사립학교 교원의 재임용과 관련한 기본적인 사항, 예컨대 객관적인 기준의 재임용 거부사유와 재임용에서 탈락하게 되는 교원이 자신의 입장을 진술할 수 있는 기회, 재임용거부를 사전에 통지하는 규정, 그리고 재임용이 거부되었을 경우 사후에 그에 대해 다툴 수 있는 제도적 장치 등을 전혀 마련하지 않고 일종의 하위규범인 대학정관에 포괄적으로 위임하고 있다.[13] 따라서 학교당국의 자의와 남용에 교원의 재임용여부 등 신분보장이 좌우될 수 있어 법률유보의 원칙 내지 포괄적 위임입법금지의 원칙에 위반된다고 하겠다.[14]

물론 이러한 사항들은 위에서도 언급했듯이 헌법 제31조 제6항의 교원지위법정지위와 관련하여서도 논해지는 것들이지만, 이러한 헌법규정에 관계없이 헌법상의 법치주의원리와 관련하여서도 논해질 수 있고, 또한 논해져야 하는 사항들이기도 하다. 따라서 만일 헌법에 제31조 제6항의 교원지위법정지위에 관한 규정이 존재하지 않을 경우에 이러한 논리는 독자적인 의미를 가질 수 있다고 하겠다. 결국 이러한 이유로 이 법률조항은 법률유보의 원칙에 위배된다고 보지 않을 수 없다.

2) 적법절차의 문제

무릇 모든 공권력작용은 법령이 요구하는 일련의 절차를 거쳐야 하고, 행정작용의 경우에도 그 성립요건으로서 적법한 행정절차를 거쳐야 한다. 이러한 행정절차가 행정의 민주화, 행정의 적정화, 권리침해의 사전적 예방과 효율적 권리구제, 행정의 합리화

---

11) 교수의 지위에 관하여 정한 법률의 경우에 헌법 제75조가 적용된다는 주장은 김선수, 전게논문, 333쪽.

12) 기간임용제의 세부사항을 사립학교법인의 정관에 위임한 것이 헌법 제75조 등을 통하여 법치주의의 파생원칙으로 인정되어 온 포괄적 위임입법금지의 원칙을 위반했다는 주장은 김종철, 전게논문, 563쪽.

13) 비록 그 후 개정·신설된 사립학교법 제53조의 2 제3항은 "대학교육기관의 교원은 정관이 정하는 바에 따라 근무기간·급여·근무조건, 업적 및 성과약정 등 계약조건을 정하여 임용할 수 있다. 이 경우 근무기간에 관하여는 국·공립대학의 교원에게 적용되는 관련규정을 준용한다"라고 규정하고 있고, 동법 제4항은 "제3항의 규정에 의하여 임용된 교원의 임용기간이 종료되는 경우에 임면권자는 교원인사위원회의 심의를 거쳐 당해 교원에 대한 재임용여부를 결정하여야 한다"라고 규정함으로써 과거보다 진일보한 내용을 마련하고 있으나 본질적으로는 커다란 차이가 없는, 즉 교원의 재임용과 관련한 신분보장에 관한 기본적인 사항을 정하지 않고 학교정관에 포괄적으로 위임하고 있어 포괄적 위임입법금지를 한 내용으로 하는 법률유보의 원칙에 여전히 위반된다고 하겠다.

14) 김선수, 전게논문, 332쪽.

를 위하여 절대로 필요한 것임은 두말할 여지가 없을 것이다. 특히 국민의 권리를 제한 내지 침해하는 부담적 행정작용의 경우에는 관계기관의 동의나 의결절차 뿐 아니라, 상대방에게 의견진술가나 증거의 제출 또는 변명의 기회 등을 부여하는 청문절차 등의 행정절차가 절실히 요구된다.

물론 이러한 적법절차의 원리는 국가 공권력작용에 대하여 적용되는 것이 원칙이지만, 앞서 언급한 바와 같이 실질적으로 이에 준하는 법률관계에도 적용되어야 할 것이고, 따라서 이 사건의 경우에서처럼 형식적으로는 사법관계에 속하는 사립학교 당국과 사립학교 교원간의 법률관계에서도 재임용문제와 같은 신분관계의 경우에는 적법절차의 원리가 적용되어야 할 것이다. 왜냐하면 적법절차원리를 비롯한 헌법상 내지 공법상 원리의 의의와 그 적용의 필요성은 그것이 적용되는 법률관계의 형식적인 성격과 종류에 좌우되는 것이 아니라, 그것이 추구하는 실질적인 목적, 즉 공권력 내지 이에 준하는 행위를 통제하고 그로부터 국민의 기본권을 보장하고 공익을 추구하고자 하는 목적에 좌우되어야 하기 때문에 앞서도 지적했듯이 사립학교 교원의 신분관계에도 당연히 이러한 적법절차원리가 적용되어야 하기 때문이다. 다시 말해 이러한 공법적 원리가 적용됨으로써 사립학교 당국의 행위가 적절히 통제되고 교원의 신분보장과 기본권이 보장되고, 이로써 학문의 자유의 신장과 학문의 발전 및 교육의 자주성·전문성·정치적 중립성과 대학의 자율성 등의 공익도 아울러 추구되는 것이기 때문이다.

따라서 이 사건의 경우에도 재임용문제는 교수의 권리와 지위에 직결되는 가장 중요한 사안이므로 이 문제를 다루는 인사위원회의 심의결정과정에서 당연히 해당 교수에게 청문절차 등의 행정절차를 인정해야 하는 등 다양한 절차적 통제와 권리가 보장되어야 할 것이고, 이러한 절차가 사립학교법에 규정되어야 한다. 그런데 앞서도 지적했듯이 이러한 절차에 대하여 구 사립학교법에 전혀 규정되어 있지 않고, 현행법에도 매우 미흡하게 규정되어 있어서 이는 위에서 언급한 법률유보의 원칙에 위배됨과 동시에 헌법상의 적법절차원리에 위배되는 것이다.

한편 이러한 해당 교원의 재임용과 관련한 일련의 절차문제, 예컨대 재임용에서 탈락하게 되는 교원이 자신의 입장을 진술할 수 있는 기회, 재임용거부를 사전에 통지하는 문제, 객관적이고 중립적인 인사위원회의 구성과 구성원의 자격 및 운용 문제 등은 위에서 이미 교원지위법정지위와 관련하여 논해졌지만, 적법절차의 문제를 별도로 논의하는 의미는 위에서 언급한 이유로 충분히 있다고 하겠다.[15] 특히 이러한 논리는 만일 헌법에 제31조 제6항의 교원지위법정지위에 관한 규정이 존재하지 않을 경우에 독자적인 의미를 가지고 있다고 하겠다. 결국 이러한 이유로 이 법률조항은 적법절차원리에 위배된다고 보지 않을 수 없다.

---

15) 이러한 일련의 절차적 내용들이 적법절차상 요구된다는 견해로 김선수, 전게논문, 331쪽; 김종서, 교수재임용제, 어떻게 할 것인가?, 법과 사회, 제20호, 2001, 344쪽.

3) 재임용행위는 재량행위인가?

이 사건 반대의견은 이미 위에서 소개했듯이 "… 교원의 임면에 관한 사항도 대학자율의 범위내에 속하는 것이다. … 이 사건 법률조항에 따라 사립대학의 학교법인은 교원을 임용함에 있어, 정년보장제를 채택할 수도 있고 기간임용제를 채택할 수도 있으며, 기간임용제를 채택하는 경우에도 ① 임용기간이 만료되면 원칙적으로 교원을 재임용하여야 하는 방식을 채택할 수도 있고 ② 임용기간이 만료되면 교원으로서의 신분관계가 당연히 종료되고 교원을 재임용할 것인지 여부가 오로지 임용권자의 판단에 따르는 방식을 채택할 수도 있는 등, 다양한 임용방식 중 당해 대학에 가장 적합하다고 판단되는 방식을 자유로이 선택할 수 있는데, 이는 입법자가 국·공립대학과는 다른 사립대학의 특수성을 배려하고 개개의 사립대학교육의 자주성과 사립대학의 자율성을 최대한 보장하기 위하여 마련한 제도로서, 그 입법취지를 충분히 수긍할 수가 있다."라고 주장함으로써 사립학교 당국의 해당 교원에 대한 재임용행위가 재량행위라는 것을 전제로 하고 있고, 다수의견도 "절대적이고 통제받지 않는 자유재량은 남용을 불러온다는 것이 인류역사의 경험이라는 점에서 볼 때, 자의적인 재임용거부로부터 대학교원을 보호할 수 있도록 구제수단을 마련해 주는 것은 국가의 최소한의 보호의무에 해당한다. 즉, 임면권자가 대학교원을 왜 재임용하지 않으려 하는지 이유를 밝히고 그 이유에 대하여 당해 교원이 해명할 기회를 주는 것은 적법절차의 최소한의 요청인 것이다. 그런데 닫혀진 문 안에서 비밀스럽게 재임용거부결정이 이루어지고 이를 당해 교원에게 고지하지도 않는 경우에는 이러한 자의적인 결정에 대한 견제수단이 없게 되는 것이다."라고 판시함으로써 역시 사립학교 당국의 해당 교원에 대한 재임용행위가 재량행위라고 전제하고 있다. 그런데 이러한 사립학교당국의 해당 교원에 대한 재임용행위가 재량행위이냐 기속행위이냐는 교원의 신분보장 및 학교당국에 대한 통제와 관련하여 매우 중요한 문제이다.

일반적으로 일정한 행위가 기속행위인가 또는 재량행위인가의 여부는 사법심사의 대상가능성 여부 및 사법심사의 범위 등과 관련하여 중요한 문제이고, 원칙적으로 행정청의 행정행위와 관련해서 문제되는 것이다. 그런 면에서 행정청이 아닌 사립학교당국의 행위에 대하여 이러한 논리를 적용하는 것에 의문이 제기될 수 있다. 그런데 앞서도 언급했듯이 사립학교의 경우 재임용문제와 관련해서는 공법적 원리가 적용되어야 하고 아울러 학교당국의 행위는 실질적 성질상 행정행위에 준한다고 볼 수가 있기 때문에 이러한 논의가 여기서도 적용될 수 있다고 본다.

한편 앞서 소개한 대법원판례에서 보는 바와 같이 사법부는 종래 임기가 만료된 교수를 재임용할 것인지의 여부는 임용권자의 판단에 따른 재량행위로 보아 사법심사의 대상이 될 수 없다는 소극적 입장을 취해왔다.

앞서 언급한 바와 같이 교수의 기간제 임용과 재임용제도의 취지는 연구와 강의 및 학생지도 등 대학교수 본연의 임무를 수행할 능력과 자질이 없는 교수가 정년까지 신분을 보장받고 재직하게 되는 폐단을 보완하는 데에 있다. 그러나 다른 한편 학문의 자유, 대학의 자율성 및 교육의 자주성·전문성·정치적 중립성을 보장하기 위하여, 그리고 교원지위 법정주의에 관한 헌법규정과 정신에 비추어 대학교수에 대한 일정한 범위의 신분보장은 절대로 필요하다. 이에 따라 위에서 주장한 바와 같이 임용권자에게 재임용 여부에 대하여 합리적인 기준에 따른 공정한 심사를 할 의무가 있고, 기간제로 임용된 교수도 재임용 여부에 대하여 합리적인 기준에 따른 공정한 심사를 신청할 법률상 또는 조리상의 권리를 가지는 것이다. 재임용제도가 대학교수의 신분을 위협하는 도구로 악용되어 대학의 자율성과 자유로운 학문활동을 위태롭게 해서는 안된다고 하는 것은 다언을 요하지 아니할 것이다. 이처럼 재임용제도가 대학교수의 신분보장, 대학의 자율성, 학문의 자유 등과 직결되어 있다는 점을 감안할 때 임용기간이 만료된 교수에 대한 재임용 여부는 임용권자의 재량행위에 속하는 것이 아니라, 일정한 재임용기준을 충족시켰을 경우에는 반드시 재임용해야 할 의무를 지우는 기속행위로 보아야 할 것이다. 만일 그렇지 않고 재임용 여부가 전적으로 임용권자의 재량에 맡겨져 있다고 한다면 재임용제도는 본래의 제도적 취지와는 달리 과거의 적지 않은 예에서 보듯이 대학교수를 순치시키고 대학재단이나 정부에 비협조적이고 비판적인 교수를 탈락시키기 위한 교수에 대한 통제도구로 전락할 것이고, 교수의 임용권자 및 국가의 이해관계나 정책에 반하는 내용의 학문연구 및 학술활동을 제한하여 결과적으로 대학교수의 신분보장과 학문의 자유 및 대학의 자율성은 형해화되어질 것이다.[16]

현행 사립학교법 제53조의 2 제4항이 "… 재임용 심의를 신청받은 임면권자는 제53조의3의 규정에 의한 교원인사위원회의 재임용 심의를 거쳐 당해 교원에 대한 재임용 여부를 결정하고 그 사실을 임용기간 만료일 2월전까지 당해 교원에게 통지하여야 한다. 이 경우 당해 교원을 재임용하지 아니하기로 결정한 때에는 재임용하지 아니하겠다는 의사와 재임용 거부사유를 명시하여 통지하여야 한다."라고 규정하고 있는데, 이러한 인사위원회의 심의절차가 재임용제도의 취지를 살릴 수 있도록 의미 있게 운용

16) 교수재임용추천거부 등에 대한 헌법소원 사건(헌재 1993. 5. 13. 91헌마190, 판례집 5-1, 312)에서 변정수 재판관도 "임용기간이 만료된 대학교원에 대한 재임용 여부는 기간제임용제도의 취지에 비추어서나 그것이 대학교원의 신분과 기득권에 관한 것임에 비추어 임용권자의 자유재량행위에 속하는 것이 아니라 능력이나 자질에 뚜렷한 하자가 없는 한 재임용해야 할 의무가 있는 기속행위에 속한다고 보아야 한다. 즉 교육의 자주성·전문성·정치적 중립성·대학의 자율성과 학문의 자유 및 이를 위한 전제조건으로서의 대학교원의 신분보장을 위해서는 임용권자는 그 교원의 능력과 자질에 객관적으로 명백한 하자가 발견되지 않는 한 반드시 해당교원을 재임용하여야 하며 따라서 임용권자에게는 재임용 여부에 대한 결정재량권이 부여되어 있다고 볼 수 없다. 만일 재임용 여부의 결정이 전적으로 임용권자의 자유재량에 맡겨져 있다고 한다면 즉 재임용행위가 순수한 자유재량행위라고 한다면 대학교원의 재임용제도는 본래의 제도적 취지와는 달리 과거의 예에서 보듯이 대학교원을 순치시키고 대학재단이나 정부에 비판적이거나 비협조적인 교원을 탈락시키기 위한 대학교원의 통제제도로 전락할 것이고 대학교원의 신분보장과 대학의 자율성 및 학문의 자유 그리고 교육의 자주성·전문성·정치적 중립성은 형해화될 것이다."라는 반대의견을 통해 재임용행위가 기속행위임을 주장하고 있다. 헌재 1993. 5. 13. 91헌마190, 판례집 5-1, 312, 330-331.

되기 위해서는 해당 교원의 재임용 여부를 인사위원회가 객관적인 기준에 따라 결정하고, 이 결정에 학교당국이 기속되도록 하여야 할 것이다. 따라서 이러한 인사위원회 심의제도의 취지에 비추어 보더라도 재임용행위는 기속행위이어야 함을 알 수 있다.[17)]

결국 임용권자는 재임용의 기준을 충족한 교수에 대하여는 반드시 재임용해야 한다.[18)] 그리고 사립학교법에 보완되어야 할 관련 규정내용, 예컨대 재임용기준 등도 재임용제도가 기속행위로 운용되도록 규정되어야 한다. 또한 그 기준은 객관적이고 합리적이며 재임용제도의 취지에 부합되어야 하고(예컨대 학문과 연구 및 교육과 직결되는 내용),[19)] 가능한 한 명확해야 한다. 그래야 임용권자의 자의가 개입될 여지를 줄일 수 있다. 다만 그 기준 자체에 불가피하게 추상적인 불확정개념이 존재할 수도 있는데, 이 경우 이론상 임용권자에게 일정한 판단의 여지가 부여되어 있는 것이다. 이러한 판단의 여지는 재량의 여지와는 구별되는 것으로, 이 경우 그러한 추상적 기준을 충족시키는 것으로 판단이 되면 반드시 재임용해야 하고, 반면에 기준에 미달하는 것으로 판단이 되면 재임용을 거부해야 하는 기속행위와 결합되는 것이다. 따라서 임용권자는 불명확하고 추상적인 기준에 따른 충족여부와 관련하여 공익과 재임용제도의 목적과 취지에 부합하는 정당하고 객관적이며 합리적인 판단을 해야 할 의무를 지며, 만일 임용권자가 이러한 판단을 그르치거나, 아예 판단행위를 하지 아니하거나, 또는 판단에 대한 객관적이고 구체적인 이유를 적시하지 아니한다면 이는 위법한 행위로서 그에 따른 재임용 거부처분은 당연히 사법심사의 대상이 되어야 하는 것이다.[20)]

4) 평등의 원칙

원칙적으로 평등의 원칙 등 조리상의 원칙은 공법상의 법률관계에 적용된다고 할 것이다. 그러나 재임용문제도 비록 형식상 사법상의 고용관계이지만 앞서 언급한 이유로 공법상의 법률관계에 준한다고 보고 다양한 공법상의 원리가 적용되어야 할 것이며, 따라서 평등의 원칙도 적용된다고 보아야 할 것이다. 그런 점에서 볼 때 현행 재임

---

17) 결국 같은 견해로서 김선수, 전게논문, 328쪽.

18) 서울행정법원 2000. 1. 18. 99구26807 판결은 "재임용제도가 임용권자에게 자의적인 기준으로 사립대학 교원의 재임용 여부를 결정할 수 있는 권한을 주는 것이라고 할 수는 없다. 만약 재임용제도를 '임용권자의 자의적인 기준으로 사립대학 교원의 재임용 여부를 결정할 수 있는 것'이라고 해석한다면, 이는 학문의 자유와 대학의 자율성을 보호하고자 하는 헌법 정신에 위반함은 물론, 교원지위향상을위한특별법의 근본 정신이나 재임용제도를 인정하고 있는 사립학교법 제53조의2 제3항의 입법 목적에도 반하는 것이 되기 때문이다. 또한 재임용제도의 취지에 비추어 보면, 임용권자는 '합리적인 재임용 심사기준'을 설정(위에서 본 교육부의 지침 등이 합리적인 심사기준을 설정하는 데 참고가 될 수 있을 것이다)하고, 이 기준에 따라 대학 교원의 능력과 자질을 정당하게 평가한 후 재임용 여부를 결정하여야 하며, 나아가 임용권자는 특별한 사정이 없는 한 심사기준에 따른 재임용 요건을 갖춘 임기만료 교원에 대하여는 재임용을 하여야 하며, 재임용을 거부할 때에는 그 거부사유를 밝혀야 한다."라고 판시하고 있는데, 이는 재임용결정여부가 기속행위라는 취지의 견해를 간접적으로 시사하는 것으로 보여진다.

19) 같은 견해 김선수, 전게논문, 330쪽; 김종서, 전게논문, 343쪽.

20) 판단의 여지 문제에 대하여는 김동희, 행정법 I, 2004, 255쪽 이하; 김성수, 일반행정법 2001, 191쪽 이하.

용제도는 평등의 원칙상 문제가 된다고 하겠다.

만일 사립학교 교원이 재임용과 관련하여 다른 사립학교 교원 또는 국·공립대학 교원과 비교하여 부당한 차별을 받는다면 이는 평등의 원칙에 위배되는 것이다.21) 왜냐하면 앞서도 언급했듯이 대학교원의 재임용과 관련해서는 사립대학 상호간 또는 사립대학과 국·공립대학 상호간 합리적이고 본질적인 차별사유가 존재하지 않기 때문이다. 물론 사립학교의 특성상 재임용과 관련하여 본질적이지 아니한 문제, 예컨대 기간제 임용에 있어서 기간의 장단 등과 관련하여서는 차이가 있을 수 있다. 그러나 본질적인 문제, 예컨대 재임용기준의 합리성과 객관성, 학교당국의 부당한 자의 방지, 중립적이고 객관적인 인사위원회의 구성, 해당 교원에 대한 사전통지, 해당 교원에 대한 청문의 기회부여, 구제절차 등과 관련하여서는 차별이 있을 수 없다. 따라서 이 사건 법률조항이 앞서 언급한 바와 같이 이러한 점에 대한 규정을 결함으로써 대학당국에 자의와 남용의 여지를 부여하고 대학교원들 상호간의 부당한 차별을 초래할 가능성을 지니고 있고 또한 실제로 초래하고 있으므로 평등의 원칙에 위배된다고 보지 않을 수 없다.

따라서 "…사립대학교육기관의 교원이 … 다른 사립교육기관의 교원 및 국·공립대학교 교원과 비교하여 차별을 받는 것은 모두 합리적이고 정당한 사유가 있으므로 평등권 위반의 문제는 생기지 않는다."라고 판시한 과거 96헌바33등 결정은 잘못되었고, 한편 96헌바33등 결정을 변경하면서 이러한 중요한 헌법적 해명에 해당하는 평등의 원칙문제에 대하여 아무런 언급을 하지 아니한 이번 결정도 모두 잘못되었다고 하겠다.

5) 구제절차

앞서 언급한 바와 같이 교원지위법정주의 및 법률유보의 원칙상 재임용과 관련한 구제절차가 사립학교법 등에 당연히 규정되어 있어야 할 것이다. 그런데 그 구제절차의 종류와 관련하여 볼 때 본래 사법상의 법률관계에 대한 분쟁은 민사소송으로 해결하여야 할 것이므로 사법상의 고용계약과 관련한 사립대학교원의 재임용문제는 민사소송의 절차를 밟는 것이 원칙일 것이다. 그러나 재임용과 관련한 법적 분쟁은 비록 그것이 형식적으로는 사법상의 법률관계라 하더라도 앞서 언급한 이유로 다양한 공법적 원리가 적용되고 따라서 이에 대한 해결도 공법상의 소송, 즉 행정쟁송으로 이루어지는 것이 타당하다고 본다. 따라서 재임용거부와 관련된 분쟁은 교원의 의사에 반하는 불리한 처분으로 보아 교육인적자원부의 교원징계재심위원회에 일종의 행정심판으로서의 재심을 청구하고 이에 불복이 있을 경우 행정소송을 제기하는 것이 고려될 수 있을 것이다.22) 최근에 이 위원회는 과거 재임용이 거부된 국·공립대학의 교원 뿐 아

21) 유사견해, 김종철, 전게논문, 560쪽.

22) 앞서 소개한 바와 같이 교원지위향상을위한특별법 제9조 제1항, 제10조 제3항에 따라 사립대학의 경우도 대학당국의 재임용거부에 대하여 해당교수가 교육부의 교원소청심사위원회에 소청심사의 청구할 수 있고, 여기서 구제받지 못할 경우 심사위원회의 결정에 대하여 행정소송을 제기하는 등 공법적 구제를

니라 사립대학의 교원에 대하여도 구제기회를 부여한 바 있다.

3. 재임용 기대권의 문제

결국 재임용의 기준은 사립학교법 등 관련법령과 학교정관에 합리적이고 객관적이며 명확하게 규정되어 있어야 하고 이러한 기준을 충족시킬 경우 학교당국은 해당 교원을 당연히 재임용시켜야 하는 기속행위로 운용되어야 한다. 따라서 재임용대상 교원은 이러한 기준을 충족시킬 경우 재임용된다는 신뢰와 기대를 가지게 되며, 이러한 신뢰와 기대는 일종의 기본권으로 당연히 보장되어야 한다.[23] 연구와 교수능력 제고라는 교수재임용제도의 목적은 이러한 능력이 객관적으로 인정된 교수는 당연히 재임용된다는 사실을 전제로 할 때 비로소 달성될 수 있는 것이기 때문에 이러한 재임용제도의 목적으로부터－일정한 조건이 충족될 경우에－재임용에 대한 기대권은 도출된다고 하겠다.[24] 그렇지 않고 반대의견 및 그동안의 대법원의 견해대로 임용기간 만료로 단순히 고용관계는 종료되고 그에 대한 이의제기와 관련하여 아무런 소의 이익이 없다고 한다면 사립학교 교원은 재임용거부행위가 아무리 형식적·내용적으로 부당한 처사라 하더라도 이에 대하여 이의를 제기할 수 있는 아무런 법적 근거도 없고 권리도 없다는 것이 되고, 이는 대학임면권자의 전횡을 인정하는 것이며, 결국 대학교원의 신분보장과 학문의 자유 및 대학교원지위법정지위는 형해화되는 것이다.

그러한 점에서 다수의견이 "임기가 만료된 교원이 '재임용을 받을 권리 내지 기대권'을 가진다고는 할 수 없지만 적어도 학교법인으로부터 재임용 여부에 관하여 '합리적인 기준과 정당한 평가에 의한 심사를 받을 권리'를 가진다고 보아야 한다."라고 판시한 것도 잘못이다. 왜냐하면 위에서 언급했듯이 그리고 아래에서도 언급하는 바와 같이 대학교원은 임기가 만료되었더라도 일정한 기준을 충족시켰을 경우에는 본인에 의사에 반하여 재임용에서 탈락되지 않고 당연히 재임용되고, 또한 학교당국도 재임용해야 하는 기속행위이므로 이 경우 마땅히 해당 교원은 재임용에 대한 신뢰 내지 기대권을 가지며, 이는 결국 '일정한 조건하의 재임용받을 권리'라고 보아야 하는 것이다. 그리고 이러한 권리는 교원의 직업의 자유, 학문의 자유, 그리고 국·공립대학 교원의 경우 공무담임권 및 교원지위법정지위 등에서 도출될 수 있는 것이다. 만일 그렇지 않고 임기가 만료된 교원이 '재임용을 받을 권리 내지 기대권'을 가지지 않고 단지 '합리적인 기준과 정당한 평가에 의한 심사를 받을 권리'만을 가진다고 한다면 해당 교원은

받을 수 있다. 과거에도 재임용을 거부당한 사립대학교수가 교육부의 교원징계재심위원회에 재심을 요청하였지만, 당해 위원회가 이를 각하하자, 동위원회를 상대로(해당대학은 피고측에 보조참가하였다) 교원징계재심각하처분취소를 구하는 행정소송을 제기했고, 이에 대해 법원은 원고(교수)승소의 판결을 내린 바 있다(서울행정법원 2000. 1. 18. 99구26807).

23) 이러한 재임용되리라는 기대권을 법률상 보호의 가치가 있는 법익이라고 보는 견해로는 김선수, 전게논문, 328쪽.

24) 유사한 견해로서는 김선수, 전게논문, 326쪽 이하; 김종서, 전게논문, 343쪽, 김종철, 전게논문, 582쪽.

심사절차를 통해 일정한 재임용의 기준을 충족시켰음에도 불구하고 해당 학교는 이미 당사자에게 합리적인 기준과 정당한 평가에 의한 심사기회를 제공했으므로 학교로서는 자신의 의무를 다한 것으로 되며 그 결과에 구애받지 않고 당사자를 재임용하지 않을 수도 있다는 것이며 이는 결국 학교당국의 자의와 남용 내지 전횡을 가능케 하는 것이다. '합리적인 기준과 정당한 평가에 의한 심사를 받을 권리'를 가진다는 말은 당연히 그러한 심사의 결과 재임용의 기준을 충족시켰을 경우에는 '재임용을 받을 권리'를 가진다는 것이며, 그렇게 해석할 때 다수의견의 논리도 일관성을 가지게 된다. 왜냐하면 '합리적인 기준과 정당한 평가에 의한 심사를 받을 권리'는 바로 '재임용에 대한 기대권 내지 권리'를 전제로 하기 때문이다. 다시 말해 '재임용에 대한 기대권 내지 권리'가 인정되지 않는다면 '합리적인 기준과 정당한 평가에 의한 심사를 받을 권리'가 인정될 수 없고, 또한 그것만으로는 아무런 의미가 없기 때문이다. 예컨대 건축허가신청을 당해 행정청에게 했을 때 신청인에게는 해당 법률이 정하는 일정한 요건을 신청자가 충족했을 경우에는 건축허가를 받는다는 기대권 내지 권리가 당연히 인정되고, 그러한 기대가 위법·부당하게 침해되었을 때에는 그에 대한 구제절차를 밟을 수 있으며, 이는 건축허가에 대한 법률상 인정되는 신청인의 권리를 전제로 하는 것과 동일하다고 볼 수 있다.

결국 해당 교원은 재임용을 목적으로 하는 것으로 그러한 '일정한 조건하의 재임용받을 권리'가 없는 '합리적인 기준과 정당한 평가에 의한 심사를 받을 권리'는 아무런 의미가 없고, 따라서 다수의견의 논리의 일관성을 위해서 그리고 교원의 두터운 신분보장과 재임용제도의 적절한 운용 및 학교당국의 부당한 자의와 남용을 막기 위해서 해당 교원은 재임용의 조건을 충족한다는 전제하에서의 '재임용 받을 조건부 권리'를 가진다고 보아야 할 것이다.[25)]

Ⅳ. 맺는 말

지금까지 헌법재판소 결정의 내용과 문제점을 살펴보았다. 전체적으로 이번 결정은 과거의 헌재나 대법원의 유사판례와 비교해 볼 때 획기적인 것이고 결론에 있어서도 대체로 타당하다고 여겨진다. 아울러 이 결정이 원인이 되어 최근 교육부에서 과거 재임용에서 탈락된 교수들에 대한 구제를 적극적으로 도모하고 있다고 알려졌다. 또한 이 결정을 계기로 관련 법령의 보완도 적극적으로 고려되고 있다는 보도도 있다. 그런 점에서 이번 결정의 의의는 아무리 강조해도 지나치지 않을 것이다.

---

25) 앞서 소개했던 대법원의 판결(대판 2004. 4. 22. 2000두7735 교수재임용거부처분취소)에서 "기간제로 임용되어 임용기간이 만료된 국·공립대학의 조교수는 교원으로서의 능력과 자질에 관하여 합리적인 기준에 의한 공정한 심사를 받아 재임용 되리라는 기대를 가지고 재임용 여부에 관하여 공정한 심사를 요구할 법규상 또는 조리상 신청권을 가진다고 할 것이니, …"라고 판시한 것도 이러한 재임용에 대한 기대 내지 신뢰를 권리 내지 기본권으로 인정한 것으로 보여진다.

그러나 이번 결정에는 반대의견 뿐 아니라 다수의견에도 소홀히 할 수 없는 여러 가지 문제점이 도사리고 있다. 특히 다수의견은 이번 사안을 교원지위법정지위와 관련해서만 판단하고 있는데, 즉 "이 사건 법률조항이 규정하고 있는 기간임용제가 교원지위법정주의에 위반됨을 확인하는 이상, 그밖에 청구인이 주장하는바 교원주의법정주의 위반의 결과 초래될 수 있는 평등권, 학문의 자유, 재판청구권, 근로조건법정주의 위반 여부에 대하여는 따로 판단하지 아니한다."라고 판시함으로써 교원지위법정주의와 관련한 사항만 판단하고 있다.[26] 물론 다수의견대로 이 사건 법률조항의 위헌여부판단의 가장 중요한 사항과 기준은 헌법 제31조 제6항의 교원지위법정주의임에는 틀림없다. 또한 그 잣대만으로 이 사건 법률조항의 위헌여부가 판단될 수 있고 사건이 종결될 수 있다.

그러나 헌법재판의 목적은 단순히 사건을 해결하고 종결하는 데에만 있는 것은 아니다. 헌법재판은 당해 사건의 해결과 관련 청구인 등의 기본권을 구제해주는 것에서 그 목적과 기능이 다하는 것이 아니라, 중요한 헌법적 해명, 동일 또는 유사한 다른 사건의 해결을 위한 지침, 헌법수호, 공익추구 등 다양한 기능과 특성을 헌법재판은 가지고 있는 것이다.[27] 그 때문에 당사자주의가 아닌 강한 직권심리주의가 헌법재판에 인정되고 있고, 그러므로 상황에 따라서는 청구인 등 당사자가 주장하지 아니한 사항에 대하여도, 그리고 일반적으로 언급되는 협의의 소의 이익이 없는 경우에도 헌법재판소는 판단할 수 있고 또한 판단하여야 하는 것이다. 이런 점에서 볼 때 위에서처럼 다수의견이 오로지 교원지위법정주의와 관련해서만 판단하고 그 이외의 위에서 소개된 다른 사항에 대하여 판단하지 아니한 것은 잘못이다.

한편 다수의견은 국·공립대학과 사립대학의 구별문제에 대하여 명시적인 입장을 밝히지 않고 있고, 반대의견은 이의 구별을 논의의 출발점으로 하고 있는데, 이 역시 앞서 언급한 이유로 잘못되었다. 즉 양자를 구별하는 것도 잘못이지만, 이에 대하여 명확한 입장을 밝히지 않은 다수의견도 위에서 지적한 바와 같이 논란이 되는 중요한 헌법적 해명과 동일 또는 유사한 다른 사건의 해결을 위한 지침제공이라는 헌법재판의 특성과 기능에 비추어 볼 때 적절치 못한 태도라고 하겠다.[28]

---

26) 헌재 2003. 2. 27. 2000헌바26, 판례집 15-1, 176, 192.

27) 헌법재판의 특성에 대하여는 정연주, 헌법소원심판청구취하의 효과, 공법연구 제28집 제4호 제2집, 2000, 191쪽 이하 참조.

28) 예컨대 위에서 소개한 바와 같이 과거 헌재는 96헌바33등 사건에서 "사립대학교육기관의 교원과 학교법인간에는 기본적으로 사법상의 고용계약관계로서 교원의 임면권은 학교법인의 고유권한이라는 점에서 국가·지방자치단체가 임면권을 갖는 국공립대학교의 교원과는 근본적으로 다르다. 또 사립대학교를 설치·경영하는 학교법인도 국·공립대학교와는 달리 국가에 대한 관계에서 기본권을 주장할 수 있는 사법인으로서의 성격을 갖고 있다(대법원 1993. 2. 12. 92누13707, 공1993, 1005 참조). 그러므로 법률로써 사립대학교육기관의 교원임용에 관한 구체적인 임용기간이나 임용절차를 교원의 직명별로 자세히 정할 경우에는 도리어 대학의 자율권을 침해할 우려도 없지 않다. 사립대학교육기관의 교원과 국공립대학교의 교원의 차별취급은 공법상의 권력관계와 사법적 관계와의 차이에서 비롯된 것이고 학교법인의 자율권 보장을 위한 불가피한 수단인 것이다. 더욱이 이 사건 법률조항은 기간임용제의 선택여부를 전적으로 학교법인의 자율적인 결정에 맡기고 있으므로, 오히려 교원의 초임임용시부터 기간임용제가 아닌 정년보장제를 선택할 여지도 없지 않은 것이다."라고 판시하면서 사립대학의 교원과 국·공립대학의 교원과의

또한 대학당국의 재임용행위를 재량행위로 보는 반대의견과 명확한 입장을 밝히지는 않았지만 재량행위를 전제로 하는 듯한 다수의견도 재임용행위를 기속행위로 보는 시각에서 볼 때 잘못되었다고 보지 않을 수 없다.[29)]

그리고 논리필연적으로 해당 교원의 재임용에 대한 조건부 기대권 내지 권리를 인정해야 한다는 점은 이미 언급한 바와 같은데, 이를 부인한 반대의견은 물론 이에 대하여 소극적인 입장을 밝힌 다수의견 역시 잘못되었다고 하겠다.

그 외에도 다양한 문제와 미흡한 점을 다수의견이 지니고 있다는 점에서 상당한 아쉬움이 남는다. 그럼에도 불구하고 위에서 언급한 바와 같이 기본적으로 잘 된 결정이며, 더욱이 과거의 엄청 잘못된 결정에 비하면 매우 높이 평가받아야 될 결정이라고 하겠다. 아울러 이 사건은 사립학교 교원에 대한 문제를 다룬 것이지만 앞서 언급한 바와 같이 대학교원의 신분보장과 재임용에 대한 문제는 사립과 국·공립의 경우에 원칙적으로는 차이가 있을 수 없기 때문에 이러한 문제는 국·공립의 경우에도 동일하게 적용되어야 할 것이다. 그리고 이러한 취지에 따라 현행 사립학교법 관련규정이 조속히 보완·개정되어야 할 것이다.

본질적 구별을 대전제로 하고 있다. 그런데 이러한 판례의 입장은 과거 사립학교법 제55조 등에 대한 위헌심판 사건(1991. 7. 22· 89헌가106)에서 양자 모두 공교육의 담당자라는 점에서 국·공립학교 교원과 사립학교 교원은 본질적으로 동질적이라는 이유로 사립학교 교원의 노동운동을 금지한 법률규정을 합헌 선언한 판례와 모순된다. 따라서 이처럼 논란이 되는 사립대학과 국·공립대학간의 구별에 관한 헌법재판소와 대법원의 과거 입장에 대하여 이 사건 헌법재판소의 다수의견은 과거의 판례를 변경하면서 중요한 헌법적 해명의 차원에서 자신의 명확한 입장을 밝혔어야 했다.

29) 대법원 역시 기간을 정하여 임용된 대학교육기관의 교원은 학교법인의 정관이나 인사규정에 재임용의무를 부여하는 근거규정이 없는 한, 임용기간의 만료로 교원으로서의 신분관계는 당연히 종료되고, 임용기간이 만료된 자를 다시 임용할 것인지 여부는 임용권자의 판단에 따른 자유재량행위에 속한다고 해석하고 있다(대판 1997. 6. 27. 96다7069).

13. 정당민주주의와 지방자치제도

– 헌재 2003. 1. 30. 2001헌가4 공직선거및선거부정방지법 제47조 제1항 중 앞괄호부분 등 위헌제청[1] –

[目 次]

Ⅰ. 머리말

헌법재판소는 2003. 1. 30. 2001헌가4 공직선거및선거부정방지법(이하 '법'이라 함) 제47조 제1항 중 앞괄호부분 등 위헌제청 사건에서 정당과 지방자치제도에 관한 중요하고 의미있는 결정을 내렸다. 그동안 법에 의해 기초의회의원선거의 후보자가 특정 정당으로부터의 지지 또는 추천받음을 표방할 수 없었는데 이를 허용한 것이다. 이 결정에서 헌재는 문제된 "자치구·시·군의원선거의 후보자와 무소속후보자는 특정 정당으로부터의 지지 또는 추천받음을 표방할 수 없다."고 규정한 법 제84조 중 '자치구·시·군의원선거의 후보자' 부분이 헌법에 위반된다고 선언하면서 과거 1999. 11. 25. 99헌바28 사건에서 동조의 같은 부분이 헌법에 위반되지 않는다고 한 결정[2]을 변경했다.

---

1) 헌재 2003. 1. 30. 2001헌가4, 판례집 15-1, 7.

2) 이 결정의 요지는 다음과 같다.
 1. 모든 선거 중 기초의회의원선거의 후보자만 정당표방을 금지할 것인가의 문제는 헌법상의 정당보호 및 지방자치제의 제도적 보장, 우리의 정치문화와 지방자치에 대한 국민의식 등 제반사정을 헤아려 입법자가 결정해야 될 입법재량의 영역에 속하는 것이다.
 2. 우리의 정치현실 및 정당운영의 비민주성, 지연·혈연·학연이 좌우하는 선거풍토와 그 위에 지방자치를 실시한 경험이 일천하다는 점을 감안할 때, 기초의회의원선거에 정당추천후보자의 참여를 허용한다면 정당은 그 후보자의 당락뿐만 아니라 선출된 의원의 의정활동 전반에 걸쳐 직·간접으로 영향을

그리고 이러한 헌재의 입장은 그 후의 동조항에 대한 위헌제청사건[3]에서도 그대로 유지되고 있다. 이로써 그동안 문제되어온 기초의회의원선거에서의 정당의 역할과 기능 및 후보자의 정당표방 등의 정치적 표현의 자유를 인정한 것은 상당히 큰 의미가 있다고 볼 수 있다.

그러나 이 결정은 근본적인 논증형식과 내용 및 위헌결정의 범위 등에서 커다란 문제점도 남기고 있다. 즉 지나치게 사건해결에만 집착하는 미시적 시각에서 접근하고 판단함으로써 중요한 헌법적 해명을 간과하고 결과적으로 헌재의 기능과 위상에 부합하는 결정을 하지 못한 것이다. 따라서 이 글에서는 먼저 본 결정내용을 살펴보고, 정당민주주의와 지방자치제도의 본질과 기능 등 다양한 헌법적 원칙에 비추어 이 결정의 문제점을 고찰해 보고자 한다.

Ⅱ. 결정의 요지

1. 다수의견

(1) 기초의회의원선거 후보자가 법 제84조를 위반하여 특정 정당으로부터의 지지·추천 받음을 표방하였다는 이유로 공소제기된 사건에서, 기초의회의원선거의 경우 정당이 후보자를 추천할 수 없도록 한 법 제47조 제1항은 당해 사건에 적용될 법률조항이 아니고, 나아가 법 제84조와 법 제47조 제1항은 각 그 수범자와 규율내용을 서로 달리하여 법 제47조 제1항의 위헌 여부가 법 제84조의 위헌 여부와 체계적으로 밀접불가분한 관계에 있다고 보기도 어려우므로, 법 제47조 제1항에 관한 위헌심판제청 부분은 재판의 전제성이 없어 부적법하다.

(2) 선거에 당하여 정당이냐 아니면 인물이냐에 대한 선택은 궁극적으로 주권자인 국민의 몫이고, 입법자가 후견인적 시각에서 입법을 통하여 그러한 국민의 선택을 대신하거나 간섭하는 것은 민주주의 이념에 비추어 바람직하지 않기 때문에, 기초의회의원선거에서 정당의 영향을 배제하고 인물 본위의 투표가 이루어지도록 하겠다는 구체적 입법의도는 그 정당성이 의심스럽다. 그리고 후보자가 정당의 지지·추천을 받았는지 여부를 유권자들이 알았다고 하여 이것이 곧 지방분권 및 지방의 자율성 저해를 가

미치게 되고, 이것은 지역의 특성에 따라 자율적으로 운영되어야 할 기초의회의 결정이 정당의 의사에 따라 그 결론이 바뀌게 됨을 뜻한다. 그 결과 기초의회가 정당의 의사에 따라 움직인다면, 기초의회는 본래의 목적과 기능을 상실하여 형해화한 모습으로 남게 된다. 따라서 이 사건 법률조항의 입법목적은 기초의회의 구성 및 활동에 정당의 영향을 배제함으로써 지역실정에 맞는 순수한 지방자치를 실현하기 위한 필요불가결한 것으로 그 목적이 정당하다고 할 것이다.

3. 그 밖의 공직선거와 비교할 때에 기초의회의원선거의 후보자에 한정하여 정당표방금지라는 정치적 생활영역에 있어서의 차별취급을 한 이 조항은 헌법이 추구하는 지방자치의 제도적 보장을 위한 입법목적에 필요불가결한 것으로써, 그 목적달성을 위한 수단 또한 필요·최소한의 부득이한 경우로 인정되므로 평등원칙에 위반되지 않는다.

3) 2003. 5. 15. 2003헌가9 등.

져올 것이라고 보기에는 그 인과관계가 지나치게 막연하므로, 법 제84조의 규율내용이 과연 지방분권 및 지방의 자율성 확보라는 목적의 달성에 실효성이 있는지도 매우 의심스럽다. 나아가 법 제84조가 지방자치 본래의 취지 구현이라는 입법목적의 달성에 기여하는 효과가 매우 불확실하거나 미미한 반면에 이 조항으로 인해 기본권이 제한되는 정도는 현저하다. 즉 후보자로서는 심지어 정당의 지지·추천 여부를 물어오는 유권자들에 대해서도 침묵하지 않으면 안 되는 바, 이는 정당을 통해 정계에 입문하려는 기초의회의원 후보자에게 지나치게 가혹하다. 또한 지방의회의원 선거의 선거기간이 14일로 규정되어 있고 사전선거운동이 금지되는 등 선거의 공정성을 담보하는 각종의 규제들이 마련되어 있어서 실제로 유권자들이 기초의회의원 후보자와 접촉할 수 있는 기회는 그리 많지 않은데다가 이른바 4대 지방선거가 동시에 실시되고 있는 탓으로 유권자들이 후보자들 개개인의 자질과 능력을 일일이 분석·평가하기란 매우 힘든 실정이므로 현실적으로 후보자에 대한 정당의지지·추천 여부는 유권자들이 선거권을 행사함에 있어서 중요한 참고사항이 될 수밖에 없는데도 불구하고, 무리하게 후보자의 정당표방을 금지하는 경우에는 유권자들은 누가 누구이고 어느 후보가 어떠한 정치적 성향을 가졌는지도 모르는 상태에서 투표를 하거나 아니면 선거에 무관심하게 되어 아예 투표 자체를 포기할 수도 있다. 이러한 점들을 종합할 때 정당표방을 금지함으로써 얻는 공익적 성과와 그로부터 초래되는 부정적인 효과 사이에 합리적인 비례관계를 인정하기 어려워, 법익의 균형성을 현저히 잃고 있다고 판단된다. 이에 덧붙여 법 제84조 단서에서는 후보자의 당원경력의 표시를 허용하고 있는데, 이러한 당원경력의 표시는 사실상 정당표방의 일환으로 행해지는 것이 통상적이어서 법 제84조 본문과 단서는 서로 중첩되는 규율영역을 가지게 되는바, 이로 말미암아 법 제84조는 기초의회의원 후보자로 하여금 선거운동 과정에서 소속 정당에 관한 정보를 어느만큼 표방해도 좋은지 예측하기 힘들게 하고 국가형벌권의 자의적 행사의 빌미마저 제공하고 있으므로 명확성원칙에 위배되는 측면이 있다. 그렇다면 법 제84조는 불확실한 입법목적을 실현하기 위하여 그다지 실효성도 없고 불분명한 방법으로 과잉금지원칙에 위배하여 후보자의 정치적 표현의 자유를 과도하게 침해하고 있다고 할 것이다.

(3) 법 제84조의 의미와 목적이 정당의 영향을 배제하고 인물 본위의 선거가 이루어지도록 하여 지방분권 및 지방의 자율성을 확립시키겠다는 것이라면, 이는 기초의회의원선거뿐만 아니라 광역의회의원선거, 광역자치단체장선거 및 기초자치단체장선거에서도 함께 통용될 수 있다. 그러나 기초의회의원선거를 그 외의 지방선거와 다르게 취급을 할 만한 본질적인 차이점이 있는가를 볼 때 그러한 차별성을 발견할 수 없다. 그렇다면 위 조항은 아무런 합리적 이유 없이 유독 기초의회의원 후보자만을 다른 지방선거의 후보자에 비해 불리하게 차별하고 있으므로 평등원칙에 위배된다.

2. 재판관 한대현, 재판관 하경철, 재판관 김경일의 반대의견

중앙정부와 지방자치단체간에 권력을 수직적으로 분배하는 문제는 서로 조화가 이루어져야 하고, 이 조화를 도모하는 과정에서 입법 또는 중앙정부에 의한 지방자치의 본질의 훼손은 어떠한 경우라도 허용되어서는 안된다. 특히 지역적 한계를 극복하지 못하고 있는 우리나라의 정치현실 및 정당운영의 비민주성, 지연·혈연·학연이 좌우하는 선거풍토와 그 위에 지방자치를 실시한 경험이 일천하다는 것을 감안하지 않고 그 밖의 공직선거와 마찬가지로 기초의회의원선거에도 정당추천후보자의 참여를 허용한다면, 정당은 그 후보자의 당락뿐만 아니라 선출된 의원의 의정활동 전반에 걸쳐 직·간접으로 영향을 미치게 되어, 지역의 특성에 따라 자율적으로 운영되어야 할 기초의회를 형해화할 수 있다.

생각컨대 이 법률조항은 기초의회의 구성 및 활동에 정당의 영향이 배제된 지역실정에 맞는 순수한 지방자치를 실현하는 필요불가결한 조항이다. 이 조항으로 말미암아 후보자는 직접 선거권자에게 자신이 추구하는 정치적 이념이나 정당과 관련된 정보를 줄 수 없고 선거권자로서는 이러한 정보를 알 기회가 제한된다고 할지라도 간접적이나마 자신의 정치적 이념 및 정당과 관련된 정보는 정당의 당원경력의 표시를 통하여 알리도록 배려하고 있으며(법 제84조 단서), 후보자의 정당표방금지로 인한 지방자치의 제도적 보장이라는 이익은 후보자의 공무담임권 및 선거운동 자유의 침해로 입게 되는 손해보다 이익이 더 크므로, 이 법률조항은 과잉입법금지의 원칙에 위반되지 아니한다.

그 밖의 공직선거와 비교할 때에 기초의회의원선거의 후보자에 한정하여 정당표방금지라는 정치적 생활영역에 있어서의 차별취급을 한 이 조항은 헌법이 추구하는 지방자치의 제도적 보장을 위한 입법목적에 필요불가결한 것으로서, 그 목적달성을 위한 수단 또한 필요·최소한의 부득이한 경우로 인정되므로 평등원칙 위반도 없다.

Ⅲ. 헌재결정의 문제점

1. 법 제47조 제1항의 재판의 전제성과 관련하여

다수의견은 "법 제84조는 당해사건에 적용될 법률조항이고, 그 위헌 여부에 따라 당해사건을 담당하는 법원은 다른 내용의 재판을 하게 될 것이므로, 위 조항에 관하여는 재판의 전제성이 인정된다. 그러나 법 제47조 제1항은 당해사건에 적용될 법률조항이 아니므로 원칙적으로 재판의 전제성을 인정할 수 없다. 나아가, 법 제84조는 후보자에 대해 정당으로부터의 지지 또는 추천 받음을 표방할 수 없게 한 조항인 데 반하여, 법

제47조 제1항은 정당에 대해 후보자를 공천하지 못하도록 한 조항으로서, 각 그 수범자와 규율내용을 서로 달리하고, 또한 법 제47조 제1항은 그 문언상, 정당이 비공식적으로 후보자를 추천(이른바 '내천')하거나 특정 후보자에 대해 지지 또는 반대의 의사를 표명하는 것을 명시적으로 금지하고 있지는 아니하므로, 제47조 제1항의 위헌 여부가 제84조의 위헌 여부와 체계적으로 밀접불가분한 관계에 있다고 보기도 어렵다. 따라서, 제47조 제1항에까지 심판의 대상을 확장할 것은 아니다. 그렇다면, 제47조 제1항에 관한 부분은 재판의 전제성이 없어 부적법하다고 할 것이다. 그러므로 이하에서는 제84조에 관한 부분에 대해서만 본안판단을 하기로 한다."라고 판시함으로써[4] 당해 법원에 의하여 법 제84조과 함께 위헌제청된 법 제47조 제항에 대한 판단은 하지 않았다. 그러나 결론적으로 이러한 헌재의 입장은 타당하다고 보기 어렵다.

물론 다수의견처럼 해당 법원에서 당해사건을 해결하도록 하기 위하여 법 제84조의 위헌여부만을 판단하면 된다고 볼 수도 있다. 그러나 첫째, 법 제84조는 헌재의 의견과는 달리 법 제47조 제1항과 체계적으로 밀접불가분의 관계에 있고, 아울러 법 제84조는 법 제47조 제1항을 그 전제로 하고 있다는 점에서, 둘째 헌법재판의 기능은 단순히 당해 사건을 해결하는 데에서 그치는 것이 아니라 중요한 헌법적 해명, 헌법수호, 헌법질서유지, 공권력통제 등 공익추구의 기능과 객관적 소송으로서의 성격도 아울러 가지고 있는데 이러한 헌법재판의 기능과 특성상 헌재는 당연히 법 제47조 제1항에 대하여도 판단했어야 했다.

(1) 법 제84조의 법 제47조 제1항과의 체계적 관련성

법 제84조와 법 제47조 제1항의 입법취지[5]는 모두 마찬가지로 기초의회의원선거에

4) 헌재 2003. 1. 30. 2001헌가4, 판례집 15-1, 7, 14.

5) 이러한 입법취지는 정당의 지방선거 참여와 관련한 입법과정을 살펴보면 파악할 수 있는데, 이에 대하여 헌재는 이 사건 결정에서 "(1) 1988년 지방의회의원선거법의 제정으로 약 30년만에 지방선거가 부활되었다. 그러나, 1990년 지방의회의원선거에 즈음하여 지방선거에 정당의 참여를 허용할 것인가를 놓고 여·야가 찬반양론으로 갈렸다. 당시 여당은 정당의 참여는 지방정치의 중앙정치 예속화, 징쟁으로 인한 지방행정의 혼란, 지역사회의 분열과 반목 심화 등의 폐해로 말미암아 결과적으로 지방의 자율적 성장을 저해할 것이라며 정당배제를 주장하였다. 이에 반하여 야당은 지방자치가 실질적으로 정착되기 위해서는 지방선거에 정당의 참여가 당연히 허용되어야 하고, 그 적합성 여부는 선거과정에서 주민들의 선택에 맡겨야 한다는 논리로 반대하였다. 결국 논란 끝에 시·도의 선거에서만 정당공천을 허용하고 시·군·자치구선거에서는 정당의 공천과 선거운동을 금지하는 선에서 타협이 이루어져, 지방의회의원선거법(법률 제4311호)과 지방자치단체의장선거법(법률 제4312호)이 각각 개정 및 제정되기에 이르렀다. (2) 1994. 3. 16. 기존에 별개의 선거법 체계로 되어 있던 대통령선거법·국회의원선거법·지방의회의원선거법·지방자치단체의장선거법을 단일법으로 통합한 공직선거및선거부정방지법(법률 제4739호)이 제정되었으며, 동법은 광역자치단체선거에서뿐만 아니라 기초자치단체선거에서도 정당의 참여를 허용하였다. (3)그러나 1995. 6.27 지방선거 직전 여당은 다시 지방행정의 탈정치화를 내세우며 기초지방선거에서의 정당배제를 주장하였고, 이에 반대하던 야당과 절충 끝에, 기초자치단체장선거에서는 정당의 참여를 허용하되 기초의회의원선거에서는 정당의 관여를 불허하는 선에서 관련법령을 개정하기로 합의하였다. 이에 따라 법 제47조 제1항 및 제84조의 개정이 이루어져, 부분적으로 자구만 수정된 채 오늘에 이르고 있다."라고 입법과정을 소개하고 있다.

위와 같은 입법변천과정에 비추어 볼 때, 이들 법조항은 기초의회의원선거에 정당이 관여하면 선거가 정

서 정당을 배제하고, 그로써 결국 지방분권 및 지방의 자율성 보장이라는 지방자치 본래의 이념이 충실히 구현될 수 있도록 하는 것이라고 볼 수 있다. 그를 위해 법 제47조 제1항에서 기초의회의원선거에서의 정당의 후보자추천제도를 완전히 배제했고, 이를 대외적으로 담보하기 위하여 법 제84조에서 기초의회의원선거의 후보자가 특정 정당으로부터의 지지 또는 추천받음을 표방할 수 없도록 규제한 것이다. 왜냐하면 만일 기초의회의원선거의 후보자가 특정 정당으로부터의 지지 또는 추천받음을 표방할 수 있도록 한다면 법 제47조 제1항에서 기초의회의원선거에서의 정당의 후보자추천을 배제한 의미가 없어지고 결국 기초의회의원선거에서의 정당의 영향력 배제라는 법 제47조 제1항의 입법취지가 무색해지기 때문이다. 그러므로 법 제47조 제1항은 법 제84조의 논리적 전제로서 양자가 체계적으로 밀접불가분의 관계에 있고, 따라서 법 제84조의 위헌 여부를 판단하면서 법 제47조 제1항에 대한 판단을 회피하는 것은 논리적 모순이다. 법 제84조에 대한 헌재의 위헌결정에 따라 기초의회의원선거의 후보자가 특정 정당으로부터의 추천받음을 표방할 수 있도록 허용하면서 법 제47조 제1항에 의해 여전히 기초의회의원선거에서 정당의 추천을 배제하고 있다는 사실은 얼마나 모순된 일인가? 즉 한쪽에서는 정당의 후보자추천을 법으로 배제하면서 다른 한쪽에서는 정당의 후보자추천을 표방할 수 있도록 법으로 허용한다는 것인데, 이것이 논리적으로 모순된다는 점은 다언을 요하지 아니할 것이다. 다시 말해 법 제84조에서 기초의회의원선거의 후보자가 특정 정당으로부터의 지지 또는 추천 받음을 표방할 수 없도록 한 것이 위헌이라면 이는 당연히 특정 정당으로부터의 추천을 표방할 수 있도록 하라는 것이고, 이러한 특정 정당으로부터의 추천표방은 논리필연적으로 특정 정당의 추천을 전제로 하는 것이기 때문에 정당의 후보자추천을 원천적으로 금지하고 있는 법 제47조 제1항의 위헌 여부 역시 법 제84조의 위헌 여부와 체계적으로 밀접불가분한 관계에 있는 것으로 함께 위헌심판의 대상이 되어야 했다.

이처럼 법 제84조가 법 제47조 제1항과 체계적으로 밀접불가분의 관계에 있고 그 입법취지와 규율목적을 같이 한다는 점에서, "… 법 제47조 제1항은 정당에 대해 후보자를 공천하지 못하도록 한 조항으로서, 각 그 수범자와 규율내용을 서로 달리하고, … 제47조 제1항의 위헌 여부가 제84조의 위헌 여부와 체계적으로 밀접불가분한 관계에 있다고 보기도 어렵다. 따라서 제47조 제1항에까지 심판의 대상을 확장할 것은 아니다."라고 한 헌재의 다수의견은 설득력이 없다.

아울러 "… 법 제47조 제1항은 그 문언상, 정당이 비공식적으로 후보자를 추천(이른바 '내천')하거나 특정 후보자에 대해 지지 또는 반대의 의사를 표명하는 것을 명시적

당들의 대리전으로 변질되어 지역에서 필요로 하는 유능한 인물을 뽑는 것이 어려워지고 정당이 후보자의 당락뿐만 아니라 의원의 의정활동 전반에까지 영향을 미쳐 기초의회의 자율적 운영이 어렵게 될 것이라는 기본 인식 하에서 제정된 것으로 보인다. 그러므로 정당의 영향을 배제하고 인물 본위의 투표를 유도함으로써 지방분권 및 지방의 자율성 보장이라는 지방자치 본래의 이념이 충실히 구현될 수 있도록 하자는 게 위 조항의 입법취지라고 할 것이다.

으로 금지하고 있지는 아니하므로, 제47조 제1항의 위헌 여부가 제84조의 위헌 여부와 체계적으로 밀접불가분한 관계에 있다고 보기도 어렵다."고 한 헌재의 견해도 잘못된 것이다. 왜냐하면 앞서도 언급했듯이 법 제47조 제1항의 입법취지는 기초의회의원선거에서의 정당의 관여를 불허함으로써 결국 정당의 모든 영향력을 배제하고 인물 본위의 투표를 유도함으로써 지방분권 및 지방의 자율성 보장이라는 지방자치 본래의 이념이 충실히 구현될 수 있도록 하겠다는 것이므로 이를 효과적으로 실현하기 위해서는 당연히 정당이 비공식적으로 후보자를 추천하거나 특정 후보자에 대해 지지 또는 반대의 의사를 표명하는 것도 금지되는 것으로 보아야 하기 때문이다.

이러한 맥락에 비추어 볼 때 헌재가 법 제84조에 대한 위헌여부를 판단하면서 그의 논리적·이념적 대전제인 법 제47조 제1항에 대한 위헌 여부판단을 회피한 것은 대단히 잘못된 것이라고 보지 않을 수 없다. 이는 부수적인 문제는 판단하면서 그 문제의 근본바탕이 되는 본질적인 문제에 대한 판단을 회피한 것과 마찬가지이다. 또한 이는 헌재가 본안에 대한 판단과정에서 기초의회의원선거에서 정당의 영향을 배제하는 것이 타당하지 않다는 점을 누누이 강조한 태도와도 모순된다.

한편 이러한 헌재의 입장은 결과적으로 이른바 체계정당성(Systemgerechtigkeit)의 요청에도 반하는 것이다. 체계정당성의 원리란 동일 규범내에서 또는 상이한—수평적 관계이건 수직적 관계이건—규범간에 그 규범의 구조나 내용 또는 규범의 근거가 되는 원칙면에서 상호 배치되거나 모순되어서는 안된다는 하나의 헌법적 요청(Verfassungspostulat)이다.[6] 즉 이는 규범 상호간의 구조와 내용 등이 모순됨이 없이 체계와 균형을 유지하도록 입법자를 기속하는 헌법적 원리라고 볼 수 있다. 이처럼 규범 상호간의 체계정당성을 요구하는 이유는 입법자의 자의금지와 규범의 명확성, 예측가능성, 투명성 및 신뢰보호와 법적 안정성을 확립하기 위한 것이고, 이는 국가공권력에 대한 통제와 이를 통한 국민의 자유와 권리의 보장을 이념으로 하는 법치주의원리로부터 도출되는 것이라고 할 수 있다.[7]

이 사건에서 헌재의 결정에 따라 법 제84조만이 위헌·무효가 되어 기초의회의원선거의 후보자가 특정 정당으로부터의 지지 또는 추천 받음을 표방할 수 있도록 허용되는 반면,[8] 법 제47조 제1항은 존속하게 되어 여전히 기초의회의원선거에서 원천적으

---

6) 체계정당성의 원리에 대하여 자세한 것은 Degenhart, Systemgerechtigkeit und Selbstbindung des Gesetzgebers als Verfassungspostulat, 1976; Kischel, Systembindung des Gesetzgebers und Gleichheitssatz, AöR 124(1999), S. 174ff.; Zippelius, Der Gleichheitssatz, VVDStRL 47(1989), S. 29ff.; Rupp, Art. 3 GG als Maßstab verfassungsgerichtlicher Gesetzeskontrolle, in: Starck(hrsg.), Bundesverfassungsgericht und Grundgesetz, Festgabe aus Anlaß des 25järigen Bestehens des Bundesverfassungsgerichts, Bd. 2, 1976, S. 380ff.; Kirchhof, in: Isensee/Kirchhof(hrsg.), Handbuch des Staatsrechts, Bd. V, 1992, S. 941ff. 참조.

7) Vgl. Degenhart, aaO, S. 68ff.; Kischel, aaO, S. 210; Stern, Das Staatsrecht der Bundesrepublik Deutschland, Bd. I, 2 Aufl., 1984, S. 837f.

8) 헌재의 위헌결정에 따라 이 규정은 2004. 3. 12. '자치구·시·군의회의원선거의 후보자'부분이 삭제되어, "무소속후보자는 특정 정당으로부터의 지지 또는 추천받음을 표방할 수 없다. 다만, 정당의 당원경력의 표시는 그러하지 아니하다."라고 개정되어(법률 제7189호) 오늘에 이르고 있다.

로 정당이 후보자를 추천하지 못하는 모순되는 상황이 발생하게 되는데,9) 이는 결과적으로 이러한 체계정당성의 요청에 반하게 되는 것이다. 즉 한편에서는 기초의회의원선거에서 정당의 후보자추천을 금지하는 법 제47조 제1항과 다른 한편에서는 헌재의 위헌결정의 결과 무소속후보자의 특정 정당으로부터의 지지 또는 추천에 대해서만 이를 표방할 수 없도록 함으로써 기초의회의원선거에서 정당소속 후보자의 특정 정당으로부터의 추천을 표방할 수 있도록 개정된 법 제84조가 같은 법에 병존함으로써 결과적으로 상호 모순되는 규범이 같은 법에 규정되게 되어 체계정당성의 요청에 반하게 되는 것이다.

그런데 이러한 체계정당성위반이 곧 바로 위헌인가의 여부, 즉 헌재의 위헌결정의 결과 같은 법에 이처럼 상호 모순되는 제47조 제1항과 제84조가 병존한다는 사실이 결과적으로 위헌인가의 여부는 추가적인 검토를 요한다. 일반적으로 일정한 체계정당성의 위반이 곧바로 위헌이 되는 것은 아니다. 즉 체계정당성위반 자체가 바로 위헌은 아니고, 이는 예컨대 평등원칙위반 내지 자의적인 입법행위 등의 위헌성을 시사하는 하나의 간접증거나 징후 내지 징빙(Indiz)일 뿐이다.10) 이것이 최종적으로 위헌이 되기 위해서는 그 체계정당성위반이 결과적으로 평등원칙위반이나 자의적인 입법행위로 평가되어야 하고, 그러기 위해서는 그러한 체계정당성위반을 정당화시키는 불가피한 사유가 없어야 한다. 따라서 만일 일정한 규범의 또는 입법자의 체계정당성위반과 관련하여 그러한 위반행위를 할 수밖에 없는 불가피한 정당화사유가 존재한다면 그 위반행위는 자의적인 입법행위가 아니며, 따라서 결국 위헌이라고 볼 수 없게 되는 것이다.11)12) 이에 따라 체계정당성에 반하는 입법행위 및 그에 대한 불가피한 정당화사유

9) 위 위헌결정 이후 국회는 2005. 8. 4. 법률 제7681호로 '공직선거 및 선거부정방지법'을 '공직선거법'으로 전부개정하면서 기초의원 선거에서도 정당이 후보자를 추천할 수 있도록 개정하여 오늘에 이르고 있다.

10) Vgl. BVerfGE 34, 103(115); 59, 36(49); 66, 214(224); 67, 70(84f.); Jarass, in: Jarass/Pieroth, Grundgesetz Kommentar, 4. Aufl., 1997, Art. 3, Rdnr. 20a; Kirchhof, aaO, S. 942.

11) Vgl. BVerfGE 9, 20(28); 18, 366(372f.); 34, 103(115); 61, 138(148); 67, 70(84f.); 68, 237(253); 78, 104(122f.); 85, 238(247); BGHZ 81, 152(157f.); Degenhart, aaO, S. 90ff.; Kischel, aaO, 180ff.; Kirchhof, aaO, S. 942.

12) 헌재는 1991. 2. 11. 90헌가27 교육법 제8조의2에 관한 위헌심판사건에서 "① 모든 국민은 6년의 초등교육과 3년의 중등교육을 받을 권리가 있다. ② 모든 국민은 그 보호하는 자녀에게 제1항의 규정에 의한 교육을 받게 할 의무를 진다. ③ 국가는 제2항의 규정에 의한 의무교육을 실시하여야 하며 이를 위한 시설을 확보함에 필요한 모든 조치를 강구하여야 한다."라고 규정하고 있는 교육법 제8조에 "제8조의 규정에 의한 3년의 중등교육에 대한 의무교육은 대통령령이 정하는 바에 의하여 순차적으로 실시한다."라고 규정하고 있는 동법 제8조의 2가 배치된다는 이유로 위헌법률심판의 대상이 된 동법 제8조의 2가 평등의 원칙에 위배되어 위헌이라는 주장과 관련하여 "교육법 제8조의2를 본다면 입법자는 장차 중학교 3년의 중등교육에 있어서도 전면적으로 의무교육을 실시할 것을 명백히 규정하고, 다만 현재로서는 국가의 재정형편상 위와 같은 전면실시가 사실상 불가능하다고 판단하여 잠정적인 조치로서 중학교교육에 대한 의무교육을 단계적으로 순차 확대실시하도록 한 것뿐이다. 헌법이 초등교육 이외의 의무교육의 범위를 법률로 정하도록 한 것은 이를 법률에 의하여 단계적으로 확대하여 나가려는 데 그 기본 취지가 있는 것이며, 그러한 단계적 확대실시의 과정에서 지역적인 차별이나 피교육자에 따른 차별이 비록 생겨난다고 하더라도 이는 전면적인 실시에 따르는 막대한 재정적인 부담을 감안할 때에 불가피한 조치로서 헌법상 용인될 수 있는 것이라 할 것이다. 나아가 현재 도서, 벽지, 접적지역과 특수학교에 한하여 의무교육을 실시하고 있는 것은 그러한 경우에는 지리적 여건이나 피교육자의 특성상 교육을 받을 기회가 상

의 존재 유무에 대한 판단과 관련하여 입법자에게 일정한 입법형성의 자유가 인정되어 있다고 볼 수 있다.[13] 물론 이러한 입법형성의 자유가 무제한으로 인정되는 것은 아니고, 당연히 그러한 입법형성권행사의 정당성 여부와 위헌 여부는 헌법재판소의 심사대상이 된다고 하겠다.[14][15] 따라서 만일 체계정당성에 반하는 규범 내지 입법행위가 그 위반에 대한 불가피한 정당화 사유를 제시하지 못하고 결과적으로 자의적인 입법행위로 평가되거나 평등의 원칙 등 일정한 헌법의 규정이나 원칙을 위반하게 된다면 그 해당 규범 내지 입법행위는 정당화될 수 없고, 결국 위헌이라고 볼 수밖에 없는 것이다.[16]

이러한 맥락에 비추어 볼 때 헌재의 위헌결정의 결과 개정된 현행법의 경우 상호 모순되는 법조항인 제47조 제1항과 제84조의 병존은 앞서 언급한 바와 같이 체계정당성에 위반됨과 동시에 이러한 모순된 병존 내지 체계정당성위반을 정당화시키는 불가피한 사유가 존재하지 아니함으로 위헌이라고 볼 수밖에 없다.

결국 헌재가 법 제84조의 위헌논거로서 기초의회의원선거에서의 정당의 영향력배제의 문제점과 부당성을 제시한 이상 논리필연적으로－법 제84조의 논리적·이념적 대전제이자 체계적으로 밀접불가분의 관계에 있는－기초의회의원선거에서 정당의 추천을 금지한 법 제47조 제1항의 문제점과 위헌여부에 대하여도 판단했어야 했다.

대적으로 불리하다는 점을 고려한 것으로 이는 오히려 실질적 평등의 원칙에 부합된다고 할 수 있다. 따라서 교육법 제8조의2는 헌법 제11조 제1항에 정한 평등의 원칙에 위반되지 아니한다."라고 판시함으로써, 일정한 조항이 동일 법률내의 다른 기본조항에 저촉되어 평등원칙에 위반될 소지가 있는 경우라도 절실한 공익적인 합리적 사유(이 사건에서는 국가의 재정적 부담)가 존재한다면 이는 정당화될 수 있고, 따라서 평등의 원칙에 위배되는 것은 아니라는 견해를 취하고 있다.

13) Vgl. BVerfGE 59, 36(49); 61, 138(148f.); 76, 130(139f.); Gubelt, in: v. Münch(hrsg.), Grundgesetz-Kommentar, 4. Aufl., 1992, Art. 3, Rdnr. 30; Kirchhof, aaO, S. 942.

14) Vgl. BVerfGE 81, 156(206f.).

15) 체계정당성 및 입법자의 입법형성권의 한계와 관련하여 헌재는 규범체계상의 균형을 상실한 법조항은 입법자의 입법형성권을 일탈한 것으로 위헌이라는 결정을 내린 바 있다. 즉 1992. 4. 28. 90헌바24 특정범죄가중처벌등에관한법률 제5조의3 제2항 제1호에 대한 헌법소원사건에서 헌재는 "우리 헌법이 선언하고 있는 '인간의 존엄성'과 '법앞의 평등'은 행정부나 사법부에 의한 법적용상의 평등만을 의미하는 것이 아니고, 입법권자에게 정의와 형평의 원칙에 합당하게 합헌적으로 법률을 제정하도록 하는 것을 명하는 법내용상의 평등을 의미하고 있기 때문에 그 입법내용이 정의와 형평에 반하거나 자의적으로 이루어진 경우에는 평등권 등의 기본권을 본질적으로 침해한 입법권의 행사로서 위헌성을 면하기 어렵다. 본 법률조항에서 과실로 사람을 치상하게 한 자가 구호행위를 하지 아니하고 도주하거나 고의로 유기함으로써 치사의 결과에 이르게 한 경우에 살인죄와 비교하여 그 법정형을 더 무겁게 한 것은 형벌체계상의 정당성과 균형을 상실한 것으로서 헌법 제10조의 인간으로서의 존엄과 가치를 보장한 국가의 의무와 헌법 제11조의 평등의 원칙 및 헌법 제37조 제2항의 과잉입법금지의 원칙에 반한다."라고 함으로써 규범체계상의 정당성과 균형을 상실한 법조항은 입법자의 입법형성권의 한계를 일탈한 자의적인 입법으로서 평등의 원칙과 비례의 원칙 등에 반하는 위헌이라고 판시하고 있다. 이는 특가법의 일부조항이 수평적 규범인 형법과 비교하여 균형을 상실했다면 그 법조항은 체계정당성에 반하는 것이고, 이것이 평등의 원칙과 비례의 원칙 등 헌법상의 규정과 원칙에 반한다면 이는 결국 입법형성권의 한계를 일탈한 것으로 위헌이라는 논리를 전개하는 것으로 여겨진다.

16) 이러한 체계정당성의 위반과 그 위헌문제에 대하여 자세한 것은 정연주, 분리된 선거구와 체계정당성, 공법연구 제30집 제4호, 2002. 6, 83쪽 이하 참조.

(2) 헌법재판의 기능 및 특성과 관련하여

헌재가 주장하듯이 법 제47조 제1항은 당해 사건에 적용될 법률조항이 아니라고 볼 수도 있고 따라서 이 사건 재판의 전제성이 부정될 수도 있다. 또한 해당 법원에서 당해 사건을 해결하기 위하여는 헌재가 법 제84조의 위헌여부만을 판단하면 된다고 볼 수도 있다. 그리고 결국 그를 통해 당해 형사사건의 피고는 무죄를 선고받을 수 있고 그로써 사건은 종결될 수 있다.

그러나 헌법재판은 이처럼 당해 사건의 해결에만 그 목적과 기능이 있는 것이 아니다. 이와 더불어 헌법재판은 헌법질서유지, 중요한 헌법적 해명, 공권력 통제 등 헌법수호와 공익추구의 목적과 기능도 가지고 있고, 사안에 따라서는 후자의 기능이 보다 중요하고 본질적인 기능으로 간주될 수 있는 것이다. 이러한 점에서 헌법재판에는 일반 민사재판 등에서는 볼 수 없는 강한 직권심리주의가 인정되고 있고, 개인의 기본권의 구제뿐 아니라 공익추구와 헌법수호의 기능을 가지는 객관적 소송의 성격도 인정되는 것이다.[17]

이러한 헌법재판작용의 기능과 특성 및 그로 인해 인정되는 강한 직권심리주의의 취지 등에 비추어 볼 때 헌재는 단순히 당해 사건을 해결하고 당사자의 침해된 권리구제에만 급급할 것이 아니라 보다 장기적이고 거시적인 차원에서 당사자의 주장이나 위헌제청법원의 견해에 관계없이[18] 재판과 관련한 중요한 헌법적 해명에 대하여 판단할 권한과 의무를 지는 것이다. 이 사건에서 중요한 것은 법 제84조에 의하여 기초의회의원선거에서 후보자가 특정 정당으로부터의 지지 또는 추천받음을 표방할 수 없도록 한 규정의 위헌 여부 뿐 아니라 근본적으로는 법 제47조 제1항에 의하여 정당이 다른 선거에서와는 달리 유독 기초의회의원선거에서 후보자를 추천할 수 없도록 금지한 것이 헌법상 정당화될 수 있는지의 여부이고, 이 조항이 기초의회의원선거에서의 정당의 영향력 배제라고 하는 입법취지를 구현하는 출발점이자 바탕규정이므로 당연히 이의 위헌 여부 내지 헌법상 정당성 여부를 판단하는 것이 급선무이고 근본적인 문제의 해결인 것이다. 따라서 법 제47조 제1항에 대한 판단이야 말로 지방의회의원선거를 포함한 지방자치제도의 정당관련성에 관한 근본적인 문제이자 중요한 헌법적 해명이고, 기초의회의원선거에서 정당이 개입될 때마다 반복해서 제기될 수밖에 없는 문제인 것이다. 따라서 헌재는 이 사건에서 법 제84조의 위헌 여부에 대한 판단에 앞서 법 제47조 제1항에 대한 위헌 여부를 판단했어야 했고, 만일 법 제47조 제1항이 위헌으로 결정이 되고 따라서 정당이 기초의회의원선거에서 후보자를 추천할 수 있게 되면 기초

17) 이러한 헌법재판의 특성과 기능에 대하여는 정연주, 헌법소원심판청구취하의 효과, 공법연구 제28집 제4호 제2권, 2000. 6, 201쪽 이하 참조.

18) 물론 이 사건에서 위헌제청법원인 대전고등법원은 법 제84조 뿐 아니라 법 제47조 제1항의 해당 부분에 대하여도 위헌여부심판을 제청하였다.

의회의원선거의 후보자가 특정 정당으로부터의 지지 또는 추천받음을 표방할 수 없도록 한 법 제84조도 당연히 위헌으로 결정되어야 할 것이고, 반대로 법 제47조 제1항이 합헌으로 결정이 되고 따라서 기초의회의원선거에서 정당의 후보자추천이 여전히 금지된다면 논리필연적으로 기초의회의원선거의 후보자가 특정 정당으로부터의 지지 또는 추천받음을 표방할 수 없도록 한 법 제84조도 합헌이 되는 것이다. 이러한 논리는 법 제84조가 법 제47조 제1항의 취지를 보다 효과적으로 실현하기 위한 규정이라는 점에서 타당하고, 정당의 영향을 배제하고 인물 본위의 투표를 유도함으로써 지방분권 및 지방의 자율성 보장이라는 지방자치 본래의 이념이 충실히 구현될 수 있도록 하고자 하는 이들 조항의 입법취지에도 부합된다고 하겠다.

결국 헌재는 헌법재판의 기능과 특성 및 직권심리주의의 취지 등에 비추어 이 사건에서 중요한 헌법적 해명에 해당하는 법 제47조 제1항의 위헌 여부에 대하여 판단했어야 했다.

2. 법 제47조 제1항의 위헌성

법 제47조 제1항의 위헌 여부는 정당의 기능, 지방자치제도의 본질과 기능, 평등원칙, 비례원칙 등 다양한 헌법적 측면에서 파악되어야 할 것이다.

(1) 정당의 기능

정당이라 함은 국민의 이익을 위하여 책임 있는 정치적 주장이나 정책을 추진하고 공직선거의 후보자를 추천 또는 지지함으로써 국민의 정치적 의사형성에 참여함을 목적으로 하는 국민의 자발적 조직을 말한다(정당법 제2조). 정당은 정책을 개발하고, 국민의 다양한 정치적 의사를 국정에 반영하는 교량적 역할을 하는 정치적 결사로서 정책결정과 집행 및 국정운영의, 그리고 다원적 민주주의 실현의 필수불가결한 수단이다.[19] 이처럼 정당은 무정형적이고 무질서한 개개인의 다양한 정치적 의사를 집약·정리하고 구체적인 진로와 방향을 제시하며 국정에 반영 또는 매개하는 중요한 공적 기능을 수행하기 때문에 헌법도 정당의 기능에 상응하는 지위와 권한을 보장함과 동시에 그 헌법 질서를 존중해 줄 것을 요구하고 있다. 즉 헌법 제8조는 정당설립의 자유와 복수정당제를 보장하고, 국가에 의한 정당의 보호를 규정하면서, 정당해산과 관련해서도 정당의 목적이나 활동이 민주적 기본질서에 위배될 때에만 그리고 헌법재판소에 의해서만 해산될 수 있도록 규정하고 있는 것이다.

이렇게 헌법이 보장하고 있는 정당의 존재 의의가 국민의 정치적 의사 형성에 참여하는 데 있으며, 대의민주주의에서 이러한 참여의 가장 중요한 형태가 선거를 통한 참

19) 헌재 2004. 3. 25. 2001헌마710, 판례집 16-1, 422, 434; 2006. 3. 30. 2004헌마246, 판례집 18-1상, 402, 411

여임은 의문의 여지가 없다. 그런데 각종 선거에 정당은 후보자의 추천과 후보자를 지원하는 선거운동을 통하여 소기의 목적을 추구하는데, 이 경우 평등권 및 평등선거의 원칙으로부터 나오는 기회균등의 원칙은 후보자는 물론 정당에 대하여서도 보장되는 것이다. 정당이 선거에 있어서 기회균등의 보장을 받을 수 있는 헌법적 권리는 정당활동의 기회균등의 보장과 헌법상 참정권의 보장에 내포되어 있다. 정당활동의 기회균등은 정당 상호간에만 적용되는 것이 아니라 정당과 다른 단체 및 정당과 무소속 후보자 사이에도 적용됨은 물론이다.

이처럼 정책의 개발, 국민의사의 국정에의 반영, 민의의 형성과 결집, 인재의 발굴, 중앙과 지방의 매개, 국정통제, 책임정치의 실현 등은 주로 정당을 통해 이루어진다. 특히 정치·사회적으로 취약한 신진·소수세력과 여성 및 정치적 기반이 약한 각계 전문가의 정책개발과 결정 및 집행에의 참여 및 선거에의 참여는 주로 정당을 통해 실현 가능하다고 볼 수 있고, 이러한 정당을 통한 진출이야 말로 헌법이 예상하고 있는 가장 주된 전통적인 참여방식이라고 할 수 있다.

결국 정당은 다원적 민주주의 실현과 정책개발 결정·집행을 위한 필수적 도구이고, 선거를 통해 이를 실현하는 정치적 결사로서, 선거에의 참여는 정당의 존재목적을 실현하기 위한 가장 중요하고 본질적인 수단이라고 할 수 있다. 따라서 정당을 특정 선거에서 강제적으로 배제하는 것은 이러한 정당의 자유와 기능 등 정당민주주의와 참정권을 침해하는 것이고, 결과적으로 신진 소수세력과 여성 및 정치적 기반이 약한 전문가의 참여를 봉쇄하는 효과를 가져 올 수 있다. 사실 모든 후보자를 무소속으로 할 경우 오히려 지역유지나 재력가 또는 유명인사 등이 선거과정에서 유리한 입장에 있을 수밖에 없고, 따라서 이들 유력인사들이 당선될 확률도 높다고 볼 수밖에 없는 것이 현실이다.

(2) 지방자치제도의 기능과 관련하여

주지하는 바와 같이 지방자치란 지역중심의 지방자치단체가 독자적인 자치기구를 설치해서 그 자치기구의 고유사무를 국가기관의 간섭없이 스스로의 책임아래 처리하는 것을 말한다. 지방자치의 실시로 인해 지역내의 공통관심사에 대한 지역주민의 자율적 처리의욕이 커지고, 지역주민이 직접 피부로 느낄 수 있는 '주민접촉' 내지 '근거리행정'이 이루어지고, 다원적인 복합사회가 요구하는 정치적 다원주의가 실현될 수 있을 뿐 아니라, 기능적 권력통제의 효과가 나타나게 된다. 이처럼 지방자치제도는 전통적인 기능으로서의 행정의 극대화기능과 지역발전촉진기능과 더불어 오늘날 다원적 민주주의의 실현과 기능적 권력통제를 가장 중요한 기능으로 하고 있다.

1) 다원적 민주주의 실현

지방자치는 지역주민의 지역문제에 대한 자치능력을 길러줌으로써 민주정치에 필요한 민주시민을 양성하는데 기여하고, 이로써 민주정치의 실현기능을 가지게 된다. 더욱이 지방자치단체에서는 국가차원에서와는 다른 정치세력과 정치견해가 형성될 수 있고, 국가차원에서와는 다른 정치집단이 정치적인 영향력을 행사할 수 있기 때문에 서로 상이한 다양한 정치적 견해를 지방자치제도를 통해 반영할 수 있다는 점에서 현대사회가 요구하는 정치적 다원주의 내지 다원적 민주주의를 실현시키는 기능을 가진다.

헌재도 "지방자치제도는 민주정치의 요체이며 현대의 다원적 복합사회가 요구하는 정치적 다원주의를 실현시키기 위한 제도적 장치로서 지방의 공동관심사를 자율적으로 처리함과 동시에 주민의 자치역량을 배양하여 국민주권주의와 자유민주주의 이념 구현에 이바지함을 목적으로 하는 제도이다."라고 판시함으로써 지방자치제도가 가지는 다원적 민주주의의 실현기능을 강조하고 있다.[20]

이처럼 지방자치제도의 중요한 기능이 다원적 민주주의의 실현이라면 이러한 다원적 민주주의가 실현될 수 있는 지방자치제도가 마련되어야 한다. 그런데 오늘날 이러한 다원적 민주주의는 정당정치와 정당본위의 선거 및 복수정당제를 바탕으로 하는 정당민주주의를 그 근간으로 하고 있다. 따라서 오늘날 정당을 통하지 않는 정치와 선거는 상상하기 어렵다. 이를 위해 헌법 제8조 제1항도 복수정당제를 보장하고 있다.[21] 그런데 이러한 복수정당제를 통한 정당민주주의와 다원적 민주주의를 실현시킬 수 있는 제도의 하나가 바로 지방자치제도인 것이다.

오늘날 지방자치제도의 실현과정에서 전통적인 행정기능 보다는 정치형성기능이 강조되는 것도 이러한－지방선거제도를 포함한－지방자치제도에서 차지하는 정당의 절대적 비중을 전제로 하는 것이고, 헌재도 이 사건 결정에서 "… 정당의 영향을 배제하는 것이 곧 지방자치의 발전에 보탬이 될 것이라고 단정할 수 없다. 지방자치는 단순히 주민 근거리 행정의 실현이라는 행정적 기능만 있는 것이 아니라, 지역 내의 가치분배에 관한 갖가지 정책을 지방에서 자율적으로 수립해 나가는 정치형성적 기능도 아울러 가지는데, 이러한 정치형성적 기능과 관련하여 정당은 민의의 결집·인재의 발굴·중앙과 지방의 매개·책임정치의 실현 등 여러 가지 순기능을 담당할 수 있기 때문이다. 영국·프랑스·독일·일본 등 지방자치의 오랜 전통을 가진 선진 민주주의 국가들 대다수가 정당의 지방선거 참여를 허용하고 있는 것도 바로 이러한 이유 때문이라고 할 것이다. 한편, 정당의 지방선거 참여로 파생되는 부작용들은 따지고 보면 정당 내부의 분권화 및 민주화가 덜 이루어진 데에서 기인하는 바가 더 크다. 그런데, 정

---

20) 1998. 4. 30. 96헌바62, 판례집 10-1, 380, 384-385.

21) 이러한 복수정당제를 통한 정당민주주의와 다원적 민주주의에 대하여는 정연주, 1인 1표 국회의원선거제도의 위헌성, 헌법논총, 헌법논총 제13집, 헌법재판소, 2002. 12. 529 쪽 이하 참조.

당의 지방선거 참여는 오히려 지방의 유능한 인원을 정당에 충원하고 정당의 지방조직을 활성화함으로써 정당의 분권화·민주화를 촉진하는 면도 있다. 더구나, 최근 지역주의가 상대적으로 약화되고, 혁신정당이 제도권 정치에 진입하고, 1인 2표의 정당명부식 비례대표제가 시행되며, 국민참여경선제 등 상향식 공천제도가 활용되기 시작하는 등 우리의 정치환경이 급속도로 발전적 변화를 이룩하는 추세에 있는 점에 비추어 볼 때, 향후 정당배제를 통해 얻게 될 이익보다 그로 인한 손실에 더 무게가 실릴 것으로 예측된다. 따라서, 단순히 정당배제라는 미봉책을 통해 정당참여로 인한 역기능뿐 아니라 순기능까지 함께 제거하는 것은 지방자치 발전의 차원에서도 바람직하지 않은 것으로 생각된다."라고 판시함으로써 이러한 지방자치제도가 가지는 정당을 통한 정치형성기능을 강조하고 있다.[22)]

이처럼 지방자치제도의 중요한 기능이 다원적 민주주의의 실현이고 이는 오늘날 정당을 매개해서 실현되고 있다는 현실을 감안할 때, 그리고 정당의 가장 중요한 기능과 존재목적의 하나가 바로 선거에의 참여와 그를 통한 주민 내지 국민의 의사의 정책의 결정과 집행과정에의 반영이라는 점을 상기할 때 기초지방의회선거에서 정당의 후보자추천을 금지하는 것은 이러한 다원적 민주주의를 내용으로 하는 지방자치제도의 기능에 반하고, 아울러 정당민주주의와 복수정당제를 보장하고 있는 헌법 제8조 제1항에에 반하는 것이다.

따라서 자치구·시·군의회의원선거의 후보자 역시 특정 정당으로부터의 지지 또는 추천 받음을 표방할 수 있어야 함은 물론, 보다 근본적으로 정당은 선거에 있어 선거구별로 선거할 정수범위 안에서 국회의원선거냐 지방선거냐, 그리고 지방선거에서도 광역선거냐 기초선거냐 의원선거나 단체장선거냐에 관계없이 그 소속당원을 후보자로 추천할 수 있어야 한다. 따라서 기초의회의원선거에 정당이 관여하면 선거가 정당들의 대리전으로 변질되어 지역에서 필요로 하는 유능한 인물을 뽑는 것이 어려워지고 정당이 후보자의 당락뿐만 아니라 의원의 의정활동 전반에까지 영향을 미쳐 기초의회의 자율적 운영이 어렵게 될 것이라는 인식 하에서 정당의 영향을 배제하고 인물 본위의 투표를 유도함으로써 지방분권 및 지방의 자율성 보장이라는 지방자치 본래의 이념이 충실히 구현될 수 있다는 막연한 이유에서 기초의회의원선거에서 정당의 후보자추천 자체를 원천적으로 봉쇄하는 법 제47조 제1항은 지방자치제도의 본질과 기능을 왜곡하고 현대사회에서의 정당을 통한 다원적 민주주의의 실현과 복수정당제를 보장하는 헌법정신에 정면으로 반하는 것으로 위헌이라고 보지 않을 수 없다.

결국 다원적 민주주의를 지방차원에서 실현하기 위해서는 바로 정당을 통한 지방자치제의 운용이 전제되어야 하고 따라서 기초지방의회선거에서도 정당의 후보자추천 등을 통한 정당의 참여가 보장되어야 한다. 다양한 정책과 강령을 가진 정당이 상호

---

22) 2003. 1. 30. 2001헌가4, 판례집 15-1, 7, 18.

경쟁을 통해 선거에 참여하고 지방행정과 지방의회에서 경쟁할 때 보다 효율적으로 주민의 다양한 의사가 형성되고, 그러한 의사가 정책의 결정과 집행에 반영될 수 있으며, 주민의 선택폭이 넓어질 수 있어 결국 지방자치제도의 본질과 기능의 하나인 다원적 민주주의가 실현될 수 있는 것이다.

2) 기능적 권력통제

지방자치는 오늘날 기능적 권력통제를 위한 제도적 장치로 기능한다. 고전적 3권분립이론은 사회구조와 사회기능의 변화, 다양한 정치·사회세력의 출현, 다양한 국가기관의 등장, 헌법관의 변화, 정당국가적 경향 등 때문에 본래의 권력통제기능을 효율적으로 발휘하기 어렵게 되었다. 따라서 오늘날 이러한 고전적 3권분립이론은 그 골격은 유지하되 다양한 수정과 보완을 겪게 되었다. 그중 하나가 바로 지방자치제도를 통한 기능적 권력통제라고 할 수 있다. 이는 정책개발과 정책결정 및 정책집행권을 중앙정부와 지방자치단체에 기능적으로 분산시킴으로써 중앙정부와 지방자치단체 및 지방자치단체 상호간의 수직적·수평적인 기능적 권력통제를 실현하는 것이다. 따라서 오늘날 지방자치제도의 중요한 기능 중 하나는 바로 이러한 기능적 권력통제의 실현인 것이다.

헌재도 위에서 소개한 96헌바62 결정에서 "… 이러한 지방자치의 본질적 내용인 핵심영역은 어떠한 경우라도 입법 기타 중앙정부의 침해로부터 보호되어야 한다는 것을 의미한다. 다시 말하면 중앙정부의 권력과 지방자치단체간의 권력의 수직적 분배는 서로 조화가 요청되고 그 조화과정에서 지방자치의 핵심영역은 침해되어서는 안되는 것이므로, 이와 같은 권력분립적·지방분권적인 기능을 통하여 지역주민의 기본권 보장에도 이바지하는 것이다."라고 판시하고 있고,[23] 1999. 11. 25, 99헌바28 결정에서도 "… 현대 입헌민주국가의 통치원리인 권력분립 및 통제·법치주의·기본권보장 등의 제원리를 주민의 직접적인 관심과 참여 속에서 구현시킬 수 있어 자유와 책임을 중시하는 자유민주주의 이념에 부합되므로 국민(주민)의 자치의식과 참여의식만 제고된다면 권력분립원리의 지방차원에서의 실현(지방분권)을 가져다 줄 수 있을 뿐 아니라 …" 라고 판시함으로써[24] 이러한 중앙정부와 지방자치단체 및 지방자치단체 상호간의 수직적·수평적인 권력통제의 실현이 지방자치제도의 중요한 기능의 하나임을 확인하고 있다.

이에 따라 지방자치제도는 이러한 권력통제기능을 효율적으로 실현할 수 있도록 제도화되고 운용되어야 한다. 그런데 이러한 중앙정부와 지방자치단체, 그리고 지방자치단체 상호간의 수직적·수평적인 기능적 권력통제는 오늘날 바로 정당을 통해서 실현될 수 있다. 그리고 이는 앞서 언급한 현대사회의 정당국가적 경향에 비추어 볼 때 당

23) 1998. 4. 30. 96헌바62, 판례집 10-1, 380, 385-386.
24) 1999. 11. 25. 99헌바28, 판례집 11-2, 543, 550-551.

연한 것이고, 따라서 이를 헌법상 복수정당제의 보장 등을 통해 반영하고 있는 것이다. 그러므로 오늘날 지방자치제도를 통한 기능적 권력통제를 실현하기 위하여는 사실상 정당의 개입이 필연적이고, 따라서 기초지방의회의원선거에서 정당의 후보자추천을 금지함으로써 정당의 참여를 원천적으로 봉쇄하는 것은 바로 이러한 지방자치제도가 가지는 권력통제의 기능을 형해화시키는 것이라고 할 수 있다. 오랜 선거경험에서 보듯이 선거과정에서 정당의 영향력을 배제하는 것 자체가 불가능 할 뿐 아니라, 오히려 지방분권 및 지방의 자율성 보장이라는 지방자치제도의 구현은 바로 정당을 통한 기능적 권력통제가 지방차원에서 실현될 때 비로소 가능한 것임은 주지의 사실이다.

이러한 맥락에 비추어 볼 때 결국 법 제47조 제1항은 지방자치제도가 가지는 수직적·수평적인 권력통제의 기능과 헌법상의 권력분립원칙의 정신에 반하는 위헌인 것이다.

(3) 평등의 원칙과 관련하여

입법자가 합리적 차별사유 없이 본질적으로 같은 것을 자의적으로 다르게 취급하는 것은 평등의 원칙을 위반하는 것으로 위헌임은 주지의 사실이다. 헌재는 이 사건에서 기초의회의원선거의 경우 그 후보자가 정당표방을 하지 못하도록 한 법 제84조의 평등원칙 위배 여부와 관련하여 "… 기초의회의원선거를 그 외의 지방선거와 다르게 취급을 할 만한 본질적인 차이점이 있는가를 볼 때 그러한 차별성을 발견할 수 없다. 우선, 광역자치단체와 기초자치단체의 경우를 나누어 법적으로 달리 취급해야 할 이유가 없는 것은, 광역과 기초의 차이는 지방자치단체의 종류의 차이에 불과할 뿐, 지방분권이라는 자치기능에 있어서는 본질적인 차이가 없기 때문이다. 나아가, 기초자치단체장 선거의 경우와는 달리 기초의회의원선거의 경우에만 정당의 영향을 배제해야 할 합리적인 이유도 없다고 보아야 한다. 오히려, 기초자치단체의 기관 중에서 구태여 정당의 영향을 배제해야 할 필요성이 있는 곳이 있다면 그것은 기초의회보다는 집행업무를 담당하는 기초자치단체장이라고 보아야 할 것이다. 왜냐하면, 기초자치단체장은 지방자치단체 소속 공무원의 대부분을 지휘·감독하고, 예산을 편성·집행하며, 그를 통하여 대통령선거나 국회의원선거 등 전국 단위의 공직선거에 상당한 영향을 미치는 지역 사업과 현안들을 추진하고 집행할 수 있는 지위에 있기 때문이다. 실제로 단체장선거와 관련해서 정당공천헌금 등 갖가지 부조리가 문제되고 있는 실정에서도 이러한 점을 엿볼 수 있다. 또한, 지방 차원에서의 견제와 균형의 실현이라는 지방자치의 기본이념에 비추어 보더라도, 기초자치단체장선거에서는 정당추천후보자를 인정하면서, 그 상대역이라고 할 수 있는 기초의회의원선거에서는 정당표방을 금지하는 것은 합리적이지 못하다. 그렇다면, 위 조항은 아무런 합리적 이유 없이 유독 기초의회의원 후보자만을 다른 지방선거의 후보자에 비해 불리하게 차별하고 있으므로 평등원칙에 위배된다."라고 판시하고 있는데,[25] 이러한 논리는 법 제47조 제1항에 대하여도 적용될 수 있다고 본다.

결론적으로 이러한 평등의 원칙의 측면에서 볼 때 다른 여타의 지방선거에서 인정되는 정당의 후보자추천을 유독 기초의회의원선거에서만 금지하고 있는 법 제47조 제1항은 합리적 차별사유 없이 기초의회의원선거의 후보자를 차별하는 것으로 평등의 원칙에 위반된다고 보지 않을 수 없다. 왜냐하면 다른 지방선거에서와는 달리 기초의회의원선거의 후보자 내지 후보자가 되고자 하는 자만 정당한 사유 없이 정당의 추천을 받을 수 없기 때문이다.

(4) 비례의 원칙과 관련하여

주지하는 바와 같이 입법작용을 비롯한 모든 공권력작용에 있어서 그 달성코자하는 목적과 수단 사이에는 비례성이 유지되어야 하고 이러한 비례의 원칙을 위반한 공권력작용은 위헌이다. 그런 점에서 기초의회의원선거에서 모든 정당의 후보자추천을 금지한 법 제47조 제1항은 비례의 원칙을 위반한 것이라고 보지 않을 수 없다.

위에서도 언급한 바와 같이 법 제84와 더불어 법 제47조 제1항의 입법목적은 기초의회의원선거에 정당이 관여하면 선거가 정당들의 대리전으로 변질되어 지역에서 필요로 하는 유능한 인물을 뽑는 것이 어려워지고 정당이 후보자의 당락뿐만 아니라 의원의 의정활동 전반에까지 영향을 미쳐 기초의회의 자율적 운영이 어렵게 될 것이라는 기본 인식 하에서 정당의 영향을 배제하고 인물 본위의 투표를 유도함으로써 지방분권 및 지방의 자율성 보장이라는 지방자치 본래의 이념이 충실히 구현될 수 있도록 하는 것으로 볼 수 있다. 물론 지방분권 및 지방의 자율성이 보장되도록 하겠다는 것 자체에 대하여는 정당성을 부인할 여지가 없으나, 그를 위해 기초의회의원선거에서 정당의 후보자추천을 금지함으로써 정당의 영향을 배제하고 인물 본위의 투표가 이루어지도록 하는 것은 그 자체가 앞서 언급한 바대로 지방자치제도의 기능, 현대사회에서의 정당의 역할과 위상 내지 정당민주주의의 이념 및 선거제도의 본질 등에 비추어 타당하지 못할 뿐 아니라,[26] 지방분권 및 지방의 자율성이 보장이라는 입법목적의 달성을 위한 적합한 수단이라고 볼 수도 없다.

또한 이처럼 기초의회의원선거에서 정당의 후보자추천을 금지한다고 해서 지방자치제도 본래의 기능이 실현된다고 보기도 어렵고, 설사 그렇다 하더라도 그러한 금지를 통해 달성되는 공익보다 효율적인 다원적 민주주의의 실현이나 기능적 권력통제의 실현 등 헌법적 요청이자 공익인 지방자치제도의 본질과 기능 및 기초의회의원선거의

25) 2003. 1. 30. 2001헌가4, 판례집 15-1, 7, 21.

26) 헌재도 지적하고 있듯이 선거에 당하여 정당이냐 아니면 인물이냐에 대한 선택은 궁극적으로 주권자인 국민의 몫이고, 입법자가 후견인적 시각에서 입법을 통하여 그러한 국민의 선택을 대신하거나 간섭하는 것은 민주주의 이념에 비추어 정당하지 못함은 다언을 요하지 아니한다.

후보자의 권리－예컨대 정당추천을 받을 권리－와 정당의 권리－예컨대 정당의 가장 중요한 권리이자 기능 중 하나인 후보추천권－등의 기본권의 침해가 훨씬 크기 때문에 이러한 금지는 이익형량의 원칙에 위반되는 것이다.

결국 법 제47조 제1항은 비례의 원칙에 위반된다.

(5) 유권자의 선택권 등과 관련하여

정당공천금지는 유권자의 선택권 및 알권리 등을 침해할 수 있고, 이는 결과적으로 유권자의 선거에 대한 무관심을 부채질하고, 불합리한 선거결과를 야기할 수 있으며, 이는 결국 민주주의원리를 왜곡하는 것이 될 수 있다.

헌재도 선거에 당하여 정당이냐 아니면 인물이냐에 대한 선택은 궁극적으로 주권자인 국민의 몫이고, 입법자가 후견인적 시각에서 입법을 통하여 그러한 국민의 선택을 대신하거나 간섭하는 것은 민주주의 이념에 비추어 바람직하지 않기 때문에, 기초의회의원선거에서 정당의 영향을 배제하고 인물 본위의 투표가 이루어지도록 하겠다는 구체적 입법의도는 그 정당성이 의심스럽다고 판시한바 있다.[27] 헌재는 그 후 "정당이 기초의원 후보자를 추천할 수 있도록 하는 제도의 목적은 유권자들이 선거권을 행사함에 있어 참고할 중요한 사항을 제공하고, 국민의 정치적 의사 형성에 참여하는 정당의 활동을 효과적으로 보장하기 위한 것이다. 이러한 입법목적은 공공복리를 도모하기 위한 것이라고 할 수 있다. 정당의 기초의원 후보자 추천제도를 통하여, 선거권자들은 기초의원 후보자의 소속 정당과 정치적 성향을 알 수 있게 되고, 정당은 정치적 의사 형성 기능을 기초의원 선거에서도 발휘할 수 있게 된다. 따라서 정당의 후보자추천제도는 입법목적을 달성하기 위한 합리적인 수단이라고 할 수 있다."라고 판시하고 있다.[28] 또한 헌재는 최근에도 "정당이 자치구·시·군의 장 후보자를 추천할 수 있도록 하는 제도의 목적은 유권자들이 선거권을 행사함에 있어 참고할 중요한 사항을 제공하고, 국민의 정치적 의사 형성에 참여하는 정당의 활동을 효과적으로 보장하기 위한 것으로서 이러한 입법 목적은 공공복리를 도모하기 위한 것이라고 할 수 있다. 그리고 정당의 자치구·시·군의 장 후보자 추천제도를 통하여, 선거권자들은 자치구·시·군의 장 후보자의 소속 정당과 정치적 성향을 알 수 있게 되고, 정당은 정치적 의사 형성 기능을 자치구·시·군의 장 선거에서도 발휘할 수 있게 되므로 정당의 후보자추천제도는 입법목적을 달성하기 위한 합리적인 수단이라고 할 수 있다."라고 판시하여 기초의회의원과 더불어 기초단체장 선거에서의 정당공천제도의 필요성과 정당성을 강조한 바 있다.[29]

---

27) 2003. 1. 30. 2001헌가4, 판례집 15-1, 7, 17.

28) 2007. 11. 29. 2005헌마977, 판례집 19-2, 645, 653.

29) 2011. 3. 31. 2009헌마286, 판례집 23-1상, 398, 405.

(6) 무소속후보자의 정당표방제한과 관련하여

앞서 언급한 바와 같이 헌재의 위헌결정에 따라 정당표방에 관한 공직선거법 제84조는 "무소속후보자는 특정 정당으로부터의 지지 또는 추천받음을 표방할 수 없다. 다만, 다음 각 호의 어느 하나에 해당하는 행위는 그러하지 아니하다. 1. 정당의 당원경력을 표시하는 행위, 2. 해당 선거구에 후보자를 추천하지 아니한 정당이 무소속후보자를 지지하거나 지원하는 경우 그 사실을 표방하는 행위"라고 개정되었고, 이후 기초의회선거에서의 정당추천을 금지했던 동법 제47조 제1항도 정당이 후보자를 추천할 수 있도록 개정되었다.

그런데 헌재의 견해대로 공직선거법 제47조 제1항이 동법 제84조와 상호 관련성이 없어 법 제84에 대한 위헌결정에도 불구하고 법 제47조 제1항이 그대로 존속하여 만일 과거처럼 기초의회선거에서 정당공천을 금지한다면 첫째, 이는 앞서 언급한 바와 같이 정당과 후보자의 정당활동의 자유라는 헌법 제8조 제1항이 보장하는 참정권적 기본권을 침해한다. 왜냐하면 어떤 후보자도 정당의 추천을 받을 수 없고 오로지 무소속으로만 출마할 수 있기 때문이다. 둘째, 정당추천 후보자가 전무한 상태에서 모든 무소속 후보자는 현행 공직선거법 제84조에 따르면 특정 정당으로부터의 지지 또는 추천받음을 표방할 수 없다. 그러나 이는 후보자의 정치적 의사표현의 자유를 침해하는 등 위헌이고, 헌재도 이를 위헌이라고 결정했음은 앞서 언급한 바와 같다. 셋째, 정당추천을 법으로 금지하는 상태에서 만일 법 제84조를 개정하여 모든 무소속후보자가 특정 정당으로부터의 지지 또는 추천받음을 표방할 수 있도록 한다면(물론 이는 헌재의 결정대로 헌법상 선택의 여지가 없는 강제사항이다) 이 역시 위헌이다. 왜냐하면 법 제47조 제1항에 따라 후보자 추천은 특정 정당으로부터 이루어지는 것을 전제하고 있고, 따라서 특정 후보자가 특정 정당으로부터의 지지 또는 추천받음을 표방할 수 있다는 것은 이미 특정 정당의 추천(공천) 허용을 전제로 한 것으로 보아야 하기 때문이다. 즉 한쪽에서 정당추천을 금지하면서 다른 한쪽에서 정당으로부터의 추천받음을 표방할 수 있도록 허용한다는 것 자체가 상호 모순이고, 이는 헌법상의 체계정당성에 반하는 것이라고 볼 수밖에 없다.

(7) 지방자치사무의 탈정치 · 탈정당 문제와 관련하여

앞서 언급했듯이 지방자치에도 정치와 정당의 기능을 배제할 수 없다. 지방자치의 기능과 자치사무도 결국 정치과정이고 이는 정당의 역할을 통해 이루어질 수밖에 없다. 즉 정치라는 것이 반드시 중앙정부의 행정사무 내지 국가사무, 예컨대 국방, 외교, 대북문제 등에 국한되는 것이 아니라 지방의 자치사무에 관한 것도 결국 정치현상의 일환이다. 그리고 자치사무 중 광역단체와 기초단체 사이에 본질적 차이가 있을 수 없다. 결국 모든 것이 정치현상 내지 과정이고 이와 직간접적으로 연관되어 있기 때문에, 지방, 특히 기초단체 차원에서 정치의 영향력을 배제한다는 것은 가능하지도 필요하지도 않다. 그 어떤 것도 정치와 무관할 수 없고, 이러한 정치적 의사형성에 관여하는 교량적 역할은 바로 정당이 하는 것이다. 자치단체를 지방정부, 자치사무 등 지자체의 정책결정과 집행을 지방정치라고도 부르는 것도 그러한 이유에서라고 볼 수 있다.

아울러 정당의 역할과 기능은 국가사무 뿐 아니라 자치사무와 관련된 정책을 개발하고 노선을 정하며 이를 뒷받침하고 정보와 자료를 제공하는 등의 다양한 역할을 당연히 포함한다. 따라서 정당을 선거와 의정활동 과정에 배제시키는 것은 가능하지도 필요하지도 않다.

Ⅳ. 맺는 말

지금까지 이 사건 헌재결정의 내용과 의의 및 그 문제점에 대하여 살펴보았다. 앞서도 언급한 바와 같이 그동안 법 제84조에 의해 기초의회의원선거의 후보자가 특정 정당으로부터의 지지 또는 추천받음을 표방할 수 없었는데, 헌재가 법 제84조 중 '자치구·시·군의원선거의 후보자' 부분이 헌법에 위반된다고 선언하면서 과거 동조 부분이 헌법에 위반되지 않는다고 한 결정을 변경하고, 이로써 그동안 문제되어온 기초의회의원선거에서의 정당의 역할과 기능 및 후보자의 정당표방 등의 정치적 표현의 자유와 유권자의 알권리를 인정한 것은 상당히 큰 의미가 있다고 볼 수 있다.

그러나 이 결정은 중대한 문제점도 남기고 있다. 즉 헌재가 기초의회의원선거의 경우 정당이 후보자를 추천할 수 없도록 한 법 제47조 제1항은 이 사건에 적용될 법률조항이 아니고, 나아가 법 제84조와 법 제47조 제1항은 각 그 수범자와 규율내용을 서로 달리하여 법 제47조 제1항의 위헌 여부가 법 제84조의 위헌 여부와 체계적으로 밀접불가분한 관계에 있다고 보기도 어렵기 때문에, 법 제47조 제1항에 관한 위헌심판제청 부분은 재판의 전제성이 없어 그에 대한 위헌판단을 회피한 것이다. 그러나 법 제47조 제1항은 위에서 지적한 바와 같이 법 제84조와 체계적으로 밀접불가분의 관계에 있다는 점에서, 그리고 단순히 당해사건을 해결하는 데에서 그치는 것이 아니라 중요한 헌법적 해명, 헌법수호, 헌법질서유지, 공권력통제 등 공익추구의 기능과 객관적 소송으로서의 성격도 아울러 가지고 있는 헌법재판의 기능과 특성상 헌재는 당연히 법 제47조 제1항에 대하여도 판단했어야 했다.

결국 앞서 언급한 다양한 헌법적 측면에서 기초의회의원선거의 경우 정당이 후보자를 추천할 수 없도록 한 법 제47조 제1항 중 '(자치구·시·군의회의원선거를 제외한다)' 부분은 헌법에 위반된다고 하겠다.

기초지방선거에서 정당공천허용은 헌법상 선택의 여지가 없다.[30] 따라서 그로 인해 파생되는 문제를 최소화하도록 제도적 보완이 이루어지는 방향으로 논의가 전개되어야 한다. 그를 위한 다양한 방법 중 하나는 역시 헌법 제8조 제2항이 강조하는 정당의 민주화라고 할 수 있다. 특히 후보자 공천과 관련한 민주적이고 투명한 상향식 공천제도가 중요하다. 진성당원의 무기명 비밀투표에 의한 지역구 후보자 공천 및 비례대표명부작성이 그것이다.[31]

그리고 공천과정과 절차 및 기준 등을 비롯한 정당내부민주화를 위한 다양한 사안이 당헌당규가 아닌 법률로－예컨대 정당법이나 공직선거법-정해져야 한다. 후보자를 추천하고 결정하는 방법과 절차는 통치기관의 조직과 작용에 관한 기본적인 사항이고, 선거권과 피선거권 등의 기본권에 관한 본질적 사항이므로 법치주의원리상 당연히 선거법이나 정당법 등의 법률에－적어도 그 기본적인 사항을－정해야 하며, 이를 당헌으로 정해서는 안되는 것이다. 이와 관련하여 현행 공직선거법 제47조 제2항은 단순히 "정당이 제1항의 규정에 따라 후보자를 추천하는 때에는 민주적인 절차에 따라야 한다."라고만 규정하고 있고, 공직선거법이나 정당법 등 관련 법률의 어디에도 그 이상의 공천과정과 절차 및 기준에 대한 규정이 없는데, 이는 법치주의원리에 위반되는 소지마저 있다. 따라서 이에 관한 법률규정이 시급히 마련될 것이 요구된다. 그럴 때 객관적이고 예측가능한 그리고 투명한 공천 및 정당활동이 가능해지고, 이것이 법치주의원리, 특히 법률유보의 원칙에도 부합된다고 하겠다.

그러나 제도의 보완으로 문제가 해결될 수는 없다. 제도개혁 보다 더욱 중요한 것은 정치가, 지방선거후보자와 더불어 국민의 의식 개혁이다. 수준 높은 유권자의 헌법에의 의지만이 이 문제를 해결할 수 있다. 물론 제도를 개혁하고 부단한 노력을 해야 한다. 그러나 성숙된 국민이 전제되지 않는 성숙된 정치와 지방자치는 불가능하다.

---

30) 거의 모든 법치선진국에서도 지방선거에서 정당의 공천을 허용하고 있다. 외국의 지방선거 정당공천제에 대하여는 고경훈, 한국 지방선거의 정당공천제의 문제점 및 개선방안 연구, 기초선거 정당공천제 해법을 모색하다, 국회 지방3정 발전연구회 토론회, 2013. 12. 16, 발제문 32쪽 이하 참조.

31) 이런 맥락에서 볼 때 정당명부작성은 중앙당의 공천심사위원회에서 추천된 후보자를 각 지역의 당원에 의해 비밀투표로 선출된 대의원회에 의해서 비밀투표로 확정하는 민주적 방식이 고려될 수 있을 것이다. 이 경우 공천심사위원회에서 작성한－순위가 매겨진－명부원안에 대하여 대의원회에서 명부순위대로 한 사람씩 비밀투표로 결정하는 방식이 고려될 수 있을 것이다. 이는 독일의 방식과 유사하다. 독일 연방선거법 제21조 및 제27조 이하 및 정당법 제17조 등에 따르면 비례대표후보자명부는 주의 대의원대회에서 비밀투표로 결정하게 되어 있는데, 먼저 주의 하부조직이 비밀투표로 대의원을 선출하고, 주의 당집행부가 후보자명부의 원안을 작성하여 대의원대회에 제출한다. 원안에는 제1번부터 차례로 순위가 매겨져 있는데, 대의원대회에서 번호대로 후보자 한 사람씩 투표로 결정한다. 비례대표 명부작성의 방식과 절차의 민주화에 대하여는 정연주, 현행 비례대표 국회의원선거제도의 문제점과 개선책, 저스티스, 한국법학원, 2002. 12, 106쪽 이하 참조.

14. 민족문화유산에 대한 공용수용

- 헌재 2003. 1. 30. 2001헌바64 구 전통사찰보존법 제6조 제1항 제2호 등 위헌소원[1] -

[目 次]

Ⅰ. 머리말

이 글은 민족문화유산에 대한 공용수용의 문제, 특히 전통사찰부동산 등의 민족문화유산을 수용할 경우 반드시 관할 행정기관의 사전허가를 요하는지의 문제를 다룬 것이다. 헌재 2003. 1. 30. 2001헌바64 구 전통사찰보존법(이하 '법'이라 함) 제6조 제1항 제2호 등 위헌소원 사건이 그 단초를 제공하였다. 이 결정에서 헌재는 "법 제6조 제5항 중 같은 조 제1항 제2호 소정의 '동산 또는 대통령령이 정하는 부동산의 양도'에 관련된 부분은 헌법에 합치하지 아니한다."라고 선언했다. 그 이유는 전통사찰의 경내지 등에 대한 모든 유형의 소유권 변동이 전통사찰을 훼손할 수 있고, 따라서 법이 민족문화유산의 본존을 위하여 전통사찰부동산 등의 소유권 변동 시 반드시 관할 행정관청인 문화체육부장관의 허가를 받도록 규제하고 있음에도 불구하고, 다른 소유권변동원인과 달리 '공용수용'으로 인한 소유권변동에 대해서는 아무런 규제를 하지 아니한 것이 평등원칙에 위반되기 때문이라는 것이다.

---

1) 헌재 2003. 1. 30. 2001헌바64, 판례집 15-1, 48.

그러나 이러한 헌재의 견해에는 문제가 있다. 이는 공용침해의 본질에 대한 오해에서 기인하는 것 같다. 따라서 이 글에서는 이번 사건의 다수의견과 반대의견을 살펴보고, 다수의견의 문제점을 헌법 제23조상의 공용침해의 본질과 그 허용조건, 특히 공공필요의 원칙 및 이익형량의 원칙을 주요내용으로 하는 비례의 원칙의 시각에서 살펴보고자 한다.

Ⅱ. 헌재결정의 내용

1. 사건의 개요와 심판의 대상

(1) 사건의 개요

1) 이 사건 처분의 경위

가. 청구인 사찰은 서기 675년(신라 문무왕 15년)에 원효대사가 창건한 사찰로서, 문화공보부장관의 지정에 따라서 1988. 7. 19. 법 제3조 소정의 전통사찰로 등록되었다.

나. 건설부장관은 택지개발촉진법 제3조 제1항 및 제7조의 규정에 의하여 부산 부산진구 당감동 산 15의 3 일원에 대하여 부산당감지구 택지개발사업을 시행하기 위한 택지개발예정지구를 지정하면서 1992. 9. 14. 그 사업시행자로 청구 외 대한주택공사를 지정하였는데, 법 제2조 제3호 소정의 전통사찰 경내지인 청구인 소유의 부산 부산진구 부암동 623 전 268㎡ 등 수 필지의 경내지 및 그 부속 건물 등(이하 '이 사건 토지'라 함)이 위 예정지구에 편입되었다.

다. 그 당시 택지개발촉진법 등에 의하면 건설부장관이 예정지구를 지정한 때에는 이를 고시하여야 하는데(같은 법 제3조 제4항), 필요적 고시사항은 ① 예정지구의 명칭, ② 위치, ③ 지정일자, ④ 면적뿐이었고(같은 법 시행령 제4조 제1항), 그 예정지구지정 이전에 토지소유자 등에게 사전통지를 하거나 그 의견을 청취하는 법률규정, 혹은 예정지구지정처분을 토지소유자에게 개별통지하는 법률규정 등이 존재하지 않았다. 한편 건설부장관은 이 사건 토지에 관한 예정지구지정처분을 하는 과정에서 전통사찰의 보존업무를 관장하는 관계 장관에게 사전통지를 하지 아니하는 등 같은 법 제3조 제2항 소정의 관계중앙행정기관의 장과 협의절차를 전혀 이행하지 아니하였고, 청구인 사찰이 그 예정지구지정에 관한 사전통지를 받았다거나, 혹은 그 지정처분에 관한 개별통지를 받았다는 자료는 없다.

라. 택지개발사업에 포함될 토지의 범위는 예정지구지정처분에 의하여 정해지고, 특정 토지를 택지개발사업의 대상에 포함시킨 것 자체가 잘못된 것이라는 이유로 공용수용절차를 다투기 위해서는 일반적으로 그 지정처분에 대하여 쟁송을 제기하여야 하

는데, 위 지정처분이 이루어진 사실을 알 수 없었던 청구인 사찰은 이 사건 토지에 관한 예정지구지정처분에 대하여 불복하는 절차를 밟지 아니하였다.

마. 청구외 중앙토지수용위원회(이하 '중토위'라 함)는 1995. 5. 26. 사업시행자인 대한주택공사의 재결신청에 따라서, "이 사건 토지를 수용하면서 그 손실보상금을 정하고, 수용의 시기는 1995. 7. 7.로 한다"라는 취지의 수용재결(이하 '이 사건 처분'이라 함)을 한 다음, 그 무렵 이 사건 처분을 청구인에게 통지하였다.

2) 환송전 부산고등법원 재판절차

가. 청구인은 1995. 7. 7. 이 사건 처분에 불복하면서 위 중토위에 대하여 이 사건 토지를 사업지구에서 배제하든지 아니면 사업지구경계를 변경하여 달라는 등의 내용으로 이의신청을 한 다음, 부산고등법원에 위 중토위 등을 상대로 이 사건 처분의 취소를 구하는 행정소송을 제기하였다가, 그 소송의 계속 중 청구취지를 이 사건 처분의 무효확인을 구하는 것으로 변경하였다.

나. 부산고등법원은 1998. 12. 4. "전통사찰의 경내지인 이 사건 토지에 대한 수용에 관련하여 법 제6조 소정의 문화체육부장관의 허가를 받지 아니하는 경우 그 수용행위를 무효라고 보아야 하는데, 건설부장관은 이 사건 토지 일대의 지역을 택지개발예정지구로 지정함에 있어 관계중앙행정기관인 문화체육부장관과의 협의절차를 전혀 거치지 아니하였고, 위 중토위도 이 사건 토지의 수용에 관하여 문화체육부장관의 허가 내지는 동의를 받지 아니한 상태에서 이 사건 처분을 하였으므로, 이 사건 토지에 대한 수용행위는 당연무효에 해당한다"라고 판시하였다(95구7963).

3) 대법원 및 환송 후 부산고등법원의 재판절차

가. 대법원의 재판절차

위 중토위가 원심판결에 불복, 상고하였는데, 대법원은 2000. 10. 13. 다음과 같은 이유로 원심 판결을 파기, 환송하였다(99두653 판결).

(가) 공용수용으로 인한 전통사찰 경내지 등의 소유권 변동은 법 제6조 소정의 문화체육부장관의 허가대상이 아니다.

(나) 택지개발촉진법에 근거한 택지개발예정지구의 지정, 택지개발계획의 승인, 이에 기한 수용재결 등은 각각 독립한 행정처분이고, 이미 불가쟁력이 생긴 선행처분에 위법사유가 있다고 할지라도 그것이 당연무효의 사유가 아닌 한 선행처분의 하자가 후행처분에 승계되는 것이 아니다. 건설부장관이 택지개발예정지구를 지정함에 있어 같은 법 제3조에서 규정한 관계중앙행정기관의 장과 협의를 거치지 아니하였다고 하더라도 이는 위 예정지구 지정처분을 취소할 수 있는 원인이 되는 하자 정도에 불과하고, 위 지정처분이 당연무효가 되는 것은 아니다.

나. 환송 후 부산고등법원의 재판절차

(가) 청구인은 환송 후 부산고등법원의 재판절차에서 법 제6조 제1항 제2호, 제5항에 대한 위헌법률심판제청신청을 하였다.

(나) 부산고등법원은 2001. 8. 3. "관련 법률규정이 위헌이라고 하더라도, 새로운 입법행위가 없는 이상 공용수용에 관계 장관의 허가를 요한다거나 그러한 허가가 없는 공공수용이 무효가 되는 것은 아니기 때문에, 청구인의 신청은 '재판의 전제성' 요건을 갖추지 못하여 부적법하다"라는 이유로 위헌법률심판제청신청을 각하하면서(2001아1), 위 대법원 판결과 같은 이유로 청구인에게 패소판결을 하였다(2000누4149).

(다) 위 각하결정을 2001. 8. 18. 송달받은 청구인은 2001. 8. 23. 헌법재판소법 제68조 제2항의 규정에 따라 이 사건 헌법소원심판청구를 하였다.

(2) 심판의 대상

이 사건 심판대상은 이 사건 처분 당시 시행되던 법(1997. 4. 10. 법률 제5320호로 개정되기 전의 것) 제6조 제5항 중 같은 조 제1항 제2호 소정의 '동산 또는 대통령령이 정하는 부동산의 양도'에 관련된 부분이 헌법에 위반되는지 여부로서, 그 구체적인 내용은 다음과 같다(청구인은 법 제6조 제5항, 제1항 제2호에 대하여 이 사건 위헌소원심판청구를 하였으나, 그 규정 중 재판의 전제가 되는 것은 위에서 적시한 부분에 한정되므로, 헌재는 이 부분만을 이 사건 심판대상으로 했다).

법 제6조(허가사항) ① 전통사찰의 주지가 다음 각 호의 1에 해당하는 행위를 하고자 할 때에는 대통령령이 정하는 바에 따라 문화체육부장관의 허가를 받아야 한다.

2. 동산 또는 대통령령이 정하는 부동산의 대여, 양도 또는 담보의 제공

⑤ 제1항의 규정에 의한 허가를 받지 아니하고 제1항 제2호의 행위를 한 때에는 이를 무효로 한다.

2. 결정의 요지

(1) 다수의견

1) 전통사찰보존법의 입법목적은 '민족문화의 유산으로서 역사적 의의를 가진 전통사찰을 보존함으로써 민족문화의 향상에 이바지하게 하는 것'으로서, "국가는 전통문화의 계승·발전과 민족문화의 창달에 노력하여야 한다."라고 규정한 헌법 제9조에 근거하여 제정된 것이다. 관할 행정관청의 전통사찰 지정은 국가의 '보존공물'을 지정하는 것으로서, 헌법적 보호법익은 '민족문화유산의 존속'이다.

2) 건설부장관이 이 사건 토지를 택지개발예정지구에 편입시킴으로써 청구인의 소

유권 등을 제한한 행위에 대한 근거법률은 택지개발촉진법이고, 이 사건 법률조항을 비롯한 전통사찰보존법의 경우 헌법 제9조 소정의 '민족문화유산의 보존'에 관련된 내용만을 규율하고 있을 뿐이므로, 이 사건 법률조항이 평등원칙을 위반하였는지 여부는 별론으로 하고, 청구인의 재산권을 침해한다고 할 수는 없다.

3) 민족문화유산을 보존하는 것이 국가의 은혜적 시혜가 아니라 헌법상 의무이므로, 일단 관할 국가기관에 의하여 민족문화유산으로 지정된 전통사찰의 경우, 사정이 허락하는 한 이를 최대한 지속적으로 보존하는 것이 헌법 제9조 등의 규정취지에 부합한다. 한편 헌법상 명령에 근거하여 엄격한 보존방법이 규정된 전통사찰보존법을 제정함으로써 민족문화유산으로 지정된 전통사찰을 철저하게 보존하겠다는 입법자의 의사가 분명하게 표명된 이상, 그 경내지 등의 소유권변동으로 인한 전통사찰의 훼손이 불가피한 것인지 여부와 이러한 보존 및 훼손에 관한 판단·결정이 헌법 등에 근거하여 정당한 권한을 행사할 수 있는 관할 국가기관에 의하여 이루어지는 것인지 여부 등이 가장 본질적인 문제이고, 전통사찰을 훼손할 수 있는 경내지 등에 대한 소유권변동을 시도한 주체가 사인인지 아니면 건설부장관과 같은 제3자적 국가기관인지 여부, 또는 그 형식이 양도(혹은 강제집행)인지 아니면 공용수용인지 여부는 본질적인 문제가 될 수 없다. 이 사건 법률조항의 경우, 전통사찰을 훼손하고자 시도하는 주체가 제3자적 국가기관이고 그 형식이 공용수용이라는 우연한 사정의 유무에 따라서 전통사찰을 훼손하는 것이 불가피한 것인지 여부를 관할 국가기관이 실효성 있게 판단·결정할 수 있는 기회를 실질적으로 배제하는 사안과 그렇지 아니한 사안을 구별하는 중요한 차별을 행하는 것이 되어 불합리하고, 헌법 제23조를 이유로 하여 헌법 제9조의 규정을 실질적으로 무력화시키는 결과를 초래하므로, 평등의 원칙에 어긋나는 위헌적인 법률이다.

(2) 재판관 하경철, 재판관 송인준의 반대의견

전통사찰의 경내지의 소유권변동의 원인에 따라서 헌법 제9조 소정의 보호법익에 대한 '침해결과'가 달라지는 것은 아니다. 그러나 공용수용은 '공공의 필요성'이 인정되는 경우에 한하여 헌법 제23조 등에 근거하여 개인의 재산권을 제한하는 것이므로, 양자의 '침해목적'은 분명히 다르고, 사적인 처분행위와 국가 권력을 토대로 하여 이루어지는 공용수용행위는 본질적으로 그 특성을 달리한다. 또한 공공의 필요성이 인정되는 경우 개인의 재산권을 수용할 수 있도록 허용하고 있는 헌법적 이념에 따라서 택지개발촉진법 등이 별도로 마련되어 있는 마당에, 굳이 입법자에게 전통사찰 경내지 등의 소유권이 변동되는 모든 경우에 대하여 중첩적으로 '관할 행정관청'의 의견이 반드시 반영되도록 하는 규정내용을 이 사건 법률조항에 삽입할 의무는 없다. 따라서 민족문화유산의 '문화적 가치의 본질적인 내용'이 훼손되지 않는 이상, 건설교통부장관의 경우 공공필요에 의하여 과다한 경내지 등에 대하여 관계중앙행정기관의 장과 협의를 거치는 등 일련의 절차를 거쳐서 이를 택지개발예정지구에 포함시킬 수 있고, 이러한 조치는 합헌적이다. 그렇다면 입법자가 이 사건 법률조항에서는 사인인 주지의 처분행위에 대해서만 규제를 하고, 별도의 법률을 통하여 적정한 규제를 하고 있는 제3자적 국가기관에 의한 공공수용행위에 대해서까지 이 사건 법률조항에서 실질적으로 동일한 규제를 하지 않았다고 하여 이를 평등의 원칙에 위배되거나 합리성이 결여되었다고 볼 수는 없다.

Ⅲ. 공용침해의 본질과 허용조건

1. 공용침해의 의의

공용침해란 공공필요에 의한 재산권의 수용·사용·제한을 말하며, 따라서 공용침해는 공익사업의 실현 내지 공익추구를 위하여 불가피하게 타인의 재산권을 침해하는 제도라고 하겠다. 이처럼 공용침해는 공권력에 의한 재산권의 침해행위이므로 공권력을 남용을 억제하고 부당한 재산권침해를 막기 위하여 공용침해제도는 매우 엄격하게 운용되어야 한다. 따라서 공용침해제도는 단순히 개인의 재산권에 대한 침해를 용이하게 해주는 도구는 결코 아니고 오히려 재산권에 대한 위헌적이고 부당한 침해를 방지해주는 기본권보장수단으로서의 기능을 가져야 하며, 따라서 일련의 엄격한 전제조건을 충족시켰을 경우에만 비로소 공용침해는 허용되고 국민은 자신의 재산권에 대한 침해를 공익적 견지에서 수인하도록 헌법상 요구되어지는 것이다. 이에 따라 공용침해의 허용조건을 구체적으로 규명하고 체계화시키는 것은 공용침해의 목적인 공익사업의 원활한 수행과 이를 동한 공공복리의 실현 및 국민의 재산권보장을 위하여 매우 중요한 일이라고 하겠다. 결국 공용침해는 헌법규정과 정신에 따라 일정한 원칙과 기준에 의하여 이루어져야 하며, 이것이 바로 국민의 재산권보장과 법적 안정성의 이념을 실현하는 것이다.

2. 공용침해의 허용조건

공용침해에 관한 헌법상의 근거규정인 제23조 제3항은 "공공필요에 의한 재산권의 수용·사용 또는 제한 및 그에 대한 보상은 법률로써 하되, 정당한 보상을 지급하여야 한다."라고 규정하고 있다. 이에 따르면 공용침해는 반드시 공공필요에 의해서만(공공필요의 원칙), 보상규정이 마련된 법률(불가분조항의 원칙)에 따라(법정주의), 정당한 보상의 조건하에서만(정당보상의 원칙) 이루어질 수 있다. 따라서 공용침해는 먼저 이러한 헌법상의 기본적 전제조건인 '공공필요의 원칙', '법정주의', '불가분조항의 원칙', '정당보상의 원칙'을 충족시켜야 하며, 나아가 모든 공권력작용에 요구되는 법치국가적 계율인 '비례의 원칙'과 그리고 공공필요의 원칙으로부터 도출되는 '계속적 공익실현을 위한 보장책의 부과'라고 하는 추가적 전제조건을 충족시켜야 한다.2)

그런데 이 사건에서의 쟁점과 관련되는 부분은 주로 공공필요의 원칙과 비례의 원칙이므로 여기서는 이 부분에 대해서만 언급하기로 한다.

(1) 공공필요의 원칙

모든 공용침해는 공공필요에 의한 일정한 공익사업의 실현을 위하여 불가피할 경우에만 허용된다. 그런데 이 공공필요의 개념은 매우 추상적이고 다의적이며, 또한 정치·경제·사회·문화적인 제반상황 및 그 시대의 지배적인 국가정책적 목표와 밀접한 관련을 맺고 있기 때문에 이에 대한 획일적 개념정립은 거의 불가능하고, 따라서 공공필요의 개념은 그때그때의 사안에 따라 입법자에 의해 구체화되어져야 하는, 그리고 사법적 통제의 대상이 되는 법적 개념이라고 할 수 있다. 따라서 입법자는 해당 법률에서 공공필요에 의한 사업의 종류를 헌법정신에 따라 구체적으로 규정하게 된다.

결국 공공필요 개념의 구체화라고 하는 것은 어떤 경우에 사익이 양보해야 하는－재산권침해를 정당화시키는－절대적으로 우월한 공익이 존재하는가를 파악하는 작업이라고 할 수 있으며,3) 이에 대한 헌법정신에 따른 엄격한 제한적 해석은 부당하고 자의적인 공용침해로부터 국민의 재산권을 보호하는데 기여할 수 있다고 하겠다. 왜냐하면 헌법상 재산권보장의 역할은 재산권에 징표된 금전적 가치의 보장(Wertgarantie)에서 끝나는 것이 아니고, 우선적으로 해당 재산권의 실체적 대상 그 자체의 보장(Bestandsgarantie)에 그 목적이 있는 것이기 때문에4) 공용침해의 목적개념으로서의 공공필요라고 하는 허용조건은 보상의 확보라고 하는 소극적 의미에서보다는 위헌·부당한 재산권침해 그 자체를 미연에 방지한다는 적극적 의미에서 파악되어야 하기 때문이다.

한편 여기서 공공필요가 정치·경제·사회·문화 등 모든 영역에서 일반적으로 통용되는 넓은 의미의 공익과 일치되는 개념이냐 하는 문제가 제기될 수 있는데, 국가·사회적으로 중요하다고 간주되는 모든 사업의 공익이 공용침해의 허용조건으로서의 공공필요에 해당된다고는 볼 수 없다.5) 왜냐하면 공공필요의 개념을 이처럼 넓게 이해할 경우 국가 등 공권력주체에 의하여 수행되는 모든 사업의 실시를 위하여 공용침해가 무제한적으로 허용될 것이며, 결국 공용침해제도는 국가 등에 의한 국민의 재산권획득을 용이하게 해주는 부당한 도구로 전락되고 국민의 재산권보장은 형해화되어 질 것

2) 이러한 공용침해의 허용조건에 대하여 자세한 것은 정연주, 공용침해의 헌법상 허용조건, 연세법학연구 제3집, 1995, 456쪽 이하 참조.

3) Vgl. Schwerdtfeger, Die dogmatische Struktur der Eigentumsgarantie, S. 33; Schnur, Gemeinwohl und öffentliche Interessen in den Verfassungen und den Gesetzen des sozialen Rechtsstaates, in: Wohl der Allgemeinheit und öffentliche Interessen, Schriftreihe der Hochschule Speyer, Bd. 39, 1968, S. 69.

4) BVerfGE 58, 300(323).

5) Vgl. BVerfGE 56, 249(274).

이기 때문이다. 따라서 공공필요의 개념은 단순한 넓은 의미의 공익의 개념과는 달리 국민의 생존배려 등에서와 같은 매우 우월하고 긴절한 제한된 의미로 이해되어야 할 것이다.[6] 그러므로 단순한 국가의 재정적 확충과 국고의 증진 등은 비록 이러한 재정적 강화를 통해 결과적으로 국가의 공적 과제의 수행이 용이해지고 국민의 납세부담이 줄어든다 하더라도 이러한 제한된 의미의 공용필요에 해당된다고 볼 수 없으며, 이를 위한 공공침해는 허용될 수 없다고 하겠다.[7] 또한 단순한 국유 또는 공유재산의 확충을 위한 공공침해도 같은 이유에서 허용될 수 없는 것이다. 공용침해는 국가의 재정증진과 세제보완을 위한 보조제도는 결코 아니며, 이는 조세증액의 방법 등으로 해결되어야 할 것이다.[8]

결국 공권력주체나 공익사업주체에 의하여 정치·경제·사회적으로 중요하고 유익한 것으로 간주되는 모든 사업이나 계획이 공공필요에 해당되는 것은 아니고, 따라서 그를 위한 공용침해가 모두 정당화되는 것은 아니다. 만일 그렇지 않다면 앞서도 언급한 바와 같이 국가 등 공권력주체에 의한 모든 사업과 과제 수행을 위하여 공용침해가 허용될 것이며, 이는 결과적으로 공용침해의 헌법상 허용조건으로서의 공공필요의 원칙과 공용침해제도의 재산권보장기능을 형해화시킬 것이다.

(2) 비례의 원칙

공용침해 역시 공권력작용의 일종으로서 비례의 원칙을 준수하여야 함은 물론이다. 따라서 공용침해는 공공필요에 의한 일정한 사업, 즉 공익사업의 실현을 위해 적합한 수단이어야 할 뿐만 아니라, 그를 위해 불가피하게 요구되어야 한다. 다시 말해 공용침해는 공익사업의 실현을 위한 최후의 수단으로서만 고려되어야 한다. 따라서 만일 해당 공익사업이 다른 방법을 통해서도 실현될 수 있다면 이를 위한 공용침해는 허용될 수 없는 것이다.[9] 예컨대 당해 재산권이 사법상의 매매행위나 협의 등을 통해 획득될 수 있거나, 또는 그 해당 사업이 국가나 공공단체에게 속해 있는 다른 재산권을 통해서도 실현될 수 있는 경우가 이에 해당된다.

또한 이러한 비례의 원칙은 공용침해의 방법과 정도에 있어서도 적용된다. 따라서 소기의 목적달성을 위해 가능한 여러 수단 중에서 재산권자를 최소한도로 침해하는 수단만이 선택되어야 한다.[10] 이에 따라 완전한 재산권의 박탈을 의미하는 공용수용은 장기간 계속되는 공익사업을 위해서만 허용될 수 있으며, 일정한 공익사업이 재산권의

6) Vgl. Schulte, Eigentum und öffentliches Interesse, S. 87ff.; Kimminich, Eigentum-Enteignung-Entschädigung, Rdnr. 273; Papier, in: Maunz/Dürig, Grundgesetz Kommentar, Art. 14, Rdnr. 505.

7) BVerfGE 56, 249(279); 66, 248(257).

8) Vgl. Weber, Eigentum und Enteignung, Die Grundrechte, Bd. 2, S. 392.

9) BVerfGE 45, 297(322).

10) Vgl. Lerche, Übermaß und Verfassungsrecht, 1961, S. 19.

단순한 사용 또는 제한을 통해서도 실현될 수 있다면 재산권자에게 보다 큰 침해를 의미하는 협의의 공용수용은 허용될 수 없다고 하겠다.[11] 아울러 재산권에 대한 침해의 정도는 사업시행을 위해 필요한 최소한도를 넘어서는 안된다. 따라서 사업수행을 위해 재산권의 일부분만이 필요한 경우 그 해당 부분에 대해서만 공용침해가 이루어져야 한다. 그러나 공용침해되지 않은 나머지 잔여 재산권만으로는 재산권자가 그 용도에 맞는 사용을 더 이상 할 수 없거나 경제적 유용성을 상실하게 될 경우에는 그 잔여 재산권에 대한 공용침해의 확장을 요구할 권리가 재산권자에게 주어져야 할 것이다.[12]

끝으로 비례의 원칙은 공용침해에 있어서 목적과 수단이 비례적일 것을 요구한다. 즉 공용침해를 통해 실현되는 공익이 침해된 재산적 손실보다 우월해야만 그 공용침해가 허용될 수 있는 것이다.[13] 이를 위해 공용침해 허용여부의 결정과정에 있어서 그 공용침해와 관련된 모든 사익과 공익의 총체적 비교형량이 이루어져야 한다.[14] 이 과정에서는 공용침해의 목적으로서의 공익뿐만 아니라, 이를 통해 상실되는 공익－예컨대 공익사업의 실현을 통해 필연적으로 야기되는 환경오염－또한 고려되어야 한다. 따라서 공용침해를 통해 실현되는 공익은 그를 통해 상실되는 모든 사익과 공익의 총체보다 우월해야만 비로소 이를 위한 공용침해가 정당화될 수 있는 것이다.[15]

Ⅳ. 헌재결정의 문제점

위에서 살펴본 공용침해의 본질 및 허용조건에 비추어 볼 때 이 사건 다수의견에는 다음과 같은 문제점이 있다.

1. 평등의 원칙 위반 문제와 관련하여

앞서 언급한 바와 같이 다수의견은 전통사찰의 경내지 등에 대한 모든 유형의 소유권변동이 전통사찰을 훼손할 수 있음에도 불구하고, 법이 다른 소유권 변동원인과 달리 '공용수용'으로 인한 소유권변동에 대해서는 아무런 규제를 하지 아니한 것이 평등원칙에 위반되기 때문에 사건 법률조항이 위헌이라고 판시하고 있다. 그러나 결론적으로 이 법조항은 평등의 원칙에 위반되지 아니한다. 왜냐하면 양자 사이에는 합리적 차별사유가 존재하기 때문이다. 즉 공용침해는 공익을 위해 이루어지는 것이므로 주지등 사인에 의하여 사적 목적을 위해 소유권변동이 이루어지는 것과는 본질적인 차이가 있다.

---

11) BVerfGE 24, 367(407); 38, 175(180).

12) Vgl. Kimminich, aaO, Rdnr. 278.

13) Vgl. Weber, aaO, S. 383.

14) Breuer, DVBl 1981, S. 974.

15) Vgl. v. Brünnek, Das Wohl der Allgemeinheit als Voraussetzung der Enteignung, NVwZ 1986, S. 429.

물론 다수의견이 지적하는 바와 같이 전통사찰을 보존하는 필요성은 그것이 사인에 의하여 침해되건 국가기관에 의하여 침해되건 차이가 없다. 중요한 것은 전통사찰보존을 통해 민족문화유산을 보존함으로써 헌법 제9조가 보호하는 공익적 가치를 지키는 것이다. 그런데 공용수용의 경우는 다르다. 왜냐하면 공용수용 자체가 공익을 위하여 이루어지는 것이기 때문이다. 따라서 이 사건에서 공용수용에 의한 소유권변동의 경우와 주지 등 사인에 의한 소유권 변동의 경우를 구별하는 것은 단순히 그 침해의 주체의 차이에서가 아니라 그 기능과 목적의 차이에서 기인하는 것이다. 즉 단순한 사익적 이유에서 이루어지는 전통사찰부동산의 양도와 공익적 이유에서 이루어지는 공용수용과는 본질적인 차이가 있는 것이고, 이것이 양자를 구별하는 합리적 차별사유인 것이다. 다만 문제는 전통사찰부동산에 대한 공용수용을 정당화시키는 보다 크고 긴절한 공익적 이유의 존재와 이를 담보하는 절차적 제도장치인 것이다.

다수의견은 이 사건 법률조항이 평등의 원칙에 위반된다는 주장을 하면서 "법의 입법목적과 토지에 정착된 전통사찰의 성질 등에 비추어 볼 때, 전통사찰의 경내지 등에 대한 소유권변동이 전통사찰을 훼손할 수 있는 이상, 구체적인 소유권 변동원인의 차이로 인하여 전통사찰의 존속을 보장하고자 하는 헌법적 보호법익에 대한 '침해결과'가 달라지지는 않는다. 그런데, 국가가 민족문화유산으로 지정한 전통사찰의 보존에 직접적인 영향을 미칠 수 있는 소유권변동은 크게 ① 전통사찰의 대표자인 주지가 임의로 그 경내지 등을 제3자에게 처분하는 경우와 같이 전통사찰의 소유자가 자의로 그 소유권변동을 시도하는 유형(이하, 제1유형이라 한다)과 ② 전통사찰 소유자의 의사와 관계없이 제3자가 그 소유권변동을 시도하는 유형으로 구분할 수 있고, ②의 경우는 다시 ㉮ 전통사찰의 소유자에 대한 채권자가 강제집행절차 등을 통하여 그 소유권을 변동시키는 경우와 같이 사인인 제3자가 그 소유권변동을 시도하는 유형(이하, 제2유형이라 한다)과, ㉯ 건설부장관이 수용절차를 통하여 그 소유권을 변동시키는 경우와 같이 전통사찰의 보존에 관한 사무를 관장하지 아니하는 '제3자적 국가기관' 등이 그 소유권변동을 시도하는 유형(이하, 제3유형이라 한다)으로 세분할 수 있다. 이 사건 법률조항에 의하면, 제1, 2유형에 대하여는 이를 용인하는 보존공물주체인 국가의 의사표시(관할 행정관청의 허가 등)를 소유권변동의 효력요건으로 하면서, 제3유형에 대하여는 이러한 국가의 의사표시를 그 효력요건으로 하지 않고 있으므로, 일단 제1, 2유형과 제3유형 사이에 차별취급이 존재한다고 할 수 있다."라고 판시하고 있는데,[16] 이는 타당한 견해가 아니다.

왜냐하면 다수의견의 주장대로 구체적인 소유권변동원인의 차이로 인하여 전통사찰의 존속을 보장하고자 하는 헌법적 보호법익에 대한 '침해결과'가 달라지지는 않지만 그 침해를 정당화시키는 원인과 관련해서는 전통사찰의 대표자인 주지가 임의로 그

16) 헌재 2003. 1. 30. 2001헌바64, 판례집 15-1, 48, 59-60.

경내지 등을 제3자에게 처분하는 경우와 같이 전통사찰의 소유자가 자의로 그 소유권변동을 시도하는 유형이나 전통사찰의 소유자에 대한 채권자가 강제집행절차 등을 통하여 그 소유권을 변동시키는 경우와 같이 사인인 제3자가 그 소유권변동을 시도하는 유형과, 건설부장관이 수용절차를 통하여 그 소유권을 변동시키는 유형 사이에는 사익추구를 위한 변동과 불가피한 공익 실현을 위한 변동이라는 본질적인 차이가 있고, 이것이 바로 차별을 정당화시키는 사유이기 때문이다. 따라서 후자의 유형에 대하여는 관할 행정관청인 문화체육부장관의 허가를 그 변동의 효력요건으로 하고 있지 않더라도 이는 평등의 원칙위반이 아니고, 그럼으로써 발생될 수 있는 전통사찰의 훼손 내지 민족문화유산훼손이라는 헌법적 법익은 후술하는 바와 같이 수용과정에서 수용관할 행정관청의 총체적 이익형량 및 문화체육부장관 등 관계기관과의 협의 등을 통해 충분히 고려되고 보호될 수 있으며, 만일 이러한 형량과 고려가 그르쳤다고 판단될 경우 사법심사를 통해 침해된 민족문화유산의 보존이라는 헌법적 법익이 충분히 배려되고 구제될 수 있는 것이다.

반대의견이 "… 소유권변동의 원인이 사인의 처분행위에 의한 것인지 아니면 공용수용행위에 따른 것인지 여부에 따라서 헌법 제9조 소정의 보호법익에 대한 '침해결과'가 달라지는 것은 아니다. 그러나 공용수용은 '공공의 필요성'이 인정되는 경우에 한하여 헌법 제23조 등에 근거하여 개인의 재산권을 제한하는 것이므로, 양자의 '침해목적'은 분명히 다르다. 또한, 거래 당사자간의 자유로운 약정에 따라서 이루어지는 전통사찰 경내지 등에 대한 사적인 처분행위와 국가 권력을 토대로 하여 강제적으로 이루어지는 공용수용행위는 본질적으로 그 특성을 달리한다. 전자의 경우는 개별성, 임의성, 자율성 등을 특성으로 하고 있지만, 후자의 경우 이와는 전혀 다른 대립개념이라 할 수 있는 공익성, 강제성, 권력성 등을 그 특성으로 하여 행하여진다. 따라서 경내지 등에 대한 사인의 처분행위나 공용수용행위 모두 전통사찰을 훼손하는 같은 성질의 행위이므로 양자를 구별한 이 사건 법률조항이 자의적인 것으로서 위헌이라는 다수의견은 현상적 결과만을 중시하는 오류를 범하고 있다. 전통사찰 경내지 등에 대한 사인의 임의적인 처분행위와 공용수용행위의 본질적 차이는 외부에 나타난 현상에서 찾을 수 있는 것이 아니라 두 가지 법률관계가 내포하고 있는 기본적 특성에서 찾아야 하기 때문이다. 그렇다면, 이 사건 법률조항이 전통사찰 경내지 등에 대한 주지의 처분행위만을 규제하고 공용수용으로 인한 소유권변동에 대하여는 아무런 규제를 하지 아니하였다는 이유만으로 이를 불합리하다고 단정할 수는 없다. 오히려 위와 같은 입법내용은 양자의 본질적 차이점 등에 근거한 것으로서 상당한 합리성을 구비하고 있다."라고 주장하고 있는 것도[17] 이러한 논리와 맥을 같이 한다고 하겠다.

결국 전통사찰부동산 등 현재 그 자체의 보존이 헌법이 보호하는 법익에 해당되거

---

17) 헌재 2003. 1. 30. 2001헌바64, 판례집 15-1, 48, 65-66.

나 공익에 기여되고 있는 부동산 등의 재산이라 할지라도 그 보다 우월한 긴절한 다른 공익의 실현을 위하여 그에 대한 수용이 불가피하다면 이는 허용될 수 있는 것이고, 그것이 헌법 제23조 제3항의 공용침해의 목적과 기능인 것이다. 만일 그렇지 않다면 어떠한 경우에도 어떠한 공익실현을 위해서라도 절대로 전통사찰부동산은 수용될 수 없다는 모순에 빠지게 된다. 다수의견이 "헌법 제9조의 규정취지와 민족문화유산의 본질에 비추어 볼 때, 국가가 민족문화유산을 보호하고자 하는 경우 이에 관한 헌법적 보호법익은 '민족문화유산의 존속' 그 자체를 보장하는 것이고, 원칙적으로 민족문화유산의 훼손 등에 관한 가치보상이 있는지 여부는 이러한 헌법적 보호법익과 직접적인 관련이 없다."라고 주장함으로써 민족문화유산에 대한 수용에 따른 보상이 국가에 의한 민족문화유산의 보호와 아무런 관계가 없고 결과적으로 수용을 정당화시키지 못한다는 주장을 하고 있는데, 이러한 주장이야 말로 민족문화유산에 대한 공용수용의 정당화 여부와 아무런 관련이 없는 주장이다. 왜냐하면 민족문화유산에 대한 공용수용의 허용여부는 앞서도 언급했듯이 민족문화유산의 소유주체가 누구인가, 그리고 공용수용의 주체가 누구인가에 달려있는 것도 아니고, 민족문화유산에 대한 공용수용에 대한 대가로 보상이 지불된다는 사실만으로 수용이 정당화되는 것도 물론 아니기 때문이다.[18] 즉 전통사찰부동산에 대한 수용은 그에 대한 보상이 이루어지기 때문에 자동적으로 정당화된다는 것이 아니라, 누누이 강조했듯이 수용을 불가피하게 하는 긴절한 공익적 사유가 존재하기 때문에 정당화된다는 것이다. 따라서 민족문화유산에 대한 공용수용의 정당화 여부는 1차적으로 그리고 본질적으로 그를 정당화시키는 보다 중대하고 긴절한 공익의 존재여부이다. 즉 전통사찰부동산이라고 하는 재산권과 전통사찰부동산의 보존을 통해 달성코자하는 전통문화의 계승·발전과 민족문화의 창달이라는 헌법적 법익의 합계를 능가하는 우월한 공익의 존재인 것이다.

본래 이 사건 법률조항은 주지 등의 사인에 의한 무분별한 사익을 목적으로 하는 전통사찰부동산의 양도를 통제함으로써 민족문화유산을 보존하고자 한 것이지, 보다 더 큰 공익적 이유에서 불가피하게 이루어지는 공용수용을 규제하고자 한 것이 아니다.

2. 민족문화유산보호를 위한 절차적 통제장치의 문제

한편 다수의견은 사인인 제3자가 제기한 강제집행절차에 의한 전통사찰부동산의 소유권변동과 공용수용에 의한 소유권변동을 비교하면서 "… 제3유형에서는 이 사건과 같이 위 전통사찰의 소유자 및 관할 국가기관이 전통사찰 경내지 등을 수용하고자 하는 사업시행자의 행위를 실질적으로 알 수조차 없었던 상황에서도 그 소유자 및 관할 국가기관이 모두 그 소유권변동의 효력에 대하여 다툴 수 없는 경우가 발생할 수 있기

18) 재산권보장의 2차적 내용으로서의 가치보장인 손실보상의 본질과 기능 등에 대하여는 정연주, 손실보상, 목촌 김도창박사 고희기념논문집, 1993. 2, 418쪽 이하 참조.

때문에, '민족문화유산의 존속'이라는 헌법적 보호법익에 대한 침해를 실효성 있게 예방하거나 방지할 수 있는 법적 안전장치가 결여되어 있다고 볼 수 있다. 일반적으로 국가기관이 공용수용절차를 통하여 국민의 소유권 등을 제한하는 것은 헌법 제23조에 근거한 것으로서 원칙적으로 허용되는 것이다. 그렇지만, 헌법 제9조의 규정취지에 비추어 보면, 전통사찰 소유자의 의사 등과 관계없이 그 보존을 훼손하고자 하는 주체가 건설부장관과 같은 제3자적 국가기관이고 그 형식이 택지개발촉진법에 따른 수용절차라는 점은 지극히 우연한 사정에 불과하다. 그럼에도 불구하고, 제2유형과 달리 제3유형에서는 관할 국가기관 등이 전통사찰을 실효성 있게 보존할 수 있는 방법을 실질적으로 봉쇄하고 있는 바, 이는 우연한 사정에 따라 본질적으로 동일한 결과를 가져오는 두 가지 유형을 차별하는 것으로서 도저히 합리적이라고 볼 수 없고, 헌법 제23조를 이유로 하여 헌법 제9조의 규정을 실질적으로 무력화시키는 결과를 초래한다."라고 주장하고 있는데[19] 이 역시 대단히 잘못된 견해이다.

왜냐하면 사익추구를 목적으로 하는 제3자가 제기한 강제집행절차를 통한 소유권변동과 긴절한 공익추구를 위하여 불가피하게 인정되는 국가에 의한 공용수용을 통한 소유권변동 사이에는 본질적인 차이가 있을 뿐 아니라, 공용수용의 경우 앞서도 언급했듯이 관련 법령에 의해 사업인정이나 수용과 관련하여 관계 기관과 협의하게 되어 있어, 문화체육부장관은 '민족문화유산의 존속'이라는 헌법적 보호법익의 필요성을 충분히 역설할 수 있고, 아울러 비례의 원칙 내지 이익형량의 원칙상 수용 시 수용관할기관은 당연히 이러한 헌법적 보호법익을 포함한 총체적 이익형량을 하여야 하고, 이를 그르쳤을 경우 전통사찰의 주지 등 관련자는 사법절차를 통해 헌법적 보호법익을 관철시키고 침해된 권리를 구제받을 수 있기 때문에 "… 소유자 및 관할 국가기관이 모두 그 소유권변동의 효력에 대하여 다툴 수 없는 경우가 발생할 수 있기 때문에, '민족문화유산의 존속'이라는 헌법적 보호법익에 대한 침해를 실효성 있게 예방하거나 방지할 수 있는 법적 안전장치가 결여되어 있다고 볼 수 있다."고 한 다수의견은[20] 설득력이 없기 때문이다.

앞서도 언급했듯이 공용수용의 경우, 이것이 정당화되기 위해서는 단순히 법이 정한 공익이 존재할 뿐만 아니라 더 나아가 그것이 반대편의 사익 및 공익, 이 경우에는 전통사찰의 보존을 통한 민족문화유산보존이라는 헌법적 법익의 합체보다 우월하고 긴절해야 한다는 것이다. 이는 바로 공용침해의 허용조건의 하나인 비례의 원칙이 요구하는 바이고, 이것이 직·간접으로 현행 토지수용 관련법령에 규정되어 있다. 따라서 토지수용 시 전통사찰보존을 통한 헌법 제9조의 가치인 민족문화유산보호라는 법익이 수용을 통해 달성되는 공익과 비교형량되어 진다. 다수의견이 "그 경내지 등의 소유권변동으로 인한 전통사찰의 훼손이 불가피한 것인지 여부와 이러한 보존 및 훼손에 관

19) 헌재 2003. 1. 30. 2001헌바64, 판례집 15-1, 48, 61-62.

20) 헌재 2003. 1. 30. 2001헌바64, 판례집 15-1, 48, 61.

한 판단·결정이 헌법 등에 근거하여 정당한 권한을 행사할 수 있는 관할 국가기관에 의하여 이루어지는 것인지 여부 등이 가장 본질적인 문제이고, …"라고 강조하고 있는데,[21] 바로 이러한 '경내지 등의 소유권변동으로 인한 전통사찰의 훼손이 불가피한 것인지 여부'가 토지수용과정에서 토지수용 관할기관에 의하여 적절히 판단되고 결정되는 것이다. 오히려 문화체육부는 오로지 '사찰보존을 통한 민족문화유산보존이라는 이익'이라는 문화적인 공익만을 주로 고려하지만, 토지수용위원회나 건설교통부 등 토지수용 관할기관은 그러한 문화적 이익과 더불어 토지수용을 통해 달성되는 다양한 공익과 사익을 총체적으로 비교형량하는 기관이다.

이 사건의 경우 택지개발촉진법 제3조 제2항에 따르면 건설교통부장관이 택지개발촉진예정지구를 지정하고자 하는 때에는 미리 관계중앙행정기관의 장(예컨대 이 사건에서 문화체육부장관)과 협의하고, 당해 지방자치단체의 장의 의견을 들은 후 주택법 제84조의 규정에 의한 주택정책심의위원회의 심의를 거쳐야 한다. 또한 제3조의3에 따라 건설교통부장관은 제3조의 규정에 의하여 예정지구를 지정하고자 할 때에는 대통령령이 정하는 바에 따라 주민 및 관계전문가 등의 의견을 들어야 한다.

아울러 「공익사업을 위한 토지 등의 취득 및 보상에 관한 법률」에 따르면 제21조에서 "건설교통부장관은 사업인정을 하고자 하는 때에는 관계중앙행정기관의 장 및 시·도지사와 협의하여야 하며, 대통령령이 정하는 바에 따라 미리 중앙토지수용위원회 및 사업인정에 관하여 이해관계가 있는 자의 의견을 들어야 한다."고 규정하고 있어서 이 과정에서 문화체육부장관 등 사찰보존과 관련한 다양한 관련기관과 이해관계자의 의견을 수렴함으로써 이러한 문제를 보완하고 있고, 여기서 얼마든지 이러한 공익과 관련이익의 총체적 형량이 이루어지고, 만일 그것에 불복한다면 사법적 구제를 받으면 될 것이다. 아울러 이 법은 건설교통부장관이 사업인정을 한 때에는 지체 없이 그 뜻을 사업시행자, 토지소유자 및 관계인, 관계 시·도지사에게 통지하고 사업의 종류·사업지역 및 수용 또는 사용할 토지의 세목 등을 관보에 고시하도록 하고 있으며(제22조), 또한 사업인정을 받은 사업시행자는 토지조서 및 물건조서의 작성, 보상계획의 공고·통지 및 열람, 보상액의 산정과 토지소유자 및 관계인과의 협의의 절차를 거쳐야 하며(제26조 제1항), 사업인정고시가 있은 후 협의가 성립되지 아니하여 토지수용위원회가 재결신청서를 접수한 때에는 대통령령이 정하는 바에 따라 지체 없이 이를 공고하고 공고한 날부터 14일 이상 관계서류의 사본을 일반이 열람할 수 있도록 하여야 하고, 토지수용위원회가 공고를 한 때에는 관계서류의 열람기간중에 토지소유자 또는 관계인이 의견을 제시할 수 있도록 하고 있으며(제31조), 토지수용위원회는 심리를 함에 있어서 필요하다고 인정하는 때에는 사업시행자·토지소유자 및 관계인을 출석시켜 그 의견을 진술하게 할 수 있도록 했는데(제32조), 이러한 법적 장치들은 모두 토지의

21) 헌재 2003. 1. 30. 2001헌바64, 판례집 15-1, 48, 62.

수용·사용과정에서 정당한 이익형량 등 비례의 원칙이 준수되도록 하기 위한 통제장치로서의 기능도 한다고 하겠다.[22)]

3. 입법자의 의도 및 규범조화적 해석과 관련하여

한편 다수의견은 "헌법 제9조의 규정취지에 비추어 보면, 전통사찰 소유자의 의사 등과 관계없이 그 보존을 훼손하고자 하는 주체가 건설부장관과 같은 제3자적 국가기관이고 그 형식이 택지개발촉진법에 따른 수용절차라는 점은 지극히 우연한 사정에 불과하다. 그럼에도 불구하고, 제2유형과 달리 제3유형에서는 관할 국가기관 등이 전통사찰을 실효성 있게 보존할 수 있는 방법을 실질적으로 봉쇄하고 있는 바, 이는 우연한 사정에 따라 본질적으로 동일한 결과를 가져오는 두 가지 유형을 차별하는 것으로서 도저히 합리적이라고 볼 수 없고, 헌법 제23조를 이유로 하여 헌법 제9조의 규정을 실질적으로 무력화시키는 결과를 초래한다."라고 주장하고 있는데[23)] 이 역시 잘못된 견해이다. 왜냐하면 전통사찰부동산에 대한 공용수용 시 문화체육부장관의 허가가 반드시 필요한 것은 아니라는 논리는 헌법 제23조를 이유로 하여 헌법 제9조의 규정을 실질적으로 무력화시키는 결과를 초래하는 것이 아니라, 전통사찰부동산에 대한 공용수용 시 총체적 이익형량과정에서 헌법 제9조에서 규정하고 있는 민족문화유산보존이라는 헌법적 보호법익을 반드시 매우 중요한 이익으로 고려하고, 따라서 이것을 능가하는 정말로 불가피하고 긴절한 공익의 실현을 위해서만 공용수용이 정당화될 수 있다는 것을 헌법 제9조가 요구하고 있으며, 결국 이러한 해석이 헌법 제9조와 헌법 제23조의 정당한 규범조화적 해석의 결과라고 볼 수 있기 때문이다.

반대의견이 "우리 헌법은 국가에 대하여 전통문화의 계승·발전에 노력하여야 하는 의무를 부과함과 동시에(제9조), 국민 모두의 생활기반이 되는 비좁은 국토의 효율적이고 균형 있는 이용·발전 등을 위하여 법률이 정하는 바에 의하여 필요한 제한을 부과할 수 있는 권한도 함께 부여하고 있다(제122조). 또한, 공공의 필요성이 인정되는 경우 국가기관이 헌법 제23조에 근거하여 정당한 보상을 전제로 개인의 재산권을 강제로 수용할 수 있는 길도 열려 있다. 위와 같은 헌법규정들은 모두 헌법제정권자인 우리 국민들이 선택한 헌법적 가치 내지 헌법적 이념을 구체화한 것이므로, 우리 재판소가 이 사건 법률조항의 위헌성 여부를 검토함에 있어서는 이러한 헌법의 전체적인 체계를 종합적으로 살펴보아야 한다."라고 주장한 것도[24)] 같은 맥락이라고 하겠다.

한편 다수의견은 "… 이러한 소유권행사에 관한 광범위하고 엄격한 규제는 헌법 제

22) 이러한 비례의 원칙과 관련한 공토법상의 절차적 장치에 대하여 자세한 것은 정연주, 공익사업을위한토지등의취득및보상에관한법률에 대한 헌법적 검토, 토지공법연구 제16집 제2호, 2002. 12, 8쪽 이하 참조.

23) 헌재 2003. 1. 30. 2001헌바64, 판례집 15-1, 48, 61-62.

24) 헌재 2003. 1. 30. 2001헌바64, 판례집 15-1, 48, 65.

9조의 명령 등에 의거하여 민족문화유산인 전통사찰을 철저하게 보존하겠다는 우리 입법자의 강력한 의지의 표명으로 해석할 수 있다. 이러한 입법목적과 전반적인 규율 체계 등에 비추어 볼 때, 당해 전통사찰에 대한 직접적 이해관계자로서 법에서 규정한 범위 내에서 보존·관리책임 등을 부담하고 있는 소유자가 자의로 경내지 등을 처분하는 제1유형과 그 보존에 아무런 이해관계가 없는 제3자적 국가기관이 그 소유권변동을 시도하는 제3유형을 차별하면서, 제3유형에 관하여 위 전통사찰을 실효성 있게 보존할 수 있는 법적 안전장치를 제1유형보다 현저하게 완화시키는 것 역시 아무런 합리성을 가지지 못한다."라고 판시함으로써[25] 민족문화유산인 전통사찰을 철저하게 보존하겠다는 입법자의 강력한 의지의 표명에 비추어 공용수용의 경우 전통사찰보존 관할 국가기관인 문화체육부장관의 허가절차를 생략한 것은 위헌이라고 주장하고 있는데, 입법자의 진실한 의도는 사익을 위한 사인에 의한 전통사찰부동산의 소유권변동을 민족문화유산의 보존이라는 헌법적 법익을 위하여 문화체육부장관의 허가절차를 통해 통제하자는 것이지, 보다 우월하고 긴절한 공익적 이유에서 수용에 의하여 소유권이 변동되는 것도 문화체육부장관의 허가절차를 통해 통제하자는 것은 아니고, 전통사찰부동산의 수용의 경우에 있어서 민족문화유산의 보존을 위한 통제는 앞서 언급한 관련 법령 등에 의한 다양한 절차와 장치 및 이익형량의 원칙을 통해 이루어지도록 한 것이며, 따라서 이 사건 법률조항에서 공용수용으로 인한 소유권변동에 대하여 아무런 규정을 하고 있지 않은 것이다. 그리고 이러한 해석이 이 사건 법률조항과 다른 관련 법령과의 규범조화적 해석상 타당하다고 하겠다.

반대의견이 "전통사찰에 보존되어 있는 불상, 불교의 의식이나 승려의 수행이 실제로 이루어지는 영역 등과 같이 민족문화유산으로서 반드시 보존하고 계승·발전시켜야 하는 '문화적 가치의 본질적인 내용'이 훼손되지 않는 이상, 건설교통부장관은 공공필요에 의하여 전통사찰이 보유한 필요 이상의 과다한 경내지 등에 대하여 관계중앙행정기관의 장과 협의를 거치고 당해 지방자치단체의 장의 의견을 들은 후 주택건설촉진법 제4조의 규정에 의한 주택정책심의위원회에서 심의한 다음 이를 택지개발예정지구에 포함시킬 수 있고(택지개발촉진법 제3조 제2항, 제1항 참조), 이러한 공용수용행위는 합헌적인 것이다. 다시 말하면, 이 사건 처분과 관련하여 입법자는 택지개발촉진법에 위와 같은 절차규정 등을 마련함으로써 헌법 제9조 소정의 '민족문화유산의 보존'에 관한 입법의무와 조화를 이루는 접점을 찾고 있다고 보아야 한다. 위와 같이 헌법의 전반적 체계를 종합적으로 고려한 해석만이 서로 대립·충돌할 수 있는 다양한 헌법적 가치요구를 균형 있게 조화시킬 수 있는 방법이 된다."라고 언급한 것도[26] 이러한 점을 반영한 것이라고 하겠다.

물론 반대의견도 인정하고 있듯이 법의 입법목적과 토지에 정착된 전통사찰의 성질

25) 헌재 2003. 1. 30. 2001헌바64, 판례집 15-1, 48, 62.

26) 헌재 2003. 1. 30. 2001헌바64, 판례집 15-1, 48, 66-67.

등에 비추어 볼 때, 공용수용으로 인한 전통사찰부동산의 소유권변동에 대하여도 필요적으로 관할 행정관청의 의견을 반영하도록 하는 내용의 별도의 입법이 바람직하다고 볼 여지는 있다. 그러나 설사 입법자가 전통사찰을 철저하게 보존하겠다는 입법목적을 가지고 사인의 행위로 인한 전통사찰의 훼손뿐만 아니라 국가기관의 공용수용으로 인한 전통사찰의 훼손까지 모두 규제하는 법률을 제정하고자 하는 경우에도 이를 반드시 동일한 형식이나 방식으로 규제할 필요는 없다. 실제로 입법자가 1997. 4. 10. 법률 제5320호로 전통사찰 경내지 등에 대한 수용에 관련하여 필수적으로 관할 행정관청의 의사를 반영하도록 법을 개정하면서도, 이 사건 처분에 관련된 법률조항을 직접 개정하는 방식을 취하지 아니하고, 다른 법률조항을 보완하는 방식을 취하여 관할 행정관청의 '허가'가 아닌 '동의'를 요하도록 개선한 것은 이러한 제도적 차이점을 고려한 것으로 보인다.

4. 각 국가기관의 배타적 관할권과 관련하여

한편 다수의견은 "다만, 민족문화유산의 보존 등에 관련하여 보존공물주체인 국가의 의사를 결정할 수 있는 권한이 있는 국가기관(예를 들어, 국회 또는 관할 행정관청, 이하 '관할 국가기관'이라고 통칭한다)의 경우, 전통사찰 등과 같은 민족문화유산을 국가의 보존공물로 지정하거나 이에 대한 변경·폐지를 할 수 있는 권한 등을 합헌적으로 행사할 수 있다는 점을 주의할 필요가 있다. 만일 관할 국가기관이 직접 수용절차 등을 통하여 전통사찰 경내지 등의 소유권을 변동시키는 경우, 이는 전통사찰의 지정·변경·폐지 등 같은 보존공물의 성립요건 등에 관련된 것이기 때문에, 관할 국가기관으로부터 이미 민족문화유산으로 지정된 전통사찰에 대한 보존방법 등에 관련된 제1, 2, 3유형과는 완전히 차원을 달리 하는 것이다."라고 판시함으로써[27] 오로지 문화체육부 등 민족문화유산의 보존 등에 관한 의사를 결정할 수 있는 권한이 있는 관할 국가기관만이 직접 수용절차 등을 통하여 전통사찰부동산 등의 소유권을 변동시킬 수 있는 것처럼 주장하고 있는데, 이 역시 잘못된 견해이다.

물론 문화체육부 등 민족문화유산의 보존 등에 관련하여 보존공물주체인 국가의 의사를 결정할 수 있는 권한이 있는 관할 국가기관만이 전통사찰 등과 같은 민족문화유산을 국가의 보존공물로 지정하거나 이에 대한 변경·폐지를 할 수 있는 권한 등을 합헌적으로 행사할 수 있지만, 그렇다고 이것이 수용에 관한 배타적인 권한을 가진 건설교통부의 전통사찰부동산에 대한 수용권을 부정하는 것은 아니다. 다시 말해 전통사찰 등과 같은 민족문화유산을 국가의 보존공물로 지정하거나 이에 대한 변경·폐지를 할 수 있는 권한과 그를 수용할 수 있는 권한은 별개이며, 따라서 이러한 서로 구별되는 권한은 각각 다른 기관에 배타적으로 분장되어 있는 것이다. 반대의견이 "제도적인 측

27) 헌재 2003. 1. 30. 2001헌바64, 판례집 15-1, 48, 60.

면에서 살펴보더라도, 헌법 및 정부조직법 등 관련 법률에 의하면 국가의 문화재에 관한 사무를 관장하는 문화관광부장관과 국토종합개발계획의 수립 및 주택의 건설업무 등을 관장하는 건설교통부장관은 각자의 고유업무에 관하여 독자적인 권한을 행사할 수 있다. 양자의 관계는 수직적 관계가 아닌 수평적 관계이다."라고 언급한 것도[28] 이러한 논리와 같은 맥락이라고 하겠다.

아울러 건설교통부의 수용권은 일반 사적 재산권에 대하여 뿐 아니라「공익사업을 위한 토지 등의 취득 및 보상에 관한 법률」제19조 제2항이 "공익사업에 수용 또는 사용되고 있는 토지 등은 특별히 필요한 경우가 아니면 이를 다른 공익사업을 위하여 수용 또는 사용할 수 없다."라고 규정하고 있듯이 이미 다른 공익사업에 공여되고 있는 재산권 및 공공기관 소유의 보존재산 등에 대해서도 공익상 특별히 필요한 경우에는 인정되는 것이다.

Ⅳ. 맺는 말

지금까지 이번 사건의 다수의견과 반대의견을 살펴보고, 다수의견의 문제점을 헌법 제23조상의 공용침해의 본질과 기능 및 그 허용조건, 특히 공공필요의 원칙과 이익형량의 원칙을 주요내용으로 하는 비례의 원칙의 시각에서 살펴보았다. 앞서도 언급했듯이 다수의견은 공용침해의 본질 및 기능과 관련하여 상당한 오류를 범하고 있는 것 같다. 공용침해는 공공필요에 의한 재산권의 수용 등의 침해행위로서 그 본질은 바로 공익추구이며, 따라서 이의 허용여부의 절대적 기준은 재산권침해를 정당화시키는 공익의 존재이고, 결국 이는 침해되는 재산권 등의 사익 및 이 사건에서처럼 민족문화유산의 보존 등의 헌법적 법익 내지 공익의 합계와 공용침해를 통해 달성되는 공익과의 총체적 형량을 통해 이루어진다. 따라서 이 사건의 경우 전통사찰부동산의 수용을 통해 침해되는 재산권 및 훼손되는 민족문화유산에 관한 헌법적 법익을 능가하는 불가피하고 긴절한 우월적 공익이 존재한다면 공용수용은 허용되는 것이고, 이를 위한 관할 국가기관인 문화체육부장관의 허가가 헌법상 반드시 요구되는 것은 아니다. 다만 수용기관에 의한 정당하고 총체적인 이익형량, 그리고 이러한 정당한 형량을 담보하고 민족문화유산의 보존이라는 헌법적 가치가 매우 중요한 요소로서 고려될 수 있도록 하는 문화체육부장관이나 전통사찰의 소속대표단체의 대표자 등의 관계기관 내지 이해관계자와의 기밀한 사전 협의절차 등의 제도적 장치 및 이를 통제하고 부당한 침해를 구제해주는 효율적 사법심사가 중요한 관건이 된다고 하겠다.

---

28) 헌재 2003. 1. 30. 2001헌바64, 판례집 15-1, 48, 67.

15. 선거구획정과 인구편차

— 헌재 1995. 12. 27. 95헌마224 등 공직선거및선거부정방지법 [별표1]의 「국회의원지역선거구구역표」 위헌확인[1] 및 헌재 2001. 10. 25. 2000헌마92 등 공직선거및선거부정방지법 [별표1] '국회의원지역선거구구역표' 위헌확인[2] —

[目 次]

Ⅰ. 머리말

이 글은 선거구간의 인구편차문제를 다룬 것이다. 즉 국회의원지역선거구의 분할 내지 획정 시 최대선거구의 인구수와 최소선거구의 인구수 상호간 편차의 허용한계 문제를 다룬 것으로서 그 구체적 허용기준 및 이러한 인구편차 허용기준을 초과한 선거구획정의 위헌문제를 검토한 것이다.

이와 관련하여 헌재는 95헌마224등 결정에서 심판의 대상이 된 공직선거및선거부정방지법(이하 '선거법'이라 한다)상의 '국회의원지역선거구구역표'가 헌법에 위반된다고 선언하면서, 선거구획정 시 인구편차의 허용범위에 관하여－매우 다양한 의견으로 갈리지만－다수의 공통의견으로 4 : 1의 인구편차를 허용한계로 제시했고, 다만 일부 보충의견에서 장래에는 그 인구편차의 비율이 2 : 1 미만이 되어야 한다는 견해가 제기되

1) 헌재 1995. 12. 27. 95헌마224 등, 판례집 7-2, 760.
2) 헌재 2001. 10. 25. 2000헌마92 등, 판례집 13-2, 502.

었다. 한편 역시 선거구간의 인구편차와 관련한 그 후의 2000헌마92등 결정에서는 심판의 대상이 된 '국회의원지역선거구구역표'에 대하여 헌법불합치결정을 내리면서 앞서 소개한 95헌마224등 결정에서 제시된 4 : 1의 기준을 배척하고 3 : 1의 비율을 인구편차의 허용기준으로 제시했고, 다만 장래에는 그 기준이 2 : 1 또는 그 미만이 되어야 한다고 판시하고 있다.

그러나 이러한 헌재의 결정에는 문제가 있어 보인다. 즉 어떠한 구체적 근거에 따라 그러한 인구편차기준이 도출되었는지에 대한 논증이 부족하고, 그 구체적 비율도 받아들이기 어려운 것이다. 결국 헌재의 견해는 대의제도와 평등선거의 원칙 등 헌법상의 제 원리에 비추어 볼 때 타당하다고 보기 어렵다. 우리의 선거구획정실태, 특히 선거구간의 인구편차가 실제로 매우 큰 우리의 현실을 감안할 때, 그리고 이러한 인구편차문제가 이른바 게리맨더링 등 기형적인 선거구획정문제를 초래하는 등 다양한 문제점을 야기시킨다는 점을 고려할 때,[3] 선거구간의 인구편차문제를 검토하는 것은 이러한 헌법상의 평등선거의 원칙을 관철시키고 선거인의 선거권 등 기본권을 보장한다는 측면에서 매우 의미 있는 작업이라고 여겨진다. 따라서 이 글에서는 앞서 언급한 헌법재판소의 결정들의 내용과 그 문제점을 살펴보고, 이러한 선거구획정의 기준이 되는 인구편차문제를 고찰해 보고자 한다.

Ⅱ. 헌재결정의 내용

1. 1995. 12. 27. 95헌마224등

(1) 사건의 개요와 심판의 대상

1) 사건의 개요

가. 청구인 A는 선거법 [별표 1]의「국회의원지역선거구구역표」(1995. 8. 4. 법률 제4957호로 개정된 것, 이하 '이 사건 선거구구역표'라고 한다)상의 '서울 강남구 을선거구'에, 청구인 B 등은 '부산 해운대구 · 기장군 선거구'에, 청구인 C는 '서울 은평구 을선거구'에, 청구인 D는 '부천시 소사구 선거구'에, 청구인 E는 '충북 보은군 · 영동군 선거구'에, 청구인 F는 '서울 서대문구 을선거구'에 각 주소를 두고, 1996. 4. 11.에 실시될 예정인 제15대 국회의원선거에서 선거권을 행사하려는 자들이다.

나. 1995. 3. 1. 현재의 내무부 인구통계자료에 의하면, 이 사건 선거구구역표상의 최소선거구인 '전남 장흥군 선거구'의 인구(61,529명)에 비하여 '서울 강남구 을선거구'의 인구는 그 4.64배, '부산 해운대구 · 기장군 선거구'의 인구는 그 5.87배, '서울 은평구

---

3) 게리맨더링 등 기형적인 선거구획정의 헌법적 문제점과 관련해서는 헌재 1998. 11. 26. 96헌마54 참조.

을선거구'의 인구는 그 4.46배, '부천시 소사구 선거구'의 인구는 그 3.37배, '서울 서대문구 을선거구'의 인구는 그 3.16배의 인구편차를 보이고 있는 등 전체 260개 선거구의 약 5분의 1에 이르는 선거구가 위 최소선거구와 3 : 1 이상의 인구편차를 보이고 있으며, 한편 '충북 보은군·영동군 선거구'는 원래 옥천군과 합하여 3개 군이 하나의 선거구를 이루고 있었으나 이 사건 선거구구역표에 의하여 보은군과 영동군 사이에 위치한 옥천군이 단독 선거구로 되면서 지리적으로 분리되어 있는 보은군과 영동군이 하나의 선거구로 되었다.

다. 이에 이 사건 선거구구역표에 의한 선거구획정으로 인하여, 청구인 E를 제외한 나머지 청구인들은 자신들의 투표권의 가치가 '전남 장흥군 선거구'의 선거권자들에 비하여 불합리하게 과소평가됨으로써 그들의 평등권 및 선거권이 침해되었다고 주장하고, 청구인 E는 자신의 거주지인 충북 보은군과 지리적으로 분리된 영동군이 하나의 선거구로 됨으로써 투표가치의 실질적 평등이 침해되었고 이로써 자신의 정당한 선거권이 침해되었다고 주장하면서, 각 헌법재판소법 제68조 제1항에 따라 이 사건 헌법소원심판을 청구하였다.

2) 심판의 대상

이 사건 심판의 대상은 이 사건 선거구구역표에 의한 선거구획정으로 인하여 헌법상 보장된 청구인들의 평등권과 선거권이 침해되었는지의 여부인바, 이 사건 선거구구역표의 내용은 [별표 1]과 같다.

(2) 결정의 요지

1) 가. 평등선거의 원칙은 평등의 원칙이 선거제도에 적용된 것으로서 투표의 수적 평등, 즉 복수투표제 등을 부인하고 모든 선거인에게 1인 1표(one man, one vote)를 인정함을 의미할 뿐만 아니라, 투표의 성과가치의 평등, 즉 1표의 투표가치가 대표자 선정이라는 선거의 결과에 대하여 기여한 정도에 있어서도 평등하여야 함(one vote, one value)을 의미한다.

나. 헌법이 요구하는 투표가치의 평등은 선거제도의 결정에 있어서 유일, 절대의 기준이라고는 할 수 없으며, 국회는 구체적인 선거제도를 정함에 있어서 합리적인 다른 정책적 목표도 고려할 수 있는 것이지만, 적어도 선거구의 획정에 있어서는 인구비례의 원칙을 '가장 중요하고 기본적인 기준'으로 삼아야 한다.

다. 국회가 결정한 구체적인 선거제도의 구조 아래에서 발생한 투표가치의 불평등이 헌법이 요구하는 투표가치 평등의 원칙에 반하는지의 여부를 판단할 때, 이러한 불평등이 위에서 본 바와 같은 헌법적 요청에 의한 한계 내의 재량권 행사로서 그 합리성을 시인할 수 있는지의 여부를 검토하여, 국회가 통상 고려할 수 있는 제반 사정, 즉 여러 가지 비인구적 요소를 모두 참작한다고 하더라도 일반적으로 합리성이 있다고는 도저히 볼 수 없을 정도로 투표가치의 불평등이 생긴 경우에는 헌법에 위반된다고 하여야 한다.

2) 가. 재판관 김용준, 김진우, 김문희, 황도연, 신창언의 의견(공통의견)

현재 우리나라의 제반 여건 아래에서는 적어도 국회의원의 선거에 관한 한, 전국 선거구의 평균 인구수(전국의 인구수를 선거구수로 나눈 수치)에 그 100분의 60을 더하거나 뺀 수를 넘거나 미달하는(즉 상하 60%의 편차를 초과하는) 선거구가 있을 경우에는, 그러한 선거구의 획정은 국회의 합리적 재량의 범위를 일탈한 것으로서 헌법에 위반된다.

(위 5인 의견에 대한 재판관 김문희, 황도연, 신창언의 보충의견)

국회는 현재의 국회의원지역선거구간의 인구불균형에 대하여 스스로 이를 시정하기 위한 필요하고도 합리적인 기간 안에 최대선거구의 인구가 최소선거구 인구의 2배를 넘지 아니하는 수준으로 조정함이 마땅하며, 국회가 그 시정을 하기 위한 합리적인 기간이 지난 뒤에는 최대·최소 선거구간의 인구편차를 2:1 미만의 기준에 따라 위헌 여부를 판단하여야 할 것이다.

(위 5인 의견에 대한 재판관 김진우의 보충의견)

최다인구선거구와 최소인구선거구의 투표가치의 비율이 전국적으로 4:1이 넘거나, 도시의 각 선거구 사이 또는 농어촌의 각 선거구 사이에 3:1 이상이 된다면 국회의원선거에 있어서 평등선거의 원칙에 저촉되는 위헌적인 선거구구역획정이라고 아니할 수 없으며, 앞으로는 위 비율이 모두 2:1 미만이 되도록 조정되어야 한다.

나. 재판관 이재화, 소승형, 정경식, 고중석의 의견

인구비례의 원칙에 따라 전국 선거구의 인구편차를 1차적인 기준으로 삼아야 할 것이나, 지역대표성과 도·농간의 극심한 인구편차 등 특수사정에 맞지 않는 불합리한 결과가 생기므로, 위 기준 이외에 도시 유형의 선거구와 농어촌 유형의 선거구를 따로 나누어 각각의 인구편차를 다른 하나의 기준으로 삼아야 한다. 즉 우리의 국회제도 등과 외국 입법례 등에 비추어 보면, 전국적인 선거구간의 인구편차의 허용 한계는 전국 선거구 평균 인구수에서 상하 60%(상, 하한 비율 4:1), 도시 유형의 선거구 상호간과 농어촌 유형의 선거구 인구수에서 상하 50%(상, 하한의 비율 3:1)로 봄이 상당하다. 따라서 전국 선거구의 평균인구수에서 그 상하 60%의 편차를 초과함과 동시에 같은 유형의 선거구 평균 인구수에서 그 상하 50%의 편차를 초과하는 선거구의 획정은 국회의 입법형성의 재량범위를 일탈하는 것으로서 헌법에 위반된다.

3) 가. 선거구구역표는 각 선거구가 서로 유기적으로 관련을 가짐으로써 한 부분에서의 변동은 다른 부분에도 연쇄적으로 영향을 미치는 성질을 가지며, 이러한 의미에

서 선거구구역표는 전체가 '불가분의 일체'를 이루는 것으로서 어느 한 부분에 위헌적인 요소가 있다면 선거구구역표 전체가 위헌의 하자를 띠는 것이라고 보아야 할 뿐만 아니라, 제소된 당해 선거구에 대하여만 인구과다를 이유로 위헌선언을 할 경우에는 헌법소원 제소기간의 적용 때문에 제소된 선거구보다 인구의 불균형이 더 심한 선거구의 선거구획정이 그대로 효력을 유지하게 되는 불공평한 결과를 초래할 수도 있으므로, 일부 선거구의 선거구획정에 위헌성이 있다면 선거구구역표의 전부에 관하여 위헌선언을 하는 것이 상당하다.

나. 재판관 조승형의 주문 제1항에 대한 반대의견

일부 선거구에 있어서 발생한 투표가치의 위헌적인 불평등이 선거구 전체를 위헌이라고 할 정도로 다른 선거구들과 밀접 불가분한 관련성이 있다고 보기 어렵고, 평균적 투표가치를 가진 선거구에 관하여는 다른 선거구의 위헌성과는 관계 없이 여전히 헌법의 이념에 합치하고 있는 것이라 인정되므로, 모든 선거구에 관하여 일률적으로 위헌이라고는 할 수 없으며, 대체로 인구가 과다한 선거구의 일부를 분구하는 방법으로 의원정수배분규정을 개정하여 왔던 입법관행에 비추어 보더라도, 의원정수배분규정을 가분적이라 봄이 입법자의 의도에 부합하며, 법령의 위헌성은 가능한 한 한정적으로 해석함이 원칙이다.

2. 2001. 10. 25. 2000헌마92등

(1) 사건의 개요와 심판의 대상

1) 사건의 개요

가. 2000헌마92 사건

청구인은 선거법 제25조 제2항에 의한 [별표 1] 「국회의원지역선거구구역표」상의 '경기 안양시 동안구 선거구'에 주소를 두고, 2000. 4. 13.에 실시될 예정인 제16대 국회의원선거에서 선거권을 행사하려는 자이다. 1999. 12.말 현재 위 선거구의 인구수는 331,458명으로서, 전국선거구의 평균인구수 208,502명(총인구 47,330, 000명÷지역구 227개)과 비교하여 +59%의 편차를 보이고 있고, 위 선거구구역표상의 최소선거구인 '경북 고령군·성주군 선거구'의 인구수 90,656명에 비하여 3.65 : 1의 편차를 보이고 있다. 이에 청구인은 위 선거구구역표에 의한 선거구획정으로 인하여 자신의 투표가치가 '경북 고령군·성주군 선거구'의 선거권자의 그것에 비하여 3.65분의 1밖에 되지 않게 되어 평등선거의 원칙에 반할 뿐만 아니라, 청구인의 헌법상 보장된 평등권 및 선거권이 침해되었다고 주장하면서, 2000. 2. 10. 이 사건 헌법소원심판을 청구하였다.

나. 2000헌마240 사건

청구인들은 선거법 제25조 제2항에 의한 [별표 1]「국회의원지역선거구구역표」상의 '인천 서구·강화군 을선거구'에 각 주소를 두고, 2000. 4. 13.에 실시될 예정인 제16대 국회의원선거에서 선거권을 행사하려는 자들이다. 청구인들은 위 국회의원지역선거구 구역표 중 '인천 서구·강화군 을선거구란'에 자신들의 거주지인 인천 서구 검단동과 지리적으로 분리되어 있고, 사회·경제적으로 유대감이 거의 없는 인천 강화군이 하나의 선거구로 규정됨으로써 자신들의 헌법상 보장된 선거권, 평등권 등이 침해되었다고 주장하면서, 2000. 4. 7. 이 사건 헌법소원심판을 청구하였다.

2) 심판의 대상

이 사건 심판의 대상은 선거법(2000. 2. 16. 법률 제6265호로 개정된 것) 제25조 제2항에 의한 [별표 1]「국회의원지역선거구구역표」(이하 '이 사건 선거구구역표'라 한다) 중 '경기 안양시 동안구 선거구란' 및 '인천 서구·강화군 을선거구란'의 위헌 여부이다.

(2) 결정의 요지

1) 다수의견

가. 선거구획정에 관하여 국회의 광범한 재량이 인정되지만 그 재량에는 평등선거의 실현이라는 헌법적 요청에 의하여 일정한 한계가 있을 수밖에 없는바, 선거구획정에 있어서 인구비례원칙에 의한 투표가치의 평등은 헌법적 요청으로서 다른 요소에 비하여 기본적이고 일차적인 기준이기 때문에, 합리적 이유 없이 투표가치의 평등을 침해하는 선거구획정은 자의적인 것으로서 헌법에 위반된다는 것이다.

나. 인구편차의 허용한계에 관한 다양한 견해 중 현시점에서 선택가능한 방안으로 상하 $33\frac{1}{3}$% 편차(이 경우 상한 인구수와 하한 인구수의 비율은 2:1)를 기준으로 하는 방안, 또는 상하 50% 편차(이 경우 상한 인구수와 하한 인구수의 비율은 3:1)를 기준으로 하는 방안이 고려될 수 있는데, 이 중 상하 $33\frac{1}{3}$% 편차 기준에 의할 때 행정구역 및 국회의원정수를 비롯한 인구비례의 원칙 이외의 요소를 고려함에 있어 적지 않은 난점이 예상되므로, 우리 재판소가 선거구획정에 따른 선거구간의 인구편차의 문제를 다루기 시작한지 겨우 5년여가 지난 현재의 시점에서 너무 이상에 치우친 나머지 현실적인 문제를 전적으로 도외시하기는 어렵다고 할 것이어서, 이번에는 평균인구수 기준 상하 50%의 편차를 기준으로 위헌 여부를 판단하기로 한다. 그러나 앞으로 상당한 기간이 지난 후에는 인구편차가 상하 $33\frac{1}{3}$% 또는 그 미만의 기준에 따라 위헌 여부를 판단하여야 할 것이다. 따라서 '경기 안양시 동안구 선거구'의 경우 전국 선거구의 평균인구수로부터 +57%의 편차를 보이고 있으므로, 그 선거구의 획정은 국회의 재량의

범위를 일탈한 것으로서 청구인의 헌법상 보장된 선거권 및 평등권을 침해하는 것임이 분명하다.

다. 이 사건의 경우 청구인의 헌법상 보장된 평등권 및 선거권을 침해하는 것은 이 사건 선거구구역표 중 '경기 안양시 동안구 선거구란'에 관한 부분이지만, 이 사건 선거구구역표의 전부에 관하여 위헌선언을 할 것인지 여부, 즉 선거구구역표를 가분적으로 취급할 수 있는지 여부의 문제가 있는바, 이에 대하여 우리 재판소는 95헌마224 등 결정에서 선거구구역표는 전체가 불가분의 일체를 이루는 것으로서 일부 선거구의 선거구획정에 위헌성이 있다면, 선거구구역표의 전부에 관하여 위헌선언을 하는 것이 상당하다는 취지의 판시를 함으로써 불가분설을 취하였는바, 이는 객관적 헌법질서의 보장이라는 측면이나 적극적인 기본권 보장의 측면에서 보더라도 타당한 것으로 보이므로 이러한 입장을 계속 유지하기로 한다.

라. 이미 이 사건 선거구구역표에 기한 국회의원선거가 실시된 상황에서 단순위헌의 결정을 하게 되면, 선거구구역표의 성격상 그 개정입법이 빠른 시일내에 이루어지기 어렵다고 할 것이어서, 추후 재선거 또는 보궐선거가 실시될 경우 국회의원지역선거구 구역표가 존재하지 아니하게 되는 법의 공백이 생기게 될 우려가 큰 점 및 국회의 동질성 유지나 선거구구역표의 변경으로 인한 혼란을 방지하기 위하여도 재선거, 보궐선거 등이 치러지는 경우에는 이 사건 선거구구역표에 의하여 이를 시행하는 것이 바람직한 점 등에 비추어, 입법자가 2003. 12. 31.을 시한으로 이 사건 선거구구역표를 개정할 때까지 이 사건 선거구구역표의 잠정적 적용을 명하는 헌법불합치결정을 하기로 한다.

2) 재판관 권성의 별개의견

선거구의 획정에 있어서 투표가치의 평등이라는 것은 가장 우선시되어야 할 이념은 아니고, 선거구 획정에 있어서 고려하여야 할 여러 가지 중요한 기준의 하나에 불과하다. 다른 기준의 하나로 생각할 수 있는 의원의 대표성은 의원이 어느 정도의 독자성을 갖는 지역(예컨대 행정구역)의 주민을 대표한다고 할 때 가장 확실하여지고, 의원의 주민대표성을 살리는 것은 의회제도 발전의 역사적 연원, 소수자보호의 원리 및 국가통합의 원리에 비추어 그 합리성과 정당성이 인정되므로, 소선거구제를 택하는 이상 의원의 지역주민 대표성은 투표가치의 평등성과 대등한 이념으로 인정할 필요가 있다. 따라서 투표가치의 산술적 평등에 보다 접근시키기 위하여 어느 행정구역의 일부 주민을 다른 행정구역에 편입하여 하나의 선거구를 만드는 것은 의원의 주민대표성을 약화시키고 이것은 자기 구역에서 분리되어 타구역에 편입당한 주민들의 선거권을 침해하므로 위헌이 된다.

현행 선거법상 부산광역시 북구·강서구 을선거구, 해운대구·기장군 을선거구 및 인천광역시 서구·강화군 을선거구 등 3개의 지역구는 원래의 행정구역에서 분리되어 그 선거구에 편입된 일부 주민들의 선거권을 침해하므로 위헌이고 국회의원 지역선거구 구역표의 불가분성에 의하여 위 구역표 전부가 위헌이 되며, 아울러 헌법재판소는 선거법 제25조 제1항 후단의 규정에 불구하고 예외적으로 행정구역의 일부를 분할하여 위의 3개 지역구를 획정하는 것을 허용하고 있는 선거법 부칙 제3조의 위헌성을 함께 지적하여야 할 것이다.

3) 재판관 한대현, 재판관 하경철의 반대의견

우리 재판소가 1995. 12. 27. 선고한 위 95헌마224 등 결정의 취지에 의하면 적어도 어떤 선거구가 전국 선거구의 평균 인구수를 기준으로 상하 60%의 편차를 초과하지 아니하는 한 그 선거구는 헌법에 위반되는 것으로 볼 수 없다고 할 것인데, 2000. 3. 22. 현재 위 '경기 안양시 동안구 선거구'의 인구수는 328,383명으로서 당시 전국 선거구의 평균인구수 208,917를 기준으로 +57%의 편차를 보이고 있으므로, 위 결정에서 제시한 기준에 의할 때 위 선거구가 헌법에 위반된다고 할 수는 없음은 명백하다. 현재로서는 국회 입법권의 존중 차원에서 위 결정의 태도를 바꾸는 것은 바람직하지 않으나, 2004년 실시되는 국회의원총선거에 적용될 선거구구역표에 대하여는 다수의견과 견해를 같이 한다. 따라서 위 선거1구란이 위헌임을 이유로 이 사건 선거구구역표 전체에 대하여 헌법불합치의 결정을 하기보다는 이 사건 심판청구를 기각하면서 2004년에 실시되는 국회의원총선거에 적용될 선거구구역표는 평균인구수 기준 상하 50%의 편차를 넘지 않아야 하고, 이후에는 이러한 기준에 따라 위헌 여부를 판단할 것임을 밝히는 것으로 족하다고 할 것이다.

Ⅲ. 인구편차와 선거구획정

1. 선거구분할과 인구편차

주지하는 바와 같이 다수대표선거제도에 있어서 가장 중요시 되는 사항 중의 하나가 바로 선거구분할문제이다. 특히 소선거구 다수대표제의 경우에는 평등선거의 원칙에 충실한 합리적인 선거구분할이 매우 중요하다. 그동안 우리의 경우 선거구분할과 관련해서 주로 선거구간의 인구편차문제가 제기되어 왔다. 즉 선거구간의 인구편차가 지나치게 크다는 지적이 그것이다. 이러한 선거구간의 지나친 인구편차가 바람직하지 않음은 물론이거니와, 그 자체 위헌문제를 야기하게 된다. 따라서 이러한 문제를 해결하기 위해서는 먼저 어느 정도의 인구편차의 한도내에서 선거구가 분할되어야 합헌인지, 즉 헌법상 허용되는 인구편차의 기준이 확립되어야 할 것이다. 결국 이 문제는 평등선거의 원칙과 대의제도 등 헌법상의 규정과 원칙의 바탕위에서 검토되어야 할 것이다.

2. 인구편차의 허용기준

(1) 대의제도의 실현수단으로서의 선거제도

선거제도는 통치기구의 기본적인 구성원리의 하나로서 역시 통치기구의 구성원리의 하나인 대의제도를 실현하는 도구로서의 기능도 가진다. 그런데 이러한 대의제도는 대의기관 내지 그 구성원이 국민, 즉 사람을 대표하는 것을 기본으로 한다. 따라서 대의제도의 실현수단으로서의 선거제도 역시 당연히 사람 내지 인구를 기본바탕으로 마련되고 운용되는 것이다. 다시 말해 이러한 대의기관의 구성기능을 통해 대의제도를 실현하기 위한 도구인 선거제도에 있어서도 역시 그 선거권을 행사하고 자신의 정치적 견해를 국정에 반영시키고자 하는 국민 내지 인구가 핵심적이고 기본적인 고려사항이 되어야 하는 것이고, 따라서 선거구획정에 있어서도 당연히 대의 내지 대표되어지는 사람 내지 인구가 가장 중요한 기본적 고려사항이 되어야 하는 것이다.

물론 선거구의 획정 시 인구뿐 아니라 행정구역, 지세, 교통, 도시와 농어촌과의 차이점, 기타 여러 가지 요소를 종합적으로 고려해야 할 것이다. 그러나 이는 어디까지나 부수적인 고려사항이지, 선거구획정에 있어서 기본틀이 되는 핵심적인 고려사항은 아니다. 즉 선거구획정에 있어서 제1의 그리고 결정적인 고려사항이자 기준은 어디까지나 인구수이고, 기타의 비인구적 요소는 부수적인 고려사항에 불과하다.4)

여기서 말하는 선거구획정시 기준이 되는 인구는 전체국민 내지 인구가 되는 것이지 선거권자가 되는 것이 아님은 물론이다. 왜냐하면 앞에서도 언급했듯이 대의제도와 선거제도에서 대의 내지 대표되는 사람은 전체국민이지 실제로 선거권을 행사하거나 행사할 권리를 가진 선거권자만이 아니기 때문이다. 따라서 선거구획정시 기준이 되는 것도 그 선거구의 총 인구수이지 선거권자 내지 유권자수는 아니다.5)

(2) 평등선거의 원칙과 관련하여

그런데 이러한 인구수를 토대로 선거구를 획정할 때 그 기준이 되는 원칙은 당연히 각 선거구의 인구수가 평등하도록 분할할 것을 요구하는 평등선거의 원칙이라고 할 수 있다. 즉 선거구획정에 있어서는 제1차적·원칙적으로 인구수를 토대로 한 평등선

---

4) 이와 관련하여 헌법재판소의 위 95헌마224등 결정에서 재판관 김문희, 재판관 황도연, 재판관 신창언은 재판관 5인(김용준, 김진우, 김문희, 황도연, 신창언)의 공통의견에 대한 보충의견에서 선거구획정시 비인구적 요소도 인구수와 대등한 고려요소라고 주장한 재판관 4인(이재화, 조승형, 정경식, 고중석)의 의견을 비판하면서 “국회의원은 나무나 땅의 넓이를 대표하는 것이 아니라 사람을 대표하는 것이다. 정당한 자격을 갖춘 유권자인 한 국민은 그가 도시에 살고 있든 시골에 살고 있든 간에 한 사람의 유권자일 뿐이다”라고 한 워렌 미합중국 전 연방대법원장의 말을 인용하고 있는데, 필자 역시 워렌 대법원장의 말에 동의하지 않을 수 없다.

5) Vgl. Schreiber, Handbuch des Wahlrechts zum Deutschen Bundestag, 6. Aufl., 1998, S. 163.

거의 원칙이 관철되어야 할 것이다. 주지하는 바와 같이 평등선거의 원칙은 선거의 기본원칙 중 하나로서 이는 투표의 산술적 계산가치의 평등(Zählwertgleichheit)과 투표의 성과가치의 평등(Erfolgswertgleichheit)을 의미한다.[6] 오늘날 선거구획정과 관련하여 특히 문제가 되는 것은 투표의 성과가치의 평등인데, 이는 선거인의 투표가치가 동등한 가치로 평가되어지고, 대표자선정이라는 선거결과 내지 대의기관구성 등에 동등한 영향력을 행사할 수 있을 것을 요구한다.[7] 이 원칙은 모든 선거인에게 1인 1표(one man, one vote)를 인정함을 의미할 뿐만 아니라, 투표의 성과가치의 평등, 즉 1표의 투표가치가 대표자 선정이라는 선거의 결과에 대하여 기여한 정도에 있어서도 평등하여야 함(one vote, one value)을 의미한다. 따라서 평등선거의 원칙의 구체적 내용인 산술적 계산가치의 평등과 투표의 성과가치의 평등을 고려할 때 선거구간의 인구편차는 상한인구수와 하한인구수의 비율이 2 : 1 미만이 되어야 하는 것이다. 즉 인구편차가 2 : 1 이상이 되는 것은 그 자체 이미 평등선거의 원칙과 평등선거권을 침해하는 것이고, 원칙적으로 위헌인 것이다. 왜냐하면 이러한 2 : 1 미만의 한계내에서만 비로소 '1인 1표의 원칙'과 '투표의 성과가치의 평등'을 내용으로 하는 헌법상 평등선거의 원칙이 관철될 수 있기 때문이다. 다시 말해 2 : 1 이상의 인구편차가 발생한 경우에는 이미 '1인 1표의 원칙' 등 평등선거의 원칙이 침해된 것이고, 선거인의 평등선거권 내지 평등권도 침해된 것이다. 아무리 산술적으로 외형상 1인 1표의 원칙이 지켜진다 하더라도 최대선거구와 최소선거구간의 인구편차가 2 : 1 이상 벌어지는 경우에는 최소선거구의 선거인의 표가 최대선거구의 선거인의 표와 비교하여 2배 이상의 가치를 지니는 것으로 이는 투표의 성과가치의 평등 뿐 아니라 실직적으로 1인 1표의 원칙도 침해하는 것이 되고, 결과적으로 평등선거의 원칙과 선거인의 평등선거권을 침해하는 것이 되는 것이다. 왜냐하면 이 경우에는 결과적으로 최소선거구의 선거인에게 최대선거구의 선거인과 비교하여 두 사람 몫 이상의 투표가치를 인정하는 것이 되기 때문이다. 그러나 인구편차가 2 : 1 미만의 경우에는 최소선거구의 선거인의 표가 최대선거구의 선거인의 표와 비교하여 2배 미만 내지 2표 미만의 가치를 가지는데 불과하기 때문에, 즉 최소선거구의 선거인의 표도 최대선거구의 선거인의 표와 비교하여 보더라도 실질적으로 그리고 결과적으로 1표의 가치를 가지는 것이 되기 때문에, 따라서 명실상부 1인 1표의 원칙 등 평등선거의 원칙이 관철되는 것이다.

물론 투표의 성과가치의 평등만을 놓고 볼 때 이상적으로는 인구편차가 1 : 1이 되어야 할 것이지만, 이는 첫째, 현실적·기술적으로 불가능한 것이고,[8] 둘째 아래에서 언

---

6) 평등선거의 원칙에 대하여 정연주, 독일의 선거제도와 우리 선거제도의 문제점, 인권과 정의 1991. 5, 26쪽 이하; Maunz, in: Maunz/Dürig, Grundgesetz Kommentar, Art. 38, Rdnr. 48f.; Jarass/Pieroth, Grundgesetz für die Bundesrepublik Deutschland, Art. 38, Rdnr. 6; v. Münch, in: v. Münch(hrsg.), Grundgesetz-Kommentar, Art. 38, Rdnr. 45ff.; Stern, Das Staatsrecht der Bundesrepublik Deutschland, Bd. I, 2. Aufl., S. 304ff.; BVerfGE 5, 148(157); 12, 73(77); 16, 130(138ff.); 86, 84(91) 참조.

7) 정연주, 독일의 선거제도와 우리 선거제도의 문제점, 26쪽 이하.

급하는 바와 같이 입법자가 고려해야 할 다양한 사안 및 국회의원의 부수적인 지역대표성 등을 감안해야 하기 때문에 1:1을 초과하는 2:1 미만의 인구편차가 투표의 성과가치의 평등을 침해하여 위헌이라고 볼 수는 없을 것이다. 따라서 위헌 여부를 가름하는 인구편차의 허용기준은 2:1 미만이 되어야 할 것이고, 인구 이외의 다양한 요소를 고려해야 할 입법자의 입법형성의 자유는 이러한 2:1 미만의 범위내에서 기능한다고 보아야 할 것이다. 선거법 제25조 제1항이 "국회의원지역선거구는 시·도의 관할구역안에서 인구·행정구역·지세·교통 기타 조건을 고려하여 이를 획정하되, … "라고 규정하고 있는 것도 이러한 인구편차의 한도내에서 입법자가 다양한 사안을 고려하여 선거구를 획정하라고 하는 입법자의 입법형성의 자유와 그 한계를 정한 것으로 해석되어야 할 것이다.

(3) 외국의 입법례

참고로 독일의 경우 1996. 11. 15. 개정된 연방선거법(Bundeswahlgesetz) 제3조 제1항 제3호는 선거구획정 시 준수하여야 할 원칙의 하나로서 "한 선거구의 인구수는 선거구의 평균인구수로부터 상하 각 100분의 15를 초과하는 편차를 보여서는 아니되며, 편차가 100분의 25를 초과한다면, 새로운 선거구획정이 이루어져야 한다."고 규정함으로써, 원칙적으로 상하 편차 15%를 허용한도로 하되, 상하 편차 25%를 반드시 준수해야 할 최대허용한도로 함으로써 탄력적인 입법을 하고 있다. 이는 개정전 연방선거법 제3조 제1항 제2호에서 "한 선거구의 인구수는 선거구의 평균인구수로부터 상하 각 100분의 25를 초과하는 편차를 보여서는 아니되며, 편차가 100분의 33 1/3을 초과한다면, 새로운 선거구획정이 이루어져야 한다."고 규정하고 있던 것에 비하여 허용한계를 보다 엄격하게 한 것이다.[9)]

일본의 경우에는 1994. 2. 4. 제정된 중의원의원선거구획정심의회설치법 제3조 제1항은 중의원소선거구선출위원의 선거구 개정안의 작성은 "각 선거구의 인구의 균형을 도모하고, 각 선거구의 인구 중 그 최다의 것을 최소의 것으로 나누어 얻은 수가 2 이상이 되지 아니하도록 하는 것을 기본으로 하고, 행정구획·지세·교통 등의 사정을 종합적으로 고려하여 합리적으로 행하여야 한다."고 규정함으로써 이러한 추세를 반영하고 있다. 한편 영국에서는 25% 이내로 정기적으로 재조정하도록 하고 있다.

이상에서 보는 바와 같이 외국의 입법례를 보더라도 대체로 상하 인구편차 2:1 미만의 한계내에서의 선거구획정을 허용하고 있고, 특히 독일의 경우에서 보는 것처럼 가능한 한 1:1에 가까운 인구편차를 법률이 요구하는 것을 알 수 있다.

---

8) Vgl. BVerfGE 16, 130(141).

9) 독일의 연방선거법상의 선거구획정에 관하여 자세한 것은 Schreiber, aaO, S. 152ff.

(4) 결 어

결국 헌법상 허용되는 인구편차의 한계는 2:1 미만이어야 하고, 따라서 이를 초과하는 것은 원칙적으로 위헌이다. 다시 말해 2:1 미만의 인구편차는 단순히 입법정책적으로 또는 정치적으로 바람직하고 요망되는 정치적 요청에 불과한 것이 결코 아니라 입법자를 기속하는 헌법적 원칙이자 명령인 것이고,[10] 그에 위반될 경우 원칙적으로 위헌이 되어야 하는 것이다. 따라서 인구편차 2:1 미만의 한도내에서 가능한 한 1:1에 가깝게, 앞서 언급한 바와 같이 다양한 사안을 고려하여－즉 우리 선거법 제25조 제1항에서 언급되고 있듯이 행정구역·지세·교통 기타 조건을 고려하고, 그리고 후술할 국회의원의 부수적인 지역대표성도 고려하여－입법자가 구체적인 인구편차의 기준을 정하고 그에 따른 선거구획정이 이루어지는 것이 헌법에서 도출되는 원칙이라고 하겠다. 그러므로 선거구획정에 관한 입법자의 입법재량 내지 입법형성의 자유도 원칙적으로 2 : 1 미만의 한계내에서만 인정되는 것이라고 할 수 있다.[11]

한편 지방의회선거와 관련하여 헌재는 기초의회선거의 경우 "자치구·시·군의회의원 선거구 획정은 인구비례의 원칙과 자치구·시·군의회의원의 지역대표성 및 인구의 도시집중으로 인한 농어촌 간의 극심한 인구편차 등 여러 요소를 합리적으로 참작하여 결정되어야 할 것인바, 해당 선거구의 의원 1인당 인구수가 해당 선거구가 속한 자치구·시·군의회의원 1인당 평균인구수 대비 상하 60%의 편차 내에 있으면 허용된다."라고 판시하여 상한 인구수와 하한 인구수의 비율을 4:1까지 허용하고 있고,[12] 광역의회선거의 경우에도 "시·도의원 지역선거구의 획정에는 인구 외에 행정구역·지세·교통 등 여러 가지 조건을 고려하여야 하므로, 그 기준은 선거구 획정에 있어서 투표가치의 평등으로서 가장 중요한 요소인 인구비례의 원칙과 우리나라의 특수사정으로서 시·도의원의 지역대표성 및 인구의 도시집중으로 인한 도시와 농어촌 간의 극심한 인구편차 등 3개의 요소를 합리적으로 참작하여 결정되어야 할 것이며, 현시점에서는 상하 60%의 인구편차(상한 인구수와 하한 인구수의 비율은 4:1) 기준을 시·도의원 지역선거구 획정에서 헌법상 허용되는 인구편차기준으로 삼는 것이 가장 적절하다고 할 것이다."라고 판시하여 역시 상한 인구수와 하한 인구수의 비율을 4:1까지 허용하고 있다.[13]

이처럼 헌재는 국회의원선거와 지방의회선거를 구별하고 있고, 그 이유로서는 인구비례의 원칙과 더불어 지방의회선거의 경우 우리나라의 특수사정으로서 시·도의원 및 자치구·시·군의회의원의 지역대표성 및 인구의 도시집중으로 인한 도시와 농어촌

10) Vgl. Schreiber, aaO, S. 163f.; BVerfGE 95, 335(365).

11) Vgl. BVerfGE 16, 130(141).

12) 2012. 2. 23. 2010헌마282, 판례집 24-1상, 303.

13) 2007. 3. 29. 2005헌마985 등, 판례집 19-1, 287.

간의 극심한 인구편차를 들고 있다.

그러나 위헌 여부를 가름하는 인구편차의 허용기준은 지역이나 선거의 종류에 관계없이 2:1 미만이 되어야 할 것이고, 따라서 우리나라의 특수사정으로서 시·도의원 및 자치구·시·군의회의원의 지역대표성 및 인구의 도시집중으로 인한 도시와 농어촌 간의 극심한 인구편차 등 인구 이외의 다양한 요소를 고려해야 할 입법자의 입법형성의 자유도 이러한 2:1 미만의 범위 내에서 인정된다고 보아야 할 것이다. 그런 점에서 국회의원선거와 지방의회선거를 구별하는 헌재의 입장은 정당하지 못하다.

아울러 일부 정치권에서 주장되고 있듯이 인구편차 기준을 도시지역과 농촌지역을 분리해서 각각 적용하도록 하고 결과적으로 도시지역과 농촌지역 간의 인구편차 비율을 3:1까지 허용하자는 주장 역시 타당하지 못하다. 왜냐하면 앞서 언급한 바와 같이 선거구획정의 경우 가장 중요하고 기본적인 기준은 인구수이고, 이 인구비례의 허용한도는 헌법상 2:1 미만이며, 도시와 농촌간의 차이점이나 특성 등 다른 요소는 이 범위 내에서 고려될 수 있는 것이기 때문이다.[14]

한편 이러한 허용기준은 외국의 입법례에서도 보듯이 반드시 입법자가 선거법에 명시적으로 규정해야 할 것이다. 왜냐하면 선거구간의 인구편차에 관한 사항, 특히 여기서 문제되는 인구편차의 허용한계는 통치구조의 조직과 작용에 관한 기본적인 사항이자 동시에 선거인의 선거권과 평등권 등의 기본권에 관한 본질적 사항이기 때문에 법률유보의 원칙을 한 내용으로 하는 법치주의원리상 반드시 법률로 규정되어야 하며, 이럴 때에만 비로소 선거구의 획정 내지 선거구구역표의 제정 또는 개정과정에서의 입법자의 자의와 남용이 억제될 수 있을 것이기 때문이다.[15]

---

14) 이러한 논리는 미국 연방대법원의 Baker vs. Carr 사건(1962)에서도 확인되고 있다. 이 판례에서 얼 워런 대법원장은 의원이 대표하는 것은 땅이나 나무가 아니라 주민이라고 강조한 바 있다. 이 사건은 테네시 주의회에 그 의석을 주민수에 입각하여 재배분하도록 강제한 미국 연방대법원의 판결이다. 전통적으로 특히 남부 주에서는 농촌 주민들이 도시나 도시 근교 주민들에 비해 비례적으로 더 많은 의석을 할당받았었다. 베이커 판결 이전에 대법원은 의원수 배분문제에 개입하기를 거절했다. 1946년의 콜그로브 대 그린 판결(Colegrove v. Green)에서 법원은 의원수 할당문제는 사법부가 개입해서는 안 될 '정치적으로 뒤얽힌 난제'라고 표명했다. 그러나 법원은 베이커 판결에서 각 투표권이 투표자의 거주지와 상관없이 동등하게 취급되어야 하며, 따라서 테네시 주 의회는 헌법이 보장하는 법의 평등한 보호(수정헌법 제14조)를 침해한 것이라고 판시했다. 법원은 레이놀즈 대 심스 판결(Reynolds v. Sims, 1964)에서 베이커 판결을 선례로 인용하면서, 양원제 의회의 상하 양원 모두가 주민수에 따라 배분되어야 한다고 판시했다. 대법원은 이와 관련된 수많은 사건을 베이커 및 레이놀즈 판결에 입각하여 파기환송했다. 그 결과 사실상 모든 주의회의 의석이 재분배 되었고, 이는 대부분의 주의회에서 정치권력이 농촌에서 도시지역으로 이동하는 결과를 낳았다.

15) 기본권의 행사와 제한 등에 관한 본질적 사항은 반드시 법률에 규정되어 있어야 한다는 이른바 본질성이론(Wesentlichkeitstheorie) 내지 본질사항유보설을 내용으로 하는 법률유보의 원칙과 법치주의원리에 대하여 자세한 것은 정연주, 조례제정권의 헌법적 한계와 통제, 심천 계희열박사 화갑기념논문집, 1995, 154쪽 이하 참조.

3. 대의제도 및 국회의원의 지역대표성과 관련하여

(1) 국회의원의 지역대표성과 인구편차

인구편차와 그에 따른 선거구획정의 문제는 국회의원의 지역대표성의 인정 여부와도 관련이 있다. 왜냐하면 국회의원의 지역대표성을 완전히 부정하면 선거구획정 시 오로지 인구수만 고려사항이고 지역적 내지 지역주민적 이해를 비롯한 기타의 다양한 이익은 전혀 고려대상이 아니기 때문에 선거구간의 인구편차는 기술적으로 가능한 한 1:1이 되어야 할 것이고, 만일 2000헌마92등 사건에서 권성 재판관이 주장하고 있듯이 국회의원의 지역대표성을 투표가치의 평등성 및 국민대표성과 대등한 이념으로 인정할 경우에는 선거구획정 시 인구수는－비록 중요하긴 하지만－단지 여러 고려사항 중의 하나에 불과하게 되고 따라서 인구수와 더불어 지역적 내지 지역주민적 이해를 비롯한 기타의 다양한 이익도 대등하고 중요한 고려사항이 되어 인구편차는 입법자의 재량에 따라 얼마든지 2:1 이상이 될 수 있는 것이기 때문이다.

그런데 다른 한편 국회의원의 지역대표성을 인정하되, 이를 어디까지나 국회의원의 전체국민 내지 국가대표성에 부수적인 것으로만 인정할 경우, 즉 국회의원의 전체국민 내지 국가대표성을 1차적·원칙적인 것으로 우선시하고, 국회의원의 지역대표성을 국회의원의 전체국민 내지 국가대표성과 조화되고 그것에 저촉되지 아니하는 범위내에서 2차적·부수적인 것으로 인정할 경우에는 인구수가 선거구획정시 기본이 되는 1차적·원칙적인 고려사항이지만, 지역적 내지 지역주민적 이해를 비롯한 기타의 다양한 이익도 국가이익과 조화되고 그것에 저촉되지 아니하는 범위내에서 부수적·보충적으로 고려될 수 있을 것이며, 따라서 선거구간의 인구편차는 2:1 미만이 되어야 하고, 그 2:1 미만의 한도내에서, 즉 1:1과 2:1 사이에서 입법자가 지역적 내지 지역주민적 이해를 비롯한 행정구역·지세·교통 등 다양한 이익을 고려하여 선거구를 획정할 수 있는 것이다.

(2) 대의제도와 국회의원의 지역대표성

이 문제는 헌법상 대의제도의 본질과 기능의 측면에서 해결하여야 할 것이다. 결론적으로 말하면 앞에서도 언급한 바와 같이 대의제도의 본질과 기능 및 “국회의원은 국가이익을 우선하여 양심에 따라 직무를 행한다.”는 헌법 제46조 제2항의 자유위임의 원칙에 따라 국회의원은 전체국가와 국민을 대표하여 국익을 위해 대의활동을 하는 것이지, 특정지역과 지역주민을 대표하는 것은 아니기 때문에 헌법상 원칙적으로 국회의원에게 지역대표성이 인정될 수는 없다고 하겠다.[16)17)]

그러나 다른 한편 자유위임의 원칙과 조화될 수 있는 한도내에서는 국회의원의 보충적·부수적인 지역대표성이 인정될 수도 있으며, 정치적·현실적으로 뿐만 아니라 헌법적으로도 이를 굳이 부정할 필요가 없다는 것이 필자의 생각이다.[18][19] 왜냐하면

16) 국회법 제114조의 2도 "의원은 국민의 대표자로서 소속 정당의 의사에 기속되지 아니하고 양심에 따라 투표한다."라고 명시함으로써 이러한 헌법규정의 정신을 구현하고 있다.

17) 대의제도의 이념적 기초인 자유위임의 원칙에 대하여 자세한 것은 정연주, 대의제도와 정당기속, 인권과 정의, 1999. 8, 82쪽 이하 참조.
한편 헌법재판소도 1994. 4. 28. 92헌마153 결정에서 "국회의원의 법적인 지위 특히 전국구의원이 그를 공천한 정당을 탈당한 때 국회의원직을 상실하는 여부는 그 나라의 헌법과 국회의원선거법 등의 법규정, 즉 법제에 의하여 결정되는 문제이다. 즉 국회의원의 법적 지위 특히 전국구의원이 그를 공천한 정당을 탈당할 때 의원직을 상실하는 여부는 그 나라의 헌법과 법률이 국회의원을 이른바 자유위임(또는 무기속위임)하에 두었는가, 명령적 위임(또는 기속위임)하에 두었는가, 양 제도를 병존하게 하였는가에 달려 있다. 역사적으로는 유럽의 중세기 등족회의에서의 의원은 특정사회층의 이익이나, 특정지역의 이익을 대표하였던 까닭에 의회에서의 행동에 대하여 각각 선거민에 대하여 책임을 지는 명령적 위임(또는 기속위임)이었으나, 1791년 프랑스헌법에서 '의원은 전 국민의 대표자이고, 특정지역의 대표자가 아니며, 의원에 대하여 위임을 부여할 수 없다.'고 규정한 것을 위시하여 오늘날 독일·영국·프랑스·일본 등 자유민주주의국가에서는 거의가 헌법에 국회의원을 전 국민의 대표자라고 규정하여 자유위임하에 두는 제도를 채택하고 있다. 자유위임제도를 명문으로 채택하고 있는 헌법하에서는 국회의원은 선거모체인 선거구의 선거인이나 정당의 지령에도 법적으로 구속되지 아니하며, 정당의 이익보다 국가의 이익을 우선한 양심에 따라 그 직무를 집행하여야 하며, 국회의원의 정통성은 정당과 독립된 정통성이다. 이런 자유위임하의 국회의원의 지위는 그 의원직을 얻은 방법, 즉 전국구로 얻었는가, 지역구로 얻었는가에 의하여 차이가 없으며, 전국구의원도 그를 공천한 정당을 탈당하였다고 하여도 별도의 법률규정이 있는 경우는 별론으로 하고 당연히 국회의원직을 상실하지는 않는다는 것이다."라고 판시함으로써 자유위임의 이념에 기초하여 국회의원이 전 국민의 대표자임을 분명히 하고 있다.

18) 국회의원의 보충적·부수적 지역대표성에 대하여 정연주, 국회의원선거제도의 개혁방안, 공법연구 27집 3호(1999), 193쪽 이하 참조.

19) 헌법재판소는 이러한 국회의원의 지역대표성과 관련하여 95헌마224등 사건에서 "양원제를 채택하여 양원 중 어느 하나를 지역대표성을 가진 의원으로 구성하고 있는 나라들과는 달리, 우리나라는 단원제를 채택하고 있어, 국회의원이 법리상 국민의 대표이기는 하나 현실적으로는 어느 정도의 지역대표성도 겸하고 있다는 점, 급격한 산업화·도시화의 과정에서 인구의 도시집중으로 인하여 발생한 도시와 농어촌간의 인구편차와 각 분야에 있어서의 개발불균형이 앞서 본 선진외국의 경우보다 현저한 우리나라의 현실에 있어서 단순히 인구비례만 고려하여 선거구를 획정하는 경우에는 각 분야에 있어서의 도·농간의 격차가 더 심화될 우려가 있다는 점 등을 감안한다면 선거구간의 인구비례의 원칙을 완화해야 할 정책적인 필요가 있다고 볼 수 있는 반면, …"라고 판시함으로써 국회의원의 지역대표성을 간접적으로 인정하고 있고, 동 사건에서 재판관 이재화, 조승형, 정경식, 고중석도 "… 선거구의 획정에는 인구외에 행정구역·지세·교통 등 여러가지 조건을 고려하여야 하므로, 그 위헌 여부를 결정하는 기준을 획일적으로 일정한 수치로써 확정하기는 지극히 어려운 문제이지만, 일응 그 기준은 선거구 획정에 있어서 투표가치의 평등으로서 가장 중요한 요소인 인구비례의 원칙과 우리나라의 특수사정으로서 투표가치의 평등 못지 않게 중요한 요소인 단원제 채택으로 인한 국회의원의 지역대표성 및 인구의 도시집중으로 인한 도시와 농어촌간의 극심한 인구편차 등 3개의 요소를 합리적으로 참작하여 결정되어야 할 것이다."라고 판시함으로써 국회의원의 지역대표성을 인정하고 있다.
한편 2000헌마92등 사건에서 권성 재판관은 별개의견을 통해 "대의제도를 채택하는 이상 그리고 보통선거와 직접선거의 방식을 취하는 이상, 의회의 의원은 어차피 일정한 지역 즉 행정구역을 단위로 하여 그 지역의 국민 즉 주민의 대표를 선출하는 방식을 취할 수밖에 없다. 그 구역의 광협에 따라 소선거구, 중선거구, 대선거구의 구별은 있지만 전국을 하나의 선거구로 하여 다수의 의원을 뽑는 것은 대표성이 매우 취약하여진다. 현행의 전국구의원을 생각하면 이것은 자명하다. 의원은 국민의 대표이지만 동시에 지역주민의 대표이기도 하다. 의원을 국민의 대표라고 하는 것은 법률상의 지위와 정치적 책임을 규정하는 것이고 그로부터 의원이 지역의 이익만을 위하여 일하여서는 안되고 국민 전체를 위하여 일하여야 한다는 의원행동의 윤리강령이 도출되는 것이지만, 이것이 의원의 선출원리는 아니고 의원의 지역주민 대표성을 부정하는 것도 아니다. 오히려 의원의 대표성은 의원이 어느정도의 독자성을 갖는 지역(예컨대 행정구역)의 주민을 대표한다고 할 때 가장 확실하여진다. … 따라서 투표가치의 산술적 평등에 보다 접근시키기 위하여 어느 행정구역의 일부 주민을 다른 행정구역에 편입하여 하나의 선거구를 만드는 것은 의원의 주민대표성을 약화시키고 이것은 자기 구역에서 분리되어 타구역에 편입당한 주민들의 선거권을

대의제도 내지 자유위임의 원칙의 이념은 국회의원이 지역주민 보다는 전체 국민, 지역 보다는 국가를 대표하고, 부분적·경험적 이익 보다는 전체적·미래지향적인 추정적 이익을 대표하라는 것이지, 그렇다고 지역적·부분적 이익과 주민을 절대로 대표하지 말고, 그러한 이익을 결코 추구하지 말라는 것은 아니기 때문이다. 따라서 이러한 전체 국민과 국가를 대표하는 한, 그리고 그러한 전체적·미래지향적인 추정적 이익과 조화되거나 그것을 오히려 촉구하는 한도내에서 부수적으로 지역적·부분적 이익과 주민을 대표하는 것은 대의제도와 모순되는 것이 아니며, 오히려 상황에 따라서는 그러한 대의제도 내지 자유위임의 원칙의 이념을 보다 실효성 있게 지속적으로 실현하는 방책이 될 수도 있을 것이다.

이와 관련하여 우리나라와 독일의 경우 비례대표의석의 배분에 있어서 소위 봉쇄조항이라는 제한이 있는데, 이에 따르면 지역구국회의원총선거에서 일정수 이상(우리의 경우 5석, 독일의 경우 3석 이상)의 의석을 차지하였거나 유효투표총수의 일정비율 이상(우리의 경우 3%, 독일의 경우 5%)의 득표를 한 정당에 대해서만 비례대표의석을 배분하도록 되어 있다.[20] 그런데 여기서 3% 이상의 유효투표총수를 얻을 것을 요구하는 조건 외에 택일적으로 5석 내지 3석 이상의 지역구의석을 획득했을 경우에도 비례대표의석배분에 참여할 수 있도록 한 것은 그 5석 내지 3석의 지역구의석이 가지는 정치적 의미와 정치적 세력을 인정하는 것이라고 볼 수 있다.[21] 즉 이는 특정지역의 주민을 대표한다는 지역적 주안점과 특성을 가지는 정당의 이익과 입장 내지 정치적 위상을 고려하여 이 정당에게도 비례대표의석배분에 참여할 수 있도록 한 것이라고 볼 수 있는 것이다.[22] 물론 이는 일차적으로는 그 해당 정당의 특정지역의 이해 및 주민과의 관련성 내지 그 대표성을 인정한 것이지만, 이와 동시에 그 정당 소속의원의－전국대표성과 더불어－일정한 지역대표성도 인정한다는 것을 시사하는 것이라고 볼 수 있다. 현실적으로도 일정한 지역사업이 동시에 국가적으로도 중요한 사업인 경우 이러한 지역사업의 추진을 통해 해당 지역구의 이익을 대표하는 것은 동시에 전체 국익과도 일치 내지 조화되는 것이므로 국회의원의 지역대표성과 국가대표성이 양립할 수 있는 것이다.

(3) 결 어

결국 선거구간의 인구편차는 대의제도의 본질과 기능 및 평등선거의 원칙에 비추어

침해하므로 위헌이 된다."라고 주장함으로써 국회의원의 지역대표성 내지 주민대표성을 국회의원의 전국대표성 내지 국민대표성과 대등한 차원으로 자리매김 시키고 그것을 대의제도의 본질로 이해하고 있으나, 이러한 견해는 타당하지 못하다.

20) 선거법 제189조 제1항 및 독일 연방선거법 제6조 제6항.

21) Vgl. BVerfGE 95, 408(421ff.).

22) Vgl. BVerfGE 6, 84(96).

볼 때 2:1 미만이 되어야 하며, 선거구획정에 관한 입법자의 입법형성권은 이러한 2:1 미만의 한도내에서 인정될 수 있는 것이다. 즉 위헌 여부를 가름하는 인구편차의 허용기준은 2:1 미만이 되어야 할 것이고, 인구 이외의 다양한 요소를 고려해야 할 입법자의 입법형성의 자유는 이러한 2:1 미만의 범위내에서 기능한다고 보아야 할 것이다. 아울러 이러한 입법자의 입법형성권과 위에서 언급한 국회의원의 부수적인 지역대표성 등을 고려할 때 비록 1:1의 비율을 초과하더라도 2:1 미만의 인구편차가 투표의 성과가치의 평등을 침해하여 위헌이라고 볼 수는 없는 것이다.

4. 허용기준에 대한 예외

다만 예외적으로 특단의 사유－예컨대 지리적, 역사적 배경 또는 국가성립배경 등과 관련하여－로 인하여 불가피하게 2:1 이상의 인구편차가 발생할 수밖에 없는 선거구획정을 상정할 수 있는데, 그러한 선거구획정과 그에 따른 2:1 이상의 인구편차는 그 특단의 사유로 인하여 불가피할 경우 예외적으로 정당화되어질 수도 있을 것이다. 예컨대 미국의 경우 연방상원의원선거에 있어서 결과적으로 각 주를 하나의 선거구로 해서 각 주간의 인구수에 관계 없이 획일적으로 2명이 각 주를 대표하기 때문에 인구비례에 따른 연방하원의원선거와는 달리 이러한 인구편차에 관한 이론과 기준이 각 주 상호간에 적용될 여지가 없고, 이는 미국의 연방제도라고 하는 통치구조와 건국배경 등에 비추어 정당화되어질 수 있는 것이다. 아울러 기타 민족적·언어적·종교적·지리적·문화적 이유 등으로 이러한 인구편차에 관한 이론과 기준이 엄격히 적용될 수 없는 선거구획정도 불가피한 경우 정당화될 수 있을 것이다. 이러한 경우에는 평등선거의 원칙이라고 하는 헌법상의 원칙과 선거인의 선거권 내지 평등권 등의 기본권이 예외적으로 제한될 수밖에 없는 것이다. 다시 말해 여기서는 평등선거의 원칙이라는 헌법상의 원칙과 대등한 또는 우월한 헌법상의 원칙 내지 가치, 예컨대 한 나라의 건국이념, 소수민족이나 소수종교 등의 소수자보호, 다원적 민주주의의 실현 등의 또 다른 헌법적 원칙 내지 가치를 실현시키기 위하여 불가피하게 평등선거의 원칙이나 선거인의 기본권이 제한 내지 양보될 수밖에 없는 것이며, 이는 규범조화적 헌법해석의 원리나 이익형량을 한 내용으로 하는 비례의 원칙상 정당화될 수 있다고 보여 진다.

이러한 인구편차의 원칙적 허용기준에 대한 예외는 당연히 그것을 정당화시키는 긴절한 사유 때문에, 그리고 필요한 불가피한 정도의 편차 한도내에서만 인정될 수 있는 것이다. 따라서 단순히 '현실적 이유' 때문이라든가, '국민정서' 때문이라든가, 또는 '시기상조'라고 하는 등의 막연하고 추상적인 이유만으로, 그리고 객관적이고 정확한 기준의 제시와 그에 대한 논증 없이 막연히 3:1 또는 4:1 등의 인구편차기준을 토대로 선거구획정이 이루어져서는 결코 안 될 것이다.[23] 어떠한 이유와 논거에서 굳이 3:

23) 예컨대 헌법재판소는 95헌마224등 사건에서 "… 국회가 지역선거구의 획정을 함에 있어 인구 이외의 다

1 또는 4:1이라는 인구편차기준이 도출되었는지, 그리고 2.5:1 이나 3.5:1의 기준은 왜 허용될 수 없는 것인지에 대한 설득력 있는 논증이 제시되어야 할 것이다.[24] 따라서 2:1의 비율을 초과하는 인구편차는 그것을 정당화시키는 특단의 사유에 대한 정확한 제시를 전제로,[25] 그러한 사유의 정도에 비례한 최소한도의 비율정도만 초과될 때 비로소 정당화될 수 있을 것이다. 만일 그렇지 않다면 이는 공권력작용의 목적과 수단 사이의 비례성을 요구하는 비례의 원칙에 위반된다고 보아야 하기 때문이다.[26]

한편 입법자는 그 예외를 정당화시키는 구체적인 사유와 인구편차의 정확한 기준 등을 구체적으로 입법화해야 할 것이다. 왜냐하면 위에서 언급한 바와 같이 선거구간의 인구편차에 관한 사항은 통치구조의 조직과 작용에 관한 기본적인 사항이자 선거인의 선거권과 평등권 등의 기본권에 관한 본질적 사항이기 때문에 법률유보의 원칙을 한 내용으로 하는 법치주의원리상 반드시 법률로 규정되어야 하며, 이럴 때에만 비

른 요소도 고려하여 배분할 수 있음은 명백하다 할 것이지만, 적어도 투표가치를 한 사람에게 두사람 몫 이상이 되게 해서는 아니된다는 기본적인 평등의 원칙만은 지키도록 해야 할 것이므로, 원칙적으로 지역선거구 획정에 따른 선거구간의 인구의 편차는 최대선거구의 인구가 최소선거구의 인구 2배를 넘지 않도록 조정해야 함이 마땅하다 할 것이다. 다만, 선거구획정에 따른 선거구간의 인구의 편차가 헌법상의 문제로 구체적으로 논의된 적이 일찍이 없었던 점과 현재의 우리나라의 제반 여건 아래에서는 적어도 국회의원의 선거에 관한 한 전국선거구의 평균 인구에서 상하 60%의 편차 범위 안에 드는 선거구의 경우, 그러한 선거구의 획정은 국회의 합리적 재량범위를 벗어난 것으로 볼 수 없다는 5인의견에, 지금은 굳이 반대하지 아니한다."라고 판시하고 있고, 2000헌마92등 사건에서는 "현실적으로 행정구역의 일부를 분할하여 다른 선거구에 속하게 하거나 국회의원정수를 늘리는 일은 국민여론에 비추어 결코 쉽지 않은 일이고, … 선거구를 재조정함에 있어서 상하 33 1/3% 편차 기준을 채택하는 경우 예기치 않은 어려움에 봉착할 가능성이 매우 크다는 점은 쉽게 예상할 수 있다. 그렇다면, 우리 재판소가 선거구획정에 따른 선거구간의 인구편차의 문제를 다루기 시작한지 겨우 5년여가 지난 현재의 시점에서 너무 이상에 치우친 나머지 현실적인 문제를 전적으로 도외시하기는 어렵다고 할 것이므로, 이번에는 평균인구수 기준 상하 50%의 편차를 기준으로 위헌 여부를 판단하기로 한다."라고 판시함으로써 구체적인 정당화사유를 직시함이 없이 막연히 '현실'이라든가, '시기상조'라고 하는, 또는 '국민여론'이라고 하는 이유로, 그리고 정확하고 객관적인 기준과 논거의 제시 없이 단순히 3:1 또는 4:1이라는 인구편차를 제시하고 있는데, 이것이 입법자의 자의를 초래할 수 있는 부당한 논리라고 하는 것은 다언을 요하지 아니할 것이다.

24) 인구편차의 허용기준과 관련하여 헌법재판소는 상기의 두 판례에서 모두 외국의 입법례나 판례를 중요한 논거로 들고 있는데, 외국의 입법례나 판례는 하나의 참고사항일 뿐이지 선거구획정의 기준으로서의 인구편차의 한계범위와 그의 위헌 여부를 판단하는 결정적 기준이 될 수 없음은 물론이다. 위헌 여부에 대한 헌법적 판단에 있어서는 어디까지나 일정한 결론에 필연적으로 도달하게 하는 구체적이고 객관적인 헌법적 논증이 있어야 한다. 만일 그렇지 않다면 외국의 입법례나 판례가 개정 또는 변경될 때마다 우리의 위헌판단기준과 판례도 달라져야 하는 모순에 빠질 것이다.

25) 참고로 헌법재판소가 95헌마224등 사건에서도 밝히고 있듯이 미국의 경우 연방하원의 의원정수배분에 관하여는 매우 엄격한 기준을 적용하여 실천가능한 한 각 선거구가 동등한 인구로 구성될 수 있도록 성실한 노력을 하여야 하며, 실천가능한 최소한의 인구편차를 벗어나 선거구가 획정되었을 때에는 이를 정당화할 수 있는 사유로서 주의 중요하고도 정당한 정책이나 목적을 입증하여야 한다고 하는 매우 엄격한 기준을 적용하고 있다.

26) 헌법 제37조 제2항에 근거한 비례의 원칙은 공권력의 수단과 그 공권력을 통해 달성코자 하는 목적 사이의 비례성을 요구하는 것으로서 일반적으로 국민의 기본권을 제한하려는 입법의 목적이 정당해야 하고(목적의 정당성), 그 목적의 달성을 위한 방법이 효과적이고 적절하여야 하며(방법의 적합성), 그 방법을 통한 기본권의 제한은 필요한 최소한도에 그치도록 하여야 하고(침해의 최소성), 그 입법을 통해 달성하려는 공익과 침해되는 사익을 비교형량할 때 공익이 더 커야 한다(법익의 균형성)는 헌법상의 원칙 내지 법치주의의 파생원리라고 평가된다. 이러한 비례의 원칙에 대하여 자세한 것은 정연주, 재산권보장과 이익형량, 공법연구 제28집 제3호, 2001. 5, 29쪽 이하 참조.

로소 선거구의 획정 내지 선거구구역표의 제정 또는 개정과정에서의 입법자의 자의와 남용이 억제될 수 있을 것이기 때문이다.

5. 선거구구역표에 대한 위헌선언의 범위

한편 이 사건들에서처럼 선거구구역표의 일부에만 위헌적 요소가 있는 경우에 헌법재판소가 그 해당 부분에 대하여만 위헌선언을 해야 하는지, 아니면 선거구구역표를 전체를 위헌이라고 선언해야 하는지가 문제된다.

이에 대하여 95헌마224등 사건에서 다수의견은 위에서 소개한 바와 같이 첫째, 각 선거구는 서로 유기적으로 관련을 가지기 때문에 선거구구역표는 전체가 '불가분의 일체'를 이루고 있고, 둘째, 제소된 당해 선거구에 대하여만 인구과다를 이유로 위헌선언을 할 경우에는 헌법소원 제소기간의 적용 때문에 제소된 선거구보다 인구의 불균형이 더 심한 선거구의 선거구획정이 그대로 효력을 유지하게 되는 불공평한 결과를 초래할 수도 있으며, 셋째, 선거구구역표 중 인구가 과다한 선거구 부분만을 위헌이라고 선언할 경우에는 결과적으로 선거구 사이의 인구불균형을 시정하는 구체적인 방법까지 헌법재판소가 결정해 버리는 결과가 되어 입법부의 재량을 침해할 우려가 있다는 이유로 일부 선거구에만 위헌성이 있더라도 선거구구역표의 전부에 관하여 위헌선언을 해야 한다고 한다. 그리고 2000헌마92등 사건에서도 객관적 헌법질서의 보장과 적극적인 기본권 보장의 측면에서 이러한 견해가 타당하다고 판시하면서 선거구구역표 전체에 대하여 헌법불합치결정을 내리고 있다.

그러나 95헌마224등 사건에서 재판관 조승형은 반대의견에서 첫째, 한 선거구가 다른 선거구들과 밀접 불가분한 관련성이 있다고 보기 어렵고, 둘째, 대체로 인구가 과다한 선거구의 일부를 분구하는 방법으로 의원정수배분규정을 개정하여 왔던 입법관행에 비추어 의원정수배분규정을 가분적이라 봄이 입법자의 의도에 부합하며, 셋째, 법령의 위헌성은 가능한 한 한정적으로 해석함이 원칙이라는 이유로 해당 선거구에 대해서만 위헌선언을 해야 한다고 주장한다.

당해 문제된 선거구만을 분구하면 위헌문제가 모두 해소되는 경우에는 – 위헌선언의 결과에 따른 입법자에 의한 후속조치만을 놓고 볼 때 – 결과적으로 위의 다수의견과 반대의견 사이에 그리 큰 차이는 없어 보인다. 왜냐하면 이 경우에는 선거구구역표 전체에 대하여 위헌선언을 하더라도 입법자는 당해 문제된 선거구만을 분구해서 선거구를 합헌적으로 획정하거나 아니면 선거구 전체를 조정할 수도 있으며, 해당 선거구에 대해서만 위헌선언을 하더라도 입법자는 그 문제된 선거구를 포함해 선거구 전체를 조정할 수 있기 때문이다. 이는 마치 어떤 법률의 일부 규정에 대해서만 위헌결정을 한 경우에도 입법자가 그 해당 규정을 개정하는 과정에서 법률 전체에 대하여 개정을 할 수 있는 것과 마찬가지이다. 이 점에서 95헌마224등 사건에서의 다수의견이 선거구구역표 중 인구가 과다한 선거구 부분만을 위헌이라고 선언할 경우에는 결과적으로 선거구 사이의 인구불균형을 시정하는 구체적인 방법까지 헌법재판소가 결정해 버리는 결과가 되어 입법부의 재량을 침해할 우려가 있다고 판시[27]한 것은 타당하다고 보기 어렵다. 헌법재판소가 해당 선거구 부분에 대해서만 위헌선언했다고 해서 입법자가 그 부분에 대해서만 조정할 수 있는 것은 아니고, 위에서 언급한 바와 같이 입법부는 헌법재판소의 결정취지에 벗어나지 않는 한도내에서 그 해당 선거구를 포함한 선거구 전체를 대상으로 조정을 할 수 있기 때문이다.

그러나 결론적으로 선거구구역표의 '불가분성'에 바탕을 둔 다수의견이 타당하다고 여겨진다. 이는 다수 또는 전체의 선거구가 문제되는 경우 뿐 아니라 당해 문제된 선거구만을 분구하면 위헌문제가 해소되는 경우에도 그러하다. 왜냐하면 다수의견이 지적하고 있듯이 첫째, 각 선거구는 필연적으로 상호 유기적으로 관련을 가지기 때문에 선거구구역표는 전체가 '불가분의 일체'를 이루고 있고, 따라서 이를 부인하는 반대의견은 타당하다고 보기 어렵고, 둘째, 제소된 당해 선거구에 대하여만 인구과다를 이유로 위헌선언을 할 경우에는 헌법소원 제소기간의 적용 때문에 제소된 선거구보다 인구의 불균형이 더 심한 선거구의 선거구획정이 그대로 효력을 유지하게 되는 불공평한 결과를 초래할 수도 있고, 이는 2000헌마92등 사건에서도 언급된 바와 같이 헌법소원제도 내지 헌법재판제도가 가지는 기본권보장기능과 더불어 객관적 헌법질서의 보장이나 공익추구의 기능[28]을 고려할 때 타당한 견해이며, 셋째, 반대의견이 주장하는 것처럼 대체로 인구가 과다한 선거구의 일부를 분구하는 방법으로 의원정수배분규정을 개정하여 왔던 것이 입법관행이라고 하더라도 이것이 선거구구역표 전체에 대한 조정의 필요성과 그에 대한 입법자의 입법형성권을 부정하는 논리가 될 수는 없고, 넷째, 역시 반대의견이 주장하는 것처럼 법령의 위헌성은 가능한 한 한정적으로 해석함이 원칙이라고 하더라도 앞에서도 언급했듯이 헌법소원제도 내지 헌법재판제도가 가지는 객관적 헌법질서유지와 공익추구의 기능 및 강한 직권심리주의 등을 감안할 때 선거구구역표 전체에 대하여 위헌선언을 해야 할 필요성은 존재하는 것이다.

이는 특히 입법자에게 광범위한 입법형성권을 부여한다는 측면에서는 더욱 그러하다. 앞에서도 언급했듯이 선거구획정시 일정한 인구편차의 허용범위내에서는 입법자에

---

27) "선거구구역표 중 인구가 과다한 선거구 부분만을 위헌이라고 선언할 경우에는, 그 선거구를 분할함으로써 의원정수를 증가시키는 방법으로 선거구간의 인구불균형을 시정할 수밖에 없을 것인바, 그것은 결국 인구가 과소한 선거구를 다른 선거구와 통합하는 방법으로 선거구를 재획정하는 방법을 봉쇄함으로써, 선거구 사이의 인구불균형을 시정하는 구체적인 방법까지 헌법재판소가 결정해 버리는 결과가 되어 입법부의 재량을 침해할 우려가 있다. 국회는 선거구간의 인구불균형을 조정하는 방법으로서 인구과다 선거구를 분할할 수도 있고 인구과소선거구를 다른 선거구와 통합할 수도 있고 또 위 양자의 방법을 병용할 수도 있는 것이며, 이는 어디까지나 여러가지 정책적·기술적 요소를 고려할 수 있는 국회의 재량사항으로 보아야 한다." 헌재 1995. 12. 27. 95헌마224 등, 판례집 7-2, 760, 790.

28) 헌법소원제도가 가지는 객관적 헌법질서유지와 공익추구의 기능 등에 대하여 자세한 것은 정연주, 헌법소원심판청구취하의 효과, 공법연구 28집 4호 2권, 2000. 6, 201쪽 이하 참조.

게 행정구역, 교통사정, 사회적·지리적·역사적·경제적·문화적 연관성 및 생활권과 전통적 일체감 등을 고려할 수 있고 또한 고려해야 하는 형성 내지 재량의 여지가 부여되어 있기 때문에, 그리고 특히 국회의원의 정수가 정해진 경우에는 이를 고려해야 하는 결과 하나의 선거구의 조정은 필연적으로 인접선거구 등 다른 선거구에 영향을 미치게 되기 때문에 이를 감안하지 아니하고 헌법재판소가 일방적으로 문제된 선거구에 대해서만 위헌 내지 헌법불합치결정을 내리는 것은 타당하지 못하다. 즉 다수 또는 전체의 선거구가 문제가 될 경우에는 물론이고, 특정 선거구만 인구편차의 허용범위를 초과하는 등의 이유로 위헌일 경우라도 해당 선거구를 단순히 분구만 할 것인지, 다른 선거구와 복합적으로 조정할 것인지는 어디까지나 입법자가 앞서 언급한 다양한 사안을 고려하여 인구편차의 허용범위내에서 정할 문제이고, 따라서 가장 헌법정신에 부합되고 합리적인 선거구획정은 입법자[29]의 손에 달려있는 것이다.

예컨대 위헌인 해당 선거구만을 분구하여 문제가 해소되는 경우에 그 선거구에 대해서만 위헌선언을 내리면 헌법적 문제는 해결될 수 있겠지만, 같은 합헌의 테두리내에서도 선거구획정에 대한 다양한 선택가능성이 존재할 수 있기 때문에 위헌문제도 해소하면서 가장 바람직한 선거구획정을 실현시킬 수 있도록 입법자에게 재량의 여지를 부여한다는 측면에서 선거구구역표 전체에 대하여 위헌선언을 하는 것이 더욱 타당하다고 여겨진다. 물론 이러한 경우 앞에서도 언급했듯이 문제된 해당 선거구에 대해서만 위헌선언을 해도 입법자가 해당 선거구를 포함하여 선거구구역표 전체에 대하여 조정할 수도 있다. 그러나 보다 광범위한 입법형성권을 입법자에게 부여한다는 측면에서 선거구구역표 전체에 대하여 위헌선언을 하는 것이 바람직하다고 할 것이다.

결국 선거구구역표 전체에 대하여 위헌 또는 헌법불합치결정을 내리게 되면 입법자의 입법형성권이 다양하게 행사될 수 있어 결과적으로는 단순히 해당 선거구를 분구하는데 그치는 등 문제된 선거구만 조정할 수도 있고, 인접선거구와 더불어 보다 광범위하게 조정할 수도 있고, 아니면 전체 선거구를 재조정할 수도 있을 것이다.

Ⅳ. 선거구획정위원회와 관련하여

선거법 제24조는 선거구획정위원회에 관하여 규정하면서 위원자격에 대한 언급 없이 단순히 명예직으로 한다고만 규정하고 있고, 국회 및 시·도에 설치하도록 하고 있으며, "국회가 국회의원지역선거구에 관한 규정을 개정하거나, 시·도의회가 자치구·시·군의원지역구에 관한 조례를 개정하는 때에는 선거구획정위원회의 선거구획정안을 존중하여야 한다"라고만 규정하고 있어 위원회의 선거구 획정안은 법적 기속력이 없으며, 위원회의 구성과 운영에 관한 사항은 법률이 아닌 국회규칙이나 대통령령으로

29) 선거구획정을 입법자가 아닌 독립한 선거구획정기관이 담당할 수도 있다. 이러한 독립한 선거구획정기관의 필요성에 대하여는 후술함.

정하도록 하고 있다. 다양한 정치적 이해와 정치생명이 걸려있는 선거구획정문제를 의원 스스로가 객관적이고 합리적으로 조정하고 개정할 가능성은 별로 없을 것이다. 그렇기 때문에 취약한 위상과 권한을 가진 선거구획정위원회가 제대로 기능할 수 없다는 것은 다언을 요하지 않을 것이다.30)

따라서 선거구획정위원회는 통계청장 등의 해당 관료와 선거를 객관적이고 중립적으로 관리할 수 있는 헌법재판소 재판관, 대법관, 중앙선거관리위원장 등이 위촉하는 위원으로 구성되어야 하고, 그 조직은 상설적인 기구로 하면서 독립기구로 또는 중앙선거관리위원회에 설치해야 하며, 위원회의 결정은 관보에 게재하고 법적인 구속력을 갖도록 해야 할 것이다. 아울러 독일 연방선거법의 경우처럼 선거구획정위원회의 구성과 지위에 관한 사항들과 선거구획정의 기준 등을 법률로 정해야 할 것이다. 왜냐하면 선거구획정에 관한 사항은 통치기관의 구성과 조직에 관한 기본적 사항이자 평등선거의 원칙을 주요내용으로 하는 선거인의 선거권행사에 관한 본질적인 사항이기 때문이다. 이처럼 선거구획정제도를 개선해야만 평등선거의 원칙이 관철됨과 동시에 선거구획정도 합리적이고 객관적으로 그리고 투명하게 이루어질 수 있어 게리맨더링 등 불합리하고 기형적인 선거구의 출현도 방지될 수 있을 것이다.

Ⅴ. 맺는 말

지금까지 선거구간의 인구편차문제와 관련하여 헌법재판소의 두 가지 관련 결정내용과 그 문제점 및 인구편차의 허용기준과 그에 대한 헌법적 논거에 대하여 살펴보았다. 앞에서 지적한 바와 같이 헌법재판소의 두 가지 결정내용에는 모두 문제가 있다. 즉 95헌마224등 사건에서는 다수의견이, 2000헌마92등 사건에서는 다수의견과 반대의견 모두가 인구편차의 기준과 그에 대한 논거에 있어서 문제가 있는 것이다. 결론적으로 2:1 미만의 인구편차를 제시한 95헌마224등 사건에서의 보충의견과 2000헌마92등 사건에서의 다수의견 중 장래에 적용될 단서 내용이 타당하다고 보이지만, 이 의견들도 문제가 있다. 왜냐하면 2:1 미만의 인구편차기준을 바로 관철시켜 문제된 해당 선거구구역표에 대한 2:1 미만의 인구편차기준에 따른 위헌 내지 헌법불합치결정을 주장했어야 함에도 불구하고 앞에서 지적한 바와 같이 정당화되기 어려운 막연한 이유를 들어 단순히 합리적인 또는 상당한 기간이 지난 뒤에 적용할 것을 입법자에게 권고하는 형식의 주장을 한 것은 타당하다고 볼 수 없기 때문이다. 아울러 이 의견들의 경우 인구편차의 한계가 필연적으로 2:1 미만이 될 수밖에 없는 설득력 있는 헌법적 논증도 부족하다는 점을 지적하지 않을 수 없다.

결국 앞에서 언급한 논거에 따라 최대선거구와 최소선거구간 인구편차는 2:1 미만

---

30) 현행 선거법상의 선거구획정제도의 문제점과 개선방안에 대하여는 정연주, 국회의원선거제도의 개혁방안, 189쪽 이하 참조.

이 되어야 하며, 법치주의원리상 인구편차의 허용기준을 법률로 정해야 한다. 또한 이에 대한 예외가 특단의 불가피한 사유가 있을 경우에는 인정될 수 있겠지만, 이 경우에도 그 정당화사유와 인구편차의 기준을 구체적으로 법률로 정해야 할 것이다. 또한 그럴 때에만 입법자의 자의가 억제될 수 있을 것이다.

한편 국회의원의 지역대표성 내지 주민대표성에 대한 견해에 있어서도 재판관들 사이에 다양한 견해가 대립하고 있는데, 앞에서도 강조했듯이 대의제도의 이념적 기초인 자유위임의 원칙을 고려할 때 국회의원의 지역대표성을 전체 국민대표성 내지 국가대표성과 대등한 반열에서 이해하는 견해는 잘못된 것이며, 아울러 국회의원의 지역대표성을 전적으로 부정하는 견해도 대의제도 및 자유위임의 원칙의 이념, 그리고 지역구선거의 기능 및 선거가 가지는 직능대표의 기능 등을 잘못 이해하거나 간과한 견해라고 보지 않을 수 없다. 국회의원은 어디까지나 전체국민과 국가를 대표하며, 그것이 대의제도와 자유위임의 원칙의 본질이다. 다만 부수적으로 이러한 국민 전체의 미래지향적인 추정적 이익과 조화되는 범위내에서 지역과 주민의 이익 등 다양한 부분적인 이익과 사안이 고려될 수 있을 것이고, 또한 그것을 부정할 이유가 없을 것이다. 따라서 입법자의 입법형성권은 이러한 테두리내에서 인정될 수 있는 것이고, 그것이 또한 입법형성의 한계라고 할 수 있다.

결론적으로 2:1 미만의 범위안에서 입법자가 구체적인 인구편차의 상한선을 정하고, 그 상한선내에서 행정구역, 교통사정, 사회적·지리적·역사적·경제적·문화적 연관성 및 생활권과 전통적 일체감 등 다양한 사안을 고려하여, 하나의 선거구가 가능한 한 선거구민의 공통의 이해를 반영시킬 수 있고 통합을 지향할 수 있는 동질성의 바탕위에서 획정되어야 할 것이다.

끝으로 이러한 합리적이고 합헌적인 선거구획정을 실효성 있게 담보하기 위하여 현행 선거구획정위원회제도를 위에서 언급한대로 획기적으로 개선해야 할 것이다.

16. 1인 1표 국회의원선거제도의 위헌성

- 헌재 2001. 7. 19. 2000헌마91 등 공직선거및선거부정방지법 제146조 제2항 위헌확인 등[1] -

[目 次]

Ⅰ. 머리말

이 글은 과거 공직선거및선거부정방지법(이하 '선거법'이라 함)상의 국회의원선거제도에 있어서 비례대표의원 선출방식의 문제를 관련 헌재결정을 중심으로 다룬 것이다. 헌재결정 당시 비례대표의원선거는 지역구의원의 선거와는 달리 별도의 선거과정이 없이 단순히 지역구선거의 결과 각 정당이 획득한 득표율에 따라 각 정당에 의석을 배분하는 형식을 취하고 있었다. 이는 국회의원선거제도가 이른바 1인 1표제를 취하는 결과 발생되는 현상인데,[2] 이러한 비례대표의원의 선출방식에 대하여 그때까지 많은

1) 헌재 2001. 7. 19. 2000헌마91 등, 판례집 13-2, 77.

2) 당시 공직선거및선거부정방지법 제146조 (선거방법) 제2항: 투표는 직접 또는 우편으로 하되, 1인 1표로 한다.

문제제기가 있어 왔다. 예컨대 1인 1표제에 의한 비례대표의원의 선출방식은 비례대표 선거제도의 특성상 바람직하지 아니하다는 입법정책적인 문제제기에서부터 헌법상의 선거원칙에 위반되어 위헌이라는 견해에 이르기까지 다양한 문제제기가 그것이다.[3)]

그런데 이와 관련하여 헌법재판소는 2001. 7. 19. 2000헌마91등 결정에서 선거법 제146조 제2항 중 '1인 1표로 한다' 부분은 국회의원선거에 있어 지역구국회의원선거와 병행하여 정당명부식 비례대표제를 실시하면서도 별도의 정당투표를 허용하지 않는 범위에서 헌법에 위반된다고 결정했다. 이러한 1인 1표제에 대한 헌법재판소의 한정위헌결정의 취지에 따라 선거법 제146조 제2항 후단이 신설되어 국회의원선거, 시·도의원선거 및 자치구·시·군의원선거에 있어 1인 2표제를 도입했다.[4)]

주지하는 바와 같이 선거제도는 한 국가의 통치구조의 기본적 구성원리의 하나로서 국가제도의 근간을 이루고 있으며, 대의제도 등 다른 구성원리와 밀접 불가분의 관련성을 가지면서 그 전제조건을 이루고 있다. 따라서 헌법의 근본이념과 기본원리의 실현을 위해서 합리적이고 헌법원리에 부합하는 선거제도를 마련하는 것이어야 말로 한 국가의 민주주의와 기본권실현의 전제조건이라고 할 수 있다. 이러한 점을 고려할 때 그동안 우리 선거제도에 많은 문제점이 있었고, 이에 대하여 상당한 지적이 있었는데, 그 중 하나가 바로 이 글에서 다루고자 하는 비례대표의원의 선출방식이었고, 이에 대하여 헌법재판소가 한정위헌결정을 내린 것은 늦은 감은 있지만 중요한 통치구조의 구성원리이자 민주주의와 기본권실현의 초석인 선거제도에 대하여 근본적인 검토를 했다는 점에서 자못 그 의의가 크다고 할 것이다.

그러나 그 논증과정과 결론에 있어서 동의하기 어려운 문제점도 상당부분 있어 보인다. 따라서 이 글에서는 현행제도의 내용과 문제점 및 그에 대한 헌법재판소의 결정내용과 그 문제점을 선거의 기본원칙 등 헌법상의 제원리의 측면에서 검토하고자 한다.

Ⅱ. 1인 1표 선거제도의 내용과 문제점

1. 1인 1표 선거제도의 내용

당시 선거법에 따르면 비례대표제의 선거구는 전국구이며(제20조), 정당명부식 비례대표제를 택하고 있고, 지역구 다수대표제와 비례대표제를 병행하고 있었다. 그런데 1인 1표제를 채택하여(제146조 제2항) 지역구선거에서만 투표를 시행하며 별도의 정당투표는 실시하지 않고, 정당이 지역구선거에서 얻은 득표비율에 따라 비례대표국회의원

3) 이러한 문제제기에 대하여 정연주, 현행 선거제도의 문제점, 고시계 1994. 8, 84쪽 이하 참조.

4) 현행 공직선거법 제146조(선거방법) 제2조: 투표는 직접 또는 우편으로 하되, 1인 1표로 한다. 다만, 국회의원선거, 시·도의원선거 및 자치구·시·군의원선거에 있어서는 지역구의원선거 및 비례대표의원선거마다 1인 1표로 한다.

의 의석을 배분하도록 하고 있었다(제189조 제1항).[5)]

2. 1인 1표 선거제도의 문제점

이러한 비례대표국회의원 의석배분방식의 문제점을 예를 들어 설명하면 다음과 같다. A지역구에 B정당 소속의 C후보가 출마했다고 가정하자. 유권자 갑은 C후보에게 투표를 하고 싶은데 그가 속한 B정당은 싫어한다. 그러나 선거법 146조 2항의 1인 1표제에 따라 갑은 선거에서 이 두 가지 의사를 다 반영할 수 없으며 C후보를 찍든지, 안 찍든지 한 가지만 선택해야 한다. 결국 갑이 C후보의 인물됨을 생각해 C후보를 찍었다고 하자. 이렇게 해서 지역구 국회의원 227명이 뽑힌다. 다음은 46석의 비례대표의석 배분, 앞서 언급했듯이 선거법 제189조 제1항은 각 정당이 지역구에서 얻은 득표비율을 기준으로 비례대표의석을 배분하도록 하고 있다. 여기에서 심각한 문제는 비례대표의석의 배분에서 유권자 갑의 의사가 정반대로 나타난다는 점이다. B정당이 싫은데도 C후보를 선택했기 때문에 갑도 B정당의 비례대표의석을 늘리는 데 기여한 결과가 된 것이다. 이런 선거방식은 유권자의 의사를 절반밖에 반영할 수 없어 '절반의 선택권'을 빼앗기는 셈이 된다.

또한 1인 1표제는 우리 정치권의 가장 큰 병폐인 지역정당구도를 고착화하는데 기여한다는 비판을 받는다. 유권자가 특정지역에 기반을 둔 A정당을 지지할 경우 다른 정당의 후보가 마음에 들더라도 일방적으로 A정당 후보를 지지할 수밖에 없는 풍토이기 때문이다. 아울러 이러한 현행제도는 지역구에서 5석 이상 또는 유효투표의 5% 이상을 득표한 경우에만 비례대표의석을 배분하도록 하고 있는 이른바 저지조항과 결합하여 소수·신생정당의 출현을 막는다는 지적도 있다.

실제로 정당이나 인물의 참신성보다는 거물이나 지역유지[6)] 등 당선될 가능성이 있

---

5) 비례대표국회의원선출방식과 관련하여 구 국회의원선거법 제133조 제1항은 "중앙선거관리위원회는 지역구총선거에서 5석 이상의 의석을 차지한 각 정당의 지역구의석비율에 따라 전국구의석을 배분한다. 다만 지역구총선거에서 의석을 얻지 못하였거나 5석 미만을 차지한 정당으로서 그 득표수가 유효투표총수의 100분의 3 이상인 정당이 있는 때에는 그 정당에 대하여 우선 1석씩을 배분한다."라고 규정함으로써 지역구의석비율에 따른 전국구의석배분방식을 취하고 있었다. 이는 전국구의원의석배분을 단순히 다수대표제의 선거결과 각 정당이 획득한 지역구의석수에 비례하도록 함으로써 투표의 산술적 계산가치의 평등뿐 아니라 그 성과가치의 평등을 아울러 요구하는 평등선거의 원칙을 이념으로 하는 진정한 비례대표제와는 거리가 먼 일종의 '중복된 다수대표제'라고 할 수 있고, 결국 비례대표제가 가지고 있는 장점을 결여하고 다수대표제가 가지고 있는 단점을 증폭시킨 매우 불합리한 제도라고 할 수 있었다.
그 후 선거법 제189조 제1항은 "비례대표국회의원선거에 있어서는 중앙선거관리위원회가 지역구국회의원총선거에서 5석 이상의 의석을 차지하였거나 유효투표총수의 100분의 5 이상을 득표한 각 정당에 대하여 지역구국회의원총선거에서 얻은 득표비율에 따라 비례대표국회의원의석을 배분한다. 다만, 지역구국회의원총선거에서 유효투표총수의 100분의 3 이상 100분의 5 미만을 득표한 각 정당에 대하여는 비례대표국회의원의석 1석씩을 배분한다."라고 개정됨으로써 지역구국회의원총선거에서 각 정당이 차지한 득표비율에 따라 비례대표국회의원의석을 배분하도록 했다.

6) 지역유지에 대하여 투표하는 것은 자칫 전국적 이익보다는 지역의 이해에만 너무 치우치는 경향을 야기할 수 있고 국회의원의 전국대표성 보다는 지역대표성을 강조하는 결과를 초래할 수도 있는데, 이는 대의제도의 본질 및 기능과 관련하여 문제가 있다. 국회의원의 전국대표성과 관련하여 헌재 1994. 4. 28.

는 사람에게 투표하는 경향이 있고, 그 결과 소수대표나 신인이 선출되거나 소수·신생정당이 의회에 진출하는 것을 어렵게 하며, 이를 그동안의 선거결과가 입증하고 있다. 이는 결과적으로 비례대표제의 이념과 본질에 반한다.

아울러 이는 각 정당의 득표율과 실제 의석수가 비례적이지 못하는 결과를 초래하고,[7] 이 역시 투표의 성과가치의 평등을 이념으로 하는 비례대표제에 반한다.

결국 1인 1표제하의 비례대표제의 경우에는 이처럼 비례대표제 본래의 이념을 실현하지 못하는 결과 직능대표 내지 전문가대표의 이념이 실현되기 어렵고, 참신하고 진보적인 정책과 강령을 가진 신생정당이나 소수정당의 의회진출도 어려우며, 다양한 정치적 세력과 견해의 반영 내지 대표가 어렵게 되어 헌법상의 복수정당제와 정당민주주의를 바탕으로 하는 다원적 민주주의의 이념과 조화되기 어렵고, 다수대표제의 단점을 보완하는 기능을 가지지 못한다는 등의 문제점을 지니고 있다고 할 수 있다.

92헌마153; 정연주, 대의제도와 정당기속, 인권과 정의, 1999. 8, 82쪽 이하 참조.

7) 실제 우리의 경우 역대 총선에서는 정당별 득표율과 의석배분의 불일치 현상이 자주 발생해 유권자의 뜻이 왜곡됐다는 비판이 적지 않았다. 이는 당시 선거법이 비례대표 의석을 전국을 단위로 해당 정당이 얻은 득표율에 따라 배분토록 하고, 득표율 5% 미만 정당은 배분대상에서 제외하도록 하고 있기 때문이라는 지적이 많다. 아래의 표에서 보듯이 16대 총선에서 39%의 득표율을 보인 한나라당은 전체 273석 가운데 48.7%에 해당하는 133석을 차지했고, 36%를 득표한 민주당은 42.1%에 해당하는 115석을 차지했다. 반면 9.8%의 득표율을 보인 자민련은 전체 의석수의 6.2%에 불과한 17석을 갖게 됐고, 3.7%를 득표한 민국당은 0.7%에 불과한 2석밖에 확보하지 못했다. 15대 총선에서도 신한국당은 득표율에서 34.5%를 얻고도 의석수는 전체 299석 가운데 46.5%나 되는 139석을 차지했고, 새정치국민회의도 25.3%의 득표율을 갖고 의석수는 26.42%인 79석을 가져갔다. 16.2%를 득표한 자민련은 의석수도 이와 비슷한 16.72%(50석)를 확보했으나, 통합민주당은 11.2%를 득표하고서도 의석수는 5%에 불과한 15석을 확보하는 데 그쳤다. 현행 소선거구제가 처음으로 실시된 13대 총선에서도 이 같은 득표율과 의석수의 불일치는 어김없이 나타났다. 당시 34%를 득표한 민정당은 전체 299석 가운데 41%에 이르는 125석이나 차지한 반면 23.8%를 득표한 통일민주당은 19.75%에 불과한 59석을 가져갔다. 19.3%의 득표율을 보인 평화민주당은 전체의석수의 23.41%인 70석을 확보한 반면 15.6%를 득표한 신민주공화당의 의석수는 전체 의석수의 11.7%에 불과한 35석이었다.

※ 15·16대 총선 주요정당 득표율과 의석배분(동아일보 2001. 7. 20. A4쪽)

[15대]

구분	신한국당	새정치국민회의	자유민주연합	통합민주당
득표율(%)	34.5	25.3	16.2	11.2
총의석(299석)	139	79	50	15
지역구의석(253석)	121	66	41	9
전국구의석(46석)	18	13	9	6

[16대]

구분	한나라당	새천년민주당	자유민주연합	민주국민당	희망의한국신당
득표율(%)	39.0	35.9	9.8	3.7	0.4
총의석(273석)	133	115	17	2	1
지역구의석(227석)	112	96	12	1	1
전국구의석(46석)	21	19	5	1	0

Ⅲ. 헌재결정의 내용

헌재는 비례대표의원 선출방식문제 이외에도 기탁금제도 등 다른 사안에 대하여도 판단을 했으나, 여기서는 비례대표의원선출방식문제에 관한 부분만을 다루고자 한다.

1. 사건의 개요와 심판의 대상

(1) 사건의 개요

1) 2000헌마91 사건

청구인들은 가칭 '청렴정치 국민연합'을 결성하여 신생정당 창당을 준비중인 33인의 발기인들 중의 일부로서, 공직선거의 투표에 관하여 1인 1표제를 규정하고 있는 선거법 제146조 제2항이 청구인들의 헌법상 보장된 선거권, 공무담임권, 평등권을 침해하는 위헌규정이라고 하면서 2000. 2. 10. 이 헌법소원을 청구하였다.

2) 2000헌마112 사건

청구인 A는 2000. 4. 13. 실시될 제16대 국회의원 선거에서 선거권을 행사할 유권자로서, 청구인 B는 같은 유권자이자 서울 노원구에서 국회의원 후보가 되고자 준비중인 자로서, 청구인 민주노동당창당준비위원회는 민주노동당을 창당하여 위 선거에 소속당원을 후보자로 추천하고자 하는 단체로서, 선거법 제56조, 제57조, 제189조로 인하여 자신들의 평등권, 피선거권이 침해된다는 등의 이유로 2000. 2. 16. 이 헌법소원을 청구하였다.

3) 2000헌마134 사건

청구인 C외 25인은 2000. 4. 13. 실시될 제16대 국회의원 선거에서 선거권을 행사할 유권자들이고, 청구인 D, E는 새천년민주당 소속의 국회의원으로서 위 선거에서 위 정당의 지역구후보로 공천이 확정된 자들이며, 청구인 F는 위 같은 정당의 당원으로서 위 정당의 전국구비례대표후보자로 출마예정인 자인 바, 선거법 제189조가 자신들의 선거권, 피선거권 등을 침해한다면서 2000. 2. 22. 이 헌법소원을 청구하였다.

(2) 심판의 대상

이 글에서 논의되는 사안과 관련되는 부분은 선거법 제189조 제1항 내지 제7항 및 제146조 제2항 중 '1인 1표로 한다' 부분이다.

2. 결정의 요지

(1) 선거법은 이른바 1인 1표제를 채택하여(제146조 제2항) 유권자에게 별도의 정당투표를 인정하지 않고 있으며, 지역구선거에서 표출된 유권자의 의사를 그대로 정당에 대한 지지의사로 의제하여 비례대표의석을 배분토록 하고 있는바(제189조 제1항), 이러한 비례대표제 방식에 의하면, 유권자가 지역구후보자나 그가 속한 정당 중 어느 일방만을 지지할 경우 지역구후보자 개인을 기준으로 투표하든, 정당을 기준으로 투표하든 어느 경우에나 자신의 진정한 의사는 반영시킬 수 없으며, 후보자든 정당이든 절반의 선택권을 박탈당할 수밖에 없을 뿐만 아니라, 신생정당에 대한 국민의 지지도를 제대로 반영할 수 없어 기존의 세력정당에 대한 국민의 실제 지지도를 초과하여 그 세력정당에 의석을 배분하여 주게 되는바, 이는 선거에 있어 국민의 의사를 제대로 반영하고, 국민의 자유로운 선택권을 보장할 것 등을 요구하는 민주주의원리에 부합하지 않는다.

(2) 비례대표제를 채택하는 경우 직접선거의 원칙은 의원의 선출뿐만 아니라 정당의 비례적인 의석확보도 선거권자의 투표에 의하여 직접 결정될 것을 요구하는바, 비례대표의원의 선거는 지역구의원의 선거와는 별도의 선거이므로 이에 관한 유권자의 별도의 의사표시, 즉 정당명부에 대한 별도의 투표가 있어야 함에도 현행제도는 정당명부에 대한 투표가 따로 없으므로 결국 비례대표의원의 선출에 있어서는 정당의 명부작성행위가 최종적·결정적인 의의를 지니게 되고, 선거권자들의 투표행위로써 비례대표의원의 선출을 직접·결정적으로 좌우할 수 없으므로 직접선거의 원칙에 위배된다.

(3) 1인 1표제하에서의 비례대표의석배분방식에서, 지역구후보자에 대한 투표는 지역구의원의 선출에 기여함과 아울러 그가 속한 정당의 비례대표의원의 선출에도 기여하는 2중의 가치를 지니게 되는데 반하여, 무소속후보자에 대한 투표는 그 무소속후보자의 선출에만 기여할 뿐 비례대표의원의 선출에는 전혀 기여하지 못하므로 투표가치의 불평등이 발생하는바, 자신이 지지하는 정당이 자신의 지역구에 후보자를 추천하지 않아 어쩔 수 없이 무소속후보자에게 투표하는 유권자들로서는 자신의 의사에 반하여 투표가치의 불평등을 강요당하게 되는바, 이는 합리적 이유 없이 무소속 후보자에게 투표하는 유권자를 차별하는 것이라 할 것이므로 평등선거의 원칙에 위배된다.

(4) 선거법 제189조 제1항은 위와 같은 이유로 헌법에 위반되며, 선거법 제146조 제2항 중 '1인 1표로 한다'부분은 국회의원선거에 있어 지역구국회의원선거와 병행하여 정당명부식 비례대표제를 실시하면서도 별도의 정당투표를 허용하지 않는 범위에서 헌법에 위반된다 할 것인바, 그로 인하여 유권자인 국민들의 비례대표국회의원에 대한 선거권, 무소속후보자에 대하여 투표하는 유권자들의 평등권 등의 기본권이 침해된다.

(5) 비례대표국회의원선거의 근간이 되는 선거법 제189조 제1항이 위헌이라면 그에 부수되는 동조 제2항 내지 제7항은 독자적인 규범적 존재로서의 의미를 잃게 되는바,

그렇다면 이 조항들이 비록 심판대상이 아니지만 함께 위헌선언을 함으로써 법적 명확성을 기하는 것이 상당하므로 그에 대하여도 아울러 위헌선언을 한다.

Ⅳ. 비례대표제의 본질과 기능

여기서는 먼저 선거제도의 기본적 유형에 관하여 간단히 언급하면서 비례대표제의 본질과 기능을 살펴보고자 한다.

1. 선거제도의 유형

선거제도에는 여러 가지 유형이 있으나 일반적으로 크게 다수대표선거제와 비례대표선거제의 두 가지로 대별할 수 있다. 국가마다 각기 상이한 선거제도를 가지고 있는데 대체로 이 두 가지 제도 중 어느 하나 또는 그 혼합형 내지는 변형제도를 택하고 있다.

(1) 다수대표제

다수대표선거제는 선거제도유형 중 가장 보편적이고 오랜 역사를 가진 선거제도인데, 이는 다수결원리의 선거제도상의 실현형태로서 후보자 중에서 다수표를 획득한 사람을 당선자로 결정하는 가장 단순한 형태의 선거제도를 말한다. 이 제도는 다시 유효투표수의 과반수 이상의 득표자만을 당선자로 하는 절대다수대표제와 후보자 중 단순히 가장 많은 득표를 한 사람을 당선자로 하는 상대다수대표제로 나눌 수 있다.

다수대표제는 특정 후보자에 대한 인물본위의 선거제도로서 당선자와 대의기관의 가장 직접적인 민주적 정당성의 확보를 가능하게 하며, 의회내의 다수세력의 형성과 이를 통한 양당제도의 확립을 용이하게 하여, 정부의 정책집행을 뒷받침 해주기 위한 안정되고 원활한 의회기능의 확보와 유지를 가능케 한다는 제도적인 장점을 가지고 있다. 그러나 반면에 다수대표제에서는 낙선된 후보자들에게 주어진 표는 사표로 전락되어 의회의 구성에서 완전히 무시되기 때문에 의회의 의사결정과정에서 정치적 소수세력의 의사를 충분히 반영시킬 수 없어 소수자보호에 미흡하다는 제도상의 단점과, 특히 상대다수대표제에서는 각 정당의 득표율과 그 확보된 의석수 사이에 반드시 정비례관계가 성립되는 것은 아니기 때문에 타정당에 비하여 득표수에서는 앞섰지만 의석수에서는 뒤지는 소위 Bias현상이라고 하는 불합리한 결과가 초래될 수도 있어서, 결국 이 선거제도는 투표의 산술적 계산가치의 평등뿐만 아니라 그 성과가치의 평등도 아울러 실현하고자 하는 선거제도에 있어서의 대원칙인 평등선거의 원칙[8]에 비추

---

8) 평등선거의 원칙에 관하여 정연주, 선거구획정과 인구편차, 인권과 정의, 2002. 5, 127쪽 이하; Maunz, in : Maunz/Dürig, Grundgesetz Kommentar, Art. 38, Rdnr. 48f.; Pieroth, in: Jarass/Pieroth, Grundgesetz Kommentar, Art. 38, Rdnr. 8 참조.

어 볼 때 문제점이 있다고 하겠다.

(2) 비례대표제

비례대표선거제는 소수보호의 정신과 정치세력의 지지도에 상응한 비례적인 대의의 실현형태로서 각 정치세력의 득표율에 비례한 정치적 대표기능을 각 해당 정치세력에게 배분하는 선거제도를 말한다. 이는 각 정당의 득표율에 비례하는 의석수를 각 해당 정당에 부여함으로써 가능한 한 모든 정당이 의회에 진출할 수 있도록 하려는 선거제도로서 사회의 다양한 이해관계나 정치적 의사가 그대로 의회의 구성에 반영되도록 하려는 것이다.[9)]

따라서 비례대표선거제에서는 소수에게도 의회진출의 기회를 부여함으로써 소수자 보호의 민주정치원리에도 합치되고, 앞서 언급한 투표의 산술적 계산가치의 평등과 성과가치의 평등을 실현하고자 하는 평등선거의 원칙과 그리고 이 원칙에서 도출된 선거에 있어서 각 정당간의 기회균등의 원칙[10)]에도 충실한 것이며, 아울러 현대적 민주정치의 본질인 정당정치제도에 적합하여 정책과 강령을 위주로 한 정당본위의 선거제도를 확립·발전시킬 수 있는 등 정당민주주의원리에도 합치된다는 제도적 장점을 가지고 있다.

그러나 반면에 비례대표선거제에서는 지나친 소수정당보호로 인해 의회내의 군소정당의 난립과 국민의사의 분열을 초래하고 의회내의 안정된 다수세력의 형성을 저해할 우려가 있어 결국 정국주도를 위한 안정되고 원활한 의회의 기능 확보를 어렵게 할 수도 있으며, 아울러 선거절차와 과정이 정당의 일방적인 정치적 영향과 주도하에서 행해지기 때문에 일반대중이 정치에서 소외당하기 쉽고, 후보자의 선정과 그 순위결정권 등 후보자명부의 작성이 정당의 간부들에게 독점되고 선거인은 후보자의 선정에 거의 영향을 미치지 못하는 등의 문제점이 제기된다.

2. 선거제도의 이념과 비례대표제

선거는 일정한 절차에 따라 대표자를 선출하는 행위로서 대의기관을 구성하는 민주주의의 실현수단이다. 따라서 선거제도는 대의기관구성과 국가의 정책결정·집행과정에 국민의 의사가 가능한 한 굴절 없이 정확하게 반영될 수 있도록 마련되어야 한다. 이러한 관점에서 볼 때 선거제도가 갖추어야 할 제1차적 요소는 대표형성의 정확성이라고 할 수 있다. 물론 그 외에 안정된 다수형성과 정국안정 등도 선거제도가 고려해야 할 중요한 요소이지만, 이는 선거제도 그 자체 이외에도 그 나라의 정치적·역사적

---

9) Vgl. BVerfGE 51, 222(253).

10) Vgl. BVerfGE 47, 198(227f.); Badura, Staatsrecht, S. 293f.; Stein, Staatsrecht, S. 82.

상황, 정당제도 등 매우 다양하고 복잡한 여러 요소들에 의하여 결과되는 것이지, 선거제도만의 문제는 아닌 것이다. 이러한 맥락에서 볼 때 선거제도의 양대축인 다수대표제와 비례대표제 중 이론과 경험측상 일단 비례대표제가 선거제도의 이념에 보다 더 잘 부합된다고 볼 수 있다. 즉 다수대표제 보다는 투표와 대표(의석)간의 균형을 특성으로 하는 비례대표제가 국민의사의 정확한 반영과 정확한 대표형성 및 비례적인 대의의 실현에 보다 적합하다고 할 수 있다. 더욱이 정권교체가－연립정부의 파트너를 교체하는 형태까지 포함한다면－다수대표제에서보다는 비례대표제하에서 보다 용이하게－물론 영국이나 미국처럼 다수대표제하에서도 원활한 정권교체가 이루어지기는 하지만－실현될 수 있다고 일반적으로 평가된다. 물론 이러한 전제가 절대적인 것은 아니고 선거구분할, 투표·의석산출방식, 저지조항, 정당실태, 그 나라의 정치적·역사적 상황 등 여러 가지 요소들에 따라 그 결과는 달라질 수 있겠지만, 이론적·경험적으로 볼 때 비례대표제의 이러한 특성을 부인할 수는 없을 것이다. 이에 따라 비례대표제가 다양한 이해와 견해를 비례적으로 대의기관의 구성에 투영함으로써 현대의 다원적 민주주의의 실현과 복수정당제 내지 정당민주주의의 이념에 적합하고, 소수 및 신진세력의 의회진출을 용이하게 하고, 선거구분할의 불균형을 시정하고, 지역적 갈등해소와 사회적 통합에 이바지하며, 사표방지 및 표의 등가성제고 등 투표의 산술적 계산가치의 평등뿐 아니라 성과가치의 평등도 아울러 요구하는 평등선거의 원칙과 잘 조화된다고 할 수 있고, 이로써 다수대표제의 문제점을 보완할 수 있다고 평가된다. 아울러 특정지역대표를 위한 선거라기보다는 직능대표선거로서의 성격이 강하기 때문에 대의제도가 요구하는 엘리트·전문가정치의 실현을 보다 용이하게 할 수 있고, 선거구관리의 부담이 줄어들거나 사라지고, 합리적으로 운영된다면 선거비용도 줄어들 수 있고, 지역이익이 아닌 국익과 전국적 대표의 실현을 보다 용이하게 하여 대의제도의 기초인 통치권의 자유위임의 이념에도 잘 부합된다고 평가될 수 있을 것이다. 또한 비례대표제는 유권자의 투표참여율을 높인다는 평가도 있다.[11] 이러한 관점에서 볼 때 비례대표제는 일단 이론적으로는 매우 긍정적으로 평가될 수 있을 것이다. 특히 우리의 경우에는 망국적인 지역감정으로 인한 국민상호간의 갈등과 분열,[12] 선거구분할의 극심한 불균형, 지나치게 지역구에 종속적인 국회의원선거 및 의정활동, 타락·불법 및 금권선거, 투표와 대표간의 불균형성, 일부 다수정당의 독점적 지배와 소수 및 신진정당의 의회진출의 어려움[13] 등 제반상황을 고려해 볼 때 다원적 민주주의의 실현과 사회

11) 실제로 스위스의 몇몇 주(Kanton)에서 비례대표제를 도입했을 때, 30-40%에 불과했던 투표참여율이 두 배로 증가된 적도 있었다.

12) 일반적으로 다수대표선거제도가 성공하기 위한 전제조건으로서 첫째, 균등한 생활환경과 사회적 동질성, 둘째, 다수결원칙에 대한 시민의 정치적 기본합의, 셋째, 소수가 다수가 될 수 있고 정권이 교체될 수 있는 가능성 등 세 가지가 거론되고 있다. 이러한 전제조건이 충족되기 어려운 우리의 경우 다수대표제는 개인과 집단들 사이의 정치·경제·사회·문화적 대립을 첨예화시킬 가능성이 높다.

13) 참고로 2002. 6. 13. 실시된 지방선거의 경우 광역의회선거에서는 처음 도입된 정당투표의 결과 군소정당이라고 할 수 있는 민주노동당이 지역구에서는 단 2석에 그쳤으나 정당투표에서 전국평균 8.1%의 득

통합을 위하여 비례대표제의 실시는 일응 절실하다고 볼 수 있을 것이다.

V. 1인 1표제 및 비례대표국회의원 의석배분방식의 위헌성

여기서는 1인 1표제 및 비례대표국회의원 의석배분방식의 위헌여부를 헌법재판소의 판단기준인 민주주의원리 및 선거의 헌법상 기본원칙의 측면에서 고찰해보고자 한다.

1. 민주주의원리와 관련하여

민주주의원리는 헌법상의 기본원리로서 이를 실현하기 위한 가장 중요한 제도의 하나가 바로 선거제도이다. 따라서 선거제도의 구체적 내용이 이러한 민주주의원리에 부합되어야 하는 것은 당연하다. 주지하는 바와 같이 오늘날의 민주주의는 정당정치와 정당본위의 선거 및 복수정당제를 바탕으로 하는 정당민주주의와 다원적 민주주의를 특징으로 하고 있다. 따라서 오늘날 정당을 통하지 않는 정치와 선거는 상상하기 어렵다. 이를 위해 헌법 제8조 제1항도 복수정당제를 보장하고 있다. 이를 실천하기 위해서는 정당이 진정한 차별적 정책과 강령으로 무장되고, 정당내부의 민주화가 이루어져야 하며, 정당의 다양한 특권이 보장되어야 한다. 이러한 복수정당제를 통한 정당민주주의와 다원적 민주주의를 활성화시킬 수 있는 제도의 하나가 바로 비례대표제라고 할 수 있다. 왜냐하면 비례대표제는 각 정당의 득표율에 비례하는 정치적 대의기능을 각 정당에 부여함으로써 가능한 한 다양한 정치적 견해나 이해가 대의기관의 구성에 투영될 수 있도록 하고, 이를 위해 이러한 다양한 견해를 대표하는 가능한 한 다양한 정당이 원내에 진출할 수 있도록 하는 제도이기 때문이다. 이에 따라 비례대표제를 통해 다양한 각 정당의 특성을 대표하는 후보자가 의석을 차지하여야 하는데 이는 국민 내지 선거인에 의한 직접적인 정당선택이 전제되어야 하며, 따라서 반드시 정당투표제가 실시되어야 한다. 즉 선거인이 정당에 직접 투표를 함으로써 정당의 정책과 강령을 선택할 수 있어야 하는데, 현행제도는 이러한 정당선택의 기회를 박탈하고 있기 때문에 민주주의원리 및 복수정당제를 보장하는 헌법의 이념과 조화되기 어렵다.

주지하는 바와 같이 민주주의원리란 통치권의 창설과 구성 및 행사의 최후적 정당성을 국민의 의사에 귀착시키는 원리로서 선거의 경우 선거인의 의사가 굴절 없이 대의기관의 구성에 반영될 것을 요구한다. 그런데 헌법재판소가 적절히 지적하고 있듯이, 현행제도에 따르면 유권자가 지역구후보자나 그가 속한 정당 중 어느 일방만을 지지할 경우 지역구후보자 개인을 기준으로 투표하든, 정당을 기준으로 투표하든 어느

표율로 무려 9석의 비례대표의석을 차지했으며, 역시 신생·소수정당인 미래연합은 지역구에서는 단 1석도 얻지 못했으나 비례대표의 경우 2석을 차지하여 비례대표의석 총 73석 중 소수정당이 11석을 차지하게 되었다(중앙일보 2002. 6. 15, 8쪽 참조).

경우에나 자신의 진정한 의사는 반영시킬 수 없으며, 후보자든 정당이든 절반의 선택권을 박탈당할 수밖에 없을 뿐만 아니라, 신생·소수정당에 대한 국민의 지지도를 제대로 반영할 수 없어 기존의 세력정당에 대한 국민의 실제 지지도를 초과하여 그 세력정당에 의석을 배분하여 주게 되고, 또한 자신의 지역구에 자신이 지지하는 정당소속 후보자가 출마하지 않은 경우에 그 유권자에게는 그 정당에 대한 자신의 지지를 나타낼 기회를 박탈당하게 된다. 이는 결국 국민의 의사와 정치적 견해를 왜곡시키는 것으로서 선거에 있어 국민의 의사를 제대로 반영하고, 국민의 자유로운 선택권을 보장할 것 등을 요구하는 민주주의원리에 반하는 것이다.

2. 직접선거의 원칙과 관련하여

(1) 직접선거의 원칙 위반

선거의 헌법상 기본원칙 중 하나가 직접선거의 원칙으로서 선거법상 이 원칙이 준수되어야 함은 물론이다. 직접선거의 원칙은 선거인 스스로가 직접 대의기관을 선출하는 것을 말한다. 직접선거에서는 간접선거에서처럼 선거인과 대의기관 사이에 중간선거인이 없기 때문에 선거인과 대의기관 사이에 직접적인 신임과 위임관계가 성립한다. 이처럼 직접선거의 경우 선거인과 대의기관의 선출 사이에 직접성이 존재하여야 하며, 따라서 선거인의 투표가 바로 후보자의 당선 여부에 직결되어야 한다. 즉 첫째, 선거인의 투표와 후보자 또는 비례대표의원 후보자명부 사이에 직접성이 존재하여야 하고, 따라서 선거인의 투표가 후보자 또는 비례대표의원후보의 선출에 직접적인 영향력을 행사하여야 하며, 둘째, 선거인이 미리 후보자나 비례대표의원 후보자명부를 알고 있어야 하고, 선거 이전에 이미 그 후보자 또는 특정비례대표명부의 득표에 영향을 미칠 수 있는 모든 법적·정치적 행위가 완결되어 있어야 한다.

그런데 이러한 직접선거의 원칙에 비추어 볼 때 1인 1표제에 의한 비례대표의원선출방식은 위헌이다. 왜냐하면 이 제도하에서는 선거인의 지역구후보자에 대한 투표의 결과 우연히 해당 정당이 획득한 득표율에 따라 비례대표의원이 선출되는 것에 불과하고 선거인의 해당 정당에 대한 투표가 생략되어 선거인의 투표와 비례대표의원 후보자명부 사이의 직접성이 결여되어 있고, 따라서 선거인의 투표가 비례대표의원후보의 선출에 직접적인 영향력을 행사할 수 없기 때문이다.

이와 관련하여 헌법재판소는 "… 1인 1표제 하에서의 비례대표후보자명부에 대한 별도의 투표 없이 지역구후보자에 대한 투표를 정당에 대한 투표로 의제하여 비례대표의석을 배분하는 것은 직접선거의 원칙에 반한다고 하지 않을 수 없다. 비례대표의원의 선거는 지역구의원의 선거와는 별도의 선거이므로 이에 관한 유권자의 별도의 의사표시, 즉 정당명부에 대한 별도의 투표가 있어야 한다. 확정된 정당명부를 보고

유권자들이 그 선호에 따라 투표할 수 있는 한 '선거권자의 투표로 최종적으로 결정한다'는 직접선거의 최소한의 요구는 충족된다. 그러나 현행제도는 정당명부에 대한 투표가 따로 없으므로 유권자들에게 비례대표의원에 대한 직접적인 결정권이 전혀 없는 것이나 마찬가지이다. 지역구후보자에 대한 투표를 통하여 간접적으로 또-지역구후보자에 대한 지지와 정당에 대한 지지가 일치할 경우에 한하여-우연적으로만 비례대표의원의 선출에 간여할 수 있을 뿐이다. 정당명부에 대한 직접적인 투표가 인정되지 않기 때문에 비례대표의원의 선출에 있어서는 유권자의 투표행위가 아니라 정당의 명부작성행위가 최종적·결정적인 의의를 지니게 된다. … 지역구선거는 본질적으로 '인물선거'이지, '정당선거'는 아니라고 할 것이다. 지역구선거는 입후보자의 자질, 지역적 관심사항, 지역적 연고, 후보자의 지역구관리 등에 보다 많은 관심이 쏠리게 마련이지만, 정당선거는 국가적 사안, 사회적·경제적 이슈, 정당의 이념·정책 등을 기준으로 한 선거인 것이다. … 결론적으로 현행 비례대표의석배분방식은 선거권자들의 투표행위로써 정당의 의석배분, 즉 비례대표국회의원의 선출을 직접, 결정적으로 좌우할 수 없으므로 직접선거의 원칙에 위배된다고 할 것이다."라고 판시하고 있는데,[14] 이러한 내용은 위에서 언급한 직접선거의 원칙에 비추어 볼 때-지역구선거의 본질을 지나치게 인물선거로만 파악하고 정당선거적 성격을 전혀 도외시한 부분 등을 제외한다면[15] -대체로 타당하다고 볼 수 있다.

(2) 고정명부제의 문제와 관련하여

1) 고정명부제와 직접선거의 원칙

한편 헌법재판소도 언급하고 있듯이 이러한 직접선거의 원칙과 관련하여 고정명부식 정당명부 자체의 정당성이 문제될 수 있다. 즉 정당투표제가 도입된다 하더라도 정당명부상의 후보자와 순위가 선거인의 의사와 관계없이 정당이 일방적으로 정하는 결과 선거인이 후보자 개인을 직접 선택하지 못하기 때문에 직접선거의 원칙위반이라는 비판이 그것이다. 결론적으로 말하면 고정명부식 정당명부가 직접선거의 원칙에 위반된다고는 볼 수 없다. 왜냐하면 정당명부가 이미 선거인의 투표 이전에 작성·확정된 것이고, 선거인이 정당명부의 내용을 알고 있으며, 선거전에 특정정당의 득표와 비례대표의원선출에 영향을 미치는 모든 법적·정치적 행위가 완결되어 있고, 선거인의 투표와 비례대표의원선출 사이에 어떠한 중간선거인이 매개되지 아니하기 때문에 고정

14) 헌재 2001. 7. 19. 2000헌마91 등, 판례집 13-2, 77, 96-97.

15) 우리의 정치현실에서 비례대표의원 뿐 아니라 지역구의원의 경우에도 그 공천과정에서 뿐 아니라 선거구민에 의한 선거과정에서도 실제로 인물본위선거만에 의해서라기보다는 상당부분 그 소속정당을 기준으로 선거되고 당선된다는 사실을 감안할 때 헌재의 견해는 타당하다고 보기 어렵다. 이러한 지역구의원 및 비례대표의원선거와 정당과의 관계에 대하여는 정연주, 대의제도와 정당기속, 인권과 정의, 1999. 8, 91쪽 이하 참조.

명부제의 경우에도 정당투표제가 실시된다면 선거인의 투표와 명부 사이에 직접성이 인정되고, 따라서 선거인의 투표가 비례대표의원선출에 직접적인 영향력을 행사하기 때문이다. 따라서 고정명부제의 경우에도 선거인 스스로가 정당투표를 통해 직접 대의기관을 선출하는 것이라고 말할 수 있다. 그러므로 지역구선거에서와는 달리 고정명부식 비례대표제의 경우에는 선거인이 직접 개개의 후보자에게 투표하는 것이 아니고 정당 내지 명부 자체에 투표를 하는 것이며, 따라서 실질적으로는 정당이 직접 후보자명부를 작성하는 것이기 때문에 정당이 일종의 중간매개자 내지 중간선거인의 역할을 한 것이므로 이는 직접선거의 원칙에 위배된다는 주장은 타당성이 없다. 만일 그렇지 않다면 지역구의원선거의 경우에도 당해 후보자 역시 이미 해당 정당에 의해서 공천을 통해 후보자로 결정된 것이므로 이 경우에도 정당이 일종의 중간선거인의 역할을 한 것이므로 직접선거의 원칙에 위배된 것으로 보아야 한다는 모순에 빠지게 될 것이다. 헌법재판소도 "비례대표후보자명단과 그 순위, 의석배분방식은 선거시에 이미 확정되어 있고, 투표 후 후보자명부의 순위를 변경하는 것과 같은 사후개입은 허용되지 않는다. 그러므로 비록 후보자 각자에 대한 것은 아니지만 선거권자가 종국적인 결정권을 가지고 있으며, 선거결과가 선거행위로 표출된 선거권자의 의사표시에만 달려 있다고 할 수 있다. 따라서 고정명부식을 채택한 것 자체가 직접선거원칙에 위반된다고는 할 수 없다."라고 판시하고 있다.[16)]

2) 고정명부제의 개선방안

한편 고정명부제가 가지는 문제점을 해소하고 민주성을 제고하기 위하여, 그리고 선거인의 투표와 비례대표의원후보자명부 사이의 직접성을 더욱 강화하기 위하여 다음의 두 가지 장치가 고려될 수는 있을 것이다.

첫째, 명부작성과정의 민주성을 제고하는 것이다. 즉 비례대표후보자의 선정과 순위확정이 당원총회나 대의원대회 등을 통하여 민주적 절차를 거쳐 이루어지도록 하는 것이다. 예컨대 정당명부작성을 상향시으로 정당의 대의원이나 당원들에 의해 민주적으로 작성·결정되거나 또는 정당집행부에 의해 작성되더라도 정당의 대의원이나 당원들에 의하여 개별적으로 동의를 받고 순위가 결정되도록 하는 것이다. 그럴 경우 정당수뇌부나 1인 Boss에 의해 일방적으로 명부가 작성·결정되는 것을 억제할 수 있고, 명부작성과정의 객관성과 투명성이 제고되어 그동안 제기되어 왔던 고정명부제의 문제점이 줄어들 수 있으며, 정당내부민주화에 기여하면서 결국 비례대표제의 본래 취지와 기능이 제고될 수 있을 것이다.[17)]

둘째, 고정명부제를 비고정명부제로 바꾸는 것이다. 예컨대 선거인이 정당명부 자체

16) 헌재 2001. 7. 19. 2000헌마91 등, 판례집 13-2, 77, 96.

17) 정당명부작성의 방식과 절차의 민주화에 대하여 정연주, 국회의원선거제도의 개혁방안, 공법연구 제27집 제3호, 1999. 6, 185쪽 참조.

에 대한 투표 외에 명부상 후보자 개인 및 그 순위에 대하여도 선택할 수 있도록 하여, 즉 인물선택권을 부여함으로써 비례대표선거제도에 지역구선거의 특성 중의 하나인 인물본위선거적 요소를 가미하고, 선거인의 의사를 좀 더 구체적이고 직접적으로 반영하여 직접성과 민주성을 제고할 수 있으며, 정당에 의한 일방적인 명부의 작성과 결정이 야기하는 앞서 언급한 문제점도 줄어들 수 있을 것이다.[18)]

그러나 다른 한편 이러한 비고정명부제의 경우에 그 시행상의 기술적인 어려움이 있다는 점, 그리고 비례대표선거제도의 특성 및 기능 중의 하나가 직능 및 전문가대표 내지 엘리트에 의한 전문정치의 실현을 용이하게 하는 것이라는 점에 비추어 후보자 명부상의 인물선택 및 순위 등을 정당이 아닌 일반 유권자가 직접 결정하는 것이 반드시 바람직하다고 볼 수만도 없을 것이다. 왜냐하면 비례대표후보자의 정치적 역량이나 전문성 등에 대하여는 정치전문가들로 구성된, 그리고 다양한 자료와 정보를 가진 정당이 일반 선거인보다 더욱 잘 판단할 수 있을 것이고, 아울러 정치적 역량과 전문성이 풍부한 후보자나 정당이 꼭 필요로 하는 후보자보다는 이와 관계 없이 단순히 지명도가 높거나 인기가 있는 후보자가 당선될 가능성도 있기 때문이다.

3. 평등선거의 원칙과 관련하여

(1) 1인 1표제와 평등선거의 원칙

1인 1표제 비례대표제는 평등선거의 원칙, 특히 투표의 성과가치의 평등에 위배된다. 헌법재판소도 적시하고 있듯이 이 제도하에서는 지역구후보자에 대한 투표는 지역구의원의 선출에 기여함과 아울러 그가 속한 정당의 비례대표의원의 선출에도 기여하는 2중의 가치를 지니게 되는데 반하여, 무소속후보자에 대한 투표는 그 무소속후보자의 선출에만 기여할 뿐 비례대표의원의 선출에는 전혀 기여하지 못하므로 투표가치의 불평등이 발생하는바, 자신이 지지하는 정당이 자신의 지역구에 후보자를 추천하지 않아 어쩔 수 없이 무소속후보자에게 투표하는 유권자들로서는 자신의 의사에 반하여 투표가치의 불평등을 강요당하게 되고, 결국 이는 합리적 이유 없이 무소속 후보자에게 투표하는 유권자를 차별하는 것이라 할 것이므로 평등선거의 원칙에 위배된다. 즉 무소속후보자에게 대한 투표는 비례대표후보자의 선출과 국회의석배분에 영향력을 전혀 행사하지 못하기 때문에 무소속후보자에게 투표한 자와 정당소속후보자에게 투표한 자 사이에 합리적 차별사유가 없이 차별의 결과를 초래하므로 현행 1인 1표제는 평등의 원칙에 대한 위반이자, 투표의 성과가치의 평등에 반하는 것이다.

18) 고정명부제의 문제점에 대하여 정연주, 전게논문, 184쪽 참조.

(2) 저지조항의 문제

한편 이른바 저지조항의 평등선거의 원칙위반 여부가 문제될 수 있다. 저지조항이란 득표와 관련하여 일정한 기준에 도달한 정당에게만 비례대표의석을 배분하도록 제한하는 조항인데, 선거법 제189조 제1항은 지역구국회의원선거에서 5석 이상의 의석을 차지하였거나 유효투표총수의 100분의 5 이상(현행은 100분의 3 이상)을 득표한 정당에 한하여 지역구선거에서 얻은 득표비율에 따라 비례대표의석을 배분하도록 하고 있다. 이러한 저지조항과 관련하여 일정한 저지선을 넘지 못한 정당의 경우 비례대표의석배분에 참여하지 못하므로 그 해당 정당에 대한 투표의 성과가치를 차별하게 되는 결과 평등선거의 원칙위반이 문제될 수 있는 것이다. 이와 관련하여 헌법재판소는 "… 현행 저지조항은 지역구의원선거의 유효투표총수를 기준으로 한다는 점에서 현행 의석배분방식이 지닌 문제점을 공유하고 있다. 일정한 저지선을 두고 이를 하회하는 정당에게 의회참여의 기회를 제한하겠다는 제도는 본질적으로 정당에 대한 국민의 지지도를 정확하게 반영할 것을 전제로 한다. 그런데 현행 1인 1표제 하에서의 비례대표제 의석배분방식은 위에서 본 바와 같이 국민의 정당에 대한 지지도를 정확하게 반영하지 못하며 오히려 적극적으로 이를 왜곡하고 있다. 지역구후보자에 대한 지지는 정당에 대한 지지로 의제할 수 없는데도 이를 의제하는 것이기 때문이다. … 이와 같이 국민의 정당지지의 정도를 계산함에 있어 불합리한 잣대를 사용하는 한 현행의 저지조항은 그 저지선을 어느 선에서 설정하건간에 평등원칙에 위반될 수밖에 없다."라고 판시하고 있다.[19)]

1인 1표제하에서는 각 정당이 획득한 득표는 앞서 언급한 바와 같이 해당 정당에 대한 투표의 결과가 아니라 단순히 지역구선거의 결과 우연히 그 정당이 획득한 득표이므로 이를 선거인의 그 정당에 대한 정확한 지지라고는 볼 수 없고, 따라서 저지선을 넘은 정당과 그렇지 못한 정당 사이에 실질적인 지지도와 관련한 합리적 차별사유가 존재한다고 보기가 어렵거나 불명확한데 결과적으로 그 저지선을 넘지 못한 정당이 부당하게 차별받게 되므로 이는 평등선거의 원칙에 위반된다고 볼 수 있고, 이 점에서 헌법재판소의 판단은 타당하다.

4. 소 결

결국 헌법재판소도 적절히 지적한 바와 같이 1인 1표제 및 비례대표국회의원 의석배분방식은 위에서 언급한 이유로 민주주의원리, 직접선거의 원칙, 평등선거의 원칙에 위반되고, 따라서 선거법 제146조 제2항 중 '1인 1표로 한다' 부분과 동법 제189조는 위헌이라고 보아야 할 것이다.

---

19) 헌재 2001. 7. 19. 2000헌마91 등, 판례집 13-2, 77, 98-99.

Ⅵ. 헌법재판소 결정내용의 문제점

지금까지 살펴보았듯이 헌법재판소의 결정은 대체로 타당하고, 그 의의는 매우 크다고 볼 수 있다. 그런데 주지하는 바와 같이 판례에 있어서는 그 결론 뿐 아니라, 그 결론에 도달하기까지의 과정도 매우 중요하다. 따라서 헌법재판소는 논리정연하고 명확한 헌법적 근거를 제시하여야 한다. 그래야 결정의 설득력이 확보될 수 있고, 판례 및 헌법이론의 발전에 기여할 수 있으며, 유사한 다른 사안에서도 그 일관된 헌법이론과 논거의 적용을 가능케 한다. 그러나 이 사건 결정에는 그 논증과정에 적지 않은 문제점도 있어 보인다. 이에 대하여 몇 가지만 적시하면 다음과 같다.

1. 현행 헌법상 비례대표제는 선택사항인가?

(1) 헌법재판소의 입장

헌법재판소는 "선거법 제146조 제2항 중 '1인 1표로 한다' 부분은 비례대표제를 실시하지 않고 단순히 지역구 다수대표제 선거방식만을 채택한다면 그 자체 아무런 위헌성이 없으나, 그것과 병행하여 비례대표제를 실시할 경우에는 선거법 제189조 제1항과 결합하여 위에서 본 바와 같은 여러 위헌적 효과를 불러 일으킨다. 따라서 선거법 제146조 제2항 중 '1인 1표로 한다' 부분은 국회의원선거에 있어 지역구국회의원선거와 병행하여 정당명부식 비례대표제를 실시하면서도 별도의 정당투표를 허용하지 않는 범위에서 헌법에 위반된다."라고 판시함으로써[20] 비례대표제를 실시하는 경우에 한해서 1인 1표제가 위헌이라고 하는 한정위헌결정을 내리고 있다. 이는 만일 비례대표제를 실시하지 아니하는 경우에는 당연히 1인 1표제가 합헌이고, 이는 비례대표제를 실시하지 않아도 무방하다는, 즉 현행 헌법상 비례대표제 자체를 실시하지 않아도 위헌이 아니라는 것을 전제로 하고 있다. 따라서 입법자는 1인 1표제를 고수하고자 한다면 비례대표제를 폐지하면 되고, 그렇지 아니하는 경우에는 1인 2표제 등 정당투표제를 도입하여야 하며, 따라서 입법자에게는 양자 사이의 선택권이 부여되어 있다는 것을 전제로 하고 있다.

(2) 비례대표제의 실시는 의무사항

1) 그러나 이러한 헌법재판소의 입장은 타당하지 못하다. 왜냐하면 헌법의 규정 또는 해석상, 그리고 연혁상 비례대표제는 반드시 실시해야 하는, 따라서 그 실시여부에

---

20) 헌재 2001. 7. 19. 2000헌마91 등, 판례집 13-2, 77, 99-100.

대한 입법자의 재량의 여지가 없는 사항으로 보아야 하기 때문이다.

헌법 제41조 제3항은 "국회의원의 선거구와 비례대표제 기타 선거에 관한 사항은 법률로 정한다."라고 규정하고 있는데, 여기서 비례대표제의 실시는 이미 헌법제정자 내지 헌법개정자의 결단이고, 그 실시에 관한 세부적인 사항(예컨대 명부작성방식, 저지조항 등)만 법률에 위임한 것으로 보아야 할 것이다. 사실 연혁적으로 이러한 비례대표제에 관하여는 과거의 헌법에는 명문으로 규정된 적이 없다가 1980년 헌법에서 제8차 개헌을 통해 제77조 제3항에 처음으로 규정되었고, 이 규정이 현행 헌법 제41조 제3항에 같은 내용으로 이어져 오고 있는 것이다. 이는 비례대표제의 실시 자체는－그 이전의 헌법하에서와는 달리－이미 헌법에 의하여 명령된 것이고, 다만 그 구체적인 내용에 대해서만 입법자에게 위임한다는 헌법개정자의 의지를 말해주고 있다고 하겠다. 즉 비례대표제의 실시여부 자체는 이미 헌법상 정해진 것이므로 입법자에게는 그 실시 여부에 대한 재량의 여지가 없다. 만일 그렇지 않다면 굳이 헌법에 비례대표제에 대한 언급을 할 필요가 없었을 것이다. 다시 말해 비례대표제의 실시여부 자체가 입법자의 입법재량에 맡겨진 것이라면 헌법 제41조 제3항에서 비례대표제에 대한 언급 없이 단지 "국회의원의 선거구와 기타 선거에 관한 사항은 법률로 정한다."는 식으로 규정했었을 것이고, 또한 그것으로 충분했다고 볼 수 있을 것이다.

이는 예컨대 헌법 제61조가 "① 국회는 국정을 감사하거나 특정한 국정사안에 대하여 조사할 수 있으며, 이에 필요한 서류의 제출 또는 증인의 출석과 증언이나 의견의 진술을 요구할 수 있다. ② 국정감사 및 조사에 관한 절차 기타 필요한 사항은 법률로 정한다."라고 규정하고 있는데, 이 경우 시행법률이 국정감사에 대하여만 규정하고 국정조사는 배제시킬 수는 없는 것과 같은 이치이다.

2) 이러한 논리는 헌법재판소의 1990. 10. 15. 89헌마178 법무사법시행규칙에 대한 헌법소원 사건[21]에서도 간접적으로 확인될 수 있다. 이 사건은 상위법인 법무사법이 모든 국민에게 부여한 법무사 자격취득의 기회를 하위법인 시행규칙이 박탈했다는 이유로 동시행규칙에 대하여 위헌결정을 내린 사건이다. 즉 법무사법 제4조가 "① 다음 각호의 1에 해당하는 자는 법무사의 자격이 있다. 1. 생략 2. 법무사시험에 합격한 자 ② … 동항 제2호의 규정에 의한 법무사시험의 실시에 관하여 필요한 사항은 대법원규칙으로 정한다."라고 규정함으로써－명문으로 또는 적어도 입법취지 내지 해석상－반드시 법무사시험을 실시하는 것을 전제로 이에 합격한 자에게 법무사의 자격을 부여하도록 하고 있고, 다만 그 시험실시에 관한 세부사항만을 대법원규칙에 위임하고 있는데, 법무사법시행규칙 제3조 제1항은 "법원행정처장은 법무사를 보충할 필요가 있다고 인정되는 경우에는 대법원장의 승인을 얻어 법무사시험을 실시할 수 있다.…"라고 규정함으로써 법원행정처장이 법무사를 보충할 필요가 없다고 인정되는 경우에는

21) 이 결정에 대한 평석은 정연주, 헌법판례연구[I], 박영사, 2002, 58쪽 이하 참조.

법무사시험을 실시하지 아니할 수 있고, 이에 따라 법무사시험을 통한 법무사 자격취득의 기회를 봉쇄하는 결과를 낳은 것이다. 즉 상위법에서는 반드시 법무사시험을 실시할 것을 전제로 하고 있고, 다만 그 시험실시에 관한 구체적 사항만을 시행규칙에 위임하고 있음에도 불구하고 시행규칙은 그 시험실시여부 자체를 법원행정처장의 재량에 의하여 결정할 수 있도록 함으로써 상위법에 위반하고 있는 것이다.

헌법재판소도 이에 대하여 "법무사법 제4조 제1항 제2호에서 법무사시험에 합격한 자에게 법무사의 자격을 인정하는 것은 법무사시험이 합리적인 방법으로 반드시 실시되어야 함을 전제로 하는 것이고, 따라서 법무사법 제4조 제2항이 대법원규칙으로 정하도록 위임한 이른바 '법무사시험의 실시에 관하여 필요한 사항'이란 시험과목·합격기준·시험실시방법·시험실시시기·실시횟수 등 시험실시에 관한 구체적인 방법과 절차를 말하는 것이지 시험의 실시여부까지도 대법원규칙으로 정하라는 말은 아니다. 그럼에도 불구하고 법무사법시행규칙 제3조 제1항은 '법원행정처장은 법무사를 보충할 필요가 있다고 인정되는 경우에는 대법원장의 승인을 얻어 법무사시험을 실시할 수 있다'라고 규정하였는바, 이는 법원행정처장이 법무사를 보충할 필요가 없다고 인정하면 법무사시험을 실시하지 아니해도 된다는 것으로서 상위법인 법무사법 제4조 제1항에 의하여 청구인을 비롯한 모든 국민에게 부여된 법무사자격 취득의 기회를 하위법인 시행규칙으로 박탈하고 … 결국 대법원이 규칙제정권을 행사함에 있어 위임입법권의 한계를 일탈하여 청구인이나 기타 법무사자격을 취득하고자 하는 모든 국민의 헌법 제11조 제1항의 평등권과 헌법 제15조의 직업선택의 자유를 침해한 것이다."라고 판시함으로써[22] 이 점을 분명히 하고 있다.

3) 따라서 결론적으로 비례대표제 실시여부에 관한 헌법재판소의 입장은 잘못된 것이다. 이에 따라 헌법재판소결정의 주문도 달라져야 할 것이다. 즉 "같은 법 제146조 제2항 중 '1인 1표로 한다' 부분은 국회의원선거에 있어 지역구국회의원선거와 병행하여 정당명부식 비례대표제를 실시하면서도 별도의 정당투표를 허용하지 않는 범위에서 헌법에 위반된다."는 한정위헌결정이 아니라 "같은 법 제146조 제2항 중 '1인 1표로 한다' 부분은 헌법에 위반된다"는 단순위헌결정이나 헌법불합치결정을 내렸어야 했다. 왜냐하면 비례대표선거실시는 의무적 사항이고, 또한 누차 언급한 바와 같이 비례대표선거를 실시할 경우 현실적으로 지역구후보자에 대한 투표 외에 적어도 정당투표는 반드시 실시되어야 하므로 이를 배제한 1인 1표제는 바로 바로 아무 조건 없이 위헌이 된다고 해야 했기 때문이다.[23]

22) 헌재 1990. 10. 15. 89헌마178, 판례집 2, 365, 372-373.

23) 이와 관련하여 헌재결정 이후 일각에서는 차제에 문제 많은 비례대표제를 없애야 한다는 주장까지 나온바 있지만, 대체로 비례대표제를 소수자 배려와 직능대표성 확보 등의 이유로 비례대표제를 존속시켜야 한다는 의견이 많았는데(동아일보 2001. 7. 20. A3쪽 참조), 이는 모두 헌법상의 비례대표제에 관한 조항을 비례대표제를 실시할 수도 있고, 그렇지 아니할 수도 있다는 입법자의 재량의 문제로 이해하기 때문이며, 이것이 잘못된 견해라는 것은 앞서 언급한 바와 같다.

2. 비례대표후보자 결정절차와 관련하여

(1) 헌법재판소는 비례대표국회의원 의석배분방식 및 1인 1표제의 위헌여부의 판단기준으로 제시한 민주주의원리와 관련하여 정당의 공직선거후보자의 결정과정에 대하여 언급하고 있다. 즉 "헌법 제8조 제2항은, 정당은 그 목적·조직과 활동이 민주적이어야 한다고 규정함으로써 민주주의원리를 정당제도에서도 관철하려 하고 있다. 정당은 선거에 있어 후보자를 추천·지지하는 것이 주요 목적이자 활동의 하나인바, 그렇다면 비례대표국회의원선거에 있어서는 비례대표후보자의 선정과 그 순위의 확정이 민주적 절차에 따라 이루어져야 한다. 헌법이 요구하는 정당민주주의의 요청을 충족시키려면, 비례대표후보자의 선정과 순위확정이 당원총회나 대의원대회 등을 통하여 민주적 절차를 거쳐 이루어져야 한다. 그런데 현행 선거법은 그러한 제도적·절차적 규율을 충분히 하고 있지 않다. 선거법 제47조 제2항은 정당이 선거에 있어 후보자를 추천함에 있어서는 정당법 제31조에 따라 민주적인 절차에 의하여야 한다고 천명하고 있으나, 정당법 제31조는 '정당의 공직선거후보자는 후보자를 추천할 공직선거이 선거구를 관할하는 해당 당부 대의기관의 의사가 반영되도록 하여야 하며, 그 구체적 절차는 당헌으로 정한다'고 규정하고 있을 뿐이다. 이와 같이 '대의기관의 의사를 반영'할 구체적 절차를 당헌에 일임해서는 민주적 절차에 의한 비례대표후보자의 결정이라는 헌법적 요청이 충족되리라고 기대하기 어려운 점이 있다. 비례대표후보자가 민주적 절차에 따라 결정되지 않고 당지도부의 영향력에 따라 일방적으로 결정된다면 그러한 비례대표국회의원의 민주적 정당성은 대단히 취약할 수밖에 없다."라고 한 판시가 그것이다.[24)]

이러한 헌법재판소의 견해는 그 내용만을 놓고 볼 때에는 타당하지만 이를 비례대표국회의원 의석배분방식 및 1인 1표제의 위헌여부의 판단기준과 관련해서 볼 때에는 문제가 있다. 즉 "정당의 공직선거후보자의 결정과정이 민주적이어야 하며, 그렇지 않으면 민수수의원리 나아가 국민주권의 원리에 부합한다고 볼 수 없다."라고 한 헌법재판소의 언급에 비추어 볼 때 정당법 제31조의 규정에서처럼 비례대표후보자가 민주적 절차에 따라 결정되지 않기 때문에 비례대표국회의원 의석배분방식 및 1인 1표제가 민주주의원리에 위배되어 위헌이라는 견해인 것으로 보이는데 이는 적절한 판시라고 보기 어렵다. 왜냐하면 비례대표국회의원 의석배분방식 및 1인 1표제의 위헌여부가 그 후보자추천과정의 민주화여부와 직결되는 것은 아니기 때문이다. 즉 현행제도는 설사 당내 후보자추천과정이 민주적이라 할지라도 위헌이며, 반대로 당내 후보자추천과정이 비민주적일지라도 정당투표제를 도입한다면 비례대표국회의원 의석배분방식은 그 자체로서 별도로 합헌이 되는 것이기 때문이다. 따라서 비례대표국회의원 의석배분방식 및 1인 1

24) 헌재 2001. 7. 19. 2000헌마91 등, 판례집 13-2, 77, 95.

표제의 위헌여부와 관련한 헌법재판소의 공직선거후보자의 결정과정의 민주성에 대한 언급은-그 내용 자체의 타당성은 별론으로 한다면-적절치 못했다고 여겨진다.

(2) 그러나-비례대표국회의원 의석배분방식 및 1인 1표제의 위헌여부의 판단기준과 관계없이-정당민주주의 및 당내민주화는 그 자체 선거제도의 개선책을 모색한다는 점에서는 나름대로의 상당한 의미가 있음은 물론이다. 앞서 언급한 바와 같이 현대 민주주의는 복수정당제를 바탕으로 한 정당민주주의와 다원적 민주주의를 특색으로 하고 있다. 따라서 오늘날 정당을 매개하지 않는 정치 또는 민주주의의 실현 및 선거는 상상하기 어렵다. 이러한 정당민주주의는 정당 자체의 민주화를 전제로 하고 있다. 이에 따라 헌법 제8조 제2항도 정당은 그 목적·조직과 활동이 민주적이어야 한다고 규정하고 있다. 이러한 정당내부의 민주화의 조건 중의 하나가 바로 선거에 있어서 후보자선출과정의 민주화라고 할 수 있다.[25] 이에 대한 헌법재판소의 위에서 소개된 견해는 지극히 타당하다고 하겠다.

후보자를 추천하고 결정하는 방법과 절차는 통치기관의 조직과 작용에 관한 기본적인 사항이고, 선거권과 피선거권 등의 기본권에 관한 본질적 사항이므로 법치주의원리상 당연히 선거법이나 정당법 등의 법률에-적어도 그 기본적인 사항을-정해야 하며, 이를 당헌에 위임해서는 안될 것이다. 따라서 당시 정당법 제31조는 법치주의원리상 민주적인 후보자추천절차의 기본적인 내용을 정할 것을 전제로 위임한 것으로 해석되어야 하는 선거법 제47조 제2항과 상호 조화되기 어려워 이른바 체계정당성[26]에 반하며, 법률유보의 원칙을 한 내용으로 하고 있는 법치주의원리에 대한 위반의 소지마저 있다고 하겠다.

3. 저지조항과 관련하여

(1) 문제의 제기

헌법재판소는 "현행 1인 1표제 하에서의 비례대표제 의석배분방식은 … 국민의 정당에 대한 지지도를 정확하게 반영하지 못하며 오히려 적극적으로 이를 왜곡하고 있다."는 이유로 1인 1표제하에서의 저지조항이 평등선거의 원칙위반이라고 하였다.[27] 앞서도 언급했듯이 이는 타당한 결론이다. 그런데 헌법재판소는 "저지조항의 인정여

---

25) 정당내에서의 민주적인 후보자선출과정과 관련하여 정연주, 국회의원선거제도의 개혁방안, 공법연구 제27집 제3호, 1999.6, 185쪽 참조.

26) 체계정당성의 원리에 대하여 자세한 것은 Degenhart, Systemgerechtigkeit und Selbstbindung des Gesetzgebers als Verfassungspostulat, 1976; Kischel, Systembindung des Gesetzgebers und Gleichheitssatz, AöR 124(1999), S. 174ff.; Zippelius, Der Gleichheitssatz, VVDStRL 47(1989), S. 29ff.; Rupp, Art. 3 GG als Maßstab verfassungsgerichtlicher Gesetzeskontrolle, in: Starck(hrsg.), Bundesverfassungsgericht und Grundgesetz, Festgabe aus Anlaß des 25järigen Bestehens des Bundesverfassungsgerichts, Bd. 2, 1976, S. 380ff.; Kirchhof, in: Isensee/Kirchhof(hrsg.), Handbuch des Staatsrechts, Bd. V, 1992, S. 941ff. 참조.

27) 헌재 2001. 7. 19. 2000헌마91 등, 판례집 13-2, 77, 98.

부, 그 정당성여부는 각 나라의 전체 헌정상황에 비추어 의석배분에서의 정당간 차별이 불가피한가에 따라 판단되어야 하는바, 현행 저지조항에서 설정하고 있는 기준이 지나치게 과도한 것인지의 판단은 별론으로 하더라도, 현행 저지조항은 지역구의원선거의 유효투표총수를 기준으로 한다는 점에서 현행 의석배분방식이 지닌 문제점을 공유하고 있다."라고 판시함으로써[28] 저지조항 자체에 대한 위헌여부 및 그 기준의 적정성에 대하여는 판단하지 않았다. 이는 헌법소원제도의 본질과 기능 및 특성, 특히 직권심리주의[29] 등에 비추어 볼 때 적절치 못하다. 왜냐하면 이 문제는 비례대표국회의원 의석배분방식 및 1인 1표제의 위헌여부 등 비례대표선거제도와 관련한 중요한 헌법적 해명에 해당하는 사안이기 때문이다. 또한 저지조항 자체가 위헌이거나 그 기준이 적정하지 못할 경우에는 선거법상의 저지조항 및 비례대표국회의원 의석배분방식이 위헌이 되기 때문에 이 저지조항은 1인 1표제와의 관련성, 즉 지지도의 왜곡에 따른 평등원칙에 대한 위반여부에 관계없이 바로 위헌이 된다. 따라서 헌법재판소는 이 문제에 대하여 당사자의 주장[30]과 관계없이 직권으로 판단할 수 있고, 또 했어야 했다. 이에 대해서 간단히 살펴보면 다음과 같다.

(2) 저지조항의 의의와 기능

주지하는 바와 같이 비례대표제는 소수자보호와 평등선거의 원칙의 관철을 그 특징으로 하기 때문에 다수대표제와 비례대표제의 아무런 제한 없는 단순한 혼합형은 의회내의 군소정당의 난립과 국민의사의 분열을 초래하여, 의회내의 안정된 다수세력의 형성을 저해해 결국 안정된 정국주도를 위한 원활한 의회기능의 확보를 어렵게 할 수 있다. 이는 비례대표선거제를 택했던 과거 독일의 바이마르공화국 시절에 의회내의 지나친 군소정당의 난립과 극도의 분열로 인해 의회내의 안정된 다수세력의 확보가 어려웠고, 결국 원활한 의회기능과 정국주도의 능력이 있는 내각의 구성과 유지가 불가능했던 역사적 경험속에서 잘 드러나고 있다.

독일의 현행 연방의회선거법은 이러한 쓰라린 과거에 대한 반성으로, 선거에서 일정수 이상의 득표율을 올렸거나 당선자를 낸 정당에게만 의석배분에 참여케 함으로써 의회내의 군소정당의 난립을 막고 다수세력의 형성을 촉진시키려고 고안된 제도인 이른바 저지조항(Sperrklausel)을 규정하고 있다. 이에 따르면 각 후보자명부에 대한 제2투표의 경우, 선거결과에 따른 각 정당에 대한 비례대표의석의 배분에 있어서는 제2투표

28) 헌재 2001. 7. 19. 2000헌마91 등, 판례집 13-2, 77, 98.

29) 헌법소원제도와 직권심리주의에 대하여는 후술함.

30) 실제로 2000헌마112 사건에서 청구인은 "위 선거법 조항은 지역구국회의원선거에서 5석 이상의 의석을 차지하였거나 유효투표총수의 100분의 5 이상을 득표한 각 정당에 대하여만 비례대표국회의원의석을 배분하고, 다만 유효투표총수의 득표비율이 100분의 3 이상 100분의 5 미만인 각 정당에 대하여는 1석씩을 배분하는 소위 '봉쇄규정'을 두고 있는데, 이는 지나치게 과도한 것이어서 평등선거의 원칙에 위반된다." 라고 주장함으로써 당시 선거법상의 저지선이 너무 높다고 보고 있다.

의 결과 전국을 단위로 전체 유효득표수의 5% 이상을 획득했거나 또는 제1투표의 결과 지역에서 적어도 3명 이상의 당선자를 낸 정당만이 참여할 수 있다.[31] 결국 이 저지조항은 의회내의 군소정당의 난립과 분열을 방지하고 안정된 다수세력의 형성을 통해 정국주도능력이 있는 의회와 정부내각의 구성과 기능을 확립시켜 준다는 목적을 위하여 평등선거의 원칙, 특히 투표의 성과가치평등의 원칙에 대한 제한을 가하는 것이다. 이 조항은 바로 이러한 제도상의 목적 때문에 헌법상 정당화되어질 수 있으며, 연방헌법재판소도 이 저지조항이 초래하는 평등선거의 원칙에 대한 제한을 위에서 언급한 같은 이유에서 정당화되어질 수 있다고 보고 이 조항을 일관되게 합헌으로 결정하고 있다.[32] 그 동안의 연방의회선거결과를 살펴보면 이 저지조항은 독일에서의 정당제도와 의회제도의 안정화와 이를 통한 의원내각제의 토착화에 상당한 기여를 했다고 일응 평가할 수 있을 것이다.[33][34]

결국 우리의 현행 선거법상의 저지조항 자체의 의의와 기능은 정당투표제가 실시된다는 전제하에서는 헌법상 정당화될 수 있고, 따라서 일정한 저지선을 넘는 정당과 그렇지 못한 정당 사이에 유권자의 지지도와 관련한 합리적 차별사유가 존재한다고 볼 수 있어 평등선거의 원칙에 위반된다고 볼 수는 없을 것이다.

(3) 저지선의 문제

한편 저지조항 자체는 정당화된다 하더라도 선거법상의 저지선인 5석 이상의 지역구국회의원의석 또는 유효투표총수의 100분의 5 이상(현행은 100분의 3 이상)의 기준이 너무 과도하지 않는가 하는 그 기준의 적정성이 문제될 수 있다.

앞서도 언급했듯이 독일의 경우에는 저지조항 5% 등의 기준이 정당화되고 있는데, 우리의 정치현실과 정당 실태 및 그동안의 선거결과에 비추어 볼 때 이는 너무 과도한 것이 아닌가 여겨진다. 이는 앞에서 소개된 그동안의 우리의 선거현황을 보더라도 알 수 있듯이, 특히 소수정당이나 신생정당이 이 저지선을 극복하기란 매우 어렵다. 예컨대 우리의 경우 지역대립이 정치와 선거에서 매우 커다란 영향력을 행사해 왔다고 평가할 수 있는데, 만일 이 저지조항으로 인해 소수의 대정당들만－그것도 배타적인 지역적 기반위에서－의석배분에 참여하게 된다면 이는 비례대표제의 도입취지를 형해화시키는 것으로 오히려 지역대립을 증폭시키고 사회통합을 저해하는 결과를 초래할 것이다. 물론 독일의 녹색당의 경우 최초로 선거에 참가한 1980년의 연방의회선거에서는 1.5%의 득표율에 그쳤지만, 곧바로 1983년의 선거에서는 5.6%의 득표율을 얻어 의회

31) §6 Abs. 6 S. 1 BWG.

32) BVerfGE 1, 206(247f.); 4, 31(40); 6, 84(92ff.); 51, 222(236).

33) Dazu auch Badura, Staatsrecht, S. 294.

34) 이러한 독일의 저지조항과 관련하여 자세한 것은 정연주, 독일의 선거제도와 우리 선거제도의 문제점, 인권과 정의, 1991.5, 25쪽 이하 참조.

에 진출할 수 있었다. 그러나 이러한 현상이 우리에게 적용되기는 쉽지 않다고 본다. 적어도 현재로서는 현행 저지선의 기준이 너무 높아 이 제도의 목적을 달성하기 위한 수단으로서 과도하여 비례의 원칙 위반의 문제를 야기할 수도 있다는 생각마저 든다. 독일의 경우에도 1990년의 통일독일의 연방의회선거에서 동독지역의 정당들이 서독지역의 정당들과 경쟁하여 전국을 단위로 5% 저지조항을 극복하는 것은 불가능하다고 보고, 이 조항에 대한 연방헌법재판소의 한정위헌결정에 따라 한시적이나마 저지조항을 동독과 서독을 분리하여 각각 적용시킨 바 있다.[35] 이는 상황에 따라서는 5% 저지조항 자체와 그 5% 저지선의 기준이 상당한 문제점을 야기할 수 있다는 것을 보여주는 것이라고 하겠다. 따라서 이 저지선의 기준을 낮출 필요가 있는데, 어느 정도까지 낮출 것이냐는 여러 가지 사항－예컨대 정당의 실태, 그동안의 소수정당들의 득표율 등－을 고려해서 정해야 할 것이다.[36]

4. 부수적 위헌선언의 문제

(1) 헌법재판소는 선거법 제189조에 대한 위헌선언과 관련하여 "비례대표국회의원선거의 근간이 되는 선거법 제189조 제1항이 위헌이라면 그에 부수되는 동조 제2항 내지 제7항은 독자적인 규범적 존재로서의 의미를 잃게 되는바, 그렇다면 이 조항들이 비록 심판대상이 아니지만 함께 위헌선언을 함으로써 법적 명확성을 기하는 것이 상당하므로 그에 대하여도 아울러 위헌선언을 한다."라고 판시함으로써 청구인들이 실제로 그 위헌성을 다투는 제189조 중 제1항 외에 나머지 조항들에 대하여도 위헌선언을 하였다. 여기서 헌법재판소법(이하 '헌재법'이라 함) 제68조 제1항에 따른 권리구제형 헌법소원심판의 경우에 청구인들이 위헌이라고 주장한 조항 이외에 대하여도 위헌선언을 할 수 있는지, 그리고 그 근거는 무엇인지가 문제될 수 있다. 이와 관련하여 헌법재판소는 "헌법심판의 대상이 된 법률조항 중 일정한 법률조항이 위헌선언되는 경우 같은 법률의 그렇지 아니한 다른 법률조항들은 효력을 그대로 유지하는 것이 원칙이나, 합헌으로 남아 있는 어떤 법률조항이 위헌선언되는 법률조항과 밀접한 관계에 있어 그 조항만으로는 법적으로 독립된 의미를 가지지 못하는 경우에는 예외적으로 그 법률조항에 대하여 위헌선언을 할 수 있다(헌재 1989. 11. 20. 89헌가102; 헌재 1991. 11. 25. 91헌가6; 헌재 1996. 12. 26. 94헌바1). 선거법 제189조 제1항은 요컨대, 저지조항의 기준을 넘는 의석할당정당이 지역구국회의원선거에서 얻은 '득표비율'에 따라 비례대표국회의원의석을 배분한다는 것으로서, 비례대표국회의원선거제도의 근간을 이루는 핵심적 요소이다. 동조 제2항은 그 '득표비율'을 어떻게 산출할 것인지에 관하여, 동조 제3항, 제

35) 이에 대하여 자세한 것은 정연주, 독일의 선거제도와 우리선거제도의 문제점, 25쪽 이하 참조.

36) 참고로 일본은 지역구 5석 이상 또는 2% 이상의 득표율, 스페인의 경우는 3%, 이스라엘의 경우는 1%, 스리랑카의 경우는 12.5%의 봉쇄조항을 두고 있다.

4항은 그렇게 산출된 '득표비율'을 기초로 하여 의석을 각 정당에 어떻게 배분할 것인지에 관하여 상세한 방법을 보충한 규정에 불과하며, 동조 제5항, 제6항은 그와 같이 결정된 의석배분을 전제로 당선을 결정하거나 공석처리한다는 규정이고, 동조 제7항은 일정한 사유가 있어 국회의원지역구의 선거가 모두 종결되지 아니한 경우에도 역시 위 제1항 내지 제6항의 규정에 따라 비례대표국회의원의 의석을 배분하고 당선인을 결정할 수 있도록 하기 위한 조항이다. 따라서 비례대표국회의원선거의 근간이 되는 선거법 제189조 제1항이 위헌이라면 그에 부수되는 동조 제2항 내지 제7항은 독자적인 규범적 존재로서의 의미를 잃게 된다. 그렇다면 이 조항들이 비록 심판대상이 아니지만 함께 위헌선언을 함으로써 법적 명확성을 기하는 것이 상당하므로 그에 대하여도 아울러 위헌선언을 하는 것이다."라고 판시함으로써[37] 헌재법 제68조 제1항에 의한 헌법소원사건인 이 사건에서 부수적 위헌선언을 하면서 그 논거로서 단순히 위헌법률심판사건 또는 헌재법 제68조 제2항에 의한 헌법소원사건에서의 판례를 들고 있다.[38] 물론 결과적으로 헌법재판소는 헌재법 제68조 제1항에 의한 헌법소원사건에서도 부수적 위헌선언을 할 수 있고, 이 사건이 바로 그러한 경우라는 점에는 동의한다. 그러나 위헌법률심판과 헌법소원, 즉 헌재법 제68조 제1항에 의한 본래의 권리구제형 헌법소원심판은 일응 구별된다는 점에서 위헌법률심판에서의 논거를 헌법소원심판에 바로 적용하는 것에는 의문이 제기될 수 있다.

(2) 생각컨대 헌재법 제68조 제1항에 의한 헌법소원사건에서도 부수적 위헌선언을 할 수 있는 논거로서 다음의 두 가지를 들 수 있을 것이다.

첫째, 헌재법 제68조 제1항에 의한 헌법소원 중 법률에 대한 헌법소원이 가지는 헌재법 제41조의 위헌법률심판 또는 헌재법 제68조 제2항에 의한 헌법소원과의 유사성이다. 주지하는 바와 같이 헌재법 제45조는 "헌법재판소는 제청된 법률 또는 법률조항의 위헌여부만을 결정한다. 다만, 법률조항의 위헌결정으로 인하여 당해 법률 전부를 시행할 수 없다고 인정될 때에는 그 전부에 대하여 위헌의 결정을 할 수 있다."라고 규정하고 있고, 헌재법 제75조 제6항은 "…제68조 제2항의 규정에 의한 헌법소원을 인용하는 경우에는 제45조 … 의 규정을 준용한다."라고 규정함으로써 위헌법률심판에서

---

37) 헌재 2001. 7. 19. 2000헌마91 등, 판례집 13-2, 77, 100-101.

38) 헌법재판소가 위헌법률심판사건에서 부수적 위헌선언을 할 수 있는 근거는 "헌법재판소는 제청된 법률 또는 법률조항의 위헌여부만을 결정한다. 다만, 법률조항의 위헌결정으로 인하여 당해 법률 전부를 시행할 수 없다고 인정될 때에는 그 전부에 대하여 위헌의 결정을 할 수 있다."라고 규정한 헌법재판소법 제45조의 단서조항이라고 할 수 있다. 물론 단서조항에는 당해 법률 전부를 시행할 수 없다고 인정될 때 당해 '법률 전부'에 대하여 위헌결정을 할 수 있다고 규정되어 있지만, 당해 법률 전부에 대하여도 위헌결정을 할 수 있는 마당에 위헌선언되는 법률조항과 밀접한 관계에 있어 그 조항만으로는 법적으로 독립된 의미를 가지지 못하는 '일부 법률조항'에 대하여 위헌선언을 할 수 있는 것은 당연하다고 하겠다. 헌법재판소도 1991. 11. 25. 91헌가6 사건에서 "… 이라는 부분은 같은 법 … 이라는 부분이 헌법에 위반된다고 인정되는 마당에 독립하여 존속될 수 없으므로 '헌법재판소법 제45조 단서에 의하여' 아울러 심판의 대상에 포함시켜 위헌결정을 하는 것이다."라고 판시함으로써(헌재 1991. 11. 25. 91헌가6, 판례집 3, 569, 581) 이 점을 분명히 하고 있다.

뿐 아니라 헌재법 제68조 제2항의 위헌법률심사형 헌법소원의 경우에도 부수적 위헌선언을 할 수 있도록 하고 있다. 이는 헌재법 제68조 제2항에 의한 헌법소원이 헌재법 제41조 제1항에 의한 위헌법률심판제청을 신청했다가 기각된 경우에 이루어지는 것이므로 실질적으로는 위헌법률심사에 해당하고 따라서 위헌법률심판에 관한 규정인 헌재법 제45조가 준용되는 것이라고 할 수 있다. 그런 점에서 헌재법 제68조 제1항에 따른 헌법소원은 본래의 권리구제형 헌법소원으로서 일응 헌재법 제68조 제2항에 의한 위헌법률심사형 헌법소원과 구별되고, 따라서 헌재법 제45조가 준용될 수 없고, 결국 부수적 위헌선언을 할 수 없는 것으로 볼 수도 있다. 그러나 이러한 권리구제형 헌법소원의 경우에도 이 사건에서처럼 법률에 대한 헌법소원의 경우에는 그 실질이 위헌법률심사형 헌법소원과 비교해 볼 때－그 목적이나 헌법소원의 제기요건 등 다양한 차이점이 있지만－법률의 위헌여부를 심사하고 결과적으로 규범통제의 성질을 가진다는 점[39]에서는 동일 내지 유사하므로 해석 및 그 실질상 헌재법 제75조 제6항의 규정이 준용될 수 있다고 여겨진다. 따라서 이 사건의 경우에도 부수적 위헌선언을 할 수 있다고 본다.[40]

둘째, 헌법소원제도가 가지는 객관적 소송으로서의 성격과 직권심리주의가 근거가 될 수 있을 것이다.[41] 즉 헌법소원제도가 가지는 공익추구의 성격 등의 특성과 직권심리주의에 비추어 헌법재판소는 헌법소원사건에서도 직접 문제가 된 법률조항 이외에 다른 조항에 대하여도 정당한 이유가 존재할 때에는 직권으로 위헌선언을 할 수 있다고 본다. 주지하는 바와 같이 오늘날 헌법소원제도는 개인의 주관적 권리구제의 기능뿐 아니라, 중요한 헌법적 해명, 헌법질서유지, 권력통제 등 객관적·공적 이익추구의 기능도 가지고 있으며, 따라서 오늘날 헌법소원제도는 주관적 소송의 성격 뿐 아니라 사실상 객관적 소송[42]의 성격도 아울러 가지게 되었다고 볼 수 있다. 이러한 헌법소원

---

39) 헌재법 제75조 제5항이 "제2항의 경우에 헌법재판소는 공권력의 행사 또는 불행사가 위헌인 법률 또는 법률의 조항에 기인한 것이라고 인정될 때에는 인용결정에서 당해 법률 또는 법률의 조항이 위헌임을 선고할 수 있다."라고 규정하고 있는 것도 권리구제형 헌법소원의 경우에도 규범통제의 기능을 부수적으로 가진다는 점을 시사하는 것이라고 하겠다.

40) 추측컨대 헌재법 제68조 제1항에 의한 헌법소원의 목적이 본래 국민의 기본권구제에 있고 위헌법률심판이나 위헌법률심사형 헌법소원에서처럼 규범통제가 아니기 때문에 그리고 법제정 당시 법률에 대한 헌법소원에 관한 입법자의 인식부족 등으로 인해 헌재법 제75조 제6항에서 동법 제68조 제2항에 의한 헌법소원의 경우에만 동법 제45조를 준용하도록 규정한 것으로 보인다. 차제에 헌재법 제68조 제1항에 의한 헌법소원의 경우에도 법률에 대한 헌법소원의 경우에는 동법 제45조가 준용되도록 규정하는 것이 필요하다고 하겠다.

41) 헌법소원제도의 객관적 소송화 현상과 직권심리주의에 대하여 자세한 것은 정연주, 헌법소원심판청구취하의 효과, 공법연구 제28집 제4호 제2권, 2000. 6, 201쪽 이하 참조.

42) 여기서 말하는 헌법소원의 객관적 소송화가 물론 헌법소원이 곧 바로 권한쟁의심판 또는 행정소송법 제45조에서 규정하고 있는 민중소송 및 기관소송과 같은 순수한 객관적 소송이나 독일 바이에른주 헌법 제98조 제4문이 규정하고 있는 소위 Popularklge를 의미한다는 것은 아니다(Vgl. Maunz, in: Maunz/Dürig, Grundgesetz Kommentar, Art. 93, Rdnr. 67; Gusy, aaO, Rdnr. 62; Pestalozza, aaO, S.441ff.). 왜냐하면 민중소송 등의 순수한 객관적 소송은 특정 개인의 기본권침해와 그 구제를 전제로 하지 아니하고 행정통제나 행정의 적법성확보 등 오로지 객관적 공익추구만을 목적으로 하지만, 헌법소원의 경우에는 기본적으로

의 기능 및 목적의 확대와 더불어 헌법소원을 비롯한 헌법재판에는 직권심리주의가 매우 강하게 투영되게 되었다. 이는 헌법소원제도의 기능이 단순히 개인의 기본권구제에 그치는 것이 아니라, 헌법수호와 권력통제 및 정치적 평화보장 등의 다양한 공익추구의 기능을 가지기 때문이다. 따라서 헌법재판소는 공익상 직권으로 당사자가 주장하지 아니한 사안에 대하여도 판단할 수 있고, 또한 판단해야 할 의무를 지는 것이다.[43] 그리고 이는 당사자가 위헌이라고 주장하지 아니한 법률조항에 대하여도 적용되어야 할 것이다.[44] 따라서 헌재법 제68조 제1항에 의한 헌법소원심판의 경우에도 합헌으로 남아 있는 어떤 법률조항이 위헌선언되는 법률조항과 밀접한 관계에 있어 그 조항만으로는 법적으로 독립된 의미를 가지지 못하는 경우에는 그 법률조항에 대하여도 직권으로 위헌선언을 할 수 있는 것이다.

5. 침해된 기본권과 관련하여

(1) 헌재법 제75조 제2항은 "제68조 제1항의 규정에 의한 헌법소원을 인용할 때에는 인용결정서의 주문에서 침해된 기본권과 침해의 원인이 된 공권력의 행사 또는 불행사를 특정하여야 한다."라고 규정함으로써 주문에서 반드시 침해된 기본권을 적시하여야 하는데, 이 사건 결정주문에서는 침해의 원인이 된 위헌 조항들에 대해서만 특정하고 있지 침해된 기본권을 적시하고 있지 않다. 이는 잘못된 것으로 동법 제75조 제2항 위반이라고 하겠다.

(2) 한편 침해된 기본권으로서 헌법재판소는 결정내용에서 선거권과 피선거권 및 평등권 등을 적시하고 있는데, 기본권에 대한 보다 명확한 구체화와 헌법적 근거조항에 대한 언급이 필요하다고 본다. 예컨대 헌법상의 (피)선거권도 직접(피)선거권, 평등(피)선거권, 보통(피)선거권, 비밀(피)선거권, 자유(피)선거권 등으로 구체화될 수 있고, 이는 －평등권을 규정한 제11조 제1항, 선거권 및 피선거권을 규정한 제24조 및 제25조와 연계하여－"국회는 국민의 보통·평등·직접·비밀선거에 의하여 선출된 국회의원으로 구성한다"라고 규정한 헌법 제41조 제1항에서 직접적으로 도출될 수 있다. 아울러 누차 언급했듯이 1인 1표제하에서는 선거인의 투표를 통한 정치적 의사표현이 왜곡될 수 있어 선거인의 의사표현의 자유도 침해당하는 것이라고 할 수 있다. 그리고 이에

는 공권력작용에 의한 청구인 개인의 기본권침해와 그 구제를 전제로 하면서 동시에 객관적 공익추구도 목적으로 한다는 점에서 양자는 구별된다고 하겠다. 객관적 소송과 주관적 소송의 구별과 관련하여 정연주, 민중소송과 선거소송, 고시연구 1998. 2, 116쪽 이하 참조.

43) 실제로 헌법재판소가 직권심리주의에 따른 판단을 한 사례에 대하여는 정연주, 헌법소원심판청구취하의 효과, 201쪽 이하 참조.

44) 헌재법 제75조 제5조가 "제2항의 경우에 헌법재판소는 공권력의 행사 또는 불행사가 위헌인 법률 또는 법률의 조항에 기인한 것이라고 인정될 때에는 인용결정에서 당해 법률 또는 법률의 조항이 위헌임을 선고할 수 있다."라고 규정함으로써 당사자가 주장한 문제된 공권력의 행사 이외에 위헌인 법률 또는 법률조항에 대하여도 헌법재판소가 직권으로 위헌임을 선고할 수 있도록 하고 있는데, 이 역시 헌법소원제도가 가지는 공익소송으로서의 성격과 직권심리주의를 나타내는 것이라고 하겠다.

대한 근거조항은 – 헌법 제24조와 연계하여 – 언론·출판의 자유를 규정한 헌법 제21조 제1항이 될 것이다.

Ⅶ. 맺는 말

지금까지 1인 1표제 국회의원선거제도의 내용과 문제점, 이에 대한 헌법재판소의 결정내용과 그 의의 및 그에 대한 문제점 등을 살펴보았다. 결론적으로 헌법재판소의 결정과는 달리 현행 헌법상 비례대표국회의원선거는 반드시 실시되어야 하고, 이 경우 현실적으로 별도의 정당투표는 필수적이므로 선거법은 1인 2표제 등을 통한 정당투표제를 실시하도록 규정하여야 하며, 그 실시여부에 대한 입법자의 재량은 없다고 보아야 한다.

앞서도 언급한 바와 같이 선거제도는 한 국가의 통치구조의 기본적 구성원리의 하나로서 민주주의와 기본권실현의 요체이다. 이러한 관점에서 볼 때 우리 선거제도에는 많은 문제점이 있는데 그 중 하나가 바로 이 글에서 다룬 비례대표국회의원의 선출방식이고, 이에 대하여 헌법재판소가 위헌결정을 내린 것은 늦은 감은 있지만 중요한 통치구조의 구성원리이자 민주주의와 기본권실현의 초석인 선거제도에 대하여 근본적인 검토를 했다는 점에서 그 의의가 크다고 할 것이다. 그러나 다른 한편 위에서 살펴본 바와 같이 헌법재판소의 결정에는 그 내용과 논증과정에 적지 않은 문제점도 있다. 판례는, 특히 헌법적·정치적으로 광범위한 파급효과를 야기하는 헌법재판소결정은 그 결론뿐 아니라, 그 결론에 도달하기까지의 과정도 매우 중요하다. 따라서 헌법재판소는 논리정연하고 명확한 헌법적 근거와 이론을 제시하여야 한다. 그래야 그 결정의 설득력이 확보될 수 있고, 판례 및 헌법이론의 발전에 기여할 수 있으며, 유사한 다른 사안에서도 그 일관된 헌법이론과 논거의 적용을 가능케 한다.

17. 헌법규범에 대한 위헌심사

– 헌재 1995. 12. 28. 95헌바3 국가배상법 제2조 제1항 등 위헌소원[1] 및 헌재 2001. 2. 22. 2000헌바38 국가배상법 제2조 제1항 단서 등 위헌소원[2] –

[目 次]

Ⅰ. 머리말

이 글은 헌법규정에 대한 위헌심사의 가능성, 즉 일정한 헌법조항 또는 헌법개정의 내용이 헌법의 핵심적인 상위규정 내지 원칙에 위반될 때, 그리고 그것이 국민의 기본권을 침해할 때 이에 대한 헌법소원 등의 헌법재판에 의한 위헌심사 및 통제가 가능한지의 여부를 국가배상제도에 있어서 국가배상청구금지를 규정한 헌법 제29조 제2항[3]에 대한 헌법소원과 관련하여 살펴본 것이다. 오래전부터 군인·군무원 등의 국가배상

1) 헌재 1995. 12. 28. 95헌바3, 판례집 7-2, 841.

2) 헌재 2001. 2. 22. 2000헌바38, 판례집 13-1, 289.

3) 헌법 제29조(공무원의 불법행위와 배상책임) ② 군인·군무원·경찰공무원 기타 법률이 정하는 자가 전투·훈련 등 직무집행과 관련하여 받은 손해에 대하여는 법률이 정하는 보상 외에 국가 또는 공공단체에 공무원의 직무상 불법행위로 인한 배상은 청구할 수 없다.
국가배상법 제2조(배상책임) ① (본문생략) 다만, 군인·군무원·경찰공무원 또는 향토예비군대원이 전투·훈련·기타 직무집행과 관련하거나 국방 또는 치안유지의 목적상 사용하는 시설 및 자동차·함선·항공기·기타 운반기구 안에서 전사·순직 또는 공상을 입은 경우에 본인 또는 그 유족이 다른 법령의 규정에 의하여 재해보상금·유족연금·상이연금 등의 보상을 지급받을 수 있을 때에는 이 법 및 민법의 규정에 의한 손해배상을 청구할 수 없다.

청구금지규정의 타당성 여부와 더불어 도대체 헌법규정 자체가 위헌심사의 대상이 될 수 있는지, 그리고 가능하다면 어떠한 방법과 절차에 의하여 심사와 통제가 이루어질 수 있는지가 논의되어왔다. 이와 관련하여 주지하는 바와 같이 대법원은 과거 이러한 국가배상청구금지에 관한 근거가 헌법에 규정되어 있지 않을 당시 법률상의 근거규정인 국가배상법 제2조 제1항 단서에 대하여 위헌판결을 내렸고, 이 위헌판결이 있은 이후 이 규정 내지 제도에 대한 위헌시비를 없애기 위하여 직접 헌법 제29조 제2항에 실질적으로 동일한 내용을 헌법개정을 통해 규정하기에 이르렀다. 이에 따라 대체적인 학설과 판례는 더 이상 이 규정 내지 제도에 대한 위헌여부가 문제될 수 없고, 따라서 이 규정에 대한 위헌심사를 할 수 없다는 입장을 견지해오고 있다. 사실 법률규정에 대한 위헌심사는 효율적으로 이루어지고 있는 반면, 헌법규정에 대한 위헌심사의 여부를 헌법재판소는 부정하고 있고, 이에 관한 학설에 있어서도 별로 깊이 있고 체계적인 논의가 이루어지고 있지 못하다. 이에 따라 위헌의 소지가 있는 내용도 그것이 헌법에 규정되어 있을 경우, 단지 헌법규정이라는 이유만으로 이에 대한 위헌심사가능성을 부정하면서 합헌이라고 평가하고, 아울러 그 헌법규정에 근거한 동일한 또는 유사한 내용의 법률규정 역시 그것이 헌법규정에 근거했다는 이유만으로 당연히 합헌이라고 평가되는 것이 일반적인 현상인 것으로 보인다. 이러한 견해는 헌법이론과 헌법재판제도의 취지에 비추어 볼 때, 그리고 국민의 기본권의 효율적인 보장과 구제를 고려할 때 결코 타당하다고 볼 수 없다. 여기서는 대법원과 헌법재판소의 관련판례를 살펴본 후, 군인·군무원 등의 국가배상청구금지규정인 헌법 제29조 제2항의 위헌성과 이 헌법규정에 대한 위헌심사의 가능성 및 그 방법을 고찰해 보고자 한다.

Ⅱ. 대법원판결의 내용

과거 대법원[4)]은 군인·군무원 등의 국가배상청구금지제도가 헌법에는 규정되어 있지 않고 단지 법률인 국가배상법 제2조 제1항 단서에 규정되어 있을 때, 이 규정을 위헌이라고 판결했다. 이 판결내용의 요지를 살펴보면 다음과 같다.

1. 판결요지

국가배상법 제2조 제1항 단행의 입법이유의 하나는 군인·군속이 공무수행중에 신체 또는 생명에 피해를 입은 경우에는 군사원호보상법 등에 의하여 재해보상금 등을 지급받게되어 있음으로 불법행위로 이한 손해배상도 받게 하면 이중이 된다는 것이나, 위 법들의 규정에 의한 재해보상금 등은 군인·군속 등의 복무중의 봉사 및 희생에 대하여 이를 보상하고 퇴직후의 생활 또는 유족의 생활을 부조함에 그 사회보장적 목적

4) 1971. 6. 22. 70다1010.

이 있고, 손해배상제도는 불법행위로 인한 손해를 전보하는데 그 목적이 있으므로 양자는 그 제도의 목적이 다르다. 이 규정의 입법이유의 또 하나는 군인·군속이 피해자가 된 불법행위 사고가 많아서 국고손실이 많으므로 이를 최소한으로 감소 내지 방지함에 있다는 것인바 그러한 불법행위가 많다는 이유만으로는 군인·군속에 대하여서만 배상청구권을 부인하여 그들의 희생위에 국고손실을 방지하여야 할 이유가 되지 못한다 할 것이다. 또 군인군속은 국가에 대하여 무정량의 위험근무임무를 부담하는 이른바 특별권력관계에 있음으로 그러한 근무임무의 성질상 공무중의 피해에 대하여는 일반국민과는 달리 이를 자담수인할 의무가 있다고 주장하나 다른 공무원의 고의 또는 과실 있는 직무상의 위법행위로 인하여 군인 또는 군속이 공무중에 입은 손해는 군인 또는 군속이 복종하는 특별권력관계의 내용이나 근무임무에 당연히 포함되는 희생은 아니므로 특별권력관계를 이유로 그 배상청구권을 부인할 수 없을 뿐 아니라, 위험근무임무에 당하거나 특별권력관계에 있음은 비단 군인 또는 군속에 국한되지 않고 경찰공무원이나 다른 위험근무에 당하는 기타 공무원도 다를 바 없다할 것임으로 유독 군인 또는 군속에 대해서만 차별을 할 하등의 합리적 이유도 없다 할 것이다. 따라서 군인·군속에게 손해배상청구권을 제한 또는 부인하는 국가배상법 제2조 제1항 단행은 헌법 제26조(현행 헌법 제29조)에서 보장된 국민의 기본권인 손해배상청구권을 헌법 제32조(현행 헌법 제37조) 제2항의 질서유지 또는 공공복리를 위하여 제한할 필요성이 없이 제한한 것이고, 또 헌법 제9조(현행 헌법 제11조)의 평등의 원칙에 반하여 군인 또는 군속인 피해자에 대하여서만 그 권리를 부인함으로써 그 권리자체의 본질적 내용을 침해하였으며 기본권제한의 범주를 넘어 권리자체를 박탈하는 규정이므로 이는 헌법 제26조, 동법 제8조(현행 헌법 제10조) 및 동법 제32조 제2항에 위반한다.

2. 군인 · 군무원 등의 국가배상청구금지제도의 위헌성

지금까지 살펴본 바와 같이 대법원은 군인·군무원 등의 국가배상청구금지제도를 주로 평등의 원칙위반을 이유로 위헌이라고 판시했다.[5)] 결론적으로 이 판결은－비록 헌법에의 규정이 없을 때이므로 만일 헌법상 근거규정이 있을 경우에도 위헌판결을 내릴지의 여부는 알 수 없으나－내용에 있어서 타당하다고 할 수 있다. 여기서 이 제도의 위헌성을 체계적으로 살펴보면 다음과 같다.

(1) 대법원판결도 언급한 바와 같이 재해보상금 등의 법률이 정하는 국가보상과 불법행위에 대한 국가배상은 그 성립원인과 목적 및 성질을 달리한다. 따라서 양제도는 이중배상의 관계에 있지 아니하다. 즉 국가배상은 불법행위를 원인으로 한 기본권침해

---

5) 이러한 군인·군무원 등의 국가배상청구금지제도가 평등의 원칙상 위헌의 소지가 있다는 견해로는 구병삭, 신헌법원론, 1993, 638쪽; 김남진, 행정법I, 1997, 579쪽; 김동희, 행정법I, 1998, 467쪽; 박윤흔, 행정법(상), 1998, 661쪽.

의 경우에 국가가 그 손해를 전보하는 것으로 이는 위법한 공권력 작용에 대한 권리구제를 내용으로 하는 법치주의원리와 헌법 제29조를 근거로 하고 있는 반면, 재해보상금 등의 국가보상은 불법행위를 원인으로 하는 것이 아니라, 군인·군속 등의 복무중의 봉사 및 희생에 대하여 이를 보상하고 퇴직 후의 생활 또는 유족의 생활을 부조함에 그 사회보장적 목적이 있는, 즉 이들 특수직종에 종사하는 자들에 대한 사회보장적 배려로서 이는 사회국가원리와 헌법 제34조 등에 근거한 일종의 입법정책의 문제인 것이다. 따라서 전자는 군인·군무원 등의 피해자에게 직접 헌법 제29조에 근거하여 인정되는 일종의 청구권적 기본권으로서 이의 이행은 국가의 의무에 속하는 사항이지만, 후자는 이를 구체화하는 근거법률을 통해서만 비로소 당사자에게 인정될 수 있는 일종의 사회적 기본권으로서 이의 이행은 재정 등을 고려한 국가의 입법적 재량에 속하는 것이다. 이처럼 양 제도는 그 성립원인과 목적 및 성질을 달리하므로 이중배상의 관계에 있지 않고, 따라서 군인·군무원 등에 대해서만 국가배상청구권을 금지하는 것은 다른 직종의 피해자들과 비교해 볼 때, 이들을 부당하게 차별하는 것으로서 평등의 원칙에 위배된다고 할 수 있다. 사실 다른 직종의 피해자들과 비교해서 군인·군무원 등의 매우 위험부담이 높은 직무의 특성에서 오는 합리적 차별사유를 고려할 때 오히려 이들에게 국가배상 이외에 국가보상을 '이중적으로' 배려해주는 것이 타당하다고 볼 수도 있으며, 이러한 논리가 오히려 합리적 차별사유가 존재할 경우 차별을 요구하는 것을 내용으로 하는 배분적 정의에 입각한 상대적 평등의 원칙에 부합된다고도 볼 수 있다. 만일 국가의 재정적 이유 등으로 이러한 이중적 배려가 불가능할 경우라면 당연히 국가의 의무에 속하는 국가배상을 이행하여야 할 것이고, 국가의 재량에 속하는 국가보상이 부징되어야 할 것이다.

(2) 아울러 군인·군무원·경찰공무원 등 이외의 위험부담이 높은 직종에 종사하는 다른 공무원들에게는 국가배상청구권이 인정된다는 점에서, 그리고 다른 법률이 정하는 보상의 액수가 국가배상법이나 민법에 따른 배상액수보다 적을 경우－더 많지는 못할망정－등을 고려해 볼 때, 이 제도는 명백히 평등의 원칙에 위배되는 것이다

(3) 또한 대법원판결에서도 언급된 바와 같이 이처럼 군인·군무원 등에게 국가배상청구를 금지하는 목적중의 하나가 국고손실을 줄이겠다는 재정적 이유에서 기인했던 것으로 볼 수 있는데, 국가배상이 국가의 불법행위를 원인으로 한다는 점을 고려할 때 이러한 이유는 국가배상청구권이라고 하는 기본권의 박탈을 정당화시킬 수 있는 목적이라고 볼 수 없다. 따라서 이 제도는 비례의 원칙과 기본권의 본질적 내용침해금지의 원칙을 위반한다고 볼 수 있다.

결국 군인·군무원 등의 국가배상청구금지제도는 헌법 제11조의 평등의 원칙, 동법 제37조 제2항의 비례의 원칙과 기본권의 본질적 내용침해의 원칙 등 헌법의 기본적이고 본질적 내용에 속하는 규정 내지 원칙을 위반하여 이들의 국가배상청구권을 박탈

하는 것이므로 당연히 위헌이라고 하겠다.

Ⅲ. 헌재결정의 내용

앞서 언급한 바와 같이 국가배상법 제2조 제1항 단서에 대한 대법원의 위헌판결이 있은 이후 이러한 군인·군무원 등의 국가배상청구금지규정 내지 제도에 대한 위헌시비를 없애기 위하여 직접 헌법 제29조 제2항에 실질적으로 동일한 내용을 헌법개정을 통해 규정하기에 이르렀고, 이에 따라 대체적인 학설은 더 이상 이 규정의 위헌여부가 문제될 수 없으며,[6] 따라서 이 규정에 대한 위헌심사를 할 수 없다는 입장을 견지해오고 있다. 이러한 헌법규정 자체에 대한 위헌심사문제와 관련하여 헌재는 1995. 12. 28. 95헌바3 결정에서 헌법 제29조 제2항에 대한 위헌심사의 가능성을 부정했고, 이러한 입장은 이후의 유사한 사례에서도 계속 유지되고 있다.[7] 다만 2000헌바38 결정에서 헌재가 예외적인 상황에서 헌법의 개별조항에 대한 위헌성을 확인할 수 있다는 하경철 재판관의 반대의견이 있었다.[8] 여기서는 가장 대표적인 95헌바3 결정의 내용을 살펴보기로 한다.

1. 사건의 개요

청구인은 군인으로 대한민국 소유의 군용 차량에 승차하고 가다가 부상을 입게 되자, 그의 가족들인 나머지 청구인들과 함께 국가를 상대로 하여 손해배상청구의 소를 제기하고, 헌법재판소법 제41조 제1항에 의하여 헌법 제29조 제2항 및 국가배상법 제2조 제1항 단서에 대한 위헌심판제청을 신청하였는데, 관할법원이 위 위헌심판제청의 신청에 대한 기각결정을 하자, 헌법재판소법 제68조 제2항에 의하여 이 사건 헌법소원심판을 청구하였다.

2. 결정의 요지

(1) 이 사건 심판청구는 헌법 제29조 제2항을 그 대상의 일부로 하고 있으므로, 우선

---

6) 예컨대 박윤흔, 전게서, 661쪽; 김동희, 전게서, 467쪽; 구병삭, 전게서, 638쪽.

7) 예컨대 헌재 1996. 6. 13. 94헌바20; 1996. 6. 13. 94헌마118 등; 2001. 2. 22. 2000헌바38.

8) "헌법에는 보다 상위의 근본규정에 해당하는 헌법규정과 그러한 근본규정에 해당하지 않는 보다 하위의 헌법규정이 있을 수 있고, 하위의 헌법규정이 상위의 헌법규정과 합치하지 않는 모든 경우에 그 효력을 부인할 수 있는 것은 아니나, 더 이상 감내할 수 없을 정도로 일반인의 정의감정에 합치하지 아니하는 경우에는 헌법의 개별조항도 헌법 제111조 제1항 제1호 및 제5호, 헌법재판소법 제41조 제1항 및 제68조 제2항 소정의 법률의 개념에 포함되는 것으로 해석하여 헌법재판소가 그 위헌성을 확인할 수 있다. 군인 등 신분이라는 이유만으로 국가배상청구권을 박탈한 헌법 제29조 제2항은 상위규정이며 민주주의 헌법의 기본이념이고 근본규정이라고 할 수 있는 헌법 제11조 제1항의 평등원칙에 위배되고 인간의 존엄과 가치를 보장한 헌법 제10조에도 위배된다." 헌재 2001. 2. 22. 2000헌바38, 판례집 13-1, 289, 289-290.

적으로 헌법의 개별조항이 헌법재판소법 제68조 제2항에 의한 헌법소원심판의 대상이 되는지 여부가 문제된다.

(2) 헌법 제111조 제1항 제1호 및 헌법재판소법 제41조 제1항은 위헌법률심판의 대상에 관하여, 헌법 제111조 제1항 제5호 및 헌법재판소법 제68조 제2항, 제41조 제1항은 헌법소원심판의 대상에 관하여 그것이 법률임을 명문으로 규정하고 있으며, 여기서 위헌심사의 대상이 되는 법률이 국회의 의결을 거친 이른바 형식적 의미의 법률을 의미하는 것에는 아무런 의문이 있을 수 없다. 따라서 형식적 의미의 법률과 동일한 효력을 갖는 조약 등은 포함된다고 볼 것이지만 헌법의 개별규정 자체는 그 대상이 아님이 명백하다.

(3) 그럼에도 불구하고, 이른바 헌법제정권력과 헌법개정권력을 준별하고, 헌법의 개별규정 상호간의 효력의 차이를 인정하는 전제하에서 헌법제정규범에 위반한 헌법개정에 의한 규정, 상위의 헌법규정에 위배되는 하위의 헌법규정은 위헌으로 위헌심사의 대상이 된다거나, 혹은 헌법규정도 입법작용이라는 공권력 행사의 결과이므로 헌법재판소법 제68조 제1항에 의한 헌법소원의 대상이 된다는 견해가 있을 수는 있다.

(4) 그러나 우리나라의 헌법은 제헌헌법이 초대국회에 의하여 제정된 반면 그 후의 제5차, 제7차, 제8차 및 현행의 제9차 헌법 개정에 있어서는 국민투표를 거친 바 있고, 그간 각 헌법의 개정절차조항 자체가 여러 번 개정된 적이 있으며, 형식적으로도 부분개정이 아니라 전문까지를 포함한 전면개정이 이루어졌던 점과 우리의 현행 헌법이 독일기본법 제79조 제3항과 같은 헌법개정의 한계에 관한 규정을 두고 있지 아니하고, 독일기본법 제79조 제1항 제1문과 같이 헌법의 개정을 법률의 형식으로 하도록 규정하고 있지도 아니한 점 등을 감안할 때, 우리 헌법의 각 개별규정 가운데 무엇이 헌법제정규정이고 무엇이 헌법개정규정인지를 구분하는 것이 가능하지 아니할 뿐 아니라, 각 개별규정에 그 효력상의 차이를 인정하여야 할 형식적인 이유를 찾을 수 없다. 이러한 점과 앞에서 검토한 현행 헌법 및 헌법재판소법의 명문의 규정취지에 비추어, 헌법제정권과 헌법개정권의 구별론이나 헌법개정한계론은 그 자체로서의 이론적 타당성 여부와 상관없이 우리 헌법재판소가 헌법의 개별규정에 대하여 위헌심사를 할 수 있다는 논거로 원용될 수 있는 것이 아니다.

또한 국민투표에 의하여 확정된 현행 헌법의 성립과정과 헌법 제130조 제2항이 헌법의 개정을 국민투표에 의하여 확정하도록 하고 있음에 비추어, 헌법은 그 전체로서 주권자인 국민의 결단 내지 국민적 합의의 결과라고 보아야 할 것으로, 헌법의 규정을 헌법재판소법 제68조 제1항 소정의 공권력 행사의 결과라고 볼 수도 없다.

(5) 물론 헌법은 전문과 단순한 개별조항의 상호관련성이 없는 집합에 지나지 않는 것이 아니고 하나의 통일된 가치체계를 이루고 있는 것이므로, 헌법의 전문과 각 개별규정은 서로 밀접한 관련을 맺고 있고, 따라서 헌법의 제규정 가운데는 헌법의 근본가

치를 보다 추상적으로 선언한 것도 있고, 이를 보다 구체적으로 표현한 것도 있어서 이념적·논리적으로는 규범상호간의 우열을 인정할 수 있는 것이 사실이다. 그러나 그렇다 하더라도, 이때에 인정되는 규범상호간의 우열은 추상적 가치규범의 구체화에 따른 것으로 헌법의 통일적 해석에 있어서는 유용할 것이지만, 그것이 헌법의 어느 특정규정이 다른 규정의 효력을 전면 부인할 수 있는 정도의 개별적 헌법규정 상호간에 효력상의 차등을 의미하는 것이라고는 볼 수 없다.

(6) 국가배상법 제2조 제1항 단서는 헌법 제29조 제1항에 의하여 보장되는 국가배상청구권을 헌법 내재적으로 제한하는 헌법 제29조 제2항에 직접 근거하고, 실질적으로 그 내용을 같이하는 것이므로 헌법에 위반된다고 할 수 없다.

3. 해 설

한마디로 헌재는 헌법규정은 헌재의 위헌심사의 대상이 될 수 없고, 따라서 그 헌법규정에 근거한 동일한 또는 유사한 내용의 법률규정은 당연히 합헌이라고 판시하고 있는데, 그 논거로서 첫째, 우리헌법은 독일헌법과는 달리 헌법개정의 한계를 두고 있지 않고, 둘째, 헌법제정규정과 헌법개정규정의 구분이 가능하지 않기 때문에 일정한 헌법개정규정의 헌법제정규정에의 위반여부를 논할 수 없고, 각 개별규정에 그 효력상의 차이를 인정하여야 할 형식적 이유가 없으며, 셋째, 헌법의 성립과 개정은 국민투표에 의하여 확정하도록 하고 있어 그 자체 주권자인 국민의 결단 내지 합의의 결과지 공권력행사가 아니므로 위헌심사의 대상이 될 수 없고, 넷째, 헌법규범 상호간의 우열은 인정되나 이것이 헌법규범 상호간의 효력상의 차등을 의미하는 것은 아니며, 다섯째, 위헌법률심판의 대상은 형식적 의미의 법률이므로 헌법규범이 그 대상이 될 수는 없다는 이유 등을 들고 있다. 이에 따라 헌재는 헌법 제29조 제2항은 헌재의 위헌심사의 대상이 될 수 없으므로 이 헌법조항에 대한 헌법소원을 각하했고, 아울러 국가배상법 제2조 제1항 단서는 헌법 제29조 제2항에 직접 근거하고 실질적으로 그 내용을 같이하는 것이므로 헌법에 위반되지 않는다고 결정했다. 그래서 대법원판결과는 달리 본안문제라고 할 수 있는 헌법 제29조 제2항과 국가배상법 제2조 제1항 단서에서 정한 군인·군무원 등의 국가배상청구금지규정의 내용 자체에 대한 위헌여부는 판단하지 않았다. 이 결정내용과 논거의 문제점은 헌법규정에 대한 위헌심사의 가능성 및 위 헌법조항의 위헌여부에 관하여 고찰하면서 언급하고자 한다.

Ⅳ. 헌법규정에 대한 위헌심사

앞서 대법원판례와 관련하여 언급한 바와 같이 군인·군무원 등의 국가배상청구금지제도는 위헌이라고 본다. 그리고 대법원의 위헌판결 이후 위헌시비를 없애기 위해서 실질적으로 동일한 내용을 헌법에 규정하고 있다는 사실 자체도 이 제도의 위헌성을 시사하는 것이라고 하겠다. 그렇다면 이러한 위헌적 제도 내지 조항이 헌법에 규정될 경우에는 어떻게 되겠는가? 결론적으로 말해서 해당 헌법규정 내지 헌법개정의 내용이 헌법상의 본질적이고 근본적인 상위규정이나 원칙에 위배된다면 그 경우에도 역시 해당 헌법규정은 위헌이고, 그 위헌적 헌법규정에 근거한 동일 또는 유사한 법률규정 역시 당연히 위헌이다. 그리고 해당 헌법규정과 그에 근거한 법률규정은 일정한 조건하에서 헌법재판소에 의하여 헌법소원 등의 방법으로 위헌심사와 통제의 대상이 될 수 있다고 본다. 이를 상세히 고찰해보면 다음과 같다.

1. 헌법상의 근본규범 및 통일성과 헌법규정에 대한 위헌심사의 가능성

위의 헌재결정에서도 살펴본 바와 같이 내용에 관계없이 헌법규정에 대하여는 위헌여부 자체가 문제될 수 없고 따라서 헌재의 위헌심사의 대상이 될 수 없으며, 결국 그 헌법규정에 근거한 법률규정도 합헌일 수밖에 없다는 견해가 국내판례[9]와 학설의 대체적인 입장인 것 같다. 그렇다면 헌법, 즉 개개의 헌법규정이나 개정 등의 경우에는 도대체 위헌여부가 문제될 수 없고, 따라서 헌법재판에 의한 위헌심사의 대상이 될 수 없는 것인가? 헌법규정에 대한 위헌심사의 가능성을 부정하는 입장에도 두 가지가 있을 수 있는데, 앞서 헌재의 입장처럼 처음부터 위헌여부가 문제될 수 없다는 입장과 위헌여부가 문제되고 따라서 위헌적 헌법규정이 존재할 수 있지만 헌법재판의 대상이 되지 않는다는 입장이 그것이다. 후자의 견해는 논리적이지 못하다고 본다. 왜냐하면

9) 앞서 다룬 헌재결정이 나오기 이전에도 일정한 법률규정의 내용이 위헌이고, 그 법률조항의 근거가 되는 헌법규정에도 위헌의 소지가 있다 하더라도 헌법규정은 위헌심사의 대상이 될 수 없고, 따라서 그 헌법규정에 근거한 위헌적 법률규정 역시 위헌통제의 대상이 될 수 없다는 견해를 헌재 1992. 4. 28. 90헌바27 등 국가공무원법 제66조에 대한 헌법소원사건에서 변정수 재판관은 별개의견으로 다음과 같이 밝히고 있다. "공무원 신분이라는 이유만으로 원칙적으로 노동3권을 박탈하고 예외적으로 법률로써 인정할 수 있도록 규정한 헌법 제33조 제2항은 그보다 상위규정이며 민주주의 헌법의 기본이념이고 헌법핵이라고 할 수 있는 헌법 제11조 제1항 소정의 평등원칙에 위배되는 조항일뿐더러 인간의 존엄과 가치 및 행복추구권을 규정한 헌법 제10조에도 위배되는 조항으로서 앞으로 헌법개정 등을 통해 재검토되어야 할 매우 부당한 위헌적인 헌법규정이다. … 공무원인 근로자의 노동3권 제한이 공익상 꼭 필요하다면 기본권의 일반유보조항인 헌법 제37조 제2항에 의하여 권리의 본질적 내용을 침해하지 아니하는 한도에서 법률로써 제한할 수 있는 것인데도 불구하고 헌법이 제33조 제2항과 같은 특별유보조항을 둔 것은 헌법에 근거규정만 두면 어떠한 법률을 만들어도 괜찮다는 잘못된 인식아래 공무원에 대하여서는 노동3권을 무한정 제한할 수 있도록 하고 그에 대한 위헌시비를 못하게 하기 위한 지극히 권위주의적인 발상에서 나온 것이라고 아니할 수 없다. 만일 헌법규정에 대하여는 어떠한 경우라도 위헌문제를 제기할 수 없다고 한다면 이는 헌법의 기본원칙과 기본권보장에 역행하는 어떠한 내용의 헌법규정을 두어도 괜찮다는 것이 되어 헌법의 본질과 기본권보장은 형해화되고 말 것이다. 위헌적인 헌법 제33조 제2항에 근거하여 국가공무원법 제66조 제1항은 공무원(사실상 노무에 종사하는 자 제외)의 노동3권을 완전히 박탈하였고 이 규정은 교육공무원법 제53조 제4항에 의하여 국공립학교 교원에 대하여서도 적용되고 있는데 당연히 노동3권을 향유하여야 할 국공립학교 교원이나 기타 공무원에 대하여 노동운동을 전면금지하고 있는 국가공무원법 제66조 제1항 본문 및 교육공무원법 제53조 제4항의 각 규정은 공무원의 노동3권의 본질적 내용을 침해하는 것이어서 헌법 제37조 제2항의 일반유보조항에 의하여서도 정당화될 수 없는 위헌적인 법률인 것은 두말할 것도 없으나 위 법률조항들이 헌법의 특별유보조항(제33조 제2항)에 근거를 두고 있기 때문에 아직은 그것에 대하여 쉽사리 위헌선언을 할 수 없을 뿐이다."

일정한 헌법규정이 일단 위헌이라고 한다면 당연히－위헌심사의 방법과 절차가 존재하는 한－헌법재판에 의한 심사와 통제의 대상이 되어야 하기 때문이다. 이에 대하여는 후술하기로 한다. 어쨌든 헌재결정도 밝히고 있듯이 헌법제정이나 개정은 주권자인 국민의 합의내지 결단이므로 이에 대한 위헌심사는 인정될 수 없다고 볼 수도 있고, 헌법규정 상호간의 문제는 헌법제정권자 내지 헌법개정권자의 고유권한에 속하는 문제이기 때문에 헌법규정 상호간의 충돌문제는 헌법개정 또는 최후에는 혁명 등을 통해서 해결해야 할 문제이지 헌법재판관이 해결할 문제는 아니라고 볼 수도 있으며,[10] 이것이 권력분립의 원칙에 충실한 견해일 수도 있다. 그러나 다른 한편 헌법에 내포된 헌법제정자의 근본결단의 불가침성을 보장하고 이러한 헌법상의 근본결단의 척도에 의한 개별 헌법규정에 대한 심사권한을 헌법재판소에 위임하는 것이야말로 헌법재판제도를 도입한 헌법의 기본취지에 부합된다는 주장[11]도 설득력있게 들린다.

이러한 헌법규정에 대한 위헌심사의 문제는 일견 그 발생가능성과 논의의 실익이 없어 보이기도 하지만, 앞서 군인·군무원 등의 국가배상청구금지제도의 경우에서도 보듯이 충분히 제기될 수 있는 문제이고, 특히 우리의 경우 그동안의 잦은 헌법개정과 그 개정과정에서 나타난 정치가 등의 개정관련자들의 헌법의 기본정신과 원칙에 대한 경시 내지는 무시하는 태도 그리고 지나친 당리당략에 치우친 졸속적인 정치적 타협 내지 야합 등으로 점철된 매우 바람직하지 못한 우리의 헌법개정사를 돌리켜 볼 때, 그리고 현재 계속되고 있는 기회주의적이고 당리당략적인 정부형태와 관련한 개헌논의를 바라볼 때, 이러한 헌법규정에 대한 위헌심사에 관한 논의는 매우 의미있는 작업이라고 생각된다. 이에 관한 국내판례는 앞서 살펴보았고, 이에 대한 체계적이고 깊이있는 국내의 학문적 논의는 미흡하기 때문에 여기서는 우리와 헌법의 체계와 근본원리 및 헌법재판제도가 유사한 독일의 관련 헌법규정과 학설 및 판례를 참고로 해서 고찰해 보고자 한다.

(1) 헌법상의 근본규범과 통일성

1) 주지하는 바와 같이 헌법상의 각 규정들은 형식적·내용적으로 상호 불가분의 밀접한 관련을 맺고 있다. 헌법은 각기 상이한 개별조항들의 아무런 의미 없는 단순한 집합체가 아니며, 형식과 내용에 있어서 상호 유기적인, 그 자체 하나의 통일적인 가치체계인 것이다.[12] 즉 헌법은 국가 내지 공권력 그 자체의 존재와 기능을 정당화시켜

10) Vgl. Apelt, NJW 1952, S. 733.

11) Vgl. Bachof, NJW 1952, S. 242.

12) Vgl. BVerfGE 1, 14(32); 7, 198(205); 19, 206(220); 33, 23(27); 34, 165(183); 49, 24(56); 55, 274(300); Hesse, Grundzüge des Verfassungsrechts der Bundesrepublik Deutschland, 16. Aufl., S. 11f., 26f.; Roellecke, Prinzipien der Verfassungsinterpretation in der Rechtsprechung des Bundesverfassungsgerichts, in: Bundesverfassungsgericht und Grundgesetz, Festgabe für das BVerfG, Bd. 2, 1976, S. 31ff.; Müller, Die Einheit, der Verfassung, S. 230.

주는 일정한 가치를 지향하는 하나의 체계적으로 조직화된 규범집합체인 것이다. 따라서 헌법은 당연히 이러한 근본적 가치질서의 구체적 실현형태로서의 일정한 기본원칙(Verfassungsgrundsätze)과 근본규범(Grundsatznormen) – 헌법제정권자의 근본결단 – 을 지니고 있으며, 이러한 기본원칙과 근본규범의 내용으로서는 일반적으로 민주주의원리, 법치주의원리, 사회국가원리 등의 기본원리와 이러한 기본원리를 바탕으로한 기본권규정들이 언급되고 있다.[13] 헌법내의 기타의 규정들은 이러한 헌법의 기본원칙과 근본규범으로부터 유래된 것으로서, 이러한 기본원칙과 근본규범을 구체화시키고 보충하는 일종의 부수적인 역할을 하는 것이지 결코 자기목적적인 것이 아니다.[14] 따라서 헌법의 이러한 가치체계적 통일성으로부터 헌법의 모든 규정 내지 개정은 이러한 헌법의 기본원칙과 근본규범에 합치될 것이 요구된다.[15]

헌법은 이처럼 내용과 기능 및 효력이 각기 상이한 다양한 규정들로 이루어져 있기 때문에 동일 헌법내에서라도 효력상 우선순위의 차이가 있는 규범들로 구성된 단계구조를 이루고 있다고 할 수 있다.[16] 따라서 일정한 헌법규정 내지 개정이 헌법의 기본원칙과 근본규범에 위배될 경우 그 해당규정의 위헌여부가 문제될 수 있으며, 앞서 언급한 바와 같이 헌법의 통일성과 단계구조로부터 논리필연적으로 위헌적인 당해 헌법규정 또는 개정의 무효 내지 금지의 결과를 야기하게 된다.

2) 헌법개정의 한계문제를 직접 헌법에서 다룬 예가 바로 독일 기본법 제79조 제3항이라고 할 수 있다. 동조항은 "각 주에 의한 연방의 구성, 연방입법과정에의 각 주의 원칙적 참여 또는 기본법 제1조와 제20조에 내포되어 있는 기본원칙들에 저촉되는 기본법의 개정은 허용되지 아니한다."라고 규정함으로써 앞서 언급한 헌법의 기본원칙과 근본규범, 즉 민주주의원리, 법치국가원리, 사회국가원리, 연방국가원리 등과 인간의 존엄과 가치를 정점으로 하는 각 기본권규정들의 본질적인 내용은 헌법내의 최상위규범의 효력을 가지는 근본규범으로서 합헌적인 절차에 의한다 할지라도 헌법개정의 대상이 될 수 없음을 명백히 하고 있다.[17]

이 기본법 제79조 제3항의 기본정신은 헌법(Verfassung)과 헌법률(Verfassungsgesetz)의 구별 및 이에 따른 헌법제정(Verfassunggebung)과 헌법개정(Verfassungsgesetzgebung)의 구별을 그 이론적 출발점으로 하는 Carl Schmitt의 헌법관에서 유래한다고 평가된다. C. Schmitt는 전체로서 하나의 정치적 통일체의 일회적인 근본결단으로서의 헌법제정행위

13) Vgl. BVerfGE 1, 14(33ff.); Maunz/Zippelius, Dertsches Staatsrecht, 27. Aufl., S. 58ff.

14) Vgl. Maunz, in: Maunz/Dürig, Grundgesetz Kommentar, Art. 93, Rdnr. 23.

15) Vgl. BVerfGE 1, 14(31f.); 3, 225(231ff.); 4, 294ff.; Ulsamer, in: Maunz/Schmidt-Bleibtreu, BVerfGE Kommentar, 90, Rdnr. 83.

16) Stern, Das Staatsrecht der Bundesrepublik Deutschland, Bd. 1, 2. Aufl., 1984, S. 113; Herzog, Hierarchie der Verfassungsnormen und ihre Funktion beim Schutz der Grundrechte, EuGRZ 1990, S. 485.

17) BVerfGE 30, 1(24ff.); Maunz/Dürig, in: Maunz/Dürig, Grundgesetz Kommentar, Art. 79, Rdnr. 29; Hesse, AöR 98, S. 1ff.; Dürig, in: Festgabe für Th. Maunz, 1971, S. 41ff.

와 이러한 제정헌법을 전제로 하고 이 제정헌법의 바탕위에서 비로소 그 효력이 발생되고 정당화되어지는 헌법률의 제정 내지 개정을 구별한다. 그에 따르면 이러한 헌법제정권자의 정치적 근본결단은 헌법률의 제정 및 개정을 비롯한 모든 규범정립작용에 우선하는 효력을 가진다.[18] 따라서 일정한 헌법률의 제정 및 개정은 이러한 정치적 근본결단으로서의 헌법에 위배되어서는 아니 될 본질적 한계를 지니고 있다.[19] 그러므로 새로운 헌법률의 제정 및 개정은 이러한 전체로서의 하나의 체계인 헌법의 동질성과 계속성을 유지하고 그에 부합하는 한도내에서만 가능한 것이고, 이를 통한 또 하나의 새로운 헌법의 제정은 허용될 수 없게 된다.[20] 결국 C. Schmitt의 견해에 따르면 헌법제정권자가 내린 정치적인 근본결단으로서의 헌법은 이에 근거한 헌법률과는 달리 헌법개정권자에 의해 절대로 침해될 수 없으며, 여기서 헌법제정권자의 근본결단으로서의 헌법은 형식적으로는 기본법 제79조 제3항에서 언급된 기본법상의 기본원칙과 근본규범에 해당된다고 볼 수 있는 논리적 유사성에 비추어 C. Schmitt의 헌법이론과 기본법 제79조 제3항의 기본정신 사이에 공통점이 발견될 수 있다.

(2) 헌법규정에 대한 위헌심사의 가능성

1) 이러한 맥락에서 볼 때 시원적 국가작용인 헌법제정행위에 의하여 이루어진 제헌헌법의 경우 그 내용이 처음부터 상호 모순된 충돌하는 규범을 지닌다고 하는 것부터가 현실적으로 가능성이 없어 보이고,[21] 아울러 제헌헌법 그 자체를 전제로 하고 그에 의하여 비로소 그 제도적 정당성을 인정받고 있는 헌법재판이 제헌헌법상의 규범 그 자체를 심사한다는 것은 일응 논리적으로 모순되는 것처럼 보여 지기에 제헌헌법상의 규정은 모두 위헌심사의 대상이 될 수 없다고 볼 수도 있다. 그러나 다른 한편 제헌헌법 자체에도 극히 예외적으로 헌법의 기본원칙과 근본규범에 명백히 모순·충돌되는 규정이 존재하고,[22] 이 충돌하는 규정 상호간의 조화로운 해석과 운용이 불가능한 경우를 전적으로 배제할 필요는 없다고 본다. 왜냐하면 헌법제정권력에도 헌법개정권력의 경우와 마찬가지로 일정한 한계가 있다고 보아야 하며, 이러한 견해가 학설상 적지 않게 주장되고 있기도 하다. 사실 헌법제정권력이라고 해서 어떠한 한계도 없는 무한대의 권한일 수도 없고, 헌법제정행위에 의해서 이루어진 제헌헌법이 어떠한 모순도 없는 완전무결한 헌법이 아닐 수도 있다. 앞서도 언급했듯이 헌법이란 일정한 핵심적

---

18) Vgl. C. Schmitt, Verfassungslehre, 1928, S. 23.

19) Vgl. C. Schmitt, aaO, S. 98.

20) Vgl. C. Schmitt, aaO, S. 103; ders, Die legale Weltrevolution, Der Staat 17, S. 324.

21) Vgl. Herzog, aaO, S. 485.

22) 문제되는 규정이 제헌당시부터 근본규범에 명백히 저촉된다고 평가될 경우도 있을 수 있고, 처음에는 모순되지 아니하거나 근본규범에 합치되는 조화로운 해석이 가능했으나, 사회의 변천으로 인해 시간이 흐르면서 이러한 조화로운 해석이 불가능해지고 명백히 근본규범에 저촉되는 경우도 있을 수 있을 것이다.

이고 본질적인 가치를 담고 있는데, 제헌헌법의 규정 중에도 예외적으로 이러한 기본적 가치와 원리에 저촉되는 것이 있을 수 있기 때문에, 이러한 경우에는 헌법의 본질적 가치와 원리를 수호하고 국민의 기본권의 본질적 내용을 보호하기 위하여 이러한 헌법제정의 한계를 일탈한 규정에 대한 그 어떠한 심사와 통제가 이루어져야 할 것이다. 물론 이러한 경우에는 이른바 헌법의 변질이나 헌법개정 등을 통해 문제를 극복하는 것이 일반적인 해결방안이 되겠지만, 이러한 해결책이 불가능하거나 기대될 수 없을 경우에는 최후의 수단으로 헌법재판에 의한 해결도 고려할 수 있는 것이며, 이를 전적으로 배제할 이유가 없다고 본다.

아울러 헌법개정권력에도 헌법의 기본원리와 근본규범에 저촉되어서는 않된다는 일정한 한계가 존재하며, 만일 헌법개정의 내용이 이러한 헌법의 기본원리와 근본규범에 명백히 저촉된다면 이 경우에도 역시－앞서 언급했듯이 규범상호간의 조화적인 해석이나 헌법의 변질 또는 헌법의 재개정 등의 방법으로 해결되지 못할 경우－최후의 수단으로서 헌법재판에 의한 심사와 통제가 이루어져야 할 것이다.[23] 헌법개정 내지 헌법개정권력의 한계를 인정하면서도 다른 한편 이러한 한계를 일탈한 헌법개정에 대한 위헌심사 자체를 부정하는 것은 그 자체가 논리적 모순이고, 헌법개정의 한계를 논하고 이를 인정하는 실익을 스스로 상실하는 것이다. 결국 앞서 언급한 바와 같이 헌법개정권력은 시원적인 헌법제정권력으로부터 근거하고 그것에 의하여 비로소 그 정당성을 인정받는다는 면에서 헌법제정권력과 구별되기는 하지만,[24] C. Schmitt의 견해와는 달리 양자 모두에게 일정한 한계가 존재하고, 따라서 그 한계를 명백히 일탈할 경우에는 이러한 일탈을 통제하고 해결하기 위한 최후의 수단으로서 헌법재판에 의한 위헌심사가 인정되어야 한다는 면에서는 본질적인 차이가 없다고 볼 수도 있다.

2) 한편 독일 기본법 제79조 제3항에 의하여 규정된 헌법개정의 한계는 논리필연적으로 동조항 그 자체에게도 적용된다고 할 것이다. 이는 기본법 제79조 제3항의 입법취지와 규범논리적 요청(Gebot der Normlogik)의 측면에서 볼 때 당연한 것이라고 하겠다. 왜냐하면 그렇지 않을 경우 기본법 제79조 제3항 자체가 합헌적인 절차에 의하여 개정 또는 폐지될 수 있고, 그 다음 아무런 제한없이 원래는 기본법 제79조 제3항에 의하여 그 개정이 금지되었던 헌법상의 근본규범들이 헌법개정에 의하여 침해될 수 있어 기본법 제79조 제3항의 존재목적과 의의를 상실할 것이기 때문이다.[25] 한편 이러한 위험성을 사전에 예방하기 위하여 기본법 제79조 제3항 그 자체를 헌법개정의 대상이 되지 아니한다고 명시적으로 규정하는 방법을 고려해 볼 수도 있지만, 이는 불필요하고 무의미하다고 생각된다. 왜냐하면 그러한 규정 역시 합헌적으로 개정 또는 폐지될 수 있고, 그 연후에 기본법 제79조 제3항을 개정 또는 폐지할 수 있기 때문이다.[26]

---

23) Vgl. BVerfGE 12, 45; Maunz, aaO, Art. 93, Rdnr. 23.

24) Vgl. Badura, Staatsrecht, 1986, S. 8.

25) Vgl. Maunz/Dürig, aaO, Art. 79, Rdnr. 50; Hesse, aaO, S. 265f.

결국 헌법내의 일정한 근본규범에 저촉되는 헌법개정의 금지문제는 이에 관한 명시적인 실정법 규정의 존재 유무에 달려 있는 것이 아니라, 이와는 무관한 하나의 가치체계로서의 헌법의 본질과 이념 및 통일성에서 논리 필연적으로 도출되는 헌법이론의 문제인 것이다. 따라서 기본법 제79조 제3항의 존재유무에 관계없이 헌법상의 근본규범에 위배되는 일정한 헌법개정은 위헌적 헌법규정으로서 무효이며, 헌법재판소는 이러한 개개의 헌법개정의 위헌심판을 담당해야 할 것이다.[27] 이런 점에서 우리 헌법의 경우에는 독일 기본법 제79조 제3항과 같은 헌법개정의 한계에 관한 규정이 없기 때문에 헌법개정에 대한 위헌심사를 인정할 수 없다는 헌법재판소의 견해는 타당하다고 볼 수 없다.

무릇 헌법재판의 본질과 기능은 헌법전 그 자체를 수호하는 데 있는 것이 아니라, 헌법상의 근본규범에 의하여 징표된 근본가치의 수호에 있는 것이고, 이러한 헌법상 가치의 핵은 헌법의 하위규범인 법률이나 명령·규칙·조례 등의 제정 및 기타의 일반적인 공권력작용에 의해서 뿐만 아니라, 헌법전내에 속해 있는 개개의 헌법규정 또는 개정에 의해서도 침해되어질 수 있기 때문에, 이러한 헌법상 근본규범에 위배되는 위헌적 헌법규정은 당연히 헌법재판에 의한 통제의 대상이 되어야 하기 때문이다. 이것이 바로 헌법의 최후의 수호자, 즉 헌법상의 기본원칙과 근본규범을 정점으로 해서 체계화된 헌법의 통일성의 수호자로서의 헌법재판소의 임무와 사명이며, 헌법재판제도의 궁극적 목적인 것이다. 따라서 이념적·논리적으로는 헌법규범 상호간의 우열을 인정하면서도 이러한 규범 상호간의 우열이 단지 추상적 가치규범의 구체화에 따른 것으로 헌법의 통일적 해석에 있어서는 유용할 것이지만, 그것이 헌법의 어느 특정규정이 다른 규정의 효력을 전면 부인할 수 있는 정도의 개별적 헌법규정 상호간에 효력상의 차등을 의미하는 것이라고는 볼 수 없으므로 헌법규정의 위헌 여부와 이에 따른 헌법재판소의 통제가능성은 인정될 수 없다는 헌재의 견해는 타당하다고 볼 수 없다.

2. 독일 헌법재판제도에서의 헌법규정에 대한 위헌심사

(1) 추상적 규범통제(Abstrakte Normenkontrolle)에 의한 방법

기본법 제93조 제1항 제2호는 "연방헌법재판소는 연방정부와 주정부 그리고 연방의회 구성원의 1/3이상의 신청에 의한 연방법(Bundesrecht) 또는 주법(Landesrecht)의 기본법과의 형식적·실질적인 합치 여부 또는 주법의 그 밖의 연방법과의 합치여부에 대하여 심사·결정한다."라고 규정하고 있고, 이와 동일한 내용이 연방헌법재판소법 제76조에 규정되어 있다. 여기서 '연방법'과 '주법'은 좁은 의미의 형식적 법률인 '연방법률

26) Stern, aaO, S. 115f.

27) Vgl. BVerfGE 30, 1(15ff.); 34, 9(19f.); Bryde, in: Grundgesetz Kommentar, hrsg. v. v. Münch, 2. Aufl., Art. 79, Rdnr. 25; Herzog, aaO, S. 485.

(Bundesgesetze)'과 '주법률(Landesgesetze)'을 의미하는 것이 아니라, 넓은 의미의 '연방규범(Bundesrecht)'과 '주규범(Landesrecht)'을 의미하고 있다. 따라서 여기서 말하는 규범에는 모든 단계의 법규범(Rechtsnormen jeder Rechtsstufe)이 포함되기 때문에[28] 형식적 의미의 일반적 법률(Gesetze im formellen Sinne) 뿐만 아니라, 법률보다 하위규범인 명령(Rechtsverordnungen)·조례(Satzungen) 등과 법률보다 상위규범인 헌법규정이 당연히 포함된다고 보고 있다.[29] 따라서 일정한 헌법규정 또는 개정의 기본법－즉, 기본법상의 근본규범 내지 상위규범－에의 위반 여부가 문제될 경우 연방정부나 주정부 또는 연방의회 구성원의 1/3이상이 헌법재판소에 위헌심판을 신청할 수 있게 된다.

여기서 문제되는 헌법규정이 구체적으로 기본법상의 어떤 근본규범 내지 상위규범에 위반되는가 하는 것을 밝히는 문제, 즉 위헌판단의 척도와 기준을 명확히 밝히는 문제는 해결하기에 쉬운 일은 아니다. 따라서 해당 헌법규정은 가능한 한 헌법합치적으로 해석(Verfassungskonforme Auslegung der Verfassungsbestimmung)될 것이 요구된다.[30] 그러나 일정한 헌법규정의 헌법합치적 해석이 가능하지 않을 경우 불가피하게 위헌여부의 판단을 해야 하는데, 이때의 헌법상의 판단기준으로서는 일반적으로 기본법상의 성문 또는 불문의 기본원칙과 기본권규정들을 열거할 수 있다. 그러나 그 판단기준은 어디까지나 기본법에 내포되어 있는 원칙과 규범에 국한되기 때문에 기본법에 내포되어 있지 아니한 또는 기본법을 초월하는 초실정법적인 권리나 사상(Überpositives Recht)－예컨대 선국가적 내지 초국가적인 인간의 권리(Vor-und überstaatliche Menschenrechte)－등은 그 위헌여부의 판단기준이 될 수 없을 것이다.[31]

(2) 구체적 규범통제(Konkrete Normenkontrolle)에 의한 방법

기본법 제100조 제1항은 구체적인 재판절차과정에서 적용될 법률이 위헌이라고 판단될 경우 당해법원이 연방헌법재판소－상황에 따라서는 주헌법재판소－에 그 해당법률의 위헌심판을 제청할 수 있도록 규정하고 있으며, 이에 대하여 연방헌법재판소법 제80조 이하에서 상세히 규정하고 있다. 여기서 구체적 규범통제의 대상이 되는 규범은 법률(ein Gesetz)이라고 규정되어 있기 때문에 원칙적으로는 형식적 의미의 법률(Gesetze im formellen Sinne)만이 위헌제청의 대상이 된다고 하겠다.[32]

이와 관련하여 법률보다 상위규범인 헌법규정이 구체적 규범통제의 대상이 될 수

---

28) Maunz, aaO, Art. 93, Rdnr. 21; Ulsamer, aaO, §76, Rdnr. 14; Schlaich, Das Bundesverfassungsgericht, S. 68f.; Pestalozza, Verfassungsprozeßrecht, 3. Aufl., 1991, S. 122f.

29) Vgl. BVerfGE 12, 45(50f.); 20, 56(89); 30, 1(15ff.).

30) Hesse, aaO, S. 29f.

31) Vgl. Maunz, aaO, Art. 93, Rdnr. 21.

32) BVerfGE 1, 202(206ff.); 7, 358(363); 17, 208(209); 29, 348(358); 48, 40(44f.); 56, 1(11); Maunz, aaO, Art. 100, Rdnr. 7; Ulsamer, aaO, Art. 80, Rdnr. 27.

있는가의 문제가 제기될 수 있는데, 헌법개정작용은 연방입법기관에 의한 광의의 법률정립작용의 범주에 속하는 것으로 좁은 의미의 형식적 법률정립작용과 그 본질에 있어서 차이가 없고, 아울러 기본법 제79조가 헌법개정은 '법률'(das vom Bundesgesetzgeber verabschiedete 'Gesetz' zur Änderung des Grundgesetzes)의 형식으로 이루어진다고 규정하고 있기 때문에 이를 구체적 규범통제의 대상에서 제외시킬 필요가 없다고 평가되고 있다.33) 따라서 구체적 재판과정에서 일정한 헌법규정이 직접적 또는 간접적－예컨대 다른 하위규범을 매개로 해서－으로 헌법－헌법상의 근본규범 내지 상위규범－에 위배된다고 판단될 때 당해 법원은 그 해당 헌법규정－하위규범을 매개할 경우에는 그 하위규범과 더불어－의 위헌심판을 연방헌법재판소에 제청할 수 있으며, 이에 따라 연방헌법재판소는 그 해당 헌법규정에 대한 위헌심판을 할 수 있는 것이다.34)

(3) 헌법소원심판절차(Verfassungsbeschwerde Verfahren)에 의한 방법

기본법 제93조 제1항 제4a호는 헌법소원심판제도를 규정하고 있으며, 연방헌법재판소법 제90조 이하에서 이에 대하여 상세히 규정하고 있다. 여기서 헌법소원심판의 대상이 되는 공권력(öffentliche Gewalt)은 모든 형태의 국가작용 즉, 입법·사법·행정작용 모두를 포함하고 있으며,35) 입법작용에는 좁은 의미의 형식적 법률(Gesetze im formellen Sinne) 뿐 아니라 헌법규범정립작용 내지 헌법개정작용도 해당된다고 볼 수 있기 때문에,36) 일정한 위헌적 헌법규정에 의하여 직접적 또는 간접적－예컨대 문제된 헌법규정에 근거한 하위규범이나 기타의 행정작용(보충성원칙의 예외나 비적용의 경우)을 직접 매개로 해서－으로 청구인의 헌법상 보장된 기본권이 침해된 경우 연방헌법재판소는 청구인의 헌법소원심판제기에 따라 침해된 기본권의 구제와 더불어 해당 헌법규정에 대한 위헌심사를 할 수 있다고 본다.37) 사실 이러한 입장이 국민의 기본권구제의 기능뿐 아니라 헌법수호의 기능까지도 그 사명으로 하고 있는 헌법소원제도의 목적과 본질에도 부합하는 것이라 하겠다.

3. 우리 헌법재판제도에서의 헌법규정에 대한 위헌심사

(1) 독일의 제도 및 이론의 우리 법제에의 적용가능성

1) 헌법규정에 대한 위헌심사와 관련한 독일의 관계규정 및 판례와 학설이 우리의

---

33) Vgl. Ulsamer, aaO, § 80, Rdnr. 45f.; Schlaich, aaO, S. 76.

34) Vgl. BVerfGE 3, 225(231ff.)

35) Maunz, aaO, Art. 93, Rdnr. 69; Gusy, Die Verfassungsbeschwerde, 1988, S. 13f.; Zuck, Das Recht der Verfassungsbeschwerde, 2. Aufl., S. 177ff.

36) Schmidt-Bleibtreu, in: BVerfGG Kommentar, § 90, Rdnr. 83f.; Zuck, aaO, S. 195f.; Gusy, aaO, S. 19.

37) Vgl. BVerfGE 4, 294ff.; 30, 1ff.

실정에도 그대로 적용되어질 수 있는가에는 다소의 의문이 따를 수 있다. 첫째, 독일에서 일반적으로 인정되고 있는 헌법전내의 단계적 구조이론이－독일 기본법 제79조 제3항에 해당되는 규정을 갖고 있지 아니한－우리의 헌법에도 적용될 수 있는 가이다. 둘째, 우리의 헌법개정절차는 독일과는 달리－독일의 경우 연방의회 재적의원(Mitglieder des Bundestages)의 2/3이상 그리고 연방참사원 표결수(Stimmen des Bundesrates)의 2/3이상의 동의로써 헌법개정안이 의결·확정된다[38])－국회의 의결(재적의원 2/3 이상의 찬성, 헌법 제130조 제1항)외에 최종적으로 국민투표(국회의원 선거권자 과반수의 투표와 투표자 과반수의 찬성, 헌법 제130조 제2항)에 의하여 헌법개정안이 확정되기 때문에 이처럼 국민투표를 거친 헌법개정에 대한 헌법재판소에 의한 통제가 가능할 수 있겠는가 그리고 또한 정당화되어질 수 있겠는가이다. 셋째, 현행헌법에 헌법재판제도를 도입할 당시의 헌법개정권자의 의도에 비추어볼 때 헌법재판을 통한 규범통제의 대상으로 과연 헌법 자체의 규정이나 이에 대한 개정 등이 예상되었겠는가 이다.

이러한 의문점은 간단히 대답되어질 수 있는 성질의 것은 물론 아니다. 그러나 우리 헌법 또한 형식적·내용적으로 대등한 다수의 규정들의 단순한 집합체가 아니고, 일정한 헌법제정권자의 근본결단과 기본원칙을 그 기본바탕으로 하고 있으며, 헌법의 다른 규정들은 이 근본규범으로부터 도출되고 그 근본규범을 구체화하고 보충하는 부수적 규범(Sekundäres Verfassungsrecht)이라고 하는 것을 부인할 수는 없다고 본다. 따라서 우리 헌법 역시 그 기능과 내용 및 효력을 달리하는 다양한 상위·하위규범들로 이루어진 단계적 구조를 가지고 있다고 하겠으며, 따라서 내용상 상하의 규범들 간의 충돌 또한 충분히 가능한 것이다. 아울러 이 헌법상의 근본규범 내지 이 근본규범을 통해 징표된 근본가치는 그 어떤 형태의 침해로부터도 보호되어야 한다는 것 또한 의문의 여지가 없으며, 여기서 그 침해행위가 일반 하위규범 정립작용이건 또는 헌법개정작용이건 차이가 있을 수 없다. 물론 일반법률의 개정이나 독일에서의 헌법개정절차와는 달리 우리의 경우 헌법개정은 최종적으로 국민투표로 확정되기 때문에 그 헌법개정행위에는 보다 직접적이고 강력한 민주적 정당성이 부여될 수는 있을 것이다. 그러나 그렇다고 하여 국민투표를 매개로 한 헌법개정에 의한 헌법의 근본규범에 대한 침해행위가 전적으로 정당화되어질 수 있는 것은 아니다. 왜냐하면 그렇지 않다면 국민투표를 통해서라면 어떠한 내용의 헌법개정도 가능하다는 결론에 도달하게 되고, 이에 따라 결국 헌법은 내용적으로 형해화될 수밖에 없을 것이기 때문이다.

2) 한편 직접민주주의적 요소로서의 국민투표는 외형상 대의제도와 모순된다고 평가되고 있으나, 다른 한편 대의제도가 가지는 단점을 보완하는 제도로서 보충적으로 운용된다면 대의제도와 조화될 수 있다고 보는 것이 일반적인 시각이고, 따라서 우리 헌법도 대의제도를 바탕으로 하면서도 국민투표제도를 가미하고 있다. 그런데 이러한

38) Art. 79 Abs. 2 GG.

국민투표제도가 지니는 헌법적 의미와 순기능을 높이 평가하면서도 동시에 그것이 지니는 역기능과 한계도 아울러 유념해야 하리라고 생각한다. 사실 국민주권의 실현방법의 하나로서의 국민투표제도가 지니는 직접적인 민주적 정당성부여라는 기능과 관련하여 국민투표제도에 무한한 신뢰와 절대적인 정당성을 부여하는 것이 일반적인 경향이지만, 이러한 일반적인 기대와 인식과는 달리 현대국가에서의 국민투표의 실질적 기능과 경험은 많은 문제점도 아울러 지니고 있다고 할 수 있다. 즉 국민의 정치적인 자결력과 판단능력 및 책임감의 한계와 국가영역과 작용의 광활성·다양성으로 인해 직접민주주의 대신 간접민주주의를 바탕으로 하는 대의제도와 전문가정치가 불가피한 현대국가에 있어서 선진국은 선진국대로 후진국은 후진국대로 직접민주제적 요소인 국민투표제도는 일정한 한계를 가질 수밖에 없고, 상황에 따라서는 대의제도를 무력화시키고 국민 내지 주권자의 의사라는 미명아래 그리고 위장적이고 불명확한 민주적 정당성을 바탕으로 독재정치와 헌법의 본질적 내용 침해 또는 특정정파의 이해관철을 정당화시키는 도구로 전락되고 남용될 수 있으며, 이를 우리의 불행한 헌정사가 웅변적으로 보여주고 있다.[39] 사실, 특히 후진국일수록, 특정 권력기관이 국민투표발의권을 가질 경우 이 발의권자가 국민투표의 시기·내용·설문용어 등 제반사항을 일방적으로 정함으로써 그의 권력을 정당화시키고 정적을 타파하기위한 수단으로서, 또는 독재자가 의회를 무시하고 자신의 정치적 의도를 관철시키기 위하여 국민투표를 선호하고 남용하는 예가 많으며, 이 경우 국민투표발의권자의 의도에 반해서 국민투표가 부결된 경우가 매우 적다는 사실을 각국의 헌정사가 보여주고 있다.[40] 이러한 경험적 실제는

39) 2000헌바38 사건의 반대의견에서 하경철 재판관은 "주지하듯이 유신헌법은 1972. 10. 17. 전국에 비상계엄을 선포하고 이른바 10·17 비상조치에 따라서 국회를 해산시키고, 정당의 정치활동을 중지시키는 등 헌법의 일부조항의 효력을 정지시킨 상태에서 개헌에 관한 찬반토론도 없이 제정된 것이고, 그 후로도 유신체제 내내 긴급조치 제1호와 제9호 등에 의하여 개헌논의와 비판 등은 금지되었고 엄벌되어 왔다. 이 사건 헌법조항은 이와 같이 위헌적인 절차로 개정된 비민주적 유신헌법에서 탄생하여 제5공화국 헌법을 거쳐 제6공화국 헌법에까지 이어져 오고 있는 권위주의 시대의 잔재이다. 그리고 이들 헌법이 비록 국민투표에 의하여 확정되기는 하였으나, 국민투표제도가 이론적인 장점에도 불구하고 집권자에 의한 정치적 이용가능성이라는 폐해가 있으며, 실제로 과거 권위주의 권력이 이를 악용한 사실, 또 그 방식이 이 사건 헌법조항과 같은 개별조항별로 찬반을 묻는 것이 아니라 개정헌법전체에 대한 일괄적인 찬반투표이기 때문에 개별조항에 대한 반대방법이 없었다는 점 및 계엄 등 공포 분위기와 그 연장선 아래서 국민투표가 시행된 점등을 고려할 때, 이 사건 헌법조항이 진정한 민의를 반영한 헌법개정권력의 결단의 산물이라고 할 수 있을지 의문이다. 국민투표를 거쳤다고 하여서 절차적 합법성의 결여가 치유되는 것은 아니다. 만일 국민투표에 의하여 확정되기만 하면 어떠한 내용의 헌법개정도 가능하다고 본다면, 국민투표는 불법적 '힘'의 결단을 곧 '법'으로 만드는 합법화수단 외에 다른 아무 것도 아닐 것이며, 독재권력에 의하여 언제든지 남용될 수 있는 가능성을 내포하고 있는 것이다. 그러므로 국민투표를 거쳐서 헌법개정이 되었다 하여 국민투표를 거치지 않은 헌법개정의 경우보다 더욱 높은 정당성을 부여하거나 우위의 효력을 부여할 수 없는 것이며 또 이를 이유로 하여 위헌심사가능성을 부인할 수도 없다 할 것이다." 라고 주장하고 있다. 헌재 2001. 2. 22. 2000헌바38, 판례집 13-1, 289, 297-298.

40) 개헌안에 대한 국민투표가 부결된 예로서 동아일보 1999. 5. 19. A9쪽에는 '개헌안 국민투표 이례적 부결'이라는 제목의 기사를 싣고 있는데, 그 내용을 소개하면 다음과 같다. "국가의 중요안건이 국민투표에서 부결되는 일은 좀처럼 없다. 하물며 … 헌법개정안이 국민투표에서 부결된다는 것은 상상하기 어렵다. 후진국에서는 더욱 그렇다. 그러나 中美 과테말라에서 이런 일이 생겼다. 과테말라 정부는 36년간에 걸친 좌익반군과의 내전 끝에 96년 타결한 평화협상의 내용을 담은 개헌안을 국민투표에 붙였다. 그러나 찬반비율은 1대2로 반대가 압도적으로 많았다. 투표율도 18.4%로 극히 저조했다. … 개헌안 부결의 가장

국민투표가 본래의 기대와는 달리 국민주권의 실현방법으로서 민주적 정당성부여와 대의제도의 보완 및 권력통제 내지 견지의 기능을 제대로 발휘하지 못한다는 것을 보여준다. 물론 국민투표제도가 앞서 언급한 바와 같이 국민주권의 직접적 실현방법으로서 국민주권의 이념을 실현하고, 대의제도와 선거제도의 결함을 보완하며, 권력통제와 견제의 기능을 가지고, 국민의 구체적·경험적 의사를 파악할 수 있다는 점 등의 다양한 의미와 순기능을 가지고 있다는 사실을 결코 과소평가해서는 안되겠지만, 그렇다고 이를 모든 것을 정당화시키는 전가의 보도로 취급해서도 안될 것이다. 따라서 헌법개정의 경우 그것이 국민투표를 거쳤다는 이유만으로 그 내용과 법적 효과를 불문하고 위헌여부가 문제될 수 없고, 헌재의 위헌심사에서 제외된다는 견해는 타당성이 없다. 국민주권의 이념이 헌법의 지고의 근본이념임에는 분명하고, 이러한 국민주권의 이념은 모든 국가권력의 창설과 행사의 최후적 정당성을 국민의 의사에 귀착시키는 것을 의미하지만, 여기서의 국민의 의사는 구체적·경험적 의사가 아닌 미래지향적이고 당위적인 국민전체와 국익을 위한 추정적 의사라는 점을 유념해야 할 것이다.

이런 점에서 국민투표에 의하여 확정된 현행 헌법의 성립과정과 헌법 제130조 제2항이 헌법의 개정을 국민투표에 의하여 확정하도록 하고 있음에 비추어 헌법은 그 전체로서 주권자인 국민의 결단 내지 국민적 합의의 결과라고 보아야 할 것으로 헌법의 규정을 헌법재판소법 제68조 제1항 소정의 공권력 행사의 결과라고 볼 수 없고, 따라서 이러한 국민의 결단인 헌법개정은 위헌심사의 대상이 될 수 없다고 판시한 헌재의 견해는 타당하다고 보기 어렵다.

무릇 헌법이라고 하는 것은, 마치 민주주의의 본질이 가치중립적인 단순한 상대적 민주주의가 아니고 가치관계적인 방어적 민주주의(Streitbare Demokratie)[41]인 것처럼, 그 자체가 지니고 있는 근본가치에 대한 내부 또는 외부로부터의 그 어떤 침해행위에 대하여도 조건반사적인 방어적 본능과 속성을 지니고 있기 때문에, 국민투표에 의한 헌법개정행위라고 할지라도 그것이 헌법의 근본가치를 명백히 침해할 경우에는 그 헌법개정은 이미 정당화되어질 수 없으며, 이러한 위헌적 헌법개정을 헌법재판에 의하여 통제함으로써 헌법의 근본가치와 통일성을 수호하는 것이 헌법재판제도의 근본취지라고 보아야 하기 때문에 우리의 헌법 및 헌법재판제도하에서도 당연히 위헌적 헌법규정에 대한 헌법재판소의 위헌심사는 가능하며 또한 가능해야 할 것이다. 이런 점에서 우리의 경우에는 독일기본법 제79조 제1항 제1문과는 달리 헌법개정을 법률의 형식으

큰 원인은 주민들의 무관심. 주민들은 기권율이 매우 높았으며 투표 참가자의 대부분도 찬성과 반대의 차이를 정확히 알지 못했다고 영국 BBC방송이 전했다." 이 기사는 국민투표에 대한 부결은 지극히 예외적인 현상으로서 국민투표가 국민투표발의자가 의회를 무시하고 자신의 정치적 의도를 관철시키고 정당성을 부여하기 위한 일종의 정치적 탈출구로서의 통과의례로 전락될 가능성이 매우 높다는 사실과 국민투표제에 대한 국민의 무관심, 구체적 내용에 대한 인식과 정치적 판단능력의 한계 등 국민투표제도가 지니는 문제점과 그 허실을 시사해주는 것이라고 하겠다.

41) Vgl. BVerfGE 5, 85(139); 28, 36(48f.); 30, 1(19f.); Hesse, aaO, S. 259f.

로 하도록 규정하고 있지 아니하기 때문에 우리 헌법의 각 개별규정 가운데 무엇이 헌법제정규정이고 무엇이 헌법개정규정인지를 구분하는 것이 가능하지 아니할 뿐 아니라, 각 개별규정에 그 효력상의 차이를 인정하여야 할 형식적인 이유를 찾을 수 없고, 또한 독일 기본법 제79조 제2항과는 달리 헌법개정을 위하여 국회에서의 의결 외에 국민투표를 거쳐야 하는 우리 헌법 제130조 등을 고려할 때 우리 헌법재판소가 헌법의 개별규정에 대하여 위헌심사를 할 수 없다고 하는 헌재의 견해는 타당하다고 보기 어렵다.

(2) 위헌심사의 구체적 방법

독일에서와 같은 추상적 규범통제제도를 가지고 있지 아니한 우리의 헌법재판제도에 있어서는 대체로 구체적 규범통제와 헌법소원심판에 의한 위헌심사의 방법이 고려될 수 있다고 하겠다.

1) 구체적 규범통제에 의한 방법

헌법 제107조 제1항과 제111조 제1항 제1호에 따라 법률이 헌법에 위반되는 여부가 재판의 전제가 된 경우에는 법원은 헌법재판소에 그 해당법률의 위헌심판을 제청할 수 있고, 이에 따라 헌법재판소는 그 위헌여부를 판단하게 된다. 이와 동일한 내용을 헌법재판소법 제41조 이하에서 상세히 규정하고 있다. 여기서 구체적 규범통제의 대상이 되는 규범으로서 '법률'이라고만 규정되어 있는데, 우리의 법제에 있어서 '법률'은 원칙적으로 일반적인 절차에 의하여 국회에서 제정·개정된 '좁은 의미의 형식적 법률'만을 의미하고 있고, 독일에서와는 달리 헌법률(Verfassungs'gesetz')또는 헌법개정 '법률'('Gesetz' zur Änderung des Grundgesetzes)이라는 용어를 사용하지 않고 있기 때문에 구체적 규범통제의 대상에 개개의 헌법규정 또는 개정이 포함될 수 있겠는가 하는 의문이 제기될 수 있다. 현행 헌법개정 당시 구체적 규범통제제도를 도입한 헌법개정권자는 규범통제의 대상이 되는 법률에는 오로지 형식적 의미의 법률만이 해당되는 것으로 의도한 것으로 보고, 따라서 헌법규정은 당연히 대상에서 제외되는 것으로 보는 것이 일반적인 견해라고 할 수 있다.

그러나 다른 한편 헌법개정작용도 넓은 의미의 국가에 의한－국민투표가 매개되기는 하지만－입법작용의 범주에 속하는 것이며, 따라서 입법기관에 의한 일반적 규범정립작용과 그 본질에 있어서 유사하고－비록 그 형식과 내용에 있어서 형식적 의미의 법률보다는 상위에 있기는 하지만－다만 그 개정절차상의 차이만 있는 것이기 때문에 이를 구체적 규범통제의 대상에서 당연히 배제시킬 필요는 없다고 보며, 헌법의 통일성의 수호를 그 사명으로 하는 규범통제제도의 취지에 비추어 이러한 개개의 헌법규정 또는 개정도 구체적 규범통제의 대상으로 하는 것이 가능하고 또한 바람직하다고 보는 견해가 있을 수 있다. 더욱이 헌법수호자로서의 역할을 포괄적으로 담당하는 추상적 규범통제제도를 가지고 있지 아니한 우리의 헌법재판제도에 있어서는, 앞서도 언급했듯이 그 동안의 너무 잦은 그리고 매우 부정적인 측면을 지니고 있는 우리의 헌법개정사를 돌이켜 볼 때, 구체적 규범통제의 수단을 통해서나마 위헌적 헌법규정 또는 개정에 대한 위헌심판이 이루어질 것이 절실히 요청되는 측면이 있는 것도 사실이다. 따라서 우리의 경우에도 독일의 경우처럼 일정한 헌법규정 또는 개정을 위헌법률심판의 대상이 되는 것으로 법률의 범위를 넓게 인정하자는 주장이 제기될 수도 있을 것이다.

그러나 앞서도 언급했듯이 우리의 경우에는 독일의 경우와는 달리 헌법개정이 법률의 형식으로 이루어지지 아니하고, 국회의 의결 외에 국민투표를 거치도록 되어있으므로 헌법개정은 일응 국회에서의 의결만으로 이루어지는 법률의 개정과는 다르며, 따라서 헌법개정이 국회에서 제정되는 형식적 의미의 법률만을 뜻하는 헌법재판소법 제41조 제1항 및 동법 제68조 제2항에서의 '법률'에 속한다고는 할 수 없으므로, 이에 대한 위헌법률심판에 의한 구체적 규범통제와 소위 위헌법률심사형 헌법소원심판의 제기는 어렵다고 할 것이다.

2) 헌법소원심판에 의한 방법

헌법 제111조 제1항 제5호에 근거한 헌법재판소법 제68조 제1항 본문은 "공권력의 행사 또는 불행사로 인하여 헌법상 보장된 기본권을 침해받은 자는 법원의 재판을 제외하고는 헌법재판소에 헌법소원의 심판을 청구할 수 있다."라고 규정하고 있는데 여기서 '공권력의 행사'에는 모든 국가공권력 작용－법원의 재판은 제외－이 해당됨은 의문의 여지가 없으며, 따라서 입법작용 등의 규범정립작용이 당연히 이에 포함된다. 그런데 여기서 이러한 공권력작용에 개개의 헌법규정 또는 개정작용이 포함될 수 있는지가 문제된다.

결론적으로 헌법개정작용도 하나의 광의의 입법작용으로서 헌법재판소법 제68조 제1항의 공권력작용에 해당된다고 볼 수 있다. 왜냐하면 헌법 제128조 이하에서 규정된 헌법개정절차는 국가기관의 공권력행사에 의하여 시작되어 국가기관의 공권력행사에 의하여 완성되기 때문이다. 물론 일반법률개정의 경우와는 달리 국민투표가 필수적으로 수반되고 국민투표에 의하여 확정되기는 하지만, 그렇다고 헌법개정작용의 공권력작용으로서의 성질이 상실되는 것은 아니다. 즉 국민투표만을 놓고 볼 때 이는 일종의 사인의 공법행위로서(합성행위) 그 자체 공권력작용은 아니지만, 헌법개정이 헌법 제128조 제1항에 따라 국회재적의원 과반수 또는 대통령의 발의로 제안되고, 그 개헌안은 동법 제130조 제1항에 따라 국회재적의원 3분의 2이상의 찬성으로 의결되고, 동법 동조 제2항에 따라 개헌안에 대한 국회의원선거권자 과반수의 투표와 투표자 과반수의 찬성이 있으면, 국민투표법 제89조에 따라 투표의 결과가 중앙선거관리위원회에 의하여 집계되고 공표되며 대통령과 국회의장에게 통보하도록 되어있고, 대통령이 헌법 제130조 제3항에 따라 공포하도록 되어 있는 일련의 헌법개정절차를 고려할 때, 국민투표는 전 개정절차중 하나의 과정을 이루는 것이므로 이로 인해 헌법개정작용의 공권력작용으로서의 성질이 부인될 수는 없다고 하겠다.42)

한편 이러한 광의의 입법작용으로서의 헌법개정이 헌법소원심판의 대상이 되기 위해서는 이로 인한 기본권침해의 직접성·현재성·자기관련성이 인정되어야 할 것이다. 여기서는 특히 직접성이 문제가 될 것인데, 이 글에서 위헌여부가 문제되는 헌법 제29조 제2항의 경우에는 이 헌법규정이 직접 구체적으로 군인·군무원 등의 국가배상청구권을 확정적으로 박탈하고 있으므로 이 헌법조항의 기본권침해의 직접성은 일응 인정될 수 있다고 하겠다.43)

따라서 일정한 헌법규정에 의하여 청구인의 특정한 기본권이 직접적 또는 간접적으로－해당 헌법규정에 근거한 하위의 규범이나 기타 행정작용을 직접 매개로 해서44)－침해 되었을 경우에는 그 침해된 기본권의 구제와 더불어 해당 헌법규정에 대한 위헌심사 및 통제가 이루어져야 하는 것이다. 이것이 모든 공권력작용으로부터 국민의 기

---

42) 예컨대 국민투표행위와 유사한 선거행위에 있어서도 사인의 공법행위의 일종인 투표행위가 이루어지고 후보자의 당선이 사실상 투표로 확정된다 하더라도 국가기관에 의하여 선거가 이루어지고 준법률행위적 행정행위로서의 확인에 해당하는 선거관리위원회의 당선인 결정이라고 하는 행정작용 내지 공권력작용으로 완성된다는 점에서 선거작용은 공권력작용에 해당되며, 따라서 이에 대한 소송도 당선인을 결정한 선거관리위원회위원장을 피고로 해서 그 당선결정이라고 하는 공권력작용을 대상으로 제기하게 된다(공직선거법 제15장 참조).

43) 이 경우 헌법 제29조 제2항이 아닌 국가배상법 제2조 제1항 단서가 직접 청구인의 기본권을 침해하고 있고, 따라서 이 법률조항을 대상으로 헌법소원을 제기한 후 헌법재판소가 이 법률조항과 더불어 위 헌법조항에 대하여도－"헌법재판소는 공권력의 행사 또는 불행사가 위헌인 법률 또는 법률의 조항에 기인한 것이라고 인정될 때에는 인용결정에서 당해 법률 또는 법률의 조항이 위헌임을 선고할 수 있다"고 규정한 헌법재판소법 제75조 제5항의 유추적용과 직권심리주의를 통하여－위헌결정을 내리는 방법도 고려될 수 있으나, 이 법률조항은 위 헌법조항으로부터 직접 근거하고 실질적 내용이 동일하므로, 결국 헌법 제29조 제2항이 직접 침해한 것으로 보아야 할 것이다. 더 나아가 국가배상법 제2조 제1항 단서에도 불구하고 국가배상을 청구하고 이에 대한 거부처분 등에 대하여 헌법소원심판을 제기하거나(일반법원에서의 권리구제가능성이 없다는 등의 이유에 근거한 보충성원칙의 예외의 경우로서), 행정소송을 제기한 후, 동시에 이 법률조항에 대한 위헌법률심판제청을 신청하면서 간접적으로 위 헌법조항에 대하여도 헌재의 위헌심사의 대상이 되도록 하는 방법도 고려될 수 있으나, 이는 기대가능하지 아니한 우회적인 절차로서 신속하고 효율적인 권리구제의 요청에 반하다고 할 수 있다.

44) 이 경우에는 위헌적 헌법규정에 근거한 법률이 직접 기본권을 침해하는 경우와 그 헌법규정 및 법률규정에 근거한 행정작용에 의하여 기본권이 침해되는 경우의 두가지를 생각할 수 있는데, 전자의 경우에는 직접적으로는 위헌적 헌법규정에 근거한 해당법률에 대한 헌법소원이 제기되어 그 법률에 대한 위헌결정과 더불어 헌법재판소법 제75조 제5항의 유추적용과 직권심리주의를 통하여 근거 헌법규정에 대한 위헌결정을 내릴 수 있을 것이고, 후자의 경우에는 첫째, 해당 행정작용에 대한 행정소송을 제기한 후 그 근거법률에 대한 위헌법률심판제청을 신청하여 관할 법원에 의한 위헌제청에 따라－만일 위헌제청신청이 기각될 경우에는 헌법재판소법 제68조 제2항에 따른 헌법소원의 제기를 통해서－헌법재판소가 근거법률에 대한 위헌결정을 내리면서 동시에 헌법재판소법 제75조 제5항의 유추적용과 직권심리주의를 통하여 근거 헌법규정에 대한 위헌결정을 내리거나, 둘째 직접 그 행정작용에 대한 헌법소원을－보충성원칙의 예외의 사유가 있거나, 해당 행정작용에 대한 다른 법률에 구제절차가 없는 경우에는 보충성원칙의 비적용의 경우로서－제기한 후, 헌법재판소가 해당 행정작용에 대해서 뿐 아니라, 역시 헌법재판소법 제75조 제5항의 유추적용과 직권심리주의를 통하여 근거 법률과 헌법규정에 대하여 위헌결정을 내리는 방법이 고려될 수 있을 것이다.

본권을 보호하고자 하는 - 기본권구제의 사각지대의 영으로의 수렴화 - 기능과 이를 통해 헌법의 근본가치와 통일성을 수호하고자 하는 기능을 겸비한 헌법소원제도의 본질과 목적에 부합하는 것이라고 하겠다. 따라서 헌법규정이나 개정이 헌법재판소법 제68조 제1항 소정의 공권력행사의 결과라고 볼 수 없기 때문에 헌법소원 등 위헌심사의 대상이 될 수 없다는 헌재의 견해는 타당하다고 보기 어렵다.

V. 맺는 말

결국 군인·군무원 등의 국가배상청구권을 박탈한 헌법 제29조 제2항은 그 내용이 헌법 제11조의 평등의 원칙, 동법 제37조 제2항의 비례의 원칙과 기본권의 본질적 내용침해금지의 원칙 등 헌법의 근본적이고 핵심적인 내용에 속하는 상위헌법규정 내지 원칙을 위반하여 국가배상청구권의 본질적 내용을 직접 침해하는 규정이므로 당연히 위헌이고, 이 문제에 대한 규범조화적 해석이나 해당 헌법조항의 변질 또는 개정 등의 다른 방법에 의한 해결이 불가능하거나 기대되지 아니하므로 - 위 헌법조항에 근거하고 실질적으로 동일한 내용으로 규정된 국가배상법 제2조 제1항 단서를 포함하여 - 헌법재판소의 위헌심사와 통제의 대상이 되어야 할 것이다.

지금까지 헌법규정에 대한 위헌심사의 문제를 우리 헌재의 결정 그리고 독일의 관련규정과 학설 및 판례를 중심으로 고찰해 보았다. 물론 독일에서 논의되는 문제를 우리의 상황에 그대로 적용하는 데에는 많은 어려움이 따른다. 우리와 독일은 헌법체계와 헌법재판제도에 있어서 서로 많은 유사점을 가지고 있지만, 다른 한편 많은 상이점도 가지고 있기 때문이다. 그러나 헌법상의 기본원칙과 근본규범 및 이를 바탕으로 한 국민의 기본권보장과 실현이 헌법과 국가의 궁극적 목적이라고 한다면, 이러한 헌법상의 근본가치에 대한 그 어떤 형태의 침해도 허용될 수 없는 것이며, 이러한 근본가치의 수호가 바로 국가권력의 존립목적이자 사명이라는 점에 대하여는 의문의 여지가 없을 것이다. 따라서 이러한 헌법적 가치의 핵이 헌법 자체의 규정에 의하여 침해된다면 헌법의 최후의 수호자로서의 헌법재판소는 이러한 근본가치를 사수하기 위하여 이러한 침해를 방어하고 통제하여야 할 것이며, 이것이 바로 헌법재판제도의 궁극적 목적인 것이다.

18. 헌법소원과 가처분

– 헌재 2000. 12. 8. 2000헌사471 사법시험령 제4조 제3항 효력정지 가처분신청[1] –

[目 次]

Ⅰ. 머리말

이 글은 헌법소원심판에 있어서의 가처분문제를 다룬 것이다. 주지하는 바와 같이 가처분이란 본안소송의 확정판결시까지 잠정적으로 원고의 권리를 보전하려는 가구제의 일종이다. 일반적으로 공권력행사에 의하여 권리가 침해되어 소송을 제기할 경우 판결이 확정되려면 오랜 시간이 소요된다. 따라서 궁극적으로 승소한다 하더라도 그 때에는 이미 회복할 수 없는 손해가 발생되어 승소판결이 실질적인 권리구제가 되지 못하는 경우도 생길 수 있다. 이러한 사태를 방지하기 위하여 판결이 확정되기까지 잠정적으로 원고의 권리를 보전하여 승소판결이 원고의 권리보호에 직접 연결될 수 있도록 하는 수단이 바로 가처분제도이다. 따라서 가처분제도는 모든 주관적 쟁송절차에서 요구되며, 특히 최후의 기본권구제절차인 헌법소원심판의 경우에는 더욱 절실히 요

1) 헌재 2000. 12. 8. 2000헌사471, 판례집 12-2, 381.

구된다고 하겠다. 그런데 현행 헌법소원심판의 경우에는 정당해산심판이나 권한쟁의심판, 또는 행정소송의 경우와는 달리 가처분에 대한 명문의 규정이 없다. 따라서 헌법소원심판의 경우에 과연 가처분이 인정될 수 있는지, 인정된다면 그 내용과 요건 및 절차 등은 어떠한지가 문제될 수 있다. 이와 관련하여 헌법재판소는 그동안 가처분신청을 일관되게 기각시켜왔고 그 결정에서 이유 등에 대한 언급을 전혀 하질 않아, 헌법소원심판에서의 가처분제도의 인정 여부－물론 각하가 아닌 기각을 했다는 점에서 헌법재판소가 헌법소원심판에 있어서의 가처분제도 자체를 부정했다고 볼 수는 없겠지만－와 내용 및 요건 등에 대한 헌법재판소의 분명한 입장을 알 수가 없었다.[2)]

그러던 중 헌법재판소는 2000. 12. 8. 2000헌사471 사법시험령 제4조 제3항 효력정지 가처분신청 사건에서 "사법시험령 제4조 제3항 본문의 효력은 헌법재판소 2000헌마262 헌법소원심판청구사건의 종국결정 선고시까지 이를 정지한다."는 인용결정을 내림으로써 이 문제에 대한 입장을 명확히 했다. 의미 있는 결정이라 하겠다. 따라서 이 글에서는 이 결정과 관련하여 헌법소원심판에 있어서의 가처분의 인정 여부, 내용, 인용요건 등에 대하여 살펴보고자 한다.

Ⅱ. 헌재결정의 내용

1. 사건의 개요와 신청인들의 신청이유

(1) 신청인들은 1997년부터 2000년까지 사법시험 제1차시험에 4회 응시하여 내리 불합격한 자들로서, 제1차시험을 4회 응시한 자는 마지막 응시 이후 4년간 제1차시험에 다시 응시할 수 없도록 하는 사법시험령(1998. 12. 31. 대통령령 제16032호로 개정된 것) 제4조 제3항 본문 규정에 의하여, 2001년부터 4년간 제1차시험에 응시할 수 없다.

(2) 이 사건 신청인들을 비롯한 사법시험 제1차시험에 응시하고자 하는 자들 1,286명은, 사법시험령 제4조 제3항에 의하여 사법시험에 응시할 수 없게 되어 판사·검사·변호사 등이 될 수 있는 길을 봉쇄당함으로써, 헌법상 보장되는 직업선택의 자유·공무담임권·행복추구권·평등권 등 기본권을 침해당하게 되었을 뿐만 아니라, 위 사법시험령은 대통령령에 불과하여 반드시 법률에 의하여만 기본권을 제한할 수 있도록 한 헌법 제37조 제2항에도 위배된다고 주장하면서, 2000. 4. 18. 위 조항의 위헌확인을 구하는 헌법소원심판(2000헌마262)을 청구하는 한편, 그들 중 당장 2001년도 사법시험 제1차시험에서 이 사건 규정에 의한 응시자격의 제한을 받게 되는 이 사건 신청인들은 우선 그 자격제한을 피하고자, 2000. 11. 21. 이 사건 규정의 효력정지를 구하는 이

---

2) 그동안 헌법재판소는 가처분신청에 대하여 일관되게 "신청인들의 이 사건 신청은 이유 없으므로 이를 모두 기각하기로 하여 주문과 같이 결정한다."라고만 판시해 왔으며, 그 이유 등에 대하여 아무런 언급을 하지 않았다. 예컨대 1993. 12. 20. 93헌사81; 1997. 12. 23. 97헌사200; 1999. 10. 21. 98헌사221; 2000. 6. 1. 2000헌사116.

사건 가처분신청을 제기하였다.

2. 결정의 요지

(1) 헌법재판소법은 명문의 규정을 두고 있지는 않으나, 같은 법 제68조 제1항 헌법소원심판절차에서도 가처분의 필요성이 있을 수 있고 또 이를 허용하지 아니할 상당한 이유를 찾아볼 수 없으므로, 가처분이 허용된다.

(2) 위 가처분의 요건은 헌법소원심판에서 다투어지는 공권력 행사 또는 불행사의 현상을 그대로 유지시킴으로 인하여 생길 회복하기 어려운 손해를 예방할 필요가 있어야 한다는 것과 그 효력을 정지시켜야 할 긴급한 필요가 있어야 한다는 것 등이 된다. 따라서 본안심판이 부적법하거나 이유 없음이 명백하지 않는 한, 위와 같은 가처분의 요건을 갖춘 것으로 인정되면, 가처분을 인용한 뒤 종국결정에서 청구가 기각되었을 때 발생하게 될 불이익과 가처분을 기각한 뒤 청구가 인용되었을 때 발생하게 될 불이익을 비교형량하여 후자가 전자보다 큰 경우에, 가처분을 인용할 수 있다.

(3) 사법시험령 제4조 제3항이 효력을 유지하면, 신청인들은 곧 실시될 차회 사법시험에 응시할 수 없어 합격기회를 봉쇄당하는 돌이킬 수 없는 손해를 입게 되어 이를 정지시켜야 할 긴급한 필요가 인정되는 반면 효력정지로 인한 불이익은 별다른 것이 없으므로, 이 사건 가처분신청은 허용함이 상당하다.

Ⅲ. 헌법소원심판절차에 있어서의 가처분의 인정여부

앞서 언급한 바와 같이 현행 헌법재판소법은 정당해산심판과 권한쟁의심판에 관해서만 가처분에 관한 규정(제57조 및 제65조)을 두고 있을 뿐, 헌법소원심판절차에 있어서는 가처분에 관하여 명문의 규정을 두고 있지 않아 헌법소원심판의 경우에 가처분이 인정될 수 있는 지가 문제될 수 있다. 그러나 기본권보장과 권력통제라고 하는 헌법소원제도의 본질과 기능에 비추어 볼 때 가처분은 헌법소원심판에 있어서도 당연히 인정되어야 할 것이다. 이하에서는 그 논거에 대하여 간단히 언급하고자 한다.

1. 헌법재판소법 제40조의 준용규정

먼저 헌법소원심판에서의 가처분의 근거규정에 관하여는 일반적 준용규정인 헌법재판소법 제40조를 토대로 검토해보아야 할 것이다. 이 규정의 내용은 다음과 같다.

"① 헌법재판소의 심판절차에 관하여는 이 법에 특별한 규정이 있는 경우를 제외하고는 민사소송에 관한 법령의 규정을 준용한다. 이 경우 탄핵심판의 경우에는 형사소송에 관한 법령을, 권한쟁의심판 및 헌법소원심판의 경우에는 행정소송법을 함께 준용한다. ② 제1항 후단의 경우에 형사소송에 관한 법령 또는 행정소송법이 민사소송에 관한 법령과 저촉될 때에는 민사소송에 관한 법령은 준용하지 아니한다."

이 조항에 따라 헌법소원심판에 있어서는 행정소송법 제23조 제2항의 집행정지 및 민사소송법 제714조의 가처분규정이 준용된다고 하겠다. 즉 헌법소원심판과 관련하여 헌법재판소법에는 가처분에 관한 특별한 규정이 없으므로 동법 제40조 제1항 제1문에 따라 민사소송법의 규정을 준용해야 할 것인데, 헌법소원심판의 경우에는 동조항 제2문에 따라 행정소송법을 함께 준용해야 할 것이다. 여기서 민사소송법과 행정소송법간의 준용순위가 문제될 수 있는데, 동법 동조 제2항의 취지와 공법소송으로서의 헌법소원심판과 행정소송과의 동질성에 비추어 당연히 행정소송법이 우선 준용되고, 행정소송법에 규정이 없거나, 행정소송법과 저촉되지 않는 범위내에서 민사소송법이 준용된다고 하겠다. 따라서 법해석상 헌법소원심판의 경우 행정소송법 제23조 제2항의 집행정지에 관한 규정이 우선 준용되고, 민사소송법 제714조의 가처분에 관한 규정이 행정소송법 제23조 제2항과 저촉되지 아니하는 한도내에서 준용된다고 하겠다. 그러나 공법소송으로서의 헌법소원심판과 사법소송으로서의 민사소송과의 본질과 기능상의 차이 때문에 실제로 민사소송법의 가처분에 관한 규정이 헌법소원심판에 준용될 수 있을 지는 의문이다. 이에 대하여는 가처분의 내용에서 살펴보기로 한다.

2. 행정소송과의 균형

설사 헌법재판소법 제40조의 준용규정이 가처분에 관해서는 적용되지 않는다고 하더라도 행정소송과의 균형상 헌법소원심판에 당연히 가처분이 인정된다고 보아야 할 것이다. 왜냐하면 행정청의 위법한 처분 등으로 인한 국민의 권리침해를 구제함을 목적으로 하는 행정소송절차에 가처분이 인정되는 점에 비추어 보면, 다양한 공권력의 행사 등으로 인하여 국민의 기본권이 침해되었을 경우 이를 구제하고 공권력을 통제함을 목적으로 하는, 그리고 행정소송보다 더욱 적극적이고 포괄적인 최후의 권리구제수단이라고 할 수 있는 헌법소원심판에 있어서의 가처분의 필요성은 더욱 절실하다 할 것이고, 따라서 가처분이 인정된다는 것은 너무나 당연한 것이라고 볼 수 있기 때문이다.

3. 다른 심판절차에서의 가처분규정과 관련하여

국가기관 상호간의 권한분쟁을 해결하기 위한 권한쟁의심판에 있어서 그 분쟁의 원인이 된 피청구기관의 처분에 대하여도 공익적 이유에서 가처분을 인정하고 있는데,[3)]

---

3) 헌법재판소는 1999. 3. 25. 98헌사98 직접처분효력정지 가처분신청사건에서 "권한쟁의심판에서의 가처분결정은 피청구기관의 처분 등이나 그 집행 또는 절차의 속행으로 인하여 생길 회복하기 어려운 손해를

헌법상 가장 중요한 가치이고, 아울러 국가기관의 존립과 그 권한행사의 궁극적 목적이자 정당성의 근거인 국민의 기본권[4]이 침해된 경우에 이의 효율적인 구제를 위하여 가처분이 인정되는 것은 너무나 당연하다고 하겠다. 이러한 논리는 정당해산심판에 있어서의 가처분과 관련해서도 적용된다고 하겠다.

한편 권한쟁의심판이나 정당해산심판에는 가처분에 관한 별도의 규정이 있는데, 헌법소원심판절차에는 없으므로 반대해석상 헌법소원심판의 경우에는 가처분이 인정될 수 없는 것이 아닌가 하는 의문이 제기될 수 있다. 왜냐하면 헌법재판소법 제40조의 준용규정이 제3장의 일반심판절차에서 규정되어 있어 이 조항이 제4장의 특별심판절차에 규정된 모든 심판절차에 적용되어야 하고, 이 경우 행정소송법 등의 가처분에 관한 규정도 마땅히 모든 심판절차에 준용되어야 할 것인데, 유독 정당해산심판과 권한쟁의심판에 관해서만 가처분에 관한 규정을 별도로 두고 있기 때문에 가처분규정에 관한 준용은 제외되고, 따라서 헌법소원심판의 경우에는 가처분이 인정될 수 없다는 주장도 가능하기 때문이다.

그러나 권한쟁의심판은 국가기관 상호간의 권한분쟁을 이유로 국가기관이 청구인이 되어 제기하는 것으로 국가기관 상호간의 분쟁해결과 권한행사의 합헌성확보 및 이를 통한 공익보호와 정치적 평화유지 등을 목적으로 하는 일종의 객관적 쟁송이다. 따라서 권한쟁의심판의 경우에는 기본권침해를 이유로 해서 그 구제를 목적으로 기본권주체인 일반 국민이 청구하는 주관적 쟁송의 일종인 헌법소원심판이나 행정소송법상의 항고소송과는 상이한 특수성이 인정될 수 있고,[5] 가처분의 경우에도 그 내용, 요건, 절차 등에서 특수성이 인정될 수 있는 것이다.[6] 이에 따라 권한쟁의심판의 경우에는 가처분에 관한 별도의 규정을 둘 필요성이 일응 인정되며, 헌법재판소법 제65조의 규정이 바로 그러한 경우라고 할 수 있다.[7] 이러한 논리는 정당해산심판의 경우에도 적용된다고 할 수 있고, 동법 제57조의 규정이 바로 그것이다.

예방할 필요가 있거나 '기타 공공복리상의 중대한 사유가 있어야 하고' 그 처분의 효력을 정지시켜야 할 긴급한 필요가 있는 경우 등이 그 요건이 되고, 본안사건이 부적법하거나 이유없음이 명백하지 않은 한, 가처분을 인용한 뒤 종국결정에서 청구가 기각되었을 때 발생하게 될 불이익과 가처분을 기각한 뒤 청구가 인용되었을 때 발생하게 될 불이익에 대한 비교형량을 하여 행한다."라고 판시함으로써 권한쟁의심판에서의 가처분결정이 특히 공익상의 이유에서 허용됨을 강조하고 있다.

4) 통치권행사의 목적적 정당성과 기본권과의 관계에 대하여 정연주, 현행 정부형태의 문제점과 개혁방안, 동국로리뷰 제1권, 2000, 185쪽 참조.

5) 개인의 권리침해와 그 구제를 목적으로 하는 주관적 쟁송과 개인의 권리구제와는 관계없이 공권력행사의 적법성통제와 공익보호를 목적으로 하는 객관적 쟁송에 대하여는 정연주, 민중소송과 선거소송, 고시연구 98/2, 116쪽 이하 참조.

6) 헌법재판소도 1999. 3. 25. 98헌사98 결정에서 "권한쟁의심판에서의 가처분결정은 … 기타 '공공복리상의 중대한 사유'가 있어야 하고 …"라고 판시함으로써 권한쟁의심판에 있어서의 가처분결정에는 헌법소원심판의 경우와는 달리 공익보호가 중요한 요건이 된다는 점을 강조하고 있다.

7) 또한 이러한 논리는 행정소송의 경우에도 적용되는데, 예컨대 기관소송의 경우 개별법인 지방자치법 제157조의2 제3항이나 제159조 제3항에 집행정지에 관한 별도의 규정을 두고 있는 것이 그것이다.

4. 법률유보의 문제와 관련하여

법률유보의 원칙에 비추어 보더라도 반드시 별도의 근거규정이 있어야만 가처분이 인정되는 것은 아니다. 즉 설사 헌법재판소법 제40조가 가처분에 관한 사안을 포함하는 것은 아니고, 따라서 결국 가처분에 관한 근거조항이 없다고 가정하더라도 별도의 법적 근거 없이 가처분은 인정될 수 있다고 본다. 그 이유는 다음과 같다.

첫째, 가처분이 효율적 권리구제을 위해, 즉 법치주의의 실현과 재판청구권의 실효성 있는 보장을 위하여 필요하기 때문이다.

둘째, 헌법소원심판을 통한 권리구제절차가 마련되어 있다는 사실 및 그 구제절차에 관한 근거규정 자체가 이미 헌법소원심판을 통한 본안구제의 실효성을 확보하기 위한 가처분에 대한 근거로도 기능할 수 있고, 또한 이것을 전제하고 있다고 볼 수 있기 때문이다.

셋째, 법률유보의 원칙의 측면에서도 크게 문제될 것이 없다고 본다. 물론 법률유보의 원칙상 기본권의 행사와 제한에 관한 본질적인 사항에 대하여는 반드시 법률의 근거가 있어야 하고, 이 가처분에 관한 사항도 재판청구권행사의 본질적이고 기본적인 사항이므로 반드시 법률에 규정되어 있어야 한다고 볼 수도 있다. 그러나 다른 한편 법률유보의 근본목적은 공권력의 자의와 남용을 막고 국민의 자유와 권리를 보장하는 것이라는 점을 감안할 때[8] 가처분이야말로 바로 국민의 권리보호를 위한 것이고, 그것을 허용한다고 해도 타인의 권리나 공익이 침해될 여지는 크지 않으며, 설사 그 침해가능성이 크다고 하더라도 이미 가처분결정이 해당 사건과 관련되는 공익과 사익의 총체적인 이익형량을 통해 이루어지는 것이기 때문에 법률의 근거 없는 가처분의 인정이 법률유보의 원칙에 위반된다고는 볼 수 없을 것이다.

Ⅳ. 가처분의 내용

1. 문제의 제기

일반적으로 잠정적 권리보전수단인 가구제에는 일정한 처분 등의 효력이나 집행 또는 절차의 속행정지를 내용으로 하는 집행정지제도와 일정한 급부나 지위부여 또는 법률상태의 형성 등을 내용으로 하는 가처분제도가 있다. 이와 관련하여 헌법소원심판에서의 가처분의 내용이 집행정지만을 의미하는지, 아니면 양자 모두를 포함하는지가 문제될 수 있다.

---

8) 법률유보의 원칙에 대하여 자세한 것은 정연주, 조례제정권의 헌법적 한계와 통제, 심천 계희열박사 화갑기념논문집, 1995, 154쪽 이하 참조.

헌법소원심판에 있어서는 앞서 언급한 바와 같이 일반적 준용규정인 헌법재판소법 제40조에 따라 처분의 효력이나 집행정지를 내용으로 하는 행정소송법 제23조 제2항의 집행정지에 관한 규정과 임시의 지위를 정하는 등의 적극적인 내용의 가처분을 가능케 하는 민사소송법 제714조의 가처분에 관한 규정이 준용된다고 하겠다. 그런데 현행 헌법소원제도의 특성[9]에 비추어 볼 때 실제로 민사소송법 제714조의 규정이 준용될 수 있는지는 의문이다. 물론 단순히 헌법재판소법 제40조의 규정해석에만 따르면 이를 인정해야 하겠으나, 공법소송으로서의 헌법소원심판 및 행정소송과 사법소송으로서의 민사소송과의 제도와 본질 및 기능에서의 다양한 차이점과 특성 때문에 민사소송법의 규정이 헌법소원심판에 준용되기는 원칙적으로 어렵다고 본다. 그 논거는 대체로 다음과 같이 요약될 수 있을 것이다.

2. 논 거

(1) 권력분립의 원칙 등과 관련하여

권력분립제도의 취지 등에 비추어 볼 때 인정하기 어렵다. 행정권과 입법권의 전문성, 자주성, 1차적 판단권, 입법기관이 가지는 민주적 정당성, 헌법재판권의 본질과 한계 등에 비추어 볼 때[10] 헌법재판권은 일정한 공권력행사를 취소하거나 공권력의 불행사의 위헌을 확인할 수는 있어도 적극적으로 행정작용이나 입법작용 등의 일정한 공권력의 행사를 명령하거나 그를 대신할 수는 없는 것이다. 왜냐하면 행정권이나 입법권의 적극적인 행사는 비록 그것이 잠정적인 것일지라도 행정과 입법의 전문기관인 행정부와 입법부의 독자적이고 자율적인 판단과 결정에 따라 이루어 질 수 있는 배타적인 고유권한에 속하는 문제이기 때문이다. 따라서 가처분의 경우에도 일정한 공권력행사의 효력이나 집행을 잠정적으로 정지시킬 수는 있으나, 공권력주체에게 일정한 공권력의 잠정적 행사(예컨대 잠정적인 행정급부나 입법행위)를 명령하거나, 그를 대신할 수는 없을 것이다.

다시 말해 헌법재판작용 내지 사법작용은 소극적·수동적·현상유지적인 법(헌법)인식작용으로서 어디까지나 일정한 공권력의 행사 또는 불행사의 위헌·위법을 확인하고 취소하는 작용이지, 일정한 공권력의 행사를 명하거나 이를 대신할 수 있는 작용은 아닌 것이다. 또한 헌법재판소는 헌법적 해석과 판단을 고유기능으로 하는 헌법인식기관이지 다양한 이익과 합목적성·효율성·정치성 등을 판단하는 행정기관이나 입법기관 내지 정책기관이 아니다. 이에 따라 헌법재판소는 적극적이고 미래지향적으로 공권

9) 헌법소원제도의 본질과 특성 및 민사소송제도와의 차이점에 대하여는 정연주, 헌법소원심판청구취하의 효과, 공법연구 제28집 제4호 2권, 2000, 201쪽 이하 참조.

10) 권력분립의 원칙 및 각 국가권력의 독자성·전문성 등에 대하여는 정연주, 무명항고소송, 공법연구 제26집 3호, 1998, 210쪽 이하 참조.

력을 행사하고 이로써 공공복리에 이바지하는 기관이 아니고, 소극적·수동적으로 공권력을 통제하고 국민의 기본권을 구제하는 과거회고적이고 현상유지적인 기관인 것이다. 전자의 권한은 어디까지나 행정부와 입법부에 속하는 것이고, 또한 그럴 때에만 행정부와 입법부의 독자성과 전문성 및 자율성이 보장되는 것이다.

한편 권력분립의 원칙은 단순히 3권의 기계적인 분리에 목적이 있는 것이 아니고, 권력 상호간의 다원적이고 기능적인 견제와 균형을 통한 효율적인 권력통제와 권리구제에 그 목적이 있는 만큼, 효율적인 권력통제와 효과적인 권리구제를 위하여 적극적인 내용의 가처분을 인정하는 것이 권력분립의 원칙을 침해하는 것은 아니고, 오히려 권력분립의 원칙이 요구하는 바이며, 이에 따라 법치선진국인 독일에서도 인정되고 있는 제도라고 하는 일리 있는 주장도 제기될 수 있을 것이다. 그러나 이러한 권력분립의 원칙 내지 기능적 권력통제의 구체적인 실현형태나 권리구제수단의 구체적인 종류와 방법 등은 그 나라의 법체계 등 제반사항을 고려한 입법정책의 문제라고 볼 수 있기 때문에 반드시 동일할 수는 없다고 본다.

(2) 헌법재판소법 제75조 제3항과 관련하여

가처분의 본안소송에 대한 부종성에 비추어 볼 때 가처분의 내용이 본안소송 및 결정의 내용을 초과할 수는 없다. 왜냐하면 가처분은 본안결정이 신청인의 권리보호에 연결되도록 하는데 불과한 잠정적인 권리보전수단일 뿐이지 종국적인 권리구제를 목적으로 하는 것은 아니기 때문이다. 이러한 점에서 헌법소원심판의 경우 적극적인 내용의 가처분은 원칙적으로 인정되기 어렵다고 본다.

적극적인 내용의 가처분이 필요한 경우는 앞서도 언급했듯이 수익적 작용에 대한 공권력주체의 부작위나 거부의 경우인데, 이 경우 가처분을 통한 적극적인 지위부여나 급부 등이 가능하기 위해서는 위에서 언급한 가처분의 부종성과 그 목적 및 기능적 한계에 비추어 볼 때 적어도 본안결정에서도 이러한 지위부여나 급부 등을 명하는 결정이 이루어 질 수 있어야 한다. 그런데 헌법재판소법 제75조 제3항에 따르면 기본권침해의 원인이 공권력의 불행사인 경우에는 헌법재판소는 본안결정에서 그 불행사가 위헌임을 확인할 수 있을 뿐이다. 따라서 이 경우 가처분의 내용이 이러한 위헌확인의 범위를 초과한 임시의 지위부여나 급부 등의 적극적인 내용까지를 포함하기는 어렵다고 본다.[11)]

이러한 논리는 행정소송의 경우에도 적용된다. 즉 주지하는 바와 같이 행정청의 부작위에 대하여 제기하는 항고소송으로서 의무이행소송이 인정되지 아니하고 단순한 부작위위법확인소송만이 인정되고 있는 현행 행정소송제도하에서의 가처분으로서는

11) 이와 관련하여 헌법재판소도 1990. 10. 22. 90헌마155 어장출입 및 공작물설치에 대한 헌법소원사건에서 “이 사건과 같은 급부(이행)청구는 헌법재판소법 제75조 제3항에 비추어 헌법소원의 대상이 될 수 없다.” 라고 판시함으로써 이러한 견해를 간접적으로 뒷받침하고 있다고 볼 수 있다.

집행정지만이 인정될 수밖에 없고, 따라서 적극적인 내용의 가처분은 인정되기 어렵다는 것도 결국 같은 논리라고 하겠다. 물론 현행 행정소송제도하에서도 이른바 무명항고소송의 일종으로 의무이행소송이 인정될 수 있고,[12] 이러한 의무이행소송의 인정 여부와는 별도로 현행 행정소송절차에 민사소송법상의 가처분제도가 인정될 수 있다는 학설[13]이 대두되고 있지만, 이러한 견해는 – 입법론으로는 몰라도 – 현행 행정소송법의 관련 규정의 해석상 받아들이기가 어렵다.[14] 판례의 입장은 의무이행소송을 인정하지 않고 있으며,[15] 민사소송법의 가처분에 관한 규정의 준용도 인정하고 있지 않다.[16]

한편 이러한 논리는 이른바 입법부작위에 대한 헌법소원심판의 경우에도 마찬가지라고 하겠다. 재판에 대한 헌법소원이 인정되고 있지 아니한 현행 제도하에서 가처분은 주로 행정작용이나 입법작용을 대상으로 하게 되는데, 적극적인 행정작위나 입법작위에 대하여는 이 사건 결정에서도 보듯이 가처분으로서 집행정지가 고려된다. 따라서 적극적인 내용의 가처분이 문제되는 것은 주로 행정부작위와 입법부작위에 의한 기본권침해의 경우라고 할 수 있다. 그런데 행정부작위에 대하여는 위에서 언급한 바와 같고, 입법부작위에 대한 가처분의 경우에도 본안결정의 내용은 원칙적으로 그 입법부작위의 위헌을 확인할 수 있을 뿐이기 때문에,[17] 적극적인 내용의 가처분 역시 인정될 수 없다고 하겠다. 만일 그렇지 않다면 이 경우 헌법재판소가 가처분결정으로 입법기관에 대하여 잠정적인 입법을 명하거나 스스로 그러한 내용의 입법을 행할 수 있다는 것인데, 이러한 논리가 권력분립의 원칙, 입법기관이 가지는 민주적 정당성[18], 헌법재판의 한계 등에 비추어 볼 때 정당화될 수는 없음은 다언을 요하지 아니할 것이다.

(3) 헌법재판에 있어서의 강제집행제도의 부재와 관련하여

설사 적극적인 내용의 가처분을 인정한다 하더라도 이의 실현을 강제할 방법이 없

12) 의무이행소송의 인정 여부 등에 대하여 자세한 것은 정연주, 무명항고소송, 206쪽 이하 참조.

13) 이러한 견해로는 이상규, 신행정법론(상), 1997, 860쪽; 김남진, 행정법I, 2000, 796쪽.

14) 현행 행정소송절차에 있어서 민사소송법상의 가처분이 인정될 수 없다고 보는 입장으로는 박윤흔, 행정법강의(상), 2000, 942쪽; 김동희, 행정법I, 2000, 672쪽.

15) 대판 1989. 5. 23. 88누8135.

16) 대결 1959. 11. 20. 4292행항2; 1980. 12. 22. 80두5.

17) 입법부작위에 대한 헌법소원심판에 있어서 인용결정의 경우 그 본안결정의 내용에 관해서는 1994. 12. 29. 89헌마2 조선철도(주)주식의 보상금청구에 관한 헌법소원사건의 다음의 결정주문을 참조: "재조선미국육군사령부군정청법령 제75호 조선철도의 통일을 폐지한 조선철도의통일폐지법률이 시행되기 전에 같은 군정청법령 제2조에 의하여 수용된 조선철도주식회사, 경남철도주식회사 및 경춘철도주식회사 재산의 재산관계권리자로서 같은 법령 제3조에 따라 같은 군정청 운수부장에게 보상청구서면을 제출하여 위 수용으로 인한 보상청구권을 포기하지 않은 것으로 확정된 자 또는 그 보상청구권을 승계취득한 자에 대하여 위 수용으로 인한 손실보상금을 지급하는 절차에 관한 법률을 제정하지 아니하는 입법부작위는 위헌임을 확인한다." 위 결정에 대한 평석은 정연주, 조선철도(주)주식의 보상금청구에 관한 헌법소원, 감정평가 '95 봄호, 1995. 4, 30쪽 이하 참조.

18) 민주적 정당성과 관련한 국회와 헌법재판소와의 차이에 대하여 정연주, 현행 정부형태의 문제점과 개혁방안, 196쪽 참조.

다. 비록 헌법재판소법 제75조 제1항에 따라 헌법소원의 인용결정이 모든 국가기관과 지방자치단체를 기속한다 하더라도 이들 기관이 가처분결정의 내용을 이행하지 아니한다면 기본권보장은 실효를 거두기 어렵고, 헌법재판소의 권위는 실추될 것이다. 더욱이 우리의 경우 독일 연방헌법재판소법 제35조[19]와 같은 강제집행에 관한 규정이 없다는 점도 감안해야 할 것이다.

(4) 다른 심판절차에서의 가처분규정과 관련하여

정당해산심판과 권한쟁의심판에서의 가처분에 관한 규정인 헌법재판소법 제57조와 제65조에서는 가처분의 내용으로서 피청구인의 '활동정지' 또는 피청구기관의 '처분의 효력정지'만이 인정되고 있다. 사실 정당해산심판이나 권한쟁의심판의 경우에는 공익적 이유에서 헌법소원심판의 경우보다 더욱 포괄적이고 적극적인 내용의 가처분을 인정할 필요성이 있음에도 불구하고 가처분결정의 내용으로서 집행정지만을 규정하고 있음에 비추어,[20] 현행법의 체계와 해석상 헌법소원심판에서 적극적인 내용의 가처분을 허용하기는 어렵다고 할 것이다.

(5) 독일제도와의 차이점과 관련하여

독일의 경우는 연방헌법재판소법 제32조[21]에 포괄적인 내용을 가지는 가처분제도가 규정되어 있다. 이에 따라 독일의 헌법재판절차에서는 집행정지를 포함한 다양한 내용의 가처분이 인정될 수 있다고 하겠다. 그러나 독일의 법제는 우리와는 상당부분 차이가 있다는 점을 감안해야 할 것이다.

주지하는 바와 같이 우리의 경우에는 행정심판법 제21조 제1항 및 행정소송법 제23조 제1항에 따라 행정쟁송의 제기가 당해 처분의 효력 또는 집행에 영향을 주지 아니한다(집행부정지의 원칙). 그러나 독일의 경우, 우리와는 달리 행정법원법 제80조 제1항에서 집행정지의 원칙을 채택하고 있다.[22] 그리고 재판에 대한 헌법소원이 인정될 뿐

---

19) 연방헌법재판소법 제35조의 내용은 다음과 같다. "연방헌법재판소는 결정에서 그 결정내용을 집행할 주체를 정할 수 있다; 또한 연방헌법재판소는 개별사안에서 그 집행의 종류와 방법을 정할 수도 있다."

20) 이와 관련하여 헌법재판소도 앞서 언급한 98헌사98 결정에서 "권한쟁의심판에서의 가처분결정은 피청구기관의 '처분 등이나 그 집행 또는 절차의 속행으로 인하여' 생길 회복하기 어려운 손해를 예방할 필요가 있거나 기타 공공복리상의 중대한 사유가 있어야 하고 그 '처분의 효력을 정지'시켜야 할 긴급한 필요가 있는 경우 등이 그 요건이 되고 … "라고 판시함으로써 권한쟁의심판절차에서의 가처분도 그 처분의 효력을 정지시키는 집행정지를 내용으로 함을 분명히 하고 있다.

21) 가처분(Einstweilige Anordnungen)에 관한 규정인 연방헌법재판소법 제32조 제1항은 "연방헌법재판소는 쟁송사건에 있어서 중대한 불이익을 방지하기 위하여, 급박한 폭력을 저지하기 위하여, 또는 기타의 중대한 사유로 공공복리를 위하여 긴급한 필요가 있는 경우에는 가처분을 통해 분쟁상태를 잠정적으로 규율할 수 있다."라고 규정하고 있다.

22) 동조 제2항에 따라 예외적으로 공익적인 이유 등에서 이 집행정지원칙의 적용이 배제될 수 있고, 이 경우에는 집행이 정지되지 않는다. 따라서 집행이 정지되지 않는 예외적인 경우에는 원고가 행정소송에 있어서의 가처분에 관한 규정인 행정법원법 제123조에 따라 집행정지를 내용으로 하는 가처분신청을 할

아니라 이것이 일반적인 헌법소원심판의 유형이므로, 헌법소원심판의 경우 가구제제도로서는 집행정지제도의 필요성이 우리보다 적고 적극적인 가처분제도의 필요성이 상대적으로 크다고 할 수 있다.

또한 우리와는 달리 소극적인 부작위위법확인소송이 아닌 적극적인 수익적 급부나 지위부여 등을 명하는 의무이행소송이 인정되고 있고, 이 의무이행소송의 실효성을 뒷받침하기 위하여 가처분에 관한 규정인 행정법원법 제123조가 잠정적인 급부나 지위부여 등의 적극적인 내용의 가처분도 가능하도록 규정되어 있다는 점도 감안해야 할 것이다. 아울러 가처분에 관한 연방헌법재판소법 제32조는 우리와는 달리 특별절차에서가 아니라 일반절차에서 규정되어 있어 헌법소원심판 뿐 아니라 여타의 모든 헌법재판절차에 적용되므로,[23] 다양하고 포괄적인 내용의 가처분제도를 인정할 필요성이 있다고 할 것이다. 더욱이 위에서 언급한 바와 같이 우리와는 달리 본안결정과 가처분결정의 이행을 담보할 수 있는 강제집행제도에 관한 규정이 연방헌법재판소법 제35조에 마련되어 있다는 점도 감안해야 할 것이다.

3. 결어(헌재결정 내용의 문제점)

이상 언급한 이유로 적어도 현행 헌법소원제도하에서는 원칙적으로 민사소송법 제714조의 가처분에 관한 규정이 준용되기는 어렵다고 본다. 따라서 헌재가 "헌법재판소법 제40조 제1항에 따라 준용되는 행정소송법 제23조 제2항의 집행정지규정과 민사소송법 제714조의 가처분규정에 비추어 볼 때, 이와 같은 가처분결정은 헌법소원심판에서 다투어지는 공권력 행사 또는 '불행사'의 현상을 그대로 유지시킴으로 인하여 생길 회복하기 어려운 손해를 예방할 필요가 있어야 하고 그 효력을 정지시켜야 할 긴급한 필요가 있어야 한다는 것 등이 그 요건이 된다 할 것이므로…"라고 판시함으로써[24] 행정소송법 제23조 제2항의 집행정지규정 뿐 아니라, 민사소송법 제714조의 가처분규정이 공권력의 '불행사'로 인한 기본권침해의 경우 등에 아무 제한 없이 준용될 수 있는 것처럼 표현하고 있는 것은 문제가 있다고 하겠다. 헌재도 이어서 "그 '효력을 정지'시켜야 할 긴급한 필요가 있어야 한다 …"라고 가처분의 내용을 집행정지로 제한하고 있듯이 가처분의 내용은 원칙적으로 집행정지가 된다고 보아야 할 것이며, 따라서 헌법재판소의 결정은 그 표현에서 뿐 아니라 그 스스로의 논리전개에 있어서도 앞뒤가 모순된다고 여겨진다.

수 있을 것이다.

23) Vgl. Klein, in: Maunz/Schmidt-Bleibtreu/Klein/Ulsamer, Bundesverfassungsgerichtsgesetz, §32, Rdnr. 2; Schlaich, Das Bundesverfassungsgericht, 1991, S. 240f.; BVerfGE 1, 281(282); 1, 85(86); 11, 339(342); 12, 36(39); 27, 152(156); 66, 26(36).

24) 헌재 2000. 12. 8. 2000헌사471, 판례집 12-2, 381, 385.

V. 가처분의 요건과 절차 등

1. 요 건

헌법소원심판절차에 있어서의 가처분의 요건과 관련하여 헌법재판소는 "위 가처분의 요건은 헌법소원심판에서 다투어지는 공권력 행사 또는 불행사의 현상을 그대로 유지시킴으로 인하여 생길 회복하기 어려운 손해를 예방할 필요가 있어야 한다는 것과 그 효력을 정지시켜야 할 긴급한 필요가 있어야 한다는 것 등이 된다. 따라서 본안심판이 부적법하거나 이유 없음이 명백하지 않는 한, 위와 같은 가처분의 요건을 갖춘 것으로 인정되면, 가처분을 인용한 뒤 종국결정에서 청구가 기각되었을 때 발생하게 될 불이익과 가처분을 기각한 뒤 청구가 인용되었을 때 발생하게 될 불이익을 비교형량하여 후자가 전자보다 큰 경우에, 가처분을 인용할 수 있다."라고 판시하고 있는데, 이러한 헌법재판소가 제시한 가처분의 요건은 헌법소원제도의 특성 및 행정소송법의 집행정지에 관한 규정[25] 등을 고려해 볼 때 타당하다고 볼 수 있다. 이들 요건을 행정소송법의 집행정지규정을 감안하여 정리하면 다음과 같다.

(1) 본안청구가 헌법재판소에 계속되어 있어야 한다(행정소송법 제23조 제2항 참조).[26]

(2) 회복하기 어려운 손해를 예방할 필요가 있어야 한다.

(3) 그 효력을 정지시켜야 할 긴급한 필요가 있어야 한다.

(4) 본안심판이 부적법하거나 이유 없음이 명백하지 않아야 한다.[27]

(5) 가처분을 인용한 뒤 종국결정에서 청구가 기각되었을 때 발생하게 될 불이익 보다 가처분을 기각한 뒤 청구가 인용되었을 때 발생하게 될 불이익을 비교형량할 때 후자가 전자보다 커야 한다.[28]

---

25) 행정소송법상의 집행정지의 요건에 대하여는 박윤흔, 전게서, 935쪽 이하; 김남진, 전게서, 787쪽 이하; 김동희, 행정법I, 666쪽 이하 참조.

26) 이는 가처분의 본안소송에 대한 부종성에 비추어 볼 때 당연하다 하겠다. 그런데 독일의 경우에는 본안소송의 계속전이라도 장래 본안소송의 제기가 확실한 경우에는 가처분신청을 할 수 있다고 본다(Schlaich, aaO, S. 241).

27) 본안소송에서의 승소가능성이 가처분의 요건이 되는 것은 아니지만(Vgl. BVerfGE 7, 367[371];18, 151[153]; 46, 1[11]; Schlaich, aaO, S. 243; Klein, aaO, Rdnr. 31), 가처분의 본안소송에의 부종성으로 인하여 본안소송이 부적법하거나 명백하게 이유가 없는 경우에는 가처분이 허용될 수 없다고 하겠다. 또한 이러한 경우에는 네번째 요건과 관련하여 볼 때 어차피 본안청구가 인용될 수 없으므로 가처분을 기각한 뒤 본안청구가 인용되었을 때 발생하게 될 불이익을 상정할 수가 없고, 따라서 이익형량의 요건에서 보더라도 가처분신청을 인정하기는 어려울 것이다. 이는 행정소송절차에 있어서의 집행정지에 대하여도 적용된다고 하겠다(대결 1994. 10. 11. 94두23).

28) 이 요건은 사익과 공익의 총체적인 이익형량을 요구하는 것으로 당연한 요건이라고 할 수 있으며, 행정소송법 제23조 제3항에서 "집행정지는 공공복리에 중대한 영향을 미칠 우려가 있을 때에는 허용되지 아니한다."라고 규정한 것도 집행정지의 요건의 하나로서 공익과 사익의 총체적인 이익형량을 요구하는 것이라고 하겠다. 또한 이 요건은 독일의 경우에도 마찬가지로 요구된다. Vgl. BVerfGE 12, 276(279); 50,

(6) 신청인은 가처분을 신청하기 전에 다른 권리구제수단을 다 거쳐야 한다. 가처분은 보충적인 것이므로 다른 권리구제방법이 있는 경우에는 가처분이 인정될 수 없을 것이다.[29)]

2. 절 차

가처분은 당사자의 신청이나 헌법재판소의 직권에 의하여 발할 수 있다고 할 것이다. 참고로 독일의 경우에는 이에 관한 명문의 규정이 없지만 일반적으로 이를 인정하고 있다.[30)]

3. 대 상

기본권침해의 원인이 된 공권력행사가 행정처분인 경우[31)] 가처분의 내용은 이 처분의 효력정지가 될 것인데, 여기서 처분의 효력정지는 처분의 집행 또는 절차의 속행을 정지함으로써 목적을 달성할 수 있는 경우에는 허용될 수 없다고 하겠다(행정소송법 제23조 제2항). 가처분 자체가 공권력행사를 정지함으로써 잠정적으로 권리를 보전하고자 하는 최후의 보충적인 제도이므로 그 가처분은 이러한 목적을 달성할 수 있는 최소한의 불가피한 정도에 그쳐야 할 것이다. 따라서 처분의 효력정지는 그 처분의 집행이나 절차속행의 정지로 목적달성이 불가능한 경우에만 인정된다고 할 것이며, 만일 그렇지 않다면 이는 결과적으로 과잉적 가처분으로서 공권력 및 공익에 대한 필요 이상의 제한이 되는 것이라고 할 수 있다.

4. 결정정족수

헌법재판소는 재판관 7인 이상의 출석으로 심리하고 종국심리에 관여한 재판관의 과반수의 찬성으로 가처분결정이 이루어진다고 하겠다(헌법재판소법 제23조).

5. 이의신청

가처분의 인용결정 또는 기각결정에 대한 불복절차로서는 헌법소원심판이 단심이므로 동일기관의 동일 심급에 대한 재심을 구하는 이의신청을 고려해 볼 수 있겠으나, 헌법재판소법 제39조의 일사부재리의 원칙상, 그리고 이미 그 가처분결정과정에서 총

37(41); 55, 1(3); 64, 67(70); Schlaich, aaO, S. 243; Gusy, Die Verfassungsbeschwerde, 1988, S. 195.

29) Vgl. BVerfGE 16, 236(239); 17, 120(122).

30) Vgl. BVerfGE 1, 74(75); 1, 281(283); 15, 77(79); 35, 12(14); 42, 103(119f.); Schlaich, aaO, S. 241.

31) 헌법소원의 보충성의 원칙과 관련하여 일종의 보충성원칙의 예외로서 행정처분에 대한 헌법소원심판이 제기된 경우가 여기에 해당될 것이다.

체적 이익형량을 통해 다양한 사안이 검토되었다는 점을 감안해 볼 때 동일한 사유와 사정을 이유로 한 이의신청은 인정되기 어렵고, 그 필요성도 크지 않다고 여겨진다. 다만 인용결정 이후 가처분사유의 소멸, 사정변경 및 공익상의 이유로 직권 또는 신청에 의해 가처분결정을 취소할 수는 있을 것이다(행정소송법 제24조). 한편 기각결정 이후 청구인은 새로운 사유나 사정변경을 이유로 다시 가처분을 신청할 수 있다고 보아야 할 것이다.

참고로 독일의 경우에는 연방헌법재판소법 제32조에 이의신청에 관한 규정[32]이 마련되어 있는데, 첫째, 앞서 언급한 바와 같이 독일의 경우에는 가처분규정이 모든 헌법재판절차에 적용되고,[33] 둘째, 일사부재리에 관한 규정이 없으며, 셋째, 독일의 경우에도 헌법소원심판의 경우에는 이의신청이 인정되지 않는다는 점(동법 제32조 제3항)[34]에 비추어 독일의 이의신청에 관한 규정이 우리의 헌법소원심판에 있어서의 가처분절차에 적용되기는 어렵다고 본다.

6. 효 력

가처분결정은 모든 국가기관과 지방자치단체를 기속한다(헌법재판소법 제75조 제1항, 행정소송법 제23조 제6항 및 제30조 제1항). 이는 가처분의 실효성을 확보하기 위하여 당연히 요구된다고 하겠다.

가처분의 효력은 당해 주문에 정하여는 시기까지 존속한다. 주문에 특별한 정함이 없는 경우에는 본안청구에 대한 종국결정의 선고시까지 존속한다고 보아야 할 것이다.

Ⅵ. 맺는 말

지금까지 헌법재판소결정의 내용, 헌법소원심판에 있어서의 가처분의 인정 여부와 내용 및 요건 등에 대하여 살펴보았다. 적어도 현행 제도하에서는 헌법소원심판에 있어서의 가처분에 관하여는 원칙적으로 행정소송법 제23조의 집행정지에 관한 규정이 준용될 것이다. 다만 헌법소원심판과 행정소송간의 제도 및 절차상의 차이점과 헌법소원제도의 특성 때문에 준용될 수 없는 부분도 상당부분 있을 것이다.

한편 이러한 헌법소원제도와 행정소송제도와의 차이점 및 헌법소원제도의 특성을

---

32) 이의신청에 관한 연방헌법재판소법 제32조 제3항 및 제4항의 내용은 다음과 같다. 제3항: "가처분의 인용 또는 기각의 결정에 대하여는 이의신청을 제기할 수 있다. 이는 헌법소원심판절차에 있어서의 청구인에게는 적용되지 아니한다. 연방헌법재판소는 이의신청에 대하여 구두변론을 거쳐 결정한다. 구두변론은 이의신청의 사유가 제출된 후 2주내에 행해져야 한다." 제4항: "가처분에 대한 이의신청은 가처분결정의 집행을 정시하는 효력이 없다. 그러나 연방헌법재판소는 가처분의 집행을 정지할 수 있다."

33) 따라서 다양한 내용과 성격의 심판절차, 예컨대 권한쟁의심판의 경우 공익적 이유에서의 관련 국가기관의 이의신청 또는 정당해산심판의 경우 해당 정당의 이의신청을 인정할 필요도 있을 것이다.

34) So auch Schlaich, aaO, S. 246.

감안해 볼 때, 그리고 헌법소원심판절차에 있어서의 가처분의 인정 여부와 그 근거 및 요건, 절차 등에 대한 의문을 해소한다는 측면에서 헌법재판소법에 헌법소원심판절차에 적용될 수 있는 가처분에 관한 명문규정을 둘 것을 고려해 볼 수 있다. 그 방법으로는 첫째, 현행처럼 헌법재판소법 제4장의 특별심판절차에 가처분규정을 두는 방식을 유지하여 정당해산심판에 관한 제57조나 권한쟁의심판에 관한 제65조의 경우처럼 헌법소원심판에 대하여 별도의 가처분규정을 두는 방법과, 둘째, 독일의 경우처럼 일반심판절차에 가처분규정을 두어 모든 헌법재판절차에 적용되도록 하는 방법이 고려될 수 있을 것이다.

그런데 첫째의 방법을 택할 경우 이미 가처분신청에 대한 헌법재판소의 인용결정이 나온 이상 가처분의 인정 여부와 그 근거 및 요건 등에 대한 의문이 제기되기는 어렵고, 또한 그 예상되는 규정내용도 정당해산심판과 권한쟁의심판에서의 가처분규정을 고려해 볼 때 현행 행정소송법을 준용하는 경우와 그 본질에 있어서는 크게 다르다고 보여지지 않기 때문에[35] 헌법소원심판에 별도의 가처분에 대한 명문규정을 둔다고 해서 이번의 헌법재판소결정에서 보듯이 그 운용과정과 내용에 있어서 현행의 경우와 큰 차이가 있을 지는 의문이다. 그리고 둘째의 방식을 택할 경우 우리의 헌법소원제도와 행정소송제도 및 행정소송에서의 가처분제도가 독일의 그것과는 내용, 종류, 대상, 요건, 절차, 강제집행 등의 측면에서 상당부분 차이가 있으므로 독일의 가처분에 관한 규정을 참고하는 데에는 일정한 한계가 있다고 본다.

35) 참고로 과거 대한변호사협회의 헌법재판소법 개정법률안을 보면 다음과 같은데, 행정소송법 제23조 및 제24조와 기본적으로 매우 유사하다고 하겠다.
"헌법재판소법 제75조의 2(가처분) (1) 재판부 또는 심판부는 공권력의 행사나 그 집행 또는 절차의 속행으로 말미암아 생길 회복하기 어려운 손해를 예방하기 위하여 긴급한 필요가 있을 때에는 당사자의 신청 또는 직권에 의하여 공권력의 행사나 그 집행 또는 일부를 정지하는 결정을 할 수 있다. 다만, 정지로 인하여 공공복리에 중대한 영향을 미칠 우려가 있을 때에는 그러하지 아니하다. (2) 제1항의 결정을 한 후에 공공복리에 중대한 영향을 미치거나 가처분의 필요가 없어진 때에는 당사자의 요청 또는 직권에 의한 결정으로 가처분을 취소할 수 있다."

19. 제대군인가산점제의 헌법적 문제

- 헌재 1999. 12. 23. 98헌마363 「제대군인지원에 관한 법률」 제8조 제1항 등 위헌확인[1] -

[目 次]

Ⅰ. 머리말

최근 일련의 안보위기사태로 인해 군에 대한 관심이 고조되고 있는 가운데 군복무에 대한 보상 차원에서의 군가산점제의 재도입문제가 강하게 대두되고 있다. 1999년 구 제대군인지원에 관한 법률상의 군가산점제가 헌법재판소에서 위헌결정을 받아 폐지된 이후 국회는 2008년 가산점을 2.5% 이내로 규정하는 등 예전에 비해 혜택의 폭을 크게 줄이는 내용의 병역법 개정안을 국방위원회에서 통과시킨 바 있다. 그러나 여성계 등의 반대로 최종적으로 법안이 확정되지 못한 상태다. 이처럼 제대군인가산점제의 재도입을 위한 개정 내지 입법안에 대하여 다양한 의견이 개진되고 있고, 심지어 정부 내에서 조차 견해가 갈리고 있다. 예컨대 과거 구 「제대군인지원에 관한 법률」상

1) 헌재 1999. 12. 23. 98헌마363, 판례집 11-2, 770.

특정 부문의 공무원 시험 시 제대군인가산점제도 관련 조항이 헌법재판소에서 위헌결정을 받았기 때문에 가산점제도 자체가 위헌이라는 견해에서부터 가산점제도의 내용에는 문제가 없지만 보다 적극적이고 다양한 제도의 도입이 요구된다는 입법론적인 견해에 이르기까지 다양한 논의가 진행 중이다.

우리의 안보현실에 비추어 특히 남북이 분단된 현실을 감안할 때 군의 중요성은 아무리 강조해도 지나치지 않을 것이다. 반면 현재 떨어진 군의 사기와 열악한 복무환경, 군전역 후 사회복귀시의 어려움, 특히 사회에 만연한 군기피풍조를 고려한다면 군의 사기와 자부심 진작 및 군복무에 대한 어떠한 형태의 보상은 절대로 필요하다고 하겠다. 따라서 그 보상 방법의 하나로서 취업 시의 가산점제도는 나름대로의 의미와 기능을 가진다고 하겠다.

그러므로 여기서는 먼저 과거 구 「제대군인지원에 관한 법률」의 관련 내용과 헌법재판소의 결정요지를 살펴본 후, 최근 거론되는 군가산점제 재도입안내용과 그에 대한 헌법적 문제를 검토하고자 한다.

Ⅱ. 구 「제대군인지원에 관한 법률」상의 가산점제의 내용과 헌재결정의 요지

1. 구 「제대군인지원에 관한 법률」상의 가산점제의 주요내용

구 「제대군인지원에 관한 법률」상의 가산점제에 관한 규정은 제8조와 동법시행령 제9조이다.

「제대군인지원에 관한 법률」(1997. 12. 31. 법률 제5482호로 제정된 것) 제8조(채용시험의 가점) ① 제7조 제2항의 규정에 의한 취업보호실시기관이 그 직원을 채용하기 위한 시험을 실시할 경우에 제대군인이 그 채용시험에 응시한 때에는 필기시험의 각 과목별 득점에 각 과목별 만점의 5퍼센트의 범위안에서 대통령령이 정하는 바에 따라 가산한다. 이 경우 취업보호실시기관이 필기시험을 실시하지 아니한 때에는 그에 갈음하여 실시하는 실기시험·서류전형 또는 면접시험의 득점에 이를 가산한다. ② 생략

③ 취업보호실시기관이 실시하는 채용시험의 가점대상직급은 대통령령으로 정한다.

「제대군인지원에 관한 법률」 시행령(1998. 8. 21. 대통령령 제15870호로 제정된 것) 제9조(채용시험의 가점비율 등) ① 법 제8조 제1항의 규정에 의하여 제대군인이 채용시험에 응시하는 경우의 시험만점에 대한 가점비율은 다음 각호의 1과 같다.

1. 2년 이상의 복무기간을 마치고 전역한 제대군인 : 5퍼센트
2. 2년 미만의 복무기간을 마치고 전역한 제대군인 : 3퍼센트

② 법 제8조 제3항의 규정에 의한 채용시험의 가점대상직급은 다음 각호와 같다.

1. 국가공무원법 제2조 및 지방공무원법 제2조에 규정된 공무원중 6급이하 공무원 및 기능직공무원의 모든 직급
2. 국가유공자등예우및지원에관한법률 제30조 제2호에 규정된 취업보호실시기관의 신규채용 사원의 모든 직급

2. 헌재결정의 요지

(1) 헌법 제39조 제1항에서 국방의 의무를 국민에게 부과하고 있는 이상 병역법에 따라 군복무를 하는 것은 국민이 마땅히 하여야 할 이른바 신성한 의무를 다 하는 것일 뿐, 그러한 의무를 이행하였다고 하여 이를 특별한 희생으로 보아 일일이 보상하여야 한다고 할 수는 없는 것이므로, 헌법 제39조 제2항은 병역의무를 이행한 사람에게 보상조치를 취하거나 특혜를 부여할 의무를 국가에게 지우는 것이 아니라, 법문 그대로 병역의무의 이행을 이유로 불이익한 처우를 하는 것을 금지하고 있을 뿐인데, 「제대군인지원에 관한 법률」 제8조 제1항 및 제3항, 동법시행령 제9조에 의한 가산점제도는 이러한 헌법 제39조 제2항의 범위를 넘어 제대군인에게 일종의 적극적 보상조치를 취하는 제도라고 할 것이므로 이를 헌법 제39조 제2항에 근거한 제도라고 할 수 없고, 제대군인은 헌법 제32조 제6항에 규정된 '국가유공자·상이군경 및 전몰군경의 유가족'에 해당하지 아니하므로 이 헌법조항도 가산점제도의 근거가 될 수 없으며, 달리 헌법상의 근거를 찾아볼 수 없다.

(2) 전체여성 중의 극히 일부분만이 제대군인에 해당될 수 있는 반면, 남자의 대부분은 제대군인에 해당하므로 가산점제도는 실질적으로 성별에 의한 차별이고, 가산점을 받을 수 있는 현역복무를 하게 되는지 여부는 병역의무자의 의사와 관계없이 징병검사의 판정결과, 학력, 병력수급의 사정에 따라 정해지는 것이므로 가산점제도는 현역복무나 상근예비역 소집근무를 할 수 있는 신체건장한 남자와 그렇지 못한 남자, 즉 병역면제자와 보충역복무를 하게 되는 자를 차별하는 제도이다.

(3) 평등위반 여부를 심사함에 있어 엄격한 심사척도에 의할 것인지, 완화된 심사척도에 의할 것인지는 입법자에게 인정되는 입법형성권의 정도에 따라 달라지게 될 것이나, 헌법에서 특별히 평등을 요구하고 있는 경우와 차별적 취급으로 인하여 관련 기본권에 대한 중대한 제한을 초래하게 된다면 입법형성권은 축소되어 보다 엄격한 심사척도가 적용되어야 할 것인바, 가산점제도는 헌법 제32조 제4항이 특별히 남녀평등을 요구하고 있는 '근로' 내지 '고용'의 영역에서 남성과 여성을 달리 취급하는 제도이고, 또한 헌법 제25조에 의하여 보장된 공무담임권이라는 기본권의 행사에 중대한 제약을 초래하는 것이기 때문에 엄격한 심사척도가 적용된다.

(4) 1) 제대군인에 대하여 여러 가지 사회정책적 지원을 강구하는 것이 필요하다 할

지라도, 그것이 사회공동체의 다른 집단에게 동등하게 보장되어야 할 균등한 기회 자체를 박탈하는 것이어서는 아니되는데, 가산점제도는 아무런 재정적 뒷받침없이 제대군인을 지원하려 한 나머지 결과적으로 여성과 장애인 등 이른바 사회적 약자들의 희생을 초래하고 있으며, 각종 국제협약, 실질적 평등 및 사회적 법치국가를 표방하고 있는 우리 헌법과 이를 구체화하고 있는 전체 법체계 등에 비추어 우리 법체계내에 확고히 정립된 기본질서라고 할 '여성과 장애인에 대한 차별금지와 보호'에도 저촉되므로 정책수단으로서의 적합성과 합리성을 상실한 것이다.

2) 가산점제도는 수많은 여성들의 공직진출에의 희망에 걸림돌이 되고 있으며, 공무원채용시험의 경쟁률이 매우 치열하고 합격선도 평균 80점을 훨씬 상회하고 있으며 그 결과 불과 영점 몇 점 차이로 당락이 좌우되고 있는 현실에서 각 과목별 득점에 각 과목별 만점의 5퍼센트 또는 3퍼센트를 가산함으로써 합격여부에 결정적 영향을 미쳐 가산점을 받지 못하는 사람들을 6급이하의 공무원 채용에 있어서 실질적으로 거의 배제하는 것과 마찬가지의 결과를 초래하고 있고, 제대군인에 대한 이러한 혜택을 몇 번이고 아무런 제한 없이 부여함으로써 한 사람의 제대군인을 위하여 몇 사람의 비제대군인의 기회가 박탈당할 수 있게 하는 등 차별취급을 통하여 달성하려는 입법목적의 비중에 비하여 차별로 인한 불평등의 효과가 극심하므로 가산점제도는 차별취급의 비례성을 상실하고 있다.

3) 그렇다면 가산점제도는 제대군인에 비하여, 여성 및 제대군인이 아닌 남성을 부당한 방법으로 지나치게 차별하는 것으로서 헌법 제11조에 위배되며, 이로 인하여 청구인들의 평등권이 침해된다.

(5) 헌법 제25조의 공무담임권 조항은 모든 국민이 누구나 그 능력과 적성에 따라 공직에 취임할 수 있는 균등한 기회를 보장함을 내용으로 하므로, 공직자선발에 관하여 능력주의에 바탕한 선발기준을 마련하지 아니하고 해당 공직이 요구하는 직무수행능력과 무관한 요소를 기준으로 삼는 것은 국민의 공직취임권을 침해하는 것이 되는바, 제대군인 지원이라는 입법목적은 예외적으로 능력주의를 제한할 수 있는 정당한 근거가 되지 못하는데도 불구하고 가산점제도는 능력주의에 기초하지 아니하고 성별, '현역복무를 감당할 수 있을 정도로 신체가 건강한가'와 같은 불합리한 기준으로 여성과 장애인 등의 공직취임권을 지나치게 제약하는 것으로서 헌법 제25조에 위배되고, 이로 인하여 청구인들의 공무담임권이 침해된다.

3. 소 결

위에서 살펴본 바와 같이 구 「제대군인지원에 관한 법률」상의 가산점제는 헌법상의 근거 없이 일부 제대군인에 비하여, 여성과 장애인 및 제대군인이 아닌 남성을 비례성원칙을 위반하는 부당한 방법으로 지나치게 차별하는 것으로서 이로 인하여 청구인들의 평등권과 공무담임권을 침해한다는 것이 헌재결정의 요지라고 할 수 있다.

Ⅲ. 제대군인가산점제 재도입안의 내용

이러한 헌재의 위헌결정에도 불구하고 제대군인에게 일정한 보상을 해주어야 한다는 상당한 국민적 정서와 필요성에 따라 국방부를 비롯한 여러 분야에서 군가산점제를 다시 도입해야 한다는 의견이 계속 제기되었는데, 이러한 요청에 부응하여 정치권에서 군가산점제 재도입안이 구체화되었다. 여기서는 그 중 대표적인 것으로서 국회의원 김성회와 주성영의 재도입안을 살펴보기로 한다.

1. 김성회의원안

(1) 제안이유

1999년 헌법재판소의 '제대군인 가산점제도'의 위헌결정 이후 우리나라의 젊은이들은 신성한 국방의무를 이행했다는 자긍심보다는 복무기간 동안 희생한 시간과 기회상실로 인한 피해의식을 크게 느끼고 있다.

국가는 국방의 의무를 성실히 이행한 사람들에 대하여 정당한 보상을 해야 할 의무가 있으며, 그 방안을 마련하여 제공하여야 할 것임. 그 중 제대군인 가산점제도는 군복무기간 동안의 희생에 대하여 보상하고 제대 후 사회생활로의 원활한 복귀를 지원하기 위한 제도로서 국가가 보상할 수 있는 가장 핵심적인 제도로 미국 등 다른 국가에서도 운영되고 있는 제도이다.

이에 본 법률안에서는 제대군인 가산점제도를 도입하되, 위헌결정의 원인이 된 평등권 침해 및 비례원칙 위반을 해소하기 위하여 가산점 비율을 최소화 하고, 가산점 사용의 횟수와 기간을 제한하였으며, 가산점을 사용하여 합격한 사람에 대하여는 채용 후 호봉 또는 임금 산정시 군 복무기간을 근무경력으로 인정하지 않도록 하는 등의 내용으로 제대군인 가산점제도를 도입하려는 것이다.

(2) 병역법 일부개정법률안

본 개정안은 군가산점제 재도입을 위하여 병역법 일부를 다음과 같이 개정한다는 것이다.

제74조의 2 제1항 중 '취업보호실시기관'을 '취업지원 실시기관(이하 '취업지원실시기관'이라 한다)'으로 하고, 같은 조 제2항을 제7항으로 하며, 같은 조에 제2항부터 제6항까지를 각각 다음과 같이 신설한다.

② 취업지원실시기관의 장은 병역의무를 마친 사람(지원에 따른 군 복무를 마친 자를 포함한다)이 해당 기관의 채용시험에 응시하는 경우에는 필기시험의 각 과목별 득점에 각 과목별 득점의 2퍼센트의 범위 안에서 대통령령으로 정하는 비율에 해당하는 점수(이하 '가점'이라 한다)를 가산한다. 이 경우 취업지원실시기관이 필기시험을 실시하지 아니할 때에는 그에 갈음하여 실기시험·서류전형 또는 면접시험의 득점에 이를 가산한다.

③ 제2항에 따라 가점을 받아 채용시험에 합격하는 사람은 그 채용시험 선발예정인원의 20퍼센트를 초과할 수 없다. 이 경우 가점에 의한 선발인원을 산정하는 경우 소수점 이하는 버린다.

④ 제2항에 따른 채용시험에 응시하는 사람에 대한 가점 부여는 대통령령으로 정하는 응시횟수와 기간을 초과할 수 없다.

⑤ 취업지원실시기관의 장은 제2항에 따라 가점을 받아 채용시험에 합격한 사람에 대하여 호봉 또는 임금을 산정할 때에는 다른 법률의 규정에도 불구하고 군 복무기간을 근무경력으로 산정하지 아니한다. 이 경우 산정 여부의 결정시기는 응시자가 채용시험 전에 가점의 가산을 청구하였던 때로 한다.

⑥ 취업지원실시기관이 실시하는 채용시험의 가점 대상 계급·직급 및 직위와 그 밖에 채용시험의 가점에 필요한 사항은 대통령령으로 정한다.

(3) 개정안의 골자

1) 병역의무를 마친 사람 또는 지원에 따른 군복무를 마친 사람이 국가 등 취업지원실시기관에 응시하는 경우에는 각 과목별 득점의 2퍼센트의 범위 안에서 가산점을 주도록 함(안 제74조의 2 제2항).

2) 가점을 받아 채용시험에 합격하는 사람은 그 채용시험 선발예정인원의 100분의 20을 초과할 수 없도록 그 상한을 정함(안 제74조의 2 제3항).

3) 채용시험에 응시하는 사람에 대한 가점 부여는 대통령령으로 정하는 횟수와 기간을 초과할 수 없도록 그 사용의 제한을 둠(안 제74조의 2 제4항).

4) 가점을 받아 채용시험에 합격한 사람에 대하여는 호봉 또는 임금을 산정할 때 군 복무기간을 근무경력으로 산정하지 않도록 하여 군 복무에 대한 보상이 이중으로 적용되는 것을 방지함(안 제74조의 2 제5항).

(4) 구 「제대군인지원에 관한 법률」과의 차이점

1) 구법은 필기시험 등의 각 과목별 득점에 각 과목별 '만점'의 '5퍼센트'의 범위안에서 대통령령이 정하는 바에 따라 가산하도록 했으나, 병역법 개정안은 필기시험 등

각 과목별 '본인 득점'의 2퍼센트 범위내에서 가점을 주도록 함으로써 각 과목별 만점이 아닌 실제 응시자가 획득한 득점을 기준으로 했고, 그것도 상한선을 5퍼센트가 아닌 2퍼센트로 하향조정했다.

2) 구법은 가산점을 받아 합격하는 사람의 비율에 상한을 두지 않았으나, 개정안은 채용시험 선발예정인원의 20퍼센트를 초과할 수 없도록 함으로써 상한을 두고 있다.

3) 구법은 가산점이 부여되는 채용시험에의 응시횟수와 가산점부여 기간에 대한 제한을 두지 않았으나, 개정안은 대통령령으로 정하는 횟수와 기간을 초과할 수 없도록 함으로써 제한을 두고 있다.

4) 개정안은 구법과는 달리 가점을 받아 채용시험에 합격한 사람에 대하여는 호봉 또는 임금을 산정할 때 군 복무기간을 근무경력으로 산정하지 않도록 하여 군 복무에 대한 보상이 이중으로 적용되는 것을 방지하고 있다.

2. 주성영의원안

(1) 제안이유

「제대군인지원에 관한 법률」상 제대군인에 대한 지원책은 중기복무와 장기복무 등 주로 5년 이상 복무한 장교·준사관 또는 부사관으로 전역한 사람이 그 대상이고, 그 이하 제대군인에 대한 지원책은 거의 마련되어 있지 아니한 상태임. 병역의무이행자에 대한 「병역법」에서의 지원책도 복직 및 복학을 보장하거나 보충역 복무를 마친 사람이 채용시험에 응시하는 경우에 대통령령이 정하는 바에 따라 3세의 범위 안에서 응시상한연령을 연장하는 것이 고작임.

그나마 제대군인이 국가·기업체 등의 채용시험에 응시한 경우 필기시험의 각 과목별 만점의 5퍼센트 범위 안에서 가점을 주도록 하던 가산점제도 마저 1999년도에 위헌으로 결정되고 이를 대체하기 위한 지원책이 마련되어 있다고는 하나, 인생의 가장 중요한 시기에 2년가량을 국가를 위해 봉사한 제대군인에 대한 지원책으로는 선진외국과 비교하여 볼 때 미흡할 뿐만 아니라 국방의무를 진 자와 그러하지 아니한 자와의 관계를 볼 때도 상대적인 역차별을 받고 있는 실정이어서 군 복무에 대한 자조감은 물론 국방의무에 대한 충성도가 갈수록 약화되고 있다고 할 것임.

따라서 예전의 가산점제도에 대한 형평성을 합리적으로 보완하고, 현역 또는 보충역 복무를 마친 사람에 대한 국가차원의 지원방안을 재정립하기 위하여, 채용시험 때 필기시험의 각 과목별 득점의 3퍼센트 범위 안에서 가점을 주도록 하고 필기시험을 실시하지 아니한 때에는 그에 갈음하여 실시하는 실기시험·서류전형 또는 면접시험의 득점에 가산할 수 있도록 함으로써, 신성한 국방의무에 대한 젊은이들의 자존감을 살리고 사기를 진작시키며 나아가 국가에 대한 충성심을 고취시키려는 것임.

(2) 「제대군인지원에 관한 법률」 일부개정법률안

주성영의원안은 현행 제대군인지원에 관한 법률 일부를 다음과 같이 개정한다는 것이다. 즉 현행 「제대군인지원에 관한 법률」의 관련 조항인 제16조(채용 시 우대 등)는 "① 취업보호실시기관이 그 직원을 채용하기 위하여 응시연령을 정하여 채용시험을 실시하는 경우 그 채용시험에 응시하는 제대군인(「병역법」 제26조 제1항 제1호의 업무에 복무하고 소집해제된 공익근무요원을 포함한다. 이하 이 조에서 같다)에게는 대통령령으로 정하는 바에 따라 세 살의 범위에서 응시연령 상한을 연장하여야 한다. ② 생략 ③ 취업보호실시기관은 해당 기관에 채용된 제대군인의 호봉이나 임금을 결정할 때에 제대군인의 군 복무기간을 근무경력에 포함할 수 있다. ④ 생략"라고 규정하고 있는데, 제1항 중 '한다.'를 "하며, 그 채용시험에 있어서도 필기시험의 각 과목별 득점에 각 과목별 득점의 3퍼센트의 범위 안에서 대통령령으로 정하는 바에 따라 가산한다. 이 경우 취업보호실시기관이 필기시험을 실시하지 아니하는 때에는 그에 갈음하여 실시하는 실기시험·서류전형 또는 면접시험의 득점에 이를 가산한다."로 하고, 같은 조 제3항 중 '포함할 수 있다.'를 '포함하여야 한다.'로 하며, 같은 조에 제5항부터 제7항까지 각각 다음과 같이 신설한다는 것이다.

⑤ 제1항에 따라 가점을 받아 채용시험에 합격하는 사람은 그 채용시험 선발예정인원의 20퍼센트를 초과할 수 없다. 이 경우 가점에 의한 선발인원을 산정하는 경우 소수점 이하는 버린다. 다만, 가점하지 아니한 점수로 합격선을 넘은 가점대상자는 가점합격자로 보지 아니한다.

⑥ 제1항에 따라 채용시험에 응시하는 사람에 대한 가점 부여는 대통령령으로 정하는 횟수 또는 기간을 초과할 수 없다.

⑦ 취업보호실시기관이 실시하는 채용시험의 가점 대상 계급·직급 및 직위와 그 밖에 채용시험의 가점에 관하여 필요한 사항은 대통령령으로 정한다.

또한 동법 제29조 제1항 중 '정당한 사유 없이 제14조 제2항에 따른 고용명령을 이행하지 아니한 자에게는'을 '다음 각 호의 어느 하나에 해당하는 자에게는'으로 하고, 같은 항에 제1호부터 제6호까지를 각각 다음과 같이 신설한다는 것이다.

1. 정당한 사유 없이 제14조 제2항에 따른 고용명령을 이행하지 아니한 자
2. 제16조 제1항을 위반하여 직원을 채용한 자
3. 제16조 제3항을 위반하여 근무경력을 산정한 자
4. 제16조 제4항을 위반하여 합격자를 결정한 자
5. 제16조 제5항을 위반하여 직원을 선발한 자
6. 제16조 제6항을 위반하여 가점을 부여한 자

(3) 개정안의 골자

1) 채용시험의 각 과목별 득점의 3퍼센트 범위 안에서 대통령령으로 정하는 바에 따라 가점을 주도록 함(안 제16조 제1항).

2) 가점을 받아 채용시험에 합격하는 사람은 그 채용시험 선발예정인원의 20퍼센트를 초과할 수 없도록 함(안 제16조 제5항 신설).

3) 채용시험에 응시하는 사람에 대한 가점부여는 대통령령으로 정하는 횟수 또는 기간을 초과할 수 없도록 함(안 제16조 제6항 신설).

4) 제16조 제1항 및 제3항부터 제6항까지를 위반한 자에 대하여 500만원 이하의 과태료를 부과함(안 제29조 제1항).

(4) 구법과의 차이점

1) 구법은 필기시험 등의 각 과목별 득점에 각 과목별 '만점'의 '5퍼센트'의 범위안에서 대통령령이 정하는 바에 따라 가산하도록 했으나, 개정안은 각 과목별 '득점'의 '3퍼센트' 범위 안에서 대통령령으로 정하는 바에 따라 가점을 주도록 함으로써 각 과목별 만점이 아닌 실제 응시자가 획득한 득점을 기준으로 했고, 그것도 상한선을 5퍼센트가 아닌 3퍼센트로 하향조정했다.

2) 구법은 가산점을 받아 합격하는 사람의 비율에 상한을 두지 않았으나, 개정안은 채용시험 선발예정인원의 20퍼센트를 초과할 수 없도록 함으로써 상한을 두고 있다.

3) 구법은 가산점이 부여되는 채용시험에의 응시횟수와 가산점부여 기간에 대한 제한을 두지 않았으나, 개정안은 대통령령으로 정하는 횟수 또는 기간을 초과할 수 없도록 함으로써 제한을 두고 있다.

3. 소 결

위에서 소개한 바와 같이 김성회의원안과 주성영의원안이 기본적으로 유사한 내용인데, 다만 첫째, 김성회의원안은 가산점의 범위를 필기시험 등 각 과목별 본인 득점의 2퍼센트 범위내로 규정한데 반해 주성영의원안은 3퍼센트 범위내로 규정하고 있다는 점, 둘째, 김성회의원안은 채용시험에 합격한 사람에 대하여는 호봉 또는 임금을 산정할 때 군 복무기간을 근무경력으로 산정하지 않도록 하고 있는데, 주성영의원안에는 그러한 제한이 없다는 점, 셋째, 주성영의원안은 정당한 사유없이 가산점 관련 규정을 위반한 자에게 500만원 이하의 과태료를 부과하도록 규정하고 있으나, 김성회의원안은 그러한 규정이 없다는 점이 양 개정안의 차이점이라 하겠다.

한편 국방부도 군 사기문제 및 병역의무이행자에 대한 보상을 위하여 군필자에 대해 공무원 채용이나 공기업 입사 등에서 가산점제도를 재도입하겠다는 계획을 발표한 바 있다. 국방부안의 내용은 위에서 소개한 두 의원의 개정안과 기본적으로 동일하고, 다만 가산점의 범위를 각 과목별 득점의 2.5%의 범위안에서 대통령령이 정하는 바에 따른다는 점에서만 다소 차이가 있을 뿐이다.

Ⅳ. 제대군인 가산점제 재도입에 대한 찬반논란

1. 찬성론

찬성론의 가장 큰 논거는 군 사기의 진작과 병역의무이행자에 대한 보상이 필요하다는 것이다. 학업이나 취업 등과 같은 중대한 인생의 준비시기에 목숨을 걸고 국가를 위하여 헌신한 병역의무이행자들이 군면제자 및 병역비리자에 비하여 오히려 학업이나 사회생활, 경제활동 등에 서 불리한 차별을 받게 되고 어떤 경우에는 그 차이가 평생을 간다는 점이 지적되고 있다. 그렇기 때문에 군가산점제도를 도입하면 병역기피현상을 완화할 수 있다는 주장도 근거로 제시되고 있다.[2)]

아울러 여성 및 장애인과의 평등권 위반문제로 파악하기 보다는, 오히려 복무자가 비복무자에 비하여 2~3년간 취업준비를 하지 못하는 것에 대한 보상으로서 접근해야 한다는 주장도 있다. 즉 병역의무이행으로 인하여 입는 실질적 차별을 보완하는 문제로서 가산점제도를 파악할 필요가 있다는 것이다.[3)]

한편 현재 계류중인 군가산점제도는 위헌결정 당시의 방식보다 제한된 방식이어서 헌법재판소가 지적한 비례성원칙에 부합하는 안이 된다고 한다. 이는 헌재의 군가산점제도에 대한 위헌결정의 핵심은 가산점제도 자체가 아니라 가산점의 정도가 지나쳐 위헌이라는 견해에 바탕을 두고 있다.[4)]

2. 반대론

군가산점제의 재도입안에 반대하는 입장은 대체로 헌법재판소 결정의 핵심이 군가산점제도 자체가 위헌이라는 견해에 기초를 두고 있다. 따라서 개정안이 군가산점의 범위를 2% 또는 3% 이내로 하향조정하고, 가산점 합격자의 채용상한을 20%로 한정하며, 가산점 부여 횟수와 기간을 제한하고 있다고 하더라도 이로써 위헌성이 해소되는 것은 아니라는 것이다.[5)] 따라서 반대론은 병역의무를 마친 사람에 대한 보상의 필요성

2) 군복무가산점제 부활 망설일 이유없다, 한국경제, 2010. 12. 29; 군가산점제 부활하되 공감대 넓혀야, 중앙일보, 2011. 1. 11.

3) 군복무가산점제 부활 망설일 이유없다, 한국경제, 2010. 12. 29.

4) 군복무가산점제 부활 망설일 이유없다, 한국경제, 2010. 12. 29.

5) 한국여성정책연구원, 군복무에 대한 사회통합적 보상체계 마련을 위한 정책방안 연구 - 군가산점제 부활

은 인정되나, 병역의무를 마친 사람에 대한 보상의 수단으로 여성이나 장애인과 같은 사회적 약자에 대한 기본권 침해가 큰 가산점제도를 재도입하는 것은 타당하지 않고, 가산점제도 이외의 병역의무이행자에 대한 적정하고 합리적인 지원책을 강구할 필요가 있다고 본다.6)

한편 가산점제도가 실제로는 공무원 시험에 응시하거나 취업보호실시기관에 지원할 경우에 한정하여 부여된다는 점에서 그 효과가 제한적이라는 지적도 있다. 실증적인 자료에 의하면 실제로 군가산점제도가 도입되더라도, 이로써 혜택을 받는 사람은 매년 전체 병역의무이행자 25만명 중에서 겨우 110명에 지나지 않아, 전체 중 0.0004%에 지나지 않는다는 조사결과가 있다.7)

Ⅴ. 제대군인가산점제 재도입안에 대한 헌법적 검토

1. 가산점제도의 헌법적 근거

가산점제도의 의의는 "누구든지 병역의무의 이행으로 인하여 불이익한 처우를 받지 아니한다."라고 규정한 헌법 제39조 제2항과 관련하여 논의되어야 할 것이다. 그런데 이와 관련하여 헌법재판소는 98헌마363 결정에서 "헌법 제39조 제2항은 병역의무를 이행한 사람에게 보상조치를 취하거나 특혜를 부여할 의무를 국가에게 지우는 것이 아니라, 법문 그대로 병역의무의 이행을 이유로 불이익한 처우를 하는 것을 금지하고 있을 뿐이다. … 그런데 가산점제도는 이러한 헌법 제39조 제2항의 범위를 넘어 제대군인에게 일종의 적극적 보상조치를 취하는 제도라고 할 것이므로 이를 헌법 제39조 제2항에 근거한 제도라고 할 수 없다."라고 판시함으로써8) 가산점제도가 헌법 제39조 제2항에 근거하지 아니하고, 따라서 이 조항에 의하여 정당화되어질 수 없다는 견해를 취하고 있다.

물론 이 조항으로부터 병역의무를 이행한 사람에게 일정한 특혜를 부여할 국가의

논쟁을 계기로－, 2007 연구보고서(수시과제)－2, 22쪽, 91쪽. 다음의 기관들도 같은 의견을 제시하고 있음. 국가인권위원회, 김성회의원 대표발의 「병역법 일부개정법률안」에 대한 의견 표명, 2008. 9. 8; 법제처, 「병역법 일부개정법률안」에 대한 검토의견, 2008. 9. 15; 한국젠더법학회·서울대 공익인권법센터, 「군대와 양성평등」, 2008. 6. 14.

6) 국회 여성가족위원회, 병역법 일부개정안 검토보고서, 2008. 11.

7) 국회 여성위원회 소속 한나라당 이정선 의원이 공개한 행정안전부로부터 제출받은 지난해 국가공무원 공채시험 일반행정 부분 합격 인원 및 점수 분포 자료에 군 가산점 가점비율 2.5%를 적용한 시뮬레이션 결과에 따르면, 분석 결과, 7급 공채시험은 가산점 적용시 남성 합격자는 현재 213명(58.7%)에서 260명(71.6%)으로 47명(12.9%) 증가했다. 여성 합격자는 150명(41.3%)에서 103명(28.4%)으로 줄어들었다. 9급시험에서도 남성은 현재 149명(44%)에서 216명(63.7%)으로 67명(19.8%) 증가하고 여성은 190명(56%)에서 123명(36.3%)으로 감소했다. 이 의원은 "매년 25만명의 제대 군인이 나오고 있지만 국가 공무원 채용시험에서 군 가산점제로 혜택을 받는 남성은 110명으로 전체의 0.0004%"라고 지적했다. 김선화·김미숙, 군가산점제도 재도입문제, 이슈와 논점, 제181호, 국회입법조사처, 2011. 1. 14.

8) 헌재 1999. 12. 23. 98헌마363, 판례집 11-2, 770, 784.

의무가 발생되는 것은 아니다. 따라서 그들에게 일정한 특혜를 부여하지 아니했다고 해서 국가가 자신의 의무를 위반한 것도 아니고, 위헌이 되는 것도 아니다. 그러나 병역의무의 이행으로 인하여 불이익한 처우를 받지 아니하도록 일정한 혜택을 병역의무 이행자에게 부여할 수 있는 국가의 입법적 재량이 이 조항으로부터 도출될 수 있다고 볼 수는 있다. 사실 헌법재판소의 견해와는 달리 제대군인은 공직채용시험에 있어서 사실상 불리한 처지에 있고, 이는 결과적으로 병역의무이행으로 인한 불이익으로 볼 수 있으므로, 이를 상쇄시키고 실질적인 균등한 기회를 보장하기 위하여 가산점 등의 일정한 혜택을 부여해주는 것은 결과적으로 병역의무의 이행으로 인하여 불이익한 처우을 받지 않도록 하는 조치의 일종으로 볼 수 있는 것이다. 따라서 가산점제도는 일응 헌법 제39조 제2항에 근거하고, 이 조항에 의하여 정당화될 수 있는 제도라고 할 수 있다.[9)]

2. 평등의 원칙과 관련하여

헌재의 위헌결정과 제대군인 가산점제 재도입안에 대한 반대론의 핵심은 가산점제 자체가 남녀차별이라는 평등원칙 위반이라는 것이고, 이러한 평등원칙위반에 대한 심사척도는 엄격심사기준에 따라야 한다는 것이다.

(1) 군가산점제의 엄격심사 대상 여부

주지하는 바와 같이 헌법상 평등의 원칙은 절대적 평등이 아니라 상대적 평등을 내용으로 하고 있다. 이는 합리적인 정당화 사유가 있으면 차별할 수 있고 상황에 따라서는 차별할 것을 요구하는 것이다. 따라서 일반적으로 합리적인 차별사유의 존재 여부가 평등원칙위반 여부의 척도이고, 이를 완화된 심사척도라고 부른다. 그리고 평등위반 여부에 대한 심사척도와 관련하여 헌법재판소는 입법자에게 일정한 입법형성권을 인정하고 있다.

그러나 다른 한편 헌법재판소는 98헌마363 결정에서 '헌법에서 특별히 평등을 요구하고 있는 경우와 차별적 취급으로 인하여 관련 기본권에 대한 중대한 제한을 초래하게 되는 경우'에는 입법자의 입법형성권은 축소되어 보다 엄격한 심사척도가 적용되어야 할 것이라고 한다. 그런데 가산점제도는 헌법 제32조 제4항이 특별히 남녀평등을 요구하고 있는 '근로' 내지 '고용'의 영역에서 남성과 여성을 달리 취급하는 제도이고, 또한 헌법 제25조에 의하여 보장된 공무담임권이라는 기본권의 행사에 중대한 제약을

---

9) 참고로 병역법 제88조 제1항 제1호 위헌제청 등 사건에서 목영준 재판관은 보충의견을 통해 " … 「누구든지 병역의무의 이행으로 인하여 불이익한 처우를 받지 아니한다.」고 규정한 헌법 제39조 제2항의 취지를 존중하여 병역의무의 이행에 따른 기본권 제한을 완화시키거나 그 제한으로 인한 손실을 전보하여주는 제도적 장치를 마련하여, 국방의무의 부담이 전체적으로 국민 간에 균형을 이룰 수 있도록 하여야 한다."라고 주장하고 있다. 헌재 2011. 8. 30. 2008헌가22, 공보 제179호, 1205, 1215.

초래하는 것이기 때문에 엄격한 심사척도가 적용되며, 이러한 엄격한 심사척도에 비추어 볼 때 제대군인에 대한 가산점제도는 위헌이라고 판시했다.10)

1) 가산점제가 근로 내지 고용영역에서의 남녀차별제도인가?

헌재의 견해와는 달리 가산점제도는 제대군인과 비제대군인 사이의 차별구도를 바탕으로 하고 있는 것이지, 남녀간의 차별구도를 전제로 하고 있는 것이 아니다. 물론 사실상 결과적으로 제대군인의 대부분은 남성이고 비제대군인의 대부분은 여성이지만, 적어도 법리적으로는 어디까지나 제대군인에게 혜택을 부여하는 것이지, 남성에게 혜택을 부여하고 상대적으로 여성을 차별하는 것이 아니며, 입법자가 남녀차별을 의도한 것은 더더욱 아닌 것이다. 이는 헌법재판소의 위헌결정이 내려진 이후에 여성 제대군인이 가산점제도의 폐지에 따른 불이익에 대하여 소송을 제기한 것을 보아도 알 수 있다. 또한 남성 중에도 장애자만이 가산점제도로 차별을 받는 것이 아니라, 장애자 이외의 수많은 남성이 비제대군인이거나 또는 제대군인이라고 하더라도 가산점혜택을 받지 못하는 제대군인에 속한다. 따라서 헌법재판소가 이 사건을 성별과는 관계없는 제대군인과 비제대군인과의 차별구도가 아니라, 남성 대 여성, 또는 남성 대 여성 및 장애남성의 차별구도로 파악하는 것은 잘못된 것이라고 하지 않을 수 없다. 따라서 제대군인에 대한 가산점제도는 법리적으로는 성차별과는 관계없는 제대군인과 비제대군인 사이의 차별의 문제이므로, 이를 남녀차별구도로 보는 전제하에서 헌법 제32조 제4항이 특별히 남녀평등을 요구하고 있는 '근로' 내지 '고용'의 영역에서 남성과 여성을 달리 취급하는 제도이고 따라서 엄격심사척도가 적용되어야 한다는 헌법재판소의 논리는 타당하다고 볼 수 없는 것이다.

참고로 미국 연방대법원도 Personnel Administrator of Massachusetts v. Feeney(1979) 사건에서 군가산점제는 여성을 차별하는 제도가 아니므로 헌법상 평등권을 침해하는 것이 아니라고 판시했다.11) 이 사건에서는 매사추세츠 주법에 의해 제대군인을 공무원 채용시험에서 우대하는 제도가 성차별에 해당하는지가 다투어졌다. 여성인 헬렌 휘니는 주 공무원 공개채용시험에 여러 번 응시해 고득점을 받았다. 그러나 일정 점수 이상을 받은 자 중에서 제대군인을 주 공무원으로 우선 채용하고 나머지를 비제대군인 중에서 선발하기로 한 주법 때문에 불합격되었다. 이에 헬렌 휘니는 다양한 미국의 법령과 정책으로 인해 여성은 군대에 입대하는 것에 제약이 있기 때문에 여성이 실제로 징병의 대상이 된 적이 없으며 따라서 직장을 구할 수 있는 기회에 있어서 평생동안 지속되는 군필자들의 절대 우위가 여성들에게 미치는 효과는 설사 의도하지 않았더라도 치명적이라고 주장하면서 소송을 제기했다.12) 이 사건에서 연방대법원은 성에 따른

10) 헌재 1999. 12. 23. 98헌마363, 판례집 11-2, 770, 787-788.

11) 442 U.S. 256 (1979).

12) 이 사건에 대하여 자세한 것은 Rosenblum, Bruce E,, Discriminatory Purpose and Disproportionate Impact:

차별의 목적을 입증하지 못하면 주로 남성들로 구성된 집단에게 공무원직 채용의 특혜를 주는 법률은 헌법상 평등조항에 위배되지 않는다고 합헌결정을 내렸다. 즉 연방대법원은 이 사건에서 평등심사기준으로서 단순합리성 심사기준을 채택하였는데 이 심사기준에 의하면 성차별이 되기 위해서는 결과적으로 여성공무원의 수가 적다는 차별효과가 아니라 여성을 차별하겠다는 차별목적이 인정되어야 한다. 그러나 제대군인을 우대하는 주법이 사실상 여성을 차별하는 효과를 가지지만, 이 차별의 목적은 제대군인의 군생활을 통한 봉사에 대한 보상에 있지 여성에 대한 차별에 있지 않다는 것이다.

2) 개정안에 따른 가산점제가 기본권에 대한 중대한 제한을 초래하나?

헌법재판소는 98헌마363 사건에서 가산점제도가 헌법 제25조에 의하여 보장된 공무담임권이라는 기본권의 행사에 중대한 제약을 초래하는 것이기 때문에 엄격한 심사척도가 적용된다고 하면서 엄격한 심사척도에 비추어 볼 때 제대군인에 대한 가산점제도는 위헌이라고 판시했다.

물론 헌재의 견해대로 과거의 군가산점제도는 청구인 등의 공무담임권이라는 기본권에 중대한 제약을 초래하는 것으로 헌재가 주장하는 엄격한 심사척도가 적용될 수 있고, 이러한 엄격한 척도에 따라 위헌으로 판단될 소지가 있었다. 왜냐하면 과거의 경우에는 첫째, 가산점 상한선이 5퍼센트로 너무 과도했고, 둘째, 그것도 필기시험의 각 과목별 '득점'이 아닌 각 과목별 '만점'의 5퍼센트의 범위안에서 가산점을 부여했으며, 셋째, 가산점을 받아 합격하는 사람의 비율에 상한을 두지 않았고, 넷째, 가산점이 부여되는 채용시험에의 응시횟수와 가산점부여 기간에 대한 제한을 두지 않았기 때문이다. 따라서 구법에 따를 때 가산점제도는 합격여부에 결정적 영향을 미쳐 가산점을 받지 못하는 사람들을 공무원채용에 있어서 실질적으로 거의 배제하는 것과 마찬가지의 결과를 초래하고 있다. 즉 가산점 혜택을 부여받지 못하는 비제대군인의 경우에는 합격하기가 매우 어렵거나, 사실상 불가능하다고 볼 수도 있었다. 이는 공직자선발에서 준수되어야 할 능력주의에 대한 심각한 침해이자 공무담임권 행사에 중대한 제약을 초래하는 것이며, 공무담임권의 본질적 내용을 침해하는 결과를 초래할 수도 있다고 하겠다. 이 점에서 구 가산점제도는 기본권에 대한 중대한 제한을 초래했고, 따라서 헌재의 견해대로라면 평등원칙 위반 여부에 대하여 엄격한 심사척도에 따른 심사를 해야 했으며, 심사결과 비례성원칙의 위반으로 위헌으로 판단한 것은 나름대로의 타당성이 있었다고 하겠다.

그러나 앞서 소개한 바와 같이 개정안은 구법의 가산점제와는 내용면에서 상당한 차이가 있다. 즉 첫째, 가산점 상한선을 2 내지 3퍼센트로 하향조정했고, 둘째, 그것도 과목별 '만점'이 아닌 과목별 '득점'의 2 내지 3퍼센트 이내의 가산점이며, 셋째, 개정

An Assessment after Feeney, Columbia Law Review 79, November 1979 참조.

안은 가산점을 받아 합격하는 사람의 비율이 채용시험 선발예정인원의 20퍼센트를 초과할 수 없도록 함으로써 상한을 두고 있고, 넷째, 가산점이 부여되는 채용시험에의 응시횟수와 가산점부여 기간에 대한 제한을 두고 있는 등 상당한 제한을 가하고 있다. 따라서 개정안에 따르면 구법과는 달리 가산점혜택을 받지 못하는 비제대군인인 응시자의 공무담임권에 대한 제한이 상당히 완화되게 되며, 일응 수인의 기대가능성이 있다고 볼 수 있다. 따라서 구법의 경우와는 달리 가산점제도가 합격여부에 결정적 영향을 미쳐 가산점을 받지 못하는 사람들을 공무원채용에 있어서 실질적으로 거의 배제하는 것과 마찬가지의 결과를 초래한다고 보기 어렵다. 따라서 개정안의 경우에는 공직자선발에서 준수되어야 할 능력주의에 대한 심각한 침해나 공무담임권 행사에 중대한 제약이 초래된다고 볼 수 없고, 공무담임권의 본질적 내용이 침해된다고 보기는 더욱 어렵다. 이 점에서 개정안에 따른 가산점제도는 헌재의 견해에 따른다 하더라도 평등원칙 위반 여부에 대하여 엄격한 심사척도에 따라야 되는 경우에 해당한다고 보기 어렵다.

3) 소 결

결국 엄격한 심사척도에 대한 헌법재판소의 이론에 따른다고 하더라도 개정안에 따른 군가산점제는 엄격한 심사척도의 대상이라고 볼 수 없다. 왜냐하면 첫째, 제대군인에 대한 가산점제도는 법리적으로는 성차별과는 관계없는 제대군인과 비제대군인 사이의 차별의 문제이므로 이를 남녀차별구도로 보는 전제하에서 헌법 제32조 제4항이 특별히 남녀평등을 요구하고 있는 '근로' 내지 '고용'의 영역에서 남성과 여성을 달리 취급하는 제도이고 따라서 엄격심사척도가 적용되어야 한다는 헌법재판소의 논리의 전제가 잘못되었고, 둘째, 구법의 경우와는 달리 가산점제도의 내용이 상당히 완화되어 가산점을 받지 못하는 사람들의 공무담임권 행사에 중대한 제약이 초래된다고 볼 수 없기 때문이다.

(2) 평등원칙 위반 여부

위에서 살펴본 바와 같이 개정안에 따른 군가산점제는 평등원칙 위반 여부와 관련하여 엄격심사의 대상이라고 볼 수 없고, 따라서 일반적인 심사척도인 완화된 합리성 심사의 대상이 된다고 하겠다. 결국 정당한 합리적 차별사유의 존재 여부가 관건이라고 하겠다.

1) 차별을 정당화시키는 사유

주지하는 바와 같이 제대군인가산점제도는 군복무로 인하여 제한된 제대군인 개인의 권익을 보전해 주는 한편, 현역장병들의 사기가 저하되지 않도록 함으로써 군복무에 대한 자부심과 동기를 부여하고, 건전한 병역의무이행의 풍토를 조성하고 안정된 국방력을 확보하기 위하여 시행되는 제도로서, 군복무 중에는 학업 또는 생업을 포기하여야 하고 취업할 기회와 취업을 준비하는 기회도 상실하게 되는 개인적 희생을 감수하여야 하므로 이러한 손실, 즉 병역의무이행으로 인한 사회·경제적 불이익을 최소한도나마 보전해 줌으로써 전역후 빠른 기간내에 일반사회로 복귀할 수 있도록 해 주는 것이 군복무를 하지 않고 일반 사회생활을 한 사람들과의 형평에 부합된다고 볼 수 있다. 한마디로 군 사기진작과 병역의무이행에 대한 보상이 입법목적이라고 하겠다.[13] 따라서 제대군인과 비제대군인을 기계적으로 동등하게 취급하여 경쟁하도록 하는 것은 대부분의 제대군인들의 공무담임권과 직업선택의 자유를 사실상 원천적으로 제한하는 결과가 될 수 있고, 실질적 평등의 원칙에도 어긋난다고 할 수 있는 것이다. 이처럼 가산점제도는 본인의 의사와 관계없이 국방의 의무를 이행한 제대군인에 대한 법적인 배려로서 비제대군인과의 합리적인 차별사유에 기인하는 것이며, 따라서 헌법상 정당화될 수 있는 것이다.

과거 대법원도 군인 등에 대하여 국가배상청구권을 배제한 국가배상법 제2조 제1항 단서조항에 대한 위헌판결에서 "국가배상법 제2조 제1항 단행의 입법이유의 하나는 군인·군속이 공무수행중에 신체 또는 생명에 피해를 입은 경우에는 군사원호보상법 등에 의하여 재해보상금 등을 지급받게 되어 있음으로 불법행위로 인한 손해배상도 받게 하면 이중이 된다는 것이나, 위 법들의 규정에 의한 재해보상금 등은 군인·군속 등의 복무중의 봉사 및 희생에 대하여 이를 보상하고 퇴직 후의 생활 또는 유족의 생활을 부조함에 그 사회보장적 목적이 있고, … 따라서 군인·군속에게 손해배상청구권을 제한 또는 부인하는 국가배상법 제2조 제1항 단행은 헌법 제26조(현행 헌법 제29조), 동법 제8조(현행 헌법 제10조) 및 동법 제32조(현행 헌법 제37조) 제2항에 위반한다."라고 함으로써 군인의 복무중의 희생과 특별신분을 고려할 때 군인과 다른 일반인 사이에 합리적 차별사유가 존재하고, 따라서 일반인과는 달리 국가배상청구권외에 다양한 국가보상청구권을 인정하는 것이 평등의 원칙을 위반하는 것은 아니라고 판시했다.[14] 사실 다른 일반인이나 기타의 공무원들과 비교해서 강제적인 국방의무의 이행과 매우 위험부담이 높은 군복무의 특성에서 오는 합리적 차별사유를 고려할 때 오히려 이들에게 국가배상 이외에 국가보상을 '이중적' 내지는 '추가적'으로 허용해주는 것이 타당하다고 볼 수 있으며, 이러한 논리가 합리적 차별사유가 존재할 경우 차별을 요구하는 것을 내용으로 하는 배분적 정의에 입각한 상대적·실질적 평등의 원칙에 부합된다고 볼 수 있는 것이다.

결국 상기 언급한 내용이 제대군인과 비제대군인 상호간의 차별을 정당화시키는 긴절한 공익이라고 볼 수 있다. 그리고 이러한 정당한 공익의 존재 여부에 대한 판단은

13) 개정안의 제안이유 참조.

14) 1971. 6. 22. 70다1010.

입법자의 입법형성권에 속한다고 할 수 있다. 물론 후술하는 바와 같이 이 가산점제도가 정책적으로 효율적이고 바람직한 것인가 하는 문제에 대하여는 의문이 제기될 수 있다. 따라서 입법정책적으로 이 제도가 보완을 요한다든가 또는 다른 제도로 대체될 필요성이 있다는 지적에 대하여는 상당부분 동의할 수 있다. 그러나 이 제도 자체가 평등원칙 위반으로 위헌이라는 주장에 대하여는 동의하기 어렵다. 입법정책의 문제와 위헌 여부의 문제는 구별되어야 할 것이다.

한편 가산점혜택이 실제로 일부 제대군인에게만 돌아가기 때문에 가산점제가 군 사기진작 등의 목적에 기여할 수 없다는 반론이 있을 수 있다. 그러나 그렇다고 하여 군가산점제의 정당성이 희석되는 것은 아니다. 왜냐하면 앞서 언급한 바와 같이 군가산점제의 입법목적 중 하나는 군 사기진작이고 이는 군가산점제가 가지는 상징적 의미와 결부되어 있기 때문이다. 따라서 실제로 군가산점제의 혜택을 받는 대상이 소수라 할지라도 그 제도가 가지는 군사기 및 자부심과 관련한 상징적 의미는 대단히 큰 것이고, 이는 헌재의 위헌결정으로 인한 군가산점제의 폐지 이후 군가산점과 무관한 남성을 대상으로 실시한 여론조사에서도 압도적 다수가 군가산점제의 부활에 찬성한 것에서도 알 수 있다.[15)]

2) 가산점부여 대상의 제한과 평등원칙 위반 문제

한편 가산점혜택이 실제로 제대군인 중 특정 공무원임용응시자에게만 부여되기 때문에 가산점제도는 비제대군인은 물론 해당 공무원임용응시와는 관련이 없는 다른 여타의 제대군인들도 차별하는 것이 되어 결과적으로 혜택대상이 되는 제대군인과 여타의 제대군인 상호간의 차별성 문제도 제기될 수 있다. 사실 군가산점제의 문제점은 바로 보상이 제대군인 전체에게 돌아가는 것이 아니라 극히 일부에게만 부여된다는데 있다.[16)]

그러나 어느 시기에 어느 대상에게 어떤 순서로 혜택을 부여하는가 하는 것은 민간부문인가 공공부문인가의 여부, 가산점적용대상, 대상업무의 성격, 국가예산, 기타 사안과 관련되는 다양한 공·사익을 고려하여 입법자가 정할 문제이지 반드시 상상할 수 있는 모든 대상에게 '예외 없이' 그리고 '동시에' 혜택이 돌아가야만 하는 것은 아니다. 즉 헌법상 어느 범위에서 어떠한 절차를 거쳐 어느 시점에서 어떠한 내용의 혜택을 부여할 것인가 하는 것은 입법자의 형성의 자유에 속하는 사항으로서 국회가 입법정책적으로 판단하여 법률로 구체적으로 정할 수 있는 것이다. 특히 이 사안의 경우처럼 국가가 국민에게 혜택을 부여할 때에는 국민의 권리를 제한할 때보다 더 넓은 형성

15) 소사대상자인 2·30대 남성의 군가산점제 부활에 대한 찬반 여부를 알아 본 결과 73.8%가 찬성하는 것으로 나타났고, 25.7%가 반대, 0.5%가 모른다고 응답하였다. 한국여성정책연구원, 군복무에 대한 사회통합적 보상체계 마련을 위한 정책방안 연구, 43쪽 이하 참조.

16) 한국여성정책연구원, 군복무에 대한 사회통합적 보상체계 마련을 위한 정책방안 연구, 42쪽.

의 자유를 가지는 것이 일반적으로 인정될 수 있다. 헌법재판소도 교육법 제8조의 2에 관한 위헌심판 사건에서 "헌법상 평등의 원칙은 국가가 언제 어디에서 어떤 계층을 대상으로 하여 기본권에 관한 사항이나 제도의 개선을 시작할 것인지를 선택하는 것을 방해하지는 않는다. 말하자면 국가는 합리적인 기준에 따라 능력이 허용하는 범위 내에서 법적 가치의 상향적 구현을 위한 제도의 단계적 개선을 추진할 수 있는 길을 선택할 수 있어야 한다. 그것이 허용되지 않는다면 모든 사항과 계층을 대상으로 하여 동시에 제도의 개선을 추진하는 예외적인 경우를 제외하고는 어떠한 제도의 개선도 평등의 원칙 때문에 그 시행이 불가능하다는 결과에 이르게 되어 불합리할 뿐 아니라 평등의 원칙이 실현하고자 하는 가치와도 어긋나기 때문이다. 따라서 국가가 종전의 상황을 개선함에 있어서 그 개선의 효과가 일부의 사람에게만 미치고 동일한 상황하에 있는 다른 사람에게는 미치지 않아 그들 사이에 일견 차별이 생기게 된다고 하더라도 그것만으로는 평등의 원칙을 위반한 것이라고는 할 수 없다."라고 판시함으로써 평등의 원칙을 합리적이고 유연하게 적용시키면서 입법자의 입법형성권을 폭넓게 인정하고 있다.[17)]

3. 공무담임권과 관련하여

한편 헌법재판소는 98헌마363 결정에서 공무원채용은 능력주의에 따라야 하는데 가산점제도는 해당 공직이 요구하는 직무수행능력과 무관한 요소를 기준으로 불합리하게 국민의 공직취임권을 침해하는 것으로 위헌이라고 주장한다. 구 「제대군인지원에 관한 법률」상의 가산점제도가 해당 공직이 요구하는 직무수행능력과 무관한 요소를 기준으로 삼는 것은 사실이다. 그렇다고 하여 그것이 곧 바로 위헌이 된다고 볼 수는 없다. 왜냐하면 헌법상의 원칙이나 기본권에 대한 일정한 제한은 공익적인 이유로 정당화될 수 있기 때문이다. 물론 비례의 원칙 등 헌법상의 다양한 원칙이 준수되어야 함은 물론이다.

앞서 언급한 바와 같이 개정안에 따른 군가산점제는 구법의 경우와는 달리 내용과 효과면에서 상당한 차이가 있다. 즉 개정안에 따르면 구법과는 달리 가산점혜택을 받지 못하는 비제대군인인 응시자의 공무담임권에 대한 제한이 상당히 완화되게 되어, 개정안의 경우에는 공직자선발에서 준수되어야 할 능력주의에 대한 심각한 침해나 공무담임권 행사에 중대한 제약이 초래된다고 볼 수 없다. 따라서 개정안에 따른 능력주의의 제한은 일응 수인의 기대가능성이 있다고 볼 수 있다.

개정안에 따른 군가산점제는 능력주의를 완전히 배제하는 것이 아니라 공익적 이유에서 다소 제한하는 것이라고 볼 수 있고, 그 제한의 정도가 과도하다거나 비례성을 상실한 것으로 볼 수 없다. 만일 능력주의에 대한 그 어떤 내용과 정도의 제한도 위헌

17) 1991. 2. 11 90헌가27, 판례집 제3권, 11, 25.

이라고 한다면, 헌재가 98헌마363 사건에서 언급한 구 공무원임용시험령 및 구 지방공무원임용령상의 공무원선발시의 여성공무원채용목표제나 구 정당법상의 여성공천할당제도 능력주의와 관계없이 여성에게 특혜를 부여하고 결과적으로 남성의 공직취임권을 침해하는 것으로 위헌이라고 해야 할 것이다.

결론적으로 개정안에 따른 군가산점제는 공무담임권을 위헌적으로 침해하는 것으로 볼 수 없다.

4. 비례의 원칙과 관련하여

앞서 살펴본 바와 같이 군가산점제 재도입안은 그 본질과 내용면에서 평등권을 제한하지만 그것이 엄격한 심사척도의 대상이 되는 것은 아니고 완화된 심사척도에 따른 단순 합리성심사의 대상이 된다고 하겠다. 그리고 완화된 심사척도에 따를 때 위에서 지적한 바와 같이 제대군인과 비제대군인 사이에는 분명한 합리적 차별사유가 존재하고, 그 입법목적이 정당하다는 점에서 위헌이라고 보기는 어렵다고 하겠다.

한편 이처럼 군가산점제의 평등원칙 위반 여부에 대하여 완화된 심사척도에 따라 판단할 경우에는 이와는 별도로 이 제도의 비례의 원칙 위반 여부에 대한 심사가 필요하다. 왜냐하면 엄격심사의 경우에는 평등원칙 위반 여부와 관련하여 비례성심사가 필수적으로 수반되지만 완화된 심사척도의 경우에는 그렇지 않기 때문이다.

무릇 입법을 비롯한 모든 공권력작용은 법치국가원리인 비례의 원칙을 준수해야 한다. 특히 기본권이 제한되는 경우에는 더욱 그러하다. 군가산점세의 경우 평등권이나 공무담임권 등의 기본권 제한이 문제되므로 비례의 원칙 위반여부가 심사되어야 함은 당연하다고 하겠다.

개정안에 따른 군가산점제는 구법의 경우와는 달리 비례의 원칙을 위반한다고 볼 수 없다. 첫째, 앞서 언급한 군가산점제의 목적(군의 사기진작, 병역의무이행에 대한 보상 등)이 분명하고 정당하다(목적의 정당성). 둘째, 군가산점제가 앞서 언급했듯이 이러한 입닙목적의 달성을 위해 석설하다(수단의 적절성). 셋째, 군가산점제가 위에서 소개한 바와 같이 구법의 경우와는 달리 비제대군인의 평등권과 공무담임권의 제한을 최소화하고 있다(침해의 최소성). 넷째, 비제대군인의 평등권이나 공무담임권의 제한 보다 달성되는 공익 우월하다고 볼 수 있다(법익의 균형성).

Ⅵ. 맺는 말

결론적으로 개정안에 따른 군가산점제는 위헌이라고 할 수 있다. 그러나 그렇나고 하여 군가산점제가 소기의 목적달성을 위한 충분하고 효율적인 바람직한 제도라고 하는 것은 아니다. 그야 말로 목적달성을 위한 최소한의 소극적·부분적·상징적 제도일 뿐이다. 이 점에서 군가산점제도가 결과적으로 여성과 장애인 등 이른바 사회적 약자들의 희생을 초래하고 있으며, 정책수단으로서의 적합성과 합리성도 상실하고 있다는 개정안에 대한 반대론의 주장은 일면 타당성이 있어 보인다. 사실 그동안의 공익실현을 위한 국가의 정책과 수단들이 대체로 소극적이고 일시적인 미봉책의 성격이 강했으며, 아울러 재정적 뒷받침이 없는 손쉬운 규제일변도의 것으로 그 효율성에도 의문이 제기되어 온 점을 고려할 때 가산점제도가 그 본래의 목적달성을 위한 근본적이고 체계적이며 적극적인 정책이라고 보기는 어렵다. 이제라도 국가는 군가산점제와 더불어 제대군인에 대하여 보편적이면서 적극적이고 합리적인 보상체계를 마련해야 할 것이다.

그러한 군가산점제의 보완 내지 대안책으로서 제대군인을 위한 취업지원센터의 운영, 학자금 장기 저금리융자의 법제화, 민간기업에서 군경력인정의 법제화, 국민연금 군복무기간 반영 등 국민연금혜택의 확대, 세금혜택 및 의료보험 할인적용, 다양한 사회적응훈련제공, 병 급여의 현실화, 제대 후 일정기간 실업수당지급 등이 거론되고 있다.[18)]

군가산점제 재도입과 관련한 다양한 사회적 논란이 있지만 군대는 필요하고, 징병제를 유지하는 한 제대군인에 대한 보상도 필요하다는 것은 모두가 인정할 것이다. 이는 국민과 정부 모두가 노력해야 할 일이며, 어느 쪽에도 그 책임을 전가해서는 안 될 것이다. 국민들은 정부의 노력에 힘을 실어주고 자진해서 병역의무를 이행하는 사회적 풍토 조성에 힘을 기울여야 하고, 정부는 보다 투명하고, 공정한 병역제도 운영, 복무환경 개선, 선진 군 문화 창달 및 보다 적극적이고 근본적인 제대군인에 대한 실질적인 보상대책을 수립하여 국민의 요구에 호응해야 할 것이다.

---

18) 제대군인지원방안에 대하여 자세한 것은 한국여성정책연구원, 군복무에 대한 사회통합적 보상체계 마련을 위한 정책방안 연구, 76쪽 이하 참조.

20. 개발제한구역과 재산권보장

- 헌재 1998. 12. 24. 89헌마214 등 도시계획법 제21조에 대한 위헌소원[1] -

[目 次]

Ⅰ. 머리말

1998년 12월 24일 헌법재판소는 도시계획법(이하 '법') 제21조에 대하여 헌법불합치결정을 내림으로써, 수년간 결정이 미루어져 왔던 미제사건을 해결하였다. 주지하는 바와 같이 개발제한구역문제는, 특히 그에 대한 손실보상과 관련하여 그동안 끊임없이 논란의 대상이 되어왔는데, 정부는 지금까지 재산권행사의 공공복리적합의무의 대원칙하에서 개발제한구역 지정행위를 보상 없이 수인해야 하는 합헌적 행위로 간주하고 따라서 보상규정이 없는 법 제21조를 합헌시해 왔으며, 대법원[2]도 대체로 같은 입장을 취해왔다. 한편 헌재는 그동안 이와 관련한 사건들을 형식적 이유로 각하시킴으로써[3] 본안판단을 유보해오다가, 정부·여당에서 개발제한구역제도를 전향적으로 검토하는 분위기에 편승하여 이번에 헌법불합치결정을 내리게 된 것으로 보인다. 이 글에서는 먼저 이번 헌재결정의 요지를 살펴보고, 재산권보장과 관련한 헌법규정 및 법리의 토대위에서 법 제21조의 위헌성을 고찰한 후, 헌재결정의 의의와 문제점에 대하여 언급

1) 헌재 1998. 12. 24. 89헌마214 등, 판례집 10-2, 927.
2) 예컨대 대판 1990. 5. 8. 89부2.
3) 헌재 1991. 6. 3. 89헌마46; 1991. 9. 16. 89헌마152; 1991. 9. 16. 90헌마105.

하고자 한다.

Ⅱ. 헌재결정의 내용

1. 사건의 개요와 심판의 대상

(1) 사건의 개요

청구인들은 구 도시계획법 제21조 제1항에 따라 개발제한구역으로 지정된 토지위에 관할관청의 허가를 받지 아니하고 건축물을 건축하여 소유하고 있다는 이유로 위 건축물에 대한 철거대집행계고처분 등을 받고, 법원에 위 행정청을 상대로 위 건축물철거대집행계고처분 등의 취소를 구하는 행정소송을 제기하였다. 위 청구인들은 위 소송계속중 위 법원에 재판의 전제가 되는 법 제21조가 손실보상 없이 재산권을 제한함으로 재산권의 본질적 내용을 침해한다는 등의 이유로 헌법 제23조 제1항·제3항 및 제37조 제2항에 위반된다고 주장하면서 위헌심판제청을 신청하였으나 위 신청이 기각되자 이 사건 헌법소원심판을 청구하였다.

(2) 심판의 대상

이 사건 심판의 대상은 구 도시계획법(1971. 1. 19. 법률 제2291호로 제정되어 1972. 12. 30. 법률 제2435호로 개정된 것) 제21조의 위헌여부이고, 그 내용은 다음과 같다.[4)]

제21조(개발제한구역의 지정) ① 건설교통부장관은 도시의 무질서한 확산을 방지하고 도시주변의 자연환경을 보존하여 도시민의 건전한 생활환경을 확보하기 위하여 또는 국방부장관의 요청이 있어 보안상 도시의 개발을 제한할 필요가 있다고 인정되는 때에는 도시개발을 제한할 구역(이하 '개발제한구역'이라 한다)의 지정을 도시계획으로 결정할 수 있다.

② 제1항의 규정에 의하여 지정된 개발제한구역안에서는 그 구역지정의 목적에 위배되는 건축물의 건축, 공작물의 설치, 토지의 형질변경, 토지면적의 분할 또는 도시계획사업의 시행을 할 수 없다. 다만, 개발제한구역 지정당시 이미 관계법령의 규정에

4) 현재 도시계획법은 폐지되어 「국토의 계획 및 이용에 관한 법률」로 대체·편입되었다. 구 도시계획법 제21조에 해당되는 현행 「국토의 계획 및 이용에 관한 법률」 제38조(개발제한구역의 지정)는 "① 국토교통부장관은 도시의 무질서한 확산을 방지하고 도시주변의 자연환경을 보전하여 도시민의 건전한 생활환경을 확보하기 위하여 도시의 개발을 제한할 필요가 있거나 국방부장관의 요청이 있어 보안상 도시의 개발을 제한할 필요가 있다고 인정되면 개발제한구역의 지정 또는 변경을 도시·군관리계획으로 결정할 수 있다. ② 개발제한구역의 지정 또는 변경에 필요한 사항은 따로 법률로 정한다."라고 규정하고 있고, 「국토의 계획 및 이용에 관한 법률」 제38조에 따라 개발제한구역의 지정과 개발제한구역에서의 행위 제한 등과 관련하여 「개발제한구역의 지정 및 관리에 관한 특별조치법」이 제정되었으며, 이 「개발제한구역의 지정 및 관리에 관한 특별조치법」은 제3조에서 '개발제한구역의 지정 등'에 대하여, 그리고 제12조에서 "개발제한구역에서의 행위제한"에 대하여 규정하고 있다.

의하여 건축물의 건축·공작물의 설치 또는 토지의 형질변경에 관하여 허가를 받아(관계법령에 의하여 허가를 받을 필요가 없는 경우를 포함한다) 공사 또는 사업에 착수한 자는 대통령령이 정하는 바에 의하여 이를 계속 시행할 수 있다.

③ 제2항의 규정에 의하여 제한될 행위의 범위 기타 개발제한에 관하여 필요한 사항은 대통령령으로 정하는 범위안에서 건설교통부령으로 정한다.

2. 결정의 요지

(1) 다수의견

1) 헌법상의 재산권은 토지소유자가 이용가능한 모든 용도로 토지를 자유로이 최대한 사용할 권리나 가장 경제적 또는 효율적으로 사용할 수 있는 권리를 보장하는 것을 의미하지는 않는다. 입법자는 중요한 공익상의 이유로 토지를 일정 용도로 사용하는 권리를 제한할 수 있다. 따라서 토지의 개발이나 건축은 합헌적 법률로 정한 재산권의 내용과 한계내에서만 가능한 것일 뿐만 아니라 토지재산권의 강한 사회성 내지는 공공성으로 말미암아 이에 대하여는 다른 재산권에 비하여 보다 강한 제한과 의무가 부과될 수 있다.

2) 개발제한구역을 지정하여 그 안에서는 건축물의 건축 등을 할 수 없도록 하고 있는 도시계획법 제21조는 헌법 제23조 제1항, 제2항에 따라 토지재산권에 관한 권리와 의무를 일반·추상적으로 확정하는 규정으로서 재산권을 형성하는 규정인 동시에 공익적 요청에 따른 재산권의 사회적 제약을 구체화하는 규정인 바, 토지재산권은 강한 사회성, 공공성을 지니고 있어 이에 대하여는 다른 재산권에 비하여 보다 강한 제한과 의무를 부과할 수 있으나, 그렇다고 하더라도 다른 기본권을 제한하는 입법과 마찬가지로 비례성원칙을 준수하여야 하고, 재산권의 본질적 내용인 사용·수익권과 처분권을 부인하여서는 아니된다.

3) 개발제한구역 지정으로 인하여 토지를 종래의 목적으로도 사용할 수 없거나 또는 더 이상 법적으로 허용된 토지이용의 방법이 없기 때문에 실질적으로 토지의 사용·수익의 길이 없는 경우에는 토지소유자가 수인해야 하는 사회적 제약의 한계를 넘는 것으로 보아야 한다.

4) 개발제한구역의 지정으로 인한 개발가능성의 소멸과 그에 따른 지가의 하락이나 지가상승률의 상대적 감소는 토지소유자가 감수해야 하는 사회적 제약의 범주에 속하는 것으로 보아야 한다. 자신의 토지를 장래에 건축이나 개발목적으로 사용할 수 있으리라는 기대가능성이나 신뢰 및 이에 따른 지가상승의 기회는 원칙적으로 재산권의 보호범위에 속하지 않는다. 구역지정 당시의 상태대로 토지를 사용·수익·처분할 수 있는 이상, 구역지정에 따른 단순한 토지이용의 제한은 원칙적으로 재산권에 내재하는

사회적 제약의 범주를 넘지 않는다.

5) 도시계획법 제21조에 의한 재산권의 제한은 개발제한구역으로 지정된 토지를 원칙적으로 지정 당시의 지목과 토지현황에 의한 이용방법에 따라 사용할 수 있는 한, 재산권에 내재하는 사회적 제약을 비례의 원칙에 합치하게 합헌적으로 구체화한 것이라고 할 것이나, 종래의 지목과 토지현황에 의한 이용방법에 따른 토지의 사용도 할 수 없거나 실질적으로 사용·수익을 전혀 할 수 없는 예외적인 경우에도 아무런 보상 없이 이를 감수하도록 하고 있는 한, 비례의 원칙에 위반되어 당해 토지소유자의 재산권을 과도하게 침해하는 것으로서 헌법에 위반된다.

6) 도시계획법 제21조에 규정된 개발제한구역제도 그 자체는 원칙적으로 합헌적인 규정인데, 다만 개발제한구역의 지정으로 말미암아 일부 토지소유자에게 사회적 제약의 범위를 넘는 가혹한 부담이 발생하는 예외적인 경우에 대하여 보상규정을 두지 않은 것에 위헌성이 있는 것이고, 보상의 구체적 기준과 방법은 헌법재판소가 결정할 성질의 것이 아니라 광범위한 입법형성권을 가진 입법자가 입법정책적으로 정할 사항이므로, 입법자가 보상입법을 마련함으로써 위헌적인 상태를 제거할 때까지 위 조항을 형식적으로 존속케 하기 위하여 헌법불합치결정을 하는 것인 바, 입법자는 되도록 빠른 시일내에 보상입법을 하여 위헌적 상태를 제거할 의무가 있고, 행정청은 보상입법이 마련되기 전에는 새로 개발제한구역을 지정하여서는 아니되며, 토지소유자는 보상입법을 기다려 그에 따른 권리행사를 할 수 있을 뿐 개발제한구역의 지정이나 그에 따른 토지재산권의 제한 그 자체의 효력을 다투거나 위 조항에 위반하여 행한 자신들의 행위의 정당성을 주장할 수는 없다.

7) 입법자가 도시계획법 제21조를 통하여 국민의 재산권을 비례의 원칙에 부합하게 합헌적으로 제한하기 위해서는, 수인의 한계를 넘어 가혹한 부담이 발생하는 예외적인 경우에는 이를 완화하는 보상규정을 두어야 한다. 이러한 보상규정은 입법자가 헌법 제23조 제1항 및 제2항에 의하여 재산권의 내용을 구체적으로 형성하고 공공의 이익을 위하여 재산권을 제한하는 과정에서 이를 합헌적으로 규율하기 위하여 두어야 하는 규정이다. 재산권의 침해와 공익간의 비례성을 다시 회복하기 위한 방법은 헌법상 반드시 금전보상만을 해야 하는 것은 아니다. 입법자는 지정의 해제 또는 토지매수청구권제도와 같이 금전보상에 갈음하거나 기타 손실을 완화할 수 있는 제도를 보완하는 등 여러 가지 다른 방법을 사용할 수 있다.[5)]

---

5) 이 사건 헌재의 결정취지에 따라 현행 「개발제한구역의 지정 및 관리에 관한 특별조치법」은 매수청구제도를 마련하고 있는데 그 내용은 다음과 같다.
제17조(토지매수의 청구) ① 개발제한구역의 지정에 따라 개발제한구역의 토지를 종래의 용도로 사용할 수 없어 그 효용이 현저히 감소된 토지나 그 토지의 사용 및 수익이 사실상 불가능하게 된 토지(이하 "매수대상토지"라 한다)의 소유자로서 다음 각 호의 어느 하나에 해당하는 자는 국토교통부장관에게 그 토지의 매수를 청구할 수 있다.
1. 개발제한구역으로 지정될 당시부터 계속하여 해당 토지를 소유한 자
2. 토지의 사용·수익이 사실상 불가능하게 되기 전에 해당 토지를 취득하여 계속 소유한 자

(2) 재판관 이영모의 반대의견

1) 모든 국민이 건강하고 쾌적한 환경에서 생활할 수 있는 환경권(헌법 제35조)은 인간의 존엄과 가치·행복추구권의 실현에 기초가 되는 기본권이므로 사유재산권인 토지소유권을 행사하는 경제적 자유보다 우선하는 지위에 있다.

2) 도시계획법 제21조는 국가안전보장과 도시의 자연환경·생활환경의 관리·보전에 유해한 결과를 수반하는 환경오염을 미리 예방하기 위한 필요한 규제입법으로 헌법상 정당성을 갖추고 있다. 이 규제입법으로 말미암아 나대지의 이용이 제한되고 사정변경으로 인하여 토지를 사용하는 데 지장이 생겼다고 할지라도 입법목적에 어긋나지 않는 범위안에서 이를 이용할 수 있는 방법이 있고 또 소유권자의 처분을 제한하는 것도 아니므로, 이와 같은 규제는 성질상 재산권에 내재된 사회적 제약에 불과하다고 보는 것이 상당하다. 법익의 비교형량면에서도 토지소유권자가 입는 불이익보다 국가안전보장과 공공복리에 기여하는 이익이 더 크고, 입법목적 달성을 위한 합리성·필요성을 갖추었으므로 헌법 제37조 제2항 소정의 기본권제한 한계요건을 벗어나는 것도 아니다. 뿐만 아니라 제한구역내의 다른 토지와 서로 비교하여 보아노 나대지와 사정변경으로 인한 토지의 특성상 재산권의 박탈로 볼 수 있는 정도의 제한을 가한 합리성이 없는 차별취급으로 인정되지 아니하므로 평등원칙을 위반한 것도 아니다.

---

3. 제1호나 제2호에 해당하는 자로부터 해당 토지를 상속받아 계속하여 소유한 자

② 국토교통부장관은 제1항에 따라 매수청구를 받은 토지가 제3항에 따른 기준에 해당되면 그 토지를 매수하여야 한다.

③ 매수대상토지의 구체적인 판정기준은 대통령령으로 정한다.

제18조(매수청구의 절차 등) ① 국토교통부장관은 토지의 매수를 청구받은 날부터 2개월 이내에 매수대상 여부와 매수예상가격 등을 매수청구인에게 알려주어야 한다.

② 국토교통부장관은 제1항에 따라 매수대상토지임을 알린 경우에는 5년의 범위에서 대통령령으로 정하는 기간에 매수계획을 수립하여 그 매수대상토지를 매수하여야 한다.

③ 매수대상토지를 매수하는 가격(이하 "매수가격"이라 한다)은 「부동산 가격공시 및 감정평가에 관한 법률」에 따른 공시지가를 기준으로 해당 토지의 위치·형상·환경 및 이용 상황 등을 고려하여 평가한 금액으로 한다. 이 경우 매수가격의 산정시기와 산정방법 등은 대통령령으로 정한다.

④ 제1항부터 제3항까지의 규정에 따라 매수한 토지는 「국가균형발전 특별법」에 따른 지역발전특별회계의 재산으로 귀속된다.

⑤ 제1항부터 제3항까지의 규정에 따라 토지를 매수하는 경우에 그 매수절차와 그 밖에 필요한 사항은 대통령령으로 정한다.

제27조(이의신청) ① 다음 각 호의 어느 하나에 해당하는 자는 「공익사업을 위한 토지 등의 취득 및 보상에 관한 법률」에 따른 중앙토지수용위원회에 이의신청을 할 수 있다.

1. 제18조에 따라 통보받은 매수 여부에 관한 결정 또는 매수가격에 이의가 있는 자
2. 제21조에 따른 부담금의 부과·징수에 대하여 이의가 있는 자

② 제1항에 따른 이의신청에 대하여는 「행정심판법」 제6조에도 불구하고 중앙토지수용위원회가 심리·의결하여 재결한다.

Ⅲ. 사회적 기속과 공용침해의 구별 및 불가분조항의 원칙

지금까지 헌재결정내용을 간단히 살펴보았지만, 법 제21조의 위헌 여부는 결국 개발제한구역 지정행위가 보상을 요하는 헌법 제23조 제3항의 공용제한에 해당하는가, 그리고 그렇다면 보상규정이 없는 법 제21조는 헌법 제23조 제3항의 불가분조항원칙의 위반으로 위헌인가 하는 문제로 귀결된다. 먼저 전자의 문제를 다룬 다음 후자의 문제를 다루고자 한다.

1. 사회적 기속과 공용침해

(1) 일반희생과 특별희생

단순히 일반희생만을 야기하는 재산권의 사회적 기속은 보상을 요하지 않고, 사회적 기속을 넘어서는 특별희생을 초래하는 재산권의 수용·사용·제한인 공용침해만이 보상을 요하기 때문에[6] 공용침해와 사회적 기속과의 구별이 매우 중요한 문제로 등장하게 되는데, 공용침해의 유형 중 공용수용과 공용사용의 경우에는 일반적으로 특별희생을 야기한다고 보며, 이 경우 그 재산권침해형태도 단순한 재산권에 대한 제한과의 구별이 용이하여 사회적 기속과 공용수용·사용과의 구별기준 문제는 거의 발생하지 아니한다. 그런데 공용제한의 경우에는 사회적 기속과 그 제한형태도 유사하고 그 효과도 다양하여 양자의 구별이 매우 어렵다. 여기서 문제가 되는 개발제한구역이 바로 여기에 속한다. 즉 개발제한구역 지정행위가 헌법 제23조 제1항 및 제2항에 따른 재산권에 대한 단순한 사회적 기속인지, 아니면 헌법 제23조 제3항에 따른 보상을 요하는 공용제한인지가 구별하기 매우 어려운 문제이다. 그런데 이 문제가 해결된 연후에야 비로소 보상규정이 필요한지의 여부가 정해지기 때문에 먼저 양자의 구별기준에 대한 이론을 간단히 살펴보기로 한다.

(2) 공용침해와 사회적 기속과의 구별기준

이는 주로 독일의 학설과 판례에 의하여 체계화되었는데, 여기서는 이를 형식설과 실질설의 두 가지로 나누어 간단히 요지만 소개하기로 한다.[7]

---

6) 일반희생과 특별희생의 개념 및 그 차이에 대하여 자세한 것은 정연주, 손실보상, 목촌 김도창박사 고희기념논문집, 1993, 425쪽 이하 참조.

7) 이 구별기준이론에 관하여 자세한 것은 정연주, 재산권의 사회적 기속과 공용침해, 연세법학연구 2집, 1992, 95쪽 이하 참조.

1) 형식적 기준설

가. 개별행위설(Einzelakttheorie)

이 설은 침해행위가 일반적이냐, 개별적이냐 라는 형식적 기준에 따르는 것으로 개별적 침해, 즉 특정인 또는 특정집단에 대한 침해를 특별희생을 야기하는 것으로 본다. 따라서 여기서는 행위의 성질이나 정도는 고려되지 아니한다. 그러나 이 설에 따르면 재산권에 대한 일반적 제한이라 하더라도 그 제한의 강도가 매우 크기 때문에 특별희생을 야기하는 경우라도 사회적 기속에 속하게 되어 보상을 못한다는 모순에 빠지게 된다.

나. 특별희생설(Sonderopfertheorie)

이는 특정인 또는 특정집단에 대한 침해가 일반인과 비교했을 때 평등의 원칙을 깨면서 이루어진 경우 특별희생을 야기한 것으로 보는 견해로서 개별행위설에 평등원칙 위반여부라는 또 하나의 기준을 추가한 것이다. 따라서 이를 수정된 개별행위설이라고도 한다. 그러나 이에 따르면 모든 관계되는 사람들 또는 집단들의 재산권을 획일적으로 평등하게 침해한다면 아무리 침해의 강도가 높아도 사회적 기속이 되며, 그 해당 집단내부 또는 집단 상호간에서는 평등원칙이 지켜지기 때문에 공용침해가 될 수 없다는 점을 설명할 수 없다.

2) 실질적 기준설

가. 강도설(Schweretheorie)

이는 침해행위의 강도와 범위라고 하는 실질적 기준에 따라 특별희생의 발생여부를 판단하는 것이다. 그러나 어느 정도의 강도와 범위가 기준이냐 하는 것에 대한 해명이 없다.

나. 보호가치성설(Schutzwürdigkeitstheorie)

이는 재산권의 보호가치 있는 실체에 대한 침해를 공용침해로 보는 견해이다. 보호가치있는 실체와 보호가치 없는 실체의 구별은 역사, 일반적 세계관, 언어, 법률의 의미 등을 기준으로 정해야 한다고 한다. 그러나 그 기준이 너무 주관적이고 비법률적이기 때문에 객관적 기준이 될 수 없다는 비판이 제기된다.

다. 사적유용성설(Privatnützigkeitstheorie)

이는 침해행위 이후 재산권의 사적 유용성(사용·수익·처분권)이 유지되고 있는지의 여부를 기준으로 특별희생의 발생여부를 판단하는 견해이다. 그러나 사적 유용성 자체가 추상적이고 주관적이라 일반적·객관적 기준이 될 수 없다는 비판이 제기된다.

라. 기대가능성설(Zumutbarkeitstheorie)

이는 침해행위를 통해 재산권자에게 그 침해의 수인을 기대할 수 있는지의 주관적인 사정을 기준으로 특별희생의 발생여부를 판단하고자 하는 견해이다. 그 기대가능성 여부의 기준은 침해의 경제적 범위와 정도, 일반적 세계관과 시대관, 일반법적 가치 등이 될 수 있다고 한다. 그러나 이 역시 그 기준이 추상적이고 주관적이라는 비판이 제기된다.

마. 목적위배설(Zweckentfremdungstheorie)

이는 침해행위를 통해 해당 재산권이 본래 사용되고 있었던 기능이나 목적과 다른 용도에 사용될 경우에는 특별희생을 야기하는 것으로 보는 견해이다. 그러나 목적에 위배되지 않는 한 아무리 수인의 기대가능성이 없는 강도 높은 침해라도 사회적 기속에 속한다는 모순에 빠지게 된다.

바. 상황구속성설(Situationsgebundenheitstheorie)

이는 주로 토지의 이용제한과 관련한 이론으로, 해당 토지가 놓여있는 상황과 위치 및 주변환경으로 인해서 토지의 일정한 이용이 제한받게 되며, 그와 같은 제한은 재산권에 대한 사회적 기속으로서 보상의 대상에서 제외된다는 것이다. 이는 결국 그 재산권이 처해있는 상황과 재산권의 특성과 이에 따른 재산권자의 사회적 의무를 기준으로 판단하는 것인데, 토지와 관련해서는 매우 설득력있는 견해이긴 하나, 상황과 특성 및 재산권자의 재산권행사의무 자체가 너무 다양하고 주관적이고 그 기준이 모호하다는 비판이 가해진다.

3) 결 어

이상 간단히 살펴본 바와 같이 모든 이론이 나름대로의 일면적인 타당성은 있지만 어느 기준도 양자를 효과적으로 구별시켜주는 완전한 기준이 될 수 없음을 쉽게 알 수 있다. 따라서 그때그때의 구체적인 상황에 따라 여러 학설의 종합적인 조화를 통해 양자를 구별할 수밖에 없다는 견해가 독일과 우리의 통설이라고 할 수 있다. 이는 재산권의 종류와 내용의 다양성, 사회적 기속도의 차이, 상황과 위치의 차이, 추구되는 공익의 다양성 등으로 인해 필연적으로 발생되는 다양성에서 기인하는 불가피한 현상이라고 볼 수 있다.

(3) 개발제한구역 지정이 공용제한에 해당되는지의 여부

결국 이러한 여러 기준에 비추어 볼 때 개발제한구역 지정행위는 사회적 기속일 수도 있고, 공용제한일 수도 있다. 즉 예컨대 상황구속성설이나 목적위배설 등에 비추어 보면 구역지정된 토지의 본래의 기능과 목적 등이 개발제한구역 지정행위의 목적에 부합되면 사회적 기속에 해당한다고 볼 수 있으나, 강도설, 기대가능성설, 보호가치성설, 사적유용성설 등에 비추어 보면 이러한 제한이 수인의 기대가능성이 없는 특별희생을 야기하는 공용제한으로 볼 수도 있다. 따라서 결국 해당 토지와 관련된 제반사항을 비교형량하여 그때그때의 상황에 따라 개별적으로 판단할 수밖에 없을 것이나, 분명한 것은 개발제한구역 지정행위가 사안에 따라 특별희생을 야기하는 공용제한에 해당될 수 있으므로 보상을 해줘야 하며, 따라서 일률적으로 사회적 기속으로 간주하여 보상을 거부하는 것은 위헌이며, 이러한 측면에서 헌재의 결정은 기본적으로 타당하다고 본다. 만일 반대의견이나 그동안의 대법원의 견해처럼 재산권의 박탈이나 사용 또는 재산권의 이용·처분을 금지시키는데 이르지 아니하는 재산권에 대한 제한은 일률적으로 보상이 필요 없는 사회적 기속에 속하는 것으로서 공공의 복리를 위하여 감수해야 한다고 한다면 헌법 제23조 제3항에서 정한 공용수용·사용 이외의 보상을 요하는 공용제한은 사실상 존재할 수 없게 되고, 따라서 이 공용제한에 관한 헌법적 규정은 단지 장식적인 것에 불과하게 될 것이다.

2. 불가분조항의 원칙[8)]

앞서 언급한 바와 같이 법 제21조에 의한 제한은 상황에 따라서는 헌법 제23조 제3항의 공용제한에 해당할 수 있고, 따라서 당연히 보상을 해야 하는데, 법 제21조에는 보상규정이 없다. 여기서 이 조항이 단지 보상규정이 없다는 사실 때문에 위헌이 될 것인가 하는 문제가 제기된다. 이 문제는 헌법 제23조 제3항에 도출하는 불가분조항의 원칙하에서 고찰되어야 할 것이다.

(1) 불가분조항의 원칙의 의의

헌법 제23조 제3항은 "공용필요에 의한 재산권의 수용·사용 또는 제한 및 그에 대한 보상은 법률로써 하되, 정당한 보상을 지급하여야 한다"라고 규정하고 있다. 이 규정에 의하여 공용침해에 대한 보상은 반드시 법률로 규정되어 있어야 하며, 공용침해에 관한 규정과 보상에 관한 규정은 불가분이어야 한다. 즉 공용침해의 근거조항과 손실보상의 근거조항은 반드시 하나의 같은 법률속에 동시에 규정되어 있어야 한다. 이처럼 같은 법률에 공용침해에 관한 조항과 보상조항이 함께 규정되어 있어야 한다는 원칙을 소위 불가분조항(Junktimklausel)의 원칙이라고 한다. 이러한 불가분조항의 원칙을 헌법상 명시한 전형적인 예로서 독일기본법을 들 수 있다. 즉 동법 제14조 제3항

8) 불가분조항의 원칙에 대하여 자세한 것은 정연주, 공용침해와 불가분조항, 고시연구 1992. 4, 117쪽 이하 참조.

제2문은 "공용침해(Enteignung)는 '보상의 종류와 범위를 규정한 법률'로써 또는 법률의 근거하에서만 이루어질 수 있다"라고 규정함으로써 공용침해의 근거조항과 보상의 근거조항이 반드시 같은 법률에 동시에 규정되어 있어야 한다는 원칙을 명백히 하고 있다.

우리의 경우는 헌법 제23조 제3항이 단순히 "공공필요에 의한 재산권의 수용·사용 또는 제한 및 그에 대한 보상은 법률로써 하되…"라고만 규정하고 있어서 독일처럼 불가분조항의 원칙을 명백히 하고 있지는 않지만, 우리의 경우도 불가분조항의 원칙을 요구하고 있는 것으로 보아야 할 것이다. 왜냐하면 첫째, 헌법 제23조 제3항에서의 '법률'은 논리필연적으로 공용침해에 관한 조항과 보상에 관한 조항을 '동시에 규정하고 있는 법률'을 의미한다고 해석되어지며, 둘째, 이 불가분조항의 원칙이 헌법상 요구되어 질 때에 비로소 공용침해에 대한 보상의 확보라고 하는 헌법상 재산권보장의 2차적 내용인 가치보장(Wertgarantie)이 확립될 수 있고,[9] 이것이 바로 헌법 제23조 제1항의 재산권보장의 취지에 부합되기 때문이다.

(2) 불가분조항의 원칙 위반의 효과

불가분조항의 원칙에 따라 보상규정이 없는 공용침해법률은 위헌·무효이고, 이에 근거한 재산권 침해행위는 원칙적으로 취소되어야 한다. 따라서 이 경우 행정청이나 법원은 근거규정이 없는 보상을 직권에 의해서 또는 직접 헌법규정을 근거로 해서 허용해 줄 수는 없다. 결국 법원의 보상에 대한 심사의 범위는 실제로 이루어진 보상이 공용침해법률에 규정된 보상조항이 정한 기준에 부합되는지의 여부를 판단하는 데에 그친다고 하겠다.

이러한 견해는 헌법 제23조의 재산권규정의 내부적 체계로부터 직접 도출되는 것이다. 이에 따르면 재산권 관련법률은 다음 3가지의 경우로 분류될 수 있다.

첫째, 헌법 제23조 제1항 제2문의 규정에 근거한 재산권의 내용과 한계를 정하는 법률이다. 이는 재산권에 대하여 그의 실정법상의 형태를 부여한다.

둘째, 헌법 제23조 제3항의 규정에 근거한 공용침해법률이다. 이는 공공필요에 따른 재산권에 대한 수용·사용·제한의 근거가 되며, 따라서 그에 대한 보상규정을 필요로 한다.

셋째, 헌법 제23조 제1항 제2문에 따른 재산권의 내용과 한계를 정한 규정의 범위를 넘어선, 다시 말해 재산권에 대한 단순한 사회적 기속(헌법 제23조 제2항)의 한계를 넘어선, 따라서 보상을 필요로 하는, 그러나 입법자가 법률 제정시 공용침해를 예견하지 못했거나 허용하지 않았고, 따라서 보상규정을 가지고 있지 아니한 법률이다. 이러한 법률은 그 적용을 통해 실제로는 재산권자에게 특별희생을 초래하게 되며, 따라서 반

9) 불가분조항의 원칙은 재산권보장적 기능, 입법자에 대한 경고적 기능, 의회의 예산특권의 보장기능 등의 세가지 기능을 가지므로 헌법상 요구되는 것이다. 이에 대해 자세한 것은 정연주, 전게논문, 120쪽 이하 참조.

드시 보상을 규정하고 있어야 함에도 불구하고 그 보상규정을 가지고 있지 아니하므로 위헌이며, 따라서 이러한 위헌법률에 근거한 공권력 행사로 인해 자신의 재산권이 침해된 자는 원칙적으로 행정쟁송을 통해 침해행위를 취소시킴으로써 자신의 재산권을 회복할 수 있고 또 하여야 한다.

이러한 헌법 제23조의 재산권규정의 내부적 체계로부터 재산권의 보장내용으로서의 존속보장과 가치보장의 이중적 체계가 도출된다.[10] 이에 따르면 재산권보장의 내용은 일차적으로 재산권의 대상 그 자체의 존속보장, 즉 재산권에 대한 모든 침해행위로부터의 보장이다. 이러한 재산권의 존속보장은 모든 헌법상의 허용조건을 충족시킨 합헌적 공용침해[11]의 경우에만 비로소 가치보장, 즉 손실보상의 보장으로 전환되는 것이다. 따라서 이러한 재산권보장 법리의 2중적 체계에 있어서 헌법은 재산권의 존속보장에 그 우선권을 부여하고 있는 것이고, 이 존속보장우선의 원칙에 따라 결국 불가분조항원칙의 위반에 대한 구제방법은 재산권 침해의 결과에 대한 보상이 아닌 해당 공용침해법률의 위헌·무효화와 침해행위 자체의 취소인 것이다.

(3) 불가분조항의 원칙 위반 여부

결국 법 제21조에 따른 제한은 특별희생을 야기하는 공용제한일 수 있고, 따라서 불가분조항의 원칙에 따라 반드시 보상규정이 동시에 마련되어 있어야 하는데, 보상규정이 없으므로 법 제21조는 위헌인 것이다.

Ⅳ. 헌재결정의 문제점

1. 비례의 원칙과 관련하여

그런데 헌재결정은 법 제21조가 헌법 제23조 제1항에 따른 합헌적 규정인데 단지 예외적인 경우에도 아무런 보상 없이 이를 감수하도록 하고 있는 것은 비례의 원칙에 위반되어 당해 토지소유자의 재산권을 과도하게 침해하는 것으로서 헌법에 위반된다고 하면서, 따라서 입법자가 이 사건 법률조항을 통하여 국민의 재산권을 비례의 원칙에 부합하게 합헌적으로 제한하기 위해서는 수인의 한계를 넘어 가혹한 부담이 발생하는 예외적인 경우에 이를 완화하는 보상규정을 두어야 하고 이러한 보상규정은 입법자가 헌법 제23조 제1항 및 제2항에 의하여 재산권의 내용을 구체적으로 형성하고 공공의 이익을 위하여 재산권을 제한하는 과정에서 이를 합헌적으로 규율하기 위하여

10) 재산권규정의 2중적 구조 및 이에 따른 존속보장과 가치보장의 관계에 대하여 자세한 것은 정연주, 손실보상, 418쪽 이하 참조.

11) 공용침해의 헌법상 허용조건에 대하여 자세한 것은 정연주, 공용침해의 헌법상 허용조건, 연세법학연구 제3집, 1995, 455쪽 이하 참조.

두어야 하는 규정이라고 판시함으로써 법 제21조를 헌법 제23조 제3항이 아닌 헌법 제23조 제1항 및 제2항의 범주내에서 비례의 원칙위반을 이유로 위헌시하고 있다. 그러나 이는 헌법 제23조의 규범적 구조와 특성 및 비례의 원칙의 내용 등에 부합되지 아니하는 논리이다.

앞서 언급한 바와 같이 헌법 제23조는 크게 제1·2항과 제3항의 2중적 구조로 이루어져 있다. 즉 재산권제한 및 형성적 법률유보(존속보장)규정과 공용침해(가치보장)규정으로 이루어져 있는 것이다. 제1항은 재산권의 내용과 한계는 법률로 정하도록 하고 있는데, 이는 제2항에 따라 재산권의 행사가 공공복리에 적합하도록 그 내용과 한계가 정해지는 것이다. 따라서 제1항과 제2항은 표리의 관계에 있는 조항으로서, 이는 재산권의 헌법적 한계 내지 제한을 규정함과 동시에 그 한계내에서의 재산권의 구체적 내용의 형성을 의미하는 것이다. 그러므로 이러한 법률은 재산권 제한적 법률이자 동시에 형성적 법률이며, 재산권은 이러한 사회적 기속이라는 헌법적 한계내에서 구체적으로 그 내용이 형성·보장되는 것이다. 그리고 다른 한편 만일 이러한 제한이 일반희생이 아닌 특별희생을 야기하는 경우에는 그러한 제한·침해는－이미 재산권(사용·수익·처분권)의 본질적 내용을 합헌적으로 침해하는－공용침해로서 보상을 요하게 되고, 이는 제1항의 내용과 한계를 정하는 기본권의 제한 및 형성적 법률이 아니라, 제3항의 공용침해법률에 해당되는 것이고, 따라서 불가분조항의 원칙에 따라 당연히 보상규정이 동시에 마련되어 있어야 하는 것이다.

이에 따라 법 제21조에 의한 제한이 일반적으로 수인할 수 있는 사회적 기속의 범주라면 보상이 필요 없지만, 특별희생을 야기하는 경우라면 보상을 요하는 공용침해법률이며 따라서 보상규정이 존재해야 하는데, 이러한 제한(공용제한)의 경우에도 보상규정이 없으므로, 이는 불가분조항의 원칙위반이자 헌법 제23조 제3항 위반으로 원칙적으로 그 법률조항의 위헌·무효와 구역지정행위의 취소를 시켜야 한다. 따라서 보상을 하지 않으면 과도한 침해가 되어 헌법 제37조 제2항의 비례의 원칙위반이 된다는 논리구성은 잘못이다. 즉 재산권제한은 1차적으로 헌법 자체에 따른 한계와 제한이지 헌법 제37조 제2항에 따른 일반적 법률유보가 아닌 것이다. 일반적으로 재산권제한이 비례의 원칙을 위반했다는 것은 사회적 기속법률에 따른 제한이 소기의 공익실현을 위한 수단으로서 비례적이지 못했거나, 공용침해법률에 따른 제한이 필요 이상의 제한을 했다는 것을 의미하며,[12] 이 경우 그 제한행위는 위헌·위법으로서 원칙적으로 취소되어야 하는 것이지 보상을 해준다고 합헌시되는 것은 아니며, 재산권의 본질적 내용을 침해했다면 이미 특별희생을 야기한 것으로 이는 공용침해법률에 해당되는 경우로서－불가분조항의 원칙 등 헌법 제23조 제3항이 정한 공용침해의 합헌적 전제조건이 충족되었다는 전제하에서－보상으로 그 존속보장의 파괴를 가치보장으로 전환시키는 것

12) 공용침해와 비례의 원칙과의 관계에 대하여는 정연주, 전게논문, 463쪽 이하 참조.

이다. 그런데 앞서도 언급했듯이 이 사건에서 문제되는 것은 법 제21조에 의한 제한이 특별희생을 야기하는 경우로서 이 경우에는 법 제21조가 헌법 제23조 제1항이 아닌 제3항의 공용침해법률에 해당하므로 당연히 보상규정이 있어야 하는데 없으므로 불가분조항의 원칙위반 및 헌법 제23조 제3항 위반으로 법 제21조가 위헌·무효가 되고, 구역지정행위는 취소되어야 하는 것이다. 다만 현실적 이유로 헌법불합치결정이 이루어지고, 이에 따라 잠정적으로 그 효력이 지속되는 것에 불과하다. 결국 비례의 원칙을 기준으로 법 제21조의 위헌성을 판단한 것은 헌법 제23조의 규범구조와 재산권보장의 법리 및 비례의 원칙에 대한 오해에서 비롯된 부당한 논리라고 하지 않을 수 없다.

2. 개발제한구역 지정이 공용제한에 해당되는지 여부의 기준과 관련하여

앞서 언급한 바와 같이 개발제한구역 지정이 공용제한에 해당되는지 여부는 해당 토지와 관련된 제반사항을 비교형량하여 그때그때의 상황에 따라 개별적으로 판단할 수밖에 없을 것이나, 분명한 것은 개발제한구역 지정행위가 사안에 따라 특별희생을 야기하는 공용제한에 해당될 수 있으므로 보상을 해줘야 하며, 따라서 일률적으로 사회직 기속으로 산주하여 보상을 거부하는 것은 위헌이며, 이에 따라 개발제한구역 지정으로 인하여 토지를 종래의 목적으로도 사용할 수 없거나 또는 더 이상 법적으로 허용된 토지이용의 방법이 없기 때문에 실질적으로 토지의 사용·수익의 길이 없는 경우에는 토지소유자가 수인해야 하는 사회적 제약의 한계를 넘는 것으로 보아야 한다는 헌재의 결정은 기본적으로 타당하다고 본다.

그러나 다른 한편 헌재결정에 따르면 구역지정 후 토지를 종래의 목적으로 사용할 수 있는 원칙적인 경우에는 획일적으로 사회적 기속에 해당되어 보상이 필요 없다고 하는데, 이 경우도 사안에 따라서는 수인의 기대가능성이 없는 특별희생을 야기할 수 있어 보상을 요하게 될 수 있으며, 따라서 이를 일률적으로 부정하고 오로지 구역지정 후 토지를 종래의 목적으로도 사용할 수 없거나 또는 토지를 전혀 이용할 수 있는 방법이 없는 예외적인 경우에만 보싱을 인정하는 논리는 앞서 언급한 이유로 잘못된 견해라고 본다.

3. 기타의 문제점

그밖에도 첫째, 보상이 필요 없는 사회적 기속과 보상을 요하는 공용제한과의 구별 기준에 대한 논의가 미흡하고, 둘째, 헌법 제23조 제2항에 따른 재산권의 사회적 제약을 재산권의 '내재적 한계'라고 표현함으로써 기본권의 내재적 한계와 기본권에 대한 외부적 제한으로서의 헌법적 제한 내지 한계를 혼동하고 있으며, 셋째, 구역지정행위 제도 자체는 토지재산권의 사회적 기속성을 구체화한 것으로서 합헌적 규정이므로 단순위헌이 아닌 헌법불합치결정을 내린다는 논리는, 지정행위가 사회적 기속뿐 아니라 공용제한에 해당할 수도 있으므로 당연히 불가분조항의 원칙에 따라 보상규정이 있어야 하는데 없으므로 구역지정행위 자체와 법 제21조가 이미 위헌이라는 점에 비추어 보면 설득력이 없고, 넷째, 입법촉구를 하면서 실지조사 등 많은 준비기간이 필요하다는 등의 이유로 입법자에게 보상법률제정에 대한 기한을 부과하지 않고 있는데, 이는 개발제한구역 지정과 관련한 문제들에 대하여 이미 많은 논의와 연구 및 조사가 이루어졌으며, 해당 토지소유자들은 이미 오랫동안 말할 수 없는 고통을 받아왔고, 그동안의 헌재의 헌법불합치결정에 대하여 많은 경우 입법자가 아무런 개선조치를 취하지 않은 채 방치하고 있다는 사실 등에 비추어 볼 때 입법촉구의 효과를 반감시키는 결정유형이라고 아니할 수 없으며, 다섯째, 재산적 '손실'이 아닌 '손해'라는 용어를 사용함으로써 적법한 재산권 침해에 대한 전보로서의 손실과 불법(위법과 고의 또는 과실)한 침해에 대한 전보로서의 손해와의 구별을 모호하게 하는 등 많은 문제점을 헌재결정은 지니고 있다.

V. 맺는 말

지금까지 헌재결정의 내용과 법 제21조의 위헌성에 대하여 살펴보았다. 이번 헌재결정은 그동안 부정되어왔던 개발제한구역 지정에 대한 보상문제를 헌법상의 재산권보장이론의 측면에서 심도있게 다루고 이를 예외적이나마 긍정하면서 법 제21조에 대한 헌법불합치결정을 내렸다는 점에서 그 의의를 찾을 수 있다. 그러나 헌재결정은 앞서 언급한 다양한 문제점들도 지니고 있다.

사실 앞서도 언급했듯이 원칙적으로는 단순위헌결정을 내리고, 이에 따라 행정청에서는 해당 구역지정을 취소 내지 해제해야 할 것이다.[13] 그러나 그럴 경우 발생되는 여러 혼란과 문제점, 예컨대 법 제21조 자체가 전부 무효가 됨으로써 모든 구역지정이 ―그로 인한 재산권의 제한이 특별희생에 해당하는지 일반희생에 해당하는 지에 관계없이―취소 내지 해제되게 되어 공익을 심각히 해칠 수 있고, 이 경우―주지하는 바와 같이 위헌결정의 효력은 당해 사건 및 기타 소송이 제기된 사건에까지 소급적으로 미치므로 적어도 이러한 사건들과 관련하여―그동안의 희생에 대한 보상여부가 문제가 될 수 있는 등 많은 법적 혼란이 예상되므로 헌법불합치결정을 내린 것은 불가피했다고 본다. 이와 관련하여 반대의견은 위헌결정에는 소급효가 없고 장래효만 있으므로 단순위헌결정을 내리더라도 문제가 없다고 하나, 앞서도 언급했듯이 단순위헌결정의 경우에는 법 제21조 자체가 무효가 되어 사라지게 되므로 소급효를 인정하지 않는다

13) 여기서 취소·해제 대신에 보상의 근거규정 없이도 보상으로 대신할 수 있느냐 하는 문제가―소위 수용유사침해법리와 관련하여―제기될 수 있는데, 이는 원칙적으로 허용될 수 없다고 본다. 이에 대하여 자세한 것은 정연주, 재산권보장과 수용유사침해, 고시연구, 1991. 5, 103쪽 이하 참조.

하더라도 이는 이미 종료된 사안, 즉 지금까지의 재산권에 대한 제한에 대하여 효력이 미치지 않는다는 것이지 장래에 향하여 구역지정을 해제시키는 것을 부정하는 것은 아니며, 아울러 앞서 언급한 바와 같이 대법원[14]과 헌재[15]는 그동안 위헌결정의 효력을 꾸준히 소급적으로 확대시켜 왔기 때문에 사실상 위헌결정의 효력은 소급적이라고 해도 과언이 아니다.

끝으로 보상의 대상과 방법 등은 기본권의 행사와 제한에 관한 본질적 사안이므로 법률유보의 원칙과 법률의 명확성 및 예측가능성의 원칙에 따라 입법자가 법률로 구체적이고 명확하게 규정해야 하는 것이 원칙일 것이다. 그러나 개발제한구역 지정의 경우 단순한 사회적 기속에 속하는 경우와 공용제한에 해당하는 경우의 두 가지로 구별될 수 있는데, 그 구별기준도 명확하지 않고, 개발제한구역 지정의 특성상 구체적 상황에 따라 그 효과가 다양하기 때문에 입법자가 보상의 대상 등에 대하여 일률적이고 더 이상의 구체화가 필요 없이 명확하게 규정하는 것은 사실상 불가능하므로, 어느 정도의 불명확성과 추상성은 불가피하다고 본다. 이에 따라 구체적인 사안에서 행정청이 보상을 요하는 경우와 그렇지 아니한 경우를 결정하고 이에 대하여 이의가 있는 재산권자는 행정청에 의한 법해석과 법집행의 위법을 이유로 최종적으로 법원의 판단에 따라 구제받을 수 있을 것이다. 물론 보상규정 등 법률 자체에 명백한 하자가 있다면 또 다시 헌재의 판단대상이 될 것이다.

14) 예컨대 1991. 6. 11. 90다5450; 1991. 12. 24. 90다8176; 1992. 2. 14. 91누1462; 1993. 1. 15. 92다12377.

15) 예컨대 1993. 5. 13. 92헌가10 등.

21. 분리된 선거구와 체계정당성

- 헌재 1998. 11. 26. 96헌마54 공직선거및선거부정방지법 [별표 1]의 국회의원지역선거구구역표 위헌확인[1] -

[目 次]

Ⅰ. 머리말

이 글은 분리된 선거구 획정의 위헌성 여부를 다룬 것이다. 즉 상호 접경지역 없이 지리적으로 분리된 지역들을 하나의 선거구로 획정했을 경우, 그 상호 분리된 지역간에 나름대로의 동질성과 연관성이 인정되거나 이들을 하나의 선거구로 획정할 수밖에 없는 특단의 불가피한 사유가 없는 한, 그러한 선거구획정은 위헌일 수밖에 없지 않느냐 하는 점을 검토한 것이다. 이와 관련하여 헌법재판소는 1995. 12. 27. 95헌마224 등 공직선거및선거부정방지법(이하 '선거법'이라 함) [별표 1]의 국회의원지역선거구구역표 위헌확인 사건에서 인접하지 않은 2개의 행정구역을 하나의 선거구로 한 선거구획정은 특단의 불가피한 사정이 없는 한 위헌이라고 선언하면서 선거구구역표 전체에 대하여 위헌결정을 내린 바 있다.[2]

---

1) 헌재 1998. 11. 26. 96헌마54, 판례집 10-2, 742, 742.

2) 관련 부분에 대한 판시내용은 다음과 같다. "선거구의 획정은 사회적·지리적·역사적·경제적·행정적 연관성 및 생활권 등을 고려하여 특단의 불가피한 사정이 없는 한 인접지역이 1개의 선거구를 구성하도록 함이 상당하며, 이 또한 선거구획정에 관한 국회의 재량권의 한계라고 할 것이다. 그런데 이 사건 선거구구역표는 위와 같은 원칙을 무시한 채, 특단의 불가피한 사정이 있다고 볼만한 사유를 찾아볼 수 없는데도, 충북 옥천군을 사이에 두고 접경지역 없이 완전히 분리되어 있는 충북 보은군과 영동군을 '충북 보은군·영동군 선거구'라는 1개의 선거구로 획정하였는바, 이는 재량의 범위를 일탈한 자의적인 선거구획정이라고 하지 아니할 수 없고(1995. 6. 30. 현재의 인구수를 보아도 보은군은 49,077명, 영동군은

그런데 헌법재판소는 그 후 1998. 11. 26. 96헌마54 선거법 [별표 1]의 국회의원지역선거구구역표 위헌확인 사건에서는 문제된 분리된 선거구획정에 대하여 특단의 불가피한 사유가 인정되기 어려움에도 불구하고 위헌이 아니라고 판시했으며, 또한 법률조항 상호간의 충돌은 위헌문제 등 헌법문제를 야기하지 않는다고 판시했다. 그러나 이러한 헌재의 견해는 체계정당성, 평등의 원칙, 비례의 원칙 등 헌법상의 제 원리에 비추어 볼 때 타당하다고 보기 어렵다. 선거법의 내용과 우리의 정치현실 및 선거구획정 실태를 감안할 때－특히 선거구간의 인구편차가 매우 큰 우리의 현실을 고려할 때－이른바 게리맨더링식의 기형적인 분리된 선거구의 출현가능성이 높고 이것이 바람직하지 아니하다는 점은 다언을 요하지 아니할 것이다. 따라서 분리된 선거구획정의 위헌 여부를 체계적으로 검토하는 것은 이러한 선거구와 관련된 헌법적 문제를 밝히고, 그의 출현을 억제한다는 점에서 매우 의미 있는 작업이라고 여겨진다. 이 글에서는 앞서 소개한 헌법재판소의 96헌마54 결정의 내용과 그 문제점을 살펴보고, 이러한 분리된 선거구획정의 위헌성 여부를 고찰하고자 한다.[3]

Ⅱ. 헌재결정의 내용

1. 사건의 개요와 심판의 대상

(1) 사건의 개요

청구인 A, B를 제외한 나머지 청구인들은 모두 선거법(1996. 2. 6. 법률 제5149호로 개정된 것) [별표 1]의 국회의원지역선거구구역표상의 인천 계양구·강화군갑선거구에 각 주소를 두고, 청구인 A, B는 위 선거구구역표상의 인천 계양구·강화군을선거구에 각 주소를 두고 위 각 국회의원선거에서 선거권을 행사하려고 한 자들이고, 청구인 C는 계양구·강화군갑선거구에서 입후보하고자 하는 자이다. 청구인들은 위 선거구구역표 중 인천 계양구·강화군을선거구란(이하 '이 사건 선거구란'이라 함)에 자신들의 거주지인 인천 계양구와, 지리적으로 분리된 강화군이 하나의 선거구로 규정됨으로써[4] 투표가

63,623명, 옥천군은 64,958명으로서 이를 모두 합쳐도 177,658명이고, 이는 위에서 본 인구편차의 허용한계내에 있을 뿐만 아니라 같은 충청북도내의 '제천시·단양군 선거구'의 인구수 190,660명에도 못미친다), 이로써 충북 보은군에 거주하는 청구인의 정당한 선거권을 침해하였다고 할 것이다." 헌재 1995. 12. 27. 95헌마224 등, 판례집 7-2, 760, 788-789.

3) 이러한 기형적인 선거구획정의 위헌여부와 관련하여 특정지역의 선거인들에 대한 차별적 선거구획정을 이유로 제기된 선거법 [별표 1] 국회의원지역선거구구역표의 위헌문제를 다룬 또 다른 헌법재판소 판례로는 2001. 10. 25, 2000헌마92 등 사건 참조. 이 사건에서는 이 글에서 다루고자하는 96헌마54 사건에서와는 달리 심판의 대상이 된 선거구구역표가 위헌이라고 보기 어렵고, 기형적인 선거구획정이 야기하는 헌법적 문제는 기본적으로 96헌마54 사건에서 모두 쟁점화되고 있으므로, 이 글에서는 2000헌마92·240(병합) 사건에 대한 본격적인 소개와 검토는 생략하고 관련된 사안에 대해서만 부분적으로 언급하는 것으로 한다.

4) 선거법 [별표 1]의 국회의원지역선거구구역표 중 이 사건에서 문제되는 인천 계양구·강화군을선거구는

치의 실질적 평등이 침해되었고 이로써 자신의 정당한 선거권이 침해되었다고 주장하여 이 사건 헌법소원심판을 청구하였다.

(2) 심판의 대상

따라서 이 사건 심판의 대상은 선거법 [별표 1]의 국회의원지역선거구구역표 중 인천 계양구·강화군을선거구란의 위헌여부이다.

2. 결정의 요지

(1) 다수의견

1) 특정지역의 선거인들이 자의적인 선거구획정으로 인하여 정치과정에 참여할 기회를 잃게 되었거나, 그들이 지지하는 후보가 당선될 가능성을 의도적으로 박탈당하고 있음이 입증되어 특정지역의 선거인들에 대하여 차별하고자 하는 국가권력의 의도와 그 집단에 대한 실질적인 차별효과가 명백히 드러난 경우에는 그 선거구획정은 입법적 한계를 벗어난 것으로서 헌법에 위반된다.

2) 인접지역이 아닌 인천 계양구 계양1동과 강화군을 1개의 선거구로 획정한 것은 특별한 사정이 없는 한 위헌적 요소를 지닌 불합리한 선거구획정이나, 헌법재판소 결정의 판시내용에 따라 최대인구 선거구와 최소인구 선거구의 인구수의 비율이 4 : 1을 초과하지 아니하는 범위내에서 선거구를 조정하여 획정할 헌법적 의무를 부담하고 있었으며 시간적으로는 헌법재판소의 위헌결정이후 4개월 이내인 1996. 4. 11. 국회의원선거가 바로 실시되었어야하는 점, 이 사건 선거구란의 획정은 확정적인 것이 아니라 오로지 위 선거의 관리를 위하여 한시적으로 행해진 점 등의 입법경위를 고려하여 보면 위 선거구 획정은 입법적 한계를 일탈한 자의적인 것으로서 헌법에 위반된다고 할 수 없다.

3) 이 사건 선거구란이 구·시·군의 일부를 분할하여 다른 국회의원지역구에 속하게 하지 못하도록 규정하고 있는 선거법 제25조와의 관계에서 서로 충돌된다고 하더라도 법률해석의 문제가 발생할 뿐 헌법에 위반되는 것은 아니다.

(2) 재판관 신창언, 재판관 이영모, 재판관 한대현의 반대의견

다 같이 인천광역시의 관할구역 안에 있다는 것 외에는 연관성이 거의 없는 계양구

강화군과 30여km나 떨어진 인천계양구의 일부 동과 강화를 붙여 만든 기형적 선거구로서 지난 15대 총선에서 대표적인 게리맨더링으로 꼽혔다. 여야는 1994년 행정구역 개편으로 경기도에서 인천시로 편입된 강화군이 인구하한선(75000명)에 미달하자 선거구를 하나 더 만들 목적으로 게리맨더링식 선거구획정을 하게 된 것이다. 이에 따라 계양·강화을은 강화와 계양 사이에 인천 서구가 차단벽으로 자리잡는 등 부자연스러운 선거구가 된 것이다(동아일보 2000. 1. 27, A4 참조).

의 일부를, 그것도 계양구 11개동 중 1개동으로서 계양구 전체 인구수의 4.74%에 불과한 인구수의 계양1동만을 분할하고 이를 강화군에 합쳐 하나의 선거구로 한 것은 헌법상 입법자에게 부여된 재량권의 한계를 벗어나 계양구 주민의 투표가치의 평등을 심각하게 훼손하는 것으로서 위헌이다.

Ⅲ. 분리된 선거구획정의 위헌성

1. 분리된 선거구와 체계정당성

분리된 선거구는 이른바 체계정당성(Systemgerechtigkeit)에 반한다. 체계정당성의 원리란 동일 규범내에서 또는 상이한－수평적 관계이건 수직적 관계이건－규범간에 그 규범의 구조나 내용 또는 규범의 근거가 되는 원칙면에서 상호 배치되거나 모순되어서는 안된다는 하나의 헌법적 요청(Verfassungspostulat)이다.[5] 즉 이는 규범 상호간의 구조와 내용 등이 모순됨이 없이 체계와 균형을 유지하도록 입법자를 기속하는 헌법적 원리라고 볼 수 있다. 이처럼 규범 상호간의 체계정당성을 요구하는 이유는 입법자의 자의금지와 규범의 명확성, 예측가능성, 투명성 및 신뢰보호와 법적 안정성을 확립하기 위한 것이고, 이는 국가공권력에 대한 통제와 이를 통한 국민의 자유와 권리의 보장을 이념으로 하는 법치주의원리로 부터 도출되는 것이라고 할 수 있다.[6]

그런데 분리된 선거구획정행위 내지 획정규정은 이러한 체계정당성을 위반한 것이다. 즉 접경지역 없이 상호 지리적으로 분리된 지역을 하나의 선거구로 획정하는 것은 그 자체 이미 불합리하고 기형적이며, 그 근거규정은 선거구획정에 관한 기본규정인 선거법 제25조에 저촉되는 것으로 체계정당성에 반한다. 왜냐하면 선거법 제25조 제1항은 "국회의원지역선거구는 시·도의 관할구역 안에서 인구·행정구역·지세·교통 기타 조건을 고려하여 이를 획정하되, '자치구·시·군의 일부를 분할하여 다른 국회의원지역구에 속하게 하지 못한다'."라고 규정하고 있고, 이에 따라 선거구는 지리적인 이유 등에서 오는 특단의 불가피한 사유가 있는 경우를 제외하고는 반드시 인접지역으로 연속해서 획정되어야지 접경지역 없이 상호 지리적으로 분리된 지역들이 하나의 선거구로 획정될 수는 없기 때문이다. 이 조항은 선거구획정에 관한 기본원칙을 정한 규정으로서 선거구획정에 관한 다른 여타의 규정들에 대하여 우선적 효력을 가진다.

---

5) 체계정당성의 원리에 대하여 자세한 것은 Degenhart, Systemgerechtigkeit und Selbstbindung des Gesetzgebers als Verfassungspostulat, 1976; Kischel, Systembindung des Gesetzgebers und Gleichheitssatz, AöR 124(1999), S. 174ff.; Zippelius, Der Gleichheitssatz, VVDStRL 47(1989), S. 29ff.; Rupp, Art. 3 GG als Maßstab verfassungsgerichtlicher Gesetzeskontrolle, in: Starck(hrsg.), Bundesverfassungsgericht und Grundgesetz, Festgabe aus Anlaß des 25järigen Bestehens des Bundesverfassungsgerichts, Bd. 2, 1976, S. 380ff.; Kirchhof, in: Isensee/Kirchhof(hrsg.), Handbuch des Staatsrechts, Bd. V, 1992, S. 941ff. 참조.

6) Vgl. Degenhart, aaO, S. 68ff.; Kischel, aaO, S. 210; Stern, Das Staatsrecht der Bundesrepublik Deutschland, Bd. I, 2 Aufl., 1984, S. 837f.

그런데 동법 [별표 1]의 '선거구구역표' 중 이 사건 선거구란이 동법 제25조 제1항 및 이 조항에 근거한 선거구획정에 관한 기본원칙을 위반하여 계양구의 일부를 분할하여 이를 접경지역 없이 상호 분리된 다른 국회의원지역구인 강화군에 합쳐 하나의 선거구로 획정하고 있으므로, 동일 법률 내에서 규범 상호간에 모순과 충돌이 있음은 물론, 이 사건 선거구란이 선거구획정에 관한 상위의 기본규정과 원칙을 위반한 것이다.

2. 분리된 선거구획정의 위헌성

(1) 체계정당성 위반과 위헌 여부

분리된 선거구획정행위 내지 획정규정은 앞서 언급했듯이 체계정당성에 위반된다. 그러나 이러한 체계정당성위반이 위헌인가의 여부는 추가적인 검토를 요한다.

일반적으로 일정한 공권력작용이 이러한 체계정당성에 반한다고 해서 곧 위헌이 되는 것은 아니다. 즉 체계정당성위반(Systemwidrigkeit) 자체가 바로 위헌은 아니고, 이는 평등원칙위반 내지 자의적인 입법행위 등의 위헌성을 시사하는 하나의 간접증거나 징후 내지 징빙(Indiz)일 뿐이다.[7] 이것이 최종적으로 위헌이 되기 위해서는 평등원칙위반 등 별도의 헌법위반을 야기시켜야 한다. 즉 체계정당성위반은 평등원칙위반 내지 입법자의 자의금지위반 등 일정한 위헌성을 시사하기는 하지만 아직 위헌은 아니고, 그것이 위헌이 되기 위해서는 결과적으로 평등의 원칙이나 비례의 원칙 등 일정한 헌법의 규정이나 원칙을 위반해야 한다. 따라서 만일 일정한 규범 내지 입법자의 체계정당성 위반과 관련하여 그러한 위반행위를 할 수밖에 없는 불가피한 공익적인 사유가 존재한다면 그 위반행위는 정당화될 수 있고, 따라서 위헌이라고 볼 수 없는 것이다.[8][9] 이

7) Vgl. BVerfGE 34, 103(115); 59, 36(49); 66, 214(224); 67, 70(84f.); Jarass, in: Jarass/Pieroth, Grundgesetz Kommentar, 4. Aufl., 1997, Art. 3, Rdnr. 20a; Kirchhof, aaO, S. 942.

8) Vgl. BVerfGE 9, 20(28); 18, 366(372f.); 34, 103(115); 61, 138(148); 67, 70(84f.); 68, 237(253); 78, 104(122f.); 85, 238(247); BGHZ 81, 152(157f.); Degenhart, aaO, S. 90ff.; Kischel, aaO, 180ff.; Kirchhof, aaO, S. 942.

9) 헌법재판소도 1991. 2. 11. 90헌가27 교육법 제8조의2에 관한 위헌심판 사건에서 "① 모든 국민은 6년의 초등교육과 3년의 중등교육을 받을 권리가 있다. ② 모든 국민은 그 보호하는 자녀에게 제1항의 규정에 의한 교육을 받게 할 의무를 진다. ③ 국가는 제2항의 규정에 의한 의무교육을 실시하여야 하며 이를 위한 시설을 확보함에 필요한 모든 조치를 강구하여야 한다."라고 규정하고 있는 교육법 제8조에 "제8조의 규정에 의한 3년의 중등교육에 대한 의무교육은 대통령령이 정하는 바에 의하여 순차적으로 실시한다." 라고 규정하고 있는 동법 제8조의 2가 배치된다는 이유로 위헌법률심판의 대상이 된 동법 제8조의 2가 평등의 원칙에 위배되어 위헌이라는 주장과 관련하여 "교육법 제8조의2를 본다면 입법자는 장차 중학교 3년의 중등교육에 있어서도 전면적으로 의무교육을 실시할 것을 명백히 규정하고, 다만 현재로서는 국가의 재정형편상 위와 같은 전면실시가 사실상 불가능하다고 판단하여 잠정적인 조치로서 중학교교육에 대한 의무교육을 단계적으로 순차 확대실시하도록 한 것뿐이다. 헌법이 초등교육 이외의 의무교육의 범위를 법률로 정하도록 한 것은 이를 법률에 의하여 단계적으로 확대하여 나가려는 데 그 기본 취지가 있는 것이며, 그러한 단계적 확대실시의 과정에서 지역적인 차별이나 피교육자에 따른 차별이 비록 생겨난다고 하더라도 이는 전면적인 실시에 따르는 막대한 재정적인 부담을 감안할 때에 불가피한 조치로서 헌법상 용인될 수 있는 것이라 할 것이다. 나아가 현재 도서, 벽지, 접적지역과 특수학교에 한하여 의무교육을 실시하고 있는 것은 그러한 경우에는 지리적 여건이나 피교육자의 특성상 교육을 받을 기회가

에 따라 체계정당성에 반하는 입법행위 및 그에 대한 불가피한 합리적 사유의 존재유무에 대한 판단과 관련하여 입법자에게 일정한 입법형성의 자유가 인정되어 있다고 볼 수 있다.[10] 물론 이러한 입법형성의 자유가 무제한으로 인정되는 것은 아니고, 당연히 그러한 입법형성권행사의 정당성 여부와 위헌 여부는 헌법재판소의 심사대상이 된다고 하겠다.[11][12] 따라서 만일 체계정당성에 반하는 규범 내지 입법행위가 그 위반에 대한 불가피한 정당화사유를 제시하지 못하고 결과적으로 평등의 원칙이나 비례의 원칙 등 일정한 헌법의 규정이나 원칙을 위반한다면 그 해당 규범 내지 입법행위는 정당화될 수 없고, 결국 위헌이라고 볼 수밖에 없는 것이다.

이러한 점에 비추어 볼 때 헌법재판소의 다수의견이 "어떤 법률조항의 내용이 다른 법률조항의 내용과 서로 충돌된다 하여 원칙적으로 이들 법률조항이 헌법에 위반된다거나 하는 등, 헌법문제가 발생되는 것은 아니다. 다만, 이들 법률조항들을 어떻게 조화롭게 해석할 것인가의 법률해석 문제가 생길 뿐이다. 따라서 이 사건 선거구란은 선거법상의 별지로서 법률의 효력을 가지고 있음은 분명하므로, 이 사건 선거구란이 선거법 제25조와의 관계에서 서로 충돌된다고 하더라도 이는 일정한 법률조항의 내용이 다른 법률조항 보다 어느 조항이 우선 적용되느냐의 문제가 생길 뿐이다."라고 판시한 것은[13] 문제가 있다고 하겠다. 왜냐하면 법률조항 상호간의 충돌이 그것만으로 바로 위헌이 되는 것은 아니지만, 앞서 언급한 바와 같이 그 자체 이미 체계정당성에 위배

상대적으로 불리하다는 점을 고려한 것으로 이는 오히려 실질적 평등의 원칙에 부합된다고 할 수 있다. 따라서 교육법 제8조의2는 헌법 제11조 제1항에 정한 평등의 원칙에 위반되지 아니한다."라고 판시함으로써(헌재 1991. 2. 11. 90헌가27, 판례집 3, 11, 25-26), 일정한 조항이 동일 법률내의 다른 기본조항에 저촉되어 평등원칙에 위반될 소지가 있는 경우라도 절실한 공익적인 합리적 사유(이 사건에서는 국가의 재정적 부담)가 존재한다면 이는 정당화될 수 있고, 따라서 평등의 원칙에 위배되는 것은 아니라는 견해를 취하고 있다.

10) Vgl. BVerfGE 59, 36(49); 61, 138(148f.); 76, 130(139f.); Gubelt, in: v. Münch(hrsg.), Grundgesetz-Kommentar, 4. Aufl., 1992, Art. 3, Rdnr. 30; Kirchhof, aaO, S. 942.

11) Vgl. BVerfGE 81, 156(206f.).

12) 체계정당성 및 입법자의 입법형성권의 한계와 관련하여 헌법재판소는 규범체계상의 균형을 상실한 법조항은 입법자의 입법형성권을 일탈한 것으로 위헌이라는 결정을 내린 바 있다. 즉 1992. 4. 28. 90헌바24 특정범죄가중처벌등에관한법률 제5조의3 제2항 제1호에 대한 헌법소원 사건에서 헌법재판소는 "우리 헌법이 선언하고 있는 '인간의 존엄성'과 '법앞의 평등'은 행정부나 사법부에 의한 법적용상의 평등만을 의미하는 것이 아니고, 입법권자에게 정의와 형평의 원칙에 합당하게 합헌적으로 법률을 제정하도록 하는 것을 명하는 법내용상의 평등을 의미하고 있기 때문에 그 입법내용이 정의와 형평에 반하거나 자의적으로 이루어진 경우에는 평등권 등의 기본권을 본질적으로 침해한 입법권의 행사로서 위헌성을 면하기 어렵다. 본 법률조항에서 과실로 사람을 치상하게 한 자가 구호행위를 하지 아니하고 도주하거나 고의로 유기함으로써 치사의 결과에 이르게 한 경우에 살인죄와 비교하여 그 법정형을 더 무겁게 한 것은 형벌체계상의 정당성과 균형을 상실한 것으로서 헌법 제10조의 인간으로서의 존엄과 가치를 보장한 국가의 의무와 헌법 제11조의 평등의 원칙 및 헌법 제37조 제2항의 과잉입법금지의 원칙에 반한다."라고 함으로써 규범체계상의 정당성과 균형을 상실한 법조항은 입법자의 입법형성권의 한계를 일탈한 자의적인 입법으로서 평등의 원칙과 비례의 원칙 등에 반하는 위헌이라고 판시하고 있다. 이는 특가법의 일부조항이 수평적 규범인 형법과 비교하여 균형을 상실했다면 그 법조항은 체계정당성에 반하는 것이고, 이것이 평등의 원칙과 비례의 원칙 등 헌법상의 규정과 원칙에 반한다면 이는 결국 입법형성권의 한계를 일탈한 것으로 위헌이라는 논리를 전개하는 것으로 여겨진다.

13) 헌재 1998. 11. 26. 96헌마54, 판례집 10-2, 742, 752.

되는 것이고, 더 나아가 체계정당성위반의 불가피한 정당화사유가 제시되지 못하고, 결과적으로 평등의 원칙이나 비례의 원칙 등 일정한 헌법의 규정이나 원칙을 위반한다면 결국 위헌문제를 발생하는 것이기 때문이다.

(2) 분리된 선거구와 평등원칙 위반

1) 평등권과 관련하여

가. 분리된 선거구획정에 의한 차별

원칙적으로 선거인은 자신과 자신이 속해있는 지역의 이익과 관심사를 대표할 후보자에게 투표할 수 있어야 한다. 즉 자신과 사회적·지리적·역사적·경제적·문화적·행정적 연관성 및 공통의 생활권과 전통적 일체감 및 동질성을 가지는 지역에서 자신과 공통의 이해를 가지는-자신을 포함한-주민을 대표할 후보자에게 선거할 수 있어야 한다. 그리고 더 나아가 당선 후에는 그 해당 의원을 통해 자신과 자신이 속한 지역의 이익과 관심사를 국정에 반영시킬 수 있어야 한다. 또한 이를 통해 선거구내의 동질성유지와 통합을 지향할 수 있어야 한다. 그리고 이는 선거구가 반드시 인접한 지역으로 연속해서 획정될 것을 전제로 한다. 즉 선거구의 획정은 사회적·지리적·역사적·경제적·문화적·행정적 연관성 및 생활권 등을 고려하여 특단의 불가피한 사정이 없는 한 인접지역이 하나의 선거구를 구성하도록 해야 한다.

그런데 이 사건에서처럼 접경지역 없이 지리적으로 완전히 분리된 지역들로 이루어진 선거구의 경우 그 선거구내의 특정지역, 특히 분리되어 떨어져 있는 소수의 종된 지역(이 사건의 경우 계양1동)이 사회적·지리적·역사적·경제적·문화적·행정적 연관성 및 생활권 등의 측면에서 관련성이 거의 없는 동일 선거구내의 다른 지역, 즉 다수를 차지하고 있는 주된 지역(이 사건의 경우 강화군)에 기형적으로 편입되어 하나의 선거구를 구성한 나머지, 종된 지역주민은 정상적인 경우라면 자신들이 속했을 지리적으로 인접한 다른 선거구, 즉 사회적·지리적·역사적·경제적·문화적·행정적 연관성 및 생활권 등의 측면에서 관련성을 가지는 선거구(이 사건의 경우 계양1동을 제외한 계양구)의 주민과는 달리 공통의 생활권과 동질성을 가지는 지역(이 사건의 경우 전체 계양구)의 공통의 이해를 대표하는 후보자에게 투표할 기회를 박탈당하는 것이기 때문에, 그러한 투표의 기회를 가지는-공통의 생활권과 동질성을 가지는 인접지역의 다른 선거구 및 여타의 정상적인 다른 선거구의-주민들과 비교할 때 차별당하는 것이다. 이러한 논리는 종된 지역주민과 동일 선거구내의 주된 지역주민과의 관계에서도 적용될 수 있다. 즉 주된 지역의 경우 주민들이 공통의 생활권과 동질성을 가지는 자신들이 속해 있는 지역의 공통의 이해를 대표할 후보자에게 투표하고 당선시킬 가능성이 상대적으로 큰 반면, 종된 지역주민들의 경우에는 그러한 기회와 가능성이 상대적으로 적다고 볼 수 있다. 따라서 이 경우에도 종된 지역주민들이 주된 지역주민들에 비하여 차별당하는 것이라고 보지 않을 수 없다.

나. 차별을 정당화시키는 합리적 사유의 존재유무

그러나 일정한 공권력작용에 의한 차별이 평등원칙위반으로서 위헌이 되려면 합리적 차별사유 없이 차별한 것이 인정되어야 한다. 왜냐하면 주지하는 바와 같이 헌법상 평등의 원칙은 배분적 정의에 입각한 상대적 평등을 의미하는 것으로, 이는 합리적인 차별사유가 존재한다면 그러한 차별사유에 근거한 공권력에 의한 차별은 정당화될 수 있고, 따라서 평등의 원칙을 위반하는 것은 아니기 때문이다. 그러므로 이 사건 분리된 선거구획정행위 내지 획정규정이 평등원칙위반으로서 위헌인가의 여부는 이러한 선거구획정을 통해 야기된 상기 언급한 그리고 후술할 차별이 합리적인 정당화사유에 근거하는가의 여부에 달려있다고 볼 수 있다.

이 사건 기록에 의하면, 그리고 다수의견도 인정하고 있듯이 이 사건 선거구란은 인천 계양구 계양1동과 강화군 일원을 그 선거구역으로 하고 있는데, 인천 계양구는 도시지역이고 강화군은 농촌지역이며, 인천 계양구와 강화군은 인천 서구 및 경기도 김포군을 사이에 둠으로써 상호 접경지역이 전혀 없이 약 30킬로미터의 거리로 완전히 분리되어 있고, 1995. 6. 30. 현재 강화군의 인구수는 70,472명, 인천 계양구의 인구수는 261,536명, 그 중 계양1동의 인구수는 12,401명이며, 강화군과 인접한 도서지역인 옹진군의 인구수는 13,608명, 강화군과 계양구 보다는 인접한 인천 서구의 인구수는 299,496명(1996. 3. 20. 현재)인 사실이 인정된다. 따라서 이 사건 선거구란이 사회적·행정적 연관성이 박약할 뿐만 아니라 그 생활권이 상이하고 지리적으로도 상호 30킬로미터나 떨어져 있으며 인구수의 차이가 6 : 1에 이르는 인천 계양구 계양1동과 강화군을 하나의 선거구로 획정한 것은 곧 인천 계양구 계양1동에 거주하는 선거인들로 하여금 지역적 연관성이 전혀 없는 타 지역구에 일방적으로 편입되도록 하여 이들의 정치적 의사가 선거에서 반영될 기회를 심각하게 훼손하고 있다는 점을 인정할 수 있다. 실제로 강화군은 지리적·행정적 입지조건이 유사한 옹진군과 통합하여 1개의 선거구를 구성하거나, 지리적으로 계양구 보다는 인접한 인천 서구의 일부 동과 통합하여 1개의 선거구를 구성하는 것이 더 합리적일 것이라는 점을 인정할 수 있다.

그러므로 반대의견이 지적하는 바와 같이 만일 선거구당 법정 최소인구수인 75,000명에 미달하여 강화군을 하나의 독립한 선거구로 할 수 없다면, 같은 도서지역으로서 지리적으로 인접하고 있는 옹진군과 합쳐 하나의 선거구로 하든지, 그렇지 아니하고 굳이 인천광역시 관할구역내의 다른 구의 일부를 분할하고 이를 강화군에 합쳐서라도 하나의 선거구로 하여야 할 불가피한 사정이 있다면 지리적으로 더욱 가까운 서구의 일부를 분할하고 이를 강화군에 합쳐 하나의 선거구로 하면 몰라도 다 같이 인천광역시의 관할구역안에 있다는 것 외에는 연관성이 거의 없는 계양구의 일부를, 그것도 계양구 11개동 중 1개동으로서 계양구전체 인구수의 4.74퍼센트에 불과한 인구수의 계양1동만을 분할하고 이를 강화군에 합쳐 하나의 선거구로 한 것은 결코 최선의 불가피한 선거구획정이라고 볼 수 없고, 결과적으로 인천 계양구 계양1동의 주민을 불합리하게 차별하는 자의적인 입법으로 입법형성권의 한계를 일탈한 것이라고 보지 않을 수 없다.

결국 이 사건 분리된 선거구획정행위 내지 획정규정에 의한 차별은 그 차별을 정당화시키는 불가피한 합리적인 정당화사유 없이 이루어진 것으로 평등의 원칙을 위반한 위헌이다.[14)]

2) 평등선거의 원칙과 관련하여

이 사건에서와 같은 분리된 선거구획정은 해당 선거구내의 분리된 종된 지역주민의 선거권, 특히 평등선거권을 침해할 소지가 있다. 주지하는 바와 같이 선거의 기본원칙 중 하나가 평등선거의 원칙이고, 이는 투표의 산술적 계산가치의 평등(Zählwertgleichheit)과 투표의 성과가치의 평등(Erfolgswertgleichheit)을 의미한다.[15)] 오늘날 선거구획정과 관련하여 특히 문제가 되는 것은 투표의 성과가치의 평등인데, 이는 선거인의 투표가치가 동등한 가치로 평가되어지고, 대표자선정이라는 선거결과 내지 국회구성 등에 동등한 영향력을 행사할 수 있을 것을 요구한다.[16)]

그런데 분리된 선거구의 경우 분리되어 떨어져 있는 종된 지역(이 사건의 경우 계양1동)주민의 투표가치는 선거구내의 다수를 차지하고 있는 주된 지역(이 사건의 경우 강화군)주민의 투표가치와 비교해 볼 때 상대적으로 절하될 가능성이 있다. 왜냐하면 주된 지역주민의 투표가치는 자신들이 지지하는 주된 지역출신의 또는 주된 지역의 이익을 대표하는[17)] 후보자가 당선될 확률이 높기 때문에 높게 평가되는 반면, 종된 지역주민

---

14) 이와 관련하여 이 사건 다수의견이 "청구인들은 이 사건 선거구란이 '국회의원 지역선거구는 시·도의 관할 구역 안에서 인구, 행정구역, 지세, 교통 기타조건을 고려하여 이를 확정하되 시·군의 일부를 분할하여 다른 국회의원 지역구에 속하게 하지 못한다.'고 규정하고 있는 선거법 제25조에 위반되어 결과적으로 헌법에 위반된다고 주장한다. 어떤 법률조항의 내용이 다른 법률조항의 내용과 서로 충돌된다 하여 원칙적으로 이들 법률조항이 헌법에 위반된다거나 하는 등, 헌법문제가 발생되는 것은 아니다. 다만, 이들 법률조항들을 어떻게 조화롭게 해석할 것인가의 법률해석 문제가 생길 뿐이다. 따라서 이 사건 선거구란은 선거법상의 별지로서 법률의 효력을 가지고 있음은 분명하므로, 이 사건 선거구란이 선거법 제25조와의 관계에서 서로 충돌된다고 하더라도 이는 일정한 법률조항의 내용이 다른 법률조항 보다 어느 조항이 우선 적용되느냐의 문제가 생길 뿐이다."라고, 즉 법률의 충돌이 헌법문제를 야기하는 것은 아니라고 판시하고 있는데, 이러한 견해는 타당하지 아니하다. 물론 앞서 언급한 바와 같이 법률 상호간의 모순과 충돌이 바로 위헌을 야기시키는 것은 아니다. 그러나 법률의 충돌은 체계정당성위반을 야기하고 체계정당성의 원리가 헌법상의 법치주의원리로부터 도출되는 헌법적 요청으로서 그 자체 이미 헌법문제이기 때문에 법률의 충돌은 헌법문제를 야기한다. 더욱이 그 법률의 충돌이 동시에 평등의 원칙이나 비례원칙 등 헌법규정이나 원칙을 위반할 경우, 따라서 법률의 충돌을 정당화시키는 불가피한 합리적 사유가 존재하지 아니할 경우에는 위헌이 되는 것이다.

15) 평등선거의 원칙에 대하여는 정연주, 독일의 선거제도와 우리 선거제도의 문제점, 인권과 정의 1991. 5, 26쪽 이하; Maunz, in: Maunz/Dürig, Grundgesetz Kommentar, Art. 38, Rdnr. 48f.; Pieroth, aaO, Art. 38, Rdnr. 6; v. Münch, in: v. Münch(hrsg.), Grundgesetz-Kommentar, Art. 38, Rdnr. 45ff.; BVerfGE 86, 84(91); 5, 148(157) 참조.

16) 정연주, 독일의 선거제도와 우리 선거제도의 문제점, 26쪽 이하; 헌재 1995. 12. 27, 95헌마224 등.

의 투표가치는 자신들이 지지하는 종된 지역출신의 또는 종된 지역의 이익을 대표하는 후보자가 당선될 확률이 낮기 때문에 낮게 평가될 수밖에 없기 때문이다. 아울러 종된 지역주민의 투표가치는 정상적인 경우라면 자신들이 속했을 인접한 다른 선거구(이 사건의 경우 계양1동을 제외한 계양구)주민의 투표가치와 비교해 볼 때도 앞서 언급한 이유로 낮게 평가될 가능성이 있다. 즉 정상적인 경우라면 종된 지역은 인접한 다른 선거구에 속해 있어야 하고, 그럴 경우 종된 지역의 주민은 그 종된 지역을 포함한, 그리고 종된 지역과 동질성 및 공통의 이해를 가지는 선거구 출신의, 자신과 자신이 속해있는 지역의 이익을 대표할 후보자를 지지할 수 있고, 그럴 경우 자신들의 투표가치는 그렇지 않을 경우보다 높게 평가될 수 있기 때문이다.

한편 특정후보자의 당선확률을 높이기 위한 인위적인 게리맨더링의 경우, 즉 주된 지역출신의 후보자와 지연, 혈연 등에서 밀접한 관련성을 가지는 종된 지역을 주된 지역에 편입시켜 하나의 선거구를 구성할 경우에는 종된 지역주민의 투표가치는 그렇지 않은 다른 지역 또는 정상적인 경우라면 자신들이 속했을 인접한 다른 선거구주민의 투표가치와 비교해 볼 때 현저히 높게 평가될 수 있을 것이다. 왜냐하면 이런 경우에는 종된 지역주민의 투표는 자신들이 지지하는 후보자의 당선에 이어질 확률이 높기 때문이다.

결국 이처럼 분리된 선거구획정의 경우에는 특정지역주민의 투표가치가 상대적으로 낮게 또는 반대로 높게 평가될 수 있으므로 이는－이를 정당화시키는 불가피한 합리적 차별사유가 없는 한－투표의 성과가치의 평등을 왜곡하는 평등선거원칙 위반이고 따라서 위헌이라고 볼 수 있다. 바로 이 사건의 경우가 그런 경우에 해당한다고 할 수 있다. 따라서 이 사건의 경우 분리된 선거구획정행위 내지 획정규정은 앞서 언급한 바와 같이 불가피한 합리적 차별사유 없이 투표의 성과가치의 평등을 주 내용으로 하는 평등선거의 원칙을 침해하는 것으로 위헌이라고 보아야 할 것이다.

(3) 분리된 선거구와 비례의 원칙 위반

한편 이 사건 분리된 선거구획정행위 내지 획정규정은 비례의 원칙에 위반된다고 볼 수 있다. 왜냐하면 앞서 언급한 바와 같이 이 사건 선거구란은 최선의 합리적인 선거구획정이 아니고, 따라서 선거법상의 인구편차규정에 합치되는 선거구획정을 위한 불가피한 최후의 조치라고 볼 수 없기 때문이다. 즉 앞에서도 지적했듯이 비록 이 사건의 경우 강화군과 옹진군을 합쳐 하나의 선거구로 하는 경우나 서구의 일부를 분할하고 이를 강화군에 합쳐 하나의 선거구로 하는 경우에도 불합리한 점이 없지 않으나, 계양구에서 계양1동만을 분할하고 이를 강화군에 합쳐 하나의 선거구로 하는 것 보다는 상대적으로 덜 불합리하다고 볼 수 있다. 이는 이 사건의 경우 계양1동을 강화군에

17) 국회의원이 지역대표성 내지 지역이익대표성에 대하여는 아래 (4)에서 후술함.

합쳐 하나의 선거구로 하는 방법 보다 합리적인, 아니면 비교적 덜 불합리한 다른 방법이 있다는 것을 의미하며, 따라서 이 사건 선거구란은 인구편차범위내의 선거구획정이라는 절실한 공익적 목적을 달성하기 위한 최후의 불가피한, 적합한 수단이라고 볼 수 없기 때문에, 이는 공권력작용의 목적과 수단 사이의 비례성을 요구하는 비례의 원칙에 위반된다고 볼 수 있는 것이다.

(4) 국회의원의 지역대표성 및 대의제도의 기능과 관련하여

분리된 선거구획정은 국회의원의 지역대표성과 대의제도의 중요한 기능인 책임정치 실현기능의 측면에서 문제를 야기한다.

물론 "국회의원은 국가이익을 우선하여 양심에 따라 직무를 행한다."는 헌법 제46조 제2항의 자유위임의 원칙에 따라 국회의원은 전체국가와 국민을 대표하여 국익을 위해 대의활동을 하는 것이지, 특정지역과 지역주민을 대표하는 것은 아니기 때문에 헌법상 원칙적으로 국회의원에게 지역대표성이 인정될 수는 없다고 하겠다.[18][19] 그러나 자유위임의 원칙과 조화될 수 있는 한도 내에서는 적어도 정치적으로는 국회의원에게 보충적·부수적인 지역대표성을 인정할 필요가 있으며, 현실적으로도 이를 굳이 부정할 필요는 없다고 하겠다.[20][21] 왜냐하면 대의제도 내지 자유위임의 원칙의 이념은 국

---

18) 국회법 제114조의2도 "의원은 국민의 대표자로서 소속 정당의 의사에 기속되지 아니하고 양심에 따라 투표한다."라고 명시함으로써 이러한 헌법규정의 정신을 구현하고 있다.

19) 대의제도의 이념적 기초인 자유위임의 원칙과 국회의원의 전체 국민 내지 국가대표성에 대하여 자세한 것은 정연주, 대의제도와 정당기속, 인권과 정의, 1999. 8, 82쪽 이하 참조.
한편 헌법재판소도 1994. 4. 28. 92헌마153 결정에서 "국회의원의 법적인 지위 특히 전국구의원이 그를 공천한 정당을 탈당한 때 국회의원직을 상실하는 여부는 그 나라의 헌법과 국회의원선거법 등의 법규정, 즉 법제에 의하여 결정되는 문제이다. 즉 국회의원의 법적 지위 특히 전국구의원이 그를 공천한 정당을 탈당할 때 의원직을 상실하는 여부는 그 나라의 헌법과 법률이 국회의원을 이른바 자유위임(또는 무기속위임)하에 두었는가, 명령적 위임(또는 기속위임)하에 두었는가, 양 제도를 병존하게 하였는가에 달려 있다. 역사적으로는 유럽의 중세기 등족회의에서의 의원은 특정사회층의 이익이나, 특정지역의 이익을 대표하였던 까닭에 의회에서의 행동에 대하여 각각 선거민에 대하여 책임을 지는 명령적 위임(또는 기속위임)이었으나, 1791년 프랑스헌법에서 '의원은 전 국민의 대표자이고, 특정지역의 대표자가 아니며, 의원에 대하여 위임을 부여할 수 없다.'고 규정한 것을 위시하여 오늘날 독일·영국·프랑스·일본 등 자유민주주의국가에서는 거의가 헌법에 국회의원을 전 국민의 대표자라고 규정하여 자유위임하에 두는 제도를 채택하고 있다. 자유위임제도를 명문으로 채택하고 있는 헌법하에서는 국회의원은 선거모체인 선거구의 선거인이나 정당의 지령에도 법적으로 구속되지 아니하며, 정당의 이익보다 국가의 이익을 우선한 양심에 따라 그 직무를 집행하여야 하며, 국회의원의 정통성은 정당과 독립된 정통성이다. 이런 자유위임하의 국회의원의 지위는 그 의원직을 얻은 방법, 즉 전국구로 얻었는가, 지역구로 얻었는가에 의하여 차이가 없으며, 전국구의원도 그를 공천한 정당을 탈당하였다고 하여도 별도의 법률규정이 있는 경우는 별론으로 하고 당연히 국회의원직을 상실하지는 않는다는 것이다."라고 판시함으로써 자유위임의 이념에 기초하여 국회의원이 전 국민의 대표자임을 분명히 하고 있다.

20) 국회의원의 보충적·부수적 지역대표성에 대하여 정연주, 국회의원선거제도의 개혁방안, 공법연구 27집 3호, 1999. 6, 193쪽 이하 참조.

21) 헌법재판소는 이러한 국회의원의 지역대표성과 관련하여 1995. 12. 27. 95헌마224등 결정에서 "양원제를 채택하여 양원 중 어느 하나를 지역대표성을 가진 의원으로 구성하고 있는 나라들과는 달리, 우리나라는 단원제를 채택하고 있어, 국회의원이 법리상 국민의 대표이기는 하나 현실적으로는 어느 정도의 지역대표성도 겸하고 있다는 점, 급격한 산업화·도시화의 과정에서 인구의 도시집중으로 인하여 발생한 도시

회의원이 지역주민 보다는 전체 국민, 지역 보다는 국가를 대표하고, 부분적·경험적 이익 보다는 전체적·미래지향적인 추정적 이익을 대표하라는 것이지, 그렇다고 지역적·부분적 이익과 주민을 절대로 대표하지 말고, 그러한 이익을 결코 추구하지 말라는 것은 아니기 때문이다. 따라서 이러한 전체 국민과 국가를 대표하는 한, 그리고 그러한 전체적·미래지향적인 추정적 이익과 조화되거나 그것을 오히려 촉구하는 한도 내에서 부수적으로 지역적·부분적 이익과 주민을 대표하는 것은 대의제도와 모순되는 것이 아니며, 오히려 상황에 따라서는 그러한 대의제도 내지 자유위임의 원칙의 이념을 보다 실효성 있게 지속적으로 실현하는 방책이 될 수도 있을 것이다.

이와 관련하여 우리나라와 독일의 경우 비례대표의석의 배분에 있어서 소위 봉쇄조항이라는 제한이 있는데, 이에 따르면 지역구국회의원총선거에서 일정의석 이상(우리의 경우 5석, 독일의 경우 3석 이상)의 의석을 차지하였거나 유효투표총수의 일정비율 이상(우리의 경우 3%, 독일의 경우 5% 이상)을 득표한 정당에 대해서만 비례대표의석을 배분하도록 되어 있다.[22] 그런데 여기서 3% 내지 5% 이상의 유효투표총수를 얻을 것을 요구하는 조건 외에 택일적으로 5석 내지 3석이상의 지역구의석을 획득했을 경우에도 비례대표의석배분에 참여할 수 있도록 한 것은 그 5석 내지 3석의 지역구의석이 가지는 정치적 의미와 정치적 세력을 인정하는 것이라고 볼 수 있다.[23] 즉 이는 특정지역의 주민을

와 농어촌간의 인구편차와 각 분야에 있어서의 개발불균형이 앞서 본 선진외국의 경우보다 현저한 우리나라의 현실에 있어서 단순히 인구비례만 고려하여 선거구를 획정하는 경우에는 각 분야에 있어서의 도·농간의 격차가 더 심화될 우려가 있다는 점 등을 감안한다면 선거구간의 인구비례의 원칙을 완화해야 할 정책적인 필요가 있다고 볼 수 있는 반면, …"라고 판시함으로써 국회의원의 지역대표성을 간접적으로 인정하고 있고, 동 사건에서 재판관 이재화, 조승형, 정경식, 고중석도 "… 선거구의 획정에는 인구외에 행정구역·지세·교통 등 여러가지 조건을 고려하여야 하므로, 그 위헌 여부를 결정하는 기준을 획일적으로 일정한 수치로써 확정하기는 지극히 어려운 문제이지만, 일응 그 기준은 선거구 획정에 있어서 투표가치의 평등으로서 가장 중요한 요소인 인구비례의 원칙과 우리나라의 특수사정으로서 투표가치의 평등 못지 않게 중요한 요소인 단원제 채택으로 인한 국회의원의 지역대표성 및 인구의 도시집중으로 인한 도시와 농어촌간의 극심한 인구편차 등 3개의 요소를 합리적으로 참작하여 결정되어야 할 것이다."라고 판시함으로써 국회의원의 지역대표성을 인정하고 있다.

한편 헌재 2001. 10. 25. 2000헌마92등 결정에서 권성 재판관은 별개의견을 통해 "대의제도를 채택하는 이상 그리고 보통선거와 직접선거의 방식을 취하는 이상, 의회의 의원은 어차피 일정한 지역 즉 행정구역을 난위로 하여 그 지역의 국민 즉 주민의 대표를 선출하는 방식을 취할 수밖에 없다. 그 구역의 광협에 따라 소선거구, 중선거구, 대선거구의 구별은 있지만 전국을 하나의 선거구로 하여 다수의 의원을 뽑는 것은 대표성이 매우 취약하여진다. 현행의 전국구의원을 생각하면 이것은 자명하다. 의원은 국민의 대표이지만 동시에 지역주민의 대표이기도 하다. 의원을 국민의 대표라고 하는 것은 법률상의 지위와 정치적 책임을 규정하는 것이고 그로부터 의원이 지역의 이익만을 위하여 일하여서는 안되고 국민 전체를 위하여 일하여야 한다는 의원행동의 윤리강령이 도출되는 것이지만, 이것이 의원의 선출원리는 아니고 의원의 지역주민 대표성을 부정하는 것도 아니다. 오히려 의원의 대표성은 의원이 어느정도의 독자성을 갖는 지역(예컨대 행정구역)의 주민을 대표한다고 할 때 가장 확실하여진다. … 따라서 투표가치의 산술적 평등에 보다 접근시키기 위하여 어느 행정구역의 일부 주민을 다른 행정구역에 편입하여 하나의 선거구를 만드는 것은 의원의 주민대표성을 약화시키고 이것은 자기 구역에서 분리되어 타구역에 편입당한 주민들의 선거권을 침해하므로 위헌이 된다."라고 주장함으로써 국회의원의 지역대표성 내지 주민대표성을 국회의원의 전국대표성 내지 국민대표성과 내등한 차원으로 자리매김 시키고 그것을 대의제도의 본질로 이해하고 있으나, 이러한 견해는 타당하지 못하다.

22) 선거법 제189조 제1항 및 독일 연방선거법 제6조 제6항.

23) Vgl. BVerfGE 95, 408(421ff.).

대표한다는 지역적 주안점과 특성을 가지는 정당의 이익과 입장 내지 정치적 위상을 고려하여 이 정당에게도 비례대표의석배분에 참여할 수 있도록 한 것이라고 볼 수 있는 것이다.[24] 물론 이는 일차적으로는 그 해당 정당의 특정지역의 이해 및 주민과의 관련성 내지 그 대표성을 인정한 것이지만, 이와 동시에 그 정당 소속의원의 전국대표성과 더불어 일정한 지역대표성도 인정한다는 것을 시사하는 것이라고 볼 수 있다. 현실적으로도 일정한 지역사업이 동시에 국가적으로도 중요한 사업인 경우 이러한 지역사업의 추진을 통해 해당 지역구의 이익을 대표하는 것은 동시에 전체 국익과도 일치 내지 조화되는 것이므로 국회의원의 지역대표성과 국가대표성이 양립될 수 있는 것이다.

그런데 이러한 국회의원의 지역대표성은 하나의 선거구가 하나의 동질성을 가지는 지역으로 이루어 질 것을 전제로 한다. 즉 인구, 교통사정, 사회적·지리적·역사적·경제적·문화적·행정적 연관성 및 생활권과 전통적 일체감 등을 고려하여 하나의 선거구가 선거인의 통합을 지향할 수 있도록 동질성의 바탕위에서 획정되어야 하며, 이는 공통의 지역이익과 관심사가 국회의원을 통해 국정에 반영될 수 있도록 하기 위하여 요구된다고 하겠다. 그런데 이 사건에서처럼 분리된 선거구의 경우 동일 선거구 내에서의 지리적으로 완전 분리된 지역 상호간의 동질성확보에 어려움이 생길 수 있고, 심지어 양자 사이에 이해충돌이 발생할 수도 있다. 따라서 분리된 선거구의 경우 동일 선거구내의 한 지역의 주민은 타 지역과 비교해 볼 때 자신과 자신이 속한 지역의 이익과 관심사를 주장·관철시키기 어려울 수 있고, 해당 의원 역시 양 지역의 주민과 이해를 조화롭게 대표하여 국정에 반영시키기 어려울 수 있다.

한편 책임정치실현기능을 가지는 대의제도의 경우 차기선거에서 지역유권자의 지역대표의원에 대한 책임추궁과 신임부여가 가능해야 하는데, 앞서 언급한 바와 같이 해당 의원이 해당 선거구내의 상이한 지역간의 다양한－상황에 따라서는 상호 모순되고 충돌될 수 있는－이해와 관심사를 조화롭고 효율적으로 대표하기가 어렵기 때문에 책임정치실현에 문제가 발생될 수 있고, 해당 주민의 구체적인 책임추궁과 신임부여에도 어려움이 따른다.

결국 분리된 선거구의 경우 해당 의원은 지역대표성 및 책임정치실현기능과 관련하여 자신의 선거구 내에서 자신이 실제로 속해 있는 주된 지역의 이익을 대표하는 것이지 분리된 타 지역 내지 종된 지역의 이익을 대표하기 어려우므로, 선거구 전체의 대표와 책임정치실현이 어렵고, 주민들의－자신과 사실상 관련성이 적은－선거구에의 소속의식이 약할 수밖에 없어 선거구 내의 통합과 동질성확보에 어려움이 따른다. 따라서 이처럼 기형적인 분리된 선거구획정은 해당 의원의 지역대표성과 종된 지역주민의 효율적으로 대표되어질 권리를 침해함과 동시에 책임정치실현기능을 한 내용으로 하는 대의제도의 기능을 침해하는 것이라고 볼 수 있다.

---

24) Vgl. BVerfGE 6, 84(96).

Ⅳ. 맺는 말

지금까지 살펴본 바와 같이 이 사건 분리된 선거구획정행위 내지 획정규정은 체계정당성에 반하면서-해당 주민의 평등권과 투표의 성과가치의 평등을 내용으로 하는 평등선거의 원칙 등을 포함하는-평등의 원칙 및 비례의 원칙에 위배되는 자의적 입법으로 위헌이며, 아울러 국회의원의 지역대표성 및 대의제도의 기능을 왜곡시킬 수 있는 것이다.

다수대표제의 단점으로 거론되는 가장 커다란 문제점 중의 하나가 바로 선거구분할 문제이다. 특히 소선거구 다수대표제의 경우에는 평등선거의 원칙에 충실한 합리적인 선거구분할이 매우 중요하다. 그동안 우리의 경우 선거구획정과 관련해서는 주로 선거구간의 인구편차문제가 제기되어 왔다. 즉 선거구간의 인구편차가 지나치게 크다는 지적이 그것이다. 이 글에서 다루어진 분리된 선거구획정도 본래 선거구간의 인구편차를 해결하기 위하여 야기된 것이다. 따라서 인구편차를 2 : 1 미만이 되게 선거구를 획정하면서,[25] 동시에 기형적으로 분리된 선거구가 없도록 해야 할 것이다. 즉 인구, 교통사정, 사회적·지리적·역사적·경제적·문화적·행정적 연관성 및 생활권과 전통적 일

---

25) 선거구간의 인구편차문제와 관련하여 헌법재판소는 앞서 언급한 95헌마224등 결정에서 지나친 인구편차를 보이고 있는 선거법의 관련부분에 대한 위헌결정을 내리면서 다수의견은 인구편차의 합헌적 상한선을 4:1로 제시한 바 있고, 동 결정에서 일부 보충의견은 최대·최소 선거구간의 합헌적인 인구편차를 2:1로 제시했다. 그후 헌법재판소는 2001. 10. 25. 2000헌마92등 결정에서 위의 95헌마224등 결정에서 제시된 4:1의 인구편차를 5년 이상이 지난 지금에도 그대로 답습하는 것은 곤란할 뿐만 아니라, 인구편차의 허용한계를 점점 엄격하게 보는 세계적 추세에도 역행하는 것이라는 이유로 이를 배척하면서 현재의 시점에서는 현실적인 이유로 3:1의 인구편차를 기준으로 할 수밖에 없다고 주장한다. 다만 장래에는 그 기준이 2:1 또는 그 미만이 되어야 한다는 견해를 밝히고 있다. 물론 선거구의 분할시 인구뿐 아니라 행정구역, 지세, 교통, 도시와 농어촌과의 차이점, 기타 여러 가지 요소를 고려해야 할 것이지만, 인구가 가장 중요한 고려사항이 되어야 한다는 점을 상기할 때, 그리고 투표의 성과가치의 평등을 고려할 때 선거구의 인구편차를 2:1 미만이 되도록 법제화해야 할 것이다.

참고로 독일의 경우 1996. 11. 15. 개정된 연방선거법(Bundeswahlgesetz) 제3조 제1항 제3호는 선거구획정시 준수하여야 할 원칙의 하나로서 "한 선거구의 인구수는 선거구의 평균인구수로부터 상하 각 100분의 15를 초과하는 편차를 보여서는 아니되며, 편차가 100분의 25를 초과한다면, 새로운 선거구획정이 이루어져야 한다."고 규정함으로써, 원칙적으로 상하 편차 15%를 허용한도로 하되, 상하 편차 25%는 반드시 준수해야 할 최대허용한도로 함으로써 탄력적인 입법을 하고 있다. 이는 개정전 연방선거법 제3조 제1항 제2호에서 "한 선거구의 인구수는 선거구의 평균인구수로부터 상하 각 100분의 25를 초과하는 편차를 보여서는 아니되며, 편차가 100분의 33 1/3을 초과한다면, 새로운 선거구획정이 이루어져야 한다."고 규정하고 있던 것에 비하여 허용한계를 보다 엄격하게 한 것이다(독일 연방선거법상의 선거구획정문제에 관하여 자세한 것은 vgl. Schreiber, Handbuch des Wahlrechts zum Deutschen Bundestag, 6. Aufl., 1998, S. 152ff.).

한편 일본의 경우에는 1994.2.4. 제정된 중의원의원선거구획정심의회설치법 제3조 제1항은 중의원소선거구선출위원의 선거구 개정안의 작성은 "각 선거구의 인구의 균형을 도모하고, 각 선거구의 인구 중 그 최다의 것을 최소의 것으로 나누어 얻은 수가 2 이상이 되지 아니하도록 하는 것을 기본으로 하고, 행정구획·지세·교통 등의 사정을 종합적으로 고려하여 합리적으로 행하여야 한다."고 규정함으로써 이러한 추세를 반영하고 있다. 한편 영국에서는 25% 이내로 정기적으로 재조정하도록 하고 있다.

이상에서 보는 바와 같이 외국의 입법례를 보더라도 대체로 상하 인구편차 2:1 미만의 한계내에서의 선거구획정을 허용하고 있고, 특히 독일의 경우에서 보는 것처럼 가능한 한 1:1에 가까운 인구편차를 법률이 요구하는 것을 알 수 있다.

체감 등을 고려하여 하나의 선거구가 선거인의 공통의 이해를 반영시킬 수 있고, 통합을 지향할 수 있도록 동질성의 바탕위에서 획정되어야 하며, 이는 원칙적으로 분리된 지역이 하나의 선거구로 획정되어서는 안된다는 것을 전제로 하는 것이다. 그렇지 않을 경우, 즉 분리된 지역이 하나의 선거구로 획정될 경우 그러한 선거구획정은 위헌의 소지가 있으며, 아울러 정략적으로 왜곡된 게리맨더링이 될 위험이 크다고 보지 않을 수 없다. 예컨대 일정 지역만으로는 인구편차 및 유권자수와 관련하여 하나의 선거구를 구성할 수 없을 때, 특정 후보자의 당선을 유리하게 하기 위해 그 후보자와 지연·혈연 등의 관련성이 있는 지역적으로 분리된 다른 특정지역을 선택하여 원래의 지역과 하나의 선거구로 구성할 가능성이 있는데, 이것이 전형적인 게리맨더링으로서 분리된 선거구를 허용함으로 해서 발생할 수 있는 위험성이다. 따라서 하나의 선거구가－섬지방의 경우처럼 지리적인 이유 등으로 인접한 지역만으로 하나의 선거구를 구성하기가 불가능하고, 아울러 분리된 선거구획정을 헌법상 정당화시키는 절실하고 불가피한 합리적 사유가 존재하는 경우를 제외하고는－상호 분리되어 있는 지역들로 구성되어서는 안되고, 반드시 인접한 지역으로 연속해서 획정되어야 할 것이다.

한편 선거구획정문제와 관련하여 우리 선거법 제24조는 선거구획정위원회에 관하여 규정하면서 위원자격에 대한 언급 없이 단순히 명예직으로 한다고만 규정하고 있고, 국회에 설치하도록 하고 있으며, 위원회의 선거구획정안은 아무런 기속력이 없으며, 위원회의 구성과 운영에 관한 사항은 국회규칙으로 정하도록 하고 있다. 입법자의 다양한 정치적 이해와 정치생명이 걸려있는 선거구획정 문제를 입법자 스스로가 객관적이고 합리적으로 조정하고 개정할 가능성은 그동안의 우리의 정치현실을 감안해 볼 때 사실상 거의 없다고 보아야 할 것이다. 그렇기 때문에 이러한 위원회가 제대로 기능할 수 없다는 것은 다언을 요하지 않을 것이다.[26] 따라서 선거구획정위원회는 통계청장 등의 해당 관료와 헌법재판소 재판관, 대법관, 선거관리위원장 등이 추천하는 선거를 객관적이고 중립적으로 관리할 수 있는 위원으로 구성되어야 하고, 그 조직은 상설적인 독립기구로 설치해야 하며, 위원회의 결정은 관보에 게재하고 법적인 구속력을 갖도록 해야 할 것이다. 아울러 독일 연방선거법 제3조의 경우처럼 위원회의 구성과 지위에 관한 사항들과 선거구획정의 기준 및 인구편차의 상한선 등을 법률로 정해야 할 것이다.[27] 왜냐하면 선거구획정에 관한 사항은 통치기관의 구성과 조직에 관한 본질적 사항이자 평등선거의 원칙을 주요 내용으로 하는 선거인의 선거권행사에 관한 본질적인 사항이기 때문이다. 이처럼 선거구획정제도를 개선해야만 분리된 선거구나 게리맨더링 등의 기형적인 선거구의 출현을 방지할 수 있고, 선거구획정도 객관적이고 투명하게 이루어질 수 있을 것이다.

---

26) 현행 선거법상의 선거구획정제도의 문제점과 개선방안에 대하여는 정연주, 국회의원선거제도의 개혁방안, 189쪽 이하 참조.

27) 독일 연방선거법상의 선거구획정위원회(Wahlkreiskommission)에 관하여 자세한 것은 vgl. Schreiber, aaO, S. 153ff.

22. 국무총리서리임명행위의 헌법적 문제

- 헌재 1998. 7. 14. 98헌라1 대통령과 국회의원간의 권한쟁의[1] -

[目 次]

Ⅰ. 머리말

1998. 3. 2. 김대중 대통령은 김종필씨에 대한 국회에서의 국무총리 임명동의안의 처리가 무산되자 당시 고건총리로부터 행정각부의 장에 대한 임명제청을 받은 다음, 고건씨의 국무총리직 사표를 수리하고, 같은 달 3. 위 임명제청에 따라 행정각부의 장을 임명하면서, 동시에 김종필씨를 국무총리서리로 임명하였다. 그 후 김종필씨의 국무총리임명동의안은 국회에서 정식으로 처리되었지만, 이를 계기로 국무총리서리제도의 위헌여부가 다시 논란의 대상이 되었다. 대통령의 국무총리서리임명 후 야당의원들은 같은 달 10. 대통령이 국회의 동의를 받지 않고 김종필씨를 국무총리서리로 임명한 처분이 주위적으로는 국무총리임명에 관한 국회 또는 자신들의 동의권한을, 예비적으로는 국무총리 임명동의안에 관한 자신들의 심의·표결권한을 침해하였다고 주장하면서, 그 권한침해의 확인과 아울러 임명처분의 무효확인을 구하는 대통령과 국회의원간의 권한쟁의심판을 청구했고, 이에 대하여 헌법재판소는 동년 7. 14. 다수의견으로 심판청구를 각하했다.[2] 주지하는 바와 같이 국무총리서리임명은 이미 헌정사상 18회에 걸쳐 행해져왔고, 따라서 이를 하나의 헌법적 관행으로 합헌시하는 견해도 있으며, 앞으로도 반복될 가능성이 있는 행위이므로 이 제도의 헌법적 정당성을 살펴보는 것은 매우 의

1) 헌재 1998. 7. 14. 98헌라1, 판례집 10-2, 1.

2) 이 결정에서는 (1) 재판관 김용준의 각하의견, (2) 재판관 조승형, 재판관 고중석의 각하의견, (3) 재판관 정경식, 재판관 신창언의 각하의견, (4) 재판관 김문희, 재판관 이재화, 재판관 한대현의 인용의견, (5) 재판관 이영모의 기각의견으로 나뉘었는바, 관여재판관의 과반수인 5인이 각하의견이므로, 그 재판관들 각각이 이유를 달리하나 결론에 있어서 각하의견이어서 심판청구를 각하했다.

미있는 작업이라고 생각된다. 따라서 이 글에서 헌법재판소의 결정을 중심으로 국무총리서리제도 자체의 위헌성을 고찰해보기로 한다.

Ⅱ. 국무총리서리임명행위에 대한 헌법적 검토

1. 국회의원의 권한쟁의심판의 당사자자격 문제

먼저 이 사안에서는 헌법재판소의 결정내용에서도 보는 바와 같이 청구인인 국회의원들의 권한쟁의심판청구의 당사자자격 여부가 문제된다. 즉 국회나 국회의장이 아닌 개개의 국회의원도 대통령과의 권한쟁의의 심판을 청구할 수 있느냐 하는 문제이다.

(1) 헌재결정의 요지

1) 재판관 김용준의 의견

다수의견 중 김용준 재판관은 "헌법 제86조 제1항은 '국무총리는 국회의 동의를 얻어 대통령이 임명한다.'고 규정하고 있으므로, 국무총리의 임명에 관한 동의권한은 국회에 속하는 것임이 분명하다. 따라서 이 사건의 경우와 같이 국회의 국무총리 임명동의권한이 침해되었다고 하는 경우에는 국회가 당사자가 되어 국회의 이름으로 권한쟁의심판을 청구하는 것이 원칙이다. 다만, 국회의 권한이 침해되었음에도 불구하고 국회가 권한쟁의심판을 청구하지 않고 있는 경우에, 국회의 부분기관이라고 할 수 있는 개개의 국회의원이나 교섭단체가 국회를 위하여 이른바 '제3자소송담당'의 한 형태로서 권한쟁의심판을 청구할 수 있는지의 여부가 문제로 제기될 수 있다. … 그러나 위와 같이 국회의 부분기관에게 국회를 위한 '제3자소송담당'을 허용하는 것은 소수자를 보호하기 위한 것이므로, 일정 수 이상의 소수의원이나 소수의원으로 구성된 교섭단체에게만 국회를 위하여 권한쟁의심판을 청구할 적격이 인정되는 것이지, 재적의원 과반수를 이루는 다수의원이나 그들 의원으로 구성된 교섭단체의 경우에는 그들 스스로 국회의 의결을 거쳐 침해된 국회의 권한을 회복하기 위한 방법을 강구할 수 있으므로, 이들에게까지 굳이 법률에 규정되어 있지도 아니한 '제3자소송담당'을 허용할 필요성은 없는 것이다. … 청구인들 150인은 재적의원 과반수를 가진 정당의 소속의원으로서 청구인들 자신만으로 재적의원 과반수를 이루고 있음이 명백하므로, 청구인들에게는 국회를 위하여 이 사건과 같은 권한쟁의심판을 청구할 수 있는 당사자적격이 없다."라고 판시함으로써[3] 제3자소송담당의 이론을 기준으로 이 사건 청구인인 국회의원의 당사자적격을 부인하고 있다.

---

3) 헌재 1998. 7. 14. 98헌라1, 판례집 10-2, 1, 16-17.

2) 재판관 정경식, 재판관 신창언의 의견

다수의견 중 정경식, 신창언 재판관은 "헌법 제111조 제1항 제4호 소정의 '국가기관 상호간의 권한쟁의'는 우리 헌법이 국민주권주의와 권력분립의 원칙에 따라 주권자인 국민으로부터 나온 국가권력을 나누어 상호 견제와 균형을 유지하도록 권한을 분배한 대등한 권력행사기관 사이의 권한에 관한 다툼을 의미한다고 할 것이므로, 헌법재판소법 제62조 제1항 제1호가 '국가기관 상호간의 권한쟁의심판'을 '국회, 정부, 법원 및 중앙선거관리위원회 상호간의 권한쟁의심판'이라고 규정한 것은 국가의 입법권, 행정권 및 사법권을 행사하는 국가기관인 국회, 정부 및 법원과 선거관리사무를 담당하는 중앙선거관리위원회를 열거하여 헌법의 위 규정을 명확하게 구체화한 것이라고 할 것이다. 따라서 헌법재판소법 제62조 제1항 제1호에 열거되지 아니한 기관이나 또는 열거된 기관 내의 각급 기관은 비록 그들이 공권적 처분을 할 수 있는 지위에 있을지라도 권한쟁의심판의 당사자가 될 수 없으며 또 위에 열거된 국가기관 내부의 권한에 관한 다툼은 권한쟁의심판의 대상이 되지 않는다고 볼 수밖에 없다. 그러므로 국회의 경우 현행 권한쟁의심판제도하에서는 국가기관으로서의 국회만이 당사자로 되어 권한쟁의심판을 수행할 수 있을 뿐이고, 국회의 구성원이나 국회 내의 일부기관인 국회의원 및 교섭단체 등이 국회 내의 다른 기관인 국회의장을 상대로 권한쟁의심판을 청구할 수는 없다고 할 것이다."라고 판시함으로써[4] 국회가 아닌 개개의 국회의원은 당사자자격이 없다고 하면서 심판청구를 각하하였다.

3) 재판관 김문희, 재판관 이재화, 재판관 한대현의 의견

소수의견 중 김문희, 이재화, 한대현 재판관은 "헌법재판소는 1997. 7. 16. 96헌라2 '국회의원과 국회의장간의 권한쟁의' 사건의 결정에서, 헌법 제111조 제1항 제4호가 규정하고 있는 '국가기관 상호간'의 권한쟁의심판은 헌법상의 국가기관 상호간에 권한의 존부나 범위에 관한 다툼이 있고 이를 해결할 수 있는 적당한 기관이나 방법이 없는 경우에 헌법재판소가 헌법해석을 통하여 그 분쟁을 해결함으로써 국가기능의 원활한 수행을 도모하고 국가권력간의 균형을 유지하여 헌법질서를 수호·유지하고자 하는 제도라고 하면서, 헌법 제111조 제1항 제4호 소정의 '국가기관'에 해당하는지 아닌지를 판별함에 있어서는 그 국가기관이 헌법에 의하여 설치되고 헌법과 법률에 의하여 독자적인 권한을 부여받고 있는지 여부, 헌법에 의하여 설치된 국가기관 상호간의 권한쟁의를 해결할 수 있는 적당한 기관이나 방법이 있는지 여부 등을 종합적으로 고려하여야 할 것이라고 한 나음, 국회의원은 헌법 제41조 제1항에 따라 국민의 선거에 의하여 선출된 헌법상의 국가기관으로서 헌법과 법률에 의하여 법률안제출권, 법률안

---

4) 헌재 1998. 7. 14. 98헌라1, 판례집 10-2, 1, 22-23.

심의·표결권 등 여러 가지 독자적인 권한을 부여받고 있으며, 국회의원과 다른 국가기관 사이에 권한의 존부 및 범위와 행사를 둘러싸고 분쟁이 생겨 권한쟁의심판 이외에 달리 그 분쟁을 해결할 적당한 기관이나 방법이 없다면 국회의원은 헌법 제111조 제1항 제4호 소정의 권한쟁의심판의 당사자가 될 수 있다는 취지로 판시한 바 있다. 이제 위 결정을 변경하여야 할 사정변경이 있다거나 이 사건 심판청구에 위 96헌라2 사건과는 다른 법리가 적용되어야 할 사유가 있다고도 할 수 없으므로 국회의원인 청구인들은 권한쟁의심판을 청구할 수 있다. 국회는 국회의원으로 구성되는 합의체 기관으로서(헌법 제41조 제1항 참조) 국회의 의사는 결국 표결 등으로 나타나는 국회의원들의 의사가 결집된 것이므로, 헌법 제86조 제1항에 규정된 국무총리 임명에 대한 국회의 동의권한은 그 속성상 필연적으로 국무총리 임명동의안에 대한 국회의원들의 표결권한을 내포하고 있다. 그렇다면 청구인들은 국회를 구성하는 국회의원으로서 이 사건 임명처분으로 국무총리 임명에 관한 국회의 동의권한 및 자신들의 국무총리 임명동의안에 대한 표결권한을 동시에 침해받았다고 주장하면서 권한쟁의심판을 청구할 자격이 있다 할 것이다."라고 판시함으로써[5] 국회 이외에 국회의 구성원인 개개의 국회의원에게도 당사자자격이 있고, 따라서 이 사건 심판청구는 적법하다고 주장하고 있다.

(2) 소 결

1) 권한쟁의심판의 당사자자격에 관한 헌법 및 헌법재판소법의 규정을 살펴보면, 헌법 제111조 제1항 제4호가 헌법재판소의 관장사항의 하나로서 '국가기관 상호간, 국가기관과 지방자치단체간 및 지방자치단체 상호간의 권한쟁의에 관한 심판'을 규정하고 있고, 위 헌법규정에 근거하여 헌법재판소법 제61조는 "① 국가기관 상호간, 국가기관과 지방자치단체간 및 지방자치단체 상호간에 권한의 존부 또는 범위에 관하여 다툼이 있을 때에는 당해 국가기관 또는 지방자치단체는 헌법재판소에 권한쟁의심판을 청구할 수 있다. ② 제1항의 심판청구는 피청구인의 처분 또는 부작위가 헌법과 법률에 의하여 부여받은 청구인의 권한을 침해하였거나 침해할 현저한 위험이 있는 때에 한하여 이를 할 수 있다."고 권한쟁의심판의 청구사유를 규정하고 있으며, 권한쟁의심판의 종류를 규정한 동법 제62조는 제1항 제1호에서 '국가기관 상호간의 권한쟁의심판'을 '국회, 정부, 법원 및 중앙선거관리위원회 상호간의 권한쟁의심판'이라고 나열하고 있다.

여기서 나열된 기관의 종류가 단순히 예시적인 것에 불과한가 아니면 한정적·열거적인가 하는 것이 문제해결의 관건이라고 할 수 있는데, 이는 단순한 예시적 규정으로서 법에 규정된 국가기관이외에도 상황에 따라서 당사자자격을 가진다고 보아야 할 것이다. 헌법 제111조 제1항 제4호는 '국가기관 상호간, 국가기관과 지방자치단체간 및

5) 헌재 1998. 7. 14. 98헌라1, 판례집 10-2, 1, 24-25.

지방자치단체 상호간의 권한쟁의에 관한 심판'이라고 규정함으로써, 이미 헌법에서 권한쟁의심판의 종류와 청구인자격 등을 정했고, 헌법재판소법 제62조에서 정한 권한쟁의심판의 종류는 이를 구체적으로 예시한 것에 불과하며, 따라서 이에 대한 창설적 규정은 직접 헌법 제111조 제1항 제4호이고, 헌법재판소법은 개방적인 예시적 규정으로서 법률에 정해진 종류이외의 권한쟁의심판도 헌법 제111조 제1항 제4호에 해당되는 한 필요에 의해서 허용될 수 있는 것이다.[6] 소수의견도 언급한 바와 같이 헌법재판소는 1997. 7. 16. 96헌라2 결정에서 "헌법재판소법 제62조 제1항 제1호가 국가기관 상호간의 권한쟁의심판을 '국회, 정부, 법원 및 중앙선거관리위원회 상호간의 권한쟁의심판'이라고 규정하고 있더라도 이는 한정적, 열거적인 조항이 아니라 예시적인 조항이라고 해석하는 것이 헌법에 합치되므로 이들 기관외에는 권한쟁의심판의 당사자가 될 수 없다고 단정할 수 없다."라고 판시함으로써 동일한 견해를 취하고 있다. 즉 헌법 제111조 제1항 제4호에서 권한쟁의심판의 당사자가 될 수 있는 '국가기관'의 종류나 범위에 관하여는 아무런 규정을 두고 있지 않고, 이에 관하여 특별히 법률로 정하도록 위임하고 있지도 않다. 따라서 입법자인 국회는 권한쟁의심판의 종류나 당사자를 제한할 입법형성의 자유가 있다고 할 수 없고, 이에 따라 헌법재판소법 제62조는 한정적 열거규정이 아닌 예시규정이며, 헌법 제111조 제1항 제4호에서 말하는 국가기관의 의미와 심판당사자의 범위는 결국 헌법해석을 통하여 확정해야 할 문제인 것이다. 그러므로 권한쟁의심판의 경우에는 헌법재판소법에 나열된 기관이외의 기관이나 구성원도 헌법 제111조 제1항 제4호의 '국가기관'에 해당하고, 헌법에 의하여 설치되고 헌법과 법률에 의하여 독자적인 권한을 부여받고 있으며, 자신들의 권한의 존부나 범위에 관한 분쟁해결이 다른 기관이나 방법에 의해서는 불가능한 경우에 최후의 보충적 수단으로서의 권한쟁의심판을 청구할 수 있다고 보아야 하는 것이다. 헌법재판소법 제61조 제2항도 "제1항의 심판청구는 피청구인의 처분 또는 부작위가 '헌법과 법률에 의하여 부여받은 청구인의 권한'을 침해하였거나 침해할 현저한 위험이 있는 때에 한하여 이를 할 수 있다."고 규정함으로써 '헌법과 법률에 의하여 권한을 부여받은 기관'은 종류에 관계없이 사안에 따라서 청구인적격을 가질 수 있다는 것을 시사하고 있으며, 96라2 결정도 "헌법 제111조 제1항 제4호가 규정하고 있는 '국가기관 상호간'의 권한쟁의심판은 헌법상의 국가기관 상호간에 권한의 존부나 범위에 관한 다툼이 있고 이를 해결할 수 있는 적당한 기관이나 방법이 없는 경우에 헌법재판소가 헌법해석을 통하여 그 분쟁을 해결함으로써 국가기능의 원활한 수행을 도모하고 국가권력간의 균형을 유지하여 헌법질서를 수호·유지하고자 하는 제도"라고 판시함으로써[7] 유사한 견해를 취하고 있다. 만일 헌법재판소법 제62조에서 규정하고 있는 종류 이외의 권한쟁의심판을 허용하지 아니하고 당사자자격을 제한적으로 엄격하게 해석한다면, 앞서 소개된 96

6) 정연주, 무명항고소송, 공법연구 제26집 제3호, 1998, 6, 209쪽.

7) 헌재 1997. 7. 16. 96헌라2, 판례집 9-2, 154, 163.

헌라2 결정의 예에서 보는 바와 같이 국회의원과 국회의장간의 권한쟁의나 이 사건에서처럼 대통령과 국회의원간의 권한쟁의와 같은 헌법재판소법 제62조에서 정한 종류 이외의 권한쟁의심판은 모두 각하될 수밖에 없을 것이고, 이 경우 이러한 권한분쟁을 해결하고 침해된 권한을 구제할 수 있는 다른 대체적 구제수단은 존재하지 아니하므로, 결국 국가기관 상호간의 권한갈등과 남용이 증폭되고 결과적으로 국민의 기본권도 심각하게 침해되는 헌정문란상태가 초래될 수 있으며, 이는 헌법 제111조 제1항 제4호의 입법취지와 정신에도 반하는 것이 될 것이다.[8)]

2) 오늘날의 의회주의제도하에서는 정부와 의회 사이의 고전적인 형식적 권력분립은 한편으로는 정부 및 이를 지지하는 집권여당과 다른 한편으로는 야당 사이의 실질적인 권력분립으로 전환되었다. 특히 대통령제의 우리정부형태와 정치현실에 비추어 볼 때 정부와 국회 또는 대통령과 국회와의 권력분립은 더 이상 기능하기 어렵고 실질적으로는 여당과 야당간의 권력분립으로 전환된 것이다. 그러므로 정부나 대통령의 독주나 다수당의 횡포를 막고, 의회의 정부통제기능과 의회의 고유권한을 지키는 역할은 야당의 권한이자 의무로 남게 되었다. 이러한 권력분립 상황에서 정부나 대통령에 의하여 국회의 권한이 침해가 된 때에, 국회가 권한쟁의심판을 청구하는 것에 대하여 여당이나 국회의장이 찬성하지 아니함으로써 국회의 의결을 거칠 수 없는 경우에는, 침해된 국회의 권한을 회복하고자 하는 야당의원에게도 권한쟁의심판을 통하여 국회의 권한을 회복시킬 수 있는 기회를 주어야만 할 것이다. 일반적으로 여당이나 여당 출신의 국회의장은 앞서 언급한 바와 같이 정부와 대통령의 지지세력이고, 따라서 여당의 찬성을 얻어 의결로써 국회명의로 또는 국회를 대표하여 국회의장이 대통령이나 정부를 상대로 권한쟁의심판을 제기하는 것은 사실상 기대가능하지 아니하므로 야당의원이나 교섭단체 등에게 권한쟁의의 당사자자격을 인정해야할 필요성은 절실한 것이다.[9)] 만일 이를 허용하지 않는다면 이는 사실상 대통령과 국회간의 권한쟁의를 인정하지 아니하는 결과를 초래하는 것으로서 권한쟁의제도는 형해화될 수밖에 없을 것이다. 따라서 앞서 언급한 국회의원과 국회의장간의 기관내부적 권한쟁의심판을 다룬 96헌라2 결정에서와는 달리 이 사건에서는 국회의원과 대통령간의 기관 상호간의 외부적 권한쟁의심판이므로 국회 또는 국회를 대표해서 국회의장만이 당사자자격을 가진다는 견해는 타당하지 아니하다.

3) 한편 이와 관련하여 이 사건에서는 청구인으로서의 국회의원의 침해된 권한이 문제가 될 수 있다. 즉 국무총리임명에 대한 동의권이 헌법과 법률에 의하여 개개의 국

---

8) 정연주, 전게논문, 213쪽 이하.

9) 예컨대 이 사건에서처럼 여당의 방해로 국무총리임명에 대한 동의절차가 종료될 수 없었고 이에 대한 절차속개나 재투표가 불가능 또는 기대되기 어려운 상황에서 대통령이 국무총리서리를 임명한 경우, 여당의 주도하에 위헌·위법한 동의절차가 이루어진 경우, 국회에 대한 국무총리 임명동의안의 송부없이 대통령이 국무총리서리를 임명한 경우 등에서는 여당의원의 찬성을 얻어 국회 또는 국회의장의 이름으로 대통령을 상대로 권한쟁의심판을 제기하는 것은 사실상 기대하기 어렵다고 할 수 있다.

회의원에게 독자적으로 부여된 권한인가 또는 국회의원의 심의·표결권이 이러한 동의권의 내용을 이루는가 하는 문제와 국회의원의 심의·표결권이 대통령이나 정부 등 국회이외의 국가기관에 대하여도 외부적으로 연관성을 가지는가 하는 문제가 제기될 수 있다.

가. 이에 대하여 김용준 재판관은 "국회가 헌법 제86조 제1항에 따라서 국무총리의 임명에 관한 동의권한을 행사하는 경우에, 국회의원은 헌법 제40조 및 제41조 제1항과 국회법 제93조 및 제109조 내지 제112조에 따라서 국무총리 임명동의안에 대하여 심의·표결할 권한을 가진다. 그러나 국회의원이 국회에서 이와 같은 심의·표결권한을 행사하는 것은 국회의원들 상호간 또는 국회의원과 국회의장 사이에서만 직접적인 법적 연관성을 가질 뿐, 국회의원과 대통령 등 국회 이외의 다른 국가기관과 사이에서는 아무런 직접적인 법적 연관성을 가지지 아니하는 것이다. 그렇다면 피청구인 대통령이 국회의 동의를 얻지 아니하고 국무총리서리를 임명한 행위가 국회에 대한 관계에서 국무총리의 임명에 관한 국회의 동의권한을 침해한 것인지의 여부는 별론으로 하고, 국회의원인 청구인들과의 관계에서 국무총리 임명동의안에 관한 청구인들의 심의·표결권한의 행사를 불가능하게 하거나 방해함으로써 그 권한을 침해할 가능성이 있다고 볼 수 없다."라고 판시하고 있고,[10] 이영모 재판관은 "국회가 헌법 제86조 제1항에 따른 국무총리 임명동의권한을 행사하는 경우에 국회의원들은 헌법 제40조 및 제41조 제1항과 국회법 제93조 및 제109조 내지 제112조에 의한 국무총리 임명동의안에 대한 심의·표결권한을 갖는다. 이러한 국회의원의 심의·표결권한은 국회 내부에서 국회의원들 상호간 또는 국회의장과 국회의원간에서만 행사되고 법적인 연관성을 가질 뿐, 국회의원과 대통령 등 국회가 아닌 국가기관간에는 직접 법적인 연관성을 갖지 않는 것이 원칙이다. 이 사건에서 국무총리 임명동의안을 처리함에 있어서 국회의원들은 국무총리 임명동의안에 관한 심의·표결권한의 행사와 관련하여 대통령과는 직접적인 법적 관계가 성립될 여지는 없다. 피청구인의 국무총리서리 임명행위가 국회에 대한 관계에서 국회의 권한을 침해한 것인지 여부는 별론으로 하고, 청구인들의 심의·표결권한의 행사를 방해·불가능하게 한 것은 아니므로 청구인들의 권한을 침해한 것이 아니다."라고 판시함으로써[11] 동의권을 국회의원의 독자적 권한으로 인정하지 않고 있으며, 동의절차와 관련한 심의·표결권은 대외적 관계에서는 주장될 수 없다고 하고 있다.

이에 반하여 김문희, 이재화, 한대현 재판관은 "국회는 국회의원으로 구성되는 합의체 기관으로서(헌법 제41조 제1항 참조) 국회의 의사는 결국 표결 등으로 나타나는 국회의원들의 의사가 결집된 것이므로, 헌법 제86조 제1항에 규정된 국무총리 임명에 대한 국회의 동의권한은 그 속성상 필연적으로 국무총리 임명동의안에 대한 국회의원들의 표결권한을 내포하고 있다. 그렇다면 청구인들은 국회를 구성하는 국회의원으로서 이

10) 헌재 1998. 7. 14. 98헌라1, 판례집 10-2, 1, 18.

11) 헌재 1998. 7. 14. 98헌라1, 판례집 10-2, 1, 37.

사건 임명처분으로 국무총리 임명에 관한 국회의 동의권한 및 자신들의 국무총리 임명동의안에 대한 표결권한을 동시에 침해받았다고 주장하면서 권한쟁의심판을 청구할 자격이 있다 할 것이다."라고 판시하여[12] 국회의 동의권의 한 내용으로서의 국회의원의 표결권과 이의 대외적 연관성을 인정하고 있다.

나. 반대의견이 적시하는 바와 같이 국회의 동의권은 결국 개개의 국회의원의 표결로 행사되므로 국회의 동의권은 필연적으로 국회의원의 심의·표결권을 수반하는 것이고, 따라서 국회의원의 심의·표결권의 침해는 국회의 동의권의 침해로서 대내적 관계에서 뿐 아니라 대외적 관계에서도 연관성을 가지고 주장될 수 있는 권한인 것이다. 이는 합의체기관으로서의 국회의 특성상 당연한 것이며, 만일 그렇지 않다면 앞서 언급한 바와 같이 국회와 대통령 또는 정부 상호간의 권력분립과 권한쟁의는 그 실효를 거둘 수 없을 것이다.

한편 이영모 재판관은 앞서 소개했듯이 "국회의원들은 국무총리 임명동의안에 관한 심의·표결권한의 행사와 관련하여 대통령과는 직접적인 법적 관계가 성립될 여지는 없고, 따라서 피청구인의 국무총리서리 임명행위가 청구인들의 심의·표결권한의 행사를 방해·불가능하게 한 것은 아니므로 청구인들의 권한을 침해한 것이 아니다."라고 주장하고 있는데, 그렇다면 이 사건 심판청구를 부적법한 것으로서 당연히 각하했어야 했고, 그렇지 아니하고 기각한 것은 모순이 아닐 수 없다.

2. 국무총리서리임명행위의 위헌성

지금까지 살펴 본 바와 같이 이 사건에서 국회의원은 당사자자격을 가지며, 따라서 국회의원의 권한쟁의심판청구는 적법하게 제기된 것으로 보아야 할 것이다. 그렇다면 본안문제와 관련하여 볼 때 국회의 동의 없이 이루어진 대통령의 국무총리서리임명행위가 청구인의 권한을 침해한 것으로서 위헌인지의 여부가 문제된다. 이는 헌법상 국회동의제도의 의의와 기능의 바탕위에서 판단될 수 있는 문제이다.

(1) 동의의 기능과 동의 없는 임명행위의 위헌성

1) "국무총리는 국회의 동의를 얻어 대통령이 임명한다."고 규정한 헌법 제86조 제1항에 따라 국무총리의 임명에는 반드시 국회의 사전동의가 있어야 한다. 이러한 동의의 기능은 민주적 정당성확보와 권력통제라고 할 수 있다. 즉 국민의 대표기관인 국회의 관여를 통하여 간접적인 민주적 정당성을 확보함과 동시에 국회의 대통령에 대한 견제와 균형을 꾀하고자 하는데 그 목적이 있다.

이러한 동의제도는 국무총리의 헌법상의 지위와 권한에 기인한다고 볼 수 있다. 먼

12) 헌재 1998. 7. 14. 98헌라1, 판례집 10-2, 1, 25.

저 국무총리는 대통령을 보좌하며, 행정에 관하여 대통령의 명을 받아 행정각부를 통할한다(헌법 제86조 제2항). 그리고 국회나 그 위원회에 출석하여 의견을 진술할 권한(헌법 제62조 제1항), 대통령의 궐위 또는 유고시에 대통령의 권한을 대행할 권한(헌법 제71조), 대통령의 국법상 행위에 대한 부서권한(헌법 제82조), 국무위원에 대한 임명제청권 및 해임건의권(헌법 제87조 제1항·제3항) 등의 권한을 가진다. 따라서 국무총리는 정부의 2인자로서 대통령을 보좌하는 지위를 가짐과 동시에 헌법상의 고유의 권한을 통하여 대통령의 권한행사를 견제하는 등 국정운영에 관하여 독자적인 지위와 권한을 가진 헌법상의 기관이라고 볼 수 있다. 따라서 대통령이 국무총리를 임명함에 있어 국회의 동의를 얻도록 규정하고 있는 헌법 제86조 제1항은 앞서도 언급했듯이 이러한 지위와 권한을 가지는 국무총리의 임명에 국회가 관여함으로써 한편으로 국무총리에 대한 민주적 정당성을 부여함과 동시에 대통령의 독주를 견제코자 하는 의미를 지니며, 아울러 국무총리로 하여금 국회의 신임을 배경으로 안정적인 행정권 행사를 하도록 보장하는 의미를 지닌 것으로 볼 수 있다.

2) 이러한 동의의 의의와 기능에 비추어 볼 때 대통령이 국회의 사전동의 없이 국무총리를 임명하는 것은 위헌인 것이다. 이와 관련하여 이영모 재판관은 “우리 헌법상의 정부형태는 대통령중심제이며 부분적으로 내각제적 요소(국무총리 임명동의권한 등)를 가미하고 있다. 대법원장·헌법재판소장은 행정부와 독립된 헌법기관이므로 그 임명은 대통령과 국회의 공동참여하에 이루어진다. 그러나 국무총리와 감사원장은 대통령의 보좌기관이고 그 임명권한은 대통령의 행정부 구성권한의 본질적 요소의 하나이므로 대법원장·헌법재판소장의 경우와는 서로 다르다. 따라서 헌법 제86조 제1항에 의한 국회의 국무총리 임명동의권한은 대통령중심제의 본질에 어긋나지 않도록 행사되어야 한다.”라고 함으로써[13] 국무총리가 독립한 헌법기관이 아닌 단순한 대통령의 보좌기관이므로 국회의 사전동의가 반드시 요구되는 것은 아닌 것처럼 판시하고 있다. 그러나 이는 앞서 언급한 국무총리의 헌법상 지위와 권한에 비추어 볼 때 타당한 견해라고 볼 수 없다. 즉 국무총리 임명은 대통령의 단독행위에 국회가 단순히 부수적으로 협력하는 것에 그치는 것은 아니고 국회가 대통령과 공동으로 임명에 관여하는 것이라고 보아야 할 것이며, 이는 특히 국무총리가 대통령에 대한 견제기관으로서의 지위를 가짐과 동시에 집행기능의 2원주의를 채택하여 정치적 집행기능은 대통령의 전속관할로 남겨두고, 고유한 행정기능은 국무총리에 의해서 통할되는 좁은 의미의 행정부에 부여하는 우리의 독특한 2원적 정부구조 및 국무총리가 국회의 동의를 통해서 얻게 되는 민주적 정당성도 대통령의 궐위 시 그 권한을 대행하기에는 매우 미흡하다는 사실을 고려해 볼 때 당연하다 할 것이다. 그러므로 국회의 동의는 국무총리 임명에 있어 불가결한 본질적 요건으로서 대통령이 국회의 동의 없이 국무총리를 임명하였다면 그

13) 헌재 1998. 7. 14. 98헌라1, 판례집 10-2, 1, 36.

임명행위는 명백히 헌법에 위반된다.

3) 그런데 이러한 법리가 국무총리가 아닌 국무총리'서리'를 임명할 경우에도 적용될 수 있는지가 문제될 수 있다. 이에 대하여 조승형, 고중석 재판관은 "대통령이 헌법에 정한 바에 따라 국회에 국무총리 임명동의요청을 한 다음 국회가 그 사정으로 임명동의안을 처리해 주지 아니한 특별한 사정이 있는 경우에 국무총리서리를 임명한 것은 대통령이 국회에 국무총리 임명동의안을 제출하지 않거나 그 동의안이 부결된 상태에서 국무총리서리를 임명한 경우와는 달리 실질적으로 국회의 동의를 얻어야 할 국무총리를 임명한 것이 아니라 그 명칭이나 형식에 관계없이 행정부 구성권자인 대통령이 헌법 제87조 제1항, 정부조직법 제23조에 따라 국무총리가 사고로 인하여 직무를 수행할 수 없을 때에 국무위원을 임명하여 국무총리 직무대행자를 지명할 수 있는 것에 준하여 국회가 임명동의안을 의결할 때까지 한시적으로 국무총리 직무대행자를 임명한 것에 불과하다고 할 것이므로 그 임명절차에 하자가 있다고 하더라도 이 사건 국무총리서리 임명행위가 직접적으로 헌법 제86조 제1항에 의한 국회의 국무총리 임명동의권이나 그 임명동의안에 관한 청구인들의 심의·표결권을 침해하였거나 침해할 현저한 위험이 있는 경우에 해당한다고 볼 수 없다."라고 함으로써[14] 국무총리'서리'를 임명하는 경우에는 상황에 따라서 국회의 동의가 필요없다고 판시하고 있다. 그러나 동의제도는 앞서 언급한 바와 같이 국무총리의 실질적인 지위과 권한 때문에 요구되는 것으로 그 기관의 명칭과는 관계가 없다. 따라서 실제로 국무총리의 헌법상의 권한을 행사하는 기관의 임명에는 - 정부조직법상의 국무총리 직무대행의 경우에 해당되지 않는 한 - 반드시 국회의 동의가 요구되는 것이다. 만일 그렇지 않다면 대통령은 국회가 내부사정으로 국무총리 임명동의안을 처리하지 못했음을 이유로 언제나 국회의 동의 없이 국무총리서리를 임명할 수 있게 되고, 따라서 동의제도는 형해화될 위험에 처하게 될 것이다.

(2) 예외적 상황에서의 국무총리서리임명행위의 합헌성

앞서 언급한 바와 같이 국무총리가 아닌 국무총리서리라 할지라도 국회의 동의 없는 임명행위는 원칙적으로 위헌이다. 그러나 이러한 법리를 그대로 관철시킬 수 없는 경우도 상정할 수 있을 것이다. 예컨대 전시 등의 비상적 상황으로 인해 국회의 구성이나 소집이 불가능한 경우 또는 국회의 다수'야당'세력의 방해로 임명동의안이 상정조차 되지 않거나 동의절차가 진행될 수 없는 경우 등에 있어서 동의안 처리가 장기간 기대가능하지 않고, 국무회의가 구성되지 아니한 상황에서 정부조직법상의 국무총리직무대행제도가 적용될 여지도 없으며, 국무총리가 없음으로 인해 국무위원과 행정각부의 장관의 임명을 제청할 수도 없고 구성할 수도 없어서 행정부의 구성과 국정이 마비

14) 헌재 1998. 7. 14. 98헌라1, 판례집 10-2, 1, 19-20.

상태가 된 경우 등의 지극히 예외적인 상황을 상정할 수 있다. 이러한 경우에는 국회의 동의가 없다 하더라도 국무총리서리의 임명행위는 합헌으로 보아야 할 것이다. 왜냐하면 이 경우에는 국회의 동의가 사실상 불가능할 뿐만 아니라, 그 귀책사유가 국회 또는 국회의 야당의원들에게 존재하기 때문이다. 즉 국회가 동의를 통해 행사하는 민주적 정당성부여와 대통령과 정부에 대한 통제가 국회 또는 국회의 야당의원들의 사정으로 인해 기능할 수 없기 때문이다. 다시 말해 국회가 이러한 기능을 할 지위와 자격을 갖추지 못한 상황이므로 동의제도가 적용될 여지가 없는 또는 그 적용의 전제조건을 충족하지 못한 상황이고, 따라서 국회 또는 야당국회의원들이 대통령의 국무총리서리임명행위로 인한 자신의 동의권 또는 표결권의 침해를 주장할 수는 없는 것이다. 만일 그렇지 아니하고 이러한 예외적 상황에서도 국회의 동의가 없이는 대통령이 국무총리서리를 임명하지 못하고 국정의 혼란을 방치할 수밖에 없다면 이는 보다 더 큰 헌법적 가치와 공익을 훼손하는 것으로서 헌법 제86조 제1항의 취지와도 부합되지 아니하며, 결과적으로 대통령의 직무유기에 해당되는 것이라고도 할 수 있다. 아울러 이러한 동의권의 예외없는 관철은 대통령의 인사권 및 행정부 구성권을 침해하게 되어 오히려 국회의 동의권의 남용에 해당될 수 있고, 결과적으로 기능적 권력통제의 원리에도 반하는 것이 된다.

결국 앞서 언급한 예외적 상황에서의 국무총리서리임명행위를 합헌시하는 논리는 국회의 권한과 지위 그리고 대통령과 국무총리의 지위와 권한 및 다양한 헌법적 가치와 이익의 총체적 비교형량을 통한 헌법 제86조 제1항과 관련한 일종의 규범조화적 통일적 해석으로서 헌법제정자가 예상하지 못한 헌법의 흠결에 대한 보완이라고도 볼 수 있다.

(3) 이 사건에서의 국무총리서리임명행위의 위헌성

그러면 이 사건에서는 국회의 동의없는 국무총리서리임명행위가 합헌인가? 즉 앞서 언급한 예외적 상황에 속하는가? 결론적으로 위헌이라고 하지 않을 수 없다. 왜냐하면 이 사건의 경우에는 앞서 언급한 불가피한 예외적 사유 내지 전제조건이 존재한다고 보기 어렵기 때문이다.

첫째, 국회는 이미 국무총리임명동의안에 대한 표결절차를 개시했다. 다만 여당의원들의 투표방해행위로 인해 절차가 종료되지 못하고, 결국 회의가 자동 산회되고, 임시국회의 회기도 종료되었고, 이어 대통령이 하루만에 국무총리서리를 임명한 것이다. 따라서 대통령은 투표의 속개나 재투표를 기다려야 했을 것이며, 또한 이는 객관적으로 기대가능한 것이었다. 여기서 절차가 종료되지 못한 이러한 국회의 내부사정은 야당이 아닌 여당의원들의 방해로 결과된 것으로 국회의 기능장애에 대한 귀책사유는 야당이 아닌 여당의원들에게 돌아가는 것이며, 이 경우 여당은 대통령의 지지세력이므로 대통령이 국회 자체의 기능장애를 이유로 국회의 동의 없이 국무총리서리를 임명할 수는 없는 것이다. 또한 여당의 총재이기도한 대통령의 지시에 따라 얼마든지 투표속개나 재투표가 가능하기 때문에 대통령은 당연히 국회의 정상화와 절차진행을 기다렸어야 했다.

둘째, 이미 행정부와 국무회의가－국무총리직을 제외하고는- 구성되었다. 대통령은 국무총리임명동의안의 처리가 무산되자 전임 국무총리의 제청을 받아 바로 행정각부의 장을 임명했다. 따라서 행정부와 국무회의가 어느 정도 기능할 수 있었으므로 국정이 마비될 정도의 비상적 상황은 아니었다.

셋째, 설사 국무총리의 궐위로 인해 국정의 공백이 우려된다 하더라도 그 궐위상태가 장기간 계속될 가능성은 높지 않았고, 따라서 대통령이 국회의 투표속개나 재투표를 전혀 기다리지 아니하고 임명동의안의 처리가 무산되자 지체 없이 국무총리서리를 임명한 것은 정당하지 못했다. 만일 실제로 장기간의 국정의 공백이 우려되었다면 국회가 정상화되고 국무총리임명동의안이 처리될 때까지 정부조직법에 따라 대통령이 이미 임명된 국무위원 중에서 국무총리 직무대행자를 지명함으로써 국정공백을 방지할 수도 있었다.

따라서 이 사건의 경우에는 대통령이 국회의 국무총리 임명동의안의 처리를 기다렸거나, 만일 장기간의 국정의 공백과 혼란이 불가피한 경우라면 잠정적으로 국무위원 중에서 국무총리 직무대행자를 지명했어야 했다. 결국 그렇지 않고 국회의 동의 없이 대통령이 국무총리서리를 임명한 행위는 위헌임을 면할 수 없다고 본다.

물론 여기서 정부조직법상의 국무총리 직무대행제도가 국무총리의 '사고'시 이외에 국무총리의 '궐위'시에도 적용될 수 있는 지의 여부가 문제될 수 있다. 이에 대하여 김문희, 이재화, 한대현 재판관은 "정부조직법 제23조[15]는 국무총리가 '사고'로 인하여 직무를 수행할 수 없을 때 직무대행자가 국무총리의 직무를 대행하도록 하고 있는데, 여기서의 '사고'는 국무총리가 직무를 행할 수 없는 일반적인 경우 즉, '사고'와 '궐위'를 포괄하는 넓은 개념으로 해석하는 것이 타당하다. 실제 우리 헌정사에서도 국무총리의 궐위로 1984. 11. 7.부터 1985. 2. 18.까지 정부조직법에 따라 당시의 부총리가 국무총리 직무대행자로서 그 직무를 대행한 예가 있다."라고 주장함으로써[16] 국무총리의 궐위시에도 직무대행제도가 적용될 수 있다고 보고 있다. 그러나 '사고'의 개념과 '궐위'의 개념은 분명히 구분되며, 이영모 재판관도 지적한 바와 같이 정부조직법 제23조에는 국무총리가 '사고'로 직무를 수행할 수 없는 경우에 직무대행을 하는 규정을 두고 있을 뿐, '궐위'된 경우에 관한 규정은 없고, '사고'와 '궐위'에 대하여 대통령(헌법

15) 국무총리의 직무대행에 관한 현행 정부조직법 제22조는 "국무총리가 사고로 직무를 수행할 수 없는 경우에는 부총리가 그 직무를 대행하고, 국무총리와 부총리가 모두 사고로 직무를 수행할 수 없는 경우에는 대통령의 지명이 있으면 그 지명을 받은 국무위원이, 지명이 없는 경우에는 제26조 제1항에 규정된 순서에 따른 국무위원이 그 직무를 대행한다."라고 규정하고 있다.

16) 헌재 1998. 7. 14. 98헌라1, 판례집 10-2, 1, 30-31.

제71조), 국회의장(국회법 제12조, 제16조), 대법원장(법원조직법 제13조 제3항), 헌법재판소장(헌법재판소법 제12조 제4항)의 경우에 이를 구분하여 규정하고 있으므로 원칙적으로 '사고'의 개념에 '궐위'를 포함시킬 수는 없다고 본다.

그러나 국회의 동의 없는 국무총리서리의 임명이 정당화될 수 있는 예외적인 상황도 아니면서 국회의 동의안 처리가 조속한 시일내에 이루어질 지의 여부가 불확실하고 국정의 공백이 우려되는 상황에서는 해석상 사고의 개념에 궐위의 개념을 포함시켜 대통령이 국무총리 직무대행자를 지명할 수 있도록 하는 것이—헌법 제86조 제1항과 관련한—정부조직법 제23조에 대한 불가피한 확대해석으로서 가능하다고 보며, 이러한 논리는 이 사건의 경우에도 국회의 동의 없이 국무총리서리를 임명할 수 있다는 논리와 비교해 볼 때 보다 합헌적인 또는 보다 덜 무리가 가는 해석이라고 여겨진다.

Ⅲ. 맺는 말

지금까지 본안전 판단과 관련하여 국회의원이 정부나 대통령 등 국회외부와의 관계에서도 권한쟁의의 당사자가 될 수 있는지의 여부, 본안판단과 관련하여 국무총리서리 임명행위의 위헌여부에 대하여 살펴보았다. 국회의원도 상황에 따라서는 대외적 관계에 있어서 권한쟁의의 당사자자격을 가질 수 있고, 국회의 동의 없는 대통령의 국무총리서리임명행위는 원칙적으로 위헌이며, 다만 앞서 언급한 극히 예외적인 상황에서만 정당화될 수 있을 뿐이다. 따라서 이 사건의 경우에 있어서 국회의원의 당사자적격을 부정하여 결과적으로—예외적인 정당화 사유가 존재하지 아니함에도 불구하고—국회의 동의 없이 이루어진 국무총리서리임명행위를 묵인하게 만든 헌재의 결정은 대단히 잘못된 것이라고 하지 않을 수 없다.

사실 앞서 언급한 예외적 상황의 경우의 국무총리서리임명행위나 이 사건의 경우에서 국무총리의 '궐위'시의 국무총리 직무대행에 대하여 정당성을 부여하는 논리는 제반 헌법적 가치와 이익에 대한 총체적 비교형량을 통한 관련 헌법규정에 대한 통일적·규범조화적·기능적인 확대해석의 결과로서 일종의 헌법적 흠결에 대한 보완이라고 할 수 있다. 따라서 이는 법적 안정성과 명확성의 측면에서는 많은 문제를 야기할 수 있으며, 앞서 소개한 바와 같이 실제로 이에 대한 견해가 갈리고 있다. 그러므로 차제에 이러한 흠결을 제거하기 위하여 일정한 제한된 전제조건하에서의 임시적인 국무총리서리임명에 대한 근거규정을 마련하는 것도 고려해 봄직 하다고 본다.

그러나 보다 근본적으로는 국무총리제도 자체를 재검토해야 한다고 본다. 주지하는 바와 같이 국무총리라는 일종의 의원내각제적 요소는 대통령제와 조화되기 어렵다. 즉 앞서도 언급했듯이 대통령과 국무총리에 의해 통할되는 좁은 의미의 행정부로 나누어진 우리의 2원적 정부구조는 대통령이 모든 권한과 책임의 귀속주체가 되어야 하는 대통령제의 본질에 부합되지 아니하며, 실질적인 권한과 대통령에 대한 견제력은 미흡하면서 대통령을 대신한 책임을 지는 국무총리와 막강한 권한을 가지면서 책임을 지지 아니하는 대통령으로 구성되는 이러한 정부구조는 권한과 책임의 비례성을 요구하는 통치구조의 체계정당성에도 위배되며, 자유민주적 통치구조의 근본이념과도 조화되기 어렵다. 아울러 대통령의 권한대행과 관련하여 볼 때 국무총리가 비록 국회의 동의를 얻어서 임명된다고는 하지만, 국무총리가 국회의 동의를 얻어 얻게 되는 민주적 정당성은 막강한 통치권과 기능을 지닌 대통령의 권한을 대행하기에는 매우 부족하다고 할 수 있다. 따라서 국무총리제를 폐지하고 대통령선거 시 부통령을 함께 선출하는 부통령제의 도입이 대통령제의 본질과 민주적 정당성 및 체계정당성의 요구에 부합되며,[17] 이 사건에서처럼 국무총리서리임명을 둘러싼 위헌논쟁이 발생할 여지도 제거되는 것이다.

17) 정연주, 현행선거제도의 문제점, 고시계 94. 8, 95쪽.

23. 재판소원금지의 헌법적 문제

– 헌재 1997. 12. 24. 96헌마172 등 헌법재판소법 제68조 제1항 위헌확인 등[1] –

[目 次]

Ⅰ. 머리말

헌법재판소가 법치주의확립 및 기본권신장을 위해 커다란 기여를 했다는 사실을 부인할 수는 없지만, 다른 한편 헌법재판제도가 1987년의 헌법에 도입될 당시 기존의 대법원과의 관계 및 위상, 관할권 문제 등 다양한 사항이 정리되지 않은 채 졸속으로 도입된 나머지 적지 않은 문제가 야기되어온 것도 사실이다. 이러한 문제를 해결하기 위하여는 헌법재판소법의 개정도 필요하겠지만, 근본적으로는 관련 헌법규정의 개정이 불가피한 점도 있을 것이다. 그러한 논의에는 헌재 구성원의 자격과 선출방법문제, 헌재의 관장사항이나 직무범위의 문제, 대법원과의 관계문제 등 다양한 것이 고려될 수 있을 것이다. 아울러 헌재의 일반법원과의 차별성 내지 특성에서 오는 직무범위의 조정 등이 검토되어야 할 것이고, 명령·규칙·조례 등 법률의 하위규범에 대한 심판관할권 문제도 논의되어야 할 것이다. 특히 헌법재판소법 제68조 제1항에 따라 법원의 재판을 헌법소원의 대상에서 제외시킴으로써 그동안 많은 문제를 초래했고, 헌법재판소

1) 헌재 1997. 12. 24. 96헌마172 등, 판례집 9-2, 842, 842.

와 대법원간의 갈등의 소지가 되어온 것은 주지의 사실이다.

그러던 중 헌법재판소는 1997. 12. 24. 헌법재판소법 제68조 제1항에 대하여 한정위헌결정을 내렸다. 이 결정의 단초를 제공한 것은 대법원의 1996. 4. 9. 95누11405 판결인데, 이 판결에서 대법원은 "한정위헌결정은 위헌결정이 아니라 헌법재판소의 법률해석에 불과하고, 한정위헌결정에 표현되어 있는 헌법재판소의 법률해석에 관한 견해는 법원에 대하여 전혀 기속력이 없다."라고 판시함으로써 헌법재판소의 결정을 무시한 바 있다. 이로써 헌법재판소의 위상은 크게 훼손되었고, 양자간의 갈등이 첨예화된 바 있다. 이에 대해 헌법재판소는 이례적으로 이 사건 대법원판결에 대한 헌법소원심판청구를 받아들이면서, 당해 판결과 행정청의 원처분을 취소시키고, 동시에 헌법재판소법 제68조 제1항에 대하여 한정위헌결정을 내림으로써, 적어도 헌법재판소의 변형결정을 포함한 위헌결정에 반하여 그 효력을 상실한 법률을 적용함으로써 국민의 기본권을 침해하는 재판은 헌법소원심판의 대상이 될 수 있도록 했고, 이로써 헌법재판소가 법원의 재판을 제한적이나마 심사할 수 있는 기회를 가지게 된 것이다.

그러나 과연 대법원이 이러한 헌법재판소의 결정취지에 따를지, 헌법재판소의 변형결정의 기속력을 인정할지, 또한 행정청의 원처분이 헌법소원의 대상이 되는지, 그리고 당해 행정청이 헌법재판소의 결정과 대법원의 판결 중 어느 것을 따를지 등의 여러 가지 문제가 의문으로 남는다. 그런데 근본적으로는 헌법재판소법 제68조 제1항의 본문 중 '법원의 재판을 제외하고는'부분을 단순위헌으로 보는 필자의 입장에서는 헌법재판소의 결정이 여전히 본질적인 문제점을 지닌 타협적 성격의 미봉책에 불과하다고 볼 수밖에 없다. 이 글에서는 헌법재판소의 결정을 내용과 문제점을 살펴보면서 재판소원금지의 위헌성을 검토해 보고자 한다.

Ⅱ. 헌재결정의 요지

1. 헌법재판소법 제68조 제1항의 위헌 여부

(1) 헌법 제111조 제1항 제5호의 '법률이 정하는 헌법소원'의 의미

헌법소원에 관한 헌법규정인 제111조 제1항 제5호는 '법률이 정하는 헌법소원에 관한 심판'이라고 규정하여 그 구체적인 형성을 입법자에게 위임함으로써, 입법자에게 헌법소원제도의 본질적 내용을 구체적인 입법을 통하여 보장할 의무를 부과하고 있다. 헌법소원제도는 나라마다 그 내용을 서로 달리하는 경우가 많으므로 일반적으로 인정된 보편·타당한 형태가 있는 것이 아니다. 결국 헌법 제111조 제1항 제5호가 '법률이 정하는 헌법소원에 관한 심판'이라고 규정한 뜻은 헌법이 입법자에게 공권력작용으로 인하여 헌법상의 권리를 침해받은 자가 그 권리를 구제받기 위한 주관적 권리구제절차를 우리의 사법체계, 헌법재판의 역사, 법률문화와 정치적·사회적 현황 등을 고려하여 헌법의 이념과 현실에 맞게 구체적인 입법을 통하여 구현하게끔 위임한 것으로 보아야 할 것이므로, '법원의 재판에 대한 소원'을 헌법소원심판의 대상에서 제외시켰다 하더라도 헌법소원제도의 본질에 위배되는 것은 아니다.

(2) 평등권의 침해 여부

법원의 재판을 헌법소원심판의 대상에서 제외한 것이 평등권을 침해한 것이라고 하려면, 법원의 재판과 다른 공권력작용 사이의 차별을 정당화할 수 있는 합리적인 이유를 찾아 볼 수 없을 때에 그렇다고 말할 수 있는데, 입법작용과 행정작용의 잠재적인 기본권침해자로서의 기능과 사법작용의 기본권보호자로서의 기능이 법원의 재판을 헌법소원심판의 대상에서 제외한 것을 정당화하는 본질적인 요소이다. 기본권보호는 헌법재판소만의 전유물이 아니고 모든 법원의 가장 중요한 과제이다. 또한 법원에 의한 기본권침해의 가능성은 국회나 행정부에 의한 경우보다 상대적으로 적다. 따라서 헌법재판소법 제68조 제1항이 법원의 재판을 헌법소원의 대상에서 제외한 것은 평등의 원칙에 위반된 것이라 할 수 없다.

(3) 재판청구권의 침해 여부

재판청구권은 사실관계와 법률관계에 관하여 최소한 한번의 재판을 받을 기회가 제공될 것을 국가에게 요구할 수 있는 절차적 기본권을 뜻하므로 기본권의 침해에 대한 구제절차가 반드시 헌법소원의 형태로 독립된 헌법재판기관에 의하여 이루어 질 것만을 요구하지는 않는다. 법원의 재판은 법률상 권리의 구제절차이자 동시에 기본권의 구제절차를 의미하므로, 법원의 재판에 의한 기본권의 보호는 이미 기본권의 영역에서의 재판청구권을 충족시키고 있기 때문에, 헌법재판소법 제68조 제1항이 재판청구권을 침해한 것은 아니다.

2. 한정위헌결정

(1) 헌법재판소법 제68조 제1항이 위와 같이 원칙적으로 헌법에 위반되지 아니한다 하더라도, 법원이 헌법재판소가 위헌으로 결정하여 그 효력을 전부 또는 일부 상실하거나 위헌으로 확인된 법률을 적용함으로써 국민의 기본권을 침해한 경우에도 법원의 재판에 대한 헌법소원이 허용되지 않는 것으로 해석한다면, 위 법률조항은 그러한 한도내에서 헌법에 위반된다. 헌법재판소가 위헌으로 결정하여 그 효력을 상실한 법률을 적용하여 한 법원의 재판은 헌법재판소 결정의 기속력에 반하는 것일 뿐 아니라, 법률에 대한 위헌심사권을 헌법재판소에 부여한 헌법의 결단에 위배된다. 헌법은 이러한

재판에 대하여 헌법재판소가 다시 최종적으로 심사함으로써 자신의 손상된 헌법재판권을 회복하고 헌법의 최고규범성을 관철할 것을 요청하고 있다.

(2) 헌법재판소의 법률에 대한 위헌결정에는 단순위헌결정은 물론, 한정합헌, 한정위헌결정과 헌법불합치결정도 포함되고 이들은 모두 당연히 기속력을 가진다.

(3) 헌법소원이 단지 주관적인 권리구제절차일 뿐 아니라 객관적 헌법질서의 수호와 유지에 기여한다는 이중적 성격을 지니고 있으므로, 헌법재판소는 본안판단에 있어서 모든 헌법규범을 심사기준으로 삼음으로써 청구인이 주장한 기본권의 침해여부에 관한 심사에 한정하지 아니하고 모든 헌법적 관점에서 심판대상의 위헌성을 심사한다. 따라서 헌법재판소법 제68조 제1항이 비록 청구인이 주장하는 기본권을 침해하지는 않지만, 헌법 제107조 및 제111조에 규정된 헌법재판소의 권한규범에 부분적으로 위반되는 위헌적인 규정이므로, 한정적으로 인용될 수 있다.

3. 대법원판결의 취소 여부

헌법재판소는 1995. 11. 30. 94헌바40 등 결정에서 구 소득세법 제23조 제4항 단서, 제45조 제1항 제1호 단서에 대하여 "실지거래가액에 의할 경우를 그 실지거래가액에 의한 세액이 그 본문의 기준시가에 의한 세액을 초과하는 경우까지를 포함하여 대통령령에 위임한 것으로 해석하는 한 헌법에 위반된다"고 선고하여 법률의 문언자체는 그대로 둔 채 위헌의 범위를 법률이 적용되는 일부영역을 제한하여 이를 제거하는 한정위헌결정을 하였다. 그런데 대법원은 어떤 법률조항에 대한 헌법재판소의 한정위헌의 결정이 있다 하더라도 법률문언의 변화가 없는 한 당해 법률조항에 대한 해석권은 여전히 대법원을 최고법원으로 하는 법원에 전속되는 것이라고 주장하면서, 이 사건 과세처분이 헌법에 위반된 위 법률조항을 근거로 한 것이기 때문에 위법한 것이라는 청구인의 주장을 배척하고 위 과세처분이 적법한 것이라고 본 원심의 판단을 정당한 것이라고 판단한 끝에 청구인의 상고를 기각하였다. 그렇다면 이 사건 대법원판결은 헌법재판소가 이 사건 법률조항에 대하여 한정위헌결정을 선고함으로써 이미 부분적으로 그 효력이 상실된 법률조항을 적용한 것으로서 위헌결정의 기속력에 반하는 재판임이 분명하므로 이에 대한 헌법소원은 허용된다할 것이고, 또한 이 사건 대법원판결로 말미암아 청구인의 헌법상 보장된 기본권인 재산권이 침해되었다 할 것이므로, 이 사건 대법원판결은 헌법재판소법 제75조 제3항에 따라 취소되어야 마땅하다.

4. 과세처분의 취소 여부

행정소송으로 행정처분의 취소를 구한 청구인의 청구를 받아들이지 아니한 법원의 판결에 대한 헌법소원심판의 청구가 예외적으로 허용되어 그 재판이 헌법재판소법 제75조 제3항에 따라 취소되는 경우에는 원래의 행정처분에 대한 헌법소원심판의 청구도 인용되어야 한다. 법원의 재판과 행정처분이 다 같이 헌법재판소의 위헌결정으로 그 효력을 상실한 법률을 적용함으로써 청구인의 기본권을 침해한 경우에는 그 처분의 위헌성이 명백하므로 원래의 행정처분까지도 취소하여 보다 신속하고 효율적으로 국민의 기본권을 구제하는 한편, 기본권침해의 위헌상태를 일거에 제거함으로써 합헌적 질서를 분명하게 회복하여야 한다. 따라서 헌법재판소법 제75조 제3항에 따라 피청구인의 과세처분을 취소한다.

5. 반대의견

(1) 이 사건 판결의 취소 여부

대법원의 구체적 사건에 관한 재판인 이 사건 판결 자체를 직접 취소하는 것은 헌법재판소와 법원의 권한 및 상호간의 독립을 규정한 헌법의 취지에 비추어 적당하지 아니할 뿐 아니라 대법원의 재판을 취소하는 경우의 후속절차에 관하여 아무런 규정이 없어 그 효력을 둘러싸고 법적 혼란이 일어날 우려가 있다. 따라서 이 사건 판결이 헌법재판소가 위헌으로 결정한 법률을 법원이 위헌결정의 법리를 달리 해석하여 합헌으로 보아 적용한 점에서 위헌이라고 확인만하고 그 후속조치는 법원에 맡기는 것이 바람직하다.

(2) 이 사건 처분에 대한 심판청구의 적법 여부

행정처분이 위헌이라고 주장하고 그 취소를 구하는 행정소송을 제기하였다가 법원이 받아들이지 아니한 후 다시 원래의 그 행정처분에 대한 헌법소원심판을 허용하는 것은 명령·규칙·처분에 대한 최종적인 위헌심사권을 대법원에 부여하고 있는 헌법 제107조 제2항과 법원의 재판을 헌법소원심판의 대상에서 제외하고 있는 헌법재판소법 제68조 제1항에 배치될 뿐 아니라, 이 사건 처분은 헌법재판소가 문제된 법률에 대하여 위헌결정하기 이전에 행하여 진 것이어서 헌법재판소 결정의 기속력에 반한 것도 아니므로 이 사건 처분은 헌법소원심판의 대상이 될 수 없다.

Ⅲ. 헌재결정의 문제점과 헌법재판소법 제68조 제1항의 위헌성

1. 헌법재판소법 제68조 제1항의 위헌 여부

(1) 헌법 제111조 제1항 제5호의 '법률이 정하는 헌법소원'의 의미

헌법재판소는 헌법 제111조 제1항 제5호의 '법률이 정하는 헌법소원'의 의미를 형식적으로만 이해하여 헌법소원의 요건, 절차, 대상 등 헌법소원에 관한 제반사항을 입법자가 정할 수 있는 입법정책의 문제로 파악하면서, 법원의 재판을 헌법소원의 심판대상에서 제외시킨 것은 입법재량의 문제로서 위헌은 아니라고 판시하고 있다. 그러나 여기서 '법률이 정하는'이라는 표현은 헌법소원의 제도적 취지와 본질 및 기능을 최대한 구현하고 보장하는 방향으로 헌법소원의 요건과 절차 및 방법 등을 정하라는 뜻으로 해석될 수 있고, 또 그렇게 해석되어야 할 것이다. 따라서 헌법소원의 제도적 취지와 기능을 충분히 구현해서 모든 공권력 작용에 대한－특히 사법작용 등 일반적 권리구제절차에 의하여 통제가 불가능하거나 어려운 공권력 작용에 대한－포괄적이고 다각적인 통제를 통해 국민의 권리구제의 사각지대가 없도록, 그리고 효율적인 권리구제가 가능하도록 입법자가 법률로 구체화시키라는 의미이지 입법자가 마음대로 정하라고 하는 것, 즉 입법자에게 백지위임을 한 것은 아닌 것이다. 그러므로 입법자의 입법형성권에도 이러한 헌법소원제도의 목적과 기능 및 특성에서 오는 일정한 헌법적 한계가 있는 것이고, 이를 위반할 경우에는 이는 위헌적인 재판청구권침해 등의 위헌의 문제를 야기하는 것이다.

이러한 맥락에서 볼 때 헌법재판소법 제68조 제1항 본문규정은 다음과 같은 몇 가지 이유로 위헌이라고 보지 아니할 수 없다.

1) 법원의 재판을 헌법소원의 대상에서 제외시킨 것은 헌법소원제도를 형해화시키는 것으로서 헌법소원제도의 본질에 반한다. 주지하는 바와 같이 행정권에 의한 기본권침해에 대한 방어수단이 행정쟁송제도, 입법권에 의한 기본권침해에 대한 방어수단이 규범통제제도라고 한다면, 헌법소원제도는 사법권에 의한 기본권침해에 대한 방어수단으로 의미와 기능을 가지는 것이라고 할 수 있다. 따라서 헌법소원제도의 주 기능과 존재의의는 사법통제이며, 헌법소원의 제기요건으로서 들고 있는 보충성의 원칙도 헌법소원제도가 사법통제를 그 본질로 한다고 하는 것을 전제로 하는 경우에만 요구될 수 있는 것이다. 그러므로 헌법소원의 제기요건으로서의 보충성의 원칙을 요구함으로써 다른 법률의 구제절차를 모두 거친 후에만 헌법소원심판청구를 허용하면서, 다른 한편 사법작용을 처음부터 헌법소원의 대상에서 제외시키고 있는 현행 헌법소원제도는 헌법소원제도 자체를 형해화시키고 본래의 헌법소원제도의 의미와 본질을 무시한 것으로서 헌법 제111조 제1항 제5호 및 체계정당성에 정면으로 반한다고 아니할 수 없다.

2) 법원의 재판을 헌법소원의 대상에서 제외시킨 것은 헌법소원심판청구권을 부당하게 제한한 것으로, 후술하는 바와 같이 헌법 제27조 제1항에 의해 보장된 헌법소원심판청구권을 그 한 내용으로 하는 재판청구권을 합리적 이유 없이 과도하게 침해한 것이다. 따라서 이는 비례의 원칙을 규정한 헌법 제37조 제2항에도 위반된다고 할 수 있다.

3) 헌법재판소법 제68조 제1항은 권력분립의 원칙에 위반된다. 입법권·행정권·사

법권 상호간의 견제와 균형을 내용으로 하는 고전적 3권분립이론이 제대로 기능하지 못하는 대신, 정치적 사법작용 내지 제4의 국가작용으로서의 헌법재판권이 제4의 국가기관인 헌법재판소에 귀속되면서, 이들 상호간의 견제와 균형을 그 한 내용으로 하는 기능적 권력분립이론이 오늘날 매우 중요한 역할을 하고 있음은 주지의 사실이다. 여기서 입법권, 행정권, 사법권 모두를 통제의 대상으로 하여야 할 헌법소원제도가 가장 강력한 민주적 정당성을 가지고 있는 입법권을 통제하면서 민주적 정당성이 약한 행정권－보충성의 원칙 때문에－과 사법권을 통제하지 못한다고 하는 것은 기능적 권력분립의 원칙에 반하는 것이고, 나아가서 대의민주주의의 이념에도 반하는 것이라고 할 수 있다. 가사 헌법재판을 사법작용에 속하는 것으로 본다 하더라도 헌법재판의 주기능은 헌법심에 있고, 법원은 사실심과 법률심을 그 주임무로 하기 때문에 법원의 재판에 대한 헌법재판소의 헌법적 통제를 금지시킨 것은 이러한 기능적 권력분립의 원칙에 위배되는 것이다.

4) 헌법재판소법 제68조 제1항 단서규정은 헌법소원제기를 위하여 다른 법률의 구제절차를 거칠 것－보충성의 원칙－을 요구하면서 본문규정에서는 법원의 재판을 헌법소원의 대상에서 제외시키고 있는데, 이는 상호 모순된 내용의 규정을 하나의 법조문에서 결합시킨 것으로서 동조항은 규범조화적 해석의 한계를 넘어선 규범상의 체계정당성에 반하는 규정이다. 왜냐하면 동조항의 단서규정에서의 ‘다른 법률의 구제절차’라고 하는 것은 일반적으로 법원의 재판절차를 의미하는데, 동조항의 본문규정에 따라 법원의 재판에 대하여는 헌법소원을 제기할 수 없게 되고, 이는 결국 다른 법률의 구제절차를 거친 후에 헌법소원을 제기할 수 있도록 하는 동조항 단서규정의 보충성원칙의 이념에 정면으로 반하는 것이기 때문이다. 따라서 헌법재판소법 제68조 제1항의 본문규정과 단서규정은 상호 모순·충돌하는 것으로서 규범조화적 해석의 한계를 일탈했기 때문에 규범상의 체계정당성에 반한다고 할 수 있다. 만일 이 조항이 상호 모순되 것이 아니고 규범조화적 해석이 가능하다고 한다면 다음과 같은 방법을 고려할 수 있을 것이다. 즉 일정한 행정처분에 의하여 청구인의 기본권이 침해되었을 경우 동조항 단서규정에 따라 행정쟁송을 거쳐야 할 것이다. 그런데 청구인은 모든 행정쟁송을 거친 후에도 자신의 기본권이 구제되지 않았을 경우에는 동조항 본문규정에 따라 행정소송의 판결을 헌법소원의 대상으로 할 수 없기 때문에 다시 원행정처분 자체를 헌법소원의 대상으로 하여 헌법소원심판청구를 할 수 있을 것이다. 그러나 이러한 결론은 동조항 본문규정에 의한 제한을 우회적으로 회피하는 것으로서, 법원의 재판을 헌법소원의 대상에서 제외시킨 동조항의 입법취지에 정면으로 반하는 것이기 때문에 법원의 재판을 헌법소원의 대상에서 제외시키는 것이 정당하다는 전제하에서는 받아들일 수 없다고 본다.

5) 가. 헌법재판소는 일정한 법률규정의 위헌여부를 결정할 경우 그 해당 법률규정

에 대한 한정합헌이나 한정위헌결정 등의 변형결정을 내리는 경우가 많다. 이 문제와 관련하여 볼 때 법원의 재판을 헌법소원의 대상에서 제외시킨 것은 위헌법률심사제도나 헌법소원제도의 실효성을 현저히 저해한다고 볼 수 있다. 위헌법률심사나 헌법소원심판에 의하여 일정한 법률규정에 대한 한정합헌이나 한정위헌결정이 이루어질 경우, 그 해당 법률규정은 일정한 제한된 해석하에서만 합헌이고, 그 해석의 범주를 벗어나는 경우에는 위헌이기 때문에 법원은 이러한 헌법재판소에 의하여 제한된 해석하에서만 당해 법률규정을 합헌적인 것으로 적용해야 할 것이다. 그런데 이러한 법률규정을 해석·적용하는 법원이 헌법재판소의 해석과 다른 해석의 토대위에서 그 법률규정을 적용할 경우 이러한 법원의 위헌적 재판은 비록 그것이 청구인의 기본권을 명백히 침해한 것이라 할지라도 헌법소원의 대상에서 제외되므로, 결국 이러한 위헌적 사법작용에 대한 통제방법은 존재하지 않는 것이 된다. 이러한 결과가 위헌법률심사제도와 헌법소원제도의 이념과 본질에 정면으로 반하는 것임은 두말 할 나위도 없다. 따라서 위헌법률심사제도와 헌법소원제도의 실효성 확보를 위해서도 반드시 법원의 재판이 헌법소원의 대상이 되어야 하는 것이다.

나. 물론 앞서 언급한 바와 같이 이 사건에서 헌법재판소는 헌법재판소법 제68조 제1항에 대하여 한정위헌결정을 내림으로써, 헌법재판소가 위헌－변형결정포함－으로 결정하여 그 효력을 상실한 법률을 적용함으로써 국민의 기본권을 침해한 법원의 재판에 대하여는 헌법소원을 제기할 수 있도록 했으나, 이는 명백히 단순위헌인 법률에 대하여 한정위헌결정을 내린 것으로, 소위 법률의 합헌적 해석의 범위를 넘어선, 따라서 변형결정이 남용된 경우에 해당된다고 볼 수 있다. 주지하는 바와 같이 한정합헌결정이나 한정위헌결정 등 합헌적 법률해석이 헌법이론상 그리고 실무상 허용되고 필요한 것이기는 하지만, 이는 어디까지나 문의적 한계나 법목적적 한계 등 일정한 한계내에서만 예외적으로 허용될 수 있는 것이다. 따라서 법조문의 자구가 간직하고 있는 가능한 의미를 넘어서는, 또는 입법자가 추구하고자 하는 명백한 입법목적에 위배되는 정도의 합헌적 법률해석은 허용될 수 없는 것이다. 그런데 헌법재판소법 제68조 제1항은 문의상 모든 법원의 재판을 제외시키는 것이지 그 중 일부를 제한적으로 헌법소원의 대상으로 삼을 수 있는 것으로 해석할 여지가 전혀 없고, 또한 이 규정을 통해 법원의 모든 재판을 헌법소원의 대상에서 제외시킴으로써 법원에 대한 헌법재판소의 어떠한 통제도 봉쇄하고자 하는 입법자의 의도－물론 정당화될 수 없는 위헌적 의도이지만－를 명백히 알 수가 있다. 따라서 이 사건에서 헌법재판소가 헌법재판소법 제68조 제1항에 대하여 한정위헌결정을 내린 것은, 한편에서는 대법원에 의하여 손상된 헌법재판소의 권위와 헌법재판권을 회복시키면서, 다른 한편에서는 단순위헌결정을 내렸을 때의 엄청난 파장과 야기되는 여러 문제점, 대법원과의 갈등, 법원의 재판에 대한 헌법소원의 허용과 관련하여 보완되어야 하는 법적·제도적 장치의 미비, 헌법재판소

의 전통과 위상, 독일과 우리와의 차이점 등 정치적·사회적 제반문제를 고려한 현실적인 타협의 결과라고 이해할 수는 있겠으나, 헌법이론적으로는 정당화될 수 없는 유감스러운 결정이라고 하겠다.

(2) 평등권의 침해 여부

1) 헌법재판소는 법원의 재판을 헌법소원심판의 대상에서 제외한 것이 평등권을 침해한 것이 되려면, 법원의 재판과 다른 공권력작용 사이의 차별을 정당화시키는 합리적인 이유가 없어야 하는데, 입법작용과 행정작용의 잠재적인 기본권침해자로서의 기능과 사법작용의 기본권보호자로서의 기능이 이를 정당화시키는 요소라고 판시하고 있다. 그러나 이러한 견해는 입법작용－기본권형성적 법률유보 등에서 보는 것처럼 법률을 통한 기본권실현과 보장－과 행정작용－법집행작용을 통한 기본권의 실현－의 기본권실현자 내지 기본권보호자로서의 기능－이는 1차적이고 직접적인 기능이다－과 사법작용의 잠재적인 기본권침해자로서의 기능을 소홀히 한 것으로 정당화될 수 없다고 하겠다. 더욱이 사법작용에 의한 기본권침해의 경우에는 입법·행정작용에 의한 기본권침해의 경우에는 법원과 헌법재판소에 의한 권리구제의 가능성이 존재하는 반면－상황에 따라서는 더 이상의 권리구제수단이 없다는 점에서 보다 심각하고 결정적일 수 있는 것이다. 이러한 헌법재판소의 견해에 따르면 행정심판기관도 기본권보호기관이므로, 행정심판에 대하여는 행정소송을 제기할 수 없도록 제한해도 무방하다는 잘못된 결론도 정당화되어질 수 있을 것이다.

2) 아울러 헌법재판소는 법원에 의한 기본권침해의 가능성은 국회나 행정부에 의한 경우보다 상대적으로 적고, 또한 법원내부에서도 상급심법원은 하급심법원이 한 재판의 기본권침해여부에 관하여 다시 심사할 기회를 가진다는 점에서 다른 기관에 의한 기본권침해의 경우와는 본질적으로 차이가 있다고 한다. 그러나 기본권침해가능성의 많고 적음은 법원의 재판에 대한 헌법소원을 금지하는 정당화 사유라고 볼 수 없다. 왜냐하면 앞서도 언급한 바와 같이 사법작용에 의한 기본권침해가 질적인 면에서 보다 심각할 수도 있고, 가사 적다고 하더라도 일단 위헌적인 기본권침해가 있다면 헌법소원제도를 마련한 이상 이에 대한 심사를 허용해서 구제할 수 있도록 하는 것이 헌법소원제도의 취지와 법치주의원리에 부합되기 때문이다.

3) 그리고 헌법재판소는 입법자가 헌법재판소와 법원의 관계, 기타의 사정 등을 고려하여 행정작용과 재판작용에 대한 기본권보호를 법원에 맡긴 이상 헌법재판소에 의한 기본권구제의 기회를 부여하지 아니하였다 하여 위헌이라고 할 수는 없다고 한다. 그러나 이는 헌법소원의 이중적 기능을 간과한 것이다. 주지하는 바와 같이 헌법소원은 주관적인 권리구제의 기능과 객관적 헌법질서의 수호와 유지기능을 지니고 있다. 따라서 헌법재판소는 청구인의 기본권을 침해한 위헌적인 재판을 심사함으로써, 청구

인 개인의 기본권구제 뿐 아니라 사법작용의 통제와 헌법질서의 수호와 유지, 그리고 기능적 권력분립과 법치주의를 실현할 수 있는 것이다. 그러므로 헌법재판소의 기능은 주로 개인의 권리구제와 사건해결에 국한되는 법원의 기능과는 그 성격과 차원이-상대적으로-다른 것이고, 따라서 법원의 재판을 헌법소원의 대상으로 삼는 것은 단순히 심급상 또 한번의 권리구제의 기회를 부여하는 것 이상의 의미를 지니는 것이다. 또한 헌법재판소는 주 기능이 헌법심을 담당하는 기관이라는 점에서 법령해석이나 사실인정 등 법률심과 사실심을 주 기능으로 담당하는 법원과 구별된다. 따라서 법원이 헌법재판소의 헌법해석과 결정에 기속되듯이 헌법재판소도 법원의 사실인정과 법령해석에 기속되는 것이다. 이러한 헌법재판소와 법원의 기능상의 차이를 감안한다면 재판을 헌법소원의 대상으로 삼는 것이 헌법재판소가 제4심의 기능을 하게 되는 것이 결코 아님을 알 수 있다. 아울러 이 경우 헌법재판소가 대법원보다 권한과 지위에 있어서 우월하게 되는 것도 결코 아니다. 이는 법원이 행정소송을 통해 행정권을 통제한다 하더라도 행정부보다 우월한 지위를 인정받는 것도 아니고, 헌법재판소가 위헌법률심사를 통해 입법권을 통제한다 하더라도 입법부보다 우월한 지위를 가지는 것도 아닌 것과 같다. 헌법재판소와 대법원은 헌법소원제도를 통해 상호 견제와 균형을 이루는 것이다.

4) 한편 헌법재판소는 법적안정성의 관점에서 최종심급이 존재해야 하고, 최종심급이 있는 한 최종심급에 의한 권리침해의 가능성은 언제나 존재하는 것이기 때문에, 이러한 침해가능성에 대한 또 다른 안전장치는 법치국가적으로 불가피한 것이 아닐 뿐만 아니라 궁극적으로 가능한 것도 아니라고 한다. 물론 이러한 견해는 미국처럼 헌법재판소가 없거나 헌법소원제도가 마련되지 아니한 경우에는 타당하다. 그러나 일단 헌법재판소가 설치되었고 헌법소원제도가 마련되어있는 이상, 이를 통해 위헌적 사법작용을 심사함으로써 재판에 대한 '헌법적' 통제를 할 수 있어야 하는 것이다.

(3) 재판청구권의 침해 여부

헌법재판소는 재판청구권은 사실관계와 법률관계에 관하여 최소한 한번의 재판을 받을 기회가 제공될 것을 국가에게 요구할 수 있는 절차적 기본권이므로 기본권침해에 대한 구제절차가 반드시 헌법소원의 형태로 독립된 헌법재판기관에 의하여 이루어질 것만을 요구하는 것은 아니고, 법원의 재판은 법률상 권리의 구제절차이자 동시에 기본권의 구제절차이므로, 법원의 재판에 의한 기본권의 보호는 이미 기본권의 영역에서의 재판청구권을 충족시키고 있다고 판시하고 있다. 그러나 이러한 견해는 앞서 언급한 헌법재판소와 법원과의 기능의 차이와 기능적 권력분립을 간과한 것으로서 설득력이 없다. 헌법재판소는 법원의 사실관계와 법률관계에 대한 판단에 대하여 다시 판단하는 것이 아니고, 오히려 그것에 기속된다. 헌법재판소는 법원의 재판에 대하여 헌법관계와 헌법해석 등에 관한 헌법적인 심사를, 즉 재판의 위헌 여부와 기본권침해 여부를 심사하는 것이다. 따라서 재판청구권에는 사실심과 법률심에 관한 최소한 한번의 재판을 받을 권리 뿐 아니라, 헌법상 헌법소원제도를 포함한 헌법재판제도가 도입된 이상 법원의 재판에 대한-헌법심을 주내용으로 하는-헌법소원심판청구권도 포함되는 것이다.

또한 헌법재판소는 이 사건 한정위헌결정과 관련하여 "모든 국가기관은 헌법의 구속을 받고 헌법에의 기속은 헌법재판을 통하여 사법절차적으로 관철되므로 …"라는 표현을 쓰고 있는데,[2] 이러한 표현대로라면 헌법의 구속에서 벗어난 법원의 재판도 당연히 헌법재판을 통하여 사법절차적 심사를 받아야 할 것이고, 아울러 여기서의 '사법절차'란 '재판절차'를 의미하는 것으로 헌법재판소에 의한 사법절차란 헌법소원심판절차의 경우 당연히 헌법상 기본권인 재판청구권의 한 내용으로 보장되는 것을 전제로 하는 것이다. 왜냐하면 헌법소원심판청구권을 기본권으로서의 재판청구권에 포함시키지 않는다면 헌법소원심판절차라는 재판절차 내지 사법절차를 청구할 수 있는 기본권이 헌법상 존재하지 않거나 보장되지 않는다는 것이고, 그렇다면 이 경우 기본권주체가 법원을 포함한 모든 국가기관의 헌법에의 기속을 헌법재판을 통하여 사법절차적으로 관철시킬 수 없게 되기 때문이다. 따라서 위헌적인 법원의 판결로 기본권이 침해되었다면 이를 헌법소원을 통하여 사법절차적으로 심사받고 구제받을 수 있는 권리가 재판청구권의 한 내용으로 보장되어야 하는 것이다.

헌법재판소의 견해대로라면 아무리 위헌적인 법원의 판결로 기본권이 침해된 경우라도 일단 사실관계와 법률관계에 관하여 최소한 한번의 법원의 재판을 받을 기회가 제공되었다면 더 이상 이에 대한 어떠한 사법절차적 통제가 이루어 질 수 없고, 이로 인해 기본권구제와 헌법수호가 포기되더라도 재판청구권의 침해가 아니므로 정당화되어진다면 이것이야 말로 굳이 헌법수호와 기본권보장 및 권력통제를 주임무로 하는 헌법재판제도를 도입한 헌법의 의의와 헌법소원제도의 취지와 본질을 형해화시키는 것이 아닐 수 없다.

2. 한정위헌결정과 관련하여

(1) 헌법재판소는 앞서 언급한 바와 같이 헌법재판소법 제68조 제1항이 위헌은 아니지만, 법원이 헌법재판소가 위헌으로 결정하여 그 효력을 상실한 법률을 적용함으로써 국민의 기본권을 침해한 경우에도 법원의 재판에 대한 헌법소원이 허용되지 않는 것으로 해석한다면, 이 조항은 그러한 한도내에서 헌법에 위반된다는 한정위헌결정을 내렸다. 그러나 이 조항은 한정위헌으로 해석될 여지가 없는, 따라서 단순위헌결정-물론 헌법재판소법 제68조 제1항 본문 중 '법원의 재판을 제외하고는'부분만 해당됨-을 내려야 하는 사안이라는 점은 이미 앞서 언급한 바와 같다.

2) 헌재 1997. 12. 24. 96헌마172 등, 판례집 9-2, 842, 859.

(2) 헌법재판소는 헌법재판소에 의하여 이미 위헌결정되어 효력을 상실한 법률을 적용한 법원의 판결은 헌법의 최고규범성을 수호하기 위하여 설립된 헌법재판소의 존재의의, 헌법재판제도의 본질과 기능, 헌법의 가치를 구현함을 목적으로 하는 법치주의의 원리와 권력분립의 원칙 등을 송두리째 부인하는 것이라고 한다. 물론 너무나 당연한 말이다. 그런데 바로 이러한 헌법의 최고규범성의 수호, 헌법의 가치구현, 권력분립의 원칙 등은 재판에 대한 헌법소원을 인정할 때 비로소 효과적으로 균형있게 실현될 수 있음을 알아야 한다. 왜냐하면 이러한 헌법적 가치와 원칙들은 위헌결정된 법률을 적용한 판결 뿐 아니라, 헌법에 대한 해석과 판단을 그르치거나 헌법조항과 헌법의 기본원칙을 도외시하는 등의 기타의 위헌적 판결에 의해서 보다 광범위하고 빈번하게 침해되기 때문이다. 이러한 위헌적 판결을 통제함으로써 헌법을 수호하는 것이야 말로 헌법재판제도의 본질과 기능이고 또한 의무인 것이다.

(3) 한편 헌법재판소는 "헌법소원이 단지 주관적인 권리구제절차일 뿐이 아니라 객관적 헌법질서의 수호와 유지에 기여한다는 이중적 성격을 지니고 있으므로, 헌법재판소는 본안판단에 있어서 모든 헌법규범을 심사기준으로 삼음으로써 청구인이 주장한 기본권의 침해여부에 관한 심사에 한정하지 아니하고 모든 헌법적 관점에서 심판대상의 위헌성을 심사한다. 따라서 헌법재판소법 제68조 제1항이 비록 청구인이 주장하는 기본권을 침해하지는 않지만, 헌법 제107조 및 제111조에 규정된 헌법재판소의 권한규범에 부분적으로 위반되는 위헌적인 규정이므로, 이 사건 헌법소원은 위에서 밝힌 이유에 따라 한정적으로 인용될 수 있는 것이다."라고 판시하고 있다.[3] 물론 앞서도 언급했듯이 헌법소원이 이중적 성격을 지니고 있고, 헌법재판소는 모든 헌법규범을 심사기준으로 삼을 수 있음은 당연하다. 그러나 이는 헌법소원이 주관적 권리구제기능 이외에 객관적 기능도 지니고 있다는 의미이지, 주관적 권리구제기능을 소홀히 하거나 또는 청구인의 기본권침해 여부에 관계없이 헌법소원이 제기될 수 있거나 인용될 수 있다는 의미는 아니다. 이는 헌법소원의 기본요건이며, 그동안의 헌법재판소의 일관된 판례의 입장이다.[4] 또한 헌법재판소의 이러한 견해는 이 사건에서 헌법재판소가 "… 헌법소원이 공권력작용으로 인하여 헌법상의 권리를 침해받은 자가 그 권리를 구제받

3) 헌재 1997. 12. 24. 96헌마172 등, 판례집 9-2, 842, 862.

4) 예컨대 헌법재판소는 1995. 2. 23. 90헌마125 결정에서 "… 헌법소원은, 헌법이 보장하는 기본권의 주체가 국가기관의 공권력의 행사 또는 불행사로 인하여 그 기본권을 침해받았을 경우 이를 구제하기 위한 수단으로 인정된 것이므로, 헌법소원을 청구할 수 있는 자는 원칙으로 기본권 주체로서의 국민에 한정되며 국민의 기본권을 보호 내지 실현할 책임과 의무를 지는 국가기관이나 그 일부는 헌법소원을 청구할 수 없다. 국회의원이 국회내에서 행하는 질의권·토론권 및 표결권 등은 입법권 등 공권력을 행사하는 국가기관인 국회의 구성원의 지위에 있는 국회의원에게 부여된 권한이지 국회의원 개인에게 헌법상 보장하는 권리, 즉 기본권으로 인정된 것이라고 할 수 없으므로, 설사 국회의장의 불법적인 의안처리행위로 헌법의 기본원리가 훼손되었다고 하더라도 그로 인하여 헌법상 보장된 구체적 기본권을 침해당한 바 없는 국회의원인 청구인들에게 헌법소원심판청구가 허용된다고 할 수 없다."라고 판시함으로써, 헌법소원은 객관적 기능을 지니고는 있지만 어디까지나 청구인의 기본권침해를 전제로 하고 있으며, 따라서 기본권침해 없이 단순히 헌법의 기본원리나 권한규범 등의 위반만을 이유로 인용될 수 없음을 명백히하고 있다.

기 위한 이른바 주관적 권리구제절차라는 것을 그 본질적 요소로 하고 있다."라고 한 언급[5])과도 모순된다.

이 사건의 경우에는 헌법재판소법 제68조 제1항에 대한 단순위헌결정을 내리든 한정위헌결정을 내리든 이 규정이 청구인의 평등권과 재판청구권이라는 기본권을 침해한 것으로 논증했어야 했다. 그리고 이는 헌법소원심판청구권이 앞서 언급했듯이 기본권으로서의 재판청구권의 한 내용이라는 것을 전제했을 때 가능한 것이다.

3. 이 사건 대법원판결의 취소 여부

헌법재판소는 이 사건 대법원판결이 헌법재판소의 위헌결정의 기속력에 반하는 재판임이 분명하고, 이 판결로써 청구인의 기본권인 재산권이 침해되었으므로, 헌법재판소법 제75조 제3항에 따라 취소되어야 한다고 판시하고 있는데, 대법원판결 뿐 아니라 원심법원인 서울고등법원의 청구기각판결(1995. 7. 6. 93구6456)도 취소했어야 한다고 본다. 왜냐하면 원심도-비록 원심판결 시에는 이 사건에서 문제된 구 소득세법의 관련 조항에 대한 헌법재판소의 위헌결정이 내려지지 않았고, 위헌여부가 문제되지도 않았지만-대법원판결과 마찬가지로 결과적으로 헌법재판소가 위헌으로 결정한 법률을 적용한 위헌적 판결이고, 이로써 청구인의 재산권을 침해했기 때문이다. 더욱이 헌법재판소가 법원의 재판과 원래의 행정처분이 다 같이 헌법재판소의 위헌결정으로 효력을 상실한 법률을 적용함으로써 청구인의 기본권을 침해한 경우에는 그 행정처분도 취소하여 기본권침해의 상태를 일거에 제거해야 한다고 주장하는데, 이러한 주장에 따른다면 당연히 원심법원의 판결도 취소했어야 했을 것이다. 만일 원심판결이 헌법재판소의 위헌결정 이전에 이루어진 것이어서 헌법재판소 결정의 기속력이 미치지 아니하고, 따라서 헌법소원심판 및 취소의 대상에서 제외된 것이라면, 원래의 행정처분도 위헌결정 이전에 행하여진 것이므로 헌법소원심판과 취소의 대상에서 제외시켰어야 했을 것이다.

4. 이 사건 과세처분의 취소 여부

헌법재판소는 행정처분이 헌법에 위반되는 것이라는 이유로 그 취소를 구하는 행정소송을 제기하였으나 법원에 의하여 그 청구가 받아들여지지 아니한 후 다시 원래의 행정처분에 대하여 헌법소원심판을 청구하는 것이 원칙적으로 허용될 수 있는지의 여부에 관계없이, 이 사건의 경우와 같이 행정소송으로 행정처분의 취소를 구한 청구인의 청구를 받아들이지 아니한 법원의 판결에 대한 헌법소원심판의 청구가 예외적으로 허용되어 그 재판이 헌법재판소법 제75조 제3항에 따라 취소되는 경우에는 원래의 행정처분에 대한 헌법소원심판의 청구도 이를 인용하는 것이 상당하다고 하면서, 이 사

---

5) 헌재 1997. 12. 24. 96헌마172 등, 판례집 9-2, 842, 855.

건 과세처분에 대한 심판을 위하여 달리 새로운 사실인정이나 법률해석을 할 필요성이 인정되지 아니하므로, 이 사건 과세처분을 취소한다고 하고 있다.

앞서도 언급했듯이 현행 헌법재판소법 제68조 제1항에서 법원의 재판에 대한 헌법소원을 금지시키고 있으므로, 이러한 전제하에서는 원래의 행정처분에 대한 헌법소원심판청구는 원칙적으로 허용될 수 없다고 본다. 왜냐하면 만일 그렇지 않을 경우 이는 법원의 재판을 헌법소원심판의 대상에서 제외한 동조항의 입법취지를 우회적으로 회피하는 것이고, 또한 행정소송절차에서 확정된 판결과 헌법재판소의 인용결정의 기속력과의 관계가 문제될 수 있기 때문이다. 다만 이 사건의 경우에는 첫째, 이미 법원의 재판이 헌법소원의 대상이 되었고, 둘째, 일차적으로 청구인의 기본권을 침해한 것은 원래의 행정처분이므로 결국 원처분이 취소되어야 기본권구제가 가능하고, 셋째, 헌법재판소가 원처분을 취소시키지 않으면 법원이 취소시켜야 하는데, 이 사건의 경우 대법원이 헌법재판소의 결정취지에 따라 원처분을 취소시킬 가능성이 별로 없어 보이고, 넷째, 헌법재판소도 지적했듯이 이 사건 과세처분에 대한 심판을 위하여 달리 새로운 사실인정이나 법률해석을 할 필요성이 없으므로, 원처분을 헌법소원심판의 대상으로 삼아 이를 취소할 수밖에 없었던 사안이라고 본다.

그러나 원처분에 대한 심판을 위하여 헌법적 문제 외에 법률해석과 사실인정의 문제가 새롭게 대두될 경우 이에 대한 판단은－헌법재판소도 기속하는－법원의 고유권한에 속하므로, 이 경우에는 헌법재판소가 법원의 판결만을 취소시키고, 사건을 법원으로 환송하여 원처분에 대한 취소여부는 법원이－헌법재판소의 헌법문제에 대한 결정취지에 따라－최종적으로 판결하도록 하는 것이 법원과 헌법재판소간의 기능적 권력분립 및 법원의 역할과 기능유지를 위하여 바람직하다고 본다. 왜냐하면 예컨대 법원이 헌법재판소의 결정에 따르는 경우에도, 즉 헌법재판소가 내린 헌법판단하에서의 법원의 새로운 사실 및 법률판단에 따를 경우에도 여전히 원처분이 합헌·합법이고, 따라서 청구인의 기본권을 침해한 것으로 볼 수 없는 경우도 있을 수 있기 때문이다.

5. 반대의견의 문제점

반대의견은 이 사건 판결자체를 직접 취소하는 것은 헌법재판소와 법원의 권한 및 상호간의 독립을 규정한 헌법의 취지에 비추어 적당하지 않고, 대법원의 재판을 취소하는 경우의 후속절차에 관하여 아무런 규정이 없어 그 효력을 둘러싸고 법적 혼란이 일어날 우려가 있기 때문에, 이 사건 판결의 위헌확인만하고 그 후속조치는 법원에 맡기는 것이 바람직하다고 주장한다. 그러나 판결을 헌법소원의 대상으로 삼은 이상, 이는 기본권침해의 원인이 된 공권력의 행사로서 헌법재판소법 제75조 제3항에 따라 당연히 취소되어야 한다. 아울러 법원이 행정처분을 직접 취소시킨다고 하여 법원과 행정부간의 독립을 규정한 헌법취지에 위배되지 않는 것처럼, 헌법재판소가 법원의 판결을 취소한다고 하여 헌법재판소와 법원 상호간의 독립을 규정한 헌법의 취지에 위배되지 아니한다. 또한 이 사건에서 헌법재판소가 단순히 대법원판결에 대한 위헌확인만 하고 그 후속조치를 법원에 맡긴다면, 법원이 헌법재판소의 결정취지에 따를지의 여부가 심히 의심스러운 상황에서 헌법재판소결정의 효력을 둘러싸고 오히려 더 큰 법적 혼란이 야기될 것이다.

또한 반대의견은 원래의 행정처분에 대한 헌법소원심판을 허용하는 것은 명령·규칙·처분에 대한 최종적인 위헌심사권을 대법원에 부여하고 있는 헌법 제107조 제2항과 법원의 재판을 헌법소원심판의 대상에서 제외하고 있는 헌법재판소법 제68조 제1항에 배치된다고 주장하는데, 후자의 주장은 앞서 언급했던 이유로 받아들일 수 없고, 전자의 주장도 명령·규칙이 직접 국민의 기본권을 침해하는 경우에는 헌법소원의 대상이 된다고 하는 것은 이론의 여지가 없고, 행정처분도 보충성원칙의 예외의 경우에는 직접 헌법소원의 대상이 될 수 있고 취소될 수 있다는 점에 비추어 볼 때 설득력이 없다.

Ⅳ. 맺는 말

헌법재판소는 위 결정으로 그동안 논란이 되어왔던 헌법재판소법 제68조 제1항의 위헌 여부에 대하여 본격적인 심사를 했고, 한정위헌결정을 내림으로써 헌법소원제도를 통해 제한적이나마 사법권을 통제할 수 있는 길을 열어놓았다는 점에서, 그리고 대법원이 헌법재판소 결정—특히 변형결정—에 대하여 다소 경시하는 태도를 보인 바 있는 데, 이에 대해 엄중한 경고를 보냄으로써 헌법재판소결정의 기속력과 헌법재판소의 위상을 회복하고자 노력했다는 점에서 그 의의가 크다고 볼 수 있다. 한편 헌법재판소는 이 사건에서 가능하면 법원의 재판을 헌법소원의 대상으로 삼는 것이 바람직하다는 견해를 피력했는데, 이는 원칙과 정치적·제도적인 여건 사이에서의 현실적인 고뇌 끝에 나온 견해로 이해된다.

앞서도 언급한 바와 같이 우리의 헌법재판제도, 특히 헌법소원제도는 심도 있는 헌법적 논의와 국민의 기본권신장을 추구한다는 이념의 바탕위에서 헌법에 마련되었다기 보다는 각 국가기관과 정파의 이해에 따라 졸속으로 도입된 것으로 처음부터 적지 않은 문제점을 지니고 있었다. 법원의 재판을 헌법소원의 대상에서 제외한 것이 바로 그 한 예이다. 사실 헌법재판소법 제68조 제2항에 따른 헌법소원제도도 법원의 재판을 헌법소원의 대상에서 제외함에 따라 발생하는 문제를 해결하기 위한 미봉책으로 등장한 매우 이형적인 제도로서 사실 성질상 헌법소원제도로 보기 어려운 것이다. 이 모든 문제는 헌법재판소법 제68조 제1항 본문규정 중 '법원의 재판을 제외하고는'부분에 대한 단순위헌결정을 내리든가, 이 부분을 삭제하는 법률개정을 통해서만 근본적으로 해결될 수 있다.

무릇 헌법재판의 본질과 기능은 헌법상의 근본가치와 기본권의 수호에 있는 것이고, 이러한 가치와 기본권은 입법작용이나 행정작용 뿐 아니라 사법작용에 의해서도 침해될 수 있기 때문에 그러한 가치를 침해한 사법작용 역시 헌법소원 등 헌법재판의 통제대상이 되어야 함은 당연하다. 아울러 다른 한편 헌법재판제도의 활성화를 위해서는 앞서 언급한 바와 같이 여러 가지 보완책이 헌법 또는 법률개정을 통해 다각적으로 마련되어야 할 것이지만, 무엇보다 중요한 것은 헌법재판소가 진실로 헌법정신과 양심에 따른 훌륭한 결정을 내려서 국민과 모든 국가기관의 존경과 신뢰를 받아야 한다는 것이다. 그것만이 헌법재판소 결정의 기속력과 헌법재판소의 위상을 확실하게 담보하는 지름길임을 명심해야 할 것이다. 아울러 정치가를 비롯한 모든 국민의 헌법에의 의지가 뒷받침되어야 할 것이다.

24. 헌법소원심판청구취하의 효과

- 헌재 1995. 12. 14. 95헌마221 등 불기소처분취소[1] -

[目 次]

Ⅰ. 머리말

헌법소송에 있어서, 특히 헌법소원심판청구의 경우 청구인이 심판청구를 취하했을 때 그 헌법소원심판청구절차는 어떻게 되는지, 즉 헌법소원심판청구취하의 법적 효과가 문제된다. 왜냐하면 헌법재판소법의 경우에는 헌법소원심판청구의 취하와 관련하여 아무런 규정이 없고, 행정소송법에도 이에 관한 규정이 없기 때문이다. 따라서 소의 취하에 관한 민사소송법이 헌법소원심판절차에 준용되는지의 여부가 문제될 수 있는데, 헌법재판소는 1995. 12. 15. 95헌마221등 사건에서 이 경우 민사소송법 제239조(현행 민사소송법 제266조)가 준용된다고 판시하면서 청구인들의 심판청구의 취하를 이유로 헌법소원심판절차를 종료시키는 결정을 내렸다.

물론 헌법소송절차에 민사소송법의 관련규정이 준용될 수는 있겠으나, 그 준용의 범위에 관하여 아무런 제한이 없는 것은 아니다. 왜냐하면 헌법소송과 민사소송은 그 근본취지와 성질을 달리하므로 헌법소송의 본질과 특성에 반하지 아니하는 한도 내에서

---

1) 헌재 1995. 12. 14. 95헌마221 등, 판례집 7-2, 697.

만 준용이 가능하다고 보아야 할 것이기 때문이다. 헌법소원심판청구취하의 허용성과 그 법적 효과에 관한 문제는 헌법소원제도의 본질과 기능 및 특성을 기준으로 판단해야 할 사안이지 민사소송의 법리에 따라 판단할 수 있는 사안은 아니다. 이러한 관점에서 이 사건 헌법재판소의 결정은 적지 않은 문제점을 지니고 있다. 따라서 이 결정을 계기로 헌법소원심판청구취하의 효과 문제를 다루는 것은 헌법소원심판을 비롯한 헌법재판제도의 올바른 운용과 이를 통한 헌법재판제도의 목적의 효율적 실현을 위하여 의미 있는 작업이라고 여겨진다. 이 글에서는 먼저 이 사건 헌법재판소 결정의 내용과 독일의 관련 판례를 살펴본 후, 이 문제를 고찰해 보고자 한다.

Ⅱ. 헌재결정의 내용

1. 사건의 개요

(1) 95헌마221 사건의 청구인들은 1994. 5. 13. 서울지방검찰청에 이른바 5·18 사건과 관련하여 청구외 전두환 외 23명을 내란, 내란목적살인, 반란 등의 혐의로 고소하였고, 95헌마233 사건의 청구인들은 1994. 10. 19. 청구외 전두환 외 9인을 내란, 내란목적살인미수, 반란 등의 혐의로 고소하였으며, 95헌마297 사건의 청구인들은 청구외 전두환 외 34명을 내란, 반란 등의 혐의로 고소하였다.

(2) 피청구인(서울지방검찰청 검사)은 청구인들이 제기한 위 고소사건들을 5·18 사건과 관련한 다른 고소사건과 함께 수사한 후, 1995. 7. 18. 청구인들의 위 고소사건을 포함한 70건의 고소사건의 피고소인에 대하여 전원 '공소권없음'의 불기소처분을 하였다.

(3) 95헌마221 사건의 청구인들은 1995. 7. 24. 위 불기소처분에 불복하여 항고를 제기함과 동시에 위 피의자들에 대한 이 사건 불기소처분이 매우 자의적인 검찰권행사로서 청구인들의 헌법상 보장된 기본권, 즉 평등권, 재판청구권, 재판절차진술권 등을 침해하였다는 이유로 헌법소원심판청구를 하였다. 위 항고는 1995. 7. 28. 기각되었고, 이에 다시 불복하여 제기한 재항고 역시 1995. 8. 3. 기각되었다.

95헌마233 사건의 청구인들은 1995. 8. 3. 위 불기소처분에 불복하여 항고를 제기함과 동시에 앞서와 같은 이유로 헌법소원심판청구를 하였다. 위 항고는 1995. 8. 7. 기각되었고, 이에 다시 불복하여 제기한 재항고 역시 1995. 8. 23. 기각되었다.

한편 95헌마297 사건의 청구인들은 1995. 8. 16. 위 불기소처분에 불복하여, 항고를 제기하였으나 그 항고는 1995. 8. 17. 기각되었고, 이에 다시 불복하여 제기한 재항고 역시 1995. 8. 31. 기각되자, 1995. 10. 17. 앞서와 같은 이유로 헌법소원심판청구를 하였다.

(4) 청구인들은 1995. 11. 29. 서면으로 이 사건 헌법소원심판청구를 모두 취하하였고, 이미 본안에 관한 답변서를 제출한 피청구인에게 취하의 서면이 그 날 송달되었는바, 피청구인이 그날로부터 2주일 내에 이의를 하지 아니하므로, 헌법재판소는 민사소

송법 제239조에 따라 피청구인이 청구인들의 심판청구의 취하에 동의한 것으로 보고, "이 사건 헌법소원심판절차는 청구인들의 심판청구의 취하로 1995. 12. 14. 종료되었다."는 결정을 1995. 12. 15. 내렸다.

2. 결정의 요지

(1) 다수의견

헌법재판소법이나 행정소송법이나 헌법소원심판청구의 취하와 이에 대한 피청구인의 동의나 그 효력에 관하여 특별한 규정이 없으므로, 소의 취하에 관한 민사소송법 제239조는 검사가 한 불기소처분의 취소를 구하는 헌법소원심판절차에 준용된다고 보아야 한다. 따라서 청구인들이 헌법소원심판청구를 취하하면 헌법소원심판절차는 종료되며, 헌법재판소로서는 헌법소원심판청구가 적법한 것인지 여부와 이유가 있는 것인지 여부에 대하여 판단할 수 없게 된다.

(2) 재판관 신창언의 반대의견

헌법소원제도는 본질상 청구인 개인의 주관적인 권리구제뿐만 아니라 객관적인 헌법질서를 수호·유지하는 기능도 함께 가지고 있는 것이므로, 헌법소원 사건에 대한 심판이 청구인의 권리구제에는 도움이 되지 않는다 하더라도 헌법질서의 수호·유지를 위하여 중요한 의미가 있는 경우에는 예외적으로 청구인이 심판청구를 취하하여도 심판절차는 종료되지 않는다고 보아야 할 것이다. 따라서 헌법재판소로서는 재판부에서 평의한 대로 종국결정을 선고하는 것이 옳다.

(3) 재판관 김진우, 재판관 이재화, 재판관 조승형의 반대의견

1) 헌법소원심판청구 중 주관적 권리구제에 관한 점 이외에, 헌법질서의 수호·유지를 위하여 긴요한 사항으로서 그 해명이 헌법적으로 특히 중대한 의미를 지니고 있는 부분이 있는 경우에는, 비록 심판청구의 취하가 있는 경우라 하더라도, 전자의 부분에 한하여 민사소송법 제239조의 준용에 따라 사건의 심판절차가 종료될 뿐이고, 후자의 부분에 대하여서는 헌법소원심판의 본질에 반하는 위 법률조항의 준용은 배제된다고 할 것이므로 위 취하로 말미암아 사건의 심판절차가 종료되는 것이 아니라 할 것이다. 따라서 청구인이 심판청구를 취하하면, 전자에 부분에 대하여는 심판절차의 종료선언을 하되, 후자의 부분에 대하여는 헌법적 해명을 하는 결정선고를 함이 마땅하다.

2) 집권에 성공한 내란의 가벌 여부는 헌법질서를 파괴하는 방법에 의한 집권이 우리의 헌법상 허용되는지 여부에 관한 것이므로 국가운명과 전국민의 기본권에 직접

관련되어 특히 중대한 의미를 갖는 헌법적 해명이 요청되는 경우이다. 이 부분은 헌법재판소의 재판관회의에서 집권에 성공한 내란의 가벌성을 인정하는 의견이 헌법재판소법상 인용결정에 필요한 정족수를 넘었다. 따라서 심판청구의 취하가 있었다고 하더라도, 이 부분에 대하여는 헌법적 해명을 하는 결정을 선고함이 마땅하다.

Ⅲ. 독일의 관련 판례의 내용

1. 추상적 규범통제나 기관쟁의 등 객관적 소송의 경우

(1) BVerfGE 8, 183(184)

이는 독일재무장에 대한 주민조사금지와 관련한 Nordrhein-Westfalen주의 경찰법규에 대한 위헌 여부와 관련하여 주정부가 청구인이 되어 기본법 제93조 제1항 제2호에 따라 제기한 추상적 규범통제(abstrakte Normenkontrollverfahren)사건인데, 심판계속중 청구인이 서면으로 심판청구를 취하했다. 이 사건에서 연방헌법재판소는 심판청구취하로 인해 반드시 심판절차가 종료되는 것은 아니라고 하면서, 다만 이 사건의 경우 심판절차의 계속을 위한 공익적 이유가 없기 때문에 사건을 종료한다고 판시했다.[2] 이 판례에 따르면 추상적 규범통제절차의 경우 청구인의 심판청구취하가 심판절차의 계속 여부에 미치는 효과는 절실한 공익적 이유의 존재 여부에 좌우된다고 볼 수 있다. 즉 사건의 대상 및 내용 등과 관련하여 심판절차를 계속할 절실한 공익적 이유가 있다면, 청구취하에도 불구하고 절차는 계속되고 종국결정을 할 수 있다는 의미이다.[3]

(2) BVerfGE 24, 299(300)

이는 청구인 정당(Die Bayerische Staatspartei)이 정당법(Parteiengesetz) 제21조, 제21조 제1항 및 제22조가 기본법 제21조 제1항에 위반한다는 이유로 연방의회(Bundestag)와 연방참사원(Bundesrat)을 피청구인으로 하여 기본법 제93조 제1항 제1호에 따라 제기한 기관쟁의(Organstreitverfahren)사건인데, 역시 심판계속중 청구인이 서면으로 심판청구를 취하했다. 이 사건에서 연방헌법재판소는 청구취하는 구두변론 이후에는 재판소의 동의를 요한다고 하면서, 공익적 이유 때문에 동의를 거부했고, 이에 따라 청구취하는 허용되지 않았다. 이 판례에 따르면 권한쟁의심판절차의 경우 청구취하는 허용될 수 있으나 재판소의 동의를 요하고, 그 동의 여부는 공익적 이유의 존재 여부에 달려있다. 이 판례는 기본적으로 앞의 판례와 논지를 같이 하고 있다. 다만 구두변론의 실시 및 종료

---

2) 같은 견해의 판례: BVerfGE 1, 396(414f.); 25, 308(309); 77, 345; 87, 152(153).

3) Vgl. Pestalozza, Verfassungsprozeßrecht, 1991, S. 53f.;Ulsamer, in: Maunz/Schmidt-Bleibtreu/Klein/Ulsamer, Bundesverfassungsgerichtsgesetz Kommentar, §80, Rdnr. 319.

여부를 동의를 요하는지 여부의 또 하나의 판단기준으로 삼고 있는데, 이는 사건의 중요성과 구두변론의 개최 여부는 상당한 관련성이 있다고 보고, 그러므로 구두변론이 열렸다는 사실은 사건이 중대하고 따라서 절실한 공익적 이유가 존재한다는 것을 의미하며, 이에 따라 구두변론 이후에는 심판청구취하는 재판소의 동의를 요한다고 보는 데에 기초하고 있는 것 같다.[4] 그러나 구두변론 이전에는 재판소의 동의 없이 자유롭게 청구취하가 가능하고 심판절차가 종료되는지, 그리고 구두변론 이후에도 공익적 이유가 존재하지 아니한다면 청구인의 청구취하에 재판소가 동의해야 하고 심판절차가 종료되는지의 여부는 불분명하다.

(3) 평 가

이상에서 보는 바와 같이 청구인의 심판청구취하에 따른 심판절차의 종료 여부는 기본적으로 심판절차를 계속시킬 공익적 이유의 존재 여부에 달려 있는데, 위에서 본 추상적 규범통제심판이나 권한쟁의심판은 개인의 권리구제가 목적이 아니고 권력통제나 정치적 평화 또는 헌법질서유지 등의 객관적인 공익추구를 목적으로 하는 일종의 객관적 소송이므로 심판청구취하가 아무런 제한없이 자유롭게 허용되어서는 않될 것이다. 따라서 연방헌법재판소가 청구인의 심판청구취하를 재판소의 동의를 요하도록 하고, 그 동의 여부에 대하여 공익적 이유의 존재 여부를 기준으로 삼는 것은 타당하다고 여겨진다.

2. 헌법소원심판의 경우

(1) BVerfGE 85, 109(113)

이는 청구인이 연방행정재판소의 판결에 대하여 제기한 헌법소원심판(Verfassungsbeschwerdeverfahren)사건인데, 여기서 연방헌법재판소는 청구인이 심판청구를 취하할 수 있고, 이 경우 심판청구는 더 이상 재판소의 심판대상이 대상이 될 수 없다고 판시하면서 심판청구를 각하했다. 그 이유는 헌법소원의 기능이 개인의 권리구제이므로, 추상적 규범통제심판 등의 경우와는 달리, 청구의 취하는 결정이유와 근거를 상실케 하기 때문이라고 한다.

(2) BVerfGE 98, 218(242f.)

1) 사건의 개요

이 사건은 학교의 수업시간에 새로운 독일어 철자법을 도입하는 것을 내용으로 하

---

4) 이에 대하여는 후술함.

는 몇몇 주의 철자법개혁조치(Rechtschreibreform)와 관련된 것이다. 청구인은 이러한 새로운 철자법도입조치와 관련하여 해당 주(Schleswig-Holstein)의 행정법원 및 고등행정법원에 소송을 제기했고, 이들 법원의 결정들에 대해 헌법소원심판을 제기했다. 그 후 청구인은 구두변론이 종결된 상황에서 승소의 가능성이 없다고 판단한 나머지 심판청구를 취하했다. 이에 대해 연방헌법재판소는 위의 판례(BVerfGE 85, 109)의 경우와는 달리 청구인의 심판청구취하에도 불구하고 절차를 계속시켜 종국결정을 내렸다.

2) 결정의 요지

여기서는 연방헌법재판소의 결정내용 중 청구인의 심판청구취하의 법적 효과에 대한 부분만을 살펴보기로 하고, 본안판단에 대한 언급은 생략하기로 한다.[5] 그 결정요지는 다음과 같다.

"헌법소원에 대해서 청구인의 청구취하에도 불구하고 종국결정을 내린다. 왜냐하면 취하의 효력이 없기 때문이다. 그 이유는 절차를 계속시켜 본안판단을 할 절실한 공익적 이유가 존재하고, 아울러 구두변론이 종결되었기 때문이다.[6] 즉 헌법소원제도는 원칙적으로 개인의 권리구제에 그 목적이 있으므로, 청구취하는 절차를 종료시키는 효과를 가지나 예외가 있을 수 있고, 그 예외사유는 바로 절실한 공익의 존재라고 할 수 있다. 즉 헌법소원이 연방헌법재판소법 제90조 제2항 제2문에 따른 '일반적 의미(von allgemeiner Bedeutung)'를 지니고,[7] 그렇기 때문에 구두변론이 이루어졌고, 이러한 일반적 의미가 종국결정시까지 계속 존재한다면 심판절차의 계속에 대한 결정은 더 이상 청구인의 배타적인 자유로운 결정에 맡겨져서는 안된다는 것이다. 오히려 이 경우 헌

5) 이 사건에서 연방헌법재판소는 청구인의 심판청구의 취하에도 불구하고 절차를 계속시켜 종국결정을 내렸지만, 본안판단에서는 청구를 기각했다. 즉 몇몇 주의 철자법개혁조치가 청구인의 기본권을 침해한 것이 아니라고 판단한 행정법원들의 결정을 지지한 것이다. 그 이유를 간단히 살펴보면 다음과 같다.
첫째, 철자법개정과 관련하여 언어문제는 국가가 아니라 국민에게 속하는 사항이지만, 국가는 언어사용의 편의성 등 공익적 이유로 이를 규제할 수 있고, 또한 역사적으로도 지금까지 그래왔다. 둘째, 철자법에 대한 국가의 규제나 개혁의 정도와 내용이 중대하다면 위헌이라고 볼 수 있으나, 철자법의 전체계와 언어의 통일성을 해치지 아니하는 범위내에서 이루어지는 다소의 규제 내지 개정은 기본법 제6조 제2항 제1문에서 도출되는 청구인의 부모로서의 양육 및 교육권 등 헌법상 보장된 기본권을 침해하는 것이 아니다. 셋째, 철자법개혁문제는 주의 관할이다. 왜냐하면 이는 교육과 문화에 관한 문제이고, 이는 주의 관할에 속하는 사항이기 때문이다. 넷째, 철자법개혁문제를 의회가 입법으로 규제할 필요는 없다. 이는 관련 기본권을 침해하거나 기본권에 관한 본질적인 사항이 아니기 때문이다. 따라서 결론적으로 각주의 문화·교육관련 부처는 자율로－입법에 의하지 아니하고－철자법에 관한 다소의 개혁조치를 할 수 있고, 이것이 연방전체의 언어적 통일성을 침해하는 것은 아니다.

6) 여기서 피청구인의 동의 여부에 대하여는 언급이 없다.

7) 연방헌법재판소법 제90조 제2항은 소위 헌법소원의 보충성의 원칙 및 이에 대한 예외에 관한 규정이다. 이에 따르면 헌법소원은 다른 법률의 구제절차를 거친 후에 비로소 제기될 수 있고, 다만 그 헌법소원이 일반적 의미를 가지거나, 또는 다른 법률의 구제절차를 거칠 경우 심각하고 회복되기 어려운 손해가 발생되는 경우라면 예외적으로 다른 법률의 구제절차를 거치기 전이라도 헌법소원을 제기할 수 있게 된다. 이러한 보충성의 원칙 및 그 예외와 '일반적 의미'에 대하여 자세한 것은 Schmidt-Bleibtreu, in: Maunz/Schmidt-Bleibtreu/Klein/Ulsamer, Bundesverfassungsgerichtsgesetz Kommentar, §90, Rdnr. 188ff.; Gusy, Die Verfassungsbeschwerde, 1988, Rdnr. 149ff.; Meyer, in: Grundgesetz-Kommentar, hrsg. v. von Münch, Bd. 3, 23 Aufl., 1996, Art. 93, Rdnr. 59 참조.

법수호 및 헌법의 해석과 발전에 기여하는 헌법소원의 기능이 청구인 개인의 권리보호의 이익에 우선하기 때문에 청구인의 취하에도 불구하고 공익적 이유에서 절차를 계속시켜 종국결정을 할 것이 요구된다. 이러한 전제조건은 이 사건에서 충족되었다. 즉 이 사건에서 구두변론이 이미 종결되었고, 헌법소원의 일반적 의미가 인정된다. 다시 말해 이 사건 헌법소원에서 근본적인 헌법적 문제가 제기되고 있고, 이에 대한 연방헌법재판소의 해명과 판단은 다수의 유사사건의 해결과 모든 학교의 원활한 수업진행을 위하여 절실히 요구되기 때문이다."

3) 평 가

이 사건에서 연방헌법재판소는 해당 헌법소원이 가지는 일반적 의미 내지 공익적 의미를 청구취하의 유효 여부의 기준으로 삼으면서, 앞의 판례의 경우와는 달리 일반적·공익적 의미의 존재를 이유로 청구취하를 받아들이지 아니하고 종국결정을 내리고 있다. 이러한 결론은 후술하는 바와 같이 타당하다고 보여 진다. 그런데 재판소는 구두변론의 실시와 종료 여부를 취하의 유효 여부의 또 하나의 중요한 판단기준으로 삼고 있다. 이는 해당 헌법소원의 중요성과 구두변론의 실시 여부는 상당한 관련성이 있다고 보고, 따라서 구두변론이 열렸다는 사실은 사안이 중대하고 절실한 공익적 이유가 존재한다는 것을 의미하며, 이에 따라 구두변론 이후에는 심판청구취하는 제한될 수 있다고 보는 데에 기초하고 있는 것 같다. 그러나 여기서도 역시 위에서 살펴본 BVerfGE 24, 299(300) 결정의 경우에서처럼 구두변론 이전에는 자유롭게—상황에 따라서는 공익적 이유가 존재함에도 불구하고—청구취하가 가능하고 심판절차가 종료되는지, 그리고 아예 구두변론이 열리지 않는 경우에는 중요한 공익적인 이유가 존재함에도 불구하고 자유롭게 청구취하가 허용되는지의 여부가 불분명하다.

기본적으로 헌법소원의 경우 심판청구의 취하의 가능성 여부, 그리고 이에 대해 재판소의 동의를 요하는 지의 여부를 구두변론의 실시 및 종료 여부와 연관시키는 것은 타당하지 못하다고 본다. 왜냐하면 앞서도 언급한 바와 같이 청구취하와 이에 따른 절차종료 여부는 근본적으로 해당 사건의 대상 및 내용의 헌법적·공익적 의미에 달려있지 구두변론의 실시 여부나 종료 여부에 달려있는 것은 아니기 때문이다. 이러한 절실한 공익적 이유의 존재는 구두변론의 실시나 그 종료 여부와 직결되는 것은 아니다. 물론 독일의 경우 헌법소원심판절차에 있어서 서면심리가 일반적이고,[8] 우리의 경우에도 헌법재판소법 제30조 제2항에 따라 헌법소원심판의 경우 서면심리를 원칙으로 하며 재판부가 필요하다고 인정하는 경우에 한해 구두변론을 열 수 있기 때문에, 앞서도 언급한 바와 같이 구두변론이 실시되었다는 사실은 당해 헌법소원사건의 대상과

---

8) 독일 연방헌법재판소법 제25조 제1항에 따르면 심리는 원칙적으로 구두변론에 의하도록 되어 있으나, 실제로는 대부분 서면심리에 의하고, 특히 헌법소원의 경우에는 예외적으로만 구두변론에 의한다. Vgl. Schlaich, Das Bundesverfassungsgericht, 4. Aufl., 1997, Rdnr. 64; Gusy, aaO, Rdnr. 300.

내용이 상당히 중요한 의미를 가지고 있고 따라서 이미 나름대로의 공익적 이유가 존재한다고 볼 수도 있다. 그러나 항상 그러한 것은 아니다. 중요하고 절실한 공익적 이유가 존재하는 경우라도 구두변론이 열리지 아니할 수 있고, 그 반대의 경우도 존재할 수 있다. 또한 설사 구두변론이 열릴 예정이거나 이미 열렸다 하더라도 그 종료 여부와 공익적 이유의 존재가 직결되는 것은 아니다. 구두변론 이전이라고 하더라도 공익적 이유가 존재하면 청구취하가 제한되어야 하는 것이고, 구두변론이 종결되었다 하더라도 공익적 이유가 존재하지 않는다면 청구취하가 허용되어야 하는 것이기 때문이다. 결국 청구인의 심판청구취하에 대한 허용여부 내지 재판소의 동의여부는 기본적으로 그 헌법소원심판청구의 대상과 내용이 가지는 절실한 헌법적·공익적 의미에 달려있다고 보아야 할 것이다.

Ⅳ. 헌법소원심판청구취하와 관련된 규정

1. 우리의 경우

심판청구취하와 관련해서는 헌법재판소법에 아무런 규정이 없고, 다만 동법 제40조(준용규정)가 "① 헌법재판소의 심판절차에 관하여는 이 법에 특별한 규정이 있는 경우를 제외하고는 민사소송에 관한 법령의 규정을 준용한다. 이 경우 탄핵심판의 경우에는 형사소송에 관한 법령을, 권한쟁의심판 및 헌법소원심판의 경우에는 행정소송법을 함께 준용한다. ② 제1항 후단의 경우에 형사소송에 관한 법령 또는 행정소송법이 민사소송에 관한 법령과 저촉될 때에는 민사소송에 관한 법령은 준용하지 아니한다."라고 규정하고 있는데, 앞서 소개한 바와 같이 헌법재판소는 동조항에 근거하여 헌법소원심판청구취하의 경우 민사소송법 제239조가 준용된다고 보았다. 즉 제1차적인 법원인 헌법재판소법과 제2차적인 법원인 행정소송법에 아무런 규정이 없으므로, 최후로 민사소송법이 준용된다고 본 것이다.

그리고 민사소송법 제239조(소의 취하)는 "① 소는 판결의 확정에 이르기까지 그 전부나 일부를 취하할 수 있다. ② 소의 취하는 상대방이 본안에 관한 준비서면을 제출하거나 준비절차에서 진술하거나 변론을 한 후에는 상대방의 동의를 얻지 아니하면 그 효력이 없다. ③ 생략 ④ 소장을 송달한 후에는 취하의 서면을 상대방에게 송달하여야 한다. ⑤ 생략 ⑥ 소취하의 서면이 송달된 날로부터 2주일 내에 상대방이 이의를 하지 아니한 때에는 취하에 동의한 것으로 본다(이하 생략)."라고 규정하고 있고, 동법 제240조(소취하의 효과)는 "① 소는 취하된 부분에 대하여는 처음부터 계속하지 아니한 것으로 본다. ② 생략"라고 규정하고 있는데,[9] 헌법소원심판절차에 이 규정이 준용되는 결과 청구인이 헌법소원심판청구를 자유롭게 취하할 수 있고, 다만 동법 동조 제2

9) 현행 민사소송법에서는 제266조(소의 취하)와 제267조(소취하의 효과)로 규정되어 있다.

항에 해당하는 경우에는 피청구인의 동의를 요하고, 이 경우 동법 동조 제6항에 따라 피청구인이 2주일 내에 이의를 하지 아니한 때에는 동의한 것으로 간주된다는 것이다. 따라서 이 사건에서 청구인들이 서면으로 헌법소원심판청구를 모두 취하하였고, 본안에 관한 답변서를 제출한 피청구인에게 취하의 서면이 송달되었으며, 피청구인이 그날로부터 2주일 내에 이의를 하지 않았으므로, 피청구인이 청구인들의 심판청구의 취하에 동의한 것으로 간주되어 헌법소원심판절차를 종료시킨 것이다.

2. 독일의 경우

독일 연방헌법재판소법은 제52조에 연방대통령에 대한 탄핵심판청구(Präsidentenanklage)의 취하에 대하여 규정하고 있고, 제58에서는 연방법관에 대한 탄핵심판(Richteranklage)절차에 제52조가 준용된다고 규정함으로써, 연방대통령과 연방법관탄핵심판청구의 취하에 대해서만 규정하고 있을 뿐, 심판청구취하에 관한 일반적 규정을 마련하고 있지 않다. 따라서 헌법소원심판 등 주요한 다른 종류의 심판청구의 취하에 대하여는 아무런 규정이 없고, 이들 심판절차에 우리의 행정소송법에 해당하는 행정법원법(Verwaltungsgerichtsordnung)이나 민사소송법(Zivilprozeßordnung)의 관련규정이 준용되는 지의 여부에 대하여도 언급이 없다. 즉 우리 헌법재판소법 제40조(준용규정)에 해당하는 규정이 없다.[10] 따라서 이들 탄핵심판절차를 제외한 기타의 심판절차의 경우에는 연방헌법재판소법의 상기규정과 민사소송법 및 행정법원법 등의 관련규정을 참조하고, 다양한 이익과 사안을 고려하여－위에서 예를 들은 판례에서 보는 바와 같이－연방헌법재판소의 판단에 의해 심판청구취하문제가 해결되고 있다고 볼 수 있다. 예컨대 헌법소원심판절차의 경우에는 대체로 민사소송법의 관련규정이 준용된다고 보거나,[11] 또는 행정법원법규정이 준용된다고 보고 있으며,[12] 실제로 지금까지－앞서 소개한 1998. 7. 14.의 BVerfGE 98, 218(242f.) 사건의 경우를 제외하고는－청구인의 심판청구취하가 허용되어 왔다고 볼 수 있다.

참고로 소의 취하(Klagerücknahme)에 관하여 규정하고 있는 독일 민사소송법 제269조는 제1조에서 "소는 구두변론의 개시전까지는 피고의 동의 없이 취하될 수 있다."고 규정하는 등 대체로 우리 민사소송법 제239조 및 제240조와 유사하다.

10) 연방헌법재판소법이 심판절차에 관한 체계적이고 완전한 규정을 마련하고 있지 아니하고, 이와 관련한 준용규정에 대하여도 아무런 언급이 없는 것과 관련하여 이는 헌법재판소법의 흠결일 뿐이라는 견해와 헌법재판소에게 심판절차에 관한 자율권을 부여하고자 한 입법자의 의도라는 견해가 대립하고 있다. Vgl. Stern, Das Staatsrecht der Bundesrepublik Deutschland, Bd. Ⅱ, 1980, S. 1028ff.; Zuck, Das Recht der Verfassungsbeschwerde, 2. Aufl., 1988, S120; Schlaich, Die Verfassungsgerichtsbarkeit im Gefüge der Staatsfunktionen, VVDStRL 39(1981), S. 136f.

11) Vgl. F. Klein, in: Maunz/Schmidt-Bleibtreu/Klein/Ulsamer, Bundesverfassungsgerichtsgesetz Kommentar, vor §17, Rdnr. 7.

12) Vgl. Lechner, Die Verfassungsgerichtsbarkeit, in: Bettermann/Nipperdey/Scheuner, Die Grundrechte, Bd. Ⅲ, 2. Halbband, 1959, S. 702.

그리고 행정법원법도 - 우리의 경우와는 달리[13] - 제92조에 소의 취하에 대하여 규정하고 있다. 즉 "① 원고는 판결의 확정에 이르기까지 소를 취하할 수 있다. 구두변론에 대한 신청이 제기된 이후에는 피고의 동의, 그리고 공익의 대표자(Vertreter des öffentlichen Interesses)가 구두변론에 참가한 경우에는 그 공익대표자의 동의를 요한다. ② 이하 생략"은 규정이 그것이다.

그런데 이 행정법원법 제92조 제1항 제2문 후단의 경우에는 민사소송법 제269조와는 달리 공익대표자가 구두변론에 참가한 경우에는 소의 취하를 위해 그 공익대표자의 동의를 요하도록 하고 있는데, 이는 소취하의 허용 여부와 관련하여 공익도 아울러 고려한다는, 즉 공익적 이유에서 행정소송의 취하가 제한될 수 있음을 시사하는 것이라고 여겨진다. 이는 행정소송이 민사소송과는 달리 직권심리주의가 가미된 공익소송의 성질도 아울러 가진다는,[14] 즉 행정소송제도가 개인의 권리구제 뿐 아니라 행정의 적법성확보와 행정통제 및 공익추구의 성질도 가진다는 행정소송의 기능과 특성에서 도출된다고 본다. 이 점에서 행정소송의 경우에는 민사소송의 경우와는 달리 당사자처분주의가 일정부분 제한될 수 있는 것이며, 따라서 피고가 원고의 소취하에 동의한 경우라도 상황에 따라서는 공익적 이유에서 취하가 허용되지 않을 수 있다는 것으로 해석해야 할 것이다.

V. 헌법소원심판청구취하의 법적 효과

1. 헌법소원제도의 본질과 이중적 기능

헌법소원제도는 이중적 기능을 가진다. 즉 헌법소원제도는 단순한 개인의 기본권구제의 기능만을 가지고 있는 것이 아니라, 중요한 헌법적 해명, 헌법질서유지, 권력통제 등 공익추구의 기능도 아울러 가지고 있다. 이는 그동안의 확립된 헌법재판소의 견해이기도 하다. 예컨대 헌법재판소는 청구인이 자신의 권리를 침해하였다고 주장하는 변호인 접견방해행위는 이미 끝났기 때문에 이제 이를 취소할 여지가 없고 따라서 구제될 개인의 이익이 없음에도 불구하고 제기한 변호인의 조력을 받을 권리에 대한 헌법소원심판 사건[15]에서 "헌법소원의 본질은 개인의 주관적 권리구제 뿐 아니라 객관적인 헌법질서의 보장도 하고 있으므로 헌법소원에 있어서의 권리보호이익은 일반법원의 소송사건에서처럼 주관적 기준으로 엄격하게 해석하여서는 아니된다. 따라서 침해

---

13) 우리 행정소송법에는 소의 취하에 대하여 아무런 규정이 없어 민사소송법 제239조 제2항이 행정소송심판절차에 있어서의 소의 취하에 준용된다고 보는 것이 일반적 견해인 것 같다. 예컨대 이상규, 신행정법론(상), 1997, 893쪽; 김남진, 행정법 I, 1997, 833쪽.

14) 공익대표자가 소송에 참가한다는 자체가 이미 행정소송이 공익성도 아울러 지닌다는 것을 의미한다고 보아야 할 것이다.

15) 1992. 1. 28. 91헌마111.

행위가 이미 종료하여서 이를 취소할 여지가 없기 때문에 헌법소원이 주관적 권리구제에는 별 도움이 안되는 경우라도 그러한 침해행위가 앞으로도 반복될 위험이 있거나 당해 분쟁의 해결이 헌법질서의 수호·유지를 위하여 긴요한 사항이어서 헌법적으로 그 해명이 중대한 의미를 지니고 있는 경우에는 심판청구의 이익을 인정하여 이미 종료한 침해행위가 위헌이었음을 선언적 의미에서 확인할 필요가 있는 것이다."라고 판시했고, 형사소송법 제97조 제3항 위헌제청사건[16]에서 "위헌여부심판이 제청된 법률조항에 의하여 침해된다는 기본권이 중요하여 동 법률조항의 위헌 여부의 해명이 헌법적으로 중요성이 있는데도 그 해명이 없거나, 동 법률조항으로 인한 기본권의 침해가 반복될 위험성이 있는데도 좀처럼 그 법률조항에 대한 위헌여부심판의 기회를 갖기 어려운 경우에는 설사 그 심리기간 중 그 후의 사태진행으로 당해 소송이 종료되었더라도 헌법재판소로서는 제청 당시 전제성이 인정되는 한 예외적으로 객관적인 헌법질서의 수호·유지를 위하여 심판의 필요성을 인정하여 적극적으로 그 위헌 여부에 대한 판단을 하는 것이 헌법재판소의 존재이유에도 부합하고 그 임무를 다하는 것이 될 것이다."라고 판시하고 있으며, 등사신청거부처분취소사건[17]에서도 "청구인에 대한 국가보안법위반사건은 피청구인의 이 사건 열람·등사거부행위 이후 그 공판절차가 진행되어 1994. 5. 10. 제1회 공판기일이 개시되었고 증거조사 및 변론을 거쳐 같은 해 6. 3. 제1심판결이 선고되었는바, 따라서 제1회 공판기일 개시 전에 수사기록을 열람·등사하여 충실한 변론준비를 하고자 하였던 청구인으로서는 제1심판결이 선고된 지금에 이르러서는 이 사건 심판청구가 인용된다 하더라도 청구인의 주관적 권리구제에는 도움이 되지 아니한다고 할 수 있다. 그러나 헌법소원은 주관적 권리구제 뿐만 아니라 객관적인 헌법질서보장의 기능도 겸하고 있으므로 가사 청구인의 주관적 권리구제에는 도움이 되지 아니한다 하더라도 같은 유형의 침해행위가 앞으로도 반복될 위험이 있고, 헌법질서의 수호·유지를 위하여 그에 대한 헌법적 해명이 긴요한 사항에 대하여는 심판청구의 이익을 인정하여야 할 것이다. 이 사건 헌법소원에 있어서 피청구인의 수사기록에 대한 열람·등사거부행위는 그 주장 내용 및 답변의 취지로 미루어 보건대 앞으로도 계속 반복될 것으로 보여지고, 그에 대한 헌법적 정당성 여부의 해명은 헌법질서의 수호를 위하여 매우 긴요한 사항으로서 중요한 의미를 지니고 있는 것이므로 이 사건 심판청구의 이익은 여전히 존재한다 할 것이다."라고 판시하고 있다.[18]

독일의 경우에도 헌법소원의 이러한 이중적 기능, 즉 개인의 주관적 권리구제의 기능과 더불어 헌법질서유지와 권력통제 등의 객관적인 공익추구의 기능이 판례[19]와 학설[20]에 의하여 확립되어 있다. 따라서 연방헌법재판소도 위에서 소개한 우리 헌법재판

16) 1993. 12. 23. 93헌가2.

17) 1997. 11. 27. 94헌마60.

18) 같은 견해의 판례: 헌재 1992. 4. 14. 90헌마82; 1995. 7. 21. 92헌마144; 1998. 8. 27. 96헌마398.

19) 예컨대 BVerfGE 33, 247(258f.); 45, 63(74).

소의 결정과 기본적으로 동일한 취지의 결정을 내리고 있다. 즉 중요한 헌법적 문제에 대한 해명을 위해서나 특별히 중요한 기본권에 대한 침해가 문제될 경우, 또는 침해의 원인이 되는 공권력작용의 반복위험이 있는 경우 등에 있어서는 기본권 침해의 원인이 된 공권력작용이 이미 종료되었거나[21] 취소된 경우[22]에도, 그리고 심지어는 헌법소원의 청구취지가 이미 실현된 경우[23][24]라도 권리보호의 이익이 있다고 보아 본안판단을 하고 있다.

2. 헌법소원제도의 객관적 소송화

이처럼 헌법소원제도는 개인의 주관적 권리구제의 기능 뿐 아니라, 중요한 헌법적 해명, 헌법질서유지, 권력통제 등 객관적·공적 이익추구의 기능도 가지고 있으며, 따라서 오늘날 헌법소원제도는 주관적 소송의 성격 뿐 아니라 사실상 객관적 소송[25]의 성격도 아울러 가지게 되었다고 볼 수 있고, 이에 따라 소의 이익과 청구인 적격의 범위가 그만큼 확대되고 있다고 볼 수 있다.

앞서 언급한 바와 같이 독일 연방헌법재판소도 헌법소원제도가 개인의 권리구제제

20) Säcker, Das Bundesverfassungsgericht, 3. Aufl., 1981, S. 36; Schlaich, aaO, Rdnr. 197; Gusy, aaO, Rdnr. 15f.; Pieroth, in: Jarass/Pieroth, Grundgesetz Kommentar, 4. Aufl., 1997, Art. 93, Rdnr. 36; E. Klein, Zur objektiven Funktion der Verfassungsbeschwerde, DÖV 1982, S. 797; Pestalozza, aaO, S. 191.

21) 예컨대 BVerfGE 74, 102(115); 76, 363(381); 86, 288(309).

22) 예컨대 BVerfGE 15, 226(230); 32, 87(92); 53, 152(157); 56, 99(106); 76, 363(381).

23) 예컨대 BVerfGE 50, 244(248); 69, 315(341); 85, 36(53); 91, 125(133).

24) 이에 반하여 우리 헌법재판소는 수사기관의 기본권 침해에 대한 헌법소원심판사건(1991. 7. 8. 89헌마181)에서 "접견거부처분이 있은 며칠 후 접견이 이루어져 그 목적이 달성되었고, 그 후 사건이 검찰에 송치됨으로써 이제 피청구인 관하에서 접견목적은 이루어지기 불가능하게 된 사정변경이 생겼으므로, 불분명한 헌법문제의 해명, 피해반복의 위험 등을 이유로 심판의 이익이 있다 할 특별한 경우에 해당한다 할 수 없다."고 판시했고, 변호인접견실 칸막이설치 위헌확인사건(1997. 3. 27. 92헌마273)에서 "이 사건 헌법소원은 영등포교도소의 변호인접견실에 변호인석과 재소자석을 차단하는 칸막이를 설치한 권력적 사실행위에 대한 위헌결정을 통하여 이를 제거하고자 하는 것인데, 이 칸막이가 그 후 법무부의 지시에 따라 철거된 이상 청구인이 이 사건 헌법소원을 통하여 달성하고자 하는 주관적 목적은 이미 달성되었으므로 심판대상행위의 위헌 여부를 가릴 실익이 없어졌다 할 것이다."고 판시하고 있으며, 열람및복사거부처분취소사건(1998. 2. 27. 96헌마211)에서 "피고인에 대한 공소제기후 제1회 공판기일전에 변론준비를 위하여 검찰에 수사기록에 대한 열람등사신청을 하였으나 동 신청이 거부된 이후 공판절차가 진행되고 제1회 공판기일이 개시되자 법원에 수사기록의 열람등사를 신청하여 수사기록 일체를 복사받았고 그 후 1심판결까지 선고되었다면 검찰의 열람 및 등사거부처분의 취소를 구하는 이 사건 심판청구는 권리보호의 이익이 없어 부적법하다."라고 판시함으로써, 이미 청구취지 내지 목적이 달성된 경우에는 권리보호이익 내지 헌법소원심판의 이익이 없다고 보아 심판청구를 각하하는 소극적 입장을 취하고 있다.

25) 여기서 말하는 헌법소원의 객관적 소송화가 물론 헌법소원이 곧 바로 행정소송법 제45조에서 규정하고 있는 민중소송이나 기관소송과 같은 순수한 객관적 소송이나 독일 바이에른주 헌법 제98조 제4문이 규정하고 있는 소위 Popularklge를 의미한다는 것은 아니다(Vgl. Maunz, in: Maunz-Dürig, Grundgesetz Kommentar, Art. 93, Rdnr. 67; Gusy, aaO, Rdnr. 62; Pestalozza, aaO, S.441ff.). 왜냐하면 민중소송 등의 순수한 객관적 소송은 특정 개인의 기본권침해와 그 구제를 전제로 하지 아니하고 행정통제나 행정의 적법성확보 등 오로지 객관적 공익추구만을 목적으로 하지만, 헌법소원의 경우에는 기본적으로는 공권력작용에 의한 청구인 개인의 기본권침해와 그 구제를 전제로 하면서 동시에 객관적 공익추구도 목적으로 한다는 점에서 양자는 구별된다고 하겠다. 객관적 소송과 주관적 소송의 구별과 관련하여 정연주, 민중소송과 선거소송, 고시연구 1998. 2, 116쪽 이하 참조.

도이긴 하지만, 다른 한편 헌법수호와 다른 국가기관통제 및 헌법의 해석과 발전에 기여하는 기능을 가진다고 보고, 이러한 객관적 기능 때문에 헌법소원제도가 다른 일반법원의 권리구제제도와 구별된다고 판시하고 있다.[26)]

3. 헌법소원과 직권심리주의

한편 이러한 헌법소원의 기능과 목적의 확대와 더불어 헌법소원을 비롯한 헌법재판절차에는 직권심리주의가 강하게 지배하고 있다고 볼 수 있다. 따라서 헌법재판소는 헌법소원심판절차에 있어서 당사자의 청구취지나 주장과 논거 등에 구속됨이 없이 직권으로 당사자가 주장하지 아니한 제반사항에 대하여 판단할 수 있고, 또한 판단하여야 할 의무가 있는 것이다. 이러한 강력한 직권심리주의는 "재판부는 사건의 심리를 위하여 필요하다고 인정하는 경우에는 당사자의 신청 또는 '직권에 의하여' 다음의 증거조사를 할 수 있다. …"라고 규정하고 있는 헌법재판소법 제31조 및 앞서 언급한 헌법소원제도 내지 헌법재판제도의 공적 기능과 목적 등으로부터 도출된다고 볼 수 있다. 이에 따라 헌법재판소도 교수재임용추천거부 등에 대한 헌법소원심판사건[27)]에서 "헌법재판소법 제25조, 제26조, 제30조, 제31조, 제32조, 제37조, 제68조, 제71조 등에 의하면 헌법소원심판제도는 변호사 강제주의, 서면심리주의, 직권심리주의, 국가비용부담 등의 소송구조로 되어 있어서 민사재판과 같이 대립적 당사자간의 변론주의 구조에 의하여 당사자의 청구취지 및 주장과 답변만을 판단하면 되는 것이 아니고, 헌법상 보장된 기본권을 침해받은 자가 변호사의 필요적 조력을 받아 그 침해된 권리의 구제를 청구하는 것이므로 소송비용과 청구양식에 구애되지 않고 청구인의 침해된 권리와 침해의 원인이 되는 공권력의 행사 또는 불행사에 대하여 직권으로 조사 판단하는 것을 원칙으로 하고 있다. 따라서 헌법소원심판은 그 청구서와 결정문에 반드시 피청구인을 특정하거나 청구취지를 기재하여야 할 필요가 없다. 그러므로 헌법소원심판청구서에 피청구인을 특정하고 있더라도 피청구인의 잘못된 표시는 헌법소원심판청구를 부적법하다고 각하할 사유가 되는 것이 아니며 소원심판대상은 어디까지나 공권력의 행사 또는 불행사인 처분 자체이기 때문에 심판청구서에서 청구인이 피청구인(처분청)이나 청구취지를 잘못 지정한 경우에도 권리구제절차의 적법요건에 흠결이 있는 것이 아니어서 직권으로 불복한 처분(공권력)에 대하여 정당하게 책임져야 할 처분청(피청구인)을 지정하여 정정할 수도 있고 처분청을 기재하지 아니할 수도 있다. 따라서 헌법재판소는 청구인의 심판청구서에 기재된 피청구인이나 청구취지에 구애됨이 없이 청구인의 주장요지를 종합적으로 판단하여야 하며 청구인이 주장하는 침해된 기본권과 침해의 원인이 되는 공권력을 직권으로 조사하여 피청구인과 심판대상을 확정하여 판단

---

26) 예컨대 BVerfGE 33, 247(259); 79, 365(367f.); 85, 109(113).

27) 1993. 5. 13. 91헌마190.

하여야 하는 것이다."라고 판시함으로써 헌법소원 내지 헌법재판절차에서의 강력한 직권심리주의와 그에 대한 재판소의 의무를 강조하고 있다.

행정소송법 제26조도 "법원은 필요하다고 인정할 때에는 직권으로 증거조사를 할 수 있고, 당사자가 주장하지 아니한 사실에 대하여도 판단할 수 있다."라고 규정하고 있고, 이에 따라 행정소송에도 직권심리주의가 가미되고 있으며, 따라서 당사자처분주의에 일정한 제한이 가해지고 있다. 이 역시 행정소송이 개인의 권리구제의 목적 이외에 행정의 적법성확보와 행정통제라고 하는 공적 목적에 기여하는 기능을 가지기 때문이라고 볼 수 있다.[28)]

독일의 경우에도 '진실발견을 위한 재판소의 증거조사'에 관하여 규정하고 있는 연방헌법재판소법 제26에 근거하여 헌법재판절차에 직권심리주의(Untersuchungsgrundsatz)가 지배하고 있는데, 이러한 직권심리는 공익소송으로서의 헌법소송의 특성상 당연히 인정되는 것으로서,[29)] 헌법재판소의 권한이자 의무라고 할 수 있다.[30)] 아울러 행정법원법 제86조 제1항도 직권심리주의에 대하여 규정하고 있고, 이에 따라 행정소송절차에도 직권심리주의가 가미되고 있다. 물론 이 역시 행정소송이 가지는 공적 기능에서 연유한다고 볼 수 있다.[31)] 행정소송이 가지는 이러한 공적 기능 때문에 직권심리는 법원의 권한이자 의무라고 평가되고 있다.[32)]

4. 헌법소원제도의 특성과 민사소송과의 차이점

이처럼 헌법소원제도는 헌법재판소가 강조하는 바와 같이 민사소송과는 본질적으로 다르다. 즉 민사소송은 어디까지나 개인의 권리구제를 목적으로 하고 그 판결의 효력이 원칙적으로 소송당사자에게만 한정하여 미치는 것으로서 당사자처분주의를 근간으로 하지만, 헌법소원제도는 개인의 권리구제 뿐 아니라, 공익추구도 그 목적으로 하고 있고, 헌법소원에 있어서의 인용결정은 일반적 기속력과 대세적·법규적 효력을 가진다.[33)][34)] 더욱이 오늘날 헌법소원제도가 고도로 발전함에 따라 개인의 권리구제 보다는

---

28) 같은 견해 김남진, 전게서, 811쪽 이하.

29) Vgl. Pestalozza, aaO, S. 57f.; F. Klein, aaO, Rdnr. 7; Schlaich, aaO, Rdnr. 57; Lechner, aaO, S. 702ff.

30) Vgl. Lechner, aaO, S. 704.

31) 이에 대하여 자세한 것은 Kopp, Verwaltungsgerichtsordnung Kommentar, 8. Aufl., 1989, §86, Rdnr. 1ff.; Tschira/Schmitt Glaeser, Verwaltungsprozeßrecht, 9. Aufl., 1988, Rdnr. 745ff. 참조.

32) Vgl. Tschira/Schmitt Glaeser, aaO, Rdnr. 747.

33) 헌법재판소법 제75조 제1항은 "헌법소원의 인용결정은 모든 국가기관과 지방자치단체를 기속한다."고 규정함으로써 이를 뒷받침하고 있다. 참고로 독일 연방헌법재판소법 제31조 제1항도 "연방헌법재판소의 결정은 연방과 주의 헌법기관 및 모든 법원과 행정청을 기속한다."라고 규정하고 있다. 이러한 일반적 기속력 및 대세적·법규적 효력에 대하여 Vgl. Schlaich, aaO, Rdnr. 439ff.; Pestalozza, aaO, S. 319ff.; Lechner, aaO, S. 711ff.

34) 헌법재판소도 민사소송법 제118조에 대한 헌법소원심판사건(1992. 6. 26. 90헌아1)에서 "헌법재판소법 제68조 제2항에 의한 헌법소원에 있어서 인용결정은 위헌법률심판의 경우와 마찬가지로 이른바 일반적 기속력과 대세적·법규적 효력을 가진다. 이러한 효력은 법원에서의 구체적·개별적 소송사건에서 확정

오히려 권력통제, 중요한 헌법적 해명, 헌법질서유지 등 객관적 공익추구가 헌법소원제도의 더욱 중요한 기능이자 목적이 되었고, 이에 따라 앞서도 언급한 바와 같이 헌법소원제도는 상당부분 객관적 소송의 성격을 가지게 되었으며 소의 이익도 그만큼 확대되었다. 이는 민사소송과 구별되는 헌법소송의 기능과 특성 및 일반법원과 구별되는 헌법재판소의 지위와 기능 등[35]에 비추어 지극히 당연하고 자연스러운 현상이라고 볼 수 있다.

5. 헌법소원심판청구취하와 재판부의 동의

따라서 지금까지 언급한 헌법소원제도의 본질과 기능 및 특성에 비추어 볼 때 헌법소원심판절차에 민사소송법의 규정과 원리가 준용되는 데에는 일정한 한계가 있다. 여기서 논의되는 헌법소원심판청구취하의 효과문제가 바로 그 예라고 할 수 있다. 따라서 만일 구체적 헌법소원의 대상과 내용 및 청구취지 등에 비추어 공익추구, 중요한 헌법적 해명, 권력통제, 동일한 침해의 반복방지, 헌법질서유지 등 공적·객관적 이익과 기능이 강조되는 경우라면 청구인이 그 심판청구를 취하한 경우라도, 그리고 상대방인 피청구인이 이에 동의하거나 이의를 제기하지 아니한 경우라도 당사자의 의사에 관계없이 재판소는 직권으로 그 심판절차의 계속 여부 및 결정내용 등에 대하여 판단할 수 있는 권한을 가지고 있으며,[36] 또 이를 행사해야 할 의무가 있다고 보아야 할 것이다. 이러한 재판소의 의무는 헌법수호와 권력통제 및 공익추구의 권한과 의무를 가지는 헌법재판소의 존재의의와 앞서 언급한 헌법소원제도의 기능과 특성 등으로부터 도출된다고 볼 수 있다. 따라서 청구인의 심판청구취하는 피청구인의 동의와 더불어 재판부의 동의[37]를 요하며, 결국 헌법소원심판청구취하의 허용 여부와 그 법적 효과는 당사자가 아니라, 관련되는 다양한 공·사익의 총체적 형량을 바탕으로 한 재판부의 판단에 좌우된다고 보아야 할 것이다.[38]

된 판결이 그 기속력이나 확정력에 있어서 원칙적으로 소송당사자에게만 한정하여 그 효력이 미치는 것과 크게 다른 것이다."라고 판시함으로써 개별적·주관적인 당사자처분주의의 성격을 가지는 민사소송과 일반적·객관적 성격을 가지는 헌법소원제도의 차별성을 강조하고 있다. 같은 견해의 판례: 헌재 1995. 1. 20. 93헌아1.

35) 이러한 헌법소원제도 내지 헌법재판제도의 기능과 특성 및 일반재판과의 차이점에 대하여 Simon, Verfassungsgerichtsbarkeit, in: Handbuch des Verfassungsrechts, hrsg. v. Ernst Benda/Werner Mayhofer/Hans-Jochen Vogel, 2. Auflage, 1994, Rdnr. 42ff.; Stern, aaO, S. 951ff.; Ossenbühl, Verfassungsgerichtsbarkeit und Fachgerichtsbarkeit, in: Hamburg-Deutschland-Europa, Festschrift für Hans Peter Ipsen, hrsg. v. Rolf Stöter und Werner Thieme, 1977, S. 129ff.; Schlaich, aaO, Rdnr. 465ff.; ders., VVDStRL 39(1981), S. 120ff. 참조.

36) 독일의 경우 직권심리주의가 적용되는 결과 청구인의 심판청구취하신청에 구속됨이 없이 연방헌법재판소가 공익적 이유가 존재할 경우 직권으로 심판절차를 계속시킬 수 있다는 점에 대하여 Vgl. Pestalozza, aaO, S. 412f.

37) 여기서 재판부의 동의는 헌법재판소법 제23조 제2항에 따라 종국심리에 관여한 재판관의 과반수의 찬성으로 이루어질 것이다.

38) 이러한 취하의 허용 여부와 이익형량에 대하여 Vgl. F. Klein, aaO, Rdnr. 8.

따라서 이 사건에서 헌법재판소는 청구인의 심판청구취하와 이에 대한 피청구인의 동의 여부만을 기준으로 하지 말고, 직권으로 이 사건 헌법소원의 대상과 내용 및 그 의미와 목적 등을 총체적으로 검토해서 앞서 언급한 객관적·공익적 사유가 존재한다고 판단이 된다면[39] 심판청구의 취하 및 이에 대한 피청구인의 동의에도 불구하고 이 사건을 계속시켜 그 본안판단과 종국결정을 했어야 했다.

Ⅵ. 맺는 말

지금까지 헌법소원심판청구취하의 효과문제를 헌법소원제도의 본질과 기능 및 특성과 관련하여 고찰해 보았다. 결론적으로 청구인의 심판청구취하에는 피청구인의 동의 이외에 재판소의 동의를 요한다고 보아야 할 것이다. 여기에 민사소송법의 규정과 원리가 준용될 수는 없다. 그리고 청구취하에 대한 재판소의 동의는 당해 심판청구의 대상과 내용 및 목적이 가지는 객관적·공익적 의미를 헌법소원제도의 본질 및 기능과 관련하여 총체적으로 검토해서 이루어져야 하며, 따라서 그 동의 여부의 중요한 판단기준은 바로 해당 헌법소원이 가지는 객관적·공익적 의미가 될 것이다. 또한 이는 헌법소원심판의 경우 뿐 아니라 다른 심판제도에도 당연히 적용되어야 할 것이다. 이러한 점에 비추어 볼 때 이 사건 헌법소원심판의 경우 앞에서도 언급한 바와 같이 중요한 헌법문제의 해명과 헌법질서유지라는 절실한 객관적·공익적 의미가 존재함에도 불구하고 재판소가 단순히 헌법재판소법 제40조의 준용규정만을 근거로 민사소송법 제239조를 준용시켜 청구취하와 이에 대한 피청구인의 동의만을 근거로 바로 심판절차를 종료시키는 결정을 내린 것은 형식논리에 사로잡힌 대단히 무책임한 처사라고 보지 않을 수 없다. 결국 이는 헌법재판소의 기능과 사명 및 지위를 망각한 일종의 직무유기라고 비판받아 마땅하다. 차제에 헌법재판소의 적극적인 입장변경을 기대한다.

---

39) 이 사건에서 반대의견은 심판청구의 대상 및 내용과 관련하여 그에 대한 헌법적 해명이 객관적인 헌법질서의 수호와 유지를 위하여 중대한 의미를 지니고 있어 헌법재판의 필요성이 대단히 크다고 할 것이므로 심판청구의 취하에도 불구하고 심판절차는 종료되지 않는다고 보아야 하고, 따라서 헌법재판소로서는 재판부에서 평의한 대로 종국 결정을 선고하는 것이 옳다고 보았다. 즉 이 사건은 집권에 성공한 내란의 가벌 여부에 관한 헌법적 해명에 관한 것이고 이는 헌법질서를 파괴하는 방법에 의한 집권이 우리의 헌법상 허용되는지 여부에 관한 것이므로 국가운명과 전국민의 기본권에 직접 관련되어 특히 중대한 의미를 갖는 헌법적 해명이 요청되는 경우라 할 것인데, 그럼에도 불구하고 건국이래 현재까지 어떠한 국가기관에 의해서도 그 해명이 된 바 없고, 비록 1995. 11. 24. 대통령의 특별법제정에 관한 담화에 따라 검찰이 수사를 진행시키고 있고, 국회에서는 이른바 5·18 특별법 제정 등이 추진되고 있으나, 이는 정치적 논리에 따른 정치적 결단행위에 불과한 현실일 뿐, 헌법재판소의 유권적인 헌법해석이나 사법기관의 기타 유권적인 법률해석을 거친 법적논리에 따른 현실이 아니므로 위와 같은 특히 중대한 의미를 갖는 헌법적 해명의 필요성은 상존하고 있다 할 것이고, 따라서 이 사건 청구취하는 심판절차종료의 효력을 발생하지 아니한다고 보았다. 이러한 반대의견은 타당하다고 보이며, 따라서 이 사건의 경우 재판소가 청구인의 심판청구취하에 대한 동의를 거부하고 심판절차를 계속시켜 종국결정을 할 충분한 공익적·객관적 사유가 존재한다고 하겠다.

25. 공정거래위원회 고발권의 헌법적 문제

– 헌재 1995. 7. 21. 94헌마191 「독점규제 및 공정거래에 관한 법률」 제71조 위헌확인[1] –

[目 次]

Ⅰ. 머리말

이 글은 공정거래위원회의 고발제도를 규정하고 있는 독점규제 및 공정거래에 관한 법률(이하 공정거래법) 제71조[2]의 위헌 여부를 다룬 것이다. 주지하는 바와 같이 과거부터 공정거래위원회의 고발제도에 대한 논란이 제기되어왔다. 즉 공정거래위원회의 고발이 자의적이고 불평등하게 이루어지는 경우가 많아서 이것이 기업간의 불평등과 위화감을 조성하고, 건전하고 공정한 경제질서와 거래질서를 해치고, 소비자보호에 역행하며, 결국 공정거래위원회의 위상과 국민으로 부터의 신뢰를 저해하는 결과를 초래할

---

1) 헌재 1995. 7. 21. 94헌마191, 판례집 7-2, 195.

2) 공정거래법 제71조: "제66조 및 제67조의 죄는 공정거래위원회의 고발이 있어야 공소를 제기할 수 있다."
현행 공정거래법 제71조는 다음과 같다.
① 제66조 및 제67조의 죄는 공정거래위원회의 고발이 있어야 공소를 제기할 수 있다.
② 공정거래위원회는 제66조 및 제67조의 죄 중 그 위반의 정도가 객관적으로 명백하고 중대하여 경쟁질서를 현저히 저해한다고 인정하는 경우에는 검찰총장에게 고발하여야 한다.
③ 검찰총장은 제2항의 규정에 의한 고발요건에 해당하는 사실이 있음을 공정거래위원회에 통보하여 고발을 요청할 수 있다.
④ 공정거래위원회가 제2항에 따른 고발요건에 해당하지 아니한다고 결정하더라도 감사원장, 조달청장, 중소기업청장은 사회적 파급효과, 국가재정에 끼친 영향, 중소기업에 미친 피해 정도 등 다른 사정을 이유로 공정거래위원회에 고발을 요청할 수 있다.
⑤ 제3항 또는 제4항에 따른 고발요청이 있는 때에는 공정거래위원회 위원장은 검찰총장에게 고발하여야 한다.
⑥ 공정거래위원회는 공소가 제기된 후에는 고발을 취소하지 못한다."
이처럼 현행규정은 과거보다 공정거래위원회의 고발권을 다소 제한하고는 있지만, 여전히 기본적으로 공소제기는 공정거래위원회의 고발을 전제로 하고 있다.

수 있기 때문에 차제에 공정거래위원회의 고발제도를 제한·통제하거나 아예 없애야 한다는 주장이 설득력 있게 제기되는 것이다. 이러한 주장은 많은 경우 경제정책적 이유에서 제기되지만 아울러 위원회의 고발제도 자체가 위헌이라는 헌법적 이유에서도 제기되고 있다. 따라서 위원회의 고발권을 규정하고 있는 공정거래법 제71조의 위헌성이 문제가 되는데, 1995. 7. 21. 헌법재판소가 이 문제를 다루었다. 그러나 헌재는 절차적 이유로 사건을 각하하여 유감스럽게도 동조문의 위헌성이라는 본안문제는 다루어지지 않았다. 따라서 이 글에서는 이 결정의 내용과 문제점을 간단히 살펴보고 동조문에 대한 헌법적 검토를 하고자 한다.

Ⅱ. 헌재결정의 요지

1. 다수의견

(1) 헌법재판소법 제68조 제1항에 의하여 법률 또는 법률조항에 대한 헌법소원을 제기하기 위하여는 그 법률 또는 법률조항에 의하여 구체적인 집행행위를 기다리지 아니하고 직접, 현재의 자기의 기본권을 침해받아야 하는 것을 요건으로 하고, 여기서 말하는 기본권침해의 직접성이란 집행행위에 의하지 아니하고 법률 그 자체에 의하여 자유의 제한, 의무의 부과, 권리 또는 법적 지위의 박탈이 생긴 경우를 뜻한다.

(2) 공정거래법 제71조는 공정거래법 위반이라는 범죄행위에 대하여 공정거래법의 집행기관인 공정거래위원회의 고발이 있어야 공소를 제기할 수 있다는 규정, 즉 공정거래법위반죄의 소추요건을 규정하고 있는 것에 불과하므로, 위 조항 자체를 대상으로 하는 헌법소원청구는 직접관련성이 결여된 부적법한 것이다.

2. 재판관 조승형의 반대의견

공정거래법 제71조가 공정거래위원회의 고발이 있어야 공소를 제기할 수 있다고만 규정하고 있어 비록 국민의 기본권에 대한 침해의 직접성은 인정되지 않는다 하더라도, 같은 법에 일반피해자가 위원회의 고발 여부의 결정에 대하여 이의를 제기할 수 있는 방법에 관하여 아무런 규정도 두고 있지 아니하므로, 공정거래법 제71조의 규정은 그 집행행위를 대상으로 하는 구제절차가 없거나 구제절차가 있다 하더라도 권리구제의 기대가능성이 없는 경우로 보아 헌법소원의 직접대상으로 보아야 한다.

Ⅲ. 헌재결정의 문제점

이 사건 헌법소원심판청구의 적법성을 살피건대 법률 또는 법률조항 자체가 헌법소원의 대상이 될 수 있으려면 그 법률 또는 법률조항에 의하여 구체적인 집행행위를 기다리지 아니하고 직접, 현재, 자기의 기본권을 침해받아야 하는 것을 요건으로 하고, 여기서 말하는 기본권침해의 직접성이란 집행행위에 의하지 아니하고 법률 그 자체에 의하여 자유의 제한, 의무의 부과, 권리 또는 법적 지위의 박탈이 생긴 경우를 뜻한다고 보는 것이 일반적인 원칙이고, 이는 헌법재판소가 확립하고 있는 판례이다.[3)]

이러한 시각에서 볼 때 다수의견이 지적한 바와 같이 이 사건 심판의 대상인 공정거래법 제71조는 공정거래법 위반이라는 범죄행위에 대하여는 공정거래법의 집행기관인 공정거래위원회의 고발이 있어야 공소를 제기할 수 있다는 규정, 즉 공정거래법 위반죄의 소추요건을 규정하고 있는 것에 불과하므로, 그 규정 자체만으로는 자유의 제한, 의무의 부과, 권리 또는 법적 지위의 박탈 등 기본권침해와 관련한 어떠한 내용도 이를 포함하고 있다고 볼 수 없는 것이라는 점에서 외관상 국민의 기본권에 대한 침해의 직접성은 인정되지 않는다고 볼 수 있다.

그러나 다른 한편 구체적인 집행행위가 존재한다고 하여 언제나 반드시 법률 자체에 대한 헌법소원심판청구의 적법성이 부정되는 것은 아니고 예외적으로 집행행위가 존재하는 경우에도 그 집행행위를 대상으로 하는 구제절차가 없거나 구제절차가 있다고 하더라도 권리구제의 기대가능성이 없고 다만 기본권침해를 당한 자에게 불필요한 우회절차를 강요하는 것밖에 되지 않는 경우로서 당해 법률에 대한 전제관련성이 확실하다고 인정되는 때에는 당해 법률을 헌법소원의 직접대상으로 삼을 수 있다고 하는 것 또한 헌법재판소의 확립된 판례이다.[4)]

이러한 입장에서 이 사건의 경우를 보면, 비록 다수의견이 지적하는 것처럼 공정거래법 제71조가 고발 여부라는 집행행위를 거침으로써 국민의 기본권을 침해하는지 여부가 정해지는 것이어서 침해의 직접성이 없다고 하더라도 동 조문은 공정거래위원회의 고발이 있어야 공소를 제기할 수 있다는 취지만을 규정하고 있을 뿐, 같은 법 어느 조항을 보더라도 일반 피해자가 공정거래위원회에 고발할 것을 신청할 수 있다거나 신청기각이나 고발의 결정이 되었을 때에 이의신청을 할 수 있는 불복방법과 절차에 관하여 아무런 규정을 두고 있지 아니하므로 구제절차가 있을 수 없다.

한편 공정거래위원회가 고발하지 아니한 행위를 일종의 행정부작위라하여 행정심판법 제3조, 행정소송법 제4조 제3호 소정의 구제절차를 밟을 수 있는 경우라고 상상할 수도 있으나, 위 구제절차의 대상이 되는 행정부작위라고는 볼 수는 없으므로 이 사건의 경우는 구제절차가 있는 경우라고 보기 어렵다. 즉 행정심판 및 행정소송의 대상이 되는 행정부작위라 함은 당사자가 신청하면 행정청이 상당한 기간 내에 일정한 처분을 하여야 할 법률상 의무가 있음에도 불구하고 아무런 처분을 아니 한 행정부작위를 말하는 것이며, 당사자의 신청이란 법령규정에 따른 적법한 신청을 말하는 것이나 앞

---

3) 헌재 1992. 11. 12. 91헌마192 참조.

4) 헌재 1992. 4. 14. 90헌마82 참조.

에서 본 바와 같이 공정거래법상에는 피해자가 공정거래위원회에 고발요구를 하거나 신청할 수 있는 규정이 없으므로, 위의 구제절차를 밟을 수 없기 때문이다. 따라서 이 사건의 경우는 반대의견이 적절히 지적한 바와 같이 그 집행행위를 대상으로 하는 구제절차가 없거나 구제절차가 있다고 하더라도 권리구제의 기대가능성이 없는 경우로 보아 헌법소원의 직접대상으로 보아야 할 것이다.

이상과 같은 이유로 이 사건 헌법소원심판청구는 적법하게 제기된 것이므로 다수의 견과 같이 청구를 각하할 것이 아니라 본안에 관하여 판단하여야 할 것이다.

Ⅳ. 「독점규제 및 공정거래에 관한 법률」 제71조의 위헌성

1. 소비자의 권리와 관련하여

먼저 동 조문이 청구인들의 소비자로서의 권리를 침해했는지의 여부가 문제될 수 있다. 소비자라 함은 사업자[5]가 제공하는 물품 또는 용역을 소비생활을 위하여 사용하는 자로서 사업자에 대립하는 개념이라고 할 수 있다.[6] 그리고 소비자의 권리 내지 소비자기본권이라 함은 소비자가 그들의 인간다운 생활을 영위하기 위하여 공정한 가격으로 양질의 상품 또는 용역을 적절한 유통구조를 통하여 적기에 구입하거나 사용할 수 있는 권리를 말한다.[7]

주지하는 바와 같이 오늘날의 독점자본주의 경제체제하에서의 경제구조는 대량생산·대량판매·대량소비를 특징으로 하고 있다. 이러한 상황에서 소비자대중은 유해·불량·위험·불공정가격의 상품 또는 용역으로 말미암아 생명·건강·재산 등에 심각한 피해를 입을 가능성에 항상 노출되어 있다. 그런데 소비자들은 자기보호의 능력이 결핍된 비조직적인 단계에 머물고 있을 뿐 아니라 정보에 어두워 스스로의 권리행사마저 포기하지 않을 수 없는 무력한 위치에 처해 있으며, 거대한 재벌기업에 비하여 약자로서의 소비자는 일방적으로 희생을 강요당하는 처지에 있다고 볼 수 있다.[8] 이런 상황에서 사업자와 소비자간의 불평등성을 외면한 채 시민법상의 개별적인 당사자 해결방식만을 고집하는 것은 우리헌법상의 기본원리의 하나인 사회국가원리의 핵심적인 내용으로서의 경제민주화와 정의사회의 이념에 정면으로 위배되는 것이라고 할 수 있다. 따라서 거대한 재벌기업의 횡포로부터 무력한 소비자들을 보호하고 그들의 피해를 예방하기 위한 정책적 배려와 함께 소비자의 권리를 기본적 인권의 차원에서 확보해야 할 필요성이 절실한 것이다.[9] 즉 소비자의 권리를 헌법상의 독자적인 기본권으로 고양

5) 여기서 사업자라 함은 물품을 제조·수입·판매하거나 용역을 제공하는 자를 말한다(소비자기본법 제2조 2호 참조).

6) 소비자기본법 제2조 1호 참조.

7) 권영성, 헌법학원론, 1995, 500쪽.

8) 구병삭, 신헌법원론, 1993, 522쪽.

시켜 보장하여야 하는 것이다. 소비자의 권리가 헌법상의 기본권으로 확립되고 보장될 때에 비로소 경제민주화와 정의사회구현을 통한 헌법상의 기본원리로서의 사회국가원리가 실현되고, 인간의 존엄과 가치, 행복추구권 및 재산권, 인간다운 생활을 할 권리, 범죄피해자구조청구권 등 여타의 관련기본권이 실효성 있게 보장될 수 있으며, 결국 헌법이 지향하는 사회공동체의 동화적 통합이 촉진될 수 있는 것이다. 이에 따라 현행 헌법에서 소비자보호운동에 관한 규정을 두게 되고, 이를 실천하기 위하여 소비자기본법이 제정·시행되고 있다.

그런데 이에 관한 헌법규정인 제124조는 "국가는 건전한 소비행위를 계도하고 생산품의 품질향상을 촉구하기 위한 소비자 보호운동을 법률이 정하는 바에 의하여 보장한다."라고 하여 소비자권리의 문제를 단지 소비자 보호운동의 차원에서 규정하고 있을 뿐 소비자권리의 보장에 관하여는 직접적으로 규정하고 있지 아니하다. 따라서 이 규정은 문맥상으로는 헌법상의 기본권으로서의 소비자의 권리의 헌법적 근거가 될 수 없는 것처럼 보인다.

그러나 헌법 제124조는 바로 헌법상 기본권으로서의 소비자권리의 헌법적 근거라고 보아야 할 것이다. 왜냐하면 이 조문은 소비자권리에 대한 헌법적 보장을 기본적 전제로 하면서 동시에 소비자의 권리보장을 그 궁극적인 목적으로 하고 있기 때문이다. 이는 이 조문에서 규정한 소비자 보호운동의 보장을 위한 구체적 실천 법률인 소비자기본법의 입법목적을 보아도 알 수 있다. 즉 동법 제1조는 "이 법은 소비자의 권익을 증진하기 위하여 소비자의 권리와 책무, 국가·지방자치단체 및 사입자의 책무, 소비자단체의 역할 및 자유시장경제에서 소비자와 사업자 사이의 관계를 규정함과 아울러 소비자정책의 종합적 추진을 위한 기본적인 사항을 규정함으로써 소비생활의 향상과 국민경제의 발전에 이바지함을 목적으로 한다."라고 규정함으로써 헌법 제124조의 구체화법으로서의 소비자기본법이 소비생활의 향상을 통해 '소비자의 권익'을 보호함을 목적으로 하고 있다는 것을 천명하고 있으며, '소비자의 기본적 권리'에 관하여 규정하고 있는 동법 제4조가 "소비자는 다음 각 호의 기본적 권리를 가진다."라고 하면서 '물품 또는 용역으로 인한 생명·신체 또는 재산에 대한 위해로부터 보호받을 권리', '물품 등의 사용으로 인하여 입은 피해에 대하여 신속·공정한 절차에 따라 적절한 보상을 받을 권리', '안전하고 쾌적한 소비생활 환경에서 소비할 권리' 등 소비자보호를 위한 여러 가지 권리를 '소비자의 기본적 권리'로 보장하고 있는데, 이는 소비자기본법에 규정되어 있는 소비자보호를 위한 여러 가지 권리가 바로 독자적인 소비자기본권의 구체적인 내용을 이루고 있다는 것을 의미하는 것이다.

무릇 행정법 등의 법률은 헌법을 실현하기 위한 구체화이고, 이러한 법률에 보장되어 있는 국민의 권리는 바로 헌법상 보장된 기본권의 구체화라고 하는 것을 상기할 때

9) 권영성, 전게서, 501쪽.

소비자기본법에 규정되어 있는 소비자의 제 권리는 바로 동법의 헌법적 근거인 헌법 제124조가 전제하고 있고 보장하고 있는 소비자기본권의 구체화라고 할 수 있고, 따라서 독자적인 헌법상의 기본권으로서의 소비자권리의 헌법적 근거는 바로 헌법 제124조인 것이다. 그러므로 헌법 제124조의 "국가는 … '법률이 정하는 바에 의하여' 보장한다."는 것은 동 규정의 전제이자 목적인 헌법상의 기본권으로서의 소비자권리가 소비자기본법 등의 법률이 정하는 바에 따라 그 내용이 구체화된다는 것을 의미하는 것이라고 할 수 있다. 만일 헌법 제124조를 이처럼 이해하지 아니하고 기본권으로서의 소비자권리의 보장과는 무관하게 단지 소비자보호운동만을 보장하는 규정으로 해석한다면 이는 소비자 보호운동 자체의 목적과 효율적인 소비자 보호운동의 확립에 위배될 뿐 아니라 동 규정의 존재의의마저 형해화시키는 것이라고 아니할 수 없다.

한편 이러한 기본권으로서의 소비자권리의 내용은 앞서 언급한 바와 같이 소비자기본법에 구체적으로 규정되어 있는데, 여기서는 소비자의 피해구제신청권[10]과 더불어 국가기관에 대한 고소·고발권행사를 통한 가해자인 사업자의 처벌요구권이 당연히 포함되어야 할 것이다. 왜냐하면 피해자인 소비자가 가해자인 사업자를 국가기관의 형사소추를 통해 처벌할 수 있도록 되어 있어야만 피해자의 충분하고 신속한 피해구제가 이루어질 수 있고, 동종의 피해재발이 방지될 수 있으며, 소비자 보호운동의 활성화와 건전한 유통 및 거래질서가 확립될 수 있고, 나아가 경제민주화와 정의사회의 구현 및 피해자인 국민의 여타의 관련기본권의 효율적인 실현을 통한 헌법이 지향하는 사회공동체의 동화적 통합이 추진될 수 있는 것이다. 따라서 헌법상의 기본권인 소비자권리에는 당연히 소비자의 국가기관에 대한 고소·고발권행사를 통한 사업자의 처벌요구권이 포함되는 것이다.

그런데 이 헌법소원심판의 대상인 공정거래법 제71조는 "제66조 및 제67조의 죄는 공정거래위원회의 고발이 있어야 공소를 제기할 수 있다."라고 규정함으로써 소비자의 고소·고발권행사를 통한 사업자의 처벌요구권을 침해하고 있다. 이 사건에서 피해자인 청구인들의 고소·고발을 통한 검찰의 형사소추에 의해 가해자인 사업자 등을 처벌해야 함에도 불구하고 공정거래법 제71조에 따라 공정거래위원회의 고발이 없었기 때문에 검찰의 형사소추가 좌절되어 사업자를 전혀 처벌할 수 없었는데, 검찰의 공소제기를 공정거래위원회의 고발여부에 연계시킨 공정거래법 제71조는 검찰의 형사소추권을 침해했음은 물론 고소·고발권행사를 통한 사업자에 대한 처벌요구권을 극도로 제한 내지 형해화시킴으로써 청구인들의 신속하고 충분한 피해구제를 받을 권리 등의 소비자권리를 침해했을 뿐 아니라 소비자보호운동을 위축시키고 건전한 유통 및 거래질서의 확립을 저해하고, 동종의 피해의 재발을 방조 내지 조장시키고, 특정 재벌기업을 보호하는 결과를 초래하게 되어 경제민주화와 정의사회의 구현 및 청구인들의 인

10) 소비자의 피해구제의 신청에 관하여는 동법 제8장 제2절에 규정되어 있음.

간의 존엄과 가치, 행복추구권, 인간다운 생활을 할 권리 등 관련 기본권의 실현과 사회공동체의 통합에 역행하고 있다.

주지하는 바와 같이 과거에도 소비자에 대한 불공정거래행위가 수차례 있었지만 그때마다 공정거래위원회의 고발이 없어 가해사업자를 형사소추할 수 없는 경우가 많았다. 이에 따라 공정거래법 제71조는 특정재벌기업을 비호하고 영세중소기업체만 고발·처벌하는 결과를 야기시켰으며, 이는 결국 공정거래질서 확립을 통한 소비자보호와 평등이념에 바탕을 둔 정의사회구현에 정면으로 위배되는 것이다.

이러한 이유로 공정거래법 제71조는 헌법 제124조가 보장하는 소비자권리를 침해하는 것으로 위헌이라고 하겠다.

2. 행복추구권과 관련하여

앞서 언급한 것처럼 소비자권리의 헌법상의 근거규정이 제124조가 아니라고 한다면 이 권리는 도대체 헌법상의 기본권인가, 그렇다고 한다면 헌법상의 어떠한 규정에 의해서 어떻게 보장되는가의 의문이 제기될 수 있다.

무릇 헌법의 이념은 인간의 존엄과 가치의 실현에 있고, 헌법상 보장된 개별적 기본권은 이러한 인간의 존엄과 가치의 실현을 위한 구체화라고 할 수 있다. 따라서 기본권의 본질적 내용은 바로 인간의 존엄과 가치이며, 국가권력은 이러한 인간의 존엄과 가치 및 이를 구체적으로 실현시키는 각 개별적 기본권을 보장하고 실현하기 위한 수단이라고 할 수 있기 때문에, 결국 국가와 국가권력의 정당성의 원천은 바로 인간의 존엄과 가치인 것이고, 이를 헌법 제10조가 확인하고 있다.

따라서 이러한 인간의 존엄과 가치의 실현을 위하여, 그리고 사회공동체의 통합을 위하여 불가피하게 요구되는 가치와 권리가 있다면 이는 바로 헌법상 보장되어야 할 기본권이고, 헌법상 개별적인 명문의 규정으로 명시되어 있지 아니하더라도 결코 국가권력에 의하여 경시되어서는 아니되는 것이며, 이를 헌법 제37조 제1항이 "국민의 자유와 권리는 헌법에 열거되지 아니한 이유로 경시되지 아니한다."라고 규정함으로써 확인하고 있는 것이다.

물론 이러한 인간의 존엄과 가치의 실현 및 헌법이 지향하는 사회공동체의 통합을 위하여 불가피하게 요구되는 가치와 권리는 개별적 기본권의 형식으로 헌법전에 구체화되어 지기는 하지만, 인간이 상상할 수 있는 모든 가치와 권리를 헌법에 명문화시키는 것은 불가능할 뿐만 아니라 헌법제정권자 스스로가 헌법제정 당시의 정치적 이념과 시대사상 및 국민정서 등의 제약을 받기 때문에 시간의 흐름과 현대산업사회의 고도화에 따라 헌법제정권자가 미처 생각하지 못한 중요한 헌법적 가치와 권리가 발견되고 생겨나는 것은 오히려 당연한 일이라고 할 수 있다. 따라서 헌법 제37조 제1항은 바로 이러한 문제를 해결하기 위한 보충적 규정으로서 헌법제정권자가 헌법에 명문으로 규정한 기본권이 아니라고 하더라도 인간의 존엄과 가치의 실현을 위하여 필요불가결한 권리와 가치라고 한다면 당연히 헌법상의 기본권으로 고양되어 보장되어야 하며, 이를 국가권력이 침해하거나 경시할 수 없도록 하는데 그 의의가 있는 것이다.

그런데 이 사건에서 문제가 되는 소비자권리는 정의사회, 국민의 여러 관련 기본권의 실현 및 이를 통한 사회공동체의 통합을 위하여 불가피한 가치이자 권리이기 때문에 당연히 헌법상 보장되어야 할 기본권인 것이다. 즉 헌법 제37조 제1항에 따라 국가권력에 의하여 보장되어야 하고 경시되어서는 안되는 기본권인 것이다. 문제는 그렇다면 이러한 소비자권리의 헌법상의 근거규정은 헌법 제124조 이외에 무엇인가 하는 것인데, 바로 헌법 제10조가 보장하는 행복추구권이 그것이라고 할 수 있다.

헌법에서 규정하고 있는 행복추구권의 구체적 내용에 대해서는 아직 뚜렷한 정설이 확립된 것은 아니지만, 헌법 제10조에서 같이 규정하고 있는 '인간의 존엄과 가치'와 '행복추구권'과의 상호관련성에 비추어 볼 때, 행복추구권은 인간의 존엄과 가치를 물질적·정신적 충족을 통해 실현시키는 과정적 권리라고 할 수 있고, 따라서 인간의 존엄과 가치의 실현을 위하여 불가피하게 요구되는 가치와 권리는 바로 행복추구권의 일부를 구성하는 것이라고 보아야 할 것이다.

헌법재판소도 행복추구권을 하나의 독자적인 기본권으로 인정하면서[11] 행복추구권 속에 일반적 행동의 자유권,[12] 개성의 자유로운 발현권,[13] 계약의 자유[14] 등 다양한 내용을 포함시키고 있다. 이처럼 행복추구권은 하나의 독자적인 기본권이지만[15] 다른 여타의 개별적 기본권과는 달리 추상적이고 포괄적인 보충적 기본권이라고 할 수 있다.[16] 이는 행복추구권의 개념이 내포하는 추상성과 포괄성 및 인간의 존엄과 가치를 실현시키는 다양한 내용의 과정적 권리라는 특성에서 기인하는 것이라고 할 수 있으며, 따라서 행복추구권의 내용을 구체적으로 한정하여 유형화시키는 것은 불가능하다고 하겠다. 또한 그렇기 때문에 행복추구권은 다른 여타의 개별적 기본권과의 관계에 있어서 보충적인 기본권으로서의 지위를 가진다.

따라서 국민은 먼저 내용이 구체화된 일반적인 개별적 기본권을 원용해야 하고, 이것이 좌절되었을 경우 최후의 보충적 기본권으로서 행복추구권을 원용해야 할 것이다. 이는 행복추구권의 지나친 원용 및 남소를 방지하고 일반적인 개별적 기본권의 공동화를 막기 위하여 당연히 요구되는 것이다. 결국 자신의 인간으로서의 존엄과 가치의 실현을 위하여 불가피하게 요구되는, 그러나 헌법에 명문으로 구체화되어 있지 아니한

11) 헌재 1989. 10. 27. 89헌마56 참조.
12) 헌재 1991. 6. 3. 89헌마204 참조.
13) 헌재 1992. 4. 14. 90헌바23 참조.
14) 헌재 1991. 6. 3. 89헌마204 참조.
15) 이처럼 행복추구권을 하나의 독자적인 기본권으로 보는 입장으로서는 권영성, 전게서, 345쪽.
16) 이처럼 행복추구권을 포괄적 기본권으로 이해하는 입장으로서는 권영성, 전게서, 346쪽; 구병삭, 전게서, 350쪽.

중요한 가치와 권리가 침해당한 국민은 자신의 행복추구권이 침해당했음을 이유로 이의 구제를 국가에 대하여 요구할 수 있는 것이다. 따라서 헌법 제10조의 행복추구권과 헌법 제37조 제1항은 상호 목적과 수단이라고 하는 불가분의 관계에 놓여 있다고 할 수 있다. 결국 이 사건에서 문제되는 헌법상 보장되어야 할 기본권으로서의 소비자권리의 보충적인 근거규정은 바로 헌법 제10조이며, 공정거래법 제71조는 소비자권리를 한 내용으로 하는 청구인들의 행복추구권을 침해한 위헌적 규정이라고 할 수 있다.

3. 평등권과 관련하여

한편 이 사건에서 공정거래법 제71조에 의한 청구인들의 평등권 침해가 문제된다. 주지하는 바와 같이 평등권은 국민의 모든 생활영역에서의 기회균등과 국가권력행사의 자의금지를 내용으로 하고 있다. 이러한 평등권은 산술적·절대적 평등이 아닌 실질적·상대적 평등을 의미하기 때문에[17] 결국 평등권은 합리적 차별사유 없는 자의적인 차별적 대우를 국가권력으로부터 받지 아니할 권리를 모든 국민에게 보장하는 것이다.[18]

그런데 공정거래법 제71조는 공정거래위원회의 고발여부에 따라 검찰의 형사소추의 가부를 결정짓게 하고, 이로써 청구인들의 고소·고발권행사를 통한 국가기관에 대한 사업자의 처벌요구권의 관철여부가 좌우되므로, 결국 공정거래위원회의 자의적 결정에 따라 청구인들의 요구와 권리가 국가기관에 의하여 차별적으로 관철되고 처우되는 것이다. 이는 이 사건 기록에 나타난 바와 같이 그동안 재벌기업에 대하여는 공정거래위위회의 고발조치가 합리적인 이유 없이 거의 이루어지지 아니한 반면, 영세 중소기업체에 대한 고발조치는 수차례에 걸처 이루어 졌다는 데에서 사실로 입증되고 있는 것이다.

또한 공정거래법위반행위 역시 본질적으로는 범죄행위임에 틀림없음에도 불구하고 공정거래법 제71조는 특히 공정거래법위반의 범죄행위에 대하여만 공정거래위원회의 고발을 공소제기의 요건으로 정함으로써 일반 범죄행위자와 공정거래법위반행위자, 일반범죄의 피해자와 공정거래법위반죄의 피해자를 부당하게 차별대우하고 있다.

따라서 공정거래법 제71조는 기회균등과 자의금지를 내용으로 하는 청구인들의 평등권을 합리적 차별사유 없이 침해하는 것으로 위헌이라고 하겠다.

4. 재판절차진술권과 관련하여

또한 이 사건에서 청구인들은 공정거래법위반행위에 의하여 피해를 입은 형사피해자로서 이들의 재판절차진술권의 침해 여부가 문제될 수 있다.

헌법 제27조 제5항은 "형사피해자는 법률이 정하는 바에 의하여 당해 사건의 재판

17) 김철수, 헌법학개론, 1996, 355쪽.

18) 헌재 1989. 5. 24. 89헌가37; 1989. 11. 20. 89헌가102; 1990. 6. 25. 89헌가98 등; 1990. 10. 8. 89헌마89 등 참조.

절차에서 진술할 수 있다."라고 하여 형사피해자의 재판절차진술권을 일종의 사법절차적 기본권으로 보장하고 있다. 형사피해자의 재판절차진술권이라 함은 범죄행위로 인한 피해자가 당해사건의 재판절차에 증인으로 출석하여 자신이 입은 피해의 내용과 사건에 관하여 의견을 진술할 수 있는 권리를 말한다.[19] 여기서 형사피해자의 개념은 헌법이 형사피해자의 재판절차진술권을 독자적인 기본권으로 규정하고 있는 취지에 비추어 넓게 해석하여야 할 것이며, 따라서 반드시 형사실체법상의 보호법익을 기준으로 하는 피해자의 개념에 따라 결정할 필요가 없다.[20]

만일 국가기관에 의해서 부당하게 형사소추가 이루어지지 않아 결국 형사재판이 이루어지지 않았고, 이에 따라 형사피해자가 당해사건의 재판절차에 증인으로 출석하여 자신이 입은 피해의 내용과 사건에 관하여 의견을 진술할 수 있는 기회를 처음부터 박탈당했다면 이는 해당 형사피해자의 재판절차진술권을 위헌적으로 침해하는 것이다. 헌법재판소도 "검사가 범죄의 구성요건사실에 따른 수사 및 증거판단을 현저히 소홀히 함으로써 정의와 형평에 반하였다면 고소인의 평등권과 재판절차진술권을 침해한 것이다."라고 판시함으로써[21] 검찰의 자의적인 불기소처분이 고소인을 비롯한 형사피해자의 재판절차진술권을 침해했음을 명백히 하고 있다.

이 사건의 경우 공정거래법 제71조에 의하여 공정거래위원회의 고발조치 여부에 따라 검찰의 형사소추 및 형사재판의 가부가 결정되고, 이에 따라 형사피해자인 청구인들의 재판절차진술권의 행사여부가 결정되는데, 결과적으로 공정거래위원회의 고발조치가 이루어지지 않아 형사소추 및 형사재판이 이루어지지 않았고, 이에 따라 청구인들의 재판절차진술권의 행사기회가 원천적으로 봉쇄당한 것이다.

결국 공정거래법 제71조는 청구인들의 재판절차진술권을 부당하게 침해한 것으로 위헌이라고 하겠다.

5. 비례의 원칙과 관련하여

무릇 모든 공권력작용은 그를 통해 실현하고자 하는 목적과 비례성을 유지하여야 하며, 이러한 법치국가적 계율로서의 비례의 원칙을 헌법 제37조 제2항에서 확인하고 있다. 그런데 이 사건에서 심판의 대상인 공권력작용(입법작용)으로서의 공정거래법 제71조의 경우 이 규정에 의한 청구인들의 소비자로서의 권리, 행복추구권, 평등권 등의 제 기본권의 제한·침해를 정당화시키는 합리적인 공익적 목적을 찾아볼 수 없다.

가사 피해자들의 고소·고발권의 남발과 검찰의 자의적인 형사소추의 남용방지를 공정거래법 제71조의 존재목적으로 상정한다 하더라도 이러한 사유가 청구인들의 기

19) 권영성, 전게서, 525쪽.

20) 헌재 1992. 2. 25. 90헌마91 참조.

21) 헌재 1991. 6. 3. 90헌마185.

본권 침해를 정당화시키는 합리적인 사유라고 보기 어렵고, 또한 검찰의 공소제기를 공정거래위원회의 고발에 연계시킴으로써 청구인들의 제 기본권을 제한·침해하는 것이 이러한 목적을 달성하기 위한 적합하고 불가피한 최소한의 방법이라고 보기도 어렵다. 왜냐하면 피해자인 청구인들의 고소·고발권의 남발은 검찰의 기소권에 의하여 적절히 통제될 것이며, 검찰의 부당한 형사소추권의 남용은 사업자의 헌법상 보장된 여러 가지 사법절차적 권리와 법원의 사법권에 의하여 통제될 것이기 때문이다. 아울러 검찰의 부당한 불기소처분에 대하여는 재정신청제도의 확대나 헌법소원제도 등을 통해서 적절한 통제가 이루어 질 수 있기 때문에 피해자의 권리구제에 큰 어려움은 없을 것이다.

결국 공정거래법 제71조는 헌법 제37조 제2항에서 규정한 비례의 원칙을 위반한 위헌규정이라고 아니할 수 없다.

6. 권력분립의 원칙과 관련하여

주지하는 바와 같이 국가권력의 자의와 남용을 억제하고 국민의 자유와 권리를 보장하기 위하여 권력분립의 원칙이 헌법상의 원칙, 즉 통치기관의 구성원리로 요구되고 있다. 그런데 오늘날의 권력분립은 단순히 입법부, 행정부, 사법부 상호간의 수평적인 기관분립에서 그치는 것이 아니라, 지방자치제도를 통한 중앙정부와 지방자차단체 상호간의 권력통제, 헌법재판소에 의한 입법권, 사법권, 행정권에 대한 통제, 정당을 통한 여당과 야당 상호간의 권력통제에서 보듯이 수평적·수직적 다원화된 기능적 권력통제를 그 내용으로 하고 있다.[22] 이에 따라 행정부 내부에서도 기관과 기능 상호간의 권력통제가 이루어지는 것이다.

이 사건의 경우 기소독점주의가 말해주듯이 본래 형사소추권은 검찰의 고유권한인데, 이러한 권한이 공정거래법 제71조에 근거한 공정거래위원회의 고발권에 의해 본질적으로 침해받고 있다. 그런데 이와 관련하여 공정거래위원회의 고발제도를 통해 검찰의 공소권을 통제하고 제한할 합리적인 정당화사유를 찾아볼 수 없다. 만일 검찰의 부당하고 자의적인 형사소추권의 행사 또는 불행사를 억제하기 위한 목적이라고 한다면 이러한 이유에 바탕을 둔 검찰의 공소권에 대한 통제는 앞서 언급한 바와 같이 적합한 방법이라고 볼 수 없다.

이처럼 정당한 사유 없는, 그리고 적합한 방법이라고 볼 수 없는 공정거래위원회의 고발권은 검찰의 공소권을 부당하게 통제하고 침해하는 것이므로, 결국 이를 내용으로 하는 공정거래법 제71조는 검찰과 공정거래위원회 상호간의 기능적 권력분립을 저해하는 위헌적 규정이라고 할 것이다.

---

22) 허영, 전게서, 655쪽 이하 참조.

7. 체계정당성의 원리와 관련하여

공정거래법은 불공정거래행위를 규제함으로써 소비자를 보호하고 건전한 유통 및 거래질서를 확립함을 목적으로 하고 있고, 이를 실효성 있게 뒷받침하기 위하여 이를 위반한 사업자 등에 대한 다양한 벌칙을 규정하고 있다.

그런데 공정거래법 제71조는 사업자 등에 대한 처벌을 공정거래위원회의 고발이 있어야만 가능하도록 규정함으로써 사용자 등에 대한 벌칙의 실효성을 저해하고, 결국 동법의 입법목적과 취지에 정면으로 위반하고 있다. 이는 규범 상호간의 내용과 체계상의 균형과 조화를 요구하는 헌법상의 체계정당성의 원리에 반하는 것이다.

체계정당성의 원리라 함은 일정한 법규범 상호간에는 그 내용과 체계에 있어서 균형과 조화를 이루고 상호 모순이 없어야 한다는 것으로서, 결국 모든 법규범의 내용과 체계가 상호 모순과 갈등 없이 그 본래의 입법목적의 조화로운 실현에 이바지해야 하는 것을 말한다.[23)]

이러한 체계정당성의 원리에 비추어 볼 때 공정거래법 제71조는 앞서 언급한 바와 같이 동법의 벌칙규정의 실효성을 저해하고, 나아가 동법의 입법취지와 목적의 실현에 위배되는 것으로서 규범 상호간의 모순과 갈등을 야기시키고 있으므로, 결국 헌법상의 체계정당성의 원리에 위배되는 위헌적인 규정이라고 할 수 있다.

Ⅴ. 맺는 말

공정거래위원회의 독점적 고발제도로 인해 과거부터 공정거래위원회의 자의적이고 부당한 고발권의 행사 또는 불행사가 자행되어 왔고, 이로써 기업간의 공정경쟁과 형평성확립, 소비자보호, 건전한 경제 및 거래질서확립 등 공정거래법의 본래의 목적 달성이 저해되고, 결국 공정거래위원회의 위상과 신뢰에 치명적인 손상이 가해졌다는 주장이 설득력 있게 제기되어 왔다. 아울러 이 고발제도가 그 본래의 경제정책적 목적 등 여러 가지 목적에 기여하는 바가 없다는 주장 또한 제기되어 왔다. 더욱이 지금까지 살펴본 바와 같이 헌법적 시각에서 볼 때도 위헌임을 면하기 어렵다.

무릇 모든 제도는 그 목적이 아무리 정당하고 훌륭하다고 할지라도 어디까지나 헌법적 테두리내에서 이루어지고 기능해야 한다. 따라서 이러한 위헌적인 공정거래위원

23) 헌법재판소도 "본 법률조항에서 과실로 사람을 치상하게 한 자가 구호행위를 하지 아니하고 도주하거나 고의로 유기함으로써 치사의 결과에 이르게 한 경우에 살인죄와 비교하여 그 법정형을 더 무겁게 한 것은 형벌체계상의 정당성과 균형을 상실한 것으로서 헌법 제10조의 인간으로서의 존엄과 가치를 보장한 국가의 의무와 헌법 제11조의 평등의 원칙 및 헌법 제37조 제2항의 과잉입법금지의 원칙에 반한다." 라고 판시함으로써 법규범 상호간의 체계정당성의 원리가 위헌심사의 판단기준으로서의 헌법상의 원리임을 명백히 하고 있다(헌재 1992. 4. 28. 90헌바24). 체계정당성의 원리에 관해 자세한 것은 Degenhart, Systemgerechtigkeit und Selbstbindung des Gesetzgebers als Verfassungspostulat, 1976 참조.

회의 고발제도를 폐지함으로써 공정거래법의 입법목적을 보다 정당하고 합헌적으로 실현시키고, 공정거래위원회의 위상과 국민으로 부터의 신뢰를 확립하여야 할 것이다.

26. 조례제정권의 헌법적 한계와 통제

- 헌재 1995. 4. 20. 92헌마264 등 부천시 · 강남구담배자동판매기설치금지조례 제4조 등 위헌확인[1] 및 대판 1992. 6. 23. 92추17 등 -

[目 次]

Ⅰ. 머리말

지방자치단체의 자치고권 중의 하나인 자치입법권, 특히 지방의회의 조례제정권의 확립이 지방자치제도의 목적과 기능의 효율적 실현을 위하여 필요불가결한 요소라는 것은 두말할 필요가 없을 것이다. 그러나 이것이 곧 조례제정권의 무제한적인 허용을 의미하는 것은 아니며 어디까지나 헌법과 법령의 범위내에서 이루어져야 한다. 따라서 조례제정권의 범위와 한계에 관한 합리적인 기준설정은 지방자치단체의 위상확립과 지방자치제도의 활성화를 위하여, 그리고 국가기관이나 다른 지방자치단체와의 불필요한 법적 분쟁을 방지하기 위하여 또는 그 법적 분쟁의 합리적 해결을 위하여 절대로 필요한 것이다.

지방자치제가 실시되면서 그 동안 조례제정권의 범위 및 한계와 관련하여 여러 가지 논의가 있어 왔다. 특히 과거 행정정보공개조례, 담배자동판매기설치규제조례, 지방의회의 증언·감정에 관한 조례 등의 법령 위반 여부의 문제와 관련하여, 그리고 현행 지방자치법 제22조(조례) 및 제27조(조례위반에 대한 과태료)의 해석과 관련하여 조례제정권의 범위와 한계에 관한 학자들의 논의와 대법원 및 헌법재판소의 판례가 있었는데, 이러한 논의들은 대체로 관련 법규의 해석론의 입장에서 단편적으로 이루어진 감이 없지 않다. 따라서 모든 공법적 사안들이 그렇듯이 이 조례제정권의 범위와 한계의

1) 헌재 1995. 4. 20. 92헌마264 등, 판례집 7-1, 564.

문제도 헌법적 시각에서, 즉 헌법의 기본원리와 기본규정의 토대 위에서 논의되고 체계적으로 정리되어야 할 필요성이 절실하다고 할 수 있다. 그러므로 이 글에서는 조례제정권의 한계와 그 통제에 관한 문제를 헌재 및 대법원 판례와 관련하여 헌법적 측면에서 체계적으로 고찰해 보고자 한다.

Ⅱ. 조례제정권의 헌법적 한계

앞서 언급한 바와 같이 민주주의원리의 한 실현형태로서의 지방자치제도의 활성화 및 중앙정부와 지방자치단체간의 기능적 권력분립의 실현을 위해서는 지방자치단체의 자치고권의 하나로서의 조례제정권이 확립되어야 하며, 따라서 조례제정권의 범위와 한계가 합리적 기준에 따라 설정되어야 한다. 이에 대하여는 관점에 따라 여러 가지 견해가 있을 수 있겠으나 근본적으로는 헌법의 기본원리와 기본규정에 따라 그 범위와 한계가 설정되어야 할 것이다. 그러므로 여기서는 이와 관련된 헌법의 원리와 규정을 중심으로 살펴보고자 한다.

1. 법치주의원리와 관련하여

(1) 먼저 자치법규로서의 조례제정권의 범위와 한계의 문제는 법치주의원리하에서 논의되어야 할 것이다. 주지하는 바와 같이 법치주의원리는 모든 공권력작용을 헌법과 법률에 기속시킴으로써 공권력행사의 자의와 남용을 막고 국민의 자유와 권리를 보장하려는 헌법의 기본원리이다. 이러한 법치주의원리에는 다양한 내용이 담겨 있는데 그 중 대표적인 것이 법률우위의 원칙과 법률유보의 원칙이다.

여기서 법률우위의 원칙은 모든 공권력작용에 대하여 예외 없이 적용되기 때문에 조례도 법률우위의 원칙의 적용을 받아 조례의 내용 등이 헌법이나 법령에 위반될 수 없는 것은 당연하다 하겠다.[2] 따라서 헌법 제117조 1항의 "… 법령의 범위 안에서 자치에 관한 규정을 제정할 수 있다."고 한 규정이나 지방자치법 제22조의 "… 법령의 범위 안에서 그 사무에 관하여 조례를 제정할 수 있다."고 한 규정에서의 '법령의 범위 안에서'는 1차적으로 이러한 법률우위의 원칙을 의미하는 것으로 볼 수 있다. 아울러 지방자치법 제24조는 "시·군 및 자치구의 조례나 규칙은 시·도의 조례나 규칙을 위반하여서는 아니 된다."라고 규정하고 있는바, 이 또한 법률우위의 원칙에 따른 조례의 법질서내에서의 지위를 규정한 것으로서 이에 따라 법질서체계는 헌법→법률→명령→시·도의 조례와 규칙→시·군·자치구의 조례와 규칙으로 이루어져 있다고 하겠다.

---

2) 서원우, 지방자치의 헌법적 보장, 법학(서울대학교), 24쪽; 박윤흔, 법령과 조례와의 관계, 고시계, 1992. 11, 41쪽; 이기우, 지방자치행정법, 227쪽; 홍정선, 지방자치법론, 151쪽.

법치주의원리의 조례제정권에의 적용과 관련하여 문제가 되는 것은 바로 법률유보의 원칙인데, 이 또한 사안에 따라서는 적용되어진다고 하겠다. 즉 국가의 일반 공권력작용에 법률유보의 원칙이 적용되는지의 여부가 그 해당 공권력작용의 내용과 효과에 따라 달라지는 것과 마찬가지로 지방자치단체의 조례제정권의 행사의 경우에도 그 조례의 구체적 내용과 효과에 따라 법률유보의 원칙의 적용 여부가 달라진다고 할 것이다. 주지하는 바와 같이 법률유보의 원칙의 적용 여부를 판단하는 기준에 대하여는 여러 가지 학설이 존재하는데, 그 중 어떠한 학설에 의하건 간에 국민의 권리를 제한하고 의무를 부과하는 등의 침해작용을 내용과 효과로 하는 공권력작용의 경우에는 반드시 법률유보의 원칙이 적용되어야 할 것이며 여기에는 이론이 있을 수 없다고 하겠다.

여기서 한 가지 강조하고 싶은 것은 일정한 공권력작용의 내용과 효과로서의 침해의 대상과 관련해서 볼 때 그 해당 공권력작용의 상대방 내지 행정객체만을 기준으로 할 것이 아니라, 기타 이해관계자에게 해당 공권력작용의 행사로 인해 일정한 침해적 결과－간접적이고 상대적인 것을 포함하여－가 초래되었다면 그 공권력작용은 침해작용에 해당하는 것으로 보아야 한다는 것이다. 그러므로 행정객체에게는 침해적 효과를 초래하지 않거나 수익적 효과를 초래하는 경우라 하더라도 이해관계 있는 제3자에게 일정한 불이익을 초래하는 경우에는 그 공권력작용은 침해작용에 해당하는 것이고, 따라서 해당 공권력작용에 대한 법률의 근거가 마련되어 있어야 하는 것이다. 예컨대 어느 기업체에게 보조금을 지급할 경우 보조금지급이라고 하는 일종의 수익적 작용－직접적인 행정객체만을 기준으로 할 경우－은 경쟁관계에 있는 다른 기업체에게는 상대적인 불이익을 의미할 수도 있고, 일정한 공해시설설치허가의 경우 그 허가받는 행정객체를 기준으로 할 경우에는 일종의 수익적 작용이지만 그 시설설치로 인해 자신의 환경권이나 재산권 등의 침해를 우려하는 인근 주민에게는 간접적인 불이익을 의미할 수 있으며, 따라서 이러한 공권력작용－일종의 복효행정－은 앞서 언급한 침해작용에 해당되는 것이다. 이러한 확장된 의미의 침해작용의 경우 반드시 법률의 수권이 있어야 한다는 일종의 침해유보설을 오로지 공권력작용의 직접적인 상대방만을 침해 여부의 기준으로 삼은 고전적 침해유보설과 구별하여 '확장된 침해유보설'이라고 명명할 수 있을 것이다.

지금까지 언급한 법률유보의 원칙은 일정한 공권력작용에 대한 법률의 수권여부, 즉 일정한 공권력행사에 있어서 도대체 법적인 근거가 마련되어 있는가의 1차적인 문제에 관한 것인데, 법률유보의 원칙의 적용문제는 여기서 끝나는 것은 아니다. 1차적으로 일정한 공권력작용에 대한 일정한 법적 근거가 존재한다 하더라도 2차적으로 그 근거 법률에 어느 정도의 내용의 규정이 마련되어 있어야 하는가, 즉 근거법률의 규정내용 및 구체화정도와 관련해서도 법률유보의 원칙이 문제되는 것이다.

이와 관련하여서는 독일의 연방헌법재판소의 판례[3)]에 의하여 확립된 소위 본질성이론(Wesentlichkeitstheorie)이 기준이 될 수 있는데, 이에 따르면 국민의 기본권의 제한 및 행사에 관한 본질적이고 중요한 사항은 반드시 법률에 규정되어 있어야 한다는 것이다. 따라서 일정한 공권력작용에 대한 법적 근거가 마련되어 있다고 할지라도 그 근거법률에 해당 공권력작용으로 인한 국민의 기본권의 제한 또는 침해 등과 직결되는 사항－예컨대 기본권제한의 기준, 방법, 범위, 구제 등－이 아울러 규정되어 있지 않다면 이러한 법률과 그 법률에 근거한 공권력작용은 법률유보의 원칙을 준수한 것이라고 볼 수 없는 것이다.

지금까지 언급한 법률유보의 원칙의 내용을 다시 정리한다면 공권력작용 중 국민의 자유와 권리를 제한하고 의무를 부과하는 등의 침해작용을 그 내용으로 하는 작용은 －그 침해의 효과가 공권력작용의 직접적인 상대방에게 초래되건 또는 이해관계 있는 제3자에게 초래되건 마찬가지로－반드시 법률의 근거를 필요로 하고, 더 나아가 그 근거법률에는 공권력작용의 내용과 효과로서의 국민의 기본권의 제한 또는 침해에 관한 본질적 사항이 규정되어 있어야 한다는 것이다. 이러한 내용의 법률유보의 원칙은 법치주의원리의 이념과 목적, 근본적으로는 헌법의 이념과 목적에 비추어 볼 때 낭연히 요구되는 것이라고 할 수 있다. 왜냐하면 헌법의 핵심적 내용은 바로 기본권적 가치질서라고 할 수 있고, 따라서 헌법의 이념과 목적은 이러한 기본권적 가치질서 내지 기본권의 보장과 실현이며, 국가의 통치기구의 모든 구성원리와 조직과 작용과 기능들도 자기 목적적인 것이 아니고 결국 이러한 국민의 기본권의 보장과 실현을 위한 수단에 불과한 것이기 때문이며, 모든 국가작용을 법률에 기속시키고 국가작용의 자의와 남용을 억제함으로써 국민의 기본권을 보상하는 것을 내용으로 하는 법치주의원리가 헌법상의 기본원리로서 요구되는 것도 바로 그 때문이라고 할 수 있다. 따라서 한마디로 이야기하면 국민의 기본권의 제한과 행사, 특히 기본권의 침해에 직결되는 사항은 반드시 법률에 규정되어 있어야 하고, 이것이 법률유보의 원칙 내지 법치주의원리의 내용이자 헌법의 기본원리인 것이다.

(2) 지금까지 언급한 내용의 법률유보의 원칙은 원칙적으로 공권력작용의 하나로서의 조례제정의 경우에도 적용된다고 보아야 할 것이다. 비록 지방자치단체의 조례는 주민에 의하여 직접 선출된 지방의회가 제정한 자치법규라는 점에서 국가의 위임명령 등과는 달리 그 규정내용에 상관없이 항상 법률의 구체적인 근거와 위임이 있어야 하는 것은 아니지만, 그 조례가 침해작용을 내용과 효과로 하고 있는 경우에는 원칙적으로 법률의 수권이 있어야 할 것이고, 아울러 그 근거법률에는 기본권의 침해와 직결되는 본질적 사항을 규정하고 있어야 할 것이며, 바로 이러한 범위와 한계 내에서 조례제정권이 인정되는 것이다. 이처럼 우리 헌법은 공권력작용으로 인한 국민(주민)의 기

3) Vgl. BVerfGE 34, 165(192f.); 40, 237(249); 49, 89(124ff.); 58, 257(268ff.).

본권의 제한 내지 침해의 허용과 그에 대한 통제권을 원칙적으로 국민의 대의기관인 국회에게—법치주의원리를 바탕으로 해서—부여하고 있는 것이지, 주민의 대표기관인 지방의회에게 부여하고 있는 것은 아니다. 헌법 제117조 제1항에서 말하는 '법령의 범위 안에서'의 자치법규제정권이나 이를 구체화한 지방자치법 제22조의 '법령의 범위 안에서'의 조례제정권도 결국 이를 의미하는 것으로 해석되는 것이다.

이러한 문제와 관련하여 대법원은 1992. 6. 23. 92추17 청주시행정정보공개조례(안) 재의결취소등청구사건에서 "지방자치단체는 법령의 범위 안에서 그 사무에 관하여 조례를 제정할 수 있되 그 내용이 주민의 권리의 제한 또는 의무의 부과에 관한 사항이거나 벌칙에 관한 사항이 아닌 한 법률의 위임이 없더라도 조례를 제정할 수 있다 할 것인데, 이 사건 정보공개조례안은 행정에 대한 주민의 알권리의 실현을 그 근본내용으로 하면서도 이로 인한 개인의 권익침해가능성을 배제하고 있으므로[4] 이를 들어 주민의 권리를 제한하거나 의무를 부과하는 조례라고는 단정할 수 없고 따라서 그 제정에 있어서 반드시 법률의 개별적 위임이 따로 필요한 것은 아니라 할 것이다."라고 판시함으로써 주민의 알권리라고 하는 일종의 정보의 자유를 내용으로 하는 헌법상의 언론·출판의 자유를 실현시키는 등 소위 수익적 작용을 내용으로 하는 조례제정의 경우에는 법률의 수권 내지 근거가 반드시 필요한 것은 아니며, 따라서 법률의 근거 없는 청주시행정정보공개조례안이 위헌·위법이 아님을 명백히 했다.

한편 헌법재판소는 1995. 4. 20. 92헌마264등 부천시·강남구담배자동판매기설치금지조례 제4조 등 위헌확인 사건에서 "이 사건 조례들은 담배소매업을 영위하는 주민들에게 자판기설치를 제한하는 것을 내용으로 하고 있으므로 주민의 직업선택의 자유, 특히 직업수행의 자유를 제한하는 것이 되어 지방자치법 제15조 단서 소정의 주민의 권리의무에 관한 사항을 규율하는 조례라고 할 수 있으므로 지방자치단체가 이러한 조례를 제정함에 있어서는 법률의 위임을 필요로 한다."라고 판시함으로써[5] 헌법 제117조 제1항 및 지방자치법 제15조(현행 제22조) 규정에 따라 국민의 기본권을 제한하는 조례는 반드시 법률의 위임이 있어야 하는데, 이 사건 조례는 담배사업법 제16조 제4항과 동 시행규칙 제11조 제1항에 근거하고 그의 위임의 한계를 벗어나지 아니했으므로 위헌으로 볼 수 없다는 점을 분명히 했다.

이들 판례의 취지는 모든 조례가 법률의 근거 없이도 제정될 수 있다는 것, 즉 조례제정의 경우에는 법률유보의 원칙의 적용이 배제된다는 것을 의미하는 것이 아니라,

---

4) 청주시 행정정보조례안 제5조는 집행기관은 법령상 공개가 금지되었거나, 개인의 사생활을 침해할 우려가 있거나, 행정집행과정에 관련되었거나, 집행기관이 공익 등의 이유로 공개 않는 것이 명백하다고 판단되는 등의 정보를 제외한 모든 정보를 특별한 사유가 없는 한 공개하여야 한다고 규정함으로써 행정정보공개로 인하여 공익에 대해서 뿐 아니라 개인의 사생활침해 등 주민에 대한 그 어떠한 권리침해도 야기될 수 없도록 제한을 가하고 있다. 그러므로 청주시행정정보공개조례안의 내용과 효과는 위에서 언급한 법률유보의원칙의 한 기준으로서의 확장된 침해작용에 해당된다고 볼 수 없고 따라서 이 조례안에 대하여 별도의 법적 근거가 요구되는 것은 아니라고 할 것이다.

5) 헌재 1995. 4. 20. 92헌마264 등, 판례집 7-1, 564, 572.

해당 조례가 침해작용을 내용으로 하지 아니하는 경우, 즉 공권력작용의 직접적인 상대방과 기타 이해관계인 등 그 누구의 권리도 침해하지 아니하거나 또는 오직 이익만을 부여하거나 의무를 해제시키기만 하는 등의 내용을 가지는 경우에는 법률의 근거 없이 제정될 수 있다는 것을 의미하는 것이며, 따라서 그렇지 아니한 경우, 즉 침해작용을 내용으로 하는 경우에는 법률유보의 원칙이 적용되어 반드시 법률의 근거가 있어야 한다는 것을 의미하는 것이다. 이 대법원 및 헌법재판소의 판시내용은 앞서 언급했던 법률유보의 원칙의 내용 및 그의 조례와의 관계에 대한 필자의 견해와 일치하는 것으로서 지극히 타당한 것이라고 하겠다.

2. 헌법 제37조 제2항과 관련하여

이러한 법률유보의 원칙, 즉 국민의 기본권을 침해·제한하는 경우에는 반드시 법률의 수권이 있어야 한다는 원칙은 헌법 제37조 제2항에서도 명시적으로 확인되고 있다. 즉 헌법 제37조 제2항은 "국민의 모든 자유와 권리는 국가안전보장·질서유지 또는 공공복리를 위하여 필요한 경우에 한하여 '법률로써' 제한할 수 있으며, 제한하는 경우에도 자유와 권리의 본질적인 내용은 침해할 수 없다."라고 규정함으로써 공익 등의 이유에서 국민의 자유와 권리를 침해·제한하는 경우에는 먼저 입법자가 제정하는 법률에 의하거나 법률의 근거가 있어야 함을 명백히 하고 있다. 이는 앞서 언급한 바와 같이 헌법의 기본내용이자 기본이념이라고 할 수 있고 따라서 이를 실현하기 위한 모든 통치작용의 최후의 궁극적 목적이라고 할 수 있는 국민의 기본권실현 및 그 제한과 침해에 관한 본질적인 결정권−그 허용권과 통제권−을 1차적으로 입법자에게 부여한다는 헌법상의 법치주의원리를 확인하는 것이며, 따라서 조례의 내용과 효과가 국민의 권리와 자유를 침해·제한하는 경우에는 반드시 법률로써, 즉 그 조례의 근거법률이 마련되어 있어야 할 것이다. 여기서 입법자는 국민의 자유와 권리의 제한자이자 수호자로서의 역할을 하는 것이다. 그러므로 앞서 예를 들은 청주시행정정보공개조례안의 내용이 만일 일정한 행정정보공개를 통해 상대방이나 이해관계 있는 제3자의 사생활을 침해하는 등 일정한 기본권의 제한·침해를 전제로 하고 있다면 그 조례안의 근거법률이 조례제정에 앞서 사전에 마련되어 있어야 할 것이며, 따라서 근거법률이 없는 동 조례안은 헌법 제37조 제2항에 위반되는 것으로서 위헌적 조례가 된다고 할 수 있다. 이와 관련하여 대법원은 1995. 5. 12. 94추28 전라북도공동주택입주자보호를위한조례안무효확인 사건에서 "… 지방자치법 제15조가 원칙적으로 헌법 제117조 제1항의 규정과 같이 지방자치단체의 자치입법권을 보장하면서, 국민의 권리제한·의무부과에 관한 사항을 규정하는 조례의 중대성에 비추어 입법정책적 고려에서 법률의 위임을 요구한다고 규정하고 있는바, 이는 기본권제한에 대하여 법률유보원칙을 선언한 헌법 제37조 제2항의 취지에 부합한다고 할 것이므로 조례제정에 있어서 위와 같은 경우에 법률의 위임근거를 요구하는 것이 위헌성이 있다고 할 수는 없으므로 피고의 위 주장은 이유 없다."라고 판시함으로써 지방자치법 제15조(현행 제22조) 단서조항의 취지, 즉 기본권제한의 경우 법률의 위임이 요구되는 것은 근본적으로 헌법 제37조 제2항에 근거하는 것이라는 점을 분명히 했다.

3. 헌법 제117조 제1항 및 지방자치법 제22조의 해석과 관련하여

(1) 자치입법권으로서의 조례제정권의 헌법과 법률상의 근거는 헌법 제117조 제1항과 지방자치법 제22조라고 할 수 있다. 헌법 제117조 제1항은 "지방자치단체는 주민의 복리에 관한 사무를 처리하고 재산을 관리하며, 법령의 범위 안에서 자치에 관한 규정을 제정할 수 있다."라고 규정함으로써 역시 '법령의 범위 안에서'의 조례제정권을 인정하고 있다. 여기서 조례제정권의 범위이자 한계를 밝혀주는 기준은 바로 '법령의 범위 안에서'라고 할 수 있으며, 따라서 '법령의 범위 안에서'가 무엇을 의미하는지 그 해석이 문제가 된다.

먼저 앞서 언급한 바와 같이 '법령의 범위 안에서'라는 말이 법률우위의 원칙이 적용된다는 것을 의미한다는 데에는 의문의 여지가 없다. 따라서 조례의 내용과 형식 등이 상위법령에 위반될 수 없음은 명백하다. 문제는 '법령의 범위 안에서'라는 말이 법률유보의 원칙이 적용되어야 한다는 것도 의미하는가, 즉 조례의 제정은 반드시 법률의 수권을 요하는 것으로 해석되어야 하는가인데 이점에 대하여는 첨예한 학설의 대립이 있다.[6] 이에 관한 본질적인 문제는 앞에서 이미 언급했기 때문에 결론만 이야기한다면 조례의 내용에 따라 법률유보의 원칙의 적용 여부가 달라지기 때문에 모든 조례제정에 있어서 반드시 법률의 수권을 요하는 것은 아니고, 다만 국민의 자유와 권리를 침해·제한하는 등의 침해작용을 내용으로 하는 경우에는 법률유보의 원칙이 적용된다고 할 수 있다. 즉 국민의 자유와 권리를 침해·제한하는 침해작용을 내용으로 하지 않는 한 법률의 개별적인 수권 없이도 지방자치단체는 조례를 제정할 수 있는 것이며, 결국 헌법 제117조 제1항 및 지방자치법 제22조에 규정된 '법령의 범위 안에서의 조례제정'이라고 하는 것은 그 조례가 침해작용을 내용으로 하지 않는 한 법령을 위반하지 아니하는 범위 내에서 개별적인 법률의 근거 없이도 제정될 수 있다는 의미로 해석될 수 있다. 지방자치법 제22조의 단서 조항도 "다만, 주민의 권리제한 또는 의무부과에 관한 사항이나 벌칙을 정할 때에는 법률의 위임이 있어야 한다."라고 규정함으로써 이를 명백히 하고 있고, 앞서 예를 들은 청주시행정정보공개조례안재의결취소등청구사건에서 대법원도 "… 지방자치법 제15조에 의하면, 지방자치단체는 법령의 범위

6) 법률의 수권을 요하는 것으로 해석하는 견해: 이기우, 전게서, 226쪽. 경우에 따른 법률의 수권을 요하는 것으로 해석하는 견해: 홍정선, 조례와 침해유보, 고시계, 1993. 4, 108쪽. 법률의 수권을 요하지 않는 것으로 해석하는 견해: 박윤흔, 전게논문, 41쪽; 서원우, 전게논문, 23쪽 이하.

안에서 그 사무에 관하여 조례를 제정할 수 있되 주민의 권리제한 또는 의무의 부과에 관한 사항이나, 벌칙을 정할 때에는 법률의 위임이 있어야 한다고 규정하고 있으므로 지방자치단체는 그 내용이 주민의 권리를 제한 또는 의무의 부과에 관한 사항이거나 벌칙에 관한 사항이 아닌 한 법률의 위임이 없더라도 조례를 제정할 수 있다. …"라고 판시함으로써 이를 확인하고 있다. 따라서 일정한 조례의 내용이 침해작용임에도 불구하고 그에 대한 근거법률이 없다면 그 조례는 헌법 제117조 제1항 및 지방자치법 제22조에 위반되는 것이며, 이는 앞서 언급한 헌법재판소의 담배자판기사건에서도 분명히 확인되고 있다. 한편 헌법 제117조 제1항 및 지방자치법 제22조에서의 '사무'라고 하는 것은 지방자치단체의 고유한 자치사무를 말하는 것이다. 왜냐하면 국가의 위임사무의 경우에는 법령의 개별적인 수권이 있어야 하며 실제로도 본래의 국가의 사무이기 때문에 국가법령의 근거가 마련되어 있을 것이기 때문이다.

(2) 헌법 제117조 제1항에 대한 이러한 해석은 헌법의 통일성의 측면에서 볼 때 지극히 타당한 것이라고 할 수 있다. 헌법은 인간의 존엄과 가치를 핵으로 해서 이를 구체화시키고 실현시키기 위한 각종의 기본권규정과 기본원리를 정점으로 한 하나의 피라미드구조를 이루고 있다고 볼 수 있다.[7] 즉 헌법은 여러 법소문의 아무 의미 없는 단순한 집합체에 불과한 것이 아니고 일종의 계층구조로 이루어져 있어 하위규범이나 원리는 상위규범이나 원리를 위반할 수 없으며, 모든 조문이 불가분의 밀접한 관계를 가지고 서로 보충·제한하는 기능을 나타내는 것이기 때문에 어느 하나의 헌법조문을 해석하는 경우에도 그 해당 조문만을 대상으로 할 것이 아니라 그 조문을 헌법 전체의 통일적인 측면에서 살펴야 하는 것이다. 그런데 헌법 제117조 제1항은 현행 헌법의 기본원리와 기본규정에 해당되는 법치주의원리 및 헌법 제37조 제2항과의 관계에서 하위규정이라 할 수 있기 때문에 헌법 제117조 제1항도 이러한 법치주의원리와 헌법 제37조 제2항에 저촉되지 아니하는 범위 내에서 조화를 이룰 수 있도록 해석되어야 한다. 이러한 헌법의 통일성의 측면에서 볼 때 법치주의원리와 헌법 제37조 제2항에 저촉되지 아니하는 범위내에서의 헌법 제117조 제1항의 입법취지를 살리는 규범조화적 해석은 바로 "지방자치단체는 주민의 권리를 제한하거나 의무를 부과하거나 벌칙을 부과하는 등의 침해작용에 관한 사항을 내용으로 하지 않는 한 자치사무에 관하여 법령에 위반되지 아니하는 범위 내에서 법률의 개별적인 수권 없이 조례를 제정할 수 있다."는 것이라고 할 수 있다.

(3) 한편 헌법 제117조 제1항에 대한 이러한 해석은 헌법내의 비교될 수 있는 다른 규정과의 규범조화적 해석의 측면에서 볼 때도 타당하다고 할 것이다.

헌법 제75조는 "대통령은 법률에서 구체적으로 범위를 정하여 위임받은 사항과 법률을 집행하기 위하여 필요한 사항에 관하여 대통령령을 발할 수 있다."라고 규정함으

7) 헌법의 통일성 및 구조에 관한 자세한 언급은 정연주, 헌법규범에 대한 위헌심사, 공법연구 제19집, 1991, 129쪽 이하 참조.

로써 위임명령의 경우에는 항상 구체적인 법률의 수권이 있어야 함을 명백히 하고 있다. 이는 위임명령의 본질상 너무나 당연한 것으로서 구체적인 근거법률이 전제되지 아니하는 위임명령은 존재할 수 없고, 따라서 위임명령의 경우에는 법률우위의 원칙뿐 아니라 법률유보의 원칙이 반드시 적용되는 것이며, 이를 헌법은 '법률에서 구체적으로 범위를 정하여 위임받은 사항에 관하여'라고 표현하고 있는 것이다.

다른 한편 헌법 제108조는 "대법원은 법률에 저촉되지 아니하는 범위 안에서 소송에 관한 절차, 법원의 내부규율과 사무처리에 관한 규칙을 제정할 수 있다."고 규정하고 있으며, 헌법 제113조 제2항은 "헌법재판소는 법률에 저촉되지 아니하는 범위 안에서 심판에 관한 절차, 내부규율과 사무처리에 관한 규칙을 제정할 수 있다."고 규정함으로써 '법률에 저촉되지 아니하는 범위 안에서'의 내부규율과 사무처리 등에 관한 규칙제정권을 인정하고 있는데, 여기서 '법률에 저촉되지 아니하는 범위 안에서'라 함은 표현 그대로 '법률에 위반되지 아니하는 범위 안에서'를 뜻하는 것이며, 따라서 이는 법률우위의 원칙의 적용만을 의미하는 것이지 법률유보의 원칙의 적용을 의미하는 것은 아니라 할 것이다. 왜냐하면 헌법 제108조 및 제113조 제2항에서 말하는 내부규율과 사무처리 등에 관한 규칙이라 함은 국민의 자유와 권리를 변동시키거나 제한하는 것을 목적으로 하는 등 대외적 구속력을 가진 법규범의 성질을 가진다기보다는 법원이나 헌법재판소 내부의 규율이나 업무처리지침 등 원칙적으로 그리고 1차적으로 대내적 구속력만을 가진 일종의 행정규칙의 성질을 가진다고 볼 수 있고, 따라서 이러한 규칙에 대하여는 반드시 개별적·구체적인 법률의 수권이 있어야 하는 것은 아니기 때문이다. 그러므로 여기서의 내부규율과 사무처리 등에 관한 규칙의 경우에는 법률우위의 원칙은 적용되나 법률유보의 원칙은 적용되지 아니한다고 보아야 할 것이고, 이를 우리 헌법은 '법률에 저촉되지 아니하는 범위 안에서'라고 표현하고 있는 것이다.

이러한 맥락에 비추어 볼 때 헌법 제117조 제1항에서의 '법령의 범위 안에서'라는 표현은 원칙적으로 법률우위의 원칙의 적용만을 요구하고 법률유보의 원칙의 적용을 요구하지 아니하는 헌법 제108조나 제113조 제2항에서의 '법률에 저촉되지 아니하는 범위 안에서'의 표현과 다른 의미를 가지고, 또한 법률우위의 원칙뿐 아니라 법률유보의 원칙의 항시적 적용을 요구하는 헌법 제75조의 '법률에서 구체적으로 범위를 정하여 위임받은 사항에 관하여'의 표현과도 다른 의미를 가지는 일종의 중간단계로서 법률우위의 원칙의 적용과 조례의 내용과 효과에 따른 선별적인 법률유보의 원칙의 적용을 요구하는 것으로 해석될 수 있는 것이며, 이는 헌법 제114조 제6항이 "중앙선거관리위원회는 법령의 범위 안에서 선거관리·국민투표관리 또는 정당사무에 관한 규칙을 제정할 수 있으며, 법률에 저촉되지 아니하는 범위 안에서 내부규율에 관한 규칙을 제정할 수 있다."고 규정한 데서도 알 수 있다. 왜냐하면 이 규정에서 말하는 내부규율에 관한 규칙은 앞서도 언급했듯이 일종의 행정규칙의 성질을 가지는 것으로서 이에 대한 개별적·구체적 법률의 수권이 있어야 하는 것은 아니고, 따라서 단순히 '법률에 저촉되지 아니하는 범위 안에서'라고 표현하고 있으며, 선거관리 등에 관한 규칙은 국민의 참정권 등 기본권의 변동이나 형성·제한 등에 관한 사항을 규율하는 법규범의 성질을 가질 수 있는 것으로서 이에 대하여는 그 규칙의 내용과 효과에 따라서 법률의 수권이 요구되는 경우가 있을 수 있고, 따라서 이러한 규율내용에 따른 법률유보의 원칙의 선별적 적용요구를 '법령의 범위 안에서'라고 표현하고 있다고 볼 수 있기 때문이다.

4. 죄형법정주의

조례가 침해작용을 내용으로 하는 경우 법률의 수권이 있어야 하는 것이 법치주의원리로부터 당연히 요구되는 것이라고 언급했는데, 특히 그 조례가 형벌의 부과를 내용으로 하는 경우에는 인신보호를 위한 헌법상의 기속원리이자 형사법의 기본원리인 죄형법정주의에 따라 당연히 그 형벌에 관한 사항이 법률에 규정되어 있어야 할 것이다.

죄형법정주의는 행위시의 법률에 의해서 범죄를 구성하지 아니하는 행위로 처벌받지 아니한다는 원칙을 말하는 것으로서, 사전에 제정된 법률이 없으면 범죄도 없고 처벌되지도 아니한다는 것을 내용으로 한다. 따라서 일정한 형벌을 부과하기 위하여는 반드시 사전에 범죄의 내용과 형벌사항이 법률에 규정되어 있어야 하며, 우리 헌법 제12조 제1항 후단도 "누구든지 법률에 의하지 아니하고는 체포·구속·압수·수색 또는 심문을 받지 아니하며, 법률과 적법한 절차에 의하지 아니하고는 처벌·구속·압수·수색 또는 심문을 받지 아니하며, 법률과 적법한 절차에 의하지 아니하고는 처벌·보안처분 또는 강제노역을 받지 아니한다."라고 규정함으로써 이를 명백히 하고 있다. 공권력작용 중 형벌권행사에 의한 국민의 자유와 권리의 침해·제한은 가장 전형적인 침해작용에 속하는 것으로서 이러한 형벌권행사에 관하여 반드시 법률의 근거가 있어야 한다는 것은 법치주의원리가 당연히 요구하는 것이기 때문에 죄형법정주의는 법치주의원리의 파생원리라고도 할 수 있다. 그런데 다른 공권력행사에 비하여 국가형벌권행사의 남용가능성은 매우 크기 때문에 이에 대한 법치주의적 통제를 특히 강조하고 입법자의 입법형성권을 통제·제한하기 위하여 헌법제정권자가 직접 이를 별도로 헌법에 명시한 것이라고 볼 수 있다.

이러한 죄형법정주의는 근거법률에 죄와 형, 즉 그 처벌대상으로서의 구성요건과 반대급부로서의 처벌내용의 기본적인 사항이 반드시 규정되어 있을 것을 요구하며,[8] 이는 국민의 법적 안정성과 예측가능성의 보장측면에서 그리고 국민의 기본권의 형성과 제한에 관한 본질적이고 기본적인 사항은 반드시 법률에 규정되어 있을 것을 요구하는 소위 본질성이론을 내용으로 하는 법률유보의 원칙상 당연하다 할 것이다. 이러한

8) 이에 관한 자세한 언급은 헌재 1991. 7. 8. 91헌가4 참조.

내용의 죄형법정주의는 국가의 모든 형벌권행사에 적용되는 것으로 일반 행정작용뿐 아니라 조례제정의 경우에도 적용되는 것이다. 이러한 맥락에서 볼 때 구 지방자치법 제20조는 죄형법정주의에 위반된다고 할 것이다. 즉 동조는 "시 · 도는 당해 지방자치단체의 조례로써 3월 이하의 징역 또는 금고, 10만원 이하의 벌금, 구류, 과료 또는 50만원 이하의 과태료의 벌칙을 정할 수 있다."고 규정함으로써 벌칙의 범위만을 규정하고 있을 뿐 그 구성요건에 대하여는 아무런 규정을 두고 있지 않는데, 이것이 앞서 언급한 죄형법정주의에 위배된다고 하는 것은 다언을 요하지 않는다고 할 것이다.

이처럼 구 지방자치법 제20조에 대하여는 죄형법정주의위반을 이유로 위헌 시비가 있었는데, 현행 지방자치법 제27조 제1항은 "지방자치단체는 조례를 위반한 행위에 대하여 조례로써 1천만원 이하의 과태료를 정할 수 있다."라고 규정함으로써 그 위헌의 소지를 없앤 것으로 볼 수 있다. 물론 현행 제27조 제1항에 대하여도 위헌 시비를 제기할 수는 있다. 왜냐하면 과태료 부과가 형사벌이 아니라 하더라도 국민의 재산권 등 기본권을 제한하는 침해작용에 해당하기 때문에 법률유보의 원칙에 따라 당연히 과태료 부과에 관한 기본적인 사항을 법률로 정해야 하고, 여기서 기본적인 사항에는 법률요건으로서의 과태료가 부과되는 대상과 그에 대한 과태료의 상한이 포함되어야 할 것이기 때문이다. 이는 법적 안정성과 예측가능성의 보장을 위하여 당연히 요구되는 것으로 주민은 지방자치법 제27조 제1항으로부터 어떠한 행위를 할 때 어느 정도의 과태료가 부과되는지 예측가능해야 하는데, 동조항은 단순히 '조례를 위반한 행위에 대하여'라고만 규정하고 있어 도대체 어떠한 행위에 대하여 과태료가 부과되는지를 예측할 수가 없고, 조례를 통해서 비로소 알 수 있도록 포괄적으로 위임하고 있다. 따라서 이는 원칙적으로 법률유보의 원칙과 포괄적 위임입법금지의 원칙에 위반된다고 볼 수도 있다.

그러나 이와 관련하여 헌재가 위 92헌마264등 결정에서 "조례의 제정권자인 지방의회는 선거를 통해서 그 지역적인 민주적 정당성을 지니고 있는 주민의 대표기관이고, 헌법이 지방자치단체에 대해 포괄적인 자치권을 보장하고 있는 취지로 볼 때 조례제정권에 대한 지나친 제약은 바람직하지 않으므로 조례에 대한 법률의 위임은 법규명령에 대한 법률의 위임과 같이 반드시 구체적으로 범위를 정하여 할 필요가 없으며 포괄적인 것으로 족하다고 할 것이다."라고 판시하고 있듯이,[9] 지방자치법 제27조 제1항의 경우처럼 법률의 위임이 법규명령이 아닌 조례에 대하여 이루어질 경우에는 구체적으로 범위를 정하여 할 필요는 없고 포괄적인 것으로 족하기 때문에 동조항이 단순히 '조례를 위반한 행위에 대하여'라고 포괄적으로 조례에 위임했다고 해서 위헌이라고까지 평가하기는 어려울 것이다.

9) 헌재 1995. 4. 20. 92헌마264 등, 판례집 7-1, 564, 572.

5. 재산권보장

재산권을 법률의 근거 없이 조례로 규제할 수 있는가, 즉 재산권의 내용과 한계를 조례로 정하고, 재산권의 제한과 침해를 조례로써 할 수 있는가가 문제될 수 있다. 그러나 이는 허용될 수 없다고 본다. 이는 헌법 제23조 제1항에서 “모든 국민의 재산권은 보장된다. 그 내용과 한계는 법률로 정한다.”고 규정하고 있고, 동조 제3항에서 “공공필요에 의한 재산권의 수용·사용 또는 제한 및 그에 대한 보상은 법률로써 하되, 정당한 보상을 지급하여야 한다.”고 규정함으로써 재산권의 내용과 한계 및 그에 대한 침해는 반드시 법률로써만 정하도록 하고 있기 때문이다. 이는 국민의 기본권의 형성과 제한에 관한 본질적 사항은 반드시 법률에 규정되어 있을 것을 요구하는 법률유보의 원칙상 당연한 것으로서, 재산권은 역사적으로 그리고 그 특성상 국가의 모든 공권력행사와 첨예한 갈등관계에 있어 왔고 이러한 갈등관계는 앞으로도 영원히 계속된다고 볼 수 있기 때문에 국가권력의 자의와 남용을 막고 이러한 이해대립을 조화롭게 해결하기 위하여 재산권에 대한 규세를 반드시 입법자만이 할 수 있도록 명시한 헌법제정자의 결단이라고 할 수 있다. 따라서 만일 지방의회가 법률에서 정하지 아니한 새로운 내용의 재산권을 창설하거나 법률의 근거 없이 일정한 지역사업수행 등을 위한 재산권의 침해를 내용으로 하는 조례안을 의결한다면, 이는 헌법 제23조에 위반되는 것이라고 할 수 있다.

6. 조세법률주의

법률의 근거 없이 조례로써 지방세 등의 조세를 부과할 수 있는가가 문제될 수 있는데, 이 또한 허용될 수 없다고 본다. 왜냐하면 이는 “조세의 종목과 세율은 법률로 정한다.”고 규정한 헌법 제59조의 조세법률주의에 위반되기 때문이다. 이 조세법률주의는 앞서 재산권보장과 관련해서 언급했듯이 국민의 기본권의 제한 내지 침해에 관한 본질적 사항은 반드시 법률로 정해야 한다는 법률유보의 원칙상 당연히 요구되는 것이기도 하지만, 국가의 과세권의 행사와 이에 대항하는 국민의 재산권보장과는 역사적으로 항상 첨예한 이해대립관계에 있어 왔고 이 또한 앞으로도 영원히 계속될 갈등관계라고 볼 수 있기 때문에 과세권의 행사에 관한 본질적 사항, 특히 조세의 종목과 세율만큼은 반드시 입법자가 정하도록 한 헌법제정자의 결단인 것이다. 이는 조례제정의 경우에도 그대로 적용되는 것으로서, 일정한 지방세의 부과와 관련하여 그 지방세의 종목과 세율의 기본적인 사항을 정한 법률의 수권이 없는 지방세부과조례는 허용될 수 없다고 하겠다.

이와 관련하여 지방세법 제3조 제1항은 “지방자치단체는 지방세의 세목, 과세객체,

과세표준, 세율 기타 부과징수에 관하여 필요한 사항을 정함에 있어서는 조례로써 하여야 한다."라고 규정하고 있는데, 이 규정에서 말하는 조례로써 정할 필요한 사항이라 함은 지방세의 세목이나 세율 또는 과세표준 그 자체를 의미하는 것은 아니다. 즉 이에 관한 기본적인 사항은 어디까지나 지방세법에서 스스로 정해야 할 것이고 이 기본적인 사항을 보다 구체화시키는 세부적인 사항을 조례로써 정한다는 것을 의미하는 것으로 보아야 할 것이며, 실제로 지방세법에는 지방세의 세목, 과세표준, 세율 등에 대한 기본적인 사항을 빠짐없이 규정하고 있다.

7. 지방의회와 국회의 차이점

지금까지 살펴본 바와 같이 지방자치단체의 조례제정권은 법령을 위반하지 아니하는 범위 내에서, 그리고 침해작용을 내용으로 하는 경우에는 반드시 법률의 근거하에서만 인정된다고 할 수 있다. 따라서 지방의회를 국회와 동일한 지위를 가지는 입법기관이라는 점을 강조하면서 조례제정권이 국회의 입법권에 준하는 것이라고 하여 지방의회가 법령을 위반하지 아니하는 한 법률의 수권 없이, 즉 국회의 지배로부터 벗어나 자치사무에 관하여 어떠한 내용의 조례라도 제정할 수 있다고 하는 견해는 타당하다고 볼 수 없다. 물론 지방의회와 국회는 일정한 선거구민에 의하여 직접 선출된 의원으로 구성되고 따라서 다같이 민주적 정당성을 부여받은 대의기관이라는 점에서는 동일하다고 볼 수 있다. 그러나 국회는 그 지역적 관할면에서 국가를 대표하지만 지방의회는 그 해당 지역만을 대표하는 것이고, 아울러 국회는 국민 전체를 대표하지만 지방의회는 그 해당 지역의 주민들만을 대표하며, 또한 국회는 국가사무를 그 관장사항으로 하지만 지방의회는 원칙적으로 그 지역에 고유한 자치사무만을 관장사항으로 한다. 또한 국회는 입법권이라고 하는 국가권력의 한 부분을 관장하는 기관이지만 지방의회는 이러한 입법권이라고 하는 국가권력을 전제로 해서 비로소 그 권한과 기능이 구체화되는 기관이라고 할 수 있다. 물론 지방의회의 조례제정권 등 지방의회의 자치권과 그 제도보장은 헌법 제117조로부터 직접 인정되는 것이지만, 지방의회의 조직·권한·기능 등에 관한 구체적인 사항은 국회의 법률을 통해서 정해지는 것이며, 따라서 지방의회는 국회의 입법권하에서 지방자치행정의 일부를 관장하는 기관이며, 결국 헌법 제117조 제1항도 "… 법령의 범위 안에서의 자치에 관한 규정을 제정할 수 있다."고 규정함으로써 이를 명백히 하고 있는 것이다. 그러므로 조례제정에 있어서 지방의회는 지방행정조직의 일부를 이루는 것이지 입법자의 지위에서 입법권을 행사하는 것은 아니며, 따라서 외관상 지방의회가 일종의 입법기관이라고 하여 국회의 기능을 대신할 수는 없는 것이다.

Ⅲ. 조례제정권에 대한 통제

1. 통제수단

조례제정권에 대한 통제수단 및 절차에 관하여는 지방자치법 제172조 등에 규정되어 있는데, 이에 따르면 통제수단을 크게 행정적 통제와 사법적 통제로 나눌 수 있다.

(1) 행정적 통제

1) 재의요구

지방자치법 제172조 제1항은 "지방의회의 의결이 법령에 위반되거나 공익을 현저히 해친다고 판단되면 시·도에 대하여는 주무부장관이, 시·군 및 자치구에 대하여는 시·도지사가 재의를 요구하게 할 수 있고, 재의요구를 받은 지방자치단체의 장은 의결사항을 이송받은 날부터 20일 이내에 지방의회에 이유를 붙여 재의를 요구하여야 한다." 라고 규정함으로써 법령에 위반된 조례안에 대하여 주무부장관의 시·도에 대한, 그리고 시·도지사의 시·군 및 자치구에 대한 재의요구권을 인정하고, 이러한 재의요구를 받은 당해 지방자치단체의 장의 당해 지방의회에 대한 재의요구권을 인정하고 있다. 이러한 재의요구권을 통해 지방의회의 조례제정권은 1차적으로 통제를 받는 것이다. 여기서 법령에 위반되는 조례라고 하는 것은 단순히 법률우위의 원칙뿐 아니라 법률유보의 원칙을 위반한 조례까지 포함되는 것으로 해석되며, 따라서 내용상 당연히 법률의 수권을 요하는 조례가 그 근거법률이 없이 제정되었을 경우에도 법령위반을 이유로 재의를 요구할 수 있는 것이다.[10)]

2) 소송제기

이러한 재의요구에 대하여 지방의회는 재적의원 과반수의 출석과 출석의원 3분의 2 이상의 찬성으로 재의결함으로써 조례안을 확정시킬 수 있는데(동법 동조 제2항), 이 경우 지방자치단체의 장은 재의결된 날로부터 20일 이내에 대법원에 소를 제기할 수 있고 필요하다면 그 조례의 집행을 정지하게 하는 집행정지결정을 함께 신청할 수 있다(동법 동조 제3항). 만일 당해 지방자치단체의 장이 소를 제기하지 아니하는 때에는 주무부장관 또는 시·도지사가 당해 지방자치단체의 장에게 제소를 지시하거나 직접 제소 및 집행정지결정을 신청할 수 있다(동법 동조 제4항).

10) 대판 1992. 6. 23. 92추17 참조.

(2) 사법적 통제

1) 기관소송

행정소송법 제3조 제4호는 국가 또는 공공단체의 기관 상호간에 있어서의 권한의 존부 또는 그 행사에 관한 다툼이 있을 경우 제기하는 소송으로서 기관소송을 규정하고 있고, 동법 제45조는 이 기관소송을 개별법률이 정한 경우에 그 법률에 정한 자에 한하여 제기할 수 있도록 규정하고 있는데, 이러한 법률에 해당하는 것이 바로 앞서 언급한 지방자치법 제172조라고 할 수 있다. 이에 따른 기관소송은 결국 주무부장관 또는 지방자치단체의 장과 지방의회와의 조례제정의 법령위반 여부와 관련한 권한의 존부 또는 그 행사에 관한 다툼을 해결하기 위한 것이라고 할 수 있고, 대법원은 주무부장관이나 지방자치단체의 장의 소제기에 따라 당해 조례안의 법령위반 여부를 판단함으로써 조례제정권을 통제하는 것이다.

여기서 대법원에 의한 위법결정은 당해 조례를 무효로 한다. 왜냐하면 첫째, 기관소송은 일정한 권리침해 및 이에 대한 구제를 전제로 하는 주관적 소송이 아니라 앞서 언급한 바와 같이 기관 상호간의 권한의 존부 또는 그 행사에 관한 다툼이 있는 경우에 이를 해결하기 위하여 제기하는 객관적 소송이고, 둘째, 여기서는 해당 조례의 위법 여부 및 무효 여부를 직접 소송대상으로 삼고 있는 것이지 그 조례의 위법여부가 재판의 전제가 된 경우가 아니기 때문이다. 이에 따라 대법원은 도시계획위원회조례중 개정조례안무효확인소송(1993. 2. 9. 92추93)에서 대구직할시의 도시계획위원회조례중 개정조례안에 대한 재의결이 효력이 없음을 주문에서 명백히 밝히고 있고, 완주군의회회의규칙 중 개정규칙재의결취소등청구사건(1993. 2. 26. 92추109)에서 완주군의회회의규칙 중 개정규칙안에 대한 재의결이 무효임을 역시 주문에서 명백히 하고 있다.

2) 항고소송

위법한 조례에 근거하여 발해진 행정처분에 의한 권리침해에 대하여는 그 처분의 취소 또는 무효확인을 통해 권리구제를 받을 수 있는데, 이러한 항고소송의 심판과정에서 해당 조례의 위법 여부를 심사함으로써 법원이 간접적으로 조례를 통제할 수 있다.

헌법 제107조 제2항은 "명령·규칙 또는 처분이 헌법이나 법률에 위반되는 여부가 재판의 전제가 된 경우에는 대법원은 이를 최종적으로 심사할 권한을 가진다."고 규정함으로써 이를 명백히 하고 있다. 이 헌법규정에서 말하는 '명령·규칙'은 법률보다 하위에 있는 모든 법규범을 의미하는 것으로서 이에는 당연히 조례도 포함되는 것이라고 할 수 있기 때문에 각급법원은 조례의 위헌·위법 여부가 재판의 전제가 되는 경우에는 이를 심사함으로써 간접적으로 조례를 통제할 수 있는 것이다.[11)]

여기서 대법원에 의한 조례에 대한 위헌·위법 결정의 효과는 해당 조례의 당해 사건에의 적용배제에 그치는 것이고 해당 조례를 일반적으로 무효화시키는 것은 아니라고 할 것이다. 왜냐하면 첫째, 이러한 항고소송을 통한 조례에 대한 간접적 통제는 재판의 전제로서, 즉 당해 사건에 관련되어 부수적으로 행해지는 것으로서 본래 구체적인 권리침해와 이에 대한 구제를 내용으로 하는 주관적 소송을 그 전제로 하고 있고, 따라서 법원의 조례에 대한 통제는 어디까지나 당해 사건을 해결하기 위한 부수적 작용에 불과한 것이며, 둘째, 헌법 제107조 제2항에서 "… 대법원은 이를 최종적으로 심사할 권한을 가진다."라고 규정하고 있는데 여기서의 '심사'는 결과적으로 당해 사건에서의 조례의 적용 여부에 대한 판단을 의미하는 것으로 해석될 수 있기 때문이다. 대법원은 일련의 수익자부담금부과처분취소청구사건(1982. 9. 28. 82누309: 1982. 10. 12. 82누210; 1982. 12. 28. 82누213 등)에서 당해 수익자부담금징수조례가 위법임을 파기하고 사건을 원심법원에 환송시킴으로써 위법한 조례의 당해 사건에의 적용배제만을 간접적으로 시사하고 있다.

3) 헌법소원

헌법재판소법 제68조 제1항에 따라 공권력작용에 의하여 헌법상 보장된 기본권이 침해된 자는 헌법재판소에 헌법소원심판을 청구할 수 있다. 조례제정행위도 공권력작용에 해당되므로, 예외적으로 조례에 의하여 직접·현재 자신의 기본권을 침해당한 자는 다른 법률에 구제절차가 없기 때문에 바로 헌법소원심판을 청구할 수 있다고 하겠다. 헌법재판소도 앞서 언급한 담배자판기사건에서 "조례는 지방자치단체가 그 자치입법권에 근거하여 자주적으로 지방의회의 의결을 거쳐 제정한 법규이기 때문에 조례 자체로 인하여 기본권을 침해받은 자는 그 권리구제의 수단으로서 조례에 대한 헌법소원을 제기할 수 있다고 할 것이다."라고 판시함으로써[12] 이를 확인하고 있다.

여기서 헌법재판소에 의한 조례에 대한 위헌결정은 당해 조례를 무효로 한다고 볼 수 있다. 왜냐하면 첫째, 여기서 해당 조례의 위헌 여부의 결정은 재판의 전제가 되는 부수적 작용이 아니라 바로 재판의 직접적인 대상 그 자체이고, 둘째, 헌법재판소는 본래 일정한 법규범의 위헌 여부 및 무효 여부를 결정하는 규범통제기관이며, 셋째, 헌법재판소는 위헌법률심사나 헌법소원심판의 결과 일정한 법률의 무효를 결정할 수 있는데 법률보다 하위규범인 조례에 대한 위헌·무효결정은 법질서의 통일성의 요구에 따라 당연히 인정되는 것이고, 넷째, 헌법재판소법 제75조에 따라 헌법소원의 인용결정－조례의 위헌결정－은 모든 국가기관과 지방자치단체를 기속하기 때문이다.

---

11) 이기우, 전게서, 235쪽 이하; 홍정선, 전게서, 168쪽.

12) 헌재 1995. 4. 20. 92헌마264 등, 판례집 7-1, 564, 571.

2. 사법적 통제수단의 문제점

지금까지 살펴본 바와 같이 현행 법제하에서의 조례에 대한 사법적 통제는 주로 지방자치법 제172조에 따른 기관소송절차에 따라 대법원에 의하여 이루어지고 있다. 즉 조례의 법령위반을 이유로 한 주무부장관 또는 지방자치단체의 장과 지방의회간의 기관소송이 그것이다. 그런데 이러한 국가기관과 지방자치단체, 지방자치단체 상호간 또는 지방자치단체 내부, 즉 지방의회와 단체장 사이의 권한과 의무의 범위와 내용에 관한 다툼을 해결하기 위한 기관쟁의소송은 본래 국가기관이나 지방자치 상호간의 권한과 의무의 한계를 명백히 함으로써 국가기능의 수행을 원활히 하고 권력 상호간의 견제와 균형을 유지시켜 헌정생활의 안정과 정치적 평화를 유지하며, 헌법수호와 법질서의 통일성 확보에 기여하는데 그 목적이 있는 것이다. 따라서 이러한 헌법수호와 법질서의 통일성 확보 및 기능적 권력분립의 효과적 실현과 정치적 평화유지기능 때문에 전통적으로 기관쟁의소송제도는 헌법재판제도가 확립된 나라에 있어서는 헌법재판의 관장사항으로 되어 있다. 또한 이러한 기관쟁의소송은 주로 헌법적·정치적 판단을 전제로 하기 때문에[13] 그 특성상 일반법원에 의한 사법심사보다는 정치적 사법작용인 헌법재판의 대상이 되는 것이 적합하다고 볼 수 있다. 더욱이 헌법재판소법 제61조 이하에서는 기관쟁의소송제도에 해당되는 권한쟁의심판제도에 관하여 포괄적으로 규정하고 있는 반면, 행정소송법 제3조 제4호에서는 헌법재판소의 관장사항으로 되어 있는 기관쟁의소송을 제외한 나머지의 기관소송만을 보충적으로 행정소송법상의 기관소송의 대상으로 삼고 있으며, 더 나아가 행정소송법 제45조에서 행정소송법상의 기관소송은 이를 허용하는 개별적 법률의 규정이 있는 경우에만 제기될 수 있는 것으로 규정하고 있고, 이에 따른 개별적 법률의 규정으로는 앞서 언급한 지방자치법 제172조 등 극히 제한적인 경우에 한하고 있는 것에 비추어 볼 때 우리의 현행 법제는 기관쟁의소송을 원칙적으로 헌법재판소의－권한쟁의심판의－관장사항으로 하고 있다고 보아야 할 것이다. 특히 조례제정권에 대한 통제권이 한편으로는 지방자치법 제172조에 따른 기관소송과 헌법 제107조 제2항에 근거한 항고소송을 통해 대법원에 부여되어 있고, 다른 한편으로는 헌법소원제도와 예외적으로 지방자치법 제172조에 해당되지 아니하는 기관쟁의를 내용으로 하는 권한쟁의심판제도를 통해 헌법재판소에 부여되어 있는 현행 법제하에서는 동일한 조례(안)에 대한 위헌·위법 여부에 대하여 대법원과 헌법재판소가 상치되는 결정을 내릴 가능성을 배제할 수 없는데, 이는 법규범에 대한 국민의 신뢰와 법적 안정성을 해치고, 헌법재판소와 대법원간의 불필요한 갈등만을 야기시키

13) 앞서 예를 들은 대법원의 청주시행정정보공개조례안재의결취소등청구사건에서도 헌법상의 법치주의원리와 언론·출판의 자유로부터 도출되는 헌법상의 기본권으로서의 알권리의 문제가 그 핵심적인 판단내용을 이루고 있다.

는 것이라고 볼 수 있다.[14] 따라서 헌법재판제도가 확립된 오늘날 헌법의 최고규범성에서 도출되는 법질서의 통일성을 실현하기 위해서 조례안의 위헌·위법 여부와 관련한 기관소송을 포함한 모든 기관쟁의심판을 헌법재판소의 관장사항으로 하는 방향으로 관련 법규가 개정되어야 할 것이다.

Ⅳ. 맺는 말

주지하는 바와 같이 국민주권을 이념으로 하는 헌법상의 기본원리인 민주주의원리가 실현되기 위해서 그리고 중앙정부와 지방자치단체간의 기능적 권력분립의 실현을 위해서 지방행정의 민주화와 지방자치제도의 활성화가 불가피하며, 이를 위한 전제조건의 하나가 바로 지방자치단체의 자치입법권인 조례제정권의 보장이라는 점은 의문의 여지가 없다. 그러나 이러한 조례제정권도 헌법의 원리와 규정을 벗어날 수 없으며, 따라서 관련 헌법규정과 기본원리의 지배하에서만 인정될 수 있는 것이다.

이 글에서는 지금까지 이러한 조례제정권의 근거와 범위 및 그 한계에 관한 헌법 및 지방자치법의 관련 규정과 기본원리, 그리고 조례제정권에 대한 통제 문제에 대해서 살펴보았다. 지방의회는 조례제정시 반드시 이러한 조례제정권의 근거와 한계로서의 헌법적 기준을 준수함으로써 중앙정부 또는 지방자치단체의 장과의 불필요한 법적 분쟁을 피하고, 지방의회의 위상확립과 더 나아가서 지방자치제도의 활성화에 기여해야 할 것이다. 또한 조례제정권에 대한 보다 체계적이고 효율적인 통제가 이루어질 수 있도록 관련 법규의 개정이 있어야 할 것이다.

---

14) 헌법재판소는 법무사법시행규칙에 대한 헌법소원심판청구사건(1990. 10. 15. 89헌마178)에서 법무사법시행규칙 제3조 제1항을 위헌으로 결정했는데 이에 대하여 대법원이 명령·규칙 등에 대한 위헌심사권은 대법원의 배타적인 관할사항이라고 반박함으로써 헌법재판소와 대법원간의 갈등이 한동안 계속된 바 있었다.

27. 입법부작위에 대한 헌법소원

– 헌재 1994. 12. 29. 89헌마2 조선철도(주) 주식의 보상금청구에 관한 헌법소원[1] –

[目　次]

Ⅰ. 머리말

이 글은 입법부작위에 대한 헌법소원의 문제를 헌법재판소의 관련 판례를 중심으로 고찰해본 것이다. 헌법재판소는 1994. 12. 29. 89헌마2 사건에서 재산권수용에 있어서 손실보상금에 관한 법률을 제정하지 아니하는 입법부작위는 위헌이라고 결정했다. 즉 국민의 일정한 재산권에 대한 수용의 경우에는 반드시 정당한 손실보상이 이루어져야 하고, 이를 위해서는 이러한 손실보상에 관한 규정이 법률로 제정되어 있어야 함에도 불구하고 해당 손실보상에 관한 법률이 제정되어 있지 않고, 따라서 손실보상이 이루어지지 아니한 경우에는 이러한 손실보상규정의 흠결, 즉 입법부작위는 위헌이라는 것이다.

이 헌법재판소의 결정은 후술하는 바와 같이 결론적으로 타당한 것이며, 크게 두 가지의 중요한 헌법적 의의를 지니고 있다. 첫째, 국민의 재산권보장의 법리를 확인한 것이다. 즉 공공필요에 의한 국민의 일정한 재산권에 대한 수용은 허용되지만 반드시 이에 대한 정당한 손실보상이 이루어져야 하고, 이러한 손실보상의 근거가 반드시 법률로써 규정되어 있어야 한다는 것을 확인한 것이다. 둘째, 입법부작위도 위헌결정의 대상이 된다는 것을 확인한 것이다. 즉 입법작위로서의 제정된 법률이 위헌일 경우 뿐 아니라, 마땅히 법률로 제정되어 있어야 함에도 불구하고 법률을 재정하지 아니하는 입법부

1) 헌재 1994. 12. 29. 89헌마2, 판례집 6-2, 395.

작위도 당연히 헌법재판소에 의하여 위헌결정이 이루어짐으로써 입법자의 입법활동에 대한 통제 내지 다각적인 규범통제가 이루어 질 수 있다는 것을 확인한 것이다.

물론 이전에도 헌법재판소는 입법부작위에 대한 헌법소원심판청구가 헌법이론상 가능하다는 견해를 피력한 바 있지만, 입법부작위에 대한 헌법소원심판청구를 인용한 결정은 이번이 처음이다. 따라서 이 결정의 헌법적 의의는 자못 크다고 아니할 수 없다. 따라서 이 글에서는 먼저 헌재결정의 내용을 살펴보고, 이에 대한 헌법적 의의를 재산권보장의 문제와 입법부작위에 대한 헌법소원의 문제로 나누어 고찰해 보고자 한다.

Ⅱ. 헌재결정의 내용

1. 사건의 개요와 심판의 대상

(1) 사건의 개요

1946. 5. 7. 공포되어 그날로부터 10일 후에 시행된 재조선미국육군사령부군정청법령 제75호 조선철도의통일(이하 '군정법령')에 의하여 조선철도주식회사, 경남철도주식회사 및 경춘철도주식회사(이하 '사설철도회사')의 전재산이 공용을 위하여 수용되자 조선철도주식회사의 주식 77,166주를 소유하고 있던 대한금융조합연합회는 군정법령이 정한 손실보상을 받기 위하여 군정법령 제3조 소정의 60일 기한내인 1946.6.30. 재조선미국육군사령부군정청(이하 '미군정청') 운수부장에게 위 주식에 관한 보상청구서를 제출하였다. 그러나 6·25 사변당시 위 수용으로 인한 보상의 관계서류가 소실됨으로써 1961. 2. 11. 대한민국 교통부장관이 사설철도회사 주주의 등록을 하도록 공고하였으므로, 구 농업협동조합법(1957.2.14. 법률 제436호)에 의하여 위 대한금융조합연합회의 업무와 재산일체를 인수한 농업협동조합중앙회는 1961. 2. 17. 이에 따른 등록을 마쳤다. 위 농업협동조합중앙회는 1971. 10. 20. 증권거래소에 위탁하여 위 주식을 모두 공매처분함과 동시에 위 주식에 따른 보상청구권 역시 양도하였는데, 청구외 김민수가 그 중 주식 59,176주(이하 '이 사건 주식')를 매수하면서 이 사건 주식에 따른 보상청구권을 승계취득하였고, 위 농업협동조합중앙회는 1971. 5. 11.경 교통부장관에게 이 사건 주식 및 이에 따른 보상청구권의 양도사실을 통지하였다.

1961. 12. 30. 법률 제922호로 공포된 조선철도의통일폐지법률(이하 '폐지법률')에 의하여 군정법령이 폐지된 이후 이 사건 주식에 관한 보상절차가 중단되자 위 김민수는 대한민국을 상대로 이 사건 주식에 관한 보상청구권확인청구소송을 제기하여 서울고등법원 및 대법원에서 위 김민수에게 조선철도주식회사의 재산수용으로 인한 손실보상청구권이 있음을 확인하는 내용의 승소판결을 받아 그 판결이 확정되었다. 그러나 대한민국정부는 위 손실보상금의 확정·지급을 가능케 하는 근거법령이 없다는 이유

등으로 위 손실보상금의 지급을 거절하여 왔다.

청구인은 1977. 12. 28. 위 김민수로부터 이 사건 주식 및 이에 따른 보상청구권을 양수하였으나 지금까지 대한민국으로부터 보상금을 지급받지 못하여 헌법상 보장된 재산권을 침해당하고 있다는 이유로, 1989. 1. 11. 선택적으로 폐지법률에 의하여 군정법령을 폐지한 후 사설철도회사 재산의 수용으로 인한 손실보상절차를 규정하는 법률을 제정하지 아니하는 입법부작위의 위헌확인 또는 이 사건 주식과 이에 따른 손실보상청구권을 취득한 청구인에 대하여 군정법령 제4조, 제5조에 따른 보상금의 사정·확정절차를 취하지 아니하는 행정부작위의 위헌확인 또는 폐지법률 위헌확인을 구하는 이 사건 헌법소원심판을 청구하였다.

(2) 심판의 대상

이 사건 심판의 대상은 선택적으로 위 입법부작위 또는 위 행정부작위의, 폐지법률의 각 위헌여부이다.

폐지법률의 내용은 다음과 같다.

단기 4279년 5월 군정법령 제75호 조선철도의통일은 이를 폐지한다.

부칙

(1) (시행일) 본법은 공포한 날로부터 시행한다.

(2) (보상청구권의 효력) 본법 시행 전에 확정된 사설철도수용으로 인한 보상청구권은 본법의 시행에 의하여 영향을 받지 아니한다.

2. 주 문

재조선미국육군사령부군정청법령 제75호 조선철도의통일(1946. 5. 7. 제정)을 폐지한 조선철도의통일폐지법률(1961. 12. 30. 법률 제922호)이 시행되기 전에 같은 군정청법령 제2조에 의하여 수용된 조선철도주식회사, 경남철도주식회사 및 경춘철도주식회사 재산의 재산관계권리자로서 같은 법령 제3조에 따라 같은 군정청 운수부장에게 보상청구서면을 제출하여 위수용으로 인한 보상청구권을 포기하지 않은 것으로 확정된 자 또는 그 보상청구권을 승계취득한 자에 대하여 위 수용으로 인한 손실보상금을 지급하는 절차에 관한 법률을 제정하지 아니하는 입법부작위는 위헌임을 확인한다.

3. 결정의 요지

(1) 군정법령에 의하여 수용된 사설철도회사의 주주 등 재산관계권리자로서 군정법령에 따라 적법하게 보상신청서를 제출함으로써 보상청구권을 확정적으로 취득한 자 또는 그로부터 위 보상청구권을 승계취득한 자는 이 사건 입법부작위와 자기관련성이 있고,

보상청구권의 양도인·양수인 사이에 다툼이 있거나 수인의 양수인 가운데 누구에게 권리가 귀속하는가를 둘러싸고 다툼이 있을 때에 그 중 한사람이 헌법소원을 청구하였을 경우 권리귀속에 대한 소명만으로써 자기관련성을 구비한 여부를 판단할 수 있다.

(2) 공권력의 불행사로 인한 기본권침해는 그 불행사가 계속되는 한 기본권침해의 부작위가 계속된다 할 것이므로, 공권력의 불행사에 대한 헌법소원심판은 그 불행사가 계속되는 한 기간의 제약이 없이 적법하게 청구할 수 있다.

(3) 우리 헌법은 제헌 이래 현재까지 일관하여 재산의 수용, 사용 또는 제한에 대한 보상금을 지급하도록 규정하면서 이를 법률이 정하도록 위임함으로써 국가에게 명시적으로 수용 등의 경우 그 보상에 관한 입법의무를 부과하여 왔는바, 해방 후 사설철도회사의 전 재산을 수용하면서 그 보상절차를 규정한 군정법령 제75호에 따른 보상절차가 이루어지지 않은 단계에서 조선철도의통일폐지법률에 의하여 위 군정법령이 폐지됨으로써 대한민국의 법령에 의한 수용은 있었으나 그에 대한 보상을 실시할 수 있는 절차를 규정하는 법률이 없는 상태가 현재까지 계속되고 있으므로, 대한민국은 위 군정법령에 근거한 수용에 대하여 보상에 관한 법률을 제정하여야 하는 입법자의 헌법상 명시된 입법의무가 발생하였으며, 위 폐지법률이 시행된 지 30년이 지나도록 입법자가 전혀 아무런 입법조치를 취하지 않고 있는 것은 입법재량의 한계를 넘는 입법의무불이행으로서 보상청구권이 확정된 자의 헌법상 보장된 재산권을 침해하는 것이므로 위헌이다.

Ⅲ. 평 석

1. 재산권보장과 손실보상

(1) 존속보장과 가치보장

헌법 제23조는 모든 국민의 재산권을 기본권으로서 보장하고 있다. 그러나 이러한 재산권은 다른 여타의 기본권과 마찬가지로 절대불가침의 기본권이 아니고 일정한 사회적 제약을 받는다. 공공필요에 의한 재산권의 수용이 그 대표적인 예라고 할 수 있다. 물론 이 경우 수용된 재산권에 대한 손실보상이 반드시 이루어져야 한다. 헌법 제23조 제3항도 "공공필요에 의한 재산권의 수용·사용 또는 제한 및 그에 대한 보상은 법률로써 하되, 정당한 보상을 지급하여야 한다."라고 규정함으로써 공공필요에 의한 재산권의 수용·사용·제한이라고 하는 공용침해의 경우에는 정당한 보상이 이루어져야 함을 확인하고 있다.

이러한 헌법 제23조의 재산권보장규정의 내부적 체계로부터 재산권의 보장내용으로서의 존속보장과 가치보장의 이중적 체계가 도출된다. 이에 따르면 재산권보장의 내용은 일차적으로 재산권의 대상 그 자체의 존속보장, 즉 재산권에 대한 모든 침해행위로부터의 보장이다. 이러한 재산권의 존속보장은 헌법 제23조 제3항에서 정한 허용조건을 충족시킨 합헌적인 공용침해의 경우에는 그 재산권이 가지는 가치보장, 즉 손실보상의 보장으로 전환되는 것이다. 따라서 재산권의 수용 등 공용침해의 경우에는 재산권보장의 이차적 내용인 가치보장의 확보를 위해 반드시 정당한 손실보상이 이루어져야 하는 것이다.

(2) 손실보상의 법정주의

헌법 제23조 제3항은 공용침해의 근거뿐 아니라 그에 대한 보상에 관하여도 법률로 정하도록 규정하고 있다. 따라서 공용침해가 합헌적으로 정당화되기 위하여는 결과적으로 정당보상이 이루어진다는 사실만으로는 부족하고, 이러한 정당보상에 관한 사항이 사전에 법률로 정해져 있어야 하는 것이다.

이러한 손실보상의 법정주의는 헌법상의 기본원리인 법치주의원리의 당연한 요청이다. 법치주의원리의 한 내용인 법률유보의 원칙, 특히 오늘날 유력시되는 본질성이론 내지 중요사항유보설을 바탕으로 하는 법률유보의 원칙은 국민의 기본권의 형성과 행사 및 제한에 관한 본질적이고 기본적인 사항을 반드시 법률로 규정할 것을 요구하고 있다. 재산권의 수용과 이에 대한 보상의 문제가 본질적인 사항에 해당됨은 의문의 여지가 없으며, 따라서 입법자는 공용침해의 근거를 법률로 정할 경우 그에 대한 보상의 기준, 방법, 범위 및 절차 등에 관하여 동시에 규정해야 하고 이를 위반할 경우 위헌이 되는 것이다.

이러한 손실보상의 법정주의는 대체로 다음과 같은 세가지 기능을 가진다.[2)]

첫째, 재산권보장기능을 가진다. 즉 공용침해의 경우 재산권자에 대한 확실한 손실보상을 보장해 준다. 손실보상의 법정주의에 따라 입법자는 공용침해의 근거와 함께 반드시 그에 대한 보상의 방법, 절차, 범위, 종류 등에 관한 사항을 규정해야 하고, 이 경우에만 재산권자가 자신의 재산권에 대한 침해를 수인할 의무가 발생된다. 따라서 공용침해의 경우 사전에 법률로 정해진 보상규정에 의해 재산권자에 대한 손실보상이 확실히 확보될 수 있으며, 이로써 재산권자가 안심하고 그 침해행위를 수인할 수 있는 것이다.

둘째, 경고적 기능을 가진다. 손실보상의 법정주의에 따라 입법자는 국민의 재산권에 대한 일정한 침해를 허용하는 법률의 제정시 그 규율되는 상황이 헌법 제23조 제3항에 따른 보상을 수반하는 공용침해에 해당되는지, 아니면 헌법 제23조 제1항 및 제2항에 따른 보상을 수반하지 아니하는 단순한 재산권의 사회적 기속의 범주에 해당되는지의 여부, 그리고 이에 따라 국가의 재정적 부담을 의미하는 손실보상에 관한 조항

2) 공용침해의 근거법률에 손실보상에 관한 근거규정이 동시에 마련되어 있어야 한다는 이른바 불가분조항의 원칙에 대하여 자세한 것은 정연주, 공용침해와 불가분조항, 고시연구 1992. 4, 117쪽 이하 참조.

도 함께 규정해야 하는지의 여부를 결정해야 한다. 즉 공용침해의 근거법률을 제정하려는 입법자는 재산권침해의 결과인 국가의 재정적 부담을 의미하는 손실보상의 근거를 동시에 규정해야 하므로 공용침해법률의 제정에 그만큼 신중을 기하게 되며, 이와 함께 외관상 단순한 재산권의 내용과 한계를 정하는, 즉 재산권의 사회적 기속의 범주에 속하는 단순한 재산권제한법률의 형식을 띤, 따라서 보상규정이 없는, 그러나 사실상 특별희생을 수반하여 필연적으로 보상이 이루어져야 하는 위헌적 공용침해법률의 제정이 저지될 수 있다.

셋째, 의회의 고유한 전속권한인 예산특권을 보장하는 기능을 가진다. 앞서 언급한 바와 같이 손실보상의 법정주의는 입법자로 하여금 공용침해법률의 제정시 국가의 재정적 부담을 의미하는 보상규정을 함께 제정하게 함으로써 모든 공용침해의 경우 재산권자에게 반드시 손실보상이 이루어지도록 하여 결과적으로 헌법상의 재산권보장을 실현시키는 기능을 가지지만, 이는 다른 한편 보상규정이 없는 법률에 근거한 재산권 침해 내지 제한의 경우에는 결코 보상이 이루어질 수 없도록 억제시키는, 즉 손실보상은 반드시 사전에 제정되어 있는 법률조항에 근거해서만 이루어질 수 있고, 입법자 스스로가 보상근거를 규정하지 아니한 경우에는 입법자의 의사에 반하는 결과를 의미하는 손실보상이 결코 이루어질 수 없도록 하는 기능을 가진다. 따라서 손실보상의 법정주의를 통해 다른 국가기관, 특히 법원이 의회를 대신해서 법률의 근거가 없는－따라서 입법자의 의사에 반하는－보상을 허용해 줌으로써 야기될 수 있는 의회가 예측하지 못한 추가적인 국가의 재정적 부담이 저지될 수 있고, 이를 통해 결과적으로 의회의 예산특권과 권력분립의 원칙이 확립될 수 있다.

(3) 손실보상의 법정주의 위반의 결과

손실보상의 법정주의에 따라 입법자가 보상에 관한 기본적인 사항을 법률에 규정해야 하지만, 만일 입법자가 이를 법률로 정하지 아니한 경우에는 그 보상규정을 마련하지 아니한 공용침해의 근거법률 또는 보상규정의 흠결이라고 하는 입법부작위는 위헌이며, 이에 따른 공용침해행위 또한 위헌이라고 하겠다. 아울러 이러한 위헌적인 공용침해행위에 대한 구제방법은 행정청이나 법원에 의한－보상의 법적 근거없이 직권에 의한－손실보상의 허용이 아니라, 그 침해행위의 취소 내지 무효화라고 할 수 있다. 즉 이 경우 행정청이나 법원은 근거규정이 없는 보상을 직권에 의해서 또는 직접 헌법규정－예컨대 헌법 제23조 제1항 또는 제3항－을 근거로 해서 허용해 줄 수는 없다. 결국 법원의 보상에 대한 심사의 범위는 실제로 이루어진 손실보상이 법률에 규정된 보상기준에 부합되는지의 여부를 판단하는 데에 그친다고 하겠다. 이러한 논리는 앞서 언급한 재산권보장의 이중적 체계로부터 도출되는데, 즉 재산권보장의 내용으로서의 존속보장과 가치보장 중 헌법은 재산권의 존속보장에 그 일차적인 우선권을 부여하는 것이고, 이 존속보장우선의 원칙에 따라 손실보상법정주의의 위반에 대한 구제방법은 재산권침해의 결과에 대한 보상이 아니라 해당 공용침해 근거법률 내지 보상입법부작위의 위헌화와 침해행위 자체의 취소 또는 무효화라고 할 수 있다.

이 사건의 경우 청구인의 재산권에 대한 수용은 이루어졌으나 입법자가 이 수용으로 인한 손실보상에 관한 법률을 제정하지 아니하고 있고, 이에 따라 청구인에게 정당한 보상이 이루어지지 아니하였는데, 이 경우 국가는 법률의 근거가 없는 보상을 지급할 수는 없는 것이기 때문에 결국 입법자가 보상법률을 제정하지 아니하고 있는 입법부작위가 위헌이 되는 것이다.

2. 입법부작위에 대한 헌법소원

앞에서도 언급한 바와 같이 헌법재판소 결정의 의의 중의 하나는 입법부작위에 대한 헌법소원을 최초로 인용했다는 점이다. 여기서는 입법부작위에 대한 헌법소원의 문제를 그 절차와 관련하여 헌법적으로 고찰해 보고자 한다.

(1) 대상적격의 문제

입법부작위가 헌법소원심판청구의 대상이 되느냐의 문제가 우선적으로 제기될 수 있는데, 헌법재판소법 제68조 제1항에서 공권력의 불행사에 대한 헌법소원심판청구를 허용하고 있고 위 규정의 공권력 중에는 입법권도 당연히 포함되므로 입법부작위에 대한 헌법소원은 원칙적으로 허용된다. 그러나 이러한 헌법소원이 무조건 인정되는 것이 아니라 헌법에서 기본권보장을 위해 법령에 명시적으로 입법위임을 하였음에도 불구하고 입법자가 이를 이행하지 않고 있는 경우 또는 헌법해석상 특정인의 기본권을 보호하기 위한 국가의 입법의무가 발생하였음이 명백함에도 불구하고 입법자가 전혀 아무런 입법조치를 취하지 않고 있는 경우에 한하여 그 입법부작위가 헌법소원의 대상이 된다고 할 수 있고, 이는 그동안의 헌법재판소의 일관된 판례의 태도이다.[3)]

이 사건의 경우 앞서 살펴본 바와 같이 국민의 재산권을 수용하는 경우에는 반드시 사전에 그에 대한 보상근거를 법률로 규정해야 함이 헌법 제23조 제3항이 구체적·명시적으로 요구하고 있음에도 불구하고 보상근거를 마련하지 않고 있으므로 이러한 입법부작위는 위헌으로서 헌법소원의 심판대상이 된다고 할 것이다.

(2) 제소절차의 문제

1) 자기관련성 · 현재성 · 직접성

---

3) 헌재 1989. 3. 17. 88헌마1; 1989. 9. 29. 89헌마13; 1991. 9. 16. 89헌마163 등.

주지하는 바와 같이 규범통제를 내용으로 하는 헌법소원의 경우 그 해당 규범으로 인한 기본권침해와 관련하여 자기관련성·현재성·직접성의 요건이 충족되어야 한다. 이는 일반적으로 존재하는 규범을 대상으로 할 경우에 문제가 되지만 입법부작위를 대상으로 하는 경우에도 문제가 된다고 볼 수 있다. 이 세 가지 요건 중 이 사건의 경우 보상입법의 부작위로 인한 청구인의 재산권침해의 현재성은 곧바로 인정되므로 나머지 요건인 자기관련성과 직접성의 문제만을 살펴보고자 한다.

가. 자기관련성

이 사건의 경우 군정법령 제2조는 사설철도회사의 전 재산의 수용에 대한 손실보상을 받을 자를 '그 재산관계관리자 전부'로 규정하였는바, 이는 사설철도회사의 재산수용에 대하여 보상청구를 할 수 있는 자는 그 재산의 소유자인 법인만에 한하지 않고, 그 재산수용으로 권리를 상실한 모든 권리자를 지칭하는 것이며, 그 보상에 있어서도 사설철도회사의 청산사무로서 보상하는 것이 아니고 정부가 직접 위 재산관계권리자 전부에게 손실을 보상한다는 것이 입법취지라 보여지므로 사설철도회사의 주주도 국가에 대하여 직접 보상청구권이 있다고 해석된다. 다만, 위 재산관계권리자라 하더라도 군정법령 제3조에 따라 군정법령의 효력발생일부터 60일 이내에 보상신청서를 제출하지 않았다면 보상청구권을 포기한 것으로 간주된다. 따라서 군정법령에 의하여 수용된 사설철도회사의 주주 등 재산관계권리자로서 군정법령에 따라 적법하게 보상신청서를 제출함으로써 보상청구권을 확정적으로 취득한 자 또는 그로부터 위 보상청구권을 승계취득한 자는 이 사건 입법부작위와 자기관련성이 있다 할 것이다

나. 직접성

입법부작위에 대한 헌법소원이 인정되려면 입법부작위와 청구인의 기본권침해 사이에 직접성이 인정되어야 하는데, 이 사건의 경우에는 일응 그 직접성이 인정된다고 볼 수도 있고, 다른 한편에서는 대한민국정부에 의한 보상금지급거절이라는 일종의 거부처분이 매개된다고도 볼 수 있다.

(가) 거부처분에 대한 헌법소원의 경우

만일 보상금지급거절이라는 거부처분에 의한 재산권침해의 직접성만을 인정할 경우에는 공권력작용으로서의 거부처분이 제소의 대상이 되며, 일반적으로 행정쟁송이 그에 대한 구제절차로서 고려될 수 있을 것이다. 즉 헌법소원의 보충성의 원칙 때문에 헌법소원 이외의 다른 법률의 구제절차로서의 행정쟁송의 제기가 헌법소원심판청구에 우선하여 요구되는 것이다.

그런데 이 사건의 경우에는 국가에 의한 보상금지급거절이라는 거부처분은 근본적으로 보상규정의 흠결에 기인하는 것이므로 결국은 보상규정의 흠결이라는 입법부작

위의 위헌여부가 문제가 되는 것이고, 이는 오로지 헌법소원을 통한 헌법재판소의 배타적 관할에 속하는 것이므로 그 전단계로서의 거부처분에 대한 행정쟁송제기라는 구제절차는 우회적인 절차로서 신속하고 실효성 있는 구제절차의 요청에 반할 뿐 아니라, 이러한 일반쟁송의 제기가 기대가능하지도 아니하므로 헌법재판소가 그동안 판례로써 확립한 소위 보충성원칙의 예외에 해당된다고 볼 수도 있어 이러한 거부처분에 대한 헌법소원이 일응 고려될 수 있을 것이다.

(나) 입법부작위에 대한 헌법소원의 경우

그러나 이 사건의 경우 거부처분은 입법부작위로 인하여 필연적으로 야기되는 자동적인 결과로서, 결국 실질적으로 입법부작위라고 하는 보상규정흠결로 인하여 보상금지급이 거절되고 청구인의 재산권이 침해된 것이므로 입법부작위에 의한 기본권침해의 직접성이 인정된다고 보는 것이 타당할 것이다. 따라서 거부처분에 대하여 헌법소원을 제기하고 이에 따라 재판의 선결문제로서 입법부작위에 대한 위헌여부를 가리는 우회적인 절차보다는 처음부터 입법부작위에 의한 기본권침해의 직접성을 인정하여 입법부작위에 대한 헌법소원을 인정하고 그러한 구제절차를 밟는 것이 더욱 효과적일 것이다.

이 사건의 경우 헌법재판소는 이 점에 관하여 명시적인 언급은 하지 않았지만, 결국 입법부작위에 대한 헌법소원을 직접 인용함으로써 간접적으로 이러한 논리를 선택했다고 볼 수 있다.

2) 청구기간의 문제

헌법재판소법 제69조에서는 헌법소원 전반에 관한 청구기간을 규정하고 있기 때문에 공권력의 불행사에 대한 헌법소원도 청구기간의 제한이 있는 것이 아닌가 하는 의문이 있으나 공권력의 행사의 경우에는 그 행사가 있은 때 기본권침해행위는 종료하고 그 위법상태가 계속될 수 있음에 반하여, 공권력의 불행사의 경우에는 그 불행사가 계속되는 한 기본권침해상태가 계속된다 할 것이므로 공권력의 불행사에 대한 헌법소원심판은 그 불행사가 계속되는 한 기간의 제약이 없이 적법하게 청구할 수 있다 할 것이다.

(3) 주문형태

헌법재판소는 이 결정에서 입법부작위의 위헌확인이라는 주문형식을 취하고 있다. 헌법재판소의 규범통제에 관한 주문형식에는 기본유형으로서의 단순합헌과 단순위헌이 있고, 변형유형으로서 위헌확인, 헌법불합치, 입법촉구결정, 한정합헌, 한정위헌 등의 여러 유형이 있는데, 이 사건에서 고려될 수 있는 결정유형은 단순위헌과 헌법불합치, 입법촉구결정 및 위헌확인일 것이다. 그런데 단순위헌은 존재하는 법률을 위헌·무효화시키는 결정유형으로서 이 사건의 경우처럼 입법부작위의 경우에는 적용될 수 없으며, 헌법불합치결정유형도 기존의 법률의 헌법위반을 확인하는 것으로서 적합한 결정유형으로 볼 수 없다. 한편 입법촉구결정은 일정한 기존의 법률의 위헌은 인정하지만 일정한 유예기간동안 법률의 효력을 지속시키면서 입법자에 의한 법률의 보완을 촉구하고 이러한 촉구가 받아들여지지 않을 경우 그 해당 유예기간의 경과 후 해당 법률의 효력을 상실시키는 결정유형이기 때문에 역시 이 사건의 경우처럼 효력이 상실될 법률자체가 존재하지 아니하는 입법부작위가 대상이 되는 경우에는 타당한 결정유형이라고 볼 수 없다.

따라서 이 사건의 경우에는 문제되는 입법부작위의 위헌을 확인하는 위헌확인의 결정유형만이 적용될 수 있으며, 그러므로 위헌확인의 결정유형을 택한 헌법재판소의 주문형식은 타당하다고 할 수 있겠다.

Ⅳ. 맺는 말

지금까지 재산권수용 및 손실보상과 관련된 헌법재판소의 결정내용과 그 의의를 헌법적 시각에서 고찰해 보았다. 주지하는 바와 같이 헌법소원제도 내지 헌법재판제도는 공권력작용에 대한 통제와 국민의 기본권보장을 그 핵심적 사명으로 하고 있다. 따라서 이 사건에 있어서도 국가의 위헌적인 입법부작위로 인해 국민의 재산권이 침해된 경우이므로 헌법재판소는 이러한 입법부작위의 위헌을 확인함으로써 입법작용을 통제하고 국민의 재산권을 보장하고자 한 것으로서 이 결정의 의의는 자못 크다고 아니할 수 없다. 그러므로 입법자는 이 사건에서 문제된 보상의 법적 근거를 조속히 마련해야 함은 물론 향후 모든 공용침해의 근거법률 제정시 반드시 정당한 보상에 관한 기본적인 사항을 정한 법률을 함께 규정함으로써 헌법상의 재산권보장에 만전을 기해야 할 것이다.

28. 토지초과이득세제에 대한 헌법적 검토

- 헌재 1994. 7. 29. 92헌바49 토지초과이득세법 제10조 등 위헌소원[1] -

[目 次]

Ⅰ. 머리말

헌법재판소는 1994. 7. 29. 과거 1989년 전국을 휩쓴 부동산투기 열풍을 잡기 위해 제정한 토지공개념관련 3개 법률 중 하나인 토지초과이득세법(이하 '토초세법'이라 함)에 대한 헌법불합치결정을 내렸다. 헌법재판소는 그동안 조세관련 법률들에 대하여 적지 않은 위헌결정을 내렸는데, 특히 토초세법에 대한 결정에 있어서는 토초세법이 지니고 있는 사안의 중요성에서 뿐 아니라 그 결정내용에 있어서 국가의 과세제도 내지 과세입법에 관한 중요하고 근본적인 헌법적 판단을 했다는 점에서 자못 그 의의가 크다고 할 수 있다. 지금까지 별다른 통제없이 행사되어온 국가의 과세권행사에 대하여 이를 계기로 헌법적 측면에서의, 특히 재산권 등의 국민의 기본권보장의 측면으로부터의 통제가 체계적이고 효율적으로 이루어질 수 있는 계기가 마련되었다고 볼 수 있는 것이다.

위 헌재결정의 내용을 살펴보면 토초세법의 제정초기부터 논의되어 왔던 문제점들이 적절히 지적되었다고 할 수 있다. 그러나 다른 한편 이 결정내용에는 동의하기 어려운 점도 있고 관련되는 중요한 헌법적 검토가 간과된 부분도 있어 보인다. 따라서 이 글에서는 먼저 헌재결정의 내용을 살펴보고 토초세제도의 문제점을 헌법적 측면에서 검토해 본 후, 헌재의 헌법불합치 결정으로 야기되는 문제점과 이 결정에 따른 입법부의 후

1) 헌재 1994. 7. 29. 92헌바49 등, 판례집 6-2, 64.

속조치의 방향에 대하여 언급하고자 한다. 결국 위 결정에 대한 헌법적 검토를 통해 향후 국가의 조세입법에 대한 헌법적 기준을 제시함으로써 국가의 과세권을 통제하고 국민의 재산권 등의 기본권을 보장하고자 하는데 이 글의 목적이 있는 것이다.

Ⅱ. 헌재결정의 내용

1. 사건의 개요와 심판의 대상

(1) 사건의 개요

이 사건 청구인들은 자신들의 소유토지가 토초세법에 따른 유휴토지 등에 해당한다는 등의 이유로 해당 세무서장이 토지초과이득세를 부과·고지하자, 관할 고등법원에 위 토초세부과처분의 취소를 구하는 행정소송을 제기하는 한편, 토초세는 실현되지 아니한 가상이득에 대하여 과세하는 것으로서 국민의 재산권을 침해하는 것으로 세액의 계산, 과세표준, 세율을 각 규정하고 있는 토초세법 제10조 내지 제12조는 재산권의 보장과 제한에 관한 헌법 제23조 제3항에, 국세청장에게 1년 단위로 토초세를 부과할 수 있는 권한을 포괄위임하고 있는 토초세법 제23조는 조세법률주의를 규정한 헌법 제38조에 각 위반되고, 유휴토지 등의 범위를 정하고 있는 토초세법 제8조는 조세법률주의를 규정한 헌법 제38조, 제59조에 위반되며, 지가하락시 적정한 보상규정이 마련되어 있지 아니한 점, 양도소득세 등과 이중으로 과세되고 있는 점 등에서 조세평등주의를 규정한 헌법 제11조 등에 위반되고, 임대토지에 관하여 규정하고 있는 토초세법 제8조 제1항 제13호 및 토초세의 물납을 규정하고 있는 토초세법 제22조는 우리 헌법상의 자유민주적 기본질서와 경제질서의 기본이념에 관한 헌법 전문, 제4조, 제8조, 제119조에 각 위반된다 등의 이유로 위 법원에 위헌제청신청을 하였다. 그런데 위 법원이 청구인들의 위헌제청신청을 기각하는 결정을 하자 이 사건 헌법소원심판청구를 하였다.

(2) 심판의 대상

이 사건 심판의 대상은 토초세법 제8조 제1항 제13호, 제10조, 제11조, 제12조, 제22조, 제23조가 헌법에 위반되는지의 여부이다.[2)]

---

2) 제8조(개인소유토지 중 유휴토지 등의 범위) ① 개인이 소유하는 토지로서 토지초과이득세의 과세대상이 되는 유휴토지 등은 다음 각호의 1에 해당하는 토지로 한다.
1.~12. 생략
13. 임대에 쓰이고 있는 토지(대통령령이 정하는 토지를 제외한다). 다만, 건축물에 부수하여 임내하는 건축물의 부속토지로서 제1호 내지 제4호의 규정에 해당하지 아니하는 토지를 제외한다.
14. 생략
②~⑤ 생략
제10조(세액의 계산) 토지초과이득세는 이 법에 특별한 규정이 있는 경우를 제외하고는 다음 각호의 규

정에 의하여 계산한다.

1. 제11조의 규정에 의한 과세표준에 제12조의 규정에 의한 세율을 적용하여 산출세액을 계산한다.
2. 제1호의 규정에 의하여 계산한 산출세액에서 제15조 제3항의 규정에 의한 세액을 공제하여 결정세액을 계산한다.
3. 제2호의 규정에 의하여 계산한 결정세액에서 제19조의 규정에 의한 가산세를 가산하여 총결정세액을 계산한다.

제11조(과세표준) ① 토지초과이득세의 과세표준은 과세기간 종료일의 지가에서 그 과세기간 개시일의 지가를 공제한 금액(이하 "지가상승액"이라 한다)에서 다시 다음 각 호의 금액을 공제한 금액으로 한다.

1. 당해 과세기간의 정상지가상승분
2. 유휴토지 등에 대한 대통령령이 정하는 개량비와 자본적 지출액(이하 "개량비 등"이라 한다)

② 제1항의 규정에 의한 과세기간 종료일의 지가와 과세기간 개시일의 지가는 대통령령이 정하는 기준시가(이하 "기준시가"라 한다)에 의한다.

③ 과세기간 종료일 현재 토지초과이득세의 과세대상이 되는 유휴토지 등으로서 당해 과세기간 중에 다음 각 호의 1에 해당하는 기간이 있는 경우에는 대통령령이 정하는 바에 의하여 계산한 당해기간의 토지초과이득을 제1항의 규정에 의하여 계산한 과세표준에서 차감한다.

1. 제3조 제3항의 규정에 의한 유휴토지 등에 해당하지 아니하는 기간
2. 제5조 제1항의 규정에 의하여 토지초과이득세를 부과하지 아니하는 기간

④ 제1항 제2호의 규정에 의한 개량비 등은 당해 과세기간 중에 확정된 금액으로 하되, 소득세법 제51조의 규정을 준용한다.

⑤ 제4조 제6항의 규정이 적용되는 경우에는 각 소유자의 유휴토지 등의 보유기간과 기준시가의 상승률을 감안하여 대통령령이 정하는 방법에 의하여 전 소유자와 후 소유자에게 당해 과세기간의 토지초과이득을 배분하여 각각의 과세표준을 계산한다.

제12조(세율) 토지초과이득세의 세율은 100분의 50으로 한다.

제22조(물납 및 매각의뢰 등) ① 세무서장은 토지초과이득세의 납부세액이 1천만원을 초과하고 유휴토지 등의 소유자가 토지초과이득세를 금전으로 납부하기가 곤란하다고 인정하는 경우에는 납세의무자의 신청을 받아 토지초과이득세가 부과되는 당해 토지에 의한 토지초과이득세의 물납을 허가할 수 있다.

② 제1항의 규정에 의하여 물납을 신청한 자가 그 허가를 받지 못한 때에는 정부에 대하여 당해 과세대상토지의 매각의뢰를 청구할 수 있다. 이 경우 당해 과세대상토지의 일부만을 매각의뢰할 수 없다.

③ 정부는 제2항의 규정에 의한 매각의뢰가 있는 때에는 대통령령이 정하는 자에게 매각을 의뢰하여야 한다. 이 경우 정부는 당해 토지를 스스로 매수하거나 대통령령이 정하는 자를 지정하여 매수하게 할 수 있다.

④ 제3항의 규정에 의하여 토지소유자가 매각을 의뢰한 토지에 대하여 부과된 토지초과이득세에 대하여는 그 매각의뢰일부터 1년간은 국세징수법 제22조 제1항의 규정을 적용하지 아니한다.

⑤ 제3항의 규정에 의하여 당해 과세대상토지의 매각의뢰를 받은 자가 이를 매각하거나 정부 등이 이를 매수한 경우 매각 또는 매수대금을 다음 각 호의 금액에 충당하고 그 나머지 금액을 납세의무자에게 지급하여야 한다.

1. 대통령령이 정하는 매각비용 또는 매수비용
2. 당해 토지에 대하여 부과된 토지초과이득세(가산금을 포함한다)

⑥ 물납의 절차 및 허가기준과 물납에 충당할 토지의 수납가격과 그 정산, 매각의뢰 및 매각절차와 매수가격 등에 관하여 필요한 사항은 대통령령으로 정한다.

제23조(예정결정기간에 대한 과세) ① 개발사업이 시행되는 주변지역 등 지가가 급격하게 상승하거나 상승할 우려가 있는 토지로서 국세청장이 대통령령이 정하는 위원회의 심의를 거쳐 지정하는 지역 안에 있는 유휴토지 등에 있어서 과세기간 중 최초의 1년간 또는 그 다음 1년간(이하 "예정결정기간"이라 한다)의 지가상승액이 당해 예정결정기간의 정상지가상승분의 100분의 150에 해당하는 금액과 개량비 등의 합계액을 초과하는 경우에는 그 초과하는 금액에 대하여 토지초과이득세를 부과한다.

② 국세청장은 제1항의 규정에 의한 지역을 지정하는 때에는 당해 예정결정기간 종료 전에 이를 고시하여야 한다.

③ 제1항의 규정에 의한 예정결정기간에 대한 토지초과이득세의 과세에 있어서의 과세표준과 세액, 정상지가상승률의 고시·신고·납부·결정·징수 등에 관하여는 과세기간에 대한 토지초과이득세에 관한 규정을 준용한다.

2. 결정의 요지

(1) 과세대상인 자본이득의 범위를 실현된 소득에 국한할 것인가 혹은 미실현이득을 포함시킬 것인가의 여부는, 과세목적·과세소득의 특성·과세기술상의 문제 등을 고려하여 판단할 입법정책의 문제일 뿐, 헌법상의 조세개념에 저촉되거나 그와 양립할 수 없는 모순이 있는 것으로는 볼 수 없다.

(2) 토초세법상의 기준시가는 국민의 납세의무의 성부 및 범위와 직접적인 관계를 가지고 있는 중요한 사항이므로 이를 하위법규에 백지위임하지 아니하고 그 대강이라도 토초세법 자체에서 직접 규정해 두어야만 함에도 불구하고, 토초세법 제11조 제2항이 그 기준시가를 전적으로 대통령령에 맡겨 두고 있는 것은 헌법상의 조세법률주의 혹은 위임입법의 범위를 구체적으로 정하도록 한 헌법 제75조의 취지에 위반되나, 아직까지는 대부분의 세법규정이 그 기준시가를 토초세법과 같이 단순히 시행령에 위임해 두는 방식을 취하고 있으며, 이는 우리의 오래된 입법관례로까지 굳어져 왔는바, 이러한 상황에서 성급하게 위 조문을 무효화할 경우 세정전반에 관한 일대 혼란이 일어날 것이므로 위 조항에 대해서는 위헌선언결정을 하는 대신 이를 조속히 개정하도록 촉구하기로만 한다.

(3) 전국의 표준지수가 적어 표준지 선택의 폭이 지나치게 좁고, 개별토지 지가의 조사·산정업무를 이렇다 할 전문적 지식이 있다고 볼 수 없는 하부행정기관의 공무원이 담당하도록 되어 있는 현행의 행정실태하에서는, 토지초과이득 계측수단의 구조적인 미비점으로 인하여, 토초세가 이득에 대한 과세가 아니라 원본에 대한 과세가 되어 버릴 위험부담률이 높아져 결국 헌법이 보장하고 있는 국민의 재산권을 부당하게 침해할 개연성이 커지지 않을 수 없으므로 관계당국에 대하여 지가산정 관련법규의 정비와 아울러 그에 따른 행정의 개선책을 조속히 마련하도록 촉구하지 않을 수 없다.

(4) 토초세법상 여러 과세기간에 걸쳐 장기간 토지를 보유하는 경우, 전체 보유기간 동안의 지가의 변동상황에 대처함에 있어서는 아무런 보충규정도 두고 있지 않은 결과 장기간에 걸쳐 지가의 앙등과 하락이 반복되는 경우에 최초 과세기간 개시일의 지가와 비교할 때는 아무런 토지초과이득이 없는 경우에도, 그 과세기간에 대한 토초세를 부담하지 않을 수 없는 불합리한 결과가 발생할 수 있게 되고, 이는 토초세 과세로 인하여 원본 자체가 잠식되는 경우로서, 수득세인 토초세의 본질에도 반함으로써 헌법 제23조가 정하고 있는 사유재산권보장 취지에 위반된다.

(5) 토초세는 그 계측의 객관성 보장이 심히 어려운 미실현이득을 과세대상으로 삼고 있는 관계로 토초세 세율을 현행법과 같이 고율로 하는 경우에는 자칫 가공이득에 대한 과세가 되어 원본잠식으로 인한 재산권침해의 우려가 있고, 또한 적어도 토초세와 같은 이득에 대한 조세에 있어서는, 조세의 수직적 공평을 이루어 소득수준이 다른

국민들 사이의 실질적인 평등을 도모하여야 할 뿐만 아니라, 토초세는 어느 의미에서 양도소득세의 예납적 성격을 띠고 있음에도 불구하고 굳이 토초세의 세율체계를 단일비례세로 한 것은 소득이 많은 납세자와 소득이 적은 납세자 사이의 실질적인 평등을 저해하는 것이다.

(6) 택지소유상한에관한법률은 각 국민으로 하여금 일정 면적 내의 토지를 가구별로 고르게 소유하게 하는 것을 그 목적으로 삼고 있고, 한편 국민 각자의 경제적 능력에 따라서는 장차 주택을 소유하기 위하여 우선 택지만을 확보하여 둘 필요가 있는 경우도 있을 것이며, 토지의 효율적 이용이라는 측면만을 지나치게 강조하다 보면 당장의 토지이용에 급급한 무계획하고도 무질서한 건축행위가 남발될 결과가 발생할 수도 있다. 그런데 토초세법은 당해 토지가 위 법률에 따른 소유제한범위내의 택지인지 여부에 관계없이, 토초세 과세 여부를 결정하도록 되어 있는바, 이는 위 법률과 입법체계적으로도 조화를 이루지 못하고 있을 뿐만 아니라, 헌법이 보장하고 있는 인간다운 생활을 할 권리와 헌법상의 국가의 사회보장·사회복지 증진의무 및 국가의 쾌적한 주거생활 보장의무에도 배치된다.

(7) 토초세법 제8조 제1항 제13호는 임대토지를 원칙적으로 유휴토지 등에 해당하는 것으로 규정하면서 아무런 기준이나 범위에 관한 제한도 없이 '대통령령이 정하는 토지'를 유휴토지 등의 범위에서 제외할 수 있도록 규정하고 있는바, 이는 국민에 대한 납세의무의 부과 여부 자체가 입법권에 의한 아무런 통제 없이 행정권에 의하여 좌우되도록 한 것으로서 헌법상의 위임원칙 및 조세법률주의와 충돌된다. 더욱이 토지소유자가 스스로 사용하지 않고 있다는 이유만으로 다른 토지소유자와 비교하여 법상 불리한 처분을 받을 수 있도록 한 위 규정은 헌법상 근거없이 토지임대인을 차별하는 것이며, 토지소유자와 임차인 사이의 자본의 자유로운 결합을 방해함으로써, 개인과 기업의 경제상의 자유와 창의를 존중함을 기본으로 하는 우리 헌법상 경제질서에도 합치하지 않는다.

(8) 토초세는 양도소득세와 같은 수득세의 일종으로서 그 과세대상 또한 양도소득세 과세대상의 일부와 완전히 중복되고 양세의 목적 또한 유사하여 어느 의미에서는 토초세가 양도소득세의 예납적 성격을 가지고 있다 봄이 상당한데도 토초세법 제26조 제1항과 제4항이 토초세액 전액을 양도소득세에서 공제하지 않도록 규정한 것은 조세법률주의상의 실질과세의 원칙에 반한다.

(9) 이상과 같이 토초세법 중 일부는 헌법에 위반되고, 일부는 헌법에 합치되지 아니하여 개정입법을 촉구할 대상이지만, 위 각 위헌적 규정들 중 지가에 관한 제11조 제2항과 세율에 관한 제12조는 모두 토초세제도의 기본요소로서 그 중 한 조항이라도 위헌결정으로 인하여 그 효력을 상실한다면 토초세법 전부를 시행할 수 없게 될 것이므로, 이 사건에서는 헌법재판소법 제45조 단서 규정에 따라 토초세법 전부에 대하여

위헌결정을 선고할 수밖에 없다.

(10) 토초세법은 개발이익환수에관한법률 및 여타 세법과의 사이에 구조적·내용적인 연계를 지니고 있어, 당장 이것을 무효로 한다면 법제 및 재정 양면에 걸쳐 적지 않은 법적 혼란 내지는 공백을 초래할 우려가 있고, 앞서 본 위헌적인 규정들을 다시 합헌적으로 조정하는 임무는 입법자의 형성의 재량에 속하는 사항일 뿐만 아니라, 또한 여기서 당장 토초세법에 대한 단순위헌결정을 선고한다면 이 결정의 효력이 미치게 되는 이른바 '당해사건' 관계자들과 현행법에 따른 기발생 토초세를 전부 납부하고도 아무런 이의를 제기하지 아니한 다수의 납세자에 대한 관계에 있어서 형평의 문제를 심화시키는 결과를 초래하는 것이다. 그러므로 당재판소는, "입법자가 토초세법을 적어도 이 결정에서 밝힌 위헌이유에 맞추어 새로이 개정 혹은 폐지할 때까지는 법원, 기타 국가기관은 현행 토초세법을 더 이상 적용·시행할 수 없도록 중지하되, 그 형식적 존속만을 잠정적으로 유지하게 하기 위하여" 이 사건에서 토초세법에 대한 단순 위헌무효결정을 선고하지 아니하고, 헌법재판소법 제47조 제2항 본문의 '효력상실'을 제한적으로 적용하는 변형 위헌결정으로서의 헌법불합치결정을 선고하는 것이다.

Ⅲ. 토지초과이득세제에 대한 헌법적 검토

1. 실질과세의 원칙과 관련하여

헌법재판소는 미실현이득에 대한 과세와 관련하여 "이득이 실현되었건 실현되지 않았건 납세자에게 소득의 증대에 따른 담세력의 증대가 있었다는 점에서는 실현이득이나 미실현이득 양자가 본질적으로 동일하고, 그와 같이 증대된 소득의 실현 여부, 즉 증대된 소득을 토지자본과 분리하여 현금화할 것인지의 여부는 당해 납세자가 전체자산구성을 어떻게 하여 둘 것인가를 선택하는 자산보유형태의 문제일 뿐 소득창출의 문제는 아니며, 미실현이득에 대한 과세 역시 실현이득에 대한 과세와 마찬가지로 원본과는 구별되는 소득에 대한 과세에 지나지 않으므로 적어도 법리적으로 미실현이득에 대한 과세에 있어서 원본잠식의 문제가 생길 여지가 없고, 실제에 있어서도 비록 과세목적과 과세방법이 다르기는 하나 자산재평가세, 자산평가차익에 대한 법인세 등 미실현이득에 과세하는 예가 없지도 아니하다. 따라서 과세대상인 자본이득의 범위를 실현된 소득에 국한할 것인가, 혹은 미실현이득을 포함시킬 것인가의 여부는 과세목적, 과세소득의 특성, 과세기술상의 문제 등을 고려하여 판단할 입법정책의 문제일 뿐, 헌법상의 조세개념에 저촉되거나 그와 양립할 수 없는 모순이 있는 것으로는 보여지지 아니한다."라고 판시함으로써[3] 미실현이득에 대한 과세가 헌법에 위배되는 것은 아니라고 보고 있는데, 이러한 견해는 받아들이기가 어렵다.

3) 헌재 1994. 7. 29. 92헌바49 등, 판례집 6-2, 64, 96-97.

조세는 실현된 경제가치에 기초를 두고 과세하는 것을 기본원리로 하고 있으며, 이는 조세법의 대원칙인 실질과세의 원칙으로부터 직접 도출되는 것이다. 따라서 토초세의 경우처럼 실현되지 아니한 이득에 대하여 과세하는 것은 이러한 실질과세의 원칙에 정면으로 위배되는 것이다. 즉 토지에서 발생한 이득이 현실적으로 실현되지도 아니한 상태에 있는 잠재적 회임상태의 추상적 증액평가액에 대하여 조세라는 명목으로 과세하는 것은 바로 실질과세의 원칙과 소득실현 및 권리확정주의 원칙에 위배되는 것이다.[4] 재산세와 같은 성질의 보유과세의 경우에는 현재 보유하고 있는 토지의 지가상승에 따라 일정한 과세가 이루어질 수는 있겠으나 전형적인 수득세의 일종인 토초세의 경우에는 초과이득이 '현실적으로' 발생하였을 때에 과세할 수 있는 것이다.

설사 토지에 발생한 이득이 현실적으로 구체화될 수 있는 초과이득이라 하더라도 이는 행정청에 의해 평가된 실현되지 아니한 일시적인 거품단계의 이득이고 따라서 지가의 하락 등의 원인으로 장래 그 거품인 미실현초과이득은 소멸할 수도 있고, 오히려 '초과손실'이 발생할 수도 있는 것이기 때문에, 이 경우 결과적으로는 담세자에게 어떠한 구체적인 미실현의 초과이득도 발생되지 아니하였음에도 불구하고 무거운 세금부담을 강요받는 것이 되므로 이것이 실질과세의 원칙을 위반한 것이라고 함은 다언을 요하지 아니한다. 헌법재판소도 "토초세는 재산, 즉 원본에 대한 과세가 아니라 원본으로부터 파생된 소득에 대한 과세의 일종이므로 만약 유휴토지 등 소유자가 가공이득에 대한 토초세를 부담하는 경우가 생긴다면, 이는 소득세의 본질에도 반하는 결과가 될 뿐만 아니라 결과적으로 보아 원본인 토지 자체를 무상으로 몰수당하는 셈이 되어 헌법상의 재산권보장원칙에 배치되고 조세원리상의 실질과세, 공평과세의 이념에도 반한다고 하지 않을 수 없다."라고 판시함으로써[5] 이러한 문제점을 간접적으로 시인하고 있다.

한편 기록에 의하면 재무부장관은 "소득세 등의 경우와 같이 일정과세기간을 단위로 하는 조세에 있어서 특정과세기간에는 소득이 발생하여 과세하였으나 다음 과세기간에 소득이 발생하지 않거나 결손이 발생하였다고 해서 비과세 외에 기납부세금을 되돌려주는 등의 개별적 보상을 하지는 않는다."라고 함으로써 이미 미실현이득에 대하여 과세한 것은 장래에 당해 토지의 지가가 하락하여 초과이득이 없거나 결손이 발생한다 할지라도 정당한 것이며, 이에 대한 별도의 어떠한 개별보상이 필요없다고 주장한다. 그러나 소득세의 경우는 전형적이 수득세의 일종으로서 이미 구체적으로 현실화된 실현된 이득에 대한 과세이기 때문에 장래 지가하락 등으로 인한 미실현초과이득의 소멸이나 결손 등이 전혀 문제가 될 수 없는 일이므로 이러한 논리를 미실현이득에 대한 과세인 토초세에 적용하는 것이 전혀 타당하지 아니함은 긴 말이 필요 없을 것이다.

---

4) 미실현이득에 대한 과세의 문제점은 뒤의 관계되는 부분에서 다시 언급함.

5) 헌재 1994. 7. 29: 92헌바49 등, 판례집 6-2, 64, 97-98.

아울러 재무부장관은 미실현이득에 대한 과세인 토초세를 정당화시키기 위하여 미실현이득에 대하여 과세하는 국내외의 입법례에 대하여 언급하고 있으나, 그 모든 입법례를 자세히 분석해 보면 토초세의 경우처럼 미실현이득에 대한 과세에 해당되는 사례가 아니거나 또는 이미 폐지되었거나 실시되지 아니한 입법례임을 알 수 있다. 설사 외국의 경우 극히 예외적으로 그러한 미실현이득에 대한 과세입법례가 있다 할지라도 이미 그 나라에서 도입단계부터 위헌성과 효율성의 논란이 있었다고 하는 것을 감안해 볼 때 외국에서 실시되고 있다는 이유 하나만으로 그 제도의 위헌성에 대한 신중한 검토없이 토초세의 합성성주장을 위한 논거로 제시하는 것은 무리라고 본다. 헌법재판소도 "미실현이득에 대한 과세제도가 이론상으로는 조세의 기본원리에 배치되는 것이 아니라고 하더라도, 미실현이득은 용어 그대로 그 이득이 아직 현실적으로 지배·관리·처분할 수 있는 상태에 있는 것이 아니라는 특성으로 인하여, 현실제도로서 이를 채택하려 할 때 과세대상이득의 공정하고도 정확한 계측문제, 조세법상의 응능부담 원칙과 모순되지 않도록 납세자의 현실 담세력을 고려하는 문제, 지가변동순환기를 고려한 적정한 과세기간의 설정문제, 지가하락에 대비한 적절한 보충규정 설정문제 등 선결되지 아니하면 아니 될 여러 가지 과제가 있다. 실제 세계의 여러나라에서 불로소득의 환수와 지가안정을 이유로 부동산상의 미실현이득에 대한 과세의 정당성과 필요성이 오래 전부터 주장되어 왔음에도 불구하고, 오늘날 그러한 과세제도가 성공적으로 정착되고 있는 입법례를 찾아보기가 쉽지 않다는 것은 바로 미실현이득에 대한 과세제도의 이와 같은 난점을 실증적으로 반영하고 있는 것이라고도 할 수 있을 것이다." 라고 판시함으로써[6] 이 점을 인정하고 있다.

결국 수득세인 토초세는 행정청에 의하여 일방적으로 정해지는 미실현이득에 대한 과세이므로 그 자체의 수득세의 본질과 모순되며, 아울러 실질과세의 원칙에 위배되는 위헌적 조세라고 하지 않을 수 없다.

2. 조세법률주의와 관련하여

헌법 제38조는 "모든 국민은 법률이 정하는 바에 의하여 납세의 의무를 진다."고 규정하고, 헌법 제59조는 "조세의 종목과 세율은 법률로 정한다."고 규정하여 조세법률주의를 천명하고 있다. 따라서 조세는 반드시 그 근거가 법률에 마련되어 있어야 하고, 그 법률에는 반드시 조세의 '종목'과 '세율'이 규정되어 있어야 하는 것이다.

그러나 이러한 조세법률주의는 단지 법률에 조세의 종목과 세율만이 규정되어 있을 것을 요구하는 것이 아니라 더 나아가서 과세권의 행사와 재산권의 보장 및 제한과 관련된 중요하고 본질적인 사항, 예컨대 과세의 구체적 기준과 범위 및 대상과 방법 등이 반드시 법률에 규정되어 있어야 하고, 이러한 본질적인 사항을 하위규범이나 기타

6) 헌재 1994. 7. 29. 92헌바49 등, 판례집 6-2, 64, 97.

의 행정작용에 위임해서는 안 된다고 하는 것을 당연히 요구하고 있다. 헌법 제75조도 "대통령은 법률에서 '구체적으로 범위를 정하여' 위임받은 사항 … 에 관하여 대통령령을 발할 수 있다."라고 규정함으로써 이를 명백히 하고 있으며, 이는 법치주의 원리의 가장 핵심적인 내용인 법률유보의 원칙상 당연히 요구되는 것이다. 특히 행정작용 중에서 행정청의 자의와 남용의 가능성이 가장 크고 국민의 재산권 등의 기본권에 대한 가장 심각한 침해작용인 과세권행사의 경우에는 이러한 원칙이 특히 엄격히 강조되고 준수되어야 함은 두말한 나위가 없을 것이다. 따라서 토초세의 경우에도 과세권행사와 재산권보장 등에 관한 제반사항이 구체적으로 그리고 명확하게 규정되어 있어야 하는 것이다.

그러나 동법 제8조 제9조 및 제11조 등에서는 과세의 대상이 되는 '유휴토지'의 범위에 관하여 규정하면서 유휴토지에의 해당여부와 과세표준산정의 기초로 삼는 '지가'를 행정청이 판정하고 결정고시하도록 규정하고 있어 앞서 언급한 조세법률주의에 위배되는 소지가 있다. 즉 동법 제3조 제1항에서 "토지초과이득세는 유휴토지 등으로부터 발생한 토지초과이득에 대하여 부과한다."고 규정하고 제8조에서는 '개인소유토지 중 유휴토지 등의 범위'를, 제9조에서는 '법인소유토지 중 유휴토지 등의 범위'를 각각 규정하고는 있으나, 동 규정들은 과세대상으로서의 유휴토지의 종류를 나열하고 있을 뿐 그 구체적 범위에 대하여는 모두 대통령령에 위임하고 있어서, 즉 동 법률규정은 어느 것이나 과세대상이라고 하는 본질적 사항에 대한 구체적이고 명확한 기준과 범위를 충분히 규정하고 있지 아니하며 모두 하위규범에 위임하고 있어, 결국 대통령령의 규정내용에 따라 과세대상이 달라질 수 있어 행정청의 자의와 남용을 방지할 수 없으며, 국민의 예측가능성과 법적안정성을 해친다고 보지 않을 수 없다.

아울러 동법 제11조 제2항에서 "과세기간종료일의 지가와 과세기간개시일의 지가는 대통령령이 정하는 기준시가에 의한다."고 규정하고 있어, 과세권행사의 본질적 사항에 속하는 과세표준산정의 기초로 삼는 지가산정의 기준 등을 대통령령이라고 하는 행정작용에 포괄적으로 위임하고 있다. 물론 동법 시행령 제33조에서 "법 제11조 제2항의 규정에 의한 기준시가는 개별필지의 기준시가로 한다."고 하고 동법 시행령 제24조에서는 개별필지의 기준시가를 "시장·군수·구청장이 지가공시및토지등의평가에관한법률 제10조의 규정에 의하여 공시지가를 기준으로 하여 산정한 개별필지에 대한 지가"로 규정함으로써 토초세는 지가공시및토지등의평가에관한법률에 근거하여 객관적으로 산정된 개별필지에 대한 기준시가를 과세기준으로 하는 바, 개별필지에 대한 기준시가는 토지이용상황이나 주변환경 기타 자연적·사회적 조건이 일반적으로 유사하다고 인정되는 일단의 토지 중에서 산정한 표준지에 대하여 매년 감정평가업자가 조사·평가하고 토지평가위원회의 심의와 주민열람·이의신청의 절차를 거처 건설부장관이 공시한 표준지의 공시지가를 기준으로 하여 시장·군수·구청장이 지가 산정에 관한 비교표에 의해 표준지의 공시지가와 균형을 유지하도록 객관적으로 산정한 지가라고 볼 수도 있겠으나, 앞서 언급한 바와 같이 동법 제11조 제2항에서 이미 지가산정에 대한 구체적이고 명확한 기준을 스스로 정하지 아니하고 대통령령에 포괄적으로 위임하고 있을 뿐 아니라, 주지하는 바와 같이 감정평가업자의 조사·평가의 기준과 결과가 객관성과 합리성 및 형평성을 상실한 자의적인 것일 가능성이 높고, 결국은 시장·군수·구청장이 산정한 지가이므로 행정청에 의하여 자의적으로 결정될 위험은 항상 도사리고 있는 것이다.

결국 토초세의 과세대상이 되는 유휴토지의 판정과 토초세과세표준의 산정기준이 되는 개별필지의 기준시가에 관한 토초세법 제8조, 제9조 및 제11조 제2항의 규정은 과세권행사에 관한 중요하고 본질적인 사항에 대하여 구체적이고 명확하게 정하지 않고, 이를 하위규범인 대통령령에 포괄적으로 위임함으로써 행정청에 의한 자의와 남용의 위험성을 내포하고 있으므로, 조세법률주의의 원칙과 위임입법의 한계를 정한 헌법 제75조 및 법률유보의 원칙을 위반한 위헌적 규정이라고 아니할 수 없다.

3. 재산권보장 및 자유와 창의를 바탕으로 한 경제질서와 관련하여

(1) 앞서 언급한 바와 같이 토초세는 수특세의 일종임에도 불구하고 토지가격의 추상적·잠재적 평가액의 증가를 이득으로 의제한 '미실현이득'에 대한 과세이므로 헌법 제23조에서 보장하고 있는 재산권에 대한 명백한 침해이다. 즉 현재 재산권의 대상으로서의 구체적이고 실현된 재산상의 이득이 없음에도 불구하고 재산권의 제한에 해당하는 소세를 부과하는 것은 마치 전혀 소득이 발생하지 아니하였음에도 소득세를 부과하고 전혀 토지를 보유하고 있지 아니함에도 종합토지세를 부과하는 것처럼 모순되는 것으로서 당연히 원인무효인 재산권침해행위라 할 수 있다. 따라서 토초세법의 재산권보장에 관한 헌법 제23조 제1항의 규정에 정면으로 위배되는 것이다.

(2) 아울러 토초세는 재산권의 본질적 내용에 속하는 사용·수익·처분권을 침해한 것이므로 헌법 제23조에 위반될 뿐만 아니라 기본권의 본질적 내용침해금지의 원칙을 규정한 헌법 제37조 제2항 및 사유재산제를 바탕으로 한 개인과 기업의 경제상의 자유와 창의를 기본적 경제질서로 규정한 헌법 제119조에 위반된다고 할 수 있다.

토지도 헌법 제23조에 의하여 보장된 재산권의 일종으로서 그의 사용·수익·처분권을 본질적 내용으로 하고 있다. 그러나 토초세는 조세부담의 형평과 지가의 안정 및 토지의 효율적 이용을 위하여 토지재산권의 사용·수익·처분권을 침해하는 것이다. 왜냐하면 토초세의 부과로 인해 유휴지의 타인에로의 조기처분을 간접적으로 강제받게 되므로 임의적인 처분권, 즉 토지를 계속 보유함으로써 처분하지 아니하거나 원하는 시기에 처분하고자 하는 권리가 침해당하고, 임의적인 수익권, 즉 당해 토지를 이용하여 장래 원하는 시기에 원하는 방법으로 원하는 수익을 획득하고자 하는 권리가 침해당하고, 임의적인 사용권, 즉 원하는 시기에 원하는 방법으로 자신이 직접 또는 제3자를 통해 간접적으로 당해 토지를 사용할 권리를 침해받게 되기 때문이며, 이는 결국 재산권의 임의적인 사용·수익·처분권보장이라는 사유재산제도를 바탕으로 한 개인과 기업의 경제상의 자유와 창의를 기본적 경제질서로 규정한 헌법 제119조에 정면으로 위배되는 것이다.

물론 헌법 제23조 제2항은 "재산권의 행사는 공공복리에 적합하도록 하여야 한다."고 규정함으로써 재산권−특히 토지재산권−의 사회적 기속성을 선언하고 있으며, 헌법 제37조 제2항에서 공공복리 등을 이유로 한 기본권의 제한을 규정하고 있고, 헌법 제119조 제2항의 경제력의 남용을 방지하고 결제의 민주화를 위한 국가의 경제에 관하니 규제와 조정을 인정하고, 더 나아가 헌법 제122조에서 국토의 효율적이고 균형있는 이용·개발과 보전을 위하여 국가에 의한 필요한 제한과 의무부과에 관하여 규정하고 있으나, 이는 어디까지나 헌법 제37조 제2항의 기본권의 본질적 내용침해금지규정에서도 알 수 있듯이 토지재산권의 본질적 내용을 침해하지 아니하고, 우리 헌법상 경제질서의 기본을 해치지 아니하는 범위와 한계내에서의 제한과 규제이어야 하며, 이러한 한계를 벗어나는 규제와 제한은 헌법질서와 조화될 수 없는 것으로 어떠한 공익적 이유에서도 허용될 수 없는 위헌적인 것이라고 아니할 수 없다.

특히 초토세법 제8조 제1항 제13호의 규정에 따른 임대용토지에 대한 토초세의 부과는 이러한 토지재산의 사용·수익·처분권과 자유와 창의를 바탕으로한 사회적 시장경제질서에 정면으로 위배되는 사안인 것이다. 즉 임대에 쓰이고 있는 토지는 현재 생산이나 생활의 수단으로 타인의 실수요목적에 이용되고 있는 토지로서 이미 유휴지라고 볼 수 없으며, 이는 토지소유자가 토지라는 재산의 수익권을 행사하고 있는 것이고, 아울러 자신의 토지라는 자본과 타인의 자본의 자유로운 합자·결합을 통한 경제효율향상 등의 자유와 창의를 바탕으로 한 사회적 시장경제질서를 추구하고 있는 것이다. 따라서 이러한 임대용토지의 경우에도 유휴지로 간주하여 과세하도록 규정한 토초세법 제8조 제1항 제13호는 그 자체 이미 토지의 효율적 이용을 기함을 목적으로 하는 토초세법의 입법취지에 반할 뿐 아니라, 헌법 제23조의 재산권보장규정 및 헌법 제119조의 사회적 시장경제질서 그리고 기본권의 본질적 내용침해금지를 규정한 헌법 제37조 제2항에 위반되는 것이다.

(3) 한편 토초세는 토지의 지가상승 등으로 인한 이득이 토지의 양도 등으로 인해 구체적으로 실현되었을 경우에 과세되는 것이 아니고, 실현되지 아니한 잠재적 회임상태의 평가상의 추상적 이득에 대하여 현금으로 납세하는 것이므로 만일 토지소유자에게 당해 토지재산권 이외의 다른 어떠한 재산권도 존재하지 아니하거나 과세액에 해당하는 만큼의 충분한 재산상의 여유가 없는 경우에는 납세자에게 불가능한 세금을 요구하는 것이 되므로 이는 그야말로 수인의 기대가능성이 없는 재산권의 본질적 내용침해이

며, 더 나아가 인간의 생존권마저 위태롭게 하는 것으로서 헌법 제10조가 규정하고 있는 인간의 존엄과 가치 및 행복추구권을 침해하는 것이고, 아울러 헌법 제34조에서 규정하고 있는 인간다운 생활을 할 권리도 위태롭게 하는 것이라고 아니할 수 없다.

물론 이 경우 토초세법 제22조 제1항에서 "세무서장은 토지초과이득세의 납부세액이 1천만원을 초과하는 유휴토지 등의 소유자가 토지초과이득세를 금전으로 납부하기가 곤란하다고 인정하는 경우에는 납세의무자의 신청을 받아 토지초과이득세가 부과되는 당해 토지에 의한 토지초과이득세의 물납을 허가할 수 있다."라고 규정하고 있어 토초세를 납부하기 곤란할 경우에는 물납의 방법으로 해결하도록 배려하고 있으나, 이는 첫째, 물납의 요건이 충족되지 아니하거나 물납을 허가하지 아니하는 경우에는 여전히 납세자에게 불가능한 세금을 강요하는 것이므로 상기 언급한 문제점이 그대로 남아있으며, 둘째, 설사 물납의 요건이 충족되어 물납이 허용된다 하더라도 이는 결과적으로 토지에 대한 점진적 몰수에 해당되므로 그야말로 토지재산권에 대한 본질적 침해인 것이다. 물론 이 물납제도가 외관상으로는 납세자의 편의를 고려한 것으로서 납세자의 신청에 따라 이루어지는 것이므로 강제적인 것은 아니라 할지라도, 이는 이미 물납 이외의 방법으로는 납세의무를 이행할 수 없는 사정하에서 어쩔 수 없이 이루어지는 사실상 강제된 납세의 대체방법이고 이를 통해 결과적으로 토지가 점진적으로 몰수되는 효과를 가져오므로, 이는 결국 토지재산권에 대한 본질적 내용 침해행위요, 동시에 토지재산권의 보상없는 수용에 해당되므로 정당보상을 조건으로 한 공용수용에 대하 규정하고 있는 헌법 제23조 제3항에도 정먼으로 위배되는 것이다.

결국 토초세제도 자체 및 그의 대체방법으로서의 물납제도는 재산권의 본질적 내용을 침해하면서 우리 헌법상의 자유 경제질서에 위배되는 것이다. 따라서 이는 헌법 제23조, 제37조 제2항 및 제119조와 더 나아가 헌법 제10조 및 제34조에 위반된다.

4. 조세평등의 원칙과 관련하여

조세법률주의와 헌법 제11조에서 규정하고 있는 평등의 원칙은 조세평등의 원칙 내지 공평과세의 원칙을 요구하고 있으며, 이는 합리적 차별사유가 없는 한 반드시 공평하게 과세할 것을 의미한다. 그러나 토초세제도는 다음과 같은 측면에서 조세평등원칙에 위배된다고 할 수 있다.

(1) 토초세는 유휴지에만 과세되고, 비유휴지에는 과세되지 아니하는데 토초세부과대상과 관련하여 유휴지와 비유휴지간의 합리적이고 객관적인 차별사유가 존재하지 아니하므로 이는 조세평등의 원칙에 위배되는 것이다.

즉 토초세는 모든 토지에서 발생하는 미실현토지초과이득에 대하여 과세하는 것이 아니고 유휴토지 등에 발생하는 미실현초과이득에 대해서 과세하고, 유휴토지에 해당하지 아니하는 토지에서는 아무리 미실현초과이득이 발생하더라도 과세되지 아니하는 바 이것이 조세평등주의에 위반되는 것이다. 유휴토지 등은 낮은 이용을 하고 있는 토지나 전혀 이용하지 아니하고 보유하고 있는 나대지 등을 의미하는 바, 지가가 급등하고 있는 지역내에 소재하는 토지는 그것이 업무용건물의 대지이든 주택용대지이든 나대지이든 미실현의 초과이득이 동일하게 발생하고 있음에도 불구하고 토초세는 유휴토지 등에서 발생한 초과이득만을 과세대상으로 하고 비유휴지의 경우에는 동액의 미실현초과이득이 발생한 경우에도 전혀 과세하지 아니하는데, 만일 모든 토지에 과세하되 비유휴지 등 일정한 요건을 충족하고 있는 토지의 미실현초과이득에 대하여 상대적으로 과세부담을 경감시켜주는 제도라면 토초세제도가 토지의 효율적 이용을 촉진시키고자 하는 목적을 가지고 있다는 점을 고려할 때 합리적 차별의 한계를 넘지 않는 것이라고 볼 수도 있을 것이다. 그러나 비유휴지에는 아무리 거액의 미실현초과이득이 발생해도 전혀 과세하지 아니하고, 유휴지 등에는 아무리 소액의 미실현초과이득이 발생해도 그것이 일정비율 이상의 초과이득이 되어 과세요건에 해당되면 50%의 무거운 조세부담을 지우는 것은 합리적이고 객관적인 차별의 한계를 넘어서는 것이고, 더욱이 토초세제도가 토지의 효율적 이용뿐 아니라 각종 개발사업 기타 사회경제적 요인으로 지가가 상승함으로 인하여 토지소유자가 얻은 토지초과이득을 조세로 환수함으로써 조세부담의 형평과 지가의 안정 및 불로소득의 사회환수 등을 그 목적으로 하고 있는 점을 고려할 때 유휴지라는 이유만으로 전혀 과세하지 아니한다면, 이는 합리적 차별의 한계를 현저히 넘어선 것으로서 조세평등의 원칙에 정면으로 위배될 뿐만 아니라 토초세법의 입법취지에도 반하고 사회적 정의와 국민의 법감정에도 반한다고 할 수 있다.

(2) 한편 유휴토지에 해당하는 경우에도 지가가 정상지가상승률 이상 급등한 지역내에 소재하는 유휴토지 등에 대해서만 과세하도록 되어 있는데, 비록 정상지가상승률을 초과하지 아니한 지가의 상승이라도 미실현의 지가상승액에 담세력을 인정한다면 그 정상지가상승률을 초과하지 아니한 미실현의 지가상승이득은 정상지가상승율을 초과한 미실현의 초과이득과 마찬가지로 담세력이 증가한 것이고, 다만 그 증가율이 적은 것에 불과한 것인데, 이 정상지가상승분에 대하여는 그 결과적 이득이 아무리 크다 하더라도 과세하지 아니하고 정상지가상승율을 초과한 이득이 발생한 유휴지에 대해서만 무거운 과세를 하는 것은 양자간에 합리적 차별사유가 없거나 적음에도 불구하고 결과적으로 엄청난 차별을 초래한 것이므로 이 또한 조세평등의 원칙에 위배될 뿐만 아니라 조세부담의 형평과 지가의 안정 및 특히 토지의 효율적 이용을 목적으로 하는 토초세법의 입법취지에 정면으로 위배되는 것이다. 왜냐하면 초과이득이 발생했건 정상지가상승이득이 발생했건 양자 공히 유휴지에 해당됨은 마찬가지이며 따라서 토지의 효율적 이용을 촉진시키기 위하여는 양자에게 모두 세금이 부과되어야 할 것이기 때문이다.

(3) 토초세법 제8조 제1항 제13호에 따르면 토지와 지상건축물의 소유자가 다른 경우, 즉 임대용토지는 유휴토지로 보아 원칙적으로 토초세의 과세대상이 되고 있다. 그러나 이는 토지와 지상건축물의 소유자가 같은 경우와 임대용토지의 경우, 즉 소유자가 다른 경우 사이에 어떠한 합리적 차별사유가 없음에도 불구하고 과도하게 차별한 것으로 조세평등주의에 위배되며, 재산권의 행사를 침해하고 더 나아가 자본의 자유로운 합자·결합을 통한 경제효율향상이라는 사회적 시장경제원리에 위배되는 것이다.

토초세규정에 의하여 임대에 공하고 있는 토지는 유휴지에 해당되어 토초세의 과세대상이 되고, 다만 임대용토지의 경우에도 건축물에 부수하여 임대하는 건축물의 수속토지로서 기준면적 이내의 토지와 동법 시행령 제20조 제2항의 규정과 같이 1촌이내의 직계존속이나 배우자의 관계에 있는 1990년 12월 31일 이전부터 토지와 그 지상건축물을 소유한 경우에는 예외로 하고 있다. 그러나 토초세의 부과대상을 유휴토지에 국한시키고 있는 것은 토초세제도가 토초세법 제1조의 규정에도 명시되어 있듯이 토지의 효율적인 이용의 재고와 생활이나 생산이 필요한 토지의 공급을 원활히 하고자 하는 데 그 목적이 있는데, 현재 임대를 통해 타인에 의하여 생활이나 생산에 사용되고 있는 토지를 유휴지에 포함시켜 과세하는 것은 토초세법의 근본적인 입법취시에 정면으로 위배될 뿐만 아니라 토지와 지상의 건축물이 동일 소유자에게 속하는 경우의 토지와 어떠한 합리적 차별사유가 없음에도 불구하고 단순히 지가상승이익을 기대하여 임대를 통해 보유하고 있는 것으로 보아야 할 것이라는 막연한 추측만으로 일종의 투기목적을 노린 토지로 보아 토조세를 부과하는 짓은 조세평등의 원칙에 대한 명백한 위반인 것이다. 더구나 토지소유자가 지상에 자신 소유의 건물을 건축할 금전적 여유가 없는 경우 자신의 토지의 효율적 이용을 위하여 타인의 지본의 합자·결합이라고 할 수 있는 임대의 형식으로 건물을 들어서게 하는 방법 이외에는 다른 대안이 쉽게 떠오를 수 없기 때문에—왜냐하면 토지의 효율성을 기하기 위하여 토지에 건물을 건축할 경제적 여유가 생길 때까지 기다리는 것은 기대가능성이 없을 뿐 아니라 설사 기대 가능하다 하더라도 그 동안 부담해야 하는 막대한 토초세를 생각해 보라—임대라고 하는 것은 가능한, 상황에 따라서는 수인의 기대가능성이 있는 유일한 토지의 효율성제고를 위한 재산권행사방법이며 사회적 시장경제질서에 부합되는 방법인 것이다.

따라서 토지의 임차인을 비롯한 실수요자들에 대한 유휴토지의 조기 및 저가매각만을 강조하여 현재 임차인 등을 통해 토지의 효율적 이용이 이루어지고 있는 임대용토지를 유효토지로 보아 무거운 과세를 부담시키는 것은 앞서 언급한 바와 같이 토지의 효율적 이용을 목적으로 하는 토초세의 입법취지에 근본적으로 반할 뿐 아니라, 토지와 지상건축물의 소유자가 농일한 경우의 도지와 아무런 합리적 차별사유가 없음에도 불구하고 차별한 것으로서 조세평등주의를 위배한 것이고, 임대를 통한 토지의 사용·수익·처분권행사라고 하는 재산권의 본질적 내용을 침해한 것이며, 아울러 우리 헌법상의 자유시장경제질서에도 부합되지 아니하는 것이라고 하겠다.

토지가 임대되어 그 지상에 다른 사람이 건물을 건축하여 사용하고 있느냐 아니면 자기소유토지의 지상에 자기가 건축물을 축조·소유하고 있느냐 하는 문제와 담세력으로서의 미실현자본이득의 발생여부 또는 그 미실현자본이득의 크기여부와는 아무런 관계가 없는 것이다. 결국 유휴토지의 판정기준은 토지의 효율적 이용여부이고, 토지의 효율적 이용은 토지와 건축물의 소유관계와는 관계없이 토지의 이용상태를 기준으로 하여 국토이용관리법·도시계획법 등이 지정한 용도지역에 적합한 이용인가, 그리고 토지를 절약하여 사용하고 있는가, 즉 토지의 낭비적 사용이 아닌가를 기준으로 하여 판단해야 할 문제이다.

현재 자신의 유휴지에 대한 무거운 토초세를 회피하기 위하여 계획에도 없는 가건물 등을 급조하는 경우가 많이 있어 왔는데-사실 장기적인 계획을 바탕으로 토지의 효율적 이용을 극대화시킬 수 있는 건물이나 공장을 건축할 의사와 경제적 여유가 없는 경우 당장의 토초세를 회피할 목적으로 임시로 가건물 등을 급조하는 경우가 많이 있다-오히려 이 경우야말로 토지의 효율적 이용을 저해하는 것이고 토지소유자의 의사에도 반하는 재산권의 비효율적 행사라고 할 수 있어, 이는 토초세의 입법취지와 토지소유자의 의사에 정면으로 반하는 역기능이라고 할 수 있기 때문에, 이런 경우 토지임대를 통한 재산권 행사야말로 본인과 토초세의 목적인 효율적 이용에 모두 도움이 되는 것이며 자유민주적 시장경제질서에도 부합하는 것이라고 하겠다.

5. 이중과세금지의 원칙과 관련하여

이중과세는 동일한 납세의무에게 귀속되는 동일한 과세물건에 대하여 부담의 본질이 같은 세목을 중복과세하는 것을 의미하는데, 이러한 이중과세의 금지는 재산권보장정신으로부터 당연히 도출되는 조세법의 기본원리이자 조리상의 원칙이라고 할 수 있다. 이러한 측면에서 볼 때 토초세와 양도소득세는 이중과세에 해당된다고 할 수 있다.

첫째, 토초세와 양도소득세는 그 목적에 있어서 동일하다. 즉 양자 마찬가지로 조세부담의 형평이나 지가의 안정 및 토지의 효율적 이용을 목적으로 하는 조세이다.

둘째, 토초세에 있어서의 토지초과이득과 양도소득세에 있어서의 토지자본이득은 그 본질에 있어서 동일하다. 실현자본이득은 양도가액에서 취득가액을 차감하여 계산하는 구조이고, 미실현의 자본이득인 토지초과이득은 과세기간종료일 현재의 평가액인 기준시가에서 과세기간개시일 현재의 평가액인 기준시가와 정상지가상승액을 차감하여 계산하는 구조이기 때문이다. 즉 보유기간의 지가상승액 중 정상지가상승액을 차감한 부분은 자본이득과 토지초과이득의 공통부분으로서 중복되고 있는데, 전자에 대하여는 양도소득세를, 후자에 대하여는 토초세를 부과하고 있으므로 그 공통해당부분에 대하여는 이중과세임이 명백하다.

셋째, 양도소득세의 과세대상인 자본이득과 토초세의 과세대상인 토지초과이득은 동일인에게 귀속되는 동일한 과세물건을 대상으로 하고 있다. 따라서 양도소득세와 토초세는 동일인이 부담－토초세는 토지소유자가 납세의무자가 되고 양도소득세는 토지소유권을 처분하는 자가 납세의무자가 되므로 동일인이 두 가지 세목을 모두 부담하게 된다－하게 되므로 이는 이중과세라고 할 수 있다.

물론 토초세는 유휴토지의 보유단계에서 얻는 자본이득, 즉 실현되지 아니한 토지초과이득에 대하여 과세하는 세금으로서 모든 토지의 양도로 인하여 발생한 실현된 소득, 즉 현금화된 양도차익에 대하여 과세하는 양도소득세와는 외형상 과세물건을 달리한다고 볼 수 있으며, 따라서 토지소유자가 당해 토지를 계속 보유하고 있는 동안은 실현소득이 발생될 여지가 없어 양도소득세의 대상이 될 수 없고, 따라서 이중과세의 문제는 발생하지 아니한다. 그러나 토초세의 대상이 되었던 토지가 양도되어 실현소득이 현실적으로 발생되었을 경우에는 양도소득세의 대상이 되므로 이 경우에는 이중과세가 되는 것이다.

한편 이러한 이중과세를 회피하기 위하여 토초세법 제26조 제1항은 과세된 유휴토지를 토지초과이득세의 결정일로부터 1년 이내에 양도하는 경우 80%, 1년 후 3년 이내에 양도하는 경우 60%, 3년 후 6년 이내에 양도하는 경우 40%의 토지초과이득세액을 양도소득세액에서 공제하는 것으로 규정하고 있으나, 이에 따르면 결국 1년내 양도의 경우에는 토지초과이득세의 20%상당액이, 1년 후 3년 이내에 양도하는 경우에는 그의 40% 상당액이, 3년 후 6년 이내에 양도하는 경우에는 그의 60% 상당액이, 6년 후 양도하는 경우에는 토지 초과이득세액 전액이 이중과세되는 것이라고 할 수 있다. 또한 동법 제26조 제4항의 규정은 토지초과이득세를 부과받은 유휴토지를 양도하는 경우 위의 세액공제를 받지 아니하고 자본이득을 계산함에 있어서 토지초과이득세액 전액을 양도차익에서 공제할 수 있도록 규정하고 있는데, 이 경우에는 양도시기에 관계없이 토지초과이득세액의 최소 20% 내지 최고 30%가 이중과세되는 것이다.

따라서 토초세의 과세대상 토지가 양도되어 양도소득세를 부과하는 경우에는 양자 사이에 일정부분에 대한 이중과세가 이루어지게 되므로 이는 결국 이중과세금지의 원칙에 위배되는 것이다.

6. 비례의 원칙과 관련하여

헌법재판소는 조세의 목적 및 기능과 관련하여 "현대에 있어서의 기능은 국가재정수요의 충당이라는 고전적이고도 소극적인 목표에서 한 걸음 더 나아가, 국민이 공공의 목표로 삼고 있는 일정한 방향으로 국가사회를 유도하고 그러한 상태를 형성한다는 보다 적극적인 목적을 가지고 부과되는 것이 오히려 일반적인 경향이 되고 있다. 이러한 조세의 유도적·형성적 기능은 우리 헌법상 '국민생활의 균등한 생활'을 기하도록 한 전문규정, 모든 국민으로 하여금 '인간다운 생활을 할 권리'를 보장한 헌법 제34조 제1항 등의 생존권적·사회적 기본권조항, '균형있는 국민경제의 성장 및 안정과 적정한 소득의 분배를 유지하고, 시장의 지배와 경제력의 남용을 방지하며, 경제주체간의 조화를 통한 경제의 민주화를 위하여' 국가로 하여금 경제에 관한 규제와 조정을 할 수 있도록 한 제119조 제2항 등의 경제조항, 국토의 이용 등의 제한과 의무를 규정하고 있는 헌법 제122조 등에 의하여 그 헌법적 정당성이 뒷받침되고 있는 것이다."라고 판시하고 있는데,[7] 물론 주지하는 바와 같이 오늘날 조세제도가 재정확보 이외에 경제·사회정책적 목적 등을 추구하는 유도적·형성적 기능도 아울러 가지고 있다는 데에는 의문의 여지가 없고, 이는 헌법상 사회국가원리에 의하여 정당화되어 진다고 볼 수 있다. 그러나 만일 이러한 헌법재판소의 견해가 조세는 주로 또는 오로지 유도적·형성적 기능만을 가질 수도 있고, 따라서 국가재정수요의 확보는 부수적인 또는 상황에 따라서는 완전히 무시될 수 있는 기능이라는 의미로 해석된다면 이러한 해석은 받아들이기 어렵다고 할 것이다. 왜냐하면 조세의 주요기능은 아직도 그리고 원칙적으로 국가의 재정수요를 충당하는데 있고, 경제·사회정책적인 조세의 유도적 형성적 기능은 부수적 기능에 속하는 것이기 때문이다. 따라서 일정한 조세의 기능이 오로지 경제·사회정책적인 조세의 유도적·형성적 기능은 부수적 기능에 속하는 것이기 때문이다. 따라서 일정한 조세의 기능이 오로지 경제·사회정책적 목적만을 추구하는 유도적·조정적 성격만을 가진다면 이는 조세의 본질적 기능의 한계를 일탈한 것이라고 보지 않을 수 없다.

그런데 토초세법은 지가의 상승으로 인한 불로소득을 환수하고 토지의 투기를 억제하며 실수요자에게 토지공급을 원활히 하기 위한 것이라는 사회·경제정책적인 목적만을 지나치게 강조하고 이에 비하여 그의 부과·징수를 통한 국가의 재정확충목적은 오히려 지극히 부수적이거나 무시되고 있기 때문에, 이미 토초세는 조세의 본질적 기능의 한계를 일탈한 측면이 없지 않아 있다. 또한 토초세제도를 통하여 재정수입보다는 앞서 언급한 특정한 행정목적 내지는 사회·경제적 목적이 우선적으로 수행됨으로써 조세라는 형식만을 빌어서 국가가 의도하는 다른 목적을 위장하는 경우 발생할 수 있는 위헌적인 국가행위형식의 남용현상이 나타날 수 있다.

따라서 토지투기방지와 토지의 효율적 이용제도 등의 사회·경제정책적 목적을 추구하기 위해서 우선적으로 그리고 원칙적으로 조세가 아닌 다른 방법이 선택되어져야 할 것이다. 왜냐하면 이러한 목적은 본질적으로 조세의 주요기능에 속하지 아니하며, 아울러 토지투기 등의 문제는 정치·경제·사회·문화·역사 등 제반여건에 의하여 발생하는 만성적이고 고질적인 문제로서 이에 대처하는 정책도 장기적이고 종합적인 처방이 되어야 하고 토초세제와 같은 일시적인 대증적 방법으로서는 근본적으로 해결할

7) 헌재 1994. 7. 29. 92헌바49 등, 판례집 6-2, 64, 95.

수 있다고 보기는 어렵기 때문이다.

아울러 일반적으로 유도적·형성적 조세가 지니고 있는 조정행위의 부정확성으로 인해 과연 조세가 추구하는 목적이 효율적으로 달성될 수 있는가에 대한 근본적 의문이 제기됨과 동시에 여러 가지 파생적 역기능이 초래되고 아울러 조세불평등이 심화될 수 있는 결과가 나타날 수 있다. 이는 토초세의 경우에 그대로 적용될 수 있는데, 토초세법이 사회형성적·경제정책적 목표-예컨대 토지투기억제, 지가상승억제 등-만을 염두에 두고 제정되었기 때문에 특정한 개인이나 집단에 대한 과도한 침해행위의 가능성과 그 대책에 관하여 충분한 배려가 있었다고 보기 어려우며, 따라서 토초세의 구체적 적용단계에서 토초세를 별 어려움 없이 회피할 수 있는 개인 또는 집단과 조세부과의 대상이 되는 개인 또는 집단간의 조세불평등의 심화를 야기하게 되고, 이는 결국 토초세제의 목적의 효율적 달성에 막대한 지장을 초래하는 것이다. 그러므로 토초세제가 그 입법취지인 지가의 안정과 조세부담의 형평 및 토지의 효율적 이용제고를 위한 효율적이고 합리적인 제도라고 보기 어려운 것이다.[8)]

이러한 목적을 추구하는 과세제도로서 현재 토초세 이외에 보유과세인 종합토지세와 실현자본이득에 대한 과세인 양도소득세가 있는데, 토초세제도가 소기의 복석을 날성하기에 미흡하고 제도운영과정에서 여러 가지 문제점이 드러났다고 한다면 굳이 위헌적이고 효율성에도 의문이 제기되는 토초세제를 고집할 것이 아니라, 비교적 문제점이 적은 종합토지세제와 양도소득세제를 개정 등을 통하여 보완함으로써 문제점을 개선·해결하여 소기의 목적을 달성하는 것이 순리일 것이다.

한편 토초세제가 그 소기목적을 100% 완수하여 모든 유휴지가 비유휴지가 된다고 가정할 경우, 이러한 결과는 오히려 토초세법의 근본적인 입법취지인 토지의 효율적 이용과 헌법 제122조가 지향하는 국토의 효율적이고 균형있는 이용·개발과 보전과는 거리가 멀다고 할 수 있다. 왜냐하면 국토의 효율적이고 균형있는 이용과 개발을 위해서는 장기적이고 계획적인 그리고 조화로운 토지의 이용이 요구되어 지는데, 만일 토초세회피를 목적으로 미시적이고 일시적이고 부계획적이고 부조화적인 토지의 이용과 수급이 이루어진다면 토초세법과 헌법 제122조가 추구하는 목적은 결코 이루어질 수 없고 오히려 이러한 목적달성에 토초세가 장애적 요소로 가능하게 될 것이기 때문이다. 사실 장래의 장기적이고 계획적이며 균형적인 토지의 이용·개발을 위해서는 현재의 어느 정도의 유휴토지의 존재는 경제·사회정책적으로 요구되어지는 바람직한 현상이라고 볼 수도 있다.

결국 토초세는 조세부담의 형평과 지가의 안정 및 토지의 효율적 이용이라고 하는 사회·경제정책적 복적달성을 위한 직합하고 효율적이며 불가피한 방법이라고 볼 수 없으며, 앞서 언급한 바와 같이 납세자의 재산권 등의 기본권을 본질적으로 그리고 과

8) 같은 견해 윤건영, 종토세강화 급하다, 동아일보 1994. 8. 4, 5쪽 참조.

도하게 침해하는 제도로서 헌법 제37조 제2항이 규정한 비례의 원칙을 위반한 것이라고 하지 않을 수 없다.

Ⅳ. 헌법재판소의 헌법불합치결정과 관련하여

1. 불합치결정의 배경

앞서 지적된 토초세법의 관련규정은 상기 언급한 이유로 헌법에 위반되는데, 위 규정은 토초세법의 근간을 이루는 핵심규정들일 뿐 아니라 근본적으로 미실현이득에 대한 과세가 헌법상 정당화될 수 없는 등 토초세제도 자체가 이미 헌법에 위반되므로 토초세법전부가 헌법에 위반된다고 하겠다.

그런데 헌법재판소는 토초세법에 대하여 단순위헌결정이 아닌 헌법불합치결정을 내렸다. 이는 법률에 대한 단순위헌결정의 경우 그 법률이 그때부터 효력을 상실하게 되고 더 이상 유효한 법률로서 존재할 수 없게 되는데, 이 사건의 경우에는 당장 그 효력을 소멸시키기 어려운 사정이 존재하기 때문에 불가피하게 내려진 일종의 변형결정이라고 하겠다. 헌법재판소가 지적하고 있는 불합치결정의 이유는 다음과 같다.[9]

첫째, 토초세법은 개발이익환수에 관한 법률 및 여타 세법과의 사이에 구조적·내용적인 연계를 지니고 있어, 당장 이것을 무효로 한다면 법제 및 재정 양면에 걸쳐 적지 않은 법적 혼란 내지는 공백을 초래할 수 있다.

둘째, 토초세법의 해당 위헌규정들을 다시 합헌적으로 조정하는 임무는 입법자의 형성적 재량에 속하는 사항으로서 입법자가 결정취지에 따라 세법구조를 다시 조정하여 토초세법을 계속 시행할 수도 있고 폐지할 수도 있어야 하기 때문이다.

셋째, 당장 토초세법에 대한 단순위헌결정을 선고한다면 이 사건 청구인들과 기타 토초세부과와 관련한 소송을 제기하고 있거나 하려는 사람들은 이른바 '당해사건' 관계자로서 이 결정의 효력을 받게 되는 결과 위헌결정의 이익을 받게 될 것이나[10] 상대적으로 현행법에 따른 기발생 토초세를 전부 납부하고도 이에 대해 아무런 이의를 제기하지 아니한 다수의 납세자에 대한 관계에 있어서 불평등의 문제를 야기하기 때문이다.

---

9) 헌재 1994. 7. 29. 92헌바49 등, 판례집 6-2, 64, 118-120.

10) 헌법재판소와 대법원은 단순위헌결정의 소급효를 당해사건 등 일정한 제한적 범위내에서 인정하고 있다. 특히 대법원은 그동안 소급효를 꾸준히 확대시켜 왔다. 즉 대법원은 ⅰ) 당해사건에 관한 소급효(대판 1991. 6. 11. 90다5450), ⅱ) 위헌제청을 불문하고 법원에서 그 법률의 위헌여부가 다투어지고 있는 모든 사건에 대한 소급효(대판 1991. 12. 24. 90다8176), ⅲ) 위헌법률이 재판의 전제가 되어 법원에 계류된 모든 일반사건에 대한 소급효(대판 1992. 2. 14. 91누1462), ⅳ) 법률에 대한 위헌결정 이후에 소송이 제기된 일반사건에 대한 소급효(대판 1993. 1. 15. 92다12377) 등으로 위헌결정의 효력을 확대시켜 왔다. 같은 내용의 결정 헌재 1993. 5. 13. 92헌바10등. 따라서 단순위헌결정의 효력은 청구인 등의 사건당사자와 관련 소송제기자 및 관련소송을 제기하려는 자에게 미친다.

결국 헌법재판소는 법적안정성, 입법자의 입법형성권존중, 형평성, 기타 토초세제가 지니고 있는 공익목적의 추구 등을 고려하여 헌법불합치결정을 내렸다고 할 수 있는데, 이는 이러한 상황에서 헌법상 정당화되어질 수 있는 불가피한 결정유형이라고 볼 수 있다.

2. 불합치결정의 내용

이러한 불합치결정의 내용은 대체로 다음과 같다.

첫째, 토초세법은 입법자에 의하여 개정 또는 폐지될 때까지 형식적·잠정적으로 존속한다.

둘째, 입법자가 토초세법을 개정 또는 폐지할 때까지 법원 기타 국가기관은 토초세법을 적용·시행할 수 없다. 따라서 입법자의 후속조치가 있을 때까지 더 이상 토초세를 부과할 수 없고, 법원도 계류중인 사건의 심리를 중지해야 할 것이다.

셋째, 따라서 당해 사건 관계자들－이 사건 청구인들과 기타 토초세부과와 관련한 소송을 제기하고 있거나 하려는 사람들－의 납세여부는 입법자의 후속조치－경과규정 등을 통해－에 따라 정해질 것이다.

넷째, 토초세부과에 대하여 아무런 이의를 제기하지 아니한 기납세자에 대한 토초세 환급은 인정되지 아니하고, 이미 납세고지서가 부과된 납세의무자도 원칙적으로 납세를 해야 할 것이다.[11)]다만 후자의 경우 납세고지서에 대하여 이의가 있어 소송을 제기하고자 하는 자는 위에서 언급한 당해 사건 관계자에 해당되므로 이 경우에는 입법자의 후속조치에 따라 납세여부가 정해질 것이다.

3. 입법자의 후속조치의 방향

헌법재판소는 입법자의 법개정 또는 폐지 등을 통한 후속조치와 관련하여 구체적 시한을 정하지 않았다. 이러한 구체적 시한의 문제는 입법자의 입법형성권에 속하는 사항이지 헌법재판소 스스로가 정할 사항은 아니라고 판단한 것 같다. 그러나 이는 토초세법에 대한 헌법불합치결정으로 야기되는 정치적·사회적·경제적 혼란의 조기 수습, 현재 법원 등에 계류중인 사건의 조속한 해결, 토초세법과 관련한 여타 세법의 신속한 보완 및 체계적인 법제정립, 헌법재판소 결정의 기속력확보 등의 측면에서 문제가 있다고 하겠다. 따라서 헌법재판소는 결정주문에서 입법자의 후속조치의 적당한 시한을 정했어야 한다.

결국 입법자는 이러한 이유에서 가급적 최단시일내에 토초세법의 개정 또는 폐지

11) 단순위헌결정의 소급효도 어디까지나 당해사건 관계자에게까지만 제한적으로 인정되는 것이지 기성사실에까지 미치는 것은 아니기 때문에 이 사건 불합치결정의 효력은 토초세부과에 대하여 아무런 이의를 제기하지 아니한 기납세자 등에게는 당연히 미치지 아니한다.

및 경과규정마련 등의 후속조치를 취해야 하는데, 결론적으로 토초세법은 완전폐지되어야 할 것이다.[12] 왜냐하면 앞서 언급한 바와 같이 토초세법은 그 자체가 전면적으로 그리고 근본적으로 위헌이며, 따라서 해당 조문의 개정 등의 미봉책으로써는 그 위헌성이 해소될 수 없기 때문이다.[13] 만일 입법자가 토초세법을 개정·보완하여 계속 존속시킨다면 또 다시 위헌시비가 재발될 것이다. 문제는 입법자가 토초세법을 폐지시키면서 헌법불합치 결정으로 야기된 앞서 언급한 문제점들을 경과규정 등을 통해 해결하는 것인데, 이는 당해 사건 관계자와 아무런 이의를 제기하지 아니한 기납세자 사이의 형평성의 문제로 집약된다. 이에는 다음과 같은 몇가지 가능성이 고려될 수 있을 것이다.

(1) 기납세자들에 대하여 이미 납부한 토초세를 모두 환급해주는 방법이다. 이는 재산권 등 국민의 기본권보장과 법치주의의 이념에 부합되고 불평등의 문제도 해소할 수 있는 해결방안이라고 볼 수 있다. 그러나 첫째, 이는 국가의 과세행정에 엄청난 혼란을 야기시킬 수 있고, 둘째, 기납세액을 모두 환급해주는 것은 국가재정에 예상치 못한 극복하기 어려운 커다란 부담이 될 수 있으며,[14] 셋째, 장래 여타의 국가의 과세처분시 근거법률의 위헌성을 이유로 한 국민의 엄청난 조세저항이 끊이지 않을 것이고, 넷째, 조세환급의 선례를 남기게 되면 앞으로 또 다른 조세법률의 위헌결정시 그때마다 기납세액을 환급해 주어야 하는데, 이는 국가재정과 법적안정성을 위태롭게 하는 것으로서 받아들이기 어렵다고 하겠다.

(2) 기납세자들에 대한 토초세환급을 금지하고 이미 납세고지서가 부과된 자에 대한 과세처분을 집행하되, 당해 사건관계자들에게 대하여는 납세의무를 면제시켜주는 방안이다. 그러나 이는 첫째, 단순위헌결정과 같은 결과로서 헌법재판소의 헌법불합치결정의 취지와 부합되기 어렵고, 둘째, 국민의 법감정에 반하며, 셋째, 무엇보다도 기납세자들과 당해 사건 관계자들 사이에 불평등문제를 해결할 수 없다.[15]

(3) 기납세자들에 대하여는 기납세액의 완전환급에 이르지 아니하는 적절한 보상을 해주고 당해 사건관계자들의 납세의무는 면제시켜주는 방법이다. 이는 형평성의 문제와 국가재정의 문제 양자를 고려한 절충적 방법이라고 볼 수 있다. 그러나 이는 다른 한편 이들 양자의 문제점, 즉 국가재정과 관련한 문제점과 불평등야기 등 상기(1), (2)

---

12) 결국 토초세법은 법률 제5586호로 1998. 12. 28. 폐지되었다.

13) 물론 입법자는 토초세법폐지와 더불어 개발이익의 환수에 관한 법률이나 양도소득세제, 종합토지세제 등 토초세제와 구조적·내용적으로 관련되어 있거나 유사한 목적을 추구하는 법제들을 체계적·종합적으로 개정·보완해야 할 것이다.

14) 그때까지의 토초세부과액은 중복과세를 제외하면 1조2천4백98억원에 달한다고 한다(한국일보 94. 7. 30, 2쪽 참조).

15) 각각 상이한 과세기간에 상이한 사정하에서 차별적인 과세처분이 이루어졌다면 이는 합리적 차별사유가 존재한다고 볼 수 있어 정당화될 수도 있겠으나, 동일한 과세기간에 동일한 조건과 사정하에서 차별적인 과세처분과 집행이 이루어졌다면 이는 평등의 원칙 내지 조세평등의 원칙에 위배되는 것으로서 결코 정당화될 수 없다고 하겠다.

에서 언급한 문제점 모두를 지닌 미봉책에 불과하다고 하겠다.

(4) 헌법재판소의 헌법불합치결정시까지 부과된 모든 토초세를 징수하는 방법이다. 즉 기납세자 및 납부고지서가 부과된 납세의무자에 대하여 아무런 영향을 미치지 아니하고, 당해 사건 관계자들에게도 이미 부과된 토초세를 징수하는 것이다. 그러므로 결과적으로 헌법재판소의 헌법불합치결정의 효력은 어느 납세자에게도 미치지 아니하고 다만 입법자가 토초세법을 개정 또는 폐지하는 결과만을 초래하며, 따라서 과세관청은 이미 부과된 토초세를 계속 징수해야 하고, 이를 거부할 경우 체납처분 등 강제집행에 들어가야 하며, 법원 등은 관련 계류사건을 기각시켜야 할 것이다.[16] 이는 첫째, 국가의 과세행정의 혼란을 막는 등 법적안정성을 확보하고, 둘째, 토초세환급으로 인한 국가의 예측하지 못한 커다란 재정부담을 방지할 수 있으며, 셋째, 기납세자를 비롯한 모든 납세의무자들 사이의 형평성을 관철시킬 수 있는 비교적 합리적인 방법으로서 위헌결정의 원칙적인 장래효를 규정한 헌법재판소법 제47조 제2항의 입법취지[17]와 이번 헌법재판소의 헌법불합치결정의 취지에도 부합된다고 하겠다. 물론 이 경우 국민의 재산권 등의 기본권보장과 납세자의 법감정 등의 측면에서 문제가 없는 것은 아니나, 앞서 언급한 이유들을 고려해 볼 때, 즉 입법자에 의한 이 네번쌔 방닙의 채택시 관련되는 모든 공익과 사익의 총체적인 이익형량을 해 볼 때 일응 비례의 원칙을 준수한, 따라서 모두가 만족할 수 있는 최선책은 아니지만 적어도 모든 헌법적 가치를 고려한 불가피한 차선책이라고 여겨진다.

V. 맺는 말

지금까지 토초세제도에 대한 헌법적 문제점 및 향후 입법자의 후속조치의 방향 등에 대하여 살펴보았다 결론적으로 토초세법은 조속히 폐지되어야 하고,[18] 토초세법과 관련된 다른 법률들에 대한 개정·보완 작업이 뒤따라야 할 것이다. 또한 헌법재판소의 헌법불합치결정시까지 부과한 모든 토초세를 국가가 징수할 수 있는 방향으로 입법자의 후속조치가 이루어져야 할 것이다.

무릇 모든 공권력작용은 헌법의 테두리내에서 이루어져야 하고, 조세입법이나 과세

---

16) 물론 이는 토초세법의 위헌여부를 전제로 하여 제기된 소송 등에 적용되는 것이고, 토초세법이 합헌임을 전제로 제기되었거나 그 위헌여부를 다투지 아니하고 제기된, 즉 단순히 기존 토초세법의 위법한 적용·집행에 대하여 제기된 소송 등의 경우에는 적용되지 아니한다. 왜냐하면 후자의 경우는 금번 헌법재판소의 헌법불합치결정과는 무관한 것으로서 지금까지 그래왔듯이 소송절차를 통해 구제받을 수 있는 경우이기 때문이다.

17) 독일의 경우에는 우리와는 달리 법률에 대한 위헌결정의 원칙적인 소급효가 인정되어 있으니, 이번 사건의 경우와 같은 조세법률의 위헌결정의 경우처럼 해당 법률의 위헌결정의 효력이 소급함으로 인하여 심각한 문제점이 야기될 경우 법적안정성 등의 견지에서 소급효를 부정하거나 단순 헌법불합치결정만 내리는 등 광범위한 소급효의 예외가 인정되고 있다.

18) 앞서 언급한 바와 같이 결국 토초세법은 1998. 12. 28. 폐지되었다.

행정도 예외는 아니다. 따라서 입법자는 조세관련 법률의 제정시 앞서 언급한 헌법적 기준을 반드시 존중하고 준수해야 할 것이다. 이 경우에만 국가의 과세권이 통제되고 국민의 재산권 등의 기본권이 보장될 수 있는 것이다.

29. 대의제도와 정당기속

- 헌재 1994. 4. 28. 92헌마153 전국구국회의원 의석계승 미결정 위헌확인[1] -

[目 次]

Ⅰ. 머리말

이 글은 헌법상 통치기구의 중요한 구성원리의 하나인 대의제도하에서 국회의원의 정당기속의 한계 문제를 비례대표국회의원의 당적이탈·변경시 의원직상실 문제와 관련하여 다룬 것이다. 주지하는 바와 같이 오늘날 강력한 정당국가적 경향과 이에 따른 소속정당에 대한 기속으로 인해 정당소속 국회의원의 대의활동은 정치적으로 많은 제약을 받고 있는 것이 사실이다. 그러나 이러한 현상이 헌법상의 복수정당제의 보장과 정당중심적 정치활동 및 정당을 통한 권력통제실현 등으로 인해 불가피한 것이라 하더라도 이에는 대의제도에서 오는 일정한 한계가 있는데, 여기서 다루고자 하는 비례대표국회의원의 당적변경시 의원직상실문제에서 바로 이러한 정당기속과 그의 한계 문제가 첨예하게 대두된다. 따라서 이 글에서는 비례대표국회의원의 임의적인 당적이탈이나 변경시 의원직을 상실케 하는 제도의 위헌 여부와 그에 대한 구제방법 등을 관련 헌법재판소 결정 및 자유위임의 원칙 등의 헌법상의 제원리와 관련하여 고찰해보고자 한다.

---

1) 헌재 1994. 4. 28. 92헌마153, 판례집 6-1, 415.

Ⅱ. 관련 공직선거법 규정의 내용과 취지

비례대표국회의원의 의원직상실과 관련하여 현행 공직선거법(이하 '선거법'이라 함) 제192조 제4항은 "비례대표국회의원 또는 비례대표지방의회의원이 소속정당의 합당·해산 또는 제명외의 사유로 당적을 이탈·변경하거나 2 이상의 당적을 가지고 있는 때에는 「국회법」 제136조(퇴직) 또는 「지방자치법」 제78조(의원의 퇴직)의 규정에 불구하고 퇴직된다."라고 규정함으로써 당적을 이탈·변경하는 비례대표국회의원의 의원직이 상실되도록 하고 있다. 이는 비례대표국회의원은 지역구국회의원과는 달리 선거인으로부터 직접 선출된 것이 아니고 정당을 통해서, 즉 정당에 의해서 작성된 후보자명부를 매개해서 선출되기 때문에 비례대표국회의원이 당적을 임의로 변경하는 경우 정당이라고 하는 당선기반 내지 정당화 근거가 상실된 것으로 간주하여 의원직을 상실케 하고, 이를 통해 효율적인 정당기속과 건전한 정치풍토 및 정당민주주의를 실현하기 위한 것이라고 볼 수 있다. 그동안 정당한 명분 없이 일신영달을 위해 임의로 유권자의 의사를 저버린 채 기회주의적이고 당리당략적인 당적변경을 일삼아 국민의 빈축을 사고 국민의 정치혐오와 불신을 조장한 정치가가 상당수 있었던 것도 사실인바, 이러한 국민을 무시하고 신뢰를 떨어뜨리는 행태를 억제하고 이를 어긴 의원을 정계에서 추방함으로써 건전한 정치풍토를 조성하고, 비례대표국회의원의 정당기속과 국민의 정당선택권내지 국회구도결정권을 보호하고자 하는 데 그 목적이 있다고 보여 진다.[2] 그런데 이 제도는 이러한 목적달성을 위하여 정당화될 수 있고, 또한 그 목적달성을 위한 불가피한 거의 유일한 제도라고 평가될 수 있음에도 불구하고 헌법상 정당화되기 어려운 점이 있다고 생각된다. 따라서 이 글에서는 먼저 이와 관련한 판례와 학설을 검토한 후 이 제도의 위헌성을 고찰해보고자 한다.

Ⅲ. 헌재결정의 내용

헌법재판소는 1994. 4. 28. 92헌마153 사건에서 구 국회의원선거법상 전국구의원이 소속정당을 탈당한 경우 그 정당의 차순위 후보자에 대하여 전국구의원 의석승계결정을 하지 않은 것이 헌법에 위반되는 공권력의 불행사인지의 여부에 대하여 판단했다.

1. 사건의 개요

청구인 통일국민당은 1992. 3. 24. 실시된 제14대 국회의원총선거 결과 전국구의원 7인을 보유하게 되었다. 그런데 같은 해 6. 11. 청구인정당 소속 전국구의원이던 청구외

2) 허영, 한국헌법론, 1999, 894쪽.

조윤형이 청구인정당을 탈당하였다. 이에 청구인정당은 위와 같은 경우가 구 국회의원선거법 제143조 제2항에 규정한 전국구의원의 궐원인 때에 해당한다고 판단하여, 1992. 7. 14. 피청구인인 중앙선거관리위원회에게 전국구의원 의석승계결정을 신청하였다. 피청구인은 같은 해 7. 25. 구 국회의원선거법 및 국회법상 전국구의원으로 당선된 국회의원이 소속정당을 탈당한 경우 그 국회의원의 신분이 상실되는 규정이 없고, 피청구인이 전국구의원의 궐원에 따른 의석승계결정을 하기 위하여는 구 국회의원선거법 제143조 제2항 및 제3항에 의한 국회의장의 전국구의원 궐원통지가 있어야 하는데 그 통지가 없다는 회신을 하고, 청구인들이 신청한 의석승계결정을 하지 않았다. 이에 청구인정당은 피청구인의 의석승계결정을 거쳐 전국구의원 7명을 보유할 권리를 침해당하였고, 그 전국구후보자 제8순위자인 청구인 강부자는 동 청구인의 공무담임권을 침해하였다 하여 같은 해 7. 22. 피청구인이 청구인 강부자에게 전국구의석의 승계결정을 아니하고 방치한 부작위의 위헌확인을 구하고, 아울러 동 부작위가 위헌으로 확인되는 경우 헌법재판소법 제75조 제5항의 규정에 따라 위와 같은 부작위의 근거가 된 구 국회의원선거법 또는 동법의 해당규정들에 대한 위헌확인을 구하고, 예비적으로 청구인정당은 구 국회의원선거법 제143조 제2항이 헌법 제8조 제3항 및 제41조 제3항에 의한 국가의 보호를 받을 비례대표제에 관한 정당의 권리(전국구의원을 보유할 권리)를 침해하는 헌법위반의 법률이라 하여 그 위헌확인을 구하고, 그리고 청구인 강부자는 구 국회의원선거법 제143조 제2항이 헌법 제25조와 제41조 제3항에 정한 전국구의원으로서의 공무담임권을 침해하는 헌법위반의 법률이라 하여 그 위헌확인을 구하는 이 사건 헌법소원심판을 각 청구하였다.

2. 결정의 요지

(1) 다수의견

전국구의원이 그를 공천한 정당을 탈당할 때 의원직을 상실하는 여부는 그 나라의 헌법과 법률이 국회의원을 이른바 자유위임(또는 무기속위임)하에 두었는가, 명령적 위임(또는 기속위임)하에 두었는가, 양제도를 병존하게 하였는가에 달려있는데, 자유위임하의 국회의원의 지위는 그 의원직을 얻은 방법 즉 전국구로 얻었는가, 지역구로 얻었는가에 의하여 차이가 없으며, 전국구의원도 그를 공천한 정당을 탈당하였다고 하여도 별도의 법률규정이 있는 경우는 별론으로 하고 당연히 국회의원직을 상실하지는 않는다. 헌법 제7조 제1항, 제45조, 제46조 제2항의 규정들을 종합하면 헌법은 국회의원을 자유위임의 원칙하에 두었다고 할 것이고, 청구인정당 소속 전국구의원이던 조윤형이 청구인정당을 탈당할 당시 시행되던 구 국회의원선거법이나 국회법에는 전국구의원이 그를 공천한 정당을 탈당한 경우에 의원직을 상실한다는 규정을 두고 있지 않았다. 따라서 위 조윤형이 청구인정당을 탈당하였어도 이로 인하여 전국구의원의 궐원이 생기는 것은 아니므로 피청구인에게 위 조윤형이 청구인 정당을 탈당하였음을 원인으로 하여 청구인 강부자에 대하여 전국구의원 승계결정을 할 작위의무가 존재하지 않았다고 할 것이고, 헌법에서 유래하는 작위의무가 없는 공권력의 불행사에 대한 위헌확인을 구하는 이 사건 주된 헌법소원심판청구는 부적법하다.

(2) 재판관 김양균의 반대의견

헌법상의 정당관련규정(헌법 제8조)과 국민의 선거권(헌법 제24조) 및 공무담임권(헌법 제25조), 비례대표제 선거제도(헌법 제41조 제3항)의 본질과 헌법의 위임을 받아 제정된 구 국회의원선거법상의 전국구의원 선출규정 등을 종합할 때 전국구의원이 임의로 소속 정당을 탈당하였을 경우에는 그 의원직은 상실되어야 하고, 그 소속정당의 차순위 후보가 이를 계승함으로써 국민의 지역구의원 선거에 의해 표출된 정당의 지지도에 상응하는 의석수가 그대로 유지되도록 하여야 하며, 그러한 제도적 장치가 마련되어 있지 않다면 국회는 이러한 내용의 입법을 하여야 할 작위의무를 위배하고 있는 것이라고 할 것이다. 따라서 국가는 헌법해석상 인정되는 전국구 차순위 후보자의 전국구의원직승계에 관한 보호의무를 적절한 법률규정을 마련함으로써 이행할 책임이 있다. 국회의원에 대하여서는 자유위임의 원칙이 존중되어야 하나, 그것은 국민으로부터 직접 신임을 받아 선출된 지역구의원에 대한 것이고, 전국구의원에 대하여서는 그 원칙을 그대로 적용할 수 없다

3. 해 설

한마디로 다수의견은 전국구의원의 법적지위와 의원직 상실 문제를 대의제도의 핵심적 내용인 자유위임의 원칙위에서 판단하고 있다. 결론적으로 헌법은 자유위임의 원칙을 채택하고 있기 때문에 전국구의원이라 할지라도 지역구의원과 마찬가지로 자의로 탈당을 했다 할지라도 의원직이 상실되는 것은 아니라고 판시하고 있다. 그런데 이는 어디까지나 의원직을 상실시키는 법률규정이 없다는 전제하의 결론이고, 만일 현행 선거법 제192조 제4항과 같은 의원직상실에 관한 별도의 규정이 있다면 헌법상의 자유위임의 원칙에도 불구하고 의원직을 상실한다는 판시내용이라고 볼 수 있다. 또한 명백한 입장을 밝힌 것은 아니지만 제3공화국 헌법 제38조에서처럼 직접 헌법상 의원직상실규정을 명문화할 경우에는 당연히 이에 근거해 법률상 의원직상실규정을 둘 수 있고, 따라서 이 경우에는 의문의 여지없이 전국구의원의－상황에 따라서는 지역구의원의－탈당시 의원직이 상실되는 것으로 할 수 있다는 판시내용으로 볼 수 있다. 여기서 헌법상 자유위임의 원칙에도 불구하고 법률상 의원직상실규정을 마련할 수 있는지,

그리고 과연 직접 헌법 자체에 자유위임의 원칙을 폐지하거나 현저히 제한하는 내용의 규정을-예컨대 제3공화국 헌법 제38조의 경우처럼 의원의 당적변경시 이유 여하를 불문하고 의원직을 상실시키는 내용 또는 의원의 강제적 정당기속을 내용으로 하는 규정-둔다는 것이 헌법상 정당화될 수 있는지의 의문이 제기된다. 이러한 헌재결정의 문제점에 대하여는 후술한다.

한편 반대의견은 자유위임의 의의와 내용은 나라마다 헌법마다 다르며, 우리 헌법상의 자유위임은 의원의 선출배경이나 과정과 관련되는 것으로 이는 지역구의원에게만 적용되고 전국구의원에게는 적용될 여지가 없으므로, 지역구의원의 당적변경시 의원직을 상실하도록 하는 규정은 허용될 수 없으나, 전국구의원의 경우에는 마땅히 의원직 상실규정을 마련해야 할 입법의무가 있고, 그러한 입법의무를 이행하지 아니한 것은 위헌이라고 주장한다. 이러한 반대의견의 문제점도 의원직상실제도의 위헌성을 고찰하는 과정에서 간접적으로 언급하기로 한다.

Ⅳ. 당적변경 등의 경우 의원직상실제도의 위헌성

지금까지 전국구국회의원(현행 비례대표국회의원)의 당적변경 등의 경우의 의원직상실제도의 근거규정과 입법취지 및 관련 헌재결정의 내용을 살펴보았다. 그런데 헌재는 "'별도의 법률규정이 있는 경우는 별론으로 하고,' 전국구의원이 그를 공천한 소속정당을 탈당하였다 하여 의원직을 상실하지는 않는다고 할 것이나."라고 판시함으로써[3] 결과적으로는 전국구의원의 당적변경 등의 경우 의원직을 상실하지 않는다고 했으나, 이는 별도의 법률규정이 있는 경우는 별론으로 한다는 단서하의, 그리고 그러한 별도의 규정이 없었던 구 국회의원선거법하에서의 결론이다. 따라서 헌재결정은 헌법상 대의제도의 이념적 기초인 자유위임의 원칙에도 불구하고 전국구의원-상황에 따라서는 지역구의원도 포함하여-의 의원직상실규정을 선거법에 마련할 수 있고, 그 경우에는 전국구의원의 당적변경시 의원직이 당연히 상실된다고 보는 입장으로 해석될 수 있다. 그리고 이와 관련하여 만일 헌법에 명령적 위임과 정당기속에 기초한 의원직상실제도의 규정이 가능할 것인가, 즉 도대체 직접 헌법적 차원에서의 의원직상실제도의 도입이 정당화 될 수 있는 것인가-만일 이것이 긍정되어 헌법에 의원직상실규정이 마련된다면 이 헌법규정에 근거한 의원직 상실에 관한 선거법의 규정은 당연히 정당화 될 것이다-하는 문제가 제기될 수도 있는데, 이 사안에 대해서는 헌재는 입장을 밝히고 있지 않다. 어쨌든 이러한 문제들에 대한 헌재결정의 입장은 상당한 문제점을 지니고 있다고 생각된다. 아래에서는 의원직상실제도의 위헌성 및 기타의 쟁점들에 대하여 헌법상의 제 규정 및 원칙과 관련하여 살펴보고자 한다.

---

3) 헌재 1994. 4. 28. 92헌마153, 판례집 6-1, 415, 425.

1. 자유위임의 원칙과 관련하여

헌재결정에서도 언급되었듯이 의원직상실제도의 위헌여부를 판단하는 가장 중요한 기준은 헌법상의 자유위임의 원칙이다. 주지하는 바와 같이 헌법상 통치기관의 구성원리의 하나로서 대의제도를 들 수 있고, 이러한 대의제도의 이념적 기초 내지 본질적 내용으로서 자유위임의 원칙을 들 수 있다. 따라서 여기서는 먼저 대의제도와 자유위임의 원칙의 의의와 내용을 살펴본 후, 그 기준에 기초해서 의원직상실제도의 정당성 여부를 판단하고, 헌재결정의 문제점을 살펴보고자 한다.

(1) 대의제도와 자유위임의 원칙

대의제도란 국민이 직접 정치적인 결정을 내리는 것이 아니라 그 대표를 통해 간접적으로만 정책결정에 참여하는 통치기관의 구성원리이다. 따라서 대의제도는 직접민주주의가 아니라 간접민주주의의 실현형태이다. 그러므로 이러한 대의제도의 이념적 기초 내지 핵심적 요소는 주권자인 국민이 가지는 기관구성권과 대의기관이 가지는 정책결정권의 분리와 이러한 정책결정권의 대의기관 내지 그 구성원에 대한 자유위임이다. 여기서 특히 문제가 되는 것은 바로 자유위임의 원칙인데, 이는 한마디로 대의기관과 그 구성원인 의원 개개인이 자신을 선출해준 선거인 내지 지역구민, 특정집단이나 직능, 특정정당의 이익이나 정책·강령, 부분적·경험적 이익, 특정지역 등을 대표하고 이들의 의사와 이익을 정책에 반영하는 것이 아니라, 자신의 양심에 따라 국가이익 내지 국민의 추정적 의사를 위해 의정활동을 하고 정책결정을 하는 것을 의미한다. 따라서 이러한 자유위임의 원칙은 의원의 선출배경이나 과정과 관련되는 것이 아니라 선출후의 대의활동과 관련되는 것이고, 따라서 이는 지역구의원이건 비례대표의원이건 관계없이 양자 모두에게 적용되는 원칙인 것이다. 그러므로 자유위임의 원칙하에서는 의원이 의정활동과 정책결정을 할 때마다 국민과 소속정당의 의사를 타진하고 그의 구체적인 지시에 따라서 행동하고 그 위임사항만을 집행하는 명령적 위임 내지 기속위임은 허용될 수 없으며, 정당국가적 경향에 따른 소속의원에 대한 정당기속과 직접민주제적 요소의 도입에도 일정한 한계가 있는 것이다.

이러한 국회의원의 자유위임에 관한 헌법상의 근거규정은 직접적 규정으로서 "국회의원은 국가이익을 우선하여 양심에 따라 직무를 행한다"라고 규정한 제46조 제2항과 간접적·부수적 규정으로서 "공무원은 국민전체에 대한 봉사자이며, 국민에 대하여 책임을 진다."고 규정한 제7조 제1항, 의원의 겸직제한을 규정한 제43조, 의원의 면책특권을 규정한 제45조, 의원의 청렴의무를 규정한 제46조 제1항, 의원의 지위남용금지를 규정한 제46조 제3항, 국회의 자율권에 관해 규정한 제64조 등을 들 수 있다.

(2) 의원직상실제도의 위헌성

이러한 자유위임의 원칙에 비추어 볼 때 이 제도는 그 현실적 필요성과 효율성에도 불구하고 헌법상 정당화되기 어렵다. 여기서는 이 비례대표의원의 의원직상실제도의 위헌성 여부를 헌재결정 당시의 구 전국구의원선거제의 경우와 정당투표제가 도입된 이후의 현행 비례대표선거제의 경우로 나누어 고찰하기로 한다.

1) 구 전국구의원선거제도의 경우

구 공직선거및선거부정방지법 제189조 제1항은 "전국구국회의원선거에 있어서는 중앙선거관리위원회가 지역구국회의원총선거에서 5석이상의 의석을 차지하였거나 유효투표총수의 100분의 5이상을 득표한 각 정당에 대하여 지역구국회의원총선거에서 얻은 득표비율에 따라 전국구국회의원의석을 배분한다. 다만, 지역구국회의원총선거에서 유효투표총수의 100분의 3이상 100분의 5미만을 득표한 각 정당에 대하여는 전국구국회의원의석 1석씩을 배분한다."라고 규정하고 있고, 이에 따라 전국구의원의 선출은 지역구의원 총선거에서 각 정당이 차지한 득표율에 따라 의석이 배분되는 방식으로 이루어진다. 이는 1인 1표제의 국회의원선거제도를 바탕으로 지역구 후보자에 대한 투표의 결과로서 각 정당이 차지한 득표율을 기준으로 전국구의원이 선출되는 방식으로서 진정한 비례대표제로 보기는 어렵다. 이러한 전국구의원의 선출방식에 비추어 볼 때 전국구의원의 당적변경시의 의원직상실제도는 정당화되기 어렵다. 왜냐하면 앞서도 언급했듯이 의원직상실제도의 목적은 국민의 정당선택권과 효율적인 정당기속을 보호하기 위한 것이고, 따라서 이 제도가 적용되기 위해서는 국민에 의한 정당 및 정당의 정책과 강령 등에 대한 선택의 기회, 즉 정당투표제가 전제되어야 하는데, 전국구의원의 선출은 선거인의 정당선택과 정당투표를 바탕으로 한 것이 아니라 단순히 지역구의원선거 결과 각 정당이 획득한 득표율에 따른 의석배분의 결과로서 의원직상실제도를 통해 보호하고자 하는 대상인 정당선택권 자체가 존재한다고 보기 어렵기 때문이다. 따라서 현행 전국구의원선거제도하에서의 전국구의원의 당적변경시의 의원직상실제도는 헌법상의 자유위임의 원칙 등을 위반한 것으로 위헌이라고 할 수 있다.

2) 현행 정당투표제의 경우

1인 2표제에 따라 정당투표제가 도입된 현행 비례대표선거제에서는 국민의 직접적인 정당선택권이 인정되지만 그럼에도 불구하고 비례대표구의원의 의원직상실제도는 정당화될 수 없다.

국회의원은 대의기관인 국회의 구성원으로서 국민으로부터 부여받은 민주적 정당성을 바탕으로 해서 국가이익과 국민의 기본권 실현을 위한 독자적인 정책결정을 하는 하나의 독립한 헌법기관이다. 따라서 국회의원은 다수대표제 지역구의원이건 비례대표의원이건 앞서 언급한 바와 같이 자유위임의 원칙에 따라 일단 선출된 후에는 자신에게 민주적 정당성을 부여해 준 선거구민 내지 국민이나 선출과정에서 불가결한 매개역할-공천이나 비례대표후보자 명부작성 등을 통해서-을 한 정당에 기속됨이 없이 국민 전체를 대표하여 국가이익과 국민의 기본권실현을 위하여 독자적인 의정활동을 하는 것이다. 따라서 오늘날의 정당국가적 경향에 따른 소속의원에 대한 정당기속은 국회의원의 대의활동을 제약하는 것으로서 원칙적으로 자유위임의 이념과 조화되기 어렵다.

물론 이러한 정당국가적 경향이 현대국가에서 현실적으로 불가피한 현상이고 의원의 대의활동을 돕는 바람직한 현상인 점도 인정되며, 따라서 헌법 제8조가 복수정당제와 다양한 정당특권을 보장하고 있다. 또한 복수정당제의 보장 등을 내용으로 하는 정당민주주의의 효율적 실현을 위하여 현실적으로 요구되는 소속의원에 대한 정당기속도 헌법 제8조에 의하여 정당화될 수 있다고 여겨진다. 예컨대 비례대표선거제도는 국민의 정당과 정당의 정책 및 강령에 대한 선택권을 인정함으로써 국민의 다양한 의사와 이익을 정당을 매개하여 정책에 반영하고 이로써 진정한 국민의 추정적 의사 내지 국가이익을 실현하기 위한 다원적 민주주의와 정당민주주의의 한 실현형태라고 볼 수 있고, 따라서 국회의원, 특히 비례대표의원에 대한 일정한 정당기속은 나름대로 정당화될 여지가 있으며, 실제로 의원들의 바람직한 대의활동을 위하여 어느 정도 정당기속이 요구되는 것도 사실이다. 또한 국민의 선거행위에 의해서 어느 특정정당이 바로 국가의 대의기관으로 바뀌는 것도 아니고, 국가의 대의기관은 여전히 그 정당의 의사결정기구와는 다른 형태로 구성되고 활동하고 통제된다는 점에서, 그리고 무소속의원의 선거참여와 대의활동이 정당소속의원과 동일하게 보장된다는 점에서 정당국가적 경향 및 정당기속이 반드시 자유위임의 원칙과 모순되는 것은 아니다.

그러나 이러한 정당기속에는 자유위임의 원칙에서 오는 일정한 한계가 있다. 즉 이는 어디까지나 의원의 양심에 따른 자유위임적 대의활동 그리고 전체국민의 추정적 의사와 국가이익을 침해하지 않는다는 전제하에서만 정당화될 수 있는 것이다. 따라서 정당기속과 자유위임관계가 충돌할 때 자유위임관계가 우선해야 하는 것은 당연하다.[4] 그리고 이러한 전제하에서만 헌법 제8조의 정당조항과 동법 제46조 제2항의 자유위임조항의 조화로운 병존이 가능한 것이다.[5]

두말할 나위 없이 정당기속은 그 정당의 정책과 강령 및 활동 등이 진정한 국가이

4) Vgl. Hesse, Grundzüge des Verfassungsrechts der Bundesrepublik Deutschland, 16. Aufl.(1988), S. 229ff.; Badura, Staatsrecht, 1986, S.307.; Stern, Das Staatsrecht der Bundesrepublik Deutschland, Bd.1, 2. Aufl.(1977), S. 1069ff.; Münch, in: Münch(Hrsg.), Grundgesetz-Kommentar, Bd.2, 2. Aufl.(1983), Art.38, Rdnr.64.

5) 독일의 학설과 판례도 역시 이러한 맥락에서 독일기본법 제21조의 정당조항과 동법 제38조 제1항 제2문의 자유위임조항과의 관계를 파악하고 있다. Vgl. Hesse, aaO, S.229; Badura, aaO, S.307; Stern, aaO, S. 1073f.; BVerfGE 4, 143(149); 40, 296(311ff.).

익과 국민의 기본권실현에 기여할 때에만 정당화될 수 있고 자유위임의 원칙과 조화될 수 있다. 따라서 정당은 이러한 정당기속을 정당화시키고 강화시키기 위하여, 그리고 자신의 존립과 지지기반을 확보하고 대의기관의 정책결정과정에 자신의 영향력을 증대시키기 위하여 자신의 정강과 활동이 미래지향적인 국민의 추정적 의사와 기본권실현에 접근 내지 일치하도록 부단한 노력을 하여야 할 것이다. 이러한 전제조건이 충족될 때에만 비로소 소속의원에 대한 정당기속이 일정한 한도내에서 정당화될 수 있고 자유위임의 이념과도 조화될 수 있기 때문에, 만일 이러한 조건이 충족되지 않았고 또한 국회의원 자신이 이러한 조건이 충족될 수 없다고 독자적인 양심에 따라 판단했다면 그 해당의원은 정당기속으로부터 해방되고 상황에 따라서는 당적변경도 할 수 있는 것이다. 앞서도 언급했듯이 정당기속보다 자유위임적 대의활동이 우선하기 때문이다.

결국 비례대표의원의 경우 정당기속을 우선시켜 당적변경시 의원직을 상실케 하는 것은 위헌이라고 아니할 수 없다.

이러한 맥락에서 볼 때 헌법상의 자유위임의 원칙을 인정하고 이 원칙하에서 전국구의원의 의원직상실을 허용할 수 없다고 하면서도, 이러한 헌법상의 자유위임의 원칙에도 불구하고 법률로 의원직상실에 관한 별도의 규정을 마련할 수 있고, 그러한 경우에는 의원직상실이 정당화될 수 있음을 시사한 헌재의 다수의견은 그 자체 논리적 모순이자 헌법상 자유위임의 기능과 본질에 대한 이해부족의 결과라고 아니할 수 없다.

한편 전국구의원이 2이상의 당적을 가지게 될 경우에는 하나의 당적만을 선택하도록 하고, 그렇지 아니할 경우는 2이상의 당적 모두를 포기하도록 하는 제도적 장치를 마련하는 방법이 고려될 수 있을 것이다.

참고로 우리처럼 정당투표제가 실시되고 있는 독일의 경우에는 우리의 선거법 제192조 제4항에 해당되는 법률규정이 없으며, 학설의 대체적인 입장[6]도 비례대표제의원의 임의적인 당적이탈·변경의 경우의 의원직상실이 "연방의회의원은 전체국민의 대표로서 어떠한 위임과 지시에도 기속되지 않고, 오로지 자신의 양심에만 기속된다."라고 규정한 기본법 제38조 제2문의 자유위임의 원칙에 비추어 볼 때 정당화될 수 없다고 보고 있다.

(3) 헌법차원에서의 의원직상실규정의 문제점

한편 과거 제3공화국 헌법은 그 제38조에서 "의원이 임기중 당적을 이탈하거나 변경한 때 또는 소속정당이 해산된 때에는 그 자격을 상실한다."고 규정한 바 있었고, 당시 국회의원선거법 제27조는 후보자의 정당추천을 등록요건으로 규정하고, 동법 제127조 제2항은 당선 후 당선인이 당적을 이탈·변경 또는 소속정당이 해산된 때에는 당선

6) Vgl. Achterberg, Parlamentsrecht, 1984, S. 255ff.; Schreiber, Handbuch des Wahlrechts zum Deutschen Bundestag, 4. Aufl., 1990, S. 511ff.; Stern, Das Staatsrecht der Bundesrepublik Deutschland, Bd. 1, 2. Aufl., 1984, S. 1074. Dagegen aber Kriele, Das demokratische Prinzip im Grundgesetz, VVDStRL 29, S. 71ff.

의 효력을 상실한다고 규정하였었다. 이처럼 과거 권위주의독재시절에는 헌법과 법률에서 의원의 당적변경시 의원직상실제도를 규정했으나 이는 앞서 언급한 논거에서 헌법원칙과 이론에 반할 뿐 아니라, 그 입법목적도 국민의 선거권이나 정당선택권 내지 국회구도결정권을 보호하겠다는 것이 아니라, 의원의 정당기속을 수단으로 의원에 대한 통제와 독재정치의 강화에 그 목적이 있었던 것으로 이것이 헌법상 정당화될 수 없다는 것은 다언을 요하지 아니할 것이다. 이러한 역사적 경험은 의원직상실제도가 헌법이론상의 문제뿐만 아니라 그 실제효용면에서도 순기능보다 역기능이 많다는 것을 보여준다고 하겠다.

그런데 이와 관련하여 대의제도의 본질적 내용인 자유위임의 원칙을 폐지하거나 현저히 제한하는 내용의 규정을 직접 헌법적 차원에서 마련할 수 있겠는가 하는 문제가 제기될 수 있다. 현대국가에서 국민의 정치적인 자결력과 판단능력 및 책임감의 한계는 직접민주주의 대신 간접민주주의를 내용으로 하는 대의제도를 불가피한 제도로 정당화시킨다. 또한 통치영역과 국가작용 및 활동내용의 광활성, 다양성 등으로 인해 대의제도는 불가피한 것이다. 따라서 직접민주주의의 전면적 도입은—대의제도의 결함을 보완하거나 의원의 대의활동을 돕기 위한 보충적인 직접민주제적·정당국가적 요소의 가미를 제외한다면—가능하지도 필요하지도 아니한 것이며, 결국 오늘날 대의제도는 민주주의의 실현과 통치기구의 구성원리의 본질적 내용을 이루는 것으로서 헌법개정의 한계에 속하는 헌법의 핵심적 사항이라고 할 수 있다. 예컨대 독일 기본법 제79조 제3항은 일정한 사항과 원칙은 헌법개정의 한계에 속하는 것으로 규정하고 있으며, 이러한 예에 해당하는 것으로서 동법 제20조를 예시하고 있다. 동법 제20조 제1항은 독일 기본법의 기본원리로서의 민주주의원리를 선언하고 있고, 동법 동조 제2항은 이러한 민주주의원리의 구체적 실현원리로서 모든 국가권력은 선거 등을 통해서 그리고 입법기관 등의 국가기관에 의하여 행사된다고 규정하고 있다. 이는 독일의 경우에도 민주주의원리의 구체적 실현형태로서의 대의제도가 헌법개정의 한계에 속하는 헌법의 본질적 내용이라는 것을 말해준다. 한편 대의제도의 한 요소인 자유위임의 원칙이 대의제도의 불가결한 본질적 내용에 속하는 가가 문제될 수 있는데, 현대국가에서 국토 및 국가의 작용 및 활동내용의 광역성과 다양성 때문에 일정한 정책결정을 할 때마다 국민이나 정당의 의사를 타진하고 그의 구체적인 지시에 따라서 행동하고 그 위임사항만을 집행하는 기속위임 내지 명령적 위임은 현실적으로 불가능할 뿐만 아니라, 간접민주주의를 바탕으로 하는 대의제도는 일정지역이 아닌 전국을, 지역구민이 아닌 전체국민, 부분이익이 아닌 전체이익을, 현재의 구체적·경험적 의사가 아닌 미래지향적인 추정적·잠재적 의사를, 단순한 의사전달에 불과한 대리가 아닌 독자적인 의사결정을 내용으로 하기 때문에 기속위임은 대의제도의 본질에 반할 수밖에 없고, 결국 대의제도는 현실적으로 그리고 논리필연적으로 자유위임과 결합할 수밖에 없다. 그러므로 대의제도와 그 이념적 기초인 자유위임은 헌법의 본질적 내용으로서 헌법개정의 한계에 속하는 것이며, 이러한 자유위임의 결과는 선거 등을 통해 심판을 받는 것이다. 따라서 이를 폐지하거나 현저히 제한하는 헌법적 규정은 허용될 수 없으며, 따라서 명령적 위임이나 강제적 정당기속을 내용으로 하는 규정, 예컨대 제3공화국 헌법 제38조의 경우처럼 의원의 당적변경시 이유 여하를 불문하고 의원직을 상실시키는 내용의 규정을 헌법에 마련하는 것은 허용될 수 없다고 하겠다. 이러한 측면에서 볼 때 헌법에서 의원직상실을 규정할 수 있음을 전제로 하면서, 이러한 헌법규정에 근거한 별도의 법률규정이 있을 경우에는 전국구의원의 당적변경시 의원직상실을 허용할 수 있는 것처럼 판단한 헌재의 결정은 대의제도와 자유위임의 원칙의 본질을 왜곡한 대단히 잘못된 결정이라고 아니할 수 없다.

2. 평등의 원칙과 관련하여

기관구성권과 정책결정권의 분리, 정책결정권의 자유위임을 본질적 내용으로 하고 있는 대의제도는 국민으로 부터의 신임과 국민에 대한 책임을 비탕으로 하는 통치기관의 구성원리이다. 따라서 선거인으로부터 직접 선출되는 지역구의원의 경우 그 인물본위선거의 특성상 직접적인 민주적 정당성과 직접적인 신임 및 위임과 관련하여 강력한 자유위임에 기초한 대의활동을 할 수 있겠으나, 정당투표를 통해 선출되는 비례대표의원의 경우 민주적 정당성과 신임 및 직접선거의 원칙 등과 관련하여 지역구의원과 비교하여 상대적으로 약한 자유위임에 기초한 대의활동을 할 수 밖에 없고, 따라서 상대석으로 강력한 정당기속으로 인해 당적변경 등은 그 신임과 위임관계의 상실을 의미하고 이는 결국 의원직 상실을 초래할 수밖에 없다는 주장이 제기될 수 있다.

그러나 자유위임은 의원의 선출과정과 관련한 것이 아니고 선출 이후의 대의활동과 관련한 것이며, 이는 선거구민으로부터 뿐 아니라 그 소속정당으로 부터의 독립을 전제로 한다. 지역구의원이 일단 당선된 후에는 자신을 공천해준 정당과 선출해 준 선거구민으로부터 독립되는 것 처럼 전국구의원도 자신을 추천하고 정당명부에 기재해 준 정당과 결과적으로 정당투표를 통해 자신을 선출해준 선거인으로부터 독립하는 것이다.

또한 비례대표의원의 경우에도 직접적인 신임과 위임 및 책임관계가 상실되거나 약화되는 것은 아니다. 정당투표제를 바탕으로 한 비례대표선거제가 다수대표선거제의 경우와 마찬가지로 직접선거의 원칙에 위배되지 않는다고 평가되는 이유도 그 때문이다. 만일 그렇지 않고 비례대표의원의 경우 정당을 매개하여 또는 실질적으로 정당에 의해 당선되었으므로 그 선출의 기초가 된 정당을 이탈할 경우 그 정당기속으로부터 벗어난 결과 직접적인 신임과 위임관계가 상실된 것으로 보고 의원직을 상실해야 한다면, 지역구의원의 경우에도 자신을 공천한 정당을 이탈할 경우 – 비록 정도의 차이는 있으나 결과적으로 – 그 정당기속으로부터 벗어난 것이고 또한 자신을 선출해준 선거구민의 구체적 의사에 반하여 의정활동을 할 경우 이 역시 선거구민 기속을 벗어난 것으로 선거구민으로부터의 직접적인 신임과 위임관계가 상실된 것으로 의원직을 박탈해야 한다는 논리가 성립될 수 있다. 그러나 이러한 결과는 명령적 위임의 도입을 의미하는 것으로서 자유위임의 원칙에 정면으로 반하는 것으로 정당화될 수 없음은 자명하다. 앞서 언급한 바와 같이 인물본위의 다수대표제에 기초한 지역구선거에 있어서도 정당은 선거과정과 의정활동에 있어서 중요한 기능을 하고 있고 따라서 지역구의원에게도 정당기속은 자유위임의 원칙과 조화될 수 있는 한 요구되는 것이며, 반대로 정당명부식 비례대표제에 기초한 비례대표의원 선출에 있어서도 상당부분 정당명부의 후보자에 대한 인물본위선거가 선거인을 통해 이루어진다는 점을 고려할 때, 그리고 더욱이 선거인에게 명부선택권과 더불어 인물선택권이나 순위변경권 등을 부여해주는 개방명부제나 가변명부제 등의 경우에는 더욱더 직접적인 신임과 위임관계를 설정하는 직접선거와 인물본위선거의 성격이 강하게 투영될 수 있기 때문에 비례대표의원에 대한 정당기속의 요구에는 당연히 일정한 한계가 있을 수밖에 없다. 따라서 비례대표의원의 경우에도 정당기속과 자유위임의 원칙이 충돌할 때에는 당연히 자유위임의 원칙이 우선하는 것이다. 아울러 우리의 정치현실에 비추어 볼 때 비례대표의원 뿐 아니라 지역구의원의 경우에도 그 공천과정에서 뿐 아니라 선거구민에 의한 선거과정에서도 실제로 인물본위선거에 의해서라기보다는 상당부분 그 소속정당을 기준으로 선거되고 당선된다는 사실을 고려한다면 비례대표의원과 지역구의원의 선출과정상의 정당개입정도의 차이와 관련한 이러한 차별적 대우는 비례대표의원의 공무담임권을 차별적으로 침해하는 것으로서 정당화될 수 없는 위헌적 조치라고 아니할 수 없다.

만일 당적을 변경하는 비례대표의원은 그 자체로서 저질의원이기 때문에 정계에서 추방되어야 하고 따라서 의원직을 상실케 하여 정계를 정화시켜야 한다면[7], 당적을 변경하는 지역구의원도 정계질서를 어지럽히는 저질의원이므로 정계정화차원에서 당연히 의원직을 상실토록 해야 할 것이다. 앞서 언급한 바와 같이 비례대표의원의 당적변경이 자신을 추천하여 정당명부에 기재한 정당과 선거인의 신의와 정당선택권 내지 정당구도결정권을 저버린 것이고 따라서 그 의원직을 상실시켜야 한다면, 지역구의원의 당적변경 역시 자신을 공천한 정당과 선거인의 신의를 저버린 비난받을 처사로서 그의 의원직도 당연히 상실되어야 한다고 아니할 수 없다.

결국 비례대표의원과 지역구의원은 선출과정에서만 차이가 있을 뿐 양자의 헌법상의 지위와 책임, 권한과 의무, 자유위임적 대의활동 및 정당기속도 등에서 어떠한 차이가 있을 수 없으므로 전국구의원만의 의원직상실제도는 지역구의원의 경우와 비교해 볼 때 평등의 원칙을 위반하는 위헌적 제도라고 볼 수 있다.

한편 선거법 제192조 제4항은 "비례대표국회의원 … 이 소속정당의 합당·해산 또는

---

7) 예컨대 권영성, 헌법학원론, 1995, 827쪽.

제명외의 사유로 당적을 이탈·변경하거나 2이상의 당적을 가지고 있는 때에는 … 퇴직된다."라고 규정함으로써 비례대표의원이 소속정당의 합당·해산 또는 제명의 사유로 당적을 변경하게 될 경우에는 임의로 탈당하거나 당적을 변경하는 경우와는 달리 의원직을 유지하도록 하고 있는데 이는 논리적으로 모순이다. 왜냐하면 소속정당의 합당이나 해산 등의 경우에도 결국은 소속정당기속의 기반이 상실되고 국민 내지 해당 선거인의 정당선택권 내지 국회구도결정권이 침해된 것이고, 따라서 소속 비례대표의원의 의원직이 상실되어야 하는 것으로 보아야 하기 때문이다. 즉 만일 비례대표의원의 자의적인 탈당이나 당적변경이 건전한 정치질서와 풍토를 어지럽히고, 국민이나 해당선거인의 의사와 신뢰 및 신임을 저버린 행위로서 결국 해당의원의 정당기속과 국민의 정당선택권 등을 침해한 것이기 때문에 의원직이 상실되어야 하는 것이라면, 자의 또는 타의에 의한 소속정당의 합당·해산·제명으로 인한 당적변경 역시 건전한 정치질서와 풍토를 어지럽히고, 국민이나 해당선거인의 의사와 신뢰 및 신임을 저버린 행위로서 결과적으로 해당의원의 정당기속과 국민의 정당선택권 등을 침해한 것이기 때문에 이 경우에도 당연히 해당 비례대표의원의 의원직이 상실되어야 하는 것이 논리적이다. 특히 소속정당의 합당이나 해산이 자의적으로 이루어지고, 국가이익과 국민의사를 존중한 것이 아니라 당사자들의 기회주의적인 정치적 이해와 당리당략에 의한 정치적 야합으로 평가되는 경우에는 더욱 더 그러할 것이다. 아울러 소속의원이 제명을 통해 의원직을 유지하고 그 후 당적변경을 하는 수순을 밟을 의도를 가지고 소속정당의 징계에도 불구하고 계속해서 계획적이고 의도적인 당론위반을 하여 예상된 제명처분을 받게 되는 경우도 상상할 수 있는데, 이러한 처사야말로 소속정당이나 국민 누구에게도 도움이 되질 않고, 정치도의에 반하며, 자신의 양심과 국가이익을 저버리고 결국 자유위임의 정신에도 반하는 불합리한 것이므로, 이 경우 당연히 의원직을 상실시켜야 논리적이고 형평의 원칙에도 부합되는 것이라고 아니할 수 없다. 따라서 자의적인 당적변경의 경우에만 의원직을 상실토록 하고 소속정당의 합당·해산 또는 제명의 경우에는 의원직을 유지토록 한 규정은 양자 사이에 합리적 차별사유가 없음에도 불구하고 부당하게 차별한 것으로서 평등의 원칙에 위배되며, 상호 모순된 내용을 한 법률조항에 규정한 것으로 규범상호간의 체계정당성의 요구에도 반한다고 볼 수 있다.

3. 비례의 원칙과 관련하여

국회의원이 당적을 변경한다는 것 자체가 정치도의상 바람직하지 못하고 더욱이 우리의 경우 국민의 공복으로서의 뚜렷한 정치적 소신에서 불가피하게 당적을 변경하기보다는 자신의 이해와 기회주의적 발로로 당적을 변경하여 국민의 지탄을 받고 정치질서를 어지럽히는 것이 현실이므로 이를 저지하는 제도적 장치를 마련하는 것이 절실히 요구되고, 헌법 제64조에서 규정하고 있는 국회의원에 대한 자격심사와 징계 및 제명제도 등이 효과적인 억제장치로서 기능할 것을 기대하기 어려운 우리의 정치현실을 고려할 때 의원직상실제도가 매우 효과적인 장치라는 점은 인정되지만, 아무리 목적과 그 효과가 뚜렷한 제도라 하더라도 어디까지나 헌법의 제 규정과 원칙을 준수하는 한도내에서만 정당화되어진다는 점을 상기할 때, 이 제도는 앞서 언급한 자유위임의 원칙과 평등의 원칙 외에도 비례의 원칙상 정당화되기 어렵다고 여겨진다. 즉 이 제도를 통해 추구되는 목적과 수단으로서의 의원직상실은 상호 비례적이라고 보기 어렵다. 달성코자 하는 공익적 이유도 중요하지만, 그를 통해 야기되는 의원직상실은 해당의원의 공무담임권을 본질적으로 침해하는 것으로서 양자간의 이익형량의 결과 수단이 정당화되기 어려운 것이다. 다시 말해 이 제도를 통해 달성되는 국민의 정당선택권 내지 정당구도결정권, 효율적인 정당기속 등의 이익과 이 제도의 시행을 통해 상실되는 의원의 공무담임권, 헌법상 자유위임의 원칙, 해당의원이 자유위임적 대의활동을 통해 추구하고자 하는 양심과 국가이익 등의 제반이익을 비교형량해 볼 때 전자의 이익이 우월하다고는 결코 할 수 없다. 특히 진실로 국민과 국가를 위한다는 양심과 국가이익에 따라 진지한 정치적 확신과 결단에 따른 불가피한 최후의 수단으로 당적이탈이나 변경을 감행하는 의원이 존재할 가능성을 부인할 수는 없고, 이러한 경우까지 공익적 이유로 획일적으로 의원직을 상실케 하는 것은 너무나 과잉적인 기본권침해로서 비례의 원칙을 위반한다고 보지 않을 수 없는 것이다. 예컨대 어느 비례대표의원이 소속정당의 당론이나 당명이－이 경우 의원들에 대한 당론강요나 당명 자체가 정당기속의 한계를 일탈한 자유위임의 원칙 위반이다－자신의 양심과 국가이익에 반한다는 이유로 이를 거부하고 이 때문에 계속적 징계를 받을 경우,[8] 아울러 소속정당에서의 양심과 국가이익에 따른 자유위임적 의정활동이 불가능하다고 확신하고 소속정당과 국민여론도 해당 의원의 당 잔류가 더 이상 당에 도움이 되지 않고 따라서 탈당이나 당적변경이 바람직하다고 판단할 경우, 해당의원이 탈당하거나 자신의 정치적 소신과 일치하는 정당으로 당적을 변경할 수 있어야 하는 것이 오히려 올바른 정치질서확립을 위해서도, 그리고 자유위임의 실현과 국가이익을 위해서도 바람직한 것이다. 이 경우에서의 의원직상실은 소기의 목적달성을 위한 적합한 내지 정당한 수단이 아니며, 또한 국민의 추정적 의사와 국가이익이 아닌－정당기속과 국민의 정당구도결정권보호라는 미명아래－특정 정당과 부분적 이익을 위해 해당 의원의 자유위임적 대의활동과 공무담임권을 본질적으로 침해하는 것이어서 그 자체 위헌이라고 하지 않을 수 없다. 물론 이러한 경우 정당이 강제로 해당의원을 출당 내지 제명시키고 결과적으로 그의 의원직이 유지되는 것도 고려될 수 있으나, 차라리 스스로 탈당하되 의원직은 유지할

---

8) 여당, 야당을 막론하고 소속의원이 이른바 당론을 어기고 국익과 양심에 따른 소신 투표를 하게 될 경우 징계나 일방적인 상임위원회교체, 심지어는 제명을 시키는 것이 우리의 정당문화라는 점을 부정할 수 없을 것이다. 사실 당론기속이라는 것 자체가 자유위임의 정신에 부합되기 어렵고, 그 당론의 내용도 정당의 정강에 따른 일관되고 소신에 따른 것이라기보다는 정치적 투쟁의 수단으로 수시로 바뀌기도 한다.

수 있도록 하는 것이 의원의 품위를 지키고 자유위임의 정신에도 부합하는 것이라 할 것이다. 결국 신의를 저버린 의원들에 대한 통제와 심판은 선거 등을 통해 이루어 질 수밖에 없을 것이고, 근본적으로 이 문제는 선진국에서와 같은 건전한 정치윤리와 정치풍토가 조성됨으로써, 즉 법에 의해서가 아니라 오랜시간의 노력 끝에 자연스럽게 이루어지는 건전한 정치질서확립과 의원자질의 향상을 통해 해결되어야 할 것이다.

4. 위헌정당해산제도와 관련하여

한편 위헌정당해산제도와 관련하여 보더라도 전국구의원의 당적변경시의 의원직상실제도는 헌법상 정당화되기 어렵다고 본다. 이를 살펴보기 위해 여기서는 먼저 위헌정당해산시에는 선거법 제192조 제4항에서의 정당해산시와는 달리 소속의원의 의원직이 상실되어야 한다는 점을 언급하고, 이와 관련하여 볼 때 전국구의원의 임의적인 당적변경시 의원직이 상실되어서는 안된다는 점을 언급하고자 한다.

헌법 제8조 제4항은 "정당의 목적이나 활동이 민주적 기본질서에 위배될 때에는 정부는 헌법재판소에 그 해산을 제소할 수 있고, 정당은 헌법재판소의 심판에 의하여 해산된다."라고 규정하고 있다. 이는 헌법의 기본질서를 파괴하는 정당을 해산시킴으로써 헌법적 가치질서를 수호하기 위한 헌법보호수단이자 방어적 민주주의의 실현수단이다. 그런데 위헌정당으로 해산될 경우 그 소속의원의 의원직상실여부가 문제될 수 있는데 관련 법률에는 이에 대한 규정이 없다.

생각건대 위헌정당해산의 경우에는 그 소속의원의 의원직이－지역구의원과 전국구의원 모두－상실되어야 한다고 본다. 왜냐하면 이 경우에는 앞서 다루었던 전국구의원의 임의적인 당적이탈 등의 경우와는 달리 소속의원의 선출과 관련한 정당의 역할과 그에 따른 정당기속이 문제되는 것이 아니라, 정당의 목적과 활동이 민주적 기본질서에 위배되는 등 헌법의 기본적 가치질서를 파괴하거나 파괴할 위험이 있는 경우에 헌법을 수호하기 위한 불가피한 방어조치의 문제이며, 이는 근본적으로 위헌정당에 소속된 의원의 국가와 국민의 이익을 대의하는 헌법기관으로서의 지위 및 자격과 직결되는 문제이기 때문이다. 이 경우 소속의원의 의원직유지와 이에 따른 대의활동의 목적과 정당성은 이미 상실되었다고 볼 수 있고, 따라서 이들의 의원직을 박탈하는 것이 대의제도의 이념과 위헌정당해산제도의 취지에 부합되며, 또한 위헌정당해산제도의 소기 목적의 효율적인 달성을 위하여 요구된다고 볼 수 있다.

무릇 통치기구의 조직과 작용 및 그 구성원리는 자기목적적인 것이 아니라 어디까지나 헌법상의 가치질서와 기본권의 실현을 위한 수단에 불과한 것이고 이러한 목적과 한계 내에서만 그 정당성이 인정되는 것이다. 따라서 정당과 의원의 존재는 그 정당과 소속의원의 목적과 활동이 국익과 국민의 기본권실현을 목적으로 할 때에만, 그리고 민주적 기본질서 등 헌법상의 기본적 가치질서를 실현하고 그에 위배되지 아니할 때에만 정당화 될 수 있는 것이다. 즉 정당과 소속의원의 의정활동이 국익과 국민의 기본권실현을 목적으로 하고 헌법적 기본질서의 한계내에서 이루어질 때에만 비로소 정당화되어지는 것이며, 이러한 전제조건이 충족되지 아니할 경우에는 그들의 의정활동은 오히려 민주주의를 파괴하는 도구로 전락되어 그 존립근거를 상실하기 때문이다. 여기에는 지역구의원과 전국구의원 사이에 차이가 있을 수 없다. 따라서 정당의 목적과 활동이 민주적 기본질서에 위배되어 헌법재판소에 의하여 해산될 경우에는 당연히 그 소속의원의 의원직이 상실되어야 할 것이다.

그런데 앞서 언급한 바와 같이 위헌정당해산의 경우 소속의원의 의원직상실에 관하여는 관련 법률에 아무런 규정이 없기 때문에 이에 관하여 논란이 있을 수 있다. 따라서 선거법 등 관련 법률에 이에 대한 근거규정이 마련되어야 한다고 본다. 더욱이 이는 국민의 기본권의 형성과 제한－여기서는 해당의원의 공무담임권이 문제될 것이다－에 관한, 그리고 통치기관의 구성과 작용에 관한 기본적이고 본질적인 사항이므로 법치주의원리상 당연히 법률에 규정되어 있어야 할 것이다. 따라서 위헌정당해산의 경우 소속의원의 의원직상실은 앞서 언급했던 논거로부터 도출되는 당연한 헌법상의 당위적 요청이지만, 실제로 의원직을 상실시키기 위하여서는 법치주의원리(법률유보의 원칙)상 관련 법률에 이에 관한－국민의 공무담임권의 박탈을 허용하는－근거법률이 존재하여야 할 것이다.[9] 참고로 독일의 경우 연방헌법재판소가 근거법률 없이, 직접 기본법 제21조에 근거하여 SRP(Die Sozialistische Reichspartei)소속의원의 의원직을 박탈하는 판결[10]을 내린 이후 연방선거법 제46조 제1항 제5호에 이에 관한 근거규정을 마련하였다.

지금까지 헌법재판소에 의한 위헌정당해산시에는 소속의원의 의원직이 상실되어야 한다는 점을 살펴보았다. 그렇다면 비례대표의원이 헌법재판소의 위헌결정 이전에 그와 관련 없이 이미 소속정당의 목적이나 활동이 민주적 기본질서에 위배된다고 독자적인 양심에 따라 판단했다면[11] 이러한 경우에 해당 의원에 대한 정당기속강제와 국

9) 현행 정당법, 선거법, 헌법재판소법 등 관련 법률에 근거규정이 없기 때문에 위헌정당해산으로 바로 의원직이 상실되는 것은 아니고, 국회의원의 자격심사나 제명처분에 의하여야만 비로소 의원직이 상실된다는 견해로서는 김철수, 헌법학개론, 1999, 1324쪽. 이에 반하여 별도의 법률의 근거규정 없이 위헌정당해산만으로 바로 의원직이 상실된다는 견해로서는 예컨대 허영, 전게서, 816쪽; 권영성, 전게서, 1034쪽.

10) BVerfGE 2, 1(72ff.).

11) 예컨대 해당의원의 정당가입시에는 소속정당의 목적이나 활동이 민주적 기본질서에 위배되지 않았지만 그 이후 민주적 기본질서에 위배되는 방향으로 변질된 경우 등을 상상할 수 있을 수 있을 것이다.
그러나 이미 위헌정당해산심판이 청구된 이후의 당적이탈이나 변경의 경우에는 헌법재판소의 결정으로 의원직이 상실된다고 보아야 할 것이다. 왜냐하면 이는 첫째, 이미 정부에 의하여 소속정당의 목적이나 활동이 민주적 기본질서에 위배된다고 판단되어 헌법재판소에 위헌정당심판이 청구된 경우이므로 이 시기의 당적변경은 해당 의원의 국가이익과 양심에 따른 자유위임적 대의활동의 결과라고 보기 어렵고, 둘째 헌법재판소법 제58조에 따라 헌법재판소장은 이 심판청구사실을 중앙선거관리위원회와 국회에 통지하도록 되어있고, 동법 제57조에 따른 가처분의 경우에는 심판청구 이후 종국결정의 선고시까지 해당정당과 소속의원의 활동이 정지되는데 이러한 상태에서의 의원의 당적변경은 그 자체가 인정되기 어려우며, 셋째 위헌정당해산제도와 해산결정의 실효성을 확보하기 위하여는 이 경우도 의원직을 상실시켜야

민의 정당구도결정권 등은 전혀 정당성이 없는 것이고, 따라서 임의로 소속정당으로부터 이탈할 수 있어야 하고 또한 이탈해야만 할 것이다. 이를 자유위임의 원칙을 본질로 하는 대의제도가 요구할 뿐만 아니라, 대의제도를 비롯한 모든 통치기구의 구성원리 및 통치기구의 조직과 활동이 자유민주적 기본질서 등 헌법상의 기본이념과 기본원리 및 기본권보장과 실현의 목적과 한계내에서만 정당화될 수 있다는 관점에서 볼 때 이는 해당의원－비례대표의원과 전국구의원 모두－의 권한이자 의무인 것이다. 그러므로 이러한 경우에도 해당의원이 소속정당을 이탈했다는 이유로 의원직을 상실한다면 그 의원은 의원직유지를 위하여 자신의 양심에 반하면서 소속정당에 남게 될 수밖에 없을 것이고, 이것이야말로 자신의 양심에 반하면서까지 결과적으로 자유민주적 기본질서위반을 강요하는 것이라고 할 수 있다. 따라서 자유민주적 기본질서 등 헌법보호수단으로서의 위헌정당해산제도의 목적과 취지를 살리고, 자유위임의 원칙을 실현하기 위해서라도 임의적 당적이탈·변경 등의 경우의 의원직상실제도는 폐지되어야 할 것이다.

참고로 독일의 경우에는 앞서 소개한 바와 같이 연방선거법 제46조 제1항 제5호에서 연방헌법재판소의 위헌결정에 따른 정당해산의 경우에는 소속의원－다수대표제 지역구의원이건 비례대표의원이건 마찬가지로－의 의원직상실을 규정하고 있지만, 우리의 경우와는 달리 임의적인 당적이탈·변경의 경우에는 아무런 규정을 두고 있지 않다.

5. 이른바 국회구도결정권과 관련하여

의원지상실제도가 추구하는 목적의 하나로서 국민의 정당선택권 내지 국회구도결정권의 보호를 들 수 있는데,[12] 이는 국민이 정당을 매개하여 선거를 통해 설정한 국회

한다고 보기 때문이다.
한편 위헌정당해산심판이 청구된 이후 해당 정당 스스로 자진해산을 시도할 경우에도 그 정당은 헌법재판소의 결정으로 해산되고 소속이원의 의원직은 상실된다고 보아야 할 것이다. 왜냐하면 정부에 의하여 위헌정당해산심판이 청구된 경우에는 앞서 언급한 바와 같이 헌법재판소법 제58조에 따라 헌법재판소장은 이 심판청구사실과 동법 제57조에 따른 가처분결정사실을 중앙선거관리위원회와 국회에 통지하도록 되어있어 이 규정의 취지에 따라 선관위가 해당 정당의 자진해산신고접수를 거부해야 할 것이고, 또한 가처분결정으로 해당 정당의 활동 자체가 정지되므로 활동정지상태에서의 자진해산자체가 인정될 수 없으며, 아울러 위헌정당해산제도의 목적달성과 그 실효성확보를 위해서도 이 경우 해당 정당의 자진해산을 불허하고 헌재의 결정으로 해산시킴과 동시에 그 소속의원의 의원직이 상실되도록 하여야 할 것이다. 다른 한편 위헌정당해산심판의 청구 이전에 이미 해당 정당이 자진해산한 경우에는 더 이상 위헌정당해산의 대상이 될 수 없고, 따라서 이는 '선거법 제192조 제4항에서의 해산'에 해당된다고 보아 그 소속의원의 의원직은 유지된다고 볼 수밖에 없을 것이다. 다만 이 경우에는 해당 의원에 대한 국회에서의 제명 등의 징계를 고려할 수는 있겠으나, 이 사항이 국회법상의 징계사유에 해당될 수 있을지, 그리고 실제로 제명 등의 징계가 이루어질지는 의문이다. 이러한 결론에 비추어 볼 때 객관적으로 위헌정당의 소지 내지 혐의가 있음에도 불구하고 기회주의적인 당리당략상 자진해산 할 경우에는 오히려 그 소속 지역구의원 뿐 아니라 비례대표의원도 의원직을 유지하게 되는데, 이에 반하여 진지한 양심과 국가이익에 따른 당적변경의 경우에는 의원직을 상실해야만 한다는 논리는 정당성이 없고, 평등의 원칙에도 반한다고 하지 않을 수 없다.

12) 허영, 전게서, 894쪽.

의석분포의 유지를 위하여 의원들을 이러한 국회의석분포 내지 국회구도에 기속시키는 것을 내용으로 한다고 볼 수 있다. 이러한 국민의 국회구도결정권은 특히 비례대표선거제에서 국민의 정당투표를 통해 나타난 정당을 기준으로 한 의석분포에 대한 국민의 의사와 신뢰를 존중함으로써 건전한 정치풍토를 조성하고, 정당기속과 더불어 복수정당제를 내용으로 하는 정당민주주의와 다양한 국민의 의사를 국정에 반영하고자 하는 다원적 민주주의를 실현하고자 하는데 그 목적이 있다고 할 수 있다. 그런데 국민의 주권과 주권의 중요한 실현수단인 국회의원선거권은 후보자를 선거에 의하여 국민의 대표자로 선출하는 권리에 그치고 이러한 국회구도결정권까지 포함하는 것은 아니므로, 이는 실제로 국민 내지 유권자가 구체적으로 그리고 법적으로 주장할 수 있는 헌법상 보장된 기본권은 아니다.[13] 따라서 이처럼 명령적 위임의 성격을 가지는 국민의 국회구도결정권은 어디까지나 자유위임의 원칙을 침해하지 않는 범위내에서만 존중될 수 있는 정치적 고려대상에 불과하고, 전국구의원의 정당선택권 내지 당적변경권에 우선할 수는 없다. 그러므로 이러한 국민의 정당선택권 내지 국회구도결정권의 보호를 이유로 전국구의원의 당적변경을 금지하거나 당적변경시 의원직을 상실시키는 제도는 자유위임의 원칙에 위반되는 위헌적 제도이다.

V. 구제절차와 방법의 문제

여기서는 비례대표국회의원의 당적변경시의 의원직상실제도가 위헌이고 따라서 현행 선거법 제192조 제4항이 위헌이라고 판단될 경우[14] 이에 따른 해당 의원의 권리구

---

13) 이와 관련하여 헌법재판소는 1998. 10. 9. 96헌마186 결정에서 '국회구성권'이라는 표현을 사용하면서 "헌법의 기본원리인 대의제민주주의하에서 국회의원 선거권이란 것은 국회의원을 보통·평등·직접·비밀선거에 의하여 국민의 대표자인 국회의원을 선출하는 권리에 그치고, 개별 유권자 혹은 집단으로서의 국민의 의사를 선출된 국회의원이 그대로 대리하여 줄 것을 요구할 수 있는 권리까지 포함하는 것은 아니다. 또한 대의제도에 있어서 국민과 국회의원은 명령적 위임관계에 있는 것이 아니라 자유위임관계에 있기 때문에 일단 선출된 후에는 국회의원은 국민의 의사와 관계없이 독자적인 양식과 판단에 따라 정책결정에 임할 수 있다. 그런데 청구인들 주장의 '국회구성권'이란 유권자가 설정한 국회의석분포에 국회의원들을 기속시키고자 하는 것이고, 이러한 내용의 '국회구성권'이라는 것은 오늘날 이해되고 있는 대의제도의 본질에 반하는 것이므로 헌법상 인정될 여지가 없다."라고 판시함으로써 대의제도하에서의 국민의 국회구성권을 부정하고 있다.

14) 한편 이와 관련하여 비례대표지방의회의원의 경우에도 그 의원직상실의 정당성이 문제될 수 있는데, 지방의회의원의 경우에는 헌법 제46조 제2항의 자유위임의 원칙이 적용된다고 볼 수 없고, 이들은 국회의원과는 달리 국가가 아닌 특정지역, 전체국민이 아닌 특정지역주민, 국가사무가 아닌 자치사무, 국가이익이 아닌 지역이익을 대표하는 것이므로 국회의원에 관한 논리가 지방의회의원에게 그대로 적용될 수는 없다고 본다. 그렇다고 이것이 지방의회의원의 경우 당적이탈이나 변경시 국회의원의 경우와는 달리 의원직상실이 정당화된다는 의미는 아니다. 왜냐하면 지방의회의원의 경우에도 헌법 제46조 제2항과 유사한 "지방의회의원은 공공의 이익을 우선하여 양심에 따라 그 직무를 성실히 수행하여야 한다."라고 규정하고 있는 지방자치법 제36조(의원의 의무)에 따른 일종의 자유위임의 원칙이 적용될 수 있고, 아울러 지방의회의원의 지위와 임무 및 기능의 특성상 소속정당기속이나 주민의 정당선택권 등의 보호의 필요성이 약화되거나 정당화되기 어렵기 때문에 이들의 경우에도 당적이탈이나 변경시 의원직이 유지되어야 할 것으로 생각된다.

제절차와 방법을 살펴보고자 한다.

비례대표의원의 당적이탈이나 변경시에는 즉시로 의원직이 상실되고, 국회의장은 국회법 제137조와 선거법 제200조 제4항에 따라 15일 이내에 대통령과 중앙선거관리위원회에게 궐원통지를 해야 하고, 중앙선거관리위원회는 선거법 제200조 제2항에 따라 궐원통지를 받은 이후 10일 이내에 그 선거 당시에 소속한 정당의 비례대표국회의원후보자명부에 기재된 순위에 따라 궐원된 국회의원의 의석을 승계할 자를 결정하여야 한다. 그리고 의원직승계는 전의원의 탈당시부터 소급하여 효력을 발생한다. 이러한 일련의 과정을 고려해 볼 때 의원직상실에 대한 권리구제방법으로는 크게 행정소송과 헌법소원의 두 가지가 고려될 수 있을 것이다.

1. 행정소송에 의한 경우

(1) 항고소송에 의한 경우

먼저 국회의장의 궐원통지 또는 중앙선거관리위원회의 의석승계결정을 대상으로 항고소송, 특히 취소소송을 제기하는 방법이 고려될 수 있을 것이다. 이러한 행위 자체의 하자는 앞서 언급한 바와 같이 근거법조항인 선거법 제192조 제4항의 위헌을 전제로 하는 것인데, 결과적으로 이 조항에 근거한 또는 이 조항의 합헌·유효를 전제로 한 국회의장의 궐원통지나 중앙선거관리위원회의 의석승계결정에는 중대하긴 하지만 명백한 하자가 있다고 볼 수는 없으므로, 중대하고 명백한 하자를 전제로 한 무효등확인소송은 제외된다고 보아야 할 것이다.

1) 국회의장의 궐원통지의 취소를 구하는 경우

먼저 의원직이 상실된 자(상실자)는 국회의장의 궐원통지에 대한 취소소송제기를 고려할 수 있을 것이다. 여기서 궐원통지는 탈당의원의 의석궐원에 대한 관념의 통지이자 의석승계결정의 불가결한 전제조건으로서 일종의 준법률행위적 행정행위로서의 통지로 볼 여지가 있고, 아울러 이는 차순위 후보자의 의석승계를 초래하는 일종의 제3자효 행정행위로 볼 수도 있기 때문에 상실자는 의원직이라고 하는 공무담임권의 구제를 받기 위한 원고적격을 인정받아 국회의장을 피고로 하여 궐원통지의 취소를 구하면서 동시에 집행정지(특히 절차의 속행의 정지)를 신청하고, 아울러 관할법원에 선거법 제192조 제4항에 대한 위헌제청신청을 고려할 수 있을 것이다.

그러나 다른 한편 궐원통지가 앞서 언급한 것처럼 취소소송의 대상이 되는 제3자효 행정처분에 속하는지, 상실자가 이해관계 있는 제3자로서 원고적격을 인정받을 수 있을지, 집행정지가 받아들여질지[15] 등이 의문이다. 그리고 만일 집행정지신청이 받아들

15) 왜냐하면 만일 집행정지가 인정되지 않는다면 바로 의원직이 승계되고, 일단 의원직이 승계된 이후에는

여지고, 선거법 제192조 제4항이 위헌으로 결정되고, 이에 따라 궐원통지가 취소된다 하더라도 그 취소판결의 기속력과 관련하여 이미 상실된 의원직을 상실자가 회복할 수 있을지도 의문이다. 왜냐하면 이 경우 피고인 국회의장에 대한 기속력이 상실자에 대한 의원직 회복을 의미할 수는 없기 때문이다. 즉 의원직 상실은 국회의장이 명한 것이 아니라 직접 법률규정에 의해 탈당과 동시에 자동으로 이루어지는 것이므로 국회의장이 이미 상실된 의원직을 부여할 수도 없고 그러한 지위에 있지도 않기 때문이다. 따라서 이 방법은 우회적인 권리구제절차로서, 효과적이고 합리적인 구제방법으로 보기가 어렵다.

2) 중앙선거관리위원회의 의석승계결정의 취소를 구하는 경우

다음으로 중앙선관위의 의석승계결정을 일종의 준법률행위적 행정행위로서의 확인으로 보고,[16] 또한 이를 직접적으로는 승계자에 대하여 의원직 승계를 확인하면서 동시에 상실자에 대한 의원직상실의 확인을 의미하는, 즉 상실자를 제3자로 하는 제3자效 행정행위로 보아 상실자가 앞서 언급한 바와 같이 원고적격을 인정받아 중앙선거관리위원장을 피고로 의석승계결정의 취소를 구하면서, 동시에 집행정지(처분의 효력정지)의 신청과 선거법 제192조 제4항에 대한 위헌제청신청을 고려할 수 있을 것이다.

그러나 여기서도 의석승계결정이 취소소송의 대상이 되는 제3자效 행정처분에 속하는지, 상실자가 이해관계 있는 제3자로서 원고적격을 인정받을 수 있을지, 집행정지가 받아들여질지 등이 의문이다. 왜냐하면 이미 직접 법률규정에 의해 의원직이 상실된 상태이므로 의석승계결정으로 제3자인 상실자에게 새롭게 권리변동이 초래될 여지가 없고 따라서 제3자效 행정행위가 성립될 수 없으며, 결국 직접 의원승계결정과 관련한 상실자의 원고적격도 인정될 수 없기 때문이다. 그리고 만일 집행정지신청이 받아들여지고, 선거법 제192조 제4항이 위헌으로 결정되고, 이에 따라 의석승계결정이 취소된다 하더라도 그 취소판결의 기속력과 관련하여 앞서 언급한 바와 같이 이미 상실된 의원직을 상실자가 회복할 수 있을지도 의문이다. 따라서 이 방법 역시 우회적인 구제절차로서 효과적이고 합리적인 구제방법으로 보기가 어렵다.

(2) 당사자소송에 의한 경우

한편 상실자가 처분 등을 원인으로 하는 법률관계에 관한 소송 내지 그 밖에 공법상의 법률관계에 관한 소송으로서 당사자소송의 제기를 고려할 수 있을 것이다. 즉 상실자가 의원승계결정이라고 하는 일종의 행정처분 등과 관련하여 자신의 국회의원으

후술하는 바와 같이 상실자의 의원직의 회복이 어렵기 때문이다.

16) 중앙선관위의 의석승계결정은 외형상 형성적 행위로 보여지나, 실질적으로는 당선인의 결정의 경우처럼 판단작용의 일종으로서의 확인으로 볼 수 있다.

로서의 신분과 지위의 확인을 구하는 소송을 의석승계자를 피고로(또는 의석승계자와 중앙선거관리위원회를 공동피고로) 하여 제기하고, 동시에 선거법 제192조 제4항에 대한 위헌제청신청을 제기하는 것이다.

그러나 국가나 공공단체 등의 공권력주체가 아닌 의석승계자가 피고적격을 가질 수는 없고(행정소송법 제39조 참조),[17] 이러한 종류의 당사자소송을 인정하는 행정소송법 이외의 별도의 법률규정이 없기 때문에[18] 이 역시 제기 가능한 합리적인 구제방법이라고 보기 어렵다.

2. 헌법소원에 의한 경우

(1) 의원직상실 이후에 헌법소원을 제기하는 경우

가장 손쉽게 제기 가능한 구제방법으로 의원직상실 이후의 헌법소원제기가 고려될 수 있을 것이다. 즉 어떠한 공권력작용이 매개됨이 없이 직접 선거법 제192조 제4항에 의하여 탈당과 동시에 의원직이 상실되기 때문에 이 규정에 의한 상실자의 공무담임권 침해의 직접성·자기관련성·현재성이 인정되어 이 조항에 대한 헌법소원제기가 가능한 것이다.

그러나 이 조항이 위헌결정을 받는다고 하더라도 이미 상실된 의원직이 회복된다고 보기는 어렵다. 왜냐하면 위헌결정의 효력이 공무담임권이라는 기본권의 주체로서의 제3자인 의석승계자에게 미칠 수 있는지가 의문이고, 설사 이것이 인정된다 하더라도 이미 의석승계자에게－자신의 귀책사유 없이－형성된 기득권과 신뢰를 보호하고 그동안의 의석승계자의 의정활동을 보호한다는 법적안정성의 측면에서 볼 때 의석승계자로부터 의원직을 박탈하여 이를 상실자에게 다시 부여한다는 것이 인정되기 어렵기 때문이다. 물론 여기서도 당해 조항의 위헌결정 후 이에 근거하여 상실자가 의석승계자를 피고로 하여 의원신분확인을 구하는 당사자소송 등을 제기하는 방법이 고려될 수는 있으나, 이는 앞서 언급한 바와 같이 제기 가능한 구제절차라고 할 수 없다. 따라서 의원직 상실 이후의 헌법소원제기 역시 효율적인 권리구제방법이라고 보기 어렵다.

(2) 탈당 이전에 헌법소원을 제기하는 경우

탈당을 계획하고 있는 전국구의원이 탈당에 앞서 미리 선거법 제192조 제4항에 대한 헌법소원을 제기하는 방법도 고려될 수 있을 것이다. 만일 이러한 헌법소원의 제기

---

17) 여기서 의석승계자는 독립한 헌법기관이나 공권력주체로서의 지위가 아니라 공무담임권이라고 하는 기본권의 주체로서의 지위를 가지기 때문이다.

18) 특히 형식적 당사자소송의 경우에는 처분 등의 공정력이나 피고적격 등과 관련하여 이러한 소송을 허용하는 개별법의 명시적 근거규정이 요구된다.

가 적법한 것으로 인정된다면 해당의원은 선거법조항의 위헌결정 후 탈당을 하게 되므로 아무런 문제없이 자신의 의원직을 유지할 수 있기 때문에 이는 가장 효율적인 권리구제방법이 될 것이다. 그런데 적법한 헌법소원제기가 되기 위해서는 이 법률조항에 의한 탈당이전의 해당의원의 공무담임권에 대한 침해의 직접성·현재성·자기관련성이 인정되어야 할 것이다.

먼저 기본권침해의 현재성이 문제가 되는데, 물론 탈당이전이기 때문에 아직 의원직이 상실되지 않았고, 따라서 해당의원의 공무담임권침해의 현재성이 원칙적으로는 인정될 수 없고, 탈당과 동시에 의원직이 상실될 때 비로소 기본권침해의 현재성이 인정된다고 할 수 있다. 그러나 이 사안에서 기본권침해의 현재성을 이처럼 엄격히 다룬다면 효율적 권리구제는 거의 불가능할 것이다. 왜냐하면 앞서도 언급했듯이 탈당으로 인해 기본권침해가 실제로 이루어진 상태에서는 승소한다 할지라도 사안의 특성상 의원직의 회복은 기대하기 어렵기 때문이다. 따라서 이 경우에는 탈당이전이라도 탈당계획의 정치적인 의사표시, 즉 소속정당에의 탈당신고서제출 등의 법적인 의사표시가 아닌 단순히 정치적인 탈당계획의 선언 등이 있으면 이미 침해가 성숙된 것으로 보아 기본권침해의 현재성을 인정하여야 할 것이다. 이처럼 일정한 공권력작용이 청구인의 기본권을 현실적으로 침해하는 장래의 시점에는 이미 그 침해된 기본권의 구제 내지 회복이 불가능하거나 매우 어려운 경우, 그 이전이라도 일정한 조건하에서 기본권침해가 성숙된 것으로 보아 그 침해의 현재성을 인정하는 것이 독일의 판례[19]와 학설[20]의 일반적 경향이고, 우리 헌법재판소도 1994학년도 신입생선발입시안에 대한 헌법소원 사건에서 "고등학교에서 일본어를 배우고 있는 청구인들은 서울대학교 대학별 고사의 선택과목에서 일본어가 제외되어 있는 입시요강으로 인하여 그들이 94학년도 또는 95학년도에 서울대학교 일반계열입학을 지원할 경우 불이익을 입게 될 수도 있다는 것을 현재의 시점에서 충분히 예측할 수 있는 이상, 기본권침해의 현재성을 인정하여 헌법소원심판청구의 이익을 인정하는 것이 옳을 것이다. 기본권 침해가 눈앞에 닥쳐올 때를 기다렸다가 헌법소원을 하라고 요구한다면 기본권구제의 실효성을 기대할 수 없기 때문이다."라고 판시하여[21] 이러한 논리를 뒷받침하고 있다.

한편 이 법률조항에 의한 기본권침해의 직접성은－어떠한 공권력작용도 매개됨이 없이 직접 이 법률조항에 의하여 자동적으로 의원직이 상실되기 때문에－그 기본권침해의 현재성이 인정되는 이상 역시 인정될 수 있을 것이다. 그리고 기본권침해의 자기관련성도 문제될 수 있는데, 이점도 사안의 특성을 고려할 때 효율적 권리구제를 위하여 정치적인 탈당계획의 선언 등을 한 의원의 경우에는 잠재적인 기본권의 피침해자

---

19) Vgl. BVerfGE 60, 360(372); 65, 1(37); 75, 246(263).

20) Vgl. Gusy, Verfassungsbeschwerde, 1988, S. 71ff.; Schlaich, Das Bundesverfassungsgericht, 2. Aufl., 1991, S. 137.

21) 헌재 1992. 10. 1. 92헌마68 등, 판례집 4, 659, 669.

로서 자기관련성을 인정하여야 할 것이다. 이와 관련하여 이처럼 잠재적인 기본권의 피침해자에게 까지 자기관련성을 확대하여 인정할 경우 남소의 위험이 있다는 문제제기가 있을 수 있으나, 이 사안의 경우에는 이처럼 탈당을 계획하는 비례대표의원의 수가 극히 제한적일 것이므로 크게 문제가 된다고 보이지는 않는다.

결국 이 마지막 방법이 비교적 효율적이고 합리적인 권리구제절차로 고려될 수 있다고 본다.

Ⅵ. 맺는 말

지금까지 비례대표의원의 당적변경시의 의원직상실제도의 위헌성을 여러 헌법규정 및 원칙 과 관련하여 고찰해 보았고, 관련 헌재결정의 내용과 문제점도 살펴보았다. 또한 의원직상실과 관련하여 해당 의원의 권리구제수단에 대하여도 알아보았다. 결론적으로 이 제도는 위헌이고, 따라서 폐지되어야 한다고 본다. 물론 이 제도가 앞서 언급한 바와 같이 우리나라의 정치현실에 비추어 볼 때 효율적이고 불가피한 수단이며,[22] 정서적으로 많은 국민의 지지를 받는 것도 사실이다. 그러나 필요한 제도라고 하여 모두 헌법상 정당화되는 것은 아니다. 아무리 효율적이고 국민정서에 부응하는 제도라 하더라도 그것이 헌법상의 제 원칙과 규정에 부합될 때 비로소 정당화되는 것이다. 따라서 소위 철새정치인을 추방하고 건전한 정치풍토를 확립하기 위해서는 법이 아닌 국민여론이나 선거 등을 통해 정치적으로 해결할 수밖에 없다고 본다. 결국 선진국의 예에서 보듯이 국민의 높은 민주의식과 비판정신 그리고 정치가의 고도의 자질과 사명감 및 도덕성만이 근본적인 해결책이라고 할 수 있다.

---

22) 물론 사적인 이해에 따라 당적을 변경하는 기회주의적 저질의원에 대한 통제 내지 제재방법으로서 이러한 의원직상실제도 이외에 국회내에서의 제명을 포함한 징계조치를 고려해 볼 수도 있다. 헌법 제46조 제1항은 국회의원의 청렴의무를, 동조 제2항은 국가이익과 양심에 따른 직무집행의무를 규정하고 있고, 국회법 제25조는 국회의원의 품위유지의무를, 동법 제155조 이하에서는 국회의원의 품위유지의무나 청렴의무위반 등에 있어서의 윤리심사와 징계에 관하여 규정하고 있다. 그런데 여기서 말하는 품위유지의무나 청렴의무라고 하는 것은 주로 경제적·금전적인 비리나 기타의 이권과 관련하여 문제가 되겠으나, 반드시 그러한 의미로만 제한시킬 필요는 없고 널리 국회의원으로서의 신의와 윤리·도덕·품격 등과도 관련된 의미로도 이해할 수 있으리라고 본다. 따라서 문제된 국회의원이 국익이 아닌 단순한 사익이나 개인적인 입신과 영달만을 위하여 기회주의적인 당적이탈과 변경을 일삼는다면 이는 국회의원으로서의 신의와 정치윤리 및 품격 등을 저버린 처사라고 볼 수 있고, 따라서 해당 국회의원에 대한 제명 등의 징계가 가능할 수도 있을 것이다. 왜냐하면 이러한 경우에는 국민의 신임과 국민에 대한 책임을 저버린 것으로 자유위임적 대의활동의 전제가 되는 보호할 가치있는－헌법 제46조 제2항에 따른－양심과 국익실현의 주체로서의 자격이 있다고 볼 수 없으며, 따라서 헌법 제46조 제1항과 제2항 및 국회법 제25조를 위반한 사안이라고 볼 수도 있기 때문이다. 이러한 징계는 민주적 정당성을 바탕으로 한 대의기관으로서의 국회의 지위와 자율기능에도 부합된다. 그러나 당적변경행위가 이러한 징계사유가 될 수 있는지도 의문이고, 우리의 정치현실이나 국회활동에 비추어 볼 때 실제로 이러한 징계가 이루어질 수 있을지도 지극히 의심스럽다. 따라서 징계방법은 소기의 목적을 달성하기 위한 효율적이고 합리적인 대안이 될 수 없다고 보아야 할 것이다.

30. 교수재임용추천철회에 대한 헌법적 고찰

– 헌재 1993. 5. 13. 91헌마190 교수재임용추천거부 등에 대한 헌법소원[1] –

[目 次]

Ⅰ. 머리말

이 글은 교수재임용제도와 관련하여 교수재임용추천과 철회 및 그 구제에 대한 문제를 헌법적으로 고찰한 것이다. 주지하는 바와 같이 교수재임용제도는 학문의 자유, 대학의 자율성, 교육의 정치적 중립성·자주성 등과 밀접한 관련이 있는, 그리고 때로는 상호갈등관계에 있을 수 있는 매우 중요하면서도 미묘한 문제이다. 대학의 자율성과 학문의 자유의 보장을 위하여 대학교수에게는 특수한 신분보장이 요구되어지지만, 다른 한편에서는 이러한 신분보장으로 인해 발생할 수도 있는 부작용－예컨대 학문연구와 강의 및 학생지도라고 하는 대학교수 본연의 임무를 수행할 능력과 자질이 없는 교수가 정년까지 신분보장을 받고 대학에 재직하는 등－을 예방하기 위하여 일정한 기간과 조건하에서의 재임용제도가 필요할 수 있다. 그런데 이러한 교수재임용제도가 그동안 본래의 제도적 취지와는 달리 이를 통해 대학당국이나 정부에 대하여 비협조적이거나 비판적인 교수를 대학강단에서 추방시키는 등 대학교수를 통제하고 순치시키기 위한 제도로 악용되어 온 사례도 없지 않다. 아울러 이러한 교수재임용제도의 위헌·위법한 악용 내지 남용과 관련해서 제기된 소송에 있어서 사법부는 재임용행위나 그 거부처분 등은 순수한 재량행위라는 등의 이유로 억울하게 탈락된 대학교수들의 권리구제에 대하여 대체로 소극적인 입장이었다고 볼 수 있다.[2] 특히 이 문제와 관련

1) 헌재 1993. 5. 13. 91헌마190, 판례집 5-1, 312.

2) 이와 관련하여 최근 서울행정법원(2000. 1. 18. 99구683)은 재임용에 탈락한 서울대학교수가 제기한 교수

하여 헌법재판소는 91헌마190 결정에서 교수재임용추천과 거부의 법적 성질 및 그 구제에 대한 나름대로의 견해를 피력한 바 있는데, 그 결정 내용에 적지 않은 문제점이 내포되어 있고, 또한 몇 가지 중요한 헌법적 판단을 간과한 점도 있어 보인다. 따라서 이 글에서는 이 헌재결정과 관련하여 교수재임용제도의 의의와 교수재임용추천 및 철회의 법적 성격 및 그 구제의 문제를 헌법적 시각에서 검토해보고자 한다. 결국 이 글은 교수재임용제도와 관련한 헌법적 고찰을 통해 교수재임용제도가 본래의 궤도를 이탈하지 않도록 통제하고, 발생할 수 있는 위헌·위법한 재임용탈락행위에 대한 효율적인 사법적 구제를 보장함으로써 대학교수 개인의 신분보장과 대학의 자율권 및 학문의 자유의 보장에 기여함을 목적으로 한다.

Ⅱ. 헌재결정의 내용

1. 사건의 개요

청구인은 1988. 6. 1.부터 세무대학의 조교수(민법담당)로 재직 근무하던 중 1991. 9. 1. 동대학에서 조교수로 재임용되지 못하였다. 세무대학설치법 제15조에 근거한 대통령령 제15조에 근거한 대통령령 제16조의 교수(재)임용절차에 의하면 교수·부교수 및 조교수는 학장이 인사위원회의 동의를 얻어 재무부장관에게 추천하고 재무부장관의 제청으로 대통령이 임명하도록 되어 있어 세무대학장은 1991. 8. 19. 세무대학인사위원회의 동의를 얻어 재무부장관에게 청구인의 재임용을 추천하였다가 1991. 8. 29. 위 추천을 철회함으로써 결국 청구인은 교수재임용에서 탈락하게 되었고, 이에 대하여 청구인은 1991. 10. 30. 이 사건 헌법소원심판을 청구한 것이다.

2. 당사자의 견해

(1) 청구인의 주장

1) 교육공무원법 제11조 제3항이 정한 교수임기제는 교수로서의 자질에 부족함이 없는 한 자동으로 연임되는 교수재임용제도인데 대통령이 청구인을 재임용하지 아니한 행위는 위헌이고, 이에 반하는 교수재임용절차에 관한 위 대통령령 제16조의 규정내용은 위법·무효일 뿐 아니라 세무대학설치법 제6조 제3항에 재무부장관은 세무대학에서 일반학과정의 교육을 담당하는 공무원을 임용하거나 그 제청을 하고자 할 때에

재임용거부처분취소청구소송에서 대학의 재임용거부처분을 취소함으로써 탈락교수의 손을 들어주었다. 이는 과거 사법부가 교수재임용거부처분은 사법심사의 대상이 아니라거나 또는 단순히 재량행위라는 이유로 소를 각하 또는 기각시켜온 점을 상기해 볼 때 매우 의미있는 진일보한 판결이라고 할 수 있다. 이 판례의 내용과 그에 대한 평석은 정연주, 교수재임용거부처분에 대한 공법적 구제, 인권과 정의 2000. 5(285호), 172쪽 이하 참조.

는 교육부장관과 협의하여야 한다고 규정하고 있을 뿐 그 임용방법과 추천에 관하여 하위법령에 위임한 바 없는데 위 대통령령 제16조를 설정한 것은 상위법의 위임근거가 없는 위법·무효인 법령이다.

2) 가사 위 대통령령 제16조가 유효하다 하더라도 세무대학장이 인사위원회의 동의를 얻어 재무부장관에게 청구인의 재임용을 추천하였다가 청구인이 전국교직원노동조합 활동을 하고 그 탈퇴약속을 지키지 아니하였다고 하여 이를 일방적으로 철회하고 청구인의 재임용추천을 하지 아니한 것은 청구인의 헌법상 보장된 기본권, 즉 평등권, 결사 및 학문의 자유권과 근로자의 단결권 등을 침해한 위헌적인 공권력의 불행사이다.

(2) 법무부장관과 재무부장관의 의견

1) 청구인의 심판청구는 행정청의 부작위에 대한 심판청구로서 행정소송법 제3조 제1호의 규정에 의한 항고소송에 의하여 먼저 그 구제절차를 거쳐야 하는데 이를 거치지 아니하였으므로 각하되어야 한다.

2) 세무대학설치법 제15조는 "이 법 시행에 관하여 필요한 사항은 대통령령으로 정한다."고 규정하고 있어 위 대통령령 제16조는 이에 근거하여 동법이 규정한 교수 등의 자격 및 임용(제6조)에 관한 사항을 시행하기 위한 것이므로 동 규정이 모법의 근거가 없다는 청구인의 주장은 그 이유가 없다.

3) 청구인은 대학교수인 교육공무원은 특단의 사유가 없는 한 재임용이 보장되어야 한다고 하나 교육공무원법 제11조 제3항과 교육공무원임용령(대통령령)의 관계규정에 의하면 청구인과 같은 조교수의 경우 일정한 기간을 정하여 재임용하도록 규정되어 있을 뿐 그 어디에도 임용권자에게 임용이 만료된 자를 다시 자동적으로 재임용하여야 한다는 규정을 찾아 볼 수 없고 오히려 현행 교육공무원법하에서는 위에서 정한 임용기간이 만료되면 대학교원으로서의 신분관계는 당연히 종료되는 것으로 되어 있는 것이다. 따라서 임용권자가 임용기간이 만료된 자를 다시 임용할 것인가 여부는 결국 임용권자의 판단에 따른 세무대학장의 재량행위에 의하여 재임용 여부가 결정되는 것이다.

4) 청구인은 자신이 재임용되지 아니한 이유를 단지 청구인이 전교조에서 활동하였다는 이유뿐인 것처럼 주장하나, 첫째로 청구인은 담당교과과목이 민법임에도 불구하고 민법에 관한 연구실적이나 활동이 전혀 없으며, 둘째로 재임용시에 제출하여야 하는 연수이수증명서를 학교측의 수차례 요구에도 불구하고 제출하지 아니한 것 등이 종합적으로 검토되어 관계 법령에 의하여 청구인을 재임용하지 아니한 것이므로 이는 임용권자의 정당한 행위이며 결코 헌법에 위반되는 공권력의 행사 또는 불행사로 인하여 청구인의 기본권을 침해한 것이 아니다.

3. 결정의 요지

(1) 다수의견

1) 세무대학장의 재임용추천거부행위와 같은 총·학장의 임용제청이나 그 철회는 행정기관 상호간의 내부적인 의사결정 과정일 뿐 행정소송의 대상이 되는 행정처분이라고 볼 수 없는 것이 대법원의 일관된 판례이므로 세무대학장이 청구인의 교수 재임용추천을 하지 아니한 공권력 불행사의 위헌여부를 다투는 청구인이 행정소송을 거치지 아니하고 바로 헌법소원심판을 청구하였다고 하더라도 소원심판청구의 적법요건인 보충성의 원칙에 반하지 아니한다.

2) 교육공무원법 제11조 제3항 및 교육공무원임용령 제5조의2에 의한 교수재임용제도는 교수의 연임이 보장되어 자동적으로 재임용되어 임기가 계속되도록 되어 있는 것이 아니며 임용권자가 당연히 재임용하여야만 하는 연임보장규정도 아니다.

3) 세무대학의 교·부교수 및 조교수는 학장이 인사위원회의 동의를 얻어 재무부장관에게 추천하고 재무부장관의 제청으로 대통령이 임명하도록 규정한 세무대학의 조직과 운영에 관한 규정(대통령령) 제1조, 제6조, 제15조에 근거한 적법한 조항이다.

4) 세무대학 인사위원회가 청구인에 대한 재임용추천을 동의하였는데 그 후 세무대학장이 인사위원회의 동의 없이 재임용추천을 철회한 것과 그 추천행위가 자유재량행위냐 기속재량행위냐 하는 공권력행사에 대한 적법절차에 관한 부분은 청구인이 원고가 된 교수지위확인사건의 판결에서 다투어 판시한 것이어서 청구인도 이 사건 청구의 기본주장으로 다투지 아니하고 있으므로 이에 대한 판단은 필요 없다.

(2) 재판관 조규광, 재판관 김양균의 반대의견

1) 헌법재판소는 청구인의 주장사실에만 얽매여 판단을 한정할 것이 아니라 가능한 모든 범위에서 헌법상의 기본권 침해의 유무를 직권으로 심사하여야 하는데, 청구인의 주장사실과 이해관계인의 답변사실을 종합해 볼 때 이 사건에 있어서는 세무대학장이 청구인에 대한 교수재임용추천 철회를 함에 있어서 인사위원회의 동의를 받지 않고 단독으로 처리한 점이 문제로 다루어져야 한다.

2) 세무대학장이 교수재임용추천을 철회하고자 할 때에는 인사위원회에 부의하여 그 동의절차를 밟는 것이 적법절차에 따른 합당한 수순인데도 불구하고 학장이 그러한 절차를 생략하고 단독으로 철회해 버린 것은 인사위원회에서 인사위원(또는 청구인)이 청구인에게 유리한 사실을 진술하거나 필요한 증거를 제출할 수 있는 청문의 기회를 보장해주지 아니한 것으로서 그러한 의미에서 적법절차에 위배한 자의적 처분이 되어 청구인의 평등권, 공무담임권 등 헌법상 보장된 기본권을 침해한 것이다.

(3) 재판관 변정수의 반대의견

1) 임용기간이 만료된 대학교원에 대한 재임용 여부는 기간제 임용제도의 취지에 비추어서나 그것이 대학교원의 신분과 기득권에 관한 것임에 비추어 임용권자의 자유재량행위에 속하는 것이 아니라 능력이나 자질에 뚜렷한 하자가 없는 한 재임용해야 할 의무가 있는 기속재량행위에 속한다.

2) 교원재임용추천을 철회해야 될 어떠한 새로운 공익적 사정이 생긴 것도 아닐뿐더러 인사위원회의 동의절차도 밟지 않고 세무대학장이 임의로 청구인에 대한 교원재임용추천을 철회한 것은 교원재임용추천권을 남용한 것으로서 이는 법치국가적 계율이자 조리상의 원칙인 신의성실의 원칙과 비례원칙을 위반하고, 행정행위철회절차를 어긴 것으로서 이로 인하여 청구인의 평등권·행복추구권·직업선택의 자유·공무담임권 등 기본권을 침해한 것이다.

Ⅲ. 헌법적 고찰

여기서는 교수재임용추천철회와 그 구제의 문제를 위 헌법재판소의 결정과 관련하여 먼저 이 사건의 논점을 파악한 후 이에 대한 헌법적 판단을 본안전판단과 본안판단으로 나누어 고찰하고자 한다.

1. 논 점

이 사건 심판의 대상은 한마디로 말해서 세무대학장의 청구인에 대한 조교수 재임용추천철회행위의 위헌 여부이다. 여기서 위헌여부의 판단의 기준이 되는 쟁점사항 중 중요한 점만을 정리해보면 대략 다음과 같다.

첫째, 이 사건에서 청구인의 기본권을 침해하는 공권력의 행사 또는 불행사는 무엇이며, 그의 법적 성격은 무엇인지가 문제된다.

둘째, 청구인의 기본권을 침해했다고 하는 공권력의 행사 또는 불행사가 기속행위인가 재량행위인가, 그리고 재량행위라고 한다면 행정소송이나 헌법소원 등의 사법심사의 대상에서 제외되는가의 여부이다.

셋째, 구체적인 구제절차의 유형에 관한 것이다. 즉 이 사건에서 적합한 구제절차는 행정소송인지 따라서 헌법소원심판청구는 부적법하게 제기된 것인지, 아니면 소위 보충성원칙의 예외 또는 비적용 대상에 해당되는 것으로서 헌법소원은 적법하게 제기된 것인지의 여부이다.

넷째, 공권력행사의 위헌·위법 여부, 즉 청구인의 기본권을 침해했다고 하는 공권력의 행사가 헌법과 당해 법령의 어떤 규정과 원칙을 위반했는가 하는 문제이다.

다섯째, 청구인의 침해된 기본권은 어떠한 것인가 하는 문제이다.

2. 헌법적 판단

(1) 본안전판단

1) 문제되는 공권력의 행사 또는 불행사의 법적 성격

헌법소원이 적법하게 제기되기 위해서는 먼저 청구인의 기본권을 침해하는 공권력의 행사 또는 불행사가 존재해야 하는데, 이 사건에서 청구인의 기본권을 침해하는 공권력의 행사 또는 불행사로 문제되는 것은 바로 세무대학장의 재임용추천철회행위 또는 거부행위라고 할 수 있다.[3] 그런데 여기서 세무대학장의 재임용추천 철회행위 또는 거부행위의 법적 성격이 문제가 되는데 헌법재판소의 다수의견은 "세무대학장의 재임용 추천거부행위와 같은 총·학장의 임용제청이나 그 철회는 행정기관 상호간의 내부적인 의사결정과정일 뿐 행정소송의 대상이 되는 행정처분이라고 볼 수 없는 것이 대법원의 일관된 판례[4]이므로 세무대학장이 청구인의 교수재임용추천을 하지 아니한 공권적 불행사의 위헌여부를 다투는 청구인이 행정소송을 거치지 아니하고 바로 헌법소원심판을 청구하였다고 하더라도 소원심판청구의 적법요건인 보충성의 원칙에 반하지 아니한다."라고 판시함으로써[5] 세무대학장의 재임용추천철회행위 내지 거부행위의 법적 성격을 직접 규명하지 아니하고 간접적으로 대법원의 판례를 원용함으로써 문제의 본질을 회피하고 있는데, 헌법재판소는 이 문제를 직접적으로 다루었어야 했다. 왜냐하면 이를 명확히 규정하는 것은 기본권침해에 대한 구체적인 구제절차를 선택하는데 있어서 매우 중요하기 때문이다.

---

3) 이와 관련하여 청구인은 심판청구서에서 피청구인을 대통령으로 특정하고 그 청구취지에서 피청구인이 청구인을 세무대학 조교수로 재임용하지 아니한 행위가 헌법상 보장된 기본권을 침해한 위헌적인 공권력의 불행사로서 무효라고 주장하고 있으나, 청구인의 기본권침해의 원인이 되는 공권력의 행사 또는 불행사는 세무대학장이 재임용추천을 하지 아니한 행위이지 대통령이 재임용권행사를 하지 아니한 행위와는 직접 관계가 없다. 즉 청구인이 조교수로 재임용되지 아니한 것은 재임용절차의 전제조건인 법적 요건을 갖추지 못하여 조교수재임용에 필요한 추천이나 제청을 받지 않았기 때문이지 대통령의 공권력 행사 또는 불행사와는 직접 인과관계가 없는 것이므로 선행절차단계에서 이루어진 세무대학장의 공권력의 행사 또는 불행사가 헌법소원의 심판대상이 되어야 하는 것이다.

4) 예컨대 대법원은 1989. 6. 27. 88누9640 교수재임용탈락처분취소사건에서 "교육공무원법 제25조 제1항에 의하면 교수, 부교수는 총장, 학장의 제청으로 문교부장관을 거쳐 대통령이 임명하고, 조교수는 총장, 학장의 제청으로 문교부장관이 임용하도록 규정되어 있는데 이 규정에 따라 총장, 학장이 임용절차에 대하여 하는 임용제청이나 그 철회는 행정기관 상호간의 내부적인 의사결정과정의 하나일 뿐, 그 자체만으로는 직접적으로 국민의 권리, 의무가 설정, 변경, 박탈되거나 그 범위가 확정되는 등 기존의 권리상대에 어떤 변동을 가져오는 것이 아니므로 이를 행정소송의 대상이 되는 행정처분이라고 할 수는 없다."라고 함으로써 교수재임용제청이나 철회행위는 행정처분이 아니고 따라서 행정소송의 대상이 될 수 없다고 판시하고 있다.

5) 헌재 1993. 5. 13. 91헌마190, 판례집 5-1, 312, 321-322.

총·학장의 재임용추천철회행위 내지 거부행위의 법적 성격에 대한 대법원의 견해는 받아들이기 어렵다. 결론적으로 이야기한다면 세무대학장의 재임용추천철회행위는 그것이 외형상으로는 내부적인 의사결정과정이지만 실질적으로는 청구인의 권리와 지위에 변동을 초래하는 행정처분에 해당된다고 볼 수 있다. 왜냐하면 비록 철회행위자체가 최종적인 재임용탈락처분은 아니지만, 이로 인해 일련의 재임용을 위한 법정절차는 중단되고 그로써 결국 청구인의 교수로서의 신분을 박탈하는 형성적 효과를 가져오는 것이므로 재임용추천철회행위는 더 이상 별도의 처분을 기다리지 아니하고 바로 청구인의 교수로서의 지위를 상실시키는 법적 효과를 가져 오는 것이기 때문에[6] 단순한 행정기관 상호간의 내부적인 의사결정과정의 문제를 떠나 일반 국민의 권리와 지위의 변동을 초래하는 법집행행위에 속하는 것으로서 행정처분의 일종이라고 할 수 있고 따라서 원칙적으로 행정소송의 대상이 되는 것이다.[7]

2) 기속행위인가 재량행위인가의 여부

청구인의 기본권을 침해하는 공권력의 행사 또는 불행사가 기속행위인가 또는 재량행위인가의 여부는 사법심사의 대상여부 및 사법심사의 범위 등과 관련하여 매우 중요한 문제이다. 이 사건에서 법무부장관과 재무부장관은 "임용권자가 임용기간이 만료된 자를 다시 임용할 것인가 여부는 결국 임용권자의 판단에 따른 세무대학장의 재량행위에 의하여 재임용여부가 결정되는 것이다."라고 주장함으로써 세무대학장의 재임용추천이나 그 철회행위를 일종의 재량행위로 보고 교수재임용 문제와 관련하여 사법부도 그동안 대체로 이와 동일한 입장을 취해 왔다.[8] 그러나 이러한 견해에 대하여는

6) 서울고등법원은 93. 2. 18. 92구3672 의원제명취소무효확인사건에서 "…지방의회는 국가의 영토의 일부구역을 기초로 하여 그 구역내의 주민들의 공공사무를 행함을 목적으로 하는 지방자치단체의 의사를 결정하는 의결기관으로서 의회가 의결을 하여도 그 의결은 외부에 대하여 지방공공단체의 행위로서의 효력을 가지지 아니하고 의결에 기하여 집행기관이 행정처분을 한 경우에 비로소 효력을 발생하는 것이므로 의결을 바로 행정처분이라고 할 수 없는 것이나, 제명처분은 이와 달리 집행기관의 처분을 기다리지 아니하고 바로 의원으로서의 지위를 상실시키는 법률효과를 가져와 지방주민에 의한 선거의 효과를 부정하는 결과를 낳게 되는 것이기 때문에 단순한 의회내부규율의 문제를 떠나 일반 시민법질서에 속하는, 법률적 쟁송으로서 행정처분의 일종에 속한다고 보아야 할 것이고…"라고 판시함으로써 지방의회의 내부적 의사결정의 일종인 의원제명처분을 집행기관의 처분을 기다리지 아니하고 바로 의원의 지위를 상실시키는 법률효과를 가져오는 행정처분의 일종으로 보고 있다.

7) 세무대학장의 교수재임용추천철회행위는 행정처분의 일종으로서 원칙적으로 행정소송의 대상이 된다고 보아야 하기 때문에 이 사건 헌법소원심판청구는 소위 보충성원칙의 예외로서 제기될 수 있는 것이라고 보아야 할 것이다(이점에 관하여는 후술함). 그러나 만일 세무대학장의 교수재임용추천철회행위를 대법원의 견해 내지 헌법재판소의 우회적인 견해에 따라 행정처분이 아니라고 한다면, 이 경우는 재임용추천철회행위에 대한 행정소송 등의 다른 법률의 구제절차가 없는 것에 해당하므로 처음부터 보충성의 원칙이 적용될 수 없는, 즉 보충성원칙의 예외가 아니라 보충성원칙의 비적용의 경우로서 바로 헌법소원의 대상이 될 수 있다고 하겠다.

8) 예컨대 대법원은 1989. 6. 27. 88누9640 판결에서 "교육공무원법 제11조 제3항 제1, 2호에 의하면 교수 및 부교수는 6년 내지 10년, 조교수 및 전임강사는 2년 내지 3년의 기간을 정하여 임용하도록 규정하고 있을 뿐, 위 법률의 어디에도 임용권자에게 임용기간이 만료된 자를 다시 임용할 의무를 지우거나 재임용절차 및 요건 등에 관하여 아무런 근거규정을 둔 바 없으므로 현행 교육공무원법하에서는 위에서 정한 임용기간이 만료됨으로써 대학교원으로서의 신분관계는 당연히 종료되는 것이고, 따라서 임용권자가 임

쉽게 동의할 수 없다.

교육공무원법 제11조 제3항 및 세무대학의조직과운영에관한규정 제16조 제5항이 대학에 근무하는 교원을 일정한 기간을 정하여 임용할 수 있도록 한 교수재임용제도의 취지는 대학교수는 그 직무와 책임의 특수성 때문에 강한 신분보장을 받고 있어 한번 임용되면 설사 능력이나 자질에 하자가 발견되더라도 정년이 될 때까지 본인의 의사에 반하여 퇴직시킬 수 없기 때문에 일정한 기간을 정하여 재임용하여 그 기간 중 능력이나 자질에 하자가 있는지의 여부를 심사하여 신분보장으로 인해 초래되는 폐단－연구와 강의 및 학생지도 등 대학교수 본연의 임무를 수행할 능력과 자질이 없는 교수가 정년까지 신분을 보장받고 재직하는 등－을 보완코자 하는데 있다고 할 것이다. 그러나 다른 한편 현행 헌법이 지향하는 교육의 자주성·전문성·정치적 중립성과 대학의 자율성 및 학문의 자유의 보장을 위하여 대학교수의 신분보장은 여전히 중요한 것이기 때문에 이러한 교수재임용제도가 그 제도적 취지와는 달리 대학교수의 신분을 위협하는 도구로 악용되어 대학의 자율성과 학문의 자유의 보장을 위태롭게 해서는 아니 될 것이다. 이러한 교수재임용제도의 취지와 이 제도가 대학교수의 신분보장 및 대학의 자율성과 학문의 자유에 직결되는 문제라는 점을 감안할 때 임용기간이 반료된 대학교수에 대한 재임용여부는 임용권자의 재량행위에 속하는 것이 아니라 해당교수의 능력이나 자질에 명백한 하자가 없는 한 재임용해야 할 의무가 있는 기속행위에 속한다고 보아야 할 것이다. 즉 교육의 자주성·전문성·정치적 중립성과 대학의 자율성 및 학문의 자유 그리고 이를 위한 전제조건으로서의 대학교수의 신분보장을 위해서는 임용권자는 해당교수가 재임용을 위하여 갖추어야 할 법령이 요구하는 요건을 충족시켰다면, 그리고 그 교수의 능력과 자질면에서 객관적이고 명백한 하자가 발견되지 아니한다면 반드시 그 해당교수를 재임용해야 하며 따라서 임용권자에게는 재임용여부에 대한 결정재량권이 부여되어 있다고 볼 수 없는 것이다. 만일 재임용여부에 대한 결정이 전적으로 임용권자의 재량에 맡겨져 있다고 한다면 교수재임용제도는 본래의 제도적 취지와는 달리 과거의 예에서 보듯이 대학교수는 순치시키고 대학재단이나 정부에 비협조적이고 비판적인 교수를 탈락시키기 위한 대학교수에 대한 통제도구로 전락할 것이고, 대학교수의 신분보장과 대학의 자율성 및 학문의 자유 그리고 교육의 자주성·전문성·정치적 중립성은 형해화되어 질 것이다.

세무대학의조직과운영에관한규정 제16조 제1항이 "교육법에 의한 교수·부교수 및 조교수는 학장이 인사위원회의 동의를 얻어 재무부장관에게 추천하고 재무부장관의 제청으로 대통령이 임명한다."라고 규정하여 세무대학장의 교수임명추천에 반드시 인사위원회의 동의를 얻도록 하였는데, 이는 교수임명에 관한 세무대학장의 자의적인 추천권행사를 방지하여 우수한 교수를 확보함과 동시에 대학의 자치와 자율성 및 교수

용기간이 만료된 자를 다시 임용할 것인가의 여부는 결국 임용권자의 판단에 따른 재량행위에 속한다고 해석된다."라고 판시하고 있다.

의 신분보장에 만전을 기하고자 하는데 그 목적이 있는 것으로서 이러한 제도적 장치를 보더라도 임용기간이 만료된 교수의 재임용에 관한 세무대학장의 추천권행사나 임용권자의 재임명발령이 그들의 자유재량에 속하는 행위가 아닌 것임을 알 수 있다. 그러므로 세무대학장은 임용기간이 만료된 교수가 법령이 요구하는 재임용을 위한 요건을 충족시켰고 교수로서의 능력과 자질에 객관적이고 명백한 하자가 없는 한 인사위원회에 재임용추천에 대한 동의요청을 하여야 하고, 인사위원회의 동의를 얻었다면 반드시 재무부장관에게 재임명추천을 하여야 할 의무가 있는 것이다. 결국 세무대학장의 재임용추천 및 그 철회행위는 기속행위인 것이다.

가사 재임용추천 및 철회행위가 재량행위라고 하는 견해를 받아들인다고 하더라도 이것이 당연히 사법심사의 대상에서 제외되는 것은 아니다. 왜냐하면 재량행위라 할지라도 그 재량의 한계를 일탈했을 경우에는－예컨대 재량권을 수권한 법령상의 목적이나 비례의 원칙·평등의 원칙을 위반했을 경우 등－일종의 재량의 남용에 해당되는 경우로서 더 이상 부당의 문제에 그치지 아니하고 바로 위법성을 초래하기 때문에 당연히 사법심사의 대상이 되며, 행정소송법 제27조도 "행정청이 재량에 속하는 처분이라도 재량권의 한계를 넘거나 그 남용이 있는 때에는 법원은 이를 취소할 수 있다."라고 규정함으로써 이를 확인하고 있다.

3) 구제절차의 유형과 관련하여

헌법재판소법 제68조 제1항 단서는 "… 다만, 다른 법률에 구제절차가 있는 경우에는 그 절차를 모두 거친 후가 아니면 청구할 수 없다."라고 규정함으로써 헌법소원심판청구의 보충성의 원칙을 선언하고 있다. 이에 따라 청구인은 원칙적으로 행정소송 등의 다른 법률의 구제절차가 있는 경우 그를 먼저 거쳐야 한다.

이 사건의 경우 청구인의 기본권을 침해했다고 하는 공권력 행사로서의 세무대학장의 재임용추천철회행위는 이미 언급한 바와 같이 행정처분의 성질을 가지는 것이기 때문에 청구인은 원칙적으로 항고소송 등의 행정소송을 거쳐야 할 것이다. 그러나 앞서 지적한 바와 같이 교수재임용추천거부행위와 같은 총·학장의 임용제청이나 그 철회행위는 행정소송의 대상이 되는 행정처분으로 볼 수 없다고 하는 것이 대법원의 일관된 판례이고, 아울러 재임용여부결정이 행정처분이라 하더라도 순수한 재량행위에 속하는 행위이므로 사법적 구제가 어렵다고 하는 것이 그 동안의 대체적인 대법원판례의 입장이라는 점을 고려할 때 청구인에게 행정소송을 제기하는 등 다른 법률의 구제절차를 밟을 것을 요구할 수는 없다고 할 것이다. 왜냐하면 청구인의 입장에서 보면 행정소송의 제기가 권리구제절차로서 허용되는지의 여부가 객관적으로 불확실하여 행정소송제기의 기대가능성이 없고, 또한 행정소송제기의 기대가능성이 있다 하더라도 이를 통한 권리구제의 가능성이 거의 없다고 볼 수 있기 때문이다. 우리 헌법재판소는 그동안 판례[9]를 통해 이러한 경우에 보충성원칙의 예외를 인정해오고 있다.[10] 따라서 이 사건의 경우는 보충성원칙의 예외에 해당하는 것으로서 청구인은 곧바로 헌법소원심판을 제기할 수 있는 것이다.

한편 앞서 언급한 바와 같이 교수재임용추천거부행위와 같은 총·학장의 임용제청이나 그 철회행위가 행정소송의 대상이 되는 행정처분이라고 볼 수 없다고 하는 대법원의 판례를 타당한 것으로 받아들인다면 이 사건의 경우에는 세무대학장의 재임용추천철회행위에 대하여 다른 법률에 구제절차가 있는 경우에 해당되지 아니하기 때문에 청구인에게는 헌법소원심판청구 이외의 다른 구제방법이 없는 것이 된다. 이는 소위 보충성원칙의 비적용의 경우에 해당되는 것이다.

(2) 본안판단

1) 위헌 · 위법성 여부

가. 행정절차위반

(가) 무릇 모든 공권력 작용은 법령이 요구하는 일정한 일련의 절차를 거쳐야 하고, 행정작용의 경우에도 그 성립을 위한 요건으로서 적법한 행정절차를 거쳐야 한다. 특히 상대방에게 불이익을 초래하는 침해적 행정작용의 경우에는 관계기관의 동의나 의결절차 또는 상대방에게 의견진술이나 증거의 제출 또는 변명의 기회 등을 부여하는 청문절차 등의 행정절차가 반드시 요구되며, 이러한 행정절차를 거치지 아니한 행정작용은 그 내용이 아무리 정당하다 하더라도 위헌·위법임을 면치 못할 것이다. 이 사건의 경우에도 청구인의 교수로서의 신분의 박탈을 초래하는 세무대학장의 재임용추천철회행위도 설사 그 목적이 정당한 사유에 기인한다 하더라도 헌법과 관계법령이 요구하는 일정한 행정절차를 거쳐야 함은 당연하다 할 것이다. 그런데 세무대학장은 재임용추천을 철회하면서 인사위원회의 동의를 구하지 않았음은 물론 상대방인 청구인에게 이에 관한 아무런 언급없이 어떠한 청문절차도 거치지 아니하였다. 이와 관련하여 다수의견은 "인사위원회의 동의 없이 위 추천을 철회한 것은 청구인이 원고가 된 서울고등법원 91구20731 교수지위확인 사건의 판결에서 다투어 판시한 것이어서 청구인도 이 사건 청구의 기본주장으로 다투지 아니하고 있으므로 이에 대한 판단은 필요

---

9) 헌법재판소는 판례를 통해, 첫째, 심판청구인이 그의 불이익으로 돌릴 수 없는 정당한 이유 있는 착오로 전심절차를 밟지 않는 경우, 둘째, 전심절차로 권리가 구제될 가능성이 거의 없는 경우, 셋째, 권리구제절차가 허용되는지의 여부가 객관적으로 불확실하여 전심절차의 기대가능성이 없는 경우에 보충성원칙의 예외를 인정하고 있다(1989. 9. 4. 88헌마22; 1992. 1. 28. 91헌마111; 1993. 5. 13. 91헌마190).

10) 참고로 보충성의 원칙을 규정한 독일 연방헌법재판소법 제90조 제2항은 당해 헌법소원이 중대하고 일반적인 의미를 가지거나, 또는 일반법률의 구제절차를 거친다면 중대하고 회복할 수 없는 손해가 발생될 가능성이 있는 경우에는 다른 구제절차를 거치지 아니하고 곧바로 헌법소원을 제기할 수 있다고 하는 보충성원칙의 예외를 동시에 규정하고 있다.

없다."라고 판시하고 있으나[11] 인사위원회의 동의여부 등의 행정절차는 이 사건에서 문제되는 공권력 행사의 위헌·위법여부를 판단하는 매우 중요한 사항이고 또한 헌법소원심판제도는 일반의 민사소송제도와는 달리 직권심리주의가 강하게 투영되어 있는 제도로서 헌법재판소는 청구인의 주장사실이나 청구취지에 구애됨이 없이 가능한 모든 범위에서 헌법상의 기본권침해의 유무를 직권으로 심사하여야 하기 때문에 당연히 이 문제를 다루었어야 했다.

인사위원회의 동의절차나 청문절차 등의 행정절차는 일반적으로는 당해 법령의 규정이나 그 해석·취지상 그리고 예외적으로 헌법상 당연히 요구되어지는 것이라고 할 수 있다. 세무대학설치법 제15조에 근거한 세무대학의 조직과 운영에 관한 규정 제16조 제1항은 교수임용절차에 관하여 교수·부교수 및 조교수는 학장이 인사위원회의 동의를 얻어 재무부장관에게 추천하고 재무부장관의 제청으로 대통령이 임명하도록 규정하고 있는데 이러한 인사위원회의 동의절차를 필요적 요건으로 규정하고 있는 것은 교수임명추천권자의 자의를 억제하고 객관적인 기준에 따른 인사질서를 확립하려는데 그 목적이 있는 것으로서 인사위원회의 동의가 없는 한 재임용추천이나 그 철회를 학장 개인이 의도한대로 단독으로 처리할 수는 없다고 할 것이다. 따라서 청구인에 대하여 인사위원회의 동의를 얻어 일단 추천하기로 하였다면 교수임명추천권자라 할지라도 그에 기속되는 것으로서 설사 청구인에게 어떠한 하자가 있거나 추후의 사정변경이 생겼다고 하더라도 인사위원회의 동의절차를 경유하지 않고는 단독으로 이를 철회할 수는 없다고 할 것이다.

그러므로 이 사건의 경우 세무대학장이 일정한 사정변경 등을 이유로 재임용 추천을 철회하고자 할 때에는 그 철회여부에 대하여 다시 인사위원회에 회부하여 그 동의절차를 거쳐야 함에도 불구하고 그러한 절차를 생략하고 단독으로 처리한 것은 인사위원회에서 인사위원이 또는 상황에 따라서는 청구인 스스로가 자신에게 유리한 사실을 진술하거나 증거를 제출하는 등의 청문의 기회를 박탈한 것으로서 이는 당해 법령의 명문규정이나 그 해석과 취지상 당연히 인정되는 적법한 행정절차를 위반한 것이라고 아니할 수 없다. 비록 재임용추천의 철회에 관하여는 세무대학설치법이나 세무대학의 조직과 운영에 관한 규정에는 명문규정을 두고 있지 않지만 위 규정 제16조 제1항 소정의 인사위원회의 교수임명동의제도의 취지에 비추어 볼 때 인사위원회의 동의는 그 동의의 철회의 경우에도 당연히 적용된다고 해석하여야 할 것이다. 만일 그렇지 아니한 것으로 해석한다면 임용권자는 교수재임용추천에 대한 인사위원회의 동의를 얻은 후 언제라도 해당 교수의 재임용추천을 인사위원회의 동의 등의 어떠한 통제나 견제없이 자유롭게 철회함으로써 자의적으로 특정교수를 재임용에서 탈락시킬 수 있을 것이며, 결국 인사위원회는 유명무실한 존재로 전락할 것이다.

11) 헌재 1993. 5. 13. 91헌마190, 판례집 5-1, 312, 326.

(나) 한편 이러한 인사위원회의 동의나 청문 등의 행정절차는 당해 법령의 규정유무를 떠나 헌법상 당연히 인정된다고 볼 수 있다. 즉 당해 법령에 이러한 행정절차에 관하여 전혀 규정되어 있지 않거나 그 법령의 취지와 해석상 행정절차가 인정될 수 없는 경우에는 직접 헌법규정이나 헌법원리로부터 이를 도출해 낼 수 있는 것이다. 따라서 예외적으로 직접 관련 헌법규정이나 헌법원리로부터 행정청에게 일정한 행정절차를 거칠 의무가 발생되고, 상대방은 이러한 헌법규정이나 헌법원리를 직접 원용하여 일정한 행정절차를 거칠 것을 요구할 권리가 발생되는 것이다. 여기서 행정절차의 헌법적 근거로서 고려될 수 있는 규정이나 원리는 대체로 다음과 같다.

첫째, 헌법 제12조 제1항 후단이 규정하고 있는 적법절차에 관한 조항이다. 동조항은 "누구든지 … 법률과 적법한 절차에 의하지 아니하고는 처벌·보안처분 또는 강제징역을 받지 아니한다."라고 규정하여 미국헌법수정 제5조의 적법절차조항(due process clause)과 유사한 내용을 규정하고 있는데, 이는 형사사법작용에 의한 경우 뿐 아니라 행정작용에 의한 경우에도 그것이 국민에게 불이익을 초래하는 처분이라면 그 처분에 대하여 법률의 근거가 있어야 할 뿐만 아니라 반드시 그 처분이 적정한 절차를 거칠 것을 요구한다. 이러한 헌법 제12조 제1항 후단이 규정하고 있는 적법절차조항은 "누구든지 청문없이 비난당하지 아니한다."라고 하는 자연적 정의와 그 이념적 바탕을 같이 한다고 볼 수 있는데, 특히 침해적 행정작용의 경우 이 규정에 근거하여 상대방에게 청문절차 등의 행정절차가 인정될 수 있는 것이다.

둘째, 민주주의 원리이다. 민주주의원리란 모든 국가권력행사의 최후적 정당성이 국민의 의사에 귀착될 것을 요구하는 헌법상의 기본원리이다. 따라서 민주주의원리는 일정한 공권력행사를 통해 국민의 권리를 침해할 경우 그 공권력 행사과정에 일정한 공권력행사를 통해 국민의 권리를 침해할 경우 그 공권력 행사과정에 국민을 참여시키고 국민의 의사를 반영할 것을 요구한다. 그러므로 일정한 침해적 행정작용에 있어서도 사전에 그 내용을 상대방에게 통지하고, 의견진술이나 증거제출 등의 청문절차를 부여하는 등 일련의 행정절차를 거칠 것을 민주주의원리는 당연히 요구하는 것이다.

셋째, 법치주의원리이다. 법치주의원리는 국가권력행사를 헌법과 법률에 기속시킴으로써 국민의 자유와 권리를 보장하고자 하는 헌법상의 기본원리이다. 이러한 법치주의원리는 국가권력행사의 자의와 남용을 방지하기 위하여 국가권력행사에 앞서 일정한 행정절차를 거칠 것을 요구한다. 아울러 법치주의원리는 위헌·위법한 국가권력작용을 통해 국민의 자유와 권리가 침해당했을 경우 이러한 침해된 권리를 구제할 것을 당연히 요구하는데, 이러한 사후적 권리구제보다는 사전에 행정절차를 거치게 함으로써 국가권력작용의 적정화를 도모하고 권리침해를 미연에 방지하는 것이 보다 효율적인 권리구제이며 이는 법치주의원리의 본래의 목적이라고 할 수 있다. 따라서 법치주의원리는 이러한 사후적 권리구제 뿐 아니라 국가권력행사과정의 적정화를 통한 소위 사전적 권리구제를 실현하기 위하여 국가권력행사에 앞서 청문절차 등의 일정한 행정절차를 거칠 것을 요구하는 것이다.

넷째, 신뢰보호의 원칙이다. 신뢰보호의 원칙은 모든 국가권력의 행사가 국민의 신뢰를 헛되이 하지 않도록, 즉 국민의 신뢰를 보호하는 전제하에서 이루어져야 한다는 원리로서 법치주의원리의 파생원리라고 볼 수 있다. 법치주의원리는 국가권력행사의 자의와 남용을 방지하고 국민의 자유와 권리를 보장하고자 함을 그 이념으로 하고 있는데 신뢰보호의 원칙이 무시되면 국민의 신뢰와 예측가능성이 파괴되고 국민의 법적 안정성과 기득권이 침해되며, 결국 국민의 기본권보장이 확립될 수 없게 되어 법치주의원리는 실현될 수 없는 것이다. 따라서 법치주의원리는 당연히 신뢰보호의 원칙을 그 한 내용으로 하고 있다. 그러므로 국가권력행사, 특히 국민의 권리나 지위를 침해하는 공권력행사의 경우, 그 내용을 사전에 상대방에게 통지하고 청문의 기회를 부여하는 등의 사전적 행정절차를 거쳐야 할 것이며, 만일 이러한 행정절차가 생략된다면 이는 상대방의 예측가능성과 법적 안정성을 해치는 것으로서 상대방의 기득권 보호와 법치주의원리는 실현될 수 없을 것이다. 따라서 이러한 법치주의원리의 파생원칙으로서의 신뢰보호의 원칙은 국가권력행사과정에서 일정한 행정절차를 거칠 것을 당연히 요구하는 것이다.

지금까지 살펴본 바와 같이 국가권력행사과정에서 일정한 행정절차는 당해 법령의 규정이나 해석상 또는 예외적으로 직접 헌법을 근거로 해서 요구되어질 수 있다. 따라서 이 사건의 경우 인사위원회의 동의나 청문절차 등의 행정절차를 생략한 세무대학장의 재임용추천철회행위는 상기 언급한 헌법상의 여러 규정이나 원리 및 당해 법령을 위반한 위헌·위법한 공권력 행사라고 보지 않을 수 없다.

나. 비례의 원칙 위반

국가의 모든 공권력 행사는 그 목적과 수단 사이의 비례성을 요구하는 비례의 원칙을 준수해야 하며, 이를 헌법 제37조 제2항에서도 확인하고 있다. 이에 따르면 모든 공권력수단은 그 추구하는 목적에 적합해야 하고, 불가피해야 하며, 상대방의 권리를 가장 적게 침해하는 것이어야 하고, 이익형량을 통해 상대방의 침해되는 권리보다 월등한 공익목적 실현을 위한 것으로 입증될 경우에만 정당화되어 질 수 있다.

이 사건의 경우 세무대학장의 재임용추천철회행위는 이러한 비례의 원칙을 준수했다고 볼 수 없다. 왜냐하면 세무대학장이 재임용추천을 철회할 수밖에 없었던 긴절한 공익상의 사유가 존재한다고 볼 수 없고, 설사 그러한 정당한 사유가 존재한다 하더라도 청구인의 권리와 지위에 대한 극도의 침해인 교수신분의 박탈을 초래하는 재임용추천철회행위가 그러한 공익적 목적을 달성하기 위한 적합하고 불가피한 최소한의 침해수단이 아닐 뿐 아니라, 철회를 통해 청구인에게 발생되는 교수신분 박탈이라고 하는 상실된 이익과 달성되는 공익사이에 비례성이 유지되었다고 볼 수 없기 때문이다.

교수재임용제의 심사기준은 1981년 말 교육부가 작성하여 전국 국·공립 및 사립대학에 시달한 '교수재임용심사평정표'에 따라 시행하고 있는데 이에 의하면 교수재임용 시에는 항목별 평정결과에 더불어 최근 3년이내(재임용일 기준) 2편 이상의 연구실적물을 심사·평가한 결과와 학생지도 및 수업상황, 법령준수 및 기타 사항 등에 관한 관련 자료들을 종합적으로 심사하여 판정하게 되어 있는데, 이러한 기준에 따라 인사위원회는 재임용될 수 있는 요건을 충족시키고 있는지의 여부를 종합적으로 검토하는 것이다. 그런데 이 사건에서 교수재임용추천에 대한 인사위원회의 동의가 있었기 때문에 인사위원회는 청구인이 재임용을 위한 제반자격요건을 갖추고 있거나 또는 자격요건상 미흡한 점이 있다 하더라도 이것이 재임용추천을 거부할 만한 정도의 것은 아니라고 판단한 것으로 보아야 할 것이다. 즉 인사위원회는 단순한 자문기관이 아니라 대학교수의 임용동의 기타 대학교원의 인사에 관한 중요사항을 심의하여 의결하는 기관으로서, 세무대학장으로부터 청구인에 대한 재임용추천에 대한 동의요청을 받은 인사위원회는 청구인의 그 동안의 연구 및 근무실적이나 그 밖의 여러 가지 사정들을 심의한 끝에 청구인의 세무대학교수로서의 능력과 자질면에 하자가 없다고 인정하고 재임용추천에 동의한 것이며, 설사 일정한 하자가 있다 하더라도 이러한 사항들은 모두 인사위원회가 재임용추천동의를 심의·의결할 당시에 이미 문제가 되어 있었던 사항들로서 인사위원회는 이러한 사항들을 심의한 끝에 청구인을 재임용에서 탈락시킬 사유가 될 수 없다고 보고 재임용추천에 동의한 것으로 보아야 하는 것이다. 이는 재임용추천'취소'가 아니라 '철회'라는 용어를 사용한 것으로 보아도 그러하다. 왜냐하면 철회는 취소와는 달리 하자 없이 성립한 일정한 행정행위를 일정한 사정변경을 이유로 장래를 향하여 그 행정행위의 효력을 소멸시키는 별도의 행위이며, 따라서 인사위원회의 재임용추천동의는 적법하게 이루어진 것이고, 결국 재임용추천철회는 인사위원회의 동의 이후 후발적으로 발생한 사정으로 인하여 세무대학장이 행한 것으로 보아야 하기 때문이다. 그런데 이 사건에서 교수재임용추천에 대한 인사위원회의 동의와 세무대학장의 재무부장관에 대한 재임용추천 이후 재임용추천철회 사이에 재임용추천을 철회할 만한 사유가 발생했다고 볼 수 없고[12] 또한 재임용추천과 철회 사이의 기간이 불과 10일 밖에 되지 않는 점에 비추어 볼 때도 일정한 후발적인 정당화사유가 존재한다고 볼 수 없다고 할 것이다.

결국 이 사건에서 세무대학장의 교수재임용추천철회를 정당화시킬 사유를 찾아볼 수 없고, 가사 존재한다 하더라도 이는 재임용추천철회가 아니라 다른 경미한 수단—예컨대 감봉·경고·견책 등의 징계—에 의해서도 그 목적이 달성될 수 있기 때문에 재임용추천철회행위가 불가피한 최소한의 침해수단이 된다고 볼 수 없으며, 교수신분의 박탈이라고 하는 결과를 그 달성코자 하는 목적과 비교해 보았을 때 결코 비례성이

12) 이 사건의 기록이나 결정내용에 재임용추천의 철회를 정당화시킬 후발적인 사유가 드러나지 않는다.

유지되었다고 볼 수도 없다. 그러므로 세무대학장의 교수재임용추천철회행위는 헌법 제37조 제2항이 규정한 비례의 원칙을 위반한 것이라고 볼 수 있다.

다. 철회권의 제한과 관련하여

일정한 행정행위의 철회는 그것이 행하여진 후 공익상 당해 행정행위의 효력을 지속시킬 수 없는 새로운 사정이 발생한 경우에 할 수 있는 것이나, 공익상 새로운 사정이 발생하였다 하여 철회가 항상 자유로운 것은 아니다. 특히 수익적 행정행위의 경우 그 철회는 상대방이나 이해관계 있는 제3자의 신뢰이익과 기득권을 침해하고 그 법적 생활의 안정성을 해치게 되므로 그러한 신뢰이익과 기득권 및 법적 안정성을 파괴하면서까지 관철시켜야 할 긴절한 공익상의 이익이 있어야 한다. 따라서 상대방의 신뢰이익 및 기득권과 철회를 통해 달성코자 하는 공익상의 이익을 비교형량하여 전자가 후자보다 우월하다고 판단될 경우에는 당해 행정행위를 철회할 수 없는데, 이를 철회권의 제한이라고 하며 이 경우 당해 행정행위에는 일종의 불가변력이 발생되었다고 할 수 있다. 결국 이러한 철회권의 제한이론은 신뢰보호의 원칙과 비례의 원칙상 당연히 요구되어지는 것이라고 볼 수 있다.

이 사건의 경우 앞서 언급한 바와 같이 세무대학장의 재임용추천철회행위를 정당화시킬 사유를 발견하기 어렵고, 가사 전교조탈퇴거부 등의 사유를 들어 정당화시킨다고 하더라도 이러한 사유가 철회를 정당화시킬만한 긴절한 공익상의 이익이라고 볼 수 없기 때문에 세무대학장의 철회행위는 그 철회권의 제한을 일탈한 것으로서 결국 신뢰보호의 원칙과 비례의 원칙을 위반할 것이라고 할 수 있다.

2) 침해된 기본권

이 사건에서 세무대학장의 교수재임용추천철회행위로 인해 청구인에게 초래된 기본권 침해의 내용으로는 다음과 같은 것이 고려될 수 있을 것이다.

가. 공무담임권

먼저 헌법 제25조가 보장하고 있는 공무담임권이 침해되었다고 볼 수 있다. 청구인은 국립대학에 재직하고 있는 교육공무원으로서 세무대학장의 재임용추천철회로 인해 자신의 교수로서의 신분이 박탈당하고 결국 공직에 취임할 수 있는 공무담임권이 박탈되었기 때문이다.

나. 직업의 자유

아울러 헌법 제15조가 보장하고 있는 직업의 자유가 침해되었다고 볼 수 있다. 직업의 자유는 모든 국민에게 생활의 기본적 수요를 스스로의 노력에 의해서 충족시킬 수 있도록 하기 위하여 불가피하게 인정되는 기본권인데, 이 경우 직업은 사람이 살아가는데 필요한 정신적·물질적 생활수단을 획득하거나 유지하기 위해서 행하는 계속적 활동이라고 할 수 있으며, 결국 직업은 공공에 해가 되지 않는 모든 생활수단적 소득 활동을 전부 망라하는 개념이라고 할 수 있다. 따라서 직업의 자유의 보장 대상으로서의 직업에는 사적 영업활동 뿐 아니라 공공서비스로서의 공직도 포함되며 이 사건의 경우처럼 교육공무원으로 임용 내지 재임용되는 것도 직업의 자유의 보장 대상이 될 수 있는 것이다. 그러므로 세무대학장의 재임용추천철회행위는 청구인의 직업의 자유(직업선택의 자유)를 침해한 것이라고 볼 수 있다.

다. 학문의 자유

대학교수에게는 학문의 자유가 인정되는데, 이러한 학문의 자유는 신분이 보장될 때에만 실현될 수 있다. 그런데 이 사건의 경우 청구인의 공무담임권과 직업의 자유가 침해되어 교수로서의 신분이 박탈된 상황에서 청구인의 학문의 자유가 보장될 수 없는 것은 당연하다. 따라서 세무대학장의 철회행위는 청구인의 학문의 자유를 침해한 것이다.

라. 청문권

끝으로 청구인의 일종의 절차적 기본권으로서의 청문권이 침해되었다고 볼 수 있다. 앞서 언급한 바와 같이 관련 법령의 규정 내지 해석과 취지를 통해서 인정될 수 없는 경우에는 예외적으로 직접 관련 헌법규정이나 헌법원리로부터 일정한 행정절차 내지 청문절차가 요구될 수 있다. 이에 따라 공권력행사의 상대방은 당해 법령이나 예외적으로 헌법규정이나 원리를 직접 원용하여 자신의 의견이나 증거를 제출하고 변명의 기회를 부여받을 수 있는 청문절차권을 주장할 수 있다고 보아야 한다. 이는 위에서 지적한 것처럼 헌법 제12조 제1항 후단에서 규정하고 있는 적법절차원리를 비롯하여 민주주의원리, 법치주의원리, 신뢰보호의 원칙 등으로부터 도출될 수 있는 일종의 절차적 기본권이라고 할 수 있다.

물론 이러한 청문권을 헌법에 명시적으로 규정되어 있는 기본권이라고 보기는 어렵지만, 헌법상 명문으로 규정된 개별적 기본권들은 헌법 제10조에서 규정하고 있는 인간의 존엄과 가치라고 하는 우리 헌법의 궁극적 이념을 실현하기 위하여 구체화시킨 것에 지나지 않기 때문에, 헌법이 명문으로 규정하고 있지 아니하더라도 이러한 인간의 존엄과 가치의 실현을 위하여 필수불가결한 권리라고 한다면 당연히 헌법상 보장되는 기본권이라고 할 수 있으며, 헌법 제37조 제1항도 "국민의 자유와 권리는 헌법에 열거되지 아니한 이유로 경시되지 아니한다."라고 규정함으로써 이를 간접적으로 시사하고 있다. 따라서 청문권도 헌법상 보장된 기본권에 해당된다고 볼 수 있다.

Ⅳ. 맺음말

이상 언급한 바와 같이 공권력행사로서의 세무대학장의 교수재임용추천철회행위는 위헌·위법하게 청구인의 헌법상 보장된 공무담임권, 직업의 자유, 학문의 자유, 청문권 등을 침해한 것이다.

이미 서두에서도 밝혔듯이 그동안 교수재임용제도가 본래의 취지와는 달리 교수의 신분을 담보로 해서 대학당국이나 정부에 비협조적이고 비판적인 교수를 순치시키고 통제하기 위한 도구로 악용되어온 사례가 적지 않으며, 이러한 위헌·위법한 재임용제도의 파행적 운영을 통제하고 침해된 교수의 기본권을 구제해야 할 임무를 띠고 있는 사법부나 헌법재판소가 이러한 위헌행위에 대한 올바른 헌법적 평가를 하지 아니한 채 당사자의 권리구제에 소극적이었다는 점을 부인할 수 없다. 따라서 지금부터라도 교수재임용제도의 이러한 위헌·위법한 운영은 결코 일어나서는 안 될 것이며, 만일 그러한 사례가 발생한다면 사법부나 헌법재판소는 이를 통제함과 아울러 당사자의 권리구제에 적극적으로 임함으로써 교수재임용제도가 본래의 제도적 취지에 따라 운용되고, 이를 통해 대학교수의 신분보장과 학문의 자유 그리고 교육의 자주성·전문성·정치적 중립성 및 대학의 자율성이 보장될 수 있도록 하여야 할 것이다.

31. 입시요강에 대한 헌법소원

– 헌재 1992. 10. 1. 92헌마68 등 1994학년도 신입생선발입시안에 대한 헌법소원[1] –

[目 次]

Ⅰ. 머리말

이 글은 헌법재판소 1992. 10. 1. 92헌마68 등 1994학년도 서울대학교 신입생선발입시안에 대한 헌법소원 사건을 다룬 것이다. 이 사건에서 헌법재판소는 국립대학교인 서울대학교가 2년의 유예기간을 부여하면서 입시요강변경을 통하여 일본어를 외국어 선택과목에서 제외한 것이 대학입학시험을 준비하고 있던 수험생들의 기본권을 침해하는 것은 아니라고 판시하면서 심판청구를 기각하는 결정을 내렸다. 주지하는 바와 같이 이 결정에서는 공법인 내지 공법상의 영조물 등의 기본권주체성 여부, 이들 공법인 등과 사인간의 법률관계, 대학의 자율성과 학문의 자유의 문제, 대학입시요강의 법적 성격과 헌법소원의 대상이 될 수 있는 공권력행사에 해당하는지의 여부 등 다양한 쟁점이 대두된 매우 주목할 만한 결정이라고 할 수 있다.

1) 헌재 1992. 10. 1. 92헌마68 등, 판례집 4, 659.

그런데 이러한 쟁점에 대한 헌법재판소의 결정내용에는 수긍하기 어려운 점이 있고, 그 논증과정에도 논리적 모순이 있어 보인다. 따라서 여기서 본 결정의 내용과 그 문제점을 살펴보는 것은 매우 의미있는 작업이라고 여겨진다.

Ⅱ. 헌재결정의 내용

1. 사건의 개요

(1) 교육부는 교육법 제111조의2, 동법시행령 제71조의2의 각 규정에 의하여 지금까지 실시되어 온 대학입학방법이 전인교육에 미치지 못하고 입시위주교육과 대학의 자율성 제약 등 문제점이 많다는 국민적 비판에 따라, 1985년부터 교육개혁심의회 등 5개의 심의기구를 통해 6년간 연구해 온 입시제도를 대학교육심의회가 최종적으로 심의하여 건의한 내용을 받아들여, 앞으로 3년간의 준비기간을 거쳐 1994학년도부터 적용될 새로운 대학입학시험제도를 확정하여 대학입학시험제도개선안을 작성하여 1991. 4.2. 각 대학에 통보하였는데 그 주요내용인즉, 입시유형으로서

제1유형: 고등학교 내신성적만으로 선발

제2유형: 고등학교 내신성적 + 대학수학능력시험

제3유형: 고등학교 내신성적 + 대학별 고사성적

제4유형: 고등학교 내신성적 + 대학수학능력시험 + 대학별 고사성적

등 네 가지 방법을 정하고 위 네 가지 유형 중 어느 것을 선택할 것인지와 대학수학능력시험성적을 반영하는 경우에 있어서의 반영비율 및 방법, 대학별 고사를 실시하는 경우에 있어서의 시험성적반영비율, 과목선택 및 배점비율 등을 대학의 자율에 맡기고, (대학별 고사과목은 고등학교 교과과목에 포함되어 있지 않은 과목을 시험에 넣어서는 아니 된다는 제한이 있는 외에는 자유이나 될 수 있으면 고등학교 교육과정상의 3과목이내에서 하도록 권장) 다만 고등학교 내신성적은 반드시 40%이상을 반영하도록 하는 등의 내용으로 된 것이며 교육부는 위와 같은 입시제도개선안을 각 대학에 통보하면서 고등학교 내신성적 이외의 전형자료별 반영비율, 대학별 고사과목은 가능한 한 새 제도 시행 2년 전에 각 대학별로 발표하도록 지시하였다. 그리고 교육부가 마련한 입시제도개선안은 대학입학방법을 규정한 교육법시행령 제71조의2가 그것을 뒷받침할 수 있게끔 개정될 것을 전제로 한 것이다.

(2) 교육부로부터 대학입학시험제도개선안을 통보받은 서울대학교는 1년간의 연구·검토 끝에 1992. 4. 2. ‘1994학년도 대학입학고사 주요요강’을 발표하였는데(2년간의 준비기간을 둔 것이다) 교육부가 마련한 네 가지 입시유형 중 제4유형을 선택한 것으로서 고등학교 내신성적 반영비율을 40%로 하고 대학수학능력시험성적 반영비율을 20%로 하며(예술계열은 별도), 대학별 고사의 반영비율을 40%로 하되 인문계열의 경우 국어(논

술), 영어, 수학1 등 3과목을 필수과목으로 하고 한문, 프랑스어, 독일어, 중국어, 에스파냐어 등 5과목을 선택과목으로 정하여 그 중 1과목을 선택하도록 하는 등을 내용으로 한 것이다.

(3) 대원외국어고등학교 일본어과 1학년에 재학 중이어서 1995학년도 대학입학고사에 응시예정인 청구인 신규진과, 같은 고등학교 2학년에 재학 중이어서 1994학년도에 대학입학고사에 응시예정인 청구인 노광현은, 서울대학교가 대학별 고사방법을 정함에 있어 인문계열의 선택과목에서 일본어를 제외시킨 것을 문제삼아 각각 이 사건 헌법소원을 제기한 것이다.

2. 청구인들의 주장

(1) 대원외국어고등학교는 교육법시행령 제111조 제3항에 따라 외국어의 전문교육을 주로 하는 학교로서 동법시행령 제112조에서 고등학교교과로서 인정된 외국어 과목들을 다시 전공별로 세분하여 학과를 나누고 모든 재학생을 선택에 따라 1개 학과에 속하게 하여 그 학과에 따라 각각 다른 외국어를 교육시키는 외에는 일반의 고등학교와 동일한 교과과정에 따라 교육시키고 있다.

(2) 그런데 서울대학교가 '1994학년도 대학입학고사 주요요강'에서 일본어를 선택과목에서 제외시켰고 이 요강은 특별한 사정변경이 없는 한 1995학년도 대학입학고사에도 적용될 것이 분명하므로 1994학년도 및 1995학년도에 대학에 진학할 청구인들을 비롯하여 고등학교에서 일본어를 선택과목으로 공부한 학생들은 서울대학교를 입학하는 데 있어 큰 불이익을 입게 되어 있다. 교육부장관이 지정한 고등학교교육과목 속에는 프랑스어, 독일어, 중국어, 에스파냐어와 함께 일본어도 외국어 교과의 선택과목의 하나로 채택되어 있고 그 때문에 청구인들을 비롯한 많은 학생들이 일본어를 선택하게 된 것인데 교육부의 방침을 믿고서 공부한 학생들이 대학입학시험에 불이익을 입게 된다는 것은 옳지 못하다. 대학별 고사과목의 선택이 대학의 자율에 속한다 할지라도 이는 무한정한 자율이 아니며 대학별 고사과목에 제2외국어를 포함시킬 것이냐의 여부는 대학의 자율범위에 속한다고 할 것이나 제2외국어를 고사과목에 포함시키는 이상 교육법에서 인정된 제2외국어간에 차별을 두는 것은 대학의 자율범위를 벗어난 것이며 대학입학에 있어 부당하게 차별대우를 하는 것으로서, 헌법 제11조 제1항이 선언한 평등의 원칙에 위배하여 헌법 제31조 제1항이 보장하고 있는 균등하게 교육을 받을 권리를 침해한 것이다.

3. 결정요지

(1) 다수의견

1) 국립대학인 서울대학교의 '94학년도 대학입학고사주요요강'은 사실상의 준비행위 내지 사전안내로서 행정쟁송의 대상이 될 수 있는 행정처분이나 공권력의 행사는 될 수 없지만 그 내용이 국민의 기본권에 직접 영향을 끼치는 내용이고 앞으로 법령의 뒷받침에 의하여 그대로 실시될 것이 틀림없을 것으로 예상되어 그로 인하여 직접적으로 기본권 침해를 받게 되는 사람에게는 사실상의 규범작용으로 인한 위험성이 이미 현실적으로 발생하였다고 보아야 할 것이므로 이는 헌법소원의 대상이 되는 헌법재판소법 제68조 제1항 소정의 공권력의 행사에 해당된다고 할 것이며, 이 경우 헌법소원 외에 달리 구제방법이 없다.

2) 헌법 제31조 제4항이 규정하고 있는 교육의 자주성, 대학의 자율성보장은 대학에 대한 공권력 등 외부세력의 간섭을 배제하고 대학인 자신이 대학을 자주적으로 운영할 수 있도록 함으로써 대학인으로 하여금 연구와 교육을 자유롭게 하여 진리탐구와 지도적 인격의 도야라는 대학의 기능을 충분히 발휘할 수 있도록 하기 위한 것으로서 이는 학문의 자유의 확실한 보장수단이자 대학에 부여된 헌법상의 기본권이다.

3) 가. 서울대학교가 1994학년도 대학입학고사주요요강을 정함에 있어 인문계열의 대학별고사과목에서 국어(논술), 영어, 수학 I 을 필수과목으로 하고 한문 및 불어, 독어, 중국어, 에스파냐어 등 5과목 중 1과목을 선택과목으로 정하여 일본어를 선택 과목에서 제외시킨 것은 교육법 제111조의2 및 앞으로 개정될 교육법시행령 제71조의2의 제한범위(법률유보)내에서의 적법한 대학의 자율권 행사이다.

나. 고등학교에서 일본어를 선택하여 공부한 학생이 다른 제2외국어를 선택한 학생에 비하여 입시경쟁에서 불리한 입장에 놓이는 것은 사실이나 이러한 불이익은 서울대학교가 헌법 제22조 제1항 소정의 학문의 자유와 헌법 제31조 제4항 소정의 대학의 자율권이라고 하는 기본권의 주체로서 자신의 주체적인 학문적 가치판단에 따른, 법률이 허용하는 범위내에서의 적법한 자율권행사의 결과 초래된 반사적 불이익이어서 부득이하다.

다. 서울대학교가 일본어를 선택과목에서 뺀 대신 고등학교 교육과정의 필수과목으로서 모든 고등학교에서 가르치고 있는 한문을 다른 외국어와 함께 선택과목으로 채택하였을 뿐더러, 위 입시요강을 적어도 2년간의 준비기간을 두고 발표함으로써 고등학교에서 일본어를 배우고 있는 1·2학년 학생들로 하여금 그다지 지장이 없도록 배려까지 하고 있으므로, 그들이 갖는 교육의 기회균등이 침해되었다고 말할 수 없다.

(2) 재판관 김진우, 재판관 이시윤의 별개의견

1) 청구인 신규진 청구부분에 관한 한 재판관 조규광의 별개의견과 같다.

2) 고등학교 2학년에 재학중인 청구인 노광현의 경우 고등학교 입학 이래 약 1년간에 걸친 일본어의 수학은 특단의 사정이 없는 한 앞으로 시행될 대학학력고사에서 제2외국어로 일본어가 계속 포함된다는 신뢰하에서 대비학습을 하였다고 보아야 할 것이며 청구인측의 이와 같은 신뢰는 법적으로 보호할 만한 정당한 이익으로 보아야 하는 점에서 신뢰이익의 침해를 대학의 적법한 자율권행사의 결과 초래된 반사적 불이익으로 보는 다수의견과 견해를 달리하나 다만 이 사건에 있어서 비록 신뢰이익의 침해의 문제가 생긴다 하여도 비례의 원칙에 반하지 아니하여 헌법위반이라고 까지는 보기 어렵다.

(3) 재판관 조규광의 청구인 신규진에 대한 별개의견 및 청구인 노광현에 대한 반대의견

1) 이 사건에 있어서 대학의 자율권이란 대학의 국가에 대한 관계에 있어서의 기본권적 측면으로부터 파악되는 것이 아니라, 오히려 피청구인이 공권력의 담당자로서 영조물인 대학시설을 이용코자 하는 입학희망자들에 대하여 그 전형선발에 관한 행정적 규제를 과하는 권한의 측면으로부터 보아야 하며, 청구인들과 피청구인의 관계는 기본권수제와 공권력담당자와의 관계일 뿐 기본권주체 상호간의 관계로 볼 수는 없다.

2) 청구인 신규진과 같은 고등학교 1학년의 경우에는 피청구인이 94학년도 대학입학고사주요요강을 정함에 있어 인문계열대학입학고사의 선택과목 중 일본어를 배제한 것이 헌법 제11조 제2항, 제31조 제1항에 위반한 것으로서 위헌이라고는 할 수 없으나 청구인 노광현과 같은 고등학교 2학년의 경우에는 선택과목에서 일본어를 배제한 부분은 종전의 대학입시제도에 대한 청구인의 신뢰를 저버린 것으로서 헌법 제11조 제1항, 제31조 제1항이 보장하고 있는 평등권, 균등하게 교육을 받을 권리를 침해하는 것으로서 취소하는 의미에서의 위헌선언을 하여야 한다.

(4) 재판관 김양균의 반대의견

서울대학교의 94학년도 대학입학고사주요요강은 그것이 1994년부터 시행된다면 청구인들은 물론 청구인이외에도 현재 고등학교에서 일본어를 공부하고 있는 선의의 1학년, 2학년 학생, 특히 그 중에서도 일본어를 선택과목으로 하여 대학에 진학하고자 하는 학생들에 대하여 법치국가원리에서 파생되는 신뢰보호의 원칙에 위배하여 헌법 제11조, 제31조 제1항에 의하여 보장되고 있는 취학기회의 균등 내지 수학권을 침해하는 것이어서 그 시행시기는 1996년도 이후로 미루어져야 온당하다고 할 것이며 그렇지 않고 1994년도부터 강행된다면 충분한 경과조치의 미비로 위헌적인 공권력의 행사가 된다.

Ⅲ. 평 석

1. 사건의 쟁점

(1) 대학입시요강의 법적 성격과 헌법소원의 대상이 될 수 있는지의 여부

(2) 서울대의 기본권주체성 여부 및 서울대와 청구인과의 법률관계－기본권의 충돌관계인가 아니면 공권력행사에 의한 기본권제한의 관계인가

(3) 기본권제한을 정당화시키는 공익의 존재 여부와 기본권제한의 방법상의 요건 충족 여부

2. 대학입시요강의 법적 성격과 헌법소원의 대상이 될 수 있는지의 여부

(1) 대학입시요강의 법적 성격

이 사건 서울대 입시요강의 법적 성격과 관련하여 다수의견은 "국립대학인 서울대학교는 특정한 국가목적(대학교육)에 제공된 인적·물적 종합시설로서 공법상의 영조물이다. 그리고 서울대학교와 학생과의 관계는 공법상의 영조물이용관계로서 공법관계이며, 서울대학교가 대학입학고사시행방안을 정하는 것은 공법상의 영조물이용관계설정을 위한 방법, 요령과 조건 등을 정하는 것이어서 서울대학교 입학고사에 응시하고자 하는 사람들에 대하여 그 시행방안에 따르지 않을 수 없는 요건·의무 등을 제한설정하는 것이기 때문에 그것을 제정·발표하는 것은 공권력의 행사에 해당된다. 그러나 서울대학교의 '94학년도 대학입학고사 주요요강'은 교육부가 마련한 대학입시제도 개선안에 따른 것으로서 대학입학방법을 규정한 교육법시행령 제71조의2의 규정이 교육부의 개선안을 뒷받침할 수 있는 내용으로 개정될 것을 전제로 하여 제정된 것이고 위 시행령이 아직 개정되지 아니한 현 시점에서는 법적 효력이 없는 행정계획안이어서 이를 제정한 것은 사실상의 준비행위에 불과하고 이를 발표한 행위는 앞으로 그와 같이 시행될 것이니 미리 그에 대비하라는 일종의 사전안내에 불과하므로 위와 같은 사실상의 준비행위나 사전안내는 행정심판이나 행정쟁송의 대상이 될 수 있는 행정처분이나 공권력의 행사는 될 수 없다."고 판시함으로써 입시요강의 법적 성격을 사전안내의 기능을 가지는 사실상의 준비행위 내지 법적 효력이 없는 단순한 행정계획안이라고 규명하고 있는데, 일단 이러한 견해는 타당하다고 여겨진다. 즉 다수의견이 지적하

는 바와 같이 교육법시행령 제71조의2의 규정이 교육부의 개선안을 뒷받침할 수 있는 내용으로 개정될 것을 전제로 하여 제정된 것이어서 위 시행령이 아직 개정되지 아니한 현 시점에서는 법적 효력이 없고, 따라서 이는 아직 청구인 등의 법적 지위 내지 기본권을 제한하는 구속력 있는 공권력행사가 아니며, 결국 행정쟁송의 대상이 되는 행정처분이 아님은 물론, 원칙적으로는 헌법소원의 대상이 되는 공권력의 행사라고도 볼 수 없는 것이다.

(2) 대학입시요강이 헌법소원의 대상이 될 수 있는지의 여부

앞서 언급한 바와 같이 서울대 입시요강은 법적 효력이 없는 비구속적 행정계획에 불과하므로 원칙적으로 헌법소원의 대상이 될 수 없을 것이다. 그런데 이와 관련하여 다수의견은 "이러한 사실상의 준비행위나 사전안내라도 그 내용이 국민의 기본권에 직접 영향을 끼치는 내용이고 앞으로 법령의 뒷받침에 의하여 그대로 실시될 것이 틀림없을 것으로 예상될 수 있는 것일 때에는 그로 인하여 직접적으로 기본권침해를 받게 되는 사람에게는 사실상의 규범작용으로 인한 위험성이 이미 발생하였다고 보아야 할 것이므로 이러한 것도 헌법소원의 대상은 될 수 있다고 보아야 하고 서울대학교의 '94학년도 대학입학고사 주요요강은 교육법시행령 제71조의2의 규정이 개정되어 그대로 시행될 수 있을 것이, 그것을 제정하여 발표하게 된 경위에 비추어 틀림없을 것으로 예상되므로 이를 제정·발표한 행위는 헌법소원의 대상이 되는 헌법재판소법 제68조 제1항 소정의 공권력의 행사에 해당된다고 할 것이며 헌법소원 외에 달리 구제방법도 없다는 말이 된다."라고 판시함으로써[2] 비록 서울대 입시요강이 사전안내의 성격을 가지는 비구속적 행정계획에 불과하지만 국민의 기본권에 직접적으로 영향을 끼치는 내용이고, 앞으로 법령의 뒷받침에 의하여 그대로 실시될 것이 틀림없이 예상될 수 있기 때문에 권리침해의 위험성을 가지는 일종의 공권력행사로 간주될 수 있고 따라서 예외적으로 헌법소원의 대상이 될 수 있다고 한다.[3]

결론적으로 이러한 다수의견 역시 타당하다고 하겠다. 왜냐하면 비구속적 행정계획이라도 그로 인한 청구인의 기본권침해의 위험성이 존재하고 권리보호의 필요성이 인정되는 경우에는 예외적으로 헌법소원의 대상이 될 수 있는 가능성을 배제할 필요는 없을 것이며, 이는 사각지대 없는 효율적인 권리구제와 공권력 통제를 이념으로 하는

2) 헌재 1992. 10. 1. 92헌마68 등, 판례집 4, 659, 668-669.

3) 헌법재판소는 2000. 6. 1. 99헌마538 등 개발제한구역제도개선방안 확정발표 위헌확인사건에서도 "…개발제한구역제도개선방안은 건설교통부장관이 개발제한구역의 해제 내지 조정을 위한 일반적인 기준을 제시하고, 개발제한구역의 운용에 대한 국가의 기본방침을 천명하는 정책계획안으로서 비구속적 행정계획안에 불과하므로 공권력행위가 될 수 없으며, 이 사건 개선방안을 발표한 행위도 대내외적 효력이 없는 단순한 사실행위에 불과하므로 공권력의 행사라고 할 수 없다. … 비구속적 행정계획안이나 행정지침이라도 국민의 기본권에 직접적으로 영향을 끼치고, 앞으로 법령의 뒷받침에 의하여 그대로 실시될 것이 틀림없을 것으로 예상될 수 있을 때에는, 공권력행위로서 예외적으로 헌법소원의 대상이 될 수 있다."라고 판시함으로써 이러한 견해를 확립하고 있다.

법치주의원리와 재판청구권의 보장 및 헌법소원제도의 취지에도 부합할 것이기 때문이다. 이러한 맥락에서 이 사건 입시요강은 헌법소원의 대상이 될 수 있다고 할 것이다.

(3) 기본권침해의 현재성과 관련하여

그런데 여기서 이러한 공권력행사가 헌법소원심판의 대상이 되기 위해서는 그 공권력행사에 의한 청구인의 기본권에 대한 침해의 자기관련성·직접성·현재성이 충족되어야 한다. 먼저 자기관련성은 청구인 자신이 이 사건 입시요강에 의하여 서울대학교에의 입학시험경쟁에서 불리한 입장에 놓이기 때문에 인정될 수 있을 것이다. 그 다음 직접성은 청구인 자신의 기본권이 어떠한 별도의 행정작용 내지 집행행위의 매개없이 입시요강에 의하여 곧바로 침해되기 때문에, 즉 입시요강이 제2외국어 선택과목에서 일본어를 제외시킴으로 인해 곧바로 청구인의 서울대 입시에서 불리한 입장에 놓이게 되므로 일응 침해의 직접성도 인정될 수 있다고 할 것이다.

문제는 침해의 현재성인데, 앞서도 언급한 바와 같이 입시요강이 현재 법적인 대외적 구속력을 가지는 것은 아니므로 실제로 청구인의 기본권이 현재 침해된 것은 아니고, 따라서 원칙적으로 침해의 현재성은 인정될 수 없을 것이다. 그러나 다수의견이 "청구인들은 서울대학교 대학별 고사의 선택과목에서 일본어가 제외되어 있는 입시요강으로 인하여 그들이 94학년도 또는 95학년도에 서울대학교 일반계열 입학을 지원할 경우 불이익을 입게 될 수도 있다는 것을 현재의 시점에서 충분히 예측할 수 있는 이상 기본권침해의 현재성을 인정하여 헌법소원심판청구의 이익을 인정하는 것이 옳을 것이다. 기본권침해가 눈앞에 닥쳐올 때를 기다렸다가 헌법소원을 하라고 요구한다면 기본권구제의 실효성을 기대할 수 없기 때문이다."라고 언급하고 있듯이[4] 장래 입시요강이 시행될 것이 거의 확실하고, 그 장래에, 즉 침해가 현실화되는 시점에는 권리구제에 소요되는 시간 등 여러 가지 여건과 사안의 특성상 효율적인 기본권구제가 거의 불가능하여 청구인에게 회복할 수 없는 손해가 발생될 수 있기 때문에 침해의 현재성 내지 성숙성을 인정하는 것이 타당할 것이다.[5][6]

---

4) 헌재 1992. 10. 1. 92헌마68 등, 판례집 4, 659, 669.

5) 조규광 재판관도 "위 요강이 교육부가 마련한 대학입시제도 개선안에 터잡은 것으로서 대학입학방법을 규정한 교육법시행령 제71조의2의 규정이 교육부의 개선안을 뒷받침할 수 있는 내용으로 개정될 것을 전제로 한 영조물규칙안으로서의 교육행정계획에 해당하나, 행정계획이라고 하더라도 그 내용이 국민의 기본권에 관련한 법적 지위, 권리관계에 직접 영향을 끼치는 것이고 장차 그 근거법령이 제정되어 그대로 그것을 시행할 것이 확정적으로 예상되어 이에 대응하여 행하여진 확정적 행정계획이 국민의 기본권을 침해하는 것이라면 그로 인하여 직접적으로 기본권침해를 받게 되는 사람에게는 사실상의 규범작용으로 인한 위험성이 이미 발생하였다 할 것이므로 이러한 경우에는 예외적으로 침해의 현재성을 확장 인정하여 이에 대하여 곧 헌법소원을 제기할 수 있다고 보아야 할 것이다. 더구나 위와 같은 확정적인 행정계획에 대한 헌법소원을 제기할 수 없고 장차 관계법령이 정비·완성되고 난 후에 이를 근거로 한 행정행위에 대하여 비로소 행정쟁송이나 헌법소원을 제기할 수 있다고 한다면, 또 이로 인하여 장기간의 구제절차 소요시일 때문에 시기를 놓쳐 장차 기본권침해를 받는 사람에게 회복 불능이거나 중대한 손해를 감수할 것을 강요하는 결과가 된다면, 이는 기본권보호의 의무가 있는 국가가 기본권향유자에게 기대

3. 서울대의 기본권주체성 여부 및 서울대와 청구인과의 법률관계 - 기본권의 충돌관계인가 아니면 공권력행사에 의한 기본권제한의 관계인가?

(1) 서울대의 기본권주체성

1) 법인 등의 기본권주체성

주지하는 바와 같이 기본권의 주체는 자연인이 되는 것이 일반적이지만 기본권의 성질이 허락하는 한 법인은 물론 이에 준하는 권리능력 없는 사단도 기본권의 주체가 된다고 보는 것이 통설과 판례의 입장이다.7) 즉 법인 등의 경우 자연인에게 전속적인 기본권을 제외한, 성질상 법인이 향유할 수 있는 종류의 기본권에 한하여 그 주체가 될 수 있는 것이다.

이처럼 법인에게 그 구성원과는 별개로 독자적인 기본권주체성을 인정하는 논거는 대체로 다음과 같이 요약될 수 있을 것이다.

첫째, 법인의 구성원의 기본권보호와 개성신장 및 그의 극대화 내지 촉진을 위하여, 그리고 그 구성원의 사회공동체에의 참여와 기여가능성 확대를 위하여 필요가 있기 때문이다.8)

둘째, 법인의 해당 과제수행의 효율성과 그 기능의 극대화 및 그를 통한 일반인 내지 사회공동체에 대한 기여를 위하여 필요하기 때문이다.

셋째, 결사의 자유를 효율적으로 보호하기 위하여 필요하기 때문이다. 즉 자연인 개개인의 기본권을 극대화시키고 사회의 통합을 촉진시키기 위해 현대사회에서는 결사가 필수적이며, 특히 결사활동의 자유를 보장해야 하는데, 그를 위해 결사의 구성원뿐 아니라 결사 그 자체, 즉 법인 등의 기본권주체성을 인정할 필요가 있기 때문이다.

가능성 없는 행동을 취할 것을 요구하는 것밖에 되지 아니하여 부당한 것이다."라고 판시함으로써 같은 입장을 취하고 있다. 헌재 1992. 10. 1. 92헌마68 등, 판례집 4, 659, 679-680.

6) 독일의 경우에도 이와 같은 입장을 취하고 있다. Vgl. BVerfGE 60, 360(372); 65, 1(37); 75, 246(263).

7) 예컨대 헌재 1991. 6. 3. 90헌마56 "우리 헌법은 법인의 기본권향유능력을 인정하는 명문의 규정을 두고 있지 않지만, 본래 자연인에게 적용되는 기본권규정이라도 언론·출판의 자유, 재산권의 보장 등과 같이 성질상 법인이 누릴 수 있는 기본권을 당연히 법인에게도 적용하여야 한 것으로 본다. 따라서 법인도 사단법인·재단법인 또는 영리법인·비영리법인을 가리지 아니하고 위 한계내에서는 헌법상 보장된 기본권이 침해되었음을 이유로 헌법소원심판을 청구할 수 있다. 또한 법인아닌 사단·재단이라고 하더라도 대표자의 정함이 있고 독립된 사회적 조직체로서 활동하는 때에는 성질상 법인이 누릴 수 있는 기본권을 침해당하게 되면 그의 이름으로 헌법소원심판을 청구할 수 있다(민사소송법 제48조 참조)."
독일의 경우도 같은 입장을 취하고 있다. 예컨대 독일 기본법 제19조 제3항은 "기본권은 그 성질상 적용될 수 있는 경우 국내 법인에게도 적용된다."고 규정하고 있고(vgl. dazu Dürig, in: Maunz/Dürig, Grundgesetz Kommentar, Art. 19, Abs. 3, Rdnr. 29ff.), 연방헌법재판소도 사법인이나 정당 등의 기본권주체성을 인정하고 있다[vgl. BVerfGE 3, 383(391); 53, 1(13); 53, 336(345)].

8) Vgl. Schlaich, Das Bundesverfassungsgericht, 4. Aufl., S. 135; Isensee, Anwendung der Grundrechte auf juristische Personen, in: Isensee/Kirchhof, Handbuch des Staatsrechts, Bd. V, 1992, Rdnr. 24; BVerfGE 21, 362(369); 61, 82(101); 68, 193(205f.); 75, 192(195f).

넷째, 기본권의 양면성, 특히 기본권의 객관적 가치질서로서의 성격으로부터 기본권이 가지는 상대성, 즉 권리이자 동시에 책임 내지 의무라고 하는 기본권의 이중적 성격이 도출될 수 있고, 따라서 기본권주체는 객관적 가치질서를 실현하기 위한 권리와 동시에 의무와 책임을 가지며, 이는 자연인뿐 아니라 법인의 경우에도 적용되어야 객관적 가치질서의 실현과 사회의 통합이 촉진될 수 있다. 따라서 법인의 경우도 자연인의 경우처럼 권리와 더불어 일정한 의무와 책임을 져야하고 이를 위해서는 법인의 경우도 일정한 범위내에서의 기본권의 주체가 되어야 할 것이기 때문이다. 그럴 경우에만 비로소 사회의 통합과 객관적 가치질서의 실현이 촉진될 수 있는 것이다.

2) 공법인 등의 기본권주체성

공법인이나 공법상의 영조물 또는 국가기관의 일부 등은 그 자체 공적 과제를 수행하는 공권력의 담당자이고 기본권의 객체 내지 수범자이기 때문에 원칙적으로는 기본권주체가 될 수 없다고 하겠다.[9] 그러나 예외적으로 공법인 등이 수행하는 공적 과제가 자연인의 기본권보호영역에 관계되고, 그러한 공적 과제수행을 위하여 그 공법인에 대한 해당 기본권의 보장과 공법인의 국가로부터의 독립성이 필수적으로 요구되는 경우에는 공법인 등의 기본권주체성을 인정할 수 있을 것이다.[10] 그 대표적인 예로서 바로 이 사건에서처럼 학문의 자유와 관련된 대학과 방송 및 보도의 자유와 관련된 방송국을 들 수 있다. 특히 대학은 비록 공법상의 조직 내지 공법상의 영조물이라 할지라도 그가 수행하는 공적 과제가 학문과 교육의 실현에 있고, 그 과제의 효율적 수행을 위해 학문의 자유와 대학의 자율성 등의 기본권보장이 필수적이며, 대학의 국가로부터의 독립성이 요구되어지기 때문에 그 한도내에서 대학은 학문의 자유와 자율성이라고 하는 기본권의 주체가 될 수 있는 것이다.[11]

이러한 맥락에서 이 사건 다수의견이 공법상의 영조물인 서울대의 기본권주체성을 학문의 자유 및 대학의 자율성과 관련하여 인정하고 있으며, 별개의견이나 반대의견이 이를 부정하지 않고 있는 것은 일응 타당하다고 하겠고, 그러한 점에서 그 이후의 결정에서 공법인 등이 기본권의 주체가 될 수 없다고 하여 예외없이 공법인 등은 기본권의 주체가 될 수 없는 듯 표현하고 있는 것은 일관성이 없는 잘못된 판시로 여겨진다.[12]

---

9) Vgl. BVerfGE 61, 81(101); 75, 192(196); Hesse, Grundzüge des Verfassungsrechts der Bundesrepublik Deutschland, 20. Aufl., S. 130; Schlaich, aaO, S. 135; Gusy, Die Verfassungsbeschwerde, 1988, S. 36; Isensee, aaO, Rdnr. 24.

10) Vgl. Pestalozza, Verfassungsprozeßrecht, 1991, S. 171f.; Schlaich, aaO, S. 136f.; BVerfGE 31, 314(322); 59, 231(254); 61, 82(102); 75, 192(196f.); 78, 101(102f.).

11) Vgl. BVerfGE 15, 256(261f.).

12) 헌법재판소는 1994. 12. 29. 93헌마120 불기소처분취소 사건에서 "헌법재판소법 제68조 제1항은 '공권력의 행사 또는 불행사로 인하여 기본권을 침해받은 자는 헌법소원의 심판을 청구할 수 있다'고 규정하고 있다. 여기서 기본권을 침해받은 자만이 헌법소원을 청구할 수 있다는 것은 곧 기본권의 주체라야만 헌법소원을 청구할 수 있고, 기본권의 주체가 아닌 자는 헌법소원을 청구할 수 없다는 것을 의미하는 것이

(2) 서울대와 청구인간의 법률관계

따라서 이처럼 예외적인 경우 공법인 등은 2중적 지위를 가진다고 볼 수 있다. 즉 공권력의 담당자로서의 지위와 기본권주체로서의 지위가 그것이다. 그러나 이러한 2중적 지위가 사인 내지 국민과의 법률관계에서 인정되는 것은 아니다. 즉 국가 등 다른 공권력주체에 대하여는 그 해당 기본권의 주체로서의 지위를 가질 수 있지만,[13] 사인 내지 국민과의 관계에서는 공권력의 담당자 내지 기본권의 객체로서의 지위만을 가지는 것이다.[14]

공법인 등은 본질적·기본적으로 공적 기능과 과제를 수행하는 공권력의 담당자이자 기본권의 수범자 내지 객체이며, 그리고 부수적으로 이러한 공적 기능 및 과제수행을 뒷받침하고 그것과 조화되는 범위내에서만 기본권의 주체성을 가진다. 즉 공적 과제를 실현하는 공권력담당자로서의 지위가 우선하고, 기본권주체로서의 지위는 이러한 주된 기능실현을 뒷받침하는 보조적인 것이다. 공법인 등에게 기본권이 인정되는 것은 앞서 언급한 법인 일반, 특히 사법인에게 기본권이 인정되는 논리에 따라 인정되는 것이지만, 공법인의 특성 및 공법인이 가지는 공적 기능과 과제, 의무, 책임 등에 비추어 이는 이러한 공적 과제를 뒷받침 내지 촉진시키거나 적어도 그것과 조화되고 모순 내지 충돌되지 아니하는 범위내에서만 인정되는 것이라고 할 수 있는 것이다.

다. 기본권 보장규정인 헌법 제2장의 제목이 '국민의 권리와 의무'이고 그 제10조 내지 제39조에서 '모든 국민은 … 권리를 가진다'고 규정하고 있으므로 국민(또는 국민과 유사한 지위에 있는 외국인과 사법인)만이 기본권의 주체라 할 것이다. 한편 국가나 국가기관 또는 국가조직의 일부나 공법인은 기본권의 '수범자(Adressat)'이지 기본권의 주체로서 그 '소지자(Träger)'가 아니고 오히려 국민의 기본권을 보호 내지 실현해야 할 '책임'과 '의무'를 지니고 있는 지위에 있을 뿐이다. 그런데 청구인은 국회의 노동위원회로 그 일부조직인 상임위원회 가운데 하나에 해당하는 것으로 국가기관인 국회의 일부조직이므로 기본권의 주체가 될 수 없고 따라서 헌법소원을 제기할 수 있는 적격이 없다고 할 것이다."라고 판시함으로써 공법인이나 공법상의 영조물 등은 기본권의 주체가 될 수 없고, 따라서 헌법소원의 청구인적격이 없다며 서울대 입시요강사건에서와는 다른 견해를 취하고 있다. 아울러 2000. 6. 1. 99헌마553 농업협동조합법 위헌확인 사건에서도 "헌법상 기본권의 주체가 될 수 있는 법인은 원칙적으로 사법인에 한하는 것이고 공법인은 헌법의 수범자이지 기본권의 주체가 될 수 없다."고 판시하고 있고, 또한 2000. 11. 30. 99헌마190 농업기반공사및농지관리기금법 위헌확인사건에서도 "농지개량조합은 … 농지개량조합의 조직, 재산의 형성·유지 및 그 목적과 활동전반에 나타나는 매우 짙은 공적인 성격을 고려하건대, 이를 공법인이라고 봄이 상당하므로 헌법소원의 청구인적격을 인정할 수 없다."라고 판시함으로써 공법인 등의 기본권 주체성을 부인하고 있다.

13) 따라서 국가 등 다른 공법인 내지 공권력주체와의 관계에서만 해당 공법인의 기본권주체성이 인정되고, 그들에 대해서만 기본권을 주장할 수 있다. 즉 국가 등이 이들 해당 공법인의 기본권을 직접 침해하거나, 그들의 공적 기능을 침해하여 결과적으로 기본권이 침해되는 경우에만 국가 등에 대하여 그 기본권 침해에 대한 구제를 청구할 수 있고, 따라서 이 경우에만 기본권주체성과 청구인적격이 인정될 수 있을 것이다. 이 경우 국가 등과 해당 공법인과의 법적 분쟁 내지 기본권 침해문제를 권한쟁의로써 해결하고 침해된 기본권을 구제하는 방법을 생각해 볼 수 있으나, 첫째, 여기서 직접 침해된 것은 공권력주체가 가지는 권한이 아닌 기본권주체의 기본권이고, 둘째, 법인격없는 공법상의 영조물의 경우 독자적인 권한의 주체가 된다고 보기 어렵고, 기타 공법인의 경우도 권한쟁의심판의 당사자적격을 갖기 어렵다는 등의 이유로 권한쟁의 요건을 갖추기 어렵고, 셋째, 직접적이고 효율적인 기본권구제가 목적이므로 해당기관의 권한의 존부 등을 확인하는 권한쟁의는 이러한 구제절차로서 적합하다고 보기 어렵다 할 것이다.

14) Vgl. Maurer, Staatsrecht, 1999, S. 277.

공법인 등의 설립과 존재목적은 우선적으로 공적과제수행이지 일정한 기본권의 향유가 아니다. 공법인 등은 일반 사인 내지 국민에 대하여는 공권력담당자로서의 지위만을 가지며 따라서 그들에 대하여 기본권을 주장할 수는 없다. 따라서 공법인과 국민과의 법률관계는 어디까지나 공권력담당자와 기본권주체와의 법률관계이고, 따라서 공권력행사에 의한 국민의 기본권제한의 법률관계가 문제될 뿐이다. 왜냐하면 앞서도 언급했듯이 공법인 등은 기본적으로 국민을 위해 국민을 대상으로 공적 기능과 과제의 실현 및 그를 위한 의무와 책임을 지기 위하여 설립·활동하는 것이고, 따라서 국민의 기본권을 보호 내지 실현해야 할 '책임'과 '의무'를 지니고 있는 지위에 있을 뿐이다. 그러므로 공법인 등은 국민과의 관계에서는 해당 공적 과제를 수행하는 공권력담당자로서의 지위만을 가진다.[15]

(3) 결 어

이러한 점에서 이 사건 다수의견이 "이러한 불이익은 서울대학교가 학문의 자유와 대학의 자율권이라고 하는 기본권의 주체로서 자신의 주체적인 학문적 가치판단에 따른, 법률이 허용하는 범위내에서의 적법한 자율권행사의 결과 초래된 반사적 불이익이어서 부득이한 일이다. 대학인에게 보장된 학문의 자유(강학의 자유)나 대학의 자율권도 교육의 기회균등 못지않게 중요하고 청구인들과 서울대학교와의 관계는 기본권 주체와 공권력 주체와의 관계뿐만 아니라 아울러 기본권주체 상호간의 관계이기도 하기 때문이다."라고 판시함으로써[16] 서울대와 청구인의 법률관계를 공권력의 담당자로서의 서울대와 기본권주체로서의 청구인의 법률관계로서 서울대의 입시요강이라는 공권력행사에 의해서 청구인의 헌법 제31조 제1항에 의해서 보장된 균등하게 교육을 받을 권리가 침해된 법률관계가 아니라, 기본권주체로서의 공법상의 영조물인 서울대와 역시 기본권주체로서의 청구인 사이의 기본권의 충돌관계로 파악하고 있는 것은 대단히 잘못된 것이라고 아니할 수 없다.[17] 앞서 언급한 바와 같이 이 사건에서 서울대 입시

---

15) 이 경우 국민과의 관계에서 공법인의 기본권주체성을 부인하는 결과 국가에 의한 경우처럼 국민에 의하여, 즉 국민의 공법인에 대한 기본권관철을 통한 공법인의 기본권－학문의 자유, 대학의 자율권 등－침해가 문제될 수 있다고 상상할 수 있겠으나, 이는 공법인 등의 기본권에 대한 침해가 아니라 공법인 등의 공적 과제수행을 위한 수단인 공권력으로서의 권한이 제한을 받게 되는 것이고, 이러한 권한의 제한은 공법인 등의 국민에 대한 해당 공적과제와 기능에 따른 적정한 공권력행사로써 결과적으로 보호될 수 있을 것이다. 물론 이는 정당하고 합헌적인 공권력행사를 전제로 하는 것이다. 이 사건에서 만일 일본어를 제외시키는 입시요강이 합헌이라면 이러한 입시요강이라는 공권력행사로 서울대의 자율권이 보호되는 것이고, 반대로 위헌이라면 일본어를 제외시키는 것을 내용으로 하는 자율권은 보호되는 정당한 자율권에 포함될 수 없는 것이다. 결국 공법인의 국민과의 관계에서는 공법인의 기본권주체성이 인정될 수도 없지만, 인정될 필요도 없는 것이다.

16) 헌재 1992. 10. 1. 92헌마68 등, 판례집 4, 659, 672.

17) 따라서 조규광재판관이 "이 사건에 있어서 말하는 자율권이란 대학의 국가에 대한 관계에 있어서의 기본권적 측면으로부터 파악되는 것이 아니라, 오히려 피청구인이 공권력행사의 담당자로서 영조물인 대학시설을 이용코자 하는 입학희망자들에 대하여 그 전형선발에 관한 행정적 규제를 과하는 권한의 측면으로부터 보아야 하며, 청구인들과 피청구인의 관계는 기본권주체와 공권력담당자와의 관계일 뿐 기본

요강은 어디까지나 서울대 본연의 고유한 공적기능과 과제수행의 일환이므로 일본어를 배제시키는 행위는 공권력담당자로서의 전형적인 공권력행사이지 이를 뒷받침하기 위한 기본권주체로서의 기본권행사는 아닌 것이다. 따라서 이것이 서울대의 자율권에 속한다 하더라도 여기서의 자율권은 국가와의 관계에서 주장할 수 있는 기본권의 일종으로서의, 헌법 제22조 제1항에서 보장하는 학문의 자유의 내용에 속하는 대학의 자치, 또는 헌법 제31조 제4항에서 보장하는 대학의 자율성이 아니라, 공권력의 담당자로서 자신의 공적 과제를 수행하기 위하여 인정되는 공권력의 일종으로서의 자율권한이라고 하겠다.

또한 이와 관련하여 다수의견이 앞서 언급한 바와 같이 "공법상의 영조물인 서울대학교가 대학입학고사시행방안을 정하는 것은 공법상의 영조물이용관계설정을 위한 방법, 요령과 조건 등을 정하는 것이어서 서울대학교 입학고사에 응시하고자 하는 사람들에 대하여 그 시행방안에 따르지 않을 수 없는 요건·의무 등을 제한설정하는 것이기 때문에 그것을 제정·발표하는 것은 공권력의 행사에 해당된다."고 하여[18] 일본어를 제외시킨 입시요강이 청구인의 기본권을 침해하는 헌법소원의 대상이 되는 공권력행사라고 판시하면서, 뒤에 가서는 이 입시요강이 기본권주체로서의 지위에서의 기본권행사 내지 자율권의 행사이고 따라서 이 사건 법률관계는 기본권주체 상호간의 기본권충돌관계라고 한 것은 논리적 모순이다. 왜냐하면 입시요강이 공권력행사로서 청구인의 기본권을 침해했다면 이러한 공권력행사는 어디까지나 공권력담당자로서의 지위에서 나오는 것이지 기본권주체로서의 지위에서 나오는 것은 아니기 때문이다. 즉 기본권주체로서 공권력을 행사한다는 것은 모순이기 때문이다. 기본권주체로서의 지위에서는 어디까지나 기본권만을 행사할 뿐이고, 이러한 기본권의 행사는 공권력행사가 될 수 없으며, 따라서 헌법소원의 대상이 될 수 없는 것이다. 결국 이 사건은 서울대가 공권력담당자의 지위에서 공권력을 행사했고, 이것이 청구인의 기본권을 침해했다고 주장되어 청구인들이 공권력담당자인 서울대학교 총장을 피청구인으로 헌법소원을 제기한 것으로 보아야 할 것이다.[19]

한편 다수의견이 "이러한 대학의 자율권도 헌법상의 기본권이므로 기본권제한의 일반적 법률유보의 원칙을 규정한 헌법 제37조 제2항에 따라 국가안전보장·질서유지·공공복리 등을 이유로 제한(필요, 최소한의 한도에서)될 수 있는 것이며, 대학입학방법을 규정하고 있는 교육법 제111조의2 및 교육법시행령 제71조의2의 규정은 바로 헌법 제37조 제2항에 의한 대학자율권 규제법률이다."라고 판시함으로써[20] 이 사안을 기본권

권주체 상호간의 관계로 볼 수는 없다고 할 것이다."라고 주장한 것은 타당하다고 하겠다.

18) 헌재 1992. 10. 1. 92헌마68 등, 판례집 4, 659, 667-668.

19) 만일 이 사건 법률관계를 기본권충돌관계로 보고 한쪽 당사자의 침해된 기본권을 구제하고자 한다면 이는 원칙적·1차적으로 대등 당사자간의 민사관계로서 민사소송이 제기되었어야 할 것이다. 또한 피고도 독자적인 민법상의 권리주체가 아닌 영조물일 뿐인 서울대학교 총장이 아닌 국가가 되어야 할 것이다.

20) 헌재 1992. 10. 1. 92헌마68 등, 판례집 4, 659, 670-671.

주체 상호간의 기본권충돌관계로 파악하면서도 이러한 기본권충돌관계를 이익형량의 원칙이나 규범조화적 해석의 방법으로 해결하려고 시도하지 않고, 공권력주체의 공권력행사에 의한 사인의 기본권제한의 경우에 적용되는 정당화 요건인 헌법 제37조 제2항에 의한 해결방법의 적용을 시사한 것도 논리적 모순이라고 하지 않을 수 없다.

아울러 다수의견은 "94학년도에 대학진학 예정인 2학년생과 95학년도에 대학진학 예정인 1학년생은 그들이 서울대학교 인문계열 진학을 희망할 경우 일본어를 선택과목으로 시험을 치를 수 없게 되어 고등학교에서 독일어, 프랑스어, 에스파냐어, 중국어 중 하나를 외국어 선택과목으로 배우고 있는 학생들보다 불리한 입장에 놓이게 되었다고 주장할 수도 있을 것이다. 그러나 이러한 불이익은 서울대학교가 학문의 자유와 대학의 자율권이라고 하는 기본권의 주체로서 자신의 주체적인 학문적 가치판단에 따른, 법률이 허용하는 범위내에서의 적법한 자율권행사의 결과 초래된 반사적 불이익이어서 부득이한 일이다."라고 하여 청구인의 기본권침해를 단순한 반사적 불이익이라고 판시하고 있다.[21] 즉 개인이 대학에 입학하고 교육을 받을 권리는 공법상의 영조물인 국립대학의 학칙이 허용한 결과이지 개인의 기본권으로서의 성격을 갖는 것은 아니라는 것이다. 따라서 이러한 개인이 가지는 입학의 기회는 일종의 반사적 이익에 불과한 것이고, 헌법이 인정하고 보장하는 기본권이 아니며, 단지 이러한 반사적 이익이 서울대의 입시요강으로 침해되어 초래된 사실상의 반사적 불이익에 불과하다는 것이다. 이 점 역시 다수의견의 논리적 모순을 드러내는 것이다. 왜냐하면 백번 양보하여 이 사건 법률관계를 기본권충돌관계라고 한다면 이는 청구인의 균등한 교육을 받을 권리가 적어도 헌법상의 기본권이라는 사실을 인정하고 그것을 전제로 한다는 것인데, 이를 기본권 내지 공권(법률상 이익)이 아닌 단순한 사실상의 반사적 이익이라고 한 것은 그 스스로의 논리적 모순이라고 하지 않을 수 없기 때문이다.

4. 입시요강의 위헌성

지금까지 언급한 바와 같이 서울대의 입시요강은 서울대가 기본권주체가 아닌 공권력담당자의 지위에서 행한 공권력행사이고 이로써 청구인의 기본권을 제한 내지 침해한 것이 문제가 되며, 따라서 이러한 공권력행사가 헌법상 정당화될 수 있는지가 관건이라고 할 수 있다. 즉 선택과목에 관한 서울대의 자율권행사로서의 입시요강이 정당화되기 위해서는 공권력행사에 의한 기본권제한의 방법상의 요건이 문제되고, 따라서 비례의 원칙, 신뢰보호의 원칙, 평등의 원칙 등 헌법상의 제 원칙이 준수되어야 하는 것이다.

---

21) 헌재 1992. 10. 1. 92헌마68 등, 판례집 4, 659, 672.

(1) 신뢰보호의 원칙과 관련하여

1) 신뢰보호의 원칙적용의 요건

신뢰보호의 원칙에 관한 대법원 판례(1992. 5. 26. 91누10091)에 의하면 일반적으로 행정상의 법률관계에 있어서 행정청의 행위에 대하여 신뢰보호의 원칙이 적용되기 위하여는, 첫째, 행정청이 개인에 대하여 신뢰의 대상이 되는 공적인 견해표명을 하여야 하고, 둘째, 행정청의 견해표명이 정당하다고 신뢰한데 대하여 그 개인에게 귀책사유가 없어야 하고, 셋째, 그 개인이 그 견해표명을 신뢰하고 이에 따라 어떠한 행위를 하였어야 하며, 넷째, 행정청이 위 견해표명에 반하는 처분을 함으로써 그 견해표명을 신뢰한 개인의 이익이 침해되는 결과가 초래되어야 하는 것이며, 이러한 요건을 충족할 때에는 행정청의 처분은 신뢰보호의 원칙에 반하는 행위로서 위법한 것이 된다.[22] 이러한 요건은 행정처분의 경우뿐 아니라 기타의 공권력행사의 경우에도 적용된다고 하겠다.

2) 신뢰보호의 원칙 위반 여부

이러한 요건에 따르면 이 사건 피청구인의 일본어를 제외시키는 내용의 입시요강은 신뢰보호의 원칙을 위반하는 것이라고 할 수 있다. 즉 첫째, 지금까지 교육관계법령 및 고시(제5차 교육과정 문교부고시 제88-7호, 88. 3. 31.)에 따라 시행되고 있는 5개의 제2외국어교과 중 일본어를 고등학교 교과과정 및 학력고사 선택과목으로 인정해왔고, 따라서 국가가 이미 일본어를 선택할 것이라는 견해표명을 했나고 볼 수 있으며, 둘째, 이를 정당하다고 신뢰한 것에 대하에 청구인들에게 귀책사유가 없으며, 셋째, 이를 신뢰하고 이에 따라 청구인들이 일본어를 선택하고 공부해왔는데, 넷째, 갑자기 지금까지와는 달리 일본어를 선택과목에서 제외시켜 일본어를 선택과목으로 인정한다는 견해표명을 신뢰한 청구인들의 이익이 침해되는 결과가 초래되었기 때문에 이는 신뢰보호의 원칙을 위반한 것이다.

이와 관련하여 조규광재판관의 반대의견에 따르면 피청구인은 기존의 대학입학학력고사는 국가가 전국적 차원에서 관리하는 고사제도여서 새로운 입시개선안에서 대학의 개별적 사정을 고려한 자율적 판단에 맡겨진 입시방법과는 상관관계나 인과관계가 없으며, 서울대학교가 처음 실시한 새로운 입시안에 특정 외국어를 포함시키는 여부에 관하여 수험생들이 기대나 신뢰를 불러일으킬 만한 언질 기타 여하한 선행조치를 서울대학교측에서 취한 사실이 없다고 주장하나, 조규광 재판관도 지적하고 있듯이 종래 시행되어 온 국가관리의 대학입시제도 하에서는 현행 교육법시행령 제71조의2 제1항

22) 같은 견해의 판례: 대판 1985. 4. 23. 84누593; 1987. 5. 26. 86누92; 1988. 9. 13. 86누101.

규정에 근거하여 일본어를 제2외국어 선택과목으로 인정하여 중앙교육평가원장이 출제한 대학입학학력고사의 성적으로써 신입생들을 선발하는 제도가 정착되어 왔었기 때문에 서울대학교 인문계열진학을 희망하는 고등학교학생들은 일본어를 제2외국어로 선택하여 서울대학교 대학입학고사에 응시할 수 있다는 신뢰를 가지게 되었던 것이지 이러한 제도에 대한 신뢰가 서울대학교가 어떠한 행동 등 그 신뢰부여의 계기를 만들었기 때문에 생긴 것은 아니므로 서울대학교의 행동 유무와는 무관한 것이다. 또한 김양균 재판관도 지적하고 있듯이 서울대는 공법상의 영조물이고 서울대가 작성한 입시요강은 교육부의 개선안을 토대로 하여 그것을 승계한 것으로서 그 요강의 제정발표는 공권력의 행사에 해당되고 현재 고등학교에 재학 중인 학생은 교육부가 마련한 대학입시제도에 따라 입학한 학생들이기 때문에 서울대가 입시요강을, 교육부의 대학입시제도(선행행위)를 신뢰하고 고등학교에 입학한 학생에게까지 소급적용하려는 것은 신뢰보호의 원칙에 위배되는 것으로 보지 않을 수 없는 것이다.

물론 일정한 공권력행사가 청구인의 신뢰를 침해했다는 이유만으로 곧바로 위헌이 되는 것은 아니고, 이러한 신뢰침해를 정당화시키는 긴절한 공익적 이유가 있다면 합헌적인 공권력행사가 될 수도 있는 것이다. 따라서 결국 공권력행사의 위헌여부는 침해되는 신뢰이익과 그를 통해 달성되는 공익과의 이익형량을 통해 결정될 수밖에 없을 것이다.[23] 이와 관련하여 다수의견이나 별개의견은 이러한 청구인의 신뢰침해 내지 기본권침해를 정당화시키는 공익적 이유로서 대학의 자율성을 들고 있다. 물론 대학의 자율성이 공익에 해당하지 않는다고 볼 수는 없겠으나, 대학의 자율성 그 자체만으로는 너무 막연하기 때문에 구체적으로 어떠한 긴절한 공익실현을 위하여 이러한 신뢰침해가 불가피하고, 그를 통해 결과적으로 대학의 자율성도 확보된다는 것을 논증하여야 한다. 그러한 측면에서 단순히 대학의 자율성만을 강조하고 구체적으로 실현되는 긴절한 공익적 사유를 적시하지 아니한 헌법재판소의 논증방식은 설득력이 없어 보인다. 즉 김양균 재판관도 지적하고 있듯이 대학의 자율권은 헌법상 보장되어 있고 대학이 학생선발을 위하여 어떠한 과목에 어떤 방법의 시험을 실시하고 어떻게 배점할 것인가에 대하여 스스로 결정할 권리가 있다는 주장만으로는 아무런 귀책사유가 없는 청구인들의 신뢰침해를 정당화시킬 충분한 이유가 될 수 없는 것이다. 따라서 이 사건에서는 기본권침해를 정당화시키는 긴절한 공익적 이유가 없다고 할 수밖에 없다. 굳이 상상해 본다면 일본어가 보편적인 학술용어가 되지 못한다거나 일본어의 선택이 보편화됨으로써 일본문화의 침투가 가속화되고 있다는 등의 이유가 거론될 수 있겠으

23) 헌재 2001. 2. 22. 98헌바19: "헌법상의 신뢰보호원칙은 법치국가의 원칙으로부터 도출되는 것으로서 이 원칙에 의하면, 새로운 입법으로 말미암아 기존의 법질서에 대한 당사자의 합리적이고도 정당한 신뢰가 무너져 당사자가 큰 손해를 입는 경우에 새로운 입법이 목적으로 하는 공익이 당사자가 입는 손해를 정당화할 수 없다면 그러한 새 입법은 허용될 수 없는 것이지만 과연 새로운 입법이 신뢰보호의 원칙을 위배한 것인지 여부를 판단하기 위하여는 침해받은 이익의 보호가치, 침해의 정도, 신뢰의 손상 정도, 신뢰침해의 방법 등을 새 입법이 목적으로 하는 공익과 종합적으로 비교·형량하여야 한다."

나, 이러한 이유 역시 청구인의 신뢰침해를 정당화시키는 긴절한 공익이라고 보기는 어려울 것이다. 따라서 정당하고 긴절한 공익적 이유없이 청구인의 신뢰를 침해한 입시요강은 위헌이라고 볼 수밖에 없다.

한편 다수의견과 피청구인은 한문이 고등학교 교과과정에 포함되어있고, 한문과 일본어는 그 어원이 같다는 점에서 상호 대체성이 있으므로, 일본어를 배운 학생이 제2외국어로서 한문을 선택함으로써 불이익을 피할 수 있다고 주장하고 있으나, 김양균 재판관이 주장하고 있듯이 고등학교 교과과정에서 제2외국어와 국어에 포함되어 가르쳐지고 있는 한문은 교육집중도가 다르기 때문에 일본어를 공부하는 학생에게 입시과목으로서의 한문은 대체성이 없고, 고등학교에서 일본어를 제2외국어로 공부하는 학생은 내신성적을 충실히 취득하기 위해서 일본어를 공부해야 하고, 또한 입시과목으로서 학문을 배워야 하는 이중부담을 진다는 점에서 이러한 주장은 타당성이 없다고 하겠다.

결국 이 사건의 경우 청구인이 당하는 불이익과 신뢰침해는 피할 수 없고 수인의 기대가능성이 없는 반면, 그를 정당화시키는 긴절한 공익적 이유를 발견하기 어렵다는 점에서 이 사건 입시요강은 신뢰보호의 원칙을 위반하는 위헌적인 공권력행사라고 하지 않을 수 없다.

그런데 이와 관련하여 조규광 재판관은 "현재 고등학교 1학년에 재학중인 학생은 충분하지는 않지만 위 개정전 입시안에 맞추어 일본어가 아닌 다른 외국어를 공부함으로써 위에서 본 바와 같은 신뢰의 침해에서 벗어날 여지가 있다고 보여지므로 대학의 자율성과 다양성을 추구한다는 공공복리와 비교형량할 때 그 신뢰가 우선된다고 보기 어려울 뿐더러 그러한 공익목적을 위하여 차별의 합리성을 인정할 수 있다고 하겠다."라고 주장하나[24] 앞서 언급한 바와 같이 청구인에 대한 신뢰침해를 정당화시키는 공익적 존재를 발견하기 어렵고 설사 발견한다 하더라도 청구인의 신뢰를 침해할 만한 긴절하고 시급한[25] 공익이라고 보기도 어렵기 때문에 비록 2학년보다는 1학년에 재학중인 학생이 새로운 입시요강에 적응하기가 상대적으로 쉽다고 하더라도 이익형량상 1학년에 대한 신뢰침해도 정당화되기 어렵다고 본다.[26]

---

24) 헌재 1992. 10. 1. 92헌마68 등, 판례집 4, 659, 686.

25) 즉 그 시행시기가 반드시 1994년도라야 한다는 공공의 이익을 인정할 만한 사정이 없기 때문에 기존의 제도에 대한 예측가능성 내지 신뢰보호라는 법치국가적 원칙에서 요구되는 충분하고도 적절한 경과규정(유예기간)이 마련되어 있지 않은 이 사건 입시요강은 신뢰보호의 원칙에 위배되어 정당화될 수 없는 것이다.

26) 만일 이 사건에서 청구인의 신뢰침해를 정당화시키는 공익이 존재하고, 청구인들, 특히 대원외고 1학년의 경우 새로운 입시요강에 적응할 충분한 시간적 여유가 있어 신뢰침해를 수인할 수 있다고 인정될 경우 입시요강은 헌법상 정당화될 수 있을 것이고 이 사건 심판청구는 기각될 것이다. 그런데 일본어 선택이 강제된 경우(배정되어 간 학교에서 일본어만 가르친 경우)의 학생들에게는 아무리 일본어를 제외시키는 정당한 공익적 이유가 존재한다 하더라도 이들이 새로운 입시요강에 적응할 가능성이 없으므로 신뢰침해에 대한 수인의 기대가능성이 없고, 따라서 입시요강은 위헌적인 공권력행사가 될 것이다. 그런데 이들 학생은 이 사건의 청구인이 아니고 단지 이해관계 있는 제3자에 불과하므로 이 사건에서는 청구인만의 이익을 기준으로 기각시켜야 하는지의 의문이 제기될 수 있다. 청구인의 권리보호의 이익이 없더라도 중요한 헌법적 해명이나 헌법수호, 동일한 사건의 반복방지 등의 공익적 이유에서 헌법소원의 본안판단을 하는, 즉 객관적 소송화되어지는 오늘날의 헌법소원제도의 추세에 비추어 볼 때 이해관계 있는 제3

(2) 비례의 원칙과 관련하여

국민의 기본권을 침해하는 공권력의 행사가 정당화되기 위해서는 그 공권력행사의 목적이 정당해야 하고(목적의 정당성), 그 목적의 달성을 위한 방법이 효과적이고 적절하여야 하며(방법의 적합성), 그 방법을 통한 기본권의 침해는 필요한 최소한도에 그치도록 하여야 하며(침해의 최소성), 그 공권력행사를 통해 달성하려는 공익과 침해되는 사익을 비교형량할 때 공익이 더 커야 한다(법익의 균형성)는 비례의 원칙을 충족시켜야 한다.

1) 목적의 정당성

앞서 언급한 바와 같이 이 사건의 경우 공권력행사로서의 입시요강을 정당화시키는 긴절한 공익적 사유를 발견하기 어렵다. 즉 다수의견과 별개의견에서 거론되는 대학의 자율권도 청구인들의 기본권침해를 정당화시킬 충분한 이유가 될 수 없고, 일본어가 보편적인 학술용어가 되지 못한다거나 일본어의 선택이 보편화됨으로써 일본문화의 침투가 가속화되고 있다는 등의 이유 역시 입시요강을 정당화시킬 수 있는 공익이라고 보기 어렵다. 따라서 이 사건에서는 청구인의 기본권침해를 정당화시키는 긴절한 공익적 이유가 없다고 할 수밖에 없으므로 서울대의 입시요강은 목적의 정당성의 요건을 충족시키기 어렵다고 본다.

2) 방법의 적합성

설사 대학의 자율권이나 일본어가 보편적인 학술용어가 되지 못한다거나 일본어의 선택이 보편화됨으로써 일본문화의 침투가 가속화되고 있다는 등의 이유 등이 이 사건 입시요강 및 그를 통한 청구인의 기본권침해를 정당화시키는 공익이라고 하더라도 일본어를 선택과목에서 제외시키는 조치가 이러한 공익을 실현하기 위한 적합한 방법이라고 보기도 어렵다.

3) 침해의 최소성

설사 입시요강을 정당화시키는 공익이 존재하고 일본어를 선택과목에서 제외시키는 조치가 그 공익달성을 위하여 적합한 방법이라고 하더라도 1994학년도부터 이를 실시하는 것은 너무 과도한 조치라고 보지 않을 수 없다. 즉 김양균 재판관도 언급하고 있듯이 피청구인 작성의 입시요강의 시행시기가 1995년이라면 피해가 훨씬 줄어들 것이

자의 기본권도 고려하고 중요한 헌법적 해명을 한다는 차원에서 이 경우에도 헌법재판소는 이 사건 심판청구를 인용할 수 있다고 보여진다. 헌법소원의 객관적 소송화에 대하여는 정연주, 헌법소원심판청구 취하의 효과, 공법연구 제28집 제4호 제2권, 2000. 6, 201쪽 이하 참조.

고 1996년이라면 피해가 없을 것인데도 그 시행시기를 굳이 1994년도로 하려는 것은, 만일 그 시기를 놓쳐서는 국가의 교육정책상 회복할 수 없는 손실이 초래될 우려가 있어 공공복리의 증진을 위하여 일부 학생의 희생은 부득이 감수하게 할 수밖에 없다고 함과 같은 특별한 사정이 인정되어야 할 것인바, 이 사건에서는 그와 같은 특별한 사정이 없거나 설사 특별한 공익상의 이유가 인정된다 하더라도 그것이 청구인의 기본권을 침해하면서까지 달성해야 할만큼 시급하고 긴절한 것으로 보이지 않으므로 침해의 최소성의 원칙에도 위배된다고 보지 않을 수 없다.

4) 법익의 균형성

앞서 언급한 바와 같이 일본어를 선택과목에서 제외시킴으로써 달성되는 공익이 없거나 크지 않은데 비하여 청구인의 기본권침해의 정도는 수인의 기대가능성이 없을 정도로 크기 때문에 달성되는 공익과 침해되는 청구인의 기본권사이의 균형이 상실되었다고 보지 않을 수 없다.

(3) 평등의 원칙과 관련하여

교육관계법령 및 고시(제5차 교육과정 문교부고시 제88-7호, 88. 3. 31.)에 따라 시행되고 있는 5개의 제2외국어 교과 중 일본어를 선택한 학생들에 대하여서만 프랑스어, 독일어, 중국어, 에스파냐어 등 다른 외국어를 선택하여 공부하는 학생들에 비하여 차별하는 것은 앞서 언급한 바와 같이 이러한 차별을 정당화시키는 합리적 사유가 없으므로, 이 사건 서울대학교 입시요강 중 인문계열대학의 대학별 고사과목의 선택과목에서 일본어를 제외한 부분은 헌법 제11조 제1항의 평등의 원칙을 위배하여 헌법 제31조 제1항이 보장하고 있는 균등하게 교육을 받을 권리를 침해하는 것으로서 위헌이라고 할 수밖에 없을 것이다.

Ⅳ. 사립대학의 경우

1. 일반론

사법상의 재단법인인 사립대학은 공권력의 담당자가 아닌 국민과 대등한 사인의 지위를 가지며, 따라서 입시지원자와의 법률관계는 사법관계라고 할 수 있고, 따라서 사립대학과 입시지원자와의 법률관계는 학문의 자유와 대학의 자율성이라고 하는 기본권의 주체로서의 대학과 균등한 교육을 받을 권리의 주체인 입시지원자와의 관계인 기본권주체 상호간의 기본권충돌관계라고 할 수 있다. 따라서 이러한 법적 분쟁에 대하여는 민사소송에 의해 해결해야 할 것이고, 이에 대하여 불복할 경우 그 민사재판에 대한 헌법소원심판청구를 고려할 수 있겠으나, 현행법상 재판에 대한 헌법소원이 금지되어 있으므로 결국 일반법원에서 해결할 수밖에 없을 것이다.[27)]

2. 사립대학을 공무수탁사인의 일종으로 볼 경우

사립대학을 공교육이라는 급부행정을 국가로부터 위탁받아 공적 과제를 수행하는 이른바 공무수탁사인으로 볼 수 있다면 그 한도에서 공권력담당자로서의 지위를 가진다고 보아야 할 것이고, 그 공적 과제수행과정에서 이루어지는 자율권의 행사는 일종의 공권력행사로 보아야 할 것이다. 따라서 사립대학의 일본어를 배제하는 내용의 입시요강은 헌법소원의 대상이 되는 공권력행사로 볼 수 있을 것이다. 따라서 이 경우에는 앞서 살펴본 서울대의 경우에 적용되는 논리가 그대로 적용된다고 보아야 할 것이다.

V. 맺는 말

본 결정은 한편에서는 헌법소원의 적법요건의 측면에서는 헌법소원심판의 대상이 되는 공권력행사의 개념을 넓게 인정하는 등 국민의 기본권침해에 대한 구제의 길을 넓혔다는 점에서 상당한 의미가 있다고 하겠으나, 다른 한편 앞서 언급한 바와 같이 다양한 문제점과 논리적 모순을 지니고 있는 결정이기도 하다. 차제에 공법인이나 공법상의 영조물 등의 기본권주체성과 이들의 국가 및 사인간의 법률관계 등에 대한 보다 심도 있는 규명이 있어야 할 것이고, 아울러 헌법재판소의 논증과정에 있어서의 논리적인 일관성이 요구된다고 하겠다.

---

27) 사립대학의 입시요강은 공권력행사가 아니므로 헌법소원의 대상이 될 수 없으며, 단지 민사소송이 제기된 후 재판부의 해당 기본권의 내용과 효력에 대한 평가나 기본권의 사인간 효력에 대한 평가 등이 문제되어 민사재판에 대한 헌법소원심판의 제기가 고려될 수 있겠으나, 현행법상 이는 금지되어 있다. 권리구제의 공백과 헌법심의 공백을 해소하기 위하여 재판에 대한 헌법소원을 인정해야 할 필요성이 있다고 하겠다.

32. 법규명령에 대한 헌법소원

- 헌재 1990. 10. 15. 89헌마178 법무사법시행규칙에 대한 헌법소원[1] -

[目 次]

Ⅰ. 머리말

이 글은 법규명령에 대한 사법심사, 특히 헌법소원에 의한 심사와 통제의 문제를 다룬 것이다. 법규명령에 대한 사법심사에서는 주로 그 관할권, 제기요건, 판결의 효력 등이 문제가 되는데, 여기서는 이 문제를 최초로 다룬 헌재의 89헌마178 사건을 중심으로 법규명령에 대한 심사가 헌법재판소의 관할이 될 수 있는지를 결정하는 중요한 기준인 헌법소원심판의 제기요건, 특히 법규명령에 의한 기본권침해의 직접성 문제를 중심으로 고찰하고자 한다. 헌법재판소에 의한 위 결정이 내려진 이후 결정내용에 대한 타당성 여부와 더불어 법규명령에 대한 사법심사의 관할권을 대법원이 가지느냐 헌법재판소가 가지느냐를 놓고 헌법 제107조 제2항 등 관련 규정의 해석 및 법규명령에 대한 헌법소원심판의 제기요건 등과 관련하여 법조계와 학계에서 많은 논란이 있었다. 이 문제를 해결하기 위하여는 역시 헌법 제107조 제2항에 대한 정확한 규범조화적 해석과 기본권침해의 직접성에 대한 명확하고 일관된 기준이 제시되어야 하고, 근본적으로는 입법적으로 해결하여야 할 것으로 본다. 이러한 문제를 다루기 위하여 이 글에서는 먼저 위 결정내용을 소개하고, 이 결정에서 나타난 기본권침해의 직접성에 대한 문제점을 살펴본 후, 그 문제점 극복을 위한 해결책과 입법론을 헌재와 대법원과의 위상과 기능의 차이점 등을 중심으로 고찰해 보고자 한다.

---

1) 헌재 1990. 10. 15. 89헌마178, 판례집 2, 365.

Ⅱ. 헌재결정의 내용

1. 사건의 개요와 심판의 대상

(1) 사건의 개요

청구인은 법무사사무소 사무원으로 15년, 변호사사무소 사무원으로 12년을 종사해 오면서 법무사가 되고자 법무사시험의 준비를 하여 왔는데 구 법무사법시행규칙 제3조 제1항은 법무사시험을 반드시 정기적으로 실시하도록 한 구 법무사법 제4조 제1항 제2호의 취지에 반하여 법무사시험의 실시여부를 전적으로 법원행정처장의 자유재량에 맡김으로써 법원행정처장이 법무사시험을 실시하지 아니할 수도 있게 하였고, 이 때문에 법원행정처장은 법정기간 이상을 근무하고 퇴직한 법원공무원이나 검찰공무원만으로도 법무사 충원에 지장이 없다는 이유로 법무사시험을 실시하지 아니하고 있는 바, 결국 구 법무사법시행규칙 제3조 제1항은 본법인 법무사법 제4조 제1항 제2호에 의하여 청구인이나 그밖에 법무사가 되고자 하는 사람들에게 부여된 법무사시험 응시의 기회를 박탈함으로써 평등권을 침해한 것이므로 이러한 시행규칙의 취소 또는 그 위헌확인을 구한다는 것이다.

(2) 심판의 대상

따라서 이 사건 헌법소원심판청구의 대상은 법무사시험실시에 관한 구 법무사법시행규칙 제3조 제1항의 규정이다.[2)]

구 법무사법 제4조 ① 다음 각호의 1에 해당하는 자는 법무사의 자격이 있다.

---

2) 헌재의 위헌결정 이후 법무사법이 개정되어 법무사는 시험을 통해서만 자격을 취득할 수 있도록 일원화 되었다. 현행 법무사법 제5조(법무사시험) ① 법무사시험은 대법원장이 실시한다.

② 법무사시험은 필기시험인 제1차 시험 및 제2차 시험과 구술시험인 제3차 시험으로 구분하여 실시한다.

③ 법무사시험의 응시자격, 시험과목, 시험방법, 그 밖에 시험에 관하여 필요한 사항은 대법원규칙으로 정한다.

제5조의2(시험의 일부 면제 등) ① 법원, 헌법재판소, 검찰청의 법원사무직렬·등기사무직렬·검찰사무직렬 또는 마약수사직렬 공무원으로 10년 이상 근무한 경력이 있는 자에게는 제1차 시험을 면제한다.

② 다음 각 호의 어느 하나에 해당하는 자에게는 제1차 시험의 전과목과 제2차 시험의 과목 중 대법원규칙으로 정하는 일부 과목을 면제한다.

1. 법원, 헌법재판소, 검찰청의 법원사무직렬·등기사무직렬·검찰사무직렬 또는 마약수사직렬 공무원으로 5급 이상의 직에 5년 이상 근무한 경력(해당 분야에서 고위공무원단에 속하는 일반직공무원으로 근무한 경력을 포함한다)이 있는 자
2. 법원, 헌법재판소, 검찰청의 법원사무직렬·등기사무직렬·검찰사무직렬 또는 마약수사직렬 공무원으로 7급 이상의 직에 7년 이상 근무한 경력이 있는 자

③ 제1차 시험에 합격한 자에 대하여는 다음 회의 시험에 한하여 제1차 시험을 면제한다.

1. 7년 이상 법원·헌법재판소·검찰청에서 법원주사보나 검찰주사보 이상의 직에 있던 자 또는 5년 이상 법원·헌법재판소·검찰청에서 법원사무관이나 검찰사무관(수사사무관을 포함한다) 이상의 직에 있던 자로서 법무사업무의 수행에 필요한 법률지식과 능력이 있다고 대법원장이 인정한 자

2. 법무사시험에 합격한 자

② 제1항 제1호의 규정에 의한 법무사의 자격인정 및 동항 제2호의 규정에 의한 법무사시험의 실시에 관하여 필요한 사항은 대법원규칙으로 정한다.

구 법무사법시행규칙 제3조 ① 법원행정처장은 법무사를 보충할 필요가 있다고 인정되는 경우에는 대법원장의 승인을 얻어 법무사시험을 실시할 수 있다.

2. 결정의 요지

(1) 헌법 제107조 제2항이 규정한 명령·규칙에 대한 대법원의 최종심사권이란 구체적인 소송사건에서 명령·규칙의 위헌여부가 재판의 전제가 되었을 경우 법률의 경우와는 달리 헌법재판소에 제청할 것 없이 대법원이 최종적으로 심사할 수 있다는 의미이며, 명령·규칙 그 자체에 의하여 직접 기본권이 침해되었음을 이유로 하여 헌법소원심판을 청구하는 것은 위 헌법규정과는 아무런 상관이 없는 문제이다. 따라서 입법부·행정부·사법부에서 제정한 규칙이 별도의 집행행위를 기다리지 않고 직접 기본권을 침해하는 것일 때에는 모두 헌법소원심판의 대상이 될 수 있나.

(2) 이 사건에서 심판청구의 대상으로 하는 것은 법원행정처장의 법무사시험 불실시 즉 공권력의 불행사가 아니라 법원행정처장으로 하여금 그 재량에 따라 법무사시험을 실시하지 아니해도 괜찮다고 규정한 법무사법시행규칙 제3조 제1항이다. 그런데 법령 자체에 의한 직접적인 기본권침해 여부가 문제되었을 경우 그 법령의 효력을 직접 다투는 것을 소송물로 하여 일반 법원에 구제를 구할 수 있는 절차는 존재하지 아니하므로 이 사건에서는 다른 구제절차를 거칠 것 없이 바로 헌법소원심판을 청구할 수 있나.

(3) 법무사법시행규칙 제3조 제1항은 법원행정처장이 법무사를 보충할 필요가 없다고 인정하면 법무사시험을 실시하지 아니해도 된다는 것으로서 상위법인 법무사법 제4조 제1항에 의하여 모든 국민에게 부여된 법무사 자격취득의 기회를 하위법인 시행규칙으로 박탈한 것이어서 평등권과 직업선택의 자유를 침해한 것이다.

3. 해 설

헌재의 결정내용은 이 글의 주제와 관련하여 크게 두 가지로, 즉 헌법 제107조 제2항의 해석 문제와 보충성의 원칙 문제로 나눌 수 있다.

(1) 전자의 문제와 관련하여서는 첫째, 헌법 제107조 제2항에 따라 명령이 헌법이나 법률에 위반되는 여부가 재판의 전제가 된 경우에, 즉 명령이 직접 기본권을 침해한 것이 아니라－일반적인 경우로서－간접적으로 침해한 경우, 즉 행정처분 등 다른 집행행위를 매개한 경우에는 이러한 집행행위의 위법여부가 직접적인 소송물이므로 이에 대한 행정쟁송을 제기한 후 집행행위의 근거가 된 명령의 위헌·위법여부가 재판의 전제가 되는 경우이므로 이를 선결문제로서 대법원이 최종적으로 심사한다는 것이고, 둘째, 예외적으로 명령이 어떠한 집행행위를 매개함이 없이 직접 기본권을 침해한 경우에는 명령의 위헌·위법여부 자체가 직접적인 소송물이고, 명령의 위헌·위법여부가 선결문제로서 재판의 전제가 될 수 없는 경우이므로 처음부터 헌법 제107조 제2항이 적용될 수 없고, 따라서 명령은 행정쟁송 등 다른 법률의 구제절차의 대상이 되지 아니하므로－소위 보충성원칙의 비적용－불가피하게 헌법소원의 대상이 될 수밖에 없다는 것이다.

(2) 후자의 문제와 관련하여서는 청구인이 이 사건에서 심판청구의 대상으로 하는 것은 법원행정처장의 법무사시험 불실시, 즉 공권력의 불행사가 아니라 법원행정처장으로 하여금 그 재량에 따라 법무사시험을 실시하지 아니해도 괜찮다고 규정한 구 법무사법시행규칙 제3조 제1항이고, 헌법재판소법 제68조 제1항 후단 소정의 다른 법률에 의한 구제절차란 소원의 목적물인 공권력의 행사 또는 불행사를 직접 대상으로 하여 그 효력을 다툴 수 있는 절차를 의미하는 것이지 최종 목적을 달성키 위하여 취할 수 있는 모든 우회적인 구제절차를 의미하는 것이 아니기 때문에, 법원행정처장에게 법무사시험 실시를 요구하고 그 결과(거부처분이나 부작위)에 대한 행정쟁송의 제기를 고려할 수는 있으나, 이는 우회적인 절차로서 신속한 권리구제를 받기란 기대하기 어려운 것이어서 헌법재판소법 제68조 제1항 후단 소정의 구제절차에 해당되지 아니하고, 결국 다른 구제절차를 거칠 것 없이 바로 헌법소원 심판을 청구할 수 있다는 것이다.

Ⅲ. 헌재결정의 문제점

1. 이 글의 주제와 관련하여 앞서 언급한 헌재결정에 대한 해설에 있어서 헌재의 전자의 견해, 즉 헌법 제107조 제2항의 해석과 적용에 대한 견해와 이 사건의 결론, 즉 이 사건에서는 결국 헌법소원심판의 대상이 될 수밖에 없다는 결론에 대하여는 동의한다. 그러나 그 논거에는 동의할 수 없다. 왜냐하면 이 사건의 경우에서 구 법무사법시행규칙이 헌법소원의 대상이 될 수밖에 없는 이유가 동규칙에 의한 기본권침해의 직접성인데 이러한 직접성이 인정된다고 보기 어렵기 때문이다.

사실 헌재의 위 결정이 있은 이후 법규명령에 대한 사법심사의 관할권과 관련하여 대법원과 헌재간에, 그리고 학계에서 첨예한 의견대립이 있었는데, 여기에는 헌재가 그 직접성의 기준을 명확하고 엄격하게 그리고 일관되게 유지하지 못한 데에도—물론 현실적으로 무수하게 많은 다양한 사건에서 이러한 요구는 이행되기에 매우 어려운 것은 사실이지만—그 원인이 있다고 여겨진다. 즉 그동안의 헌재의 관련판례를 보면 직접성의 판단 기준이 상당히 유동적이라 대법원과의 관할권다툼을 야기하는 측면도 없지 않아 있었다. 물론 그동안의 대법원의 사법소극주의, 특히 법규명령에 의한 직접적인 기본권침해의 경우에 대법원의 심사가능성을 대법원 스스로 인정했음에도 불구하고 실제로 인용되어 명령에 대한 위헌·위법판결이 내려진 예가 한 번도 없었다는—명령의 위헌·위법여부가 재판의 전제가 된 경우가 아닌 직접침해의 경우만을 의미함—점을 고려할 때, 헌재가 기본권의 효율적이고 두터운—가능한 한 사각지대 없는—구제를 위하여 가능한 한 직접성을 넓게 인정하여 헌법소원의 대상으로 삼음으로써 관할권을 인정하고자 한 취지는 충분히 이해가 되고, 이점에서 근본적인 책임은 대법원에 있음은 두말할 것도 없지만, 이 사건에서 이 문제와 관련한 논리전개에는 문제가 있다고 하겠다. 사실 앞으로 대법원이 적극적인 권리구제와 법규명령에 대한 사법적 심사와 통제를 강화한다면 이러한 기준이 모호하고 유동적인 직접성에 대한 헌재의 판단은 문제가 있어 대법원과의 갈등을 야기시킬 가능성이 상존하고 있으며, 더욱이 재판에 대한 헌법소원심판의 제기가 장래에 인정된다면 어차피 법규명령에 대한 헌법적 심사와 통제를 그르친 대법원판결에 대하여 최종적으로 헌재에서의 심사와 통제가 가능하게 되고, 또한 원칙적으로 법규명령에 대한 법률심과 사실심 및 그에 따른 사건해결과 권리구제는 일반법원의 몫이라는 보충성원칙의 정신과 관련하여 볼 때 헌재의 직접성에 대한 판단은 엄격하고 일관되어야 할 것이다.

2. 이러한 맥락에서 헌재의 입장을 살펴보면 이 사건에서는 구 법무사법시행규칙에 의한 기본권침해의 직접성을 인정하지 말고, 오히려 부작위, 즉 헌법소원제기 당시 법원행정처장의 법무사시험의 불실시라고 하는 행정청의 부작위를 대상으로 헌법소원을 제기하도록 하고, 이 부작위의 위법여부를 판단하면서 그 근거가 된 구 법무사법시행규칙의 위헌·위법 여부도 아울러 판단하여 주문에서 부작위의 위헌·위법을 선언함과 동시에 구 법무사법시행규칙에 대하여도 위헌결정을 내렸어야 한다고 생각한다. 왜냐하면 간접적으로 침해의 원인이 된 것은 물론 법원행정처장에게 법무사시험실시 여부에 관한 재량을 부여한 법무사법시행규칙 제3조 제1항이지만, 직접적으로 청구인의 직업의 자유 등의 기본권을 침해한 것은 바로 구 법무사법시행규칙에 의하여 법원행정처장에게 부여된 재량에 따른 시험불실시라고 하는 부작위이므로, 즉 구 법무사법시행규칙과 기본권침해 사이에는 부작위라고 하는 소극적 행정작용이 매개되므로, 구 법무사법시행규칙에 의한 기본권침해의 직접성은 인정될 수 없다고 하겠다. 이와 관련하여 헌재는 법원행정처장에게 법무사시험실시를 요구하고 그 결과(거부처분이나 부작위)에 대한 행정쟁송의 제기를 고려할 수는 있으나, 이는 우회적인 절차로서 신속한 권리구

제를 받기란 기대하기 어려운 것이고, 또한 부작위가 소송물로 될 경우에는 무조건 행정쟁송의 대상이 될 수밖에 없는 것처럼 판시하고 있으나,[3] 여기서 헌법소원의 대상이 되는 부작위는 법원행정처장에게 시험실시를 요구한 이후 그 결과로서의 시험불실시라고 하는 부작위가 아니라—이런 의미의 부작위라면 이는 헌재의 견해처럼 우회적인 절차로서 신속한 권리구제를 받기란 기대하기 어려울 것이다—바로 헌법소원을 제기할 당시 현재 자신의 기본권을 직접·구체적·최종적으로 침해하고 있는 시험불실시라고 하는 부작위를 의미하는 것이고, 이 경우 법원행정처장은 상당한 기간내에 일정한 처분에 해당하는 법무사시험을 실시할 법률상 의무가 있음에도 불구하고 이를 실시하지 아니하는 경우이므로(행정소송법 제2조 제1항 제2호 참조), 이러한 부작위는 일반적인 경우라면 당연히 행정소송의 대상이 될 수 있는 것으로서, 구체적으로는 시험불실시의 위헌·위법 여부를 직접 소송물로 하여 부작위위법확인소송을 관할법원에 제기하고, 동시에 근거명령인 구 법무사법시행규칙의 위헌·위법 여부가 재판의 전제가 되는 경우이므로 대법원이 최종적으로 이를 선결문제로서 심사할 수 있는 것이다.

3. 여기서 시험불실시의 위헌·위법여부가 행정소송이나 상황에 따라서는 헌법소원의 대상이 될 수 있는 부작위인가, 이를 위해 청구인에게 원고적격 내지 청구인적격이 인정될 수 있는가, 청구인에게 시험실시에 대한 신청권이 요구되는가 그리고 신청권을 가지고 있는가 등의 문제가 제기될 수 있는데, 먼저 법무사법 제4조 제1항 제2호 및 제2항의 규정으로 부터—법원행정처장의 시험실시의무가 도출됨과 동시에—명문으로 또는 해석상 직업선택의 자유라고 하는 법률상 이익이 도출될 수 있고, 이에 따라 상당한 기간의 경과후 시험에 응시하고자 하는 자에게 시험불실시라고 하는 부작위의 위법확인을 구할 법률상 이익이 인정됨으로 청구인에게 원고적격이 인정된다. 또한 법원행정처장은 당연히 상당한 기간내에 시험을 실시해야 할 법률상의 의무가 있기 때문에[4] 시험실시에 대한 청구인의 신청이 별도로 요구되는 것은 아니고, 가사 요구된다 하더라도 청구인이 시험응시를 의도하는 한 법률해석상 상당한 기간의 경과 후 당연히 청구인에게 시험실시에 대한 신청권이 인정된다고 할 것이며, 아울러 위 법률이 제정된 이후 청구인의 헌법소원제기 당시까지 한 번도 시험이 실시된 적이 없기 때문에 이미 상당한 기간이 도과한 경우이므로 청구인의 신청권은 당연히 발생되었다고 보아야 할 것이다. 따라서 법원행정처장의 이러한 법률상 의무의 위반에 대하여 청구인은 시험불실시라는 부작위의 위법확인을 구하는 행정소송을 제기할 수 있다고 볼 것이다.

4. 그런데 이러한 부작위와 관련하여 앞서도 언급한 바와 같이 이 사건의 경우 첫째, 구 법무사법시행규칙의 기본권침해의 직접성이 인정될 수 있는지의 여부가 객관적으

---

3) 헌재 1990. 10. 15. 89헌마178, 판례집 2, 365, 371.

4) 구 법무사법 제4조 제2항은 법무사시험실시에 관한 세부적인 사항만을 시행규칙으로 정하도록 위임한 것이지 시험실시 여부 자체에 관하여도 시행규칙에 위임한 것은 아니므로, 법원행정처장은 직접 동법 동조 제1항 제2호 및 동법 동조 제2항에 의하여 상당한 기간내에 시험을 실시할 의무를 진다.

로 불명확하고, 둘째, 직접성이 인정될 수 없어 이 사건 부작위를 소송물로 행정소송을 제기한다 하더라도 이 경우 재판의 전제가 되는 구 법무사법시행규칙의 위헌·위법 여부에 대한 판단과 관련하여 볼 때 동규칙이 바로 대법원규칙이므로 과연 대법원이 객관적인 제3자의 입장에서 중립적으로 동규칙의 위헌여부를 심사할 수 있을지가 심히 의심스러운 경우이므로 권리구제의 기대가능성이 없다고 볼 수 있다. 따라서 주지하는 바와 같이 이는 보충성원칙의 예외에 해당될 수 있는 경우이므로 이 사건 부작위에 대한 헌법소원심판청구는 적법하게 제기된 것으로 볼 수 있다. 아울러 이 경우 헌재는 본안문제로서 이 사건 부작위의 위헌·위법여부를 심사한 후 헌법재판소법 제75조 제3항에 따라 이 사건 부작위가 위헌임을 확인할 수 있고, "헌법재판소는 공권력의 행사 또는 불행사가 위헌인 법률 또는 법률의 조항에 기인한 것이라고 인정될 때에는 인용결정에서 당해 법률 또는 법률의 조항이 위헌임을 선고할 수 있다."고 규정한 동법 동조 제5항의 유추적용과 직권심리주의를 통해 이 사건 부작위의 원인이 된 근거명령인 구 법무사법시행규칙에 대한 위헌결정도 동시에 이루어질 수 있는 것이다. 또한 헌재는 청구인이 이 사건에서 심판청구의 대상으로 하는 것은 법원행정처장의 법무사시험 불실시, 즉 공권력의 불행사가 아니라 법원행정처장으로 하여금 그 재량에 따라 법무사시험을 실시하지 아니해도 괜찮다고 규정한 법무사법시행규칙 제3조 제1항이라고 주장함으로써, 청구인의 주장에 따라서만 그리고 청구인이 소송물로 제기한 공권력작용만을 대상으로 위헌심사를 할 수 있는 것처럼 판시하고 있으나,[5] 이는 당사자가 주장하지 아니한 사실에 대하여도 판난할 수 있다는 직권심리주의의 원칙을 강하게 가미하고 있는 헌법소원제도의 본질과 특성 및 그동안의 헌재결정의 입장에 정면으로 배치되는 주장으로서 설득력이 없는 것이다. 따라서 이 사건의 경우 헌재는 직접성 여부와 관련하여 당사자의 주장에 관계없이 직접적으로 청구인의 기본권을 침해한 공권력작용을 밝혀내고, 이에 대한 헌법소원심판청구의 적법성 여부, 보충성원칙의 예외 여부, 직접적으로 기본권을 침해한 공권력작용의 원인이 된 근거법령의 위헌 여부, 침해된 기본권의 종류 등을 직권으로 심사·통제할 수 있고 또한 하여야 하는 것이다.

결국 이 사건에서는 보충성원칙의 예외로서 법원행정처장의 시험불실시라고 하는 부작위와 이의 근거가 되는 구 법무사법시행규칙에 대한 헌법소원심판을 인정하는 것으로 논리를 전개했어야 했다. 이것이 직접성에 대한 명확하고 일관된 판단기준의 요청에 더욱 부합되면서, 직접성과 관련한 대법원과의 불필요한 관할권과 관련한 갈등도 억제할 수 있는 논리인 것이다.

5) 헌재 1990. 10. 15. 89헌마178, 판례집 2, 365, 369.

Ⅳ. 헌법재판의 특성과 입법론

1. 헌법재판소의 기능상의 특성과 대법원과의 차이점

이 사건의 경우에는 앞서 언급한 바와 같이 법원행정처장의 시험불실시라고 하는 부작위와 이의 근거가 되는 구 법무사법시행규칙에 대한 헌재의 위헌확인 및 위헌결정이 이루어져야 할 것인데, 헌법재판소에 의한 위헌결정의 경우에는 대법원에 의한 위헌판결의 경우와는 달리 법무사법시행규칙에 대한 위헌·무효선언을 할 수 있는 것이고, 따라서 이 명령은 무효가 되는 것이다. 이는 헌법재판소에 의한 헌법소원의 경우 법규명령의 위헌여부가 본안소송물로서 직접통제의 대상이 되기 때문이다. 이에 반하여 대법원의 경우에는 위헌적 법규명령에 대한 무효를 이유설시에서는 언급하면서도 주문에서 이를 선언하는 것은 아니다. 왜냐하면 대법원판결의 경우 주문에는 그 직접적인 소송물－본안문제로서의 처분 등의 위법여부－인 행정처분이나 부작위의 취소나 위법확인만을 하는 것이고, 법규명령에 대한 심사는 사건해결을 위한 부수적인 선결문제일 뿐이기 때문이다. 아울러 대법원은 분쟁해결기관이지 일반적인 규범통제기관이 아니고, 행정소송 등의 경우 행정처분 등의 위법여부에 대한 판단과 권리구제를 주임무로 하기 때문에 대법원의 경우에는 당해사건에서 위헌·위법이라고 판단된 명령의 적용을 배제할 수 있을 뿐이라고 하겠다.[6] 또한 이러한 견해가 "명령·규칙 또는 처분이 헌법이나 법률에 위반되는 여부가 재판의 전제가 된 경우에는 대법원은 이를 최종적으로－무효나 취소시키는 것이 아닌 단지－[7] '심사할' 권한을 가진다."라고만 규정한 헌법 제107조 제2항의 취지에도 부합된다고 하겠다.

2. 입법론

(1) 그런데 사실 이러한 기본권 침해의 직접성 여부에 대한 명확하고 일관된 판단은 현실적으로 매우 어렵다. 워낙 사안이 다양하므로 이러한 다양한 사안에 대해 일관되게 적용될 기준을 마련한다는 것은 사실상 불가능하고, 보충성원칙의 예외에 대한 판단도 그 일관성에 한계가 있기 때문에, 이 관할권과 관련한 해석을 통한 해결에는 결국 한계가 있을 수밖에 없고, 따라서 헌재와 대법원 양기관간에 갈등의 불씨는 상존하

6) 대법원은 1971. 6. 22. 70다1010 판결에서 "법원은 법률, 명령, 규칙 또는 그 법률 등의 조항의 위헌 결정의 효력은 그 법률 등을 무효화 하는 것이 아니고 다만 구체적 사건에 그 법률, 명령, 규칙 또는 그 일부 조항의 적용을 거부함에 그치는 것이고, … "라고 판시함으로써 법원의 법규명령에 대한 위헌결정의 효력은 일반적 효력을 갖지 못함을 분명히 하고 있다. 이는 법원과 헌재의 설립취지와 기능의 차이에서 오는 당연한 귀결이라고 할 수 있다. 같은 견해 김남진, 행정법Ⅰ, 1997, 180쪽; 김동희, 행정법Ⅰ, 140쪽; 박윤흔, 행정법강의(상), 1996, 229쪽.

7) 필자가 삽입한 표현임.

며, 이에 따라 양 기관의 갈등과 관할권다툼, 양 기관의 판결의 불일치는 결국 국민의 불이익으로 돌아가고, 양 기관의 권위와 신뢰에도 부정적인 영향을 미칠 것이다. 따라서 결국 이 문제는 입법적으로 해결해야 할 것으로 본다.

그에 대한 방법으로는 첫째, 직접성을 매우 좁게 인정해서 현재 기본권을 침해한 최종적인 공권력작용이 법규명령이고 그것과 기본권침해 사이에 행정처분 등 그 어떠한 집행작용이 매개되지 아니한 경우에는 보충성원칙이 적용될 여지가 없는, 즉 행정소송 등 다른 법률에 구제절차가 없는 경우인 이른바 보충성원칙의 비적용의 경우이므로 불가피하게 헌법소원을 제기할 수밖에 없을 것이고, 둘째, 그 이외의 경우에는 법규명령에 근거한 집행작용이 매개된 경우이므로 이 최종적으로 기본권을 침해한 공권력작용에 대한 행정소송을 제기하여 선결문제로서 해당 법규명령에 대한 심사와 통제 및 권리구제를 받도록 하며, 만일 이로써 만족스러운 법규명령에 대한 통제와 권리구제가 이루어지지 못했을 경우에는 그 법원의 판결에 대한 헌법소원을 허용함으로써 최종적으로 헌법재판소에 의한 기본권구제와 더불어 해당 법규명령에 대한 헌법적 심사와 통제가 이루어질 수 있도록 하여야 할 것이다. 그럴 경우 굳이 헌재가 무리하게 법규명령에 의한 기본권침해의 직접성을 인정해서 자신의 관할로 삼을 필요가 없고, 대법원도 법규명령에 대한 충분한 관할권을 행사하면서 신중하고 적극적으로－왜냐하면 위헌적 판결에 대하여는 결국 헌법소원으로 이어지기 때문에－법규명령에 대한 사실적·법률적 심사와 통제를 할 수 있을 것이고, 아울러 이로써 효율적 권리구제가 이루어질 수 있을 것이며, 이러한 절차를 통해 권리구제를 받지 못한 국민은 최종적으로 헌재에서의 규범통제와 권리구제를 모색할 수 있을 것이다.

(2) 이러한 논리는 법규명령의 상위규범인 법률에 대한 심사와 통제의 경우에도 적용된다. 즉 법률에 의한 기본권 침해의 직접성을 헌재가 무리하게 인정할 필요가 없이 매우 좁고 엄격하게 해석함으로써 가능하면 법률과 기본권침해 사이의 집행행위를 대상으로 한 일반법원에의 제소를 유도하고, 아울러 관할법원에서의 위헌법률심판제청신청으로 법률에 대한 구체적 규범통제를 활성화함으로써 법원의 기능과 위상도 확립될 것이다. 그런데 청구인의 이러한 의도가 좌절되어 재판의 전제가 된 법률에 대한 헌법적 통제의 기회를 인정받지 못하고, 이로써 권리구제를 받지 못했을 경우에는 그 법원의 판결을 대상으로 헌법소원을 제기함으로써 최종적으로 헌재에 의한 규범통제와 기본권구제를 받을 수 있는 것이다. 이를 통해 양 기관의 불필요한 갈등이 줄어들고, 효율적인 규범통제와 법질서의 통일성유지 및 기본권구제를 실현시키고, 국민의 양 기관에 대한 신뢰도 제고될 것이다.

아울러 이 경우에는 헌법재판소법 제68조 제2항에 따른 소위 위헌법률심사형 헌법소원제도도 불필요해진다. 사실 이 제도는 우리 헌법소원제도가 법원의 재판에 대한 헌법소원을 인정하지 않는 결과 어쩔 수 없이 마련된 매우 이형적이고 문제가 많은 제도이다. 즉 관할법원에 재판의 전제가 된 법률의 위헌제청을 신청한 후 이것이 관할법원에 의하여 기각된 경우 그 법률의 위헌여부에 대하여 헌법재판소에 헌법소원을 제기하는 것으로서, 이는 법원의 재판에 대한 헌법소원이 인정되지 않기 때문에 해당법률에 대한 헌재의 심사와 통제의 기회를 예외적으로 부여하기 위하여 불가피하게 인정되는, 즉 법원의 재판에 대한 헌법소원을 제외시킴으로써 야기된 문제를 해결하기 위한 불합리한 타협적 탈출구라고 할 수 있다. 이에 따라 헌법 제111조 제1항 제1호 및 헌법재판소법 제41조에 의하여 법원에 부여된 법률에 대한－위헌결정권이 아닌－위헌심사권과 합헌결정권이 형해화되고, 헌법재판소법 제41조에 따른 위헌법률심판제도가 상당부분 그 기능을 상실하게 된다고 볼 수 있다. 왜냐하면 청구인은 위헌법률심판의 제청을 신청한 후 그 기각에 대하여, 즉 법원의 법률에 대한 위헌심사와 합헌결정에 관계없이 언제든지 헌법소원을 제기할 수 있기 때문이다. 이처럼 예외적으로 위헌법률심판제청신청에 대한 법원의 기각결정에 대해서만은 헌법소원을 인정하는 유형은 법원의 재판에 대한 헌법소원을 허용하지 않고 있는 헌법재판소법 제68조 제1항의 입법취지와도 상호 모순되고, 본래의 헌법소원제도의 본질과 기능에도 반한다.

(3) 따라서 이를 위하여 관련법규를 개정해야 할 것인데, 먼저 헌법 제107조 제2항에서의 '최종적으로'라는 표현을 삭제해야 할 것이고, 헌법재판소법 제68조 제1항 본문에서의 '법원의 재판을 제외하고는'이라는 표현도 삭제하여, 대법원이 아닌 헌재에 의한 최종적인 규범통제와 이를 위한 법원의 재판에 대한 헌법소원[8)]을 인정해야 할 것이다. 이러한 해결책이 한편에서 모든 사건의 일반적·원칙적 관할권(보충성의 원칙을 상기하라)을 가지면서 규범통제기관이 아닌 법률심과 사실심을 바탕으로 한 사건해결기관으로서의 지위와 기능을 가지는 법원과, 그리고 다른 한편에서 최종적 기본권구제와 헌법심을 바탕으로 한 규범통제를 주임무로 하면서 전체 법질서의 통일성수호기관으로서의 지위와 기능을 가지는 헌재의 차이점과 역할분담에 충실히 부합되고, 양 기관의 불필요한 갈등을 줄이면서, 결국 국민의 효율적 기본권구제와 국가사법기관에 대한 신뢰를 제고하는 절충적 방법이라고 생각된다.[9)]

3. 이른바 처분적 법규명령의 문제

(1) 법규명령의 기본권 침해의 직접성 문제와 관련하여 처분적 법규명령의 경우 그 심사관할권이 문제된다. 이는 법규명령이 직접, 그리고 이를 구체화시키는 그 어떤 집행행위도 매개됨이 없이－그리고 매개될 수도 없이－행정청이 행하는 구체적 사실에

---

8) 법원의 재판에 대한 헌법소원의 허용문제와 관련하여 자세한 것은 정연주, 재판에 대한 헌법소원, 고시계 1992. 2, 172쪽 이하; 헌법재판소법 제68조 제1항에 대한 한정위헌결정의 문제점, 고시계 1998. 2, 113쪽 이하 참조.

9) 조례에 대한 사법적 심사와 통제의 문제 및 그 개선방안에 대하여는 정연주, 조례제정권의 헌법적 한계와 통제, 심천 계희열박사 화갑기념논문집, 1995, 153쪽 이하 참조.

관한 법집행으로서의 공권력의 행사(행정소송법 제2조 제1항 제1호 참조)로서 기본권을 침해하는 경우로서, 이 경우에는 법규명령이 더 이상 일반적·추상적이지 아니하고 그 내용이 구체적·개별적·최종적인 것으로, 이로써 바로 권리변동이 초래되어 그 실질적 효과와 기능면에서 행정처분과 동일하므로 이를 처분적 명령이라고 할 수 있다.[10] 이러한 침해유형도 넓게는 명령에 의한 직접적인 기본권침해의 한 유형에 해당되는 경우인데,[11] 특히 처분성을 가지므로 그 법규명령이 행정소송의 대상인지 헌법소원의 대상인지의 여부가 문제될 수 있다. 결론적으로 말해 이 경우도 헌법소원심판의 대상이 된다고 보아야 할 것이다.

물론 앞서 언급한 바와 같이 그 실질적 기능이 처분적이므로 행정소송법 제2조 제1항 제1호에 따라 당연히 행정소송의 대상이 되어야 한다고 볼 수도 있고, 대법원도 이와 관련하여 1954. 8. 19. 4286행상37 판결에서 "법령의 효력을 가지는 명령이라도 그 효력이 다른 행정행위를 기다릴 것 없이 직접적으로 … 그 자체로서 국민의 권리훼손 기타 권리침해의 효과를 발생케 되는 성질의 것이라면 행정소송법상 처분이라고 보아야 할 것이고, 따라서 그에 관한 이해관계자는 그 구체적 관계사항과 이유를 주장하여 그 명령의 취소를 법원에 구할 수 있는 것"이라고 판시함으로써 법규명령이 처분성을 가질 때 행정소송의 대상이 될 수 있음을 명백히 했고, 아울러 1996. 9. 20. 95누8003 판결에서도 "조례가 집행행위의 개입 없이도 그 자체로서 직접 국민의 구체적인 권리의무나 법적 이익에 영향을 미치는 등의 법률상 효과를 발생하는 경우 그 조례는 항고소송의 대상이 되는 행정처분에 해당하고, … "라고 판시함으로써 또 다른 행정입법인 조례 역시 처분성을 가질 때에는 항고소송의 대상이 됨을 선언하고 있다. 그리고 이를 대체적인 학설[12]이 뒷받침하고 있다.

(2) 이러한 입장이 공권력작용의 절차와 형식보다는 그 실질적 내용과 기능에 따른 논리로서 보충성원칙의 정신에도 부합하는 일리 있는 견해라는 점을 인정한다. 그러면서도 다음과 같은 이유에서 이러한 견해를 따르는 데는 다소의 의문이 제기된다.

1) 첫째, 헌법 제107조 제2항이 "명령·규칙 또는 처분이 헌법이나 법률에 위반되는 여부가 재판의 전제가 된 경우에는 대법원은 이를 최종적으로 심사할 권한을 가진다." 라고 규정함으로써 먼저 명령과 처분을 절대적으로 구별하고 있고, 명령의 경우에는

---

10) 사실 처분적 명령은, 처분적 법률과 마찬가지로, 법규범이 가지는 특성인 일반성과 추상성을 상실한 것으로서 개별적 사안만을 규율하는 결과 다른 일반 법규범과는 달리 형평의 원칙에 위반될 수 있다는 비판이 제기되는 등 여러가지 문제를 야기하기 때문에, 이는 이러한 규율형식을 불가피한 것으로 정당화시키는 특별한 사유가 존재할 때에만 예외적으로 인정되는 것이지 법규명령제정자가 제한 없이 정립할 수 있는, 즉 제정자에게 자유로운 선택의 여지가 부여되어 있는 것은 아니다. 이와 관련하여 소위 처분적 법률의 허용 여부와 그에 따른 문제점-특히 권리구제방법과 절차와 관련하여-에 대하여는 정연주, 공용침해의 헌법상 허용조건, 연세법학연구 제3집, 1995, 458쪽 이하; Yon-Ju Jung, Das deutsche und das koreanische Enteignungsinstitut, 1991, S. 30ff. 참조.

11) 직접성 가운데 처분성이 포함된다. 즉 기본권에 대한 모든 직접적 침해가 곧 처분적인 것은 아니지만, 처분적 침해는 직접적인 침해로 보아야 할 것이다.

12) 예컨대 김동희, 전게서, 140쪽; 박윤흔, 전게서, 229쪽.

그것이 직접적으로 대법원의 심사대상이 된다기보다는 구체적 사안의 해결을 위한 선결문제로서 간접적으로만 심사의 대상이 된다는 것을 전제하고 있음을 시사하고 있다는 점에서, 그리고 이 헌법조항을 구체화하고 있는 행정소송법 제2조 제1항 제1호가 "'처분등'이라 함은 행정청이 행하는 구체적 사실에 관한 법집행으로서의 공권력의 행사 … "라고 규정함으로써 행정소송의 대상이 되는 처분에는 헌법 제107조 제2항에서의 명령은 당연히 제외되고 동조항에서의 처분에 대해서만 행정소송법에서 구체적으로 정의를 내리고 있다는 점에서, 행정소송의 대상은 실질적 기능 뿐 아니라 그 형식과 절차면에서도 명실상부한 행정처분만을 행정소송의 대상으로 한 것이라고 보아야 할 것이다.

또한 행정소송법 제2조 제1항 제1호에서의 '법집행'에서의 '법'에는 단순히 국회에서 제정된 형식적 의미의 법률 뿐 아니라, 법률보다 상위규범인 헌법과 하위규범인 명령·규칙·조례 등의 행정입법 등도 포함되는 넓은 의미의－행정법의 법원으로서의－법규범을 의미하는 것으로 보아야 하므로 행정소송의 대상이 되는 처분에는 그 실질적 내용과 기능에 관계 없이 명령은 제외된다고 보아야 할 것이다. 만일 그렇지 아니하고 공권력작용의 실질적인 내용과 기능 및 효과만을 기준으로 한다면 처분적 '법률'의 경우에도 그 실질적 내용 등은 행정처분과 동일하므로 당연히 헌법소원 등의 헌법재판이 아닌 행정소송의 대상이 되어야 한다는 불합리한 모순에 빠지게 된다. 왜냐하면 위에서 언급한 바와 같이 행정소송법 제2조 제1항 제1호에서의 '법집행'에서의 '법'에는 광의의 행정법의 법원으로서의 헌법도 포함될 수 있고, 따라서 이러한 헌법집행으로서의 법률도 예외적으로 그 실질적 내용 등이 처분성을 가지면 당연히 행정처분에 해당되고 따라서 행정소송의 대상이 되어야 한다고 보는 것이 논리적이기 때문이다. 이처럼 헌법과 법률의 관련규정의 취지에 비추어 볼 때 행정소송의 대상이 되는 처분은 그 실질적 내용과 기능 및 법적 효과 뿐 아니라 그 행위형식과 절차도 아울러 고려한 것으로 보아야 할 것이므로 처분적 명령이 마땅히 행정소송의 대상이 되어야 할지는 의문이다.

2) 둘째, 앞서 언급한 바와 같이 직접성과 처분성은 구별되어야 하고 이에 따라 명령의 직접적인 침해인 경우에는 헌법소원, 처분적 명령의 경우에는 행정소송의 대상이 되어야 한다는 것이 일반적인 견해인데, 현실적으로 이 양자의 구별이 항상 용이한 것은 아니므로 이 처분성의 인정 여부와 관련하여 또 다시 헌재와 대법원간의 관할권다툼의 소지가 있을 수 있다. 따라서 처분적 명령의 경우에도 다른 법규명령에 의한 직접적인 기본권침해의 경우와 마찬가지로 헌법소원의 대상이 되는 것으로 일원화하는 것이 나름대로 타당성이 있을 것이다. 이러한 직접성과 처분성의 구별의 모호성과 그를 통해 야기되는 문제점은 한편에서는 법규명령이 직접적으로 국민의 법적 지위에 영향을 미치는 것인 때에는 취소소송의 대상이 된다고 주장하면서, 이러한 침해의 직

접성을 이유로 앞서 소개한 두 가지 대법원 판례를 지지하면서도, 다른 한편 침해의 직접성이 인정되는 법규명령의 경우에는 헌법소원의 대상이 될 수 있다고 하면서 이를 인정한 앞서 소개한 헌재의 구 법무사법시행규칙에 대한 헌법소원사건에 대한 결정을 지지하는 상호 논리적으로 모순되는 견해[13)]를 통해서도 엿볼 수 있다.

3) 셋째, 연혁적으로 헌법 제107조 제2항에서 정한 명령 등에 대한 대법원의 관할은 헌법소원제도가 존재하지 않았을 때 규정되고 적용되던 조항이고, 따라서 그와 관련된 법리는 헌법소원에 의한 법규명령 등 법규범에 대한 심사와 통제를 전혀 예상하지 못한 상태의 것이다. 따라서 본래 규범통제기관으로서 법질서의 통일성을 수호하고, 대법원과는 달리[14)] 법규범을 무효화시킬수 있는 헌법재판소의－법규범의 위헌여부와 청구인의 헌법상의 기본권침해가 문제된 경우－헌법소원제도로써 이러한 처분적 명령도 심사·통제하는 것이 바람직 할 수도 있다.

4) 넷째, 앞서 소개한 바와 같이 대법원은 이미 1954년에 법규명령이라도 그 자체가 직접 국민의 권리·의무를 침해하는 것인 때에는 행정소송의 대상이 될 수 있음을 원칙적으로 인정하였으나, 지금까지 실제로 이를 이유로 사건을 인용하여 법규명령을 취소한 예가 단 한건도 없다는 사실에서 과연 처분적 법규명령의 경우 행정소송의 대상으로 삼아야 할 것인지에 대하여 의문이 제기된다. 사실 이러한 대법원의 소극적 입장에 비추어 볼 때 처분적 명령에 대하여는 이론적으로 헌법소원의 대상이 되는 것인지 행정소송의 대상이 되는 것인지의 여부에 관계없이 현실적으로 보충성원칙의 예외로서－예컨대 다른 법률에 구제절차가 있는지가 불분명, 즉 그 관할기관이 불분명하다거나 또는 법원에서의 효율적인 통제와 권리구제가 기대가능하지 않다는 이유에서－헌법소원심판의 대상이 된다고 보는 것이 신속하고 기대가능하며 효율적인 권리구제의 요청에 부합되는 견해일 수도 있을 것이다.

결국 이러한 여러가지 이유에서 처분적 명령도 헌재의 헌법소원의 대상으로 삼는 것이 나름대로 설득력이 있어 보인다. 이것이 헌재와 대법원간의 불필요한 갈등을 억제하고, 규범통제와 이를 통한 법질서의 통일성유지 및 기본권수호를 위한 기관으로서의 헌법재판소 본래의 기능을 유지시키고, 다른 한편 법원이 법률심 및 사실심을 통한 구체적 사건해결의 기능에만 전념할 수 있도록 하는, 따라서 결과적으로 헌법과 헌법재판소법 및 행정소송법의 관련규정 상호간의 규범조화적 해석과 운용에도 부합되는 견해라 하겠다.

---

13) 김동희, 전게서, 140쪽; 박윤흔, 전게서, 229쪽.

14) 법규명령이 위헌·위법이어서 무효인 것으로 대법원에 의하여 확정되는 경우라도 앞서 언급한 바와 같이 당해규정은 당해사건에서 적용이 배제될 뿐이고, 그것이 공식절차에 의하여 폐지되지 않는 한 이 규정은 형식적으로는 여전히 유효한 것으로 남아 있게 된다. 따라서 위헌·위법인 법규명령이 이후의 다른 사건에서 또 다시 적용될 수 있다는 불합리한 문제가 남게 되므로, 이러한 모순을 제거하기 위하여 당해규정에 대한 위헌·위법판결을 공시할 필요성이 있고, 이를 위해 행정소송법 제6조는 대법원판결에 의하여 명령·규칙이 헌법 또는 법률에 위반된다는 것이 확정된 경우에는 대법원은 그 사유를 지체없이 안전행정부장관에게 통보하도록 하고, 안전행정부장관은 지체없이 이를 관보에 게재하도록 하고 있다.

V. 맺는 말

지금까지 법규명령에 대한 사법심사와 관련하여 헌재의 결정내용과 그 문제점, 해결방안으로서의 해석론과 입법론 등을 살펴보았다. 앞서도 언급한 바와 같이 헌재결정의 결론에는 찬동하지만, 그 논거에는 문제가 있으므로 앞으로 이 문제에 대한 신중한 재검토가 있어야 할 것이다. 그리고 보다 근본적인 해결방법은 직접성을 매우 엄격하게 해석·적용함으로써 일반법원의 기능을 보다 활성화시키면서, 동시에 입법적으로 해결하여 법원의 재판에 대한 헌법소원을 인정하는 방향으로 나가야 할 것이다. 이것이 이 글에서 논의된 법규명령에 대한 관할권문제를 비롯하여 위헌법률심사형 헌법소원의 문제 등 제반문제를 해소하고, 헌재와 대법원 상호간의 불필요한 갈등을 줄이면서 양 기관이 상호 배타적이 아닌 상호 보완적·협조적·조화적으로 제 기능을 다할 수 있도록 하여, 결국 양 기관이 효율적인 기본권 구제에 최선을 다하고 그로써 국민으로 부터의 신뢰를 얻을 수 있는 해결책이 될 수 있으리라고 생각한다.

33. 토지수용과 정당보상의 원칙

- 헌재 1990. 6. 25. 89헌마107 토지수용법 제46조 제2항의 위헌여부에 관한 헌법소원[1] -

[目 次]

Ⅰ. 머리말

헌법 제23조 제3항에 따라 토지수용 등 공용침해의 경우 반드시 정당한 보상이 지급되어야 한다. 그런데 이 정당보상이라고 하는 것은 무엇인가? 정당보상을 한 마디로 정의하기란 매우 어렵다. 도대체 '정당한'이라는 용어 자체가 매우 추상적이고 다의적인 용어이기 때문에 이 정당보상의 내용에 대해서도 그 해석과 의견이 다양하다. 예컨대 정당보상의 내용을 완전보상이라고 하거나 또는 상당보상이라고 하는 등 다양하고, 그 범위에 있어서도 시가 이상의 보상도 있을 수 있고 시가 이하의 보상도 있을 수 있다고 하는 등 일정치가 않다. 이처럼 정당보상의 본질과 내용에 대한 올바른 이해 없이는 정당보상의 범위·방법 및 종류 등에 대한 올바른 그리고 일관된 기준의 정립이 어려우며, 이는 재산권자의 재산권보장과 평등원칙의 관철이라는 면에서 매우 심각한 문제를 야기하게 된다. 결국 이 정당보상의 내용은 헌법속에서 찾아야 할 것이고, 따라서 헌법상 보장된 손실보상의 본질과 기능 속에서 그 해결의 실마리를 찾아야 할 것이다.

이와 관련하여 헌법재판소는 1990. 6. 25. 89헌마107 결정[2]에서 헌법상 정당보상은 원칙적으로 피수용자의 객관적인 재산가치를 완전하게 보상하여야 한다는 완전보상이

---

1) 헌재 1990. 6. 25. 89헌마107, 판례집 2, 178.

2) 유사판례 헌재 1991. 2. 11. 90헌바17등; 1995. 4. 20. 93헌바20등; 1999. 12. 23, 98헌바등.

라고 정의를 내리면서 이 문제에 접근하고 있다. 이 헌재결정의 내용은 헌법상 정당보상의 원칙이라고 하는 근본적인 사항을 다루고 있어 매우 그 의의가 큰 반면, 그 논거가 빈약하고 용어선택에 있어서도 오해의 소지가 있다. 따라서 여기서 헌재결정의 내용을 살펴보고, 구 토지수용법상의 손실보상에 관한 규정의 위헌 여부를 헌법상 정당보상의 원칙에서 고찰해보는 것은 매우 의미있는 작업이라고 하겠다.

Ⅱ. 헌재결정의 내용

1. 사건의 개요와 심판의 대상

(1) 사건의 개요

청구인들은 서울고등법원에 토지수용재결처분취소청구의 소(88구7318)를 제기하고, 그 재판의 전제가 된 구 토지수용법 제46조 제2항(1971. 1. 19. 법률 제2293호 신설, 1981. 12. 31. 법률 제3534호 개정)이 유독 기준지가가 공시된 지역에 대해서는 손실보상을 산정함에 있어 피수용토지의 기준지가를 기준으로 하되 도매물가상승률 등을 참작하여 결정한다고 규정하고 있는데 이는 객관적 거래가격과는 달리 경험칙상 그에 밑도는 가격을 보상금액으로 결정하도록 규정한 것으로서 헌법의 정당보상원칙에 명백히 반하는 규정이고, 한편 개발이익은 피수용토지 뿐 아니라 인근의 토지에서도 발생하였음에도 불구하고 피수용자에 대해서만 그 이익을 환수하는 결과가 되므로 결국 인근의 토지를 소유하고 있는 자들에 비하여 수용여부에 따라 합리적 이유 없이 차별하는 것이 되어 평등의 원칙에 부합하지 않게 되는 등 헌법에 위반된다 하여 위 법원에 위헌여부심판의 제청을 신청하였으나 그 신청이 1989. 5. 19. 기각되자, 1989. 5. 24. 이 사건 헌법소원의 심판청구에 이른 것이다.

(2) 심판의 대상

청구인이 이 사건 헌법소원의 대상으로 삼은 법률의 조항은 토지수용으로 인한 손실보상에 있어 손실액의 산정시기 및 방법을 규정한 구 토지수용법(1981. 12. 31. 법률 제3534호) 제46조 제2항이다.[3]

---

3) 구 토지수용법 제46조에 해당하는 현행 「공익사업을 위한 토지 등의 취득 및 보상에 관한 법률」 제70조(취득하는 토지의 보상) 및 제71조(사용하는 토지의 보상 등)의 규정은 다음과 같다.
제70조 ① 협의나 재결에 의하여 취득하는 토지에 대하여는 「부동산 가격공시 및 감정평가에 관한 법률」에 따른 공시지가를 기준으로 하여 보상하되, 그 공시기준일부터 가격시점까지의 관계 법령에 따른 그 토지의 이용계획, 해당 공익사업으로 인한 지가의 영향을 받지 아니하는 지역의 대통령령으로 정하는 지가변동률, 생산자물가상승률(「한국은행법」 제86조에 따라 한국은행이 조사·발표하는 생산자물가지수에 따라 산정된 비율을 말한다)과 그 밖에 그 토지의 위치·형상·환경·이용상황 등을 고려하여 평가한 적정가격으로 보상하여야 한다.

구 토지수용법 제46조 ① 손실액의 산정은 수용 또는 사용의 재결당시의 가격을 기준으로 하되 수용할 토지에 대하여는 인근토지의 거래가격을, 사용할 토지에 대하여는 그 토지 및 인근토지의 지료, 차임 등을 고려한 적정가격으로 하여야 한다.

② 국토이용관리법 제29조 제1항의 규정에 의하여 기준지가가 고시된 지역에서의 토지에 대한 보상은 고시된 기준지가를 기준으로 하되, 기준지가대상지역 공고일로부터 재결시까지의 관계법령에 의한 당해 토지의 이용계획 또는 당해 지역과 관계없는 인근토지의 지가변동률·도매물가상승률 기타 사항을 참작하여 평가한 금액으로 행한다.

2. 결정의 요지

(1) 1) 헌법 제23조 제3항에서 규정한 '정당한 보상'이란 원칙적으로 피수용재산의 객관적인 재산가치를 완전하게 보상하여야 한다는 완전보상을 뜻하는 것이지만, 공익사업의 시행으로 인한 개발이익은 완전보상의 범위에 포함되는 피수용토지의 객관적 가치 내지 피수용자의 손실이라고는 볼 수 없다.

2) 법률 제4120호로 삭제되기 전의 국토이용관리법 제29조 내지 제29조의 6에 의하여 평가된 기준지가는 그 평가의 기준이나 절차로 미루어 대상토지가 대상지역공고일 당시 갖는 객관적 가치를 평가하기 위한 것으로서 부적절한 것으로 볼 수 없고, 구 토지수용법 제46조 제2항이 들고 있는 시점보정의 방법은 보정결과의 적정성에 흠을 남길만큼 중요한 기준이 누락되었다거나 적절치 아니한 기준을 적용한 것으로 판단되지 않는다.

3) 구 토지수용법 제46조 제2항이 보상액을 산정함에 있어 개발이익을 배제하고, 기준지가의 고시일 이후 시점보정을 인근토지의 가격변동률과 도매물가상승률 등에 의하여 행하도록 규정한 것은 헌법 제23조 제3항에 규정한 정당보상의 원리에 어긋나지

---

② 토지에 대한 보상액은 가격시점에서의 현실적인 이용상황과 일반적인 이용방법에 의한 객관적 상황을 고려하여 산정하되, 일시적인 이용상황과 토지소유자나 관계인이 갖는 주관적 가치 및 특별한 용도에 사용할 것을 전제로 한 경우 등은 고려하지 아니한다.

③ 사업인정 전 협의에 의한 취득의 경우에 제1항에 따른 공시지가는 해당 토지의 가격시점 당시 공시된 공시지가 중 가격시점과 가장 가까운 시점에 공시된 공시지가로 한다.

④ 사업인정 후의 취득의 경우에 제1항에 따른 공시지가는 사업인정고시일 전의 시점을 공시기준일로 하는 공시지가로서, 해당 토지에 관한 협의의 성립 또는 재결 당시 공시된 공시지가 중 그 사업인정고시일과 가장 가까운 시점에 공시된 공시지가로 한다.

⑤ 제3항 및 제4항에도 불구하고 공익사업의 계획 또는 시행이 공고되거나 고시됨으로 인하여 취득하여야 할 토지의 가격이 변동되었다고 인정되는 경우에는 제1항에 따른 공시지가는 해당 공고일 또는 고시일 전의 시점을 공시기준일로 하는 공시지가로서 그 토지의 가격시점 당시 공시된 공시지가 중 그 공익사업의 공고일 또는 고시일과 가장 가까운 시점에 공시된 공시지가로 한다.

⑥ 취득하는 토지와 이에 관한 소유권 외의 권리에 대한 구체적인 보상액 산정 및 평가방법은 투자비용, 예상수익 및 거래가격 등을 고려하여 국토교통부령으로 정한다.

제71조 ① 협의 또는 재결에 의하여 사용하는 토지에 대하여는 그 토지와 인근 유사토지의 지료, 임대료, 사용방법, 사용기간 및 그 토지의 가격 등을 고려하여 평가한 적정가격으로 보상하여야 한다.

② 사용하는 토지와 그 지하 및 지상의 공간 사용에 대한 구체적인 보상액 산정 및 평가방법은 투자비용, 예상수익 및 거래가격 등을 고려하여 국토교통부령으로 정한다.

않는다.

(2) 보상액을 결정함에 있어서 구 토지수용법 제46조 제1항과 제2항이 비록 그 산정 방법은 다르지만 모두 개발이익을 배제하여야 한다는 원칙에는 일치하고 있으므로 기준지가고시지역내의 토지인가 아닌가라는 우연한 사정에 의하여 보상액에 개발이익의 포함여부를 달리하여 토지소유자들을 합리적 이유 없이 차별한다고 볼 수 없다.

(3) 1) 헌법상 평등의 원칙은 국가가 언제 어디서 어떤 계층을 대상으로 하여 기본권에 관한 상황이나 제도의 개선을 시작할 것인지를 선택하는 것을 방해하지는 않는다. 만약 어떤 경우든지 모든 사항과 계층을 대상으로 하여 동시에 제도의 개선을 추진하여야 한다면 그 시행이 불가능하다는 결과에 이르게 되어 불합리할 뿐 아니라 평등의 원칙이 실현하고자 하는 가치와도 어긋나기 때문이다.

2) 비록 수용되지 아니한 토지소유자가 보유하게 되는 개발이익을 포함하여 일체의 개발이익을 환수할 수 있는 제도적 장치가 마련되지 아니한 상황에서, 기준지가가 고시된 지역내에서 피수용토지를 둔 토지소유자로부터서만 이를 환수한다고 하여, 합리적 이유 없이 수용여부에 따라 토지소유자를 한 것이라고는 인정되지 아니한다.

Ⅲ. 평 석

이 사건에서의 핵심은 토지수용법 제46조 제2항이 정당보상의 원칙에 위반되는지의 여부이고, 따라서 먼저 헌법 제23조 제3항에서 규정하고 있는 정당보상의 원칙의 내용을 다루어야 할 것이다. 그런데 앞서 언급한 바와 같이 결국 정당보상의 내용은 헌법상 보장된 손실보상의 본질과 기능속에서 찾아야 하기 때문에 이 문제를 먼저 고찰한 후 토지수용법 제46조 제2항의 위헌 여부와 헌재결정의 의의와 문제점을 살펴보고자 한다.

1. 정당보상의 원칙

(1) 손실보상의 본질과 기능

주지하는 바와 같이 재산권 보장의 내용은 일차적으로 해당 재산권의 구체적 대상 그 자체의 존속보장이며, 예외적으로 제23조 제3항에서 규정한 공용침해의 모든 전제조건이 충족되었을 경우에만 이차적으로 재산권의 대상 그 자체가 가지고 있는 가치의 보장으로 전환되는 것이다.[4] 따라서 손실보상이란 공용침해에 의한 재산권의 존속보장의 파괴를 재산권의 가치보장을 통해 회복하는 것이며, 이에 따라 손실보상의 본

---

4) 존속보장과 가치보장에 대한 자세한 것은 정연주, 재산권보장과 수용유사침해, 고시연구 1991.5, 103쪽 이하 참조.

질은 공용침해로 야기된 재산권자의 특별희생에 대한, 재산권보장과 사회적 공평부담의 견지에서의 조절적 의미를 가지는 사회적 상계라고 할 수 있다.[5] 결국 손실보상은 특별희생의 사회적 공평부담이라고 하는 평등원칙과 재산권보장의 이차적 내용인 가치보장의 확보를 그 본질로 하고 있다.

이처럼 손실보상이란 평등원칙의 관철하에서의 침해된 재산권의 가치보장 확보를 통해 존속보장의 파괴를 치유하는 것을 그 이념으로 하며,[6] 이에 따라 손실보상은 재산권자로 하여금 침해된 재산권과 동종·동가치의 재산권을 획득할 수 있는 상태로 회복시켜 주는 기능을 가진다.[7] 그런데 여기서 침해된 재산권과 동가치라고 하는 의미는 침해된 재산권과 액면 그대로의 평면적으로 비교한 동일한 가치를 의미하는 것이 아니라 앞서 언급한 바와 같이 공용침해로 인해 해당 재산권에 야기된 개인이 평균 부담해야 할 정도를 넘어선 특별희생을 사회적 공평부담의 견지에서 상계시키는 사회적으로 조절된 가치를 의미한다. 즉 이는 손실보상을 통해 회복되어질 재산권의 가치로부터 해당 공익사업을 위하여 재산권자가 마땅히 부담해야 할 개인적 지분, 다시 말해 해당 재산권의 사회적 기속부분이 공제된 나머지 가치분이 실제로 손실보상의 기준이 된다는 것을 의미한다. 주지하는 바와 같이 모든 재산권은 보상을 필요로 하지 않는 일정한 사회적 기속을 수반한다. 따라서 이러한 단순한 사회적 기속에 의한 일정한 재산권의 침해 내지 제한에 의한 가치감소 내지 손실을 재산권자가 감수해야 할 헌법상 의무가 있으며,[8] 이를 헌법 제23조 제2항이 확인하고 있다. 그러므로 공용침해에 이르지 아니한 단순한 재산권의 사회적 기속분에 해당하는 일정한 재산적 가치는 손실보상을 통해 회복되는 침해된 재산권의 가치영역에서 가치감소적 요소로서 고려되어야 하는 것이다.[9] 따라서 해당 재산권에 내재된 일정한 사회적 기속에 의한 재산권의 일반희생을 넘어서는 특별희생부분만이 보상을 통해 회복되는 재산적 가치의 기준이 될 것이다.[10]

이처럼 재산권의 사회적 기속과 관련하여 일정한 특별희생만이 보상에서 고려되기 때문에 피침해자의 경우 자신의 침해된 재산권의 전가치를 인정받지 못하는 반면, 다른 일반 재산권자의 경우는 자신의 재산권의 사회적 기속부분이 공제되지 않는 재산권의 전가치를 여전히 향유하고 있기 때문에 이 양자 사이에는 손실보상을 통해 극복되지 않는 불평등부분이 존재할 수 있는 것이다. 그러나 이는 공용침해로 인해 야기되

5) 이러한 손실보상의 본질과 기능에 대하여 자세한 것은 정연주, 손실보상, 목촌 김도창박사 고희기념논문집, 1993, 413쪽 이하 참조.

6) Vgl. Papier, in: Maunz/Dürig, Grundesetz Kommentar, Art. 14, Rdnr. 511.

7) Vgl. BGHZ 26, 273(374); 29, 217(221); 39, 198(200); 59, 250(258f.); Kreft, Öffentlich-rechtliche Ersatzleistungen, Rdnr. 88.

8) Vgl. Papier, in: Maunz/Dürig, Grundgesetz Kommentar, Art. 14. Rdnr. 531.

9) Vgl. Rüfner, Die Berücksichtigung der Interessen der Allgemeinheit bei der Bemessung der Enteignungsentschädigung, in: Festschrift für Ulrich Scheuner, S. 524ff.

10) Vgl. Papier, in: Maunz/Dürig, Grundgesetz Kommentar, Art. 14, Rdnr. 523.

는, 해당 재산권의 사회적 기속의 구체적 실현의 시기상의 차이에서 필연적으로 나타나는 현상이지 본질적으로 평등원칙의 위반은 아닌 것이다.[11] 즉 피침해자인 재산권자의 경우에는 자신의 재산권이 우연히 공익사업에 연루된 관계로, 그 해당 공용침해에 대한 손실보상과정에서 당해 재산권의 사회적 기속부분이 가치보장 영역에서 공제됨으로써 구체적으로 현실화되어진 것이고, 공익사업과 관련 없는 다른 일반 재산권자의 경우에는 아직 자신의 재산권의 사회적 기속이 구체적으로 실현될 기회가 없었을 뿐이며 언젠가는 자신의 재산권도 이 사회적 기속의 실현을 감수해야 할 경우도 있다는 잠재성을 항상 내포하고 있다는 면에서 결국 평등의 원칙은 관철되고 있는 것이다.[12]

(2) 비교형량의 원칙

1) 정당한 형량

이처럼 손실보상의 대상에 해당되는 공용침해된 재산권의 가치보장부분에서 그 해당 재산권에 내재된 사회적 기속분이 공제되어야 할 것이고, 이는 헌법 제23조 제2항에 따른 모든 재산권이 가지는 사회적 기속성에서 도출된 법리라 할 것이다.

그런데 다른 한편 이러한 손실보상의 대상인 침해된 재산권의 가치보장부분에는 그 해당 공용침해로 직접 야기된 재산적 이익도 함께 고려되어야 한다. 예컨대 공익사업으로 인해 공용침해될 토지의 지가가 상승되는 등 공용침해로 인하여 직접 재산권자에게 일정한 재산상의 이익이 발생되었을 경우, 이러한 이익은 재산권자 자신의 노력과 관계없이 순전히 공익사업을 직접 원인으로 하여 발생한 것이므로 사회환원적 차원에서 마땅히 손실보상을 통해 회복되는 침해된 재산권의 가치보장부분에서 마땅히 공제되어야 할 것이다.

아울러 손실보상을 통해 회복되는 이러한 재산권의 가치보장부분에는 재산권자 자신의 고의 또는 과실로 인해 야기된 손실의 증가분도 함께 고려되어야 할 것이다. 즉 공용침해로 인해 발생한 손실에 재산권자 자신의 책임으로 인해 야기된 일정한 재산상의 손실이 포함되어 있을 경우, 이 재산권자 자신의 책임영역에 속하는 재산적 손실

---

11) 참고로 이 사건에서 헌재의 “헌법이 규정한 평등의 원칙은 국가가 언제 어디에서 어떤 계층을 대상으로 하여 기본권에 관한 상황이나 제도의 개선을 시작할 것인지를 선택하는 것을 방해하지는 않는다. 말하자면 국가는 합리적인 기준에 따라 능력이 허용하는 범위내에서 법적 가치의 상향적 구현을 위한 제도의 단계적 개선을 추진할 수 있는 길을 선택할 수 있어야 한다. 이러한 점은 그 제도의 개선에 과다한 재원이 소요되거나 이 사건에서와 같이 전제되는 여러 제도적 여건을 동시에 갖추는 데에는 기술적인 어려움이 따르는 경우에 더욱 두드러진다. 그것이 허용되지 않는다면, 모든 사항과 계층을 대상으로 하여 동시에 제도의 개선을 추진하는 예외적 경우를 제외하고는 어떠한 개선도 평등의 원칙 때문에 그 시행이 불가능하다는 결과에 이르게 되어 불합리할 뿐 아니라 평등의 원칙이 실현하고자 하는 가치와도 어긋나기 때문이다.”라고 하는 판시내용도 이러한 논리를 뒷받침한다고 볼 수 있다. 때문이다. 헌재 1990. 6. 25. 89헌마107, 판례집 2, 178, 197.

12) Vgl. Rüfner, aaO, S. 527; Kimminich, Eigentum-Enteignung-Entschädigung, Rdnr. 362. Dagegen aber Schulthes, Die Höhe der Enteignungsentschädigung, S. 77f.

부분은 손실보상을 통해 회복되는 재산권의 가치보장 부분에서 공제되어야 할 것이다.

이처럼 손실보상의 대상이 되는 공용침해된 재산권의 가치보장부분에는 해당 재산권에 내재된 사회적 기속분, 공용침해로 야기된 재산상의 이익, 재산권자 자신의 책임 등 공용침해와 관련된 제반사항이 고려되어야 하며, 아울러 재산권의 사회적 기속의 정도 자체가 해당 재산권의 종류와 성질, 그 처해있는 상황과 시대적 배경 등에 따라 달라지기 때문에 손실보상의 대상으로서의 재산권의 가치는 일률적이 아니고 이러한 다양한 요소에 따라 차별적일 수밖에 없다. 이것은 재산권보장의 정도와 범위의 차별성에 기인한다. 즉 재산권보장기능은 그 보장되는 재산권의 종류와 성질 및 상황과 사회적 기속도에 따라 차별적으로 작용하고,[13] 이러한 재산권보장의 정도와 범위의 차별성이 필연적으로 재산권보장의 이차적 내용인 가치보장의 차별화를 초래하게 되며,[14] 결국 가치보장의 차별화가 손실보상의 차별화를 초래하게 된다.

그러므로 손실보상의 내용과 범위는 이처럼 가치보장의 차별화를 초래하는 다양한 요소에 따라 달라지기 때문에 손실보상의 확정은 필연적으로 앞서 언급한 제반요소의 정당한 비교형량을 전제로 하고, 이러한 정당한 비교형량의 결과가 바로 손실보상인 것이다. 즉 손실보상은 그 구체적 실현을 위하여 필연적으로 그 해당 재산권의 사회적 기속도, 공용침해로 야기된 재산상의 손실과 이익, 재산권자 자신의 책임, 공용침해로 달성되는 공익 등 공용침해와 관련된 제반사항의 총체적 비교형량 과정을 수반하며, 이러한 제반 사항의 정당한 비교형량의 결과가 손실보상의 내용과 범위인 것이다. 결국 이러한 공용침해와 관련한 공익 및 관계자의 이익의 총체적인 비교형량이 바로 헌법 제23조 제3항이 규정한 정당보상의 실현형식이며 내용인 것이다.[15]

2) 비교형량의 주체

과거 제5공화국 헌법 제22조 제3항 제2문은 "보상은 공익 및 관계자의 이익을 정당하게 형량하여 법률로 정한다."고 규정하고 있었기 때문에 정당한 비교형량의 주체는 보상의 기준을 법률로 정하는 입법자임을 명백히 알 수 있었다. 그러나 현행 헌법 제23조 제3항은 단순히 "… 보상은 법률로써 하되, 정당한 보상을 지급하여야 한다."라고만 규정하고 있기 때문에 정당보상의 구체적 실현과정으로서의 정당한 형량의 실천자가 누구인지가 외견상 분명치 않다. 그러나 현행 헌법상 보상의 기준은 법률로써 입법

13) Vgl. BVerfGE 53, 257ff.

14) Vgl. Papier, in: Maunz/Dürig, Grundgesetz Kommentar, Art. 14, Rdnr. 526.

15) 현행 헌법 제23조 제3항은 단순히 "… 정당한 보상을 지급해야 한다."라고만 규정하고 있는 반면, 과거 제5공화국 헌법 제22조 제3항은 "… 보상은 공익 및 관계자의 사익을 정당하게 형량하여 법률로 정한다."라고 구체적으로 규정하고 있고, 이에 해당되는 독일 기본법 제14조 제3항은 "… 손실보상은 이익 및 관계자의 이익의 정당한 형량하에 정해진다(Die Entschädigung ist unter gerechter Abwägung der Interessen der Allgemeinheit und der Beteiligten zu bestimmen). …"라고 규정하고 있는데, 위에서 언급한 바와 같이 공익 및 관계자의 이익의 정당한 비교형량의 결과가 바로 정당보상이기 때문에 이 세 가지 헌법규정은 표현형식만을 달리할 뿐 그 본질에 있어서는 대동소이하다 하겠다.

자가 정하도록 되어 있고, 입법자가 법률에서 보상의 기준을 정하기 위해서는 필연적으로 보상과 관련되는 제반이익의 정당한 비교형량이 입법자 스스로에 의하여 이루어져야 한다. 따라서 현행 헌법에서도 정당한 비교형량의 주체는 입법자인 것이다.

그러므로 입법자는 이러한 형량의 원칙에 따라 공용침해와 관련된 공익 및 관계자의 이익을 비교형량하여 보상의 기준, 즉 보상의 종류, 방법 및 범위에 관한 기본적 사항을 법률에서 정해야 한다. 그런데 이 보상의 기준은 일반적이고 추상적인 것이기 때문에 당해 행정청은 각각의 개별적 상황에 이 법률에서 정한 기준을 적용시켜 구체적인 보상의 종류와 방법 및 범위를 정해야 하며, 법원은 이 구체적인 보상이 법률에서 정한 기준에 합치되는 것인지, 즉 정당보상에 해당되는지의 여부를 심사하게 된다. 그리고 법률에서 정한 보상기준 자체가 헌법이 요구하는 정당보상의 이념에 부합되는지, 즉 공익 및 관계자의 이익 등 보상과 관련된 제반사항의 정당한 비교형량의 결과 정해진 것인지의 여부에 대한 심사는 헌법재판소의 관할에 속하는 것이며, 법원은 해당 법률에 대한 헌법재판소에의 위헌제청을 위한 한도 내에서 위헌 여부를 심사할 수 있을 것이다.[16)]

이에 따라 입법자는 보상규정에서 정당한 보상을 도출해 내기 위한 일정한 보상기준을 제반사항의 정당한 비교형량의 결과 정하게 되며, 이 정당한 형량의 결과에 따른 보상이 공용침해에 의해 상실된 재산권에 대한 시중 거래가격에 따른 완전보상일 수도 있고, 완전보상에 하회할 수도 있을 것이다.[17)] 결국 어떠한 내용의 보상기준이 정해지느냐 하는 것은 제반사항의 정당한 형량에 따른 입법자의 입법재량에 속하는 문제이며, 헌법 자체에 의해 정해진 사항은 아니다.[18)] 따라서 구체적인 보상의 종류와 방법 및 범위는 이러한 형량의 결과 달라질 수 있는 것이다.

여기서 입법자의 입법재량의 한계의 문제로서 한 가지 유의해야 할 중요한 사항은 입법자가 비교형량의 과정에서 고려해야 할 공익에 국가 내지 공행정주체의 재정상의 이익이 포함되어서는 결코 안된다고 하는 것이다.[19)] 이는 국가의 재정적 확충과 국고의 증진 등의 목적을 위하여 공용침해가 허용될 수 없는 것과 궤를 같이 한다고 하겠다.[20)] 만일 이러한 국가재정상의 이익이 입법자에 의한 제반사항의 비교형량과정에서 공익의 한 내용으로서 고려되고 그 결과가 보상에 반영된다면 국가재정상의 이유에서 야기되는 모든 손실보상의 제한 내지 배제는 헌법상 정당화되어질 수 있을 것이고, 이러한 재산권자의 희생위에서 국가의 재정은 확충될 것이며, 결국 이로써 헌법상의 손

16) Vgl. Kimminich, aaO, Rdnr. 360.

17) Vgl. BVerfGE 24, 367(421); 45, 63(75f.); 46, 268(296).

18) Vgl. BVerfGE 24, 367(285); BGHZ 67, 190(192); Opfermann, Die Enteignungsentschädigung nach dem Grundgesetz, S. 99ff.; Papier, in: Maunz/Dürig, Grundgesetz Kommentar, Art. 14, Rdnr. 513f.

19) Vgl. Opfermann, aaO, S. 101.

20) 공용침해를 허용하는 공익목적에 대하여는 정연주, 공용침해의 허용조건으로서의 공공필요, 연세법학연구 제1집, 1990, 150쪽 이하 참조.

실보상을 통한 재산권보장의 기능은 형해화되어질 것이다.

2. 구 토지수용법 제46조 제2항의 위헌여부

(1) 기준지가와 관련하여

손실보상의 범위는 원칙적으로 상실된 재산권의 시중 거래가격(시가)을 기준으로 정해진다.[21] 구 토지수용법 제46조 제1항은 "손실액의 산정은 수용 또는 사용의 재결 당시의 가격을 기준으로 하되 수용할 토지에 대하여는 인근토지의 거래가격을, 사용할 토지에 대하여는 그 토지 및 인근토지의 지료, 차임 등을 고려한 적정가격으로 하여야 한다."라고 규정함으로써 이 원칙에 따르고 있고, 이 규정에 상응하는 독일의 연방건설법 제95조 제1항도 "공용침해로 인하여 상실된 재산권에 대한 보상은 공용침해되는 토지 또는 기타의 공용침해의 대상의 거래가격에 따라 정해진다. 시기적으로는 공용침해에 대한 당해 행정청의 재결시점에서의 거래가격이 기준이 된다."라고 규정함으로써 이 원칙에 따르고 있다. 여기서 거래가격이라 함은 공용침해시(재결시) 일반 시중에서의 통상의 거래관행에 따라 해당 재산권의 성질과 위치 및 기타의 제반사항의 고려하에서—그러나 재산권자 개인의 주관적 이해나 특수한 상황 등은 고려됨이 없이—정해지는 가격을 의미한다.[22]

그런데 이와 관련하여 토지수용법 제46조 제2항은 "국토이용관리법 제29조 제1항의 규정에 의하여 기준지가가 고시된 지역에서의 토지에 대한 보상은 고시된 기준지가를 기준으로 하되, 기준지가대상지역 공고일로부터 재결시까지의 관계법령에 의한 당해 토지의 이용계획 또는 당해 지역과 관계없는 인근토지의 지가변동률·도매물가상승률 기타 사항을 참작하여 평가한 금액으로 행한다."라고 규정함으로써 보상액 산정에 있어서 일정한 기준지가를 기준으로 하고 있어, 손실액 산정방법에 있어서의 재결당시의 거래가격(시가)의 원칙을 규정한 동법 동조 제1항과 모순되는 것처럼 보인다.

그러나 이는 동규정에서 '… 당해 지역과 관계없는 인근토지의 지가변동률…'이라고 밝히고 있듯이 해당 공익사업으로 인한 지가상승 등의 지가변동을 보상액 산정에서 고려하지 않음으로써 당해 공익사업과 관계없는 정상의 시가를 파악하고자 하는 것이며, 재결당시의 거래가격을 기준으로 손실액을 산정한다는 원칙에는 변함이 없는 것이다. 왜냐하면 당해 공익사업이 사업용지지가에 크게 영향을 미치는 경우에, 만일 이 경우까지도 재결당시의 현실적인 시가에 의하여 보상액을 산정하게 되면 당해 공익사업으로 인한—재산권자 자신의 노력과 관계없는 일종의 불로소득으로서의—개발이익을 모두 해당 재산권자에게만 귀속시키는 결과가 되어 이는 공익 및 관계자의 이익의

---

21) Vgl. BGHZ 59, 250(258); 67, 190(192); 83, 61(64); Kreft, aaO, Rdnr. 83ff.

22) Vgl. §194 BauGB.

총체적 비교형량 결과로서의 정당보상의 원칙에 반하는 것이며,[23] 아울러 사회적 정의와 조리에도 반하기 때문이다.

따라서 이 경우 사업인정고시일 이전까지 거슬러 올라가 대상토지의 당해 공익사업과 관계없을 때의 지가(기준지가)를 파악하고, 그때부터 재결시까지의 관계법령에 의한 당해 토지의 이용계획, 당해지역과 관계없는 인근지역의 지가변동률, 도매물가상승률 및 기타의 제반사항을 고려하여 평가한 적정가격을 보상액으로 정하는 것이며, 이것이 바로 공익 및 관계자의 이익 그리고 기타 해당 재산권과 관련된 제반사항의 총체적 비교형량 결과로서의 정당보상이며, 공익사업에 의한 피침해자와 공용침해와 관계없는 일반 재산권자 사이의 평등의 원칙의 관철에도 부합된다고 하겠다.[24]

(2) 개발이익환수와 관련하여

비교형량을 방법적 기초로 하는 정당보상의 원칙은 보상의 범위확정에 있어서도 이익상계의 원칙이 지켜질 것을 요구하고 있다.[25] 공용침해로 인하여 재산권의 상실 이외에 일정한 재산상의 이익이 초래되었을 경우에는 형평의 원칙과 조리상 당연히 이러한 이익은 손실보상의 범위확정과정에서 고려되어 보상액 산정에서 공제되어야 할 것이다. 만일 이 경우 이러한 공용침해로 인해 야기된－재산권자의 노력과 관계없는 일종의 불로소득으로서의－재산상의 이익을 공제함이 없이 그대로 재산권자에게 귀속시킨다면 이는 사회적 정의에 반할 뿐 아니라, 해당 재산권자와 공용침해와 관련없는 일반 재산권자와의 사이의 형평의 원칙에도 반할 것이다. 아울러 이는 정당보상의 실현과정으로서의 비교형량의 원칙에서 볼 때도 당연한 것이다. 왜냐하면 형량원칙은 공용침해와 관련된 공익 및 관계자의 이익의 정당한 비교형량을 요구하고 있기 때문이다. 따라서 이 사건의 경우 공익사업의 시행으로 지가가 상승하여 피수용자에게 발생하는 이른바 개발이익[26]을 환수하는 것은 이러한 정당보상의 원칙에 부합될 뿐 아니라, 평등의 원칙에도 부합된다고 할 수 있다.

그런데 다른 한편 일반적으로 공익사업으로 인한 지가상승은 공용침해된 토지에 대해서 뿐만 아니라 인근지역에 광범위하게 그 영향을 미치기 때문에, 이 경우에는 공용침해와 관련 없는 인근의 다른 일반 재산권자의 토지에는 지가상승 이익이 그대로 소유자에게 귀속되는 결과가 되어 피침해자와 다른 재산권자 사이의 불평등성이 문제될 수 있다. 물론 수용되지 아니한 토지의 소유자가 보유하게 되는 개발이익을 포함하여

---

23) Vgl. Kimminich, aaO, Rdnr. 160.

24) 독일의 경우에도 연방건설법 제95조 제2항에서 공익사업 등으로 인한 지가상승 등의 각종의 가치변동사항은 보상액 산정에서 고려되지 않음을 자세히 규정하고 있다.

25) Vgl. Nüßgens/Boujong, Eigentum-Sozialbindung-Enteignung, Rdnr. 395; Kimminich, aaO, Rdnr. 367.

26) 「개발이익환수에 관한 법률」 제2조 1호에 따르면 '개발이익'이란 개발사업의 시행이나 토지이용계획의 변경, 그 밖에 사회적·경제적 요인에 따라 정상지가상승분을 초과하여 개발사업을 시행하는 자나 토지소유자에게 귀속되는 토지 가액의 증가분을 말한다.

일체의 개발이익을 환수할 수 있는 완전한 제도적 장치가 마련되지 아니한 현재의 상황에서 피수용자와 인근의 토지소유자 사이의 불평등이 존재할 수 있는 것은 사실이다. 그러나 그렇다고 하여 피수용토지만의 개발이익환수가 평등의 원칙 위반이라고 보기는 어렵다. 왜냐하면 헌법재판소도 적절히 지적하고 있듯이 평등의 원칙은 국가가 언제 어디서 어떤 계층을 대상으로 하여 기본권에 관한 상황이나 제도의 개선을 시작할 것인지를 선택하는 것을 방해하지는 않기 때문이다. 즉 만약 어떤 경우든지 반드시 모든 사항과 계층을 대상으로 하여, 그리고 반드시 동시에 제도의 개선을 추진하여야 한다면 그 시행이 불가능하다는 결과에 이르게 되어 불합리할 뿐 아니라, 결국 평등의 원칙이 실현하고자 하는 가치에 배치된다고 보지 않을 수 없기 때문이다.

3. 결 어

상기 언급한 바와 같이 토지수용법 제46조 제2항은 헌법 제23조 제3항의 정당보상의 원칙에 위반되지 아니하며, 평등의 원칙에도 위반된다고 보기 어렵다. 그런데 "헌법이 규정한 '정당한 보상'이란 … 손실보상의 원인이 되는 재산권의 침해가 기존의 법질서 안에서 개인의 재산권에 대한 개별적인 침해인 경우에는 그 손실 보상은 원칙적으로 피수용재산의 객관적인 재산가치를 완전하게 보상하는 것이어야 한다는 '완전보상'을 뜻하는 것으로서 보상금액 뿐만 아니라 보상의 시기나 방법 등에 있어서도 어떠한 제한을 두어서는 아니된다는 것을 의미한다고 할 것이다."라고 한 헌법재판소의 판시는[27] 헌법상의 정당보상을 완전보상과 동일한 것[28]으로 표현하고 있어 오해를 일으킬 수 있는 소지가 있다. 사실 헌재의 결정내용에는 앞서 언급한 헌법상의 손실보상의 본질과 기능 및 이에 따른 이익형량을 방법적 기초로 하는 정당보상의 원칙에 관한 언급과 이에 대한 체계적 논증이 매우 부족하다.

그러나 헌재가 "인근유사토지의 거래가격은 직접 피수용토지의 객관적 가치와 완전히 일치하는 것이라고는 볼 수 없으므로 이를 기준으로 하여 양 토지간의 가격형성에 영향을 미치는 제요소를 종합적으로 고려한 합리적인 조정을 거쳐야 비로소 피수용토지의 객관적 가치로 평가될 수 있는 것이다."라고 판시하고,[29] 이에 따라 "… 구 토지수용법 제46조 제2항 및 지가공시및토지등의평가에관한법률 제10조 제1항 제1호가 토지수용으로 인한 손실보상액의 산정을 공시지가를 기준으로 하되 개발이익을 배제하고, 공시기준일부터 재결시까지의 시점보정을 인근토지의 가격변동률과 도매물가상승률 등에 의하여 행하도록 규정한 것은 위 각 규정에 의한 기준지가가 대상지역 공고일 당시의 표준지의 객관적 가치를 정당하게 반영하는 것이고, 표준지와 지가산정 대상토

27) 헌재 1990. 6. 25. 89헌마107, 판례집 2, 178, 188-189.

28) 이러한 견해로서는 허영, 한국헌법론, 464쪽.

29) 헌재 1990. 6. 25. 89헌마107, 판례집 2, 178, 189.

지 사이에 가격의 유사성을 인정할 수 있도록 표준지의 선정이 적정하며, 대상지역 공고일 이후 수용시까지의 시가변동을 산출하는 시점보정의 방법이 적정한 것으로 보이므로, 헌법 제23조 제3항에 규정한 정당보상의 원리에 어긋나지 않으며 …"라고 판시함으로써 결과적으로는 재산권의 종류, 위치, 특성, 용도, 공익사업의 종류와 목적, 공용침해를 통해 발생되는 손실과 이익 등 공용침해와 관련된 제반사항의 총체적 비교형량을 통해 보상이 이루어진다는 이익형량보상의 입장에 기초하고 있다고 볼 수 있다.[30)]

Ⅳ. 맺는 말

두말할 나위 없이 손실보상은 국민의 기본권에 직결되는 매우 중요하고 시사성 있는 문제이다. 그러나 이러한 손실보상제도의 중요성에도 불구하고 이에 관한 깊이 있는 이론의 정립은 아직 미흡한 실정이며, 아울러 관련 법규의 규정내용과 그 적용현실에 있어서도 많은 문제점이 노정되고 있다. 따라서 손실보상의 방법과 범위에 있어서 정당성과 일관성이 결여되어 있으며, 이는 결과적으로 국민의 재산권보장과 평등의 원칙 및 법적 안정성의 측면에서 심각한 문제점을 제기할 수 있다. 헌법상 보장된 기본권으로서의 손실보상의 내용은 결코 입법자나 행정청의 자의에 의해서 결정되거나 그때그때의 사회정책이나 국가의 재정상태에 의하여 좌우될 성질의 것은 아니며, 국가의 은혜적 배려에 의해 비로소 보장되어지는 것은 더더욱 아니다.

결국 이러한 문제점은 위에서도 강조했듯이 손실보상의 본질에 대한 헌법적 규명과 인식의 부족에서 온다고 볼 수 있다. 이와 관련하여 이 글에서는 관련 헌재결정의 내용과 헌법상 정당보상의 원칙을 살펴보았다. 이러한 손실보상에 관한 헌법상의 원칙이 준수되어질 때 비로소 공용침해제도와 손실보상제도는 사회적 공공선의 실현과 국민의 재산권보장이라고 하는 상호 대립되는 갈등구조를 조화롭게 해결할 수 있는 열쇄가 될 것이다.

---

30) 앞서 소개한 바와 같이 구 토지수용법 제46조에 해당하는 현행 「공익사업을 위한 토지 등의 취득 및 보상에 관한 법률」 제70조(취득하는 토지의 보상) 및 제71조(사용하는 토지의 보상 등)의 규정은 이러한 이익형량보상의 이념에 따라 보다 다양하게 세분화된 사항의 비교형량을 통한 보상액의 산정방법과 기준을 정하고 있다.

34. 토지거래허가제에 대한 헌법적 검토

– 헌재 1989. 12. 22. 88헌가13 국토이용관리법 제21조의3 제1항, 제31조의2의 위헌심판[1) –

[目 次]

Ⅰ. 머리말

이 글은 오래전부터 문제가 되어온, 그러나 이제는 이미 해결된 것처럼 보이는 토지거래허가제를 헌법적 시각에서 재조명해 본 것이다. 주지하는 바와 같이 토지거래허가제는 토지재산권에 대한 사회적 기속과 국가적 규제의 전형적인 예로서 1980년대부터 유행어처럼 되어온 소위 '토지의 공개념'의 일환으로 법제화되어 오늘에 이르고 있다. 그런데 이 제도는 다른 여타의 토지규제 제도에 비하여 토지재산권에 대한 제한 내지 침해의 정도가 심하여 사유재산제도와 재산권보장의 측면에서 위헌의 논란이 있어 왔던 것인데, 1989. 12. 22. 헌법재판소에 의한 합헌결정이 있은 이후 지금까지 시행되어 오고 있다.

그러나 당시의 헌법재판소의 합헌결정에는 상당수의 위헌의견이 있었으며, 학자들

1) 헌재 1989. 12. 22. 88헌가13, 판례집 1, 357.

간에도 이 제도에 대한 의견이 갈리고 있어, 토지거래허가제에 대한 헌법적 평가를 명확히 내린다는 것이 쉬운 일이 아니다. 헌재의 합헌결정이 있었다고 하여 이 제도가 헌법상 정당화되어지는 것도 아니고 언젠가는 이 제도에 대한 헌법적 평가가 달라질 수 있는 가능성은 항상 존재하고 있는 것이며, 이 제도가 갖는 헌법상의 문제점이 존재하는 것도 사실인 만큼 토지거래허가제에 대한 헌법적 재고찰은 일응 의미가 있다고 할 것이다. 따라서 여기서는 토지거래허가제와 관련한 헌재결정의 내용 및 학설을 간단히 소개한 후, 이 제도와 관련된 헌법적 문제점을 나름대로 정리해 보고자 한다.

Ⅱ. 토지거래허가제의 내용과 문제점

1. 내 용

과거 국토이용관리법상의 토지거래허가제는 토지의 투기적인 거래나 급격한 지가상승을 억제하기 위하여 일정한 절차에 따라 지정된 규제구역내의 토지 등의 거래에 허가권자의 허가를 받도록 하는 제도를 말한다. 즉 건설부장관이 일정한 절차에 따라 지정·공고한 규제구역내에 있는 토지에 관한 소유권 또는 지상권 기타 사용·수익을 목적으로 하는 권리(이러한 권리의 취득을 목적으로 하는 권리를 포함한다)의 이전 또는 설정을 체결하고자 하는 자는 일정한 절차에 따라 관할 도지사의 허가를 받아야 한다(국토이용관리법 제21조의3 제1항). 동법 제21조의3 제1항의 규정에 의한 허가신청을 받은 도지사는 동법 제21조4 제1항 각호의 1에 해당하는 경우에는 허가를 해서는 안되며, 거래허가를 받지 아니한 토지 등의 거래에 대해서는 그 거래자체를 무효로 하고(동법 제21조의3 제7항), 무허가토지거래와 위법하게 토지허가를 받은 자는 2년 이하의 징역 또는 500만원 이하의 벌금에 처하도록 규정하고 있다(동법 제31조의2).

다만 규제구역내의 토지라 할지라도 일정한 용도면적 이하의 토지의 경우에는 당사자가 거래계약을 체결한 후에 관할 시장·군수 또는 구청장에게 신고만 하도록 하는 예외가 인정되어 있고(동법 제21조의3 제2항), 국가 또는 공공단체 등이 쌍방 또는 일방당사자가 되어서 행하는 토지거래와 경매법에 의한 토지거래에 대해서는 토지거래허가제의 적용을 받지 않도록 규정하고 있다(동법 제21조의9).

이러한 토지거래허가제에 의하여 발생되는 권리침해에 대하여 국토이용관리법은 두가지 권리구제방법을 마련해 놓고 있는데, 토지거래를 금지하는 행정관청의 불허가처분에 대한 이의신청제도(동법 제21조의5)와 토지거래를 금지당한 토지 등의 소유자가 도지사를 상대로 하는 토지매수청구권이 그것이다.[2)]

---

2) 국토이용관리법은 현재 「국토의 계획 및 이용에 관한 법률」로 전면개정되었는데, 토지거래허가구역의 지정, 토지거래허가, 불허가처분을 받은 토지에 관한 매수 청구, 벌칙에 관한 규정은 다음과 같다.
제117조(허가구역의 지정) ① 국토교통부장관 또는 시·도지사는 국토의 이용 및 관리에 관한 계획의 원활한 수립과 집행, 합리적인 토지 이용 등을 위하여 토지의 투기적인 거래가 성행하거나 지가가 급격

2. 문제점

주지하는 바와 같이 토지거래허가제는 토지가 투기의 대상이 되는 것을 방지하고

히 상승하는 지역과 그러한 우려가 있는 지역으로서 대통령령으로 정하는 지역에 대해서는 다음 각 호의 구분에 따라 5년 이내의 기간을 정하여 제118조 제1항에 따른 토지거래계약에 관한 허가구역으로 지정할 수 있다.

1. 허가구역이 둘 이상의 시·군(광역시의 관할 구역에 있는 군을 포함한다) 또는 구의 관할 구역에 걸쳐 있는 경우: 국토교통부장관이 지정
2. 허가구역이 동일한 시·군 또는 구 안의 일부지역인 경우: 시·도지사가 지정

② 국토교통부장관 또는 시·도지사는 제1항에 따라 허가구역으로 지정하려면 중앙도시계획위원회 또는 시·도도시계획위원회의 심의를 거쳐야 한다. 다만, 지정기간이 끝나는 허가구역을 계속하여 다시 허가구역으로 지정하려면 중앙도시계획위원회 또는 시·도도시계획위원회의 심의 전에 미리 시·도지사(국토교통부장관이 허가구역을 지정하는 경우만 해당한다) 및 시장·군수 또는 구청장의 의견을 들어야 한다.

③~⑦ 생략.

제118조(토지거래계약에 관한 허가) ① 허가구역에 있는 토지에 관한 소유권·지상권(소유권·지상권의 취득을 목적으로 하는 권리를 포함한다)을 이전하거나 설정(대가를 받고 이전하거나 설정하는 경우만 해당한다)하는 계약(예약을 포함한다. 이하 '토지거래계약'이라 한다)을 체결하려는 당사자는 공동으로 대통령령으로 정하는 바에 따라 시장·군수 또는 구청장의 허가를 받아야 한다. 허가받은 사항을 변경하려는 경우에도 또한 같다.

② 경제 및 지가의 동향과 거래단위면적 등을 종합적으로 고려하여 대통령령으로 정하는 용도별 면적 이하의 토지에 대한 토지거래계약에 관하여는 제1항에 따른 허가가 필요하지 아니하다.

③ 제1항에 따른 허가를 받으려는 자는 그 허가신청서에 계약내용과 그 토지의 이용계획, 취득자금 조달계획 등을 적어 시장·군수 또는 구청장에게 제출하여야 한다. 이 경우 토지이용계획, 취득자금 조달계획 등에 포함되어야 할 사항은 국토교통부령으로 정한다. 다만, 시장·군수 또는 구청장에게 제출한 취득자금 조달계획이 변경된 경우에는 취득토지에 대한 등기일까지 시장·군수 또는 구청장에게 그 변경 사항을 제출할 수 있다.

④ 시장·군수 또는 구청장은 제3항에 따른 허가신청서를 받으면 「민원사무처리에 관한 법률」에 따른 처리기간에 허가 또는 불허가의 처분을 하고, 그 신청인에게 허가증을 발급하거나 불허가처분 사유를 서면으로 알려야 한다. 다만, 제122조에 따라 선매협의 절차가 진행 중인 경우에는 위의 기간 내에 그 사실을 신청인에게 알려야 한다.

⑤ 제4항에 따른 기간에 허가증의 발급 또는 불허가처분 사유의 통지가 없거나 선매협의 사실의 통지가 없는 경우에는 그 기간이 끝난 날의 다음날에 제1항에 따른 허가가 있는 것으로 본다. 이 경우 시장·군수 또는 구청장은 지체 없이 신청인에게 허가증을 발급하여야 한다.

⑥ 제1항에 따른 허가를 받지 아니하고 체결한 토지거래계약은 그 효력이 발생하지 아니한다.

⑦ 제2항에 따른 토지의 면적 산정방법에 관하여 필요한 사항은 대통령령으로 정한다.

제123조(불허가처분을 받은 토지에 관한 매수 청구) ① 제118조제1항에 따른 허가신청에 대하여 불허가처분을 받은 자는 그 통지를 받은 날부터 1개월 이내에 시장·군수 또는 구청장에게 해당 토지에 관한 권리의 매수를 청구할 수 있다.

② 제1항에 따른 매수 청구를 받은 시장·군수 또는 구청장은 국가, 지방자치단체, 한국토지주택공사, 그 밖에 대통령령으로 정하는 공공기관 또는 공공단체 중에서 매수할 자를 지정하여, 매수할 자로 하여금 예산의 범위에서 공시지가를 기준으로 하여 해당 토지를 매수하게 하여야 한다. 다만, 토지거래계약 허가신청서에 적힌 가격이 공시지가보다 낮은 경우에는 허가신청서에 적힌 가격으로 매수할 수 있다.

제141조(벌칙) 다음 각 호의 어느 하나에 해당하는 자는 2년 이하의 징역 또는 2천만원(제5호에 해당하는 자는 계약 체결 당시의 개별공시지가에 의한 해당 토지가격의 100분의 30에 해당하는 금액) 이하의 벌금에 처한다.

1.~4. 생략.

5. 제118조제1항에 따른 허가 또는 변경허가를 받지 아니하고 토지거래계약을 체결하거나, 속임수나 그 밖의 부정한 방법으로 토지거래계약 허가를 받은 자

유한한 자원인 토지가 합리적으로 이용되어 적정하게 거래되도록 함으로써 국토의 균형 있는 발전을 도모함과 동시에 공공복리의 증진에 이바지한다는 국토이용의 기본이념에 그 바탕을 두고 있다. 특히 그동안 우리나라의 토지거래의 실상, 즉 실수요중심의 건전한 토지거래보다는 투기목적의 거래가 성행해 왔고, 그로 인해 일부지역 지가의 급격한 상승을 초래하여 심각한 경제발전의 장애요인으로 작용하였을 뿐 아니라 토지의 균등소유라는 사회정의실현의 측면에서 많은 문제점을 노정하고 있었던 현실에 비추어 볼 때 국토의 효율적이고 균형있는 이용·개발과 보전을 위해서 종합적인 국토이용계획의 수립과 이에 따른 일정한 토지거래에 대한 규제는 필요하고, 또한 헌법상 정당화되어 질 수 있을 것이다.

그러나 이러한 국가적 규제는 어디까지나 헌법질서의 테두리내에서 이루어져야 하고, 따라서 헌법상의 재산권보장과 사유재산제도 및 자유경제질서와 조화되는 범위내에서만 정당화되어질 수 있는 것이다. 이와 관련하여 토지거래허가제가 재산권의 처분권을 침해하는 것이라는 점에서 사유재산제도의 본질적 내용을 침해하고, 아울러 헌법상의 자유경제절서에 위배된다는 점에서 제도의 도입단계에서부터 이미 위헌시비가 있었다.

Ⅲ. 헌재결정의 내용

1. 사건의 개요와 심판의 대상

(1) 사건의 개요

이 사건은 서울지방법원 남부지원 88고단5205 국토이용관리법 위반사건의 피고인이 위 재판의 전제가 된 국토이용관리법 제21조의3 제1항, 제31조의2의 위헌여부심판을 제청신청함에 따라 위 지원이 토지거래허가제가 재산권의 본질적 내용을 침해한다는 등의 이유로 헌법재판소에 위 법률의 조항들에 대한 위헌 여부의 심판을 제청한 것이다. 위 피고인은 도지사의 허가없이 규제구역으로 고시된 지역의 토지를 미등기 전매하여 전매차익을 취득한 혐의 등으로 구속 기소되어 위 지원에서 심리, 같은 해 징역 1년의 구형을 받은 자이다.

(2) 심판의 대상

심판의 대상이 되는 법률은 첫째, 국토이용관리법 제21조의3 제1항의 "규제구역내에 있는 토지에 관한 소유권 또는 지상권 기타 사용·수익을 목적으로 하는 권리(이러한 권리의 취득을 목적으로 하는 권리를 포함한다)로서 대통령령이 정하는 권리를 이전 또는 설정(대가를 받고 이전 또는 설정하는 경우에 한한다)하는 계약(예약을 포함한다)을 체결하고자 하는 당사자는 공동으로 대통령령이 정하는 바에 의하여 관할도지사의 허가를 받아야 한다. 허가받은 사항을 변경(계약예정금액을 감액하는 경우를 제외한다)하고자 할 때에도 또한 같다."라는 토지 등의 거래계약에 대한 허가규정과, 둘째, 위 법률 제31조의2의 "제21조의3 제1항의 규정에 위반하여 허가없이 토지 등의 거래계약을 체결하거나 사위 기타 부정한 방법으로 토지 등의 거래계약허가를 받은 자는 2년 이하의 징역 또는 500만원 이하의 벌금에 처한다."라는 벌칙규정이 각 헌법에 위반되는지의 여부에 관한 것이다.

2. 결정의 요지

(1) 다수의견

1) 사유재산제도의 보장은 타인과 더불어 살아가야 하는 공동체생활과의 조화와 균형을 흐트러뜨리지 않는 범위내에서의 보장이다.

2) 도지재산권의 본질적인 내용이라는 것은 토지재산권의 핵이 되는 실질적 요소 내지 근본요소를 뜻한다.

3) 국토이용관리법 제21조의3 제1항의 토지거래허가제는 사유재산제도의 부정이 아니라 그 제한의 한 형태이고 토지의 투기적 거래의 억제를 위하여 그 처분을 제한함은 부득이한 것이므로 재산권의 본질적인 침해가 아니며, 헌법상의 경제조항에도 위배되지 아니하고 현재의 상황에서 이러한 제한수단의 선택이 헌법상의 비례의 원칙이나 과잉금지의 원칙에 위배된다고 할 수도 없다.

4) 같은 법률 제31조의2가 벌금형과 선택적으로 징역형을 정함은 부득이한 것으로서 입법재량의 문제이고 과잉금지의 원칙에 반하지 않으며, 그 구성요건은 건전한 법관의 양식이나 조리에 따른 보충적인 해석으로 법문의 의미가 구체화될 수 있으므로 죄형법정주의이 명확성의 원칙에도 위배되지 아니힌다.

(2) 재판관 이시윤의 보충의견 및 위헌의견

1) 국토이용관리법 제21조의2 내지 4의 토지거래허가제는 공공복리의 해당성이 있고 또 재산권의 본질적 내용의 침해금지원칙에 저촉되지 아니하여 헌법에 위반되지 아니하고, 같은 법률 제21조의15는 헌법 제23조 제3항의 정당보상원리에 저촉되나 이 사건 재판의 전제성이 없어 주문에 밝힐 필요까지는 없고 보완입법을 촉구한다.

2) 같은 법률 제31조의2는 헌법 제37조 제2항의 과잉금지의 원칙에 위반된다.

(3) 재판관 한병채, 최광률, 김문희의 위헌의견

국토이용관리법 제21조의3 제1항과 같은 법률 제21조의2, 같은 조의 3 제3항, 제7항, 같은 조의 4, 5, 15는 불가분의 관계에 있으므로 함께 심판의 대상이 되어야 하고, 위 제21조의15가 헌법 제23조의 제1항, 제3항에 위반되므로 위 법조 전체가 헌법에 위반되나 즉시실효에 따른 혼란을 피하기 위하여 위 제21조의15를 상당기간내에 개정할 것을 촉구한다. 위헌인 토지거래허가제를 전제로 한 같은 법률 제31조의2는 당연히 헌법에 위반되는 형사법규이므로 즉시 위헌임을 선언하여야 한다.

(4) 재판관 김진우의 위헌의견

국토이용관리법 제31조의2 뿐만 아니라 같은 법률 제21조의3을 위헌으로 선언하여도 국가존립에 위해가 미칠 정도의 법의 공백이나 사회적 혼란이 예상되는 것은 아니므로 입법촉구는 불필요하다.

Ⅳ. 토지거래허가제의 위헌 여부에 관한 학설

1. 합헌설

(1) 유한하고 생산·이전이 되지 않는 등 수요공급의 원칙 또는 시장경제원리에 내맡길 수 없는 토지의 속성과 한국에 있어서의 토지의 소유·이용현황 및 토지공개념 내지 사회국가원칙을 뒷받침하는 헌법상의 제 근거 규정에 비추어 볼 때 토지거래허가제는 합헌이다.[3)]

(2) 헌법의 재산권의 내용과 한계를 법률에 유보한 규정, 생존권적 기본권을 보장한 규정, 사회적 시장경제원칙을 채택한 규정, 국토의 이용·개발과 보전을 위한 제한과 의무를 과할 수 있게 한 규정, 그리고 토지소유권이 갖는 특수성에 비추어 볼 때 거래의 제한인 토지거래허가제는 헌법에 위반되지 아니한다.[4)]

(3) 토지거래허가제는 토지재산권의 처분권능을 제한하는 것이기는 하지만 실질적으로는 그 수익의 제한을 의미하는 것이므로 사유재산제의 보장을 전제로 하고 있으며, 아울러 토지재산권의 특성과 토지와 관련된 현실적 여건 그리고 토지의 투기적 거래를 억제하는 기타의 여러 조치나 수단들이 부동산 투기억제를 위하여 실효성을 거두고 있지 못하고 있는 현실을 감안할 때 토지거래허가제는 헌법에 위반되지 아니한다.[5)]

---

3) 김남진, 한국에서의 토지공개념확대도입을 위한 입법, 고시연구 90. 12, 127쪽 이하.

4) 박윤흔, 토지거래계약허가제, 월간고시 90. 5, 110쪽 이하.

5) 석종현, 일반행정법(하), 1991, 525쪽 이하.

2. 위헌설

(1) 토지거래허가제는 헌법이 보장하는 재산권에 대한 과잉제한으로서 헌법 제37조 제2항의 과잉금지원칙에 위배될 뿐만 아니라, 그로 인해서 헌법이 추구하는 자본주의 경제질서조차 위태롭게 하는 위헌적 제도이다.[6]

(2) 자본주의 경제체제하에서 처분권은 소유권의 본질적 내용이다. 따라서 토지거래허가제에 의한 처분권의 제한은 헌법 제37조 제2항에 위배된다. 또한 이 제도는 사유재산권제한의 한계인 비례의 원칙, 즉 처분권제한의 적합성과 필요성 및 상당성의 원칙에도 저촉된다.[7]

Ⅴ. 토지거래허가제에 대한 헌법적 검토

1. 토지거래허가제와 재산권의 사회적 기속

(1) 토지거래허가제를 합헌이라고 주장하는 견해에 따르면 이 제도가 재산권의 사회적 기속의 범주에 해당되는 것으로서 헌법상 문제가 없다고 한다. 즉 헌법 제23조 제1항은 모든 국민의 재산권을 보장하고는 있지만, 다른 한편 "그 내용과 한계는 법률로 정한다."고 규정하고 있고, 제2항에서 "재산권의 행사는 공공복리에 적합하도록 하여야 한다."고 규정함으로써 모든 재산권은 공익상 일정한 사회적 기속을 받고 있으며, 토지재산권의 경우는 토지의 특수성에 비추어 다른 여타 재산권에 비하여 보다 강한 사회적 제한을 받게 되고, 이에 따라 헌법도 제120조 제2항에서 "국토와 자원은 국가의 보호를 받으며, 국가는 그 균형있는 이용·개발과 보전을 위하여 필요한 계획을 수립한다."라고 규정하고 있고, 제122조에서 "국가는 국민 모두의 생산 및 생활의 기반이 되는 국토의 효율적 이용·개발과 보전을 위하여 법률이 정하는 바에 의하여 그에 관한 제한과 의무를 과할 수 있다."라고 규정하는 등 토지재산권에 대한 공익상의 무거운 제한을 천명하고 있다고 주장한다. 따라서 토지거래허가제 관련법규는 헌법 제23조 제1항 및 제2항에 따른 토지재산권의 내용과 한계를 정한, 즉 토지재산권의 사회적 기속을 구체화한 법률에 해당된다고 한다.

(2) 주지하는 바와 같이 토지거래허가제는 재산권의 3가지 본질적 내용인 사용권·수익권·처분권 중의 하나인 처분권을 제한 내지 침해하는 것이라고 할 수 있다. 즉 처분행위를 함에 있어서 당사자 쌍방의 합의에 의하여 거래가격을 임의로 정할 수 있는 자유와 거래의 상대방을 임의로 선택할 수 있는 자유 및 기타 거래의 내용과 목적(거

---

6) 허영, 토지거래허가제의 헌법상 문제점, 고시연구 89. 8, 175쪽 이하.

7) 조규창, 사유재산제도의 위기, 월간고시 89. 8, 62쪽 이하.

래 이후의 토지재산권의 용도 등)을 임의로 정할 수 있는 자유 등이 제한 또는 침해당하게 된다는 것은 자명하다. 아울러 이러한 처분권의 제한을 통해 결국 일정한 이윤추구를 목적으로 토지를 처분하고자 하는 토지재산권에 내포된 수익권이 제한 내지 침해당하는 것도 명백하며, 이를 통해 재산권자의 직업의 자유와 거주·이전의 자유도 침해될 수가 있다.

이러한 토지재산권의 처분권과 수익권의 침해를 내용으로 하는 토지거래허가제는 헌법 제23조 제1항 내지 제2항에서 규정하고 있는 재산권의 사회적 기속의 범주에 해당된다고 볼 수 없다. 왜냐하면 토지거래허가제에 따른 토지재산권의 처분권과 수익권의 침해는 이미 단순한 재산권의 사회적 기속의 범주를 넘어선, 즉 그 침해의 내용과 강도면에서 재산권자의 수인의 기대가능성이 없는 특별희생을 야기시키는 재산권에 대한 공익적 침해이기 때문이다. 물론 토지거래허가제가 토지에 대한 전면적인 거래의 금지가 아니라 일정한 요건하에서의 거래의 제한이긴 하지만, 일정한 요건을 충족시키지 못하여 공익적 견지에서 토지거래를 허가받지 못한 재산권자 및 그 상대방에게 있어서는 결국 토지거래가 금지되는 것이고, 따라서 토지재산권에 대한 특별희생을 야기하게 되는 것이다. 헌법 제23조 제1항 내지 제2항에서의 재산권에 대한 사회적 제한은 그 제한의 내용과 절차 및 강도면에서 피해자의 수인의 기대가능성을 전제로 한 단순한 일반적 희생을 초래하는 경우만을 의미하는 것이지 토지거래허가제의 경우처럼 재산권자에게 특별희생을 초래하는 제한까지를 포함하는 것은 아니며, 이는 공공필요에 의한 재산권의 수용·사용·'제한'과 이에 대한 보상의 문제를 규정한 헌법 제23조 제3항에서도 명백히 나타나고 있다. 따라서 같은 재산권의 제한이라 할지라도 헌법 제23조 제1항 내지 제2항에 따른 단순한 재산권의 사회적 기속의 범주에 속하는 제한과 동조 제3항에 따른 공용침해의 범주에 속하는 제한은 엄격히 구별되어야 하며,[8] 여기서 토지거래허가제에 따른 일정한 요건하에서의 토지거래의 제한이 재산권의 단순한 사회적 기속의 범주에 속하지 않는다고 하는 것은 다언을 요하지 아니할 것이다. 그러므로 토지거래허가제의 관련법규는 헌법 제23조 제1항 및 제2항에 근거한 토지재산권의 내용과 한계를−공익적 견지에서의 사회적 기속의 일환으로−정한 법률이라고 할 수 없고, 결국 이 규정들은 헌법 제23조 제1항 및 제2항에 위반된다고 아니할 수 없다.

2. 토지거래허가제와 공용침해

앞서 언급한 바와 같이 토지거래허가제는 헌법 제23조 제1항 및 제2항에 따른 재산권의 사회적 기속의 원리로는 정당화되어질 수 없고, 따라서 토지재산권에 대한 사회

8) 일반희생만을 야기시키는, 따라서 보상을 요하지 않는 재산권의 사회적 기속과 특별희생을 초래하는, 따라서 보상을 요하는 공용침해와의 구별에 관하여 정연주, 재산권의 사회적 기속과 공용침해, 연세법학연구 제2집, 1992, 95쪽 이하 참조.

적 기속의 한계를 넘어선 재산권에 대한 특별희생을 초래하는 토지거래허가제가 헌법 제23조 제3항에 따른 공용침해의 근거법률로서 정당화되어 질 수 있는 지의 여부가 검토되어야 할 것이다. 왜냐하면 토지거래불허가결정으로 인해서 발생하는 특별희생은 외관상 공공필요에 의한 재산권침해로 인하여 야기된 것으로 볼 수 있기 때문이다. 즉 토지거래를 원하는 재산권자에게 토지거래를 금지시킴으로 인해서－토지재산권의 처분권·수익권이 침해되면서－발생하는 재산적 손실은 일응 재산권의 사회적 기속의 한계를 넘는 보상을 요하는 공공필요－토지의 투기적 거래 및 지가상승억제의 목적－에 의한 특별희생이라고 볼 수 있고, 따라서 토지거래허가관련법규에 근거한 토지거래불허가결정은 일종의 행정청의 공용침해결정행위로 볼 수 있는 것이다.

그런데 토지거래허가제가 헌법 제23조 제3항에 근거한 공용침해제도로서 정당화되기 위해서는 기본적으로 다음과 같은 3가지 전제조건을 충족시켜야 한다.

(1) 공공필요의 원칙

헌법 제23조 제3항에서도 규정되어 있듯이 공용침해는 공공필요에 의해서만 허용될 수 있다. 여기서 토지거래허가제의 목적, 즉 토지의 투기적 거래 및 지가상승억제가 공용침해를 정당화시킬 수 있는 공익적 목적이라는 점에는 의문의 여지가 없고, 따라서 공공필요의 원칙은 충족되었다고 볼 수 있다.[9)]

(2) 비례의 원칙

공용침해는 법치국가원리의 파생원칙인 비례의 원칙을 준수해야 한다. 따라서 공용침해의 수단이 그 해당 공익사업의 수행을 위하여 효율적이고 적합한 것이어야 하고, 그 공익목적의 실현을 위하여 방법과 정도면에서 가장 최소한도로 침해하는 것이어야 하며, 공용침해로 달성되는 공익과 침해되는 이익 사이에 비례관계가 유지되어야 하는 것이다. 이러한 관점에서 토지거래허가제를 평가해 보면 다음과 같다.

첫째, 토지거래허가제가 토지의 투기적 거래 및 지가상승억제를 위한 효율적이고 적합한 방법이라고 하는 것에 대하여 의문이 제기된다. 즉 토지거래허가제의 실효성에 대하여 의문이 제기될 수 있는데, 토지거래허가제가 실시된 이후에도 토지투기는 여전히 성행했고, 특히 재벌들의 투기적 토지매입이 계속되는 등 토지거래허가제 도입으로 인하여 소기의 목적을 효율적으로 달성했다고 하는 가시적 현상이 나타나는 것 같지는 않았다.

둘째, 토지거래허가제가 토지의 투기 및 지가상승의 억제라는 공익달성을 위한 불가피하고 해당 재산권자의 기본권을 방법과 정도에 있어서 최소한도로 침해하는 것이라

9) 공공필요의 원칙에 대하여는 정연주, 공공침해의 허용조건으로서의 공공필요, 연세법학연구 제1집, 1990, 156쪽 이하 참조.

고 보기가 어렵다. 왜냐하면 소기의 목적달성을 위하여 토지거래허가제 대신 재산권침해의 정도가 보다 적은 다른 수단이 고려될 수 있기 때문이다. 예컨대 토지거래신고제의 확대실시, 조세제도(종합토지세, 공한지세, 양도소득세, 종합부동산세 등), 행정감시 및 행정지도, 개발이익환수제, 부동산등기의무화와 토지거래실명제 및 부동산 거래에 대한 공증제도의 도입, 중간생략등기제 및 가등기제도의 개선보완 등 토지거래허가제 이외의 각종의 관련 토지규제제도의 개선·보완·도입 등을 통하여 소기의 목적이 달성될 수 있었다고 볼 수 있다.10)

그런데 다수의견은 이러한 토지거래허가제 이외의 수단들을 통해서는 토지투기 및 지가상승의 억제라는 공익달성이 불가능하기 때문에 토지거래허가제의 도입이 불가피하고 따라서 과잉금지원칙을 위반하는 것은 아니라고 주장하고 있으며, 또한 그동안 위에서 예시한 여타 제도들의 실시를 통해서도 소기의 목적이 효율적으로 달성되지 못한 것도 사실이다. 그러나 이는 어디까지나 이러한 제도들의 구체적 내용과 당국에 의한 실제 운용상의 문제점에서 기인하는 것이지 이들 제도 자체에서 기인하는 것이라고 단정하기는 어렵다. 토지거래허가제의 실시 이후에도 토지투기와 지가의 현저한 상승이 효율적으로 억제되지 못했던 현실도 다수의견의 설득력을 약화시킨다고 볼 수 있다. 따라서 중요한 것은 토지거래허가제보다 해당 재산권자의 기본권을 적게 그리고 간접적으로 침해하는 기존의 관련 토지규제제도의 개선과 보완, 상기 예시한 새로운 토지규제제도의 도입 및 이러한 토지규제제도의 효율성 제고를 위한 실제 운용상의 문제점의 제거이지, 재산권자에게 수인의 기대가능성이 없는 특별희생을 야기시키는 직접적 침해제도인 토지거래허가제의 실시가 아닌 것이다. 따라서 그동안의 정부의 그릇된 토지정책에 대한 재고없이 무조건 토지거래허가제를 실시한다고 하는 것은 다분히 행정편의주의적인 발상에서 나온 재산권에 대한 과잉침해라 아니할 수 없다.

셋째, 토지거래허가제로 달성되는 공익과 침해되는 이익 사이에 비례관계가 유지된다고 보기 어렵다. 비록 토지거래허가제가 공익달성을 위하여 인정되는 것이기는 하나 이를 통해 달성되는 공익이 토지거래불허가로 인하여 침해되는 이익－해당 재산권자에게 발생하는 특별한 재산적 희생과 직업선택의 자유, 거주·이전의 자유의 침해 및 사적자치의 원칙과 자본주의 시장경제질서에 대한 제한 등－보다 월등히 우월하다고는 볼 수 없으며, 따라서 해당 재산권자의 수인의 기대가능성이 있다고 보기 어렵다.

이상 언급한 이유로 외관상 공용침해제도의 일종으로 파악될 수 있는 토지거래허가제는 비례의 원칙을 충족시켰다고 볼 수 없다.

(3) 불가분조항 및 정당보상의 원칙

1) 헌법 제23조 제3항은 "공공필요에 의한 재산권의 수용·사용 또는 제한 및 그에

10) 허영, 전게논문, 179쪽 이하 참조.

대한 보상은 법률로써 하되, 정당한 보상을 지급하여야 한다."라고 규정하고 있다. 이에 따라 공용침해의 근거법률에는 보상의 근거가 반드시 동시에 규정되어 있어야 하고(불가분조항의 원칙),[11] 보상의 기준·방법 및 범위에 관한 제반사항이 정당한 보상이 이루어질 수 있도록 규정되어 있어야 한다(정당보상의 원칙). 이러한 관점에서 보았을 때 토지거래허가제는 일응 불가분조항의 원칙을 충족시킨 것처럼 보인다. 왜냐하면 공공필요에 의한 토지거래불허가 결정으로 야기된 해당 재산권자에 대한 손실(특별희생)의 구제방법으로 국토이용관리법 제21조의15에서 규정한 토지매수청구제도가 거론되는데, 이러한 토지매수의 대가가 일응 재산적 손실에 대한 보상으로 간주될 수 있기 때문이다. 즉 동법 제21조의15 제1항은 "제21조의3 제1항의 규정에 의한 허가신청을 한 경우에 있어서 불허가의 처분을 받은 토지 등의 소유자는 도지사에 대하여 당해 토지 등에 관한 권리의 매수를 청구할 수 있다."고 규정함으로써 토지거래불허가처분으로 인해 발생한 재산권의 사회적 기속의 한계를 넘는 특별희생에 대한 구제수단으로서 해당 재산권자에게 도지사에 대한 매수청구권을 인정하고 있고, 따라서 매수청구권 행사로 얻게 되는 대가는 손실보상에 해당된다고 볼 수 있다.

이 토지매수청구제도는 현행 「공익사업을 위한 토지 등의 취득 및 보상에 관한 법률」상의 토지수용법상의 잔여지 등의 매수 및 수용 청구제도와 유사하다고 볼 수 있다. 동법 제74조 제1항은 "동일한 소유자에게 속하는 일단의 토지의 일부가 협의에 의하여 매수되거나 수용됨으로 인하여 잔여지를 종래의 목적에 사용하는 것이 현저히 곤란할 때에는 해당 토지소유자는 사업시행자에게 잔여지를 매수하여 줄 것을 청구할 수 있으며, 사업인정 이후에는 관할 토지수용위원회에 수용을 청구할 수 있다. 이 경우 수용의 청구는 매수에 관한 협의가 성립되지 아니한 경우에만 할 수 있으며, 그 사업의 공사완료일까지 하여야 한다."라고 규정하고 있고, 동법 동조 제3항은 "제1항에 따른 토지의 취득에 관하여는 제73조 제3항을 준용한다."라고 규정하고 있는데, 동법 제73조 제3항은 "사업인정고시가 된 후 제1항 단서에 따라 사업시행자가 잔여지를 매수하는 경우 그 잔여지에 대하여는 제20조에 따른 사업인정 및 제22조에 따른 사업인정고시가 된 것으로 본다."라고 규정함으로써 일정한 공익사업의 시행과 이에 따른 토지수용으로 인하여 해당 재산권자의 잔여토지에 발생한 특별희생－잔여지를 종래의 목적에 사용하는 것이 현저히 곤란해짐에 따라 야기된 토지재산권의 사용권에 대한 침해와 이에 따라 결과적으로 발생할 수 있는 토지재산권의 수익권과 처분권에 대한 침해 등－에 대한 구제수단으로서 잔여토지의 매수 또는 수용 청구제도를 마련하고 있고, 이 경우 잔여토지에 대하여도 사업인정이 있는 것으로 보아 공공필요에 의한 토지수용으로 간주하는 것에 비추어 볼 때, 토지매수청구제도는 불가분조항의 원칙과 정당보상의 원칙에 따른 재산상의 특별희생에 대한 손실보상제도로도 볼 수 있는 것이다.

---

11) 이에 관하여는 정연주, 공용침해와 불가분조항, 고시연구 92. 4, 117쪽 이하 참조.

2) 그런데 국토이용관리법상의 토지거래불허가처분에 따른 매수청구제도는 「공익사업을 위한 토지 등의 취득 및 보상에 관한 법률」상의 매수 또는 수용 청구제도와는 달리 헌법상의 정당보상의 원칙을 충족시켰다고 보기는 어렵다. 왜냐하면 토지불허가처분에 따른 매수청구권은 그 행사방법과 내용 등이 해당 재산권자에게 발생한 특별희생을 정당하게 보전해 주기 위한 것으로 볼 수 없기 때문이다. 즉 국토이용관리법 제21조의15 제2항은 "제1항의 규정에 의한 토지 등에 관한 권리의 매수청구를 받은 도지사는 당해 토지 등에 대하여 국가·지방자치단체·한국토지개발공사 기타 대통령령이 정하는 정부투자기관 및 공공단체 중에서 매수할 자를 지정하여 당해 토지를 예산과 제21조의 4항 제1호에 규정된 가격의 범위내에서 매수하게 하여야 한다."라고 규정하고 있는데, 이에 따르면 도지사에 대한 매수청구가 확실히 실효를 거둔다는 보장이 없고, 설사 매수가 이루어진다 하더라도 그 토지 등의 매수가격이 정당보상의 내용에 부합된다고 볼 수 없기 때문이다. 이를 부연 설명하면 다음과 같다.

첫째, 매수청구권 자체가 실효성을 가진다고 보기 어렵다. 토지 등의 매수청구권에 관한 규정인 국토이용관리법 제21조의 15에 따르면 토지거래허가처분을 받은 토지 등의 소유자에 의한 당해 토지 등에 관한 권리의 매수청구가 도지사와의 사이에 매매관계를 성립시키는 것도 아니고, 도지사로부터 당해 토지를 매수할 자로 지정을 받은 국가·공공단체 등을 매수에 응하게 하는 강제수단이 존재하는 것도 아니다. 따라서 토지소유자의 매수청구권은 도지사에게 매수의 의무를 강제한 형성권이 아닌 단순한 매매의 알선을 촉구하게 하는 내용의 것에 불과하고, 그 결과 당해 토지를 매수할 자로 지정을 받은 국가·공공단체 등이 예산상의 이유를 들어 매수에 불응하게 되면 토지 등의 소유자는 그 소유의 토지에 대한 처분할 기회를 봉쇄당할 수밖에 없고, 이를 통해 결국 헌법상 보장된 재산권자의 거주·이전의 자유와 직업선택의 자유까지도 제한받는 결과를 초래할 수도 있는 것이다.[12] 이 점에서 국토이용관리법상의 매수청구제도는 매수 내지 수용이 강제되는 「공익사업을 위한 토지 등의 취득 및 보상에 관한 법률」상의 잔여지 매수·수용 청구제도와 구별된다. 왜냐하면 잔여지 매수청구는 매수에 관한 사업시행자와의 협의가 성립되지 아니한 경우에는 토지소유자가 관할 토지수용위원회에 토지의 수용을 청구할 수 있기 때문에 그 실효성이 확보되어 있다고 볼 수 있고, 결국 토지매수나 수용을 통해서 해당 토지의 정당한 가격－정당보상－지급을 전제로 한 처분가능성이 재산권자에게 항상 존재하고 있기 때문이다.

둘째, 매수가격의 결정에 관한 규정이 정당보상의 원칙에 부합된다고 보기 어렵다. 국토이용관리법 제21조의15 제2항에 따르면 매수할 자로 지정된 국가 또는 공공단체 등이 매수에 응하는 경우라 하더라도 그 매수가격은 '예산의 범위내'에서 그리고 동법 제21조의4 제1항 제1호에 규정된 가격, 즉 '표준지가를 산출근거로 하여 결정되는 금

12) 재판관 한병채, 재판관 최광률, 재판관 김문희의 위헌의견(헌재 1989. 12. 22. 88헌가13, 판례집 1, 357, 402-403); 허영, 전게논문, 182쪽 이하.

액내'에서 이루어지도록 하고 있으며, 그 표준지가를 산출근거로 하여 결정되는 금액을 상한으로 하는 반면 하한에 대한 아무런 제한을 받고 있지 않다. 그런데 토지이용관리법 제21조의4 제1항 제1호가 규정하는 가격의 상한은 구 토지수용법 제46조 제2항에 의하여 산출되는 보상가격과 흡사한 표준지가에 대통령령이 정하는 적정률(국토이용관리법 시행령 제26조 제1항에 따라 100분의 20)을 곱한 금액 및 일정비용의 합산액이므로 그 금액만으로는 일응 일반적인 토지수용의 경우에 비하여 부당히 적은 것이라고 보기 어려우나, 이것은 어디까지나 상한가격이고 실제로는 하한가격에 대한 제한없이 이 금액보다 적은 가격, 그것도 예산의 범위내에서 매수가격이 이루어질 수 있도록 국토이용관리법 제21조의15 제2항은 규정하고 있기 때문에, 이는 공공필요에 의한 토지거래불허가처분으로 해당 토지 재산권에 발생한 특별희생에 대한 정당보상이라고 볼 수가 없다.[13)]

결국 이는 토지소유자로 하여금 당해 토지를 장기간 계속 보유하게 함으로써 사실상 처분과 수익을 금지시키는 것이라 할 수 있으며, 아울러 이를 통해 재산권자의 거주·이전의 자유와 직업선택의 자유까지도 제한받는 결과를 초래할 수 있는 것이다. 그리고 이점에서 국토이용관리법상의 매수가격 결정방법이 구 토지수용법이나 현행 「공익사업을 위한 토지 등의 취득 및 보상에 관한 법률」상의 매수 또는 수용가격의 결정방법과 구별된다. 왜냐하면 앞서 언급한 바와 같이 구 토지수용법이나 현행 「공익사업을 위한 토지 등의 취득 및 보상에 관한 법률」상의 잔여지의 매수나 수용이 이루어진 경우에는 그 해당 토지에 대하여도 공익사업의 인정이 있는 것으로 간주해서 일반토지수용에 준하여 토지매수 또는 수용가격이 정해지게 되고 이는 정당보상의 원칙에 부합되기 때문이다.

이상 언급한 이유로 헌법 제23조 제3항에서 요구하고 있는 공용침해의 요건을 충족시키지 못한 국토이용관리법상의 토지거래허가제는 헌법 제23조 제3항에 근거한 합헌적인 공용침해에 해당하지 아니하며, 따라서 토지거래허가제 관련 규정은 헌법 제23조 제3항에 위반된다. 결국 토지거래허가제는 헌법상의 재산권 규정인 제23조 제1항, 제2항 및 제3항의 어느 규정에 근거해서도 정당화되어질 수 없는 위헌적 제도라고 할 수 있다.

3. 규제구역지정의 기준과 방법의 자의성

토지거래허가제가 적용되는 규제구역에 대한 건설부장관의 지정행위에 있어서 그 기준과 방법이 명확하지 아니하고 자의적일 위험이 있다.

(1) 건설부장관의 규제구역지정의 기준이 명확하지 아니하고 자의적일 가능성이 있

13) 같은 의견: 재판관 한병채, 재판관 최광률, 재판관 김문희의 위헌의견(헌재 1989. 12. 22. 88헌가13, 판례집 1, 357, 403).

기 때문에 규제구역내의 재산권자와 규제구역 외의 재산권자 사이에 평등의 원칙이 관철될 수 없는 가능성이 있다.

국토이용관리법 제21조2 제1항은 "건설부장관은 토지의 투기적인 거래가 성행하거나 성행할 우려가 있고, 지가가 급격히 상승하거나 상승할 우려가 있는 구역을 5년내의 기간을 정하여 규제구역으로 지정할 수 있다."라고 규정하고 있다. 따라서 규제구역지정의 기준이 되는 요건은 바로 "토지의 투기적인 거래가 성행하거나 성행할 우려가 있고, 지가가 급격히 상승하거나 상승할 우려가 있는 구역"이다. 그런데 여기서 "토지의 투기적인 거래가 성행하거나 성행할 우려가 있다"고 하는 기준이나 "지가가 급격히 상승할 우려가 있다"고 하는 기준 자체가 매우 불명확하고 주관적인 기준이 아닐 수 없다. 따라서 건설부장관의 규제구역지정행위가 다분히 자의적으로 이루어질 가능성이 있으며, 이로써 규제구역내의 재산권자와 규제구역외의 재산권자 사이의 평등의 원칙이 준수되는지의 여부에 의문이 제기될 수 있다. 왜냐하면 이러한 막연한 기준은 규제구역과 비규제구역의 차별을 정당화시키는 구체적이고 객관적인 기준으로 보기가 어렵기 때문이다. 물론 동법 동조 제2항이 건설부장관이 규제구역을 지정하고자 할 때 국토이용계획심의회의 심의를 거치도록 요구하고 있지만 이로써 그 자의성과 주관성이 완전히 배제될 수 있다고 보기는 어렵다.

더욱이 이는 토지거래계약신고구역과의 구별을 어렵게 한다. 토지거래계약신고구역과 관련한 국토이용관리법 제21조의7 제1항은 "건설부장관은 토지의 투기적인 거래가 성행할 우려가 있고 지가가 특히 상승할 우려가 있는 구역을 5년내의 기간을 정하여 토지 등의 거래계약신고구역으로 지정할 수 있으며,…"라고 규정하고 있고, 따라서 토지거래계약신고구역의 지정기준은 "토지의 투기적인 거래가 성행할 우려가 있고 지가가 급격히 상승할 우려가 있다"는 것인데, 이는 바로 앞서 언급한 규제구역지정기준의 하나에 해당되는 것이다. 따라서 규제구역지정과 신고구역지정의 구별을 정당화시키는 합리적 차별기준을 정하기 어렵고, 그 결과 규제구역으로 지정하느냐 신고구역으로 지정하느냐의 여부는 매우 자의적이고 주관적일 가능성이 있는 것이다.

또한 이러한 규제구역지정을 위한 불명확한 기준은 법률의 명확성의 원칙에 반하고, 아울러 법치주의원리, 특히 법률유보의 원칙에 위배될 가능성이 있다. 왜냐하면 법률유보의 원칙은 기본권의 제한·침해 및 형성에 관한 본질적 사항이 반드시 법률에 규정되어 있어야 하고, 이러한 기본권의 제한·침해 등에 관한 본질적 사항이 명확하고 구체적일 것을 요구하기 때문이다. 토지거래허가제의 경우에 있어서 토지거래허가규제구역의 지정행위는 두말할 것도 없이 해당 토지재산권자의 기본권의 제한 내지 침해에 대한 본질적 사항이고, 따라서 그 기준과 요건이 구체적이고 명확해야 하는 것이다. 아울러 해당 재산권자의－자신의 토지재산권이 구체적으로 어떤 경우에 제한 내지 침해될 수 있는가 하는 것을 관련 법률규정을 통해 예견할 수 있는－예측 가능성과 법적 안정성의 보장을 위해서도 절실히 요구된다고 하겠다.

그러므로 규제구역지정의 기준과 요건은, 예컨대 구체적인 지가상승률이나 토지의 투기적 거래가 성행한다고 판단될 수 있는 정도에 대한 객관적인 수치나 비율 등의 대강이 명시되는 방법 등을 통해 보다 객관적이고 구체적이며 명확하게 규정되어야 할 것이다.

(2) 건설부장관의 규제구역지정의 방법과 과정이 자의적일 가능성이 있다. 즉 건설부장관이 토지거래허가 규제구역을 지정하기까지에는 앞서 언급한 바와 같이 국토이용관리법 제21조의2 제2항에 따른 국토이용계획심의회의 심의를 거치는 것 이외에는 어떠한 행정적 절차－특히 규제될 구역내의 토지거래를 예상하는 토지소유자나 기타의 이해관계인의 참여나 의견진술의 기회－도 마련되어 있지 않기 때문에 규제구역지정행위의 객관성과 해당 재산권자의 사전적 권리구제의 측면에서 문제가 제기될 수 있다.

따라서 규제구역 지정행위의 객관성과 적정성확보 및 재산권자의 사전적·효율적 권리구제의 보장적 견지에서 해당 재산권자 및 이해관계인의 참여 및 의사반영의 기회를 절차적으로 마련하는 것이 절실히 요구되며, 이는 민주행정의 원리에도 부합된다고 하겠다.

4. 토지거래불허가결정과 행정절차

토지거래허가신청에 대하여 도지사가 불허가결정을 내릴 경우 사전에 아무런 행정절차－특히 신청인과 상대방 등 이해관계인의 의견진술의 기회－가 마련되어 있지 않다. 즉 도지사의 토지거래불허가처분에 대하여는 국토이용관리법 제21조의5에 규정한 이의신청이나 동법 제21조의15에서 규정한 매수청구권 등 불완전하고 사후적인 권리구제제도만이 마련되어 있고, 행정절차 등의 사전적 권리구제절차가 마련되어 있지 않다. 따라서 도지사의 토지거래불허가처분의 객관성과 적정·타당성 및 해당 재산권자를 위한 효율적인 사전적 권리구제의 보장을 위하여 신청인 등 이해관계인의 의견진술의 기회를 부여하는 등의 행정절차가 절실히 요구되며, 이것이 민주행정의 원리에도 부합된다고 하는 것은 앞서 언급한 바와 같다.

5. 국토이용관리법 제31조의2의 벌칙규정의 위헌성

허가를 받지 않고 체결한 토지 등의 거래계약은 국토이용관리법 제21조의3 제7항에 따라 그 효력을 발생하지 아니하는데, 이 경우 토지거래허가제의 실효성을 확보하기 위하여 허가없이 토지 등의 거래계약을 체결한 자 등에 대하여는 별도로 동법 제31조의2의 규정에 따라 2년 이하의 징역이나 500만원 이하의 벌금에 처하도록 되어있다.

여기서 동법 제31조의2의 벌칙규정의 위헌성이 문제되는데, 이미 앞서 살펴본 바와 같이 토지거래허가제 자체가 헌법에 위반되는 이상 그에 대한 처벌규정인 동규정은 헌법에 위반된다고 할 것이다.[14)]

또한 토지거래허가제 자체의 위헌성과는 별도로 동법 제31조의2의 벌칙규정의 위헌성을 판단해본다면, 동법 제21조의3 제7항의 '효력규정'만으로도 토지거래허가제의 실효성이 확보될 수 있고 소기의 공익적 목적이 달성될 수 있음에 비추어 볼 때, 효력규정 이외에 추가로 자유형과 벌금형을 과하도록 한 동법 제31조의2의 벌칙규정은 비례의 원칙에 부합된다고 볼 수 없기 때문에 헌법에 위반된다고 하지 않을 수 없다.[15)]

Ⅵ. 맺는 말

이상 살펴본 바와 같이 토지재산권에 대한 강력한 규제수단인 토지거래허가제는 헌법상의 재산권규정인 제23조 제1항, 제2항 및 제3항의 어떠한 규정에서도 그 근거를 찾을 수 없고 따라서 헌법상 정당화되어 질 수 없는 위헌적 제도이며, 결국 국토이용관리법상의 토지거래허가제 관련규정은 헌법 제23조에 위반된다고 아니할 수 없다.

그런데 앞서 소개한 바와 같이 구 국토이용관리법에 해당하는 현행 「국토의 계획 및 이용에 관한 법률」상의 토지거래허가제에 관한 규정인 제117조(토지거래허가구역의 지정), 제118조(토지거래허가), 제123조(불허가처분을 받은 토지에 관한 매수 청구), 제141조(벌칙) 등은 구 국토이용관리법상의 규정과 비교하여 다소의 변화는 있었으나 기본적 내용은 과거와 유사하다는 점에서 역시 위헌의 소지가 있다고 하겠다.

따라서 토지투기방지 및 지가안정이라고 하는 본래의 제도적 목적달성의 실효성에 대하여도 의문이 제기될 수 있는 토지거래허가제를 폐지하고 다른 대체가능한, 토지거래허가제보다 해당 토지재산권자를 적게 침해하는 합헌적인 토지규제제도를 개발시키고, 토지거래허가제 이외의 기존의 토지규제제도가 그 소기의 목적을 효율적으로 달성시킬 수 있도록 기존의 토지규제제도를 보완·개선할 것이 절실히 요구된다. 만일 토지거래허가제의 소기의 목적달성의 실효성이 입증되고, 토지거래허가제 이외의 그 어떤 토지규제제도를 통해서도 토지투기억제 및 지가안정이라고 하는 절실한 공익적 목적이 효율적으로 달성될 수 없다고 한다면, 지금까지 언급한 토지거래허가제가 가지고 있는 헌법상의 문제점을 제거하도록 관련법규를 개정·보완해야 할 것이다.

---

14) 같은 견해: 재판관 한병채, 재판관 최광률, 재판관 김문희의 위헌의견(헌재 1989. 12. 22. 88헌가13, 판례집 1, 357, 405); 허영, 전게논문, 181쪽.

15) 같은 견해: 재판관 이시윤의 위헌의견(헌재 1989. 12. 22. 88헌가13, 판례집 1, 357, 396).

35. 비상입법자로서의 헌법재판소

- 독일 연방헌법재판소 1993. 5. 28. 낙태판결[1] -

[目 次]

Ⅰ. 머리말

이 글은 헌법재판소가 예외적으로 입법자의 역할을 수행할 수 있는지의 여부를 고찰한 것이다. 즉 헌법재판소가 일정한 법률조항에 대하여 위헌결정을 내리고 무효화시킬 수밖에 없는데, 이에 대한 후속조치로서 입법자가 대체입법을 상당한 기간동안 할 수 없어 심각한 법적 공백상태의 지속이 우려되는 예외적인 상황에서 헌법재판소가 입법자를 대신해 잠정적인 입법적 조치를 결정주문을 통해 취함으로써 입법자가 새로운 입법을 할 때까지의 법적 공백을 메우는 일종의 비상입법자의 역할을 할 수 있는지, 그리고 있다면 그 근거는 무엇인지에 대하여 검토한 것이다.

이러한 논의의 단초를 제공한 것은 독일 연방헌법재판소의 1993. 5. 28.의 이른바 제2차 낙태판결이다. 연방헌법재판소는 이 판결주문에서 문제가 된 낙태문제를 규율하는 개정형법조항에 대하여 위헌·무효결정을 내리면서 동시에 입법자에 의한 새로운 입법이 있을 때까지 잠정적으로 적용될 규정을 마련했다. 따라서 이 사건에서 연방헌법재판소는 앞서 언급한 바와 같이 입법자를 대신하여 잠정적인 규정을 마련함으로써 일종의 입법자의 역할을 수행한 결과를 낳은 것이다. 이와 유사한 경우가 이미 1975.

1) BVerfGE 88, 203.

2. 25.의 연방헌법재판소의 제1차 낙태판결[2]에서 발생했다. 연방헌법재판소는 이 판결 주문에서도 당시 문제가 된 제5차 개정형법 제218a조에 대하여 위헌·무효결정을 내리면서 동시에 의회에 의한 새로운 입법조치가 있을 때까지 잠정적으로 적용될 몇 가지 규율을 마련한 바 있다.

좌우간 이는 매우 이례적인 결정유형이지만 예외적으로 발생할 수 있고, 또한 실제로 발생한 사안에 대한 연방헌법재판소의 결정이라는 점에서 이에 대한 헌법적 고찰이 필요한 사안이라고 하겠다. 또한 낙태문제처럼 첨예한 이해대립과 갈등을 초래함으로써 입법기관의 합의도출의 어려움을 야기하여 조속한 입법을 어렵게 만드는 사안은 우리의 경우에도 얼마든지 발생할 수 있는 사안이고, 특히 제2차 낙태판결이 동서독간의 통일과 그에 따른 법질서 통합과정에서 필연적으로 야기되는 과도적 상황에서 이루어진 결정이라는 점에 비추어 우리의 경우에도 독일에서처럼 통일이 시급한 과제이고 만일 통일이 이루어진다면 독일에서와 같은 과도적 상황이 우리에게도 발생할 수 있다는 점을 고려한다면, 그리고 우리와 독일의 헌법재판제도가 매우 유사하다는 점을 고려한다면 여기서 다루는 독일 연방헌법재판소의 결정유형은 우리에게 시사하는 점이 많다고 하겠다.

따라서 여기서는 먼저 제2차 낙태판결의 배경과 요지를 살펴보고, 헌법재판소가 내린 결정주문내용의 입법적 기능 및 그 근거와 그에 대한 비판, 그리고 그러한 입법적 기능의 헌법적 의미와 우리법제에의 적용가능성 등에 대하여 살펴보기로 한다. 앞서 언급한 바와 같이 이 글의 주제는 헌법재판소가 예외적으로 입법적 기능을 행사할 수 있는지의 여부 및 그 정당화를 위한 헌법적 근거를 고찰해보는 것이기 때문에 이 판결의 구체적 내용과 그에 대한 평가는 생략한다.[3]

Ⅱ. 2차 낙태판결의 배경 및 내용

1. 2차 낙태판결까지의 과정

통일이 되기 이전 서독지역에서는 낙태는 원칙적으로 금지되었고, 낙태에 대한 처벌규정인 형법 제218조 등에 따르면 낙태는 형법상 생명에 대한 범죄로서 3년 이하의 징역이나 벌금, 임산부 자신의 경우에는 1년 이하의 징역 또는 벌금에 처해졌다. 다만 예외적인 정당화 사유(예컨대 의학적, 우생학적, 형사적 사유 등)가 있는 경우에만 의사에 의한 낙태가 처벌되지 아니하였다. 이를 일정한 적응증을 기준으로 낙태허용 유무를 결정한다고 해서 적응증규정(Indikationsregelung)이라고 불렀다. 이들 규정은 연방헌법재

---

2) BVerfGE 39, 1.

3) 독일 연방헌법재판소의 제2차 낙태판결의 구체적 내용과 그에 대한 문제점에 대하여는 강태수, 인공임신중절에 대한 규율, 독일통일의 법적 조명, 1994, 박영사, 161쪽 이하 참조.

판소가 수태후 12주가 경과하기 이전에 임산부의 동의를 얻어 의사가 행한 낙태는 처벌되지 아니한다는 1974. 6. 18.의 제5차 개정형법 제218a조에 대하여 위헌결정(제1차 낙태판결)을 내린 후에 마련된 것이다.[4)]

이에 반하여 동독에서는 1972년의 낙태법(Gesetz über die Unterbrechung der Schwangerschaft)에서 낙태가 여성의 권리로서 인정되었다. 즉 이 법에 따르면 수태후 12주 이내의 낙태는 여성의 권리이며(전문 및 제1조), 수태후 12주가 경과했어도 광범위한 의학적·사회적 사유가 있는 한 임산부의 신청에 의해 낙태가 허용된다(제2조 제1항). 이러한 동독의 낙태에 관한 규정에서는 수태후 12주라는 기간이 낙태의 허용기준이 되기 때문에 이를 기간규정(Fristenregelung)이라고 불렀다.

이처럼 과거 서독의 경우에는 낙태를 원칙적으로 금지하면서 예외적으로만 허용하는 등 낙태에 대하여 엄격한 입장을 취하면서 결과적으로 태아의 생명권 등 태아의 권리를 여성의 자기결정권 등 여성의 권리보다 우선시킨 반면, 동독의 경우에는 임신으로 인한 사회 각 분야에서의 여성의 불이익을 철폐하고 각종 사회보장제도를 통해 여성의 직업활동과 가족생활이 조화를 이루도록 여성의 낙태권을 보장함으로써 결과적으로 여성의 자기결정권을 태아의 생명권보다 우선시켰다고 볼 수 있다.

한편 그러던 중 1990년 10월 3일 동·서독이 통일되고, 통일이 동독이 서독에 편입되는 흡수통일방식으로 이루어짐에 따라 원칙적으로 서독의 법질서가 동독지역에 적용되게 되었다. 그러나 낙태문제와 관련한 서독의 법질서가 그대로 동독지역에 적용되는 데에는 많은 문제가 있었다. 왜냐하면 주지하는 바와 같이 동독지역은 서독지역과 비교하여 오랫동안 상이한 정치적·경제적·사회적·문화적 상황에 처해 있었기 때문에 서독지역에 적용되어온 낙태에 관한 규율을 그대로 그리고 즉시 동독지역에 적용하는 것은 무리였고, 비효율적이었으며, 이는 동·서독인 간의 내적인 갈등만을 야기시킬 수 있었기 때문이다. 따라서 1990년 8월 31일의 통일조약(Einigungsvertrag)[5)] 제31조 제4항은 1992년 12월 31일까지 동·서독지역에 통일적으로 적용될 새로운 규정을 통독 후 새로운 입법자가 제정하도록 하였고, 그때까지의 과도기간에는 통일조약 부속문서[6)]에 의하여 동독의 낙태법은－동법과 동법 시행령 중 서독의 기본법에 명백히 저촉되는 일부조항은 삭제되었지만－12주 이내의 낙태는 허용된다는 기간규정의 골격이 유지된 채 계속 동독지역에 적용되도록 되었다. 따라서 결국 통일 이후에도 과도적으로 양 지역에 각각 상이한 법질서가 적용되다가 연방의회는 1992년 7월 27일 양 지역에 공통적으로

4) 이는 당시 193명의 연방의회의원과 Baden-Württemberg, Saarland, Bayern, Schleswig-Holstein 등 4개 주정부가 제5차 개정형법 제218a조에 대하여 제기한 추상적 규범통제소송에서 연방헌법재판소가 위헌결정을 내린 사건으로 이미 위에서 언급했듯이 이 판결에서 연방헌법재판소는 결정주문에서 제5차 개정형법 제218a조에 대하여 위헌·무효결정을 내리면서 동시에 입법자에 의한 새로운 입법조치가 있을 때까지 잠정적으로 적용될 몇가지 규율을 마련했다(BVerfGE 39, 1[2f.]).

5) BGBl Ⅱ, S. 889.

6) Anlage Ⅱ Kapitel Ⅲ Sachgebiet C Abschnitt I Nr. 4 und Nr. 5.

적용될 규율을 마련하게 되었는데, 이것이 양 지역을 적절히 만족시킬 일종의 타협적 내용을 지닌 형법개정법률로서의 임산부와가족지원법(Schwangeren- und Familienhilfegesetz) 이었다. 이 법률에 의해 개정된 동·서독의 양 지역 모두에 적용될 낙태에 관한 형법규정인 제218a조는—동법 제218조는 여전히 낙태는 원칙적으로 3년 이하의 징역 또는 벌금에 처한다고 규정하면서도—임산부가 수태후 12주 이내에 법률이 인정하는 상담소에서 상담을 거쳤다는 증명서를 의사에게 제출한 후 임산부의 요청에 따라 이루어진 낙태는 위법하지 않다고 규정했다. 또한 동법 제219조에 따르면 상담은 기록되지 않고, 임산부의 희망에 따라 익명으로 행해지며, 임산부가 낙태결정을 내리는데 필요한 정보를 얻은 후 상담소는 즉시 증명서를 발급하도록 하였다.[7] 이에 따라 임산부는 수태후 상담을 조건으로 12주 이내에 합법적으로 낙태를 할 수 있도록 되었다. 따라서 이를 상담조건부 기간규정(Fristenregelung mit Beratungspflicht)이라 부른다. 결국 통일 이후 전 독일지역에 적용될 새로운 낙태에 관한 형법규정은 과거 서독 형법의 낙태규정을 개정한 일종의 절충적 규정이지만, 실제로는 구 서독의 규정보다는 구 동독의 규정에 가까운, 따라서 임산부의 낙태를 폭넓게 허용하여 태아의 생명권보다는 여성의 자기결정권을 우선시키는 내용에 보다 가깝다고 할 수 있었다.

그런데 개정형법의 이러한 상담조건부 기간규정에 대하여 그 효력발생시기인 1992년 8월 5일 이전에 이미 위헌시비가 강하게 일면서 Bayern 주정부와 248명의 연방의회의원들이 법률효력정지 가처분신청과 함께 역시 Bayern 주정부와 249명의 연방의회의원들이 이 사건 추상적 규범통제를 신청하게 되었다. 연방헌법재판소는 새 낙태규정의 효력발생 하루전날인 1992년 8월 4일 가처분신청 원고측의 주장을 받아들여 보안소송의 심판때까지 새 낙태규정의 효력발생을 잠정적으로 정지시키는 가처분결정을 내렸다.[8] 그 결과 낙태에 관하여 구 동독지역에는 구 동독의 기간규정이, 그리고 구 서독지역에는 구 서독의 적응증규정이 당분간 계속 효력을 갖게 했다.[9]

2. 제2차 낙태판결의 내용

그 후 연방헌법재판소는 1993년 5월 28일 이 사건의 본안판결에서 문제된 낙태에 대한 개정형법규정인 제218a조 등에 대하여 위헌결정을 내렸다. 이 사건에서 연방헌법재판소는 개정된 새 낙태규정이 태아의 생명권과 인간의 존엄성을 보호할 국가의 의무를 위반하는 상황을 허용하는 것이기 때문에 위헌이라는 논거를 제시했다.[10] 이는 위에서 소개한 1975년의 제1차 낙태판결에서 제시한 위헌논거[11]와 동일하다고 할 수 있다.

---

7) BVerfGE 88, 203(226ff.)에 소개된 관련규정 참조.

8) BVerfGE 86, 390.

9) BVerfGE 86, 390(393).

10) BVerfGE 88, 203(251ff.).

11) BVerfGE 39, 1(42).

한편 연방헌법재판소는 앞서 언급한 바와 같이 결정주문에서 문제된 형법조항인 제218a조 등에 대한 위헌·무효선언과 동시에 입법자에 의한 새로운 입법이 있을 때까지 낙태문제에 대하여 적용될 잠정적인 규율, 즉 경과규정(Übergangsregelung)을 마련했다.

그리고 이 사건에서 이러한 위헌의견으로서의 다수의견 외에 Mahrenholz와 Sommer의 반대의견 및 Böckenförde의 반대의견이 있었다.

위헌결정과 경과규정의 내용을 간단히 살펴보면 다음과 같다.

(1) 위헌결정의 요지

연방헌법재판소는 결정주문의 Ⅰ.에서 수태후 12주 내에 상담후 이루어진 낙태가 위법하지 않다고 규정한 개정형법 제218a조 제1항 등에 대하여 위헌·무효결정을 내렸다. 그 이유는 낙태는 원칙적으로 헌법상 금지되는 위법한 행위로서 낙태에 있어서 위법성조각사유는 헌법이 허용하는 예외적 사유(의학적, 우생학적, 형사적 사유 등)에 국한되며, 따라서 이러한 예외적 사유가 없을 경우의 낙태는 정당하지 못하다는 것이다. 이는 이미 위에서 언급한 바와 같이 제1차 낙태판결에서와 같이 태아의 생명권에 대한-기본법 제1조 제1항에 근거한-국가의 보호의무를 그 논거로 하고 있다.[12] 즉 국가는 인간의 생명을 보호할 의무를 지며, 따라서 국가는 스스로 태아의 생명을 침해해서도 안될 뿐 아니라 임산부를 포함한 제3자의 침해에 대해서도 보호할 의무를 지기 때문이라는 것이다. 따라서 태아는 임신기간 동안 산모에 대하여 생명권을 가지며 국가는 이러한 태아의 생명권을 그 산모의 침해에 대하여도 보호해야만 한다는 것이다. 따라서 태아의 생명에 대한 결정을 산모에게만 맡길 수는 없다고 한다. 물론 국가의 보호의무의 범위는 서로 상충되는 양측의 기본권을 고려하여 정해진다고 한다. 즉 한편에서는 태아의 생명권과 다른 한편에서는 산모의 생명권, 개성신장의 자유, 신체에 관한 권리, 인간의 존엄성 등이 고려된다는 것이다. 그런데 여성 내지 산모의 기본권은 태아의 생명권을 보호하기 위한 여성의 출산의무를 일반적으로 폐지하는 정도로 넓게 미치는 것은 아니기 때문에 여성 내지 산모의 기본권을 우선시킬 수밖에 없는 예외적 사유가 있는 경우를 제외한다면 원칙적으로 태아의 생명권이 우선하며, 따라서 낙태는 원칙적으로 위법한 것으로 금지된다는 것이다.

아울러 연방헌법재판소는 상담의 목적은 태아의 생명을 보호하는 것이라고 하면서 이 점에서 미흡하고 불명확하게 상담의무의 내용과 절차 및 담당기관의 조직 등에 대하여 규정한 개정형법 제219조에 대하여도 위헌·무효결정을 내렸다.

(2) 경과규정의 요지

연방헌법재판소는 상기 언급한 바와 같이 개정형법 제218a조 제1항과 제219조 등이

12) BVerfGE 88, 203(251ff.).

위헌·무효라고 결정하면서 동시에 이 조항을 대신하여 법적인 공백과 혼란을 막기 위하여 입법자에 의한 새로운 입법이 있을 때까지 적용될 경과규정을 결정주문 Ⅱ.에서 스스로 마련했다. 그 내용을 요약하면 다음과 같다.

먼저 이 결정에 따르면 연방헌법재판소의 1992년 8월 4일의 가처분결정에 따라 구 서독지역과 구 동독지역이 분리되어 낙태에 관하여 각각 상이한 법질서가 적용되도록 했던 것을 1993년 6월 15일까지 지속시키면서 동시에 1993년 6월 16일부터 입법자에 의한 새로운 입법이 있을 때까지 주문에서 정한 잠정적 조치[13]가 적용되도록 했다.[14] 이러한 조치의 내용은 낙태처벌에 관한 형법규정에 대한 것뿐 아니라, 이와 관련된 질병보험 및 노동법상의 영역과 태아의 생명을 위한 헌법상의 보호의무 등 다양한 내용을 포함하고 있다.

그 중 중요한 핵심적인 내용은 먼저 법적으로 인정된 상담소에서 늦어도 낙태 3일 전에 상담을 거쳤다는 증명서를 의사에게 제시한 후 임산부의 신청에 따라 수태후 12주 이내에 의사에 의하여 이루어진 낙태의 경우에는 형법 제218조가 적용되지 않아 처벌되지 않는다는 것이다.

아울러 연방헌법재판소는 상담의 목적은 태아의 생명을 보호하는 것인데, 이 점에서 상담에 관하여 미흡하고 불명확하게 규정하고 있는 개정형법 제219조에 대하여 위헌·무효결정을 내리면서 상담에 대한 엄격하고 보다 명확한 요건을 제시했다. 그 상담과 관련한 강화된 내용의 요지는 첫째, 낙태희망일 3일전 상담의무, 둘째, 상담기관의 분만설득의무, 셋째, 상담기관의 설립허가제도 및 상담기록과 연례적인 보고서제출의무, 넷째, 낙태시술의료기관과 상담기관의 분리원칙 등이다.

(3) 결 어

이처럼 위헌·무효로 결정된 개정형법 제218a조 제1항과 연방헌법재판소에 의한 경과규정은 일정한 상담을 거친후 이루어진 낙태가 처벌되지 않는다는 것에는 동일하다. 다만 전자의 경우 일정한 상담을 거친 후의 낙태는 그 자체 위법하지 않은 반면, 후자의 경우에는 그 상담요건이 보다 명확하고 엄격해졌다는 점과 그러한 상담을 거친 낙태라 하더라도 역시 위법하고 다만 처벌하지 않는다는 점에서 구별된다고 하겠다. 따라서 이러한 연방헌법재판소의 잠정적 조치의 내용은 기본적으로는 일정한 요건하에서 상담을 통한 낙태를 허용하되 그 요건을 까다롭게 해서 태아의 생명권에 대한 보호를 강화했다는 점에서, 즉 위헌결정받은 형법 제218a조의 상담조건부 기간규정보다 상담의 내용을 보다 엄격히 그리고 까다롭게 강화했다는 점에서 일종의 강화된 상담조건부 기간규정이라고 부를 수 있을 것이다.[15] 그리고 일정한 상담을 거친 낙태라 하더라

13) 결정주문의 Ⅱ의 2호부터 9호까지의 내용(BVerfGE 88, 203[209ff.]).

14) 결정주문의 Ⅱ의 1호(BVerfGE 88, 203[209]).

도 위법이기 때문에 그 비용이 법정보험에 의해 지급되지 않게 된다는 점에서 양자의 실질적인 차이가 있다고 하겠다. 결국 연방헌법재판소의 경과규정내용은 구 서독에 적용되었던 원칙적인 낙태금지의 원칙과 구 동독에 적용되었던 기간규정을 절충한, 즉 태아의 생명권도 고려하면서 동시에 여성의 자기결정권을 우선시한 구 동독지역의 법질서와 문화 및 정서 등도 고려한 일종의 타협적 규율이라고 평가할 수 있을 것이다.[16]

Ⅲ. 헌법재판소의 입법적 행위에 대한 헌법적 검토

1. 낙태판결에서의 경과규정의 법적 성격

위에서 살펴본 바와 같이 제2차 낙태판결 결정주문상의 경과규정은 낙태문제에 관한 새로운 규정이 입법자에 의하여 마련될 때까지 잠정적으로 적용될 규범적 조치로서 일종의 입법조치라고 할 수 있고, 따라서 이러한 경과규정은 법률의 효력을 가진다고 볼 수 있다.[17] 왜냐하면 이는 잠정적이고 예외적이지만 기존의 법률조항이 위헌·무효화됨에 따라 그를 대신해서 그 법적 공백을 제거하기 위하여 입법자에 의한 새로운 법률조항이 마련될 때까지 해당 사안을 규율할 규범이기 때문이다.[18] 따라서 연방헌법재판소는 이 사건 결정주문에서의 경과규정을 통해 비상입법자(Notgesetzgeber)[19] 내지 대체입법자(Ersatz-Gesetzgeber)[20]로서 기능한 것으로 볼 수 있다. 물론 이는 그 자체 이미 입법자의 입법권을 침해하면서 권력분립의 원칙 및 죄형법정주의를 포함한 법치주의원리 등을 위반하는 것이지만 뒤에서 살펴보는 바와 같이 이를 정당화시키는 예외적 상황이 존재한다면 허용될 수도 있는 현상이라고 볼 수 있을 것이다.

2. 비상입법자로서의 헌법재판소

(1) 헌법재판소의 입법적 행위의 불가피성

이처럼 헌법재판소는 예외적으로 입법자의 역할을 수행하게 된다. 이러한 현상은 이 사건에서처럼 일정한 법률조항에 대하여 위헌결정을 내리고 무효화시킬 수밖에 없는

---

15) 허영, 독일통일과 법질서통합과정, 독일통일의 법적 조명, 1994, 박영사, 104쪽.

16) Vgl. Schlaich, Das Bundesverfassungsgericht, 4. Aufl., 1997, S. 317.

17) Schneider, Die Vollstreckungskompetenz nach §35 BVerfGG-ein Notverordnungsrecht des Bundesverfassungsgerichts?, NJW 1994, S. 2591; Lerche, Das Bundesverfassungsgericht als Notgesetzgeber, insbesondere im Blick auf das Recht des Schwangerschaftsabbruchs, in: Heinze/Schmitt(Hrsg.), Festschrift für Gitter, 1995, S. 512f.; Schlaich, aaO, S. 318; Pestalozza, Verfassungsprozeßrecht, 3. Aufl., 1991, S. 267.

18) Schneider, aaO, S. 2593.

19) Lerche, aaO, S. 513: Pestalozza, aaO, S. 267.

20) Schlaich, aaO, S. 318.

데, 이에 대한 후속조치로서 입법자가 새로운 대체입법을 상당한 기간동안 할 수 없어 심각한 법적 공백상태가 지속될 수밖에 없는 지극히 예외적인 상황에서 헌법재판소 스스로가 입법자를 대신해 잠정적인 규범적 조치를 마련할 때 나타날 수 있다. 즉 헌법재판소에 의하여 위헌·무효로 선언된 기존의 법률조항이 정치적·사회적 상황 등의 이유로 입법자에 의한 새로운 합헌적 법률조항으로 신속히 대체되기가 어려워 장기간 지속되는 법적 공백과 혼란이 우려될 경우, 또는 상황에 따라서는 사안 자체가 시간적으로 극히 긴급할 경우, 예컨대 선거법조항에 근거해서 선거가 곧 실시될 예정인 상황에서 그 해당 선거법조항에 대한 위헌·무효결정이 내려질 경우[21] 등이 이러한 헌법재판소의 입법적 조치를 불가피하게 요구하는 경우에 해당된다고 할 수 있을 것이다.

따라서 이러한 경우는 우려되는 법적 공백상태를 제거하기 위하여 헌법재판소 스스로가 하나의 새로운 입법적 조치를 발할 수밖에 없는 불가피한 상황에 해당한다고 볼 수 있는 것이다. 물론 이는 당연히 잠정적인 조치로서 입법자 스스로가 새로운 법률규정으로 대체할 때까지만 효력을 가진다. 그러나 실제에 있어서는 헌법재판소에 의해 발해진 입법적 조치가 사실상 지속적인 조치로 간주되는 경우도 있을 수 있을 것이다. 왜냐하면 이 낙태판결의 경우에서처럼 이해당사자간 또는 기본권주체간에 첨예한 이해대립이 있고 매우 다루기 어려운 논란의 여지가 큰 사안에 있어서 입법자의 새로운 입법이 또다시 헌법에 위반되는 결과가 초래될 것을 우려하여 헌법재판소의 입법적 조치의 내용을 입법자 스스로가 수용하는 것이 객관적으로 예상되는 경우가 있을 수 있기 때문이다.

어쨌든 이 사건의 경우 이러한 경과조치 없이 낙태규정에 대하여 단순위헌·무효결정을 내린다면 낙태문제를 규율할 근거규정이 없어져 법적 혼란과 공백이 발생되어 결과적으로 기존의 위헌법률조항이 적용되는 경우보다－한시도 방치할 수 없고 급시를 요하는 태아의 생명권 등의 보호차원에서 헌법상 도저히 용인될 수 없는－더 큰 위헌상태를 야기할 것이다.[22][23] 또한 만일 헌법불합치결정이나 입법촉구결정 등의 변형결정이 이루어진다면 당분간 기존의 위헌법률조항이 계속 적용되어 현재의 위헌적 상

---

21) 예컨대 통독후 최초로 치러지는 연방의회선거(1990년 12월 2일)를 앞두고 연방선거법 제53조 제2항 및 제6조 제6항 제1문에 대하여 제기된 헌법소원 및 기관쟁의사건에서 연방헌법재판소는 연방선거법 제53조 제2항 대한 위헌·무효결정 및 제6조 제6항 제1문에 대한 한정위헌결정을 내렸는데(1990년 9월 29일), 여기서 연방헌법재판소는 곧 실시될 연방의회선거 이전 적절한 시기에 입법기관이 적절한 입법을 행할 의지가 있고 또한 여건상 가능하다고 판단하기 때문에 연방헌법재판소 스스로가－연방헌법재판소법 제35조에 따른－선거실시를 위한 법적 근거를 마련하지는 않는다고 판시하고 있다(BVerfGE 82, 322[352]). 이는 만일 그러한 입법이 시기적으로 불가능하다거나 입법자가 신속한 입법을 행할 의지가 없다고 판단되면 연방헌법재판소 스스로가 입법적 조치를 마련할 수 있다는 것을 의미한다. 이 판례에 대하여 자세한 것은 정연주, 비례대표제와 5% 저지조항, 헌법판례연구[Ⅰ], 박영사, 2002, 449쪽 이하 참조.

22) So auch Lerche, aaO, S. 512; Schneider, aaO, S. 2593.

23) 제1차 낙태판결에서도 연방헌법재판소는 당시 문제된 개정형법조항인 제218a조에 대한 위헌·무효결정과 함께 몇가지 경과조치를 마련했는데, 이 경우에도 연방헌법재판소가 경과조치를 취할 수밖에 없었던 이유는 단순위헌·무효결정이 야기할 법적 공백과 혼란을－태아의 생명권보호차원에서－피하기 위한 것이라고 하겠다. Vgl. Schlaich, aaO, S. 317.

황이 계속될 수밖에 없어 별다른 제한 없이—특히 그동안의 낙태와 관련한 동독지역의 법질서와 실제를 고려한다면—쉽게 낙태가 이루어져 태아의 생명권 등에 대한 심각한 기본권침해가 발생할 수 있어 이 경우 역시 헌법상 용인될 수 없는 매우 심각한 위헌상태를 야기하게 될 것이다. 더욱이 변형결정을 통해 위헌법률의 효력을 지속시킬 경우 앞서 지적한 바와 같이 이러한 경과조치가 내려질 수밖에 없었던 사유 중의 하나가 통일로 인하여 불가피하게 발생하는 과도기 내지 격동기라는 당시의 역사적·정치적 배경하에서 입법기관이 신속히 낙태문제에 대한 합헌적인 입법을 할 가능성이 적었다는 점을 고려한다면[24] 위헌법률의 효력이 장기간 지속될 가능성이 있어 이러한 변형결정은 합리적이고 합헌적인 해결책이 될 수 없는 것이다. 한편 개정형법조항 이전까지 적용되었던—구 서독지역과 구 동독지역에 각각 별개의 법질서가 적용되었던—기존의 법질서를 계속 적용시키게 할 경우를 고려할 수 있겠으나, 이는 첫째, 상이한 법질서가 통일된 한 국가안에서 계속 존속하는 것 자체가 바람직하지 않고, 둘째, 그동안의 동독지역에서의 낙태상황과 그동안 동독지역에 적용되어온 낙태에 관한 법질서를 고려해 볼 때 동독지역에서 낙태가 무분별하게 이루어질 것이고 이는—앞서 언급했던 아무런 경과조치 없이 단순위헌·무효결정만 내려지는 경우와 유사하게—태아의 생명권보호라는 측면에서 볼 때 헌법상 용인할 수 없는, 그리고 위헌·무효화된 개정형법조항이 계속 적용되는 상황보다 더욱 커다란 위헌상태를 야기할 수 있기 때문에 구 동독지역에도 헌법에 합치되는 법질서가 즉시 적용되어야 할 긴급한 필요성이 있다는 점에서 적절한 대안이라고 볼 수 없다. 물론 이 사안은 연방헌법재판소의 판결취지에서도 보는 것처럼 그리고 방금 위에서 해당 개정형법조항의 효력을 지속시킬 경우 발생할 수 있는 심각한 문제점에 대하여 언급한 내용과 관련해서도 알 수 있듯이 문제된 개정형법조항은 그 전체로서 명백한 위헌이지 그 조항 중 일부분만에 대한 부분위헌결정이나 또는 합헌적 법률해석을 해 합헌결정을 내릴 수 있는 사안은 더더구나 아니다.[25]

결국 위에서 들은 이러한 긴박한 예외적인 상황이 헌법재판소가 불가피하게 입법자를 대신해서 입법자가 새로운 입법을 할 때까지 잠정적으로 적용될 입법적 조치를 발할 수밖에 없는 현상을 정당화시킬 수 있다고 하겠다.

(2) 권력분립원칙과 관련하여

그런데 이러한 헌법재판소에 의한 입법적 행위는 원칙적으로 입법자 내지 의회의 권한을 침해하는 것으로서 권력분립의 원칙에 위배된다고 볼 수도 있다. 왜냐하면 입

24) 설사 어느 정도의 조속한 입법의 가능성이 존재한다 하더라도 그때까지의 기간을 사각지대없이 합헌적으로 규율할, 즉 태아의 생명권이 무분별하게 침해되는 위헌적인 법적 공백과 혼란을 제거할 잠정적인 입법적 조치가 간절히 요구되는 것이다.

25) Vgl. Lerche, aaO, S. 509.

법권은 배타적인 의회의 권한이기 때문이다. 헌법재판소는 입법자가 제정한 법률에 대하여 위헌결정 등을 통해 사후적인 심사와 통제만을 할 수 있을 뿐이지 입법자를 대신해서 일정한 법률을 제정할 수는 없는 것임은 물론이다.[26] 그러나 이는 통상의 경우에 그렇다는 것이고 위에서 언급한 바와 같은 헌법이 예정하지 못한 극히 예외적인 경우에 불가피하게 헌법재판소가 입법자의 역할을 대신 수행할 수밖에 없는 경우를 권력분립의 원칙이 배제하는 것은 아니라고 하겠다. 주지하는 바와 같이 권력분립의 원칙은 국가기관과 권력의 분리를 통해 권력 상호간의 견제와 균형을 도모하고 이로써 국민의 자유와 권리를 보호하려는 헌법원리이다. 여기서 국가권력의 상호 분리와 견제 및 균형은 그 자체 수단이고 최후의 궁극적인 목적은 국민의 자유와 권리의 보호에 있음은 물론이다. 따라서 헌법재판소가 입법자를 대신해서 입법적 조치를 마련하는 것은 형식적으로는 권력분립의 원칙에 위반된다고 볼 수 있지만, 그것이 국민의 긴절한 기본권을 보호하기 위하여 그리고 헌법정신과 이념으로부터 더욱 이탈하는 결과를 막기 위해 불가피하다면 실질적으로는 권력분립의 원칙에 위반된다고 볼 수 없고 오히려 권력분립의 원칙상 요구된다고도 볼 수 있는 것이다.

또한 이 사안에서처럼 입법자의 조속한 입법을 기대하기가 어렵고, 헌법재판소의 결정을 통한 입법적 조치가 일시적인 조치이며,[27] 사항적으로 불가피한 최소한의 내용만을 규정하고 있고, 그 조치의 내용이 기존의 법률규정에 나타난 본래의 입법자의 견해를 합헌적인 범위내에서 최대한 반영한 것이라면 그리고 향후 입법자가 입법을 한다면 하게 될－입법기관의 평균적·추정적 견해에 기초한－예상되는 입법내용을 반영한 것이라면, 이러한 입법적 조치는 입법자를 무시하는 월권행위라고 보기 어렵고, 그 예외적인 상황에 의하여 정당화될 수 있는 불가피한 조치로서 권력분립의 원칙에 위배되는 행위라고 단정해서는 안될 것이다.

사실 이 사안에서는 입법자의 추정적 의도를 가능한 한 유지하려 했고, 사항적으로 불가피한 최소한의 정도를 넘어서지 않았다.[28] 아울러 기간적으로도 위에서 언급한 바와 같이 연방헌법재판소는 이 판결에서의 경과규정이 입법자가 새로운 입법을 할 때까지만 효력을 가진다는 점을 분명히 하고 있다.[29][30] 즉 입법자의 의도의 한도내에서,

---

26) Schneider, aaO, S. 2593.

27) 경과규정 자체가 이미 입법자의 권한을 침해하는 것임에는 틀림없지만, 이러한 경과규정은 의회의 새로운 입법을 있을 때까지만 효력을 갖는 것이기 때문에 결과적으로 그 경과규정의 존속여부와 기간은 어디까지나 입법자의 손에 달렸다는 점에서 입법자의 권한에 대한 침해를 최소화하는 것이라고 하겠다. Vgl. Eckart Klein, in: Benda/Klein, Lehrbuch des Verfassungsprozßrechts, 1991, S. 525.

28) Lerche, aaO, S. 512.

29) BVerfGE 88, 203(209).

30) 여기서 이러한 기간적 한계와 관련하여 입법자에 의한 새로운 법률규정이 연방헌법재판소의 결정내용 및 취지에 부분적 또는 전체적으로 부합되지 않을 경우 연방헌법재판소의 경과규정의 효력은 지속되는지, 즉 입법자에 의한 새로운 법률규정이 오로지 연방헌법재판소의 판결내용 및 취지와 완전히 일치하는 경우에만 경과규정의 효력이 종료되는지의 여부가 문제될 수 있다. 결론적으로 말하면 입법자의 의한 새로운 법률규정이 연방헌법재판소의 결정내용 및 취지에 부분적 또는 전체적으로 부합되지 않는다고 하

즉 해당 법률규정에 나타난 입법자의 의도의 큰 틀을 훼손하지 않고－오히려 그것을 적극적으로 실현하고자 하는 범위내에서－그 의도를 합헌적인 한계내에서 충분히 반영했고, 결과적으로 입법자를 최대한 존중했다고 볼 수 있다.31) 다시 말해 헌법상 도저히 용인될 수 없는 상황을 피하기 위하여 불가피하게 요구되는 최소한도로만－개정형법조항에 나타난－입법자의 의도와 개념에서 벗어나고자 했다고 볼 수 있는 것이다.32) 예컨대 이 판결에서 연방헌법재판소는 경과규정에 의하여 규율되는 낙태에 대한 형벌은 본래 입법자에 의하여 규정된 한계를 넘어서 확장되지 않는다고 명백히 밝히고 있다.33) 또한 실제로 그후 개정된 낙태관련 형법규정34)이 내용상 이러한 연방헌법

더라도 연방헌법재판소의 경과규정의 효력은 종료된다고 보아야 할 것이다(So Lerche, aaO, S. 515). 따라서 설사 입법자에 의한 새로운 법률규정이 연방헌법재판소에 의하여 이미 위헌·무효결정을 받은 법률규정과 부분적 또는 전체적으로 동일한 내용을 담고 있다고 하더라도 입법자에 의한 그 어떤 입법이 이루어진다면 연방헌법재판소에 의한 경과규정은 그 때부터 효력을 상실해야 하는 것이다. 여기서 입법자에 의한 새로운 법률규정이 위헌이라는 이유로 또 다시 그에 대한 헌법소송이 제기되는 것은 별개의 문제이다(Vgl. Schlaich, aaO, S. 325). 이는 결국 연방헌법재판소 결정의 기속력(Bindungskraft, 연방헌법재판소법 제31조 제1항)의 문제인데, 이러한 기속력은 위헌·무효화된 당해 법률규정에만 미치는 것이지 그 후에 이루어진 새로운 입법에 까지 미치는 것은 아니다. 왜냐하면 규범통제와 관련한 연방헌법재판소의 결정은 일반적·법률적 효력(Gesetzeskraft, 연방헌법재판소법 제31조 제2항. 이러한 일반적 기속력으로서의 법률적 효력에 대하여는 Pestalozza, aaO, S. 328 이하 참조)을 지닌 기속력을 가지는데, 입법자는 헌법 내지 헌법질서에 기속되는 것이지 자신이 제정하는 법률 내지 법률질서에 기속되는 것은 아니기 때문에(Vgl. Art. 20 Abs. 3 GG) 이러한 법률적 효력을 가지는 과거의 헌법재판소의 판례에 기속되는 것은 아니다. 따라서 연방헌법재판소는 입법자의 새로운 입법행위(설사 그 내용이 전체적으로 또는 부분적으로 과거 소송대상이었던 법률규정과 동일하다고 하더라도 더 이상 그 과거의 법률과 동일시되어질 수는 없다)를 과거의 헌법재판소의 판례가 아닌 헌법 자체를 통해 다시 재단해야 하며, 그럴 때 입법자는 변화되는 사회적 요구와 법질서에 적응해야 하는 민주적 정당성을 지닌 입법자의 책임을 완수할 수 있고, 그럴 때에 법치·사회국가적 민주주의와 조화될 수 없는 법발전의 경직화를 예방할 수 있는 것이다. 또한 연방헌법재판소는 그럴 때에만 자신의 판례를 수정하고 이를 통해 판례를 새로운 상황에 적응시키고 발전시킬 기회를 가질 수 있는 것이다. 과거에 위헌으로 평가되었던 법률은 시대가 바뀜에 따라 합헌으로 평가될 수도 있고, 그 반대의 경우도 가능한 것이다. 연방헌법재판소의 한번의 판단이 더 이상의 발전과 변화가 허용될 수 없는 최후의 판단일 수는 없다. 결국 연방헌법재판소 판결의 기속력은 입법자가 이미 위헌·무효화된 법률규정과 같거나 유사한 내용의 법률을－입법자가 상황의 변화 등을 이유로 그러한 입법행위를 불가피한 것으로 판단하는 한－새롭게 제정할 수 있는 입법형성의 자유를 방해하지 않는다고 할 것이다(BVerfGE 77, 84[103f.]; Schlaich, aaO, S. 324ff.).

다만 이러한 입법자의 입법형성의 자유에는 기관상호간존중의 원칙(Organtreue)이라는 불문의 헌법개념에 의한 제한을 받는다고 하겠다(Vgl. Lerche, aaO, S. 515). 이 원칙에 따르면 어떠한 국가기관도 다른 국가기관을 경시해서는 안된다. 따라서 하나의 국가기관이 다른 국가기관의 견해나 결정과 다른 견해나 결정을 취하고자 할 경우에는 반드시 그를 정당화시키는 불가피한 사유가 존재해야 할 것이다. 왜냐하면 그러한 불가피한 정당화사유가 없음에도 불구하고 다른 헌법기관의 견해나 결정과 다른 견해나 결정을 취하는 것은 결과적으로 권한남용에 해당하는 것으로서 다른 헌법기관을 경시하는 결과를 초래하는 것이기 때문이다. 결국 입법자는 연방헌법재판소의 선행판결에 기속되지는 않지만, 선행판결의 내용과 취지에 부합되지 않는, 또는 이미 선행판결에 의하여 위헌·무효판결을 받은 법률과 부분적 또는 전체적으로 동일한 내용의 새로운 입법은 그를 정당화시키는 특별한 사유가 존재할 때에만 허용된다는 제한을 받는 것이고, 그 한도내에서만 입법형성의 자유가 인정된다고 하겠다.

따라서 이 사안에서 연방헌법재판소의 낙태판결의 내용과 취지에 부합되지 않는, 또는 이 판결에 의하여 위헌·무효판결을 받은 개정형법조항과 부분적 또는 전체적으로 동일한 내용의 새로운 입법이 입법자에 의하여 이루어진다 하더라도 만일 상황의 변화나 법질서의 변화 등 그를 정당화시키는 특별한 사유가 존재한다면 그러한 입법은 정당화될 수 있고, 따라서 그러한 입법과 동시에 연방헌법재판소의 경과조치는 효력을 상실한다고 보아야 할 것이다.

31) Vgl. Lerche, aaO, S. 511.

32) Vgl. Lerche, aaO, S. 513.

재판소의 잠정적인 경과규정의 기본틀[35]을 유지하고 있다는 사실이 이를 뒷받침하고 있다. 즉 현행 형법 제218조는 여전히 낙태를 원칙적으로 3년 이하의 징역 또는 벌금에 처한다고 규정하면서도 동법 제218a조는 임산부가 수태후 12주 이내에 법률이 인정하는 상담소에서 낙태희망일로부터 늦어도 3일전에 상담을 거쳤다는 증명서를 의사에게 제출한 후 임산부의 요청에 따라 의사에 의하여 이루어진 낙태의 경우에는 동법 제218조가 적용되지 않아 처벌되지 않도록 규정되어 있는 등 이 사건 결정주문의 경과규정의 내용과 거의 유사한 내용으로 규정하고 있다. 이는 연방헌법재판소가 결정을 통해 잠정적인 입법조치를 취하면서도 입법자가 장래 입법을 하게 될 경우 예상되는 입법의 내용을 최대한 반영한 것으로 입법자의 입법권을 최대한 존중한 것으로 볼 수 있다. 또한 이러한 입법조치는 당연히 잠정적인 경과규정에 불과하고, 따라서 입법자가 새로운 입법을 하는 즉시 이러한 경과규정은 바로 효력을 상실하는 것이다.

한편 이 경우 연방헌법재판소의 이러한 입법적 조치가 향후의 입법방향을 제시하는 입법자에 대한 일종의 권고(Empfehlung)로서 기능할 수 있는지의 문제가 제기될 수 있다.[36] 위에서 이미 언급한 바와 같이 이러한 입법적 조치는 법적 공백을 제거하기 위하여 불가피하게 요구되는 잠정적 조치이고, 그 내용은 본래의 입법자의 의도를 합헌적 범위내에서 최대한 반영하고자 한 것이며, 아울러 위의 각주 30)에서도 언급한 바와 같이 연방헌법재판소 판결의 기속력은 새로운 입법을 행할 입법자를 기속하지 아니한다는 점에 비추어 볼 때, 그리고 권력분립의 원칙에 비추어 볼 때 연방헌법재판소의 이러한 입법적 조치가 향후의 입법방향을 제시하는 입법자에 대한 일종의 권고로서 기능할 수는 없다고 보아야 할 것이다. 따라서 입법자의 새로운 입법이 연방헌법재판소가 마련한 입법적 조치의 내용의 범주내에서 이루어져야 하는 것은 아니며, 연방헌법재판소는 단지 이러한 경과규정을 통해 입법자의 새로운 입법이 경과규정의 내용을 따를 경우 그 입법은 헌법에 합치된다는 사실만을 시사할 뿐이다.[37] 만일 그렇지 않다면 이는 입법자의 입법권을 침해하는 결과를 초래하게 될 것이다. 결국 낙태에 관한 연방헌법재판소의 경과규정은 유일한 합헌적 규정이 아니고, 단지 가능한 해결책의 하나일 뿐이다.

(3) 법치주의원리와 관련하여

한편 이러한 입법적 조치가 독일 기본법 제103조 제2항 및 제104조 제1항에서 규정하고 있는 죄형법정주의를 포함한 법률유보의 원칙, 특히 형벌 등 기본권의 제한에 관

33) BVerfGE 88, 203(337).

34) 현행 형법 제218a조 이하.

35) 결정주문의 Ⅱ의 2호 이하의 내용(BVerfGE 88, 203[210ff.]).

36) 이에 대하여 Lerche, aaO, S. 515f.

37) Lerche, aaO, S. 515.

한 사항은 반드시 의회가 제정한 형식적 의미의 법률에 규정되어 있어야 한다는 원칙("법률 없으면 형벌없다.")에 위반되는지의 여부가 문제된다. 왜냐하면 이 낙태에 관한 사안에서는 입법기관이 제정한 법률에 의해서가 아니라 연방헌법재판소 결정에 의한 잠정적 조치를 통해 형벌에 대한 사항 등 기본권의 제한에 대한 사항이 규율되기 때문이다. 그러나 앞서 언급한 바와 같이 이 연방헌법재판소의 조치는 통상적인 경우가 아닌 비상적 상황에서 불가피하게 요구되는 것이고, 따라서 헌법제정자 또는 헌법개정자도 예상하지 못한 상황이라 당연히 (헌)법적 근거가 없을 수밖에 없으며,[38] 결과적으로 더 큰 위헌상태의 발생을 예방하고, 더 큰 기본권과 공익을 보호하기 위하여 불가피하게 헌법재판소가 예외적이고 보충적인 입법자의 지위에서 규범적 조치를 취하는 것이기 때문에 이 경우 통상의 법률유보의 원칙과 죄형법정주의를 적용할 수는 없을 것이다.[39][40]

주지하는 바와 같이 법치주의원리란 국가권력을 법률에 기속시킴으로써 국가권력을 통제하고 이로써 국민의 자유와 권리를 보호하려는 헌법상의 기본원리이다. 여기서 법률을 통한 국가권력의 통제는 그 자체 수단에 불과하고 최후의 궁극적인 목적은 국민의 자유와 권리의 보호에 있음은 물론이다. 따라서 헌법재판소가 입법자를 대신해서 마련한 규범적 조치를 통해 국민의 기본권과 형벌에 관한 사항을 규율하는 것은 형시적으로는 법치주의원리에 위반된다고 볼 수 있지만, 그것이 앞서도 강조했듯이 국민의 긴절한 기본권을 보호하기 위하여 그리고 헌법정신과 이념으로부터 더욱 이탈하는 결과를 막기 위해 불가피하다면 실질적으로는 법치주의원리에 위반된다고 볼 수 없고

---

38) 이러한 헌법재판소의 입법적 행위에 대한 (헌)법적 근거의 문제는 후술한다.

39) So Lerche, aaO, S. 514.

40) 앞서 언급한 바와 같이 이 사건에서 연방헌법재판소는 경과규정에 의하여 규율되는 낙태에 대한 형벌은 본래 입법자에 의하여 규정된 한계를 넘어서 확장되지 않는다고 명백히 밝히고 있다. 그러면서 그렇기 때문에 연방헌법재판소에 의한 경과규정이 법률유보의 원칙과 죄형법정주의를 규정한 기본법 제103조 제2항과 제104조 제1항에 결과적으로 합치된다고 판시하고 있는데(BVerfGE 88, 203[337]), 이러한 견해는 타당하지 못하다. 왜냐하면 경과규정에 의하여 규율되는 낙태에 대한 형벌이 본래 입법자에 의하여 규정된 한계를 넘어서 확장되지 않는다는 사실은 앞서 권력분립의 원칙과 관련하여 언급한 바와 같이 연방헌법재판소가 경과규정을 통해 입법자의 의도를 가능한 한 존중하고 반영한다는 점에서, 즉 권력분립의 원칙을 지킨다는 점에서 경과조치를 정당화시키는 논거로 기능할 수는 있으나, 그렇다고 해서 이러한 사실이 경과조치가 법률유보의 원칙에 합치된다는 논거로 기능할 수 있다는 것을 의미하지는 않기 때문이다. 아마도 연방헌법재판소는 경과규정을 통해서는 원래 입법자가 정한 형벌의 범위를 넘어서 처벌되지 않기 때문에 형벌사항에 대하여는 반드시 의회가 제정한 형식적 의미의 법률로 정한다는 죄형법정주의를 포함한 법률유보의 원칙의 틀을 벗어나지 않았고 따라서 의회가 아닌 연방헌법재판소에 의하여 마련된 경과규정에 있어서 결과적으로 법률유보의 원칙은 지켜진 것이고, 따라서 기본법 제103조 제2항과 제104조 제1항에 위반되는 것은 아니라는 의미에서 그러한 주장을 한 것으로 보인다. 그러나 앞서 언급한 바와 같이 연방헌법재판소의 경과규정이 법률유보의 원칙에 위반되지 않는 것은 바로 이 경우에는 예외적으로 연방헌법재판소가 입법자로서 기능한 것이고, 따라서 그 한도내에서 입법자의 지위에 서는 것이기 때문에 이 경우에는 반드시 의회가 제정하는 형식적 의미의 법률을 통한 기본권제한만을 요구하는 통상의 법률유보의 원칙을 적용할 수는 없고, 이미 연방헌법재판소에 의한 입법적 조치가 바로 법률로서 기능한 것이며, 따라서 입법자가 아닌 연방헌법재판소가 낙태에 관한 사항을 규율한다고 해서 이것이 법률유보의 원칙을 위반한 것은 아니라는 논리가 타당하다고 할 것이다. 따라서 뒤에서 언급하는 바와 같이 이 경우에는 경과조치 자체가 법률의 효력을 가지기 때문에 일반 법률이 갖추어야 할 일반적인 형식과 법률유보의 원칙이 요구하는 요건을 갖추어야 할 것이다.

오히려 법치주의원리가 요구하고 있다고도 볼 수 있는 것이다.

한편 이러한 헌법재판소에 의한 입법적 조치는 마치 우리 헌법 제76조에 규정된 대통령의 국가긴급권의 일종으로서의 긴급명령이나 긴급재정경제명령의 경우와 유사하다고 하겠다. 여기서 헌법이 규정하고 있는 일정한 비상상황하에서 대통령은 긴급명령 등을 발할 수 있으며, 이러한 명령은 법률의 효력을 가지는 것이다. 이는 국회가 제기능을 할 수 없는 예외적 상황속에서 국회를 대신하여 대통령이 법률의 효력을 가지는 명령을 발하는 것이고, 이는 헌법적 위기를 극복하고 기본권을 수호하기 위하여 대통령에게 부여된 비상권한인 것이다. 따라서 이러한 경우 대통령이 이러한 명령을 발한다고 하여 국회의 권한을 침해하고 권력분립의 원칙을 위반하는 것은 아니며, 또한 위기극복을 위하여 불가피할 경우 이러한 긴급명령을 통해 형벌에 관한 사항을 규율한다 하더라도 이것이 죄형법정주의와 법률유보의 원칙을 위반하는 것이라고 할 수도 없다. 다만 뒤에서도 언급하는 바와 같이 헌법 제76조에 규정된 대통령의 비상권한의 경우에는 그 요건에도 나와 있듯이 헌법제정자가 이미 그러한 상황을 예측할 수 있었고, 따라서 헌법에 그 근거가 마련되어 있는 것이며, 반면 이 사안에서처럼 연방헌법재판소가 잠정적인 입법조치를 발하는 경우에는 그러한 상황을 헌법제정자 또는 헌법개정자가 예측할 수 없었기 때문에 헌법에 그 근거가 마련되어 있지 않을 뿐이다.

한편 이 사건에서 경과규정이 너무 세부적인 사항까지 규율하고 있어 이 역시 연방헌법재판소가 입법자의 권한을 침해한 것이 아니냐 하는 비판이 제기될 수 있다. 그러나 앞서 언급한 바와 같이 이 사안에서는 연방헌법재판소는 일종의 입법자로서 기능할 수밖에 없기 때문에[41] 그 한도에서 그 조치의 내용 및 형식과 관련해서도 입법자와 동일한 과제와 기능을 수행할 수밖에 없는 것은 당연하다고 하겠다. 따라서 법치주의원리, 특히 법률유보의 원칙 및 죄형법정주의와 관련하여 헌법재판소의 잠정적인 입법조치는 그 자체 법률의 효력을 가지므로 당연히 법률조문의 형식으로 이루어져야 하고, 내용상 기본권의 행사와 제한에 관한 본질적인 사항을 규정하고 있어야 하며, 명확성의 원칙도 충족시켜야 하는 등 법률유보의 원칙상 일반적으로 요구되는 요건을 충족시켜야 할 것이다.[42]

---

41) 위의 각주 21)에서 소개한 바와 같이 연방헌법재판소는 1990년 9월 29일의 연방선거법 제53조 제2항 등에 대한 위헌판결에서 구술심리과정에서 문제된 선거법규정이 위헌결정을 받을 경우 연방대통령이 선거일로 정한 1990년 12월 2일을 감안하여 입법기관이 그 이전 적절한 시기에 불가피한 선거법의 개정을 할 수 있다는 의지와 가능성을 분명히 했기 때문에 연방헌법재판소 스스로가－연방헌법재판소법 제35조에 따른－규범적 조치를 발함으로써 선거시행을 위한 법적 근거를 마련할 필요성은 배제된다고 판시하고 있는데(BVerfGE 82, 322[352]), 이는 결국 연방헌법재판소의 위헌결정 이후 입법기관이 적기에 필요한 법률보완이나 개정을 하지 못할 경우 연방헌법재판소 스스로가 입법자의 지위에서 적절한 입법을 행할 수 있다는 것을 의미하는 것이다.

42) Vgl. Lerche, aaO, S. 513ff.

(4) 비상적 입법행위의 주체

한편 여기서 이러한 비상적 입법행위는 오로지 헌법재판소에 의해서만 발해질 수 있는 것인지 아니면 대통령 등 다른 헌법기관이 그 비상적 입법행위의 주체가 될 수는 없는 것인지 하는 문제가 제기될 수 있을 것이다. 독일의 경우 예컨대 기본법 제81조에 따른 연방정부와 연방대통령 및 연방참사원 등 입법관련기관에 의하여 이루어지는 이른바 입법비상사태제도(Gesetzgebungsnotstand)를 고려해 볼 수 있겠으나 이 제도는 여러 입법관련기관들에 의하여 절차가 진행된다는 점에서 이미 이 사건에서와 같은 비상상황에 대한 적절한 대응수단이라고 보기 어렵고, 한편 연방대통령을 대안으로 고려해 본다 하더라도 연방대통령은 기본법상 그러한 권한이 없을 뿐 아니라 그러한 권한을 행사할 적절한 위치에 있지도 아니하다.[43] 따라서 결국 독일의 법질서내에서 연방헌법재판소가 이러한 비상적 입법행위를 발할 수 있는 유일하고 적절한 지위에 있다고 볼 수밖에 없다.[44]

헌법재판소에게 위헌결정에 관한 권한과 의무가 주어진 이상 그로부터 야기되는 문제의 해결을 위한 - 다른 기관에 의한 해결이 불가능하고 적절치 못하다면 - 최후의 권한과 의무도 헌법재판소에게 부여된다고 해석될 수 있다.[45] 즉 헌법재판소는 예외적이고 불가피한 경우에 최후로 자신의 판결을 통해 직접적으로 야기되는 - 법적 공백 등의 - 결과를 스스로 해결하고 규율할 권한을 가지고 있다고 해석될 수 있는 것이다.[46] 결국 헌법체계, 규범통제권 등 헌법재판소의 관할권의 내용과 특성, 헌법재판소의 - 정치적 평화유지기능을 포함한 - 준 정치적 기능 및 준 입법적 기능,[47] 헌법재판소

43) 바이마르헌법 제48조 제2항에 따른 헌법의 수호자로서의 제국대통령의 비상입법권 남용의 문제점과 관련하여, 그리고 그러한 문제점으로 인해 대통령의 비상입법권에 대하여 현행 기본법은 의도적으로 아무런 규정을 마련하고 있지 않다는 사실과 관련하여 Herzog, Die Vollstreckung von Entscheidungen des Bundesverfassungsgerichts, Der Staat 4(1965), S. 45f.; Schneider, aaO, S. 2591.

44) 연방헌법재판소는 연방헌법재판소법 제35조에 따른 집행결정의 효과적인 수행을 위해서 그때 그때의 상황에서 판결의 목적을 달성하기 위한 가장 사안에 적합하고, 가장 빠르고, 가장 단순하고, 가장 목적에 부합하는 방법을 연방헌법재판소 스스로가 선택할 수 있도록 폭넓은 여지를 연방헌법재판소에 부여한다는 뜻에서 동법은 의식적으로 집행에 관한 별도의 특별한 절차를 규정하지 않았으며, 헌법의 수호자(Hüter der Verfassung)로서의 연방헌법재판소에 의한 집행을 통해서 판결에 의하여 요구되는 목표에 정확히 도달될 것이 담보된다고 판시하고 있다(BVerfGE 6, 300[304]). 이러한 연방헌법재판소의 견해는 뒤에서 다루고 있는 바와 같이 낙태판결에서 잠정적인 경과규정이 연방헌법재판소법 제35조에 근거해서 이루어진다는 점에서는 이를 부정하는 필자의 견해와 다르지만, 그러한 경과조치를 마련하는 주체로서 헌법의 수호자로서의 헌법재판소가 적절하고 유일한 대안일 수밖에 없다는 결론에서는 필자의 견해와 동일하다고 하겠다.

45) Vgl. Eckart Klein, aaO, S. 525.

46) Roellecke는 연방헌법재판소법 제35조는 연방헌법재판소의 판결의 직접적인 결과를 스스로 규율할 수 있는 일반적이고 포괄적인 권한을 연방헌법재판소에 부여하는 규정으로 해석되어야 한다고 주장한다(Roellecke, aaO, §35 BVerfGG Rdnr. 13ff.).

47) 규범통제의 경우 단순위헌결정에서도 그렇지만, 특히 다양한 변형결정에 있어서는 헌법재판소의 결정이 사실상 법률의 내용을 보완 내지 보충하는 효과를 가지는 등 헌법재판소가 폭넓게 입법권에 관여한다고 볼 수 있고, 따라서 사실상 헌법재판소는 이미 준 입법자의 지위에서 준 입법권을 행사한다고 볼 수 있

의 기본권보호기관으로서의 지위 및 최후의 헌법수호자로서의 지위 등을 고려해 볼 때, 아울러 대통령과는 달리 중립적이며 권한남용의 가능성이 가장 적은 헌법기관이라는 점을 상기할 때 헌법재판소가 비상적 입법행위의 적절한 주체라고 할 수 있을 것이다.

(5) 결 어

지금까지 살펴본 바와 같이 연방헌법재판소가 일정한 법률조항에 대하여 위헌·무효결정을 내릴 수밖에 없는 경우 발생되는 법적 공백을 제거하기 위하여 불가피하다면 위헌·무효결정과 동시에 일정한 요건하에서 잠정적인 입법적 조치를 발할 수 있다. 그리고 그 전제요건은 다음과 같이 정리될 수 있을 것이다.

첫째, 입법자 스스로 위헌·무효결정 이후에 발생되는 법적 공백을 제거하기 위한 입법을—시간적 또는 정치적인 이유 등으로—조속히 행할 수 없고, 둘째, 헌법상 도저히 용인할 수 없는—위헌·무효화된 법률규정이 적용되는 경우보다—더 큰 위헌적인 법적 공백과 혼란을 피하기 위하여, 셋째, 비상적인 입법조치가 입법자의 새로운 입법이 있을 때까지만 적용되는 잠정적인 규율이어야 하고, 넷째, 그 조치의 내용이 기존의 법률규정에 나타난 본래의 입법자의 견해를 합헌적인 범위내에서 최대한 반영하는 한편 향후 입법자가 입법을 한다면 하게 될—입법기관의 평균적·추정적 견해에 기초한—예상되는 입법내용을 최대한 반영해야 하고, 즉 입법자의 의도를 가능한 한 최대한도로 존중하고 관철시켜야 하고, 다섯째, 그 내용은 현상을 유지하기 위한, 그리고 법적 혼란을 피하기 위한 최소한의 것이어야 하며, 여섯째, 그 형식이 일반법률이 갖추어야 할 형식, 예컨대 조문형식, 일반성, 추상성, 명확성 등을 갖추어야 하고, 기타 법치주의원리상 지켜져야 할 제 원칙, 예컨대 기본권의 제한이나 행사에 관한 본질적인 사항을 반드시 정해야 한다는 본질성이론, 비례의 원칙, 기본권의 본질적 내용침해금지의 원칙 등이 준수되어야한다는 것 등을 들 수 있을 것이다.

결국 헌법재판소의 비상적 입법행위가 이러한 요건을 충족시킨다면 이는 권력분립의 원칙과 민주주의원리 및 법치주의원리를 위반한 것이라고 볼 수 없고, 헌법상 정당화되어 질 수 있다고 본다. 더욱이 정당화사유 및 요건과 관련해서도 누차 언급했듯이 이러한 경과조치가 그러한 경과조치를 취하지 않을 경우 발생할 수 있는 보다 더 큰—헌법상 더욱 용인하기 어려운 위헌적인—법적 공백과 혼란을 피하고 긴절한 기본권침해를 방지하기 위하여 불가피하게 최후로 이루어지는 조치라는 점을 상기한다면 이는 오히려 헌법상 요구되는 헌법재판소의 권한이자 동시에 의무라고도 할 수 있을 것이다. 따라서 이를 해태하는 것은 일종의 헌법재판소의 직무유기라고까지도 볼 수 있을 것이다.

는 것이다.

3. 입법적 조치를 발할 수 있는 법적 근거

(1) 연방헌법재판소의 입장

연방헌법재판소는 이러한 경과규정을 별다른 설명 없이 판결의 집행에 관한 규정(Regelung der Vollstreckung)인 연방헌법재판소법 제35조에 근거해서 마련한다고 했다.[48] 이는 아마도 연방헌법재판소가 결정주문에서 취한 잠정적 조치가 판결의 효력을 담보하고－입법자에 의한 새로운 입법조치가 있을 때까지－일정기간동안 위헌·무효판결을 받은 법규정을 대신해서 낙태문제를 규율하도록 하는, 따라서 판결의 내용을 집행하는 일종의 강제집행조치의 성질을 가진다는 점에서, 그리고 연방헌법재판소법상 이러한 조치를 취하기 위한 근거로서 제35조의 규정 이외에 별도의 명문규정을 발견하기 어렵다는 점에서 동법 제35조에 근거해서 이러한 잠정적 조치를 취한 것으로 여겨진다.

(2) 입법적 조치의 근거

1) 연방헌법재판소법 제35조

연방헌법재판소법 제35조의 내용은 다음과 같다: "연방헌법재판소는 결정에서 그 결정내용을 집행할 주체를 정할 수 있다; 또한 연방헌법재판소는 개별사안에서 그 집행의 종류와 방법을 정할 수도 있다."

이러한 연방헌법재판소법 제35조에 따른 집행조치는 연방헌법재판소 결정의 내용이 당사자의 거부 등으로 이행될 수 없을 것에 대비해서 그 결정의 집행을 강제하기 위하여 취해지는 조치이다.[49] 또한 이는－주로 급부나 수인의 의무와 관련되어－결정의 효력을 담보하기 위하여 취해지는 구체적인 집행의 주체와 종류 및 방법 등을 의미하는 것이다.[50]

그런데 낙태판결에서 연방헌법재판소가 취한 경과규정은 판결의 집행에 관한 문제가 아니다. 즉 연방헌법재판소가 자신의 판결의 집행을 거부하는 그 어떤 저항으로부터 판결의 내용을 관철시켜야만 하는 경우에 해당하는 문제가 아닌 것이다. 오히려 그 반대로 바로 판결의 내용, 즉 당해 법률조항의 위헌·무효를 수용함으로 해서 야기될

---

48) 제1차 낙태판결에서도 연방헌법재판소는 별다른 설명 없이 단지 새로운 입법이 있을 때까지 법적 명확성을 위해서(im Interesse der Rechtsklarheit) 연방헌법재판소법 제35조에 따라 경과규정을 마련한다고만 했다(BVerfGE 39, 1[68]).

49) 이 규정의 입법배경과 내용에 대하여는 Pestalozza, aaO, S. 259ff.

50) Vgl. Franz Klein, in: Maunz/Schmidt-Bleibtreu/Klein/Ulsamer, Bundesverfassungsgerichtsgesetz, §35, Rdnr. 13; Pestalozza, aaO, S. 264.

수 있는 법적 공백이라는 결과를 연방헌법재판소 스스로가 극복하고자 하는데서 발생하는 문제인 것이다. 다시 말해 입법자가 연방헌법재판소의 결정을 무시하기 때문에 그러한 저항을 극복하기 위하여 취해지는 강제집행조치가 아니라, 오히려 입법자가 연방헌법재판소 결정의 취지를 존중하고 그를 따르고자 하나 정치적인 이유 등의 현실적인 여건상 이에 신속하게 부응할 수 없을 경우 이를 그대로 방치하는 것이－단기간에 해소되기 어려운－엄청난 법적 혼란과 수인할 수 없는 기본권침해, 즉 헌법상 용인할 수 없는 상태를 야기할 우려가 있기 때문에 연방헌법재판소가 입법자를 대신해서 불가피하게 취하는 조치이기 때문에[51] 이를 연방헌법재판소법 제35조에 근거한 집행조치에 해당한다고 볼 수는 없다.[52] 또한 연방헌법재판소법 제35조의 규정에 있는 '개별사안(Einzelfall)'의 표현에서도 알 수 있듯이 이 규정에 따른 조치는 어디까지나 구체적이고 개별적인 사안을 집행하기 위하여 취해지는 것이지[53] 이 사안에서처럼 일정기간동안 일반적으로 적용되는 추상적인 법률적 규범을 마련하기 위한 것은 아니다.[54][55] 따라서 이 사안에서는 문제된 개정형법조항이 위헌·무효가 됨에 따라 불가피하게 발생하는 법적 공백과 혼란상태를 잠시도 용인할 수 없는 상황에서 그를 극복하기 위하여 예외적이고 잠정적인 규범적인 조치를 마련한 것이지 결정의 효력을 담보하고 집행하기 위하여 취해진 조치로 볼 수 없는 것이다.

또한 연방헌법재판소법 제35조에 따른 조치는 판결의 내용이 당사자 등에 의한 별도의 추가적인 행위가 있어야 만이 이행될 경우에 그 추가적인 이행을 담보하고 강제하기 위하여 취해지는 조치이지 일정한 판결 그 자체로 이미 그 목적이 달성되는 경우에 적용되는 것이 아니다. 이 사건에서처럼 해당 법률조항에 대한 단순위헌·무효결정이 내려진 경우 그 결정의 효력과 이행은 해당 법률조항의 무효화로 이미 달성된 것이기 때문에, 그러한 판결이 추가로 강제집행의 대상이 될 수는 없고, 또한 그러한 강제집행이 필요한 것도 아니다.[56] 즉 일정한 법률조항의 위헌·무효가 결정내용인 경우 그 결정내용에 대한 또는 그 무효화된 법률조항의 무효화를 위한 강제집행은 처음부터 상상할 수가 없는 것이다.[57] 다시 말해 위헌결정을 통해 이미 판결의 효력과 이행은 달성된 것이며, 별도의 추가적인 집행이나 행위가 있어야 하는 것은 아니다.

연방헌법재판소는 그동안 이 낙태판결 이전까지 연방헌법재판소법 제35조에 근거해

---

51) Vgl. Pestalozza, aaO, S. 267.

52) Vgl. Lerche, aaO, S. 510.

53) Vgl. Pestalozza, aaO, S. 266.

54) Vgl. Pestalozza, aaO, S. 267.

55) 이 사건에서와 같은 입법적 조치를 취할 수 있는 권한을 도대체 연방헌법재판소가 행사할 수 있는가의 여부를 별론으로 한다면 어쨌든 연방헌법재판소법 제35조가 이러한 입법적 조치의 근거가 될 수는 없다는 점에서는 결과적으로 필자와 같은 견해로서 Herzog, aaO, S. 45f.; Schneider, aaO, S. 2593f.; Schlaich, aaO, S. 318; Pestalozza, aaO, S. 267.

56) Schlaich, aaO, S. 318; Pestalozza, aaO, S. 267.

57) Vgl. Lerche, aaO, S. 509.

서 여러 건의 집행조치를 결정주문에서 마련한 바 있다.[58] 그중 대표적인 그리고 전형적인 예로서 과거 공산당에 대한 위헌결정의 이행을 담보하기 위한 집행조치를 마련한 1957년 5월 21일의 연방헌법재판소의 판결[59]을 들 수 있다. 이 판결에서 연방헌법재판소는 독일 공산당(Kommunistische Partei Deutschlands)에 대하여 위헌결정을 내린 1956년 8월 17일의 연방헌법재판소의 결정주문[60] 제 I 의 제3호의 내용[61]의 집행과 관련하여 문제가 된 공산당 Landesverband Saar를 1956년 8월 17일의 연방헌법재판소의 결정에 의하여 해산된 독일 공산당의 대체조직으로 판단하고 연방헌법재판소법 제35조에 따라 이를 해산시킬 집행의 주체로서 Saarland 주의 내무장관을 지정하면서 Saarland 주 내무장관이 이러한 집행을 실현하기 위한 목적으로 모든 경찰조직에 대한 지시·명령권을 가진다는 내용의 집행조치를 취했다.[62] 이처럼 연방헌법재판소법 제35조에 따른 집행은 주로 구체적인 개별사안으로서의 판결의 집행(이 사건에서는 위헌인 피고정당의 해산)을 거부하는 또는 거부할 것으로 예상되는 피고(이 사건에서는 공산당 Landesverband Saar)와 관련하여 그를 대신하여 판결의 집행을 담당할 주체(이 사건에서는 Saarland 주 내무장관)와 그 구체적인 내용과 방법(이 사건에서는 공산당 해산과 그를 위한 경찰조직에 대한 지시·명령권) 등을 정하는 것이다. 다시 말해 이 공산당사건에서는 판결이 내려짐으로써 바로 판결의 목적이 달성되는 것이 아니라 판결의 내용에 따른 추가적인 후속행위가 있을 때 비로소 판결의 내용과 목적이 달성되는 것이기 때문에 이 경우에는 도대체 이러한 판결의 내용을 집행한다는 논리가 성립될 수 있고, 따라서 연방헌법재판소법 제35조에 근거한 판결의 집행을 위한 강제집행조치가 필요하고 적절한 경우에 해당하는 것이다.

결국 연방헌법재판소가 이 제2차 낙태판결 등에서 연방헌법재판소법 제35조에 근거해서 이러한 입법적 조치를 마련한 것은 지금까지 언급한 이유로 타당하지 못하다고 하겠다.

2) 불문의 비상권한

이처럼 연방헌법재판소법 제35조는 경과규정 등 연방헌법재판소의 입법적 조치의 법적 근거라고 볼 수 없다. 만일 그렇지 않다면 연방헌법재판소는 이 규정에 근거하여 그 어떠한 내용과 성격의 조치라도 취할 수 있다는 결론에 도달하여 매우 광범위한 형성의 자유를 행사하게 되면서 초능력적인 헌법재판소를 출현시키는 결과 권력분립의

58) 그 구체적인 사례에 대하여는 Pestalozza, aaO, S. 267ff.; Roellecke, aaO, Rdnr. 10; F. Klein, aaO, Rdnr. 2 참조.

59) BVerfGE 6, 300.

60) BVerfGE 5, 85(86f).

61) 이 결정의 요지는 독일 공산당은 위헌으로서(결정주문 I. 1) 해체되고(결정주문 I, 2), 그 대체조직을 설립하거나 기존의 조직을 대체조직으로 전환하여 지속시키는 것은 금지된다(결정주문 I, 3)는 것 등이다.

62) BVerfGE 6, 300f.

원칙을 정면으로 위배하게 되는 등 헌법과 조화될 수 없는 결과를 초래할 것이다. 아울러 우리의 경우처럼 이러한 강제집행에 관한 규정을 갖고 있지 아니한 국가의 경우 이 사건에서와 같은 예외적인 사안이 발생했을 때 그러한 입법적 조치를 취할 수 없다는 모순된 결론에 도달하게 될 것이고, 이는 기본권과 공익실현에 엄청난 위험성을 초래하면서 헌법상 도저히 용인할 수 없는 더 큰 위헌상태와 법적 공백을 방치하는 결과를 낳을 것이다. 그렇다고 이에 대한 별도의 다른 근거 규정을 찾을 수 있는 것도 아니다. 따라서 이 경우 이러한 입법적 조치는 헌법상 직접 도출되는 불문의 비상권한(Notkompetenz)에 근거한다고 볼 수밖에 없을 것이다.[63] 이는 그렇지 아니할 경우 지금까지 언급한 바와 같이 연방헌법재판소가 불가피하게 입법자로서 기능하는 상황보다 헌법에 더욱 배치되는 상황이 발생하게 되리라는 점에서 헌법상 정당화될 수 있을 것이다.

물론 이는 통상의 권력분립의 원칙, 법치주의원리, 민주주의원리, 의회의 배타적인 입법권 등 헌법규정 또는 헌법원리의 예외이므로 원칙적으로는 그 근거가 헌법에 규정되어 있어야 할 것이다. 예컨대 독일의 경우 위에서 언급했던 기본법 제81조의 입법비상사태제도나 우리의 경우 헌법 제76조의 대통령의 긴급명령권 등을 그 예로 들 수 있을 것이다. 그런데 독일 기본법 제81조의 입법비상사태제도나 헌법 제76조에 규정된 대통령의 긴급명령권의 경우에는 그 요건에도 나와 있듯이 헌법제정자가 이미 그러한 상황을 예측할 수 있었고, 따라서 헌법에 그 근거가 마련되어 있는 것이며, 반면 이 사안에서처럼 연방헌법재판소가 잠정적인 입법조치를 발하는 경우에는 그러한 상황을 헌법제정자 또는 헌법개정자가 예측할 수 없었기 때문에 헌법에 그 근거가 마련되어 있지 않은 것이다. 이는 헌법이 예상한 헌법재판소의 권한은 아니지만, 그렇다고 헌법재판소의 권한밖이라고 단정할 수도 없다. 어차피 이 사안이 헌법이 통상 예정한 사안이 아니고, 헌법이 통상 예정한 방법을 통해 해결할 수 없는 상황이라면 헌법이 통상 예정하지 아니한 방법을 통해 해결할 수밖에 없을 것이며, 그러한 불문의 권한을 위한 불문의 법적 근거의 생성이 헌법상 반드시 불가능하고 배척되어야만 하는 것도 아니라고 본다. 사실 헌법재판에 있어서 위헌여부의 판단기준이 되는 헌법상의 제 원칙에는 헌법상 명문의 규정이 없는, 그러나 다른 헌법상의 원칙이나 기본원리, 법의 일반원칙이나 조리로부터 도출된 불문의 법원리나 법적 근거도 많이 있음을 상기할 때 이는 충분히 정당화될 수 있는 논리라고 하겠다. 또한 규범통제에 있어서 흔히 볼 수 있는 헌법재판소의 변형결정도 처음부터 그에 대한 명문의 근거규정이 있었던 것이 아니라, 단순위헌·무효결정으로 야기되는 보다 큰 기본권 침해와 법적 공백을 제거하기 위하여 불가피하게 헌법상 요구되고 정당화되어 왔던 조치라는 점을 상기 할 때, 그 한도에서 그러한 변형결정을 내릴 수 있는 헌법재판소 권한에 대한 근거 역시 헌법해

63) Lerche, aaO, S. 511.

석상 도출되는 불문의 비상권한이라고 볼 수도 있는 것이다.[64)]

결국 더 큰 위헌상태와 어떠한 이유에서도 도저히 용인할 수 없는 심각한 기본권침해를 야기할 수 있는 법적 공백과 혼란이 예상됨에도 불구하고 명문의 근거가 없다고 해서 그러한 조치를 취할 수 없다면 그것이야말로 더 큰 헌법위반이요, 더 나아가 헌법의 최후의 수호자로서의 헌법재판소의 직무유기라고 아니할 수 없을 것이다.

Ⅳ. 우리법제에의 적용가능성

독일에서처럼 낙태문제를 비롯하여 이해와 견해가 각자의 처해진 상황이나 장소·시간·문화 등의 차이에 따라 첨예하게 대립하는 사안은 우리에게도 얼마든지 있을 수 있고, 아울러 우리도 과거 독일의 경우처럼 분단된 국가로서 미래의 통일과정에서 독일에서와 같은 예외적이고 과도적인 그리고 법적 통합과정에서 대단히 극복하기 어려운 문제가 발생할 가능성은 항상 존재한다고 볼 수 있다. 더욱이 우리가 독일과 거의 유사한 헌법체계와 헌법재판제도를 가지고 있다는 점을 고려한다면 낙태판결에서의 연방헌법재판소의 입법적 행위와 그 배경 및 그에 관한 논의는 우리에게 시사하는 점이 매우 크다고 하겠다. 그 점에서 독일의 경우를 전제로 지금까지 필자가 전개한 이러한 연방헌법재판소의 입법적 행위에 대한 헌법적 논리는 우리의 경우에도 적용될 수 있다고 본다.

이러한 잠정적인 입법조치의 주체로서 우리의 경우 헌법재판소 이외에 헌법 제76조에 규정되어 있는 긴급명령이나 제77조에 규정되어 있는 비상계엄 등의 대통령의 국가긴급권을 감안하여 대통령을 고려해 볼 수는 있겠으나, 먼저 이 사안이 헌법에서 규정된 긴급권한을 행사할 수 있는 대상에 해당되지 아니하고, 또한 그 요건을 충족시킬 수도 없으며, 특히 비상계엄을 통해서는 국회의 권한에 대하여 특별한 조치를 취할 수 없기 때문에 대통령이 적절한 주체로 고려될 수는 없을 것이다. 아울러 대통령이 헌법상 국정의 최고책임자로서의 지위를 가지고 헌법을 수호할 책무를 지닌다 하더라도 우리의 정치현실에 비추어 볼 때 대통령이 의회의 특정정파의 정치적 이해를 대변할 위험성이 매우 높기 때문에 헌법의 최후의 수호자로서 제대로 기능할지도 의문이다. 또한 권한남용의 위험도 크다. 따라서 그러한 책무는 역시 중립적이고 독립적이며 권력통제와 기본권수호의 보루로서, 그리고 헌법의 최후의 수호자로서의 헌법재판소가 담당하는 것이 가장 적절하다고 여겨진다.[65)] 따라서 도대체 현행 헌법상 이 사안에서

64) 독일과는 달리 우리의 경우에는 여전히 헌법재판소법상 이러한 변형결정에 대한 근거규정이 전혀 없지만 지금까지 수없이 많은 변형결정이 이루어져 왔고, 통설도 이를 인정하고 있음은 주지의 사실이다. 따라서 명문의 법적 근거없이 변형결정을 행하는 헌법재판소의 권한은 단순위헌·무효결정으로부터 필연적으로 야기되는 헌법상 용인할 수 없는 법적 공백 등 더 큰 위헌상태를 제거하기 위하여 헌법상 불가피하게 요구된다는 점에서 정당화될 수 있고, 이 점에서 헌법해석상 도출되는 불문의 비상권한이 그 근거라고 볼 수 있는 것이다.

와 같은 예외적인 상황에서 비상적인 입법행위를 통해 국민의 기본권을 조화롭게 보장하고, 법적 공백과 혼란을 방지하며, 헌법을 수호할 지위에 있는 국가기관은 헌법재판소밖에 없으며, 따라서 그런 이유에서 헌법재판소에 의한 비상적인 입법행위는 정당화될 수 있다고 본다. 물론 이는 앞서 언급한 바와 같이 헌법이 예상한 헌법재판소의 권한은 아니지만, 그렇다고 헌법재판소의 권한밖이라고 단정할 수도 없다.

또한 위에서도 지적했듯이 독일 연방헌법재판소가 이러한 비상적인 입법조치를 취할 수 있는 법적 근거는 연방헌법재판소의 입장과는 달리 강제집행에 관한 규정이 아니고, 헌법상 불문의 비상권한이라고 했는데, 이러한 논리 역시 우리에게도 적용된다고 본다. 특히 독일과는 달리 강제집행에 관한 규정을 갖고 있지 아니한 우리의 경우66)에는 더욱 더 헌법상의 불문의 비상권한이 그 근거라고 볼 수밖에 없을 것이다.

V. 맺는 말

지금까지 헌법재판소가 예외적으로 입법자의 역할을 수행할 수 있는지의 여부 및 그 근거 등에 대하여 독일 연방헌법재판소의 제2차 낙태판결을 중심으로 검토해 보았다. 그리고 이러한 헌법적 논의가 우리제도에도 적용될 수 있는지의 여부도 살펴보았다. 결론적으로 헌법재판소는 일정한 법률조항에 대하여 위헌결정을 내리고 무효화시킬 수밖에 없는데, 이에 대한 후속조치로서 입법자가 대체입법을 상당한 기간동안 할 수 없어 심각한 법적 공백상태의 지속이 우려되는 예외적인 상황에서 헌법재판소가 입법자를 대신해 잠정적인 입법적 조치를 결정주문을 통해 함으로써 입법자가 새로운 입법을 할 때까지의 법적 공백을 메우는 일종의 비상입법자의 역할을 수행할 수 있다. 그리고 이러한 논리는 우리의 법제에도 적용될 수 있다고 본다.

결국 낙태판결에서 취해진 연방헌법재판소의 경과규정은 입법자를 대신해서 불가피하게 이루어진 잠정적이고 예외적인 조치로서 태아와 산모의 기본권의 조화로운 실현을 도모하는 한편, 헌법상 용인할 수 없는 법적 공백을 제거하려는 일종의 입법적 행위로서 헌법상 불문의 비상권한에 근거한 것으로 보아야 할 것이다. 이 점에서 이러한

---

65) 위의 각주 48)에서도 언급한 바와 같이 연방헌법재판소는 연방헌법재판소법 제35조에 따른 집행결정의 효과적인 수행을 위해서 그때그때의 상황에서 판결의 목적을 달성하기 위한 가장 사안에 적합하고, 가장 빠르고, 가장 단순하고, 가장 목적에 부합하는 방법을 연방헌법재판소 스스로가 선택할 수 있도록 폭넓은 여지를 연방헌법재판소에 부여한다는 뜻에서 동법은 의식적으로 집행에 관한 별도의 특별한 절차를 규정하지 않았으며, 헌법의 수호자(Hüter der Verfassung)로서의 연방헌법재판소에 의한 집행을 통해서 판결에 의하여 요구되는 목표에 정확히 도달될 것이 담보된다고 판시하고 있다(BVerfGE 6, 300[304]). 이러한 연방헌법재판소의 견해는 이 사안에서 경과규정이 연방헌법재판소법 제35조에 근거해서 이루어진다는 점에서는 필자의 견해와 다르지만, 그러한 경과조치를 마련하는 주체로서 헌법의 수호자로서의 헌법재판소가 적절하고 유일한 대안일 수밖에 없다는 결론에서는 필자의 견해와 동일하다고 하겠고, 이러한 논리는 우리의 경우에도 적용된다고 본다.

66) 우리 헌법재판소법상 강제집행규정의 흠결과 문제점에 대하여 정연주, 헌법소원과 가처분, 고시계 2001. 3, 13쪽 이하; 독일 연방헌법재판소, 독일연방정부론, 2001, 337쪽 참조.

잠정적인 입법조치의 근거를 연방헌법재판소법 제35조의 집행규정에서 찾고 있는 연방헌법재판소의 입장은 잘못된 것이라고 할 수 있다. 만일 그렇지 않다면 다른 한편 연방헌법재판소는 이 규정에 근거하여 그 어떠한 내용과 성격의 조치라도 취할 수 있다는 결론에 도달하여 매우 광범위한 형성의 자유를 행사하게 될 것이고 이는 권력분립의 원칙을 정면으로 위배하는 결과를 초래하게 될 것이다. 아울러 우리의 경우처럼 이러한 강제집행에 관한 규정을 갖고 있지 아니한 국가의 경우 이 사건에서와 같은 예외적인 사안이 발생했을 때 그러한 입법적 조치를 취할 수 없다는 모순된 결론에 도달하게 될 것이고, 이는 기본권과 공익의 실현에 엄청난 위험성을 초래하면서 헌법상 도저히 용인할 수 없는 더 큰 위헌상태와 법적 공백을 방치하는 결과를 낳을 것이다. 따라서 독일 연방헌법재판소법 제35조와 같은 강제집행에 관한 규정 유무에 관계없이 그러한 비상입법조치의 근거는 헌법상의 불문의 비상권한에서 찾을 수밖에 없다고 본다.

이 경우 이러한 입법적 조치는 그를 불가피하게 요구하는 예외적인 상황에서 앞서 제시한 전제조건을 충족시킬 때에만 비로소 헌법상 정당화될 수 있고, 권력분립의 원칙, 민주주의원리, 법치주의원리 등의 헌법원리와 조화될 수 있음은 물론이다.

36. 비례대표제와 5% 저지조항

- 독일 연방헌법재판소 1990. 9. 29. 연방선거법결정[1] -

[目 次]

Ⅰ. 머리말

1990년 10월 3일에는 역사적인 동·서독통일이 이루어졌고, 이어서 두달후인 12월 2일에는 최초의 전통일독일의 연방의회선거가 있었다. 선거결과[2] 과거 서독지역의 기존의 제도화된 다수정당들(CDU, CSU, SPD, FDP)-이미 이들의 동독지역의 자매정당들과 통합하여-뿐만 아니라 독일통일로 이어진 동독에서의 거센 민주화 물결로 인해 한때는 구시대의 유물로서 역사의 뒤안길로 사라지지 않을까 예상되기도 했고 이제는 소수정당으로 전락한 과거 공산당(SED)의 후신인 민주사회주의당(PDS)과 역시 동독지역의 신생 군소정당인 Bündnis90/Grüne가 연방의회에 진출하게 되었는데, 이러한 결과는 독일연방선거법과 그동안의 선거제도의 실제에 비추어 보면 매우 이례적인 것이라고 아니할 수 없다. 왜냐하면 연방의회선거가 실시되기 전에 많은 사람들은 이들 극좌정당을 비롯한 군소정당들이 연방선거법상 이른바 5% 저지조항(5%-Sperrklausel)으로 인해 지금까지의 선거관계에서 보듯이 그들의 연방의회 진출이 좌절되리라고 예상했기 때문이다.

많은 사람들의 이러한 예상을 깨고 이들의 연방의회에의 진출을 가능하게 했던 결

1) BVerfGE 82, 322.

2) 선거결과에 대한 상세한 것은 Frankfurter Allgemeine Zeitung 1990. 12. 4. 2쪽 이하 참조.

정적인 원인은 바로 동년 9월 29일에 있었던 연방헌법재판소의 연방선거법상의 5% 저지조항에 대한 한정적 헌법불합치결정이라고 할 수 있다. 이러한 연방헌법재판소의 결정이 없었던들 민주사회주의당(PDS)과 Bündnis90/Grüne의 연방의회진출은 불가능했는데, 결국 이들은 이 결정에 따라 아무런 제한 없이 자신들이 얻은 유효득표수에 비례하여 연방의회의 의석을 차지할 수 있었다.[3)]

이 글에서는 독일통일과 이에 따른 전독일연방의회선거를 계기로 살펴본 일응 성공적인 독일의 연방의회선거제도가 우리의 정치현실과 선거제도에도 많은 참고가 되리라는 기대하에 위 독일 연방헌법재판소의 결정을 살펴보고, 그와 관련하여 독일의 선거제도 및 우리 선거제도의 문제점을 고찰보고자 한다.

Ⅱ. 독일의 선거제도

1. 선거제도의 유형

선거제도에는 여러 가지 유형이 있으나 일반적으로 크게 다수대표선거제(Mehrheitswahlsystem)와 비례대표선거제(Verhältniswahlsystem)의 두 가지로 대별할 수 있다. 국가마다 각기 상이한 선거제도를 가지고 있는데 대체로 이 두 가지 제도 중 어느 하나 또는 그 혼합형 내지는 변형제도를 택하고 있다. 여기서는 독일의 선거제도를 살펴보기에 앞서 이 양 제도의 일반적인 장·단점을 간단히 언급하고자 한다.

(1) 다수대표제

다수대표선거제는 선거제도유형 중 가장 보편적이고 오랜 역사를 가진 선거제도인데, 이는 다수결원리의 선거제도상의 실현형태로서 후보자 중에서 다수표를 획득한 사람을 당선자로 결정하는 가장 단순한 형태의 선거제도를 말한다. 이 제도는 다시 유효투표수의 과반수 이상의 득표자만을 당선자로 하는 절대다수대표제와 후보자 중 단순히 가장 많은 득표를 한 사람을 당선자로 하는 상대다수대표제로 나눌 수 있다.

다수대표제는 특정 후보자에 대한 인물본위의 선거제도로서 당선자와 대의기관의 가장 직접적인 민주적 정당성의 확보를 가능하게 하며, 의회내의 다수세력의 형성과 이를 통한 양당제도의 확립을 용이하게 하여, 정부의 정책집행을 뒷받침 해주기 위한 인정되고 원활한 의회기능의 확보와 유지를 가능케 한다는 제도적인 장점을 가지고 있다. 그러나 반면에 다수대표제에서는 낙선된 후보자들에게 주어진 표는 사표로 전락되어 의회의 구성에서 완전히 무시되기 때문에 의회의 의사결정과정에서 정치적 소수

---

3) 선거결과 PDS는 전유효득표수의 불과 2.4%, 그리고 Bündnis90/Grüne 또한 겨우 1.2%라는 낮은 비율의 표수를 획득했는데, 결과적으로 연방헌법재판소의 5% 저지조항에 대한 한정적 헌법불합치결정의 도움을 받아 각각 17석과 8석의 연방의회의석을 차지하게 되었다.

세력의 의사를 충분히 반영시킬 수 없어 소수자보호에 미흡하다는 제도상의 단점과, 특히 상대다수대표제에서는 각 정당의 득표율과 그 확보된 의석수 사이에 반드시 정비례관계가 성립되는 것은 아니기 때문에 타정당에 비하여 득표수에서는 앞섰지만 의석수에서는 뒤지는 소위 Bias현상이라고 하는 불합리한 결과가 초래될 수도 있어서, 결국 이 선거제도는 투표의 산술적 계산가치의 평등(Zählwertgleichheit)뿐만 아니라 그 성과가치의 평등(Erfolgswertgleichheit)도 아울러 실현하고자 하는 선거제도에 있어서의 대원칙인 평등선거의 원칙[4]에 비추어 볼 때 문제점이 있다고 하겠다.

(2) 비례대표제

비례대표선거제는 다수대표제의 결점을 시정하기 위하여 고안된 선거제도라고 할 수 있는데, 이는 소수보호의 정신과 정치세력의 지지도에 상응한 비례적인 대의의 실현형태로서 각 정치세력의 득표율에 비례한 정치적 대표기능을 각 해당 정치세력에게 배분하는 선거제도를 말한다. 이는 각 정당의 득표율에 비례하는 의석수를 각 해당 정당에 부여함으로써 가능한 한 모든 정당이 의회에 진출할 수 있도록 하려는 선거제도로서 사회의 다양한 이해관계나 정치적 의사가 그대로 의회의 구성에 반영되도록 하려는 것이다.[5]

따라서 비례대표선거제에서는 소수에게도 의회진출의 기회를 부여함으로써 소수자보호의 민주정치원리에도 합치되고, 앞서 언급한 투표의 산술적 계산가치의 평등과 성과가치의 평등을 실현하고자 하는 평등선거의 원칙과 그리고 이 원칙에서 도출된 선거에 있어서 각 정당간의 기회균등(Chancengleichheit)의 원칙[6]에도 충실한 것이며, 아울러 현대적 민주정치의 본질인 정당정치제도에 적합하여 정책과 강령을 위주로 한 정당본위의 선거제도를 확립·발전시킬 수 있는 등 정당민주주의원리에도 합치된다는 제도적 장점을 가지고 있다.

그러나 반면에 비례대표선거제에서는 지나친 소수정당보호로 인해 의회내의 군소정당의 난립과 국민의사의 분열을 초래하고 의회내의 안정된 다수세력의 형성을 저해할 우려가 있어 결국 정국주도를 위한 안정되고 원활한 의회의 기능확보를 어렵게 할 수도 있으며, 아울러 선거절차와 과정이 정당의 일방적인 정치적 영향과 주도하에서 행해지기 때문에 일반대중이 정치에서 소외당하기 쉽고, 후보자의 선정과 그 순위결정권 등 후보자명부의 작성이 정당의 간부들에게 독점되고 선거인은 후보자의 선정에 거의 영향을 미치지 못하는 등 당선자와 대의기관의 민주적 정당성의 확보에도 문제점이 있다고 하겠다.

---

4) Vgl. Maunz, in : Maunz/Dürig, Grundgesetz Kommentar, Art.38, Rdnr. 48f.; Pieroth, in: Jarass/Pieroth, Grundgesetz Kommentar, Art.38, Rdnr. 8.

5) Vgl. BVerfGE 51, 222(253).

6) Vgl. BVerfGE 47, 198(227f.); Badura, Staatsrecht, S. 293f.; Stein, Staatsrecht, S. 82.

2. 독일의 연방의회선거제도

(1) 다수대표제와 비례대표제의 혼합형

독일의 연방의회선거제도－사실상 과거 서독의 연방의회선거제도－는 다수대표제와 비례대표제의 혼합형이라고 할 수 있다.7) 즉 연방의회선거는 특정지역에서 특정후보자를 직접 선출(Personenwahl)하는 다수대표제와 각 정당이 제출한 비례대표의원후보자명부(Landeslisten)에 대한 선거인 비례대표제가 결합한 것인데,8) 연방의회의원의 절반은 지역구 중심의 다수대표제에 의해 선출되고(Direktmandate), 나머지 절반은 후보자명부 중심의 비례대표제에 의해 선출된다(Listenmandate). 이에 따라 모든 선거인은 연방의회선거시 각각 두표씩을 행사하도록 되어 있는데, 하나는 지역구의원선출(제1투표[die Erststimme])에, 다른 하나는 각 정당에 의해 제출된 후보자명부에 대하여(제2투표[die Zweitstimme]) 행해진다.9) 그리고 지역구선거인 제1투표에 있어서는 가장 많은 득표를 한 후보자가 당선되는 상대다수대표제가 적용되며,10) 후보자명부에 대한 제2투표에 있어서는 투표결과 각 정당이 획득한 유효득표수의 총 유효득표수에 대한 비율에 따라 해당 정당에게 비례대표의원의석이 배분된다.11)

한편 당선된 후보자가 사망하거나 사퇴했을 경우 또는 연방의회구성 후 의원이 사망하거나 사임했을 경우 그 후임자는, 전임자가 제1투표에 의해 당선된 지역구의원이건 또는 제2투표에 의해 당선된 비례대표의원이건 이에 관계없이, 전임자가 속해 있던 정당의 후보자명부의 차순위후보자로 결정된다.12) 따라서 연방의회선거에 있어서는 투표결과 의회의원만 당선되는 것이 아니라, 그 예비후임자도 아울러 당선된다는 것을 알 수 있다.13) 그리고 선거제도의 운영과정에서 특정정당이 제1투표의 결과 확보한 지역구의석수가 제2투표의 결과 확보한 비례대표의석수 보다 많아서 그 차이만큼의 초과의석(Überhangmandate)이 생길 수가 있는데, 이 경우 의회의 전체의석수는 예외적으로 이 초과의석수만큼 증가하게 된다.14)

결국 독일의 연방의회선거제도는 상대다수대표제에 비례대표제가 결합한 것인데,

---

7) 다수대표제와 비례대표제의 혼합형인 독일의회선거제도는 연방의회선거 뿐 아니라 주의회선거에도 그대로 적용된다.

8) §1 Bundeswahlgesetz(BWG).

9) §4 BWG.

10) §5 BWG.

11) Vgl. §6 Abs. 1ff. BWG. 이러한 수학적인 비례에 따른 의석배분방법을 Hare/Niemeyer 산출방법이라고 하는데 이에 대한 자세한 것은 Model/Creifelds/Lichtenberger, Staatsbürger-Taschenbuch, S. 114 참조.

12) §48 Abs. 1 BWG.

13) BVerfGE 7, 63(72).

14) §6 Abs. 5 BWG.

선거의 결과적 측면에서 본다면 다수대표제적 요소에는 그리 큰 의미가 부여되는 것은 아니며, 원칙적으로 비례대표제적 요소가 그 근간을 이룬다고 할 수 있다.[15)]

(2) 5% 저지조항

앞서 언급한 바와 같이 비례대표선거제는 소수자보호와 평등선거의 원칙의 관철을 그 특징으로 하기 때문에 다수대표제와 비례대표제의 아무런 제한 없는 단순한 혼합형은 의회내의 군소정당의 난립과 국민의사의 분열을 초래하여, 의회내의 안정된 다수세력의 형성을 저해해 결국 안정된 정국주도를 위한 원활한 의회기능의 확보를 어렵게 할 수 있다. 이는 비례대표선거제를 택했던 과거 독일의 바이마르공화국 시절에 의회내의 지나친 군소정당의 난립과 극도의 분열로 인해 의회내의 안정된 다수세력의 확보가 어려웠고, 결국 원활한 의회기능과 전국주도의 능력이 있는 내각의 구성과 유지가 불가능했던 역사적 경험속에서 잘 드러나고 있다.

독일의 현행 연방의회선거법은 이러한 쓰라린 과거에 대한 반성으로, 선거에서 일정수 이상의 득표율을 올렸거나 당선자를 낸 정당에게만 의석배분에 참여케 함으로써 의회내의 군소정당의 난립을 막고 다수세력의 형성을 촉진시키려고 고안된 제도인 소위 5% 저지조항(Sperrklausel)을 규정하고 있다. 이에 따르면 각 후보자명부에 대한 제2투표의 경우, 선거결과에 따른 각 정당에 대한 비례대표의석의 배분에 있어서는 제2투표의 결과 전국을 단위로 전체 유효득표수의 5% 이상을 획득했거나 또는 제1투표의 결과 지역에서 적어도 3명 이상의 당선자를 낸 정당만이 참여할 수 있다.[16)] 결국 이 5% 저지조항은 의회내의 군소정당의 난립과 분열을 방지하고 안정된 다수세력의 형성을 통해 정국주도능력이 있는 의회와 정부내각의 구성과 기능을 확립시켜 준다는 목적을 위하여 평등선거의 원칙, 특히 투표의 성과가치평등의 원칙에 대한 제한을 가하는 것이다. 이 조항은 바로 이러한 제도상의 목적 때문에 헌법상 정당화되어질 수 있으며, 연방헌법재판소도 이 5% 저지조항이 초래하는 평등선거의 원칙에 대한 제한을 위에서 언급한 같은 이유에서 정당화되어질 수 있다고 보고 이 조항을 일관되게 합헌으로 결정하고 있다.[17)] 그 동안의 연방의회선거결과를 살펴보면 이 5% 저지조항은 독일에서의 정당제도와 의회제도의 안정화와 이를 통한 의원내각제의 토착화에 상당한 기여를 했다고 일응 평가할 수 있겠다.[18)]

한편 이 5% 저지조항은 소수민족정당(Pareien nationaler Minderheiten)에게는 적용되지 아니한다.[19)] 이는 이들 소수민족정당들이 다른 일반정당과는 달리－정책과 강령에 의

15) Vgl. BVerfGE 16, 130(139).

16) §6 Abs.6 S. 1 BWG.

17) BVerfGE 1, 206(247f.); 4, 31(40); 6, 84(92ff.); 51, 222(236).

18) Dazu auch Badura, Staatsrecht, S. 294.

19) §6 Abs. 6 S. 2 BWG.

한 대등한 경쟁을 하기 보다는 이와는 관계없이－자신들의 지지기반인 소수민족의 이익을 대변하기 위한 것이라는 특수한 정치적·사회적 상황과 필연적인 인적·물적 조직상의 취약함으로 인하여 이들 정당이 5% 저지조항을 극복하기란 사실상 불가능하기 때문에 이들에게 예외를 인정한 것이라고 볼 수 있다.

(3) 평 가

이상에서 살펴본 바와 같이 독일의 선거제도는 다수대표제와 5% 저지조항에 의하여 제한된 비례대표제의 결합형으로서 양 선거제도의 장점을 살리고, 단점을 서로 보완한 일응 합리적이고 우수한 선거제도라고 볼 수 있다. 즉 한편에서는 선거를 통한 직접적인 민주적 정당성의 확보와 안정된 의회민주주의의 확립, 다른 한편에서는 평등선거의 원칙과 정당민주주의 원리를 실현한 비교적 성공적인 선거제도인 것이다.

실제로 선거를 통한 독일연방의회의 구성과 기능을 살펴보면 연방의회는 그 동안 의회의 지나친 분열을 초래할 정도가 아닌 불과 몇 개의 정당들(CDU, CSU, SPD, FDP, Die Grünen 등)에 의하여 지배되어 왔고, 이들로부터 비교적 안정된 다수세력이 형성되어 결과적으로 CDU/CSU 제휴정당과 SPD에 의한 일종의 양당제도가 확립되어 왔다고 볼 수 있다.

Ⅲ. 연방헌법재판소의 결정내용

1990년 12월 2일에 실시될 역사적인 통일독일의 연방의회선거를 앞두고 선거법과 관련하여 여러 가지 문제가 제기되었는데, 그 중에서도 연방선거법의 동독지역에로의 확대 적용으로 인하여 동독지역의 정당들에게도 그대로 적용될 5% 저지조항을 내용으로 하는 연방선거법 제6조 제6항 제1문 전단규정이 연방의회선거의 준비 및 실시와 관련하여 많은 문제점과 위헌시비를 야기하였다. 결국 이 문제는 앞서 언급한 바와 같이 연방헌법재판소의 1990년 9월 29일의 결정으로 일단락되었다. 이 연방헌법재판소의 결정은 독일의 연방의회선거제도 및 동서독통일에 따른 선거법통합과 관련된 매우 중요한 문제를 다루고 있기 때문에 여기서 이에 대하여 고찰해 보고자 한다.

1. 사건의 경위

제12대 연방의회선거를 앞두고 공화당(Die Republikaner)과 녹색당(Die Grünen) 및 좌익연맹(Linke Liste)과 민주사회주의당(PDS)의 연합인 Linke Liste/PDS, 그리고 기타 2명의 정당인은 선거시 자신들에게 불리하게 적용될 연방선거법 제6조 제6항 제1문 전단의 5% 저지조항과 동법 제53조 제2항이 기본법 제21조 제1항[20]과 제38조 제1항[21]에 의하여 보장된 자신들의 권리를 침해하였다는 이유로 연방의회(Bundestag)와 연방참사원(Bundesrat)을 상대로 기관쟁의와 헌법소원심판청구를 연방헌법재판소에 제기하였다.

2. 당사자들의 견해

(1) 신청인 · 청구인의 주장

기관쟁의심판절차에서의 신청인과 헌법소원심판절차에서의 청구인은 연방의회가 "1990년 8월 3일의 동·서독간의 선거조약과 1990년 8월 20일의 수정조약에 관한 법률 −1990년 8월 29일의 선거조약에 대한 동의법(Das Gesetz zu dem Vertrag vom 3. August 1990 zur Vorbereitung und Durchführung der ersten gesamtdeutschen Wahl des Deutschen Bundestages zwischen der Bundesrepublik Deutschland und der Deutschen Demokratischen Republik sowie zu dem Änderungsvertrag vom 20. August 1990)"[22] 제1조에서 이 선거조약과 수정조약에 동의했고, 아울러 동법 제2조 제2호의 규정을 통해 연방선거법 제6조 제6항의 5% 저지조항이 동독지역에서도 그대로 확대 적용된다는 전제하에 후보자명부통합을 내용으로 하는 개정 연방선거법 제53조 제2항을 제정함으로써 자신들의 기본법 제38조 제1항과 제21조 제1항에 의하여 보장된 평등선거권(Recht auf Gleichheit der Wahl)과 기회균등권(Recht auf Chancengleichheit)을 침해했고, 한편 연방참사원은 동법 제1조와 제2조 제2호에 동의함으로써 앞서 언급한 자신들의 권리를 침해했다고 주장한다. 즉 연방선거법 제6조 제6항 제1문 전단의 5% 저지조항은 자신들과 같은 일부지역에 한정된−특히 동독지역의 경우−소수정당에게는 매우 불리하고 불합리한 조항으로서, 이들 정당들에게는 지금까지 전독일지역의 선거구에서 자신들의 정당을 설립할 시간적 여유가 없었으므로 이들이 5% 저지선을 극복하여 의회에 진출하기란 사실상 불가능하다는 것이다. 또 이 점을 보완하기 위하여 마련된 개정된 연방선거법 제53조 제2항의 소위 후보자명부통합제도(정당들간의 제휴로 하나의 통합된 후보자명부를 만들어 이를 통해 전체로서 5% 저지선을 극복할 기회를 부여하는 제도)는 이들 소수정당들이−특히 동독지역의−5% 저지선의 극복을 위해서 후보자명부통합제도의 목적을 달성하기 위한 조건을 갖춘 다른 정당을 찾아 제휴할 수 있는 사실상의 가능성이 매우 적기 때문에 그 실효성이 없어 결과적으로 이 규정은 원래의 제도목적에 역행된다는 것이다. 따라서 연방선거법 제53조 제2항은 위헌·무효이고, 동법 제6조 제6항 제1문은 제12대 전독일연방의회선거에 적용되는 한 위헌이라고 주장한다.

---

20) Art. 21 Abs. 1 GG: "정당은 국민의 정치적 의사형성에 기여함을 목적으로 한다. 정당의 설립은 자유이다. …."

21) Art. 38 Abs. 1 GG: "연방의회의원은 보통·직접·자유·평등·비밀선거에 의하여 선출된다. …"

22) BGBl Ⅱ, S. 813.

(2) 피신청인 · 피청구인의 주장

주된 피신청인·피청구인인 연방의회는 의회에서의 군소정당의 난립을 방지하여 의회내의 안정된 다수세력의 확보에 이바지하는 5% 저지조항은 그 제도적 목적에 비추어 예외없이 전독일연방의회선거에도 적용되어야 하며, 여기서 파생되는 신청인·청구인이 주장하는 바와 같은 문제점은 개정된 연방선거법 제53조 제2항에서 규정한 각 정당간의 후보자명부통합제도를 통해 해결될 수 있다고 주장한다. 다시 말해 이 제도를 통해 모든 소수정당들은 이 제도의 전제조건에 부합하는, 즉 자신과 같은 주에서 경쟁관계에 있지 아니한 정치적 성격이 유사한 파트너정당과 제휴하여 후보자명부를 통합시킴으로써 전체로서 5% 저지선을 극복하여 결국 의회에 진출할 수 있고, 여기서 파트너정당을 가진 정당과 이들보다는 많은 득표를 했으나 결과적으로 5% 저지선을 극복하지 못하여 의회에 진출하지 못한 정당과의 불평등이 정당화되어 질 수 있는 것이며, 따라서 이 제도는 정당간의 실질적인 기회균등의 원칙에도 합치된다고 주장한다.

피청구인측 보조참가인인 연방정부의 견해도 연방의회의 주장과 대체로 일치한다.

3. 주 문

(1) 헌법소원심판절차

1) 동의법을 통해 개정된 연방선거법 제53조 제2항은 기본법 제38조 제1항에서 보장한 청구인의 평등선거권을 침해한 것으로 무효이다.

2) 연방선거법 제6조 제6항 제1문 전단의 규정은 제12대 전독일연방의회선거와 관련하여 전독일지역을 하나의 선거단위로 하여 확대 적용되는 한 기본법 제38조 제1항 제1문에서 보장한 청구인의 평등선거권을 침해한 것이며, 그 한도에서 이 규정은 기본법에 합치되지 아니한다.

(2) 기관쟁의심판절차

연방의회는 동의법의 제정을 통해, 연방참사원은 이 동의법에 대한 동의를 통해 기본법 제21조 제1항과 제38조 제1항에서 보장된 청구인의 기회균등권을 침해했다.

4. 이 유

(1) 선거에 있어서, 특히 비례대표선거에 있어서의 대원칙은 각 표의 균등을 내용으로 하는 평등선거의 원칙이다. 기본법 제38조 제1항 제1문에서의 평등선거의 원칙도 이처럼 형식적 의미의 평등(Gleichheit im formalen Sinne)으로 이해되어야 하고, 이에 따라

주어진 각 표의 가치는 동일하게 다루어져 투표의 산술적 계산가치의 평등(Zählwertgleichheit)뿐 아니라 그 성과가치의 평등(Erfolgswertgleichheit)도 아울러 지켜져야 한다. 그리고 각 정당간의 형식적 의미의 평등의 원칙, 특히 선거에 있어서의 기회균등의 원칙도 앞서 언급한 기본법 제21조 제1항(기본법 제38조 제1항 제1문과 관련하여)에서 규정하고 있는 정당설립의 자유와 복수정당제의 보장 및 이에 따른 정당의 헌법상의 지위에서 당연히 도출되는 것이다. 따라서 이러한 평등선거의 원칙과 각 정당간의 기회균등의 원칙에 대한 제한은 극히 불가피하고 객관적인 사유로 인해서만 가능하다. 그런데 여기서 5% 저지조항의 적용으로 야기되는 문제점, 즉 제2투표의 결과 전체 유효투표수의 5% 이상을 획득한 정당은 의석을 할당받고 그렇지 못한 정당은 전혀 의석을 배분받지 못하는 비례대표제선거에 있어서의 평등선거의 원칙에 대한 제한은 이를 통해 의회에서의 군소정당의 난립을 막고, 의회내의 안정된 다수세력을 형성시켜 줌으로써 의회의 원활한 기능을 확보한다는 데 그 합리적인 사유가 존재하므로 일응 정당화되어질 수 있는 것이다.

그러나 5% 저지조항은 그때그때의 시대적·정치적 상황과 장소에 따라 달리 적용되어야 하며, 만일 이 규정이 적용될 수 없는 특별한 사유가 존재한다면 선거법은 원래대로 형식적 의미의 평등선거의 원칙하에서 가치중립적으로 규정되고 기능하여야 한다. 이런 점에서 볼 때 동독지역에의 정당들은 대부분 최근에, 즉 통일을 전후하여 설립된 것이어서(그 이전에는 공산당독재와 사회주의원칙에 위배되는 강령을 가진 정당의 설립금지규정으로 인해 타정당의 설립이 사실상 불가능했음) 이들에게는 눈앞에 닥친 제12대 전독일연방의회선거준비를 위한 시간적 여유가 없고, 이들의 인적·물적 조직이 너무 취약하여 이들에게 제2투표의 총유효투표수의 5% 이상을 획득할 것을 기대하기란 사실상 불가능하다. 그런데 이는 이들 정당의 정치적 능력이나 강령 등에 원인이 있는 것이 아니라 금번 제12대 전독일연방의회선거에서 5% 저지조항의 동독지역에로의 부당한 확대 적용에 원인이 있는 것이다

(2) 피신청인·피청구인은 이 5% 저지조항의 동독지역에로의 확대 적용에서 발생하는 이러한 문제점은 각 정당간의 제휴, 즉 개정된 연방선거법 제53조 제2항에서 규정하고 있는, 같은 주에서 서로 경쟁관계에 있지 아니한 정당간의 후보자명부통합제도를 통해서－즉 이를 통해 결과적으로 전체 유효투표수의 5% 이상을 획득할 수 있는 가능성이 증대되므로－해소될 수 있다고 주장한다. 그러나 이 제도의 적용을 받을 것으로 예상되는 동독지역의 신생·군소정당이 이 제도를 통해 5% 저지조항을 극복하기 위하여 그 제도적 목적에 적합한 다른 정당과 제휴할 수 있는 사실상의 가능성은 매우 적다. 물론 추상적·이론적으로는 모든 정당에게 제휴를 통한 후보자명부통합의 가능성이 열려 있기는 하지만 정치적 실제상황에서 살펴보면 그렇지 못하다. 왜냐하면 이러한 소수정당이－특히 동독지역에서의－후보자명부통합제도를 통해 자신의 취약함을

보완하여 5% 이상의 유효투표수를 획득할 수 있기 위해서는 그 파트너정당으로서 사실상 서독지역의 기존의 제도화된 역량있는 중·다수정당을 찾을 수밖에 없는데, 이러한 기존의 서독정당들은 이미 동독지역에 설립된 자매정당과 제휴를 했고, 이에 따라 모든 주에서 후보자명부를 제출한 결과 연방선거법 제53조 제2항의 규정에 의해 파트너정당으로서의 대상에서 제외되기 때문에 동독지역의 소수정당이 5% 저지선을 극복하기 위하여 후보자명부통합을 위한 파트너정당을 발견하기란 사실상 거의 불가능하게 되었다. 따라서 연방선거법 제53조 제2항의 적용을 받을 것으로 예상되는 소수정당들은 자신의 정치적 능력이나 강령 등에 관계없이 이러한 사실상의 시대적·정치적 상황으로 인해 동맹제휴정당을 찾지 못하게 되고, 이로 인해 5% 저지선을 극복하지 못하여 결국 비례대표의석배분에 전혀 참여할 수 없게 될 것이다. 이는 결국 정당의 기회균등의 원칙과 평등선거의 원칙에 위배된다.

이러한 이유 때문에 개정 연방선거법 제53조 제2항은 위헌·무효이며, 동법 제6조 제6항 제1문 전단은 제12대 전독일연방의회선거에서 전독일지역을 하나의 선거단위로 하여 확대 적용되는 한 기본법에 합치되지 아니한다. 따라서 입법자에게는 새로운 선거규정의 제정이 요청되는데, 이는 눈앞에 닥친 전독일연방의회선거에서 이들 신생·군소정당들이 새로 제정될 선거법규정에 적응·준비할 기회와 시간을 고려하여 단시일 내에 이루어져야 할 것이다.

5. 평 가

이상에서 살펴본 바와 같이 연방헌법재판소의 결정이유에 따르면 일반적으로는 군소정당의 난립을 막고 안정된 의회내의 다수세력의 확보를 위해서 5% 저지조항의 적용이 정당화되어질 수 있으나, 제12대 전독일연방의회선거에서 처럼 매우 빨리 진행된 통일이라고 하는 역사적 소용돌이 속에서 선거에 대한 충분한 준비와 조직력을 확보하지 못한 동독지역의 신생·군소정당들이 이러한 예외적인 특수한 시대적·정치적 상황으로 인해 5% 서시선을 극복하기란-선거결과 사실로 입증되었듯이-거의 불가능하며 이는 이들 정당에게 그 귀책사유가 있는 것이 아니라 불가피하고 예상치 못한 예외적인 상황에 그 원인이 있으므로 이들에게 5% 저지조항을 적용하는 것은 정당화되어질 수 없고, 아울러 이 문제점을 해결하기 위한 후보자명부통합제도는 그 제도목적의 실현을 위한 기대가능하고 적합한 제도가 아니기 때문에 결국 정당간의 기회균등과 평등선거의 원칙에 위반되는 위헌적 규정이라는 것이다.

이 연방헌법재판소의 결정취지는 대체로 타당한 것으로 여겨진다. 왜냐하면 결국 5% 저지조항은 앞서 언급한 그 제도상 목적의 실현을 위하여 불가피하게 비례대표제의 이념적 요청인 평등선거의 원칙과 정당간의 기회균등의 원칙을 제한하는 것인데, 무릇 일정한 원칙에 대한 예외가 헌법상 정당화되어지기 위해서는 그 제도상의 목적적 정당성 이외에 그 제도실현의 방법과 절차의 정당성이 확보되어져야 하고, 아울러 그 목적과 수단 사이에 비례의 원칙이 준수되어야 한다. 그런데 이번 제12대 연방의회 선거에 있어서는 선거결과 사실로 입증되었듯이 예외적인 시대적·정치적 상황으로 인해 동독지역의 신생·소수정당들이 독자적으로 또는 후보자명부통합을 통해 5% 저지선을 극복하는 것이 사실상 기대가능하지 않고 이에 대한 귀책사유가 이들 자신들에게 있는 것이 아니기 때문에 이들에게 5% 저지조항을 확대 적용하는 것은 그 목적 달성을 위한 방법과 절차적 정당성 확보에 문제가 있다고 할 수 있으며, 아울러 5% 저지조항의 이들에 대한 제한없는 확대 적용은 이를 통해 달성되는 제도적 목적에 비추어 적합하고 불가피한 최후의 수단으로 보기 어렵고, 이들에게 최소한의 희생만을 강요하는 비례적인 것(달성되는 목적과 그를 통해 희생되는 이익 사이의 비교형량의 결과)이라 보기도 어렵기 때문에 법치국가적 요청인 비례의 원칙에 위반된다고 보지 않을 수 없다.

이러한 견해는 소수민족정당(Parteien nationaler Minderheiten)에 대하여 5% 저지조항의 적용을 배제시킨 연방선거법 제6조 제6항 제2문의 특별규정과 비교해 볼 때도 타당한 것이라 하겠다. 왜냐하면 이들 소수민족정당들은 다른 일반정당과는 달리－정책과 강령에 대한 대등한 경쟁을 하기보다는 이와는 관계없이－자신들의 지지기반인 소수민족의 이익을 대변하기 위한 것이라는 특수한 정치적·사회적 상황과 필연적인 인적·물적 조직상의 취약함으로 인하여 이들 정당이 저지조항을 극복하기란 사실상 불가능하며, 따라서 이들에게 5% 저지조항을 통해 평등선거의 원칙에 대한 제한을 적용하는 것은 그 수인의 기대가능성이 없기 때문이다.[23]

Ⅳ. 맺음말

지금까지 다수대표제와 비례대표제에 대한 일반적 고찰과 독일 연방선거법상의 관계규정 및 5% 저지조항에 대한 독일연방헌법재판소의 결정내용을 통해 독일의 연방의회선거제도에 대하여 살펴보았는데, 결과적으로 독일의 선거제도는 이론적으로 일응 우수하며 실제에 있어서도 대체로 성공적인 것으로 평가될 수 있겠다. 이에 비하여 우리의 국회의원선거제도는 그 이론과 실제에 있어서 상당한 문제점을 지니고 있다. 여기서는 그 문제점 중 이 글의 주제인 비례대표국회의원선출방식과 관련하여 지역구의석과 비례대표의석의 결합방식 문제에 대해서만 간단히 언급하고자 한다.

현행 국회의원선거제도는 지역구의석과 비례대표의석이 각각 별개로 고정된 형태로서 일본의 병립식[24]과 유사하다. 병립식은 비례대표의석수와 지역구 다수대표의석수

---

23) Vgl. Seifert, Bundeswahlrecht Kommentar, 3. Aufl., 1976, §6 Rdnr. 28; Schreiber, Handbuch des Wahlrechts zum Wahlrechts zum Deutschen Bundestag, 4. Aufl., 1990, §6 Rdnr. 22ff.; BVerfGE1, 208(257f.); 4, 31(40); 5, 77(83); 6, 84(97f.).

가 별도로 정해지고 양자가 독립하여 결합한 것으로서 의석배분에 있어서도 양자가 각각 이미 고정적으로 정해진 의석을 별도로 배분하게 된다. 즉 제1표에 의하여 지역구당선자가 정해지고, 제2표에 의하여 비례대표당선자가 정해진다. 따라서 독일의 혼합식에서와는 달리 초과의석이 발생할 가능성이 없다. 이 제도는 상이한 선거제도의 물리적 결합으로서 절반의 비례대표효과만을 가진다고 볼 수 있지만, 다른 한편 이 제도는 혼합식과 비교해 볼 때 다수세력의 형성에 유리하고 제1당 내지 대정당에게 유리하다고 평가된다. 실제로 1996년 일본의 중의원선거에서 제1당인 자민당은 다수대표선거에서의 득표율 38.6%, 비례대표선거에서의 득표율 32.8%로 총 47.8%의 의석을 차지했다.

이에 반해 독일의 혼합식의 경우는 앞서 소개한 바와 같이 각 정당의 총의석수가 정당명부에 대한 제2투표의 결과 획득한 득표율에 따라 정해진다. 즉 지역구의석수와 비례대표의석수가 미리 별도로 정해지고 양자의 의석배분이 별개로 이루어지는 것이 아니라, 일차적으로 각 정당이 차지할 수 있는 총 의석수가 연방을 단위로 각 정당이 획득한 제2표의 유효득표율에 따라 배분되는 것이다. 이렇게 연방차원에서 각 정당에 배분된 의석수가 다시 각 정당의 주명부로－역시 유효득표율에 따라－재분배된다.[25] 이처럼 혼합식의 경우에는 각 정당이 차지할 수 있는－지역구의석과 비례대표의석을 모두 포함하여－총 의석수가 이미 제2표의 득표율에 따라 정해지므로 독일식은 비례대표제의 기본바탕위에 지역구선거를 통한 인물선거적 요소를 혼합한 것이라고 할 수 있다. 이 혼합식이 병립식에 비하여 득표율과 대표율의 일치 내지 대표형성의 정확성, 평등선거의 원칙, 소수·신진·개혁세력의 의회진출가능성, 정당민주주의와 다원적 민주주의 등의 관점에서 보다 합리적이고 비례대표제의 기본취지에 부합된다고 평가된다. 물론 위에서 언급했듯이 의회의 안정된 다수세력의 형성이라는 측면에서는 병립식이 효과적이라고 볼 수도 있으나, 혼합식을 취한다고 해서 반드시 군소정당이 난립하고 의회의 다수세력형성이 어려운 것도 아니고, 설사 다수정당이 난립하고 여소야대현상이 나타난다고 하여 반드시 국정의 혼란이 오는 것도 아니다. 이러한 문제는 선거제도와 직결되는 또는 선거제도만을 유일한 원인으로 하는 것이 아니며, 여러 다양하고

---

24) 일본의 중의원의원선거제도는 1994년 중선거구제에서 소선거구 다수대표제와 정당명부식 비례대표제의－1인 2표제－병립식으로 개정되었다. 이에 따라 총 500석의 중의원의석 중 300석은 소선거구 다수대표제로 지역구에서 선출되고, 나머지 200석은 11개의 권역별로 비례대표제에 의하여 선출된다. 지역구의석 300석과 비례대표의석 200석은 각각 별개로 고정되어 있고, 정당명부는 후보자순위가 고정되어 있는 고정명부로서 각 권역별로 작성되고, 비례대표의석은 각 권역별로 각 정당의 득표율에 따라 배분된다. 그리고 비례대표의석의 배분에는지역구선거에서 5석 이상의 의원을 당선시켰거나, 제2표에 의한 총 유효투표수 중 2% 이상의 득표율을 올린 정당만이 참여할 수 있도록 저지조항을 마련했다. 한편 지역구선거와 정당명부에 의한 비례대표선거에의 중복입후보를 허용하고 있다.

25) 독일 연방의회의 경우 과거 총 323개의 소선거구에서 1명씩 선출되는 지역구 의원과 16개주별로 정당명부식 비례대표제에 의해 선출되는 328명을 합쳐 656명으로 구성되었다(§1 BWG). 그러나 선거법개정으로 2002년 가을에 실시된 연방의회 총선에서는 각각 299석으로 줄어 총 598명으로 구성되게 된다(Art. 1 Nr. 1 des 13. Ges. z. Änd. des BWG v. 15.11.1996-BGBl. I S. 1712).

복잡한 요소들과 관련되는 문제이고, 이를 미국이나 독일의 예에서도 알 수 있다. 따라서 1인 2표제에 의한 정당투표 비례대표제를 실시할 경우 진정한 비례대표제의 특성을 살리고, 대표의 정확성이란 선거제도의 기본이념원칙에 충실하면서, 선거 및 정치제도개혁의 취지도 살리고자 한다면 국회의원선거나 지방의회의원선거제도에서 지역구의석과 비례대표의석의 결합방식은 혼합식이 되어야 한다고 본다.

그동안 다수대표제를 근간으로 하는 우리의 국회의원선거제도가 지나친 지역색과 인물위주의 선거로 이루어졌고, 아울러 정당 자체가 개성있는 참신한 정책과 강령에 의해 기능하기 보다는 지방색과 특정인물 중심으로 설립되고 운영되어온 점에 비추어, 이제부터라도 각 정당이 독일에서처럼 분명한 정치적 색깔과 독특한 정책과 강령으로 무장되고 각 정당간의 기회균등이 모든 정치과정(선거 및 선거유세캠페인, 정당의 자금조달 등)에서 실질적이고 효과적으로 보장됨으로써 진정한 정당민주주의의 실현이 선행되어야 하겠고, 아울러 우리 선거제도가 가지고 있는 앞서 언급한 문제점의 보완을 위해 독일식 선거제도의 도입이 한번쯤 고려해봄직 하다고 하겠다. 우리의 숙원인 조국의 통일을 지향하면서 언젠가는 이루어질 역사적인 통일조국의 최초의 남북한총선거를 상상해 볼 때, 그 동안의 공산당 유일독재하의 북한과 동독과의 정치적 상황의 유사성에 비추어 최초의 전독일선거에 있어서와 유사한 문제점이 우리에게도 발생할 수도 있을 것이고, 이 경우 앞서 언급한 연방헌법재판소의 결정내용은 우리에게 좋은 참고가 될 수 있을 것이다.

37. 수용유사침해와 재산권보장

- 독일 연방헌법재판소 1981. 7. 15. 자갈채취결정[1] -

[目　次]

Ⅰ. 머리말

독일의 판례와 학설에 의하여 형성·발전된 이른바 수용유사침해(Enteignungsgleicher Eingriff)의 개념이 그동안 국내의 문헌에서 상당히 소개가 되었고, 학자들에 따라서는 독일의 수용유사침해제도가 우리의 손실보상제도에 적지 않은 참고가 되리라는 견해를 밝히고 있다. 이러한 견해에 대하여 필자는 우리와 독일의 국가배상 및 손실보상제도가 유사하다는 점에서, 그리고 사각지대 없는 효율적인 권리구제를 도모한다는 측면에서 대체로 찬동을 한다. 그러나 국내문헌에서의 수용유사침해의 법리에 대한 소개과정에 오류가 있는 것 같아 이 기회에 독일의 관련 판례와 학설, 특히 이 사안과 관련한 결정적인 판례인 연방헌법재판소의 이른바 자갈채취결정(Naßauskiesungsbeschluß)을 중심으로 수용유사침해제도 및 재산권보장의 법리에 대하여 검토해 보고자 한다.

Ⅱ. 수용유사침해제도의 유래와 발전

주지하는 바와 같이 수용유사침해의 법리는 과거 독일에서의 재산권침해에 대한 국가배상 및 보상에 관한 실정법체계가 적법한 침해에 대한 손실보상제도(Institut der Entschädigungsleistungen für rechtmäßige Ausübung der Staatsgewalt)와 위법·유책의 침해에 대한 손해배상제도(Institut der Schadensersatzverpflichtungen wegen rechtswidriger-schuldhafter Ausübung öffentlicher Gewalt)로 한정되어 있는 바,[2] 이에 따른 위법·무책의 재산권침해(die rechtswidrig-

---

1) BVerfGE 58, 300.

2) 과거 바이마르공화국 시절에 있어서의 국가배상 및 보상제도의 이와 같은 이원적 구조에 대하여는 vgl.

schuldlosen Eingriffe)에 대한 실정법상의 흠결을 보안하기 위하여 과거 바이마르공화국의 제국법원(Reichsgericht)에 의하여 형성된－프로이센 보통국법서장 제74조 및 제75조(§§74, 75 Einl. des Preußischen Allgemeinen Landrechts)[3])의 희생보상청구권(Aufopferunganspruch)에 근거한－손실보상청구권의 법리[4])를 연방통상법원(Bundesgerichtshof)이 계승·발전시킨 것이다.[5])

이에 따르면 보상을 요하는 재산권침해에 해당하는 공권력행사에 있어서 그 근거법률에 보상규정이 없거나 보상규정이 있다고 하더라도 그 침해행위가 적법하게 이루어지지 않았을 경우(예컨대 침해행위가 그 근거법률에 규정된 재산권침해의 전제조건을 충족시키지 않았거나 비례의 원칙 내지는 과잉금지의 원칙을 위반했을 경우 등) 및 기타의 사유로 침해행위가 위법한 경우 등에 있어서 그 공권력행사의 위헌·위법을 이유로 침해행위 자체를 취소시키기 보다는 그 위법한 침해행위를 수인하고 그 대신 위법한 공권력행사로 인해 발생한 손실에 대하여 보상을 청구할 수 있다는 것이다. 이러한 위법한 재산권침해는 독일 기본법 제14조 제3항[6])에 규정된 전제조건을 충족시킨 적법한 공용침해(Enteignung)에 해당되지는 않지만, 결과적으로 그 내용과 효과면에서 공용침해에 있어서와 유사한 특별한 희생을 재산권자에게 초래했기 때문에 위법한 공용침해의 경우와 마찬가지로 침해행위 자체의 취소청구에 대신하여 비록 보상의 근거규정은 없지만 기본법 제14조 제3항에 근거하여 손실보상을 청구할 수 있다고 하는 것이다.[7]) 이로써 위법한 재산권침해에 대한 손실보상청구권의 근거를 과거 바이마르공화국의 제국법원은 프로이센 보통국법서장 제75조에서 찾았던 반면, 연방통상법원은 기본법 제14조 제3항에서 찾은 것이다.

Stödter, öffentlich-rechtliche Entschädigung, S. 45.

3) §74 Einl. ALR: "Einzelne Rechte und Vorteile der Mitglieder des Staats müssen den Rechten und Pflichten zur Beförderung des gemeinschaftlichen Wohls, wenn zwischen beiden ein wirklicher Widerspruch(Collision) eintritt, nachstehen."
§75 Einl. ALR: "Dagegen ist der Staat denjenigen, welcher seine besonderen Rechte und Vorteile dem Wohl des gemeinen Wesens aufzuopfern genötigt wird, zu entschädigen gehalten."

4) 제국법원은 1933. 4. 11.의 판결(RGZ 140, 276)에서 처음으로 위법·무책의 재산권침해에 대한 손실보상청구권을 인정하였다. 이 판결에서 법원은 행정청의 수년간에 걸친 위법한 건축허가거부처분을 원고에 대한 무책의 특별희생(Sonderopfer)으로 간주했으며 원고는 행정청의 이러한 처분을 수인하여야 하고 그 대신 프로이센 보통국법서장 제75조에 근거하여 당해 행정청에게 원고가 당한 특별희생에 대한 손실보상의 의무가 있다고 판시했다(RGZ 140, 276[283]). 그러나 이 제국법원의 판결에서는 아직까지 수용유사침해의 개념이 등장한 것은 아니었다.

5) Vgl. Ossenbühl, Staatshaftungsrecht, S. 144ff.; ders., Neuere Entwicklungen im Staatshaftungsrecht, S. 155ff.; Papier, Der enteignungsgleiche und enteignende Eingriff, Jura 1981, S. 65ff.; Nüßgens/Boujong, Eigentum, Sozialbindung, Enteignung, S. 182f.; Krohn/Löwisch, Eigentumsgaratie, Enteignung, Entschädigung, S. 103ff.

6) Art. 14 GG: (1) Das Eigentum und das Erbrecht werden gewährleistet. Inhalt und Schranken werden durch die Gesetze bestimmt. (2) Eigentum verpflichtet. Sein Gebrauch soll zugleich dem Wohle der Allgemeinheit dienen. (3) Eine Enteignung ist nur zum Wohle der Allgemeinheit zulässig. Sie darf nur durch Gesetz oder auf Grund eines Gesetzes erfolgen, das Art und Ausmaß der Entschädigung regelt. Die Entschädigung ist unter gerechter Abwägung der Interessen der Allgemeinheit und der Beteiligten zu bestimmen. Wegen der Höhe der Entschädigung steht im Streitfalle der Rechtsweg vor den ordentlichen Gerichten offen.

7) Vgl. BGHZ 6, 270(290).

연방통상법원은 이러한 수용유사침해의 법리를 처음에는 위법·무책의 재산권침해에만 적용[8]시켰던 것을 그 후에는 국가손해배상제도의 영역에 속하는 위법·유책의 재산권침해(die rechtswidrig-schuldhaften Eingriffe)에 확대 적용시켰으며,[9)10)] 이에 다시 적법한 행정작용의 이형적·비의욕적인 부수적 결과(atypische und ungezielte Nebenfolgen einer an sich rechtmäßigen Hoheitstätigkeit)로서의 재산권침해인 이른바 수용적 침해(Enteignender Eingriff)의 법리를 추가 발전시켰다.[11)12)]

Ⅲ. 연방헌법재판소의 자갈채취결정

그러나 이러한 연방통상법원에 의하여 형성·발전된 수용유사침해의 법리는 위 연방헌법재판소 1981년 7월 15일의 결정에 의하여 대대적인 수술을 받았다. 즉 이 결정에 의하면 기본법 제14조 제3항 제2문은 공용침해의 근거법률이 반드시 보상의 종류와 범위를 동시에 규정하도록(이른바 불가분조항[Junktimklausel])하고 있기 때문에 이러한 보상규정이 없는 근거법률은 위헌이고 이 위헌법률에 근거한 재산권침해행위 또한 위헌이기 때문에 이에 대한 구제방법은 오로지 그 근거법률의 무효화와 더불어 이에 근거한 침해행위 취소뿐이라고 하는 것이다.

"… 따라서 법원은 이러한 위법한 재산권침해행위의 취소 대신 이에 대한 보상을 허용해 줌으로써 보상규정의 흠결을 치유할 수는 없다. 오히려 이 경우에는 해당 법원이 연방헌법재판소에 근거법률에 대한 위헌심판을 제청하여야 하고, 만일 연방헌법재

8) BGHZ 6, 270.

9) BGHZ 7, 296; 13, 88.

10) 위법·유책의 재산권침해의 경우에는 수용유사침해의 법리에 따른 손실보상청구권(Entschädigungsanspruch)과 기본법 제34조와 관련된 민법 제839조에 따른 손해배상청구권(Schadensersatzanspruch)이 상호 병렬적으로 그리고 독립하여 존재한다. 따라서 이 경우 손실보상청구권은 손해배상청구권의 단순한 변형이나 보충적인 대치수단이 아니다. 손해배상청구권의 경우에는 일정한 위법한 공권력작용에 있어서의 국가의 고의나 과실 등의 책임을 피침해자가 입증하여야 하고, 민법 제852조에 따라 그 제소기간도 짧으며, 동법 제839조에 일련의 국가책임제한 내지 조각사유에 대하여 규정되어 있는 등 손실보상청구권에 비하여 그 청구요건이 엄격하다고 볼 수 있다. 그러나 손실보상은 공권력행사로 인해 재산권자에게 발생한 특별희생에 대한 공익과 관계자의 이익을 비교형량한 결과로서의 정당한 손실보전(Ausgleich des erbrachten Sonderopfers)내지 손실조정적 의미를 가지며 따라서 그 보상의 범위는 일반적으로 침해된 재산권의 대상 그 자체의 손실(Substanzverlust)만을 포함하지만, 손해배상은 원칙적으로 재산권침해가 발생하기 이전의 상태로의 완전한 회복을 의미하므로 앞서 언급한 보상의 범주에 속하는 직접적 손실 외에 상실된 기대이익이나 위자료 등 침해행위로 인해 직접·간접 발생한 모든 손해에 대한 완전한 배상을 내용으로 한다. Vgl. BGHZ 39, 198(200); 41, 354(358); 55, 294(296); Schulthes, Die Höhe der Enteignungsentschädigung, S. 97f.; Kimminich, Eigentum-Enteignung-Entschädigung, Rdnr. 312ff.; Rüfner, Das Recht der öffentlich-rechtlichen Schadensersatz-und Entschädigungsleistungen, in: Allgemeines Verwaltungsrecht, hrsg. v. Erichsen/Martens, S. 568f.; Nüßgens/Boujong, Eigentum, Sozialbindung, Enteignung, S. 174ff.

11) BGHZ 45, 150; 57, 395.

12) 수용유사침해가 특정한 재산권의 침해를 의도한 공권력행사의 직접적 결과인 반면, 수용적 침해는 어떤 특정한 재산권의 침해를 의도하지 않은 국가의 적법한 행정작용 내지 사실행위에 의해 야기된 간접적·부수적 결과(예컨대 도로공사, 지하철공사, 군사훈련 등으로 인해 주민의 재산권에 대하여 초래된 침해)이다. Vgl. Ossenbühl, Staatshaftungsrecht, S. 148f.; Nüßgens/Boujong, aaO, S. 205f.; Papier, Jura 1981, S. 66f.

판소에 의하여 근거법률이 위헌이라고 결정되면 이에 근거한 행정행위, 즉 재산권침해행위는 기본법 제14조 제1항에 의하여 보장된 피침해자의 재산권을 위헌적으로 침해한 것으로서 마땅히 취소되어야 한다. 여기서 헌법상의 재산권보장이라고 하는 것은 일차적으로 재산권의 대상 그 자체의 존속보장(Bestandsgarantie)을 의미하는 것이고, 예외적으로 기본법 제14조 제3항에서 규정한 적법한 공용침해의 모든 전제조건이 충족되었을 경우에만 2차적으로 재산권의 대상 그 자체가 가지고 있는－법률로써 규정된 손실보상을 통해서－가치의 보장(Wertgarantie)으로 전환되는 것이다. 따라서 재산권자는 침해행위에 대한 보상규정이 존재할 때에만 이를 근거로 민사법원에 손실보상을 청구할 수 있고 그렇지 않을 경우에는 재산권의 대상 그 자체의 존속보장의 관철을 위하여 행정쟁송을 통해 침해행위의 취소를 청구하여야 한다. … 결국 피침해자에게는 위헌·위법한 재산권침해행위를 취소시키든가 아니면 이를 수인하고 그 대신 손실보상을 청구하든가에 대한 선택권이 부여되어 있지 않다. 만일 재산권자가 이처럼 행정쟁송을 통해서 자신의 재산권의 대상 그 자체를 회복 할 수 있는 방법을 해태한 경우에는 그로 인해 야기될 수 있는 자신의 책임영역에 속하는 재산권의 손실에 대한 보상을 요구할 수는 없다."[13)]

이러한 연방헌법재판소의 견해는 기본법 제14조의 재산권보장법리의 내부적 체계로부터 직접 도출되는 것이다. 이에 따르면 재산권 관련 법률은 다음 3가지 경우로 분류될 수 있다.

첫째, 기본법 제14조 제1항 제2문의 규정에 근거한 재산권의 내용과 한계를 정하는 법률이다. 이는 재산권에 대하여 그의 실정법상의 형태를 부여한다.

둘째, 기본법 제14조 제3항의 규정에 근거한 공용침해를 허용하는 법률이다. 이는 공공필요에 따른 재산권에 대한 수용·사용·제한을 의미하며 따라서 그에 대한 보상규정을 필요로 한다(Junktimklausel).

셋째, 기본법 제14조 제1항 제2문에 따른 재산권의 내용과 한계의 규정의 범위를 넘어선, 다시 말해 보상을 요하지 않는 재산권에 대한 단순한 사회적 귀속(Art. 14 Abs. 2 GG)의 한계를 넘어선, 따라서 보상을 필요로 하는, 그러나 입법자가 법률제정시 공용침해를 예견하거나 허용하지 않았고 따라서 보상규정을 가지고 있지 아니한 법률이다. 이러한 법률은 실제로는 재산권자에게 특별희생을 초래하게 되며 따라서 반드시 보상을 규정하고 있어야 함에도 불구하고 그 보상규정을 가지고 있지 아니하므로 위헌이며, 따라서 이러한 위헌적 법률에 근거한 공권력행사로 인해 자신의 재산권이 침해된 자는 행정쟁송을 통해 침해행위를 취소시킴으로써 자신의 재산권을 회복할 수 있고 또 하여야 한다.

연방헌법재판소가 강조한 재산권의 존속보장과 가치보장의 이중적 체계는 바로 이

---

13) BVerfGE 58, 300(322ff.).

러한 기본법 제14조의 재산권보장 법리의 내부적 체계에서 도출되는 것이다. 이에 따르면 재산권보장의 내용은 일차적으로 재산권의 대상 그 자체의 존속보장, 즉 재산권에 대한 모든 침해행위로부터의 보장이다. 이러한 재산권의 존속보장은 오로지 재산권에 대한 침해가 공공필요를 위하여 불가피할 때에만－즉 기본법 제14조 제3항에 근거한 공용침해의 경우에만－비로소 재산권의 가치보장, 즉 손실보상의 보장으로 전환되는 것이다.[14] 따라서 이러한 재산권보장 법리의 이중적 체계에 있어서 헌법은 재산권의 존속보장에 그 우선권을 부여하고 있는 것이다.[15]

Ⅳ. 연방통상법원의 새로운 수정판결

1. 1984년 1월 26일의 판결

이러한 연방헌법재판소에 의하여 확립된 위법한 재산권침해에 대한 구제수단으로서의 재산권의 대상 그 자체의 회복을 목적으로 하는－보상청구에 대한－행정쟁송우선의 원칙은 그 후 연방통상법원의 1984년 1월 26일의 판결[16]에 의해서도 확인되었다. 즉 연방통상법원은 종래의 판결과는 달리 보상규정이 없는 위헌적 법률에 근거한 재산권침해뿐 아니라 합헌적 법률에 근거한 위법한 재산권침해의 경우에도 원칙적으로 재산권의 가지보장에 대한 존속보장우선의 원칙, 다시 말해 재산권의 대상 그 자체의 회복을 목적으로 하는－보상청구에 대한－행정쟁송우선의 원칙을 받아들였다.

"… 위법한 재산권침해에 있어서 재산권자에게는 재산권의 회복을 목적으로 하는 취소쟁송 등의 구제절차를 밟거나, 아니면 이를 수인하고 그 대신 손실보상을 청구하든가에 대한 선택권이 부여되어 있지 아니하다. 오히려 이러한 수용유사침해의 경우에는 민법 제254조[17]의 공동책임(Mitverschuden)의 법리가 유추·적용되어야 하고, 이 규정의 취지로부터 수용유사침해의 경우 재산권의 회복을 목적으로 하는 침해배제를 통한 권리구제절차를 밟을 재산권자의 의무가 발생한다. 이에 따르면 피침해자는 우선 자신의 재산권에 대한 침해가 위법한 것인지의 여부를 심사하여야 하고, 만일 위법하다고

---

14) BVerfGE 24, 367(400f.); 35, 348(361); 42, 263(293f.); 46, 268(285); 58, 300(323).

15) Dazu auch Ossenbühl. NJW 1983, S. 2; Schwerdtfeger, Die dogmatische Struktur der Eigentumsgarantie, S. 20ff.; Badura, Eigentum, in: Handbuch des Verfassungsrechts der Bundesrepublik Deutschland, hrsg. v. Benda/Maihofer/Vogel, S. 664f.; Papier, in: Maunz/Dürig, Grundgesetz Kommentar, Art. 14, Rdnr. 8ff.

16) BGHZ 90, 17.

17) §254 BGB: (1) Hat bei der Entstehung des Schadens ein Verschulden des Beschädigten mitgewirkt, so hängt die Verpflichtung zum Ersatze sowie der Umfang des zu leistenden Ersatzes von den Umständen, insbesondere davon ab, inwieweit der Schaden vorwiegend von dem einen oder dem anderen Teile verursacht worden ist. (2) Dies gilt auch dann, wenn sich das Verschulden des Beschädigten darauf beschränkt, daß er unterlassen hat, den Schuldner auf die Gefahr eines ungewöhnlich hohen Schadens aufmerksam zu machen, die der Schuldner weder kannte noch kennen mußte, oder daß er unterlassen hat, den Schaden abzuwenden oder zu mindern. Die Vorschrift des §278 findet entsprechende Anwendung.

판단되어질 경우 원칙적으로 그 위법한 침해행위의 배제를 위하여 행정쟁송을 통한 권리구제절차를 밟아야 한다. 만일 그가 이러한 기대가능한 행정쟁송을 통한 권리구제를 해태하였을 경우 원칙적으로 행정쟁송을 통해서라면 피할 수 있었던 손실에 대한 보상을 청구할 수는 없다. 왜냐하면 재산권자를 국가의 위법한 공권력행사로부터 보호하고자 하는 행정쟁송을 통한 포괄적인 권리구제방법이 있음에도 불구하고 이를 재산권자가 해태하였을 경우 민법 제254조의 유추·적용을 통하여 행정쟁송제기의 해태로 인해 발생한 손실에 대한 자신의 분담분, 즉 피해의 발생에 대한 재산권자의 책임에서 비롯된 기여분 만큼을 재산권자 스스로가 부담해야 한다는 논리가 정당화되어질 수 있기 때문이다. 따라서 이 한도에서 수용유사침해의 경우 손실보상에 대한 행정쟁송을 통한 재산권회복 우선의 원칙이 적용된다."[18]

연방통상법원은 이 판결을 통해 수용유사침해의 경우 지금까지 재산권자에게 제한없이 허용되어 온 행정쟁송을 통한 구제방법과 보상청구를 통한 구제방법 사이의 선택권을 민법 제254조의 유추·적용하에 현저히 제한하게 된 것이다. 이러한 연방통상법원에 의하여 확립된 민법 제254조의 유추·적용은 행정쟁송우선의 원칙의 예외없는 엄격한 적용이 야기할 수도 있는 문제점에 대한 적절하고 융통성 있는 해결책이라고 할 수 있다.[19]

2. 1984년 3월 29일의 판결

이러한 연방통상법원에 의하여 확립된 민법 제254조의 유추·적용을 통한 일정한 제한하의 보상청구에 대한 행정쟁송우선의 원칙은 그 후의 1984년 3월 29일의 판결[20]에서도 확인되었다. 연방통상법원은 이 판결에서 한 지방자치단체가 설치·운영하고 있는 환경정화기로부터의 소음공해로 인하여 재산권자의 일정한 재산권의 행사가 침해 또는 제한된 경우에 행정쟁송을 통한 구제방법을 대신한 피침해자에 의한 손실보상의 청구를 다음과 같은 이유에서 허용하고 있다.

"… 이 경우 행정쟁송을 통한 권리구제와 이를 통한 소음방벽과 기타 소음제거시설의 설치는 지방자치단체 스스로에 의한 소음 및 악취제거조치 및 이와 병행한 손실보상의 방법보다 결코 효과적이고 신속한 권리구제수단이 아니다. 이미 이러한 이유 때문에 재산권자에게는 소음공해배제청구가 기대되어질 수 없고, 따라서 소음공해가 수인할 수 있는 한도 내의 것인가의 여부가 판단하기 매우 어려운 문제이기 때문이라든가, 또는 소음제거 장치의 설치비용(약 418000 DM)을 손실보상청구액(11400 DM)과 비교

18) BGHZ 90, 17(31ff.).

19) Vgl, Papier, Enteignungsgleiche und Enteignende Eingriffe nach der Naßauskiesung-Entscheidung, JuS 1985, S. 187; Ossenbühl, Abschied vom enteignungsgleichen Eingriff, NJW 1983, S. 4ff.

20) BGHZ 91, 20.

했을 때 전자의 경우, 즉 재산권자가 행정쟁송에서 부담해야 하는 예상소송비용이 후자의 경우, 즉 손실보상청구소송에서의 예상소송비보다 월등히 높다고 하는 소송절차상의 현저한 비용부담의 위험(Kostenrisiko) 때문에, 재산권자에게 행정쟁송의 제기가 기대가능하지 아니한가의 여부는 굳이 판단할 필요가 없는 것이다. 따라서 이 경우 재산권자가 자신의 재산권회복을 위하여 행정쟁송을 통해 침해행위의 위법여부를 다투지 않았다 하더라도 민법 제254조의 유추·적용을 통해 피침해자에게 손실보상청구권이 인정될 수 있는 것이다."[21)]

연방통상법원은 이로써 수용유사침해의 경우 만일 재산권자에게 행정쟁송의 제기가 기대가능하지 않다면 예외적으로 손실보상청구권을 인정하고 있으며, 이러한 기대가능성의 배제사유로서 다음과 같은 3가지 예를 시사하고 있다.

첫째, 행정쟁송과정에서 소요되는 막대한 시간낭비, 즉 신속하고 효과적인 피해방지 내지는 피해절감을 위한 행정쟁송의 적합성 여부, 둘째, 침해행위의 위법성 판단의 어려움, 셋째, 행정쟁송절차에서 예상되는 높은 소송비용에 대한 위험부담이 그것이다. 연방통상법원은 이러한 3가지 기대가능성판단의 기준을 통해 행정쟁송수선의 원칙에 대한 합리적이고 융통성 있는 예외가능성을 마련했으며, 이는 행정쟁송우선의 원칙의 예외없는 엄격한 적용이 상황에 따라서는 재산권자에게 기대가능성이 없는 부당한 요구가 될 수 있다는 점을 감안해 볼 때 환영할만한 것이라고 하겠다.[22)]

아울러 종래에는 국가행정작용의 이형적·비의욕적인 부수적 결과로서의 재산권침해의 경우에는 원칙적으로 손실보상청구가 가능한 것으로 이해되었지만, 이 판례는 외형상 수용적 침해라 할지라도 비례의 원칙 내지는 과잉금지의 원칙의 위반 등으로 인해 위법한 것이라면 수용유사침해에 해당되고 따라서 권리구제방법으로서 손실보상청구에 대한 행정쟁송우선의 원칙이 민법 제254조의 유추·적용을 통한 일정한 제한하에서 적용된다고 하는 것을 간접적으로 시사하고 있다.[23)]

Ⅴ. 재산권보장과 수용유사침해

1. 수용유사침해의 유형

재산권에 대한 침해의 유형은 대체로 다음과 같이 분류할 수 있다.

(1) 기본법 제14조 제3항의 규정에 근거한 공용침해

(2) 수용적 침해

(3) 공용침해를 예견하지 않았고 따라서 보상규정을 가지고 있지는 않지만, 그 법률

---

21) BGHZ 91, 20(24).

22) Dazu auch Ossenbühl, JZ 1984, S. 745.

23) Vgl. Papier, JuS 1985, S. 188.

의 내용과 적용에 있어서는 필연적으로 재산권자에게 보상을 요하는 특별희생을 부과하도록 되어 있는 법률에 근거한 재산권침해

(4) 합헌적 공용침해근거법률의 위법한 집행, 즉 합헌적인 공용침해법률에 근거한, 그러나 그 법률의 전제조건을 충족시키지 못한 위법한 재산권침해

(5) 위법한 수용적 침해, 즉 외형상으로는 국가행정작용의 비의욕적인 부수적 결과로서 야기되었지만 침해의 간접적 원인이 된 해당 행정작용의 비례의 원칙에 대한 위반 등으로 인해 위법하게 된 재산권침해

(6) 기본법 제14조 제1항 제2문에 따른 재산권의 내용과 한계를 정하는 합헌적 법률에 근거한 그러나 근거법률의 전제조건을 충족시키지 못했거나 비례의 원칙의 위반 등으로 인해 결국 재산권자에게 특별희생을 야기하는 위법한 재산권침해

이러한 6가지 유형 중에서 먼저 (1)과 (2)는 적법한 재산권침해행위이므로 당연히 위법한 수용유사침해의 유형에서 제외된다. 다음 (3)에서의 재산권침해행위는 그 근거법률 자체가 이미 재산권자에 대한 보상을 요하는 특별희생을 내정하고 있음에도 불구하고 보상규정을 가지고 있지 아니하므로 침해근거와 보상근거를 동시에 규정하도록 요구하고 있는 기본법 제14조 제3항 제2문의 소위 불가분조항의 원칙[24]에 위배되어 위헌·무효이고, 이 법률에 근거한 침해행위 또한 위헌이며 이에 대한 구제방법은 당연히 행정쟁송－상황에 따라서는 최후의 수단으로서 헌법소원－을 통한 침해행위의 취소 및 재산권대상 그 자체의 원상회복이라고 할 수 있다.[25] 따라서 이 (3)에서의 재

24) 이처럼 해당 법률에 침해근거와 동시에 보상근거가 규정되어 있어야 하는 이유는 대체로 다음과 같은 세가지 이유에서라고 할 수 있다. 첫째, 이러한 불가분조항의 원칙이 재산권보장적 기능을 가지기 때문이다. 이는 공용침해의 경우 재산권자에 대한 손실보상을 보장한다. 즉 공용침해에 있어서 그 근거법률에 반드시 동시에 보상근거가 규정되어 있고, 이를 통해 재산권자에 대한 손실보상이 확실히 보장됨으로써 재산권자가 안심하고 그 침해행위를 수인할 수 있도록 하는 것이다. 둘째, 불가분조항의 원칙이 입법자에 대한 경고적 기능을 가지기 때문이다. 즉 공용침해의 근거법률을 제정하려는 입법자는 동시에 국가의 재정적 부담을 의미하는 보상의 근거를 규정하여야 하므로 법률제정에 신중을 기하게 되며, 이와 함께 외관상 단순한 재산권의 내용과 한계를 정하는 법률의 형식을 띤, 따라서 보상규정이 없는 위헌적 공용침해근거법률의 제정이 저지될 수 있다. 셋째, 불가분조항의 원칙이 의회의 고유한 권한인 예산특권(die Haushaltsprärogative des Parlaments)의 보장적 기능을 가지기 때문이다. 따라서 이를 통해 다른 국가기관, 특히 사법부가 의회를 대신해서 법률의 규정에도 없는 보상을 허용해 줌으로써 야기되는 의회가 예측하지 못한 추가적인 국가의 재정적 부담이 저지될 수 있다. Vgl. BVerfGE 46, 268(287); Weyreuther, Über die Verfassungswidrigkeit salvatorischer Entschädigungsregelungen, S. 12f., 23f.; Leisner, Entschädigung falls Enteignung, DVB] 1981, S. 79f.
이러한 불가분조항의 원칙은 위에서 언급한 3가지 기능 이외에 헌법상 법치국가원리, 특히 그 중에서 법률유보의 원칙의 충족을 위해서도 반드시 준수되어야 하는 것이다. 법률유보의 원칙과 관련하여 연방헌법재판소는 소위 본질성이론(Wesentlichkeitstheorie)을 발전시켰는데 이에 따르면 기본권의 형성과 제한에 관한 법률의 제정에 있어서 입법자는 기본권에 관한 모든 본질적인 사항을 빠짐없이 규정해야 하고 이를 하위규범이나 행정청에게 위임해서는 안된다고 하는 것이다(BVerfGE 40, 237[248ff.]; 47, 46[78ff.]; 49, 89[126ff.]). 재산권에 대한 공용침해의 경우 손실보상의 문제는 바로 재산권의 행사 또는 제한에 있어서 가장 본질적이고 중요한 문제이고, 따라서 이 손실보상의 근거가 반드시 근거법률에 규정되어야 하며 입법자가 이를 하위규범이나 행정청에게 위임해서는 아니되는 것이다. 따라서 이 본질성이론을 그 핵심내용으로 하는 법률유보의 원칙에 따라서 보상근거는 반드시 공용침해의 근거법률에 동시에 규정되어 있어야 하는 것이다.

산권침해행위도 수용유사침해의 유형에서는 제외된다. 그러므로 결국 수용유사침해의 전형적인 유형에는 대체로 나머지 (4), (5), (6)에서의 위법한 재산권침해행위가 속한다고 볼 수 있다.

2. 재산권의 존속보장과 수용유사침해

위에서 열거한 (4), (5), (6)의 3가지 유형의 위법한 수용유사침해에 있어서 이에 대한 구제방법은 지금까지 판례와 학설을 통해 검토해본 바와 같이 원칙적으로 행정쟁송을 통한 침해행위의 취소와 이에 따른 재산권의 회복이라고 할 수 있다. 왜냐하면 위법한 공권력행사로 인한 기본권침해에 대한 헌법이 내정하고 있는 해결책은 어디까지나 그 위법한 침해행위 자체의 취소와 이에 따른 기본권 자체의 회복이며, 이것이 바로 국가로부터의 위법한 기본권침해에 대한 주관적 방어권(Abwehrrechte gegen unberechtigte Beeinträchtigungen eines verfassungsrechtlichen Status durch die staatlichen Gewalten)으로서의 기본권의 본질과 기능[26]에 충실하고, 아울러 헌법상의 법치국가원리에도 합치되는 방법과 절차라고 하겠다. 따라서 위법한 수용유사침해의 경우 이 원칙을 무시하고 정당한 사유없이 권리구제방법으로서 재산권의 대상 그 자체의 회복을 목적으로 하는 행정쟁송 대신 손실보상청구를 무제한 허용 내지 강요한다면 이는 주관적 공권(subjektiv-öffentliches Recht)으로서의 자유권적 기본권인 재산권의 본질에 반할 뿐 아니라, 아무런 법률적 근거도 없는 보상을 법원의 자의에 의하여 무제한 허용 내지 강요함으로써 보상의 근거가 반드시 법률에 규정되어 있어야 하고 아울러 보상이 반드시 법률적 근거에 따라 이루어질 것을 요구하는 손실보상의 법률유보의 원칙에도 정면으로 반한다고 아니할 수 없다.

결국 손실보상청구에 대한 행정쟁송우선의 원칙은 연방헌법재판소가 적절히 지적했듯이 재산권의 존속보장우선의 원칙, 즉 재산권보장의 내용은 일차적으로 재산권의 대상 그 자체의 존속보장이며, 공공필요를 위하여 개인의 재산권에 대한 침해가 불가피할 경우에만 예외적으로 재산권자는 보상을 조건으로 침해행위를 수인해야 하고 이 경우에만 재산권보장의 내용은 이차적으로 그 환가가치의 보장으로 전환된다는 재산권보장의 이중적 구조에서 기인하는 것이다. 손실보상은 결코 재산권의 대상 그 자체의 완전한 회복이 아니며, 따라서 재산권의 대상 그 자체와 손실보상은 결코 동일시되어질 수 없기 때문에 보상만 해주면 어떠한 재산권침해도 가능하다고 하는 과거 독일의 제3제국(das Dritte Reich)식 발상은 이러한 헌법상 재산권보장의 내용에 정면으로 위반되는 것이다.

---

25) Vgl. BVerfGE 45, 297(346); 53, 336(349); 58, 300(323).

26) Vgl. BVerfGE 7, 198(204); 50, 290(336f.); 68, 193(205); Hesse, Grundzüge des Verfassungsrechts der Bundesrepublik Deutschland, 16. Aufl., S. 116; Badura, Staatsrecht, S. 76; Jarass, in : Jarass/Pieroth GG Kommentar, Vorb vor Art. 1, Rdnr. 1f.; Alexy, Theorie der Grundrechte, S. 174ff.

다만 이러한 행정쟁송우선의 원칙의 적용이 재산권자에게 기대가능하지 않거나 또한 재산권의 대상 그 자체의 회복이 사실상 불가능한 경우에 있어서는 행정쟁송우선의 원칙의 적용이 오히려 재산권자에게 불합리한 더 큰 손실을 초래하여 헌법상 재산권보장의 이념과 정신에 역행할 수 있기 때문에 이 경우에는 재산권자의 재산권을 실질적으로 보다 두텁게 보호한다는 견지에서 손실보장청구권이 인정되어야 할 것이다.

Ⅵ. 맺음말

이상 살펴본 바와 같이 독일 연방통상법원의 종래의 수용유사침해법리는 연방헌법재판소의 결정에 의해 대폭 수정되었고, 이 연방헌법재판소의 판시내용, 즉 손실보상의 보충성의 원칙 내지는 재산권의 존속보장우선의 원칙에 근거한 행정쟁송우선의 원칙은 그 후 연방통상법원의 판례에서도 원칙적으로－민법 제254조의 유추·적용을 통한 일정한 제한하에－받아들여졌다. 따라서 수용유사침해의 경우 피침해자는 원칙적으로 행정쟁송을 통한 구제절차를 밟아야 하고, 다만 그 행정쟁송이 일정한 사유로 인해 피침해자에게 기대가능하지 않고 이것이 또한 객관적으로 정당하다고 여겨질 경우 행정쟁송 대신 손실보상청구를 허용해줄 수 있는 것이다. 이러한 관점에서 볼 때 국내문헌에 소개된 수용유사침해의 법리에는 오류가 있다. 예컨대 "연방통상법원의 최근 판례는 연방헌법재판소의 결정을 무시하고－연방헌법재판소의 결정은 수용유사침해의법리에 대하여 판단한 것이 아니라는 이유 등으로－종래의 자신의 판시내용, 즉 수용유사침해의 경우 보상규정이 없다 하더라도 원칙적으로 재산권자는 희생보상청구권의 법리에 따라 아무런 제한없이 법원에 손실보상을 청구할 수 있다는 논리를 수정없이 그대로 고수하고 있다."는 등의 견해가 그것인데 이것이 상당한 문제점을 내포한 오해라고 하는 것은 앞서 살펴본 바와 같다.

연방헌법재판소가 적절히 지적했듯이 헌법에 의하여 내정된 위헌·위법한 재산권침해에 대한 구제방법은, 재산권자에게 침해행위 자체의 취소를 목적으로 하는 행정쟁송의 제기가 기대되어질 수 없는－그 누구에게도 기대가능하지 않는 것을 요구할 수 없다는 원칙에 근거한－예외적인 경우 및 재산권의 대상 그 자체의 회복이 사실상 실현불가능한 경우 등을 제외한다면, 원칙적으로 그 침해행위 자체의 취소·배제를 통한 본래의 재산권의 대상 그 자체의 원상회복이며 이것이 바로 헌법상 의도된 재산권보장의 내용과 법리인 것이다.

38. Marbury v. Madison 판결의 재조명

- 미국 연방대법원 5 U.S. (1 Cranch) 137 (1803) -

[目 次]

Ⅰ. 머리말

Marbury v. Madison 판결은 아마 미국 뿐 아니라 세계 사법사상 가장 널리 알려진, 가장 중요한, 그리고 가장 많이 인용되는 판례의 하나일 것이다. 주지하는 바와 같이 이 판결은 입법행위와 집행행위에 대한 사법부의 위헌심사권을 확립했다. 즉 미국 연방헌법은 연방법원이 위헌심사권을 가지는지의 여부에 대하여 아무런 언급을 하고 있지 않지만 대법원은 이 판결로써 이러한 권한을 확립한 것이다. 따라서 이 판례는 사법부의 위헌법률심사권확립의 효시로서 그 이후 미국뿐 아니라 전 세계적으로 지대한 영향력을 미쳐 왔으며, 그 의의는 아무리 강조해도 지나치지 않을 것이다.

그러나 다른 한편 그 판결배경과 논증과정에 적지 않은 문제점이 지적될 수 있다. 모든 재판은, 특히 헌법재판에 있어서는 그 결과뿐 아니라 그 과정과 논증에 있어서도 정당해야 함은 두말할 필요가 없고, 그럴 때 그 판결이 설득력을 가지며, 추후 유사한 사건에 있어서도 예측을 가능하게 한다. 따라서 이 글에서는 이 판결의 결과적 의의만을 강조한 그동안의 문헌에서와는 달리 그 배경과 논증과정의 문제점을 살펴보고자 한다. 이러한 작업은 우리의 헌법재판에 있어서도 시사하는 점이 많은데, 헌법재판의 의의를 다시 한번 되새기면서 헌법재판의 과정과 결과에 있어서 일관되고 설득력있는 논증의 중요성을 강조한다는 점에서, 그리고 이러한 문제점에 대한 검토를 통해 이 판결의 역사적 의의를 재평가한다는 점에서 나름대로의 의미가 있다고 본다.

따라서 이 글에서는 이 판결의 배경과 요지를 살펴 본 다음, 그 문제점을－이미 그 당시에 제기되었던 또는 제기될 수 있었던 문제점과 오늘날 우리의 시각에서 제기될 수 있는 문제점을 중심으로－검토하는 순서로 논의를 전개하고자 한다.

Ⅱ. 사건의 개요

주지하는 바와 같이 이 판결의 배경에는 이 사건에 대한 대법원장 John Marshall의 정치적 관련성이 깊게 깔려있다.[1] 1800년의 대통령선거는 세명의 후보자들, 즉 현직 대통령인 John Adams, Thomas Jefferson, 그리고 Aaron Burr 상호간의 치열한 경쟁속에서 이루어졌다. Jefferson이 주민선거(popular vote)에서 다수표를 획득했으나 선거인단선거(electoral college vote)에서는 Burr와 동표를 이루었다. 그래서 결국 헌법 제2조 제2항에 따라 하원에 의하여 최종적으로 Jefferson이 대통령으로 당선되었고 현직 대통령인 Adams는 물러나게 되었다. 정권교체 직전인 1801년 1월 당시 Adams 대통령의 국무장관이던 Marshall은 연방대법원의 3대 대법원장으로 임명되었다. 따라서 Marshall은 Adams 대통령의 잔여임기동안 국무장관과 대법원장을 겸직했던 것이다.

한편 연방주의자(Federalist)인 Adams와 그의 추종자들은 선거패배 이후 공화주의자(Republican)인 Jefferson이 취임하기 전에 마지막까지 자신들의 영향력을 행사하기 위한 다양한 시도를 하게 된다. 그 중 하나로 1801년 1월 13일 의회는 대법원에서의 공화주의자의 영향력을 축소하기 위해 대법관 정수를 6인에서 5인으로 축소하는 순회판사법(Circuit Judge Act)을 제정했다.[2] 그러나 이러한 변화는 오래가지 못했다. 1802년 Jefferson 취임 이후 의회는 이 법을 폐지하고 연방대법관에 의한 순회법원판사 봉직제도를 부활시키면서 신설된 순회법원판사직을 폐지시켰다.

다른 한편 Adams의 임기만료가 1주일도 채 남지 않은 1801년 2월 27일 의회는 42인의 치안판사 임명권을 대통령에게 부여하는 콜럼비아특별구조직법(Organic Act of the District of Columbia)을 제정했다. 이에 따라 Adams는 치안판사 지명을 동년 3월 2일과 Jefferson 취임 하루전인 3일에 발표하고, 상원은 이를 인준했다. 그리고 대법원장이자 국무장관인 Marshall은 이 치안판사들에 대한 임명장에 즉각 서명을 하고, 자신의 동생

---

1) 이 판결의 배경에 대한 자세한 것은 Alstyne, A Critical Guide to Marbury v. Madison, Duke L. J. (1969) 1; O'Fallon, Marbury, Stan. L. Rev., Vol. 44, No. 2 (1992) 219; Sullivan & Gunther, Constitutional Law, 14th ed. (2001) 3.

2) 아울러 이 법은 연방대법관이 동시에 순회판사로 봉직하는 제도를 폐지하고, 대신 순회법원에 16인의 판사직을 신설했다.

인 James Marshall로 하여금 임명장을 전달하도록 했다. 그런데 이 중 이 사건의 원고인 William Marbury에 대한 것을 포함하여 몇몇 임명장은 Jefferson의 취임 이전까지 전달되지 못했다. 이에 새로이 취임한 Jefferson 대통령은 신임 국무장관인 James Madison으로 하여금 미쳐 전달되지 않은 임명장의 전달을 거부하도록 지시했다. 이에 Marbury는 1801년 12월 Madison으로 하여금 자신의 임명장(commission)을 전달하도록 명령하는 직무집행영장(writ of mandamus)발급을 구하는 소송을 연방대법원에 제기했다.[3] 이 소송에서 Marbury는 1789년의 연방법원조직법(Judiciary Act)이 처음부터, 즉 원심관할로 대법원에 제기된 소송절차에서 직무집행영장을 발급할 권한을 대법원에게 부여하고 있다고 주장했다.

결국 이 사건은 1800년의 대통령선거에서 패배한 후 퇴임하는 연방주의자들이 제퍼슨의 당선과 취임사이의 기간에 자신들에게 충성하는 판사들로－당시 Adams 대통령이 퇴임직전 일련의 판사들(이른바 'Midnight Judges')을 임명함으로써－연방법원을 채우려고 하는 시도에서 비롯된 것으로 Adams와 Jefferson 내지 연방주의자와 공화주의자 사이의 권력싸움이 Marbury의 임명장을 매개로 연방대법원으로 옮겨간 것이라고 할 수 있다.[4]

Ⅲ. 판결의 요지

연방대법원은 대법원을 원심으로 한 이 사건이 헌법상에 명시된 대법원의 관할권을 위반했다고 판시함으로써 결과적으로 원고인 Marbury에게 불리한 판결을 내렸다. 즉 대법원은 비록 1789년의 연방법원조직법이 대법원을 원심으로 하는 사안에서의 직무집행영장발급에 관한 관할권을 대법원에게 부여하고 있지만, 이 법은 의회가 헌법에 열거된 사항 이외의 원심관할권(original jurisdiction)을 대법원에게 허용한 것으로 위헌·무효라고 판결했다. 대법원의 판결내용은 Marshall이 전개한 논증구조를 바탕으로 대체로 다음과 같이 요약될 수 있을 것이다.

1. Marbury는 임명장에 대한 권리를 가지고 있는가?

이 첫 번째 질문에 대하여 대법원은 임명을 위한 모든 절차가 이루어졌기 때문에 Marbury는 임명장에 대한 권리가 있다고 판시했다. 즉 임명장이 대통령에 의하여 서명되었을 때 이미 임명행위가 이루어졌고, 그 임명장에 미합중국의 봉인이 국무장관에

3) 이처럼 Marbury는 1801년 12월에 소송을 제기했지만 대법원은 1803년까지 이 사건을 심리하지 못했다. 왜냐하면 의회가 법률로써 대법원의 1802년 6월과 12월 회기를 폐지했기 때문이다. 이러한 의회의 조치에 대한 합헌성 여부는 한번도 법원에서 심사된 적이 없다. 그러나 이 조치를 합헌으로 보기는 어려울 것이다.

4) 이러한 정치적 배경에 대하여 자세한 것은 Sullivan & Gunther, supra, 11.

의하여 부서되었을 때 임명은 완성된 것이기 때문에 Marbury는 임명장을 교부받을 권리를 가진다는 것이다.[5]

이와 관련하여 Jefferson 대통령은 전달(delivery)은 일정한 행위의 유효성을 위한 본질적인 요소들 중의 하나라는 사실은 의문의 여지가 없는 원칙이므로 임명은 효력이 없다고 반박했다.[6] 그러나 대법원은 이러한 견해를 배척하면서, 전달은 단지 관행일 뿐이고 따라서 Marbury에 대한 임명거부는 이미 부여된 법적 권리를 침해하는 것이라고 판시했다.

2. 법은 Marbury에게 구제수단을 제공하고 있는가?

대법원은 이 두 번째 질문에 대하여도 긍정적인 대답을 하고 있다. 즉 Marbury는 법에 따른 구제수단을 강구할 권리를 가진다는 것이다. 왜냐하면 시민의 자유의 본질은 한 개인이 침해를 입었을 때 바로 그가 법의 보호를 요구할 권리를 가진다는 데에 있기 때문이라는 것이다.[7] 그에 따르면 미국정부는 법의 지배하에 있지 사람의 지배하에 있지 않고, 따라서 대통령을 포함하여 누구도 법위에 있지 않다는 것이다.

대법원은 이와 관련하여 언제 사법부가 구제수단을 제공할 수 있는지의 여부에 대한 기준을 제시하고 있는데, 특정인에게 특별한 의무가 주어지는 경우에는 사법부는 구제수단을 제공할 수 있고, 반면 사안이 행정부의 재량에 맡겨진 정치적 문제일 경우에는 그렇지 않다는 것이다. 다시 말해 해당 정부부서가 정치적인 기관으로서 단지 대통령의 의지를 이행하거나 헌법적 내지 법률적 재량을 행사하는 경우에는 그러한 행위는 오직 정치적으로만 검토될 수 있을 뿐이고, 이에 반해 특별한 의무가 법에 의하여 주어지고, 개인의 권리가 그러한 의무이행에 의존되어 있을 경우에는 권리가 침해되었다고 주장하는 개인은 그 침해된 권리의 구제를 위하여 법에 호소할 권리를 가진다는 것이다.[8] 결국 이 사건의 경우에는 후자에 해당되는 것으로서 마땅히 Marbury는 자신의 침해된 권리를 구제받기 위해 법에 호소할 수 있고, 또한 법은 이를 구제해 주어야 한다는 것이다.

3. 대법원의 직무집행영장발급은 적절한 구제수단인가?

대법원은 과연 대법원이 침해된 권리를 구제하기 위한 수단으로 직무집행영장을 발급할 수 있는가의 질문에 대하여도 긍정적인 답변을 했다. 여기서도 대법원은 앞서 제시한 권리구제수단의 제공가능성 여부에 대한 구별기준을 다시 적용하고 있다. 즉 행

---

5) 5 U.S. 162.

6) Alstyne, supra, 9.

7) 5 U.S. 163.

8) Id.

정부가 특정한 이행의무를 가지는 행정적 행위(ministerial acts)와 행정부의 재량에 맡겨진 정치적 행위(political acts)를 구별하면서 본질적으로 정치적인 행위이거나 헌법과 법률에 의하여 행정부의 재량에 맡겨진 행위는 결코 사법심사의 대상이 될 수 없지만, 법에 의하여 개인의 권리에 영향을 미치는 행위를 할 의무가 주어졌다면 그러한 행위로 인한 권리침해에 대하여는 사법부는 구제수단을 제공해야 한다는 것이다.9) 예컨대 법안에 대한 거부권행사문제나 누구를 공직에 임명할 것인지의 문제 등은 전적으로 대통령의 재량에 맡겨진 것으로 사법심사의 대상이 될 수 없지만, 행정부가 일정한 행위를 해야 할 또는 해서는 안될 법적인 의무를 가지는 경우라면 그러한 의무의 위반으로 인한 권리침해에 대하여는 원칙적으로 사법부가 직무집행영장발급을 비롯한 구제수단을 제공할 수 있다는 것이다.

이로써 이 판결은 행정부의 집행행위의 합헌성을 심사할 사법부의 권한을 확립하게 된다.10) 그러나 다른 한편 이러한 집행행위에 대한 위헌심사권 확립과 관련한 대법원의 견해는 상당한 비판을 불러일으켰다.11)

4. 법원조직법은 직무집행영장발급에 관한 원심관할권을 대법원에게 부여하고 있는가?

대법원은 이에 대하여도 긍정적인 답변을 하고 있다. 앞서 언급한 바와 같이 Marbury는 대법원이 법원조직법 제13조에 따라 직무집행영장발급을 구하는 그의 소송을 심리할 원심관할권(original jurisdiction)을 가진다고 주장했다. 그리고 이러한 주장에 대법원은 동의했다.12) 즉 법원조직법 제13조가 대법원에게 직무집행영장발급에 관한 원심관할권을 부여하고 있다고 동조항을 해석한 Marbury의 견해에 대법원이 동조한 것이다.

5. 법원조직법은 위헌인가?

이처럼 대법원은 Marbury가 임명장에 대한 권리를 가지고 있고, 법이 Marbury에게 구제수단을 제공하고 있으며, 대법원은 그 구제수단으로서 직무집행영장을 발급할 권한을 가지고 있다고 판시하면서, 이제 논의를 관할권문제로 전환하고 있다.

---

9) 5 U.S. 170-171.

10) 행정부의 집행행위, 특히 대통령의 행위를 심사할 수 있는 사법부의 권한은 미국역사상 매우 중요한 연방대법원판결들의 바탕을 이루었다. 예컨대 United States v. Nixon(418 U.S. 683 [1974]) 사건에서 형사소송에서 사용할 목적으로 대통령의 대화녹취테이프를 제출하라는 소환장에 대통령이 따라야 한다는 대법원의 판결은 결국 Nixon 대통령의 하야를 가져왔다. 이 사건에 대하여 자세한 것은 Chemerinsky, Constitutional Law, 2nd ed. (2002) 346-350.

11) 이러한 비판 내지 반발에 대해 자세한 것은 Warren, The Supreme Court in United States History, Vol. 1 (rev. ed. 1947) 232; Harrison, The Constitutional Origins and Implications of Judicial Review, Va. L. Rev., Vol. 84 (1998), 361.

12) 5 U.S. 174.

위에서 언급한 바와 같이 대법원은 1789년의 연방법원조직법 제13조가 직무집행영장발급에 관한 원심관할권을 대법원에게 부여한 것이라고 결론을 내린 후 이 조항이 연방헌법 제3조에 위반되는지의 여부를 판단했다. 여기서 대법원은 헌법 제3조는 대법원의 원심관할권을 열거하고 있으며, 의회는 이를 확장할 수 없다고 판시했다.[13] 즉 헌법 제3조 제2항 제2문은 "대사, 공사, 영사에 관한 사건 및 주가 당사자인 사건에서 대법원은 원심관할권을 가진다."[14]라고 규정하고 있고 의회는 직무집행영장발급을 구하는 사건을 이 원심관할사건목록에 추가할 수 없다는 것이다.

이에 따르면 만일 대법원과 하급법원 상호간의 권한분배가 전적으로 의회의 재량에 맡겨진 것이라면, 다시 말해 의회가 헌법에 열거된 대법원의 원심관할사건목록에 더 많은 사건을 추가시키는 것이 허용된다면 헌법 제3조 제2항은 무의미하게 된다는 것이다.[15] 따라서 대법원은 권리구제를 위한 하나의 수단으로서 직무집행영장을 발급할 수는 있지만, 헌법 제3조의 규정 때문에 대법원이 이를 상고심이 아닌 원심관할법원으로서는 할 수 없다는 것이고, 이를 위반하여 직무집행영장발급에 관한 원심관할권을 대법원에게 부여한 법원조직법 제13조는 헌법에 위반된다는 것이다.

결국 이 사건을 통해 의회가 헌법에서 열거한 대법원의 원심관할권을 확대할 수 없다는 원칙과 연방법원은 제한된 관할권을 가진 법원이라는 원칙이 확립됐으며, 이러한 원칙이 오늘날까지 지켜져 오고 있다.[16]

6. 대법원은 법원조직법을 위헌 · 무효라고 선언할 수 있는가?

대법원은 법원조직법 제13조를 위헌이라고 판단한 다음 최종적인 문제, 즉 위헌임에도 불구하고 대법원이 당해 법조항에 기속되고 이를 적용해야 하는가, 아니면 위헌·무효라고 선언할 수 있는가 하는 문제를 다루었다. 이에 대법원은 헌법에 위반되는 법을 위헌·무효라고 선언할 수 있다고 판시하면서 다음과 같은 논거를 제시하고 있다.

첫째, 대법원은 헌법은 국가권력에 대하여 한계를 지우고 있으며, 만일 국가권력에 사법적 통제가 이루어지지 않는다면 이러한 한계는 의미를 상실하게 될 것이라고 주장한다. 따라서 헌법의 이러한 한계를 위반하는 입법에 대하여 사법적 통제가 이루어져야 하며, 따라서 그 해당 법률에 대한 위헌·무효선언을 할 때 비로소 헌법적 한계의 의미가 실현될 수 있다는 것이다. 대법원은 입법권은 제한되어 있으며, 헌법이 성

13) Id.

14) Article Ⅲ Section 2 Paragraph 2 in part: "In all cases affecting Ambassadors, other public Ministers and Consuls, and those in which a State shall be Party, the supreme Court shall have original Jurisdiction."

15) 5 U.S. 174.

16) 그러나 이러한 결론의 전제로서 대법원이 제시했던 대법원의 원심관할과 상고심관할 사항이 상호 배타적이라는 견해는 지켜지지 않고 있다. 즉 대법원은 그 이후 의회가 대법원의 원심관할에 속하는 사항에 대한 경합관할권을 지방법원(district courts)에 허용할 수 있다고 판시한 바 있다. 예컨대 Ames v. State of Kansas, 111 U.S. 449 (1884).

문화된 이상 그러한 제한이 왜곡되거나 망각되어서는 안된다고 주장하고 있다.[17] 성문 헌법의 기초자들은 헌법을 한 국가의 근본적이고 영속적인 법으로 간주하고 있으며, 따라서 헌법에 위반되는 입법행위는 무효라는 것이다.[18]

둘째, 대법원은 사법부가 적용할 법률의 합헌성 여부를 결정하는 권한은 사법부의 기능에 내재하는 본질적인 요소라고 주장한다. 즉 무엇이 법인지 선언하는 것은 단연코 사법부의 고유한 영역이자 임무이며,[19] 따라서 사법부가 일정한 사건에 법을 적용하는 경우 필연적으로 그 법을 해석해야 하는데, 만일 헌법과 법률이 상호 모순될 때 사법부는 당연히 헌법을 우선시해서 헌법이 그 사건을 규율하도록 해야 한다는 것이다.[20]

셋째, 대법원은 헌법 제3조 제2항 제1문에 따른 '이 헌법하에서 제기되는 모든 사건(all Cases arising under this Constitution)'을 관할할 연방법원의 권한은 헌법에 위반되는 법률을 위헌·무효라고 선언할 권한을 아울러 포함한다고 주장한다.

넷째, 대법원은 판사는 공직취임시 헌법을 준수한다는 선서를 하는데, 만일 그들이 위헌법률을 적용하게 된다면 이러한 선서를 위반하는 것이라는 논거에서 위헌법률심사권을 정당화시키고 있다.[21]

다섯째, 대법원은 헌법 제6조[22]의 최고법조항(supremacy clause)에 따라 헌법과 헌법에 합치되는 법률만이 국가의 최고법이고, 그 중에서도 헌법이 제일 먼저 언급됐다는 점에서 위헌법률심사권을 정당화시키고 있다.[23] 즉 헌법은 국가의 최고법이고, 헌법에 합치되는 법률만이 그에 상응하는 지위를 가지기 때문에 헌법에 위반되는 법률에 대하여는 법원이 당연히 위헌·무효선언을 할 수 있다는 것이다. 만일 그렇지 않다면 이는 헌법을 도외시하고 오로지 법률만을 고려한다는 것으로서 의회가 헌법상 명백히 금지된 입법을 행하더라도 그러한 입법행위를 유효한 것으로 선언하는 것으로, 결국 이는 입법부에 사실상 무한대의 권한을 부여하는 것이라는 것이다.

Ⅳ. Marbury v. Madison 판결의 문제점

1. Marshall의 제척문제와 관련하여

이 사건에 있어서 대법원장인 Marshall은 이 사건의 이해관계자라고 할 수 있다. 왜

17) 5 U.S. 176.

18) 5 U.S. 177.

19) Id.

20) 5 U.S. 178.

21) 5 U.S. 180.

22) Article VI Paragraph 2 in part: "This Constitution, and the Laws of the United States which shall be made in Pursuance thereof; ··· shall be the supreme Law of the Land; ···"

23) 5 U.S. 180.

냐하면 Marshall은 원고인 Marbury에 대한 임명장에 당시 국무장관으로서 서명을 했고 그 임명장 전달의 책임을 담당하고 있었기 때문이다. 따라서 오늘날의 시각에서 볼 때 이는 당연히 이 사건에서의 제척사유가 되고, 따라서 Marshall은 이 사건에서 배제되었어야 하며, 본인 스스로도 이 사건을 회피했어야 했고, Madison측에서도 기피신청을 했어야 했다.[24)]

아울러 그 당시에 우리의 법률조항과 같은 제척·기피·회피와 같은 규정이 없었더라도 이는 법의 일반원칙이자 적법절차원리가 당연히 요구하는 것으로서 당시에도 이미 적용되었어야 할 기본원리라고 하겠다. 아울러 이 사건의 판결 자체가 헌법이나 다른 법률에 대법원의 위헌법률심사제도에 관한 규정이 있어서 그에 근거하여 이루어진 것이 아니고 헌법해석과 원리에 근거하여 이루어졌으며, 따라서 위헌법률심사제도 자체가 판례로써 확립되었다는 점을 감안한다면 이러한 제척문제는 그에 대한 법률의 규정유무를 떠나서 법의 일반원리와 적법절차원리에 근거해서 그 당시에 이미 거론되고 관철되었어야 했다.

아마도 Marshall은 이 사건을 앞서 언급한 바와 같이 Marbury와 정치적 동지인 연방주의자들에게 현실적으로 가능한 최선의 성의표시를 하고 정적에게 타격을 입히면서 대법원의 권한을 확립하기 위한 절호의 기회로 판단했을 것이고,[25)] 따라서 이러한 다분히 정치적인 의도를 가지고 자신도 이해관계를 가지는 사건임에도 불구하고 대법원장이자 주심재판관으로 이 사건에서 주도적인 역할을 했을 것이다.

그러나 그 점에서－이 판결의 결과적 의의와는 별도로－이 판결의 배경과 과정은 상당히 잘못된 것으로 판결의 무효사유가 된다고 하겠다. 사실 이미 이 사건에서 위헌법률심사권에 대한 논의가 된 것 자체가 처음부터 위헌법률심사제도를 확립하고자 하는 순수한 법리적 의도로 접근한 것이 아니라, 앞서 언급한 바와 같이 직무집행명령을 내릴 경우 정부가 이를 수용하지 않을 것이라는 개연성이 높기 때문에 이를 회피하면서 자신과 정적관계에 있는 정부와 의회에 경고를 보내고자 하는, 즉 대법원의 체면도 세우고 Marbury에 대한 성의도 표시하면서 작심을 하고 정부와 의회에 타격을 입힐 방법으로서 불가피하게 위헌법률심사제도를 도출할 수밖에 없었던, 다분히 정치적인 의도로 접근했다는 것 자체가 처음부터 문제라고 하겠다.[26)27)]

---

24) 참고로 우리의 경우 제척기피 및 회피와 관련하여 헌법재판소법 제24조는 다음과 같이 규정하고 있다:
① 재판관이 다음 각 호의 1에 해당하는 경우에는 그 직무집행에서 제척된다.
1.-4. 생략
5. 기타 재판관이 헌법재판소외에서 직무상 또는 직업상의 이유로 사건에 관여하였던 경우
② 생략
③ 재판관에게 심판의 공정을 기대하기 어려운 사정이 있는 경우에는 당사자는 기피신청을 할 수 있다.
④ 생략
⑤ 재판관은 제1항 또는 제3항의 사유가 있는 때에는 재판장의 허가를 얻어 회피할 수 있다.
⑥ 생략

25) McCloskey, The American Supreme Court (1960) 26.

26) 이 사건의 바탕에 깔려있는 이러한 정치적인 배경 때문에 Marshall과 그의 동료 연방주의 판사들에 대

한편 이러한 제척문제가 당연히 그 당시에도 거론되었어야 했고, Marshall도 그러한 문제점을 알고 있었을 것이라는 점은 그 후 역시 Marshall이 관련된 사건인 Martin v. Hunter's Lessee 사건[28]에서 Marshall이 사건심리에 관여하지 아니했다는 사실에서도 알 수 있다. 이 사건에서 Marshall은 문제된 소송물로서의 토지에 대한 소유권분쟁과 관련하여 그 토지에 대하여 자신의 동생과 함께 계약을 했었다.[29]

이러한 이유로 결과적으로 이 판결이 위헌법률심사제도를 확립했다는 점에서 매우 커다란 의의를 인정하면서도 Marshall의 이 사건과의 깊은 정치적 관련성으로 인해 이 판결의 배경과 과정에는 수긍하기 어려운 하자가 있었다고 볼 수 있다.

2. 관할권문제와 관련하여

한편 대법원이 관할권문제와 더불어 관할권문제 이외에 제기된 사안들을 고려하고 심사한 것이 타당한지에 대해 의문이 제기될 수 있다. 주지하는 바와 같이 법원의 심리과정에서 가장 먼저 심사되어야 할 사항은 관할권문제라고 하는 것은 미국 판례의 오래된 원칙이다.[30] 따라서 대법원이 이 사건에서 먼저 관할권문제를 다룬 것은 타당하다. 그런데 여기서 대법원이 일단 이 사건의 관할권을 대법원이 가지고 있지 않다고 판단한 이상 대법원의 다른 여타의 판단부분은 적절치 못하다고 볼 수도 있다.[31] 다시 말해 이 사건을 일단 관할권위반으로 판단한 이상 다른 부분에 대하여 굳이 심리·판단할 필요가 없었다는 것이다.

그럼에도 불구하고 왜 굳이 대법원은 관할권문제 이외의 다양한 사항에 대하여도 판단을 했을까? 생각건대 대법원은 문제된 법조항의 위헌성을 심사하지 않고는 이 사건을 해결할 수 없다고 판단했을 수도 있다. 아니면 위에서 지적한 바와 같이 Marbury에 대한 임명장 교부를 거부한 Jefferson 행정부에 대해 단순히 타격을 가할 의도의 결과일 수도 있다. 사실 Marshall은 Marbury에게 유리한－임명장교부를 내용으로 하는 직무집행영장의 발급을 명하는－판결은 정치적으로 아무 의미가 없을 것이라는 것을 알았다. 왜냐하면 Jefferson 행정부는 그러한 판결을 무시했을 것이고, 그 경우 대법원의 권위는 그 설립 초기부터 심대한 손상을 받을 것이 분명했기 때문이다. 그 때문에 대

한 탄핵을 지지하는 정서가 의회내에 팽배했었다. Sullivan & Gunther, supra, 12; McCloskey, supra, 28.

27) 그 후 오랫동안, 즉 1857년 Dred Scott v. Sandford 판결때 까지 어떠한 연방법률에 대하여도 한번도 위헌결정을 내린 적이 없었다. 이 Dred Scott사건에서 대법원은 노예제도에 관한 의회의 이른바 미주리협정(Missouri Compromise)을 위헌이라고 선언하면서, 노예는 시민이 아니고 일종의 재산권이라고 판결했는데[60 U.S. (19 How.) 393], 이는 결국 남북전쟁을 촉발하는 하나의 원인이 되었다. 이에 대하여는 Chemerinsky, supra, 666.

28) 14 U.S. (1 Wheat.) 304 (1816).

29) 이에 대하여 자세한 것은 Sullivan & Gunter, supra, 69.

30) 예컨대 Ex parte McCardle, 74 U.S. (7 Wall.) 506 (1869).

31) Chemerisky, supra, 40.

안으로 Marshall이 굳이 판결의 서두에서 Jefferson 행정부의 Marbury에 대한 임명장 교부 거부가 부당하다는 견해를 밝혔다고-이것이 Marshall이 Marbury에게 할 수 있는 최선의 성의표시라는 것을 알면서-볼 수도 있다.

그러나 다른 한편 오늘날의 시각에서 보면-Marshall의 위에서 언급한 바와 같은 정치적 의도를 별론으로 한다면-결과적으로 이러한 대법원의 입장은 충분히 수긍이 될 수 있다. 즉 관할권위반문제로 인해 사건을 단순히 각하시키고 더 이상의 판단을 하지 않을 수도 있었지만 굳이 다양한 법리적 문제에 대하여 추가로 판단을 한 것은 결과적으로 매우 커다란 의미를 지녔고 나름대로 정당화될 수 있다는 것이다. 예컨대 대법원도 지적하고 있듯이[32] 이 사건의 여러 가지 쟁점 중 핵심이라고 할 수 있는 헌법에 위반되는 법률이 국가의 법률로서 효력을 가질 수 있느냐의 문제는 국가의 이해에 직결되는 매우 중요한 문제라고 할 수 있다. 따라서 이러한 중요한 헌법적 해명은 당연히 대법원이 판단할 수 있고, 또한 판단하여야 할 것이다. 우리의 경우에도 오늘날 헌법재판에 있어서 예컨대 소의 이익의 결여로 인해 사건을 각하시킬 수 있음에도 불구하고 중요한 헌법적 해명이나 유사한 사안의 재발방지 또는 헌법질서유지 등 공익적 이유에서 사건의 본안문제까지 판단하는 경우가 있고 이러한 헌법재판소의 입장이 학계에서도 많은 지지를 받고 있는 현실에서도 알 수 있듯이 헌법재판의 의의는 다른 재판의 경우와는 달리 단순히 당해 사건을 해결하고 당사자의 침해된 권리를 구제하는 데서 그치는 것이 아니라 중요한 헌법적 해명과 헌법질서 유지, 권력통제 및 기본권보장이라고 하는 보다 고차원적이고 광범위한 공익추구에서 그 의의와 기능 및 특성을 발견할 수 있는 것이다.[33] 이러한 논리는 헌법재판을 중요한 기능의 하나로 담당하고 있는 미국의 연방대법원의 경우에도 그대로 적용될 수 있다고 본다.

따라서 앞서 언급한 바와 같이 Marshall이 이 사건에서 관할권위반을 인정하면서도 사건을 단순 각하시키지 않고 굳이 본안에서 위헌법률심사권 등 다양한 중요한 헌법적인 사안에 대하여 언급하고 판단한 것은 그 정치적인 배경을 별론으로 한다면 결과적으로 타당하고, 당시로서는 정말 대단한 시도로서 Marshall의 탁월함을 인정하지 않을 수 없는 대목이다.

3. 위헌심사의 대상이 된 법원조직법 제13조의 위헌여부

법원조직법 제13조의 관련부분을 적시하면 다음과 같다.

"… 연방대법원은 순회법원과 특별한 규정이 있는 경우 주법원으로부터의 상고심관할권을 가진다; 그리고 해군과 해사관할법원으로서 기능할 경우의 지방법원에 대한 금

32) 5 U.S. 176.

33) 이러한 헌법재판의 기능 및 특성에 대하여 자세한 것은 정연주, 헌법소원심판청구취하의 효과, 공법연구 28/4, 2000. 8, 191쪽 이하 참조.

지영장발급권과 법의 원칙과 관례에 의하여 보장된 경우에 지정된 법원과 연방정부공직자에 대한 직무집행영장발급권을 가진다."[34)]

앞서 언급한 바와 같이 대법원은 이 법원조직법 제13조를 직무집행영장발급에 관한 원심관할권을 대법원에 부여하는 규정으로 해석했다. 그러나 다른 한편 이 법조항이 직무집행영장발급에 관하여 반드시 대법원을 원심법원으로 한 것으로 해석해야만 하는지는 의문이다.

예컨대 이 규정은 대법원이 상고심관할권을 가질 경우에만 적용되는 것으로 해석될 수도 있을 것이다.[35)] 즉 대법원에 당해 사건이 상고심으로 계속될 경우 대법원이 직무집행영장을 발급할 수 있다는 의미로 해석될 여지가 있다는 것이다. 왜냐하면 이 법조항에는 상고심관할이 명시적으로 언급된 유일한 관할유형이기 때문이다. 또는 단순히 대법원이 정당하게 관할권을 가지는 사건에서 대법원에게 직무집행영장발급권을 부여하는 것으로 해석될 여지도 있다. 결국 이러한 해석하에서는 이 법조항은 직무집행영장발급에 관하여 대법원에게 원심관할권을 부여한 것이 아니고, 단순히 대법원이 관할권을 가질 경우에는 구제수단으로서 직무집행영장발급권을 대법원에 부여한다는 내용일 뿐이다. 그 경우 이 조항은 대법원이 원심관할권을 가지는 사항에 대해 규정한 헌법 제3조에 위반된다고 보기 어렵게 된다.

한편 이러한 논리는 오늘날 우리의 경우 보편화된 합헌적 법률해석의 원리를 적용한다면 더욱 설득력을 가지게 된다. 즉 이 법조항의 경우 위에서 언급한 바와 같이 대법원의 견해와 다른 해석도 가능하고, 다른 한편 적어도 이 법조항이 반드시 대법원에게 직무집행영장발급에 관한 원심관할권을 부여한 것이라는 사실이 명백하다고 할 수는 없기 때문에 합헌적인 것으로 해석할 여지가 충분히 있는 것이다.

이처럼 법원조직법 제13조에 대한 해석이 다양할 수 있고, 적어도 대법원에게 직무집행영장발급에 관한 원심관할권을 부여한 것이라는 입법자의 의도가 명백하지 아니함에도 불구하고 대법원에게 직무집행영장발급에 관한 원심관할권을 부여한 것이라고 단정적으로 대법원이 해석한 것은 아마도 그렇지 않을 경우 결국 당해 법조항에 대하여 위헌선언을 내릴 기회를 상실하게 되고, 이는 위헌법률심사권을 확립할 수 있는 기회의 상실을 의미하게 되며, 결과적으로 Marshall이 정적에게 타격을 줄 수 있는 기회를 상실하게 되기 때문에 이러한 기회를 놓치지 않기 위하여 다분히 작위적인 의도에서 그런 것인 아닌가 하는 의문도 제기될 수 있다.[36)] 그러나 설사 이 법조항을 합헌적

34) The Judiciary Act of 1789, 1 Stat. 73, Section 13: "… The Supreme Court shall also have appellate jurisdiction from the circuit courts and courts of the several states, in the cases herein after specially provided for; and shall have power to issue writs of prohibition to the district courts, when proceeding as courts of admiralty and maritime jurisdiction, and writs of mandamus, in cases warranted by the principles and usages of law, to any courts appointed, or persons holding office, under the authority of the United States."

35) 이러한 입장으로는 예컨대 Alstyne, supra, 14.

36) Tribe, American Constitutional Law, 3rd ed. (2000) 212.

인 것으로 해석하여 결과적으로 위헌선언을 내릴 수 없게 된다 하더라도 당해 법조항에 대한 대법원의 위헌심사과정 자체가 이미 대법원의 위헌법률심사권을 확립한 것이 되며, 아울러 앞서 언급한 바와 같이 과연 헌법에 명시적 근거가 없는 위헌법률심사권을 대법원 등 연방법원이 가질 수 있는가의 문제는 국가와 국민의 이해가 걸린 정치적·헌법적 문제이므로 중요한 헌법적 해명의 차원에서 사건의 해결과 더불어 연방법원의 위헌법률심사권을 확인할 수 있는 것이다.

4. 대법원의 원심관할권을 규정한 헌법 제3조의 해석과 관련하여

한편 대법원의 견해대로 법원조직법 제13조가 직무집행영장발급에 관한 사건을 대법원의 원심관할권으로 규정한 것이 명백하다고 가정할 경우 이 법조항은 반드시 헌법 제3조에 위반될 것인가?

이와 관련하여 대법원은 앞서 언급한 바와 같이 헌법 제3조는 대법원의 원심관할권을 열거하고 있으며, 의회는 이를 확장할 수 없는데, 의회는 법원조직법 제13조를 통해 직무집행영장발급을 구하는 사건을 헌법에 열거된 대법원의 원심관할사건목록에 추가했기 때문에 이 조항은 위헌이라고 판시했다. 즉 헌법 제3조 제2항 제2문은 "대사, 공사, 영사에 관한 사건 및 주가 당사자인 사건에서 대법원은 원심관할권을 가진다."라고 규정하고 있고 의회는 직무집행영장발급을 구하는 사건을 이 원심관할사건목록에 추가할 수 없는데, 만일 의회가 헌법에 열거된 대법원의 원심관할사건목록에 더 많은 사건을 추가시키는 것이 허용된다면 헌법 제3조 제2항은 무의미하게 된다는 것이다.[37)]

그러나 이러한 견해에 대하여도 의문이 제기될 수 있다. 왜냐하면 헌법 제3조 제2항 제2문은 대법원의 원심관할권에 관한 예시규정으로 해석될 여지도 있기 때문이다. 물론 그럴 경우 Marshall이 주장하듯이 이 헌법조항의 의의가 상실될 수 있을지도 모른다. 왜냐하면 의회의 입법을 통해 대법원의 원심관할권이 무한정으로 확대될 수 있기 때문이다. 그러나 이 규정을 어떠한 경우에도 의회의 입법을 통해 헌법상 정해진 원심관할권을 침해할 수 없다는 최소한의 보장규정으로 이해하는 것도 충분히 가능하고,[38)] 그럴 경우 이 조항의 존재의의는 여전히 상존하는 것이며, 그러한 해석이 반드시 바람직하지 않은 것도 아니다. 그리고 그것은 일종의 입법정책 내지 헌법정책의 문제일 수도 있는 것이다. 다시 말해 이 헌법조항을 통해 헌법제정자는 어떠한 경우에도 의회가 변경할 수 없는 대법원의 원심관할권을 보장하면서 나머지에 대하여는 입법자에게 위임한 것으로 해석하는 것이 타당할 수도 있다. 또한 이처럼 헌법조항을 예시적 규정으

37) 사실 의회가 연방대법원의 원심관할권을 확장할 수 없다고 한 이러한 Marshall의 견해는 앞서도 언급했듯이 순수한 헌법적 해석의 문제에 바탕을 둔 것이라기 보다는 다분히 정치적인 의도에서 나온 고도의 우회적인 노림수라고 할 수 있고, 이 때문에 결과적으로 대법원은 의회를 통제할 수 있는 막강한 지위를 확립할 수 있게 된 것이다. McCloskey, supra, 27; Tribe, supra, 212.

38) Chemerinsky, supra, 44.

로 유연하게 해석하는 것이 오늘날 보편화된 헌법의 규범조화적 해석과 추상적인 헌법의 해석에 있어서 요구되는 헌법해석의 유연성의 추세와도 부합된다고 하겠다. 그리고 그것이 입법자의 입법권 존중과 민주적 정당성, 그리고 권력분립의 원칙의 측면에서도 타당하다고 하겠다.

헌법 제3조 제2항 제2문을 이처럼 유연하게 해석할 때 법원조직법 제13조는－설사 직무집행영장발급에 관한 사건을 대법원의 원심관할권으로 규정한 것으로 해석되는 경우라 하더라도－헌법에 합치된다고 볼 수도 있으며, 다른 한편 이 사건에서 위헌심사의 기준이 되는 헌법 제3조 제2항 제2문 자체의 해석이 위에서 언급한 것처럼 불분명하여 적어도 법원조직법 제13조가 헌법에 위반되는지의 여부가 불분명한 경우라고 할 수 있어, 결과적으로 이 법조항에 대한 일종의 합헌적 법률해석이 가능한 경우라고 볼 수도 있는 것이다.

한편 여기서도 이러한 헌법 제3조 제2항 제2문에 대한 유연한 해석의 결과 법원조직법 제13조를 합헌이라고 판결할 경우 이 법조항에 대하여 위헌선언을 내릴 기회를 상실하게 되고, 이는 위헌법률심사권을 확립할 수 있는 기회의 상실을 의미하게 되는 것이 아닌가 하는 의문이 제기될 수 있다. 그러나 앞서 언급한 바와 같이 설사 이 법조항을 합헌적인 것으로 해석하여 결과적으로 위헌선언을 내릴 수 없게 된다 하더라도 당해 법조항에 대한 대법원의 위헌심사과정 자체가 이미 대법원의 위헌법률심사권을 확립한 것이 되며, 아울러 위에서도 강조한 바와 같이 과연 헌법에 명시적 근거가 없는 위헌법률심사권을 대법원 등 연방법원이 가질 수 있는가의 문제는 국가와 국민의 이해가 걸린 정치적·헌법적 문제이므로 중요한 헌법적 해명의 차원에서 사건의 해결과 더불어 연방법원의 위헌법률심사권을 확인할 수 있는 것이다.

5. 위헌법률심사제도와 관련하여

위에서 언급한 문제점을 모두 별론으로 하더라도 과연 대법원의 위헌법률심사제도가 헌법해석상 필연적인 것인지, 그리고 이 사건에서 반드시 위헌판결을 내렸어야 했는지에 관한 대법원의 견해에 대하여 다음과 같은 의문이 제기될 수 있다.

(1) 권력통제문제와 관련하여

권력분립의 원칙상 공권력은 사법권에 의해 통제되지 않으면 남용될 수 있고, 권력 상호간의 견제와 균형을 위해서는 위헌법률심사제도가 반드시 필요하다고 주장될 수 있다. 위에서 언급한 바와 같이 이 사건에서 대법원은 헌법은 국가권력에 대하여 한계를 지우고 있으며, 만일 국가권력에 사법적 통제가 이루어지지 않는다면 이러한 한계는 그 의미를 상실하게 될 것이라고 주장한다. 따라서 헌법의 이러한 한계를 위반하는 입법에 대하여 사법적 통제가 이루어져야 하며, 따라서 그 해당 법률에 대해 위헌선언을 내릴 수 있을 때 비로소 헌법적 한계의 의미가 실현될 수 있다는 것이다. 입법권은 제한되어 있으며, 성문화된 헌법이 존재하는 이상 그러한 제한이 왜곡되거나 망각되어서는 안된다고 대법원은 주장하고 있다.[39]

물론 사법제도는 반드시 필요하고 공권력은 사법권에 의하여 반드시 통제되어야 한다. 그것이 권력분립원칙의 본질적 요소의 하나임에는 틀림없다. 그러나 그렇다고 선험적으로 사법권에 위헌법률심사제도가 반드시 포함된다는 결론에 도달할 수는 없을 것이다.[40] 그것은 오히려 입법정책 내지 헌법정책의 문제일 수 있다. 그리고 사법제도와 성문헌법을 가지고 있으면서 위헌법률심사제도가 없는 나라도 많이 있다.[41] 성문헌법이 필연적으로 위헌법률심사제도를 요구하는 것은 아니기 때문이다. 따라서 헌법이나 법률에 위헌심사제도에 관한 규정이 없을 경우 헌법해석과 판례를 통해 위헌심사제도를 확립할 수도 있지만 그렇지 않을 수도 있다. 예컨대 의회 스스로가 입법의 합헌성을 판단한다고 해서 성문헌법이 침해되고, 입법권이 반드시 남용되는 것은 아닐 것이다.[42] 이 경우 오히려 사법부는 입법부의 해석을 최종적인 것으로 간주할 것이고, 따라서 법률과 헌법 상호간의 갈등을 해결할 임무를 입법부에 부여하게 되는 것이다.[43] 사실 이러한 입장은 Thomas Jefferson이 헌법이 상위법이라는 개념을 부정하고 의회에서 제정된 다른 규범과 동등하다고 주장했던 데에서도 알 수 있듯이[44] 의회제도에 있어서 당시의 전통적 관행이라고 볼 수 있다.[45] 따라서 권력통제의 시각에서 필연적으로 위헌법률심사제도가 도출되는 것은 아니라는 것이다.

---

39) 5 U.S. 176.

40) 대체로 이러한 입장에서 Marshall의 논거에 대하여 의문을 제기한 견해로는 예컨대 Hand, The Bill of Rights (1958) 4; Bickel, The Least Dangerous Branch: The Supreme Court at the Bar of Politics, 2nd ed. (1986), 1; Alstyne, supra, 16.
한편 사법권에 의한 입법행위의 무효화에 대한 논의의 대략에 관하여는 Levy, Judicial Review, History, and Democracy: An Introduction, Judicial Review and the Supreme Court, Selected Essays edited by Leonard W. Levy (1967) 12. 또한 사법권에 의한 입법행위와 집행행위의 무효화로 인해 파생되는 정치영역에 대한 부작용과 관련하여 사법부의 위헌심사권에 대한 한계를 논의한 문헌에 대하여는 Nagel, Constitutional Cultures: The Mentality and Consequences of Judicial Review (1989) 22.

41) 이에 대한 자세한 것은 Cappelletti & Adams, Judicial Review of Legislation: European Antecedents and Adaptations, Harv. L. Rev., Vol. 79 (1966) 1211; Jackson & Tushnet, Comparative Constitutional Law (1999) 455.

42) Casto, James Iredell and the American Origins of Judicial Review, Conn. L. Rev., Vol. 27, No. 2 (1995) 329; Melhorn, Jr., A Moot Court Exercise: Debating Judicial Review Prior to Marbury v. Madison, Const. Commentary, Vol. 12, No. 3 (1995) 327.

43) Cappelletti, Fundamental Guarantees of the Parties in Civil Litigation: Comparative Constitutional, International, and Social Trends, Stan. L. Rev., Vol. 25 (1973) 654.

44) Smith, John Marshall: Definer of a Nation (1996) 94.

45) Tribe, supra, 210.

2) 사법권의 기능 및 본질과 관련하여

위에서 언급한 바와 같이 대법원은 사법부가 적용할 법률의 합헌성 여부를 결정하는 것은 사법부의 기능에 내재하는 본질적인 것이라고 주장한다. 즉 무엇이 법인지 선언하는 것은 단연코 사법부의 고유한 영역이자 임무라는 것이며,[46] 따라서 위헌법률심사권은 사법권에 당연히 포함된다고 주장한다.

그러나 이에 대하여 위헌법률심사권 없이도, 즉 당해 법률의 합헌성 여부를 결정하지 않고도 그 법률을 해석하고 적용할 수 있다는 반론이 제기될 수 있다.[47] 그리고 앞서 언급한 바와 같이 사법제도와 성문헌법을 가지고 있으면서 위헌법률심사제도를 가지고 있지 않은 나라도 많이 있다. 따라서 사법부가 법을 해석하고 적용한다고 해서 반드시 위헌법률심사권이 사법부에 부여되어야 한다는 결론이 도출되는 것은 아니라는 것이다.

(3) 헌법 제3조의 해석과 관련하여

앞서 언급한 바와 같이 대법원은 헌법 제3조 제2항 제1문에 따른 '이 헌법하에서 제기되는 모든 사건'을 관할할 연방법원의 권한은 헌법에 위반되는 법률을 위헌이라고 선언할 권한을 아울러 내포한다고 주장한다.

그러나 이에 대하여는 '이 헌법하에서 제기되는 모든 사건에 대한 관할권'이 반드시 헌법이 행정권의 행위나 주의 행위 및 연방법률 보다 우위에 있다는 것을 전제하는 것으로 볼 필요는 없다는 반론이 제기된다.[48] 이에 따르면 이 헌법조항이 반드시 위헌법률심사제도를 전제하는 것으로 해석될 필요는 없다는 것이고, 따라서 법률에 대한 위헌선언을 하지 않고 사건을 해결하기 위하여 당해 법률을 적용할 수도 있다는 것이며, 따라서 위헌법률심사권 없이도 이 조항은 의미를 지닌다는 것이다.

(4) 판사의 공직취임선서와 관련하여

위에서 언급한 바와 같이 대법원은 위헌법률심사제도의 정당화근거의 하나로서 판사의 공직취임선서를 들고 있다. 즉 판사는 공직취임시 헌법을 준수한다는 선서를 하는데, 만일 그들이 위헌법률을 적용하게 된다면 이러한 선서를 위반하는 것이라는 논거에서 위헌법률심사권을 정당화시키고 있다.

그러나 이러한 논거에는 다음과 같은 반론이 제기될 수 있다. 즉 만일 판사에게 당

46) 5 U.S. 177.

47) 예컨대 Chemerinsky, supra, 45.

48) 예컨대 Currie, Federal Courts: Cases and Materials, 47th ed. (1990) 27.

해 법률에 대하여 위헌결정을 내릴 권한이 없다면 위헌법률을 적용하더라고 그들이 선서를 위반하는 것은 아니라는 것이다.[49)]

또한 공직취임시의 헌법준수선서는 판사에만 국한된 것이 아니고 모든 공직자에게 요구되는 것으로, 이는 단지 해당 공직자의 정치적 성향과 원칙을 시험해보기 위한 것으로 도입된 것이지 공직자의 구체적인 임무수행을 기속하는 것은 아니라는 반론도 있다.[50)]

결국 이러한 헌법준수선서제도로부터 바로 위헌심사제도가 도출되는 것은 아니라는 것이다.

(5) 헌법 제6조의 해석과 관련하여

앞서 언급한 바와 같이 대법원은 헌법 제6조의 최고법조항(supremacy clause)에 근거하여 위헌법률심사권을 정당화시키고 있다. 즉 헌법은 국가의 최고법이고, 헌법에 합치되는 법률만이 그에 상응하는 지위를 가지기 때문에 헌법에 위반되는 법률에 대하여는 법원이 당연히 위헌선언을 할 수 있다는 것이다.

이에 대하여는 헌법이 모든 여타의 법보다 우위를 점하고 있다는 사실이 반드시 사법부가 하위법을 무효화시키는 위헌법률심사권한을 가지는 것으로 해석할 필요는 없다는 반론이 제기된다.[51)] 이 최고법조항은 단지 의회가 헌법에 의해 위임된 또는 권한이 부여된 법률만을 제정해야 한다는 것을 선언한 것에 불과하다는 것이다.

물론 이에 대하여 헌법 제6조가 다른 법에 대하여는 헌법에 의거한(in Pursuance thereof) 법률이라고 규정하고 있듯이 절차와 내용면에서 반드시 헌법에 합치되는 법률만이 유효한 법률로서 국가의 최고법이라는 의미이고, 이는 법률보다 헌법이 우위하는 것을 전제로 하는 것이고, 따라서 헌법이 진정한 최고법이며, 그보다 하위법인 법률을 통제하기 위해서는 불가피하게 사법부에 의한 위헌법률심사제도가 전제되어야 하고, 따라서 이 헌법 제6조의 최고법조항에 근거해서 위헌법률심사권을 도출하는 것은 정당하다는 재반론을 할 수 있을 것이다.[52)]

Ⅴ. 맺는 말

앞서도 이야기했듯이 이 사건에서 대법원의 결론이 잘못되었다고 주장하거나 이 사

49) Id.

50) 이는 과거 Pennsylvania주 대법원의 Eakin 판결[Eakin v. Raub, 12 S. & R. 330 (Pa. 1825)]에서의 위헌법률심사권을 반대하는 Gibson판사의 소수의견이다. Gunther, Constitutional Law, 12th ed. (1991) 16-18.

51) Chemerinsky, supra, 46.

52) 이처럼 최고법조항에 근거해서 연방법원의 위헌법률심사권을 정당화시키는 견해로는 Wechsler, Toward Neutral Principles of Constitutional Law, Harv. L. Rev., Vol. 73 (1959) 3.

건의 역사적 의의를 폄하할 생각은 전혀 없다. 오히려 그 반대이다. 더욱이 그 당시의 시대적 상황이나 일천한 사법부의 경험 및 헌법이론수준을 생각할 때 정말로 당시로서는 생각하기 어려운 놀라운 판결로서 이 사건의 의의를 아무리 강조해도 지나치지 않을 것이다. 물론 위에서도 지적되었듯이 사법부의 위헌심사권에 대하여는 미국 헌법상 명문의 규정이 없을 뿐만 아니라, 이를 헌법 해석 내지 이론상 반론의 여지가 전혀 없이 필연적으로 도출되는 제도로 보기는 어려울 것이다.[53] 그러나 다른 한편 위헌심사제도와 관련하여 Marshall이 확립한 연방법원의 위헌심사제도 이외의 다른 대안이 헌법상 도출될 수 있는 것도 아니다.[54] 지금까지 어느 누구도 의회의 해석이 최종적이라거나 어떤 다른 대안이 존재할 수 있다는 주장을 설득력 있게 제시하지 못했다. 결국 이는 대법원에 의하여 비로소 확립되었으며, Marshall은 그를 위한 이상적인 기회를 포착하고 이를 십분 활용한 것이다.

그러나 다른 한편 앞서도 지적한 바와 같이 이 판결의 배경과 논증과정에는 판결 당시부터 제기되었거나 제기될 수 있었던 문제점이 있었고, 아울러 오늘날의 시각에서도 제기될 수 있는 다양한 문제점이 있었다. 무릇 헌법재판의 의의는 개별 사건만을 해결하고 권리구제만을 해주는데서 그치는 것이 아니라 중요한 헌법적 해명과 기본권 수호, 권력통제, 헌법질서유지 등 보다 포괄적이고 고차원적이며 거시적인 기능을 가진다는 점에서 그 판결과정에 정치적인 의도가 배제된 채 설득력 있는 그리고 논리정연하고 수미일관하는 논증이 전제되어야 함은 물론이고, 이것은 어쩌면 그 판결의 결과보다도 더욱 중요할 수 있다. 그럴 때에 비로소 그 판결이 설득력과 지속적인 생명력을 가지고 당사자와 국가기관을 기속할 수 있는 것이며, 당사자와 국가기관도 기꺼이 승복하게 되는 것이다. 사실 이 사건의 경우가 아니더라도 이론의 여지없이 위헌심사권을 확립할 수 있었을 사안은 그 후에 얼마든지 있었고 그럴 경우 정치적인 의도가 배제된 채 보다 순수한 헌법이론과 원리의 바탕위에서 보다 논리정연한 논증과정을 통해 위헌법률심사권을 확립했더라면 더욱 바람직하지 않았나 하는 생각도 한편 들어간다.

무릇 법치주의는 결과뿐 아니라 과정의 합법성과 정당성을 요구한다. 아무리 결과가 훌륭하더라도 과정에 문제가 있다면 이는 더 이상 정당화될 수 없고 법치주의에 부합된다고 볼 수 없는 것이다. 이런 점에서 우리의 헌법재판을 비롯한 모든 사법심사에 있어서 판결의 결과 뿐 아니라 과정의 정당성 확보에 더욱 유념해야 할 것이다.

53) 이와 관련하여 헌법제정회의(Constitutional Convention)에 관한 기록들을 근거로 헌법제정자들이 연방법원의 위헌심사권을 당연한 것으로 여겼기 때문에 연방법원에 대한 위헌법률심사권의 부여를 헌법에 명백히 하지 않았다는 주장도 있다. 예컨대 Berger, Congress v. The Supreme Court (1969) 49.

54) Tribe, supra, 211.

판례색인

【헌법재판소판례】

【대법원판례】

【하급심판례】

【독일연방헌법재판소판례】

【독일연방대법원판례】

【독일제국재판소판례】

【미국대법원판례】

사항색인

【ㄴ】

【ㄷ】

【ㅁ】

【ㅂ】

【ㅅ】

[저자 약력]

연세대학교 법대 (법학사)
연세대학교 대학원 법학과 (법학석사)
독일 뮌헨대학교 법대 (법학박사)
미국 University of Washington School of Law, Visiting Scholar
독일 한스자이델재단 초청교수
독일 뮌헨대학교 법대 연구교수
한국공법학회, 한국헌법학회 등 각종 학회 회원
한국공법학회 학술장려상 수상
중구청 규제개혁위원
법제처 법령정비위원회 위원
건설교통부 토지보상제도개선연구 검토위원회 위원
사법시험, 외무고시, 행정고시, 입법고시 등 각종 국가고시 출제위원
헌법재판소 연구원
전남대학교 법대 교수
동국대학교 법대 교수
현 성신여대 법대 교수
현 사법연수원 외래교수
현 법제처 법령해석심의위원회 위원
현 국방부 정책심의위원회 위원

■ 주요 논저

Das deutsche und das koreanische Enteignungsinstitut-insbesondere die Enteignung zugunsten privater Unternehmen nach dem Grundgesetz der Bundesrepublik Deutschland sowie nach der Verfassung der Republik Korea, Verlag V. Florentz, München, Germany, 1991
독일통일의 법적 조명(공저), 박영사, 1994
법치국가의 기초이론(공역), Grundtheorie des Rechtsstaates, 박영사, 1994
독일연방정부론(공저), 백산자료원, 2001
헌법판례연구[I], 박영사, 2002
그 외 논문 다수

헌법연구

2014년 3월 5일 초판인쇄
2014년 3월 10일 초판발행

저 자 정 연 주
발 행 인 고 준 영
발 행 처 **법 영 사**

저자와의 협의하에 인지첩부를 생략함

135-835 서울시 강남구 대치동 611
전화 (501)8898(대) Fax (501)8895
등록 1987. 5. 11. 제3-125호(윤)
Homepage : www.bubyoungsa.co.kr
E-mail : bypuco@chol.com

※ 파본은 교환해 드립니다. 정가 **35,000원**

ISBN 978-89-7032-292-6